麦读
MyRead

走向上的路　追求正义与智慧

— 《中华人民共和国法律注释书系列》 —

作者简介 |

何怀文，四川成都人，北京大学法学院民商法学博士，美国乔治华盛顿大学法学院知识产权法学硕士。现任浙江大学光华法学院教授、博士生导师，兼任中国知识产权法学研究会理事，浙江泽大律师事务所兼职律师。

先后到德国马克斯普朗克知识产权法研究所及美国哈佛大学法学院、芝加哥大学法学院和华盛顿大学法学院等高校访学。从事知识产权法教学和研究十余年，著有《商标法：原理规则与判例讨论》《中国著作权法：判例综述与规范解释》《专利法》《著作权侵权的判定规则研究》等图书，发表有 40 余篇知识产权法的专业论文。

中华人民共和国法律注释书系列

TREATISES ON THE LAWS OF
THE PEOPLE' S REPUBLIC OF CHINA

商标法
注释书

何怀文 编著

TRADEMARK
LAW
TREATISE

中国民主法制出版社
全国百佳图书出版单位

序　言

一

学问肇始于一手资料的汇聚;一手资料是抚育追问和思考的养料。《商标法注释书》是服务于中国商标法理论研究和实践的专业工具书,它系统汇集一手资料,全面收录与商标法相关的法律文件,系统整理商标案例,总结、归纳和比较裁判要点,梳理并剖析商标法重要问题,助力准确把握商标法。

本书属于"中华人民共和国法律注释书系列",在体例结构上,与此系列其他注释书基本一致。本书以现行商标法的条文为纲,每一条之下设"立法·要点注释""相关立法""行政法规""司法解释""司法文件""部门参考文件""北京法院商标行政案件的规范文件""地方法院规范""指导案例""公报案例""法院参考案例"等栏目,尽可能全面地汇集与所释条文相关的资料,并特别设置"编者说明",从商标法整体出发对各条和相关案例进行简明的学术剖析和解读。

二

作为商标法的工具书,本书既求全面,也求特点,系统整理、归纳和比较商标案例的规范要点。

本书全面汇集与商标相关的现行有效规范文件,既服务于商标案件的审理,也服务于商标的事务办理。一方面,为全面反映司法层面的商标法,本书突出司法规范文件,"司法解释"和"司法文件"栏目下,不仅系统整理最高人民法院的司法解释、答复,摘录司法政策文件,还根据商标行政案件与民事案件的管辖区分,在"地方法院规范"栏目之外,特别设立"北京法院商标行政案件的规范文件"一栏。不同于商标民事案件,商标授权确权的行政案件是专属管辖,北京市高级人民法院是终审法院。2019 年公布的《北京市高级人民法院商标授权确权行政案件审理指南》,对商标授权确权案件的审理具有重要的引领作用,对于理解商标法总则和第二至六章具有重要意义。"地方法院规范"栏目涉及商标民事案件的规范文件,主要包括侵害商标权的判定标准和司法救济,因各地法院都有管辖权,故而选录北京、浙江、江苏等有代表性的地区高级人民法院的审理指南性文件和司法指引性文件。另一方面,为全面反映执行层面的商标法,"部门参考文件"栏目涵盖商标事宜的部门规章和规范性文件,主要包括国家知识产权局 2021 年 11 月 16 日新颁行的《商标审查审理指南》(2022 年 1 月 1 日施行),以及商标局颁行的办事指南、常见问题解答等实操内容。

本书突出的贡献在于,系统整理、归纳和比较商标案例的裁判要点。全部可查的最高人民法院指导性案例和公报案例自然都已经纳入本书,分别列在"指导案例"和"公报案例"栏目之下。而且,为体现权威,本书直接引用指导案例呈现的裁判要点或公报案例的裁判摘要。然而,它们的覆盖范围仍然有限。在商标法各条的"法院参考案例"栏目下,本书竭力汇集了各级法院的典型案例和疑难案例,鲜活地展示了商标法的各种法律问题及法院的裁判思路。为此,笔者参阅了大量案例书籍,主要包括《中华人民共和国最高人民法院公报》(1985—2021)、《最高人民法院知识产权审判案例指导》(第1—12 辑)、《知识产权审判指导》(第 1—32 辑)、《最高人民法院知识产权要案典丛·商标卷》、《中国知识产权指导案例评注》(第 1—12 辑)、《中国商标及不正当竞争案例精要》(黄晖编著)等。此外,笔者还通过利用"北大法宝"等数据库,系统检索并甄别了商标法开始实施至 2021 年 8 月的案例,以期全面客观地反映我国商标法的司法实践及其发展。在甄选案例时,笔者力图全面,尽可能捕捉司法实践中的分歧,并予以客观呈现。在归纳总结判决的规范性要点时,不仅注意规范表达,力求准确而简洁,还注重结合案件事实,避免过于概括而使其干瘪、扁平而教条化。为方便比较研究,笔者时常通过脚注提示读者注意其他法院对同一法律问题的不同裁判思路和意见。最终,在"法院参考案例"栏目之下整理编排近 900 个商标案例的裁判要点,有助于体系性把握中国商标法实践。

值得一提的是,我国商标法自 1982 年颁行以来近四十年,历经变迁。本书不是商标法史，过时的商标法规范文件和资料原则上不予以收录，除非其中有与当前商标法实践相关的部分。“立法·要点注释”栏目的内容来源于全国人民代表大会常务委员会法制工作委员会于2013年针对商标法的修正而组织编写的《中华人民共和国商标法释义》，目前仍出现在“中国人大网”之下“法律释义与问答”栏目。但是，它本身并不是立法解释，人民法院裁判案件时也不作为法律渊源予以援引。而且，2013年之后，商标法、商标法实施条例和相应的司法解释、部门参考文件等法律文件都经历过修正或修订，还有新的法律文件出台，原释义内容并没有得到及时更新，其中的不少内容已过时，甚至与目前的商标法实务相冲突。为此，本书不直接引用该释义的内容，而是从中摘录与现行商标法相关的规范要点，一求简明，二免误解。

三

本书所采的体例结构既有优势，也有劣势。这种体例安排便于梳理法律渊源，但对读者有较高的要求，即需要对商标法整体有相当程度的认知和把握。我们学习和研究是从局部到整体，但是局部的意义只有通过整体才能准确获知。我们对商标法整体的认知——无论是清晰的，还是模糊的——都决定着我们对商标法个别条文的理解。注释商标法条文，无论做到何种程度的精致和深入，都必然要对商标法整体进行人为的条块分割。条文与条文之间的关系，条文与商标法整体之间的关系，必有中断和割裂，误解和歧义在所难免。要从局部出发去构建整体，又要从整体出发去理解和把握局部。因此，注释商标法条文不应是孤立地注释个别条文，而应始终放置在商标法整体的关照之下。

为弥补条文注释的内在缺陷，本书在主要条文注释的末尾设置有“编者说明”一栏，力求实现如下目的：第一，从商标法整体对条文进行定位；第二，说明条文与条文之间的关系，划定每个条文注释内容的边界，避免相关条款的注释内容重复；第三，对“法院参考案例”栏目中的案例出现的意见冲突进行简要的说明和讨论。

然而“编者说明”并不能解决条文注释的根本问题。本书之外，还需要有一本系统解析商标法问题的专著，这才有利于从整体上把握商标法的要义与本质。它是从商标法整体出发，不是以商标法条文作为组织架构的基础，而是以商标法的基本问题作为骨架。撰写本书之际，我已经开始筹备写作

《中国商标法:判例综述与规范解释》,该书将沿袭本人已经出版的《中国著作权法:判例综述与规范解释》一书的体例结构。这本书将充分结合判例,围绕商标法的基本概念、原理和原则展开,从整体上系统地揭示商标法问题的分析和思考方法,进一步帮助使用本书但仍有迷惑的部分读者。在这个意义上,本书是阶段性成果,是为撰写《中国商标法:判例综述与规范解释》一书奠定基础。但愿不久的将来,它就能面世,以飨读者。

四

撰写本书是一段不平凡的学术经历,辛苦但有趣。虽然力求准确,校对数遍,但不可否认,本书或许仍存在瑕疵或错误。衷心感谢热心的读者通过以下电子邮箱联系并指正,以便将来有机会可以改正:zjuhhw@ zju. edu. cn。

最后,就本书的顺利出版,我十分感谢麦读文化总编曾健先生的精心策划,感谢中国民主法制出版社法律分社陈曦副社长的大力支持,感谢中国民主法制出版社谢瑾勋编辑和麦读文化孙振宇编辑、李云琪编辑的有效工作。同样,我非常感激辅助我的研究生们,特别是邬馨远、叶宣含和吉日木图等同学,对校对工作尽心尽力。我还要十二分地感谢我的家人,没有他们的支持和操劳,我不可能片刻安坐于书桌旁。对一岁半的儿子——一个小小男子汉——我不时愧疚难当。但愿未来有更多的时间陪伴他长大,同他一起探索万物之理和变化之道。

何怀文

2021 年 11 月于浙大紫金西苑

凡　例

1.【立法·要点注释】立法机关权威释义之要点，摘录自全国人民代表大会常务委员会法制工作委员会编写的《中华人民共和国商标法释义》（载“中国人大网”下“法律释义与问答”栏目）。

2.【相关立法】与注释条文有关的法律规定。

3.【行政法规】国务院制定的行政法规中与商标有关的规定。

4.【司法解释】最高人民法院就审判工作中具体应用法律的问题所作的解释。在重要司法解释条文下，选摘了最高人民法院司法解释起草部门或相关人员就司法解释的理解与适用所作的阐释内容。

5.【司法文件】最高人民法院及相关部门下发的除司法解释之外的司法指导文件，主要包括“答复”“意见”“通知”“会议纪要”等。

6.【部门参考文件】涵盖商标事宜的部门规章和规范性文件，主要包括国家知识产权局2021年11月16日新颁行的《商标审查审理指南》（2022年1月1日施行），以及商标局颁行的办事指南、常见问题解答等实操内容。

7.【北京法院商标行政案件的规范文件】北京市高级人民法院发布的商标授权确权行政案件审理指南以及规范商标行政诉讼案由的意见等规范文件。

8.【地方法院规范】地方高级人民法院发布的有关侵害商标权的判定和司法救济的规范文件。

9.【指导案例】最高人民法院指导性案例裁判要点。

10.【公报案例】《中华人民共和国最高人民法院公报》案例裁判摘要。

11.【法院参考案例】最高人民法院及地方法院审理的典型案例的裁判要点。

12. 在相关立法、司法解释、司法文件、部门参考文件、北京法院商标行政案件的规范文件、地方法院规范等栏目中，法律文件名称及条文序数以原文件为准。作为标题的法律法规名称后附实施日期，如《中华人民共和国民法典》（20210101）、《中华人民共和国商标法实施条例》（20140501）。作为标题的司法解释、司法文件、部门参考文件等名称，有文号的，后附文号与实施日期，如《最高人民法院关于专利、商标等授权确权类知识产权行政案件审理分工的规定》（法发〔2009〕39 号，20090701）、《规范商标申请注册行为若干规定》（国家市场监督管理总局令第 17 号，20191201）；没有文号的，后附施行日期。需要特别说明的是，经修正的司法解释同时后附修正信息，如《最高人民法院关于审理商标民事纠纷案件适用法律若干问题的解释》（法释〔2002〕32 号，20021016；经法释〔2020〕19 号修正，20210101）。

在法律条文以及司法解释的注释部分以及案例中，涉及法律、行政法规名称的，均省略"中华人民共和国"字样，涉及条文序数的，使用汉数字，如商标法第十五条、商标法实施条例第十八条；涉及司法解释、司法文件、部门参考文件等名称的，使用文件全称，涉及条文序数的，使用汉数字，如《最高人民法院关于审理商标授权确权行政案件若干问题的规定》第八条、《商标评审规则》第十一条。

13. 在部门参考文件栏目中，本书主要摘录了《商标审查审理指南》的实体规范以及部分程序规则。为方便读者阅读，本书也摘录了该指南中的示例和典型案例。

目　　录

第一章　总　则

第一条　【立法宗旨】为了加强商标管理，保护商标专用权，促使生产、经营者保证商品和服务质量，维护商标信誉，以保障消费者和生产、经营者的利益，促进社会主义市场经济的发展，特制定本法。

【立法·要点注释】

1. 商标专用权是指商标经依法核准注册后，商标注册人对其注册商标所享有的依法支配并禁止他人侵害的权利，包括排他使用权、收益权、处分权、续展权和禁止他人侵害的权利等。

2. 商标是人们区别商品和服务不同来源的重要标志，是人们知悉和认同某一商品或者服务的重要因素，也是消费者购买某一商品或者服务的重要条件，商品或者服务的商标与其质量是直接联系在一起的。

3. 无论是加强商标管理，保护商标专用权，还是促使生产、经营者保证商品和服务质量，维护商标信誉，目的之一既是维护消费者的利益，也是维护生产、经营者的利益，使二者的利益依法得到平等的保护。

4. 随着我国社会经济的发展，商标在经济生活中的作用越来越大，充分发挥商标制度的作用，能够更好地促进社会主义市场经济的发展。

【法院参考案例】

1.【最高院"大宝"案】鉴于侵害注册商标专用权的行为从结果上看也属于不正当竞争，在涉及同一行为时，如已经认定侵害注册商标专用权，且能够涵盖不正当竞争行为，可不再单独考虑不正当竞争问题〔北京大宝化妆品有限公司与北京市大宝日用化学制品厂、深圳市碧桂园化工有限公司侵害商标权及不正当竞争纠纷案，最高人民法院民事判决书(2012)民提字第 166 号〕。

2.【北京高院"颜文字 KAOMOJI"案】商标法第一条系总则性条款，故在具体案件审理中不适用〔中国招商(集团)有限公司等与国家知识产权局商标权无效宣告请求纠纷上诉案，北京市高级人民法院行政判决书(2020)京行终 569 号〕。

3.【天津高院"瑞和如家"案】注册商标权利人主张被控侵权人实施侵犯注册商标权专用权并构成不正当竞争时,应当首先依据商标法审理〔天津市静海县瑞和如家快捷宾馆与和美酒店管理(上海)有限公司侵害商标权及不正当竞争纠纷上诉案,天津市高级人民法院民事判决书(2016)津民终410号〕。

商标法和反不正当竞争法的区别点在于,前者是保护注册商标专用权的专门法,后者用于制止除知识产权专门法规定的侵权行为外的、其他违反诚实信用原则的不正当竞争行为,发挥补充保护的功能。因此,当注册商标权利人主张被控侵权人实施了侵犯注册商标权专用权的行为并构成不正当竞争时,即使被控侵权人抗辩其系对企业字号的使用,人民法院也应当首先依据商标法的相关规定,审查被控侵权人在经营活动中是否实施了侵犯注册商标专用权的行为。

编者说明

商标法存在于社会主义市场经济之中,我国所有商标法问题都必须也只能在社会主义市场经济之中予以思考和解决。2021年1月31日,习近平总书记在《求是》杂志发表《全面加强知识产权保护工作 激发创新活力推动构建新发展格局》一文,提出"必须从国家战略高度和进入新发展阶段要求出发,全面加强知识产权保护工作,促进建设现代化经济体系,激发全社会创新活力,推动构建新发展格局"。这就是要求我们从社会主义市场经济的新发展格局出发思考和解决全部商标法问题,商标法的原则和规范的解释和适用也都是以此为出发点和落脚点。

第二条【商标行政主管部门】国务院工商行政管理部门商标局主管全国商标注册和管理的工作。

国务院工商行政管理部门设立商标评审委员会,负责处理商标争议事宜。

【部门参考文件】

1.《关于变更业务用章及相关表格/书式的公告》(国家知识产权局公告第295号,20190214)

根据中央机构改革部署,国家知识产权局原专利复审委员会并入国家知识产权局专利局,原国家工商行政管理总局商标局、商标评审委员会、商标审查协作中心整合为国家知识产权局商标局,不再保留专利复审委员会、商标评审委员会、商标审查协作中心。

为确保知识产权审查业务工作平稳有序运行,现将有关事项公告如下:

一、机构调整后专利、商标审查工作将以国家知识产权局的名义开展,原专利复审委员会、原国家工商行政管理总局商标局、商标评审委员会、商标审查协作中心机构名称不再使用。

涉及原专利复审委员会、原国家工商行政管理总局商标局、商标评审委员会、商标审查协作中心的业务办理程序不变。尚未办结的事项由继续行使其职权的新机构办理,已发出的通知书/书式、作出的行政决定、签订的各类协议继续有效。

二、机构调整后原专利复审委员会、原国家工商行政管理总局商标局、商标评审委员会、商标审查协作中心的业务印章停止使用,统一启用新的业务印章。新业务印章由“国家知识产权局”加具体业务类型组成,业务用章变更清单见附件1。

三、机构调整后专利、商标审查工作中涉及到的请求类表格/书式和发出类通知书/书式中统一使用国家知识产权局代替原专利局、原商标局、原专利复审委员会、原商标评审委员会及原商标审查协作中心。新启用的审查业务请求类表格/书式清单见附件2。

附件1

业务用章变更清单

序号	用章名称1(第一行)	用章名称2(第二行)
废止业务用章		
1	中华人民共和国国家工商行政管理总局	商标局
2	国家工商行政管理总局	商标评审委员会
3	国家知识产权局专利复审委员会	行政诉讼专用章
新设业务用章		
商标注册审查业务用章		
1	国家知识产权局	商标审查业务章
2	国家知识产权局	商标注册证明专用章
3	国家知识产权局	商标档案业务专用章
4	国家知识产权局	商标案件线索转办专用章
商标评审业务用章		
5	国家知识产权局	商标评审业务章
行政诉讼用章		
6	国家知识产权局	行政诉讼专用章

2.《国家知识产权局职能配置、内设机构和人员编制规定》(厅字〔2018〕71号,20180801)

第一条 根据党的十九届三中全会审议通过的《中共中央关于深化党和国家机构改革的决定》、《深化党和国家机构改革方案》和第十三届全国人民代表大会第一次会议批准的《国务院机构改革方案》,制定本规定。

第二条 国家知识产权局是国家市场监督管理总局管理的国家局,为副部级。

第三条 国家知识产权局贯彻落实党中央关于知识产权工作的方针政策和决策部署,在履行职责过程中坚持和加强党对知识产权工作的集中统一领导。主要职责是:

(一)负责拟订和组织实施国家知识产权战略。拟订加强知识产权强国建设的重大方针政策和发展规划。拟订和实施强化知识产权创造、保护和运用的管理政策和制度。

（二）负责保护知识产权。拟订严格保护商标、专利、原产地地理标志、集成电路布图设计等知识产权制度并组织实施。组织起草相关法律法规草案，拟订部门规章，并监督实施。研究鼓励新领域、新业态、新模式创新的知识产权保护、管理和服务政策。研究提出知识产权保护体系建设方案并组织实施，推动建设知识产权保护体系。负责指导商标、专利执法工作，指导地方知识产权争议处理、维权援助和纠纷调处。

（三）负责促进知识产权运用。拟订知识产权运用和规范交易的政策，促进知识产权转移转化。规范知识产权无形资产评估工作。负责专利强制许可相关工作。制定知识产权中介服务发展与监管的政策措施。

（四）负责知识产权的审查注册登记和行政裁决。实施商标注册、专利审查、集成电路布图设计登记。负责商标、专利、集成电路布图设计复审和无效等行政裁决。拟订原产地地理标志统一认定制度并组织实施。

（五）负责建立知识产权公共服务体系。建设便企利民、互联互通的全国知识产权信息公共服务平台，推动商标、专利等知识产权信息的传播利用。

（六）负责统筹协调涉外知识产权事宜。拟订知识产权涉外工作的政策，按分工开展对外知识产权谈判。开展知识产权工作的国际联络、合作与交流活动。

（七）完成党中央、国务院交办的其他任务。

（八）职能转变。

1. 进一步整合资源、优化流程，有效利用信息化手段，缩短知识产权注册登记时间，提升服务便利化水平，提高审查质量和效率。

2. 进一步放宽知识产权服务业准入，扩大专利代理领域开放，放宽对专利代理机构股东或合伙人的条件限制。

3. 加快建设知识产权信息公共服务平台，汇集全球知识产权信息，按产业领域加强专利导航，为创业创新提供便捷查询咨询等服务，实现信息免费或低成本开放，提高全社会知识产权保护和风险防范意识。

4. 加强对商标抢注、非正常专利申请等行为的信用监管，规范商标注册和专利申请行为，维护权利人合法权益。

（九）有关职责分工。

1. 与国家市场监督管理总局的职责分工。国家知识产权局负责对商标专利执法工作的业务指导,制定并指导实施商标权、专利权确权和侵权判断标准,制定商标专利执法的检验、鉴定和其他相关标准,建立机制,做好政策标准衔接和信息通报等工作。国家市场监督管理总局负责组织指导商标专利执法工作。

2. 与商务部的职责分工。国家知识产权局负责统筹协调涉外知识产权事宜。商务部负责与经贸相关的多双边知识产权对外谈判、双边知识产权合作磋商机制及国内立场的协调等工作。

3. 与国家版权局的职责分工。有关著作权管理工作,按照党中央、国务院关于版权管理职能的规定分工执行。

3.《委托地方工商和市场监管部门受理商标注册申请暂行规定》(工商标字〔2016〕168 号,20160901)

第二条 县级以上(以省会城市、地级市为主)工商、市场监管部门受工商总局商标局(以下简称商标局)委托,在地方政务大厅或注册大厅设立商标注册申请受理窗口,代为办理商标注册申请受理等业务。

第三条 县级以上(以省会城市、地级市为主)工商、市场监管部门拟开展商标注册申请受理业务的,须填写《地方工商和市场监管部门开展商标注册申请受理业务审批表》(附表),由省(自治区、直辖市)工商、市场监管部门提出意见后报送商标局。按照便利化原则,兼顾区域分布、商标申请量等因素,经审核确有设立必要且具备运行条件的,经商标局批准并公告后开展受理业务。

第四条 商标局工作职责:

(一)确定受托单位受理业务范围和受理区域范围;

(二)制定工作规程、业务质量标准和业务质量管理办法;

(三)根据业务工作需要,对受托单位工作人员进行业务培训;

(四)对受托单位商标注册申请受理和规费收缴等工作进行指导和检查。

第五条 受托单位工作职责:

(一)负责商标受理业务机构设置、人员安排、网络联通建设、办公场所和相关设备配置;

(二)根据商标局有关规定,制定和落实业务质量管理办法;

(三)加强与商标局业务联系,定期向商标局汇报工作;

（四）办理商标局委托的其他工作。

【法院参考案例】

【北京高院"《注意事项》合法性审查"案】民事主体有权要求法院审查商标局制定之规范性文件的合法性〔潘强与国家工商行政管理总局商标局行政纠纷上诉案，北京市高级人民法院行政判决书(2019)京行终2620号〕。

国家知识产权局作为商标法第二条第一款规定的全国商标注册和管理工作的主管部门，其制定的《注意事项》①系针对不特定的公民、法人或者其他组织作出的、可反复适用并具有普遍约束力的规范性文件，当事人有权对《注意事项》提出进行合法性审查的诉讼请求，法院对此应予审理。

---

① 《注意事项》是指《自然人办理商标注册申请注意事项》。——编者注

第三条 【注册商标的种类】经商标局核准注册的商标为注册商标,包括商品商标、服务商标和集体商标、证明商标;商标注册人享有商标专用权,受法律保护。

本法所称集体商标,是指以团体、协会或者其他组织名义注册,供该组织成员在商事活动中使用,以表明使用者在该组织中的成员资格的标志。

本法所称证明商标,是指由对某种商品或者服务具有监督能力的组织所控制,而由该组织以外的单位或者个人使用于其商品或者服务,用以证明该商品或者服务的原产地、原料、制造方法、质量或者其他特定品质的标志。

集体商标、证明商标注册和管理的特殊事项,由国务院工商行政管理部门规定。

【立法·要点注释】

1. 集体商标具有以下特征:首先,集体商标是以各成员组成的集体名义注册的,集体商标不属于某个特定的自然人、法人或者其他组织,而属于由多个自然人、法人或者其他组织组成的社团组织,具有“共有”和“共用”的特点。集体商标表明商品或者服务来源某一集体组织,这一集体组织可以是某一特定的行会、商会等团体、协会或者其他组织,而商品或者服务的具体提供者则以集体成员的身份隐退在集体的背后。其次,集体商标供该组织成员使用,集体组织通常不使用,不是该组织的成员则不能使用。也就是说,集体商标的使用是以成员身份为基础的。当某一成员退出该集体时,他就不能再使用该集体商标,当某一新成员加入时,他就可以因获得成员的身份而使用该集体商标。再次,集体的成员应限于在商事活动中使用集体商标,而不应在商事活动以外的其他活动中使用。最后,集体商标的作用是表明使用者在该组织中的成员资格,即表明使用该商标的商品或者服务来源某一个集体,以便与不是这个集体的成员的商品或者服务相区别。

2. 证明商标具有以下特征:首先,证明商标由对某种商品或者服务具有监督能力的组织所控制。证明商标的注册人必须对商品或者服务具有检测和监督能力，并且要对商品或者服务的质量进行管理，对使用人使用证明商标进行监督。其次，证明商标由证明商标注册人以外的单位或者个人使用于其商品或者服务，而证明商标注册人本身不能使用。最后，证明商标的作用是证明该商品或者服务的原产地、原料、制造方法、质量或者其他特定品质，而不是表示商品或者服务来源于某个经营者。

【行政法规】

《中华人民共和国商标法实施条例》(20140501)

第四条　商标法第十六条规定的地理标志，可以依照商标法和本条例的规定，作为证明商标或者集体商标申请注册。

以地理标志作为证明商标注册的，其商品符合使用该地理标志条件的自然人、法人或者其他组织可以要求使用该证明商标，控制该证明商标的组织应当允许。以地理标志作为集体商标注册的，其商品符合使用该地理标志条件的自然人、法人或者其他组织，可以要求参加以该地理标志作为集体商标注册的团体、协会或者其他组织，该团体、协会或者其他组织应当依据其章程接纳为会员；不要求参加以该地理标志作为集体商标注册的团体、协会或者其他组织的，也可以正当使用该地理标志，该团体、协会或者其他组织无权禁止。

第十三条第六款　申请注册集体商标、证明商标的，应当在申请书中予以声明，并提交主体资格证明文件和使用管理规则。

【部门参考文件】

1.《商标审查审理指南》(国家知识产权局公告第462号,20220101;下编)

第九章　集体商标、证明商标的审查审理

4.1 集体商标特有事项的审查

4.1.1 申请人主体资格的审查

集体商标的基本功能在于赋予作为其成员的生产经营者的商品或者服务以某种共性，表明生产经营者是某个集体组织的成员，从而与那些不属于该集体组织成员的生产经营者区别开来。因此，集体商标彰显的是共性特征,其申请注册主体应当是集体组织。如中国新华书店协会、佛山市湖南省岳阳市商会、北京市大兴区庞各庄西瓜产销联合会等。

根据《农民专业合作社法》,农民专业合作社是在农村家庭承包经营基础上,农产品的生产运营者或者农业生产经营服务的提供者、利用者,自愿联合、民主管理的互助性经济组织,属于《商标法》第三条第二款所指的"其他组织",可以作为集体商标申请注册主体,但不能作为地理标志集体商标的申请注册主体。

单一的企业、个体经营者或者集团公司,例如:阳高县农业技术推广站、海宁市袁华镇经济建设服务中心、阿鲁科尔沁旗粮食总公司、兰州安宁区安宁堡乡人民政府等都不是集体性的组织,不能作为集体商标申请人。

集体商标注册申请人应当提交其依法成立身份证明文件表明其具备申请的主体资格,包括事业单位法人证书、社会团体法人登记证书和农民专业合作社营业执照等。

4.1.2 集体商标使用管理规则的审查

根据《集体商标、证明商标注册和管理办法》第十条规定,集体商标使用管理规则应当包括以下主要内容:使用该集体商标的宗旨,集体商标指定使用的商品或者服务的品质,使用该集体商标的手续,使用该集体商标的权利、义务,成员违反使用管理规则应当承担的责任,注册人对使用该集体商标商品的检验监督制度。

上述内容应当明确、具体,既便于申请使用该集体商标的集体成员进行商品生产经营或服务提供时有据可依,也便于集体组织的管理和其他集体成员的监督。例如,集体商标注册申请人应当根据自己管理的需要,明确集体成员所享有的权利和应履行的义务,而不能在使用管理规则中泛泛表述为"其他权利""其他义务"。

4.1.3 集体商标指定商品或者服务的品质的审查

《集体商标、证明商标注册和管理办法》第十条规定,集体商标的使用管理规则应当包括使用该集体商标所指定商品的品质(或服务的规范)。集体商标所指定商品或者服务的品质应当有现行有效、具体明确,且与所指定的商品或者服务相关的标准。该标准可以是国家标准、行业标准、地方标准或团体标准,也可以是申请人自行设定的标准或规范(该标准不能低于国家标准)。

若申请人提交的标准不符合要求,应予以驳回。例如:申请人 2019 年年底申请注册某集体商标,指定商品为"大米",可以采用申请时有效的

GB/T 1354—2018【大米】国家标准，不得采用已经废止的 GB/T 1354—2009【大米】国家标准。申请人若申请注册某集体商标，指定商品为“玉米”，可以采用 GB 1353—2018【玉米】的标准，而不能采用 GB/T 35835—2018【玉米秸秆颗粒】的标准。

4.2 证明商标特有事项的审查

4.2.1 申请人主体资格的审查

证明商标的基本功能在于证明商品或者服务的原产地、原料、制造方法、质量或者其他特定品质。因此，证明商标的注册申请主体应当是依法成立，且对所申请的商品或者服务的特定品质具有监督能力的组织。如中国酒业协会、中国绿色食品发展中心、美国 UL 有限责任公司等。

证明商标注册申请人应当提交其依法成立的身份证明文件证明其具备申请的主体资格，包括营业执照、事业单位法人证书、社会团体法人登记证书等。

4.2.2 证明商标使用管理规则的审查

《集体商标、证明商标注册和管理办法》第十一条规定，证明商标使用管理规则应当包括以下主要内容：使用该证明商标的宗旨；该证明商标证明的商品或者服务的特定品质；使用该证明商标的条件；使用该证明商标的手续；使用该证明商标的权利、义务；使用人违反使用管理规则应当承担的责任；注册人对使用该证明商标商品的检验监督制度。

上述内容应当明确、具体，既便于证明商标注册人进行管理，也便于申请使用该证明商标的申请人进行商品生产经营或服务提供时有据可依，如在使用管理规则中应当对该证明商标所证明的内容（包括原料、制造方法、质量或者其他特定品质等）予以详细说明；不能在使用管理规则中出现“其他权利”“其他义务”等不明确表述。

4.2.3 证明商标指定商品或者服务的品质标准的审查

《集体商标、证明商标注册和管理办法》第十一条规定，证明商标使用管理规则应当包括该证明商标证明的商品或者服务的特定品质。

证明商标是用于证明该商品或者服务的原产地、原料、制造方法、质量或者其他特定品质的标志。其目的是通过引入第三方市场评价机制来规范企业经营行为，提高整个行业产品质量水平。因此，申请人在使用管理规则中应当详细描述该证明商标证明的商品或者服务的原料、制造方法、质量或者其他特定品质的具体标准，既便于注册后对使用该证明商标商品或者服务的品质进行监督管理，便于该证明商标使用人进行商品生产经营或服务提供时有据可依，也有利于消费者通过管理规则知晓使用该证明商标的商品或者服务不同于同类商品或者服务的特殊优异之处，便于选购。

使用证明商标的商品或者服务的品质应当高于国家标准。

例如：

商标类型：证明商标

指定商品：第16类铅笔

申请人：中国制笔协会

（根据该证明商标使用管理规则，核准使用商品"铅笔"的品质标准为："铅笔（考试用和涂卡用铅笔要符合并高于GB/T 26698—2011【考试用铅笔和涂卡专用笔】国家标准）：(1)考试用铅笔'2B'字样清晰可见；断面平整、铅芯居中；杆径均匀、长短统一；漆面光亮、色彩均匀；卷削时铅芯不易断，铅芯性能达到或超过铅笔标准，即芯尖受力/N≥9.31；滑度（摩擦系数）≤0.175；2. 揿动式涂卡笔按QB/T 1023—2007【活动铅笔】轻工行业标准中第4章铅芯公称直径为1.0mm的揿动式活动铅笔要求"）

商标类型：证明商标

指定商品：第42类住所（饭店，供膳寄宿处）

申请人：国家旅游局旅游质量监督管理所

（根据该证明商标使用管理规则，使用该"图形"证明商标必须符合如下要求："设施上，有与饭店规模相适应的总服务台，位置合理，提供饭店服务项目资料、客房价目等信息；应有就餐区域，提供桌、椅等配套设施，照明充足，通风良好；客房装修良好、美观，应有软垫床、梳妆台或写字台、衣橱及衣架、座椅或简易沙发、床头柜及行李架等配套家具；……服务上，应有管理及安保人员24小时在岗值班；24小时提供接待、问询、结账和留言服务；提供总账单结账服务、信用卡结算服务；客房内应24小时提供热饮用水，免费提供茶叶或咖啡；提供早、中、晚餐服务。……"）

4.2.4 证明商标注册申请人检测能力的审查

证明商标注册人的主要职责是对证明商标进行管理，这种管理分两个方面：一是对商品或者服务的质量进行管理；二是对使用人使用证明商标的行为进行监督。因此，证明商标的注册人必须是对其所申请的商品或者服务具有监督能力的组织。

申请人在申请注册证明商标时，应当详细说明其所具有的或者其委托的机构具有的专业技术人员、专业检测设备等情况，以表明其具有监督该证明商标所证明的特定商品品质的能力。

证明商标申请人自身具备检测能力的，提交其自有检测资质证书、检测人员名单和检测设备清单，即认定其具有监督该证明商标所证明的特定商品品质的能力。

证明商标申请人自身不具备检测能力而委托他人检测的，提交委托检测协议、受托单位检测资质证书、检测人员名单和检测设备清单，从而间接认定申请人具有监督该证明商标所证明的特定商品品质的能力。

2.《集体商标、证明商标注册和管理办法》（国家工商行政管理总局令第6号，20030601）

第一条　根据《中华人民共和国商标法》（以下简称商标法）第三条的规定，制定本办法。

第二条　集体商标、证明商标的注册和管理，依照商标法、《中华人民共和国商标法实施条例》（以下简称实施条例）和本办法的有关规定进行。

第三条　本办法有关商品的规定，适用于服务。

第四条　申请集体商标注册的，应当附送主体资格证明文件并应当详细说明该集体组织成员的名称和地址；以地理标志作为集体商标申请注册的，应当附送主体资格证明文件并应当详细说明其所具有的或者其委托的机构具有的专业技术人员、专业检测设备等情况，以表明其具有监督使用该地理标志商品的特定品质的能力。

申请以地理标志作为集体商标注册的团体、协会或者其他组织，应当由来自该地理标志标示的地区范围内的成员组成。

第五条　申请证明商标注册的，应当附送主体资格证明文件并应当详细说明其所具有的或者其委托的机构具有的专业技术人员、专业检测设备等情况，以表明其具有监督该证明商标所证明的特定商品品质的能力。

第六条　申请以地理标志作为集体商标、证明商标注册的，还应当附送管辖该地理标志所标示地区的人民政府或者行业主管部门的批准文件。

外国人或者外国企业申请以地理标志作为集体商标、证明商标注册的，申请人应当提供该地理标志以其名义在其原属国受法律保护的证明。

第七条　以地理标志作为集体商标、证明商标注册的，应当在申请书件中说明下列内容：

(一)该地理标志所标示的商品的特定质量、信誉或者其他特征;

(二)该商品的特定质量、信誉或者其他特征与该地理标志所标示的地区的自然因素和人文因素的关系;

(三)该地理标志所标示的地区的范围。

第八条 作为集体商标、证明商标申请注册的地理标志,可以是该地理标志标示地区的名称,也可以是能够标示某商品来源于该地区的其他可视性标志。

前款所称地区无需与该地区的现行行政区划名称、范围完全一致。

第九条 多个葡萄酒地理标志构成同音字或者同形字的,在这些地理标志能够彼此区分且不误导公众的情况下,每个地理标志都可以作为集体商标或者证明商标申请注册。

第十条 集体商标的使用管理规则应当包括:

(一)使用集体商标的宗旨;

(二)使用该集体商标的商品的品质;

(三)使用该集体商标的手续;

(四)使用该集体商标的权利、义务;

(五)成员违反其使用管理规则应当承担的责任;

(六)注册人对使用该集体商标商品的检验监督制度。

第十一条 证明商标的使用管理规则应当包括:

(一)使用证明商标的宗旨;

(二)该证明商标证明的商品的特定品质;

(三)使用该证明商标的条件;

(四)使用该证明商标的手续;

(五)使用该证明商标的权利、义务;

(六)使用人违反该使用管理规则应当承担的责任;

(七)注册人对使用该证明商标商品的检验监督制度。

第十二条 使用他人作为集体商标、证明商标注册的葡萄酒、烈性酒地理标志标示并非来源于该地理标志所标示地区的葡萄酒、烈性酒,即使同时标出了商品的真正来源地,或者使用的是翻译文字,或者伴有诸如某某"种"、某某"型"、某某"式"、某某"类"等表述的,适用商标法第十六条的规定。

第十三条 集体商标、证明商标的初步审定公告的内容,应当包括该商标的使用管理规则的全文或者摘要。

集体商标、证明商标注册人对使用管理规则的任何修改,应报经商标局审查核准,并自公告之日起生效。

第十四条 集体商标注册人的成员发生变化的,注册人应当向商标局申请变更注册事项,由商标局公告。

第十五条 证明商标注册人准许他人使用其商标的,注册人应当在一年内报商标局备案,由商标局公告。

第十六条 申请转让集体商标、证明商标的,受让人应当具备相应的主体资格,并符合商标法、实施条例和本办法的规定。

集体商标、证明商标发生移转的,权利继受人应当具备相应的主体资格,并符合商标法、实施条例和本办法的规定。

第十七条 集体商标注册人的集体成员,在履行该集体商标使用管理规则规定的手续后,可以使用该集体商标。

集体商标不得许可非集体成员使用。

第十八条 凡符合证明商标使用管理规则规定条件的,在履行该证明商标使用管理规则规定的手续后,可以使用该证明商标,注册人不得拒绝办理手续。

实施条例第六条第二款中的正当使用该地理标志是指正当使用该地理标志中的地名。

第十九条 使用集体商标的,注册人应发给使用人《集体商标使用证》;使用证明商标的,注册人应发给使用人《证明商标使用证》。

第二十条 证明商标的注册人不得在自己提供的商品上使用该证明商标。

第二十一条 集体商标、证明商标注册人没有对该商标的使用进行有效管理或者控制,致使该商标使用的商品达不到其使用管理规则的要求,对消费者造成损害的,由工商行政管理部门责令限期改正;拒不改正的,处以违法所得三倍以下的罚款,但最高不超过三万元;没有违法所得的,处以一万元以下的罚款。

第二十二条 违反实施条例第六条、本办法第十四条、第十五条、第十七条、第十八条、第二十条规定的,由工商行政管理部门责令限期改正;拒不改正的,处以违法所得三倍以下的罚款,但最高不超过三万元;没有违法所得的,处以一万元以下的罚款。

3.《申请注册证明商标或集体商标》(2017年11月修订)

一、办理依据及简要说明

证明商标是指由对某种商品或者服务具有监督能力的组织所控制，而由该组织以外的单位或者个人使用于其商品或者服务，用以证明该商品或者服务的原产地、原料、制造方法、质量或者其他特定品质的标志。证明商标应由某个具有监督能力的组织注册，由其以外的其他人使用，注册人不能使用。它是用以证明商品或服务本身出自某原产地，或具有某种特定品质的标志。只要当事人提供的商品或服务符合这一特定的品质并与注册人履行规定的手续，就可以使用该证明商标，注册人不得拒绝。

集体商标是指以团体、协会或者其他组织名义注册，供该组织成员在商事活动中使用，以表明使用者在该组织中的成员资格的标志。集体商标不是个别企业的商标，而是多个企业或个人组成的某一组织成员共同拥有和使用的商标。集体商标由该组织的成员共同使用，不是该组织的成员不能使用，也不得转让。为适应集体商标"共有"和"共用"的特点，它的注册、使用及管理均应制订统一的规则，并将之公诸于众，由集体成员在公众的监督下共同遵守。

地理标志，是指标示某商品来源于某地区，该商品的特定质量、信誉或者其他特征，主要由该地区的自然因素或者人文因素所决定的标志。地理标志，可以依照《商标法》和《商标法实施条例》的规定，作为证明商标或者集体商标申请注册。

证明商标和集体商标有效期为10年，专用权自核准注册之日起计算。

二、办理途径

申请注册证明商标或集体商标有两条途径：

(一)委托在商标局备案的商标代理机构办理。

(二)申请人自行办理。

……

三、申请条件及办理流程

(一)委托商标代理机构办理证明商标或集体商标注册申请的，申请人可以自愿选择任何一家在商标局备案的商标代理机构办理。所有在商标局备案的商标代理机构都公布在"代理机构"一栏中。

(二)申请人在商标注册大厅自行办理证明商标或集体商标注册申请的，可以按照以下步骤办理：

申请前查询(非必须程序)→准备申请书件 → 在受理窗口提交申请书

件 → 在打码窗口确认提交注册申请→ 在交费窗口缴纳商标注册规费 →领取规费收据

(申请人领取收据后,提交商标注册申请工作就已完成。商标注册审理程序请参阅《商标注册流程图》,申请人在收到《领取商标注册证通知书》后,到商标注册大厅领取《商标注册证》)

四、申请前的查询(非必须程序)

如果商标注册申请被驳回,申请人一方面损失商标注册费,另一方面重新申请注册商标还需要时间,而且再次申请能否被核准注册仍然处于未知状态。因此,申请人在申请注册商标之前最好进行商标查询,了解在先权利情况,根据查询结果作出判断以后再提交申请书。

五、申请材料

(一)证明商标需要提交的申请书件

1.《商标注册申请书》。填写要求详见填写说明。

2. 证明商标申请人主体资格证明文件及复印件,或者加盖申请人印章的有效复印件,并应当详细说明其所具有的或者其委托的机构具有的专业技术人员、专业检测设备等情况,以表明其具有监督该证明商标所证明的特定商品品质的能力。

3. 证明商标使用管理规则。

4. 直接来商标注册大厅办理注册申请的,须提交经办人的身份证及复印件(原件经比对后退还);委托商标代理机构办理注册申请的,须提交商标代理委托书。

5. 如申请注册的证明商标是人物肖像,应当予以说明,并附送肖像权人授权书。授权书应包括作为商标图样申请的肖像人肖像。

(二)集体商标需要提交的申请书件

1.《商标注册申请书》。填写要求详见填写说明。

2. 集体商标申请人主体资格证明文件及复印件,或者加盖申请人印章的有效复印件。

3. 集体商标使用管理规则。

4. 集体成员名单。

5. 直接来商标注册大厅办理注册申请的,须提交经办人的身份证及复印件;委托商标代理机构办理注册申请的,须提交商标代理委托书。

6. 如申请注册的集体商标是人物肖像,应当予以说明,并附送肖像权人授权书。授权书应包括作为商标图样申请的肖像人肖像。

（三）有关书件的具体要求①

1. 填写商标注册申请书时，申请人的名义、章戳应与核准注册或者登记的名义完全一致。商品或服务项目应当按照《类似商品和服务区分表》填写规范名称，商品或服务名称未列入《类似商品和服务区分表》的，应当附送相应的说明。

3. 如果申请注册的是证明商标，应在商标注册申请书的“商标种类”一栏中注明是证明商标；如果申请注册的是集体商标，应在商标注册申请书的“商标种类”一栏中注明是集体商标。

4. 申请人主体资格证明文件可以是事业单位或者社会团体经登记成立的批准文件。集体商标注册申请人，应为某一组织，可以是工业或商业的团体，也可以是协会、行业或其他集体组织，而不是某个单一企业或个体经营者。

5. 证明商标使用管理规则应包括以下内容：使用证明商标的宗旨、意义或目的；该证明商标证明的商品的特定品质；使用该商标的条件；使用证明商标的权利、义务和违反规则应当承担的责任；注册人对使用该证明商标商品的检验监督制度。

6. 集体商标使用管理规则应包括以下内容：使用集体商标的宗旨；使用集体商标的集体成员的名称、地址、法定代表人等；集体商标指定使用的商品的品质；使用集体商标的手续；集体成员的权利、义务和违反规则应当承担的责任；注册人对使用该集体商标商品的检验监督制度。

7. 所有申请书件应当使用中文。向中国申请领土延伸的证明商标或集体商标应交送中文文本；如申请书件使用中文以外文字的，应附送中文译本，并以中文译本为准。

六、注册规费

受理集体商标、证明商标注册费的缴纳数额及缴纳方式请见相关说明。

七、补正程序（非必经程序）

商标注册申请手续齐备、按照规定填写申请文件并缴纳费用的，商标局予以受理并书面通知申请人；申请手续不齐备、未按照规定填写申请文件或者未缴纳费用的，商标局不予受理，书面通知申请人并说明理由。申请手续

---

① 该具体要求下的序号与载于“中国商标网”上的原文件一致。——编者注

基本齐备或者申请文件基本符合规定,但是需要补正的,商标局通知申请人予以补正,限其自收到通知之日起30日内,按照指定内容补正并交回商标局。在规定期限内补正并交回商标局的,保留申请日期;期满未补正的或者不按照要求进行补正的,商标局不予受理并书面通知申请人。

八、注意事项

1.《受理通知书》仅表明商标注册申请已被商标局受理,并不表示申请已被核准。

2. 证明商标或集体商标注册申请被驳回的,如果对驳回决定不服,申请人可以自收到驳回通知之日起15日内向国家工商行政管理总局商标评审委员会申请复审。

3. 申请注册的证明商标或集体商标被提出异议的,如果申请人对商标局的异议裁定不服,可以自收到异议裁定书之日起15日内向国家工商行政管理总局商标评审委员会申请复审。

4. 证明商标或集体商标在提出申请之后但尚未核准注册前仍为未注册商标,仍须按未注册商标使用。如果使用该商标侵犯他人商标专用权,不影响有关工商行政管理机关对该行为的查处。

5. 注册商标的有效期为10年,自核准注册之日起计算。注册商标有效期满需要继续使用的,商标注册人应当在期满前12个月内办理续展手续。商标注册人在此期间未能办理的,可以在期满后的6个月的宽展期内提出,但须缴纳受理续展注册迟延费。宽展期满后仍未提出续展申请的,商标局将注销该注册商标,如果原注册人想继续拥有该商标专用权,则须重新提出注册申请。

九、地理标志申请注册的注意事项

地理标志注册申请,除提交上述集体商标、证明商标所需材料外,还应提交以下材料:

(一)地理标志所标示地区县级以上人民政府或者行业主管部门授权申请人申请注册并监督管理该地理标志的文件。

(二)有关该地理标志商品客观存在及信誉情况的证明材料(包括:县志、农业志、产品志、年鉴、教科书、正规公开出版的书籍、国家级专业期刊、古籍等)并加盖出具证明材料部门的公章。

(三)地理标志所标示的地域范围划分的相关文件、材料。

相关文件包括:县志、农业志、产品志、年鉴、教科书中所表述的地域范围,或者是地理标志所标示地区的人民政府或行业主管部门出具的地域范围证明文件。

(四)地理标志商品的特定质量、信誉或者其他特征与当地自然因素、人文因素关系的说明。

(五)地理标志申请人具备监督检测该地理标志能力的证明材料。

申请人具备检验检测能力的,应提交申请人所具有的检测资质证书或当地政府出具的关于其具备检测能力的证明文件,以及申请人所具有的专业检测设备清单和专业检测人员名单。

申请人委托他人检验检测的,应当附送申请人与具有检验检测资格的机构签署的委托检验检测合同原件,并提交该检验检测机构的检测资质证书以及检测设备清单和检测人员名单。

(六)外国人或者外国企业申请地理标志集体商标、证明商标注册的,应当提供该地理标志以其名义在其原属国受法律保护的证明。

以上内容于2017年11月修订,如果以后发生变动,或者在办理中与商标注册大厅接待人员的要求不一致的,应以接待人员的要求为准。

4.《工商总局商标局关于简化地理标志商标申请材料、便利申请人的通知》(20171103)

为贯彻落实《工商总局关于大力推进商标注册便利化改革的意见》和《工商总局关于深入实施商标品牌战略推进中国品牌建设的意见》精神,按照"一条主线、两个抓手、三个点"商标改革方向,切实推进地理标志商标注册便利化,运用地理标志商标精准扶贫,促进"三农"发展,经认真研究,特采取以下五项措施进一步便利地理标志商标注册申请人。

一、关于地理标志商品客观存在的证明

申请人除通过提供县志、农业志、产品志、年鉴、教科书外,还可以通过提供正规公开出版的书籍、国家级专业期刊、古籍等材料证明其地理标志商品的客观存在及声誉情况。

二、关于地理标志所标示的地区的范围

既可以是县志、农业志、产品志、年鉴、教科书中所表述的地域范围;也可以由该地理标志所标示地区的人民政府或行业主管部门出具的地域范围证明文件划定。

三、关于地理标志商品的特定质量、信誉或者其他特征的关系说明如申请人提供的其他材料里已对该地理标志商品特定质量、信誉或其他特征与当地自然因素、人文因素关系进行了说明,可以不再单独提交该说明。

四、关于申请人检测监督能力证明材料

申请人提供自有检测人员名单和检测设备清单外,只要再提供自有检测资质证书或者当地政府关于其具备相关检测能力的证明,即可认定其具有检测监督该地理标志商品的能力。

申请人委托他人检测的,只需提供委托检测协议、受托单位检测资质证书、检测人员名单和检测设备清单,即可认定该申请人具有检测监督该地理标志商品的能力,可以不再提供受托单位的主体资格证明。

五、关于地理标志商标变更、转让申请

对注册申请中的地理标志商标提交变更或转让申请时,如果申请人提交的变更、转让材料与其在注册申请中提交的完全相同,可以不再重复提交该材料,只需在变更或转让申请书上予以说明。

以上便利化措施自公布之日起实施。

【法院参考案例】

1.【最高院"Bluetooth"案】证明商标注册也必须具备显著特征,符合商标法第十一条的规定〔布鲁特斯SIG有限公司与国家工商行政管理总局商标评审委员会商标申请驳回复审行政纠纷再审申请案,最高人民法院行政裁定书(2016)最高法行申2159号〕。

显著性是商标发挥识别不同商品或者服务功能的基础。虽然商标法第三条第三款对证明商标的申请主体、使用主体及基本功能作出了规定,但其作为注册商标的一种类型,应当符合注册商标的一般性规定,具有显著性,便于识别,符合商标法第十一条的规定。

2.【北京高院"金骏眉"案】普通注册商标不得当成集体商标使用,否则应被宣告无效;商标注册应当按照商标法规定的商标种类和相应程序进行,不能将不同种类的注册商标混淆在一起而加以注册〔武夷山市桐木茶叶有限公司与国家工商行政管理总局商标评审委员会商标异议复审行政纠纷上诉案,北京市高级人民法院行政判决书(2013)高行终字第1767号,列入最高人民法院公布的2013年中国法院10大知识产权案件〕。

3.【北京知产法院“灵宝香菇”案】申请注册地理标志证明商标应具备四个要件：特定性、关联性、长期性和稳定性〔灵宝市菌类生产管理办公室与国家工商行政管理总局商标评审委员会商标申请驳回复审行政纠纷案，北京知识产权法院行政判决书(2015)京知行初字第2081号〕。

通常认为，申请注册地理标志证明商标至少应同时满足以下四个要件：一是特定性，即该商品具有地理来源因素客观形成的特定的质量、声誉或其他特征，申请人应当提交证据证明其具有监督该证明商标所证明的特定商品品质的能力；二是关联性，即商品特征主要由土壤、气候、地形、水质等自然因素或者特有技艺、传统工艺、配料、方法等人文因素形成；三是长期性，即商品特征与地理环境的联系是通过长期的使用传统和公众认知形成的，该期限一般应达数十年，地理标志的历史传统属性排除了仅仅通过短期商业促销或杜撰历史故事就获得声誉的可能性；四是稳定性，即具有持续使用和特征稳定的特点。

编者说明

商标法的规范适用于本条规定的各种商标，但适用方式不尽相同。商标法第四条第二款规定“本法有关商品商标的规定，适用于服务商标”。由此可见，一方面，商标法的各条规定通常以商品商标作为调整对象；另一方面，商标法有关商品商标的规定并不一定适用于证明商标和集体商标。就证明商标和集体商标的特殊法律问题，可参见商标法第三十条和第四十四条注释的案例。此外，商品商标的规范如何适用于服务商标，司法实践中存在争议。就此，请参见商标法第五十六条【法院参考案例】之下【上海杨浦法院“映享家”服务商标案】等案例。

第四条　【申请取得注册商标专用权】自然人、法人或者其他组织在生产经营活动中，对其商品或者服务需要取得商标专用权的，应当向商标局申请商标注册。不以使用为目的的恶意商标注册申请，应当予以驳回。

本法有关商品商标的规定，适用于服务商标。

【立法・要点注释】

商品商标与服务商标，是使用于不同对象的商标。商品商标是商品的生产经营者使用于商品的商标，服务商标是服务的提供者使用于服务的商标。二者的使用对象不同，但二者的性质是相同的，都是表明来源、将自己与他人区别开来的标志，它们有着许多共同的法律关系，可以用相同的规范予以调整。

【司法解释】

《最高人民法院关于审理商标案件有关管辖和法律适用范围问题的解释》（法释〔2002〕1号，20020121；经法释〔2020〕19号修正，20210101）

第五条　除本解释另行规定外，对商标法修改决定施行前发生，属于修改后商标法第四条、第五条、第八条、第九条第一款、第十条第一款第（二）、（三）、（四）项、第十条第二款、第十一条、第十二条、第十三条、第十五条、第十六条、第二十四条、第二十五条、第三十一条所列举的情形，国家知识产权局于商标法修改决定施行后作出复审决定或者裁定，当事人不服向人民法院起诉的行政案件，适用修改后商标法的相应规定进行审查；属于其他情形的，适用修改前商标法的相应规定进行审查。

【部门参考文件】

1.《规范商标申请注册行为若干规定》（国家市场监督管理总局令第17号，20191201）

第二条　申请商标注册，应当遵守法律、行政法规和部门规章的规定，具有取得商标专用权的实际需要。

第三条 申请商标注册应当遵循诚实信用原则。不得有下列行为:

(一)属于商标法第四条规定的不以使用为目的恶意申请商标注册的。

(二)属于商标法第十三条规定,复制、摹仿或者翻译他人驰名商标的。

(三)属于商标法第十五条规定,代理人、代表人未经授权申请注册被代理人或者被代表人商标的;基于合同、业务往来关系或者其他关系明知他人在先使用的商标存在而申请注册该商标的。

(四)属于商标法第三十二条规定,损害他人现有的在先权利或者以不正当手段抢先注册他人已经使用并有一定影响的商标的。

(五)以欺骗或者其他不正当手段申请商标注册的。

(六)其他违反诚实信用原则,违背公序良俗,或者有其他不良影响的。

第四条 商标代理机构应当遵循诚实信用原则。知道或者应当知道委托人申请商标注册属于下列情形之一的,不得接受其委托:

(一)属于商标法第四条规定的不以使用为目的恶意申请商标注册的;

(二)属于商标法第十五条规定的;

(三)属于商标法第三十二条规定的。

商标代理机构除对其代理服务申请商标注册外,不得申请注册其他商标,不得以不正当手段扰乱商标代理市场秩序。

第五条 对申请注册的商标,商标注册部门发现属于违反商标法第四条规定的不以使用为目的的恶意商标注册申请,应当依法驳回,不予公告。

具体审查规程由商标注册部门根据商标法和商标法实施条例另行制定。

第八条 商标注册部门在判断商标注册申请是否属于违反商标法第四条规定时,可以综合考虑以下因素:

(一)申请人或者与其存在关联关系的自然人、法人、其他组织申请注册商标数量、指定使用的类别、商标交易情况等;

(二)申请人所在行业、经营状况等;

(三)申请人被已生效的行政决定或者裁定、司法判决认定曾从事商标恶意注册行为、侵犯他人注册商标专用权行为的情况;

(四)申请注册的商标与他人有一定知名度的商标相同或者近似的情况;

(五)申请注册的商标与知名人物姓名、企业字号、企业名称简称或者其他商业标识等相同或者近似的情况;

(六)商标注册部门认为应当考虑的其他因素。

第九条　商标转让情况不影响商标注册部门对违反本规定第三条情形的认定。

第十二条　对违反本规定第三条恶意申请商标注册的申请人,依据商标法第六十八条第四款的规定,由申请人所在地或者违法行为发生地县级以上市场监督管理部门根据情节给予警告、罚款等行政处罚。有违法所得的,可以处违法所得三倍最高不超过三万元的罚款;没有违法所得的,可以处一万元以下的罚款。

第十三条　对违反本规定第四条的商标代理机构,依据商标法第六十八条的规定,由行为人所在地或者违法行为发生地县级以上市场监督管理部门责令限期改正,给予警告,处一万元以上十万元以下的罚款;对直接负责的主管人员和其他直接责任人员给予警告,处五千元以上五万元以下的罚款;构成犯罪的,依法追究刑事责任。情节严重的,知识产权管理部门可以决定停止受理该商标代理机构办理商标代理业务,予以公告。

2.《商标审查审理指南》(国家知识产权局公告第462号,20220101;下编)

第二章　不以使用为目的的恶意商标注册申请的审查审理

2 释义

2019年4月23日,第十三届全国人民代表大会常务委员会决定对《商标法》作出修改,在第四条第一款中增加了"不以使用为目的的恶意商标注册申请,应当予以驳回"的规定。新增该条款旨在坚决遏制"不以使用为目的"的恶意商标注册申请行为,坚决打击囤积商标的注册申请行为,有效规范商标申请注册秩序。第四条的立法意图在于规制"不以使用为目的"的恶意申请、囤积注册等行为和增强注册申请人的使用义务。该条款增加了《商标法》中规制不以使用为目的的恶意商标注册申请的内容,从源头上制止不以使用为目的的恶意商标注册申请行为,使商标申请注册回归以使用为目的的制度本源。

《商标法》第四条所规定的"不以使用为目的的恶意商标注册申请"是指申请人并非基于生产经营活动的需要,而提交大量商标注册申请,缺乏真实使用意图,不正当占用商标资源,扰乱商标注册秩序的行为。仅损害特定主体的民事权益,不涉及损害公共利益的,不属于该条规定情形。如属于《商标法》其他条款规制的恶意注册情形,适用其他条款。

判断是否构成"不以使用为目的的恶意",应综合考虑申请人所在的行业特点、经营范围、经营资质等基本情况;申请人提交的商标注册申请的数量、类别跨度和时间跨度等整体情况;提交的商标注册申请标志的具体构成、商标实际使用情况,以及申请人在先是否存在商标恶意注册及侵犯多个主体注册商标专用权等多方面因素,综合判断其申请是否明显不符合商业惯例、明显超出正当经营需要和实际经营能力以及明显具有牟取不正当利益和扰乱正常商标注册秩序的意图。

3 适用要件

"不以使用为目的"申请商标注册的行为是指申请人在申请注册商标的时候,既无实际使用商标的目的,也无准备使用商标的行为,或者依据合理推断,无实际使用商标可能性。《商标法》第四条立法目的在于遏制不正当占用商标资源和扰乱商标注册秩序的商标囤积等恶意申请行为,其不以使用为目的大量申请商标和意欲借此牟利的意图,即属于此条款予以规制的"不以使用为目的"的"恶意"。

以下情形不适用《商标法》第四条:

(1)申请人基于防御目的申请与其注册商标标识相同或者近似的商标;

(2)申请人为具有现实预期的未来业务,预先适量申请商标。

4 考虑因素

判断是否构成不以使用为目的的恶意商标注册申请,注册审查程序中以发现的线索为主,异议、评审程序中以在案证据为主,可以综合考虑以下因素。

4.1 申请人基本情况

包括存续时间长短;注册资本实缴情况;所在行业领域及经营范围的具体情况;经营情况是否正常,是否存在吊销、注销、停业、清算等非正常情形。

4.2 申请人提交商标注册申请整体情况

包括申请人累计申请商标数量及指定商品或者服务类别;申请人提交商标注册申请的时间跨度情况;申请人短期内新提交的商标注册申请的数量及指定商品或者服务类别等。

4.3 商标具体构成情况

包括申请注册的商标是否与他人有一定知名度或显著性较强的商标相同或者近似;是否包含行政区划名称、山川名称、景点名称、行业术语等公共资源;是否包含知名人物姓名、企业字号、电商名称、他人知名并已产生识别性的广告语、美术作品、外观设计等其他商业性标识等。

4.4 申请人申请商标注册过程中及取得商标注册后的行为

包括申请人在申请商标注册过程中及取得商标注册后,将商标向第三方售卖或转让,且未能有效举证其售卖或转让前具有使用意图或就其不使用行为作出合理解释的;申请人申请商标注册过程中及取得商标注册后,具有出于牟取不正当利益的目的,积极向他人兜售或公开售卖商标、胁迫他人与其进行商业合作,或者向他人索要高额转让费、许可使用费、侵权赔偿金、诉讼和解费等行为的。

4.5 异议、评审程序中相关证据的情况

包括异议、评审程序中有证据证明申请人申请商标注册时缺乏真实使用意图,或取得商标注册后,既无实际使用行为,也无准备使用行为,申请人未能有效举证其使用意图或就其不使用行为作出合理解释的;异议、评审程序中有证据证明系争商标申请人仅以系争商标专用权对他人发起侵权投诉或诉讼以牟取不正当利益的。

4.6 其他考虑因素

包括但不限于:

(1)申请人被已生效的行政决定或者裁定、司法判决认定曾从事商标恶意注册行为、侵犯他人注册商标专用权行为的情况;

(2)申请人因恶意申请商标注册或商标侵权行为被国家企业信用信息公示系统列入严重违法失信名单等情况;

(3)与申请人存在特定关系的自然人、法人或者其他组织累计申请商标数量、待审查商标注册申请数量、指定商品或者服务类别情况;

(4)与申请人存在特定关系的自然人、法人或者其他组织的商标实际交易、要约、要约邀请情况。

上述因素一般在异议、评审程序中予以考虑。

5 适用情形

下列情形属于《商标法》第四条所指的“不以使用为目的的恶意商标注册申请”行为,当事人提供相反证据的除外:

(1)商标注册申请数量巨大,明显超出正常经营活动需求,缺乏真实使用意图,扰乱商标注册秩序的。

(2)大量复制、摹仿、抄袭多个主体在先具有一定知名度或者较强显著性的商标,扰乱商标注册秩序的。

(3)对同一主体具有一定知名度或者较强显著性的特定商标反复申请注册，扰乱商标注册秩序的。

此类反复申请注册的行为如属于《商标法》其他条款规制的恶意注册情形的，应适用其他条款。

(4)大量申请注册与他人企业字号、企业名称简称、电商名称、域名，有一定影响的商品名称、包装、装潢，他人知名并已产生识别性的广告语、外观设计等商业标识相同或者近似标志的。

(5)大量申请注册与知名人物姓名、知名作品或者角色名称、他人知名并已产生识别性的美术作品等公共文化资源相同或者近似标志的。

(6)大量申请注册与行政区划名称、山川名称、景点名称、建筑物名称等相同或者近似标志的。

(7)大量申请注册指定商品或者服务上的通用名称、行业术语、直接表示商品或者服务的质量、主要原料、功能、用途、重量、数量等缺乏显著性的标志的。

(8)大量提交商标注册申请，并大量转让商标，且受让人较为分散，扰乱商标注册秩序的。

(9)申请人有以牟取不当利益为目的，大量售卖，向商标在先使用人或者他人强迫商业合作、索要高额转让费、许可使用费或者侵权赔偿金等行为的。

(10)其他可被认定为有恶意的申请商标注册行为的情形。

以上情形中，(3)、(9)主要适用于异议与评审程序中；其余情形注册审查、异议与评审程序中均适用。

不以使用为目的恶意申请注册的商标，不限于申请人本人申请注册的商标，也包括与申请人具有串通合谋行为或者具有特定身份关系或者其他特定联系的自然人、法人或者其他组织申请注册的商标。

商标转让不影响对商标申请人违反《商标法》第四条情形的认定。

6 典型案例

6.1 商标注册申请数量巨大，明显超出正常经营活动需求，缺乏真实使用意图，扰乱商标注册秩序的

案例一：

某企业管理咨询公司在第14类、第29类、第30类、第32类、第36类等30多个类别上累计提交数百件商标注册申请，其中仅2019年12月就申请了

100 多件商标。

经查，该公司为自然人独资的有限责任公司，注册资本 100 万元但未公示实缴资本，经营范围为太阳能热水器产品咨询、旅游咨询、企业形象策划咨询等。该申请人在 30 多个类别上提交数量巨大的商标注册申请，其中还包含了与其营业范围行业跨度较大的类别，如第 30 类食品，和有较强行业属性及资质要求的特殊类别，如第 36 类金融服务等，远超出其经营范围，不符合商业惯例。申请人提交商标注册申请数量巨大且合理性难以解释，明显超出正常经营活动需求，缺乏真实使用意图，因此认定其行为构成《商标法》第四条所指的“不以使用为目的的恶意商标注册申请”之情形。

案例二：

某自然人累计在 30 多个类别上申请了 900 余件商标，部分已核准注册。申请人在 2019 年 12 月至 2020 年 4 月又少量多次陆续新提交了 100 余件商标注册申请。商标注册部门通过审查意见书程序要求申请人就申请注册商标的意图及使用情况作出说明并提供必要证据。申请人辩称：提交大量商标注册申请，一是因为爱好商标而申请商标；二是为企业客户提供商标设计服务；三是为本人开展经营备用；四是部分商标在先已获准注册，本次申请属于防御性注册，在其他类别进行延伸保护。

经查，申请人提交的个体工商户营业执照显示，该个体工商户注册资本 1 万元，经营范围为“经济信息咨询；销售服装、首饰、工艺品、五金交电、日用品、饲料、化妆品、家用电器；电脑图文设计”，申请人在 30 多个类别上共提交 1000 余件商标注册申请，明显超出其实际使用需求；提交多件商标注册申请指定类别与其营业范围行业跨度较大，如第 33 类白酒、第 5 类人用药等，明显超出其经营范围。申请人辩称的防御性注册，应当是申请人在先注册商标已投入实际商业使用并具有一定知名度，基于防止他人抢注的目的申请相同或者近似商标的行为，申请人并未提交在先注册商标使用情况相关说明，基于防御意图申请注册的理由难以成立。申请人辩称为开展经营备用，但未提供相关材料证明其已实际作出准备，且申请人在先已申请数百件商标，部分商标已经核准注册，足以满足其生产经营需要，申请人无法对大量提交新的商标注册申请行为作出合理说明且未提供必要证据，故其上述商标注册申请行为构成《商标法》第四条所指的“不以使用为目的的恶意商标注册申请”之情形。

案例三：

某科贸公司的商标注册申请在注册审查程序中被依据《商标法》第四条驳回。该申请人不服上述驳回决定，提出驳回复审申请，复审理由为：申请人申请注册商标系以使用为目的，属于正常的商业使用行为，且并没有商标售卖行为。经复审查明：申请人在全部的45个商品及服务类别上共申请注册了900余件商标；其中不足九个月的时间内就申请注册了约500余件商标。复审认为：申请人短期内大量申请注册商标的行为明显超出了生产经营的正常需要。申请人关于其近期商标申请均为其实际使用商标扩展注册的复审理由与其实际申请行为及商标的构成情况不符，不能解释其注册行为具有合理性和正当性。因此，申请商标构成《商标法》第四条所指情形。

首先，申请人作为科贸公司，注册申请涵盖了商品及服务的所有类别，显然与其行业特点、公司的实际经营情况不符。其次，申请人共申请注册900余件商标，其中包含了有较强行业属性及资质要求的特殊类别，如第1类工业用化学品等商品、第36类保险咨询等服务、第38类无线广播服务等；特别是其中500多件商标申请注册的时间段集中在不足九个月的时间内，申请人不能解释其申请注册行为的合理性。最后，申请人在不同类别大量注册了与其自称的主商标全然无关的商标，且还大量申请注册了不符合商业使用习惯的标识，不能解释其注册行为的正当性。因此，申请人的行为构成《商标法》第四条所指之情形，其注册申请应予以驳回。

6.2 大量复制、摹仿、抄袭多个主体在先具有一定知名度或者较强显著性的商标，扰乱商标注册秩序的

案例一：

某自然人在第24类、第25类商品上提交近百件商标注册申请，其中大部分为“踏奖安”“宁俊李”“克妮耐”“娜控富安”“司登魔波”“弟持哥”等形式的商标。

经查，该申请人的商标注册申请大部分为变形、拆分重组等方式复制、摹仿、抄袭多个主体在先具有一定知名度或者较强显著性的商标，如“安踏”“李宁”“耐克”“富安娜”“波司登”等，且指定类别与他人在先具有一定知名度或者显著性较强的商标核定商品或者服务类别基本相同或相关。这种在类似及关联性较强的商品或者服务类别上复制、摹仿、抄袭多个主体在先具有一定知名度、较强显著性的商标的行为，明显具有牟取不正当利益、扰乱正常商标注册秩序的意图，构成《商标法》第四条所指的“不以使用为目的的恶意商标注册申请”之情形。

案例二：

某公司在第3类、第9类、第14类、第18类、第25类等12个类别上提交了多件“天王宾利”“BENTLEY DESIGN”“博纳多兰博基尼”“FARRARIMAY”等商标注册申请。

经查，该申请人提交的商标注册申请指定类别虽与汽车无关，但商标标志均完整包含“宾利”“BENTLEY”“兰博基尼”“FARRARI”等具有较高知名度和较强显著性的汽车品牌商标。该申请人在非类似商品或者服务上大量申请注册复制、摹仿、抄袭多个主体在先具有较高知名度和较强显著性的商标的行为，不正当利用他人商誉，扰乱了正常商标注册秩序，构成《商标法》第四条所指的“不以使用为目的的恶意商标注册申请”之情形。

案例三：

某科技有限公司在第6类、第9类、第10类、第16类、第18类、第43类等多个商品或者服务类别上共申请30余件商标，该申请人又在第9类“计步器”等商品上提出了商标注册申请。

经查，申请人在非类似商品或者服务上申请注册多件与他人在先具有一定知名度或者较强显著性的商标相同或者近似商标，如“清扬”“翰皇HANOR”“蜂花”“章华SAVOL”“张小泉”等，其中部分商标已被驳回或被相关权利人提出异议，申请人注册多件商标的行为明显超出了正常的商业经营需要。本案中，申请人在第9类“计步器”等商品上申请的商标与他人在先核定使用在第5类“眼药水”等商品上具有一定知名度的商标完全相同，具有明显恶意，因此，该申请行为已构成《商标法》第四条所指的“不以使用为目的的恶意商标注册申请”之情形。

6.3 对同一主体具有一定知名度或者较强显著性的特定商标反复申请注册，扰乱商标注册秩序的

案例：

“马石油酷腾”商标原申请人为自然人A，在商标注册申请审查时该商标已由自然人A转让给自然人B。

经查，本案申请商标“马石油酷腾”与同一主体在先注册且具有一定显著性的“马石油”和“酷腾”商标的简单组合文字相同，且未形成明显区别于引证商标的新含义，双方商标构成近似。自然人A申请20余件商标，除申请本案“马石油酷腾”商标外，还反复在第1类、第4类等类别上申请与同一主体在先注册的“马石油”“途特力”“酷泰”“迈奇”“欣腾”“炫腾”等商标简单

组合而成的“马石油途特力”“马石油酷泰”“马石油迈奇”“马石油欣腾”“马石油炫腾”等文字相同的商标,且自然人 A 未作出合理解释。同时经查,在自然人 A 申请注册的“马石油”商标无效宣告案件中,曾认定自然人 A 既未提供证据证明其有使用商标的真实意图,也未能提供其商标的合理出处,其大量注册的行为明显超出了正常的生产经营需要,该商标已被宣告无效。综上,自然人 A 申请本案商标的行为是针对同一主体具有一定知名度或者较强显著性的特定商标反复申请注册,扰乱了正常的商标注册秩序,属于不以使用为目的的恶意商标注册申请行为。虽然该商标发生转让,但不影响对《商标法》第四条的适用。因此,该行为已构成《商标法》第四条所指的“不以使用为目的的恶意商标注册申请”之情形。

6.4 大量申请注册与他人企业字号、企业名称简称、电商名称、域名,有一定影响的商品名称、包装、装潢,他人知名并已产生识别性的广告语、外观设计等商业标识相同或者近似标志的

案例一:

某网络科技有限公司陆续提交“百利金 PELIKAN”“优凡文具 YOOFUN”“普贴 PUTY”等 92 件商标注册申请,指定在第 11 类、第 17 类、第 18 类、第 19 类、第 22 类、第 24 类、第 26 类、第 27 类和第 33 类商品上。经查,其中 70 余件为淘宝天猫店铺名称。商标注册部门通过审查意见书程序要求申请人就申请注册商标意图及使用情况作出说明并提供相应证据,申请人未在法定期限内回复。

该申请人短时间内提交多件商标注册申请,大多数与地处不同地域的多家淘宝天猫店铺名称相同或者近似,尤其多件商标的中文和英文部分均与淘宝天猫店铺名称相同,指定的商品类别也与淘宝天猫店铺主要经营商品相同,申请人在相关类别上申请相同商标难谓巧合,且申请人未就申请意图作出合理解释,该申请人大量申请注册与他人电商名称相同或者近似标志作为商标的行为,构成《商标法》第四条所指的“不以使用为目的的恶意商标注册申请”之情形。

案例二:

被异议人先后在 20 多个商品或者服务类别上申请注册了 100 余件商标,其中数十件商标与他人企业字号相同或者近似,如“科旭业”“博盛尚”“瞬知”“禧涤”“VEONEER”“安软慧视”“镏云科技”等。被异议人并未提交上述商标使用证据及商标创作来源,亦未提供其意图使用上述商标的证据,

其申请注册商标数量、类别明显超出了市场主体的正常需求。本案中,被异议商标与异议人在先具有一定显著性的企业字号完全相同,因此,被异议人申请被异议商标的行为已构成《商标法》第四条所指的“不以使用为目的的恶意商标注册申请”之情形。

案例三:

被异议人共申请注册40余件商标,涉及26个不同商品或者服务类别,其中涉及第35类商标28件,部分商标与他人具有一定市场影响力的电商名称相同,如“美伦博士”“资莱皙”“迪特亚诺”“启梦缘”“红品爱家”“进鑫铭帮”“淘孕喜”等。本案被异议商标与异议人在先电商旗舰店名称相同,被异议人申请注册多件与他人电商名称等商业标识相同或者近似标志,且被异议人未对其创作思路或使用意图作出合理解释。因此,被异议人申请被异议商标的行为已构成《商标法》第四条所指的“不以使用为目的的恶意商标注册申请”之情形。

6.5 大量申请注册与知名人物姓名、知名作品或者角色名称、他人知名并已产生识别性的美术作品等公共文化资源相同或者近似标志的

案例一:

某生物科技公司提交了“迈克尔克雷默”“詹姆斯皮布尔斯”“格雷格塞门扎”“米歇尔马约尔”等30余件商标注册申请,指定类别主要集中在第5类和第30类商品上。

经查,“迈克尔克雷默”“詹姆斯皮布尔斯”“格雷格塞门扎”“米歇尔马约尔”等均为诺贝尔奖获得者。该申请人大量申请知名人物姓名作为商标,利用他人声誉牟取不正当利益,扰乱正常的商标注册秩序,认定构成《商标法》第四条所指的“不以使用为目的的恶意商标注册申请”之情形。

案例二:

某商贸有限公司申请20余件商标,均指定使用于第35类“替他人推销;市场营销”等服务上。

经查,该申请人申请注册的商标中有20件商标的名称样式均为“工艺美术师的姓名+建盏”,如“陈大鹏建盏”“蔡炳龙建盏”“黄文勇建盏”“吴立主建盏”等商标。其中,陈大鹏、蔡炳龙、黄文勇、吴立主在建盏行业均有一定知名度。申请人申请上述商标具有明显恶意且未提供其实际使用上述商标的证据。因此,申请人申请注册多件与知名人物姓名相同或近似的商标已构成《商标法》第四条所指的“不以使用为目的的恶意商标注册申请”之情形。

6.6 大量申请注册与行政区划名称、山川名称、景点名称、建筑物名称等相同或者近似标志的

案例一:

某文化传媒有限公司在20多个类别上提交160余件商标注册申请,其中100余件为“四贤坊”“瓦市街”“马祖岩”等江西南昌、赣州的地名或景点名称。

经查,该公司为自然人投资或控股的有限责任公司,经营范围为文化艺术交流策划、企业形象策划、商务信息咨询等。申请人未就上述商标注册申请的使用意图作出合理解释。地名和景点名称为公共资源,不宜由一家企业大量注册为商标进行独占。这种大量提交地名和景点名称等公共资源作为商标的行为,具有不正当囤积公共资源的意图,构成《商标法》第四条所指的“不以使用为目的的恶意商标注册申请”之情形。

案例二:

某信息技术有限公司共申请注册50多件商标,集中指定使用于第29类“干蔬菜”、第30类“米;面条”、第31类“新鲜水果”等商品上。

经查,该申请人申请注册的商标大部分为地名商标,比如:“围底”“簕竹”“葵潭”“黎溪”“涧头集”“谭格庄”等。其中,“围底”为广东省罗定市围底镇名称、“簕竹”为广东省云浮市新兴县簕竹镇名称、“葵潭”为广东省揭阳市惠来县葵潭镇名称、“黎溪”为四川省凉山州会理县黎溪镇名称、“涧头集”为山东省枣庄市台儿庄区涧头集镇名称、“谭格庄”为山东省莱阳市谭格庄镇名称。申请人申请上述商标具有明显恶意且未提供其意图使用上述商标的证据。因此,申请人申请注册大量与具有一定知名度的地名等相同或者近似商标的行为已构成《商标法》第四条所指的“不以使用为目的的恶意商标注册申请”之情形。

案例三:

某企业管理咨询公司注册资本10万元,业务经营范围仅限于企业咨询服务和品牌策划。该申请人1年内先后在第9类、第25类、第33类、第34类和第36类等商品或者服务上申请注册了100多件商标,大多属于以下八种类型:(1)“粤港澳大湾区”“九龙半岛”“铜锣湾”“维港”“纽伦港”“北部湾”“杭州湾”等与公众知晓的公共地名名称相同的商标;(2)“抚仙湖”“鼋头渚”“清江画廊”“三峡人家”“爱晚亭”“醉翁亭”“野三坡”“寨罕坝”“壶口瀑布”“黄果树瀑布”“大梅沙”等与全国各地知名景点名称相同的商标;

(3)"南京路""春熙路""王府井大街""陆家嘴""旺角"等与知名商业街区名称相同的商标;(4)"允公允能""学以精工""诚朴雄伟"等与南开大学、北京理工大学、南京大学等我国著名学府校训相近的商标;(5)"粤港澳大桥"等与公众知晓的知名建筑名称相同的商标;(6)"可桢""仲尼""唐叔虞""冉季载""皋陶公"等与具有一定知名度的人名相同的商标;(7)"春分""处暑""大暑""寒露"等与二十四节气名称相近的商标;(8)"天秤座""天蝎座""水瓶座"等与十二星座中文名称相同的商标。

申请人申请注册的商品及服务与申请人的业务经营范围无关联性,其申请商标指定使用的第34类"烟草"商品和第36类"银行"服务具有行业特殊性,该申请人注册商标的真实使用目的难以实现又无法举证,申请人申请商标已明显超出了正常生产经营需要,申请人大量申请商标注册,占用公共资源,扰乱了正常的商标注册和管理秩序。因此,申请人申请商标的行为已构成《商标法》第四条所指的"不以使用为目的的恶意商标注册申请"之情形。

6.7 大量申请注册指定商品或者服务上的通用名称、行业术语、直接表示商品或者服务的质量、主要原料、功能、用途、重量、数量等缺乏显著性的标志的

案例:

某科技有限公司共提交400余件商标注册申请,商标名称大多数样式为:"省会简称+链""英文计算机专业术语+TOKEN(令牌)/CHAIN(链)",如"GSM TOKEN""DETONE CHAIN""CPU TOKEN"等,指定使用在第3类、第5类、第9类、第12类、第18类等25个商品或者服务类别上。申请人经审查意见书程序提交了使用意图说明及证据,包括公司章程、公司名片、产品宣传页面、产品采购合同、增值税普通发票原件及复印件、商业活动公证内容说明等证据材料。

经查,该申请人为有限责任公司(自然人独资),注册资本1000万元但未公示实缴资本,经营范围为"软件技术咨询;区块链技术的技术开发、技术推广、技术转让;百货货物及技术进出口;会议服务"等。该申请人申请商标中包含的"GSM"为"全球移动通信系统"的简称;"DECODE"为"指令解码"的含义,"CPU"为"中央处理器"的简称等。该申请人虽然对其经营情况和申请商标的行为作出了说明,但提交的证明材料与申请商标并无关联,且未有其他证据予以佐证,无法形成完整的证据链证明其对申请的商标进行或准备进行真实合理的使用;且申请人未对大量提交指定商品或者服务上的行业

术语作出合理说明,构成《商标法》第四条所指的“不以使用为目的的恶意商标注册申请”之情形。

6.8 大量提交商标注册申请,并大量转让商标,且受让人较为分散,扰乱商标注册秩序的

案例:

某公司累计在30多个类别上提交了700余件商标注册申请,其中198件商标注册申请已转让给他人,受让人多达198人。

该申请人大量提交商标注册申请的同时大量转让商标,且受让人较为分散,可以推断出申请人申请并非以使用为目的,而是为了大量售卖商标牟取不当利益,明显缺乏真实使用意图,扰乱了正常的商标注册秩序,构成《商标法》第四条所指的“不以使用为目的的恶意商标注册申请”之情形。

6.9 申请人有以牟取不当利益为目的,大量售卖,向商标在先使用人或者他人强迫商业合作,索要高额转让费、许可使用费或者侵权赔偿金等行为的

案例:

被异议人先后在36个商品或者服务类别上申请注册了600多件商标,其中有130多件不同的商标在网上高价售卖,且部分售卖商标已发生实际转让。同时,异议人提供的证据表明被异议人曾存在向异议人索取高额转让费的行为。对于上述情形,被异议人未能作出合理解释。据此,本案审查认为被异议人申请注册商标并非以使用为目的,而是大量售卖或索要高额转让费,牟取不当利益。因此,被异议人上述行为已构成《商标法》第四条所指的“不以使用为目的的恶意商标注册申请”之情形。

6.10 其他可被认定为有恶意的申请商标注册行为的情形

案例一:

被异议人申请注册商标90余件,其中被异议20件。根据异议人提供的材料并经核实:某国际商贸有限公司申请商标74件,其中被异议14件;某展览(北京)有限公司申请商标42件,其中被异议7件,该公司的营业执照因未开业或未经营已被吊销;某传媒股份有限公司申请商标65件,其中被异议3件。上述三家公司的法定代表人或股东与被异议人的法定代表人相同,可以判定上述公司与本案被异议人有关联性。被异议人及其特定关系公司在不同商品和服务类别上申请注册了多件与他人在先注册使用且具有一定知名度的商标相同或者近似的商标。综合上述因素,该案认定不以使用为目的的恶

意申请注册的商标,不限于被异议人本人申请注册的商标,也包括与被异议人存在特定关系的自然人、法人或者其他组织申请注册的商标,本案被异议商标与他人具有一定显著性商标完全相同,因此,被异议人该行为已构成《商标法》第四条所指的"不以使用为目的的恶意商标注册申请"之情形。

案例二:

甲市A品牌策划工作室共提交了100余件商标注册申请,商标形式大部分为两三个汉字的任意组合。商标注册部门在审查该申请人提交的商标注册申请时,发现部分商标与甲市B品牌策划工作室、甲市C服装设计工作室申请的商标相同,提交商标注册申请时间相近。经进一步查实,甲市A品牌策划工作室、甲市B品牌策划工作室、甲市C服装设计工作室、甲市D贸易商行均为个体工商户,其法定代表人均为同一自然人,该自然人及上述主体在近一年时间内共提交1200余件商标注册申请。商标注册部门就上述存在特定关系的主体处在审查流程中的全部商标注册申请发出审查意见书,要求申请人就申请注册商标意图及使用情况作出说明并提供必要证据。申请人未在法定期限内回复。

该申请人及与其存在特定关系的主体短期内提交了大量商标注册申请,明显超出正常经营活动需要。申请人未对上述商标申请行为的合理性作出说明,其申请已构成《商标法》第四条所指的"不以使用为目的的恶意商标注册申请"之情形。

案例三:

被异议人先后在第5类、第9类、第35类等40多个类别的商品或服务上申请注册了1000多件商标,大量商标与他人在先注册且有一定显著性商标相同或相近,如:"LAMERCOLLECTIONS""SMEG""喵趣 KITEKAT""张小泉"等。被异议人曾在商标审查阶段被认定有不以使用为目的的恶意商标注册申请行为。被异议人申请的被异议商标与异议人在先注册并有一定显著性的商标完全相同,该情形难谓巧合,被异议人亦未对其大量申请注册商标的使用意图作出合理解释。综合考虑以上因素,被异议人申请被异议商标的行为已构成《商标法》第四条所指的"不以使用为目的的恶意商标注册申请"之情形。

3.《国家工商行政管理总局商标局关于个体工商户办理商标注册申请不再审查核准经营范围的通告》①(20160314)

为适应我国经济社会发展的新形势,进一步优化大众创业、万众创新的制度环境,切实服务商标申请人,简化自然人办理商标注册申请时提交的手续文件,自本通告发布之日起,我局对个体工商户办理商标注册申请时申报商品或服务范围是否在其核准经营范围内不再进行审查。申请人持有未记载经营范围信息的新版个体工商户营业执照办理商标申请事宜的,不再提交从登记机关指定网站下载打印的关于经营范围的证明材料。办理转让商标申请,受让人为自然人的,参照上述事项办理。

4.《自然人办理商标注册申请注意事项》(20150729)

依照《中华人民共和国商标法》第四条的规定,从事生产、制造、加工、拣选、经销商品或者提供服务的自然人,需要取得商标专用权的,应当向商标局申请商标注册。以自然人名义办理商标注册、转让等申请事宜,除按照有关规定提交《商标注册申请书》、商标图样等材料外,还应注意以下事项:

一、个体工商户可以以其《个体工商户营业执照》登记的字号作为申请人名义提出商标注册申请,也可以以执照上登记的负责人名义提出商标注册申请。以负责人名义提出申请时应提交以下材料的复印件:

(一)负责人的身份证;

(二)营业执照。

二、农村承包经营户可以以其承包合同签约人的名义提出商标注册申请,申请时应提交以下材料的复印件:

(一)签约人身份证;

(二)承包合同。

三、其他依法获准从事经营活动的自然人,可以以其在有关行政主管机关颁发的登记文件中登载的经营者名义提出商标注册申请,申请时应提交以下材料的复印件:

(一)经营者的身份证;

(二)有关行政主管机关颁发的登记文件。

---

① 载于"中国商标网"上的文件名为《通告》,为标明文件所指,将有关内容补齐。——编者注

四、自然人提出商标注册申请的商品和服务范围，应以其在营业执照或有关登记文件核准的经营范围为限，或者以其自营的农副产品为限。

五、对于不符合《商标法》第四条规定的商标注册申请，商标局不予受理并书面通知申请人。

申请人提供虚假材料取得商标注册的，由商标局撤销该注册商标。

六、办理转让商标申请，受让人为自然人的，应参照上述事项办理。

5.《国家工商行政管理总局商标局关于自然人申请商标注册和办理其他商标事宜须填写身份证号码的通知》（商标申〔2003〕184号，20040101）

避免因自然人姓名完全相同造成商标权利混淆，自然人申请商标注册和办理其他商标事宜填写申请文件时，应在申请人姓名之后填写身份证号码。自2004年1月1日起，不按此规定填写申请文件的，我局不予受理。

6.《国家工商行政管理局商标局关于保护服务商标若干问题的意见》（商标〔1999〕12号，19990330）

一、服务商标是指提供服务的经营者，为将自己提供的服务与他人提供的服务相区别而使用的标志。

服务商标由文字、图形或者其组合构成。

二、《商标法》及《商标法实施细则》关于商品商标侵权行为的有关规定同样适用于服务商标；判断商品类似和商品商标近似的原则同样适用于服务和服务商标。

三、类似服务是指在服务的目的、方式、对象等方面相关，或者存在着特定联系的服务。

近似服务商标是指在文字的发音、字形、含义或者图形的构图及颜色或者文字与图形的整体结构上，与注册商标相比较，易使消费者对服务来源产生误认的服务商标。

四、服务行为与提供该服务所使用的商品之间存在特定的联系的，该服务与为提供该服务所使用的商品视为类似。

五、下列行为，属于服务商标侵权行为：

（一）在相同或者类似服务上，擅自使用与他人服务商标相同或者近似的服务商标的；

（二）在相同或者类似服务上，擅自将与他人服务商标相同或者近似的文字作为服务名称使用，并足以造成误认的；

（三）伪造、擅自制造他人服务商标标识或者销售伪造、擅自制造的他人服务商标标识的；

上述行为主要是指伪造、擅自制造或者销售伪造、擅自制造的该服务行业所使用的、带有他人服务商标标识的物品（如餐饮业的餐具等）；

（四）利用广告、宣传媒介或者其他引导消费的手段，擅自使用与他人服务商标相同或者近似的服务商标，并足以造成误认的；

（五）故意为侵权人实施侵权行为提供场所、工具、辅助设备、服务人员、介绍客户（消费者）等便利条件的；或者为侵权人提供仓储、运输、邮寄、隐匿带有服务商标标识的物品等便利条件的。

六、《商标法》第38条（1）至（3）项以及《商标法实施细则》第41条未予明确的给他人商标专用权造成损害的行为，属于《商标法》第38条第（4）项所述的商标侵权行为。

给他人服务商标专用权造成的损害包括损害的可能性。

七、在下列情形中使用服务商标，视为服务商标的使用：

（一）服务场所；

（二）服务招牌；

（三）服务工具；

（四）带有服务商标的名片、明信片、赠品等服务用品；

（五）带有服务商标的账册、发票合同等商业交易文书；

（六）广告及其他宣传用品；

（七）为提供服务所使用的其他物品。

他人正常使用服务行业惯用的标志，以及以正常方式使用商号（字号）、姓名、地名、服务场所名称，表示服务特点，对服务事项进行说明等，不构成侵犯服务商标专用权行为，但具有明显不正当竞争意图的除外。

八、侵犯他人具有一定知名度的服务商标的行为，以及两次以上侵犯他人服务商标专用权的行为，视为应予从重处理的情节。

九、服务商标侵权的非法经营额主要是指侵权人在侵权期间因侵权行为所产生的经营额。一般情况下，擅自使用与他人服务商标相同或者近似的商标从事服务行为所产生的金额均为非法经营额。

仅有广告行为，没有履行服务的，以广告费用计算非法经营额；仅有提供服务行为的票据而未发现相应已履行服务的证据的，以票据数额计算其非法经营额。

十、计算非法经营额的证据包括：

（一）合同；

（二）会计账簿；

（三）发票；

（四）广告宣传；

（五）其他证据。

7.《国家工商行政管理局商标局关于企业承包人在承包期间申请注册的商标归属问题的批复》（19870515）

河北省工商行政管理局：

你局 1987 年 3 月 25 日请示的关于企业承包人在承包期间申请注册的商标的归属问题。我局认为，根据《商标法》第三条的规定，在企业承包期间，以企业名义申请注册的商标，商标专用权归企业所有。

经查，使用于纸类商品上的“双叶”商标，注册人为迁安县李姑店第一宣纸厂。承包人以迁安县老迁北纸坊（现变更为迁安县李姑店第一宣纸厂）的名义申请的双叶商标，专用权属该企业。原承包人李连波在承包期满后不得将双叶商标注册证带走。其他企业未经商标注册人的同意擅自使用双叶商标是违反商标法的侵权行为，必须依法予以制止。

【北京法院商标行政案件的规范文件】

《北京市高级人民法院商标授权确权行政案件审理指南》（20190424）

7.1【商标法第四条的适用】

商标申请人明显缺乏真实使用意图，且具有下列情形之一的，可以认定违反商标法第四条的规定：

（1）申请注册与不同主体具有一定知名度或者较强显著特征的商标相同或者近似的商标，且情节严重的；

（2）申请注册与同一主体具有一定知名度或者较强显著特征的商标相同或者近似的商标，且情节严重的；

（3）申请注册与他人除商标外的其他商业标识相同或者近似的商标，且情节严重的；

(4)申请注册与具有一定知名度的地名、景点名称、建筑物名称等相同或者近似的商标,且情节严重的;

(5)大批申请注册商标,且缺乏正当理由的。

前述商标申请人主张具有真实使用意图,但未提交证据证明的,不予支持。

7.4【商标受让不影响相关条款的认定】

诉争商标的申请注册违反商标法相关规定的,诉争商标的申请人或者注册人仅以其受让该商标不存在过错为由主张诉争商标应予核准注册或者维持有效的,不予支持。

【公报案例】

【最高院"白象"案】商标申请权是一种期待权,是对未来取得注册商标专用权的一种期待,自商标申请之日起存在,至商标被核准注册之日最终实现〔白象食品股份有限公司与国家知识产权局专利复审委员会及第三人陈朝晖外观设计专利权无效行政纠纷案,最高人民法院行政裁定书(2014)知行字第4号,载《中华人民共和国最高人民法院公报》2016年第11期〕。

【法院参考案例】

1.【最高院"SFC"钓鱼用具案】商标申请人违反商标法第四条,没有真实使用目的,无正当理由大量囤积商标,谋取不正当利益的,属于商标法第四十四条第一款规定的"其他不正当手段"〔泉州市泉港区春回大地电子科技有限公司与国家知识产权局及第三人上海电影股份有限公司商标权无效宣告请求行政纠纷再审申请案,最高人民法院行政裁定书(2019)最高法行申2869号〕①。

2.【最高院"海棠湾"案】申请注册商标应该有使用的真实意图〔李隆丰与国家工商行政管理总局商标评审委员会、三亚市海棠湾管理委员会商标争

---

① 同时可参见泉州市泉港区春回大地电子科技有限公司与国家知识产权局及第三人上海电影股份有限公司商标权无效宣告请求行政纠纷再审申请案,最高人民法院行政裁定书(2019)最高法行申2888号。

议行政纠纷再审申请案，最高人民法院行政裁定书(2013)知行字第 41 号〕。

从商标法第四条的规定的精神来看，民事主体申请注册商标，应该有使用的真实意图，以满足自己的商标使用需求为目的，其申请注册商标行为应具有合理性或正当性。利用政府部门宣传推广及开发项目所产生的巨大影响力，抢先申请注册项目所涉地名商标，没有合理理由大量注册囤积商标的行为，并无真实使用意图，不具备注册商标应有的正当性，属于不正当占用公共资源、扰乱商标注册秩序的情形。

3.【最高院“土家人”案】当事人在商标注册申请过程中因申请权权属发生的争议，属于民事纠纷，只要符合民事诉讼法规定的受理条件，人民法院即应予以受理〔湖南省土家人酒业有限公司(原湖南省土家人工贸有限公司)与湖南土家人集团工贸有限公司(原湖南湘西自治州土家人事业有限责任公司)、湖南省正邦商标事务所确认商标申请权权属纠纷再审申请案，最高人民法院民事裁定书(2010)民监字第 407 号〕。

4.【北京高院“绿色、冷灰色、暖灰色组合商标”案】商标注册申请的审查，是对该商标注册申请是否侵害公共利益、公共秩序和他人在先权益的审查，在符合商标法规定的注册条件的情况下，商标的注册是对商标申请人就其商标标志在指定使用商品上提出的权利主张的确认〔湖南杰希重工有限公司等与国家知识产权局商标权无效宣告请求行政纠纷上诉案，北京市高级人民法院行政判决书(2021)京行终 1605 号〕。

5.【北京高院“TANITA”案】注册商标申请人营业执照吊销不影响注册商标申请核准注册〔株式会社百利达等与国家工商行政管理总局商标评审委员会商标争议行政纠纷上诉案，北京市高级人民法院行政判决书(2016)京行终字 1459 号〕。

商标法第四条规定是宣示性规定，其立法本意在于规范商标申请的目的，即申请商标应当出于生产经营所需，而非囤积商标资源，造成商标资源的浪费。即使被吊销营业执照，但是其尚未注销，仍然是民事权利主体，而且也具有恢复营业执照并继续从事生产经营的可能性。另外，我国实行商标注册制，只要民事权利主体因生产经营需要使用注册商标的，都可以向商标行政机关申请注册商标，不以实际使用有关商标为前提。

6.【北京高院"士林"案】商标注册申请人注销则无主体资格取得注册商标专用权〔士林电机厂股份有限公司与国家工商行政管理总局商标评审委员会及镇江士林电机有限公司商标异议复审行政上诉案,北京市高级人民法院行政判决书(2012)高行终字第1306号〕。

7.【贵州高院"龙大哥"案】商标申请人对商标申请享有财产性质的民事权利〔黄长青等与李永祥、贵阳彩艺商标事务所商标权权属纠纷上诉案,贵州省高级人民法院民事判决书(2006)黔高民二终字第39号〕。

第五条　【共同申请并享有注册商标专用权】两个以上的自然人、法人或者其他组织可以共同向商标局申请注册同一商标，共同享有和行使该商标专用权。

【立法·要点注释】

1. 共有商标的主体是两个以上的自然人、法人或者其他组织。即共有商标由两个以上的自然人、法人或者其他组织共同向商标局申请注册，共同享有和行使商标专用权。本条对两个以上的主体，并没有作任何限制，这两个以上的主体，可以是自然人、法人或者其他组织三者之间的任意组合。

2. 虽然集体商标的使用人也为多数，但集体商标与共有商标的最大不同在于集体商标是以团体、协会或者其他组织名义注册的，使用集体商标的该组织成员并不是向商标局申请注册的人，而共有商标是由两个或者两个以上的主体以自己的名义共同申请注册的。

3. 共有商标的客体只有一个。无论共有商标的主体有多少个，其客体只有一个，才能构成共有商标。数个商标注册人共同享有和行使同一商标专用权的商标，才能称为共有商标。如果数人既对甲商标享有商标专用权，又对乙商标享有商标专用权，则是两个独立的共有商标权，而不是一个共有商标权。

4. 共有商标需要由两个以上的主体共同申请注册，共同享有和行使该商标专用权。共有商标的数个主体如何共同享有和行使该商标专用权，需要由各主体之间订立共有一个商标的协议，确定相互之间的权利义务关系；共有商标的商标注册人共同享有和行使商标专用权是经过商标局核准的，注册后不得自行更换；有变动的，须经过法定程序。

【行政法规】

《中华人民共和国商标法实施条例》(20140501)

第十六条　共同申请注册同一商标或者办理其他共有商标事宜的，应当在申请书中指定一个代表人；没有指定代表人的，以申请书中顺序排列的第一人为代表人。

商标局和商标评审委员会的文件应当送达代表人。

【司法解释】

《最高人民法院关于审理商标案件有关管辖和法律适用范围问题的解释》(法释〔2002〕1号,20020121;经法释〔2020〕19号修正,20210101)

第五条 除本解释另行规定外,对商标法修改决定施行前发生,属于修改后商标法第四条、第五条、第八条、第九条第一款、第十条第一款第(二)、(三)、(四)项、第十条第二款、第十一条、第十二条、第十三条、第十五条、第十六条、第二十四条、第二十五条、第三十一条所列举的情形,国家知识产权局于商标法修改决定施行后作出复审决定或者裁定,当事人不服向人民法院起诉的行政案件,适用修改后商标法的相应规定进行审查;属于其他情形的,适用修改前商标法的相应规定进行审查。

【部门参考文件】

《商标评审规则》(国家工商行政管理总局令第65号,20140601)

第九条 商标评审案件的共同申请人和共有商标的当事人办理商标评审事宜,应当依照实施条例第十六条第一款的规定确定一个代表人。

代表人参与评审的行为对其所代表的当事人发生效力,但代表人变更、放弃评审请求或者承认对方当事人评审请求的,应当有被代表的当事人书面授权。

商标评审委员会的文件应当送达代表人。

【公报案例】

【最高院"田霸"案】注册商标专用权的共有人无正当理由不得阻碍其他共有人以普通许可方式许可他人使用〔张绍恒与沧州田霸农机有限公司、朱占峰侵害商标权纠纷案,最高人民法院民事裁定书(2015)民申字第3640号,载《中华人民共和国最高人民法院公报》2017年第4期〕①。

---

① 类似案例参见邱羽与程鲲、程顺利商标权权属、侵权纠纷上诉案,河南省高级人民法院民事判决书(2020)豫知民终243号。

在商标权共有的情况下，商标权的许可使用应遵循当事人意思自治原则，由共有人协商一致行使；不能协商一致，又无正当理由的，任何一方共有人不得阻止其他共有人以普通许可的方式许可他人使用该商标。

【法院参考案例】

1.【最高院“名趣”案】商标名义上的注册人与当事人合同约定不符，在确定商标权归属的过程中，应当尊重当事人的真实意思表示〔郭海亮、李新鹏与周玉祥商标权权属纠纷再审申请案，最高人民法院民事裁定书(2019)最高法民申3915号〕。

2.【最高院“千禧娃”案Ⅱ】仅有部分商标共有人提交商标续展申请，没有证据证明其他共有人放弃续展申请，不必然导致商标共有状态的变更〔陈震与国家知识产权局其他商标权行政纠纷再审申请案，最高人民法院行政裁定书(2019)最高法行申756号〕。

3.【最高院“千禧娃”案Ⅰ】注册商标权共有人在注册商标有效期届满时未能主动与其他共有人共同办理续展事宜，不足以认定该共有人放弃注册商标专用权〔陈震与刘恒中商标权权属纠纷再审申请案，最高人民法院民事裁定书(2018)最高法民申4361号〕。

4.【河南高院“名趣”案】虽然商标注册在一人名下，但该注册人同第三方事先签订协议明确约定为三方共同投资注册、三方持有、共享权利、共担风险，则注册商标专用权应为当事人共有〔郭海亮、李新鹏与周玉祥商标权权属纠纷再审案，河南省高级人民法院民事判决书(2020)豫知民再1号〕。

商标权权属确认过程中，应当尊重当事人的意思自治，根据案件的具体情况确定商标权的归属。根据民法通则第七十八条第一款、民法总则第一百二十九条、商标法第五条规定，商标权作为一种民事财产权利，可以由两个以上的公民、法人或者其他组织共同享有和行使，商标权的取得可有多种方式。注册商标虽曾注册在一人名下，但他与另外两人签订的协议明确约定为三方共同投资注册、三方持有、共享权利、共担风险。该协议系三方自愿签订，意思表示真实，不违反法律、行政法规的禁止性规定，合法有效，应予履行。故，该注册商标专用权应为当事人共同享有。

5.【北京高院"蒙娜丽莎 MONALISA"案】注册商标共有人均有权参与无效宣告程序；商标评审委员会在审理商标无效宣告案件中，应当依据商标法第四十四条第三款规定，同时将商标权共有人列为当事人，并书面通知，告之其进行答辩，否则构成程序违法〔国家工商行政管理总局商标评审委员会与广州蒙娜丽莎建材有限公司商标权无效宣告请求行政纠纷上诉案，北京市高级人民法院行政判决书(2016)京行终 4266 号〕。

6.【江苏高院"纤思哲"案】注册商标专用权的共有人无正当理由不得阻碍其他共有人行使除转让之外的其他权利〔王瑜与李春花等侵害商标权纠纷再审申请案，江苏省高级人民法院民事裁定书(2016)苏民申 5754 号〕。

商标权的共有人依据商标法第五条，共同享有和行使商标专用权。共有人可以约定共有商标权的具体使用方式与范围等；如果没有约定，亦未能就商标使用协商一致，在无正当理由的情况下，共有人不能阻止其他共有人行使除转让之外的其他权利。在此种情况下，商标权共有人有权自己使用或许可他人使用共有商标权，但是所得收益应当合理分配给所有共有权人。

7.【浙江高院"威斯康"案】注册商标专用权的共有人与第三方在向商标局申请转让注册商标时，隐瞒商标存在共有人的事实，恶意串通，属于无效法律行为〔乐清市精密电子机电实业有限公司与乐清市浙南电容器厂等商标权权属纠纷上诉案，浙江省高级人民法院民事判决书(2007)浙民三终字第 296 号〕。

8.【福建高院"白水洋"案】共有注册商标"代表人"变更不属于法院民事纠纷案件的受理范围〔陈高宗与黄应秋商标合同纠纷上诉案，福建省高级人民法院民事裁定书(2015)闽民终字第 34 号〕。

因注册商标代表人变更所发生的争议，既不会影响讼争双方基于涉案商标而具有的商标共有权人身份，也不会影响讼争双方对涉案商标权的行使以及财产的占有、使用、收益及处分。根据民事诉讼法第一百一十九条的规定，上述争议不属于财产法律关系或人身法律关系范畴，不是人民法院受理民事案件的范围。故讼争双方当事人之间因上述问题发生纠纷，理应向有关行政主管机关申请解决，对有关行政主管机关作出的具体行政行为存在异议的，还可根据我国行政诉讼法的有关规定寻求救济。

9.【贵州高院“龙大哥”案】除另有约定，合伙人转让其财产份额，其作为合伙人所享有的商标申请人资格也应随之转让〔黄长青等与李永祥、贵阳彩艺商标事务所商标权属纠纷上诉案，贵州省高级人民法院民事判决书(2006)黔高民二终字第39号〕。

合伙人在出让自己的股份时，出让人理应对自己股份所包括的范围尽到必要的注意义务。除有特别约定外，在得到受让人支付的对价后，出让人在合伙体中的全部权利和义务就转让给了受让人，其在合伙体不再享有任何权利，包括有形财产权和无形财产权，当然应包括其享有的“龙大哥”的注册商标申请权。

10.【安徽高院“傻子”瓜子案】注册商标专用权转让中可以约定共有〔安徽省傻子经济发展有限公司与芜湖市傻子瓜子总厂注册商标使用权纠纷上诉案，安徽省高级人民法院民事判决书(2002)皖民二终字第12号〕。

争议商标的专用权共有行为发生在注册商标的转让过程中，并不是在申请注册过程中，“法无禁止不违法”，应当允许两个以上主体共同享有同一商标权；该约定既是一种私法行为，也是当事人意思自治原则下的适法行为。

编者说明

商标法第五条没有全面规定注册商标专用权共有，而规定了共同申请并因此共同享有注册商标专用权的情形。显然，注册商标专用权共有状态并不限于共同申请，还可能包括继承等。

无论商标权共有还是单独所有，相关公众都凭借商标识别单一的商品来源，这不会改变。商标权共有与商标应当识别单一商品来源的法律要求容易发生冲突，应设立法律规范予以调整。一方面，共有人都有权自行使用共有商标在各自的商品或服务上；另一方面，共有之商标又要识别单一的商品来源，表征商品或服务源于同一个品质控制源。诚如集体商标注册需要实行集体商标的使用管理规则，其中包括商品品质管控，共有商标理应如此，否则容易误导公众。毕竟，注册商标专用权共有区别于市场历史格局情况下的商标共存——相关公众已经能够区分近似的商标，也区别于多个彼此隔离的地区范围内使用的未注册商标的共存。

我国法院当前不仅不强调商标共有人统一管控商品品质的法律义务，反而强调他们各自为政的权利和自由。法院比照专利法第十四条，认为注册商标专用权的共有人无正当理由不得阻碍其他共有人行使除转让之外的其他权利。[①]这种类推适用缺乏法理基础。专利法第十四条是为鼓励专利技术应用，符合专利法的立法宗旨，但商标法却不应鼓励多人独立地使用或许可他人使用注册商标，否则容易导致相关公众混淆商品来源。商标不同于新技术；商标识别单一的商品来源。如果注册商标共有人无须经过其他共有人同意就有权许可他人使用注册商标，就会出现多个注册商标共有人按照不同的商品质量要求许可多个主体使用注册商标，该注册商标就不再能识别单一的商品来源，相关公众自然会混淆商品来源，造成市场秩序混乱。

【最高院"田霸"案】似乎没有意识到这一问题，反而强调，"如果因为商标权共有人难以协商一致导致注册商标无法使用，不仅难以体现出注册商标的价值，有悖于商标法的立法本意，也难以保障共有人的共同利益"。但是，注册商标的价值不仅体现为共有人的私人利益，更体现为识别单一商品来源的正当竞争秩序，以及市场竞争主体和消费者基于此正当市场秩序的正当利益。在商标权共有人无法协商一致时允许共有人以各自的方式使用或许可第三方使用，虽然可以最大化商标权共有人的私人利益，但容易导致消费者混淆商品来源。这不仅可能危害商标声誉而损害共有人利益，还可能扰乱市场秩序而一般性地危害广大相关公众的利益。只有在注册商标共有人之间已经达成商标使用协议，就核定商品（服务）品质管控达成一致意见的前提条件之下，最高人民法院的上述意见才是妥善的。

① 参见本条下【公报案例】，最高人民法院民事裁定书(2015)民申字第3640号。

第六条　【规定商品须使用注册商标进行销售】法律、行政法规规定必须使用注册商标的商品，必须申请商标注册，未经核准注册的，不得在市场销售。

【立法·要点注释】

1. 特定的商品必须申请商标注册。所谓必须申请商标注册，是指生产经营特定商品的自然人、法人或者其他组织，必须向商标局申请注册商标。也就是说，特定商品的商标注册是强制性的，自然人、法人或者其他组织向商标局申请注册商标是其必尽的义务，不得按照自己的意愿不向商标局申请商标注册。

2. 强制注册的特定商品是法律、行政法规规定必须使用注册商标的商品。所谓法律，是指全国人民代表大会及其常委会依照法定程序制定的规范性文件。所谓行政法规，是指国务院依照法定程序制定的规范性文件。所谓法律、行政法规规定必须使用注册商标的商品，是指在全国人民代表大会及其常委会制定的法律和国务院制定的行政法规中，明确规定必须使用注册商标的商品。除全国人民代表大会及其常委会、国务院以外，任何其他机构都无权规定某种商品必须使用注册商标。

3. 在现行有效的法律和行政法规中，只有烟草专卖法规定了商标的强制注册。烟草专卖法第十九条第一款规定，卷烟、雪茄烟和有包装的烟丝必须申请商标注册，未经核准注册的，不得生产、销售。

4. 强制商标注册的商品，未经核准注册不得在市场销售。对于法律、行政法规规定必须使用注册商标的商品，没有向商标局申请商标注册，或者虽然已经向商标局申请商标注册，但商标局尚未核准注册的，该商品就不得生产，不得进入市场向他人售卖。否则，就应当承担相应的法律责任。根据本法第五十一条的规定，违反本条规定的，由地方工商行政管理部门责令限期申请注册，违法经营额五万元以上的，可以处违法经营额百分之二十以下的罚款，没有违法经营额或者违法经营额不足五万元的，可以处一万元以下的罚款。烟草专卖法第三十三条第一款也规定，生产、销售没有注册商标的卷烟、雪茄烟、有包装的烟丝的，由工商行政管理部门责令停止生产、销售，并处罚款。

【相关立法】

《中华人民共和国烟草专卖法》(20150424)

第十九条第一款 卷烟、雪茄烟和有包装的烟丝必须申请商标注册,未经核准注册的,不得生产、销售。

第三十三条 生产、销售没有注册商标的卷烟、雪茄烟、有包装的烟丝的,由工商行政管理部门责令停止生产、销售,并处罚款。

生产、销售假冒他人注册商标的烟草制品的,由工商行政管理部门责令停止侵权行为,赔偿被侵权人的损失,可以并处罚款;构成犯罪的,依法追究刑事责任。

第三十四条 违反本法第二十条的规定,非法印制烟草制品商标标识的,由工商行政管理部门销毁印制的商标标识,没收违法所得,并处罚款。

【部门参考文件】

1.《烟草制品商标使用管理规定》(19960823)

第二条 凡从事烟草制品生产、销售活动的,必须遵守本规定。

第三条 国家烟草专卖局商标主管部门负责全国烟草制品商标的使用管理和监督;省级烟草专卖局商标主管部门负责所辖地区的烟草制品商标的使用管理和监督。

第四条 经国家烟草专卖局批准的烟草制品生产企业,方可申请和拥有烟草制品注册商标。

第五条 烟草制品商标文字、图形必须符合《商标法》的有关规定。商标的名称和图形应高雅、美观。

第六条 按照《专卖法》①的规定,卷烟、雪茄烟必须在包装上标明卷烟国家标准中规定的内容和"吸烟有害健康"字样。

第七条 卷烟、雪茄烟应按卷烟国家标准规定的类型标注相应的类型。出口的卷烟、雪茄烟应在包装上标明"专供出口"的中文字样。

第八条 除国家烟草专卖局另有规定的产品外,在国内销售的烟草制

① 《专卖法》是《中华人民共和国烟草专卖法》的简称。——编者注

品,必须以中文标明其商标名称和生产企业名称。

第九条　商标上标注的生产企业名称,应与企业营业执照登记名称一致。

第十条　除国家烟草专卖局另有规定外,禁止标注其它任何认证标志、名优标志以及对产品质量引人误解的表述。

第十一条　中外技术合作和国内企业间技术合作开发的产品,必须提交有关合作协议、技术文件和成果鉴定报告等文件,经国家烟草专卖局商标主管部门审查同意后,方可在商标上加注有关合作字样及合作方的名称。

第十二条　禁止在商标上标注各种地方专卖、专营字样。禁止自行在注册商标上加注各种旅游、纪念性的文字和图形。

第十三条　禁止自行改变注册商标上的文字、图形或者其组合。

2.《药品说明书和标签管理规定》(国家食品药品监督管理局令第24号,20060601)

第二十七条　药品说明书和标签中禁止使用未经注册的商标以及其他未经国家食品药品监督管理局批准的药品名称。

药品标签使用注册商标的,应当印刷在药品标签的边角,含文字的,其字体以单字面积计不得大于通用名称所用字体的四分之一。

3.《国家食品药品监督管理局关于〈药品说明书和标签管理规定〉有关问题解释的通知》(国食药监注〔2007〕49号,20070124)

三、商标的使用

《规定》[①]第二十七条所述的未经注册的商标包括所有未取得《商标注册证》的商标。

《关于在药品广告中规范使用药品名称的通知》(国药监市〔2006〕216号)明确规定,在药品广告中宣传注册商标的,必须同时使用药品通用名称。

① 《规定》是《药品说明书和标签管理规定》的简称。——编者注

【法院参考案例】

【北京一中院"与狼共舞"香烟案】香烟商品上首先使用并有一定影响的广告词不是"在先使用并具有一定影响的商标",因为香烟商品上依法必须使用注册商标〔益安贸易公司与国家工商行政管理总局商标评审委员会等商标异议复审行政纠纷案,北京市第一中级人民法院行政判决书(2004)一中行初字第426号〕。

商标法(2001年)第三十一条给予了在先使用商标并有一定影响的人某种权利,该权利可以对抗他人在某种情形下的注册申请。该项权利是基于使用而产生的。如果使用行为本身为法律所禁止,该行为不能受到法律的保护,则无从基于该使用行为产生受法律保护的行为人的权利。因此,该条所指的已经使用并有一定影响的商标,应为不违反法律禁止性规定而使用的商标。违反法律禁止性规定的使用行为难以依法产生引用商标法(2001年)第三十一条对抗他人注册申请的行为。根据烟草专卖法以及商标法(2001年)第六条的规定,生产、销售使用未注册商标的卷烟的行为为法律明文禁止。故,香烟商品上首先使用并有一定影响的广告词不得作为引用商标法(2001年)第三十一条撤销被异议商标的一项理由。

编者说明

虽然本条规定强调"法律、行政法规"规定必须使用注册商标的商品,必须申请商标注册,未经核准注册的,不得在市场销售,但是行政规章也可能要求特定商品必须使用注册商标。1985年7月1日施行的药品管理法对人用药品曾明文要求使用注册商标。2001年药品管理法修订,不再有明文要求使用注册商标。但是,现行《药品说明书和标签管理规定》(国家食品药品监督管理局令第24号)第二十七条第一款明确规定:"药品说明书和标签中禁止使用未经注册的商标以及其他未经国家食品药品监督管理局批准的药品名称。"由于这不是法律或行政法规的规定,违反此项规定不是按照商标法第五十一条处理,而是按照药品管理法相关规定处理。

第七条　【申请注册和使用商标应当诚实信用】申请注册和使用商标，应当遵循诚实信用原则。

商标使用人应当对其使用商标的商品质量负责。各级工商行政管理部门应当通过商标管理，制止欺骗消费者的行为。

【立法·要点注释】

1. 申请注册和使用商标，应当遵循诚实信用原则。所谓诚实信用，是指自然人、法人和其他组织申请注册和使用商标，必须意图诚实、善意、讲信用，行使权利不侵害他人与社会的利益，履行义务、信守承诺和遵守法律规定。诚实信用原则是民事活动的一项基本原则。

2. 商标使用人应当对其使用商标的商品质量负责。所谓商标使用人，是指将商标用于商品、商品包装或者容器以及商品交易文书上的人，或者将商标用于广告宣传、展览以及其他商业活动中的人，包括将自己所注册的商标用于指定商品上的商标注册人，依法实施使用许可将商标使用在商品上的被许可人，分别将所共有的商标使用于商品上的共有商标的共有人，将集体商标用于自己的商品上的某集体的成员，经过合法的手续将某一组织所控制的证明商标用于自己的商品上的人等。无论是哪种情况的商标使用人，都应当对其使用商标的商品质量负责，保证自己商品的质量，使商品所具有的品质与商标所享有的信誉相符，实现商标保证商品质量的功能，而不得粗制滥造，以次充好。

【部门参考文件】

《规范商标申请注册行为若干规定》（国家市场监督管理总局令第17号，20191201）

第三条　申请商标注册应当遵循诚实信用原则。不得有下列行为：

（一）属于商标法第四条规定的不以使用为目的恶意申请商标注册的。

（二）属于商标法第十三条规定，复制、摹仿或者翻译他人驰名商标的。

（三）属于商标法第十五条规定，代理人、代表人未经授权申请注册被代理人或者被代表人商标的;基于合同、业务往来关系或者其他关系明知他人在先使用的商标存在而申请注册该商标的。

(四)属于商标法第三十二条规定,损害他人现有的在先权利或者以不正当手段抢先注册他人已经使用并有一定影响的商标的。

(五)以欺骗或者其他不正当手段申请商标注册的。

(六)其他违反诚实信用原则,违背公序良俗,或者有其他不良影响的。

【指导案例】

1.【最高院“歌力思”案】行使注册商标专用权违反诚实信用原则构成权利滥用,相关权利主张不应得到法律的保护〔王碎永诉深圳歌力思服饰股份有限公司、杭州银泰世纪百货有限公司侵害商标权纠纷案,最高人民法院民事判决书(2014)民提字第24号,最高人民法院指导案例第82号〕①。

诚实信用原则是一切市场活动参与者所应遵循的基本准则。一方面,它鼓励和支持人们通过诚实劳动积累社会财富和创造社会价值,并保护在此基础上形成的财产性权益,以及基于合法、正当的目的支配该财产性权益的自由和权利;另一方面,它又要求人们在市场活动中讲究信用、诚实不欺,在不损害他人合法利益、社会公共利益和市场秩序的前提下追求自己的利益。民事诉讼活动同样应当遵循诚实信用原则。一方面,它保障当事人有权在法律规定的范围内行使和处分自己的民事权利和诉讼权利;另一方面,它又要求当事人在不损害他人和社会公共利益的前提下,善意、审慎地行使自己的权利。任何违背法律目的和精神,以损害他人正当权益为目的,恶意取得并行使权利、扰乱市场正当竞争秩序的行为均属于权利滥用,其相关权利主张不应得到法律的保护和支持。

2.【最高院“乔丹”案】违反诚实信用原则而取得之注册商标,并不因为“市场秩序”或“商业成功”而合法有效,仍应被宣告无效〔迈克尔·杰弗里·乔丹与国家工商行政管理总局商标评审委员会、乔丹体育股份有限公司“乔丹”商标争议行政纠纷案,最高人民法院行政判决书(2016)最高法行再27

① 类似案例参见晋江市麦克格雷迪鞋服贸易有限公司与阿迪达斯体育(中国)有限公司侵害商标权纠纷上诉案,江苏省高级人民法院民事判决书(2019)苏民终471号。

号，最高人民法院指导案例第113号〕。

【公报案例】

【最高院"福连升"案】同地域的同业竞争者理应知晓竞争对手商标的知名度和显著性，申请和使用商标应当遵守诚实信用原则，注意合理避让而不是恶意攀附竞争对手商标的知名度和良好商誉；未尽合理避让义务，由此带来的不利后果须自行承担〔北京福联升鞋业有限公司与国家工商行政管理总局商标评审委员会、北京内联升鞋业有限公司商标异议复审行政纠纷案，最高人民法院行政裁定书(2015)知行字第116号，载《中华人民共和国最高人民法院公报》2016年第6期〕。

(1)被异议商标申请人作为同地域的同业竞争者，理应对引证商标的知名度和显著性有相当程度的认识。因此，被异议商标申请人在同类商品上注册、使用有关商标时，应当遵守诚实信用原则，注意合理避让而不是恶意攀附引证商标的知名度和良好商誉，从而造成相关公众混淆误认。

(2)虽然被异议商标经过一定时间和范围的使用在客观上形成了一定的市场规模，但是，有关被异议商标的使用行为大多是在被异议商标申请日之后，尚未核准注册的情况下发生的。被异议商标申请人在其大规模使用被异议商标之前，理应认识到由于被异议商标与引证商标近似，并且引证商标具有较高的知名度和显著性，故存在被异议商标不被核准注册，乃至因使用被异议商标导致侵犯引证商标注册商标权的法律风险。被异议商标申请人未能尽到合理的注意和避让义务，仍然申请注册并大规模使用被异议商标，由此带来的不利后果理应自行承担。

【法院参考案例】

1.【最高院"优衣库"案】违反诚实信用原则，以不正当手段取得注册商标专用权之后，试图借助司法资源来谋取不正当利益，法律不予保护〔优衣库商贸有限公司与广州市指南针会展服务有限公司等侵害商标权纠纷再审案，最高人民法院民事判决书(2018)最高法民再390号〕。

指南针公司、中唯公司以不正当方式取得商标权后，目标明确指向优衣库公司等，意图将该商标高价转让，在未能成功转让该商标后，又分别以优衣库公司、迅销公司及其各自门店侵害该商标专用权为由，以基本相同的事实提起系列诉讼，在每个案件中均以优衣库公司或迅销公司及作为其门店的一家分公司作为共同被告起诉，利用优衣库公司或迅销公司门店众多的特点，形成全国范围内的批量诉讼，请求法院判令优衣库公司或迅销公司及其众多门店停止使用并索取赔偿，主观恶意明显，其行为明显违反诚实信用原则，对其借用司法资源以商标权谋取不正当利益之行为，本院依法不予保护。

2.【最高院"天赛克思"案】以违反诚实信用原则恶意取得的注册商标专用权，对他人的正当使用行为提起侵权之诉，不应得到法律支持和保护〔宁波广天赛克思液压有限公司与邵文军侵害商标权纠纷再审案，最高人民法院民事判决书(2014)民提字第168号〕。

3.【最高院"日产嘉禾"案】使用商标时刻意制造与他人商标之间的联系，违反诚实信用原则，不能取得受法律保护的商标权益〔北京市华夏长城高级润滑油有限责任公司与国家工商行政管理总局商标评审委员会、第三人日产自动车株式会社商标争议行政纠纷再审案，最高人民法院行政判决书(2011)知行字第45号〕。

《最高人民法院关于审理商标授权确权行政案件若干问题的意见》指出："对于使用时间较长、已建立较高市场声誉和形成相关公众群体的诉争商标，应当准确把握商标法有关保护在先商业标志权益与维护市场秩序相协调的立法精神，充分尊重相关公众已在客观上将相关商业标志区别开来的市场实际，注重维护已经形成和稳定的市场秩序。"争议商标的使用情况确实是应当考虑的因素，但这种使用应该是在遵守诚实信用原则基础上的使用，且对其使用状况有较高的证据要求。本案中，华夏长城公司提交的证据尚不足以达到其已经形成自身的相关公众群体的程度，而且从其实际使用状况明显看出其仍然在刻意造成与日产株式会社的联系，而不是通过使用消除这种联系，形成自身商标的区别力。

4.【北京高院"Folli Follie"案】商标法对诚实信用原则进行具体规定的情形下，不宜直接适用诚实信用原则审理商标授权确权纠纷案件〔富莉富莉商业制造及技术有限公司等与国家知识产权局商标权无效宣告请求行政纠纷上诉案,北京市高级人民法院行政判决书(2020)京行终1754号〕①。

5.【江苏高院"TELEMATRIX"案】以不正当手段抢先注册他人在先使用并具有一定影响的商标之后,向在先使用人许可的关联方提起商标侵权诉讼属于恶意知识产权诉讼,应承担赔偿责任〔江苏中讯数码电子有限公司与山东比特智能科技股份有限公司因恶意提起知识产权诉讼损害责任纠纷上诉案,江苏省高级人民法院民事判决书(2017)苏民终1874号〕②。

6.【福建高院"iska"案】商标法第三十二条虽是"商标注册的审查和核准"的条款之一,但也是诚实信用原则在该法中的重要体现之一,现有法律和司法解释等没有规定人民法院在处理商标侵权纠纷案件中不能适用该条款〔年年红国际食品有限公司与德国舒乐达公司、厦门国贸实业有限公司侵害商标权纠纷上诉案,福建省高级人民法院民事判决书(2012)闽民终字第378号〕。

7.【宁波中院"PHILLIPS"电动车案】诚实信用原则在侵犯商标权民事纠纷中可以直接适用〔宁波市鄞州菲迅电动车有限公司与浙江菲利普车业有限公司等侵害商标权纠纷上诉案,浙江省宁波市中级人民法院民事判决书(2017)浙02民终2164号〕。

---

① 类似案例参见鳄鱼恤有限公司等与国家工商行政管理总局商标评审委员会行政纠纷上诉案,北京市高级人民法院行政判决书(2019)京行终2741号;北京港澳世纪眼镜有限公司与国家工商行政管理总局商标评审委员会商标权无效宣告请求行政纠纷上诉案,北京市高级人民法院行政判决书(2019)京行终2003号(商标法第七条并非无效宣告请求的法定事由);七好(集团)有限公司与国家工商行政管理总局商标评审委员会商标争议行政纠纷上诉案,北京市高级人民法院行政判决书(2016)京行终2924号。

② 类似案例参见湖南银成医考教育科技有限公司与怀化医诚文化传播有限公司侵害商标权及不正当竞争纠纷上诉案,湖南省高级人民法院民事判决书(2019)湘知民终642号,2019年度湖南法院知识产权司法保护典型案件之一(以非善意取得的商标权对他人正当使用行为提起的侵权之诉,构成权利滥用);汕头市德生食品厂与济南槐荫金福广调味干果商行等侵害商标专用权纠纷案,山东省济南市中级人民法院民事判决书(2016)鲁01民初1856号(将他人在先著作权、在先使用并有一定影响的标识抢先注册为商标,其行为有违诚实信用,违反商标法第三十二条;其后,以非善意取得的商标权对在先权利人及在先使用人提起侵权之诉,系对其注册商标的滥用)。

编者说明

关于诚实信用原则在商标法中的适用,需要区别商标授权确权程序和商标侵权诉讼程序。就其在商标授权确权程序的适用,商标法第四条、第十三条、第十五条、第十六条、第三十二条、第四十四条第一款等已经将诚实信用原则具体化法律规则,故一般应适用具体的法律规范。诚实信用原则之所以适用于商标申请的审查程序,是因为商标审查程序很大程度上依赖商标申请人向商标局提交的申请材料,特别是在商标申请的初步审查程序这一单方程序中。对于非诚信的商标注册申请,商标局因能获得的信息有限而不能查实情况,容易错误地核准注册。错误核准注册不仅破坏正常的商标注册制度,还赋予其注册人以商标专用权的外衣,使其能够借此损害他人正当权益。非诚信取得的注册商标应当被宣告无效;即便它们嗣后转让,受让人也不得以不知情为由抗辩。

就其在商标侵权诉讼程序的适用而言,情况迥然不同。就此,商标法并没有诚实信用原则的具体规定。但是,通过司法审查可以查明注册商标权是否通过不正当手段取得(即违反商标法第四条、第十三条、第十五条、第十六条、第三十二条、第四十四条第一款)。如果明知注册商标专用权非诚信取得而行使注册商标专用权(包括恶意诉讼或投诉),违反诚实信用原则,属于权利滥用。一方面,其非法利益不能得到法律保护;另一方面,须对他人权益损害承担侵权责任。【最高院"歌力思"案】指出,"当事人违反诚实信用原则,损害他人合法权益,扰乱市场正当竞争秩序,恶意取得、行使商标权并主张他人侵权的,人民法院应当以构成权利滥用为由,判决对其诉讼请求不予支持"。实际上,依民法基本原理,行使权利违反诚实信用原则,即是逾越权利限制,构成权利滥用,应导致"权利失效",所涉权利不可再行使。①

此外,自行使用非诚信取得的注册商标并不能豁免于侵权责任。此类注册商标被宣告无效后,之前的使用行为如侵犯他人注册商标专用权,则须承担侵权责任。就此,请参见第四十七条注释。

值得注意的是,并不是全部商标法的问题都可以归结到诚实信用原则之上。有法院依照商标法第七条第一款确定注册商标专用权归属。如在常州森淼焊割设备有限公司与姚建叶商标权权属纠纷案中,"森淼"既是常州森淼焊割设备有限公司(以下简称常州森淼公司)的商号,也是其使用的商标。姚建叶在担任该

① 参见[德]卡尔·拉伦茨:《德国民法通论(上册)》,王晓晔等译,法律出版社2013年版,第308—309页;王泽鉴:《诚实信用与权利滥用》,载《北方法学》2013年第6期。

公司法定代表人期间却以个人名义将“森淼”申请为注册商标。无论是在该商标申请注册前还是核准注册后,他均没有以自己名义使用过它。另外,“森淼”核准为注册商标后,常州森淼公司继续使用该商标并加注注册标识。法院审理认为,姚建叶申请注册商标的行为属于违反诚实信用原则,第4227575号“森淼”注册商标的专用权人应为常州森淼公司,并判处姚建叶在规定期限内办理注册商标专用权转让手续。① 然而,这一司法意见违反注册商标专用权依照核准注册取得的基本原则。本案可以确定姚建叶注册商标“森淼”违反商标法第十五条或第三十一条,这只能说明此商标应当被宣告无效,但无效宣告程序并不是商标权属的确认程序。我国实行商标注册制度,注册商标专用权授予符合法律条件并先提出商标申请的民事主体;诚实信用原则不是注册商标专用权的归属规则。常州森淼公司没有就文字商标“森淼”提出注册申请,依法就不应取得该商标的专用权。姚建叶申请并获准注册商标“森淼”违反诚实信用原则而应被宣告无效后,第三方可能先于常州森淼公司对此商标正当地提出注册申请。成都市有公司合法登记“森淼”为字号,如早于常州森淼公司提出注册申请,则依法应被核准为注册商标。

还有法院以商标法第七条第一款作为解除注册商标专用权许可合同的理由。如在宿州市口渴了餐饮管理有限公司与綦东合同纠纷上诉案中,②宿州市口渴了公司受让取得注册商标“KOKELE 口渴了”,许可綦东使用“口渴了koukele + 娃娃图”。綦东因使用此商标而被判侵犯他人注册商标专用权。法院审理认为,宿州市口渴了公司不规范使用注册商标,违反商标法第七条第一款规定的诚实信用原则,致使綦东侵犯他人注册商标专用权,故而綦东有权解除商标许可合同。但是,法院本可以直接援引合同法第九十四条第(四)项“当事人一方……有其他违约行为致使不能实现合同目的”,当事人可以解除合同,并不需要错误地援引笼统的诚实信用原则。

总之,商标法第七条第一款规定的是法律原则。在法律有明确具体规定的情况之下,法院应该适用商标法或其他法律的具体规定,而不应该直接适用这一法律原则。否则,法院的判决将难以给社会公众提供明确的行为指引。

---

① 参见江苏省常州市天宁区人民法院民事判决书(2014)天知民初字第13号。

② 参见安徽省宿州市中级人民法院民事判决书(2016)皖13民终2308号。

第八条 【商标的要素】任何能够将自然人、法人或者其他组织的商品与他人的商品区别开的标志，包括文字、图形、字母、数字、三维标志、颜色组合和声音等，以及上述要素的组合，均可以作为商标申请注册。

【立法·要点注释】

1. 商标的基本功能在于可区别性，能够将来源于不同生产者、经营者的商品或者不同服务提供者的服务项目加以区别。作为商标申请注册的，应当是能够将自然人、法人或者其他组织的商品与他人的商品区别开的标志，以使人们易于识别，能够吸引人们的注意力。如果不是一种标志，或者没有可区别性，就不能作为商标申请注册。

2. 可申请注册的商标的构成要素主要有以下八种：

(1)文字。所谓文字，是指语言的书面形式。文字作为商标构成要素，包括各种文字以及各种字体的文字、各种在艺术上有所变化的文字。

(2)图形。所谓图形，是指在平面上表示出来的物体的形状。图形可以是具体描绘实际存在的人、物的形状，也可以是虚构的图形，还可以是抽象的图形。

(3)字母。所谓字母，是指拼音文字或者注音符号的最小的书写单位。字母可识性强。

(4)数字。所谓数字，是指表示数目的符号。

(5)三维标志。所谓三维标志，是指以一个具有长、宽、高三种度量的立体物质形态出现的标志。由三维标志或者含有其他标志的三维标志构成的商标，被称为立体商标。立体商标可以是商品本身的形状、商品的包装物或者其他三维标志。

(6)颜色组合。所谓颜色组合，是指两种或者两种以上的颜色所组成一个整体。应当注意的是，颜色作为注册商标的要素，是颜色组合，而不是单一颜色。

(7)声音。所谓声音，是指声波通过听觉所产生的印象。声音作为注册商标的要素，是2013年商标法修正时新增加的内容，是根据实际需要和国际商标领域的发展趋势而增加的。

(8)上述要素的组合。上述要素不仅可以单独作为商标申请注册,而且由其中任意两种或者两种以上的要素相互组成的一个整体,都可以成为识别商品来源的标志。

3. 商标法2013年修正过程中,曾在修正案草案中规定在商品、商品包装上使用的单一颜色,通过使用取得显著特征,能够将该商品与其他的商品区别开的,可以作为商标申请注册。考虑到实践中我国企业还没有将单一颜色作为商标注册的需求,且在商标注册、管理等环节也缺少相应实践,立法机关决定暂不在法律中明确。

【行政法规】

《中华人民共和国商标法实施条例》(20140501)

第十三条 ……以颜色组合或者着色图样申请商标注册的,应当提交着色图样,并提交黑白稿1份;不指定颜色的,应当提交黑白图样。

……

以三维标志申请商标注册的,应当在申请书中予以声明,说明商标的使用方式,并提交能够确定三维形状的图样,提交的商标图样应当至少包含三面视图。

以颜色组合申请商标注册的,应当在申请书中予以声明,说明商标的使用方式。

以声音标志申请商标注册的,应当在申请书中予以声明,提交符合要求的声音样本,对申请注册的声音商标进行描述,说明商标的使用方式。对声音商标进行描述,应当以五线谱或者简谱对申请用作商标的声音加以描述并附加文字说明;无法以五线谱或者简谱描述的,应当以文字加以描述;商标描述与声音样本应当一致。

申请注册集体商标、证明商标的,应当在申请书中予以声明,并提交主体资格证明文件和使用管理规则。

商标为外文或者包含外文的,应当说明含义。

第四十三条 指定中国的领土延伸申请人,要求将三维标志、颜色组合、声音标志作为商标保护或者要求保护集体商标、证明商标的,自该商标在国际局国际注册簿登记之日起3个月内,应当通过依法设立的商标代理机构,向商标局提交本条例第十三条规定的相关材料。……

第四十四条　世界知识产权组织对商标国际注册有关事项进行公告，商标局不再另行公告。

【司法解释】

《最高人民法院关于审理商标案件有关管辖和法律适用范围问题的解释》（法释〔2002〕1号，20020121；经法释〔2020〕19号修正，20210101）

第五条　除本解释另行规定外，对商标法修改决定施行前发生，属于修改后商标法第四条、第五条、第八条、第九条第一款、第十条第一款第（二）、（三）、（四）项、第十条第二款、第十一条、第十二条、第十三条、第十五条、第十六条、第二十四条、第二十五条、第三十一条所列举的情形，国家知识产权局于商标法修改决定施行后作出复审决定或者裁定，当事人不服向人民法院起诉的行政案件，适用修改后商标法的相应规定进行审查；属于其他情形的，适用修改前商标法的相应规定进行审查。

【部门参考文件】

1.《商标审查审理指南》（国家知识产权局公告第462号，20220101；上编）

第二章　注册申请形式审查

3.1.4 商标图样

3.1.4.1 一般图样要求

（1）通过纸质方式提交申请的，在申请书的指定位置打印或粘贴商标图样1张，长和宽应当不大于10厘米，不小于5厘米。

通过数据电文方式提交申请的，在指定位置按规定格式上传符合要求的电子文件。

（2）商标图样应当清晰。商标中包含文字的，文字部分应当清晰可辨识。

（3）以着色图样申请商标注册的，应当提交着色图样；不指定颜色的，应当提交黑白图样。

3.1.4.2 三维标志商标

三维标志商标，通常也称为立体商标。以三维标志申请商标注册的，应当在申请书中“商标申请声明”栏选择“以三维标志申请商标注册”，在“商标说明”栏内说明商标使用方式。未声明“以三维标志申请商标注册”的，即便商标图样含有多面视图或者是立体效果图，按非三维标志商标进行审查。

3.1.4.2.1 图样

以三维标志申请商标注册的，申请人应当提交能够体现三维效果且能够识别、确定三维形状的商标图样。提交的商标图样应当至少包含三面视图（如正视图、侧视图、仰视图、俯视图等），且多面视图应属于同一个三维标志。包含多面视图的图样整体长和宽应当不大于 10 厘米，不小于 5 厘米。三维标志包含文字的，文字部分应当标示在三维形状视图中的正确位置，不可独立于视图之外。申请人可在商标说明中对三维标志商标的图样作文字描述，也可以在申请书中对商标中不主张权利部分声明放弃专用权。

对于提交的图样中未尽展示部分，一般视为无特殊设计或无显著特征，可看作基于图样已体现的三维形状的合理延伸，申请人不要求专用权保护。

（1）提交的商标图样能够体现三维效果且能够识别、确定三维形状的，视为三维标志商标。

例如：

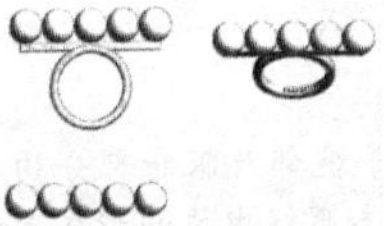

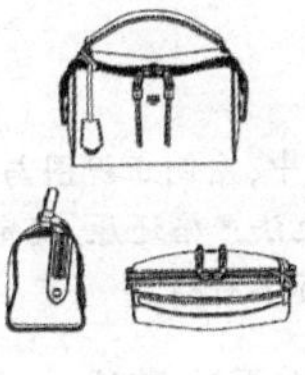

以上示例中的图样能够体现三维效果，基于生活常识可以推测、识别、确定三维形状，符合申请三维标志商标的形式要件要求。

（2）如果申请书中声明是三维标志商标，但提交的商标图样不能体现三维效果或者无法识别、确定三维形状，或者是由两个以上独立的三维形状构成的，则不能视为三维标志商标。

例如：

A. 纯平面要素：

B. 三维形状文字：

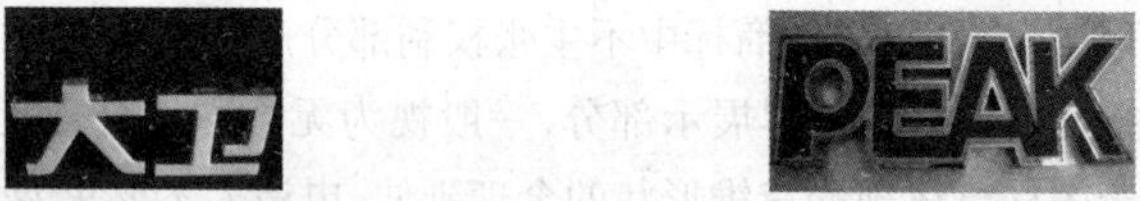

C. 图样存在误差：

（示例图中，左侧正视图与中间侧视图的人偶腰部、手腕部及眼睛部分均存在误差。该三面视图无法严格还原、确定三维形状，不符合三维标志商标申请的形式要件要求，不能视为三维标志商标）

D. 图样无法辨认：

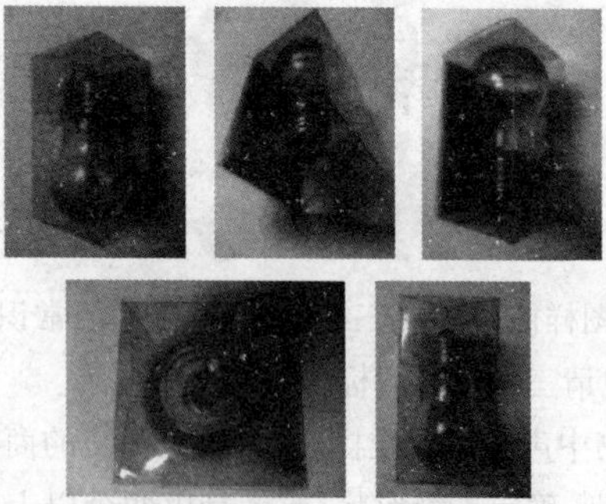

（示例图虽为多视图实物照片，但不够清晰，难以辨认，无法确定三维形状，不符合三维标志商标申请的形式要件要求，不能视为三维标志商标）

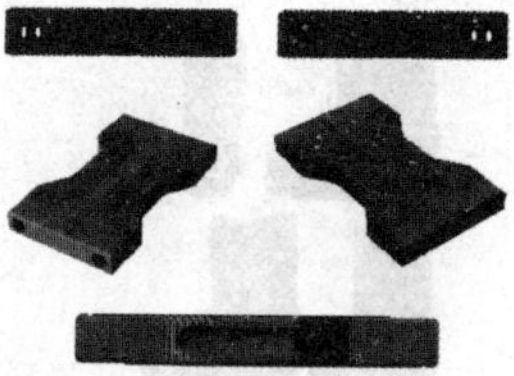

（示例图虽有三面视图，但无法单独以图样辨认、确定三维形状，不符合三维标志商标申请的形式要件要求，不能视为三维标志商标）

E. 包含多个三维形状：

（示例图虽为多视图，但展现了多个三维形状，不符合三维标志商标申请的形式要件要求，不能视为三维标志商标）

3.1.4.2.2 商标说明和使用方式

申请人应当在商标说明中说明三维标志商标在商品或服务上的使用方式。申请人可以在商标说明中对三维标志商标的图样作文字描述，也可以对商标中不主张权利部分声明放弃专用权。

例如：

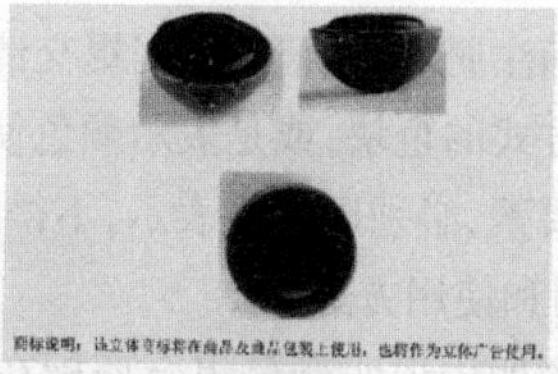

（商标说明：该三维标志商标将在商品及商品包装上使用，也将作为三维标志广告使用）

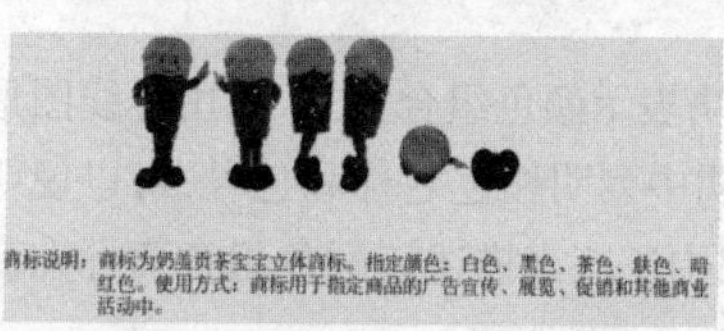
商标说明：商标为奶盖贡茶宝宝立体商标。指定颜色：白色、黑色、茶色、肤色、暗红色。使用方式：商标用于指定商品的广告宣传、展览、促销和其他商业活动中。

（商标说明：商标为奶盖贡茶宝宝三维标志商标。指定颜色：白色、黑色、茶色、肤色、暗红色。使用方式：商标用于指定商品的广告宣传、展览、促销和其他商业活动中）

商标说明：申请商标为申请人自创立体图形商标。本立体商标使用方式为作为产品外形使用。

（商标说明：申请商标为申请人自创三维标志图形商标，本三维标志商标使用方式为作为商品外形使用）

（商标说明：此商标将用于商品包装和品牌日常推广宣传使用，主要涉及花盆等商品）

3.1.4.3 颜色组合商标

颜色组合商标是指由两种或两种以上颜色按照特定方式进行组合构成的商标。我国目前只接受颜色组合作为商标申请注册，不接受单一颜色作为商标申请注册。

以颜色组合申请商标注册的，应当在申请书中“商标申请声明”栏选择“以颜色组合申请商标注册”；在“商标说明”栏内列明颜色名称和色号，并说明商标使用方式。未声明的，按非颜色组合商标进行审查。

3.1.4.3.1 图样

以颜色组合申请商标注册的，申请人应当提交清晰的彩色图样。商标图样应当是表示颜色组合方式的色块，或是表示颜色使用位置的图形轮廓。该图形轮廓不是商标构成要素，必须以虚线表示，不得以实线表示。

3.1.4.3.2 商标说明和使用方式

申请人应当在商标说明中说明颜色组合商标在商品或者服务上的使用方式。

（1）申请人用色块表示颜色组合方式，或用虚线图形轮廓表示颜色使用位置，应当在商标说明中列明颜色名称和色号，可以说明各颜色所占比例等相关信息。商标说明中还应当描述该颜色组合商标在商业活动中的具体使用方式。

例如：

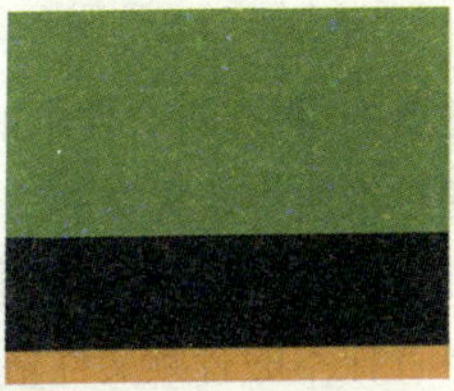

（商标说明：该颜色组合商标由绿色、无烟煤色和橙色三种颜色组合构成。其中绿色（Pantone 368C）占60%、无烟煤色（Pantone 425C）占30%、橙色（Pantone 021C）占10%，按图示排列，使用于车辆加油站外观。其中绿色用于加油站顶棚，无烟煤色用于加油站立柱，橙色用于加油机器外部整体）

又如：

（商标说明：该颜色组合商标由绿色和黄色两种颜色组合构成。其中绿色为Pantone 364C，黄色为Pantone 109C，绿色用于车身，黄色用于车轮。虚线部分用以表示颜色在该商品上的位置，车辆轮廓和外形不是商标构成要素）

（2）申请人应当提交两种或两种以上的颜色组合作为商标图样，不得对单一颜色进行申请注册。

例如：

（单一颜色——紫红色，非颜色组合）

3.1.4.4 声音商标

声音商标，是指由用以区别商品或者服务来源的声音本身构成的商标。声音商标可以由音乐性质的声音构成，例如一段乐曲；也可以由非音乐性质的声音构成，例如自然界的声音、人或动物的声音；还可以由兼有音乐性质与非音乐性质的声音构成。以声音标志申请商标注册的，应当在申请书中“商标申请声明”栏选择“以声音标志申请商标注册”，并在“商标说明”栏内说明商标使用方式。未声明的，按非声音商标进行审查。

3.1.4.4.1 声音样本

以声音标志申请商标注册的，提交符合要求的声音样本。声音样本应当存放在一个音频文件中。通过纸质方式提交的，音频文件应当存放在只读光盘中，且该光盘内应当仅有该音频文件。通过数据电文方式提交的，应按照要求正确上传声音样本。声音样本的音频文件格式为 wav 或 mp3（声音文件格式），小于 5MB（信息容量单位）。声音样本应当清晰，易于识别。

3.1.4.4.2 声音商标描述

以声音标志申请商标注册的，应当在商标图样中对申请注册的声音商标进行描述。声音商标描述与声音样本应当一致。商标描述包括五线谱、简谱、文字说明、文字描述，其作为声音商标的商标图样，应当符合图样清晰可辨识的一般性要求。

注意，商标描述与声音样本应当一致，例如声音样本中有歌词的，商标描述中也应说明歌词。整个商标描述（包括五线谱或者简谱，以及文字说明）应制作在 1 份商标图样中。描述应当准确、完整、客观并易于理解。

（1）音乐性质声音商标描述。

音乐性质声音商标应当用五线谱或简谱加以描述，并附加文字说明。五线谱或简谱和文字说明作为该声音商标的商标图样。五线谱或简谱应当清晰、准确、完整，可以包括谱号、调号、拍号（节拍）、小节、音符、休止符、临时符号（升号、降号、还原号）等。文字说明可以对配器进行描述。

例如：

（该商标图样中文字说明为：该申请声音商标共 9 小节，主要由降 B 大调音乐和弦组成，和弦部分由四分音符、八分音符和十六分音符组成）

又如：

（该商标图样中文字说明为：该声音商标是由“降 D 大调，降 D 大调，降 G 大调，降 D 大调以及降 A 大调”5 个音符组成的乐音及和弦相继进行的旋律）

又如：

商标为一段音乐，共13个音符，按顺序为：
E，D，F升调，G升调，C升调，B，D，E，B，A，C升调，E，A.

（该商标图样中文字说明为：商标为一段音乐，共 13 个音符，按顺序为：E，D，F 升调，G 升调，C 升调，B，D，E，B，A，C 升调，E，A）

（2）非音乐性质声音商标描述。

非音乐性质声音商标应当用文字加以描述。文字描述作为该声音商标的商标图样。文字描述应当准确、完整、客观并易于理解。

例如：

本件声音商标是由牛在石板路上走两步之牛蹄声，以及之后伴随一声牛叫声（clip，clop，moo 牛蹄和牛叫拟声词）所构成。

又如：

本件声音商标开始是一下双手敲击鼓边声，接着是十二下渐强的击鼓声，随后是渐弱的电子键盘乐器颤音，最后以结合了高尔夫球挥杆和裁纸机的声音结束。

（3）兼有音乐性质与非音乐性质的声音商标描述。

兼有音乐性质与非音乐性质的声音商标，应当用五线谱或简谱对音乐性质部分进行描述并附加文字说明，用文字对非音乐性质部分进行描述。文字说明可以对配器进行描述。

例如：

（该商标图样中文字说明为：该声音商标是中国国际广播电台广播节目的开始曲，全长40秒，共18小节，四分之二拍慢板节奏，G大调和C大调交替转换。前四小节为整段声音商标前奏部分，曲调为G大调；中间11小节为整段声音商标主题部分，曲调为C大调，其中第十二、十三小节播音员报出“中国国际广播电台”的呼号后音乐延续两小节，主题部分结束；最后三小节钢片琴再次奏响主题音乐，转调回G大调，该声音商标结束）

又如：

（该商标图样中文字说明为：此声音商标由人声组成，音频采用四四拍，E大调。商标总共两小节，第一小节为1个八分音符，第二小节第一拍为2个八分音符，第二拍为2个八分音符，以二分休止符结束。此声音商标由“hello kugou”组成，其中“hello”是英文发音，“kugou”是酷狗的中文拼音，用女声发出“hello kugou”的声音）

3.1.4.4.3 商标说明和使用方式

申请人应当在商标说明中说明声音商标在商品或者服务上的使用方式，即应当具体说明以何种方式或者在何种情形下使用声音商标，如：在打开、关闭或使用商品过程中使用；在开始、结束或提供服务过程中使用；在经营或服务场所使用；在公司网站上使用；在广播、电视、网络或者户外等广告宣传中使用等。

例如：

“使用在智能手机，MP3，MP4 等数码播放设备开机启动时的提示性音乐”（“望子成龙小霸王”声音商标）。

“广播电台开始时播放使用”（“中国国际广播电台”声音商标）。

“主要用于在申请人出品的电影、视频、声音产品的开头进行播放，或用于广告宣传”（某电影公司“和弦”声音商标）。

“使用在申请人指定商品/服务上，具体表现为申请人所提供应用程序中信息提示时的短促‘嘀嘀嘀嘀嘀嘀’的声音”（“嘀嘀嘀嘀嘀嘀”声音商标）。

“用于宣传视频、商业广告、展览以及活动中，用于识别商品和服务的来源”（“YAHOO”声音商标）。

2. 商标局常见问题解答“申请时如何区分颜色组合商标和商标指定颜色？”（20181108）

颜色组合商标是指由两种或两种以上颜色构成的商标。以颜色组合申请商标注册的，应当在申请书中予以声明，即在“商标申请声明”栏内勾选“以颜色组合申请商标注册”，并且在商标图样框内粘贴着色图样。商标指定颜色的，是指商标图样为着色的文字、图形或其组合，申请时不要勾选“以颜色组合申请商标注册”，在商标图样框内粘贴着色图样即可。

以颜色组合申请商标注册的，除应在申请书中予以声明外，还应注意以下几点：

1. 颜色组合商标的构成要素是两种或两种以上的颜色。以颜色组合申请商标注册的，商标图样应当是表示颜色组合方式的色块，或是表示颜色使用位置的图形轮廓。该图形轮廓不是商标构成要素，必须以虚线表示，不得以实线表示。

2. 以颜色组合申请商标注册的，应当提交文字说明，注明色标，并说明商标使用方式。文字说明、色标、商标使用方式应填写在“商标说明”栏。

3. 商标局常见问题解答“商标说明栏要求颜色商标要标明色标，并说明商标使用方式，使用方式是什么意思？”（20140815）

《中华人民共和国商标法实施条例》第十三条第四款规定，以颜色组合申请商标注册的，应当在申请书中予以声明，说明商标的使用方式。颜色组合商标的使用方式多种多样，商标注册申请人应当根据颜色组合商标的具体使用情况进行说明。商标注册申请人应当在《商标注册申请书》“商标说明”栏内，说明颜色组合商标是如何在申报商品或服务项目上进行使用的。例如，说明颜色组合商标是使用在申报商品项目的全部外表面上还是使用在商品的某一特定部分；再如，说明颜色组合商标是如何使用在申报服务项目上以区分服务来源。

【指导案例】

【最高院"迪奥"香水瓶案】商标国际注册申请人完成了《商标国际注册马德里协定》及其议定书规定的申请商标的国际注册程序,申请商标国际注册信息中记载了申请商标指定的商标类型为三维立体商标的,应当视为申请人提出了申请商标为三维立体商标的声明〔克里斯蒂昂迪奥尔香料公司诉国家工商行政管理总局商标评审委员会商标申请驳回复审行政纠纷案,最高人民法院行政判决书(2018)最高法行再26号,最高人民法院指导案例第114号〕。

(1)商标国际注册申请人完成了《商标国际注册马德里协定》及其议定书规定的申请商标的国际注册程序,申请商标国际注册信息中记载了申请商标指定的商标类型为三维立体商标的,应当视为申请人提出了申请商标为三维立体商标的声明。因国际注册商标的申请人无须在指定国家再次提出注册申请,故由世界知识产权组织国际局向中国商标局转送的申请商标信息,应当是中国商标局据以审查、决定申请商标指定中国的领土延伸保护申请能否获得支持的事实依据。

(2)在申请商标国际注册信息仅欠缺商标法实施条例规定的部分视图等形式要件的情况下,商标行政机关应当秉承积极履行国际公约义务的精神,给予申请人合理的补正机会。

【法院参考案例】

1.【最高院"特种兵生榨椰子汁"案】商标是识别商品来源的标志,具有一定知名度的商标通常产生溢出效应,能够使相关公众将含有该商标的包装、装潢与商品提供者建立一定的联系〔江苏苏萨食品有限公司与山西得惠永盛商贸有限公司等不正当竞争纠纷再审申请案,最高人民法院民事裁定书(2019)最高法民申4847号〕。

(1)通常情况下,商标标志与包装、装潢形成一个整体,共同发挥识别作用。商品的包装、装潢一般由商标、商品名称以及装饰性图案、颜色等要素组合构成。商标是识别商品来源的标志,具有一定知名度的商标通常产生溢出效应,能够使相关公众将含有该商标的包装、装潢与商品提供者建立一定的联系。因此,含有商标的包装、装潢,可以在整体上发挥识别商品来源的作用。当然,在商标以外的其他包装、装潢元素也产生了独立的市场价值,能够独立发挥识别作用时,也需要考虑包装、装潢中其他构成要素的利益保护。

(2)判断单个的包装、装潢元素能否成为正当的竞争利益,需要考虑商标标志与装潢元素的关系。本案中,涉案包装、装潢是以特种兵为核心进行的设计构思,涉案包装、装潢的整体颜色和包装外形均与特种兵相关,"特种兵"文字为涉案包装、装潢的组成部分,而非可以随意替换的要素。

2.【最高院"红鞋底"商标案】商标法并没有排除商标使用位置限定的单一颜色商标申请注册〔国家知识产权局与克里斯提·鲁布托商标申请驳回复审行政纠纷再审申请案,最高人民法院行政裁定书(2019)最高法行申 5416 号〕。

国际注册第 1031242 号图样

3.【最高院"三角电话机"立体商标案】三维标志的确定性是审查判断三维立体商标显著性的前提和基础。判断三维标志是否具有确定性,应当以商标档案中载明的商标图样为准,在商标档案对商标图样无进一步说明的情况下,该商标图样的全部构成要素均属于考察范围。如果根据商标图样的各视图无法确定该三维标志的具体形状及其比例关系,则该标志不具有确定性,该三维立体商标的显著性及效力亦无法得以认定〔宝利通公司与深圳市音络科技有限公司、国家知识产权局商标权无效宣告请求行政纠纷再审申请案,最高人民法院行政裁定书(2019)最高法行申 10746 号〕。

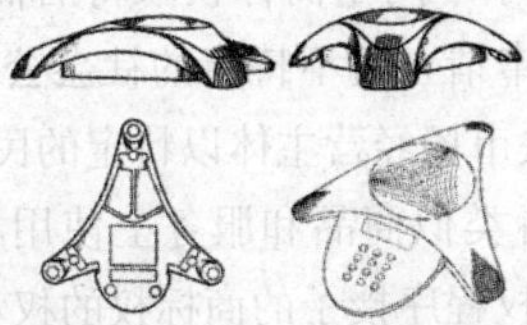

注册商标第 8341029 号图样

4.【北京高院"加多寳及图"立体商标案】申请立体商标注册时提交的商标图样仅包含图片，无法确定三维形状，违反申请立体商标的法律要求；商标注册申请的审查应以申请文件为依据，不允许补充提交商标图样〔国家工商行政管理总局商标评审委员会与王老吉有限公司商标申请驳回复审行政纠纷上诉案，北京市高级人民法院行政判决书(2019)京行终3105号〕。

(1)当事人申请注册诉争商标时提交的商标图样仅包含两幅图片，未提交三面视图，无法确定其申请商标注册的标志的三维形状，违反2014年商标法实施条例第十三条第三款。

(2)对商标注册申请的审查，应当以当事人申请注册时提交的申请文件为依据。若允许当事人补充提交商标图样，则将实质性地修改商标档案中记载的诉争商标标志，相当于引入新的商标标志，从而改变行政行为审查的对象和范围。原审法院认为商标评审委员会在重新作出行政行为时应当给予王老吉公司补充提交诉争商标三面视图的机会，缺乏法律依据。

5.【北京高院"三角电话机"立体商标案】商标申请应否核准注册，应当以商标档案载明的商标图样为准；标志准确无误、唯一确定是商标申请审查和核准的必要前提〔深圳市音络科技有限公司等与国家工商行政管理总局商标评审委员会商标权无效宣告请求行政纠纷上诉案，北京市高级人民法院行政判决书(2018)京行终175号〕。

(1)争议商标的注册是否符合商标法的相关规定，应当以商标档案中载明的商标图样为准。根据商标档案中载明的争议商标的四幅视图，虽然能够大体确定争议商标的基本轮廓，但在喇叭、卡槽、键盘、拾音孔等多个关键部位上不能毫无异议地确定争议商标三维标志的具体形状及其比例关系。在此情形下，若维持争议商标的注册，给予保护的实际上就是对争议商标所体现的产品外观设计思路的保护，而非是对具体的、确定的商业标志的保护，无疑超出了商标法的调整范围，显然是不适当的。

(2)商标授权确权程序不同于商标权取得后商标权保护的民事司法程序，它涉及的是商标注册申请人与不特定的社会公众之间的权利义务关系，其运行目的在于赋予相关市场经营主体以特定的民事权利，以禁止他人未经权利人许可而在相同或者类似商品和服务上使用相同或者近似的商标，因此，此种通过商标授权确权程序授予的商标权的权利边界和范围必须是明确而具体的。在商标法律制度框架下，商标权权利范围的确定尤其是商标标志的确定，其意义十分重大。虽然商标授权确权案件所涉及的诸多法律条款，存在因个案情况不同而有可以自由裁量之空间，但对于商标标志这一审查对象而言，标志的准确无误、唯一确定则是其他法律条款准确适用的前提。

(3)审查对象的确定性是判断其是否具备商标注册所需的显著特征的前提条件。在具体案件中，若审查判断的标志无法准确、唯一地确定，即无法确定其是否具备商标注册所需的显著特征。

6.【北京高院"绿色＋冷灰色＋暖灰色组合商标"案】对于颜色组合商标，商标法和商标法实施条例未要求在商标注册的申请文件中对颜色使用位置、颜色比例、排列组合方式进行特别规定〔湖南杰希重工有限公司等与国家知识产权局商标权无效宣告请求行政纠纷上诉案，北京市高级人民法院行政判决书(2021)京行终 1605 号〕。

注册商标第 18338886 号图样

7.【北京高院"蓝色＋黑色组合商标"案】(1)脱离商标说明而将颜色组合商标作为图形商标进行审查，属于法律适用错误；(2)受制于表现方式，颜色组合商标在申请中客观上必然以一定的图形方式呈现，但不应据此而限定该颜色组合商标的构成方式，使原本由颜色组合一种构成要素构成的商标标志变为由颜色组合和图形两种构成要素构成的商标标志〔国家工商行政管理总局商标评审委员会与烙克赛克公司商标申请驳回复审行政纠纷上诉案，北京市高级人民法院行政判决书(2016)京行终 55 号〕。

作为商标法明确规定的一种商标类型，颜色组合商标是与图形商标并列的一种商标类型，其商标标志的构成要素仅为颜色的组合，商标法并未对颜色组合商标中的颜色的具体使用方式作出限定。而 2014 年商标法实施条例第十三条第四款规定："以颜色组合申请商标注册的，应当在申请书中予以声明，说明商标的使用方式。"因此，根据商标法和商标法实施条例的规定，申请注册的颜色组合商标的构成要素及其具体使用方式，是由商标注册申请人自行选择并经商标注册主管机关审查通过后确定的。虽然商标法同时亦规定了包括图形、颜色组合等各种商标标志构成要素的组合，也可以作为商标申请注册，因而存在图形与颜色组合结合在一起的组合商标，但是，对于某一特定的商标而言，其商标标志的具体构成要素，还是应当根据商标法及其实施条例的规定，依据商标档案中记载的当事人申请的具体内容予以确定。颜色组合商标虽然在申请注册过程中，受制于商标标志在《商标注册申请书》中的具体表现方式，相关颜色组合在客观上必然以一定的图形方式呈现，但不能据此而限定该颜色组合商标的构成方式，使原本仅由颜色组合一种构成要素构成的商标标志变为由颜色组合和图形两种构成要素构成的商标标志。

商标申请 G11915217 号图样

8.【北京高院“三条杠”位置商标案】商标标志应当以向商标局提交的商标图样为准，商标设计说明并不是确定商标标志的法定依据，不能以商标设计说明替代或限定商标图样中的商标标志，否则，注册商标标志将丧失其确定性和唯一性〔阿迪达斯公司、国家工商行政管理总局商标评审委员会与晋江市纺织服装协会商标异议复审行政纠纷上诉案，北京市高级人民法院行政判决书(2011)高行终字第387号〕。

虽然被异议商标的《商标注册申请书》在“商标设计说明”部分载明“该商标以裤子为背景，由三条杠图形组成，裤子的轮廓仅仅是为了更好地显示三条杠图形在指定使用商品上的位置，裤子的轮廓并不是申请商标的一部分”，但是，根据商标法实施条例第十三条的规定，商标标志应当以向商标局提交的商标图样为准，商标设计说明并不是确定商标标志的法定依据，不能以商标设计说明替代或限定商标图样中的商标标志，否则，注册商标标志将丧失其确定性和唯一性，商标法第二十二条的规定也将无法实现。因此，本案被异议商标应当以其《商标注册申请书》中的商标图样为准，而并非以其设计说明为准。

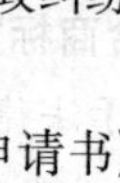

商标申请第 3307038 号图样

编者说明

本条强调商标应当具有区别性,即区别商品来源。商标用在商品上要能区别于商品装潢。商品装潢是装饰商品的,同种商品的经营者往往采取该种商品相联系的文字、图形、颜色等装饰它;商品装潢因此可能彼此相似而不能区别商品的各自来源。商标具有区别性,先要区别于商品装潢。当然,部分商品装潢能识别商品来源,可依照反不正当竞争法获得反仿冒的法律保护。

注册商标专用权是对世权,权利客体须具体确定并予以公示,以便他人明确其义务之所在。【北京高院"三角电话机"立体商标案】指出,商标授权确权程序涉及的是商标注册申请人与不特定的社会公众之间的权利义务关系,通过商标授权确权程序授予的商标权的权利边界和范围必须是明确而具体的。虽然商标授权确权案件涉及诸多法律条款,但对于商标标志这一审查对象而言,标志的准确无误、唯一确定则是其他法律条款准确适用的前提。【最高院"三角电话机"立体商标案】也指出,三维标志的确定性是审查判断三维立体商标显著性的前提和基础。

注册商标专用权的客体是通过商标图样和商标说明进行公示的。商标专用权客体的构成要素可分为可视要素和非可视要素。可视要素包括文字、图形、字母、数字、三维标志、颜色组合;非可视要素包括声音等。它们可以单独申请为注册商标,也可以组合后申请为注册商标。商标可否核准注册,是考察商标整体而不是考察商标的组成要素或部分。并不是全部要素都可以通过"商标图样"的方式表示在商标注册申请书之中,从而公示所请求之商标专用权的保护范围。商标图样只能充分展示文字标志、图形标志、图文组合标志等,难以呈现颜色组合标志、三维标志和非可视标志。为使公众根据商标图样确定享有商标专用权的标志,商标法实施条例第十三条对颜色组合标志、三维标志和声音标志申请注册商标的标志呈现有特殊要求,包括附加"商标说明"。对于申请在中国获得领土延伸保护的商标国际注册申请而言,【最高院"红鞋底"商标案】指出,根据商标法实施条例第四十四条的规定,审查对象应当根据世界知识产权组织对该商标的公告加以确定。总言之,请求商标专用权的商标是通过商标图样和商标说明予以确定的。

司法实践中,我国开始承认"位置商标"(position mark),认可请求专用权的商标可以通过如下法律方法表示:虚线表示商品外形而实线表示要求商标专用权的标志。在国家知识产权局与克里斯提·鲁布托商标申请驳回复审行政纠纷上诉案中,北京市高级人民法院认定本案中"国际注册第1031242号"延伸到中国的申请商标系"限定使用位置的单一颜色商标"。该商标申请的"商标描述"部分载明,"该商标由图样显示的红鞋底(潘通号18.1663TP)构成(高跟鞋的外形不属于商标的一部分,仅用于指示商标的位置)”。北京市高级人民法院判定,“在世界知识产权组织上述公告文件中明确记载高跟鞋外形不属于商标一部分的情况下,即不应将该高跟鞋外形作为申请商标标志构成要素纳入审查范围”。国家知识产权局不服二审意见,申请再审,遭最高人民法院驳回。值得注意的是,就该商标申请,北京知识产权法院曾认为,“克里斯提·鲁布托使用虚线系表达高跟鞋商品的外形,本商标标志应当属于三维标志,表示了高跟鞋商品本身的外形,并在局部部位填涂红色”;商标评审委员会的复审决定曾认定其为“图形商标”。

国际注册第1031242号图样

但是,这可能局限于国际注册,尚不能认为我国法院已经一般性地允许位置商标。【北京高院“三条杠”位置商标案】中,阿迪达斯公司提出的商标注册申请第3307038号为一虚线勾勒的长裤侧视图,其上有三道黑色竖杠纵向平行分布,指定使用在第25类“裤子”“游泳裤”等商品上。北京市第一中级人民法院和北京市高级人民法院均拒绝承认商标图样中虚线勾勒的裤子形状被排除于商标注册申请的标志之外。两审法院都认为,阿迪达斯公司所申请的商标是整个图样,既包括实线部分,也包括虚线部分,由此争议商标申请不具有显著特征,应当驳回。

商标申请第3307038号图样

即便允许采用虚线和实线结合的方式表征位置商标,这不等于说位置商标就可以取得注册。位置商标通常因为不具有固有显著性,又没有通过使用取得显著性而不予注册。①

① 可参见国家知识产权局与克里斯提·鲁布托商标申请驳回复审行政纠纷再审申请案,最高人民法院行政裁定书(2019)最高法行申5416号;阿迪达斯公司、国家工商行政管理总局商标评审委员会与晋江市纺织服装协会商标异议复审行政纠纷上诉案,北京市高级人民法院行政判决书(2011)高行终字第387号。

第九条　【商标注册的前提条件及注册标记】申请注册的商标，应当有显著特征，便于识别，并不得与他人在先取得的合法权利相冲突。

商标注册人有权标明“注册商标”或者注册标记。

【立法·要点注释】

1. 所谓显著特征，是指足以使相关公众区分商品或者服务来源的特征。商标具有显著特征，就意味着该商标不能与他人的商标相同，也不能与他人的商标近似。要求申请注册的商标具有显著特征，目的是方便相关公众识别商品或者服务的来源，并在此基础上作出是否购买该商品、消费该服务的决定。判定商标的显著特征，应当综合考虑构成商标的标志本身（含义、呼叫和外观构成）、商标指定使用商品、商标指定使用商品的相关公众的认知习惯、商标指定使用商品所属行业的实际使用情况等因素。

2. 不得与他人在先取得的合法权利相冲突。在自然人、法人或者其他组织申请商标注册以前，其他人可能已经依法取得了相关权利。此时自然人、法人或者其他组织申请注册商标，就存在与他人之前获得的权利相冲突的可能。为了防止权利冲突情况的发生，避免在商标注册中产生侵权行为，保护先于商标专用权的已取得的合法权利。

3. 商标已经商标局核准注册的，商标注册人标明“注册商标”或者注册标记，是商标注册人的权利。商标注册人可以根据自己的实际情况，在商品、商品包装、说明书或者其他附着物上，直接写出“注册商标”字样，也可以标明注册商标的记号。注册标记通常为字母“R”外加圈或者汉字“注”加圈，圆圈里的 R 表示的是英文 registered（注册）的起始字母。

【行政法规】

《中华人民共和国商标法实施条例》（20140501）

第六十三条　使用注册商标，可以在商品、商品包装、说明书或者其他附着物上标明“注册商标”或者注册标记。

注册标记包括㊟和®。使用注册标记，应当标注在商标的右上角或者右下角。

【法院参考案例】

1.【黑龙江高院"HRBanK"案】在后注册商标专用权人无权限制著作权人对其作品的正当使用〔吕秋阳与哈尔滨银行侵害商标权纠纷上诉案,黑龙江省高级人民法院民事判决书(2012)黑知终字第50号,列入最高人民法院公布的2012年中国法院知识产权司法保护50件典型案例〕。

当两项权利发生冲突时,应尊重和保护在先权利。即要求在后权利的创设、行使均不得侵犯在此之前已存在并受法律保护的在先权利。因此,擅自将他人享有著作权的作品注册产生的商标权,是一种存在于他人合法在先权利基础上的有瑕疵的民事权利,将可能被认定无效或权利受到限制。当注册商标专用权与在先著作权发生冲突时,在先著作权人可以阻却商标注册申请,也可以据此申请撤销注册商标专用权。根据保护在先权利的基本原则,在后注册商标专用权人无权限制著作权人对其作品的合理使用。

2.【北京一中院"士林"案】商标法第九条并非当事人提起商标评审的法定理由〔士林电机厂股份有限公司与国家工商行政管理总局商标评审委员会及镇江士林电机有限公司商标异议复审行政纠纷案,北京市第一中级人民法院行政判决书(2012)一中知行初字第409号〕。

商标法第九条系商标法体系中的原则性条款,该条款对商标所应当具有的显著特征和避免权利冲突等问题作出了原则性规定,与其有关的具体规定体现在商标法(2001年)第十一条、第三十一条等具体的法律条文中。因此,商标法第九条并非当事人提起商标评审的法定理由。如果系争商标的注册违反该条款中的某项原则性内容,则应当以商标法中该原则性内容所对应的具体条款作为提出异议的理由和依据。

编者说明

本条第一款规定没有含括商标核准注册的全部条件,属于宣示性的原则规定,后续条文有更为具体的法律规定。"申请注册的商标,应当有显著特征,便于识别"对应商标法第十一条;申请注册的商标"不得与他人在先取得的合法权利相冲突"对应商标法第三十一条和第三十二条前半句。无论是商标法第三十三条关于商标异议的法定事由规定,还是商标法第四十四条和第四十五条关于注册商标无效宣告的法定事由规定,都没有将商标法第九条第一款作为法定事由。

第十条【不得作为商标使用的标志】下列标志不得作为商标使用:

(一)同中华人民共和国的国家名称、国旗、国徽、国歌、军旗、军徽、军歌、勋章等相同或者近似的,以及同中央国家机关的名称、标志、所在地特定地点的名称或者标志性建筑物的名称、图形相同的;

(二)同外国的国家名称、国旗、国徽、军旗等相同或者近似的,但经该国政府同意的除外;

(三)同政府间国际组织的名称、旗帜、徽记等相同或者近似的,但经该组织同意或者不易误导公众的除外;

(四)与表明实施控制、予以保证的官方标志、检验印记相同或者近似的,但经授权的除外;

(五)同"红十字"、"红新月"的名称、标志相同或者近似的;

(六)带有民族歧视性的;

(七)带有欺骗性,容易使公众对商品的质量等特点或者产地产生误认的;

(八)有害于社会主义道德风尚或者有其他不良影响的。

县级以上行政区划的地名或者公众知晓的外国地名,不得作为商标。但是,地名具有其他含义或者作为集体商标、证明商标组成部分的除外;已经注册的使用地名的商标继续有效。

【立法·要点注释】

1. 商标是具有可区别性的标志,但不是所有具有可区别性的标志都可以作为商标使用。我国是《保护工业产权巴黎公约》成员国,应当履行《保护工业产权巴黎公约》规定的义务。该公约规定,公约成员国的国旗、国徽,表明实施国家管制和保证的官方标志、检验印记及政府间国际组织的标志等均不得作为商标注册和使用。

2. 本条规定的中华人民共和国的国家名称,包括全称、简称和缩写。我国国家名称的全称是中华人民共和国,简称为中国、中华,英文简称或者缩写为"CN""CHN""P. R. C""CHINA""P. R. CHINA""P. R. OF CHINA"。国旗是五星红旗。国徽的中间是五星照耀下的天安门,周围是谷穗和齿轮。国歌是《义勇军进行曲》。军旗是中国人民解放军的八一军旗,军旗为红底,左上角缀金黄色五角星和“八一”两字。军徽包括陆军军徽、海军军徽和空军军徽。军歌是《中国人民解放军进行曲》。勋章是国家有关部门授给对国家、社会有贡献的人或者组织的表示荣誉的证章。中央国家机关的名称、标志包括所有中央国家机关名称、标志。中央国家机关所在地特定地点或者标志性建筑物包括中南海、钓鱼台、天安门、新华门、紫光阁、怀仁堂、人民大会堂等。

3. 本条规定的外国的国家名称包括其中文和外文的全称、简称和缩写;国旗是指由国家正式规定的代表本国的旗帜;国徽是由国家正式规定的代表本国的标志;军旗是国家正式规定的代表本国军队的旗帜。我国在国际交往中遵循“和平共处五项原则”,主张国家不分大小、贫富、强弱,一律平等。为尊重外国国家主权,一切与外国国家名称、国旗、国徽、军旗等相同或者近似的标志,不得作为商标使用。但如果外国政府同意与其国家名称、国旗、国徽、军旗等相同或者近似的标志作为商标使用,则该标志不在商标禁用标志之列,是可以作为商标使用的。

4. 本条所谓政府间国际组织,是指由若干国家和地区的政府为了特定目的通过条约或者协议建立的有一定规章制度的团体,例如,联合国、欧洲联盟、东南亚国家联盟、非洲统一组织、世界贸易组织、世界知识产权组织等。本条规定的国际组织的名称包括全称、简称或者缩写。例如,联合国的英文全称为 United Nations,缩写为 UN;欧洲联盟的中文简称为欧盟,英文全称为 European Union,缩写为 EU。政府间国际组织独立于其成员国,依其成员国共同签订的国际条约履行职责,在国际交往中享有外交豁免。为了体现对这些国际组织的尊重,所有与这些国际组织的名称、旗帜、徽记等相同或者近似的标志不得作为商标使用。

5. 本条所谓官方标志、检验印记,是指官方机构用以表明其对商品质量、性能、成分、原料等实施控制、予以保证或者进行检验的标志或印记,如中国强制性产品认证标志、免检产品标志。表明实施控制、予以保证的官方标志、检验印记是政府履行职责,对所监管事项作出的认可和保证,具有国家公信力,不宜作为商标使用,否则将对社会造成误导,使这种公信力大打折扣。

6. “红十字”标志是国际人道主义保护标志,是武装力量医疗机构的特定标志,是红十字会的专用标志。“红新月”是阿拉伯国家和部分伊斯兰国家红新月会专用的,性质和功能与红十字标志相同的标志。红十字标志是白底红十字;红新月标志是向右弯曲或者向左弯曲的红新月。根据有关红十字会和红新月会的国际条约的规定,“红十字”“红新月”的名称和标志不得用于与两会宗旨无关的活动。

7. 本条所谓民族歧视性,是指商标的文字、图形或者其他构成要素带有对特定民族进行丑化、贬低或者其他不平等看待该民族的内容。我国是统一的多民族国家,各民族一律平等。为了维护和促进民族团结,任何带有民族歧视性的标志禁止作为商标使用。

8. 保证商品、服务的质量,是商品生产者、经营者和服务提供者的责任,本法明确要求商标使用人对其使用商标的商品质量负责。而带有欺骗性,容易使公众对商品的质量等特点或者产地产生误认的标志,会误导消费者,使其在错误认识的基础上进行消费,其利益也就会由此受到损害。为保护消费者的权益,对带有欺骗性,容易使公众对商品的质量等特点或者产地产生误认的标志,禁止作为商标使用。

9. 本条所谓社会主义道德风尚,是指我国人们共同生活及其行为的准则、规范以及在一定时期内社会上流行的良好风气和习惯。所谓其他不良影响,是指商标的文字、图形或者其他构成要素对我国政治、经济、文化、宗教、民族等社会公共利益和公共秩序产生消极的、负面的影响。我国是社会主义国家,社会主义道德风尚是国家大力倡导和培养的,而有害于社会主义道德风尚或者有其他不良影响的标志,会使社会主义道德风尚受到侵害。为了维护社会主义道德风尚,在整个社会形成良好的社会风气,对有害于社会主义道德风尚或者有其他不良影响的标志,不得作为商标使用。

10. 本条第二款规定所称“县级以上行政区划”,包括县级的县、自治县、县级市、市辖区;地级的市、自治州、地区、盟;省级的省、直辖市、自治区;两个特别行政区即香港特别行政区、澳门特别行政区;台湾地区。县级以上行政区划的地名以我国民政部编辑出版的《中华人民共和国行政区划简册》为准。县级以上行政区划地名,包括全称、简称以及县级以上的省、自治区、直辖市、省会城市、计划单列市、著名的旅游城市的拼音形式。所谓公众知晓的外国地名,是指我国公众知晓的我国以外的其他国家和地区的地名。地名包括全称、简称、外文名称和通用的中文译名。所谓地名具有其他含义,是指地名作为词汇具有确定含义且该含义强于作为地名的含义,不会误导公众。

【行政法规】

《奥林匹克标志保护条例》(20180731)

第四条 奥林匹克标志权利人依照本条例对奥林匹克标志享有专有权。

未经奥林匹克标志权利人许可,任何人不得为商业目的使用奥林匹克标志。

第五条 本条例所称为商业目的使用,是指以营利为目的,以下列方式利用奥林匹克标志:

(一)将奥林匹克标志用于商品、商品包装或者容器以及商品交易文书上;

(二)将奥林匹克标志用于服务项目中;

(三)将奥林匹克标志用于广告宣传、商业展览、营业性演出以及其他商业活动中;

(四)销售、进口、出口含有奥林匹克标志的商品;

(五)制造或者销售奥林匹克标志;

(六)其他以营利为目的利用奥林匹克标志的行为。

【司法解释】

1.《最高人民法院关于审理商标授权确权行政案件若干问题的规定》(法释〔2017〕2 号,20170301;经法释〔2020〕19 号修正,20210101)

第三条 商标法第十条第一款第(一)项规定的同中华人民共和国的国家名称等"相同或者近似",是指商标标志整体上与国家名称等相同或者近似。

对于含有中华人民共和国的国家名称等,但整体上并不相同或者不相近似的标志,如果该标志作为商标注册可能导致损害国家尊严的,人民法院可以认定属于商标法第十条第一款第(八)项规定的情形。

第四条 商标标志或者其构成要素带有欺骗性,容易使公众对商品的质量等特点或者产地产生误认,国家知识产权局认定其属于 2001 年修正的商标法第十条第一款第(七)项规定情形的,人民法院予以支持。

第五条 商标标志或者其构成要素可能对我国社会公共利益和公共秩

序产生消极、负面影响的，人民法院可以认定其属于商标法第十条第一款第（八）项规定的“其他不良影响”。

将政治、经济、文化、宗教、民族等领域公众人物姓名等申请注册为商标，属于前款所指的“其他不良影响”。

第六条　商标标志由县级以上行政区划的地名或者公众知晓的外国地名和其他要素组成，如果整体上具有区别于地名的含义，人民法院应当认定其不属于商标法第十条第二款所指情形。

【注释】①

1. 有观点认为，包含了国家名称的标志均应视为该款所称的与国家名称近似的标志。最高人民法院在涉及中国劲酒商标的行政纠纷案件中指出，如果由于标志中存在的其他组成部分而使得该标志在整体上与国家名称并不构成近似，不宜以该项理由不予注册或者宣告无效。但是不违反第十条第一款第（一）项并不意味着该标志一定能获得注册，国家名称等作为国家的象征，不应轻易作为商业标记使用，否则容易导致国家名称的滥用、损害国家尊严，故可认定为第十条第一款第（八）项规定的有其他不良影响的情形。

2. 在2001年修正的商标法中，第十条第一款第（七）项内容为：“夸大宣传并带有欺骗性的”标志，不得作为商标使用。由于该条将夸大宣传亦规定为要件之一，使得实践中对其适用极为有限。2013年修正后的条文更好地反映了该条款禁止具有欺骗性的标志注册和使用的立法目的。由于新法实施后仍然有大量案件需要适用旧法，为保证对法条适用的统一性并更好地实现立法目的，本解释第四条规定对2001年商标法第十条第一款第（七）项采用与现行法相同的理解。修正后的第十条第一款第（七）项禁止的“欺骗性标志”，是指使得相关公众对商品的质量等特点或者产地产生误认的标志，其仍然是保护公共利益和公共秩序的条款，仅仅与在先商标相冲突、容易导致混淆等并非是该条所要禁止的对象。

3. 本解释第五条第一款强调“其他不良影响”是指对社会公共利益和公共秩序的不良影响。第二款对于“政治、经济、文化、宗教、民族等领域”的列举与第一款的“社会公共利益和公共秩序”相对应，其所涉及的领域较为宽

---

① 参见宋晓明、王闯、夏君丽、董晓敏：《〈关于审理商标授权确权行政案件若干问题的规定〉的理解与适用》，载《人民司法·应用》2017年第10期。

泛,实践中,确也有将如普京等政治领域公众人物姓名申请注册商标的情形,也有将经济、文化领域的公众人物姓名,前者如“李兴发”案等,后者如鲁迅、冰心等申请注册的案件,均由于相关公众人物在特定的领域具有影响,且与良好社会公共秩序的维护相关,并不适用仅仅损害特定主体民事权益的情形。

4. 与地名有关的商标标志能否获得注册,除需依据商标法第十条第二款进行审查之外,还可能涉及商标法第十条第一款第(七)项“带有欺骗性”、第十一条关于显著特征,以及第十六条关于地理标志的规定。其中,第十条第二款是关于地名的特殊规定,而地理标志又是地名中的特定情形,故在适用法律时应考虑:地名构成地理标志的,适用商标法第十六条;县级以上地名或者公众知晓的外国地名,适用第十条第二款;其他并非县级以上地名或者公众熟知的外国地名,或者按照本解释第六条规定不属于商标法第十条第二款所指情形的,适用商标法第十条第一款第(七)项或者第十一条进行审查。

2.《最高人民法院关于审理不正当竞争民事案件应用法律若干问题的解释》(法释〔2007〕2 号,20070201;经法释〔2020〕19 号修正,20210101)

第五条 商品的名称、包装、装潢属于商标法第十条第一款规定的不得作为商标使用的标志,当事人请求依照反不正当竞争法第五条第(二)项规定予以保护的,人民法院不予支持。

【注释】①

商标法第十条第一款规定了与国家名称、国旗等相同或近似等八种标志不得作为商标使用,即通常所说的禁用标志。这些标志既然不能作为商标使用,同理也不能作为识别商品来源的商品的名称、包装、装潢使用。

3.《最高人民法院关于审理涉及驰名商标保护的民事纠纷案件应用法律若干问题的解释》(法释〔2009〕3 号,20090501;经法释〔2020〕19 号修正,20210101)

第十二条 当事人请求保护的未注册驰名商标,属于商标法第十条、第

---

① 参见蒋志培、孔祥俊、王永昌:《〈关于审理不正当竞争民事案件应用法律若干问题的解释〉的理解与适用》,载《法律适用》2007 年第 3 期。

十一条、第十二条规定不得作为商标使用或者注册情形的，人民法院不予支持。

4.《最高人民法院关于审理商标案件有关管辖和法律适用范围问题的解释》（法释〔2002〕1 号，20020121；经法释〔2020〕19 号修正，20210101）

第五条　除本解释另行规定外，对商标法修改决定施行前发生，属于修改后商标法第四条、第五条、第八条、第九条第一款、第十条第一款第（二）、（三）、（四）项、第十条第二款、第十一条、第十二条、第十三条、第十五条、第十六条、第二十四条、第二十五条、第三十一条所列举的情形，国家知识产权局于商标法修改决定施行后作出复审决定或者裁定，当事人不服向人民法院起诉的行政案件，适用修改后商标法的相应规定进行审查；属于其他情形的，适用修改前商标法的相应规定进行审查。

【部门参考文件】

1.《商标审查审理指南》（国家知识产权局公告第 462 号，20220101；下编）

第三章　不得作为商标标志的审查审理

2 释义

本条列举了不得作为商标使用的标志，明确了使用地名作为商标的限制。其目的是禁止损害或可能损害国家尊严、社会公共利益、社会公共秩序、民族团结、宗教信仰等的标志或者违反社会善良风俗、具有其他不良影响的标志获准注册和使用。如果有关标志的注册仅损害特定民事权益，由于《商标法》已经另行规定了救济方式和相应程序，不宜认定其属于具有其他不良影响的情形。“不得作为商标使用”是指除了禁止这些标志作为商标注册外，还禁止上述标志作为商标使用。

本条第一款对于特定标志进行保护，禁止其作为商标注册和使用。具体包括：我国国家名称、国旗、国徽、国歌、军旗、军徽、军歌、勋章，中央国家机关的名称、标志、所在地特定地点的名称或者标志性建筑物的名称、图形等；外国的国家名称、国旗、国徽、军旗等；政府间国际组织的名称、旗帜、徽记等；表明实施控制、予以保证的官方标志、检验印记；“红十字”“红新月”的名称、标志。

本条第一款还禁止有损公序良俗等公共利益的标志作为商标使用。具体包括:带有民族歧视性的标志;带有欺骗性,容易使公众对商品的质量等特点或者产地产生误认的标志;有害于社会主义道德风尚的标志;有其他不良影响的标志。

对含有上述标志的商标注册申请应严格审查审理,原则上禁止注册和使用。标志具有多种含义或者具有多种使用方式,只要其中某一含义或者使用方式容易使公众认为其属于本条第一款所规定情形的,可以认定违反该款规定,标志的具体使用情况一般不予考虑。如"叫个鸭子",鸭子通常含义是指一种家禽,但在特殊语境下,非主流文化中亦有"男性性工作者"的含义,该标志格调不高,违背了我国公序良俗,属于有害于社会主义道德风尚的情形。

实践中不同社会群体对有关标志是否属于本款禁用情形往往存在不同的理解,但只要特定群体有合理充分的理由认为该标志用作商标违反了本款规定,则应认定为该标志属于上述禁用情形。如"MLGB",在网络环境下特定网络使用群体认为其具有不文明含义,该标志仍属于上述禁用情形。

本条第二款规定了县级以上行政区划的地名或者公众知晓的外国地名不得作为商标。其例外情况主要包括:一是地名具有除行政区划外的其他含义,且其他含义更易于被一般公众所接受和熟知,如"凤凰"除了具有行政区划地名的含义外,还有"传说中的百鸟之王"的含义,且公众更熟知第二层含义;二是地名作为集体商标、证明商标组成部分;三是已经注册使用地名的商标继续有效。为保护商标所有权人合法权益,现行法不追溯该法生效前已经注册的含有上述地名的普通商标,如"北京牌"电视机等。

2.1 同中华人民共和国的国家名称、国旗、国徽、国歌、军旗、军徽、军歌、勋章等相同或者近似的,以及同中央国家机关的名称、标志、所在地特定地点的名称或者标志性建筑物的名称、图形相同的

本条中的"国家名称"包括全称、简称和缩写,我国国家名称的中文全称是"中华人民共和国",简称为"中国""中华",英文全称是"The People's Republic of China",简称或者缩写为"CHINA""CHN""P. R. C""P. R. CHINA"等;"国旗"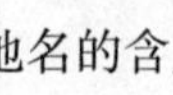;"国徽"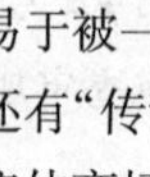;"国歌"是《义勇军进行曲》;"军旗"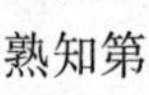等;"军徽"如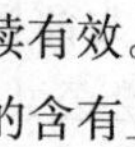;"勋章"如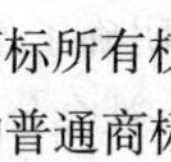、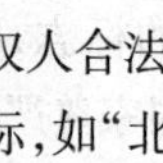等;"中央国家机关的名称、标志、所在地特定地点的名称或者标志性建筑物的名称"包括"全国人民代表大会"

“国务院”“中南海”“钓鱼台”“天安门”“新华门”“紫光阁”“怀仁堂”“人民大会堂”等。

同中华人民共和国的国家名称等“相同或者近似”，是指标志整体上与国家名称等相同或者近似。对于含有中华人民共和国的国家名称等，但整体上并不相同或者不相近似的标志，如果该标志作为商标注册可能损害国家尊严的，可以认定属于《商标法》第十条第一款第（八）项规定的情形。

商标注册审查审理不仅要保护商标注册人的利益，还要承担维护国家尊严、维护社会公共利益和社会主义市场经济秩序以及保护消费者权益的职责。上述我国国家名称、国旗、国徽等国家标志，与国家尊严紧密相连，因此对与此类标志相关的商标应严格审查审理，原则上禁止上述标志注册和使用。

2.2 同外国的国家名称、国旗、国徽、军旗等相同或者近似的

本条中的“外国的国家名称”包括中文和外文的全称、简称和缩写；“国旗”是由国家正式规定的代表本国的旗帜；“国徽”是由国家正式规定的代表本国的徽记；“军旗”是国家正式规定的代表本国军队的旗帜。

我国在国际交往中遵循“和平共处五项原则”，主张国家不分大小、贫富、强弱，一律平等。为尊重外国国家主权，一切与外国国家名称、国旗、国徽、军旗等相同或者近似的标志，不得作为商标使用。但如果外国政府同意与其国家名称、国旗、国徽、军旗等相同或者近似的标志作为商标使用，不适用本项禁用规定。

2.3 同政府间国际组织的名称、旗帜、徽记等相同或者近似的

本条中的“政府间国际组织”，是指由若干国家和地区的政府为了特定目的通过条约或者协议建立的有一定规章制度的团体。例如：联合国、世界贸易组织、世界知识产权组织、亚太经济合作组织、上海合作组织、欧洲联盟、东南亚国家联盟、非洲联盟等。国际组织的名称包括全称、简称或者缩写。例如：

联合国的英文全称为“United Nations”，简称“UN”，旗帜为。“欧洲联盟”简称“欧盟”，英文名称为“European Union”，简称“EU”，旗帜为。上海合作组织简称“上合组织”，英文名称为“The Shanghai Cooperation Organization”，

简称“SCO”,旗帜为。

禁止将上述标志作为商标使用和注册的理由在于,非经该国际组织同意,他人将这些标志作为商标使用注册,易使公众误认为这些标志的使用者得到了该组织的授权,或者与该组织存在某种联系。但是,如果经政府间国际组织同意,或不会令公众对产品或服务的来源等产生误认的,不适用本项禁用规定。

2.4 与表明实施控制、予以保证的官方标志、检验印记相同或者近似的

本条中的“实施控制”是指有关官方机构根据法律的规定,掌握和监督某些产品的质量、精度的行为。“予以保证”指有关官方机构根据法律的规定,对质量、精度等方面达到一定要求的产品给予确认的行为。“官方标志、检验印记”,是指官方机构用以表明其对商品质量、性能、成分、原料等实施控制、予以保证或者进行检验的标志或印记,如丹麦奶酪印记、荷兰商品检验印记等。这些标志仅仅为这些机构所有。本项所指的控制、保证机构通常不是指非官方机构,而是指官方机构。表明实施控制、予以保证的官方标志、检验印记是政府履行职责,对所监管事项作出的认可和保证,具有国家公信力,不宜作为商标使用,如果他人将含有此类官方标志、检验印记或者与之近似的标志进行使用或申请注册,并且未经该组织的授权,则易使公众误认为该使用或注册申请人是这些标志的所有人,或者误认为其已得到有关官方机构的授权,使这种标志的公信力受到损害。但是,如果官方机构授权他人使用,或者授权他人将官方标记、检验印记申请商标注册的,则该机构和该个人之间已经存在授权与被授权的约定,不适用该项的禁止性规定。

2.5 同“红十字”“红新月”的名称、标志相同或者近似的

本条中的“红十字”是国际人道主义保护标志,是武装力量医疗机构的特定标志,是红十字会的专用标志,其图案为。“红新月”是阿拉伯国家和部分伊斯兰国家红新月会专用的,性质和功能与红十字标志相同的标志,是向右弯曲或者向左弯曲的红新月。

《红十字会法》规定:红十字标志是标示在武装冲突中必须受到尊重和保护的人员和设备。其使用办法,依照日内瓦公约及其附加议定书的有关规定执行。红十字标志的标明使用,是标志与红十字活动有关的人或者物。其

使用办法由国务院规定。因宗教信仰使用红新月标志的，其使用办法适用红十字标志的使用规定。禁止滥用红十字标志。

此外，“红水晶”标志◇（图案为白底红色边框的竖立正方形），系国际人道主义保护公约战场救护的第三个特殊标志，与“红十字”“红新月”标志具有同等法律效力和地位。同“红十字”“红新月”的名称、标志相同或者近似的标志不得作为商标注册和使用。

2.6 带有民族歧视性的

本条中的“民族歧视性”，是指标志中带有对特定民族进行丑化、贬低或者其他不平等看待该民族的内容。该项旨在禁止带有民族歧视性的标志等作为商标使用和注册。

2.7 带有欺骗性，容易使公众对商品的质量等特点或者产地产生误认的

本条中的“带有欺骗性”，是指标志对其指定商品或者服务的质量等特点或者来源作了超过其固有程度或与事实不符的表示，容易使公众对商品或者服务的质量等特点或者来源产生错误的认识。如将“健康”“长寿”标志指定使用在“香烟”商品上；将“万能”标志指定使用在“药品”商品上。

判断有关标志是否属于该项情形，必须结合指定的商品或者服务本身特点进行具体分析，如“好土”用于“鸡蛋”商品上，易使消费者对商品的品质、质量、培育方式等特点产生误认，属于此类情形。

但是，如果公众基于日常生活经验等不会对标志指定的商品或者服务的质量等特点或者来源产生误认的，不属于该项规定的情形。

2.8 有害于社会主义道德风尚的或者有其他不良影响的

本条中的“社会主义道德风尚”，是指我国公众共同生活及其行为的准则、规范以及在一定时期内社会上流行的良好风气和习惯。富强、民主、文明、和谐、自由、平等、公正、法治、爱国、敬业、诚信、友善的社会主义核心价值观，是我国各族人民共同的思想道德基础；“其他不良影响”是指除了有害于社会主义道德风尚之外的情况，一般是指标志的文字、图形或者其他构成要素具有贬损含义，或者该标志本身虽无贬损含义，但由该申请人注册使用，易对我国政治、经济、文化、宗教、民族等社会公共利益和公共秩序产生消极、负面的影响。有害于社会主义道德风尚或者具有其他不良影响的判定应考虑政治背景、社会背景、历史背景、文化传统、民族风俗、宗教政策等因素，并应考虑标志的构成要素及其指定的商品和服务。根据公众日常生活经验，或者

辞典、工具书、权威文献,或者相关领域人士的通常认知等,能够确定有关标志或者其构成要素可能对我国社会公共利益和公共秩序产生消极、负面影响的,可以认定具有“其他不良影响”。申请人的主观意图、使用方式、社会影响等可以作为认定是否具有“其他不良影响”的参考因素。在审查审理判断有关标志或者其构成要素是否具有“其他不良影响”时,一般以审查审理时的事实状态为准。

2.9 含地名标志的审查审理

本条中的“县级以上行政区划”包括县级行政区划,如县、自治县、县级市、市辖区等;地级行政区划,如市、自治州、地区、盟等;省级行政区划,如省、直辖市、自治区;特别行政区,即香港特别行政区和澳门特别行政区;台湾地区。县级以上行政区划的地名以我国民政部发布的《中华人民共和国行政区划简册》为准。本条中的县级以上行政区划地名包括全称、简称,以及省、自治区、直辖市、特别行政区,省会城市、计划单列市、著名旅游城市名称的拼音形式。

本条中的“公众知晓的外国地名”,是指我国公众知晓的我国以外的其他国家或地区的地名。地名包括全称、简称、外文名称和通用的中文译名,如“东京”“纽约”等。我国公众不熟知的外国地名,不在禁止之列。

本条中的“地名具有其他含义”,是指地名作为词汇具有确定含义且该含义强于作为地名的含义,不会误导公众的。

以地名作为商标本身缺乏显著性或显著性较弱,不利于消费者区分商品和服务的来源,容易造成混乱。县级以下的行政区划或我国公众不知晓的外国地名虽然不属于该款禁注的情形,但若相应地域本身以生产某种商品或提供某种服务闻名,仍要结合申请使用的商品与服务综合判断是否属于误认情形。

实践中,有些标志由地名和其他要素组成,如果该标志因其他要素的加入,在整体上具有显著特征且整体上形成了强于上述地名以外的其他含义的,或者整体上无含义且一般不易被识别为上述地名的,可以认定不属于本款所规定的情形。

3 具体适用

3.1 同中华人民共和国的国家名称、国旗、国徽、国歌、军旗、军徽、军歌、勋章等相同或者近似的,以及同中央国家机关的名称、标志、所在地特定地点的名称或者标志性建筑物的名称、图形相同的

3.1.1 同我国的国家名称相同或者近似的

标志与我国国家名称相同的，判定为与我国国家名称相同。例如：CHINA。标志的含义、读音或者外观等与我国国家名称近似，容易使公众误认为我国国家名称的，判定为与我国国家名称近似。例如：ZHONGGUO 与 CHINAR，其中 CHINAR 虽然整体无含义，但外观上与我国国名的英文 CHINA 相近，易导致混淆，因此判定为与我国国名近似。

例如：

中国

囻中

（"囻"是"国"的异体字）

3.1.2 同我国的国旗、国徽、国歌相同或者近似的

有关标志与我国国旗、国徽、国歌的名称、图案或者声音相同或者近似，足以使公众将其与我国国旗、国徽、国歌相联系的，判定为与我国国旗、国徽、国歌相同或者近似。例如：五★红旗等。

例外情形：

标志中含有"五星""红旗"字样或者"五星图案""红旗图案"，但不会使公众将其与国旗相联系的，不判为与我国国旗相同或者近似。例如：红旗，又如：五　星。

3.1.3 同我国的军旗、军徽、军歌等相同或者近似的

有关标志与我国军旗、军徽、军歌的名称、图案或者声音等相同或者近似，足以使公众将其与军旗、军徽、军歌相联系的，判定为与我国军旗、军徽、军歌相同或者近似。例如：、等。

3.1.4 同我国的勋章相同或者近似的

有关标志与我国勋章的名称、图案等相同或者近似，足以使公众将其与勋章相联系的，判定为与我国勋章相同或者近似。例如：、、

、等。

3.1.5 同中央国家机关的名称、标志、所在地特定地点的名称或者标志性建筑物的名称、图形相同的

有关标志同中央国家机关的名称、标志、所在地特定地点的名称或者标志性建筑物的名称、图形相同的，审查审理时适用该项禁用规定。例如：

紫光阁、懷仁堂、新华门 XINHUAMEN等。

3.2 同外国的国家名称、国旗、国徽、军旗等相同或者近似的

3.2.1 同外国的国家名称相同或者近似的

有关标志与外国的国家名称相同的，判定为与外国的国家名称相同。有关标志与外国的国家名称近似或者含有与外国的国家名称相同或者近似的文字的，判定为与外国的国家名称近似。

例如：FRANCE、毛里求斯 MAOLIQIUSI、安道尔、拉脱維雅

例外情形：

(1)经该国政府同意的，一般不适用该禁用规定。但申请人应当提交经该国政府同意的书面证明文件。例如：

日本ペイント

（申请人提交了经公证认证的日本本国商标注册证复印件及译文，即可视为申请标志在相关商品上的注册已经获得日本政府同意）

申请人就该商标在相同或类似商品、服务上，在该外国已经获得注册的，视为该外国政府同意。

例如：

ITALIA 1

（申请人就该标志在相关商品、服务上，在意大利已经获准注册，可视为其已获得意大利政府同意）

但外国政府明确表示在本国的注册不视为授权的，或对授权有其他明确要求的，不当然视为外国政府同意，如瑞士。

(2)具有明确的其他含义且不会造成公众误认的,一般不适用该禁用规定。例如:在"服装、鞋、领带"商品上申请的Frank,虽然与法国国名"FRANCE"相差两个字母,但英文含义为"坦白的、真诚的",也是常用英文人名"弗兰克",审查审理时一般不适用上述禁用规定。又如:在"服装"商品上申请的TURKEY,其中含有的"TURKEY"虽与土耳其国名相同,但另有广为认知的其他含义"火鸡";在"电视机、麦克风"商品上申请的Span,虽然与西班牙国名"SPAIN"相差一个字母,但英文含义为"跨度、跨距",以上两件商标审查审理时一般均不适用上述禁用规定。

(3)有关标志同外国国名的旧称相同或者近似的,通常不适用上述禁用规定。例如:在服装商品上申请的天竺、花旗。但如果在特定商品上容易使公众发生商品产地误认的,适用《商标法》第十条第一款第(七)项的规定予以驳回。例如:在"大米"商品上申请的暹罗。

(4)有关标志的文字由两个或者两个以上中文国名简称组合而成,不会使公众发生商品产地误认的,一般不适用该项禁止性规定。例如:在"计算机"商品上申请的德意,在"照明器"商品上申请的中法 ZHONGFA。但如果在特定商品上容易使公众发生商品产地误认的,适用《商标法》第十条第一款第(七)项的规定予以驳回。例如:在"化妆品"商品上申请的韩日,在"葡萄酒"商品上申请的法美。

(5)有关标志所含国名与其他具备显著特征的标志相互独立,国名仅起真实表示申请人所属国作用或与其他叙述性语言一起真实表示指定商品或者服务有关特点的,可不适用本禁用规定。例如:来自意大利的申请人CIELO E TERRA S. P. A. 申请的MAESTRO ITALIANO,其中含有的"ITALIANO"虽译为"意大利",但因"ITALIANO"与其他具备显著特征的标志"MAESTRO"相互独立,国名仅起真实表示申请人所属国作用,不适用本禁用规定。例如:在"日式料理餐厅"服务上申请的柚子日本料理,虽然含有外国国名,但整体上属于真实表示了指定服务的特点,不适用本禁用规定。

3.2.2 与外国国旗、国徽、军旗等的名称或者图案相同或者近似的

有关标志与外国国旗、国徽、军旗的名称或者图案相同或者近似,足以使

公众将其与外国国旗、国徽、军旗相联系的，判定为与外国国旗、国徽、军旗相同或者近似，不得作为商标使用和注册。例如：申请 商标，可判定为与美国国旗近似；申请 商标，可判定为与意大利国旗近似；申请UNION JACK商标，因其可译为“英国国旗”，可判定为与英国国旗近似。

例外情形：

经该国政府同意的，一般不适用该禁用规定。但申请人应当提交经该国政府同意的书面证明文件。申请人就该商标在相同或类似商品、服务上，在该外国已经获得注册的，视为该外国政府同意。

3.3 同政府间国际组织的名称、旗帜、徽记等相同或者近似的

有关标志足以使公众将其与政府间国际组织的名称、旗帜、徽记等相联系的，判定为与政府间国际组织的名称、旗帜、徽记相同或者近似，不得作为商标使用和注册。例如：申请 、 、 、 商标。

例外情形：

（1）经该政府间国际组织同意的，可不适用本禁用规定，但申请人应当提交能够证明相关政府间国际组织同意的书面证明文件。

（2）具有明确的其他含义或者特定的表现形式，不会误导公众的，可不适用本禁用规定。例如：在“比重计”商品上申请的 商标，在“人用药”商品上申请的 商标，因整体表现形式特殊，一般不会导致公众将其与联合国的英文简称或世界卫生组织的会徽相联系，可不适用本禁用规定。

3.4 与表明实施控制、予以保证的官方标志、检验印记相同或者近似的

有关标志与表明实施控制、予以保证的官方标志、检验印记相同或者近似的，禁止作为商标注册和使用。例如： 、 分别为中国

强制性产品认证标志、本外币兑换统一标识,有关标志与上述类型标志相同、近似或者含有上述类型标志的,一般不得作为商标注册和使用。

有关标志足以使公众将其与表明实施控制、予以保证的官方标志、检验印记相联系的,判定为与该官方标志、检验印记相同或者近似。例如:在“照明器械及装置”商品上申请的CCC中标商标认定为与中国强制性产品认证标志近似。

例外情形:

(1)经该官方机构授权的,可不适用本禁用规定,但申请人应当提交能够证明已获得官方机构授权的书面证明文件。

(2)具有明确的其他含义或者特定的表现形式,不会误导公众的,可不适用本禁用规定。例如:在“手机用电池、手机用充电器”商品上申请的商标,在“水龙头、淋浴用设备”商品上申请的CCC卡洛兹 CARLOSE商标。

3.5 同“红十字”“红新月”的名称、标志相同或者近似的

有关标志与“红十字”“红新月”“红水晶”的名称、图案在视觉上基本无差别的,判定为同“红十字”“红新月”“红水晶”的名称、标志相同。例如:Red Cross,其中的“Red Cross”译为“红十字”;red crescent,其中的“red crescent”译为“红新月”。

有关标志足以使公众将其误认为“红十字”“红新月”“红水晶”的名称、图案的,判定为同“红十字”“红新月”“红水晶”的名称、标志近似。例如:

CHIN SHIH TZU

指定商品:医用药物

指定商品:葡萄糖膳食补充剂

指定商品:救急包

祈福医疗管理
CLIFFORD MEDICAL MANAGEMENT

指定商品:医疗器械和仪器

例外情形:

具有明确的其他含义或者特定的表现形式,不会误导公众的,可不适用本禁用规定。例如:在“灭火器械”商品上申请的GREEN CROSS商标,以及在“印刷油

墨、颜料”商品上申请的 Xinyue 新月 商标。

3.6 带有民族歧视性的

标志本身及其构成要素与民族名称相同或者近似，并丑化或者贬低特定民族的，判定为带有民族歧视性。例如：在“蜂蜜”等商品上申请的蛮子标志，蛮子属于对少数民族的蔑称。

3.7 带有欺骗性，容易使公众对商品的质量等特点或者产地产生误认的

具体情形包括但不限于：

3.7.1 容易使公众对商品或者服务的质量、品质、功能、用途、原料、内容、重量、数量、价格、工艺、技术等特点产生误认的

3.7.1.1 容易使公众对商品或者服务的质量、品质等特点产生误认的

例如：

零缺陷

指定商品：染料

CSF

消费者满意的好家具

指定商品：家具

极 品

指定商品：矿泉水

粤西有机 yuexiyouji

指定商品：茶

周大麟 24K

指定商品：仿金制品

皖典优级原浆

指定商品：白酒、烧酒

儿童第一城 First community for KIDS

指定服务：临时照看婴孩

首字为“国”字的商标注册申请，应当严格按照以下标准，从严审查审理：

对“国+商标指定商品名称”作为商标申请，或者商标中含有“国+商标指定商品名称”的，以其“带有欺骗性，容易使公众对商品的质量等特点产生误认”为由予以驳回。根据标志具体情况，有损公平竞争的市场秩序，容易产生不良影响的，或缺乏显著特征的，可同时适用《商标法》第十条第一款第（八）项或者第十一条第一款第（三）项。例如：在“白酒”商品上申请的

国酒商标;在“餐厅”服务上申请的国宴商标;在“新鲜水果”商品上申请的国果网 GUOGUOWANG 商标。

对首字为“国”,但不是“国+商标指定商品名称”组合的申请商标,应当视情况进行具体判断。对使用在指定商品上直接表示了商品质量特点或者具有欺骗性,甚至有损公平竞争的市场秩序,或者容易产生不良影响的,应予驳回。例如:在“烧酒”商品上申请的国 贡商标;在“运输”服务上申请的国 圣商标。

3.7.1.2 容易使公众对商品的功能、用途等特点产生误认的

例如:

肺力长

指定商品:茶、蜂蜜

代谢修复

指定商品:食用燕窝、水果罐头

超感白

指定商品:漂白水

妇医生

指定商品:人用药

清雪剂

指定商品:人用药

(“清雪剂”与“清血剂”读音相同,易使消费者认为指定商品具有清血的功能)

3.7.1.3 容易使公众对商品的种类、主要原料、成分等特点产生误认的

例如:

火尔 牛肉 HUOERNIUROU

指定商品:鱼制食品

200微硒

指定商品:谷(谷类)

铁观音

指定商品:烟草

也是 Yes!枸杞

指定商品:婴儿食品

优加倍乳铁

指定商品:婴儿食品

(“乳铁”是“乳铁蛋白”的简称,可作为食品添加剂)

但申请注册的标识、文字等所指示的含义或物品与申请注册的商品无行

业关联性的除外。

蓝莓
lanmei

指定商品:洗碗机

苹果

指定商品:计算机

3.7.1.4 容易使公众对商品的重量、数量、价格、生产时间、工艺、技术等特点产生误认的

例如:

九斤
JIUJIN

指定商品:糕点

明 嘉靖十八年

指定商品:珠宝首饰

8八块钱

指定商品:小五金器具

古海共晶

指定商品:防冻液

天龙纳米
Tianlongnami

指定商品:服装

加大号仙女

指定商品:服装

倒笃

指定商品:家禽(非活)、鱼制食品
(“倒笃”是一种咸菜腌制方法)

3.7.1.5 容易使公众对服务的内容、性质等特点产生误认的

例如:

知圣女性创业大赛
THE SPRITE OF NEW-WOMEN AWARD

指定服务:培训

前列线
Qianliexian

指定服务:药品零售或批发服务
(“前列线”与“前列腺”相近,易使消费者对服务的内容产生误认)

SUNING
苏宁公益

指定服务:金融管理
(“公益”是公共利益事业的简称,易使消费者对服务的性质产生误认)

3.7.2 容易使公众对商品或者服务的产地、来源产生误认的

3.7.2.1 标志由地名构成或者包含地名，申请人并非来自该地，使用在指定商品上，容易使公众发生产地误认的（属于《商标法》第十条第二款规定的不得作为商标使用的情形的，应同时适用该条款）

例如：

V VALLEAU COUTURE
NEW YORK • PARIS

指定商品：服装、帽子
申请人：北京盛世杰威服装服饰有限公司
（"NEW YORK"译为"纽约"，"PARIS"译为"巴黎"）

mk spirit
PARIS

指定商品：香精油、化妆品
申请人：M. SERGE LOUIS ALVAREZ
申请人地址：……BP 148 F－26905 VALENCE CEDEX 9（FRANCE）（FR）
（"PARIS"译为"巴黎"，申请人地址在法国瓦朗斯市）

FREDERIQUE CONSTANT
GENEVE

指定商品：钟、表
申请人：弗雷德瑞克康士丹顿控股有限公司
申请人地址：荷属安的列斯岛，库拉索岛
（"GENEVE"译为"日内瓦"）

3.7.2.2 标志文字构成与我国县级以上行政区划的地名或者公众知晓的外国地名不同，但字形、读音近似足以使公众误认为该地名，从而发生商品产地误认的

例如：

寧厦
指定商品：烧酒

扎幌
指定商品：果酒（含酒精）
申请人：南通富豪酒业有限公司

小吧黎

指定服务:咖啡馆、酒吧

申请人地址:云南省丽江市滇西明珠花园别墅

宜槟

指定商品:烧酒

申请人地址:河南省南阳市唐河县城关镇

3.7.2.3 标志由我国县级以上行政区划的地名之外的其他地名构成或者含有此类地名,使用在其指定的商品上,容易使公众发生商品产地误认的

例如:

酷艾阳澄湖

指定商品:贝壳类动物(活的)

申请人:广州匡恒服装有限公司

西街口

指定商品:新鲜水果、新鲜蒜

申请人地址:云南省曲靖市富源县黄泥河镇

(“西街口”是云南省昆明市石林彝族自治县下辖一镇名,该镇出产的西街口人参果、西街口大蒜等农副产品具有较高知名度)

今治

指定商品:纺织品毛巾;毛毯等

申请人:上海夕尔实业有限公司

(“今治”是日本一个市名,该市的毛巾产量位居日本第一,在相关公众中具有一定知名度)

1 de MENDOZA

指定商品:葡萄酒等

申请人:北京众拓必亨国际贸易有限公司

(“MENDOZA”是阿根廷历史名城,位于以葡萄酒酿造闻名的库约地区的核心地带)

但指定的商品与其指示的地点或者地域没有特定联系,不会使公众发生商品产地误认的除外。

例如:

北戴河长胜

BEI DAI HE CHANG SHENG

指定商品:摩托车

盛泽

指定商品:液压泵

TAI SHAN
泰山

指定商品:非金属箱

3.7.2.4 标志包含国家名称,但申请人并非来自该国,使用在其指定的商品上,容易使公众发生商品产地误认的

例如:

法国双飞人

指定商品:医药制剂

申请人地址:阿联酋迪拜,酋长扎耶德路迪尼尔大厦

得卡罗
Prodotto in Italia · dal 1898

指定商品:谷类制品、冰淇淋

申请人:苏州淘味道食品有限公司

3.7.2.5 标志包含企业名称,而该企业名称与申请人名义存在实质性差异的,容易导致公众误认的

此处企业名称包括全称、简称、中文名称、英文名称以及名称的汉语拼音等,且以容易使公众将其作为指代企业主体身份的标识为认定要件。

通常标志所含企业名称的行政区划或者地域名称、字号、行业或者经营特点、组织形式与申请人名义不符的,判定为与申请人名义存在实质性差异。

例如:

Tihui体会

指定商品:服装

申请人:潍坊体会制衣有限公司

(字母为"北京茂盛园肉食品厂"的拼音)

指定商品:肉

申请人:褚某某

指定服务:医院、兽医辅助、动物饲养

申请人:郑某某

潮创集团

指定服务:不动产出租

申请人:广州潮创房地产开发有限公司

汇智银行

指定服务:法律研究

申请人:深圳市中兴达文化传播有限公司

海涛医院

指定服务:医院、整形外科

申请人:芜湖济仁网络科技有限公司

爱聘人力资源有限公司

指定服务:职业介绍、人事管理咨询

申请人:河北爱聘人力资源有限公司

标志所含企业名称与申请人名称不一致,但符合商业惯例,且不会使公众对商品或者服务来源产生误认的除外。

例如:

THC

(宏全公司)

指定商品:塑料包装容器

申请人:(台湾)宏全国际股份有限公司

新松公司

指定商品:机器人(机械)

申请人:沈阳新松机器人自动化股份有限公司

永春企业

指定商品:家具用非金属附件

申请人:上海永春装饰有限公司

CHENGZHI
诚志股份

指定商品：金属绳

申请人：诚志股份有限公司

长香斯

指定商品：香肠

申请人：沈阳长香斯食品有限公司

（该商标中“Shen Yang ChangXiangSi Food Limited Company”部分可视为申请人名称）

3.7.2.6 与公众人物姓名、肖像等相同或者近似，容易导致公众误认的

标志或者其构成要素与公众人物姓名、肖像等相同或者近似的，未经本人许可，容易导致公众对商品或者服务来源等产生误认的，一般适用本规定。姓名包括户籍登记中使用的姓名，也包括别名、笔名、艺名、雅号、绰号等。

例如：

顾景舟

指定商品：家用器皿、瓷器

申请人：江某

（顾景舟是中国工艺美术大师）

沃伦巴菲特

指定服务：资本投资

申请人：苏州国一智孵化器管理有限公司

葛优

指定商品：医用营养品、杀害虫剂

申请人：盛某

3.7.2.7 与具有一定知名度的教育院校、体育组织、环保组织、慈善组织等机构的名称、标志相同或者近似，未经该机构许可，容易导致公众对商品或者服务来源产生误认的

例如：

北大金秋

指定服务:撰写科技文稿

申请人:北京北大金秋新技术有限公司

(北京大学简称“北大”,是我国具有上百年历史的著名高校,具有较高社会知名度)

哈工程

指定服务:教育、培训

申请人:哈尔滨亮角落广告传媒有限公司

(哈尔滨工程大学简称“哈工程”,是我国211和985重点大学)

申请人:宁德市米勒耐磨材料有限公司

(该标志与国际狮子俱乐部协会会标整体外观近似。国际狮子俱乐部协会是非政府慈善服务组织,其会标已为相关公众熟悉)

3.7.2.8 与重要赛事、重要展会、重大考古发现名称(含规范简称)、标志等相同或者近似的,未经主办方或主管单位授权,容易导致公众误认的

冬奥蜂谷

指定商品:谷粉制食品、莲茸、蜂糕

申请人:孙某某

(“冬奥”为“冬季奥林匹克运动会”的简称)

环渤海国际自行车赛

指定服务:教育、组织体育比赛

申请人:曲某某

(“环渤海国际自行车赛”为国家体育总局主办的一项国际体育赛事)

渝洽会

指定服务:广告、组织商业或广告交易会

申请人:重庆玺升企业策划有限公司

(“渝洽会”为“中国(重庆)国际投资暨全球采购会”的简称)

进博会

指定商品:安全监控机器人

申请人:重庆亢谷网络服务股份有限公司

(“进博会”是中国国际进口博览会的简称)

海昏侯

指定服务：追踪被盗财产、尸体防腐服务

申请人：翁某某

（“海昏侯”是西汉爵位，南昌汉代海昏侯国考古遗址是我国目前发现的面积最大、保存最好、格局最完整、内涵最丰富的典型汉代列侯国都城聚落遗址）

3.7.3 其他易导致公众误认的

央储

指定服务：计算机网络上的在线广告

申请人：赵某某

（“央储”有“中央储备”之意，通常指中央政府储备的为稳定国家粮食、食用油、肉、糖等市场，以及应对重大自然灾害或者其他突发事件等情况的粮食、食用油、肉、糖等资源）

3.8 有害于社会主义道德风尚的或者有其他不良影响的

3.8.1 有害于社会主义道德风尚的

例如：

LIUHECAI　　吻腚 WENDING　　MLGB

包二奶　　黑社会　　土豪

裸跑弟　　泼妇鱼庄

山炮

（“山炮”为东北方言，形容一个人头脑简单，见识平庸，且“山炮”在生活中多为贬义）

3.8.2 具有政治上不良影响的

3.8.2.1 与我国党和国家领导人姓名相同或者近似的

以党和国家领导人姓名或名字作为商标申请注册，对我国公共利益和公共秩序产生消极、负面影响的，适用《商标法》第十条第一款第（八）项予以驳回。

与党和国家领导人姓名或名字近似的标志，足以对我国公共利益和公共秩序产生消极、负面影响的，亦适用《商标法》第十条第一款第（八）项予以驳回。

3.8.2.2 与公众知晓的其他国家、地区或者政治性国际组织领导人姓名相同或者近似的

PUJING 普京

古特雷斯

埃马纽埃尔·马克龙

甘地

3.8.2.3 有损国家主权、尊严、形象或者危害国家安全、破坏国家统一的

《国家安全法》规定:中华人民共和国公民、一切国家机关和武装力量、各政党和各人民团体、企业事业组织和其他社会组织,都有维护国家安全的责任和义务。中国的主权和领土完整不容侵犯和分割。维护国家主权、统一和领土完整是包括港澳同胞和台湾同胞在内的全中国人民的共同义务。

例如:

福丽摩莎（殖民主义者对我国台湾的称谓）

（含有不完整的我国版图）

DUGANG 独港

为防止我国国家名称的滥用,损害国家尊严,标志中含有与我国国家名称相同或者近似的文字,因与其他要素相结合,整体上已不再与我国国家名称相同或者近似的,应当适用该项禁止性规定。

例如:

中国酒

指定商品:葡萄酒

中国好男儿

指定服务:广告

中国风

指定商品:电吹风

中国合伙人

指定商品:家具

例外情形:

(1)标志中含有与我国国家名称相同或者近似的文字,但其描述的是客

观存在的事物，一般不适用该项禁止性规定。

例如：

中华 龙鸟

(2)标志中含有与我国国家名称相同或者近似的文字，但其整体是报纸、期刊、杂志名称，且与申请人名义一致，如申请人能证明其合法出版发行资格，则指定使用于报纸、期刊、杂志(期刊)、新闻刊物等特定商品上，一般不适用该项禁止性规定。

例如：

中国消费者报
ZHONGGUO XIAOFEIZHE BAO

指定商品：报纸
申请人：中国消费者报社

中国国家地理

指定商品：期刊
申请人：《中国国家地理》杂志社

中国交通报
CHINA COMMUNICATIONS NEWS

指定商品：报纸
申请人：中国交通报社

中国环境报

指定商品：报纸
申请人：中国环境报社

(3)标志中含有与我国国家名称相同或者近似的文字，但其整体是企事业单位简称，如果具备以下条件，则不以该项禁用规定为由予以驳回：申请人主体资格应当是经国务院或其授权的机关批准设立的；申请人名称应经名称登记机关依法登记;申请标志与申请人名称的简称一致,简称是经国务院或其授权机关批准;该标志经过申请人在实际中长期广泛使用,在相关公众的认知中,与申请人形成了唯一对应关系。

例如:

指定商品:石油化工设备

申请人:中国石油化工集团有限公司,英文简称为 Sinopec Group

指定服务:电话业务

申请人:中国电信集团有限公司,英文名称为 China Telecom

指定服务:保险

申请人:中国人民保险集团股份有限公司

指定服务:电视广播

申请人:中国联合网络通信集团有限公司,英文名称为 China Unicom

指定服务:维修电力线路

申请人:中国南方电网有限责任公司,英文名称为 China Southern Power Grid Company Limited

(4)标志中含有我国国名,国名与其他显著部分相互独立,在整个标志构成中属于非主要部分或附属部分,仅起到真实表示商品或者服务来源国的作用,其注册使用一般不会对我国国家尊严、社会公共利益和公共秩序产生消极、负面影响的,可不适用该项禁用规定。

例如:

指定商品:电力网绝缘体

3. 8. 2. 4 与党的重要理论成就、科学论断、政治论述等相同、近似，或与国家战略、国家政策、党和国家重要会议等相同、近似，易使公众与之产生联想的

例如：

实事求是　　绿水青山就是金山银山

六稳六保　　一带一路

粤港澳大湾区　　长三角一体化

两会 Liang Hui　　金砖会晤

3. 8. 2. 5 由具有政治意义的数字等构成的

例如：

七·七　　九一八

3. 8. 2. 6 由具有政治意义的事件、地点名称等构成的

例如：

八一起义　　西柏坡

三条驴腿

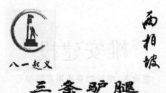

（河北省遵化市西铺村“三条驴腿”事迹是 20 世纪 50 年代我国开展农业合作化运动的典型代表，23 户贫民办起仅有“三条驴腿”的农业生产合作社“穷棒子社”，成为全国的先进典型）

3. 8. 2. 7 与恐怖主义组织、邪教组织、黑社会组织或黑社会性质的组织名称或者其领导人物姓名相同或者近似的

例如：

拉登 LADENG　　BASE

（中文部分为“基地组织”）

3.8.2.8 其他具有政治不良影响的

例如：

（纳粹符号）　　（图中文字为“反贪”）

3.8.3 对我国经济、文化、民族、宗教、社会易产生消极、负面影响，损害公共利益，扰乱公共秩序的

3.8.3.1 与我国整体发展战略关系密切的国家级新区或国家级重点开发区域名称（含规范简称）等相同或者近似，有害于我国经济、社会公共利益的

例如：

雄安特曲

申请人：河北雄安保府酒业有限公司

但经国务院及其授权部门同意的除外，申请人需提供相关的书面证明文件。

例如：

雄安建投

申请人：中国雄安集团有限公司

3.8.3.2 与各国法定货币的图案、名称或者标记相同或者近似的

例如：

（人民币符号）

美金

（美金即“美元”）

KRONE

（丹麦货币名称“克朗”）

3.8.3.3 标志中含有不规范汉字或系对成语的不规范使用，容易误导公众特别是未成年人认知的

将含有书写不规范的汉字或使用不规范的成语的标志作为商标使用，易

对我国文化等社会公共利益和公共秩序产生消极、负面的影响。

例如：

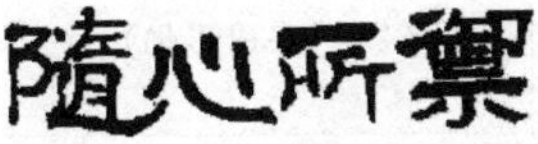

（成语"随心所欲"的不规范使用）

（成语"左右逢源"的不规范使用）

商标中使用的汉字，原则上要求是规范汉字。但考虑到商标工作的特殊性和我国香港特别行政区、澳门特别行政区和台湾地区的现实情况和历史传统，也可以使用繁体字，以及行书、草书、隶书、篆书等书法形式的汉字。

判断商标中的汉字是否规范时，对印刷体或普通手写体形式的汉字应从严。自造字、缺笔画、多笔画或笔画错误的汉字，易使公众特别是未成年人对其书写产生错误认知的，一般应视为不规范汉字。

例如：

（自造字）

（"绿"字笔画错误）

（"贼"字多一笔）

（"值"字少一笔）

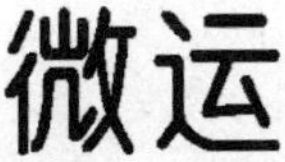

（"微"字少一笔）

但商标中的汉字系书法体或其笔画经图形化、艺术化设计，不易使公众特别是未成年人对其书写产生错误认知的，可不视为不规范汉字。

例如：

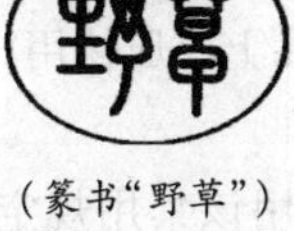

（篆书"野草"）

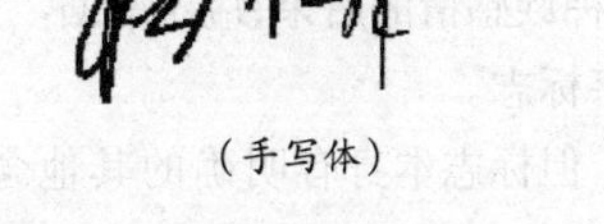

（手写体）

橙晶网逅　　　　爱丽娅

（"橙晶网逅"的图形化）　　　　（"丽"字图形化）

3.8.3.4 有害于民族、种族尊严或者感情的

我国是全国各族人民共同缔造的统一的多民族国家，各民族一律平等。《宪法》第四条规定："禁止对任何民族的歧视和压迫，禁止破坏民族团结和制造民族分裂的行为。"我国《刑法》《治安管理处罚法》均对煽动民族仇恨、民族歧视等行为规定了相应的处罚。

标志本身并非丑化、歧视任何民族，但作为商标使用和注册，可能伤害民族尊严或者感情，有害于民族团结、民族平等的，适用本条禁用规定。

例如：

苗族妹　　　　红瑶 HONGYAO

喜利妈妈

（"喜利妈妈"为锡伯族信仰）

标志中含有可能伤害种族尊严和感情的文字、图形等的，亦适用本条禁用规定。

例如：

黑 鬼　　　　HONKY

（译为"白鬼子"，是黑人对白人的蔑称）

有害于民族、种族尊严或者感情的判定应综合考虑该标志的构成及其指定商品服务。有些与民族或种族有关的文字图形等，其本身可能不会伤害民族、种族感情，但如果使用在某些特定商品或者服务上，也可能产生伤害民族、种族感情的后果，应予驳回。如在卫生洁具商品上注册使用"印第安人"文字标志。

但标志本身有明确的其他含义的，一般不适用该禁用规定。例如：在

"花露水"商品上申请 高 商山 、商标,在"复印服务"上申请 怒 商标。

3.8.3.5 有害于宗教信仰、宗教感情或者民间信仰的

本指南中的"宗教"包括佛教、道教、伊斯兰教、基督教、天主教等,以及上述宗教的不同教派分支。本指南中的民间信仰主要指妈祖等民间信仰。

标志有下列情形之一的,判定为有害于宗教信仰、宗教感情或者民间信仰:

(1)宗教或者民间信仰对象的名称、图形或者其组合。

例如:

觀音 KUAN IM

(佛教偶像)

碧霞元君

(道教偶像)

媽祖 MA ZU

(民间信仰)

MY GOD SOFT

("GOD"译为"上帝")

(2)宗教活动地点、场所的名称、图形或者其组合。

例如:

美联 Mecca

("MECCA"的含义为伊斯兰教圣地"麦加")

玄妙観

(常见道观名称)

雍和宫

(中国藏传佛教寺院)

茅山道院

(道教上清派的发源地)

(3)宗教的教派、经书、用语、仪式、习俗、专属用品,以及宗教人士的称谓、形象。

例如:

全真
QUAN ZHEN

（道教教派之一）

心经

（佛教经典经文）

嗡 嘛 呢 叭 咪 吽

（佛教六字箴言）

光和盐

（基督教《圣经》中内容）

三平祖师

（唐代高僧义中禅师，为佛教禅宗大师，在闽南一带被称为“三平祖师公”）

（标志中汉字为“雪域小和尚”）

商标有下列情形之一的，不判定有害宗教信仰、宗教感情或者民间信仰：

（1）根据《宗教事务条例》第五十六条规定，宗教团体、宗教院校、宗教活动场所、宗教教职人员可以依法兴办公益慈善事业。宗教团体、宗教院校、宗教活动场所、宗教教职人员和经其授权的宗教企业以专属于自己的宗教活动场所的名称作为商标申请注册，不损害其他宗教活动场所利益和相关公众的宗教信仰、宗教感情的。

例如：

申请人：中国嵩山少林寺

申请人：北京雍和宫管理处

但该宗教禁忌或不宜使用的商品或者服务除外。

例如：

少林寺

指定商品：米酒、白酒

申请人：中国嵩山少林寺

(2)商标的文字或者图形虽然与宗教或者民间信仰有关，但具有其他含义或者其与宗教有关联的含义已经泛化，不会使公众将其与特定宗教或者民间信仰相联系，不会损害相关公众的宗教信仰、宗教感情的。

例如：

（确有“佛顶山”，浙江、贵州、辽宁都存在此名的山）

月老

3.8.3.6 与我国各党派、政府机构、社会团体等单位或者组织的名称、标志相同或者近似的

本条中的党派包括中国共产党和被统称为民主党派的八个政党，即中国国民党革命委员会、中国民主同盟、中国民主建国会、中国民主促进会、中国农工民主党、中国致公党、九三学社、台湾民主自治同盟；本条中的名称包括全称、简称、缩写等；本条中的标志包括徽章、旗帜等。

例如：

（“民建”为中国民主建国会的简称）

（与中国消费者协会的标志相同）

（与我国海关关徽近似）

（与少先队队徽相同）

3.8.3.7 与我国党政机关、军队、警察等职务、职级、职衔名称相同的，易与上述特定主体产生联系，引起混淆或误导，损害公共利益、扰乱公共秩序的

本条中的党政机关通常包括中国共产党机关、人大机关、民主党派机关、政协机关、行政机关、审判机关、检察机关等。行政机关的职务包括总理、部长、局(司)长、处长、科长、科员等；行政机关的职级包括巡视员、调研员等。军队的行政职务包括司令员、军长、师长、旅长、团长、营长、连长、排长等；军队的军衔包括将官三级即上将、中将、少将，校官四级即大校、上校、中校、少校，尉官三级即上尉、中尉、少尉等。警衔包括五等十三级，如总警监(副总警监)、警监、警督、警司、警员等。消防救援衔包括总监、副总监、助理总监、指挥长、指挥员，高级消防员、中级消防员、初级消防员等。海关关衔包括海关总监、海关副总监、关务监督、关务督察、关务督办、关务员等。外交衔级包括大使、公使、参赞、秘书、随员等。

例如：

但标志含有我国党政机关、军队、警察等职务、职级、职衔名称相同或者近似的文字，具有其他含义，不会与特定主体产生联系或混淆，不会误导公众的除外。

例如：

3.8.3.8 与我国突发公共事件特有词汇相同或者近似，扰乱公共秩序的

根据《突发事件应对法》，突发事件是指突然发生，造成或者可能造成严重社会危害，需要采取应急处理措施予以应对的自然灾害、事故灾难、公共卫生事件和社会安全事件。

(1)标志及其组成部分与重大疫情等公共卫生事件相关的特有词汇相同或者近似，易使公众将其与该突发事件产生联想，扰乱社会公共秩序的。

在重大疫情发生时，对于与疫情病毒名、疾病名等标志相同或者近似的商标申请，一般适用本禁用规定。

例如：

非典　　新型冠状 XINXINGGUANZHUANG

抗冠　　抗疫

(2)标志及其组成部分与重大自然灾害、重大事故灾难相关的特有词汇相同或者近似，易使公众将其与该突发事件产生联想，危害社会公共秩序的。

例如：

512

指定商品：医疗器械和仪器

申请人：广东思创格电子电器有限公司

申请日期：2008 年 5 月 20 日

(2008 年 5 月 12 日，四川省阿坝藏族羌族自治州汶川县发生破坏力极大的地震。经国务院批准，自 2009 年起，每年 5 月 12 日为“全国防灾减灾日”。)

(3)标志及其组成部分与社会安全事件相关的特有词汇相同或者近似，易使公众将其与该突发事件产生联想，危害社会公共秩序的。

例如：

占中

3.8.3.9 与我国政治、经济、文化、社会发展关系密切的国家重大工程、重大科技项目等名称相同或者近似，由该申请人注册使用易对我国社会公共利益和公共秩序产生消极、负面影响的

例如：

港珠澳大桥

申请人：谢某某

HZM BRIDGE

申请人：寻梦文传科技(珠海)有限公司

(“HZM BRIDGE”是英文“HONG KONG - ZHUHAI - MACAO BRIDGE”的简称)

神舟六号

申请人:西安亨通光华制药有限公司

中国天眼

申请人:平塘县国有资本营运有限责任公司

由国家相关部门授权的适格主体申请,不会对我国社会公共利益和公共秩序产生消极、负面影响的,不适用该禁用规定。申请人需提供相关的书面证明文件。

例如:

港珠澳大桥

申请人:港珠澳大桥管理局

中国天眼

申请人:中国科学院国家天文台

3.8.3.10 与我国烈士姓名相同或者含有烈士姓名,容易使公众将其与烈士姓名产生联想的

《英雄烈士保护法》规定:"禁止歪曲、丑化、亵渎、否定英雄烈士事迹和精神。英雄烈士的姓名、肖像、名誉、荣誉受法律保护。任何组织和个人不得在公共场所、互联网或者利用广播电视、电影、出版物等,以侮辱、诽谤或者其他方式侵害英雄烈士的姓名、肖像、名誉、荣誉。任何组织和个人不得将英雄烈士的姓名、肖像用于或者变相用于商标、商业广告,损害英雄烈士的名誉、荣誉。"因此,与烈士姓名相同或者含有烈士姓名的标志,且容易使公众将其与烈士姓名产生联想的,一般应认定为具有不良影响。

对于与烈士姓名相同或者含有烈士姓名的标志,应当结合该标志的构成要素、指定的商品服务、申请人所在地域与该烈士的关联程度等因素,综合判断该标志的注册和使用是否可能损害烈士的名誉、荣誉或产生其他不良影响。

例如:

刘胡兰

例外情形:

(1)标志本身有其他含义,不易使社会公众与烈士姓名产生联想,不易

损害烈士荣誉名誉和公众的爱国情怀的，可不适用前款规定。

例如：

万家福

(2)标志本身为申请人姓名、企业字号、社会组织简称，虽与烈士姓名相同，但不易使社会公众与烈士姓名产生联想，不易损害烈士荣誉、名誉和公众的爱国情怀的，可不适用前款规定。

(3)标志虽与烈士姓名相同或者含有烈士姓名，但无法与特定烈士形成对应关系的(如周班长、陈先生、熊氏、周木匠)，不易损害烈士荣誉、名誉和公众的爱国情怀的，可不适用前款规定。

3.8.3.11 与政治、经济、文化、民族、宗教等公众人物的姓名相同或者近似，足以对我国政治、经济、文化、民族、宗教等社会公共利益和公共秩序产生消极、负面影响的

上述姓名包括户籍登记中使用的姓名，也包括公众熟知的别名、笔名、艺名、雅号、绰号等。

例如：

孔子　　梅兰芳　　鲁迅

宗喀巴

(“宗喀巴”是藏传佛教格鲁派的创立者)

3.8.3.12 其他对我国经济、文化、民族、宗教、社会公共利益和公共秩序易产生不良影响的

除上述类型外，其他可能造成不良影响的标志适用本项禁用规定。

例如：

老鼠仓

(一种金融领域从业人员营私舞弊、损公肥私的违规行为的俗称，用作商标易产生不良影响)

奉天承运

(“奉天承运”既指君权神授，又是历史上部分皇帝诏书开头的套语，用作商标易产生不良影响)

巴城
羊绒

申请人：昆山市巴城镇沃时尚羊绒服装厂（普通合伙）

（有充分证据表明，经过各从业者多年的宣传使用，“巴城羊绒”在当地已形成较高影响力，代表着整个巴城地区羊绒产品的品质和商业信誉，是巴城镇近年来着力打造的重点产业和区域性特色品牌。申请人虽位于巴城镇，但该标志为一家独占有失公允，易对社会公共利益产生损害，进而产生不良影响）

3.9 含有地名的商标

3.9.1 含有县级以上行政区划地名的商标的审查审理

标志由县级以上行政区划的地名构成，或者含有县级以上行政区划的地名，通常不得作为商标。

例如：

皖
Wan

烟台美酒

居桂林

新疆红

DALIAN

但有下列情形之一的除外：

3.9.1.1 地名具有其他含义且该含义强于地名含义的

例如：

黄山

平安

西湖

鼓楼

但上述标志与“市、县、区”等组合在一起，地名含义明显的，一般仍适用本禁用规定，如“黄山市”。

3.9.1.2 商标由地名和其他文字构成而在整体上具有强于地名含义的其他含义

例如：

寧遠堂

指定服务：药品零售或批发服务等

杭州湾　上海滩　秦淮河

3.9.1.3 商标由两个或者两个以上行政区划的地名的简称组成，且不会使公众发生商品产地等特点误认的

例如：

豫晋

指定商品：肥料

湘鄂牌

指定商品：石膏板

但容易使消费者对其指定商品的产地或者服务内容等特点发生误认的，适用《商标法》第十条第一款第（七）项的规定予以驳回。

例如：

青藏
QTIT

指定服务：观光旅游

川　藏
CHUANZANG

指定服务：旅游安排

3.9.1.4 商标由省、自治区、直辖市、特别行政区，省会城市、计划单列市、著名的旅游城市以外的地名的拼音形式构成，且不会使公众发生商品产地误认的

例如：

TAI XING JIAN SU JI

指定商品：传动装置（机器）

（TAI XING 与江苏省泰兴市的拼音相同）

XIANG HE

指定商品:自行车

(“XIANG HE”与河北香河县的拼音相同)

3.9.1.5 商标由组成地名的文字和其他文字构成,整体构成有别于地名,不易使消费者联想到地名,亦不易导致产地误认的

例如:

福汉绿建 FUHAN GREEN BUILDING

3.9.2 含有公众知晓的外国地名的商标的审查审理

标志由公众知晓的外国地名构成,或者含有公众知晓的外国地名的,不得作为商标。

例如:

加州红

指定商品:啤酒、矿泉水

(美国加州)

Olympia

指定商品:服装

(希腊奥林匹亚)

柏 BAILIN 林

指定商品:啤酒

(德国首都柏林)

Varsaw Burgrave 華沙貴族

指定商品:鞋

(波兰首都华沙)

但商标由公众知晓的外国地名和其他文字构成,整体具有其他含义且使用在其指定商品上不会使公众对商品产地产生误认的除外。

例如：

LONDON FOG

指定商品：公文包、伞

（伦敦雾为一种自然现象）

3.9.3 商标所含地名与其他具备显著特征的要素相互独立，地名仅起真实表示申请人所在地作用的除外

例如：

申请人：杨某某
地址：天津市武清区汉沽港镇一街

申请人：凤凰股份有限公司
地址：上海市浦东新区塘南路 20 号

RW
RAYMOND WEIL
GENEVE

（“GENEVE”译为“日内瓦”）
申请人：QUINTING S. A.
地址：瑞士日内瓦

CdM
LONDON

申请人：COCO DE MER LIMITED
地址：……LONDON，ENGLAND，WC2H 9EY

3.9.4 地名作为集体商标、证明商标组成部分的除外

例如：

绍兴黄酒

商标类型：地理标志证明商标
指定商品：黄酒
申请人：绍兴市黄酒行业协会

帕尔玛火腿

商标类型:地理标志集体商标

指定商品:火腿

申请人:帕尔玛意大利熏火腿康采恩公司

商标类型:集体商标

指定服务:餐馆

申请人:沙县小吃同业公会

3.9.5“地市级以上行政区划地名+公共事业名称”标志的审查审理标准

标志由“地市级及以上行政区划地名+公共事业名称”组成,申请人及申请标志同时具备以下条件的,可予以初步审定:

(1)申请人主体应当依法登记,资产投入主体是国有资产管理部门的国有企业,提交商标注册申请应获得上级主管部门的授权。

(2)标志名称应与申请人企业名称的简称一致,构成形式为“行政区划地名+公共事业名称”或者“行政区划地名+公共事业名称+其他要素”。

(3)申请指定使用的商品或者服务对应的行业为关系国计民生的公共事业,如:燃气、电力、地铁、高速等。

(4)申请标志在实际中经过了长期的使用,与申请人主体在相关公众中形成了唯一对应关系。

重庆燃气

指定商品:燃料

申请人:重庆燃气集团股份有限公司

第六章 三维标志商标的审查审理

3.1 三维标志商标禁用条款审查

申请注册三维标志商标不得违反商标法禁用条款的相关规定。

例如:

指定商品：香水
（骷髅头形状，
具有不良影响）

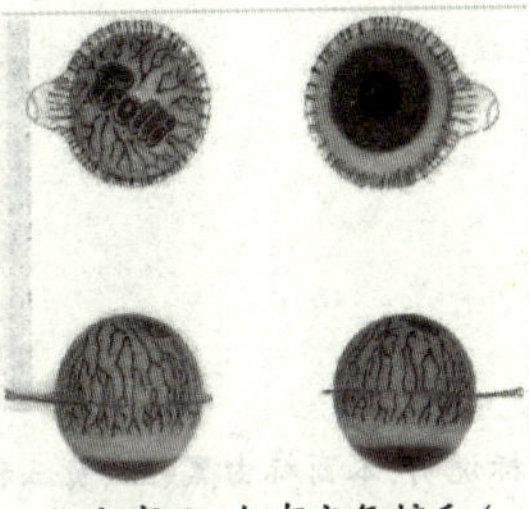

指定商品：含有充气糖和/
或果味橡皮糖的糖果
（眼球形状，具有不良影响）

第七章　颜色组合商标的审查审理

3.1 颜色组合商标禁用条款审查

颜色组合商标禁用条款审查参见本编第三章“不得作为商标标志的审查审理”。颜色组合商标是否违反禁用条款应结合其具体使用方式进行判定。

例如：

颜色组合商标以申请人说明的使用方式使用，呈现出的整体视觉效果与我国或外国国旗、国徽、军旗的颜色组合相同或者近似的，不得作为商标使用。

商标说明：本商标由绿、白、红三种颜色组成，以 1:1:1 的比例呈竖向长条状平铺使用在商品的外观上。
（以申请人说明的使用方式使用呈现出的整体视觉效果与意大利国旗近似，不得作为商标使用）

但颜色组合商标在商业活动中，以申请人说明的使用方式使用呈现出的整体视觉效果，不会使公众将其与我国或外国国旗、国徽、军旗相联系的，可以作为商标注册和使用。

商标说明：本商标由黑、红、黄三种颜色组成，以 1:1:1 的比例呈竖向长条状平铺使用在指定“空气干燥器”商品的表面，黑色色号 RAL 国际标准色卡 9011 号；红色色号 RAL 国际标准色卡 3020 号；黄色色号 RAL 国际标准色卡 1018 号。

（以申请人说明的使用方式使用在指定商品上的实际使用形态、表现形式、呈现出的整体视觉效果与德国国旗区别明显，不会使公众将其与德国国旗相联系）

第八章　声音商标的审查审理

3.1 声音商标禁用条款审查

声音商标禁用条款审查参见本编第三章“不得作为商标标志的审查审理”。

例如：

（1）与我国国歌、军歌或者《国际歌》相同或者近似的声音。

（2）与《歌唱祖国》等公众熟知的爱国歌曲相同或者近似的声音。

（3）宗教音乐或恐怖暴力色情等具有不良影响的声音。

第九章　集体商标、证明商标的审查审理

3.1 集体商标和证明商标禁用条款的审查

集体商标、证明商标的注册不得违反《商标法》第十条第一款的规定，具体审查标准参见本编第三章“不得作为商标标志的审查审理”。

例如：

商标类型：集体商标

指定商品：第 30 类谷类制品、米、面粉等

申请人：敖汉旗四道湾子水稻协会

（该商标易使消费者对产品的品质产生误认，违反《商标法》第十条第一款第（七）项的规定）

商标类型:集体商标

指定商品:第25类衬衫;服装等

申请人:陕西省爱国主义志愿者协会

(该商标图形中的镰刀锤头与中国共产党党旗近似,用作商标易产生不良影响。违反《商标法》第十条第一款第(八)项的规定)

商标类型:证明商标

指定商品:第31类新鲜水果、新鲜蔬菜等

申请人:山东省绿色食品发展中心

(该商标中含有"放心农产品""reliable",用在指定商品上,易使消费者对产品的品质产生误认,违反《商标法》第十条第一款第(七)项的规定)

3.4 含无其他含义的县级以上行政区划地名的集体商标和证明商标的审查

《商标法》第十条第二款规定,县级以上行政区划的地名原则上不得作为商标使用,但鉴于集体商标和证明商标自身的性质,该款同时规定,"地名作为集体商标、证明商标组成部分的"除外。由于地名一般只能说明商品的来源地,而不能识别商品的生产经营者或服务的提供者,缺乏商标应有的区分来源的功能,故应当综合考量标志整体显著特征、知名度等因素,对含无其他含义的县级以上行政区划地名的集体商标和证明商标是否可以注册进行判定。

为避免公众对商品或服务的来源地产生误认,住所、经营地不在相应地域的生产者、经营者,不得申请含相应地域名称的集体商标、证明商标。

本节标准不适用于含无其他含义的县级以上行政区划地名的集体商标或证明商标为地理标志商标的。

3.4.1 申请商标由无其他含义的县级以上行政区划地名和其他显著性文字要素组成,整体地名含义仍较强,但同时满足以下条件的,则符合《商标法》第十条第二款的规定

(1)申请人经商标所含地名人民政府或其上一级人民政府授权;

(2)申请商标经过长期使用已取得显著性;

(3)申请商标在相关行业中具有较高知名度或在相关消费群体中广为知晓;

(4)申请指定商品或者服务属国家政策明确支持的产业。

例如:

丽水山耕

商标类型:集体商标
指定商品:第29、30、31等共16个类别肉制食品、水果蜜饯、
活动物、新鲜水果、新鲜蔬菜等商品上
申请人:丽水市生态农业协会

(截至2019年年底,"丽水山耕"注册申请人旗下涵盖1122个合作基地,会员企业866家,培育品牌背书农产品1000余个,形成了菌、茶、果、蔬、药、畜牧、油茶、笋竹和渔业九大主导产业,产品累计销售额达123.22亿元,"丽水山耕"区域品牌价值26亿元)

3.4.2 申请商标由无其他含义的县级以上行政区划地名和商品或者服务通用名称组成,除满足上述3.4.1中所列条件外,还同时满足以下条件的,则符合《商标法》第十条第二款的规定

指定商品或者服务与商标所含商品或者服务通用名称一致或密切相关。

指定商品或者服务的特定品质并非由当地的自然因素和人文因素所决定,但其声誉与商标所含地名有密切关联,不会误认为地理标志的。

例如:

商标类型:集体商标
指定商品:第20类家具
申请人:赣州市南康区家具协会

(南康家具产业起步于20世纪90年代初,历经20多年的发展,形成了集加工制造、销售流通、专业配套、家具基地等为一体的产业集群,是南康的首位产业、扶贫产业和富民产业。南康现有家具生产企业7500多家,从业人员40多万人,规模以上家具企业300多家。家具专业市场面积220万平方米,建成营业面积和年交易额位居全国前列。2020年,"南康家具"集群产值已达到1600亿元,是全国最大的家具生产制造基地)

商标类型:集体商标
指定商品:第 43 类饭店、餐厅等
申请人:沙县小吃同业公会

(沙县小吃历史源远流长,其制作工艺渊源传自古中原一带民俗,距今有 1000 多年历史。“沙县小吃”也是沙县的主要产业之一,沙县县委、县政府为了促进沙县小吃业的发展,早在 1998 年 3 月成立了沙县小吃业发展领导小组,下设办公室,同年成立了沙县小吃同业公会。沙县政府为了宣传、推广、保护沙县小吃,投入大量人力、物力、财力,经过多年的使用已取得显著性,并在全国享有较高的知名度)

3.4.3 上述 3.4.1、3.4.2 中地名为省级行政区划的,除分别满足上述条件外,还同时满足以下条件的,则符合《商标法》第十条第二款的规定

申请商标已在全国范围内具有高知名度;

申请指定商品或者服务属国家政策明确支持且重点扶持的产业;

申请指定商品或者服务为当地支柱产业,对当地经济发展贡献巨大且在全国行业中占有较高的比重。

关于判定某一商标是否经过长期使用取得显著特征的标准,参见第四章第 2.4 小节“经过使用取得显著特征的”和第 4 节“具体适用:经过使用取得显著特征的”。申请人提供的材料如不能证明所报商标达到 3.4.1、3.4.2、3.4.3 中的条件要求,则予以驳回。

例如:

商标类型:集体商标
指定商品:第 25 类工作服、衬衣、外套等
申请人:株洲市芦淞区服饰行业协会

(该标志所含“芦淞”为无其他含义的县级以上行政区划地名,根据申请人提供的材料,该标志尚未经长期使用取得商标的显著性)

锦州烧烤

商标类型:集体商标
指定服务:第 43 类饭店、餐厅等
申请人:锦州市烹饪协会

(该标志所含“锦州”为无其他含义的县级以上行政区划地名,但申请人未提供材料证

明该商标在相关行业中已具有较高知名度或为相关公众所知晓,该标志作为商标缺乏其所应具有的显著性)

商标类型:集体商标

指定服务:第 41 类培训;安排和组织会议等

申请人:商河县农业科技教育站

(该标志所含“商河”为无其他含义的县级以上行政区划地名,只能表示商品的产地,用作商标缺乏应具有的显著性,且申请人提供的材料不能证明该商标在相关行业中已具有较高知名度或为相关公众所知晓)

商标类型:集体商标

指定商品:第 16 类纸、卫生纸等

申请人:四川省造纸行业协会

(该标志所含“四川”为无其他含义的省级行政区划地名,申请人未提供充足的相关证据材料证明该商标经过长期使用在全国行业中占有较高的比重,为公众所知晓,用作商标缺乏应具有的显著性)

商标类型:集体商标

指定服务:第 41 类培训、安排和组织会议等

申请人:广西兽医协会

(该标志所含“广西”为无其他含义的省级行政区划地名,申请人提交的材料不能证明该商标已经过广泛使用和宣传为国内公众所知晓,用作商标缺乏应具有的显著性)

5.1 地理标志集体商标和地理标志证明商标禁用条款的审查

5.1.1. 地理标志集体商标和地理标志证明商标的注册不得违反《商标法》第十条第一款的规定,适用本编第三章的基本规定

例如:

汝城硒香茶

商标类型:地理标志证明商标

指定商品：第 30 类绿茶

申请人：汝城县农业产业化促进会

（该商标中含“硒”，申请人未提交指定商品的生产地域范围是在国家确定的自然土壤含硒或富硒地区内的证明材料，不能证明该产品品质特征与产地自然因素有必然的联系，易使消费者对商品品质特点产生误认，违反《商标法》第十条第一款第（七）项的规定）

在判断地理标志集体商标和地理标志证明商标是否违反禁用条款时，应结合地理标志名称的由来、地理标志产品的特定品质及其与生产地域自然环境之间的联系、公众对该地理标志的认知等，进行个案判断，不能机械地照搬条款。对于确实是在漫长历史中客观形成的，其标示产品的特定品质与生产地域的自然环境之间已具有密切联系，不会引起公众误认或不良影响的，则作为例外情形，不判定为违反禁用条款的规定。

例如：

（1）地理标志集体商标和地理标志证明商标中含有宗教词汇，但该词汇与宗教关联的含义已经泛化，或者在特定语境下指向明确、具有其他含义，不会使公众将其与特定宗教相联系的。

商标类型：地理标志证明商标

指定商品：第 30 类茶叶

（“观音”一般指观世音，是佛教中慈悲和智慧的象征，是宗教词汇，而“铁观音”是一种茶叶的通用名称，因其茶叶形似观音脸重如铁，被乾隆皇帝赐名为“铁观音”，使用在指定商品上不会使公众将其与特定宗教相联系）

普陀佛茶

商标类型：地理标志证明商标

指定商品：第 30 类茶

（普陀佛茶生产历史悠久，普陀山种茶大约始于一千多年前的唐代或五代十国时期，据明朝李日华《紫桃轩杂缀》记述：“普陀老僧，始余小白岩茶一裹，叶有白茸，论之无色，徐饮觉凉透心腑。”僧云：“本岩岁止五、六斤，专供大士，僧得啜者寡矣。”《浙江通志》引《定海县志》记载：“定海之茶，多山谷野产。……普陀佛茶可愈肺痈血痢，然亦不甚多得。”清朝光绪年间（1875—1908 年），普陀佛茶被列为贡品。2010 年，普陀被中国国际茶文化研究会授予“佛茶之乡”荣誉称号）

佛头寺黑陶

商标类型：地理标志证明商标

指定商品:21 类陶器

（黄河口黑陶是黄河流域生活文化的精华,因为黑陶起源地是垦利县胜坨镇佛头寺村,所以也叫“佛头寺黑陶”。佛头寺村拥有黄河最下游独特的天然红淤泥,是烧制陶器的上乘原料。佛头黑陶已有200 多年历史,采用的原料是地下十多米深层黄河自然落下的红淤泥,由当地艺人结合传统泥陶工艺开发生产,是“火”与“土”的结晶,具有“色如墨,声如钟,薄如纸,亮如镜,硬如瓷”的特征,掂之飘忽若无,敲击铮铮有声,有“齐鲁黑陶之花”的美誉）

（2）地理标志集体商标和地理标志证明商标中含“硒”或“富硒”,但该商标指定商品的生产地域范围在国家确定的自然土壤含硒或富硒地区;国家标准或行业标准对指定商品的硒或富硒含量已有明确的规定;且申请人提供的使用管理规则中指定商品品质特征表述有明确的符合国家标准或行业标准的硒或富硒含量的指标,并明确表述该指定商品含“硒”或“富硒”是在生长过程中从自然土壤中吸收的。

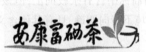

安康富硒茶
ANKANG RICH-SELENIUM TEA

商标类型:地理标志证明商标
指定商品:第 30 类茶
申请人:安康市茶业协会

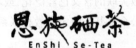

恩施硒茶
EnShi Se-Tea

商标类型:地理标志证明商标
指定商品:第 30 类茶
申请人:恩施市茶业协会

（行业标准为 NY/T 600—2002 富硒茶,2002 年 12 月 20 日实施）

5.1.2 含有地理标志易误导公众的商标的审查

商标中有商品的地理标志,而该商品并非来源于该标志所标示的地区,误导公众的,适用《商标法》第十六条第一款不予注册并禁止使用。

例如:

杜泉碣滩
1275

指定商品:茶等
申请人地址:湖南省长沙市

碣滩茶
JIETANCHA

指定商品:茶
地理标志权利人:沅陵县茶叶协会

（“碣滩茶”是我国茶商品上的地理标志,代表了来源于湖南省怀化市沅陵县特定产区茶产品的特有品质。被异议商标“杜泉碣滩”含有“碣滩”二字,而申请人并非来自地理标志所标示的产区,故其将被异议商标申请注册在茶商品上,易误导公众。因此,被异议商标申请注册已构成《商标法》第十六条第一款所指之情形）

香槟小乔	香槟
指定商品：葡萄酒等	指定商品：葡萄酒
申请人地址：河南省民权县	地理标志专利权人：法国香槟酒行业委员会

（“香槟 CHAMPAGNE”是位于法国北部的一个城镇，以盛产香槟酒闻名于世。本案中，异议人提交的证据可以证明，“香槟”为“葡萄酒”商品上的地理标志，被异议商标指定使用商品并非来源于该地理标志标示地区，易误导公众。因此，被异议商标申请注册已构成《商标法》第十六条第一款所指之情形）

2.《含“中国”及首字为“国”字商标的审查审理标准》（20100728）

第二部分　含“中国”字样商标的审查审理标准

对含有与我国国家名称相同或者近似文字的商标申请，申请人及申请商标同时具备以下四个条件的，可予以初步审定：

一、申请人主体资格应当是经国务院或其授权的机关批准设立的。申请人名称应经名称登记管理机关依法登记。

二、申请商标与申请人企业名称或者该名称简称一致，简称是经国务院或其授权的机关批准。

三、申请商标与申请人主体之间具有紧密对应关系。

四、申请商标指定使用的商品或服务范围应与核定的经营范围相一致。

第三部分　首字为“国”字商标的审查审理标准

首字为“国”字商标的，应当严格按照以下标准审查：

一、对“国 + 商标指定商品名称”作为商标申请，或者商标中含有“国 + 商标指定商品名称”的，以其“构成夸大宣传并带有欺骗性”、“缺乏显著特征”和“具有不良影响”为由，予以驳回。

二、对带“国”字头但不是“国 + 商标指定商品名称”组合的申请商标，应当区别对待。对使用在指定商品上直接表示了商品质量特点或者具有欺骗性，甚至有损公平竞争的市场秩序，或者容易产生政治上不良影响的，应予驳回。

对于上述含“中国”及首字为“国”字商标的审查，应当从严审查，慎之又慎，通过相关审查处处务会、商标局审查业务工作会议、商标局局务会议或者商标评审委员会委务会议研究决定。

在商标注册申请程序过程中，商标申请人可以提交相关证明材料。

3.《商标印制管理办法》(国家市场监督管理总局令第31号,20201023)

第六条 委托印制未注册商标的,商标印制委托人提供的商标图样应当符合下列要求:

(一)所印制的商标不得违反《商标法》第十条的规定;

(二)所印制的商标不得标注"注册商标"字样或者使用注册标记。

4.《国家工商行政管理总局商标局关于〈奥林匹克数学〉一书使用"奥林匹克"字样的函》(商标函〔2003〕50号,20031009)

根据《奥林匹克标志保护条例》的有关规定,未经奥林匹克标志权利人许可,任何人为商业目的或潜在商业目的,将奥林匹克标志用于商品、商品包装或销售含有奥林匹克标志的商品,均属侵犯奥林匹克标志专用权的行为。

国际数学奥林匹克……国际物理奥林匹克……和国际化学奥林匹克……是世界上规模和影响较大的中学生学科竞赛活动,该名称经过长期使用,与奥林匹克运动会及奥林匹克标志有明显的区别。因此,在书籍上把"奥林匹克"或"OLYMPIC"等字样与"数学"、"物理"、"化学"(含英文)连用,不构成侵犯奥林匹克标志专用权的行为。

【北京法院商标行政案件的规范文件】

《北京市高级人民法院商标授权确权行政案件审理指南》(20190424)

8. 商标法第十条的适用

8.1【商标法第十条第一款的认定标准】

诉争商标标志具有多种含义或者具有多种使用方式,其中某一含义或者使用方式容易使公众认为其属于商标法第十条第一款所规定情形的,可以认定诉争商标违反该款规定,诉争商标使用情况一般不予考虑。

8.2【含有中国国家名称的标志】

诉争商标标志含有中华人民共和国国家名称,但整体上并不相同或者不相近似,如果该标志作为商标注册可能损害国家尊严的,可以认定属于商标法第十条第一款第(八)项规定的情形。

8.3【含有外国国家名称的标志】

外国国家名称包括外国国家名称的中、外文全称或者简称等,官方文献等可以作为认定外国国家名称的依据。

诉争商标标志中虽含有外国国家名称,但是整体上并不相同或者不相近似,如果该标志作为商标注册可能损害该国尊严的,可以认定属于商标法第十条第一款第(八)项规定的情形。

具有下列情形之一的,可以推定属于商标法第十条第一款第(二)项规定的"经该国政府同意",但有相反证据的除外:

(1)当事人提交了该国政府同意诉争商标申请注册的文件的;

(2)当事人提交了相同申请人就诉争商标在相同商品或者服务上,已经在该国获准注册的文件的。

8.4【"欺骗性"的认定】

公众基于日常生活经验等不会对诉争商标指定使用的商品或者服务的质量等特点或者产地产生误认的,不属于商标法第十条第一款第(七)项规定的情形。

8.5【使用企业名称注册商标】

诉争商标中含有企业全称或者简称,而申请人与该企业全称或者简称存在实质性差异的,在易使公众对商品或者服务来源产生误认的情况下,可以认定属于商标法第十条第一款第(七)项规定的情形。

诉争商标标志仅由申请人的企业全称或者简称构成,或者显著识别部分仅是企业全称或简称的,在不属前款所指的情形下,可以认定属于商标法第十一条第一款第(三)项规定的情形,但是具有显著特征且符合商业惯例的除外。

前述企业全称或者简称以容易使公众将其作为指代企业主体身份的标识为认定要件。

8.6【"其他不良影响"的判断因素】

根据公众日常生活经验,或者辞典、工具书等官方文献,或者宗教等领域人士的通常认知,能够确定诉争商标标志或者其构成要素可能对我国社会公共利益和公共秩序产生消极、负面影响的,可以认定具有商标法第十条第一款第(八)项规定的"其他不良影响"。

当事人的主观意图、使用方式、损害结果等可以作为认定是否具有"其他不良影响"的参考因素。

8.7【"其他不良影响"的判断时间】

在审查判断诉争商标标志或者其构成要素是否具有"其他不良影响"时,一般以诉争商标申请注册时的事实状态为准。核准注册时事实状态发生变化的,以核准注册时的事实状态判断其是否具有“其他不良影响”。

8.8【“已故知名人物”的保护】

诉争商标标志或者其构成要素与特定行业、地域的已故知名人物姓名、肖像等相同或者近似,并由此导致公众对诉争商标指定使用的商品或者服务的质量、信誉、工艺等特点产生误认的,可以认定属于商标法第十条第一款第(七)项规定的情形。

诉争商标标志或者其构成要素与已故的政治、经济、文化、宗教、民族等公众人物的姓名、肖像等相同或者近似,可能对我国社会公共利益和公共秩序产生消极、负面影响的,可以认定属于商标法第十条第一款第(八)项规定的具有“其他不良影响”的情形。

8.9【“规范使用文字”的认定】

诉争商标标志或者其构成要素未规范使用汉字或者成语,可能对我国文化教育产生消极、负面影响的,可以认定属于商标法第十条第一款第(八)项规定的具有“其他不良影响”的情形。

8.10【地名商标的其他含义】

诉争商标标志或者其构成要素含有县级以上行政区划的地名或者公众知晓的外国地名,但是整体上具有其他含义的,可以认定其不属于商标法第十条第二款所规定的情形。

具有下列情形之一的,可以认定诉争商标整体上具有其他含义:

(1)诉争商标仅由地名构成,该地名具有其他含义的;

(2)诉争商标包含地名,但诉争商标整体上可以与该地名相区分的;

(3)诉争商标包含地名,整体上虽不能与该地名相区分,但经过使用足以使公众将其与之区分的。

8.11【已经获准注册“地名”商标扩展注册的判断】

商标法未禁止地名作为商标注册和使用之前已经获准注册的地名商标,在原注册范围内有效,当事人主张在该地名商标基础上申请注册其他商标的,一般不予支持。

【公报案例】

1.【最高院“中国劲酒”案】标志含有与我国国家名称相同或者近似的文字,但与其他要素相结合作为一个整体已不再与我国国家名称构成相同或者近似的，则不宜认定为同中华人民共和国国家名称相同或者近似的标志；但仍应当根据商标法其他相关规定予以审查〔劲牌有限公司与国家工商行政管理总局商标评审委员会商标驳回复审行政纠纷案，最高人民法院行政判决书（2010）行提字第 4 号，载《中华人民共和国最高人民法院公报》2012 年第 4 期〕。

（1）商标法第十条第一款第（一）项所称同中华人民共和国的国家名称相同或者近似，是指该标志作为整体同我国国家名称相同或者近似。如果该标志含有与我国国家名称相同或者近似的文字，且其与其他要素相结合，作为一个整体已不再与我国国家名称构成相同或者近似的，则不宜认定为同中华人民共和国国家名称相同或者近似的标志。

（2）国家名称是国家的象征，如果允许随意将其作为商标的组成要素予以注册并作商业使用，将导致国家名称的滥用，损害国家尊严，也可能对社会公共利益和公共秩序产生其他消极、负面影响。因此，对于含有与我国国家名称相同或者近似的文字的标志，虽然对其注册申请不宜根据商标法第十条第一款第（一）项进行审查，但并不意味着属于可以注册使用的商标，而仍应当根据商标法其他相关规定予以审查。

2.【最高院“泰山大帝”案】判断商标是否具有宗教含义应当结合当事人提交的证据、宗教人士的认知以及该宗教的历史渊源和社会现实综合考虑〔泰山石膏股份有限公司与山东万佳建材有限公司、国家工商行政管理总局商标评审委员会商标争议行政纠纷案，最高人民法院行政判决书（2016）最高法行再 21 号，载《中华人民共和国最高人民法院公报》2017 年第 1 期〕。

商标法第十条第一款第（八）项规定，有害于社会主义道德风尚或者其他不良影响的标志不得作为商标使用。判断有关标志是否构成具有其他不良影响的情形时，应当考虑该标志或者其构成要素是否可能对我国政治、经济、文化、宗教、民族等社会公共利益和公共秩序产生消极、负面影响。如果某一标志具有宗教含义，则无论相关公众是否能够普遍认知、该标志是否已经使用并具有一定知名度，即通常可以认为该标志的注册有害于宗教感情、宗教信仰或者民间信仰，具有不良影响。

【法院参考案例】

(一)商标法第十条第一款

【最高院"红盾知识产权"案】商标法第十条第一款之下,只要商标的构成要素可能会对国家、社会、公众产生不良影响就不得注册,无论是否实际产生不良影响的后果〔深圳市红盾知识产权代理有限公司与国家知识产权局商标申请驳回复审行政纠纷再审申请案,最高人民法院行政裁定书(2020)最高法行申 1782 号〕。

(1)商标法第十条第一款侧重维护国家、社会、公众的公共利益,防止商标的注册对正常的社会秩序、道德观念产生负面影响。该条款规定的情形属于商标不予核准注册的绝对理由,只要商标的构成要素具有会对国家、社会、公众产生不良影响的可能性,就不能获准注册,而无须产生不良影响的实际后果。

(2)鉴于"红盾"多作为原工商行政管理部门在执法等行动中使用的名称,已具有特定含义,将"红盾"作为注册商标使用,易产生不良社会影响。

(二)商标法第十条第一款第(二)项"外国的国家名称等"

1.【最高院"BHARAT"案】商标法第十条所称"国家名称"包括中文和外文的国家名称的全称、简称等形式,并不以我国境内相关公众的通常认知为限〔慈溪市耀锦国际贸易有限公司与佳具·皮瑞印·库马尔、国家知识产权局商标权无效宣告请求行政纠纷再审申请案,最高人民法院行政裁定书(2019)最高法行申 3334 号〕。

(1)法律规定中的国家名称,包括中文和外文的国家名称的全称、简称等形式,并不以我国境内相关公众的通常认知为限。

(2)印度的官方语言为印地语和英语,英文版《印度共和国宪法(第 13 版)》亦载明"共和国的名称和领土——(1)印度(India),也被称为印度(Bharat),是一个联合国家"。印度驻广州总领事馆领事亦证明印度的国家名称在印地语中为"BHARAT",因此足以认定"BHARAT"虽然不是英文"印度"国名,但其读音与印地语"印度"读音相同,且已被包括印度官方在内的各界公认为"印度"一词的印地语表述,可以认为属于商标法第十条第一款第(二)项中规定的国家名称。

(3)“BHARAT”商标在印度商标法体系下获准注册的事实,并不足以证明“BHARAT”并非印度国家名称。

2.【最高院“JORDAN”案】商标所含英文是否构成外国国家名称应依照我国相关公众的知识水平和认知能力进行审查〔耐克国际有限公司与国家工商行政管理总局商标评审委员会商标申请驳回复审行政纠纷再审申请案,最高人民法院行政裁定书(2015)知行字第80号,载《最高人民法院知识产权审判案例指导(第八辑)》〕。

本案申请商标的文字部分“JORDAN”除了构成约旦国(全称约旦哈希姆王国)英文国家名称“The Hashemite Kingdom of Jordan”的重要组成部分外,还具有人名、地名等其他含义。而且,申请商标的文字部分与图形部分“人”紧密结合,整体上与“Jordan”形成了一定的差异。由于地理差距、语言差异等因素,我国境内的相关公众对“JORDAN”为约旦国家英文名称重要组成部分的了解程度相对有限,相关公众基于其知识水平和认知能力,一般不会将申请商标中的“JORDAN”与约旦国联系在一起,更不会认为申请商标整体上与约旦的国家名相同或者近似。

3.【最高院“VONDUTCH”案】标志含有外国国家名称,即便其中文译名不含该国家名称且经使用二者已形成指向性关系,仍属于禁止作为商标使用之列;标志含有外国国家名称,即便在他国获准注册,并不能推定“该国政府同意”〔罗尔品牌国际有限公司与国家知识产权局商标申请驳回复审行政纠纷再审申请案,最高人民法院行政裁定书(2019)最高法行申3215号〕。

(1)当事人主张诉争商标“VONDUTCH”经过使用,已与中文译名“凡达驰”形成唯一指向性关系。对此,本院认为,禁止使用条款为绝对条款,诉争商标的使用情况不影响本案的结论。

(2)当事人主张“VONDUTCH”系列商标已在比荷卢经济联盟及欧盟地区获准注册,该注册应视为荷兰政府同意其在商标申请中使用“DUTCH”一词。对此,本院认为,商标法第十条第一款第(二)项中的“该国政府同意”,应为该国政府的相关明确授权。

4.【最高院"沙特阿美"案】标志含有与外国国家名称相同或者近似的文字，但与其他要素相结合后作为一个整体已不再与该国家名称构成相同或者近似的，则不宜认定为同外国国家名称相同或者近似的标志〔黄小东与国家工商行政管理总局商标评审委员会商标异议复审行政纠纷再审申请案，最高人民法院行政裁定书(2016)最高法行申356号〕。

如果该标志含有与外国国家名称相同或者近似的文字，且其与其他要素相结合，作为一个整体已不再与外国国家名称构成相同或者近似的，则不宜认定为同外国国家名称相同或者近似的标志。本案中，被异议商标为"沙特阿美及图"，其中图形为狗头图案，文字为"沙特阿美"，图形在文字上方，图形所占面积超过文字所占面积的二倍。被异议商标虽然含有"沙特"二字，但该标志整体上并未与沙特阿拉伯王国的国家名称相同或者近似。①

商标申请第4378454号图样

5.【北京高院"HOMETHAI"案】标志含有外国国家名称，与其他元素结合后未形成区别于国家名称的新含义及其他显著特征，违反商标法第十条第一款第(二)项的规定〔杭州那莱餐饮有限公司与国家工商行政管理总局商标评审委员会商标申请驳回复审行政纠纷上诉案，北京市高级人民法院行政判决书(2019)京行终1790号〕。

申请商标"HOMETHAI"中的"THAI"，可以译为"泰国人；泰语；泰国的；泰国人的；泰语的"，与"泰国"国家名称相近似，而"HOME"为常见英文词汇，可译为"家；家庭；发源地；故乡"等，与"THAI"的结合使用并未形成区别于"THAI"的新含义及其他显著特征，因此申请商标的注册已构成第十条第

---

① 类似案例参见梁华君与国家知识产权局商标权无效宣告请求行政纠纷案，北京知识产权法院行政判决书(2019)京73行初9944号〔诉争商标由英文字母usaprint构成，根据中国公众的认读习惯，相关公众易将诉争商标根据相关语义辨识为"usa"及"print"两部分。其中，usa属于美国国家名称的外文简称和缩写；print的中文含义为打印、印刷。因诉争商标所指定使用的商品(包括服装、鞋、帽、袜等)的主要原料为涉及印染生产工艺的纺织品，诉争商标应进行整体认读，与美国国名简称未构成相同或近似。但诉争商标容易使公众误认为商品为美国印染，因此具有欺骗性〕。

一款第(二)项所指的情形。

6.【北京高院"FRENCH CLUB"案】标志含有外国国家名称但在该国已获准注册,可视为该国政府已经同意〔埃·雷米马丹公司等与国家知识产权局商标权无效宣告请求行政纠纷上诉案,北京市高级人民法院行政判决书(2019)京行终 8604 号〕。

争议商标标志中包含与法国国名相近似的文字"FRENCH",但鉴于"FRENCH CLUB"在法国已经作为商标获准注册,可视为法国政府已经同意。诉争商标的注册不构成商标法第十条第一款第(二)项所指的情形。

7.【北京高院"SWISSGEAR"案】外国政府是否同意与其主权性标志相同或者近似的标志作为商标在我国申请注册,应当有明确而直接的证据加以证明,不应仅基于相关商标在该外国的注册便推定该外国政府同意该标志作为商标在我国申请注册〔威戈有限公司等与国家工商行政管理总局商标评审委员会商标不予注册复审行政纠纷上诉案,北京市高级人民法院行政判决书(2018)京行终 6006 号〕。

(1)商标法第十条第一款第(二)项包括中文和外文的国家名称的全称、简称等形式,禁止上述标志作为商标使用和注册的理由在于,此类标志的使用和注册会妨碍有关国家使用其象征主权的标记的权利,有损其国家尊严。在某些情况下,还易使公众对使用这类标志的商品和服务的来源产生误认。基于以上理由,外国政府是否同意与其主权性标志相同或者近似的标志作为商标在我国申请注册,应当有明确而直接的证据加以证明,不应仅仅基于相关商标在该外国的注册便推定该外国政府同意该标志作为商标在我国申请注册。

(2)被异议商标由外文"SWISSGEAR"构成,其中"SWISS"的中文含义为"瑞士的"。被异议商标"SWISSGEAR"在整体上并未形成明显区别于国家名称"SWISS"的新含义,因此,被异议商标构成与瑞士国家名称近似的标志。威戈公司"SWISSGEAR"商标在瑞士联邦获准注册的情况不能当然证明瑞士政府同意威戈公司将"SWISS"或"SWISSGEAR"作为商标在中国注册。在威戈公司未提交瑞士政府同意被异议商标在中国作为商标注册的直接证据的情况下,被异议商标属于不得作为商标使用的标志。

(三)商标法第十条第一款第(四)项"表明实施控制、予以保证的官方标志、检验印记"

【北京知产法院"GMP"案】"表明实施控制、予以保证的官方标志、检验印记"是政府履行职责,对所监管事项进行的认可和保证,具有国家公信力,不宜作为商标使用〔GMP+国际基金会与国家工商行政管理总局商标评审委员会商标申请驳回复审行政纠纷案,北京知识产权法院行政判决书(2015)京知行初字第5459号〕。

(1)商标法第十条第一款第(四)项中的"实施控制、予以保证"是指有关官方机构根据法律规定,对某些企业的资质及其产品进行监督管理,并对在生产规范、产品质量、精度等方面达到一定要求的企业和产品予以确认的行为。"表明实施控制、予以保证的官方标志、检验印记"是政府履行职责,对所监管事项进行的认可和保证,具有国家公信力,不宜作为商标使用。如果他人在未经授权的情况下,将含有此类官方标志、检验印记或者与之近似的标志进行使用或申请注册,则易使公众误认为该使用或注册申请人是该类官方标志、检验印记的所有人,或误认为其已得到有关官方机构的授权,从而有损公众利益和此类标志的公信力。

(2)诉争商标是由英文"GMP + Feed Safety Assurance"及图形组成的图文组合商标,"GMP"为其显著识别部分。由于诉争商标的显著识别部分为"GMP",与国家食品药品监督管理局对药品生产企业生产资质和质量控制监督检查的官方认证标志"GMP"近似,故诉争商标构成商标法第十条第一款第(四)项所指情形。

(四)商标法第十条第一款第(五)项"红十字""红新月"

1.【北京知产法院"360 安全第一"案】在判断诉争商标与"红十字"标志是否相同或近似时,应当基于相关公众的通常认知,从整体上进行判断〔屈红梅与国家知识产权局商标权无效宣告请求行政纠纷案,北京知识产权法院行政判决书(2018)京73行初1803号〕。

"红十字"标志是国际人道主义保护标志,是武装力量医疗机构的特定标志,是红十字会的专用标志。从商标法第十条第一款第(五)项的立法目的来看,禁止将与"红十字"相同或者近似的标志作为商标使用,旨在禁止商标违反公共道德或公共秩序，避免相关公众对商品或服务来源产生误认误信。在判断诉争商标与“红十字”标志是否相同或近似时，应当基于相关公众的通常认知，从整体上进行判断。本案中，诉争商标系图文组合商标，左侧的图形由内部的“+”符号和外部的太极球图形构成，中间部分上方为“360”、下方为“www. 360. cn”，右侧为外部加有边框的汉字“安全第一”。虽然诉争商标中包含了“+”符号，但“+”符号在诉争商标中所占比例较小，且诉争商标同时包含了其他组成部分，按照相关公众的通常认知，诉争商标在整体外观上与“红十字”标志存在较为明显的差异。在施以一般注意力时的情况下，相关公众不易将诉争商标与“红十字”标志产生混淆误认。

注册商标第 14730803 号图样

2.【北京知产法院“中村藤吉本店”案】诉争商标中图形部分与“红十字”标志在图形轮廓、比例及视觉效果上较为相近，即使诉争商标指定颜色不是红色，仍构成与“红十字”标志近似的标志〔株式会社中村藤吉本店与国家知识产权局商标申请驳回复审行政纠纷案，北京知识产权法院行政判决书(2018)京 73 行初 6898 号〕。

诉争商标由左侧“十字”图形及右侧“中村藤吉本店”(第 19962117 号)文字水平排列而成，两部分可被独立识别。诉争商标中图形部分与“红十字”标志在图形轮廓、比例及视觉效果上较为相近，构成近似标志。即使考虑诉争商标为指定颜色商标，但该理由并不足以影响诉争商标与“红十字”标志构成近似标志的结论。

注册商标第 19962117 号图样

3.【北京知产法院“WENGER 及图”案】诉争商标未指定颜色，所含图形部分与“红十字”图案在图形轮廓、比例及视觉效果上相近，在实际使用中可选择任何颜色，无法排除被相关公众误认的可能，与“红十字”标志构成近似〔威戈有限公司与国家知识产权局商标不予注册复审行政纠纷案，北京知识产权法院行政判决书(2018)京 73 行初 7938 号〕。

诉争商标由一个方框内的十字图形和外文“WENGER”(第 11748407

号）左右排列组成，其中图形部分与“红十字”图案在图形轮廓、比例及视觉效果上相近。原告主张“红十字”标志为“白底红字”的配色，而其对诉争商标的实际使用方式为“红底白字”，对此本院认为，本案诉争商标并未指定颜色，其在实际使用中可选择任何颜色，故无法排除被相关公众误认的可能。据此，诉争商标与“红十字”标志已构成近似标识。

WENGER

注册商标第11748407号图样

（五）商标法第十条第一款第（七）项“带有欺骗性”

1.【最高院“全天然”案】判断标志是否具有欺骗性，应从社会公众的普遍认知水平及认知能力出发，结合指定使用的商品，综合考虑标志本身或其构成要素是否具有欺骗性；商标申请人应证明足以排除相关公众受误导的可能性〔深圳唯之美科技有限公司与国家知识产权局商标申请驳回复审行政纠纷再审申请案，最高人民法院行政裁定书（2020）最高法行申5723号〕①。

（1）根据商标法第十条第一款第（七）项规定，因欺骗性导致对商品特点的误认，包括对商品质量、原料成分、功能用途、工艺技术等方面的误认。判断标志是否具有欺骗性，应从社会公众的普遍认知水平及认知能力出发，结合指定使用的商品，综合考虑标志本身或其构成要素是否具有欺骗性。

（2）诉争商标“全天然”为经过设计的文字商标，其中“全”有“完全、全部”的含义，“天然”指“自然存在的、自然产生的”。诉争商标指定使用在“洗发液；洗面奶；染发剂；化妆品”等商品上，容易使相关公众认为前述商品的原料成分均为天然，不包含任何化学成分。申请人所提证据不足以证明诉争商标指定使用的商品成分均为天然原料，不能排除相关公众在选择商品时存在受诉争商标误导的可能性。

① 类似案例参见北京怀柔未来论坛科技发展中心与国家知识产权局商标申请驳回复审行政纠纷再审申请案，最高人民法院行政裁定书（2019）最高法行申12241号（诉争商标由英文“Future Science Prize”组成，按照中国境内相关公众的普遍认知，上述词汇通常被翻译为“未来科学奖”，若使用在商业信息、市场营销、寻找赞助、广告宣传等服务项目上，易使相关公众认为其服务获得了上述奖项或与该奖项有关，从而对服务的质量、内容等产生误认）。

2.【最高院"肾源春冰糖蜜液"案】标志带有产品成分,而商标申请人能证明所使用的商品含有该成分的,不属于"带有欺骗性"的标志〔武汉立志保健品有限责任公司与国家知识产权局商标申请驳回复审行政纠纷再审案,最高人民法院行政判决书(2019)最高法行再 249 号〕。

申请商标系由"肾源春冰糖蜜液"七个汉字上下排列组合而成的文字商标,指定使用于"原料药、药酒、膏剂、医用营养饮料、医用营养品"等商品上。依据一般公众的通常认知,申请商标标识中的"冰糖""蜜"指向产品配方中含有冰糖、蜂蜜成分。根据武汉立志公司提交的证据,其使用申请商标的产品配方中包括冰糖、蜂蜜成分。仅从申请商标标志本身,尚不足以认定申请商标使用在指定商品上将使相关公众对商品的原料、成分等特点产生错误认识,难以认定构成对公众的欺骗。

3.【最高院"供港"案】标志本身不具有公认且稳定的中文含义,脱离特定语境不足以误导公众,则不属于"带有欺骗性"〔温氏食品集团股份有限公司与国家知识产权局商标权无效宣告请求行政纠纷再审申请案,最高人民法院行政裁定书(2020)最高法行申 2814 号〕。

诉争商标"供港"非中文固有词汇,亦不属于约定俗成的日常词汇,本身不具有公认且稳定的中文含义。在案证据显示,"供港"一词在有关内地向香港地区供应生鲜食品的行政规章、新闻报道及文章中被作为"供应香港"的简称使用,但此种使用均与特定内容或语境相结合,而一旦脱离该特定内容或语境,则不足以认定诉争商标核定使用的乳酸饮料(果制品,非奶)、啤酒等商品的相关公众会将"供港"普遍理解为"供应香港"之含义。在"供港"不能被相关公众普遍理解为"供应香港"之义的情况下,从现有证据来看,诉争商标并不易使相关公众对商品的质量等特点或者产地产生误认。

4.【最高院"声音博物馆"案】诉争商标已构成商标法禁止作为商标使用的标识,"带有欺骗性",则无须再考虑诉争商标通过使用获得显著性的证据〔北京弘礼金光文化传播有限公司与国家知识产权局商标权无效宣告请求行政纠纷再审申请案,最高人民法院行政裁定书(2019)最高法行申 13821 号〕。

(1)诉争商标为中文"声音博物馆",其字面含义可理解为"搜集、展示声音的场所",核定使用在"安排和组织音乐会、教育"服务上,按照社会公众的普通认识水平,易对服务的内容理解为系"声音博物馆"相关机构安排和组织的"搜集、展示声音"的服务,从而易产生错误认知,故属于商标法第十条第一款第(七)项规定之情形。

(2)鉴于诉争商标已构成商标法禁止作为商标使用的标识,无论其如何使用均不可能产生权利,无须再考虑诉争商标通过使用获得显著性的证据。

5.【最高院"贵阳兴安酒业有限公司"案】商标所含企业名称为企业的曾用名称不属于"带有欺骗性"的标志〔贵州茅台酒厂(集团)习酒有限责任公司与国家知识产权局商标异议复审行政纠纷再审案,最高人民法院行政判决书(2019)最高法行再7号〕。

6.【北京高院"Folli Follie"案】审查判断有关标志是否具有欺骗性,应当考虑标志或其构成要素是否足以使相关公众对产品的描述产生错误认识〔富莉富莉商业制造及技术有限公司等与国家知识产权局商标权无效宣告请求行政纠纷上诉案,北京市高级人民法院行政判决书(2020)京行终1754号〕。

商标法第十条第一款第(七)项规定,带有欺骗性,容易使公众对商品的质量等特点或者产地产生误认的不得作为商标使用。在审查判断有关标志是否具有欺骗性,应当考虑标志或其构成要素是否足以使相关公众对产品的描述产生错误认识,构成欺骗相关公众。如果标志本身并不具有使公众对商品的质量等特点或者产地产生误认的情形,不具有欺骗性。

7.【北京高院"油葱"案】诉争商标与其指定使用商品的质量、原料等无关,根据相关公众的日常生活经验和理性人的通常认知,不会产生欺骗性〔国家知识产权局与完美(中国)有限公司商标申请驳回复审行政纠纷上诉案,北京市高级人民法院行政判决书(2020)京行终6898号〕。

诉争商标"油葱"虽然是"芦荟"的别称,也是菜品或小吃的称谓,但上述事物与诉争商标指定使用商品(第21类日用瓷器等)的质量、原料、功能、用途等特点或者产地均无关。按照相关公众的日常生活经验和理性人的通常认知,不会将"油葱"误认为是对诉争商标指定商品特点或者产地的指代,进而产生欺骗性。

8.【北京高院"特补"案】文字标志的日常口语含义带有欺骗性,即便字源考察另有含义,仍应判定为具有欺骗性〔侍文元与国家知识产权局商标申请驳回复审行政纠纷上诉案,北京市高级人民法院行政判决书(2020)京行终7683号〕。

诉争商标为汉字“特补”，诉争商标指定使用在“植物饮料、能量饮料”等商品上，易使相关公众认为其具有“特别补充营养、能量”的含义，足以使相关公众对商品的功能、质量等特点产生误认，具有欺骗性，属于商标法第十条第一款第（七）项规定的情形。“特补”一词即使未收入相关辞典工具书，但显然为日常生活口语中的词汇，相关公众对其常用含义不会发生歧义。当事人从字源考察该词中二字的含义，已非现代汉语中“特补”一词的常规理解方式。

9.【北京高院“中坝面条鲜”案】带有欺骗性，是指商标标志或者其构成要素对其指定使用商品或者服务的质量等特点或者产地作了超出其固有程度或与事实不符的表示，容易使公众对商品或者服务的质量等特点或者产地产生错误的认识。判断相关标志是否“带有欺骗性”，应当从社会公众的普遍认知能力和认知水平出发，如果社会公众根据日常生活经验或者通常认识并不足以引起误解的，不属于商标法第十条第一款第（七）项规定的情形〔加加食品集团股份有限公司与国家知识产权局商标权无效宣告请求行政纠纷上诉案，北京市高级人民法院行政判决书（2020）京行终7445号〕。

诉争商标“中坝面条鲜”注册并使用在“巧克力饮料；饼干；包子”商品上，社会公众根据日常生活经验或者通常认识，不会因为诉争商标标志包含“面条鲜”一词而对上述商品的质量、工艺、产地等特点产生误认。诉争商标的注册未违反商标法第十条第一款第（七）项规定。

10.【北京高院“六个核桃”案】标志或者其构成要素即便有夸大成分，但根据日常生活经验或相关公众的通常认识并不足以引人误解的，不具有欺骗性〔昔阳县大寨工贸园区带露保健饮品有限责任公司与国家工商行政管理总局商标评审委员会商标异议复审行政纠纷上诉案，北京市高级人民法院行政判决书（2012）高行终字第256号〕。

商标标志或者其构成要素即便有夸大成分，但根据日常生活经验或者相关公众的通常认识等并不足以引人误解的，不应认定为夸大宣传并带有欺骗性的标志。被异议商标“六个核桃”使用在“无酒精饮料、豆奶”等商品上，并没有对其指定的“无酒精饮料”等商品的质量、原料、功能、用途等特点作超过程度的表示，也不会使公众对商品的原料等特点产生错误的认识，因此不足以引人误解。

11.【北京高院"Lixiaolong"案】标志与已故公众人物的姓名相近似，易导致公众对其核定使用的服务来源产生误认，"带有欺骗性"〔上海酷九旅游用品有限公司等与国家知识产权局商标权无效宣告请求行政纠纷上诉案，北京市高级人民法院行政判决书(2019)京行终5778号〕。

"带有欺骗性"，是指商标对其指定使用商品或者服务的质量等特点或者产地作了超过其固有程度或与事实不符的表示，容易使公众对商品或者服务的质量等特点或者产地、服务来源产生错误的认识。诉争商标由字母"Lixiaolong"构成，根据中国公众的认读习惯，通常会将其识别为"李小龙"的汉语拼音，并将二者建立联系。而李小龙是一代武术宗师，中国功夫首位全球推广者、好莱坞首位华人主角，被誉为"功夫之王"。在诉争商标申请注册日前，李小龙已是家喻户晓的公众人物，具有极高的知名度和广泛的影响力。诉争商标核定使用在"表演艺术家经纪"服务上，与李小龙电影表演者的身份具有极大的关联性，易导致中国公众对服务来源产生误认。①

12.【北京高院"国藏"案】带"国"字商标使用到指定商品上易使相关公众对商品质量产生误认，具有欺骗性〔山西杏花村汾酒厂股份有限公司与国家工商行政管理总局商标评审委员会商标申请驳回复审行政纠纷上诉案，北京市高级人民法院行政判决书(2011)高行终字第422号〕。

申请商标由纯文字"国藏"构成，尽管"国藏"一词中的"藏"字读音并非唯一，但在其指定使用的商品上，"国藏"一词更容易被理解为"国家级的典藏"，易导致相关公众对商品质量产生误认。虽然当事人提供了中国国家博物馆收藏"国藏汾酒及宝坛"的收藏证书，但不能因此而认定该公司在申请商标指定

---

① 类似案例参见景德镇博维陶瓷有限公司与国家工商行政管理总局商标评审委员会商标申请驳回复审行政纠纷上诉案，北京市高级人民法院行政判决书(2015)高行(知)终字第761号(五良大甫是我国明朝年间的日本国人，被日本人民尊称为"瓷圣"。将"五良大甫"作为商标使用在日用陶瓷、餐具或与瓷器相关的商品上，易使消费者对指定商品的来源和品质产生误认，造成消费者的误认误购)。但是，最高人民法院认为，将在相关行业具有一定知名度和影响力的知名人物姓名作为商标注册在该行业相关商品误导消费者的，认定具有"其他不良影响"[贵州美酒河公司与国家工商行政管理总局商标评审委员会、李长寿商标争议行政纠纷再审申请案，最高人民法院行政裁定书(2012)知行字第11号]。

使用的商品类别上提供的相关商品均已达到“国家级的典藏”的水平。①

13.【北京知产法院“老潼关”案】注册商标所含有地名与地理标志集体商标相同或近似，核定使用到类似商品上，易使相关公众对产地、服务内容、品质等特点产生误认，则具有欺骗性〔西安文味先知餐饮管理咨询有限公司与国家知识产权局商标权无效宣告请求行政纠纷案，北京知识产权法院行政判决书(2020)京73行初4375号〕。

诉争商标为中文文字商标“老潼关”，考虑到“潼关肉夹馍”已作为地理标志集体商标取得注册，原告并非来自潼关地区，诉争商标核定使用在与肉夹馍商品密切相关的饭店、餐厅等服务上易使相关公众对产地、服务内容、品质等特点产生误认，已违反商标法第十条第一款第(七)项规定。

14.【北京知产法院“超级燃茶”案】标志明显带有超出一般等级的含义，给相关公众一种产品效果比较的印象，则“带有欺骗性”〔北京元气森林饮料有限公司与国家知识产权局商标申请驳回复审行政纠纷案，北京知识产权法院行政判决书(2020)京73行初925号〕。

诉争商标“超级燃茶”为纯文字商标，按照相关公众的一般认知，其中的“茶”通常仅代表一种饮品或者风味，而“超级燃”作为前缀，系诉争商标中的显著识别部分，其明显带有超出一般等级的含义，会给相关公众一种产品效果相比较的印象，容易使公众对商品的质量或来源产生误会，带有欺骗性。

(六)商标法第十条第一款第(八)项“其他不良影响”

1.【最高院“特种兵生榨椰子汁”案】包装装潢的主要识别部分是具有不良影响的商业标志，则不得作为知名商品特有包装装潢获得反不正当竞争法的保护〔江苏苏萨食品有限公司与山西得惠永盛商贸有限公司等不正当竞争

---

① 类似案例参见白喜贵与国家工商行政管理总局商标评审委员会商标驳回复审行政纠纷上诉案，北京市高级人民法院行政判决书(2010)高行终字第1026号[“国玉”一词，在配合申请商标中包含的描述玉雕造型的图形时，极易使人理解为达到能代表国家级品质的玉石或玉器之义。将“建极绥猷”“国玉”和玉雕造型组合在一起作为商标使用于货物展出、推销(替他人)、替他人作中介(替其他企业购买商品或服务)、拍卖等服务上，容易使相关公众将申请商标与故宫或皇家产生联系，从而对申请商标指定使用的服务内容产生误认]。

纠纷再审申请案,最高人民法院民事裁定书(2019)最高法民申4847号〕。

2.【最高院“大姨妈”案】人民法院在商标授权确权行政纠纷诉讼中可以主动审查诉争商标是否违背商标法第十条第一款第(八)项规定具有不良影响;有损公众情感和女性尊严的标志具有“其他不良影响”〔厦门美柚股份有限公司与国家知识产权局等商标权无效宣告请求行政纠纷再审案,最高人民法院行政判决书(2019)最高法行再240号〕。

(1)厦门美柚公司再审中主张诉争商标具有商标法第十条第一款第(八)项规定的情形,具有不良影响。虽然原商标评审委员会以及一、二审法院亦没有对此进行审查,但依据行政诉讼法第八十七条关于对被诉行政行为进行全面审查的原则、《最高人民法院关于适用〈中华人民共和国行政诉讼法〉的解释》第一百二十条关于人民法院审理再审案件应当围绕再审请求和被诉行政行为合法性进行的规定以及《最高人民法院关于审理商标授权确权行政案件若干问题的规定》第二条“人民法院对商标授权确权行政行为进行审查的范围,一般应根据原告的诉讼请求及理由确定。原告在诉讼中未提出主张,但商标评审委员会相关认定存在明显不当的,人民法院在各方当事人陈述意见后,可以对相关事由进行审查并做出裁判”之规定,对于本案诉争商标是否具有商标法第十条第一款第(八)项规定的不良影响,在再审阶段对此进行审查并不违反上述法律及司法解释的规定。

(2)诉争商标系由文字“大姨妈”及图像构成,其显著识别部分为文字“大姨妈”。“大姨妈”原义是指母亲的姐妹。近来作为月经的俗称,指代女性月经。将“大姨妈”文字作为商标注册,使用在第42类“计算机编程;计算机软件设计”等服务上,与我国文化传统不相符,有损公众情感和女性尊严,有违公序良俗,系有害于社会主义道德风尚或者有其他不良影响的标志,应当宣告无效。

3.【最高院“无尖不商”案】判断标志是否可能对我国社会公共利益和公共秩序产生消极、负面影响时,应当基于正式出版发行的辞典、工具书等官方文献所记载的含义以及相关公众的日常生活认知,不应依据媒体报道、民间传说、学者研究〔赵国红与国家知识产权局商标申请驳回复审行政纠纷再审申请案,最高人民法院行政裁定书(2019)最高法行申10759号〕。

(1)判断商标标志是否可能对我国社会公共利益和公共秩序产生消极、

负面影响时，应当基于正式出版发行的辞典、工具书等官方文献所记载的含义以及相关公众的日常生活认知。诉争商标由经过设计的汉字"尖""无尖不商"及茶叶图形构成，其中汉字部分"无尖不商"音同"无奸不商"。综合考虑相关公众的普遍认知情况，如将诉争商标使用在指定商品上，容易使相关公众联想到"无奸不商"，进而对我国社会公共利益和公共秩序产生消极、负面的影响。

（2）申请人主张"无尖不商"源于民间传说，其原义为让利于消费者，后演化为"无奸不商"，故其含义并不会对我国社会公共利益和公共秩序产生消极、负面影响，并为此提交了相关文章及媒体报道作为证据。经审查，辞典、工具书等官方文献中并无关于"无尖不商"的记载；相关文章和媒体报道部分内容涉及民间传说，部分内容仅限于理论研究，且从文章的内容来看，不能够反映出"无尖不商"被公众解读为"无奸不商"的现实情况。

4.【最高院"雪域吃货"案】判断标志是否属于具有其他不良影响时，应以其构成要素的通常含义来判断；贬义词语即便在特殊语境、场合下为"戏称"，仍属于"其他不良影响"的标志〔特克斯砺剑锋农林科技有限公司与国家知识产权局商标申请驳回复审行政纠纷再审申请案，最高人民法院行政裁定书(2020)最高法行申 2901 号〕。

申请商标由汉字"雪域吃货"、拼音"XUEYUCHIHUO"及图构成，"雪域吃货"为其显著识别部分。其中"吃货"一词，在第七版《现代汉语词典》中的解释之一为"光会吃不会做事的人（骂人的话）"，具有嘲讽和贬低含义。虽然"吃货"一词在互联网语境下，特定主体可以将其延伸为对美食爱好者的戏称，不必然具有明显的贬义色彩，但这一理解属于在特殊语境、场合下演绎形成的非通常含义，本案中在判断申请商标是否属于具有其他不良影响时，仍应以其构成要素"吃货"的通常含义来判断。"吃货"的通常含义具有贬义，将其作为商标使用时，可能对我国文化和社会生活产生消极、负面影响，不利于对我国社会主义道德文化的积极、正向指引。

5.【最高院"不忘初心"案】具有特定政治含义的标志禁止作为商标使用〔厦门泽火数字科技有限公司与国家知识产权局商标申请驳回复审行政纠纷再审申请案，最高人民法院行政裁定书(2019)最高法行申 3398 号〕。

申请商标由中文"不忘初心"、英文"STAYFOOLISH – STAYHUNGRY"及

图形部分组合而成,其中“不忘初心”字体较大,便于识别和记忆,构成申请商标的主要识别部分。2016年7月1日,习近平总书记在庆祝中国共产党成立95周年大会上发表重要讲话,向全党郑重发出“不忘初心、继续前进”的伟大号召,并结合党和国家的各项工作对此作了全面阐述。2017年10月18日,中国共产党第十九次全国代表大会召开,会议主题是“不忘初心,牢记使命,高举中国特色社会主义伟大旗帜,决胜全面建成小康社会,夺取新时代中国特色社会主义伟大胜利,为实现中华民族伟大复兴的中国梦不懈奋斗”。习近平总书记指出:“不忘初心,方得始终。中国共产党人的初心和使命,就是为中国人民谋幸福,为中华民族谋复兴。这个初心和使命是激励中国共产党人不断前进的根本动力。”由此,“不忘初心”已具有特定的政治含义。商标是用以区分商品或服务来源的商业标志,如申请商标被核准注册,其使用有可能使政治因素与商业经营活动形成联系,从而可能对社会公共利益和公共秩序产生影响。

6.【最高院“cinkciarz及图”案】标志的图形部分与欧元及美元货币符号相近,易使相关公众对其所指服务内容产生错误认识,具有“其他不良影响”〔琴克恰什皮埃尔有限公司与国家知识产权局商标申请驳回复审行政纠纷再审申请案,最高人民法院行政裁定书(2019)最高法行申13017号〕。

本案申请商标由英文词汇“cinkciarz”和图形构成……图形部分与欧元及美元货币符号非常相近,如果将其作为商标使用在第9类计算机软件等商品,第36类银行、货币兑换等服务,第41类文字出版等服务上,容易导致相关公众对其所指示的服务内容产生错误认识,对我国政治、经济、文化等公共秩序产生消极或负面影响。

国际注册G1269159号图样

7.【最高院“混子曰”案】标志固有的含义是贬义,虽然自我指代时具有自嘲成分,但作为商标使用时仍可能会给社会公众带来消极负面的影响〔上海壹秋山视觉空间设计有限公司与国家工商行政管理总局商标评审委员会商标申请驳回复审行政纠纷再审申请案,最高人民法院行政裁定书(2018)最高法行申9341号〕。

8.【最高院"乔丹"案】如标志的注册仅损害特定民事权益，由于商标法已经另行规定了救济方式和相应程序，不宜认定该标志具有其他不良影响〔迈克尔·乔丹（Michael Jordan）与国家工商行政管理总局商标评审委员会商标权无效宣告请求行政纠纷再审申请案，最高人民法院行政裁定书（2015）知行字第 335 号〕①。

人民法院在审查判断有关标志是否构成具有其他不良影响的情形时，应当考虑该标志或者其构成要素是否可能对我国政治、经济、文化、宗教、民族等社会公共利益和公共秩序产生消极、负面影响。如果有关标志的注册仅损害特定民事权益，由于商标法已经另行规定了救济方式和相应程序，不宜认定其属于具有其他不良影响的情形。迈克尔·乔丹再审申请主张"乔丹""QIAODAN"等标识是否已经与迈克尔·乔丹建立了更强的对应关系，是否会容易导致相关公众的混淆，与本案争议商标的注册是否符合商标法第十条第一款第（八）项的规定不具有直接关系。即使争议商标的注册损害了迈克尔·乔丹的特定民事权益，也应通过商标法的其他规定获得救济，不宜纳入商标法第十条第一款第（八）项调整的范畴。

9.【最高院"李兴发"案】将在相关行业具有一定知名度和影响力的知名人物姓名作为商标注册，容易在该行业相关商品误导消费者的，应认定具有"其他不良影响"〔贵州美酒河公司与国家工商行政管理总局商标评审委员会、李长寿商标争议行政纠纷再审申请案，最高人民法院行政裁定书（2012）知行字第 11 号〕。

---

① 类似案例参见马诺娄·布拉尼克等与国家工商行政管理总局商标评审委员会商标权无效宣告请求行政纠纷上诉案，北京市高级人民法院行政判决书（2019）京行终 753 号［商标法第十条第一款第（八）项规定，有害于社会主义道德风尚或者有其他不良影响的标志不得作为商标使用。本案中，争议商标标志由"马诺罗·贝丽嘉 MANOLO&BLAHNIK"构成，该标志本身并无不良含义和负面影响，也不具有对我国政治、经济、文化、宗教、民族等社会公共利益和公共秩序产生消极、负面影响的可能。马诺娄·布拉尼克有关争议商标的注册和使用会破坏正常有序的文化经济秩序的上诉理由实际指向对其特定民事权益的确认和维护，不属于 2001 年商标法第十条第一款第（八）项的调整范畴］；盐城市艾斯特体育器材有限公司与国家工商行政管理总局商标评审委员会商标争议行政纠纷上诉案，北京市高级人民法院行政判决书（2011）高行终字第 168 号［争议商标由汉字"亚平"及图构成，其文字部分"亚平"的发音与"邓亚萍"相近似，相关公众可能会认为争议商标核定使用的商品与邓亚萍存在某种关联，但这种后果不会对我国政治、经济、文化、宗教、民族等社会公共利益和公共秩序产生消极、负面影响。争议商标的注册仅仅涉及是否损害邓亚萍本人的民事权益的问题，属于特定的民事权益，并不涉及社会公共利益或公共秩序，故不应适用商标法第十条第一款第（八）项的规定］。

10.【北京高院"Folli Follie"案】标志是否"有害于社会主义道德风尚或者有其他不良影响",应当根据相关公众的通常认知并从整体上进行判断〔富莉富莉商业制造及技术有限公司等与国家知识产权局商标权无效宣告请求行政纠纷上诉案,北京市高级人民法院行政判决书(2020)京行终1754号〕。

商标法第十条第一款第(八)项主要是指根据公众日常生活经验,或者辞典、工具书等官方文献,或者宗教等领域人士的通常认知,能够确定诉争商标标志或者其构成要素可能对我国社会公共利益和公共秩序产生消极、负面影响的,可以认定为具有其他不良影响的标志。判断诉争商标注册的标志是否属于上述规定所指的禁用标志应当根据相关公众的通常认知,从整体上进行判断。诉争商标由文字"Folli Follie"构成,无论从标志整体,还是其构成要素,均未对我国社会公共利益和公共秩序产生消极、负面影响。

11.【北京高院"Prince of Peace"案】标志是否有不良影响应从标志本身的含义来判断,如果标志具有宗教含义,无论我国相关公众能否认知得到,仍具有宗教上的不良影响〔国家工商行政管理总局商标评审委员会与(美国)美国太子行商标申请驳回复审行政纠纷上诉案,北京市高级人民法院行政判决书(2010)高行终字第839号〕。

标志是否有不良影响应从标志本身的含义来判断,不能仅从相关公众的认知来判断。申请商标"PRINCE OF PEACE"的字典含义为"耶稣基督",该含义虽然可能并不为中国的相关公众普遍认知,但是不管中国的相关公众是否能够认识到"PRINCE OF PEACE"的字典含义,都不影响申请商标文字作为宗教用语的客观事实,因此以"PRINCE OF PEACE"作为商标可能会产生宗教上的不良影响。

12.【北京高院"青梅酒肆"案】商标所含汉字经过艺术处理,未改变汉字的整体结构和笔画顺序,不影响社会公众对其识别,并非对汉字的不规范使用,不违反商标法第十条第一款第(八)项的规定〔彭涛与国家知识产权局商标申请驳回复审行政纠纷上诉案,北京市高级人民法院行政判决书(2019)京行终6997号〕。

诉争商标由中文"青梅酒肆"、英文"QINGMTAVERN"及图构成。其中,"青梅"二字虽经一定的艺术处理,但并未改变汉字的整体结构和笔画顺序,不影响社会公众对"青梅"二字的识别,并非对汉字的不规范使用,不构成

2013 年商标法第十条第一款第(八)项规定的情形。

商标申请第 25479259 号图样

13.【北京高院"城隍"案】如标志具有多种含义，只要其中一种含义具有其他不良影响，则该标志仍应被认定为具有"其他不良影响"而不应作为商标使用；标志具有不良影响，即便经使用取得知名度甚至驰名，并不因此合法〔上海城隍珠宝有限公司与国家工商行政管理总局商标评审委员会、上海豫园旅游商城股份有限公司商标争议行政纠纷上诉案，北京市高级人民法院行政判决书(2014)高行终字第 485 号，列入最高人民法院公布的 2014 年中国法院 50 件典型知识产权案例〕。

(1)对于具有多种含义的标志，如其所具有的一种含义属于上述具有其他不良影响的情形，则该标志仍应被认定为具有其他不良影响而不应作为商标使用。本案中，虽然"城隍"具有"护城河"等含义，但除此之外，"城隍"也被用来指代道教的特定神灵。而且，根据豫园公司提交的《道教大辞典》《中国城隍信仰》《佛道与阴阳：新加坡城隍庙与城隍信仰研究》等证据以及城隍公司提交的《辞海》《道教神灵谱系简论》等证据的记载，"城隍"作为道教神灵有较为悠久的历史，且系与百姓生活联系比较密切的神灵。在此情形下，将"城隍"作为商标加以使用，将对信奉道教的相关公众的宗教感情产生伤害，并对社会公共利益和公共秩序产生消极、负面的影响。

(2)在商标授权确权行政案件中，虽然应当考虑相关商业标志的市场知名度，尊重相关公众已在客观上将相关商业标志区别开来的市场实际，注重维护已经形成和稳定的市场秩序，但这种对市场客观实际的尊重不应违背商标法的禁止性规定。在争议商标违反商标法第十条第一款第(八)项的情况下，即使争议商标经使用具有了较高知名度甚至曾被商标局认定为驰名商标，也不应因此而损害法律规定的严肃性和确定性。

14.【北京高院"罗汉峰"案】标志含有佛教用语，易使相关公众认为带此商标的商品或服务与佛教之间存有某种特定联系，易造成不良的社会影响〔罗汉峰(漳州)檀香股份有限公司与国家知识产权局商标申请驳回复审行政纠纷上诉案,北京市高级人民法院行政判决书(2020)京行终6659号〕。

(1)诉争商标由文字"罗汉峰"构成,其中"罗汉"系佛教用语,若允许一般主体将其注册为商标进行经营性使用,易使相关公众认为带此商标的商品或服务与佛教之间存有某种特定联系,有伤宗教情感,并易造成不良的社会影响。①

(2)商标审查实行个案原则,由于每个商标的构成要素、历史背景、相关公众的认知程度、商业使用状况等均有差异,"罗汉山""罗汉溪""大肚罗汉"等其他商标核准注册的情况不能成为本案诉争商标应予核准注册的当然依据。

15.【北京高院"MLGB"案】(1)标志或其构成要素是否具有"其他不良影响",判断主体应当为"社会公众",一般应当以诉争商标申请注册时的事实状态为准,并应以我国公众通常认知为标准,即以辞典、工具书等正式官方出版物或者能够为公众广泛接触的具有公信力的信息载体等所确定的内容为准,除非另有证据证明公众的普遍认知;(2)某一标识的指代在网络环境下对特定社会群体而言具有不良影响的含义,为了积极净化网络环境、引导青年一代树立积极向上的主流文化和价值观,制止以擦边球方式迎合"三俗"行为,发挥司法对主流文化意识传承和价值观引导的职责作用,应认定该标识本身存在含义消极、格调不高的情形〔上海俊客贸易有限公司与国家工商行政管理总局商标评审委员会等商标权无效宣告请求行政纠纷上诉案,北京市高级人民法院行政判决书(2018)京行终137号,列入最高人民法院公布的2019年中国法院10大知识产权案件〕。

(1)由于商标法第十条第一款第(八)项所规定的"其他不良影响"情形系对相关标志禁止作为商标使用的绝对情形进行的界定,故既应避免不当扩大认定范围,限缩商业活动中经营者自由表达和创造的空间,又应避免不当缩小认定范围,致使可能对我国政治、经济、文化、宗教、民族等社会公共利益

---

① 类似案例参见凤凰古城旅游有限责任公司与贵州梵净山国家级自然保护区管理局商标争议行政纠纷上诉案,北京市高级人民法院行政判决书(2010)高行终字第777号(梵净山位于我国贵州省,是我国著名的佛教胜地,佛教场所遍布其中,将"梵净山"作为商标使用在"夜总会"等服务上,有害于宗教信仰、宗教感情,从而造成不良社会影响)。

和公共秩序产生消极、负面影响的标志获准注册，有效发挥司法在商标行政案件审理中的主导作用。

(2)诉争商标标志或者其构成要素是否属于“其他不良影响”情形的判断主体应当为“社会公众”。因上述条款系针对相关标志禁止作为商标使用的绝对情形予以规定，以相关标志可能损害社会公共利益和公共秩序为前提，从保护“公序良俗”的视角出发，故对此问题的判断主体应当为全体社会公众，而非诉争商标指定使用的商品或者服务的“相关公众”，否则所得出判断结论容易“以偏概全”，不利于对社会公共利益和公共秩序的保护。

(3)在审查判断商标标志或者其构成要素是否具有“其他不良影响”的情形时，一般应当以诉争商标申请注册时的事实状态为准。若申请时不属于上述情形，但在核准注册时诉争商标已经具有“其他不良影响”的，考虑到为避免对我国政治、经济、文化、宗教、民族等社会公共利益和公共秩序产生消极、负面影响，也可以认定诉争商标构成商标法第十条第一款第(八)项所规定的情形。

(4)应当区分商标授权和确权程序的制度差异。特别在商标确权案件中，即使由于公众使用文字的习惯、方式发生了改变，使已注册商标标志被赋予了其他含义，但从保护商标权利人信赖利益的角度出发，应当合理平衡私有权利与公共利益的关系，除非存在维持诉争商标注册会明显违背公序良俗的情形，否则一般不宜将注册日之后的事实状态作为评价诉争商标是否具有“其他不良影响”的依据。

(5)在审查判断诉争商标标志或者其构成要素是否具有“其他不良影响”的情形时，一般应当根据其“固有含义”进行判断，特别是对由单独字母或者字母组合构成的标志，就诉争商标标志或者其构成要素含义的理解，应以我国公众通常认知为标准，即以辞典、工具书等正式官方出版物或者能够为公众广泛接触的具有“公信力”的信息载体等所确定的内容为准，但是若我国公众基于生活常识已经对相关内容形成普遍认知的情况下，亦可以经过充分说明予以确定。

(6)避免将诉争商标标志或者其构成要素在特殊语境、场合等情况下，通过演绎、联想等方式后，所形成的非通常含义负载于诉争商标标志或者其构成要素之上，作为认定其具有“其他不良影响”的标准。否则势必造成对经营者在商业活动中应属自由表达创造空间的不当限缩，亦不利于对我国社会主义道德文化进行积极、正向的指引。

(7)若对诉争商标含义的认识存在分歧,为了得出更加符合社会公众普遍认知的结论,可以通过参考诉争商标申请注册主体、使用方式、指定使用的商品或者服务等因素,就诉争商标的使用是否可能对我国社会公共利益和公共秩序产生消极、负面的影响形成“高度盖然性”的内心确认。例如将特定经济领域的公众人物姓名申请注册为商标时,可能会因申请注册主体的差异,而导致是否具有“其他不良影响”认定结论的不同。

(8)在审查判断商标标志或者其构成要素是否具有“其他不良影响”的情形时,一般应当由主张诉争商标具有“其他不良影响”的当事人承担举证证明责任。当事人主张标志固有含义的,应当提交辞典、工具书等予以证明,但是若诉争商标的含义基于生活常识已经能够形成普遍认知的,此时经过充分说明亦可以予以接受。然而,应当避免在诉争商标含义存在不确定性或者并未形成普遍认知的情况下,仅凭特定群体的心理预设就赋予诉争商标特定含义。

(9)本案中争议商标由字母“MLGB”构成,虽然该字母并非固定的外文词汇,但是结合相关网页截图,以及考虑到我国网络用户数量规模之大、网络与社会公众生活密切相关等因素,在网络环境下已经存在特定群体对“MLGB”指代为具有不良影响含义的情形下,为了积极净化网络环境、引导青年一代树立积极向上的主流文化和价值观,制止以擦边球方式迎合“三俗”行为,发挥司法对主流文化意识传承和价值观引导的职责作用,应认定争议商标本身存在含义消极、格调不高的情形。

16.【北京高院“國杏”案】带“国”字头但不是“国+商标指定商品名称”组合的申请商标,如果有损公平竞争的市场秩序,或者容易产生政治上不良影响的,应予驳回〔太原市友诺酒业有限公司与国家工商行政管理总局商标评审委员会商标申请驳回复审行政纠纷上诉案,北京市高级人民法院行政判决书(2012)高行终字第288号〕。

申请商标由“國杏”两字组成,虽然不是“国+商标指定商品名称”的组合方式,但该申请商标指定使用的商品为包括“果酒(含酒精)”的酒类商品,考虑到申请商标指定使用的商品类别,当申请商标使用在“果酒(含酒精)”等酒类商品上时,容易使相关公众误认为该商品或其原料的品质、级别达到了国家级的标准,或得到了国家相关机构的认证、保障,或获得了国家级的荣誉等,进而对“果酒(含酒精)”等酒类行业公平竞争的市场秩序造成不良社会影响,已经构成商标法第十条第一款第(八)项规定的不得作为商标使用的情形。

17.【北京高院“国全”案】对带“国”字头但不是“国+商标指定商品名称”组合的申请商标,应当区别对待,不应只要包含“国”字就一概认定为具有“国家级”等含有宣传或者夸大商品质量的含义,从而认定产生不良影响〔重庆国全工贸有限公司与国家工商行政管理总局商标评审委员会商标申请驳回复审行政纠纷上诉案,北京市高级人民法院行政判决书(2012)高行终字第1066号〕。

对带“国”字头但不是“国+商标指定商品名称”组合的申请商标,应当区别对待,不能只要包含“国”字就一概认定为具有“国家级”等含有宣传或者夸大商品质量的含义,从而认定产生不良影响。对此类申请商标还要考虑是否属于使用在指定商品上直接表示了商品质量特点或者具有欺骗性,甚至有损公平竞争的市场秩序,或者容易产生政治上不良影响的情形。申请商标的主要认读部分为汉字“国全”,不属于“国+商标指定商品名称”的情形。而“国全”二字既是国全公司法定代表人的名字,也是国全公司的企业字号,二字组合之后,使用在第12类商品上,并没有直接表示商品质量特点或者具有欺骗性,相关消费者一般不会与“国家级”的含义产生联想。

18.【北京高院“水立方”案】申请注册的商标是奥运会的标志性建筑名称,易使相关公众认为其商品与奥运会存有某种联系,容易误导公众,从而造成不良影响〔周晓扬与国家工商行政管理总局商标评审委员会商标争议行政纠纷上诉案,北京市高级人民法院行政判决书(2010)高行终字第1164号〕。

19.【北京高院“哈利波特”案】明知人物角色名称的知名度而申请注册商标,违反诚实信用的公序良俗,属于商标法第十条第一款第(八)项所规定的“有其他不良影响的标志”〔姚蕻与国家工商行政管理总局商标评审委员会商标异议复审行政纠纷上诉案,北京市高级人民法院行政判决书(2011)高行终字第541号〕①。

---

① 对于此种情况,《最高人民法院关于审理商标授权确权行政案件若干问题的规定》第二十二条规定:“当事人主张诉争商标损害角色形象著作权的,人民法院按照本规定第十九条进行审查。对于著作权保护期限内的作品,如果作品名称、作品中的角色名称等具有较高知名度,将其作为商标使用在相关商品上容易导致相关公众误认为其经过权利人的许可或者与权利人存在特定联系,当事人以此主张构成在先权益的,人民法院予以支持。”

20.【北京一中院“乡巴佬”案】标志是否有悖于社会主义道德风尚应考虑历史条件和语言环境的影响〔湖北神丹健康食品有限公司与国家工商行政管理总局商标评审委员会商标异议复审行政纠纷案,北京市第一中级人民法院行政判决书(2010)一中知行初字第1466号〕。

词汇的含义受特定历史条件和语言环境的影响和限制,“乡巴佬”一词在过去的年代曾具有贬义,但随着社会认识的不断改变和现阶段语言环境的极大包容,其词义也与时俱进,通常情况下“乡巴佬”被赋予一种淳朴而幽默的新含义。以“乡巴佬”为商标和商号的商品及服务已经在市场出现,并获得消费者的认同,从市场的实际使用看,人们对“乡巴佬”商标并无不良反映。

(七)商标法第十条第二款“地名”

1.【最高院“哈尔滨小麦王”案】由地名与其他要素组合而成的商标,其地名要素如经过使用取得较高知名度,能够识别商品来源,则该商标整体上具有区别于地名的其他含义,并能正确识别该种商品来源,属于商标法第十条第二款“地名具有其他含义”〔百威哈尔滨啤酒有限公司与国家知识产权局商标申请驳回复审行政纠纷再审案,最高人民法院行政判决书(2020)最高法行再370号,列入最高人民法院公布的2020年中国法院50件典型知识产权案例〕。

2.【最高院“南昌啤酒”案】商标包含县级以上行政区划地名、英文及图案等其他要素,但最显著部分是地名,不足以改变相关公众将其所包含行政区划作为地名予以识别的客观事实〔百威雪津(南昌)啤酒有限公司与国家知识产权局商标申请驳回复审行政纠纷再审申请案,最高人民法院行政裁定书(2020)最高法行申5075号〕。

“南昌”系江西省省会城市名称,属于前述法律规定的县级以上行政区划地名。诉争商标由中文“南昌啤酒”、英文“NanchangBeer”及图构成,商标最为显著识别部分为中文“南昌”,与江西省省会城市名称“南昌”完全一致。诉争商标标识中虽还包含有英文词汇及图案等其他要素,但并不足以改变相关公众将其所包含"南昌"二字作为地名予以识别的客观事实。①

3.【最高院"FLORIDA"案】标志整体上是否具有区别于地名的含义，可以从其本身是否具有了区别于地名的含义或者从其对相关公众来说是否具有了区别于地名的含义进行判断〔NHL企业有限公司与国家知识产权局商标申请驳回复审行政纠纷再审申请案，最高人民法院行政裁定书(2020)最高法行申1917号〕。

《最高人民法院关于审理商标授权确权行政案件若干问题的规定》第六条规定："商标标志由县级以上行政区划的地名或者公众知晓的外国地名和其他要素组成，如果整体上具有区别于地名的含义，人民法院应当认定其不属于商标法第十条第二款所指情形。"商标标志整体上是否具有区别于地名的含义，可以从其本身是否具有了区别于地名的含义或者从其对相关公众来说是否具有了区别于地名的含义进行判断。诉争商标由字母组合"FLORIDA"和图形部分构成，其中字母组合"FLORIDA"译为"佛罗里达"，为美国东南部的地名，属于公众知晓的外国地名，且构成了诉争商标的显著识别部分，诉争商标中的图形并未改变诉争商标关于"FLORIDA"的地名含义。

4.【北京高院"大同弹簧"案】商标所含地名的其他含义强于地名含义，可作为商标注册和使用〔无锡市新大同弹簧有限公司等与国家知识产权局商标权无效宣告请求行政纠纷上诉案，北京市高级人民法院行政判决书(2020)京行终7280号〕。

诉争商标为"大同弹簧"，弹簧为商品名称，显著性较弱。"大同"为其显著识别部分，"大同"虽具有大同市的地名含义，但也具有"中国古代思想，人类最终可达到的理想社会，代表着人类对未来社会的美好憧憬"含义，为我国传统思想，同时也具有"基本相同，在大的方面一致"含义，为日常生活中

① 类似案例参见湖南友谊阿波罗商业股份有限公司与国家知识产权局商标申请驳回复审行政纠纷再审申请案，最高人民法院行政裁定书(2019)最高法行申2779号(对商标标志整体含义的认知，应当根据我国相关公众的一般认知水平和认知习惯进行判断，并考虑该地名的固有含义的强弱。若商标标志虽含有其他组成要素，但整体上仍然不能形成有别于行政区划的地名的含义，构成商标法第十条第二款所规定情形。本案中，诉争商标"长沙友谊商店"虽然包含有城市"长沙"的名称，但商标整体上并不属于地名，且"长沙友谊商店"整体上具有区别于"长沙"地名的含义)。

所常用,后两种含义均强于大同市地名的含义。诉争商标的注册未违反商标法第十条第二款的规定。

5.【北京高院"熊本豚骨"案】公众知晓的外国地名即便经使用具有指示商品来源的作用,仍禁止作为商标使用〔西盖米食品(上海)有限公司与国家知识产权局商标申请驳回复审行政纠纷上诉案,北京市高级人民法院行政判决书(2020)京行终5458号〕。

诉争商标由汉字"熊本豚骨"构成,其中"熊本"系日本熊本县的地名,属于公众知晓的外国地名。诉争商标整体未形成明显区别于地名的其他含义,难以起到区分商品来源的作用,故诉争商标的申请注册违反了商标法第十条第二款的规定……"公众知晓的外国地名,不得作为商标"使用和注册,是商标法长期以来坚持的基本要求。在商标法已有此种明确而稳定规定的情形下,商标注册申请人在申请注册商标时,应当按照商标法的基本要求,合理避让中国公众知晓的外国地名,以避免相关公众误认或攫取不正当的市场竞争优势。当事人有关诉争商标经过使用具有指示商品来源的作用,整体上不会使相关公众识别为地名的主张不能成立。

6.【北京高院"PARIS BAGUETTE"案】带地名的标志还包括中国公众不易识别的外文和图形要素,标志整体上可因此而具有区别于地名的含义;相关公众基于指定商品口感、风味、保质期短等特点能够排除标志所含地名是指示商品产地〔株式会社巴黎克鲁瓦桑等与北京芭黎贝甜企业管理有限公司商标权无效宣告请求行政纠纷上诉案,北京市高级人民法院行政判决书(2020)京行终4838号〕。

(1)判断地名或含有地名的商标能否获准、维持注册,要看该商标是否具有强于地名的第二含义或者整体上具有区别于地名的含义,亦即该商标是否具有获准或维持注册应有的显著特征。

(2)诉争商标是由英文"PARIS""BAGUETTE"及图形构成的图文组合商标。虽然其中"PARIS"是法国著名城市巴黎的名称为公众知晓,但"BAGUETTE"的含意为"法国面包、法式长棍面包",对中国公众而言,不易识别和认读,另有图形要素加入,使得诉争商标整体上具有区别于地名的含义。同时,根据克鲁瓦桑提交的关于诉争商标宣传报道、年度审计报告、销售经营状况、市场调查报告等证据足以证明,诉争商标整体上区别于地名的含义得到了进一步强化。

(3)公众基于对诉争商标核定使用商品的口感、风味、保质期短等特点判断,亦不会将诉争商标中的"PARIS"与核定使用商品的产地建立关联。

7.【北京高院"宝安全"案】商标标志由县级以上行政区划的地名或者公众知晓的外国地名和其他要素组成,如果整体上具有区别于地名的含义,则属于商标法第十条第二款规定的"其他含义"〔北京国通创安报警网络技术有限公司与国家知识产权局商标申请驳回复审行政纠纷上诉案,北京市高级人民法院行政判决书(2020)京行终3240号〕。

8.【北京高院"米兰"案】"地名具有其他含义"是指该词汇不但可以被用来作为该地的名称,还具有明确的其他含义,且这些含义在为公众知晓的程度上强于其原有的地名的含义〔天津市津东房地产投资开发集团有限公司与国家工商行政管理总局商标评审委员会商标申请驳回复审行政纠纷上诉案,北京市高级人民法院行政判决书(2013)高行终字第2352号〕。

商标法第十条第二款所谓"地名所具有其他含义",是指该词汇不但可以被用来作为该地的名称,还具有明确的其他含义,且这些含义在为公众知晓的程度上强于其原有的地名的含义,从而不至于误导公众。在确定地名是否具有其他含义时,应当以我国相关公众的一般认知水平作为标准进行判断,而不能以局限于某区域特定群体的认知水平作为判断的标准。本案申请商标为文字商标,由汉字"米兰"构成,而米兰为意大利著名城市,系公众知晓的外国地名。虽然在植物学上,"米兰"亦系一种观赏植物的名称,然而,天津津东公司提交的证据不足以证明"米兰"在植物学上的含义在我国相关公众的认知中强于其地名含义。

9.【北京高院"新安"案】所谓地名具有其他含义,是指地名作为词汇具有确定含义且该含义强于地名的含义并不会导致对公众的误导。所谓其他含义强于地名含义,是指一般公众在认知该标志时,首先联想到的不是其所表征的地名,而是其他含义。将包含地名的商标申请注册时,如果该商标整体上使社会公众首先联想到的不是该地名,而是其他含义,则可表明该商标的其他含义强于其所包含的地名含义〔方小琴与国家工商行政管理总局商标评审委员会商标异议复审行政纠纷上诉案,北京市高级人民法院行政判决书(2011)高行终字第708号〕。

“新安”是我国河南省的一个县级行政区划名称。但由于浙江新安公司的企业名称为“浙江新安化工集团股份有限公司”,“新安”为其字号,浙江新安公司将其字号注册为商标有其合法依据。在此情况下,一般消费者更容易将被异议商标识别为“新安”企业的“新安”品牌,而非作为行政区划的“新安”县名。因此,被异议商标能够起到商标的标识性作用,具有商标法所要求的县级以上行政区划地名以外的其他含义,依法可以作为商标注册,不会造成消费者的混淆、误认。

10.【北京高院“绛”案】既具有地名含义又具有其他含义的标志不因为具有地名含义就一律禁止其作为商标注册,但通常只有在其非地名含义强于地名含义时才可获得注册〔国家工商行政管理总局商标评审委员会与山西省新绛县绛州澄泥砚研制所商标异议复审行政纠纷上诉案,北京市高级人民法院行政判决书(2011)高行终字第400号〕。

县级以上行政区划的地名含义相对明确和固定,如果允许将其作为商标使用必然会淡化其地名含义,可能导致对地名的不恰当垄断并引起社会公众对其地名含义和商标含义的混淆。对于那些既具有地名含义又具有其他含义的标志,不能因为其具有地名含义就一律禁止其作为商标注册,但通常只有在其非地名含义强于地名含义时才可以获得注册。

商标申请第3137583号图样

11.【北京知产法院“北京”案】图文组合商标的文字标识是县级以上行政区划的地名,且在2001年之前核准注册,经长期大量使用该文字标识已经产生了区别于县级以上行政区划名称的其他含义,在核定商品上与其注册人形成唯一的对应关系,就该文字标识申请注册商标,不违反商标法第十条第二款规定〔上海烟草集团北京卷烟厂与国家工商行政管理总局商标评审委员会商标申请驳回复审行政纠纷案,北京知识产权法院行政判决书(2017)京73行初9411号〕。

北京卷烟厂第115009号“北京及图”商标自1990年开始多次获得相关

荣誉,1999 年被评为北京市著名商标、北京商业知名品牌,2001 年被评为北京市著名商标,此外在多项荣誉证书上均以“北京”或“北京牌”指代原告商品。据此,从原告在行政程序和诉讼程序提交的证据可以证明,原告第 115009 号“北京及图”商标在烟草产品中享有较高的声誉,鉴于申请商标与第 115009 号商标的文字部分的文字组成和字体完全相同,考虑到“北京”经原告长期大量地在烟草类商品上的使用已经产生了区别于县级以上行政区划名称的其他含义,在烟草商品上与原告形成了唯一的对应关系,故申请商标并未违反商标法第十条第二款的规定。

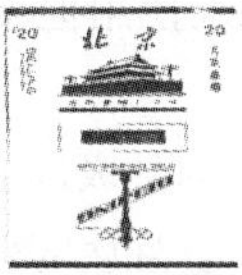

注册商标第 115009 号“北京及图”(左图)与商标申请第 18613634 号“北京”(右图)

12.【北京知产法院“神龙架”案】地名标志带有的其他含义与地理位置有关联,可能使相关公众认为是描述指定商品的产地特性,无法区分商品来源的作用〔江西润田饮料股份有限公司与国家工商行政管理总局商标评审委员会、神农架林区人民政府商标权无效宣告请求行政纠纷案,北京知识产权法院行政判决书(2015)京知行初字第 2515 号〕。

(1)商标法第十条第二款是对地名商标限制注册的特别规定,之所以限制地名商标注册,是因为一般情况下,地名指示了特定的地理区域,若作为商标注册使用,易使相关公众认为系指示的商品的产地,而非商品的提供者,不具备商标应当具备的区分商品来源的显著特征,且可能影响同地域其他经营者对地名的合理使用。但该条款同时规定了“地名具有其他含义的除外”,之所以有此例外规定,是因为如果地名含义不唯一,使用地名的商标客观上能够起到区分商品来源的作用,能够发挥商标的基本功能,则可以准予注册。

(2)所谓“其他含义”,应当理解为包括以下两种情形:一种情形是该地名名称本身就有除地名之外的其他为相关公众普遍知悉的固有含义,如“朝阳”“灯塔”“武夷山”“都江堰”。这里“朝阳”和“灯塔”的其他含义与地理位置完全无关,而“武夷山”“都江堰”则是根据著名山脉和水利工程命名的地名,其“其他含义”也与地理位置有一定关联。对于地名的其他含义与地理位置完全无关的名称,因其不具备描述商品产地特性的功能,故一般可以考虑作为商标注册。但对于地名的其他含义与地理位置仍有关联的名称,因其可能使相关公众认为系对商品产地特性的描述,故并非一定可以作为商标注册,而要结合指定使用的商品具体分析。另一种情形是通过使用获得“其他含义”。即地名名称经过实际使用具有较高知名度,已被相关公众广为知晓,相关公众在认知该地名商标时,能首先意识到其指代了特定商品的来源而非地名,或者至少能在意识到其指代地名的同时,意识到其也指代了特定商品的来源。虽然商标法第十条第二款是禁用条款,一般理解不能通过使用获得可注册性,但如果经过长期广泛使用的地名商标客观上已能起到指示特定商品来源的作用,不准许其注册也与商标法的宗旨有所不符。特别是那些在法律禁止地名作为商标使用之前就已经投入使用但未核准注册的地名商标。

(3)诉争商标“神农架”除作为湖北省下辖的县级以上行政区划的地名之外,还是原始森林的名称,即具有“其他含义”。且该“其他含义”甚至强于“神农架”作为县级以上行政区划的地名的含义。但作为原始森林名称的“神农架”依然具备表征特定地理位置的功能,且诉争商标指定使用的“矿泉水、纯净水”等商品的特性与地理位置因素关系密切,故若将“神农架”注册使用在上述商品上,容易使相关公众认为相关商品来源于特定地理区域,甚至具备某种特定品质和功能,故无法发挥商标应当具有的区分不同商品来源的作用。

编者说明

(一)商标法第十条第一款

商标是浓缩的广告宣传,是商业言论的焦点,是表达自由的体现。但凡人类社会之中的个人自由,只要关系他人的利益,就不可能是绝对的。对于商业标志方面的表达自由规制,我国法律主要见于商标法第十条第一款。① 本条对特定标志进行保护,禁止其作为商标使用;同时一般性地禁止破坏公序良俗的商标使用行为。凡禁止作为商标使用的标志,当然不得核准为注册商标;如果用作装潢,也不得享受反不正当竞争法的保护。

商业言论管制应该从严。自由表达之所以受到保护,不只因为个人自由,更重要的原因是,自由表达对社会整体寻求真理和保持活力具有重要作用。这并

① 除此之外,还有《奥林匹克标志保护条例》《世界博览会标志保护条例》《亚洲运动会标志保护办法》等。

不等于说各种各样的表达应该受到同等程度的法律保护。不同于政治言论，其自由关涉社会整体利益，不当限制可产生“寒蝉效应”；商业言论根源于私人逐利动机，即便施加相对严格的限制，也不至于妨碍商业言论的繁盛——充斥当代社会生活各个角落的广告就是明证。商业言论无关乎真理，不涉及人类探索真知，商业言论的社会价值有限，常应服从于更高的社会价值——社会整体秩序和共同体道德。① 所以，国家为维护社会秩序和社会道德，应该具有相当大的权力规制商业言论；而法院也应该有充分的自由裁量权，但应保持适用标准一致。②

（二）商标法第十条第二款

商标法多个条文涉及地名，包括第十条第一款第（七）项、第十条第二款、第十一条、第十六条和第五十九条第一款，限制带有地名的标志核准为注册商标，抑或限制带有地名的注册商标的专用权。【最高院“哈尔滨小麦王”案】指出，这些法律限制的理由在于：一是防止商标权人不正当地垄断公共资源。地名作为指代特定地理区域的一种符号表达形式，如若为个人所独占，势必影响社会公众使用地名的表达自由。二是防止商标权人通过占用地名误导公众。地名还可能直接指代出产特定品质商品的产区，如商标权人提供的产品并非来源于该特定产区，社会公众将可能基于对商品品质、商品来源的错误认识，而产生误认误购的结果。三是维护商标的显著特征。地名对地理区域具有指代作用，如果商标标志从整体上即可无歧义地指向地名，显然不能发挥识别商品和服务来源的作用，除非符合法律另有规定的情形，否则不应作为商标核准注册。

商标法第十条第二款所称“不得作为商标”应作何种解释，是同于第十条第一款“不得作为商标使用”（即禁止注册并禁止使用）还是同于第十一条第一款“不得作为商标注册”？同时，该款规定之“其他含义”与第十一条第二款所称“获得显著特征”（学理称为“第二含义”）是否具备相同的规范含义？商标法第

① See, e. g., Chaplinsky v. New Hampshire, 315 U. S. 568, 315 U. S. 572 (1942); Bose Corp. v. Consumers Union - 466 U. S. 485 (1984).

② 比如，法院当前对商标法第十条第一款第（二）项的适用并不一致。请对比：慈溪市耀锦国际贸易有限公司与佳具·皮瑞印·库马尔等商标权无效宣告请求行政纠再审申请案［最高人民法院行政裁定书（2019）最高法行申3334号］和耐克国际有限公司与国家工商行政管理总局商标评审委员会商标申请驳回复审行政纠纷再审申请案［最高人民法院行政裁定书（2015）知行字第80号］；埃·雷米马丹公司等与国家知识产权局商标权无效宣告请求行政纠纷上诉案［北京市高级人民法院行政判决书（2019）京行终8604号］和威戈有限公司等与国家工商行政管理总局商标评审委员会商标不予注册行政纠纷上诉案［北京市高级人民法院行政判决书（2018）京行终6006号］。

十条第二款规定所称"不得作为商标"理应解释为与本条第一款"不得作为商标使用"具有相同的规范含义,而不应理解为第十一条第一款规定"不得作为商标注册"。地名标志描述商品特征时,不具有显著特征,依照商标法第十一条第一款本身就不得作为商标注册,依照该条第二款经使用而取得显著特征就可以核准注册。如果将"其他含义"解释为经使用获得显著特征性质的"第二含义",则第十条第二款等于重复第十一条的规定,没有独立的规范含义。【北京高院"绛"案】指出,将包含地名的"商标申请注册时",如果该商标整体上使社会公众首先联想到的不是该地名,而是"其他含义",则可表明该商标的其他含义强于其所包含的地名含义。这表明,"其他含义"就是指非地理名称的含义,并非经使用取得之含义。此外,【北京高院"熊本豚骨"案】指出,公众知晓的外国地名即便经使用具有指示商品来源的作用,仍禁止作为商标使用。这一判决意见与【最高院"VONDUTCH"案】对外国国家名称的意见一致。同时,商标法第五十二条明确规定,"未注册商标违反本法第十条规定",地方工商行政管理部门予以制止并予以行政处罚,并没有区分第十条第一款和第二款。这些分析表明,商标法第十条第二款的法律性质与同条第一款都是为维护公共秩序,不同于第十一条。

"县级以上行政区划的地名或者公众知晓的外国地名"具有强于地名含义的"其他含义"可以核准为注册商标,这包括两种情况。第一种情况,此种地名名称本身就有地名之外的其他为相关公众普遍知悉的固有含义。"相关公众普遍知悉的固有含义"与地理位置可能完全没有关系,不会使得相关公众以为其描述商品的产地特性,通常可以核准为注册商标,比如【北京高院"大同弹簧"案】中的"大同"和【北京高院"新安"案】中的"新安"。反之,如果此种地名标识尽管具有"其他含义"但不为相关公众普遍知悉,因"其他含义"弱于地名含义就不得作为商标,比如【北京高院"米兰"案】中的"米兰"。地名含义与其他含义的强弱对比关系往往与标志所用的商品相关。比如,【北京高院"绛"案】中的"绛及图"图文组合商标,"绛"为该商标的显著识别部分,其指定使用的商品为印章(印)、砚(墨水池)等,考虑到绛县为我国四大名砚之一"澄泥砚"的产地,相关公众在上述指定商品上一般会将被异议商标中的"绛"理解为"绛县",故而"绛"用于砚台,地名含义就强于"其他含义",①不应予以注册。此外,"县级以上行政区划的地名或者公众知晓的外国地名"虽然具有"相关公众普遍知悉的固有含义",但该含义也与地理位置有关联,并可能使相关公众认为系对特定商品产地特性的描述,则该地名因为不具有显著特征而违反商标法第十一条,故而在相应的商品

① 参见北京市第一中级人民法院行政判决书(2010)一中知行初字第2206号。

或服务上不应核准为注册商标。【北京知产法院"神龙架"案】即指出，地名标志带有的其他含义与地理位置有关联，可能使相关公众认为是描述指定商品的产地特性，无法区分商品来源的作用，不应予以核准注册。

第二种情况，地名名称与其他构成要素组合使用，该标志整体上因此而具有区别于地名的含义。《最高人民法院关于审理商标授权确权行政案件若干问题的规定》第六条规定，商标标志由县级以上行政区划的地名或者公众知晓的外国地名和其他要素组成，如果整体上具有区别于地名的含义，人民法院应当认定其不属于商标法第十条第二款所指情形。【北京高院"宝安全"案】指出，申请商标是由汉字"宝安全"构成的文字商标，其中首部二字"宝安"为深圳市下辖区，属于我国县级以上行政区划名称，尾部二字"安全"亦为固有词汇，结合申请商标指定使用的"报警器、电子防盗装置"等商品，相关公众更易识别出申请商标中的固有词汇"安全"，申请商标整体上形成了区别于地名的含义。

最后，应当注意的是，商标法第十条第二款设有例外，即"已经注册的使用地名的商标继续有效"。为此，【北京知产法院"北京"案】中，因"北京及图"商标核准注册于 2001 年之前，北京知识产权法院认为"北京"经使用而取得显著特征，在现行商标法之下可以核准注册到指定商品"香烟"之上。又如，【最高院"哈尔滨小麦王"案】提到，"诉争商标已经通过增加其他构成要素等方式，保持了与地名之间的必要距离。相关公众在看到诉争商标时，不再因此而产生地理位置上的联想，也不会影响其他社会公众使用地名的表达自由，进而避免了诉争商标申请人借助商标申请和注册行为不正当地挤占公共资源的可能性"。

第十一条 【缺乏显著特征的标志】下列标志不得作为商标注册：

(一)仅有本商品的通用名称、图形、型号的；

(二)仅直接表示商品的质量、主要原料、功能、用途、重量、数量及其他特点的；

(三)其他缺乏显著特征的。

前款所列标志经过使用取得显著特征，并便于识别的，可以作为商标注册。

【立法·要点注释】

1. 仅有本商品的通用名称、图形、型号的标志。所谓通用名称、图形、型号，是指国家标准、行业标准规定的或者约定俗成的名称、图形、型号，其中名称包括全称、简称、缩写、俗称。例如，"高丽白"是一种人参的通用名称，苹果图形是苹果的通用图形，"XXL"是服装的通用型号，用它们分别作为某种人参、水果、服装的商标注册，该商标就缺乏显著性，消费者无法通过该商标将不同生产经营者的商品区别开来。

2. 仅直接表示商品的质量、主要原料、功能、用途、重量、数量及其他特点的标志。所谓直接表示，是指商标仅由对指定使用商品的质量、主要原料、功能、用途、重量、数量及其他特点具有直接说明性和描述性的标志构成。其他特点包括特定消费对象、价格、内容、风格、风味、使用方式和方法、生产工艺、生产地点、时间及年份、形态、有效期限、保质期或者服务时间、销售场所或者地域范围、技术特点等。例如，"纯净"仅直接表示食用油的质量，"彩棉"仅直接表示某种服装的主要原料，"安全"仅直接表示漏电保护器的功能、用途，"50 支"仅直接表示香烟的数量，"医生"仅直接表示医疗手术用手套的特定消费对象，"5 元"仅直接表示音像的价格，"名师说课"仅直接表示计算机软件的内容，"中式"仅直接表示家具的风格，"果味夹心"仅直接表示饼干的风味，"冲泡"仅直接表示方便面的食用方式、方法，"湘绣"仅直接表示服装的生产工艺，"AMERICAN NATIVE"仅直接表示香烟的生产地点，"SOLID"仅直接表示工业用胶的形态，"24 小时"仅直接表示银行的服务时间，"酒轩"仅直接表示白酒的销售场所，"蓝牙"仅直接表示电话机的技术特点，用它们分别作为上述商品的商标注册，该商标就缺乏显著性，消费者无法通过该商标将不同生产经营者的商品区别开来。同时，如果将仅直接表示商品的质量、主要原料、功能、用途、重量、数量及其他特点的标志作为商标注册，会产生商标注册人的独占使用，这对其他生产同类商品的生产经营者是不公平的。因此，本条不允许将仅直接表示商品的质量、主要原料、功能、用途、重量、数量及其他特点的标志作为商标注册。

3. 其他缺乏显著特征的标志。所谓其他缺乏显著特征的标志，是指除上述两个方面的标志以外，依照社会通常观念其本身或者作为商标使用在指定使用商品上不具备表示商品来源作用的标志，包括过于简单的线条、普通几何图形，过于复杂的文字、图形、数字、字母或上述要素的组合，一个或者两个普通表现形式的字母，普通形式的阿拉伯数字，指定使用商品的常用包装、容器或者装饰性图案，单一颜色，非独创的表示商品或者服务特点的短语或者句子，本行业或者相关行业常用的贸易场所名称、商贸用语或者标志，企业的组织形式、本行业名称或者简称等。

4. 在判定是否为经过使用取得显著特征的标志时，应当综合考虑相关公众对该标志的认知情况；该标志在指定商品或者服务上实际使用的时间、使用方式及同行业使用情况；使用该标志的商品或者服务的生产、销售、广告宣传情况及使用该标志的商品或者服务本身的特点等因素。

【司法解释】

1.《最高人民法院关于审理商标授权确权行政案件若干问题的规定》（法释〔2017〕2号，20170301；经法释〔2020〕19号修正，20210101）

第七条　人民法院审查诉争商标是否具有显著特征，应当根据商标所指定使用商品的相关公众的通常认识，判断该商标整体上是否具有显著特征。商标标志中含有描述性要素，但不影响其整体具有显著特征的；或者描述性标志以独特方式加以表现，相关公众能够以其识别商品来源的，应当认定其具有显著特征。

第八条　诉争商标为外文标志时，人民法院应当根据中国境内相关公众的通常认识，对该外文商标是否具有显著特征进行审查判断。标志中外文的固有含义可能影响其在指定使用商品上的显著特征，但相关公众对该固有含义的认知程度较低，能够以该标志识别商品来源的，可以认定其具有显著特征。

第九条 仅以商品自身形状或者自身形状的一部分作为三维标志申请注册商标,相关公众一般情况下不易将其识别为指示商品来源标志的,该三维标志不具有作为商标的显著特征。

该形状系申请人所独创或者最早使用并不能当然导致其具有作为商标的显著特征。

第一款所称标志经过长期或者广泛使用,相关公众能够通过该标志识别商品来源的,可以认定该标志具有显著特征。

第十条 诉争商标属于法定的商品名称或者约定俗成的商品名称的,人民法院应当认定其属于商标法第十一条第一款第(一)项所指的通用名称。依据法律规定或者国家标准、行业标准属于商品通用名称的,应当认定为通用名称。相关公众普遍认为某一名称能够指代一类商品的,应当认定为约定俗成的通用名称。被专业工具书、辞典等列为商品名称的,可以作为认定约定俗成的通用名称的参考。

约定俗成的通用名称一般以全国范围内相关公众的通常认识为判断标准。对于由于历史传统、风土人情、地理环境等原因形成的相关市场固定的商品,在该相关市场内通用的称谓,人民法院可以认定为通用名称。

诉争商标申请人明知或者应知其申请注册的商标为部分区域内约定俗成的商品名称的,人民法院可以视其申请注册的商标为通用名称。

人民法院审查判断诉争商标是否属于通用名称,一般以商标申请日时的事实状态为准。核准注册时事实状态发生变化的,以核准注册时的事实状态判断其是否属于通用名称。

第十一条 商标标志只是或者主要是描述、说明所使用商品的质量、主要原料、功能、用途、重量、数量、产地等的,人民法院应当认定其属于商标法第十一条第一款第(二)项规定的情形。商标标志或者其构成要素暗示商品的特点,但不影响其识别商品来源功能的,不属于该项所规定的情形。

【注释】①

商标法对立体商标的显著性问题并未作特殊规定,但由于立体商标是比较新的一种商标类型,尤其在以商品自身的形状或者形状的一部分或者商品

---

① 参见宋晓明、王闯、夏君丽、董晓敏:《〈关于审理商标授权确权行政案件若干问题的规定〉的理解与适用》,载《人民司法·应用》2017年第10期。

的包装来申请注册商标的情况下,对该三维标志是否具有显著特征的判断容易引起争议。商品形状具有独特性或者独创性与作为商标所需的显著性之间并非必然等同的关系。商标所需的显著性,是指相关公众能够将该标志理解为指向某个特定的来源,产品通用形状或者常见形状当然不具有上述功能,但即使产品形状具有某种程度的独创性,也不必然意味着相关公众可以将其视为指示来源的标记。目前,实践中对于此类立体商标申请,不能仅仅以其与商品通用形状有区别即认定其具有商标注册所需的显著特征,而要求其通过使用、使相关公众能够将其作为来源标记予以识别才认为具有显著特征。本解释第九条基本采用了这种观点,并强调了之所以认为其一般情况下不具有固有显著性,是因为相关公众一般情况下不易将其识别为指示商品来源的标志。实践中商标申请人经常会以该形状为其独创或者最早使用作为其具有显著性的理由,该条第二款明确,该因素并不当然导致其申请标志具有显著特征,仍应当以第一款规定的相关公众能否将其识别为来源标志为判断标准。第三款对于通过使用获得显著特征的标准作了规定。在征求意见稿中对此条设置了两种意见,虽然亦有观点认为不应一概排除商品形状作为立体商标的固有显著性,但综合考虑已有的司法实践以及相关行业中使用立体商标的现状和我国相关公众对立体商标的认识水平等因素,最后采纳了目前的规定。征求意见中亦有建议对商品包装的固有显著性问题在本条一并进行规定,鉴于商品包装与商品形状本身毕竟不同,且关于商品包装是否具有固有显著性的争议较之商品形状问题的争议更大,本解释没有将该问题纳入。

2.《最高人民法院关于审理涉及驰名商标保护的民事纠纷案件应用法律若干问题的解释》(法释〔2009〕3号,20090501;经法释〔2020〕19号修正,20210101)

第十二条　当事人请求保护的未注册驰名商标,属于商标法第十条、第十一条、第十二条规定不得作为商标使用或者注册情形的,人民法院不予支持。

3.《最高人民法院关于审理商标案件有关管辖和法律适用范围问题的解释》(法释〔2002〕1号,20020121;经法释〔2020〕19号修正,20210101)

第五条　除本解释另行规定外,对商标法修改决定施行前发生,属于修改后商标法第四条、第五条、第八条、第九条第一款、第十条第一款第（二）、（三）、（四）项、第十条第二款、第十一条、第十二条、第十三条、第十五条、第十六条、第二十四条、第三十五条、第三十一条所列举的情形，国家知识产权局于商标法修改决定施行后作出复审决定或者裁定，当事人不服向人民法院起诉的行政案件，适用修改后商标法的相应规定进行审查；属于其他情形的，适用修改前商标法的相应规定进行审查。

【部门参考文件】

1.《商标审查审理指南》（国家知识产权局公告第 462 号，20220101；下编）

第四章　商标显著特征的审查审理

2 释义

《商标法》第十一条是对商标禁止注册的规定，缺乏显著特征的标志不可作为商标注册，但并非绝对禁止，而是相对禁止，经过使用取得显著特征的可以作为商标注册。

商标的显著特征，即商标的显著性，是商标标志获得商标注册的重要要件。商标的显著特征是指商标应当具备的足以使相关公众区分商品或者服务来源的特征，具体来讲，是指商标能够使消费者识别、记忆，可以发挥指示商品或者服务来源的功能与作用。商标的显著性可以通过两种方式取得：固有显著性和通过使用获得显著性。固有显著性是商标本身具有的，通过使用获得显著性则是商标本身通过不断地实际使用获得的。

判断商标是否具有显著特征，除了要考虑商标标志本身的含义、呼叫和外观构成，还要结合商标指定的商品或者服务、商标指定商品或者服务的相关公众的认知习惯、商标指定商品或者服务所属行业的实际使用情况等，进行具体的、综合的、整体的判断。

2.1 仅有本商品的通用名称、图形、型号的

“本商品”是指商标注册申请指定的具体商品或者服务。

“通用名称、图形、型号”是指国家标准、行业标准规定的或者约定俗成的名称、图形、型号，其中包括全称、简称、缩写、俗称，经注册登记的植物新品种也为通用名称。认定是否属于本商品或者服务的通用名称、图形、型号有两个途径，一是依照法律规定或者国家标准、行业标准；二是看在相关公众的认知中是否已约定俗成或已普遍使用。一般以全国范围内相关公众的通常

认识为判断标准。对于由于历史传统、风土人情、地理环境等原因形成的相关市场较为固定的商品或者服务，在该相关市场内通用的称谓、图形、型号，也可以认定为通用名称、图形、型号。

“仅”是指申请注册的商标中除本商品或者服务的通用名称、图形、型号以外并无其他构成要素。

商品或者服务的通用名称、图形、型号因其在行业内或公众中被广泛使用，显然不具有区别不同生产者和经营者的商品或者服务的功能，不具备显著特征。而且，此类标志应由本行业的生产者或经营者在其生产或经营活动中共同使用，而不应由某个生产者或经营者独占使用，允许此类标志作为商标注册，容易引起争议，从而扰乱公平竞争的市场秩序，故应予禁止注册。

需要注意的是，本项强调“仅有本商品的通用名称、图形、型号”的标志不得作为商标注册，如果标志的设计不是“仅有本商品的通用名称、图形、型号”，而是与其他具有显著特征的要素组合在一起，则不能直接认定该标志缺乏显著性，其整体是否具备显著特征需综合判断。

2.2 仅直接表示商品的质量、主要原料、功能、用途、重量、数量及其他特点的

“仅直接表示”是指申请商标仅由对指定商品或者服务的质量、主要原料、功能、用途、重量、数量及其他特点，具有直接说明性和描述性的标志构成，或者商标虽然包含其他构成要素，但整体上仅直接表示。

判断“仅直接表示”必须结合商标指定的商品或者服务、相关公众的认知习惯等因素，不能机械地以其包含直接说明性和描述性要素进行认定，商标整体上是对指定的商品或者服务特点的描述的，才会被禁止注册。

“质量”是指商品或者服务的优劣程度，如“一流”“顶级”“优秀”等。

“主要原料”是指商品的主要成分或主要的经加工、半加工的材料，如“西柚”（指定商品：果汁饮料）、“羊毛”（指定商品：地毯）。

“功能”“用途”是指商品或者服务所发挥的作用等，如“载重”（指定商品：汽车），“清洁”（指定服务：家政服务），“物流”（指定服务：运输）。

“重量”是指商品或者服务的轻重，一般以重量单位来表示，如“克拉”（指定商品：珠宝），“三十吨”（指定服务：运输服务）。

“数量”表示商品或者服务的多少，如“2 副”（指定商品：扑克牌），“两顿”（指定服务：餐馆、饭店）。

“其他特点”是指对商品或者服务的价格、尺码、风味、使用方法、内容、

生产工艺、技术特点、销售场所等的说明或描述。如"9 元 9"（指定商品：家用或厨房用容器）、"麻辣"（指定服务：餐饮）、"超肥大"（指定商品：衣服）、"机绣"（指定商品：服装）。

直接表示商品或者服务的质量、主要原料、功能、用途、重量、数量及其他特点的标志通常无法将商品或者服务来源区别开来，故缺乏商标显著特征。而且，此类标志系有关行业的生产者和经营者经常用来描述其商品或者服务，应由本行业公用，不宜被某一家独占使用，允许此类标志作为商标注册，容易引起争议，从而扰乱公平竞争的市场秩序，故应予禁止注册。

如果一件标志的设计不是仅含上述"仅直接表示商品的质量、主要原料、功能、用途、重量、数量及其他特点的"部分，而是与其他具有显著特征的要素组合在一起，则不能直接认定该标志缺乏显著性，其整体是否具备显著特征需综合判断。

2.3 其他缺乏显著特征的

其他缺乏显著特征的标志，是指前述两项规定以外的、依照社会通常观念，作为商标使用在指定商品或者服务上不具备商标的显著特征的标志。

常见类型主要包括以下几种：

（1）商标过于简单或者过于复杂的。如过于简单的线条、普通几何图形、一个或两个普通表现形式的字母，或者过于复杂的文字、图形、数字、字母或上述要素的组合等。

（2）表示商品或者服务特点的短语或者句子，或者普通广告宣传用语。此类句子或短语，相关消费者通常不会将其视为指示商品或者服务来源的标志，不具备商标的显著特征。

（3）日常商贸场所、用语或标志。这些商业贸易常用的场所、语言或标志，缺乏显著特征。

（4）企业的组织形式、行业名称或简称。这些被有关行业的生产者或经营者用来呼叫其行业或描述其行业的组织形式，为行业公用，不具备商标的显著特征。

（5）仅有申请人（自然人除外）名称全称的。一般来说，申请人（自然人除外）名称全称缺乏商标的显著特征，消费者通常不会将其识别为商标。

（6）常用祝颂语和日常用语、网络流行词汇及表情包、常用标志符号、节日名称、格言警句等。这些在日常生活中经常被大众使用，消费者通常不会将其视为指示商品或者服务来源的标志，不具备商标的显著特征。

随着市场经济的发展和网络的日益发达,商标的表现形式多种多样,难以穷尽所有类型,是否具备显著性还需结合经济社会发展、大众相关认知等各个方面综合研判。

2.4 经过使用取得显著特征的

前款所列标志经过使用取得显著特征,并便于识别的,可以作为商标注册。

如《商标法》第十一条第一款所指的标志经使用已成为相关公众识别该使用人提供的商品或者服务的标志的,应当依据《商标法》第十一条第二款的规定,判定其可以作为商标注册。

依照《商标法》第十一条第二款的规定,判定某个标志是否经过使用取得显著特征,应当综合考虑下列因素:

(1)相关公众对该标志的认知情况;

(2)该标志在指定商品或者服务上实际使用的时间、使用方式、同行业使用情况;

(3)使用该标志的商品或者服务的销售量、营业额及市场占有率;

(4)使用该标志的商品或者服务的广告宣传情况及覆盖范围;

(5)使该标志取得显著特征的其他因素。

判断某个标志是否属于经使用取得显著特征的标志,应以相关公众的认知为准。如当事人主张该标志经使用取得显著特征,应当提交相应的证据材料加以证明。用以证明该标志使用情况的证据材料,应当能够显示所使用的商标标志、商品或者服务、使用日期及该标志的使用人。该标志的使用包括商标注册申请人及商标被许可使用人的使用。

申请注册经使用取得显著特征的标志,应当与实际使用的标志基本一致,不得改变该标志的显著特征;且应当限定在实际使用的商品或者服务上。如在该标志与其他标志共同使用的情况下,应将该标志与其他标志的显著特征加以区别,对该标志本身是否经使用具有显著特征作出判断。

判定某个标志是否属于经使用取得显著特征,驳回复审案件、不予注册复审案件应当以审理时的事实状态为准;无效宣告案件原则上以系争商标申请注册时的事实状态为准,以审理时的事实状态作为参考。

本部分解释说明的内容以普通商标的显著性审查为主,立体商标、声音商标、颜色组合商标的显著性审查另有说明。

3 具体适用:缺乏显著特征的

3.1 仅有本商品的通用名称、图形、型号的

3.1.1 仅有指定商品或者服务的通用名称的

例如:

红富士

指定商品:新鲜水果
("红富士"是苹果的一种品种名称,属于通用名称)

MULLER

指定商品:磨具(手工具)
("MULLER"可翻译为研磨机,研磨机是一种磨床,属于指定商品磨具的通用名称)

拍卖

指定服务:拍卖
("拍卖"是指定服务的通用名称)

3.1.2 仅有指定商品或者服务的通用图形的

例如:

指定商品:新鲜水果
(该"苹果图形"是指定商品苹果的通用图形)

指定商品:鞋底
(该"鞋底图形"是指定商品鞋底的通用图形)

指定服务:理发
(该图形常用在理发店的门口,已成为指定服务"理发"的通用图形)

3.1.3 仅有指定商品或者服务的通用型号的

例如:

502
伍零贰

指定商品:工业用粘合剂
("502"是指定商品工业用粘合剂的通用型号)

XXL

指定商品:服装
("XXL"是指定商品服装的通用型号)

ZKT

指定商品:空调机
(“ZK”为组合式空调机级代号,“T”为通用机组代号,
用在指定商品空调机上缺乏商标的显著特征)

3.2 仅直接表示商品的质量、主要原料、功能、用途、重量、数量及其他特点的

3.2.1 仅直接表示指定商品或者服务的质量的

例如:

纯净
Chunjing

指定商品:食用油
(“纯净”仅直接表示指定商品食用油的质量)

超一流

指定服务:饭店
(“超一流”仅直接表示指定服务饭店的质量)

但未仅直接表示指定商品或者服务质量的除外,例如:

纯净山谷

指定商品:食用油
(“纯净”仅直接表示指定商品食用油的质量,但与有显著特征的“山谷”相结合,
整体具备商标的显著特征)

3.2.2 仅直接表示指定商品的主要原料的

例如:

彩棉

指定商品:服装

龙眼

指定商品:糖果

田七

指定商品:人用药

但非仅直接表示指定商品的原料的除外,例如:

桔子红了

指定商品:水果罐头、果酱

3.2.3 仅直接表示指定商品或者服务的功能、用途的

例如:

重载王
指定商品:车辆轮胎

SAFETY
指定商品:漏电保护器

溶栓清脂
指定商品:医药制剂

脑基因
指定商品:医用营养饮料

出行管家
指定商品:可下载的手机软件

快快减脂
指定服务:健身指导课程

3.2.4 仅直接表示指定商品或者服务的重量、数量的

例如:

50kg
指定商品:米

50支
指定商品:香烟

四菜一汤
指定服务:饭店

3.2.5 仅直接表示指定商品或者服务的其他特点的

(1)仅直接表示指定商品或者服务特定消费/使用对象或提供者的。

例如:

女过四十
指定商品:医用营养品

醫生
指定商品:医疗手术用手套

法律达人
指定服务:诉讼服务

月嫂
指定服务:临时照看婴孩

(2)仅直接表示指定商品或者服务的价格的。

例如:

百元店
指定服务:替他人推销

九块九
指定商品/服务:肥料、替他人推销

(3)仅直接表示指定商品或者服务内容的。

例如:

名师说课

指定商品：光盘、计算机软件（已录制）

三国演义onweb

指定商品：连环漫画书

俄罗斯方块

指定商品：视频游戏的图像及声音软件

大闹天宫
THE MONKEY KING: UPROAR IN HEAVEN

指定商品：动画片

名车快修

指定服务：汽车保养和修理

炭烤鱼

指定服务：餐馆

（4）仅直接表示指定商品或者服务风格或者风味的。

例如：

中式

指定商品：家具

果味夹心

指定商品：饼干

泰式

指定服务：按摩

杭帮菜

指定服务：饭店

（5）仅直接表示指定商品或者服务的使用方式、方法的。

例如：

冲泡

指定商品：方便面

自助

指定服务：教育、书籍出版

（6）仅直接表示指定商品或者服务的生产工艺的。

例如：

二锅头

指定商品：酒

（"二锅头"是原材料在经过第二锅烧制时的"锅头"酒，是一种生产工艺，用在商标上仅直接表示指定商品酒的生产工艺）

蜡染

指定商品：布

（"蜡染"是中国古代的一种印花技艺，用在商标上仅直接表示指定商品布的生产工艺）

(7)仅直接表示指定商品或者服务生产地点、时间、年份等特点的。

例如：

990418

指定商品：烧酒

5.5度

指定商品：开胃酒

藏地特产

指定服务：替他人推销

(8)仅直接表示指定商品的形态的。

例如：

SOLID

指定商品：硅酸盐、工业用胶

（译为“固体的”）

果晶

指定商品：无酒精果汁饮料

（“果晶”为固体饮料的一种形式）

(9)仅直接表示指定商品或者服务的有效期限、保质期或者服务时间的。

例如：

全天

指定服务：无线电广播、有线电视播放

24小时

指定服务：银行

(10)仅直接表示商品或者服务经营场所、商品销售场所或者地域范围的。

例如：

酒轩

指定商品：白酒

露天

指定服务：电影放映

大食堂

DASHITANG

指定服务：餐馆

(11)仅直接表示商品或者服务的技术特点、商业模式的。

例如：

蓝牙

指定商品：电话机

共晶

指定商品:普通金属合金
(共晶技术应用于冶金、热处理工业。一种液相在一定温度下同时结晶出两种不同成分和不同晶体结构,"共晶"仅表示指定商品的技术特点)

3D 美容

指定服务:美容院等
("3D 美容"仅表示指定服务美容院的技术特点)

近场通讯

指定服务:信息传送
("近场通讯"指近距离无线通讯技术,仅表示指定服务信息传送的技术特点)

零售网

指定服务:替他人推销等
(零售是服务的一种方式,该商标仅指指定服务替他人推销的服务方式)

P2P租车

指定服务:汽车出租
("P2P"可理解为"个人对个人",是一种新型经营模式,"P2P 租车"可指个人与个人间的租车行为。"P2P 租车"用在汽车出租等服务上直接表示服务的内容、模式等特点)

云计算

指定服务:技术研究
("云计算"是分布式计算的一种,指的是通过网络"云"将巨大的数据计算处理程序分解成无数个小程序,然后通过多部服务器组成的系统进行处理和分析程序得到结果并返回给用户。"云计算"使用在指定服务上,仅直接表示技术研究的模式方法)

商标使用在指定商品或者服务上,可能直接表示指定商品或者服务的质量、主要原料、功能、用途、重量、数量及其他特点,也可能使公众对上述特点产生误认的,应同时适用《商标法》第十条第一款第(七)项的规定。

3.3 其他缺乏显著特征的

其他缺乏显著特征的标志,是指《商标法》第十一条第一款第(一)项、第(二)项以外的依照社会通常观念,作为商标使用在指定商品或者服务上不具备表示商品或者服务来源作用的标志。主要包括:

3.3.1 过于简单的线条、普通几何图形

例如:

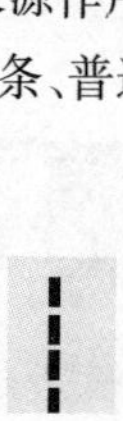

3.3.2 一个或者两个普通表现形式的字母

例如：

A ro JT

但非普通字体或者与其他要素组合而整体具有显著特征的除外。例如：

3.3.3 普通形式的阿拉伯数字

例如：

0051 301 5203

但非普通表现形式或者与其他要素组合而整体具有显著特征的除外。

例如：

3.3.4 过于复杂的文字、图形、数字、字母或上述要素的组合

例如：

3.3.5 商品的外包装

商品的外包装，一般消费者不会将其作为区分商品或者服务来源的商标标志看待，不具备商标的显著特征。例如：

3. 3. 6 指定商品的容器或者装饰性图案

例如：

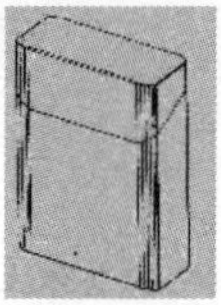

（平面商标）
指定商品：香烟

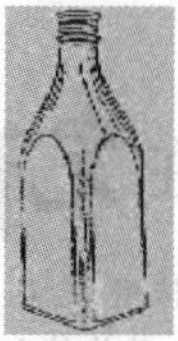

（平面商标）
指定商品：黄酒

（平面商标）
指定商品：盘子

但与其他要素组合而整体具有显著特征的除外。例如：

（平面商标）
指定商品：矿泉水

（平面商标）
指定商品：巧克力块
（每块巧克力上印有 Ritter sports）

（平面商标）
指定商品：玻璃杯（容器）

3. 3. 7 表示商品或者服务特点的短语、句子，或者普通广告宣传用语

此类句子或短语通常会使相关公众仅把其作为对商品或者服务的特点描述，或是普通广告宣传用语看待，用在其指定的商品或者服务上不具备表示商品或者服务来源的作用，缺乏商标应有的显著特征。

值得注意的是，广告用语是否独创并非判断其是否具备显著性的标准。

例如：

一旦拥有，别无所求

（“一旦拥有，别无所求”这句广告语是对使用对象进行引导，无商标的显著特征）

让养殖业充满生机

（“让养殖业充满生机”这句广告语是表示使用商品的效果，无商标的显著特征）

如果普通广告宣传用语与其他显著要素组合，整体仍然缺乏显著性，视为不具备商标的显著特征。

例如：

行走在宽窄之间

（“行走在宽窄之间”是普通广告宣传用语，虽然“宽窄”具有显著性，但整体上相关公众仍然容易将其当做普通广告宣传用语，整体缺乏显著特征）

但与其他要素组合且使得整体具有显著特征的除外。

例如：

世纪行
一旦拥有 全程无忧

（“一旦拥有，全程无忧”是一句普通广告宣传用语，但与“世纪行及图”相结合，使得整体具备显著特征）

（商标文字为“贴心还是千金”，是一普通广告宣传用语，但与图形相结合，整体具备显著特征）

3.3.8 常用贸易场所名称、商贸用语或者标志

例如：

超市

指定服务：替他人推销

酒店

指定服务：旅馆

打折

二维码

（“打折”和“二维码”均是常用的贸易用语，不具备商标的显著特征）

网购

指定商品：电脑软件（录制好的）

Mall

指定服务：替他人推销

但与其他要素组合而整体具有显著特征的除外。

例如：

清漾超市

指定服务：替他人推销

mall 铜锣湾广场

指定服务：替他人推销

卓越网购

指定商品：电脑软件（录制好的）

3.3.9 企业的组织形式、行业名称或者简称

企业的组织形式、行业名称或简称，被有关行业的生产者或经营者用来呼叫其行业或描述其行业的组织形式，为行业公用，且消费者难以将所指定的商品或者服务与其他生产者或经营者的商品或者服务区分开，不具备商标的显著特征。

例如：

Inc　　公司 CO.

（"Inc""CO."可译为"公司"，"公司"仅为企业的组织形式，用作商标不具备显著识别特征）

重工

指定商品：起重运输机械

（"重工"是本行业对重型工业的简称，用作商标不具备显著特征）

但带有其他构成要素而整体具有显著特征的除外，例如：

Xindian 新电公司　　北方重工

3.3.10 仅有申请人（不包括自然人）名称全称的

一般来说，仅有申请人（不包括自然人）名称全称的，不具备商标的显著特征。

例如：

湖北宏业百顺建材有限公司

但带有图形等要素而使整体具有显著特征的除外。

例如：

河南瀚源水务有限公司　　西安利洲装饰工程有限公司

值得注意的是，如果事业单位及其他组织的全称经过长期使用，已经与所指定的商品或者服务产生一一对应关系，不会造成消费者混淆误认，可以识别商品或者服务来源的，则视为具备商标的显著特征。例如：

清華大學　　贵阳市口腔医院

指定服务：学校教育、书籍出版等　　指定服务：医院、医疗护理、教育考核等

3.3.11 仅由电话、地址、门牌号等要素构成

例如：

95557

（此为某公司的公共服务电话）

1 Donghai Road

東海路1號

3.3.12 常用祝颂语和日常用语

常用祝颂语和日常用语是指在平时工作生活中或者节日中，经常使用的词汇或者短语，不具备商标的显著特征。

例如：

HAPPY NEW YEAR　　阖家幸福

恭喜發財

GONGXIFACAI

（“HAPPY NEW YEAR”“阖家幸福”“恭喜发财”属于常用祝颂语）

啥都行　　走好运　　吃嘛嘛香

（“啥都行”“走好运”“吃嘛嘛香”属于日常生活用语，已被公众广泛使用）

3.3.13 网络流行词汇和网络流行表情包

网络流行词汇和流行表情包是指在互联网上比较广泛使用的语言、表情包,成为网民们约定俗成的表达方式,不具备商标的显著特征。

(1)网络流行词汇。

例如:

真香警告

(“真香警告”属于网络流行用语)

蓝 瘦 香 菇

Lanshouxianggu

(“蓝瘦香菇”属于网络流行用语,一般用于表示“难受,想哭”)

(2)网络流行表情包。

3.3.14 常用标志符号

日常生活或工作中常见的标志符号源的标志,不具备商标的显著特征。

例如:

(“禁止向左转弯”的交通标志)

(“小心有电”的标志)

(“可循环使用”的标志)

(“紧急呼救电话”的标志)

3.3.15 节日名称

节日名称是指法定或约定俗成的节日名称。

例如:

春节

泼水节　　　　Valentine's Day

3.3.16 格言警句

格言警句,是指名人名言,或者前人总结的为人处事、修身齐家等的短语或成语或句子等,不具备商标的显著特征。

例如:

仁义礼智信

(“仁义礼智信”出自《孟子·告子上》)

人之初性本善

(“人之初性本善”出自《三字经》)

另外,还有知名的古诗、对联等,亦缺乏商标的显著特征。

例如:

生意通四海,财源达三江

床前明月光

3.4 商标含有不具备显著特征的标志的审查

3.4.1 商标由不具备显著特征的标志和其他要素构成,但相关公众通过其他要素或者商标整体难以识别商品或者服务来源的,仍视为缺乏显著特征

例如:

502

指定商品:工业用粘合剂

纳 NAMI 米

指定商品:纳米服装

滿漢全席

指定服务:饭店

但该其他要素或者商标整体能够起到区分商品或者服务来源作用的除外。

例如:

指定商品：工业用粘合剂

指定商品：金属柜
（“reliable”译为“可靠的”）

指定商品：鞋
（“SHOE”译为“鞋”）

指定商品：矿泉水
（“PURITY”译为“纯净”）

若商标由独立文字部分和独立其他要素组成，文字部分不具备显著特征，则该商标整体应被认定为缺乏显著特征。

例如：

指定商品：纳米服装

指定服务：饭店

指定服务：饭店
（“爆丸烧”是章鱼烧系列小吃中的一种）

如果其他要素具有较强显著特征，商标注册部门认为依据该要素有区分商品或者服务来源可能的，可以发出审查意见书，要求申请人对缺乏显著特征文字部分放弃专用权。申请人未放弃的或者在规定期限内未答复审查意见书的，对其该商标注册申请予以驳回。

3.4.2 商标由不具备显著特征的标志和其他要素构成，其中不具备显著特征的标志如果与其指定商品或者服务的特点相一致，而且依据商业惯例和消费习惯，不会造成相关公众误认的，不适用相关禁用条款，只需对显著部分予以审查

例如：

利郎商务男装

指定商品:服装、鞋

KINKO 坤海橱柜

指定商品:碗柜、办公家具

北大医疗

指定服务:医疗诊所、医院

4 具体适用:经过使用取得显著特征的

本身不具备显著特征的标志经过使用取得商标显著特征,能够起到区分商品或者服务来源作用的,可以作为商标注册。

案例一:"十万个为什么 100000WHYS 及图"商标驳回复审案

(1)商标信息。

十万个为什么 100000WHYS

指定服务:书籍出版、在线电子书籍和杂志的出版等

(2)审理要点。

商标的主要功能是区分商品或者服务的来源,描述商品或者服务特点的标志本身不具备商标应有的显著性,但可以通过使用取得显著特征,从而具备区分商品或者服务来源的功能。本案中,商标注册申请人提交了有关《十万个为什么》书籍的印刷数量统计、获奖资料、宣传报道、审计报告及其他使用证据材料,上述证据能够证明申请商标在指定使用的书籍出版等服务上经申请人使用已为中国相关公众知晓,并取得商标的显著特征,属于《商标法》第十一条第二款所指的可以作为商标注册的标志。

案例二:"fresh ROSE FACE MASK"商标驳回复审案

(1)商标信息。

fresh ROSE FACE MASK

指定商品:化妆品、美容面膜等

(2)审理要点。

本案中,商标注册申请人提交了专柜信息列表、销售发票等使用证据证

明在申请商标申请日前,冠以“fresh”的产品在上海、北京、成都、杭州、武汉、温州、西安、长沙、广州等多个地区进行了销售。该申请人提交的广告发布合同、杂志刊登页面等宣传证据表明申请人对“fresh”品牌产品进行了长期、广泛的宣传。由此可见,申请人通过销售“fresh”品牌产品,对“fresh”品牌进行了大量的使用和宣传,增强了“fresh ROSE FACE MASK”作为商标的显著性,若注册使用在第 3 类“化妆品”等商品上,足以产生识别商品来源的作用,具备商标应有的显著特征,符合《商标法》第十一条第二款“经使用产生显著特征,并便于识别”之情形。

第六章　三维标志商标的审查审理

3. 2 三维标志商标显著特征审查

三维标志商标显著特征审查与平面商标一样,需综合考虑商标本身构成形式、指定的商品或者服务、相关公众的认知习惯、所属行业的实际使用情况等因素。此外,还应考虑三维标志商标的构成元素、视觉效果、使用方式等特殊因素。

3. 2. 1 商品自身的三维形状

仅以商品自身的三维形状申请注册三维标志商标的,通常情况下相关公众不易将其识别为指示商品来源的标志,难以起到区分商品来源作用,一般不具有作为商标的显著特征。

例如:

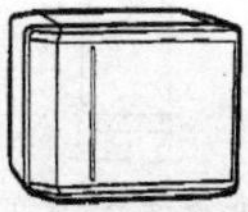

指定商品:扩音器

指定商品:巧克力

指定商品:糖果

指定商品:钟表

指定商品:巧克力

商品自身的三维形状即使经过设计，具有独特的视觉效果，也不能依据其独创性当然认为其具有作为商标的显著特征。但是，有证据证明此类三维标志商标经过长期或广泛使用起到了区分商品来源作用的，可以取得显著特征。

3.2.2 商品包装或容器的三维形状

商品包装或容器的主要功能是保护、盛载商品，以便于储运和销售。仅以商品包装或容器的三维形状申请注册三维标志商标的，通常情况下相关公众不易将其识别为指示商品来源的标志，难以起到区分商品来源作用，一般不具有作为商标的显著特征。

例如：

指定商品：儿童用毯子

指定商品：药品

指定商品：酒精饮料

指定商品：果酱

指定商品：蛋糕

指定商品：食用油

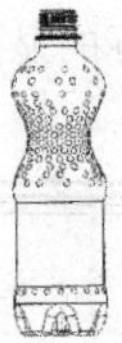
指定商品：汽水

商品包装或容器的三维形状即使经过设计，具有独特的视觉效果，也不能依据其独创性当然认为其具有作为商标的显著特征。但是，有证据证明此类三维标志商标经过长期或广泛使用起到了区分商品来源作用的，可以取得显著特征。

3.2.3 其他三维标志

（1）简单的、普通的三维形状或是起装饰性作用的三维形状，不能起到区分商品来源作用的，缺乏显著特征。

例如：

指定商品:服装

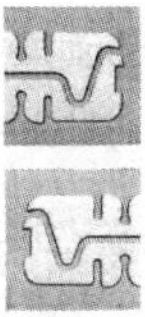

指定商品:太阳镜
(该三维标志是附着在眼镜腿上的花纹)

指定商品:服装
(该三维标志是三维花纹布料)

指定商品:服装
(该三维标志作为装饰物直接贴附在商品上)

(2)服务行业为了提供服务使用的通用或常用物品的三维形状,不能起到区分服务来源作用的,缺乏显著特征。

例如:

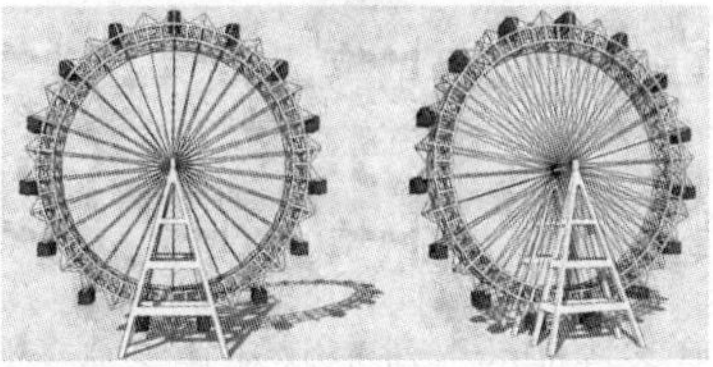

指定服务:游乐园服务
(该三维标志是摩天轮效果图,游乐园服务常需使用该设备,无法通过该三维标志区分服务来源,缺乏显著特征)

(3)具有独特设计、与指定商品或者服务无直接关联的三维标志,具有显著特征。

例如:

指定服务:餐馆

指定服务:备办宴席

指定服务:提供互联网搜索引擎

指定商品:手动的手工具

3.2.4 三维形状和平面要素的组合

3.2.4.1 由具有显著特征的三维形状和具有显著特征的平面要素组合而成的

三维标志商标由具有显著特征的三维形状和具有显著特征的平面要素组合而成,该三维标志商标在整体上具有显著特征。

例如:

指定商品:酒

(申请书描述三维形状部分是由葡萄木枝连接的带状标签,上有文字“ITALO CESCON”)

3.2.4.2 由具有显著特征的三维形状和缺乏显著特征的平面要素组合而成的

三维标志商标由具有显著特征的三维形状和缺乏显著特征的平面要素组合而成,该三维标志商标在整体上具有显著特征。

例如:

指定服务:餐厅

(商标由卡通三维形状及字母“A”组成)

3.2.4.3 由缺乏显著特征的三维形状和具有显著特征的其他平面要素组合而成的

三维标志商标由缺乏显著特征的三维形状和具有显著特征的平面要素组合而成，一般认为该三维标志商标整体上具有显著特征。该三维标志商标获准注册后，从整体上对其进行保护，即该商标权利人不能仅就不具有显著特征的三维形状单独主张权利。若申请人未主动声明放弃不具有显著特征的三维形状部分的商标专用权，审查时应发出审查意见书，要求申请人声明放弃。放弃专用权说明需在商标公告和商标注册证上予以加注。

例如：

指定商品：啤酒

指定商品：巧克力

指定商品：烟草制品

指定商品：蒸馏水

指定商品：化妆品

指定商品：干酪

但是，以下情形例外：

(1)具有显著特征的平面要素在该平面要素和缺乏显著特征的三维形状组合而成的三维标志商标中所占比例过小或者处于三维标志商标中不易被识别的位置，以相关公众的一般注意力，难以将其整体作为区分商品或者服务来源的标志识别的，该三维标志商标在整体上不具有显著特征。

例如：

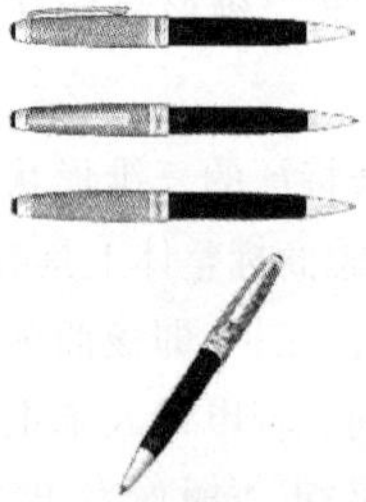

指定商品：自来水钢笔、水性圆珠笔

（图示三维标志商标由三维形状和平面要素组合而成，三维形状属于笔的通用形状，不具有显著特征；平面要素包含“星形图”“圆环图案”“M”字样花纹图形和“MONT-BLANC”“MEISTERSTUCK”文字，平面要素本身具有显著特征。但平面要素部分在笔身上所占比例过小，整体作为三维标志商标使用在“自来水钢笔、水性圆珠笔”等商品上，根据相关公众的识别能力，仅将其作为笔的通用形状进行识别，该三维标志商标在整体上不具有显著特征）

（2）由不具有显著特征的三维形状和具有显著特征的平面要素组合而成的三维标志商标，如果整体上易被识别为包装装潢或者商品的装饰，则该三维标志商标不具有显著特征。

例如：

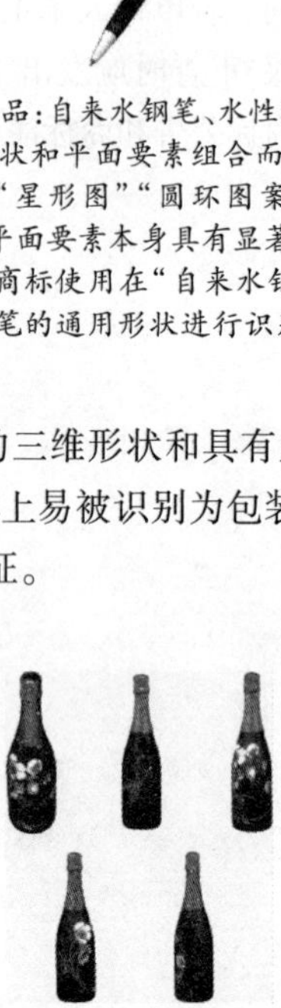

指定商品：酒精饮料

（图示三维标志商标由三维形状和平面要素组合而成，三维形状属于酒瓶的通用形状，不具有显著特征；平面要素部分为花朵图案，本身具有显著特征。但该三维标志商标整体使用在“酒精饮料”等商品上，根据相关公众的识别能力，整体上易被识别为包装装潢或者酒瓶装饰，该三维标志商标在整体上不具有显著特征）

3.2.5 不具备固有显著特征的三维标志商标经过长期或广泛使用可以取得显著特征

不具备固有显著特征的三维标志商标，有充足证据证明该三维标志商标经过长期或广泛使用起到了区分商品来源作用的，可以取得显著特征。

商标注册申请实质审查阶段，审查员可以发出审查意见书，要求申请人提交使用证据，并就该三维标志通过长期或广泛使用取得显著特征的相关情况进行说明。审查员依据申请人提交的使用证据和情况说明等作进一步审查审理。

例如：

指定商品：香水
申请人：克里斯蒂昂迪奥尔香料公司

指定商品：巧克力
申请人：费列罗有限公司

第七章　颜色组合商标的审查审理

3.2 颜色组合商标显著特征的审查

颜色组合商标遵循传统商标显著性的判断原理、标准和规则。颜色组合使用在指定的商品或者服务项目上，通常会使消费者认为是产品本身、产品包装或者经营场所的装潢设计等，不易作为商标识别，不具有商标的固有显著性，难以起到区分商品或者服务来源的功能与作用。一般情况下，需要充分证据证明颜色组合商标通过长期或广泛的使用取得显著特征，能够识别和区分商品或者服务的来源。

颜色组合商标显著特征审查除了与其他类型商标显著特征审查一样需综合考虑商标本身构成、指定的商品或者服务、相关公众的认知习惯等因素之外，还应考虑颜色组合商标的自身属性、构成元素、使用方式、持续使用时间、使用强度、同业经营者对同类颜色的使用情况、相关行业商标使用惯例、对颜色组合商标的广告宣传及其效果、相关公众的知晓程度等因素进行综合判定。

审查时可以发出审查意见书，要求申请人提交使用证据，并就颜色组合商标通过使用取得显著特征的情况进行说明。使用证据需要证明，颜色组合通过使用已经具备指示商品或者服务来源的功能，即相关公众看到颜色组合首先联想到该颜色组合是指向一个特定来源的商品或者服务，而不是颜色组合本身。

3.2.1 仅有指定商品的天然颜色、商品本身或者包装物以及服务场所通用或者常用颜色，不足以起到区别商品或者服务来源作用的，判定为缺乏显著特征

例如：

指定商品：牙膏

（图中颜色组合为指定商品的常用颜色组合，不足以起到区别商品来源的作用）

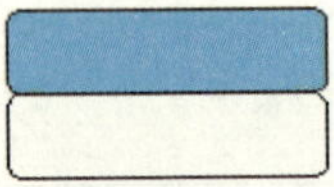

指定商品：洗衣粉、洗衣片

（图中蓝白颜色组合为指定商品本身或包装物的常用颜色组合，不足以起到区别商品来源的作用）

指定服务：美发

（图中颜色组合为美发行业服务场所外通用标识，不足以起到区别服务来源的作用）

指定商品：电砂轮机

（图中颜色组合为指定商品的常用颜色组合，不足以起到区别商品来源的作用）

3.2.2 有充分证据证明以特定方式使用的颜色组合通过使用取得显著特征的，可以注册为颜色组合商标

颜色组合商标经过使用取得显著特征的认定适用本编第四章 2.4“经过使用取得显著特征的”的一般规则。

判定某个颜色组合商标是否经过使用取得显著特征时还需要注意：考虑颜色组合商标实际使用方式对相关公众注意力和认知情况的影响；颜色组合商标为申请人所独创或最早使用并不能当然认为其具有作为商标的显著特征。

例如：

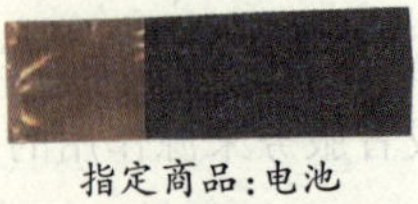

指定商品：电池

商标说明：商标为长条状色块，两种颜色为黄铜色和黑色，分别占整体的1/3、2/3。

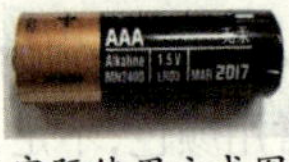

（实际使用方式图）

指定服务：车辆加油站

商标说明：该商标由白、黄和红三种颜色构成。其中白色(Pantone white C)占30%，黄色(Pantone 116C)占50%，红色(Pantone 485C)占20%，按图示排列，使用于车辆服务站、车辆加油站的外观。

（实际使用方式图）

第八章　声音商标的审查审理

3.2 声音商标显著特征审查

声音商标遵循传统商标显著性的判断原理、标准和规则。通常情况下，商标大多是以文字、数字、图形、颜色等要素或要素组合以可视性形态直观地表现出来，使用时与商品或者服务的结合较为紧密，相关公众对商标已形成较为固化的视觉认知习惯。与此相对的是，声音商标的认知通过听觉实现，且声音对播放载体的依附性导致其与许多商品和服务项目难以直观、紧密地结合，使用时可能仅被认知为背景音乐或广告宣传，即使是独特的声音，也并不天然具有商标的固有显著性，难以发挥区分商品或者服务来源的功能与作用。一般情况下，需要充分证据证明声音商标通过长期或广泛的使用取得显著特征，能够识别和区分商品或者服务的来源。

声音商标显著特征审查除了与传统可视性商标显著特征审查一样需综合考虑商标本身构成、指定的商品或者服务、相关公众的认知习惯等因素之外，还应考虑声音商标的听觉感知、声音效果、使用方式、持续使用时间、使用强度、同业经营者对同类声音的使用情况、相关行业商标使用惯例、对声音商标的广告宣传及其效果、相关公众的知晓程度等因素进行综合判定。

审查时可以发出审查意见书，要求申请人提交使用证据，并就声音商标通过使用取得显著特征的情况进行说明。使用证据需要证明，声音通过使用已经具备指示商品或者服务来源的功能，即相关公众听到声音首先联想到该声音是指向一个特定来源的商品或者服务，而不是声音本身。

3.2.1 仅直接表示指定商品或者服务内容、消费对象、质量、功能、用途及其他特点的声音，缺乏显著特征

例如：

钢琴弹奏声指定在“乐器”上；

儿童嬉笑声指定在“婴儿奶粉”上；

狗吠或猫叫声指定在“宠物饲养”上；

古典音乐指定在“安排和组织音乐会”上；

“水开啦,水开啦”的叫声指定在“电热水壶”上。

3.2.2 其他缺乏显著特征的声音

包括但不限于以下类型：

(1)使用商品时或提供服务时难以避免或通常出现的声音。

例如：

开启酒瓶的清脆“嗒”声指定在“啤酒”上；

验钞机“哗哗”的数钱声指定在“银行”服务上。

(2)行业内通用或常用的声音或音乐。

例如：

《婚礼进行曲》的主题旋律指定在“计划和安排婚礼服务”上。

(3)过于简单或过于复杂的声音。

例如：

简单、普通的音调或旋律；

一首完整或冗长的歌曲或乐曲。

(4)以平常语调或简单旋律直接唱呼的文字短语。

例如：

以简单旋律唱出“恭喜你发财”；

以平常语调唱呼“来了,您呐”；

以平常语调呼叫“人行千里,声动我心”；

以平常语调呼叫“人头马一开,好运自然来”。

3.2.3 声音商标经长期或广泛使用取得显著特征的认定

声音商标经过使用取得显著特征的认定适用本编第四章2.4“经过使用取得显著特征的”的一般规则。

判定某个声音商标是否经过使用取得显著特征时还需要注意：对于文字呼叫类声音商标,注意分辨在使用过程中真正起识别作用的是呼叫的文字,还是声音本身。如果声音商标是以平常语调或极其简单的旋律呼叫文字的构成形式,在使用过程中,很可能令人印象深刻起到识别作用的仍为文字,声音仅被视为文字辅助背景。虽然此类声音商标可能被证明经长期或广泛使用已被相关公众熟知,但声音本身是否被作为用来识别和区分商品或者服务来源的商标，需要根据实际情况分析判断。声音为申请人所独创或最早使用并不能当然认为其具有作为声音商标的显著特征。

通过使用获得显著特征的声音商标：

例如：

该声音商标是由六声短促且频率一致的“嘀嘀嘀嘀嘀嘀”（di-di-di-di-di-di）的声音构成。

（本件声音商标指定使用在提供在线论坛等服务上；商标申请人为腾讯科技（深圳）有限公司；该商标使用在申请人指定服务上的具体表现为申请人所提供应用程序中信息提示时的短促“嘀嘀嘀嘀嘀嘀”的声音）

声音由引子、主题和尾声三段构成。引子由铜管演奏，分解的大三和弦旋律庄严而神圣；中段为弦乐演奏的主题；结尾由三个音构成。

（本件声音商标指定使用在“新闻社服务”等服务上；商标申请人为中央电视台；声音由引子、主题和尾声三段构成，引子由铜管演奏，分解的大三和旋律庄严而神圣，中段为弦乐演奏的主题，结尾由三个音构成；该声音作为《新闻联播》节目开始曲使用）

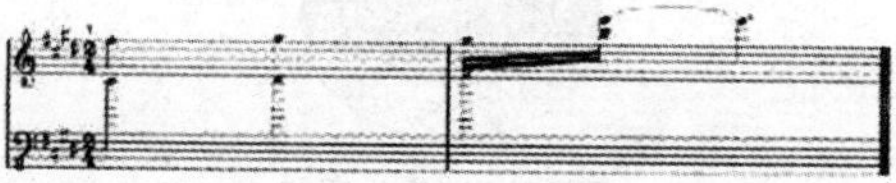

本声音商标是爱奇艺出品视频的片头曲，全长5秒，共2小节，四分之二拍慢板节奏，E大调。整段声音商标前奏部分为下滑音、顺波音和上滑音三个合成的物体弹性声音；2个小节为整段声音商标主题部分，曲调为E大调，旋律为F到G各一拍，最后一个小节由十六分音符G回到一级音程BE上，该声音商标结束。

（本件声音商标指定使用在视频点播传输服务上；商标申请人为北京奇艺科技有限公司；商标使用在视频片头或片尾或使用在网站上；该声音在视频片头或片尾使用）

又如：

人声用真假嗓音急变互换的方式歌唱出“YAHOO”。

（本件声音商标指定使用在“提供互联网搜索引擎”等商品上以及“用于电子信息传送的计算机软件等”服务上；商标申请人为奥誓公司（原申请人：雅虎公司），其中人声用真假嗓音急变互换的方式歌唱出“YAHOO”；该声音用于计算机软件、宣传视频、商业广告、展览及活动中，用以区别商品或者服务来源）

第九章 集体商标、证明商标的审查审理

3.2 集体商标和证明商标显著特征的审查

显著性是商标发挥识别不同商品或者服务功能的基础，也是商标获得注册的重要要件。集体商标、证明商标作为商标的一种类型，应当具有显著特征，便于识别，其注册不得违反《商标法》第十一条的规定。对集体商标和证明商标显著特征的审查，适用本编第四章的基本规定。

判断集体商标、证明商标是否具有显著特征，不仅要考虑商标标志本身的含义、呼叫和外观构成，还要结合商标指定的商品或者服务类别、相关公众的认知习惯、所属行业的实际使用情况等，进行个案判断。

例如：

商标类型：集体商标

指定商品：第21类钢化玻璃盖、钢化玻璃罩等

申请人：社团法人日本硝子制品工业会

（该商标中的日文含义为“强化玻璃盖认证”，用在指定商品上，仅直接表示了商品的质量特点，违反《商标法》第十一条第一款第（二）项的规定）

烹饪名师

商标类型：证明商标

指定服务：第43类饭店、餐厅等

申请人：中国烹饪协会

（该商标在43类“饭店”等服务上直接表示了指定服务的内容特点，违反《商标法》第十一条第一款第（二）项的规定）

5.2 地理标志集体商标和地理标志证明商标显著特征的审查

5.2.1 地理标志集体商标和地理标志证明商标作为商标的一种类型，亦不得违反《商标法》第十一条的基本规定

例如：

商标类型：地理标志集体商标
指定商品：第 30 类炒饭等
申请人：扬州市烹饪协会
（“扬州炒饭”是中餐菜肴的通用名称，违反《商标法》第十一条第一款第（一）项的规定）

但是，地理标志强调的是商品的特定品质与生产地域之间的密切联系，是作为一种标示某商品来源于某地区，该商品的特定质量、信誉或者其他特征，主要由该地区的自然因素或者人文因素所决定的标志，其名称是在历史发展中约定俗成的，表现形式一般由“地名 + 商品通用名称”构成，整体上属于经过长期使用具有商标显著性的情形，不判定为缺乏显著特征。

例如：

商标类型：地理标志证明商标
指定商品：第 31 类鲜梨
申请人：砀山酥梨营销管理协会

五常大米

商标类型：地理标志证明商标
指定商品：第 30 类大米
申请人：五常市大米协会

5.2.2 与普通商标不同，在对地理标志集体商标和地理标志证明商标显著特征进行审查时，应同时结合《商标法》第十六条第二款等相关规定进行综合判断。对于符合《商标法》第十一条关于商标显著性的基本规定，但不符合第十六条第二款关于地理标志定义要求的，应予以驳回

例如：

（1）仅由人文因素或仅由自然因素决定商品品质的。

盱眙野生蜈蚣

商标类型：地理标志证明商标
指定商品：第 31 类蝶蚣（活的）
申请人：盱眙县中药材产业联合会

（野生蝶蛤特定品质的形成与产地人文因素无必然联系，不符合地理标志概念，违反《商标法》第十六条的规定）

（2）包含商品种类名称的。

肥乡食用菌

商标类型：地理标志证明商标

指定商品：第31类鲜食用菌

申请人：肥乡县特色农产品行业协会

（“食用菌”是指可供人类食用或药用的一类大型真菌，中国已知的约657种，如平菇、香菇等，产品品质难以统一，不符合地理标志注册条件，违反《商标法》第十六条的规定）

（3）包含非地理标志构成要素的。

三亚芒果，爱上三亚的另一个理由!

商标类型：地理标志集体商标

指定商品：第31类芒果

申请人：三亚市芒果协会

（该商标中“爱上三亚的另一个理由”不符合地理标志定义要求，违反《商标法》第十六条的规定）

2.《国家工商行政管理总局关于商标审查意见书有关问题的通知》（商标〔2000〕80号，20000101）

三、申请注册的商标含有申请人企业名称的，其公知公用部分视为自动放弃商标专用权。如需放弃专用权的，申请人须作书面声明。

四、申请注册的商标含有《商标法》第八条第一款第（5）、第（6）项禁用标志的，①申请人应声明放弃该标志的商标专用权。

---

① 商标法（1993年）第八条 商标不得使用下列文字、图形：

（1）同中华人民共和国的国家名称、国旗、国徽、军旗、勋章相同或者近似的；

（2）同外国的国家名称、国旗、国徽、军旗相同或者近似的；

（3）同政府间国际组织的旗帜、徽记、名称相同或者近似的；

（4）同“红十字”、“红新月”的标志、名称相同或者近似的；

（5）本商品的通用名称和图形；

（6）直接表示商品的质量、主要原料、功能、用途、重量、数量及其他特点的；

（7）带有民族歧视性的；

（8）夸大宣传并带有欺骗性的；

（9）有害于社会主义道德风尚或者有其他不良影响的。

县级以上行政区划的地名或者公众知晓的外国地名，不得作为商标，但是，地名具有其他含义的除外；已经注册的使用地名的商标继续有效。

【北京法院商标行政案件的规范文件】

《北京市高级人民法院商标授权确权行政案件审理指南》(20190424)

9. 商标法第十一条的适用

9.1【判断主体】

判断诉争商标是否具有显著特征时，应以与该商标指定使用商品或者服务有关的消费者和与前述商品或者服务的营销有密切关系的其他经营者等相关公众为判断主体。

9.2【概括适用条款】

被诉裁决未明确指出诉争商标属于商标法第十一条第一款第(一)项、第(二)项、第(三)项的具体情形，仅概括表述为商标法第十一条第一款，当事人主张法律适用错误的，可以予以支持。

9.3【具体条款的并列适用】

商标法第十一条第一款第(一)项、第(二)项和第(三)项分别规定了诉争商标标志不具有显著特征的情形，认定相同商标在同一商品上是否具有显著特征时，一般不宜并列适用。

9.4【显著特征的认定范围】

若诉争商标标志不会被相关公众作为商标识别，则其指定使用在任何商品上均不具有显著特征。

若诉争商标标志仅对其指定使用商品的质量、数量等特点具有描述性，则其在该商品上不具有显著特征。

9.5【新类型商标显著特征的认定】

颜色组合标志、声音标志、或者以商品自身形状、包装、装饰等形式体现的三维标志等，是否系当事人所独创或者最早使用，与认定该标志是否具有显著特征无关。

9.6【"其他缺乏显著特征"的认定】

诉争商标仅由广告宣传用语等构成的，一般属于商标法第十一条第一款第(三)项规定的情形。

9.7【"第二含义"的认定】

当事人主张诉争商标标志经过使用取得显著特征的，可以综合考量下列因素予以认定：

(1)诉争商标标志的使用足以使其发挥识别商品来源的作用;

(2)使用诉争商标标志的时间、地域、范围、规模、知名程度等;

(3)其他经营者使用诉争商标标志的情况。

认定诉争商标标志经过使用取得显著特征的,仅限于使用诉争商标标志的商品,不包括与其类似的商品。

9.8【三维标志显著特征的判断】

诉争商标含有三维标志的,应当从整体上判断其是否具有显著特征,一般情况下不能仅因该商标含有文字或者图形等其他因素,即认定其具有显著特征。

【指导案例】

【最高院"鲁锦"案】地域性特点的商品通用名称应是某一区域或领域约定俗成,长期普遍使用并为相关公众认可〔山东鲁锦实业有限公司诉鄄城县鲁锦工艺品有限责任公司、济宁礼之邦家纺有限公司侵害商标权及不正当竞争纠纷案,山东省高级人民法院民事判决书(2009)鲁民三终字第34号,载《中华人民共和国最高人民法院公报》2010年第1期,最高人民法院指导案例第46号〕。

判断具有地域性特点的商品通用名称,应当注意从以下方面综合分析:(1)该名称在某一地区或领域约定俗成,长期普遍使用并为相关公众认可;(2)该名称所指代的商品生产工艺经某一地区或领域群众长期共同劳动实践而形成;(3)该名称所指代的商品生产原料在某一地区或领域普遍生产。

【法院参考案例】

(一)商标法第十一条第一款第(一)项

1.【最高院"马卡龙"案】法院可以结合众所周知的事实,根据日常生活经验,认定涉案商标缺乏显著性,违反商标法第十一条第一款第(一)项〔徐岳辉与国家知识产权局商标权无效宣告请求行政纠纷再审申请案,最高人民法院民事裁定书(2019)最高法行申3269号〕。

2.【最高院"龙泉宝剑"案】在线词典、政府相关文件等不足以证明标志是法定的商品通用名称;网页搜索、古诗词等证据不足以证明标志被相关公众普遍认可,成为约定俗成的通用名称〔龙泉市唐人刀剑有限公司与国家知识产权局商标权无效宣告请求行政纠纷再审申请案,最高人民法院行政裁定书(2019)最高法行申 7412 号〕。

(1)证据显示"龙泉"及"龙泉宝剑"字样被使用在在线词典、政府相关文件等中,但现有证据尚不足以证实法律规定、国家标准、行业标准已明确将"龙泉宝剑"作为宝剑商品的通用名称。

(2)网页搜索、古诗词等证据不足以证明在诉争商标申请日及核准注册之时,"龙泉"或"龙泉宝剑"作为能够指代宝剑商品的通用名称,已被相关公众普遍认可,成为约定俗成的通用名称。

(3)考虑龙泉宝剑厂使用"龙泉宝剑"标识的历史背景、沿革及"龙泉宝剑"与龙泉宝剑厂之间的关联性,且带有"龙泉宝剑"显著标识的第 130250 号商标经过龙泉宝剑厂的长期使用、宣传成了驰名商标,增强了"龙泉宝剑"作为标志的显著性,诉争商标显著识别部分为"龙泉宝剑",应系上述驰名商标的延续;且诉讼商标尚有龙和剑的图案,相关公众能够依据诉争商标识别商品来源。

3.【最高院"玉露"案】通用名称之外的其他构成要素没有让商标整体在呼叫、整体视觉效果和含义等方面产生区别于通用名称的明显差异,则标志整体上仍应被视为仅由商品的通用名称构成〔长沙玉露企业营销策划有限公司与国家工商行政管理总局商标评审委员会商标争议行政纠纷再审申请案,最高人民法院行政裁定书(2017)最高法行申 189 号〕。

"玉露"是产于湖北恩施五峰山一带的针形蒸青绿茶名称。争议商标为一菱形方框图形中包含"玉露"与花及花盆图案构成,呼叫为"玉露",因菱形方框相对简单,花及花盆图案也未产生主要识别效果,争议商标整体视觉效果仍体现为"玉露"中文文字。因此,争议商标中的中文文字"玉露"是其核定使用的茶商品的通用名称,二审法院认定争议商标应被视为"仅由商品的通用名称构成的标志"并无不当。

注册商标第 1387674 号图样

4.【最高院“竹家庄避风塘”案】标志不仅含有通用名称，还包含区别文字和图形，整体可以具有显著特征〔上海避风塘美食有限公司与国家工商行政管理总局商标评审委员会、上海磐石意舟餐饮管理有限公司商标争议行政纠纷提审案，最高人民法院行政判决书(2013)行提字第8号〕。

“避风塘”是一种特别的风味料理或者烹饪方法的通用名称，但争议商标由竹子图案与“竹家庄避风塘”文字组成，不仅仅是“避风塘”文字，故争议商标具有显著性。

注册商标第1427895号图样

5.【最高院“稻花香”案】审定公告的农作物品种名称不同于商标法意义上的商品通用名称；约定俗成的通用名称一般以全国范围内相关公众的通常认识为判断标准，除非相关市场相对固定〔福州米厂与五常市金福泰农业股份有限公司侵害商标权纠纷再审案，最高人民法院民事判决书(2016)最高法民再374号〕。

(1)法律规定为通用名称的，或者国家标准、行业标准中将其作为商品通用名称使用的，应当认定为通用名称。《主要农作物品种审定办法》规定的通用名称与商标法意义上的通用名称含义并不完全相同，不能仅以审定公告的名称为依据，认定该名称属于商标法意义上的通用名称。该审定办法之下的“通用名称”是指根据品种审定办法审定公告的主要农作物品种名称，用以指代该特定品种。该名称在生产、经营、推广过程中禁止擅自更改。商标法中的通用名称指代某一类商品，因该名称不能用于指代特定的商品来源，故相关公众都可以正当使用。

(2)约定俗成的通用名称一般以全国范围内相关公众的通常认识为判断标准。但是，基于历史传统、风土人情、地理环境等原因，某些商品所对应的相关市场相对固定，如果不加区分地仍以全国范围相关公众的认知为标准，判断与此类商品有关的称谓是否已经通用化，有违公平原则。适用不同评判标准的前提是，当事人应首先举证证明此类商品属于相关市场较为固定的商品。否则，是否构成约定俗成的通用名称，仍应当以全国范围内相关公众的通常认知作为判断依据。

6.【最高院“沁州黄”小米案】因历史传统、风土人情、地理环境等原因形成的相关市场较为固定的商品,其在该相关市场内的通用称谓可以认定为通用名称〔山西沁州黄小米(集团)有限公司与山西沁州檀山皇小米发展有限公司、山西沁县檀山皇小米基地有限公司确认不侵害商标权及侵害商标权纠纷再审申请案,最高人民法院民事裁定书(2013)民申字第 1642 号〕。

7.【最高院“盲公饼”案】某一文字名称标志一定程度上反映了商品类型、特点,即便某些相关公众认其为产品名称,但由于特定的历史起源、发展过程和长期唯一的提供主体及客观的市场格局,多数相关公众会认知为是某一生产者生产的商品,这种名称属于商品和来源的混合,仍具有指示商品来源的意义,不应认定为通用名称〔佛山市合记饼业有限公司与珠海香记食品有限公司侵犯商标专用权纠纷再审案,最高人民法院民事判决书(2011)民提字第 55 号,列入最高人民法院公布的 2011 年中国法院知识产权司法保护 50 件典型案例〕。

8.【最高院“散利痛”案】在特殊情况下,应以评审时的事实状态确定诉争商标是否为通用名称〔西南药业股份有限公司与国家工商行政管理总局商标评审委员会、拜耳消费者护理股份有限公司商标争议行政纠纷再审申请案,最高人民法院驳回再审申请通知书(2007)行监字第 111－1 号〕。

9.【北京高院“墙锢”案】一般情况下,如果全国范围内相关公众普遍认为某一名称能够指代一类商品的,应当认定该名称为约定俗成的通用名称,被专业工具书、辞典列为商品名称的,可以作为认定约定俗成的通用名称的参考;为证明文字标识构成约定俗成的通用名称,仅提供证人证言、自身经营商品的具体方式以及同行业部分生产经营者的使用方式作为证据,不予以采信〔北京秀洁新兴建材有限责任公司与美巢集团股份公司等侵害商标权纠纷上诉案,北京市高级人民法院民事判决书(2017)京民终 335 号〕。

10.【北京高院“金骏眉”案】商标申请在待核准注册时成为通用名称的,不应核准注册〔武夷山市桐木茶叶有限公司与国家工商行政管理总局商标评审委员会商标异议复审行政纠纷上诉案，北京市高级人民法院行政判决书(2013)高行终字第1767号，列入最高人民法院公布的2013年中国法院10大知识产权案件〕。

被异议商标是否构成其指定使用商品的通用名称而违反商标法第十一条第一款第(一)项，应当考虑商标评审委员会作出商标异议复审裁定时的实际情况。因为此时“金骏眉”已作为一种红茶的商品名称为相关公众所识别和对待，成为特定种类的红茶商品约定俗成的通用名称，故不应予以核准注册。

11.【北京高院“ひじき”(羊栖菜)案】“消费者”并不是认定通用名称唯一的“相关公众”，中国境内特定地域、特定行业的生产者、经营者也可以成为通用名称判定的主体〔浙江三丰水产食品有限公司与国家工商行政管理总局商标评审委员会及温州佳海食品有限公司商标争议行政纠纷上诉案，北京市高级人民法院行政判决书(2012)高行终字第668号〕。

(1)商标法第十一条第一款第(一)项规定中的“通用名称”是指为国家或者某一行业所共用的，反映一类商品与另一类商品之间根本区别的规范化称谓。相关公众普遍认为某一名称能够指代一类商品的，应当认定该名称为约定俗成的通用名称。“消费者”并不是认定通用名称唯一的“相关公众”，中国境内特定地域、特定行业的生产者、经营者也可以成为通用名称判定的主体。

(2)羊栖菜作为中国特定地区主要供出口日本的产品，其养殖、加工、销售出口涉及中国境内的市场区域系以浙江省温州市洞头县为主的特定地域范围，相关市场较为固定，故上述区域内的羊栖菜加工出口企业应系“相关公众”。因此，判定争议商标是否是通用名称应以当地羊栖菜相关行业的认识为标准。

(3)在争议商标申请注册之前的长期对日贸易中，洞头县羊栖菜加工出口企业均在其产品包装上标注羊栖菜的日文名称“ひじき”，将其作为羊栖菜的商品名称使用，并且类似包装至今仍为相关企业所普遍采用，同时，争议商标已被多部辞典列为通用名称。故“ひじき”在争议商标申请注册之前已成为浙江省温州市洞头县相关行业对羊栖菜的俗称。

12.【北京高院“杏灵”案】文字商标核准注册后被列为法定通用名称，不属于商标法第十一条第一款第(一)项的情况〔国家工商行政管理总局商标评审委员会与上海杏灵科技药业股份有限公司商标争议行政纠纷上诉案,北京市高级人民法院行政判决书(2011)高行终字第 11 号〕。

(1)商标法第十一条第一款第(一)项规定,仅有本商品的通用名称的标志不得作为商标注册。判断争议商标是否属于通用名称,一般以提出商标注册申请时的事实状态为准。如果申请时不属于通用名称,但在核准注册时已经成为通用名称的,仍应认定其属于本商品的通用名称;虽在申请时属于本商品的通用名称,但在核准注册时已经不是通用名称的,则不妨碍其取得注册。

(2)国家药品监督管理局将"杏灵颗粒"纳入国家药品标准的时间是 2002 年 12 月 16 日,在本案争议商标核准注册之后,因此争议商标在被核准注册时尚未成为药品的通用名称,争议商标不具有商标法第十一条第一款第(一)项规定的不得予以注册的情形。

13.【北京高院"莫代尔"案】一词多义的现象极为普遍,文字标志收入国家标准并不必然就是通用名称而不具有显著性,除非有证据证明相关公众只以国家标准的含义认知该文字标志〔兰精股份公司与国家工商行政管理总局商标评审委员会商标争议行政纠纷上诉案,北京市高级人民法院行政判决书(2011)高行终字第 1072 号〕。

考虑到一词多义的现象极为普遍,即便"莫代尔"一词根据国家标准具有某种纤维的含义,并不因此必然排除其具有表明商品来源标志的含义。无效宣告请求人提供的证据不足以证明相关消费者仅仅将"莫代尔"认知为某种纤维。商标评审委员会认定争议商标未违反商标法第十一条第一款第(二)项的规定,结论正确。

14.【北京高院"子弹头"辣椒案】通用名称应具有广泛性、规范性的特征:其应该是国家或者某一行业所共用的,仅为某一区域所使用的名称,不具有广泛性;通用名称指示的商品应该符合一定的标准,反映一类商品与另一类商品之间根本区别,即应指代明确〔河南省柘城县豫丰种业有限责任公司与国家工商行政管理总局商标评审委员会等商标争议行政纠纷上诉案,北京市高级人民法院行政判决书(2006)高行终字第 188 号〕。

(1)商品的通用名称是指为国家或者某一行业所共用的,反映一类商品与另一类商品之间根本区别的规范化称谓。通用名称应具有广泛性、规范性的特征。就通用名称的广泛性而言,其应该是国家或者某一行业所共用的,仅为某一区域所使用的名称,不具有广泛性;就规范性而言,其应该符合一定的标准,反映一类商品与另一类商品之间根本区别,即应指代明确。

(2)在河南省柘城县有一种形状像子弹头的辣椒,当地通称其为“子弹头”,在贵州省遵义地区亦有一种子弹头朝天椒,两者品种有明显区别。众所周知,辣椒是我国一种常见的农业作物,在我国许多省份都有广泛的种植,然而没有证据证明在我国其他辣椒产区有将“子弹头”作为辣椒俗称的情形。因此,现有证据尚不足以证明“子弹头”已经在国家或者本行业中成为广泛使用的商品名称。

注册商标第 3118114 号图样

15.【北京知产法院“新华字典”案】图书书名可以脱离图书内容而基于出版者的出版行为产生识别商品来源的作用;兼具产品和品牌混合属性的商品名称,长期由单一主体提供该商品,在相关生产者、经营者及消费者中形成了稳定的认知联系,具有指示商品来源的意义和作用,不属于通用名称〔商务印书馆有限公司与华语教学出版社有限责任公司侵害商标权及不正当竞争纠纷案,北京知识产权法院民事判决书(2016)京 73 民初 277 号,列入最高人民法院公布的 2017 年中国法院 10 大知识产权案件〕。

16.【北京一中院“雪花”案】商品名称长期为众多企业生产、销售使用并已得到广大消费者的认可,又经国家行政主管机关和全国性社会团体组织确认,可以认定为商品通用名称〔内蒙古杭锦后旗金穗食品工业有限责任公司与北京本乡玉粮油有限公司侵害商标权纠纷案,北京市第一中级人民法院民事判决书(2003)一中民初字第 1004 号〕。

(二)商标法第十一条第一款第(二)项

1.【最高院“古方”案】商标在核定商品上的使用,属于对商品制作工艺、特点等的描述,缺乏固有的显著特征〔济南小驴快跑商贸有限公司与国家知识产权局商标权无效宣告请求行政纠纷再审申请案,最高人民法院行政裁定书(2020)最高法行申 3521 号〕。

2.【最高院"肾源春冰糖蜜液"案】商标标识或者其构成要素暗示商品的特点,但不影响其识别商品来源功能的,不属于商标法第十一条第一款第(二)项规定的情形〔武汉立志保健品有限责任公司与国家知识产权局商标申请驳回复审行政纠纷再审案,最高人民法院行政判决书(2019)最高法行再 249 号〕。

商标法第十一条第一款第(二)项规定,仅直接表示商品的质量、主要原料、功能、用途、重量、数量及其他特点的标志不得作为商标使用。但商标标识或者其构成要素暗示商品的特点,但不影响其识别商品来源功能的,不属于该项所规定的情形。申请商标中,"肾源春"三个字的组合虽然能够暗示商标所指定使用商品的功能、用途等特点,但系臆造词汇,相关公众需要通过想象、演绎等方式才能建立申请商标标识含义与其指定使用的商品所具有的功能之间的关联性,不影响申请商标的识别商品来源功能。"冰糖蜜液"四个字虽存在直接描述了商品的原料的问题,但其与"肾源春"三个字的组合,不属于仅直接表示商品原料的情形。申请商标从整体上进行判断,具有识别和区分商品来源的作用,具备作为商标标识使用的显著性,不违反商标法第十一条第一款第(二)项的规定

3.【最高院"女性面膜"图形商标案】图形标志整体上如果容易使相关公众识别为指定商品的描述性含义,则不具有显著特征〔佛山市南海贝豪生化科技有限公司与国家知识产权局商标权无效宣告请求行政纠纷再审申请案,最高人民法院行政裁定书(2020)最高法行申 5186 号〕。

诉争商标(第 12381250 号)由图形构成,图形中包括女性面部、面膜、蝴蝶等三个主要元素。面膜商品的相关公众虽不仅限于女性,但该类商品主要的相关公众为女性。诉争商标图案仅为女性侧脸,且其头像为面膜所覆盖,五官特征无法清晰辨别。根据面膜商品的功能、用途,面膜通常的使用状态是贴敷在面部。蝴蝶在诉争商标图形中所占比例很小。按照相关公众的通常认知和一般注意力,容易将诉争商标整体识别为其所使用的商品与美容保养相关的描述性含义。诉争商标核定使用的商品中,美容面膜、化妆品、防晒

剂、祛斑霜、香皂、洗面奶、浴液、香精油的功能、用途通常为面部美容、保养、防晒与洁净，诉争商标核定使用在上述商品上，相关公众通常会认为诉争商标仅直接表示上述商品的功能、用途等特点，而不能将其识别为区分商品来源的标志。

注册商标第12381250号图样

4.【最高院"USBTYPE－C"案】判断当事人申请商标注册的外文标志是否具有显著特征，应当根据中国境内相关公众的通常认识，并结合该标志指定使用的商品进行综合判断〔优势比工具协会公司与国家知识产权局商标申请驳回复审纠纷再审申请案，最高人民法院行政裁定书(2019)最高法行申7395号〕。

(1)判断当事人申请商标注册的外文标志，是否属于商标法第十一条第一款第(二)项规定的不得作为商标注册的情形，应当根据中国境内相关公众的通常认识，并结合该标志指定使用的商品进行综合判断。如果相关公众容易将该外文标志与其指定使用商品本身的质量、主要原料、功能、用途、重量、数量及其他特点相联系，而不认为该外文标志系对指定使用商品来源的指示，则该外文标志不具备作为商标的显著特征。

(2)申请商标由外文"USBTYPE－C"构成。按照中国境内相关公众的通常认知，"USB"通常会被理解为"通用串行总线"，是描述计算机领域接口技术的惯用词汇；"TYPE"与"C"相结合，通常会被识别为具有"型号"的含义。申请商标整体上易被理解为系对计算机领域的一种接口标准的描述或概称，指定使用在"计算机硬件，计算机外围设备，计算机连接器"等商品上，容易使相关公众将其认知为系对相关商品接口标准的描述，而不易识别为指示商品来源的标志，缺乏商标应有的显著特征。①

5.【最高院"轰炸大鱿鱼"案】标志容易使得相关公众联想到商品经过固

① 类似案例参见日兴制药株式会社与国家知识产权局商标申请驳回复审行政纠纷再审申请案，最高人民法院行政裁定书(2019)最高法行申12497号。

定工艺制作形成，不具有显著特征，违反商标法第十一条第一款第（二）项的规定〔上海熙嘉佳餐饮管理有限公司与国家知识产权局等商标权无效宣告请求复审行政纠纷再审申请案，最高人民法院行政裁定书（2018）最高法行申 8864 号〕。

诉争商标由两个词语“轰炸”和“大鱿鱼”组成，“大鱿鱼”为食品原料，与“轰炸”结合使用，容易联想为鱿鱼食品的烹饪方式，相关公众易将其联想为鱿鱼经过固定工艺制作形成的食品，属于对指定使用服务内容等特点的描述性词汇，不易将其作为商标加以识别，违反商标法第十一条第一款第（二）项。

6.【最高院“汤瓶八诊”案】（1）人民法院审查诉争商标是否具有显著特征，应当根据商标所指定使用商品的相关公众的通常认识，判断该商标整体上是否具有显著特征。商标标志中含有描述性要素，但不影响其整体具有显著特征的，或者描述性标志以独特方式加以表现，相关公众能够以其识别商品来源的，应当认定其具有显著特征；（2）判断包含描述性因素的商标是否具有显著性，应当根据相关公众的通常认识而进行整体判断；（3）列入非物质文化遗产名录的文字标志，经使用可以获得显著特征〔杨华祥与国家知识产权局、李业红等商标权无效宣告请求行政纠纷再审案，最高人民法院行政判决书（2018）最高法行再 63 号〕。

（1）人民法院审查诉争商标是否具有显著特征，应当根据商标所指定使用商品的相关公众的通常认识，判断该商标整体上是否具有显著特征。商标标志中含有描述性要素，但不影响其整体具有显著特征的；或者描述性标志以独特方式加以表现，相关公众能够以其识别商品来源的，应当认定其具有显著特征。

（2）判断包含描述性因素的商标是否具有显著性，还应根据商标所指定使用商品的相关公众的通常认识，从整体上进行判断，相关商标的实际使用情况，以及是否经过使用产生识别商品来源的作用，也是需要考虑的因素。

（3）非物质文化遗产法第四十四条规定，“使用非物质文化遗产涉及知识产权的，适用有关法律、行政法规的规定”；《国家级非物质文化遗产保护与管理暂行办法》第二十条第二款规定，“国家级非物质文化遗产项目的域名和商标注册和保护，依据相关法律法规执行”。可见，对非物质文化遗产的传承与发展，并不当然排斥知识产权的保护方式。

（4）在争议商标申请并获准注册后，“回族汤瓶八诊疗法”被列入非物质文化遗产名录。作为争议商标权利人的杨华祥,同时也是"回族汤瓶八诊疗法"的传承人。根据非物质文化遗产法的相关规定,其负有传承非物质文化遗产的义务。在案证据显示,杨华祥及其杨氏家族在通过培训、提供医疗服务等多种方式推广"回族汤瓶八诊疗法"同时,也使得争议商标"汤瓶八诊"产生了指向特定服务来源的功能。维持争议商标的注册,实质上也促进了传统文化的传承与发展。

7.【最高院"微信"案】直接描述服务功能、用途或其他特点的标志,违反商标法第十一条第一款第(二)项的规定〔创博亚太科技(山东)有限公司等与国家工商行政管理总局商标评审委员会商标异议复审行政纠纷再审申请案,最高人民法院行政裁定书(2016)最高法行申3313号〕。

被异议商标由中文"微信"二字构成,指定使用在第38类"信息传送、电话业务、电话通讯、移动电话通讯、电子邮件、传真发送、电信信息、提供全球计算机网络用户接入服务(服务商)、为电话购物提供电讯渠道、语音邮件服务"上。"微"具有"小""少"等含义,与"信"字组合使用在上述服务项目上,易使相关公众将其理解为是比电子邮件、手机短信等常见通信方式更为短小、便捷的信息沟通方式,是对上述服务功能、用途或其他特点的直接描述,而不易被相关公众作为区分服务来源的商标加以识别和对待,因此,被异议商标在上述服务项目上缺乏显著特征,属于商标法第十一条第一款第(二)项所指情形。

8.【最高院"BESTBUY"图文商标案】标志中含有的描述性要素不影响商标整体上具有显著特征,相关公众能够以其识别商品来源的,应认定其具有显著特征〔佳选企业服务公司与国家工商行政管理总局商标评审委员会商标申请驳回复审行政纠纷再审案,最高人民法院行政判决书(2011)行提字第9号〕。

(1)应当根据诉争商标指定使用商品的相关公众的通常认识,从整体上对商标是否具有显著特征进行审查判断。标志中含有的描述性要素不影响商标整体上具有显著特征,相关公众能够以其识别商品来源的,应当认定其具有显著特征。

(2)申请商标由英文单词"BEST""BUY"以及黄色的标签方框构成,虽然其中的"BEST"和"BUY"对于指定使用的服务具有一定描述性,但是加上标签图形和鲜艳的颜色,整体上具有显著特征,便于识别。

商标申请第 3909917 号图样

9.【最高院"沩山茶"案】商标是否具有显著特征,应从整体上判断,不能因为争议商标含有描述性文字就认为其整体缺乏显著性;图文组合商标中的图形是其重要的组成部分,可使商标整体具有显著特征〔长沙沩山茶业有限公司与国家工商行政管理总局商标评审委员会等商标争议行政纠纷再审案,最高人民法院行政判决书(2011)行提字第 7 号〕。

(1)判断争议商标是否应当依法予以宣告无效时,应当根据争议商标指定使用商品的相关公众的通常认识,从整体上对商标是否具有显著特征进行判断,不能因为争议商标含有描述性文字就认为其整体缺乏显著性。

(2)本案争议商标由沩山牌文字、拼音及相关图形组成,并非仅由沩山文字及其拼音组成,其商标组成部分中的图形亦属该商标的重要组成部分。

注册商标第 552102 号图样

10.【北京高院"曼松"案】先有文字标志作为商标使用,才有相关公众以该标志作为商品产地的认知,以申请注册日为标准,该标志不足以被相关公众认知为产地等特点的直接描述的,不违反商标法第十一条第一款第(二)项〔云南则道茶业股份有限公司等与国家知识产权局商标权无效宣告请求行政纠纷上诉案,北京市高级人民法院行政判决书(2020)京行终 3768 号,列入最高人民法院公布的 2020 年中国法院 50 件典型知识产权案例〕。

11.【北京知产法院"交大法学"案】描述性标志以独特方式进行表现,相关公众能够以其识别商品来源的,应当认定其具有显著特征〔上海交通大学与国家工商行政管理总局商标评审委员会商标申请驳回复审行政纠纷案,北京知识产权法院行政判决书(2016)京 73 行初 134 号〕。

(1)描述性标志能否注册为商标,应当对标志进行综合全面的考量。标志中含有的描述性要素不影响商标整体上具有显著特征的,或者描述性标志是以独特方式进行表现,相关公众能够以其识别商品来源的,应当认定其具有显著特征。

(2)申请商标并非简单的文字组合商标,“交大法学”四字系江平教授的书法作品,在整体呈现方式上具有独特性,增加了该标志的固有显著特征。“交大”作为上海交通大学在第16类印刷品、印刷出版物、教学材料(仪器除外)等商品上的注册商标,已经和上海交通大学建立了较为稳定的对应关系,相关公众能够识别商品的来源。故不构成商标法第十一条第一款第(二)项规定的情形。

12.【北京知产法院“视立健”案】直接描述性标志与暗示性标志对于商品或服务的特点均具有描述作用,但直接描述性标志系对商品或服务特点的“常规表达”;如果相关公众或同业经营者针对商品或服务的特点会给出各不相同的表达,则可以认定其并非常规表达,则属于暗示性标志〔江西九华堂生物科技有限公司与国家工商行政管理总局商标评审委员会商标申请驳回复审行政纠纷案,北京知识产权法院行政判决书(2015)京知行初字第5848号〕。

(三)商标法第十一条第一款第(三)项

1.【最高院“吃鸡”案】中文标志不具有显著性,增加英文没有增加显著特征,不易被相关公众识别为商标,不具有显著特征〔山东泰初商贸有限公司与国家知识产权局商标申请驳回复审行政纠纷再审申请案,最高人民法院行政裁定书(2020)最高法行申5110号〕。

本案诉争商标由汉字“吃鸡”及英文“CHICKENDINNER”构成,其中“吃鸡”是动宾结构短语,易被相关公众理解为日常用语。虽然增加英文“CHICKENDINNER”,但并未增加显著特征,其显著识别部分仍为汉字“吃鸡”。“吃鸡”与“CHICKENDINNER”组合,易使相关公众联想到“Winnerwinnerchickendinner”“大吉大利,晚上吃鸡”等网络流行语。因此,诉争商标不易被相关公众作为商标加以识别,尤其使用在第32类“啤酒”“汽水”等指定商品上,不能起到区分商品来源的作用,缺乏商标应有的显著特征,不符合商标法第十一条第一款第(三)项。

2.【最高院“混沌与秩序Ⅱ救赎”案】游戏软件名称由现有词汇组成，并非现有固定短语搭配，本身具有独创性和可识别性，具有显著性，不违反商标法第十一条第一款第（三）项的规定〔智乐软件（北京）有限公司与国家知识产权局商标申请驳回复审行政纠纷再审案，最高人民法院行政判决书（2019）最高法行再117号〕。

“混沌与秩序Ⅱ救赎”作为一款游戏软件名称，由“混沌”“秩序”“救赎”以及罗马数字“Ⅱ”等词汇组合而成，虽均为现有词汇，但将其组合起来，并非现有固定短语搭配，本身具有独创性和可识别性，具有显著性，不构成商标法第十一条第一款第（三）项所指情形。

3.【最高院“tv dot net dot cn”案】商标显著性的判定应当综合考虑构成商标的标识本身、商标指定使用的商品、商标指定使用商品的相关公众的认知习惯、商标指定使用商品所属行业的实际使用情况等因素〔悌威科技（北京）有限公司与国家知识产权局商标申请驳回复审行政纠纷再审申请案，最高人民法院行政裁定书（2019）最高法行申1250号〕。

（1）可识别性是商标的基本特征，申请注册的商标应当具有显著特征，便于识别。商标显著性的判定应当综合考虑构成商标的标识本身、商标指定使用的商品、商标指定使用商品的相关公众的认知习惯、商标指定使用商品所属行业的实际使用情况等因素。

（2）诉争商标由字母“tv dot net dot cn”组合构成，其中字母“dot”被置于较小的黑色圆点中，且诉争商标指定使用在第35类“广告、市场营销”等服务上。根据诉争商标的构成要素及整体外观表现形式，以及我国相关公众的一般呼叫识别习惯，原审判决认为相关公众易于将诉争商标识别为网址或互联网域名（tv. net. cn），符合相关公众的一般认知，进而认为诉争商标缺乏显著性，该认定并无不当。

商标申请第17644793号图样

4.【最高院“The Creative Life”案】标志易使相关公众理解为商业性的广告用语，不具有显著特征，违反商标法第十一条第一款第（三）项的规定〔TCL集团股份有限公司与国家知识产权局商标申请驳回复审行政纠纷再审申请案，最高人民法院行政裁定书（2019）最高法行申625号〕。

诉争商标为外文标志时,应当根据中国境内相关公众的通常认识审查判断是否具有显著性。本案中,诉争商标“The Creative Life”系普通的英文词组或短语,并未采用特定的语法和句式,在正常语境下进行翻译亦无特别之处,相关公众更多地会将其理解为一种商业性的广告用语,不会在其基础上提炼概括出衍生性的含义,亦不会将“The Creative Life”视为“TCL”的完整拼写形式,诉争商标无法起到识别商品来源的作用,违反商标法第十一条第一款第(三)项。①

5.【最高院“conotoxia”图文组合商标案】图文组合标志所含英文词汇对中国相关公众而言并非常见词汇,其图形部分构成最为显著的识别部分〔琴克恰什皮埃尔有限公司与国家知识产权局商标申请驳回复审行政纠纷再审申请案,最高人民法院行政裁定书(2019)最高法行申13016号〕。

本案申请商标由英文词汇“conotoxia”和图形构成,其中英文词汇“conotoxia”相对于中国相关公众而言,并非常见常用词汇,所以图形部分构成申请商标的最为显著的识别部分。

6.【最高院“道友请留步”案】标志使用到指定服务上易使相关公众认为是具有独特风格的提示语或指示语,不具有显著特征,违反商标法第十一条第一款第(三)项的规定〔厦门极致互动网络技术股份有限公司与国家知识产权局商标申请驳回复审行政纠纷再审申请案,最高人民法院行政裁定书(2019)最高法行申7348号〕。

(1)判断特定标志是否具有显著特征时,应以相关公众的普遍知识水平和认知能力为依据,以整体性判断为原则,通过标志本身与相关商品或服务的关联程度进行综合考量。

(2)诉争商标“道友请留步”指定使用在“教育;组织教育或娱乐竞赛;安排和组织培训班;书籍出版;电子书籍和杂志的在线出版;在计算机网络上提

① 类似案例参见美商NBA产物股份有限公司与国家工商行政管理总局商标评审委员会商标申请驳回复审行政纠纷案,北京市第一中级人民法院行政判决书(2012)一中知行初字第2051号(诉争申请商标为“奇迹在这里产生”纯文字商标,相关公众通常会将上述文字作为宣传用语或广告用语等加以识别,而不会将其作为区分商品来源的标志加以识别)。

供在线游戏"等服务上，根据相关公众的通常认识，易将其视为具有独特风格的提示语或指示语，难以将其作为商标标识，无法起到识别服务来源的作用。

7.【北京高院"滴滴滴滴滴滴"声音商标案】由单一而重复的"嘀"音构成的商标，相关公众通常情况下不易将其作为区分商品或者服务来源的标志加以识别〔腾讯科技（深圳）有限公司与国家工商行政管理总局商标评审委员会商标申请驳回复审行政纠纷上诉案，北京市高级人民法院行政判决书（2018）京行终 3673 号〕。

（1）商标法是商标注册审查的基本法律依据，在商标注册申请的审查过程中，无论具体商标标志是由何种要素构成，只要其符合商标法第八条的规定，都应当采用相同的审查标准予以同等对待。

（2）诉争商标由连续的六声"嘀"音构成，各"嘀"音之间音色基本相同、时间间隔短促且基本相同，指定使用在第 38 类"电视播放；新闻社；信息传送；电话会议服务；提供在线论坛；计算机辅助信息和图像传送；提供互联网聊天室；在线贺卡传送；数字文件传送；电子邮件"服务上。由于诉争商标仅由单一而重复的"嘀"音构成，相关公众通常情况下不易将其作为区分商品或者服务来源的标志加以识别，诉争商标属于商标法第十一条第一款第（三）项规定的缺乏显著特征的标志。

8.【北京知产法院"Apple Watch"界面图形商标案】标志整体上构图和构图元素过于复杂，相关公众会将其识别为相关电子产品的待机界面，不具有显著特征，违反商标法第十一条第一款第（三）项的规定〔苹果公司与国家工商行政管理总局商标评审委员会商标申请驳回复审行政纠纷案，北京知识产权法院行政判决书（2016）京 73 行初 3584 号〕。

申请商标由多个具备不同功能的小图标组合构成，整体上构图和构图元素过于复杂，相关公众一般不会将之识别为商标，而会将之识别为相关电子产品的待机界面图样，因此申请商标缺乏固有显著性，其注册申请违反了商标法第十一条第一款第（三）项之规定。

商标申请第 15674131 号图样

9.【北京一中院“美丽不打烊”案】暗示性标志仅属于显著特征较低的情形，不属于不具有显著特征的情形〔黄庚盛与国家工商行政管理总局商标评审委员会商标申请驳回复审行政纠纷案，北京市第一中级人民法院行政判决书(2012)一中知行初字第 1583 号〕。

商标法第十一条第一款第(三)项所规定的缺乏显著特征的标志仅指向直接描述性的标志，并不包括暗示性的标志。对于暗示性标志而言，鉴于其并非相关公众在描述商品或服务特点时所常用的直接描述方式，具有较大的选择空间，故将其注册为商标不会影响相关公众对于商品或服务特点的描述。同时，消费者虽然最终亦能认识到该暗示性标志具有描述商品或服务特点的含义，但该标志并非商品或服务特点的常用描述方式，需要消费者经过一定程度的想象才得知其含义，其与商品或服务的特点之间联系亦不十分密切。鉴于此，暗示性标志仅属于显著特征较低的情形，不属于不具有显著特征的情形。

10.【北京一中院“米宝宝”案】商标法第十一条第一款第(三)项“缺乏显著特征的标志”是指除本条第一款第(一)(二)项外，依照社会通常观念，作为商标使用在指定商品上不具备表示商品来源的标志〔肖萍与国家工商行政管理总局商标评审委员会商标异议复审行政纠纷案，北京市第一中级人民法院行政判决书(2012)一中知行初字第 1946 号〕。

商标法第十一条第一款第(三)项“缺乏显著特征的标志”是指除本条第一款第(一)(二)项以外，依照社会通常观念，作为商标使用在指定商品上不具备表示商品来源的标志。“米宝宝”使用在米花糖等商品上，相关公众能够将其识别为商标，故“米宝宝”在指定使用的商品上具有显著性，能够起到标识商品来源的作用。

（四）商品装潢的显著性

1.【最高院“红鞋底”位置商标案】常用于某一商品的单一颜色不具有显著特征，违反商标法第十一条第一款第（三）项的规定〔国家知识产权局与克里斯提·鲁布托商标申请驳回复审行政纠纷再审申请案，最高人民法院行政裁定书（2019）最高法行申 5416 号〕。

诉争商标由常用的高跟鞋图形及鞋底指定单一的颜色组成，指定使用在女高跟鞋商品上，相关公众不易将其作为区分商品来源的标志加以认知，缺乏商标应有的显著性，违反商标法第十一条第一款第（三）项。

2.【最高院“雀巢调味瓶”立体商标案】作为商品包装的三维标志在设计上具有一定的独特性并不当然表明其具有作为商标所需的显著性，应当以相关公众的一般认识，判断其是否能区别产品的来源〔雀巢公司与味事达公司、国家工商行政管理总局商标评审委员会商标争议行政纠纷再审申请案，最高人民法院行政裁定书（2014）知行字第 21 号，列入《最高人民法院知识产权案件年度报告（2014）》〕。

作为商品包装的三维标志，由于其具有实用因素，其在设计上具有一定的独特性并不当然表明其具有作为商标所需的显著性，应当以相关公众的一般认识，判断其是否能区别产品的来源。争议商标指定使用的“调味瓶”是普通消费者熟悉的日常用品，在争议商标申请领土延伸保护之前，市场上已存在与争议商标瓶型近似的同类商品的包装，且由于 2001 年修改前的商标法并未有三维标志可申请注册商标的相关规定，故相关公众不会将其作为区分不同商品来源的标志。

国际注册第 G640537 号图样

3.【最高院“爱马仕”手包翻盖位置商标案】以商品部分外观的三维形状申请商标注册时，因其通常不能够脱离商品本身而单独使用，相关公众更容易将其视为商品的组成部分，故不具有显著特征〔意大利爱马仕公司与国家工商行政管理总局商标评审委员会商标申请驳回复审行政纠纷再审申请案，最高人民法院行政裁定书(2012)知行字第68号〕。

申请商标是以商品部分外观的三维形状申请注册的情形，在通常情况下，这种三维形状不能脱离商品本身而单独使用，故相关公众更易将其视为商品的组成部分。除非这种三维形状的商品外观作为商标，其自身具有区别于同类商品外观的显著特征，或者有充分的证据证明，通过使用，相关公众已经能够将这种商品外观与特定的商品提供者联系起来。

国际注册第 **G798099** 号图样

4.【最高院"三条杠"位置商标案】商品上常见的装饰图案不具有注册商标应有的显著性和识别作用〔阿迪达斯有限公司与国家工商行政管理总局商标评审委员会、晋江市纺织服装协会商标异议复审行政纠纷再审申请案，最高人民法院行政裁定书(2012)知行字第90号〕。

在2002年阿迪达斯公司向商标局申请注册被异议商标之前，中国企业在运动服装上早已使用"三条杠"或者与之近似的一条杠、两条杠等线条作为装饰图形；该图形在中国是一种常见的服装装饰图形，不具有注册商标应有的显著性和识别作用，不能由任何一家企业取得"三条杠"图形的商标专用权从而排斥其他人的使用。因此，即使按照阿迪达斯公司所述被异议商标就是"三条杠"本身，其在服装上大量使用了"三条杠"标志，也不足以认定该图形标志通过使用取得了商标注册的显著性。

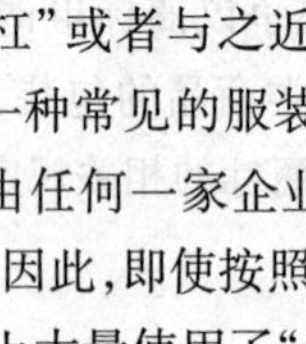

商标申请第3307037号图样

5.【最高院“晨光”笔形状构造装潢案】商品文字图案类装潢可以具有固有显著性；商品形状构造类装潢与商品本体不可分割，相关公众往往更容易将其视作商品本体的组成部分，须区别于一般设计并经使用使得相关公众将其与商品来源相联系，才可能获得显著特征〔宁波微亚达制笔有限公司与上海中韩晨光文具制造有限公司等知名商品特有装潢纠纷再审申请案，最高人民法院民事裁定书(2010)民提字第16号〕。

(1)凡是具有美化商品作用、外部可视的装饰，都属于装潢。在外延上，商品的装潢一般可以分为如下两种类型：一类是文字图案类装潢，即外在于商品之上的文字、图案、色彩及其排列组合；另一类是形状构造类装潢，即内在于物品之中，属于物品本体但具有装饰作用的物品的整体或者局部外观构造。

(2)对于文字图案类装潢而言，由于消费者几乎总是习惯于利用它们来区分商品来源，除因为通用性、描述性或者其他原因而缺乏显著性的情况外，它们通常都可以在一定程度上起到区别商品来源的作用。

(3)形状构造类装潢则并非如此。形状构造本身与商品本体不可分割，相关公众往往更容易将其视作商品本体的组成部分，而一般不会直接将其与商品的特定生产者、提供者联系起来。即使使用该形状构造的商品已经成为知名商品，在缺乏充分证据的情况下，也不能直接得出相关公众已经将该种形状构造与特定的生产者、提供者联系起来的结论。

(4)对于形状构造类装潢而言，不能基于使用该种形状构造的商品已经成为知名商品就当然认为该种形状构造已经起到了区别商品来源的作用，更不能仅凭使用该种形状构造的商品已经成为知名商品就推定该种形状构造属于知名商品的特有装潢。因而，认定形状构造类装潢构成知名商品特有装潢，需要更加充分的证据证明该种形状构造起到了区别商品来源的作用。

(5)形状构造类装潢构成知名商品的特有装潢需要满足更严格的条件。这些条件一般至少包括：①该形状构造应该具有区别于一般常见设计的显著特征；②通过在市场上的使用，相关公众已经将该形状构造与特定生产者、提供者联系起来，即该形状构造通过使用获得了第二含义。也就是说，一种形状构造要成为知名商品的特有装潢，其仅仅具有新颖性和独特性并对消费者产生了吸引力是不够的，它还必须能够起到区别商品来源的作用。

6.【北京高院"芝华士"酒瓶立体商标案】(1)将作为商品的包装物申请为三维标志商标的,应当考虑相关公众是否会将该三维标志识别为指示商品来源的标记,而不是将其识别为包装物的一般形状;(2)对于商品容器整体视觉效果而言,其上文字和图案并不足以使相关公众将申请商标与产品的常用形状区分开来,则相关公众很难将该容器认知为标识商品来源的标记〔芝华士控股(知识产权)有限公司与国家工商行政管理总局商标评审委员会商标申请驳回复审行政纠纷上诉案,北京市高级人民法院行政判决书(2017)京行终1013号〕。

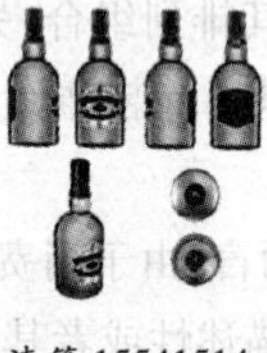

商标申请第15541514号图样

7.【北京高院"芝华士皇家礼炮"酒瓶立体商标案】商标评审委员会未将诉争商标作为立体商标进行审查,仅对诉争商标的图形部分与引证商标相比较,未就诉争商标申请是否符合立体商标的注册条件进行审查,即得出诉争商标与引证商标构成使用在相同或类似商品上的近似商标并驳回诉争商标的注册申请,属于适用法律错误〔国家工商行政管理总局商标评审委员会与芝华士控股(知识产权)有限公司商标申请驳回复审行政纠纷上诉案,北京市高级人民法院行政判决书(2016)京行终5654号〕。

8.【北京高院"芬达"饮料瓶立体商标案】以商品容器外形申请立体商标注册,仅表明创意独特、没有他人在先使用,仅能说明该三维标志本身可能会受到著作权法或专利法的保护,但不能证明其具有显著特征〔可口可乐公司与国家工商行政管理总局商标评审委员会商标申请驳回复审行政纠纷上诉案,北京市高级人民法院行政判决书(2011)高行终字第348号〕。

申请注册的三维标志是其申请商标指定使用的饮料类商品的容器外形。以商品容器外形作为三维标志申请注册立体商标的,要求该容器外形应当具有区分商品或者服务来源的显著特征,而且显著特征的有无并不是因为容器本身设计的独特,而是因为这种设计能够起到区分商品的不同来源的作用。如果商品的容器本身虽能够与其他同种商品的容器相区别,但是不能从其本身识别该商品的提供者,则只有在该容器经使用能够让相关公众识别其来源后才具有显著特征。当事人关于其申请注册商标的三维标志具有独特创意、没有其他企业或个人在其之前使用过与之相近似的容器外形的上诉理由,仅能说明该三维标志本身可能会受到著作权法或专利法的保护,但不能作为其申请商标具有显著特征的理由。

商标申请第3330291号图样

9.【北京高院"三叶草"立体商标案】判断标志是否具有显著特征,应根据标志与其所标示的商品或服务的关系来判断,二者越不相关,显著特征越强,二者联系越密切,显著特征则越弱;以指定商品本身作为三维标志立体商标申请注册,不具有可以作为商标注册的显著特征,除非通过使用能识别商品的提供者;显著特征要求的并非是对商品的区分,而是对商品的不同提供者的区分〔(美国)艾默生电气公司与国家工商行政管理总局商标评审委员会商标申请驳回复审行政纠纷上诉案,北京市高级人民法院行政判决书(2010)高行终字第131号〕。

(1)商标法第十一条第一款第(三)项规定,缺乏显著特征的标志不得作为商标注册。标志的显著特征是指,该标志所具有的能够使消费者通过它来识别商品或服务的提供者的特征。判断一个标志是否具有显著特征,应当根据该标志与其所标示的商品或服务的关系来判断:该标志与商品或服务本身越不相关,显著特征越强;该标志与商品或服务本身的联系越密切,显著特征则越弱。

(2)申请注册的三维标志是其申请商标指定使用的商品本身,而以商品本身作为三维标志立体商标申请注册的,由于商标与商品完全重合,因此原则上不具有可以作为商标注册的显著特征,除非能够证明该三维标志已经通过使用使消费者能够通过它来识别商品的提供者。

(3)申请商标的三维标志上的三叶草图案具有独特创意、能够与同行业经营者的同种商品区分开的上诉理由，仅能说明该三维标志本身可能会受到著作权法或专利法的保护，但不能作为其申请商标具有显著特征的理由。因为显著特征要求的并非是对商品的区分，而是对商品的不同提供者的区分。

商标申请第 3975565 号图样

10.【北京高院“链扣”立体商标案】立体标志构成及表现形态在其指定商品上使用，易被相关公众作为装饰性链扣图形而非商标加以识别，难以起到区分商品来源的作用，违反商标法第十条第一款第（三）项的规定〔古乔古希股份公司与国家工商行政管理总局商标评审委员会商标申请驳回复审行政纠纷上诉案，北京市高级人民法院行政判决书（2010）高行终字第 116 号〕。

商标申请第 G876455 号图样

11.【北京知产法院“生态苏酒”立体商标案】将作为商品的包装物申请为三维标志商标的，应当考虑相关公众是否会将该三维标志识别为指示商品来源的标记，而不是将其识别为包装物的一般形状〔江苏双沟酒业股份有限公司与国家工商行政管理总局商标评审委员会商标申请驳回复审行政纠纷案，北京知识产权法院行政判决书（2015）京知行初字第 1091 号〕。

商标法对立体商标的申请注册及审查标准存在区别于平面商标的具体要求。本案中，诉争商标在申请时明确表明是立体商标，具体为盛酒容器并附三维形状的图样。将作为商品的包装物申请为三维标志商标的，应当考虑相关公众是否会将该三维标志识别为指示商品来源的标记，而不是将其识别为包装物的一般形状。而被告商标评审委员会在审查时仅仅从诉争商标的瓶体主视图中含有的文字部分“生态苏酒”与引证商标“生态青酒”构成近似商标的角度进行评述，完全脱离立体商标的审查视角，在审查思路和方法上出现偏差，这种审查思路及方法属于明显不当。本院对此予以纠正。

商标申请第 13038978 号图样

12.【北京知产法院"人偶"立体商标案】申请商标的三维标志用于指定使用的商品，不论是作为商品的造型本身还是附着于他物使用，均主要起到装饰和美化作用，难以让相关公众将其认定为商标，不具有显著特征〔日东电工株式会社与国家工商行政管理总局商标评审委员会商标申请驳回复审行政纠纷案，北京知识产权法院行政判决书(2015)京知行初字第 2619 号〕。

申请商标为立体人偶形状，对于指定使用的"宠物用玩具、游乐场游戏机、体育活动器械"等商品而言，申请商标不论是作为商品的造型本身还是附着于他物使用，均主要起到装饰和美化作用，很难让相关公众将其认定为商标标识，无法起到识别商品来源的作用，已经构成商标法第十一条第一款第(二)(三)项所规定的禁止注册的情形。

商标申请第 10553771 号图样

(五)颜色组合商标的显著特征

1.【北京高院"绿色 + 冷灰色 + 暖灰色组合商标"案】(1)诉争商标的颜色组合是核定商品上的常见外观颜色，缺乏商标固有的显著特征〔湖南杰希重工有限公司等与国家知识产权局商标权无效宣告请求行政纠纷上诉案，北京市高级人民法院行政判决书(2021)京行终 1605 号〕。

注册商标第 18338886 号图样

2.【北京高院“白色+青色颜色组合商标”案】颜色组合简单,容易使得相关公众以为服务的外观颜色,不具有固有显著性〔杭州小木吉软件科技有限公司与国家知识产权局商标申请驳回复审行政纠纷上诉案,北京市高级人民法院行政判决书(2020)京行终4240号〕。

诉争商标由青色和白色构成,其颜色组合的方式比较简单,指定使用在“交通信息;运输经纪”等服务上,根据相关公众的认知习惯,易将其整体认知为“交通信息;运输经纪”等服务的外观颜色,而非识别服务来源的商标。因此诉争商标整体上无法起到识别服务来源的作用,缺乏商标固有显著性。

商标申请第32639846号图样

3.【北京高院“蓝色与铂金斑点组合商标”案】颜色组合本身过于简单,一般会被消费者视为包装、装潢或装饰性色彩,而不是作为商标识别,难以起到区分商品或服务来源的作用,不宜作商标注册〔资讯卡有限公司与国家工商行政管理总局商标评审委员会商标申请驳回复审行政纠纷上诉案,北京市高级人民法院行政判决书(2012)高行终字第86号〕。

商标申请第5858687号图样

(六)商标法第十一条第二款

1.【最高院“女性面膜”图形商标案】直接描述商品特点的标志经过实际使用与使用主体之间建立了唯一、稳定的联系,使相关公众能借此区分商品或者服务来源,方才取得显著特征〔佛山市南海贝豪生化科技有限公司与国家知识产权局商标权无效宣告请求行政纠纷再审申请案,最高人民法院行政裁定书(2020)最高法行申5186号〕。

2.【最高院“雀巢调味瓶”立体商标案】同业经营者的使用情况对通过使用获得显著性的认定具有影响〔雀巢公司与味事达公司、国家工商行政管理总局商标评审委员会商标争议行政纠纷再审申请案，最高人民法院行政裁定书(2014)知行字第 21 号〕。

对于以商品包装形式体现的三维标志，设计上的独特性不当然地等同于商标的显著性，而仍应当以其能否区分商品来源作为固有显著性的判断标准。同业经营者的使用情况对通过使用获得显著性的认定具有影响，当现有证据不足以克服相关公众对三维标志仅为商品包装这一认知的情况下，不能认定该三维标志通过使用获得了显著性。

3.【最高院“FS101 砂浆防水剂”案】获得商标专用权的标识本身并不能当然证明该标识通过使用获得了反不正当竞争法(1993 年)第五条第(二)项规定的“特有性”〔北京龙阳伟业科技股份有限公司与武汉三源特种建材有限责任公司不正当竞争纠纷再审申请案，最高人民法院民事裁定书(2016)最高法民申 3693 号〕。

商标法对于申请注册标识的显著性是要求包括将来能够识别商品来源的显著特征以及已经具有识别性的显著特征。反不正当竞争法(1993 年)第五条第(二)项所涉知名商品的特有名称的特有性是指区分商品来源的现实性，其强调的是名称、包装、装潢通过商业使用，客观上已经起到区别商品的来源，审查的重点是实际的商业使用行为。获得商标专用权的标识本身并不能当然证明该标识通过使用获得了反不正当竞争法(1993 年)第五条第(二)项规定的特有性。

4.【北京高院“绿色＋冷灰色＋暖灰色组合商标”案】缺乏固有显著性的标志，如已通过使用在特定商品或服务上达到了必要的知名程度，足以使相关公众将使用在该商品或服务上的这一标志与使用者之间建立起了唯一对应关系，则可以认定该标志在这一商品或服务上具有商标所要求的识别特性，具备应有的显著性，可以维持该商标的注册〔湖南杰希重工有限公司等与国家知识产权局商标权无效宣告请求行政纠纷上诉案，北京市高级人民法院行政判决书(2021)京行终 1605 号〕。

注册商标第 18338886 号图样

5.【北京高院"滴滴滴滴滴滴"声音商标案】缺乏显著特征的商标获准注册的商品或者服务范围应当以其实际使用并取得显著性的商品或者服务为限〔腾讯科技(深圳)有限公司与国家工商行政管理总局商标评审委员会商标申请驳回复审行政纠纷上诉案,北京市高级人民法院行政判决书(2018)京行终3673 号〕。

特定的标志其本身在特定的商品或者服务上可能缺乏商标注册所需的显著特征,但是当其经过使用而能够发挥识别作用时,则可以根据商标法第十一条第二款的规定予以核准注册。由于这种显著特征的取得建立在使用的基础之上,因此,此类商标获准注册的商品或者服务范围也应当以其实际使用的商品或者服务为限。通常情况下,不存在在一个商品或者服务项目上经过使用而取得显著特征的标志,即可仅因其在该商品或者服务上的使用行为,而在其他商品或者服务项目上当然获得显著特征。对于通过使用而取得显著特征的商标的审查,必须遵循"商品和服务项目特定化"之审查原则。

6.【北京高院"迷你人上身"玩偶造型立体商标案】对于不具有显著特征的标志而言,以演绎方式呈现出的风格化的、类似的标志的使用证据,不能证明其经使用而取得显著特征〔乐高博士有限公司与国家工商行政管理总局商标评审委员会商标申请驳回复审行政纠纷上诉案,北京市高级人民法院行政判决书(2016)京行终 3482 号〕。

申请商标标志系由单一视图呈现的玩偶造型,其头部为圆柱形、身体和腿部大致呈长方形、手部为半圆环形,头部和手部呈明黄色、身体其他部位呈蓝色,玩偶整体上未体现出服装方面的明显特征。为证明该商标申请通过使用而取得显著特征,当事人提交了相关使用证据,但相关玩偶的具体表现方式并不固定且大多添加了头发和服装造型,玩偶颜色也与申请商标标志的限定并不一致。虽然上述使用证据中的玩偶与申请商标标志中的玩偶在设计风格、基本特征方面存在较强的一致性,但是,对于商标显著的认定而言,通过使用而取得显著特征的标志,必须是在整体上具有唯一对应关系的标志。

以演绎方式呈现出的风格化的、类似的标志的使用证据，不能作为 2001 年商标法第十一条第二款规定的原本缺乏显著特征而通过使用以克服其注册过程中显著性障碍的证据。

商标申请第 11525317 号图样

7.【北京知产法院“交大法学”案】连续性出版物所使用的名称，因使用上具有反复性和一贯性，使其与主办单位建立了较为紧密的联系，能够发挥商标所应有的区分作用〔上海交通大学与国家工商行政管理总局商标评审委员会商标申请驳回复审行政纠纷案，北京知识产权法院行政判决书(2016)京 73 行初 134 号〕。

出版物名称和商标在保护范围上不能等同，出版物名称不能当然注册为商标。但期刊是一种具有连续性的出版物，在使用上具有反复性和一贯性。正是这种连续性，让期刊名称和期刊的主办单位建立了较为紧密的联系，能够发挥商标所应有的区分作用。期刊《交大法学》从创刊到正式发行，从纸质期刊到电子期刊，不断通过各种途径增强《交大法学》的知名度，在涉及 180 余种期刊的相关排名中亦相对较为靠前，与上海交通大学之间建立了较为紧密的联系。

8.【北京知产法院“金冠”巧克力立体商标案】缺乏固有显著性的标志经使用后，如果全国范围的相关公众对其广为知晓，且能够将其与使用者之间建立起了唯一对应关系，则可以认定该标志在这一商品或服务上具有获得显著性；缺乏固有显著性的标志的固有含义越是广为人知，越需更高的知名度才可以认定经使用而获得显著特征〔金冠(中国)食品有限公司与国家工商行政管理总局商标评审委员会等商标无效宣告请求行政纠纷案，北京知识产权法院行政判决书(2015)京知行初字第 1805 号〕。

(1)缺乏固有显著性的标志，如已通过使用在特定商品或服务上达到了必要的知名程度，且该知名度足以使相关公众将使用在该商品或服务上的这一标志与使用者之间建立起了唯一对应关系，则可以认定该标志在这一商品或服务上具有了商标所要求的识别特性，具有了获得显著性，可以作为商标予以注册。实践中，获得显著性的判断关键在于知名程度的认定。如果使用者可以证明全国范围的相关公众对使用在特定商品或服务上的某一标志已广为知晓，且能够将其与使用者之间建立起了唯一对应关系，则可以认定该标志在这一商品或服务上具有获得显著性。因这一知名度标准与驰名商标的知名度标准基本相同，故对于获得显著性的举证要求可以参照驰名商标的相关规定。通常情况下，如果相关公众对某一标志的固有含义的认知程度越高，则对其知名程度的举证要求亦越高。

(2)标志之所以不具有固有显著性，究其根源在于该类标志均具有识别作用之外的其他固有含义，且相关公众对上述固有含义均有所认知。此种情况下，使用者如希望相关公众对该类标志产生商标的认知，其必须使该类标志的商标识别含义强于其固有的含义，而因为相关公众对于这一固有含义通常具有较为强烈的认知，故只有该使用行为使该标志具有很高知名程度时方可能达到这一效果。同时，因相关公众对该类标志固有含义的认知会基于同行业经营者的使用情况等因素被加深，此种情况下，只有具有更高的知名程度时，在相关公众心目中所产生的商标识别力的认知才可能高于其固有含义，故此种情况下应有更高的知名度举证要求。

注册商标第 10649494 号图样

编者说明

（一）固有显著性

“显著性”（distinctiveness）（也称“显著特征”）①是指文字、图形、字母、数字、三维标志、颜色组合和声音等，以及上述要素的组合，用于商品或服务，能供相关公

① “显著性”对应多种英文表达：“distinctiveness”（《美国兰哈姆法》）、“distinctive and particular”（《英国商标法》）和“distinctive character”（《巴黎公约》《欧盟商标条例》《欧盟协调成员国商标法指令》）。

众识别商品来源的法律属性。并非所有标志都是商标;缺乏显著特征的标志,不能识别商品来源,就不是商标。商标是提供商品来源信息的标志,而商品是一个复杂的信息综合体。商品包装、装潢上的文字、图形、字母、数字、颜色,乃至商品局部或整体的三维形态,都向消费者传递商品的相关信息,有些说明商品的类别、品种,有些描述商品的组成、性状、功效等,有些装饰美化商品,有些发挥广告作用。只有那些便于相关公众识别、表明商品来源而具备显著特征的标志,才是商标。

显著性是一个相对的法律概念,表征商标与所用商品的联系强弱。标志与所用之间的联系越密切,越不具有显著性;反之,则显著性越强。具体来说,显著性是一个从弱到强的"连续谱"。标志依照显著性由弱到强可以分为五类:(1)通用性(generic);(2)描述性(descriptive);(3)隐喻性(suggestive);(4)任意性(arbitrary);(5)臆造性(fanciful)。以文字标志为例:(1)"臆造性标志"是指标志构成要素来自杜撰,并无现存的特定含义。例如"Haier"。(2)"任意性标志"是指标志由常用词构成,其通常含义与所标识的商品或服务之间联系疏远。例如"华为"之于手机。(3)"隐喻性标志"是指标志由常用词构成,其通常含义与商品或服务虽然没有直接、明显的联系,但隐喻、暗示地表示商品的属性或特点,经想象可以得知其描述商品或服务的品性。例如"肾源春"之于保健品。(4)"描述性标志"是指标志直接描述商品或服务的属性,包括商品的质量、主要原料、功能、用途、重量、数量、技术特点、特定消费对象、价格、内容、风格或者风味、使用方式和方法、生产工艺、生产地点、时间、年份、形态、有效期限、保质期或者服务时间、销售场所或者地域范围等。① 例如"阿尔山"之于矿泉水。(5)"通用性标志"是指标志表征一类商品的类别、型号、等级等。例如"雪花"之于面粉;"马卡龙"之于甜点。

这五类标志,按照显著性渊源不同而可以分为具有固有显著性的标志与经使用而获得显著性的标志。一方面,"臆造性标志""任意性标志"和"隐喻性标志",由于其本身与商品属性无关,无助于相关公众识别商品,用在商品或服务之上,相关公众自然而然地认为它们表征商品的"品牌",或者说是商品的来源。法律上,它们具有"固有显著性"(inherent distinctiveness),可以直接注册为商标。由于它们与所用商品缺乏内在联系,经营者需要通过自己的促销和诚信经营才能在相关公众中建立其与商品的社会经济联系。鉴于经营者为此要付出投资和劳动,商标法给予显著性高的商标相比于显著性弱的商标更强的保护。

另一方面,描述性标志和通用性标志没有固有显著性。我国商标法第十一条规定,仅有本商品的通用名称、图形、型号的标志,和仅直接表示商品的质量、

① 参见《商标审查审理指南》(2021年)第218页。

主要原料、功能、用途、重量、数量及其他特点的标志,不得作为商标注册。此类标志本身有特定含义,传递特定商品的自身信息,故相关公众首先不会将其作为指示商品来源的标志。实际上,它们是市场主体有效参与竞争,推销同种或类似商品的重要媒介。口号性质的广告语,宣扬经营理念或引领生活观念,也是这样的性质。例如,沙驰公司的广告语"Live life with a passion";① SGL Carbon SE 公司的广告语"Broad Base. Best Solutions";②美国 NBA 产物公司广告语"奇迹在这里产生";③全土豆公司的广告语"每个人都是生活的导演"。④在相关公众头脑中,它们的首要意义不是识别商品品质的控制源,而是向相关公众描述商品或服务,传递商品或服务的信息。

标志是否具有固有显著性也有灰色地带。隐喻性标志具有固有显著性,而描述性标志不具有,但二者时常难以界分。【北京知产法院"视立健"案】指出,"直接描述性标志系对商品或服务特点的常规表达,而如果相关公众或同业经营者针对商品或服务的特点会给出各不相同的表达,则可以认定其并非常规表达,则属于暗示性标志"。⑤ 美国判例也采取基本相同的法律标准,认为应通过以下标准判断是否为描述性标志:(1)词汇在字典的含义。词汇在字典的含义表明公众日常生活之中词汇的通常含义。(2)是否要求发挥想象力。如果公众需要凭借想象力、思维和觉察力才可以得知商品的性质,则该标志是隐喻性的。反之,如果不需要想象力,即可从标志直接获知商品品质,则为描述性的。(3)市场竞争者是否需要使用来描述自己的商品。描述性标志与商品或服务关系紧密,同行业其他市场竞争者促销时往往需要使用到。(4)标志的实际市场使用情况。⑥

(二)商品装潢的显著性

商品装潢,也称商品外观(trade dress),是指商品给人的商业体验和感受。

---

① 参见北京市第一中级人民法院行政判决书(2012)一中知行初字第421号。

② 参见北京市第一中级人民法院行政判决书(2012)一中知行初字第200号。

③ 参见北京市第一中级人民法院行政判决书(2012)一中知行初字第2051号。

④ 参见北京市第一中级人民法院行政判决书(2012)一中知行初字第1688号。

⑤ 参见江西九华堂生物科技有限公司与国家工商行政管理总局商标评审委员会商标申请驳回复审行政纠纷案,北京知识产权法院行政判决书(2015)京知行初字第5848号,列入北京知识产权法院发布的2016年典型案例。

⑥ See also Zatarains v. Oak Grove Smokehouse & Visko's Fish Fry 698 F. 2d 786 (5th Cir. 1983). 同时参见江西九华堂生物科技有限公司与国家工商行政管理总局商标评审委员会商标申请驳回复审行政纠纷案,北京知识产权法院行政判决书(2015)京知行初字第5848号,列入北京知识产权法院发布的2016年典型案例。

最高人民法院两种术语都采用。[①] 因为反不正当竞争法第六条第(一)项采用“商品包装、装潢”的表述,故采用商品装潢的表述更切合我国法律。

【最高院“晨光”笔形状构造装潢案】认为,“凡是具有美化商品作用、外部可视的装饰,都属于商品装潢”。据装潢同商品之间的关系,该案将商品装潢分为两类:一类是文字图案类装潢,即外在于商品之上的文字、图案、色彩及其排列组合;另一类是形状构造类装潢,即内在于物品之中,属于物品本体但具有装饰作用的物品的整体或者局部外观构造。

一方面,“文字图案类装潢”的显著性评判与普通商标并无二致,它们如果与商品本身的关系疏离,相关公众不易通过其识别商品,则可能具有固有显著性。但文字图案装潢可能过于复杂,相关公众倾向于将其识别为装饰,而不会将其识别为“标志”,更不可能将其识别为指示商品来源的标志,典型的例如【北京知产法院“Apple Watch”界面图形商标案】。另一方面,“形状构造类装潢”不具有固有显著性,只有通过使用才可能取得显著特征。形状构造类装潢(包括商品容器,比如酒瓶、饮料瓶)是商品本身的组成部分,与商品本身密不可分,相关公众会以之识别商品,无论商品整体或部分形状构造如何独特。【最高院“雀巢调味瓶”立体商标案】指出,作为商品包装的三维标志在设计上具有一定的独特性并不当然表明其具有作为商标所需的显著性,应当以相关公众的一般认识,判断其是否能区别产品的来源。

“位置商标”比较特殊,往往兼具文字图案类装潢和形状构造类装潢的特点。“位置商标”本质上是局部商品外观,可能是限定商品特殊位置的使用的单一颜色(如【最高院“红鞋底”位置商标案】)或者颜色组合(即颜色组合商标),抑或是图案(如【最高院“三条杠”位置商标案】)。尽管位置商标兼具文字图案类装潢的特点,但毕竟出现在商品的特定位置,如果没有取得知名度,在其实际使用之时,相关公众往往难以确定位置商标的准确界限,遑论将其识别为商标。虽然不能简单地认定全部位置商标都不具有固有显著性,相关公众都会将其识别为装饰,但不可否认的是,位置商标的显著性通常较弱或没有。从本书收集整理的法院参考案例来看,法院基本上认为位置商标没有固有显著特征。

(三)“经使用取得显著特征”

描述性标志尽管不具有固有显著性,但是经过使用起到区别商品来源的作用,可

---

① 参见宁波微亚达制笔有限公司与上海中韩晨光文具制造有限公司等知名商品特有装潢纠纷再审申请案,最高人民法院民事裁定书(2010)民提字第 16 号;爱马仕公司与国家工商行政管理总局商标评审委员会商标申请驳回复审行政纠纷再审申请案,最高人民法院行政裁定书(2012)知行字第 68 号。

以获得显著性。如果持续使用使得描述性标志在消费者头脑中的首要意义(primary significance)不是表征商品,而是识别商品来源(identify the source),则取得显著性(acquired distinctiveness)。获得显著性又称"第二含义"(secondary meaning),即标志在其原始意义之外获得了识别商品来源的含义。通过使用获得显著性的典型例子包括:"两面针"牌牙膏、"椰树"牌椰汁、"American Standard"热水器等。

依照商标法第十一条第二款,商品的通用名称经过使用也可以取得显著特征。然而,只要某种商品的通用名称仍在使用,该名称用在该种商品上,相关公众就不会将其识别为商品来源的表征标志,除非该通用名称已经经过一定设计并且因特殊历史而形成的市场格局,比如"金华火腿"。① 值得注意的是,"中国黄金"并不是通用名称,因为它并不是一种黄金;同理,"中国银行"也不是通用名称,因为它并不是一种服务的名称。

注册商标第130131号图样

描述性标志或商品通用名称经过使用是否获得显著性,商标注册申请人负有举证责任。一般说来,标志对商品属性的描述性程度越高,举证难度越大。【北京知产法院"金冠"巧克力立体商标案】指出,"如果使用者可以证明全国范围的相关公众对使用在特定商品或服务上的某一标志已广为知晓,且能够将其与使用者之间建立起了唯一对应关系,则可以认定该标志在这一商品或服务上具有获得显著性"。根据《商标审查审理指南》(2021年),判断描述性标志是否经使用取得显著特征,应以相关公众的认知为准,综合考虑如下因素:(1)相关公众对该标志的认知情况;(2)该标志在指定商品或者服务上实际使用的时间、使用方式、同行业使用情况;(3)使用该标志的商品或者服务的销售量、营业额及市场占有率;(4)使用该标志的商品或者服务的广告宣传情况及覆盖范围;(5)使该标志取得显著特征的其他因素。就证据材料而言,用以证明该标志使用情况的证据材料应当能够显示所使用的商标标志、商品或者服务、使用日期及该标志的使用人。② 特别地,商标直接用于商品(服务),即用于商品上并实际销售,而

① 参见浙江省食品有限公司诉上海市泰康食品有限公司、浙江永康四路火腿一厂商标侵权纠纷案,上海市第二中级人民法院民事判决书(2003)沪二中民五(知)初字第239号,载《中华人民共和国最高人民法院公报》2007年第11期。

② 参见《商标审查审理指南》(2021年)第219—220页。

非广告宣传，具有更强的证明力。这种使用可以证明消费者已经在特定的标志和商品来源之间建立了联系。而且，只有持续地、不间断地排他性使用，才有利于证明在消费者头脑中建立起描述性标志与商品来源之间的稳定联系。值得注意的是，如果标志对商品属性描述程度过高，多个市场竞争者长期都使用该标志，即使长期的使用也不能使该标志获得显著性——因为相关公众难以在该标志与单一的商品来源之间建立起联系。

(四)评判显著特征的时间点

商标的显著性并不是一成不变，没有显著性的标志可以经过使用而获得显著性，有显著性的标志也可以因为不当使用而失去显著性。那么，应该以申请日还是核准注册之日，抑或者应该以商标效力争议审理之日为准，审查确定标志是否具有显著性呢？

对此，商标法没有明文规则。商标法第九条第一款规定"申请注册的商标，应当有显著特征，便于识别"，强调"申请"，似乎表明在申请之日商标注册申请案就应该具备显著特征。商标法第十一条规定"下列标志不得作为商标注册"，强调"注册"，似乎表明应该以核准注册之日为准考核商标申请案是否具备显著特征。《最高人民法院关于审理商标授权确权行政案件若干问题的规定》第十条第四款规定："人民法院审查判断诉争商标是否属于通用名称，一般以商标申请日时的事实状态为准。核准注册时事实状态发生变化的，以核准注册时的事实状态判断其是否属于通用名称。"尽管本条司法解释只针对通用名称，但照理所有商标申请是否具备显著特征均应依照同样的时间节点来确定。此外，《商标审查审理指南》(2021 年)又另外设立显著特征评判的时间节点，即"判断某个标志是否属于经使用取得显著特征，驳回复审案件、不予注册复审案件应当以审理时的事实状态为准；无效宣告案件原则上以系争商标申请注册时的事实状态为准，以审理时的事实状态作为参考"。即兼采"审理日"和"申请日"作为商标显著特征判断的时间节点。①

关键的问题是，《最高人民法院关于审理商标授权确权行政案件若干问题的规定》第十条第四款所谓"一般"应如何理解，其外延包括哪些情况？第一种情况，商标注册申请案如果在申请日不具有显著性，商标局直接驳回。商标申请人就驳回复审决定不服而提起诉讼，法院依照"申请日"审查其是否具有显著性，这属于一般情况。此种情况下，根本没有"核准注册日"。

第二种情况，商标注册申请案在申请日虽然没有显著性，但商标局还是予以

① 参见《商标审查审理指南》(2021 年)第 220 页。

核准注册,第三人就该注册商标提起无效宣告程序,但注册人主张核准注册之日该商标经使用已经取得显著性。此时,法院仍然应该以申请日而非核准注册日为准,审查其是否具备显著性。除了通用名称之外,商标法第十一条第一款规定的缺乏显著特征的标志有多种情况,包括:(1)仅有本商品图形、型号的;(2)仅直接表示商品的质量、主要原料、功能、用途、重量、数量及其他特点的;(3)其他缺乏显著特征的。商标审查员完全可能不知道商标注册申请案属于指定使用之商品的图形、型号,或者直接表示该商品的质量、主要原料等特点。由于市场不断变化,表示商品及其特点的图形、符号也不断演进,商标审查员完全可能因信息滞后而不了解。但是,商标申请人本知道或本应该知道这些情况。如果以核准注册日为准考察商标是否具备显著特征,则无异于鼓励将缺乏显著性的标志申请注册为商标,此种理解并不妥。【北京高院"金骏眉"案】就指出,申请商标在待核准注册时成为通用名称的,不应核准注册。所以,这种情况也应该划归为"一般"情况。①

第三种情况,商标注册申请案在"申请日"具有显著性,商标局予以核准,但到"核准注册日"时丧失显著性。这种不具有显著性的注册商标应当被宣告无效,以防干扰市场竞争秩序,故法院应以"核准注册日"为准,考察其是否具有显著特征。这种在申请之日具有显著性而核准注册之日丧失显著性的商标注册情况很少见,应该不属于"一般"情况。

《商标审查审理指南》(2021年)区分商标复审和注册商标无效宣告程序,分别采用"审理日"和"申请日"作为评判商标显著性的时间节点,容易自相矛盾。假设一个商标在申请日不具有显著性,商标局通常会驳回申请。申请人提起商标复审,倘若商标评审委员会依照复审案件之"审理日"的事实状态认为复审商标通过使用取得显著性并认为应当核准注册,该注册商标嗣后被提起无效宣告请求时,商标评审委员会又以"申请日"的事实状态审查其显著特征,岂不自相矛盾?

总之,以"申请日"还是"核准注册日"作为参考时间点评判标志是否具有显著性,不应为商标申请人的一己私利,而应服务社会主义市场经济,便于相关公众识别商品来源,用以形成规范的市场秩序。

① 司法实践中,法院并不都如此裁判,比如湖南杰希重工有限公司等与国家知识产权局商标权无效宣告请求行政纠纷上诉案,北京市高级人民法院行政判决书(2021)京行终1605号。

第十二条 【不得注册的三维标志】以三维标志申请注册商标的，仅由商品自身的性质产生的形状、为获得技术效果而需有的商品形状或者使商品具有实质性价值的形状，不得注册。

【立法·要点注释】

1. 仅由商品自身的性质产生的形状。所谓由商品自身的性质产生的形状，是指为实现商品固有的功能和用途所必须采用的或者通常采用的形状，如书本形状、通用的灯泡形状。如果以仅由商品自身的性质产生的形状作为商标，该商标就缺乏显著性，消费者无法通过该商标将不同生产经营者的商品区别开来。同时，如果将仅由商品自身的性质产生的形状作为商标注册，会产生商标注册人的独占使用，这对其他生产同类商品的生产经营者是不公平的。

2. 为获得技术效果而需有的商品形状。所谓为获得技术效果而需有的商品形状，是指为使商品具备特定的功能，或者使商品固有的功能更容易地实现所必需使用的形状，如电动剃须刀的形状、电源插头的形状。如果以为获得技术效果而需有的商品形状作为商标，该商标不仅缺乏显著性，消费者无法通过该商标将不同生产经营者的商品区别开来，还会因独占使用而阻碍此项技术的推广与应用。

3. 使商品具有实质性价值的形状。所谓使商品具有实质性价值的形状，是指为使商品的外观和造型影响商品价值所使用的形状，如瓷器装饰品的形状、珠宝的形状。使商品具有实质性价值的形状，是为达到一定的价值而设计的，而不是为了使消费者区别不同的生产经营者而设计的，不具有商标的功能。

【司法解释】

1.《最高人民法院关于审理涉及驰名商标保护的民事纠纷案件应用法律若干问题的解释》（法释〔2009〕3 号，20090501；经法释〔2020〕19 号修正，20210101）

第十二条 当事人请求保护的未注册驰名商标,属于商标法第十条、第十一条、第十二条规定不得作为商标使用或者注册情形的,人民法院不予支持。

2.《最高人民法院关于审理商标案件有关管辖和法律适用范围问题的解释》(法释〔2002〕1 号,20020121;经法释〔2020〕19 号修正,20210101)

第五条 除本解释另行规定外,对商标法修改决定施行前发生,属于修改后商标法第四条、第五条、第八条、第九条第一款、第十条第一款第(二)、(三)、(四)项、第十条第二款、第十一条、第十二条、第十三条、第十五条、第十六条、第二十四条、第二十五条、第三十一条所列举的情形,国家知识产权局于商标法修改决定施行后作出复审决定或者裁定,当事人不服向人民法院起诉的行政案件,适用修改后商标法的相应规定进行审查;属于其他情形的,适用修改前商标法的相应规定进行审查。

【部门参考文件】

《商标审查审理指南》(国家知识产权局公告第 462 号,20220101;下编)

第六章 三维标志商标的审查审理

3. 3 三维标志商标功能性审查

《商标法》第十二条规定禁止注册具有功能性的商品外观,其目的在于确保具有实用价值或美学价值的商品特征不能通过获取可无限续展的注册商标专用权的方式被永久保护,以鼓励合法的市场竞争。因此,如果三维标志被认定具有功能性,即使经过长期使用也不能获得注册。

3. 3. 1 三维标志仅由商品自身性质产生的三维形状组成,即该三维形状是为实现商品固有的目的和用途所必须采用的或通常采用的三维形状,则该三维标志具有功能性

例如:

指定商品:轮胎

（轮胎是在各种车辆或机械上装配的接地滚动的圆环形弹性橡胶制品，能够支撑车身，缓冲外界冲击，实现与路面接触并保证车辆的行驶性能。这就使轮胎为了实现其用于车辆行驶的目的而必须具备图示三维形状，因此该三维标志仅由商品自身性质产生的三维形状组成，使用在“轮胎”商品上具有功能性，不得注册）

指定商品：缝衣针

（缝衣针为了实现引线并穿透衣物以进行缝制的目的，必须具备针尖和针眼，通常采用图示三维形状，因此该三维标志仅由商品自身性质产生的三维形状组成，使用在“缝衣针”商品上具有功能性，不得注册）

3.3.2 三维标志仅由为获得技术效果而需有的商品三维形状组成，即该三维形状是为使商品具备特定的功能，或者使商品固有的功能更容易地实现所必须使用的三维形状，该三维标志具有功能性

例如：

指定商品：剃须刀头

（图示是一个三刀头剃须刀头的三维形状。采用该三维形状的剃须刀在工作时能够根据使用者的面部轮廓变化贴面角度，增大剃须面积，使剃须效果明显提升。因此，该三维标志仅由使商品固有的功能更容易地实现所需有的三维形状组成，使用在“剃须刀头”商品上具有功能性，不得注册）

指定商品：牙刷

（图示为申请使用在“牙刷”商品上作为商标的一个三维形状。采用该三维形状的牙刷通过在刷杆的下部设置配重块，从而使重心在刷杆的下部，牙刷像不倒翁一样不会倒下，可以随处放置，避免放在洗漱杯中可能产生污染隐患。因此，该三维标志仅由使商品具备特定功能的三维形状组成，使用在“牙刷”商品上具有功能性，不得注册）

3.3.3 三维标志仅由使商品具有实质性价值的三维形状组成，即该三维形状是为使商品的外观或造型具有美学价值，进而实质性地影响消费者的购买意愿所使用的三维形状，该三维标志具有功能性

例如：

指定商品：首饰

（图示为申请使用在“首饰”商品上作为商标的一个三维形状，造型优美，带有花纹图案，有一定的美学价值。该三维形状使首饰的外观和造型更具美感，从而促使消费者购买该商品。因此，该三维标志具有功能性，不得注册）

指定商品：瓷瓶

（图示为申请使用在“瓷瓶”商品上作为商标的一个三维形状，器形古朴，图案设计精美，有一定的美学价值。该三维形状使瓷瓶的外观和造型更具美感，从而促使消费者购买该商品。因此，该三维标志具有功能性，不得注册）

【北京法院商标行政案件的规范文件】

《北京市高级人民法院商标授权确权行政案件审理指南》(20190424)

10. 商标法第十二条的适用

10.1【三维标志的功能性】

当事人申请注册商标的三维标志仅由商品自身性质产生的形状、实现自身技术效果所需有的形状或者使商品具有实质性价值的形状构成，可以认定属于商标法第十二条规定的情形，该三维标志的使用情况不予考虑。

10.2【商品自身性质产生的形状】

实现商品固有的目的、功能、用途、效果等，必须采用的或者通常采用的形状，属于商品自身性质产生的形状。

10.3【实现商品技术效果所需的形状】

为达到特定技术参数、指标等所需要采用的形状，属于实现自身技术效果所需有的商品形状。

10.4【使商品具有实质性价值的形状】

影响消费者购买意愿的商品外观、造型等，属于使商品具有实质性价值的形状。

【法院参考案例】

1.【北京高院“九蜂堂”六角蜂蜜瓶立体商标案】申请商标的立体标志是指定使用商品的常用包装形状，相关公众易将其识别为产品包装而非商标，从而难以起到区分商品来源的作用，违反商标法第十一条和第十二条的规定〔南京九蜂堂蜂产品有限公司等与国家知识产权局商标权无效宣告请求行政纠纷上诉案，北京市高级人民法院行政判决书(2020)京行终 7040 号〕。

注册商标第 18205824 号图样

2.【北京高院“之宝”打火机立体商标案】商品形状增加舒适度，具有一定的美学功能，对相关公众的消费行为产生较大影响，系使商品具有实质性价值的形状，违反商标法第十二条的规定〔之宝制造公司与国家工商行政管理总局商标评审委员会商标异议复审行政纠纷上诉案，北京市高级人民法院行政判决书(2015)高行(知)终字第4355号〕。

(1)"由商品自身的性质产生的形状"是指为实现商品固有的功能和用途所必需采用的或者通常采用的形状。"为获得技术效果而需有的商品形状"是指为使商品具备特定的功能,或者使商品固有的功能更容易地实现所必需使用的形状。"使商品具有实质性价值的形状"是指为使商品的外观和造型影响商品价值所使用的形状。

(2)被异议商标为三维标志,表现为打火机的外观,整体视觉效果与长方体接近,上下两部分由铰链连接,且下半部分较上半部分高。前侧、后侧与底面呈平面,边角略圆,顶部有微拱的弧度。具体来讲,首先,方盒形外观设计便于手握与携带,上盖的存在有利于保障安全,下盖较高利于燃料及内部零部件的装配。此种设计使得吸烟用打火机商品的形状更为合理,使用更为方便,系由商品自身性质产生的形状。而上下盖之间的铰链为连接所需,系为获得技术效果而需有的商品形状。其次,被异议商标所表现的打火机外观整体大方简洁,边角略圆、顶部微拱的设计相较直角而言既能加强手指按压打火机时的舒适度,亦能避免刮蹭,具有一定的美学功能,足以对相关公众的消费行为产生较大影响,系使商品具有实质性价值的形状。综上,被异议商标已构成商标法第十二条所指情形。

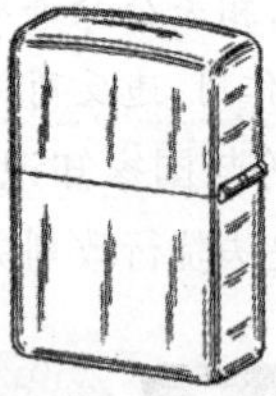

商标申请第3031816号图样

编者说明

商标法鼓励品牌竞争,不妨碍市场经营者之间就商品和服务本身进行市场竞争。换言之,商品之间就品质、成本、性能等的市场竞争,不应因为商标保护而扭曲。为此,商标法第十二条规定:"以三维标志申请注册商标的,仅由商品自身的性质产生的形状、为获得技术效果而需有的商品形状或者使商品具有实质性价值的形状,不得注册。"而且,"仅由商品自身的性质产生的形状、为获得技术效果而需有的商品形状或者使商品具有实质性价值的形状",也不得享受反不正当竞争法的保护。① 产品设计本身所具有的竞争优势,无论来自产品性质、技术效果、审美价值,还是生产成本,在商标法和反不正当竞争法领域,都概括称为"功能性"。故上述法律原则又称"非功能性"。据此,首创者倾尽家资,独家推出独特的产品设计,即便家喻户晓,路人皆知,只要产品设计本身不受专利权或著作权保护,他人未经许可仿制产品,纵然可能误导消费者,也既不属于侵犯商标权,也不成立不正当竞争行为。

非功能性原则反映了重要的公共政策,其目的不是承认市场竞争者享有肆意仿制不受专利权和著作权保护商品的"权利",而是肯定市场竞争者当然享有"有效参与市场竞争的权利"(right to compete effectively)。② 非功能性原则旨在平衡两种冲突的法益:有效参与市场竞争的需要和选择识别商品来源方式的自由。

产品设计是否具有功能性是一个程度的问题。商品整体和任何局部的外形"事实上"(de facto)都发挥一定的功能。例如,可口可乐瓶子的瓶嘴具有导流饮料便于消费者饮用的物理功能,但这并不影响可口可乐瓶子作为整体不具有功能性而可注册为立体商标。但是,如果一个产品设计使得产品性能更好,则在"法律上"(de jure)整体具有功能性,就不应当受商标法或反不正当竞争法保护。哪怕是在某一用途上产品的设计特征使产品整体具有比较竞争优势,这也属于具有功能性,③比如黑色饮料瓶就具有比较竞争优势:其一,黑色可以避光,故而黑色饮料瓶有利于保持内容物新鲜;其二,黑色还可阻挡视线,使消费者不能通过肉眼看到饮料的果汁和果肉分离,从而防止消费者食欲受到负面影响。④

产品设计在"法律上"是否具有功能性,我国判例较少。美国的司法判例可资参考。美国海关和专利上诉法院(美国联邦巡回上诉法院前身)1982 年在 *In re Morton-Norwich Prods., Inc.* 中确立了"Morton-Norwich 四因素检验法":(1)是否存在发明专利,公开争议产品设计的实用优势;(2)是否存在宣传资料,推广产品设计的功能优势;(3)是否存在性能等效的产品设计,可供其他竞争者采用;(4)是否有证据表明,争议产品设计具有比较优势,制造更为经济? 法院需要整体考察作为商标注册申请的产品设计,综合以上四个因素衡量是否具有"法律

① 参见《最高人民法院关于审理不正当竞争民事案件应用法律若干问题的解释》第二条的规定。

② New England Butt Co. v. International Trade Commission, 756 F. 2d 874(Fed. Cir. 1985).

③ Valu Eng'g, Inc. v. Rexnord Corp., 278 F. 3d 1268, 1273(Fed. Cir. 2002).

④ California Crushed Fruit Corp. v. Taylor Beverage & Candy Co., 38 F. 2d 885 (D. Wis. 1930).

上”的功能性。①

我国商标法第十二条规定,“仅由商品自身的性质产生的形状”,不得注册为商标。由此会产生如下法律问题:如果两种以上的结构设计可以实现同一产品性能,各结构三维外形是否可以分别核准注册为商标,使用到该种商品之上?如果可以,这两种结构的外形可能为同一家企业一并注册。这意味着这家企业可以对该产品性能施加无限期的排他性控制。这种局面不利于市场动态竞争。

不仅实用功能特征可以让商品具有竞争优势,美学特征也可以。美国《侵权法重述》(二)指出:“如果消费者很大程度上因为商品的审美功能而购买,则相应的美学特征就具有功能性,它们具有美学价值,有助于实现商品的目的。”②可见,功能性可以表现为审美竞争优势。但我国法院多将此种商标申请认为缺乏显著特征,违反商标法第十一条,比如第十一条注释所列【北京知产法院“人偶”立体商标案】。此外,我国法院也时常将这种情况认为同时违反商标法第十一条和第十二条,比如本条注释所列【北京高院“九蜂堂”六角蜂蜜瓶立体商标案】。

① In re Morton-Norwich Prods., Inc., 671 F.2d 1332(CCPA 1982).

② Restatement(Second) of Torts §742 Comment a(1938).

第十三条　【驰名商标的保护】为相关公众所熟知的商标，持有人认为其权利受到侵害时，可以依照本法规定请求驰名商标保护。

就相同或者类似商品申请注册的商标是复制、摹仿或者翻译他人未在中国注册的驰名商标，容易导致混淆的，不予注册并禁止使用。

就不相同或者不相类似商品申请注册的商标是复制、摹仿或者翻译他人已经在中国注册的驰名商标，误导公众，致使该驰名商标注册人的利益可能受到损害的，不予注册并禁止使用。

【立法·要点注释】

1. 请求驰名商标保护的前提有以下三个：第一，该商标为相关公众所熟知。所谓为相关公众所熟知，是指与使用商标所标示的某类商品或者服务有关的消费者，生产前述商品或者提供服务的其他经营者以及经销渠道中所涉及的销售者和相关人员等，都清楚地知道该商标及使用该商标的商品或者服务的来源。第二，该商标的持有人认为其权利受到侵害。规定驰名商标的保护目的在于防止已经驰名的商标被他人侵害，而非将被认定为驰名商标这个事实用于企业的市场推广。第三，驰名商标保护的请求应当由商标持有人提出。为防止"批量认定、主动保护"的情况出现，根据"个案认定、被动保护"的原则，驰名商标的保护请求应当由商标持有人提出，而不能由商标持有人以外的任何其他人以及机构、组织等提出。

2. 对未在中国注册的驰名商标的保护。所谓复制，是指申请注册的商标与他人驰名商标相同。所谓摹仿，是指申请注册的商标抄袭他人驰名商标，沿袭他人驰名商标的显著部分或者显著特征，即沿袭他人驰名商标赖以起主要识别作用的部分或者特征，包括特定的文字或者其组合方式及字体表现形式、特定图形构成方式及表现形式、特定的颜色组合等。所谓翻译，是指申请注册的商标将他人驰名商标以不同的语言文字予以表达，且该语言文字已与他人驰名商标建立对应关系，并为相关公众广为知晓或者习惯使用。所谓类似商品，是指商品在功能、用途、主要原料、生产部门、销售渠道、销售场所、消费对象等方面相同或者相近。所谓类似服务，是指服务在目的、内容、方式、对象等方面相同或者相近。所谓容易导致混淆，是指容易导致消费者对商品或者服务来源的误认,包括容易使消费者认为标识申请注册的商标的商品或者服务系由驰名商标所有人生产或者提供;容易使消费者联想到标识申请注册的商标的商品的生产者或者服务的提供者与驰名商标所有人存在某种联系,如投资关系、许可关系或者合作关系。

3. 适用本条第二款的规定,应当符合下列要件:在申请注册的商标向商标局申请注册的日期以前,他人商标已经驰名但尚未在中国注册;申请注册的商标构成对他人驰名商标的复制、摹仿或者翻译;申请注册的商标所使用的商品或者服务与他人驰名商标所使用的商品或者服务相同或者类似;申请注册的商标的注册或者使用,容易导致混淆。

4. 根据本条第二款的规定,对未在我国注册的驰名商标,本法只保护其在相同或者类似商品或服务上注册和使用的权利,即某一申请注册的商标是复制、摹仿或翻译他人未在我国注册的驰名商标,用于相同或者类似的商品或者服务上,容易导致混淆的,对该商标不予注册并禁止使用。如果某一申请注册的商标是复制、摹仿或翻译他人未在我国注册的驰名商标,用于不相同或不相类似的商品或者服务上,不容易导致混淆的,则本法并不禁止其注册和使用。

5. 适用本条第三款的规定,应当符合下列要件:在申请注册的商标向商标局申请注册的日期以前,他人商标已经驰名且已经在中国注册;申请注册的商标构成对他人驰名商标的复制、摹仿或者翻译;申请注册的商标所使用的商品或者服务与他人驰名商标所使用的商品或者服务不相同或者不相类似;申请注册的商标的注册或者使用,会误导公众,致使该驰名商标注册人的利益可能受到损害。

6. 根据本条第三款的规定,对已经在我国注册的驰名商标,不仅禁止他人在相同或者类似商品或服务上注册和使用,也禁止他人在不相同或者不相类似商品或服务上注册和使用。即某一申请注册的商标是复制、摹仿或翻译他人已经在我国注册的驰名商标,用于不相同或者不相类似的商品或者服务上,误导公众,致使该驰名商标注册人的利益可能受到损害的,对该申请注册的商标,不予注册并禁止使用。

【行政法规】

《中华人民共和国商标法实施条例》(20140501)

第三条 商标持有人依照商标法第十三条规定请求驰名商标保护的,应当提交其商标构成驰名商标的证据材料。商标局、商标评审委员会应当依照商标法第十四条的规定,根据审查、处理案件的需要以及当事人提交的证据材料,对其商标驰名情况作出认定。

第七十二条　商标持有人依照商标法第十三条规定请求驰名商标保护的,可以向工商行政管理部门提出请求。经商标局依照商标法第十四条规定认定为驰名商标的,由工商行政管理部门责令停止违反商标法第十三条规定使用商标的行为,收缴、销毁违法使用的商标标识;商标标识与商品难以分离的,一并收缴、销毁。

【司法解释】

1.《最高人民法院关于审理商标授权确权行政案件若干问题的规定》(法释〔2017〕2 号,20170301;经法释〔2020〕19 号修正,20210101)

第十二条　当事人依据商标法第十三条第二款主张诉争商标构成对其未注册的驰名商标的复制、摹仿或者翻译而不应予以注册或者应予无效的,人民法院应当综合考量如下因素以及因素之间的相互影响,认定是否容易导致混淆:

(一)商标标志的近似程度;

(二)商品的类似程度;

(三)请求保护商标的显著性和知名程度;

(四)相关公众的注意程度;

(五)其他相关因素。

商标申请人的主观意图以及实际混淆的证据可以作为判断混淆可能性的参考因素。

第十三条　当事人依据商标法第十三条第三款主张诉争商标构成对其已注册的驰名商标的复制、摹仿或者翻译而不应予以注册或者应予无效的,人民法院应当综合考虑如下因素,以认定诉争商标的使用是否足以使相关公众认为其与驰名商标具有相当程度的联系,从而误导公众,致使驰名商标注册人的利益可能受到损害:

(一)引证商标的显著性和知名程度;

(二)商标标志是否足够近似;

(三)指定使用的商品情况;

（四）相关公众的重合程度及注意程度；

（五）与引证商标近似的标志被其他市场主体合法使用的情况或者其他相关因素。

第十四条 当事人主张诉争商标构成对其已注册的驰名商标的复制、摹仿或者翻译而不应予以注册或者应予无效，国家知识产权局依据商标法第三十条规定裁决支持其主张的，如果诉争商标注册未满五年，人民法院在当事人陈述意见之后，可以按照商标法第三十条规定进行审理；如果诉争商标注册已满五年，应当适用商标法第十三条第三款进行审理。

【注释】①

1. 本解释第十二条列举了判断容易导致混淆的考虑因素，并强调了综合考量的判断方法。本解释第十二条将商标标志的近似程度、商品的类似程度以及请求保护商标的显著性和知名程度、相关公众的注意程度等均作为判断混淆可能性的考虑因素，并且强调这些因素之间可以互相影响。比如，对于完全相同或者高度近似的商标，在商品类别范围上可能放宽；而如果是在同一类商品上，对近似程度的要求可能降低；在先商标具有较高的知名度和显著性，即使商标本身近似程度弱一些，也可能造成混淆；相关公众注意程度低的商品，更容易造成混淆等。第一款列举的四项因素是市场环境下消费者是否容易混淆的基本考虑因素；第二款中规定的申请人意图和实际混淆的证据只是参考因素，如果存在该两项因素可以佐证混淆可能性的存在，但缺乏该两项因素不妨碍对混淆可能性的认定。

虽然本解释第十二条针对的是商标法第十三条第二款未注册驰名商标的保护，但事实上，商标法第三十条关于在先注册商标的保护也涉及混淆可能性的判断，第三十二条在先权利中如字号的保护也会涉及这个问题，同样可以参照本解释第十二条的规定来进行判断。

2. 与未注册驰名商标保护的混淆可能性标准不同，已经注册的驰名商标权利人可以依据商标法第十三条第三款的规定禁止他人对不相同或者不相类似商品复制、模仿或者翻译其商标，只要有可能“误导公众，致使驰名商标注册人的利益受到损害”。如何确定驰名商标跨类似商品的保护范围是司法实践中的难点问题，其判断不仅依据法律和司法解释的相关规定，又高

---

① 参见宋晓明、王闯、夏君丽、董晓敏：《〈关于审理商标授权确权行政案件若干问题的规定〉的理解与适用》，载《人民司法·应用》2017年第10期。

度依赖个案事实所反映的具体情况。本解释第十三条吸收了《最高人民法院关于审理涉及驰名商标保护的民事纠纷案件应用法律若干问题的解释》第九条的标准，即将“误导公众，可能损害驰名商标注册人利益”的标准明确为“足以使相关公众认为被诉商标与驰名商标具有相当程度的联系”，又列举了司法实践中常见的几项考虑因素，同样需要综合考虑相关因素才能得出诉争商标的注册是否误导公众、致使驰名商标注册人的利益可能受到损害的结论。在第（五）项考虑因素中增加了“或者其他相关因素”，以表示该条仅为列举，个案中可能有其他相关的考虑因素，也可能不需要考虑该条所列举的某项因素。

3. 本解释第十四条涉及商标法第三十条和第十三条第三款转换适用的问题。商标法第三十条与第十三条第三款均涉及对在先注册商标的保护，当事人在主张保护时，由于对于商品是否类似可能存在一定的模糊认识，可能认为诉争商标指定使用的商品与其在先商标核定使用商品不构成类似商品，因而以商标法第十三条第三款为依据，主张驰名商标的跨类保护。如果商标评审委员会认为商品属于类似，依照商标法第三十条足以制止诉争商标的注册，则可以转换适用第三十条，而对于引证商标是否构成驰名商标不予认定。最高人民法院在相关案例中已经明确，依据举重以明轻的法律解释规则，第十三条第三款也可以适用于相同类似商品上的保护。如果超过了申请无效的五年期间，当事人主张第十三条保护的，应当按照第十三条进行审理。当然驰名商标所有人超过五年提出无效请求的，还需满足商标法第四十五条关于恶意注册的规定。对于超过五年期间，当事人以第三十条为依据主张驰名商标在相同类似商品上的保护的，是否亦应将法律依据转换为第十三条，目前尚有不同观点，本解释对此没有明确。

2.《最高人民法院关于审理涉及驰名商标保护的民事纠纷案件应用法律若干问题的解释》（法释〔2009〕3号，20090501；经法释〔2020〕19号修正，20210101）

第一条　本解释所称驰名商标，是指在中国境内为相关公众所熟知的商标。

第九条　足以使相关公众对使用驰名商标和被诉商标的商品来源产生误认，或者足以使相关公众认为使用驰名商标和被诉商标的经营者之间具有许可使用、关联企业关系等特定联系的,属于商标法第十三条第二款规定的“容易导致混淆”。

足以使相关公众认为被诉商标与驰名商标具有相当程度的联系,而减弱驰名商标的显著性、贬损驰名商标的市场声誉,或者不正当利用驰名商标的市场声誉的,属于商标法第十三条第三款规定的“误导公众,致使该驰名商标注册人的利益可能受到损害”。

【注释】①

1. 商标法(2001 年)第十三条第一款[同商标法(2019 年)第十三条第二款]规定,“就相同或者类似商品申请注册的商标是复制、摹仿或者翻译他人未在中国注册的驰名商标,容易导致混淆的,不予注册并禁止使用”。容易导致混淆,一般包括以下三种情形:一是将原被告的商品完全误认,鱼目混珠;二是认为原被告的商品来源相同,为同一经营者;三是误认为原被告之间具有商业标识许可使用、参股控股、关联企业等特定的联系。本解释第九条第一款根据未注册驰名商标在相同或者类似商品上予以保护的规定,将“足以使相关公众对使用驰名商标和被诉商标的商品来源产生误认,或者足以使相关公众认为使用驰名商标和被诉商标的经营者之间具有许可使用、关联企业关系等特定联系”三种情形界定为容易导致混淆的法律要件。

2. 按照商标法(2001 年)第十三条第二款[同商标法(2019 年)第十三条第三款]规定,对于驰名的注册商标可给予在不相同或者不相类似商品上的跨类保护。其中规定的“误导公众,致使该驰名商标注册人的利益可能受到损害”,不应简单地从一般商标侵权的市场混淆意义上进行理解,通常都涉及因误导相关公众而减弱驰名商标的显著性或者贬损其声誉,因而本解释第九条第二款将此规定为“足以使相关公众认为被诉商标与驰名商标具有相当程度的联系,而减弱驰名商标的显著性、贬损驰名商标的市场声誉,或者不正当利用驰名商标的市场声誉”。这种界定更符合此类驰名商标的司法保护实际,更利于加强驰名商标的保护。当然,这种界定直接涉及跨类保护的范围,故本条第二款要求“使相关公众对商品或者其经营者产生相当程度的联系”,而不能是程度不高的“联想”。

---

① 参见孔祥俊、夏君丽:《〈关于审理涉及驰名商标保护的民事纠纷案件应用法律若干问题的解释〉的理解与适用》,载《人民司法·应用》2009 年第 13 期。

3.《最高人民法院关于审理商标案件有关管辖和法律适用范围问题的解释》（法释〔2002〕1 号，20020121；经法释〔2020〕19 号修正，20210101）

第五条　除本解释另行规定外，对商标法修改决定施行前发生，属于修改后商标法第四条、第五条、第八条、第九条第一款、第十条第一款第（二）、（三）、（四）项、第十条第二款、第十一条、第十二条、第十三条、第十五条、第十六条、第二十四条、第二十五条、第三十一条所列举的情形，国家知识产权局于商标法修改决定施行后作出复审决定或者裁定，当事人不服向人民法院起诉的行政案件，适用修改后商标法的相应规定进行审查；属于其他情形的，适用修改前商标法的相应规定进行审查。

【部门参考文件】

1.《商标审查审理指南》（国家知识产权局公告第 462 号，20220101；下编）

第十章　复制、摹仿或者翻译他人驰名商标的审查审理

4 适用要件

4.1《商标法》第十三条第二款的适用要件

适用《商标法》第十三条第二款须符合下列要件：

（1）当事人商标在系争商标申请日前已经驰名但尚未在中国注册；

（2）系争商标构成对当事人驰名商标的复制、摹仿或者翻译；

（3）系争商标所使用的商品或者服务与当事人驰名商标所使用的商品或者服务相同或者类似；

（4）系争商标的注册或者使用，容易导致混淆。

4.2《商标法》第十三条第三款的适用要件

适用《商标法》第十三条第三款须符合下列要件：

（1）当事人商标在系争商标申请日前已经驰名且已经在中国注册；

（2）系争商标构成对当事人驰名商标的复制、摹仿或者翻译；

（3）系争商标所使用的商品或者服务与当事人驰名商标所使用的商品或服务不相同或者不相类似；

（4）系争商标的注册或者使用，误导公众，致使当事人的利益可能受到损害。

6 复制、摹仿或者翻译他人驰名商标的判定

6.1 复制

复制是指系争商标与他人驰名商标相同。

6.2 摹仿

摹仿是指系争商标抄袭他人驰名商标,沿袭他人驰名商标的显著部分或者显著特征。

驰名商标的显著部分或者显著特征是指驰名商标赖以起主要识别作用的部分或者特征,包括特定的文字、字母、数字或者其组合方式及字体表现形式、特定图形构成方式及表现形式、特定的颜色组合等。

6.3 翻译

翻译是指系争商标将他人驰名商标以不同的语言文字予以表达,且该语言文字已与他人驰名商标建立对应关系,并为相关公众所熟知或习惯使用,或者易使相关公众误认为该语言文字与他人驰名商标具有相当程度的联系。

7 混淆、误导可能性的判定

7.1 混淆、误导的主要情形

混淆、误导主要包括以下情形:

(1)相关公众对商品或者服务的来源产生误认,认为标识系争商标的商品或者服务系由驰名商标所有人生产或者提供;

(2)使相关公众联想到标识系争商标的商品的生产者或者服务的提供者与驰名商标所有人存在某种联系,如投资关系、许可关系或者合作关系;

(3)足以使相关公众认为系争商标与他人驰名商标具有相当程度的联系,而减弱驰名商标的显著性;

(4)系争商标的注册使用可能贬损驰名商标的市场声誉;

(5)系争商标的注册使用可能不正当利用驰名商标的市场声誉的。

7.2 混淆、误导的判定要件

混淆、误导的判定不以实际发生混淆、误导为要件,只须判定有无混淆、误导的可能性即可。

7.3 混淆、误导可能性判定的考虑因素

混淆、误导可能性的判定,应当综合考虑下列各项因素:

(1)系争商标与他人驰名商标的近似程度;

(2)他人驰名商标的独创性;

(3)他人驰名商标的知名程度;

(4)系争商标与他人驰名商标各自使用的商品或者服务的关联程度;

(5)其他可能导致混淆、误导的因素。

9 典型案例

案例一:“外研社”商标异议案

(1)商标信息。

外研社

被异议商标
指定商品:游戏器具、玩具等

引证商标
使用商品:书籍、印刷出版物等

(2)审查要点。

本案中,异议人提交的经济指标列表、财务审计报告及纳税证明、产品销售发票复印件、行业主管部门出具的分析报告、所获荣誉和奖项、媒体报道等证据可以证明,异议人在先注册并使用在“书籍、印刷出版物”商品上的“外研社 FOREIGN · LANGUAGE · TEACHING · AND · RESEARCH · PRESS 及图”商标在被异议商标申请注册之前经长期使用与广泛宣传已具有较高知名度,为相关公众所熟知。被异议商标“外研社”与异议人商标文字“外研社”文字组合完全相同。被异议商标指定使用的“游戏器具、纸牌”等商品与异议人商标主要使用的“印刷出版物”等商品同属文体用品,销售渠道、消费群体均有重合。因此,被异议商标的申请注册已构成对异议人商标的抄袭和摹仿,易误导公众,致使异议人的利益可能受到损害,违反了《商标法》第十三条第三款的相关规定。

案例二:“SKECHERS”商标异议案

(1)商标信息。

SKECHERS

被异议商标
指定商品:剃须刀、剪刀等

SKECHERS

引证商标
使用商品:男人、女人和小孩的鞋;
男人、女人和小孩的衣服等

(2)审查要点。

本案中,异议人提交的年度财务报告、销售收入专项审计报告、完税证明、广告宣传资料、国内外媒体相关报道等证据可以证明,异议人注册并使用在“男人、女人和小孩的鞋”等商品上的“SKECHERS”商标在被异议商标申请注册之前经长期使用与广泛宣传已具有较高知名度,为相关公众所熟知。被异议商标字母构成与异议人商标完全相同。被异议商标指定使用的“剃须刀”等商品与异议人商标主要使用的“男人、女人和小孩的鞋”等商品均属于日常消费品，消费群体存在重合。因此，被异议商标的申请注册已构成对异议人驰名商标的复制，易误导公众，致使异议人的利益可能受到损害，违反了《商标法》第十三条第三款的相关规定。

案例三：“酷狗 Ku Gou”商标无效宣告案

(1)商标信息。

KU GOU
酷狗

争议商标
指定服务：安排和组织音乐会等

酷狗

申请人未注册商标
使用服务：提供在线音乐(非下载)

(2)审理要点。

本案中，申请人提交的行业协会出具的证明、纳税金额证明、宣传使用合同及发票等证据可以证明在争议商标申请日前，经过申请人多年的使用和宣传，申请人“酷狗”商标在“提供在线音乐(非下载)”服务上已构成驰名商标。争议商标完整包含“酷狗”二字，其他要素又是“酷狗”对应的汉语拼音，与申请人“酷狗”商标高度近似。争议商标指定使用的“提供卡拉OK服务”等服务与申请人商标主要使用的服务在服务对象、服务内容和特点上高度相近。因此，争议商标的注册易使相关公众认为其提供者与申请人之间具有某种关联关系，从而容易导致混淆，损害申请人利益，违反了2001年《商标法》第十三条第一款的相关规定。

案例四：“施華洛及图”商标无效宣告案

(1)商标信息。

施華洛

争议商标
指定服务：婚纱摄影等

施华洛世奇

引证商标
指定商品：宝石等

(2)审理要点。

《商标法》第四十五条第一款规定，申请人以《商标法》第十三条之规定宣告争议商标注册无效的期限为自商标注册之日起五年内，但对恶意注册的，驰名商标所有人不受五年的时间限制。本案中，根据申请人提交的证据以及商标注册部门查明的事实可知,在争议商标申请注册之前申请人的“施华洛世奇”“施华洛”等品牌通过数十家国内知名报刊、网站等媒体进行了大量的宣传报道。且引证商标在人民法院相关判决书中已被认定已为相关公众所熟知,在原商标评审委员会作出的多件无效宣告裁定中亦有此认定。故本案认定引证商标指定使用在“宝石”商品上已为相关公众所熟知,争议商标构成对引证商标的复制、摹仿;争议商标核定使用的“婚纱摄影”等服务与引证商标核定使用的“宝石”等商品存在一定关联性;且在多件无效宣告裁定中亦有此认定被申请人在实际使用中具有攀附申请人高知名度商标的主观故意,已在法院生效判决中予以确认;故争议商标虽已注册满五年,但其使用在指定服务上易使消费者误认为其指定服务来源于申请人或与申请人之间存在密切关联,损害申请人权益。因此,争议商标的注册违反了2001年《商标法》第十三条第二款的相关规定。

案例五:“”商标异议复审案

(1)商标信息。

被异议商标
指定商品:人用药等

引证商标
指定商品:服装等

(2)审理要点。

本案中,申请人的引证商标经其长期、广泛的使用与宣传,已经形成了极高知名度和广泛的影响,为社会公众广为知晓。依据修改后的《商标法》第十四条,可以认定引证商标为“服装、鞋、帽”商品上的驰名商标。被异议商标与申请人具有独创性的引证商标均为纯图形商标,整体视觉效果相近,虽然被异议商标指定使用的“人用药”等商品与申请人引证商标核定使用的“服装”等商品关联性不强,但鉴于申请人引证商标已为社会公众广为知晓,被异议商标申请注册在人用药等商品上,易误导公众并损害申请人驰名商标的利益。因此,被异议商标的申请注册违反了《商标法》第十三条第三款的相关规定。

2.《规范商标申请注册行为若干规定》(国家市场监督管理总局令第17号,20191201)

第三条 申请商标注册应当遵循诚实信用原则。不得有下列行为:

（一）属于商标法第四条规定的不以使用为目的恶意申请商标注册的。

（二）属于商标法第十三条规定，复制、摹仿或者翻译他人驰名商标的。

（三）属于商标法第十五条规定，代理人、代表人未经授权申请注册被代理人或者被代表人商标的；基于合同、业务往来关系或者其他关系明知他人在先使用的商标存在而申请注册该商标的。

（四）属于商标法第三十二条规定，损害他人现有的在先权利或者以不正当手段抢先注册他人已经使用并有一定影响的商标的。

（五）以欺骗或者其他不正当手段申请商标注册的。

（六）其他违反诚实信用原则，违背公序良俗，或者有其他不良影响的。

3.《国家知识产权局关于加强查处商标违法案件中驰名商标保护相关工作的通知》（国知发保函字〔2019〕229 号，20191115）

三、突出重点切实加强驰名商标保护

（一）及时保护。对于国家知识产权局根据查处商标违法案件需要而认定的驰名商标，立案机关应当自批复后六十日内依法予以保护，并将行政处罚决定书及相关文书抄报所在省（自治区、直辖市）知识产权管理部门。省（自治区、直辖市）知识产权管理部门应当督促立案机关按时报送处理结果，并自收到抄报的行政处罚决定书之日起三十日内将保护情况及行政处罚决定书副本报送国家知识产权局保护司。

（二）援引保护。在查处商标违法案件中，当事人的商标曾在我国作为驰名商标受到行政保护的，若涉案商品与原驰名商标保护时的涉案商品相同或类似，且对方当事人对该商标驰名无异议或者虽有异议，但异议理由和提供的证据明显不足以支持该异议的，立案机关可以根据该保护记录，并结合相关证据，确定是否给予该商标驰名商标保护。

（三）重点保护。以驰名商标为重点，加大商标行政保护力度。各地要对辖区内曾行政认定并持续使用的驰名商标进行汇总、梳理，形成涉驰名商标案件联系人名单，并及时报送国家知识产权局保护司。首次报送名单后，有情况和信息变化的定期报送。国家知识产权局将建立相关数据库，面向商标行政执法人员开放，支撑各地执法办案。

【北京法院商标行政案件的规范文件】

《北京市高级人民法院商标授权确权行政案件审理指南》(20190424)

11. 商标法第十三条的适用

11.1【驰名商标的举证】

当事人主张在先商标构成驰名商标的,一般应当提交该商标在诉争商标申请日前已处于驰名状态的证据。

当事人提交诉争商标申请日后形成的证据,足以证明在先商标在诉争商标申请日前已处于驰名状态的,可以予以采纳。

11.2【驰名商标的保护】

适用商标法第十三条第三款规定时,应考虑以下要件:

(1)引证商标在诉争商标申请日前已经达到驰名状态;

(2)诉争商标构成对驰名商标的复制、摹仿或者翻译;

(3)诉争商标的注册容易误导公众,致使驰名商标所有人的利益可能受到损害。

前款所列任一要件不成立时,无需对其他要件予以认定。

11.3【驰名商标的保护范围】

认定驰名商标的保护范围,可以综合考虑商标的显著性、知名度、商标标志的近似程度、指定使用的商品情况、相关公众的重合程度及注意程度、诉争商标申请人的主观状态等因素。

11.4【第十三条第三款适用的情形】

下列情形属于商标法第十三条第三款规定的情形:

(1)在不相同或者不类似的商品上申请注册的诉争商标是对引证商标的复制、摹仿或者翻译,足以使相关公众对使用引证商标和诉争商标的商品来源产生误认,或者足以使相关公众认为使用引证商标和诉争商标的经营者之间具有许可使用、关联企业关系等特定联系的;

(2)在不相同或者不类似的商品上申请注册的诉争商标是对引证商标的复制、摹仿或者翻译,足以使相关公众认为诉争商标与引证商标具有相当程度的联系,而减弱引证商标的显著性、贬损引证商标的市场声誉,或者不正当利用引证商标的市场声誉的。

11.5【驰名状态】

下列情形不能认定在先商标已经达到驰名状态：

(1)当事人自身具有较长经营历史和较高知名度，但无法证明在先商标已为中国境内相关公众所熟知的；

(2)在先商标在其他国家、地区等具有较高知名度，但依据诉争商标申请日前的实际使用情况，不能为中国境内相关公众所熟知的。

11.6【复制、摹仿和翻译的认定】

诉争商标标志与他人驰名商标标志相同或者视觉上基本无差异属于复制。

在诉争商标标志中使用他人驰名商标的显著部分或者显著特征等属于摹仿。

在诉争商标标志中将他人驰名商标以不同的语言文字予以表达，且该语言文字已与他人驰名商标建立对应关系，并为相关公众广为知晓或者习惯使用的，属于翻译。

11.7【驰名商标的法条转换】

商标评审部门在符合下列条件的情况下，适用商标法第三十条或者第三十一条作出被诉裁决且支持当事人申请，对方当事人主张适用法律错误的，不予支持：

(1)当事人依据商标法第十三条第三款的规定对相同或者类似商品上申请注册的诉争商标申请不予核准注册或者宣告其无效的；

(2)当事人没有明确主张诉争商标的申请注册违反商标法第三十条或者第三十一条的；

(3)当事人申请诉争商标不予核准注册或者宣告无效的实质理由是相关公众容易对诉争商标与引证商标所标示的商品来源产生混淆的；

(4)当事人提出宣告诉争商标无效的申请没有超出商标法第四十五条第一款规定的五年期限的。

11.8【已注册驰名商标在同类商品的保护】

诉争商标自注册之日起超过五年的，驰名商标所有人依据商标法第十三条第三款的规定请求对在相同或者类似商品上的诉争商标宣告无效的，可以予以支持。

【地方法院规范】

《北京市高级人民法院知识产权民事诉讼证据规则指引》(20210422)

第四部分　侵害商标权纠纷

4.11 原告主张商标达到驰名程度,应依据《中华人民共和国商标法》第十四条的规定围绕以下事实提供证据:

(一)反映使用该商标的商品的市场份额、销售区域、纳税情况等因素的销售合同、各类票据、参加展会证明、广告宣传;

(二)体现商标持续使用时间、地域范围的相关证据;

(三)该商标曾被作为驰名商标受保护的记录;

(四)使用该商标的商品在行业内排名列表、市场价值评估报告、市场分析报告、市场调查报告、荣誉证书;

(五)使用该商标商品的用户数量、交易金额、用户互动数据;

(六)其他事实。

4.12 原告主张被告侵害其未注册驰名商标权益的,应围绕以下事实提供证据:

(一)涉案商标经过长期宣传、使用已达驰名程度;

(二)被告实际使用的商品与涉案商标据以驰名的商品构成同一种或类似商品;

(三)被告使用的商标构成对涉案商标的复制、摹仿或者翻译;

(四)被告的使用行为容易导致相关公众的混淆。

4.13 原告主张被告侵害其注册驰名商标专用权的,应围绕以下事实提供证据:

(一)涉案商标经过长期宣传、使用已达驰名程度;

(二)被告使用的商标构成对涉案商标的复制、摹仿或者翻译;

(三)被告的使用行为容易误导公众,致使原告的利益受损。

【公报案例】

【陕西中院"尼康"电动车案】被控侵权人在不相同或者不相类似的商品上使用驰名商标,足以使相关公众认为被诉商标与驰名商标具有相当程度的联系,减弱驰名商标的显著性,应对驰名商标给予跨类保护〔株式会社尼康诉浙江尼康电动车业有限公司等侵犯注册商标专用权及不正当竞争纠纷案,陕西省西安市中级人民法院民事判决书(2009)西民四初字第302号,载《中华人民共和国最高人民法院公报》2012年第8期〕。

【法院参考案例】

(一)未注册驰名商标的保护

1.【北京高院"酷狗 KuGou"娱乐案】适用商标法第三十二条"在先使用有一定影响的商标"无法覆盖诉争商标指定或核定的全部商品时,仍需根据商标法第十三条第二款未注册驰名商标保护条款进行审查〔汕头市利丰电器有限公司等与国家工商行政管理总局商标评审委员会商标权无效宣告请求行政纠纷上诉案,北京市高级人民法院行政判决书(2017)京行终248号〕。

商标法(2001年)第三十一条规定的"在先使用有一定影响商标"[同商标法(2019年)第三十二条]和商标法(2001年)第十三条第一款[同商标法(2019年)第十三条第二款]均是对他人在先使用未注册商标的保护,二者的区别在于在先使用的未注册商标知名度不同,且所要保护的在先权益内容不同。"在先使用有一定影响商标"更侧重于保护在先商标使用人基于商标使用而获得的利益,而商标法(2001年)第十三条第一款更侧重于防止市场混淆的发生。因此,在适用商标法(2001年)第三十一条无法覆盖诉争商标指定或核定的全部商品或服务时,仍需对商标法(2001年)第十三条进行审查。

2.【南京中院"奔富"案】(1)对于相关公众广为知晓但因他人抢注而未能核准注册的商标,人民法院可以根据当事人请求,在商标侵权案件中结合该商标使用持续时间、宣传投入、范围、程度以及受保护记录等因素,依法认定为未注册驰名商标并予以保护。(2)行为人违反诚实信用原则,对于明知是他人未在中国注册的驰名商标,利用商标注册先申请原则,抢先申请注册或受让与该未注册驰名商标相同或近似的商标,并使用在相同或者类似商品上,获得不当利益,给权利人造成损害的,人民法院可以根据权利人请求,判决行为人停止使用并赔偿损失〔南社布兰兹有限公司与淮安市华夏庄园酿酒有限公司、杭州正声贸易有限公司侵害商标权纠纷案,南京市中级人民法院民事判决书(2018)苏01民初3450号,列入2020年江苏法院知识产权司法保护十大典型案例〕。

3.【上海知产法院“LAFITE”案】商标法及相关司法解释虽未规定未注册驰名商标受侵害时可以获得赔偿，但对于恶意使用未注册驰名商标的行为人，可以类推适用商标法(2013 年)第三十六条关于恶意使用未准予注册商标应当赔偿的规定，判决其承担赔偿责任〔拉菲罗斯柴尔德酒庄与上海保醇实业发展有限公司、保正(上海)供应链管理有限公司侵害商标权纠纷案，上海知识产权法院民事判决书(2015)沪知民初字第 518 号，列入最高人民法院公布的 2017 年中国法院 50 件典型知识产权案例〕。

(二)驰名注册商标的保护:禁止注册

1.【最高院“酒鬼”花生米案】驰名商标的保护范围，应当与其显著性和知名度相适应〔酒鬼酒股份有限公司与国家知识产权局、四川省百世兴食品产业有限公司商标权无效宣告请求行政纠纷再审申请案，最高人民法院行政裁定书(2019)最高法行申 3304 号〕。

(1)当事人依据商标法第十三条第三款主张诉争商标构成对其已注册的驰名商标的复制、摹仿或者翻译而不应予以注册或者应予无效的，人民法院应当综合考虑如下因素，以认定诉争商标的使用是否足以使相关公众认为其与驰名商标具有相当程度的联系，从而误导公众，致使驰名商标注册人的利益可能受到损害:(1)引证商标的显著性和知名程度;(2)商标标志是否足够近似;(3)指定使用的商品情况;(4)相关公众的重合程度及注意程度;(5)与引证商标近似的标志被其他市场主体合法使用的情况或者其他相关因素。

(2)本案中，“酒鬼”为汉语中固有词汇，将其使用在“含酒精饮料”或“加工过的花生米”上，其固有含义均在一定程度上发挥了对商品内容或品质的暗示作用。尽管其已构成驰名商标，但对其保护理应受到相应的合理限制。诉争商标标识为中文“酒鬼”，引证商标一为中文“酒鬼”及拼音图形组成，两商标字体均经过艺术化处理，特别是引证商标一同时还组合有围绕“酒鬼”文字和拼音的图形，两商标设计风格及整体视觉效果上存在一定差异。引证商标一指定使用的第 33 类“含酒精饮料”商品与诉争商标指定使用的第 29 类“加工过的花生、精制坚果仁、蛋类”商品，在功能、用途、生产渠道上差异较大。诉争商标与引证商标一在各自市场中已经共存多年，经过各自的持续使用和宣传，均已获得了相关消费者的认可。综合考虑以上因素，诉争商标的使用并未使相关公众认为其与引证商标一具有相当程度的联系，从而误导公众，致使酒鬼酒公司的利益可能受到损害。

商标申请第 G1022223 号图样（诉争商标，左图）；注册商标第 1157000 号（引证商标，右图）

2.【最高院"美图秀秀"洗发水案】诉争商标与有较强显著性且具有知名度的引证商标高度近似，其指定使用商品的消费对象与后者的消费对象又存在重叠，诉争商标与引证商标共存于市场容易被消费者误认为产品或产品的来源主体存在关联，进而割裂引证商标与其权利人的固有联系，损害其权利人合法利益〔贝荣雄与国家工商行政管理总局商标评审委员会等商标权无效宣告请求行政纠纷再审申请案，最高人民法院行政裁定书(2018)最高法行申 3605 号〕。

引证商标"美图秀秀"并非固有词汇，具有较强的固有显著性。诉争商标文字部分"美图秀秀"与引证商标相同，诉争商标中的"MEITUXIUXIU"亦容易被识别为"美图秀秀"的汉语拼音，两商标标志高度近似。并且诉争商标核定使用的化妆品、洗发液、洗洁精等商品与引证商标核定使用的计算机程序（可下载软件）等商品消费对象存在重叠。二者共存于市场，容易被消费者误认为产品或产品的来源主体存在关联，进而割裂引证商标与美图公司之间的固有联系，损害美图公司作为驰名商标权利人的合法利益。

3.【最高院"威仕达玉兰"案】在"相同或者类似商品"上复制、摹仿、翻译他人已经在中国注册的驰名商标申请注册商标的行为，亦属商标法第十三条所调整的对象〔宝洁公司与国家工商行政管理总局商标评审委员会等商标争议行政纠纷再审案，最高人民法院行政判决书(2016)最高法行再 12 号〕。

商标法第十三条的规定旨在给予驰名商标较之于一般注册商标更强的保护，一般注册商标权利人享有专用权以及禁止他人在相同或者类似商品上使用相同或者近似商标的权利，驰名商标权利人除享有上述权利外，还享有禁止他人在不相同或者不相类似商品上使用相同或者近似驰名商标的权利。因此，虽然商标法(2001 年)第十三条第二款仅规定对"不相同或者不相类似商品申请注册的商标是复制、摹仿或者翻译他人已经在中国注册的驰名商标”之行为予以禁止，根据商标法对驰名商标强保护的立法本意，在“相同或者类似商品”上复制、摹仿、翻译他人已经在中国注册的驰名商标申请注册商标的行为，亦属该条所调整的对象。

4.【最高院“圣象”石膏案】同行应知行业内的驰名商标，申请注册的商标与行业内驰名商标的文字部分完全相同，尽管图形有差异，指定商品类别不相类似，但仍违反商标法第十三条对驰名注册商标的保护〔圣象集团有限公司与国家工商行政管理总局商标评审委员会、河北广太石膏矿业有限公司商标争议行政纠纷再审案，最高人民法院行政判决书(2013)行提字第 24 号〕。

争议商标和圣象集团注册“圣象及图”引证商标均由“圣象”文字及站立大象图形构成，其文字均位于商标图形下方，整体视觉基本无差异。由于石膏等商品和引证商标核定使用的商品木地板均为建筑材料，广太公司作为建筑材料的生产企业，应知该引证商标的知名度，仍然将与该引证商标极为近似的标识申请为商标，系对圣象集团“圣象及图”商标的摹仿，违反商标法(2001 年)第十三条第二款。

注册商标第 1989239 号图样(诉争商标，左图)；注册商标第 1002957 号图样(引证商标，右图)

5.【最高院“苹果男人”钱包案】被异议商标与其申请人已经注册的商标更接近，则没有充分理由认定是对他人驰名商标的复制、摹仿〔(香港)德士活有限公司与国家工商行政管理总局商标评审委员会、第三人广东苹果实业有限公司商标异议复审行政纠纷再审案，最高人民法院行政判决书(2009)行提字第 2 号〕。

要判断被异议商标是否构成商标法(2001 年)第十三条第二款规定的不予核准注册并禁止使用的情形，首先应该确定被异议商标是否构成对驰名商标的摹仿、复制；在能够认定的情况下，才需要进一步判断其注册和使用是否会误导公众。被异议商标与当事人在同类别商品上已注册的“苹果”商标更为接近，没有充分理由认定被异议商标构成对德士活公司驰名商标的复制、摹仿。

6.【最高院"苹果"钟表案】权利人同时拥有非类似商品上已注册的驰名商标和类似商品上的在先注册商标的情况下，不仅应该将争议商标与权利人在类似商品上在先注册的商标进行比对，还应该考虑驰名商标跨类保护的因素；不应该出现该权利人所得到的保护反而弱于仅有在非类似商品上的驰名商标而没有在类似商品上在先注册商标的情况〔德士活有限公司与国家工商行政管理总局商标评审委员会、广东苹果实业有限公司商标权撤销行政纠纷再审案，最高人民法院行政判决书(2009)行提字第3号〕。

7.【北京高院"Niyke"培训案】诉争商标指定使用的服务与引证商标具有较高知名度的商品在消费群体方面关联性较强，容易使相关公众联想到驰名商标，并误认为二者之间存在投资、合作等关联关系，进而弱化了权利人与其驰名商标之间的对应关系，在客观上利用了驰名注册商标的市场声誉，损害了权利人的利益〔国家知识产权局与耐克创新有限合伙公司商标权无效宣告请求行政纠纷上诉案，北京市高级人民法院行政判决书(2019)京行终792号〕。

8.【北京高院"YKK"汽车案】驰名商标不必然享受全类保护；如果驰名注册商标使用的商品与被异议商标使用的商品距离过于遥远，其保护范围则不得扩展至此〔YKK株式会社与国家工商行政管理总局商标评审委员会等商标异议复审行政纠纷上诉案，北京市高级人民法院行政判决书(2013)高行终字第1275号〕。

(1)驰名商标仅仅是具有较高知名度的商标，即使被认定为驰名商标也并不必然给予其全类保护。驰名商标在保护权利人合法利益的同时，也应当为社会公众的自由模仿留有余地。对于已经在中国注册的驰名商标，在不相类似商品上确定其保护范围时应与其驰名程度相适应。如果驰名商标使用的商品与被异议商标使用的商品距离过于遥远，可不将该驰名商标的保护范围扩展到被异议商标使用的商品。

(2)本案中，YKK株式会社在商标评审阶段及诉讼阶段提交的证据，能够证明其注册、使用在拉链商品上的"YKK"商标在被异议商标申请注册之前在中国境内已具有较高知名度。但是，被异议商标指定使用的"气泵(车辆附件)、车辆减震器、车辆内装饰品、汽车"等商品与YKK株式会社"YKK"商标所使用的"拉链"等商品在功能、用途、生产部门、销售渠道、消费群体等方面差距甚远，相关公众看到被异议商标一般不会认为其与YKK株式会社使用在拉链商品上的"YKK"商标存在关联，通常也不会产生误导公众，致使YKK 株式会社利益受到损害的后果。

9.【北京高院"联想"饮料案】摹仿驰名注册商标，申请注册到不相类似的商品上，使相关公众误认为使用被异议商标的商品来源于驰名注册商标人或其存在某种联系，损害驰名商标注册人的合法权益，违反商标法第十三条第三款的规定〔联想（北京）有限公司与国家工商行政管理总局商标评审委员会、第三人福建省长汀县汀州酿造厂商标异议复审行政纠纷上诉案，北京市高级人民法院行政判决书（2011）高行终字第 1739 号，列入最高人民法院公布的 2012 年中国法院知识产权司法保护 10 大创新性案件〕。

引证商标"联想"在微机、计算机外部设备上已构成驰名商标，被异议商标"联想及图"的注册到指定商品"无酒精果汁饮料""不含酒精的开胃酒"等商品上，将误导公众，使相关公众误认为使用被异议商标的商品来源于联想公司或其提供者与联想公司存在某种联系，从而损害驰名商标注册人的合法权益，违反了商标法（2001 年）第十三条第二款的规定。

商标申请第 1988387 号图样（诉争商标，左图）；注册商标第 520416 号图样（引证商标，右图）

10.【北京高院"杏花村"树木案】利用古诗中"杏花村"与酒类商品的联系，建立该标志在酒类商品上的知名度并使之成为驰名商标，其法律保护不应不适当地扩大，尤其是不应当禁止他人同样地从杜牧诗句中获取、选择并建立自己的品牌，除非该行为会损害"杏花村"注册商标权人的权益〔山西杏花村汾酒厂股份有限公司与国家工商行政管理总局商标评审委员会、第三人安徽杏花村集团有限公司商标异议复审行政纠纷上诉案，北京市高级人民法院行政判决书（2010）高行终字第 1118 号，列入最高人民法院公布的 2010 年中国法院知识产权司法保护 10 大案件〕。

11.【北京高院"伊利"水龙头案】日常生活所需要商品之上的商标，因使用时间长而且范围广，具有极高的知名度，未经许可使用容易让人与驰名商标权人发生联系；驰名商标跨类保护所应考虑的范围应当与其知名度强度相当〔内蒙古伊利实业集团股份有限公司与国家工商行政管理总局商标评审委员会等商标申请驳回复审行政纠纷上诉案，北京市高级人民法院行政判决书(2009)高行终字第1418号〕。

(1)“伊利”商标的知名度因其商品为民众日常生活所需品，商品受众为广大的普通消费者，且其使用的时间、地域跨度十分长远和广大，故此其“伊利”商标具有极高的知名度，当他人将“伊利”作为商标注册使用在其他领域的商品上时，难免使人将其与伊利公司的“伊利”商标发生联系。

(2)鉴于“伊利”商标的极高的知名度，作为驰名商标跨类保护所应考虑的范围应当与其知名度强度相当，作更宽泛的考虑。尤成和将“伊利”作为水龙头等商品上的商标使用，尽管注册申请的商品类别在生产销售等方面与伊利公司没有关联之处，但可以认定其使用行为客观上带来了减弱“伊利”作为驰名商标显著性的损害后果。

12.【北京高院“绿色心情”垃圾桶案】被异议商标指定使用的商品与引证商标使用的商品在功能、用途、销售渠道、消费对象等方面的差异较大，不足以使相关公众将其与引证商标建立相当程度的联系，进而产生减弱显著性、贬损声誉或者不正当利用市场声誉的效果〔内蒙古蒙牛乳业(集团)股份有限公司与国家工商行政管理总局商标评审委员会商标异议复审行政纠纷上诉案，北京市高级人民法院行政判决书(2016)京行终4397号〕。

13.【北京高院“百度”避孕套案】相关公众看到“百度”商标，很容易想到其指代了百度公司所提供的互联网搜索引擎服务，该商标由于使用而获得的显著性较强。争议商标与相关公众广为知晓的注册商标几乎完全相同，虽然两商标指定使用的商品与服务并不类似，但消费者看到使用在诉争商品上的争议商标时，仍难免将其与广为知晓的商标建立相当程度的联系，进而破坏该商标与其权利人提供之商品或服务的密切联系，削弱该商标的显著性〔国家工商行政管理总局商标评审委员会与百度在线网络技术(北京)有限公司商标争议行政纠纷上诉案，北京市高级人民法院行政判决书(2012)高行终字第1081号〕。

14.【北京高院“苹果男人”案】相同及类似商品上翻译、摹仿他人驰名注册商标注册的行为应属于商标法第十三条驰名注册商标保护条款所禁止的行为〔广东苹果实业有限公司与国家工商行政管理总局商标评审委员会商标争议行政纠纷上诉案，北京市高级人民法院行政判决书(2008)高行终字第272号〕。

15.【北京知产法院"宣啤"案】诉争商标指定使用的商品与引证的驰名注册商标所核定使用的商品虽然存在一定区别,但二者的相关公众存在很大程度上的交叉,考虑到引证商标的知名度和市场声誉,相关公众看到诉争商标后容易联想到该引证商标,足以使相关公众认为驰名注册商标与诉争商标存在相当程度的联系,从而减弱了引证商标作为驰名商标的显著性,或者不正当利用了驰名商标的市场声誉〔荀隆宝与国家工商行政管理总局商标评审委员会商标权无效宣告请求行政纠纷案,北京知识产权法院行政判决书(2017)京73行初946号〕。

16.【北京知产法院"老干妈味"牛肉棒案】不当地使用他人驰名注册商标描述自己的商品,容易使得该商标通用化而成为商品特点描述词,减弱驰名注册商标显著性和识别性,属于商标法第十三条第三款所指"误导公众,致使该驰名商标注册人的利益可能受到损害的"的情形〔贵阳南明老干妈风味食品有限公司与贵州永红食品有限公司、北京欧尚超市有限公司侵害商标权及不正当竞争纠纷案,北京知识产权法院行政判决书(2015)京知民初字第1944号〕。

(1)"老干妈"商标在本案中应当认定为驰名商标。"老干妈"在现实生活中并非任何一种口味,也不是任何一种原料,而是驰名商标,具有较强的显著性。因此,不能将"老干妈"视为一个描述性词汇运用在涉案商品之上。涉案商品配料中添加了老干妈牌豆豉,但标注"老干妈味"字样并非描述涉案商品之必须。被诉侵权行为易引起消费者将涉案商品与驰名商标权人之间搭建不恰当的联系,将涉案"老干妈"商标所享有的优良商誉投射到涉案商品之上,属于《最高人民法院关于审理涉及驰名商标保护的民事纠纷案件应用法律若干问题的解释》第九条第二款规定的"足以使相关公众认为被诉商标与驰名商标具有相当程度的联系,而减弱驰名商标的显著性"和"不正当利用驰名商标的市场声誉"的情形。

(2)"老干妈"本身具有的显著性,所代表的长期经营使用所产生的商誉,不是一种食品口味的通用名称,以"老干妈味"的方式将导致其通用化为一种口味名称,减弱涉案商标的显著性和识别性。

17.【北京知产法院"咏威"防火水泥涂料案】(1)中文及图形的组合商标,尽管文字是显著部分,但图形与他人的驰名注册商标基本相同,还是构成模仿驰名商标;(2)诉争商标的相关公众在看到与驰名商标近似的标识时会建立与驰名商标的联系，即便诉争商标注册到不类似的商品上，也利用到驰名商标的市场声誉，无偿占用驰名商标权人付出努力和大量投资而换来的知名度的利益成果，冲淡相关公众对驰名商标与相关商品之间的固有联系，从而减弱驰名商标的显著性〔大众汽车股份有限公司与国家工商行政管理总局商标评审委员会、五原县永旺工贸有限责任公司商标权无效宣告请求行政纠纷案，北京知识产权法院行政判决书（2015）京知行初字第5098号〕。

咏威		
注册商标第**9923074**号 （诉争商标）	国际注册第**708041**号 （引证商标**1**）	注册商标第205770号 （引证商标1）

（1）判断是否构成对驰名商标的摹仿、复制或翻译，与判断商标近似的标准并不相同。驰名商标由于其知名度高，显著性强，对其提供的保护强于普通商标。

（2）虽然诉争商标由汉字“咏威”及图形构成，按照中国相关公众的认读习惯，汉字部分为其显著部分。但其图形部分与大众公司构成驰名的引证商标在图形构成上基本相同，仅字母比例和虚实部分不同，构成对驰名商标的摹仿。

（3）尽管诉争商标核定使用的“防火水泥涂料”等商品与引证商标赖以驰名的“汽车”等商品有所差异，但由于汽车已成为出行的必需品之一，其相关公众的范围较广。引证商标通过大众公司的使用和宣传，已成为社会公众广为知晓的已注册驰名商标，应给予较宽范围的保护。诉争商标的相关公众在看到与大众公司的驰名商标近似的标识时会与大众公司核定使用在汽车商品上的驰名商标建立联系。诉争商标的注册利用驰名商标的市场声誉，无偿占用原告大众公司因付出努力和大量投资而换来的知名度的利益成果，冲淡相关公众对引证商标与大众公司提供的商品之间的固有联系，从而减弱驰名商标的显著性，进而损害原告作为驰名商标权利人的利益。

18.【北京一中院“前程无忧”动物训练案】现行法律虽为驰名商标提供了反淡化保护，但反淡化保护并非适用于全部驰名商标，通常情况下仅适用于具有极高知名度，且为社会普通公众——而非仅仅是核定使用商品或服务的相关公众——广为知晓的商标〔前程无忧网络信息技术（北京）有限公司等与国家工商行政管理总局商标评审委员会商标异议复审行政纠纷案，北京市第一中级人民法院行政判决书（2013）一中知行初字第 1349 号〕。

19.【北京一中院"豪牛"太阳能热水器案】被异议商标的标志构成要素与驰名注册商标的构成要素存在较大差异，其指定使用之商品与后者核定使用之商品在功能、用途、生产部门、销售渠道、消费对象等方面均有较大差别，难以认定是复制、摹仿驰名商标〔内蒙古蒙牛乳业（集团）股份有限公司与国家工商行政管理总局商标评审委员会商标异议复审纠纷案，北京市第一中级人民法院行政判决书（2012）一中知行初字第 1401 号〕。

尽管蒙牛公司提交的证据能够证明其注册并使用在乳制品商品上的"蒙牛"商标具有较高知名度，但鉴于被异议商标与蒙牛公司在乳制品商品上的"蒙牛"商标的构成要素不同，两商标文字"豪牛"和"蒙牛"在呼叫和文字上亦有明显区别，且被异议商标指定使用的太阳能热水器、灯等商品与蒙牛公司注册并使用的"蒙牛"商标核定使用的乳制品商品，在功能、用途、生产部门、销售渠道、消费对象等方面均有较大差别，因此，难以认定本案第三人申请注册的被异议商标系复制、摹仿蒙牛公司注册并使用在乳制品商品上的"蒙牛"商标，容易误导公众，并会使蒙牛公司的利益可能受到损害。

（三）驰名注册商标的保护：禁止使用

1.【北京高院"微信"案】减弱驰名商标与特定商品的对应关系以及减弱驰名商标与其所有人的对应关系均属于减弱驰名商标显著性的类型〔深圳市微信食品股份有限公司等与小小树（深圳）网络科技股份有限公司侵害商标权纠纷上诉案，北京市高级人民法院民事判决书（2019）京民终 332 号〕。

所谓减弱驰名商标的显著性是指，减弱驰名商标与其所有人在特定商品上的形成的唯一对应关系。驰名商标的价值来源于上述显著性，驰名商标制度旨在保护此种唯一对应关系免遭破坏。减弱驰名商标与特定商品的对应关系以及减弱驰名商标与其所有人的对应关系均属于上述减弱驰名商标显著性的类型。如果诉争商标使用的商品并非其赖以驰名的商品，相关公众错误地认为来源于驰名商标所有人，则驰名商标与其赖以驰名商品的唯一对应关系遭到破坏，驰名商标的显著性被减弱。如果诉争商标使用的商品并非其赖以驰名的商品，相关公众虽然认为驰名商标所有人不会提供该商品，亦不会对商品的来源产生混淆误认，但看到诉争商标却会在相当程度上联想到驰名商标的所有人，则对驰名商标和所有人之间唯一对应关系产生破坏，驰名商标的显著性被减弱。

2.【北京高院"老干妈味"案】(1)将他人在日用食品上的驰名注册商标作为食品口味名称，容易使相关公众联想到该驰名注册商标，进而破坏该商标与核定使用商品之间的密切联系和对应关系，减弱该商标作为驰名商标的显著性；(2)明知是他人驰名注册商标，仍将其作为食品口味名称使用，意图利用该商标的市场声誉吸引相关公众的注意力，从而获取不正当的经济利益，属于"不正当利用驰名商标的市场声誉"〔贵州永红食品有限公司与贵阳南明老干妈风味食品有限责任公司等侵害商标权及不正当竞争纠纷上诉案，北京市高级人民法院民事判决书(2017)京民终28号〕。

3.【北京高院"美孚"化肥、农药案】认定诉争商标与驰名商标具有相当程度的联系并导致驰名商标的显著性减弱，应综合考虑商标的显著性、知名度，相关公众的重合程度以及标志的近似程度和其他实际使用情况〔北京北农国信科技发展有限公司等与埃克森美孚公司侵犯注册商标专用权纠纷上诉案，北京市高级人民法院民事判决书(2016)京民终544号〕。

(1)驰名商标的显著性和知名度。显著性越强、知名度越高，则该驰名商标的保护范围越宽，相关公众更容易将诉争商标与之建立联系，减弱唯一对应关系的可能性越大。

(2)相关公众的重合程度。判断诉争商标与驰名商标是否具有相当程度的联系，且是否会减弱显著性，应当以诉争商标的相关公众的认知水平为基础。诉争商标的相关公众与驰名商标的相关公众的重合程度将影响诉争商标相关公众的认知水平。如果重合程度高，则驰名商标的知名度更容易及于诉争商标的相关公众，相关公众看到诉争商标更容易联想到驰名商标。

(3)标志的近似程度，驰名商标权利人的经营情况以及诉争商标的使用方式都可能影响相关公众的认知水平。

4.【云南高院"卡地亚"案】对驰名商标实施跨类保护时，判断被控侵权商品或服务与驰名商标所标示的商品或服务所涉及公众是否存在关联性或相关性，不能局限于二者的行业类别，应当适当放宽比较的范围，如可以将二者置于消费领域、社会文化领域等范畴进行比较〔卡地亚国际有限公司与云南卡地亚婚纱摄影有限公司商标侵权及不正当竞争纠纷上诉案，云南省高级人民法院民事判决书(2009)云高法民三终字第35号，列入最高人民法院公布的2009年中国法院知识产权司法保护50件典型案例〕。

5.【广东高院“路虎”案】对驰名商标实施跨类保护时，即使被诉商标已经核准注册，亦不影响法院判决制止被告使用该商标〔捷豹路虎有限公司与广州市奋力食品有限公司、万明政侵害商标权纠纷上诉案，广东省高级人民法院民事判决书(2017)粤民终633号，列入最高人民法院公布的2017年中国法院10大知识产权案件〕。

6.【江苏高院“海尔曼斯”案】使用他人驰名商标，即使其商品不相同或者不类似，消费者也容易对两个商品制造(提供)者之间存在某种关联关系产生联想，从而在客观上造成混淆，侵犯驰名注册商标的专用权；在使用英文注册商标后标注音译中文标志，容易使人联想到他人驰名注册商标，侵犯驰名注册商标的专用权〔南京海尔曼斯集团有限公司与陈鹏辉、潮安县华鹏陶瓷有限公司侵害商标权纠纷上诉案，江苏省高级人民法院民事判决书(2008)苏民三终字第0141号〕。

7.【北京知产法院“美孚”案】如果相关公众具有下列三个层次的认知，应认定驰名商标应享受反淡化保护：第一层次的认知是指在后商标(而非在先驰名商标)所使用的商品或服务的相关公众对于“驰名商标”与其“所有人”在“特定商品或服务”上的“唯一对应关系”有所认知；第二层次的认知是指在后商标的相关公众在看到在后商标时能够联想到在先驰名商标；第三层次的认知是指在后商标的相关公众能够认识到在后商标与在先驰名商标并无关系〔埃克森美孚公司与北京北农国信科技发展有限公司等侵犯商标专用权纠纷案，北京知识产权法院民事判决书(2014)京知民初字第143号〕①。

---

① 类似案例参见国家工商行政管理总局商标评审委员会等与可口可乐公司商标异议复审行政纠纷案，北京市第一中级人民法院行政判决书(2011)一中知行初字第541号；国家工商行政管理总局商标评审委员会与柳州两面针股份有限公司商标异议复审行政纠纷案，北京市第一中级人民法院行政判决书(2011)一中知行初字第1858号；德士活有限公司与国家工商行政管理总局商标评审委员会商标异议复审行政纠纷案，北京市第一中级人民法院行政判决书(2010)一中知行初字第2291号。

(1)通常情况下,只有符合下列条件,驰名商标所有人才可以获得反淡化保护,即:如果被诉商品的相关公众在看到该商品中所使用商标时虽会想到原告的驰名商标,但却能认识到被诉商品并非由原告提供或与其有特定关联,则该驰名商标可以获得反淡化的保护。

(2)之所以设定上述认定条件,是因为驰名商标的价值很大程度上源于其所具有的"驰名商标"与其"所有人"在"特定商品或服务"上的"唯一对应关系",而反淡化保护的目的亦在于使得这一唯一对应关系免遭破坏。因通常而言,如果被诉商标的相关公众在看到被诉商标时,虽能联想到在先的驰名商标,但却可以认识到二者并非由同一主体提供或并无特定关联,则从长远来看,此种情况将会导致相关公众在看到与驰名商标相同或近似的商标时,无法当然地将其对应到该驰名商标所有人,从而使得驰名商标所具有的唯一对应关系受到破坏,产生淡化的可能性。

(3)第一层次的认知是指被诉商品(而非驰名商标核定使用商品)的相关公众对于"驰名商标"与其"所有人"在"特定商品或服务"上的"唯一对应关系"有所认知。之所以要求具有这一层次的认知,是因为只有相关公众对这一唯一对应关系首先具有认知的情况下,才可能谈到对该唯一对应关系的破坏,否则这一破坏后果将无从谈起。

通常而言,如果被诉商品的相关公众在看到驰名商标的"标识"时一般会想起其实际使用的特定商品或服务,则可以认定被诉商品的相关公众对这一唯一对应关系有所认知。

被诉商品的相关公众是否对该唯一对应关系有所认知取决于多种因素,且各因素之间相互作用,其中最为重要的三个因素是:被诉商品与原告驰名商标核定使用商品的相关公众在范围上的重合程度;原告驰名商标的固有显著性;原告驰名商标的知名度。

通常而言,只有被诉商品的相关公众基本上或大部分被驰名商标相关公众的范围所涵盖的情况下,才可以认定"被诉商品的相关公众"对这一唯一对应关系具有认知的可能性。在此基础上,如果驰名商标具有"较低"的固有显著性(如其属于描述性词汇或现有词汇),则通常需达到"更高"的知名度水平才可能使得被诉商标的相关公众对其具有的唯一对应关系有所认知。但如果在先驰名商标的固有显著性"较高"(如属于臆造词汇),则对其知名度的要求则会相对"较低"。

之所以持这一观点,是因为对于淡化的判断应以被诉商品的相关公众作为判断主体,而该部分相关公众只有同时是原告驰名商标的相关公众的情况下其才可能对“原告驰名商标”有所认知。在此情况下，考虑到此处的相关公众所指向的是作为“整体”而言的相关公众，而非其中特定个体，故只有被诉商品的相关公众完全或大部分被驰名商标的相关公众所涵盖的情况下，从整体而言，被诉商品的相关公众才可能对在先驰名商标的知名度有所认知。据此，相关公众的重合范围是第一层次认知产生的前提条件。

在此基础上，如果驰名商标属于描述性词汇或现有词汇等固有显著性较低的情形，则因其具有固有含义，故对于被诉商品的相关公众而言，其在看到这一商标标识时，第一反应通常可能是这一标识所固有的含义。此种情况下，该驰名商标只有具有更高的知名度才可能使得在相关公众的认知中，其所具有的指向驰名商标所有人这一功能强于其固有含义，从而在被诉商品相关公众的心目中建立起该驰名商标与其所有人的唯一对应关系。反之，如果该驰名商标是臆造词汇等固有显著性较高的情形，则因其本无固有含义，且除非基于巧合或恶意注册，通常不会出现他人将其在被诉商品上进行注册的情形，故被诉商品的相关公众对其并不具有固有认知。此种情况下，较之于固有显著性较低的商标，其达到相对较低的知名度水平，即可能会使得相关公众产生唯一对应关系的认知。

(4)第二层次的认知是指被诉商标的相关公众在看到被诉商标时能够联想到原告驰名商标。通常而言，如果被诉商标与原告驰名商标相同或具有很高的近似程度，则较易产生第二层次的认知。

之所以持上述观点，是因为联想是淡化产生的前提，如果相关公众在看到被诉商标时并不会联想到在先驰名商标，则该驰名商标具有的唯一对应关系显然不会被破坏。而之所以要求两商标相同或具有很高的近似程度时，相关公众才会联想到在先驰名商标，是因为对于被诉商标的相关公众而言，即便其对原告驰名商标有所认知，该认知亦是以“商标标识”及其“使用的商品或服务”两个因素为认知基础。但当其在非类似商品或服务上看到相关商标时，此时的认知已脱离了驰名商标的商品或服务这一因素，就相关公众的通常认知规律而言，在脱离了“商品或服务”这一因素而仅仅对“单独的商标标识”进行认知时，其对商标近似性程度的要求显然要高于结合商品或服务进行考虑时的近似性要求。因此，通常情况下，只有两商标相同或具有很高的近似程度时，相关公众才可能在看到被诉商标的情况下仍能联想到原告的驰名商标。因此，淡化保护中联想的产生应以被诉商标与原告驰名商标相同或具有很高的近似程度为前提。

(5)第三层次的认知是指被诉商标的相关公众能够认识到被诉商标与

原告驰名商标并无关系。这一认知的产生亦会受多种因素影响,包括原告驰名商标的商品或服务的价格、档次、经营特点,该驰名商标所有人是否存在跨行业经营的情形等。

编者说明

(一)未注册驰名商标的反混淆保护

关于驰名商标的法律保护,我国商标法区分注册和未注册两种情况。未注册驰名商标人可以禁止他人注册和使用混淆商品来源性质的相同或近似标志。具体来说,商标法第十三条第二款规定:"就相同或者类似商品申请注册的商标是复制、摹仿或者翻译他人未在中国注册的驰名商标,容易导致混淆的,不予注册并禁止使用。"对此项规定,《最高人民法院关于审理涉及驰名商标保护的民事纠纷案件应用法律若干问题的解释》第九条第一款明确:"足以使相关公众对使用驰名商标和被诉商标的商品来源产生误认,或者足以使相关公众认为使用驰名商标和被诉商标的经营者之间具有许可使用、关联企业关系等特定联系的,属于商标法第十三条第二款规定的'容易导致混淆'。"可见,未注册驰名商标享受注册商标等同的法律保护。换言之,对于禁止注册,商标法第十三条第二款的法律效力等同于第三十条和第四十五条第一款的效力;对于禁止使用,商标法第十三条第二款等同于第五十七条第(一)项和第(二)项的效力。

特别需要说明的是,对于驰名注册商标和未注册驰名商标,商标法第十三条第二款和第三款都采用"驰名商标"的术语,并未明文区分二者知名度水平。但是,第二款规定的驰名商标是让未注册商标享受等同于注册商标的反混淆保护,突破的是商标权依照注册取得的法律原则,但仍在反混淆保护的范围之内;而第三款规定的驰名商标保护却是在反混淆保护之外给予反淡化保护。反混淆和反淡化是两种不同性质的法律保护,知名度水平不应混为一谈。反淡化保护所要求的临界知名度水平应比反混淆保护所要求的高。下文讨论驰名注册商标反淡化保护时,还将着重讨论知名度水平的问题。

(二)注册驰名商标的反淡化保护

商标法第十三条第三款是对注册驰名商标的反淡化保护。《最高人民法院关于审理涉及驰名商标保护的民事纠纷案件应用法律若干问题的解释》第九条第二款区别于第一款,区别于反混淆保护:"足以使相关公众认为被诉商标与驰名商标具有相当程度的联系,而减弱驰名商标的显著性、贬损驰名商标的市场声誉,或者不正当利用驰名商标的市场声誉的,属于商标法第十三条第三款规定的'误导公众,致使该驰名商标注册人的利益可能受到损害'。"注册驰名商标权利人如要求反混淆保护,不必认定驰名商标,径直援引商标法第三十条和第五十七条即可,其知名度是判定混淆的重要因素。反淡化保护不是加强版的反混淆保护,而是在反混淆保护之外。

然而,长期以来,我国法院并没有区分驰名注册商标的反混淆保护与反淡化保护。特别的,《最高人民法院关于审理商标民事纠纷案件适用法律若干问题的解释》第一条第(二)项规定,"复制、摹仿、翻译他人注册的驰名商标或其主要部分在不相同或者不相类似商品上作为商标使用,误导公众,致使该驰名商标注册人的利益可能受到损害的",属于商标法第五十七条第(七)项规定的给他人注册商标专用权造成其他损害的行为。由于第五十七条调整侵犯注册商标专用权,主体就是反混淆保护,此条司法解释很容易让人以为驰名注册商标享受加强版的反混淆保护,并因此而适用商标法第十三条第三款。从本条注释【法院参考案例】所列驰名注册商标的保护部分可以看出,法院时常笼统地认为侵犯驰名注册商标的利益,而不区分反混淆保护和反淡化保护。

注册商标享受反淡化保护所要求的知名度水平截然不同于未注册商标享受反混淆保护所要求的知名度水平。一方面,对于未注册商标而言,反混淆保护是以知名度为前提条件;而对于注册商标而言,核准注册即享有注册商标专用权,无论是否具有知名度,都依照商标法第三十条和第五十七条享有反混淆保护。另一方面,对于注册驰名商标而言,【北京一中院"前程无忧"动物训练案】指出,"反淡化保护并非适用于全部驰名商标,通常情况下仅适用于具有极高知名度,且为社会普通公众——而非仅仅是核定使用商品或服务的相关公众——广为知晓的商标"。尽管《最高人民法院关于审理涉及驰名商标保护的民事纠纷案件应用法律若干问题的解释》没有对反淡化保护要求知名度水平予以规定,但《最高人民法院关于审理商标授权确权行政案件若干问题的规定》第十三条强调反淡化保护适用时要考虑"相关公众的重合程度及注意程度",而这与注册商标本身的知名度水平直接相关。

只给予"广为知晓"的注册商标以反淡化保护,这是发达国家的经验。美国只对"驰誉商标"(famous mark)进行反淡化保护,对于熟知商标(well - known mark)不给予这种法律保护。《美国联邦商标反淡化修订案》第一条规定,"驰誉商标"是指"为美国消费大众(the general consuming public of the United States)广为知晓是商标权人识别商品或服务来源的标志"。① 在2012年 *Coach Servs.*, *Inc.*, *v. Triumph Learning L. L. C.* 案中,美国联邦巡回上诉法院更直接指出,对于

---

① Article 1 of US Trademark Dilution Revision Act of 2006: "…A mark is famous if it is widely recognized by the general consuming public of the United States as a designation of source of the goods or services of the mark's owner".

判断商标之间是否可能混淆而言，商标知名度只是程度问题；但对于商标反淡化保护而言，如果没有达到为公众普遍知晓的临界知名度，则不得要求此种保护。商标反淡化保护要求，在任何情境之下，普通公众一看到商标，至少一开始就联想到商标权人。可见，美国商标反淡化保护对商标的知名度要求很高，要达到家喻户晓的程度（household name）。[①]

反淡化保护还可细分为三种情况。第一种情况，减弱驰名注册商标的显著性，典型的例如【北京高院"老干妈味"案】【陕西中院"尼康"电动车案】【北京高院"百度"避孕套案】【北京知产法院"老干妈味"牛肉棒案】。第二种情况，贬损驰名商标的市场声誉。第三种情况，不正当利用驰名商标的市场声誉。

实际上，注册商标人遭遇后两种情况时，通常不必舍近求远，直接通过商标法第三十条或第五十七条规定的反混淆保护就能及时制止已经或即将发生的贬损或不当利用其市场声誉的侵权行为。正是因为相关公众可能混淆商品来源，侵权行为才可能不正当地利用或贬损注册商标的市场声誉。注册商标人如果无法证明被控标识行为容易导致相关公众混淆，也就难以证明行为人可能利用其市场声誉或被控标识行为可能负面影响其市场声誉。

为此，后两种的典型案例非常少。一审判决持这种观点，往往被二审法院改判。比如，在【北京高院"百度"避孕套案】中，一审法院曾认为：避孕套虽系日常生活用品，但受我国传统文化的影响，在部分消费者的观念中，避孕套与私密生活相关，往往难登大雅之堂；为此，"百度"商标使用在"避孕套"等相关商品上可能会降低"百度"驰名商标在他们心目中的形象，贬损"百度"驰名商标的市场声誉。[②] 本案上诉后，北京高院只是以减弱驰名商标显著性为由，判定争议商标应被宣告无效。尽管北京高院没有详述理由，但很可能是因为"百度"一语用在私密生活可暗示性功能旺盛，用于避孕套则暗示产品性能高。若有证据表明"百度"牌避孕套的品质很可能低劣，才可能证明其核准注册贬损百度公司所有的"百度"驰名商标的市场声誉。

---

① Nissan Motor Co. v. Nissan Computer Corp., 378 F. 3d 1002, 1012(9th Cir. 2004).

② 参见北京市第一中级人民法院行政判决书(2012)一中知行初字第776号。

第十四条 【驰名商标认定】驰名商标应当根据当事人的请求，作为处理涉及商标案件需要认定的事实进行认定。认定驰名商标应当考虑下列因素：

（一）相关公众对该商标的知晓程度；

（二）该商标使用的持续时间；

（三）该商标的任何宣传工作的持续时间、程度和地理范围；

（四）该商标作为驰名商标受保护的记录；

（五）该商标驰名的其他因素。

在商标注册审查、工商行政管理部门查处商标违法案件过程中，当事人依照本法第十三条规定主张权利的，商标局根据审查、处理案件的需要，可以对商标驰名情况作出认定。

在商标争议处理过程中，当事人依照本法第十三条规定主张权利的，商标评审委员会根据处理案件的需要，可以对商标驰名情况作出认定。

在商标民事、行政案件审理过程中，当事人依照本法第十三条规定主张权利的，最高人民法院指定的人民法院根据审理案件的需要，可以对商标驰名情况作出认定。

生产、经营者不得将“驰名商标”字样用于商品、商品包装或者容器上，或者用于广告宣传、展览以及其他商业活动中。

【立法·要点注释】

1. 认定驰名商标的前提。根据“个案认定、被动保护”的原则，本条规定驰名商标应当根据当事人的请求，作为处理涉及商标案件需要认定的事实进行认定。因此，驰名商标认定的前提有以下两个：第一，当事人提出了请求。即商标持有人认为其权利受到了侵害，提出了驰名商标保护的请求。这就要求对驰名商标的保护是被动保护，而不是主动保护。第二，作为处理涉及商标案件需要认定的事实进行认定。即对驰名商标的认定，不是国家、机构、组织等对商品质量和企业信誉的认可，而是因处理涉及商标案件的需要，不是以认定商标为驰名商标为目的而进行的认定。

2. 认定驰名商标应当考虑的因素。第一,相关公众对该商标的知晓程度。所谓相关公众对该商标的知晓程度,是指与使用该商标所标示的某类商品或者服务有关的消费者,生产前述商品或者提供服务的其他经营者以及经销渠道中所涉及的销售者和相关人员中,对该商标以及使用该商标商品或者服务的来源所知悉范围的大小、了解情况的多少等。第二,该商标使用的持续时间。所谓该商标使用的持续时间,是指该商标不间断地使用于某类商品或者服务上的时间。驰名商标是指较长时间持续使用并为相关公众所熟知的商标,使用时间的长短,直接决定了某商标是否为驰名商标。第三,该商标的任何宣传工作的持续时间、程度和地理范围。驰名商标应当是公众熟知的商标,要让公众熟知,需要广为宣传,不少消费者对某商品的最初知晓和印象加深就是来自该商品的商标宣传。而商标宣传时间的长短、宣传程度的大小、宣传地方的多少,直接决定了知晓该商标人数的多少、了解的程度等。第四,该商标作为驰名商标受保护的记录。第五,该商标驰名的其他因素。除上述因素外,实践中还存在一些商标驰名的其他因素,例如,使用该商标的主要商品在一定时期的产量、销售量、销售收入、利税极大或者销售区域极广,说明购买使用该商品的消费者众多,该商标也就为公众所熟知。

【行政法规】

《中华人民共和国商标法实施条例》(20140501)

第三条 商标持有人依照商标法第十三条规定请求驰名商标保护的,应当提交其商标构成驰名商标的证据材料。商标局、商标评审委员会应当依照商标法第十四条的规定,根据审查、处理案件的需要以及当事人提交的证据材料,对其商标驰名情况作出认定。

第七十二条 商标持有人依照商标法第十三条规定请求驰名商标保护的,可以向工商行政管理部门提出请求。经商标局依照商标法第十四条规定认定为驰名商标的,由工商行政管理部门责令停止违反商标法第十三条规定使用商标的行为,收缴、销毁违法使用的商标标识;商标标识与商品难以分离的,一并收缴、销毁。

【司法解释】

1.《最高人民法院关于审理涉及驰名商标保护的民事纠纷案件应用法律若干问题的解释》（法释〔2009〕3 号，20090501；经法释〔2020〕19 号修正，20210101）

第一条　本解释所称驰名商标，是指在中国境内为相关公众所熟知的商标。

第二条　在下列民事纠纷案件中，当事人以商标驰名作为事实根据，人民法院根据案件具体情况，认为确有必要的，对所涉商标是否驰名作出认定：

（一）以违反商标法第十三条的规定为由，提起的侵犯商标权诉讼；

（二）以企业名称与其驰名商标相同或者近似为由，提起的侵犯商标权或者不正当竞争诉讼；

（三）符合本解释第六条规定的抗辩或者反诉的诉讼。

第三条　在下列民事纠纷案件中，人民法院对于所涉商标是否驰名不予审查：

（一）被诉侵犯商标权或者不正当竞争行为的成立不以商标驰名为事实根据的；

（二）被诉侵犯商标权或者不正当竞争行为因不具备法律规定的其他要件而不成立的。

原告以被告注册、使用的域名与其注册商标相同或者近似，并通过该域名进行相关商品交易的电子商务，足以造成相关公众误认为由，提起的侵权诉讼，按照前款第（一）项的规定处理。

第四条　人民法院认定商标是否驰名，应当以证明其驰名的事实为依据，综合考虑商标法第十四条第一款规定的各项因素，但是根据案件具体情况无需考虑该条规定的全部因素即足以认定商标驰名的情形除外。

第五条　当事人主张商标驰名的，应当根据案件具体情况，提供下列证据，证明被诉侵犯商标权或者不正当竞争行为发生时，其商标已属驰名：

（一）使用该商标的商品的市场份额、销售区域、利税等；

（二）该商标的持续使用时间；

（三）该商标的宣传或者促销活动的方式、持续时间、程度、资金投入和地域范围；

(四)该商标曾被作为驰名商标受保护的记录;

(五)该商标享有的市场声誉;

(六)证明该商标已属驰名的其他事实。

前款所涉及的商标使用的时间、范围、方式等,包括其核准注册前持续使用的情形。

对于商标使用时间长短、行业排名、市场调查报告、市场价值评估报告、是否曾被认定为著名商标等证据,人民法院应当结合认定商标驰名的其他证据,客观、全面地进行审查。

第七条 被诉侵犯商标权或者不正当竞争行为发生前,曾被人民法院或者行政管理部门认定驰名的商标,被告对该商标驰名的事实不持异议的,人民法院应当予以认定。被告提出异议的,原告仍应当对该商标驰名的事实负举证责任。

除本解释另有规定外,人民法院对于商标驰名的事实,不适用民事诉讼证据的自认规则。

第八条 对于在中国境内为社会公众所熟知的商标,原告已提供其商标驰名的基本证据,或者被告不持异议的,人民法院对该商标驰名的事实予以认定。

第十三条 在涉及驰名商标保护的民事纠纷案件中,人民法院对于商标驰名的认定,仅作为案件事实和判决理由,不写入判决主文;以调解方式审结的,在调解书中对商标驰名的事实不予认定。

【注释】①

1. 本解释第二条规定了三类认定商标是否驰名的民事纠纷案件。其中第(一)项规定的"以违反商标法第十三条的规定为由,提起的侵犯商标权诉讼",是指原告以被告使用的商标构成对其驰名商标的复制、模仿或者翻译为由,提起的侵犯商标权诉讼。原告请求保护的,既包括驰名的未注册商标,也包括驰名的注册商标。第(二)项规定的"以企业名称与其驰名商标相同或者近似为由,提起的侵犯商标权或者不正当竞争诉讼",是指原告以被告使用的企业名称构成对其驰名商标的侵犯为由,提起的侵犯商标权或者不正当竞争诉讼。第(三)项是指本解释第六条规定的"原告以被诉商标的使用

---

① 参见孔祥俊、夏君丽:《〈关于审理涉及驰名商标保护的民事纠纷案件应用法律若干问题的解释〉的理解与适用》,载《人民司法·应用》2009年第13期。

侵犯其注册商标专用权为由提起民事诉讼,被告以原告的注册商标复制、摹仿或者翻译其在先未注册驰名商标为由提出抗辩或者提起反诉”的纠纷。此种情形本质上属于第(一)项规定的情形,只是以抗辩或者反诉的形式出现。

2. 本解释第三条规定了对于商标是否驰名不予审查的民事纠纷案件,其第一款第(一)项规定“被诉侵犯商标权或者不正当竞争行为的成立不以商标驰名为事实根据的”。此种情形是指商标驰名不是被诉侵犯商标权或者不正当竞争行为法律要件事实的情形。如原告认为被告在不相类似的商品上使用了与其驰名商标相同或者近似的商标,向法院提起诉讼,请求保护其驰名商标,但经审查,原告、被告的商品属于类似商品的;或者即使不属驰名商标,也可以主张被诉企业名称的使用行为构成不正当竞争的。在这些情况下,被诉侵犯商标权的成立不以商标驰名为事实根据,即使不审查和认定原告主张保护的商标是否驰名,亦不影响对原告权利的保护。第三条第一款第(二)项规定的“被诉侵犯商标权或者不正当竞争行为因不具备法律规定的其他要件而不成立的”,是指商标驰名虽系被诉侵犯商标权或者不正当竞争行为成立的要件事实之一,但因不具有其他法律要件事实,该被诉侵权行为不成立,故无须审查商标是否驰名。如人民法院在审理过程中,认为被告使用的商标与原告的商标不相同或者近似,侵犯商标权或者不正当竞争行为不成立,也不需要再审查原告主张保护的商标是否驰名。

3. 关于驰名商标与域名的冲突,最高人民法院曾明确过在审理相关类型的案件时,可以对商标是否驰名作出认定。在本解释的制定过程中,也曾在草稿中规定过“以注册、使用的域名与驰名商标相同或者近似为由提起的诉讼”也可以认定驰名商标,并公开征求过意见,而公布施行的本解释删除了相关规定。主要是考虑,只要原告的注册商标具有一定的知名度,被告注册、使用与其相同或者近似的域名,足以误导相关公众,即可以认定构成侵犯商标权或者不正当竞争,原告的权利就可以获得保护和救济,无须再以认定驰名商标为前提条件。由于域名的申请、注册较为容易,如以认定商标驰名作为对抗此类域名注册或者使用的前提条件,易于使当事人自行注册域名并据此提起诉讼寻求认定驰名商标,达到故意“设局”认定驰名商标的目的。此类现象已多为有关方面所诟病。鉴于此,继续沿用域名司法解释的做法,在此类案件中认定驰名商标既无必要,又易于被滥用。而且,按照《最高人民法院关于审理商标民事纠纷案件适用法律若干问题的解释》第一条第

(三)项规定,“将与他人注册商标相同或者相近似的文字注册为域名,并且通过该域名进行相关商品交易的电子商务,容易使相关公众产生误认的”,构成商标法(2001年)第五十二条第(五)项[同商标法(2019年)第五十七条第(七)项]规定的“给他人注册商标专用权造成其他损害的”行为,该条规定已对于注册商标的知名度不再作特别要求。为统筹解决上述两个司法解释与本解释的协调适用,并切实有效地遏制滥用驰名商标认定制度的现象,本解释第三条第二款规定:“原告以被告注册、使用的域名与其注册商标相同或者近似,并通过该域名进行相关商品交易的电子商务,足以造成相关公众误认为由,提起的侵权诉讼,按照前款第(一)项的规定处理”,将此类案件作为不予审查驰名商标的情形予以规范,并统一了此类案件的认定标准。

4. 驰名商标认定的因素。商标法第十四条规定了认定驰名商标应当考虑的五项因素,司法实践中对于这些因素的具体把握进行了较多的探索,积累了一些经验,但也存在一些问题,如有的法院要求各项因素全部具备,也有的法院将商标使用的具体年限、曾获取省级著名商标、行业排名的名次等作为认定驰名商标的必要条件。这种做法有些简单化和绝对化,也会给企业增加一些不必要的负担,因而有必要给予适当限制。在总结实践经验的基础上,本解释第四、五、七、八条从以下几个方面作出了规定:

(1)关于各因素之间的相互关系。在认定驰名商标时,对于商标法第十四条规定的因素通常都要进行综合考虑,但在一些特殊情况下,考虑部分因素即足以认定所涉商标驰名,而无须机械地一一考虑全部因素。而且,商标法第十四条规定的一些因素之间也是相互重合的,如其第(一)项规定的“知晓程度”,恰恰需要通过其他各项规定的持续使用时间、宣传情况、受保护的记录等因素加以证明。因此,本解释第四条规定“人民法院认定商标是否驰名,应当以证明其驰名的事实为依据,综合考虑商标法第十四条规定的各项因素,但是根据案件具体情况无需考虑该条规定的全部因素即足以认定商标驰名的情形除外”,对如何处理这些因素之间的关系进行了规定。

(2)认定驰名商标的具体考虑因素。为便于审判实践中具体把握这些因素,本解释第五条从举证的角度,对于认定驰名商标的具体考虑因素进行了细化规定。特别是,考虑到我国商标注册程序较为复杂和注册时间较长,该条第二款将注册前后的持续使用时间纳入了考虑范围。而且,考虑司法认定的实际和特点,对于实践中经常遇到的反映驰名程度的一些情形,需要具体情况具体分析和全面客观地对待,不能机械和简单化地处理。该条第三款规定:"对于商标使用时间长短、行业排名、市场调查报告、市场价值评估报告、是否曾被认定为著名商标等证据,人民法院应当结合认定商标驰名的其他证据,客观、全面地进行审查。"

(3) 如何正确处理曾被人民法院和商标行政主管机关认定过的驰名商标。驰名商标是被诉侵犯商标权或者不正当竞争行为是否成立的法律要件事实,一般按照"谁主张,谁举证"的原则,原告对其主张的商标驰名事实应负举证责任。但是,考虑到认定驰名商标的举证一般较为复杂,对于曾被认定过的驰名商标等特殊情形,从有利于保护权利人的权利出发,本解释第七条规定:"被诉侵犯商标权或者不正当竞争行为发生前,曾被人民法院或者国务院工商行政管理部门认定驰名的商标,被告对该商标驰名的事实不持异议的,人民法院应当予以认定。被告提出异议的,原告仍应当对该商标驰名的事实负举证责任。"这样规定的原因,主要是考虑商标驰名情况具有动态性,可能因时间和市场等情况的变化而变化,不同于其他经法定程序确认过的案件事实,且无论行政认定还是司法认定,均一直坚持个案认定、个案有效原则,故对于在其他案件中曾被法院认定过的驰名商标,或者曾被商标局、商标评审委员会认定的驰名商标,本解释第七条第一款规定,在对方当事人不持异议的情况下,可以直接认定。对于对方当事人提出异议的,原告仍要对商标驰名的事实负举证责任。最高人民法院于 2002 年 10 月公布实施的《关于审理商标民事纠纷案件适用法律若干问题的解释》第二十二条第三款规定:"当事人对曾经被行政主管机关或者人民法院认定的驰名商标请求保护的,对方当事人对涉及的商标驰名不持异议,人民法院不再审查。提出异议的,人民法院依照商标法第十四条的规定审查。"该条实际上沿用了此规定。

(4) 关于不适用自认规则的规定。虽然相关民事诉讼的司法解释规定了一方当事人对另一方当事人陈述的案件事实和提出的诉讼请求明确表示承认的,当事人无须举证,但基于商标驰名属于动态事实的考虑,以及为防止当事人在驰名商标认定中串通造假,本解释第七条第二款规定:"除本解释另有规定外,人民法院对于商标驰名的事实,不适用民事诉讼证据的自认规则。"对方当事人对于驰名商标的认可,并不免除原告的举证责任。

(5) 对社会公众广为知晓商标的减轻举证责任。不同的驰名商标的驰名程度是有差别的,有些驰名商标可能达到了家喻户晓、众所周知的程度,对于这些众所周知的商标,不应再要求进行烦琐的举证,应当有限度地引入司法认知,减轻权利人的举证责任。故本解释第八条规定:"对于在中国境内为社会公众广为知晓的商标，原告已提供其商标驰名的基本证据，或者被告不持异议的，人民法院对该商标驰名的事实予以认定。”这里的“基本”证据，是指初步证据。

5. 驰名商标司法认定是在个案中为保护驰名商标权利的需要而进行的法律要件事实的认定，属于认定事实的范畴。为尽量减少当事人利用驰名商标认定追逐其他不正当利益的机会，本解释第十三条规定：“在涉及驰名商标保护的民事纠纷案件中，人民法院对驰名商标的认定，仅作为案件事实和判决理由，不写入判决主文；以调解方式审结的，在调解书中对商标驰名的事实不予认定。”这里的“判决主文”是指法院裁判文书中的判项，即裁判文书中“判决或者裁定如下”的部分。

2.《最高人民法院关于审理商标民事纠纷案件适用法律若干问题的解释》（法释〔2002〕32 号，20021016；经法释〔2020〕19 号修正，20210101）

第二十二条 人民法院在审理商标纠纷案件中，根据当事人的请求和案件的具体情况，可以对涉及的注册商标是否驰名依法作出认定。

认定驰名商标，应当依照商标法第十四条的规定进行。

当事人对曾经被行政主管机关或者人民法院认定的驰名商标请求保护的，对方当事人对涉及的商标驰名不持异议，人民法院不再审查。提出异议的，人民法院依照商标法第十四条的规定审查。

【司法文件】

1.《最高人民法院关于建立驰名商标司法认定备案制度的通知》［法（民三）明传〔2006〕8 号，20061112］

一、本通知下发前，已经生效的涉及驰名商标认定的案件，在本通知下发之日起两个月内，由各高级人民法院将一、二审法律文书连同认定驰名商标案件的统计表报送最高人民法院民三庭备案；

二、自本通知下发之日，各高级人民法院对于辖区内法律文书已生效的涉及认定驰名商标的案件，在文书生效之日起二十日内将一、二审法律文书及统计表报最高人民法院民三庭备案。

2.《最高人民法院关于涉及驰名商标认定的民事纠纷案件管辖问题的通知》(法〔2009〕1号,20090105)

为进一步加强人民法院对驰名商标的司法保护,完善司法保护制度,规范司法保护行为,增强司法保护的权威性和公信力,维护公平竞争的市场经济秩序,为国家经济发展大局服务,从本通知下发之日起,涉及驰名商标认定的民事纠纷案件,由省、自治区人民政府所在地的市、计划单列市中级人民法院,以及直辖市辖区内的中级人民法院管辖。其他中级人民法院管辖此类民事纠纷案件,需报经最高人民法院批准;未经批准的中级人民法院不再受理此类案件。

【部门参考文件】

1.《商标审查审理指南》(国家知识产权局公告第462号,20220101;下编)

第十章 复制、摹仿或者翻译他人驰名商标的审查审理

3 驰名商标认定的原则

3.1 个案认定原则

首先,请求驰名商标保护的当事人(以下简称当事人)只有在具体的商标案件中,认为系争商标构成对其已为相关公众所熟知商标的复制、摹仿、翻译并且容易导致混淆或者误导公众,致使其利益可能受到损害时才可以提起驰名商标认定。其次,在需要认定驰名商标的案件中,驰名商标的认定结果只对本案有效。曾被认定为驰名商标的,在本案中可以作为驰名商标受保护的记录予以考虑。

3.2 被动保护原则

商标注册部门可以在具体的商标案件中应当事人的请求就其商标是否驰名进行认定,并在事实认定的基础上作出决定或裁决。当事人未主张驰名商标保护的,商标注册部门不予主动认定。

3.3 按需认定原则

当事人商标确需通过认定驰名商标依据《商标法》第十三条予以保护的,商标注册部门可就其商标是否驰名进行认定。如果根据在案证据能够适用《商标法》其他条款对当事人商标予以保护的,或系争商标的注册使用不会导致混淆或者误导公众,致使当事人利益可能受到损害的,商标注册部门无须对当事人商标是否驰名进行认定。

3.4 诚实信用原则

当事人请求驰名商标保护应当遵循诚实信用原则,对所述事实及所提交证据材料的真实性、准确性和完整性负责,并书面承诺依法承担不实承诺的法律责任。当事人若在国家企业信用信息公示系统和"信用中国"网站被列入异常经营名录、严重违法失信名单、失信联合惩戒对象名单,以及近三年存在股权冻结、欠税、刑事犯罪等情形的,不再对当事人商标是否驰名进行认定。

5 驰名商标的判定

驰名商标是指在中国为相关公众所熟知的商标。

5.1 相关公众

相关公众包括但不以下列情形为限:

(1)商标所标示的商品或者服务的消费者;

(2)商标所标示的商品的生产者或者服务的提供者;

(3)商标所标示的商品或者服务在经销渠道中所涉及的经营者和相关人员等。

5.2 考虑因素

认定是否构成驰名商标,应当视个案情况综合考虑下列各项因素:

(1)相关公众对该商标的知晓程度;

(2)该商标使用的持续时间;

(3)该商标的任何宣传工作的持续时间、程度和地理范围;

(4)该商标作为驰名商标受保护的记录;

(5)该商标驰名的其他因素。

5.3 相关证据

认定驰名商标可以根据下列证据予以综合判定:

(1)该商标所使用的商品或者服务的合同、发票、提货单、银行进账单、进出口凭据、网络电商销售记录等相关材料;

(2)该商标所使用的商品或者服务的销售区域范围、销售网点分布及销售渠道、方式的相关材料(包括传统经营方式和非传统经营方式);

(3)涉及该商标的媒体广告、评论、报道、排名及其他宣传活动材料(包括传统媒体和非传统媒体);

(4)该商标所使用的商品或者服务参加展览会、博览会的相关材料;

(5)该商标的最早使用时间和持续使用情况的相关材料;

(6)该商标在中国及其他国家、地区的注册证明;

(7)该商标被认定为驰名商标并给予保护的相关法律文件,以及该商标被侵权或者假冒的情况;

(8)具有资质的会计师事务所出具的使用该商标的商品或者服务的销售额、利润、纳税等经营情况的财务审计报告以及广告投放情况的广告审计报告;

(9)具有公信力的权威机构公布的使用该商标的商品或者服务的销售额、利税额、产值的统计及市场占有率、广告额统计等,例如统计部门出具的统计证明、税务部门出具的纳税证明等;

(10)使用该商标的商品或者服务在全国同行业中的排名或市场占有率。国家行业主管部门的证明、国家行业主管部门官方公开数据、在民政部登记的全国性行业协会公开或半公开的数据及出具的证明、权威评价机构的评价等能够证明行业排名或市场占有率的材料均可以作为证据;

(11)使用该商标的商品或者服务获得国家发明专利的情况以及当事人自主创新的其他情况;

(12)使用该商标的商品或者服务的技术作为国家标准、行业标准;

(13)该商标获奖情况;

(14)其他可以证明该商标知名度的材料。

5.4 认定驰名的其他证据要求

(1)该商标使用商品或者服务的销售、经营情况应当有销售合同、发票等有效证据支持。当事人应提供销售合同或销售发票等证据证明该商标使用商品或者服务已在多省(自治区、直辖市)销售、经营。

证明当事人经济指标的企业年度报告或者上市公司的上市年报应提交原件或经公证的复印件。纳税额应当有税务机关出具的纳税证明原件、经公证的纳税证明复印件或经公证的电子版纳税证明打印件支持。

(2)当事人应提交该商标的广告合同、发票、广告载体等证据,用以证明该商标宣传的广告费用、形式载体、持续时间、覆盖范围等情况。

(3)上述证据原则上以系争商标申请日之前的证据为限,该商标为未注册商标的,应当提供证明其持续使用时间不少于五年的证据材料;该商标为注册商标的,应当提供证明其注册时间不少于三年或者持续使用时间不少于五年的材料。

(4)当事人提交的域外证据材料,应当能够据以证明该商标为中国相关公众所知晓。

对请求认定该商标为驰名商标的,不能满足上述全部条件,但当事人已提交的在案证据能够证明该商标在市场上确实享有较高声誉,足以认定为驰名商标的,也可以认定。

驰名商标的认定,不以该商标在中国注册、申请注册或者该商标所使用的商品或者服务在中国实际生产、销售或者提供为前提,该商标所使用的商品或者服务的宣传活动,亦为该商标的使用,与之有关的材料可以作为判断该商标是否驰名的证据。

(5)用以证明该商标持续使用的时间和情况的证据材料,按照商业惯例,应当能够显示所使用的商标标识、商品或者服务、使用日期和使用人。

(6)当事人请求驰名商标保护应当遵循诚实信用原则,并对事实及所提交的证据材料的真实性负责。对于当事人提交虚假材料或者有不良企业信用记录的,不予认定。

5.5 驰名商标持有人再次请求驰名商标保护

请求保护的商标具有曾被作为驰名商标受保护记录的,如驰名商标持有人已提交该商标作为驰名商标予以保护时的驰名状态延及本案的证据,其再次请求驰名商标保护的范围与已被作为驰名商标予以保护的范围基本相同,且对方当事人对该商标驰名无异议,或者虽有异议,但异议理由和提供的证据明显不足以支持该异议的,可以根据该保护记录,结合相关证据,给予该商标驰名商标保护。

2.《驰名商标认定和保护规定》(国家工商行政管理总局令第66号,20140803)

第二条 驰名商标是在中国为相关公众所熟知的商标。

相关公众包括与使用商标所标示的某类商品或者服务有关的消费者,生产前述商品或者提供服务的其他经营者以及经销渠道中所涉及的销售者和相关人员等。

第三条 商标局、商标评审委员会根据当事人请求和审查、处理案件的需要,负责在商标注册审查、商标争议处理和工商行政管理部门查处商标违法案件过程中认定和保护驰名商标。

第四条 驰名商标认定遵循个案认定、被动保护的原则。

第五条 当事人依照商标法第三十三条规定向商标局提出异议,并依照商标法第十三条规定请求驰名商标保护的,可以向商标局提出驰名商标保护的书面请求并提交其商标构成驰名商标的证据材料。

第六条　当事人在商标不予注册复审案件和请求无效宣告案件中,依照商标法第十三条规定请求驰名商标保护的,可以向商标评审委员会提出驰名商标保护的书面请求并提交其商标构成驰名商标的证据材料。

第七条　涉及驰名商标保护的商标违法案件由市(地、州)级以上工商行政管理部门管辖。当事人请求工商行政管理部门查处商标违法行为,并依照商标法第十三条规定请求驰名商标保护的,可以向违法行为发生地的市(地、州)级以上工商行政管理部门进行投诉,并提出驰名商标保护的书面请求,提交证明其商标构成驰名商标的证据材料。

第八条　当事人请求驰名商标保护应当遵循诚实信用原则,并对事实及所提交的证据材料的真实性负责。

第九条　以下材料可以作为证明符合商标法第十四条第一款规定的证据材料:

(一)证明相关公众对该商标知晓程度的材料。

(二)证明该商标使用持续时间的材料,如该商标使用、注册的历史和范围的材料。该商标为未注册商标的,应当提供证明其使用持续时间不少于五年的材料。该商标为注册商标的,应当提供证明其注册时间不少于三年或者持续使用时间不少于五年的材料。

(三)证明该商标的任何宣传工作的持续时间、程度和地理范围的材料,如近三年广告宣传和促销活动的方式、地域范围、宣传媒体的种类以及广告投放量等材料。

(四)证明该商标曾在中国或者其他国家和地区作为驰名商标受保护的材料。

(五)证明该商标驰名的其他证据材料,如使用该商标的主要商品在近三年的销售收入、市场占有率、净利润、纳税额、销售区域等材料。

前款所称"三年"、"五年",是指被提出异议的商标注册申请日期、被提出无效宣告请求的商标注册申请日期之前的三年、五年,以及在查处商标违法案件中提出驰名商标保护请求日期之前的三年、五年。

第十条　当事人依照本规定第五条、第六条规定提出驰名商标保护请求的,商标局、商标评审委员会应当在商标法第三十五条、第三十七条、第四十五条规定的期限内及时作出处理。

第十一条　当事人依照本规定第七条规定请求工商行政管理部门查处

商标违法行为的,工商行政管理部门应当对投诉材料予以核查,依照《工商行政管理机关行政处罚程序规定》的有关规定决定是否立案。决定立案的,工商行政管理部门应当对当事人提交的驰名商标保护请求及相关证据材料是否符合商标法第十三条、第十四条、实施条例第三条和本规定第九条规定进行初步核实和审查。经初步核查符合规定的,应当自立案之日起三十日内将驰名商标认定请示、案件材料副本一并报送上级工商行政管理部门。经审查不符合规定的,应当依照《工商行政管理机关行政处罚程序规定》的规定及时作出处理。

第十二条 省(自治区、直辖市)工商行政管理部门应当对本辖区内市(地、州)级工商行政管理部门报送的驰名商标认定相关材料是否符合商标法第十三条、第十四条、实施条例第三条和本规定第九条规定进行核实和审查。经核查符合规定的,应当自收到驰名商标认定相关材料之日起三十日内,将驰名商标认定请示、案件材料副本一并报送商标局。经审查不符合规定的,应当将有关材料退回原立案机关,由其依照《工商行政管理机关行政处罚程序规定》的规定及时作出处理。

第十三条 商标局、商标评审委员会在认定驰名商标时,应当综合考虑商标法第十四条第一款和本规定第九条所列各项因素,但不以满足全部因素为前提。

商标局、商标评审委员会在认定驰名商标时,需要地方工商行政管理部门核实有关情况的,相关地方工商行政管理部门应当予以协助。

第十四条 商标局经对省(自治区、直辖市)工商行政管理部门报送的驰名商标认定相关材料进行审查,认定构成驰名商标的,应当向报送请示的省(自治区、直辖市)工商行政管理部门作出批复。

立案的工商行政管理部门应当自商标局作出认定批复后六十日内依法予以处理,并将行政处罚决定书抄报所在省(自治区、直辖市)工商行政管理部门。省(自治区、直辖市)工商行政管理部门应当自收到抄报的行政处罚决定书之日起三十日内将案件处理情况及行政处罚决定书副本报送商标局。

第十五条 各级工商行政管理部门在商标注册和管理工作中应当加强对驰名商标的保护,维护权利人和消费者合法权益。商标违法行为涉嫌犯罪的,应当将案件及时移送司法机关。

第十六条 商标注册审查、商标争议处理和工商行政管理部门查处商标违法案件过程中,当事人依照商标法第十三条规定请求驰名商标保护时,可以提供该商标曾在我国作为驰名商标受保护的记录。

当事人请求驰名商标保护的范围与已被作为驰名商标予以保护的范围基本相同，且对方当事人对该商标驰名无异议，或者虽有异议，但异议理由和提供的证据明显不足以支持该异议的，商标局、商标评审委员会、商标违法案件立案部门可以根据该保护记录，结合相关证据，给予该商标驰名商标保护。

第十七条　在商标违法案件中，当事人通过弄虚作假或者提供虚假证据材料等不正当手段骗取驰名商标保护的，由商标局撤销对涉案商标已作出的认定，并通知报送驰名商标认定请示的省（自治区、直辖市）工商行政管理部门。

3.《国家知识产权局关于加强查处商标违法案件中驰名商标保护相关工作的通知》（国知发保函字〔2019〕229 号，20191115）

二、有效规范驰名商标的认定申请和使用

（一）加强审核。当事人应对所提交材料的真实性负责，立案机关应指导当事人规范填写《驰名商标认定申请材料摘要表》（详见附件 2），同时对当事人提交材料及相关证据的完备性和真实性予以审查并核实。

（二）强化指导。省（区、市）知识产权管理部门应加强对辖区内立案机关驰名商标保护的业务指导，对法律适用的准确性、申请材料的完备性和真实性予以复核。

（三）依法规范。各级知识产权管理部门在日常工作中要引导企业正确认识驰名商标认定和保护制度。在执法中，要正确区分“驰名商标”字样正当使用与违法使用的界限，企业可在经营活动中对商标获得驰名商标保护的记录做事实性陈述，若有意淡化驰名商标认定与保护的法律性质，将“驰名商标”字样视为荣誉称号并突出使用，用于宣传企业或推销企业经营的商品或服务，则应依据《商标法》第十四条第五款规定进行查处。

4.《国家工商总局商标局关于企业在自建网站上使用驰名商标字样等有关问题的批复》（商标监字〔2016〕601 号，20160909）

驰名商标认定与保护是我国履行相关国际公约义务，加强对相关公众熟知商标保护的一项重要法律制度。企业的商标获得驰名商标认定并给予扩大保护是企业全面加强商标创造、运用、管理、保护工作的成果。该认定保护记录是一种客观事实，企业在网站上或其他经营活动中对自己商标获得驰名商标扩大保护的记录做事实性陈述,没有突出使用“驰名商标”字样行为的,不属于《商标法》第十四条第五款所述的违法行为。

《商标法》第十四条第五款的立法目的在于厘清驰名商标保护制度,明确驰名商标认定系对相关公众熟知商标给予扩大保护的立法本意,纠正将驰名商标认定等同于荣誉评比的错误认识倾向。如企业在网站上或其他经营活动中,有意淡化驰名商标认定与保护的法律性质,将“驰名商标”字样视为荣誉称号并突出使用,用以宣传企业或推销企业经营的商品或服务,则不属于合理使用的范畴,构成《商标法》第十四条第五款所规定的违法行为。

5.《国家工商总局关于执行修改后的〈中华人民共和国商标法〉有关问题的通知》(工商标字〔2014〕81 号,20140415)

三、关于商标监督管理

(一)商标违法行为发生在 2014 年 5 月 1 日以前的,适用修改前的商标法处理;商标违法行为发生在 2014 年 5 月 1 日以前且持续到 2014 年 5 月 1 日以后的,适用修改后的商标法处理。

(二)对于将“驰名商标”字样用于商品、商品包装或者容器上,或者用于广告宣传、展览以及其他商业活动中的行为,适用修改后的商标法处理。但是,对于将“驰名商标”字样用于商品、商品包装或者容器上并于 2014 年 5 月 1 日以前已经进入流通领域的除外。

对于将“驰名商标”字样用于商品、商品包装或者容器上,驰名商标持有人应承担违法责任,由其住所地工商行政管理部门查处。住所地以外的工商行政管理部门发现上述违法行为的,移送其住所地工商行政管理部门查处。住所地不在中国境内或者因管辖权发生争议的,由国家工商行政管理总局指定的工商行政管理部门查处。

【地方法院规范】

1.《江苏省高级人民法院侵害商标权民事纠纷案件审理指南(修订版)》(20201229)

第七部分 驰名商标的司法认定

7.1 驰名商标司法认定的案件类型

1. 就相同或者类似商品或服务申请注册的商标是复制、摹仿或者翻译他人未在中国注册的驰名商标,容易导致混淆的;就不相同或者不相类似商品或服务申请注册的商标是复制、摹仿或者翻译他人已经在中国注册的驰名商标,误导公众,致使该驰名商标注册人的利益可能受到损害的;

2. 企业名称与驰名商标冲突类案件。对涉及驰名商标与企业名称冲突的民事纠纷案件,只有在不相同或不相类似的商品或服务上突出使用企业名称,或者使用企业名称足以使相关公众认为被诉企业名称与驰名商标具有相当程度的联系,而减弱驰名商标的显著性、贬损或不正当利用驰名商标的市场声誉的;

3. 原告以被控侵权商标的使用侵害其商标权为由提起民事诉讼,被告以原告的注册商标复制、摹仿或者翻译其在先未注册驰名商标为由提出抗辩或者提起反诉的;

4. 其他根据个案审理需要认定驰名商标的案件。

7.2 对于商标是否驰名不予审查的民事纠纷案件

1. 被控侵权行为的成立不以商标驰名为事实依据的

一般来说,被告经营商品或服务的类别与原告商标核定使用的商品或服务类别相同或类似,可以直接对被告的行为是否构成侵害商标权进行认定,无需认定驰名商标。

但为了使权利人获得与其长期累积的品牌商誉程度相当的司法保护力度,并确定与驰名商标相适应的保护强度,对于确已达到驰名程度的商标,法院可以根据权利人的请求,在综合考虑商标知名度、被控侵权人是否具有明显攀附意图等因素的基础上认定驰名商标。

(详见案例二十九)①

2. 被控侵权行为不成立的

如果经过审理认定被告行为不构成侵害商标权,则无须审查商标是否驰名。

3. 驰名商标与域名的冲突

将与他人注册商标相同或者相近似的文字注册为域名,并且通过该域名进行相关商品交易的电子商务,容易使相关公众产生误认的,构成侵害商标权。由于该条规定对于注册商标的知名度不作特别要求,故涉及驰名商标与

---

① 案例二十九:马奇公司、阿里斯顿中国公司诉嘉兴阿里斯顿公司等侵害商标权纠纷案[江苏省高级人民法院(2015)苏知民终字第00211号]。

域名的冲突案件无需认定驰名商标。

7.3 驰名商标司法认定的原则

1. 被动认定

依当事人申请与审理需要启动司法认定程序，法院不能依职权主动认定。

2. 个案认定

法院在审理具体案件中认定的驰名商标，仅对个案具有效力，在他案中并不当然有效。

原告已提供其商标驰名的基本证据，被告不持异议的，法院对该商标驰名的事实予以认定。被控侵害商标权或者不正当竞争行为发生前，曾被法院或者国家商标行政管理或异议审查部门认定驰名的商标，被告对该商标驰名的事实不持异议的，法院应当予以认定。被告提出异议的，原告仍应当对该商标驰名的事实负举证责任。

3. 域内驰名

认定驰名商标必须以商标在中国境内驰名为必要，要求商标所指示的商品或服务应当在国内市场上存在和流通，或者在国内市场或互联网中进行过宣传。

7.4 驰名商标的认定标准

认定商标驰名，应当考虑以下因素：

1. 使用该商标商品或服务的市场份额、销售区域、利税等；

2. 该商标的注册时间和持续使用时间，包括商标核准注册前持续使用的情形；

3. 该商标的宣传或者促销活动的方式、持续时间、程度、资金投入和地域范围；

4. 该商标的价值、享有的市场声誉、相关公众的知晓程度；

5. 该商标曾被作为驰名商标受保护的记录等。

对于商标使用时间长短、行业排名、市场调查报告、市场价值评估报告、是否曾被认定为著名商标等证据，法院应当结合认定商标驰名的其他证据，客观、全面地进行审查、综合考虑。但在一些特殊情况下，对于众所周知的品牌或驰名事实，考虑部分因素即足以认定所涉商标驰名的，则无需机械地一一考虑全部因素。在认定涉移动互联网时代商标是否驰名时，应当充分考虑互联网信息传播特点，综合考虑商标法规定的各项驰名因素，并结合案件具体情况对驰名事实作出客观、全面地认定，不应机械强调商标使用时间等因素。

（详见案例三十）①

要采取有效措施防止当事人滥用驰名商标司法认定制度，通过虚假诉讼等不正当手段达到认定目的。法院要依职权加强对有关证据和事实的调查核实，主动审查商标驰名与否相关证据的原件；审查被告注册时间与身份，如是否系在诉讼前不久成立，与原告是否存在关联；审查有关被控侵权行为是否真实存在等。

7.5 商标驰名在裁判文书中的表述

当事人不能单独提起驰名商标认定的诉讼，法院也不应将驰名商标的司法认定作为独立的诉讼请求审理。因驰名商标的司法认定属于事实认定的范畴，因此法院对驰名商标的认定，仅作为案件事实和判决理由。在判决主文中，不应出现“认定 xx 商标为驰名商标”的表述；以调解方式审结的，在调解书中对商标驰名的事实也不予认定。

7.6 驰名商标认定的审核备案制度

根据驰名商标司法认定审核备案制度要求，法院在案件审理过程中，经初步审查认为确需认定驰名商标的，必须形成书面报告随同卷宗移送，并以请示案件形式报请江苏省高级人民法院审核认定。

2.《天津市高级人民法院侵犯商标权纠纷案件审理指南》（津高法〔2016〕3号，20160112）

九、驰名商标

为相关公众所熟知的商标，持有人认为其权利受到侵害时，可以依照商标法规定请求驰名商标保护。

（一）保护原则

就不相同或者不相类似商品申请注册的商标是复制、摹仿或者翻译他人已经在中国注册的驰名商标，误导公众，致使该驰名商标注册人的利益可能受到损害的，不予注册并禁止使用。

就相同或者类似商品申请注册的商标是复制、摹仿或者翻译他人未在中

① 案例三十：小米科技公司、小米通讯公司诉中山奔腾公司等侵害商标权及不正当竞争纠纷案［江苏省高级人民法院（2019）苏民终 1316 号］。

国注册的驰名商标,容易导致混淆的,不予注册并禁止使用。

（二）认定原则

1. 被动认定原则;

2. 个案认定原则;

3. 事实认定原则;

4. 按需认定原则。

（三）在案件审理时,当事人主张商标驰名的,应当根据案件具体情况,可以考虑下列因素,证明被诉侵犯商标权或者不正当竞争行为发生时,其商标已为相关公众所熟知:

（1）使用该商标的商品的市场份额、销售区域、利税等;

（2）该商标的持续使用时间;

（3）该商标的宣传或者促销活动的方式、持续时间、程度、资金投入和地域范围;

（4）该商标曾被作为驰名商标受保护的记录;

（5）该商标享有的市场声誉;

（6）证明该商标已为相关公众所熟知的其他因素。

3.《河南省高级人民法院关于审理涉及驰名商标认定案件若干问题的指导意见》（豫高法〔2007〕第 95 号,20070419）

第一条 根据《中华人民共和国商标法》（以下简称《商标法》）、《中华人民共和国商标法实施条例》和最高人民法院《关于审理涉及计算机网络域名民事纠纷案件适用法律若干问题的解释》、《关于审理商标民事纠纷案件适用法律若干问题的解释》,结合我省法院审理涉及驰名商标认定案件的实际,制定本意见。

第二条 本意见中的驰名商标是指在中国为相关公众广为知晓并享有较高声誉的商标。驰名商标司法认定是对某一商标驰名状态的认定,属于案件事实认定的范畴。

第三条 人民法院认定驰名商标,应当维护权利人利益与社会公共利益的平衡,坚持积极保护和严格认定相统一的原则。应根据具体案件中涉案商标的知名度、显著性和被控侵权行为是否会造成相关公众产生联想或误导性后果等因素,确定驰名商标跨类保护的范围,不应任意扩大驰名商标跨类保护。

第四条　人民法院在诉讼中应根据当事人的要求认定涉案商标为驰名商标,不得依职权主动认定,在判决主文中不认定涉案商标是否构成驰名商标。

第五条　人民法院认定驰名商标仅对个案有效。

第六条　人民法院在审理涉及注册商标跨类保护、请求停止侵害未注册商标以及有关域名与商标冲突的商标侵权和不正当竞争等案件中,可以认定驰名商标;在审理其他案件中不得认定驰名商标。

原告的侵权诉讼请求不能成立或其诉讼请求可以通过一般商标侵权及其他途径救济的,不得认定驰名商标。

第七条　人民法院认定驰名商标,应当综合考虑《商标法》第十四条规定的认定驰名商标的因素,但不以被认定商标满足该条规定的全部因素为前提条件。

第八条　本意见中的"相关公众",包括但不限于在我国领域内与使用商标所标示的某类商品或者服务有关的消费者,生产该商品或者提供服务的其他经营者,经销渠道中所涉及的销售者和相关人员。

只针对特殊消费群体的商品和服务,不以一般消费者为其相关公众。

未在我国境内实际使用,但为我国相关公众广为知晓且享有较高声誉的商标,也可认定为驰名商标。

第九条　认定《商标法》第十四条第(一)项中"知晓程度",应综合考虑商标使用的持续时间,商标各种宣传的持续时间、程度、地理范围,商标受保护的记录及商标驰名的其他因素。

本意见中的"广为知晓"一般是指涉案商标在我国三分之二以上省级行政区区域内为相关公众所普遍知悉。

第十条　本意见中商标的"较高声誉"是指相关公众对商标所标识的商品或服务普遍给予较高的评价,且无较严重的资信状况不良记录。有关政府部门、行业协会授予的荣誉称号、证书等可作为有较高声誉的证据。

虽有较高知晓度,但资信状况严重不佳的商标一般不认定驰名商标。资信状况严重不佳包括:因重大违法经营被行政管理部门处罚,重大的产品质量或服务质量问题,拒不履行生效判决等。

第十一条　社会调查机构出具的涉案商标在相关公众中认知度的调查报告,可作为证明相关公众知晓程度的参考因素。

调查报告应经过庭审质证并确认其效力。对调查报告的质证、认证主要应围绕调查机构的权威性、调查方法的科学性及可行性等问题进行。质证时,调查机构应派员出庭接受质询。

调查报告中对相关公众抽样调查应体现不同地域、不同层次,方法应当科学。对消费者和经销商等相关公众调查的范围,一般应有包括审理法院所在地在内的至少全国五个主要代表性城市和不少于一千份调查问卷。

商标在相关公众中认知度的调查,一般由当事人委托,人民法院也可根据当事人的申请委托调查,但不依职权委托调查。

第十二条 认定驰名的商标应有持续多年使用的记录,起诉时使用时间较短(少于五年)的商标,一般不予认定,但众所周知的商标不受此限制。

下列材料可作为证明《商标法》第十四条第(二)项中"商标持续使用时间"的证据:该商标使用、注册的历史和范围的有关材料,包括国内、外商标注册证书、续展证明材料、商标许可使用合同、销售合同等证明商标最早使用时间及持续使用的相关证明。

第十三条 下列材料可作为证明《商标法》第十四条第(三)项中"商标的宣传工作的持续时间、程度和地理范围"的证据:

(一)该商标宣传所采用的宣传方式(电视、报纸、网站、户外、展会、冠名比赛等)的证据;

(二)宣传的起止时间、持续时间、地域范围以及广告投放量的有关材料;

(三)广告发布合同书、各区域、各种媒体广告分布的分析报告及有关近三年广告投入的分类审计报告;

(四)电视广告时段监控材料;

(五)户外广告、报刊、展会、冠名比赛等宣传中广告的照片、主办单位出具的原始凭证,刊登的报刊等;

(六)网络宣传的内容,有关网络信息点击、评论、报道的公证材料。

第十四条 下列材料可作为证明《商标法》第十四条第(四)项中"商标受保护记录"的证据:

(一)商标被侵权事实情况汇总材料;

(二)各地行政管理部门在处理该商标侵权等纠纷过程中出具的处理决定书或其他相关文件,人民法院的生效裁判文书;

(三)购买侵权商品的销售发票、致侵权企业律师函等证明采取措施进行商标保护的其他证据。

第十五条　下列材料可作为证明《商标法》第十四条第（五）项中"商标驰名的其他因素"的证据：

（一）使用该商标的主要商品近三年的产量、销售量、销售收入、利税、销售区域汇总表和至少以省级行政区域为单位对近三年销售量、销售收入、利税等分类统计表。上述数据应配套提供国内、外主要的销售合同及销售发票、增值税发票、进出口海关报关单，向税务部门缴纳的销售利润明细表、纳税证明等原始凭证或由税务、海关等部门确认的汇总表，中介机构的审计报告；

（二）由具有权威性的省级以上行政部门或全国性的行业协会提供的，证明使用该商标的主要商品近三年市场占有率、销售量、销售额和利税量等在中国同行业中的排名材料的原件或经过公证的复印件。证明材料中的"市场占有率"、销售量、销售额等"全国排名"必须表述准确。认定驰名商标的相应产品的上述指标或服务规模一般要求在全国同行业中排名前五位。

第十六条　本意见中规定审查的证据应与需要认定的驰名商标有直接的关联性。对有历史延续性的商标，前期的使用、宣传等情况可以作为目前涉案商标认定时的参考。

第十七条　属众所周知的商标，可以减轻原告的举证责任。

原告对曾经被行政主管机关或者人民法院认定的驰名商标请求保护，且被诉侵权人对涉及的商标驰名不持异议的，原告可以不再另行提供商标驰名的证据；提出异议的，原告应重新提供证据。

第十八条　对案件当事人是否存在真正的争议，人民法院应重点审查下列情况：

（一）被诉侵权人的主体情况、与原告是否有关联关系；

（二）被控侵权商品产量、销售量、产品的制造者或进货渠道，被控侵权标识的印制者或销售者，被控侵权商品或行为的存续时间、被诉侵权行为的目前状况；

（三）被控侵权人的主观过错、行为动机；

（四）其他与案件有关的情况。

第十九条　对当事人刻意制造案件以获得驰名商标认定的，人民法院应驳回原告的诉讼请求，并可以依照民事诉讼法第一百零二条①规定对当事人

① 2017 年修正的民事诉讼法第一百一十一条。——编者注

予以制裁。对已认定涉案商标驰名的生效判决应按有关程序依法撤销。

第二十条　各中级法院在案件审理中拟认定驰名商标的案件,应在驰名商标认定之前向省高级法院报告,并在一审判决书生效后五日内将判决书报省高级法院备案。

第二十一条　本意见与有关法律法规和最高人民法院的司法解释不一致的,以法律法规和司法解释为准。

4.《青海省高级人民法院关于审理涉及驰名商标认定案件若干问题的指导意见》(青高法〔2009〕67号,20090317)

第一条　根据《中华人民共和国商标法》(以下简称《商标法》)、最高人民法院《关于审理涉及计算机网络域名民事纠纷案件适用法律若干问题的解释》、《关于审理商标民事纠纷案件适用法律若干问题的解释》等法律、法规及司法解释的规定,结合我省法院审理涉及驰名商标认定案件的实际,制定本意见。

第二条　本意见所称驰名商标是指在中国境内为相关公众广为知晓并享有市场美誉的商标。

第三条　人民法院认定驰名商标,应当坚持被动认定、因需认定、个案有效的原则,不应任意扩大驰名商标跨类保护。

第四条　人民法院认定的驰名商标,仅对该裁判文书所涉及的案件具有效力,并不必然对其他案件产生影响。

第五条　在下列民事纠纷案件中,当事人以认定驰名商标作为构成侵犯商标权或者不正当竞争行为的事实根据的,人民法院可以根据案件的具体情况,对所涉商标是否驰名作出认定:

(一)原告以被告违反《商标法》第十三条的规定为由提起的侵犯商标权民事纠纷案件;

(二)原告以被告注册、使用的域名与其驰名商标相同或者近似为由提起的侵犯商标权或者不正当竞争民事纠纷案件;

(三)原告以被告的企业名称使用与其驰名商标相同或者近似的文字为由提起的侵犯商标权或者不正当竞争民事纠纷案件;

(四)原告以被告使用的商标侵犯其注册商标专用权为由提起诉讼,被告以被诉侵权商标为其在先使用未注册驰名商标进行不侵权抗辩或者提起反诉的民事纠纷案件;

（五）依照法律、行政法规的规定或者案件的具体情况需要认定商标驰名的其他民事纠纷案件。

第六条　原告的侵权诉讼请求不能成立或其诉讼请求可以通过一般商标侵权及其他途径救济的，不得认定驰名商标。

第七条　《商标法》第十三条第一款规定的“容易导致混淆”，包括使相关公众对商品的来源产生误认，或者足以使相关公众认为商品经营者之间具有许可使用、关联企业关系等特定联系。

《商标法》第十三条第二款规定的“误导公众，致使该驰名商标注册人的利益可能受到损害”，包括足以使相关公众认为商品或者其经营者之间具有相当程度的联系，而利用驰名商标的市场声誉、减弱驰名商标的显著性或者贬损驰名商标的市场声誉。

第八条　当事人请求保护未注册驰名商标的，人民法院应当审查该商标是否符合《商标法》第十条、第十一条、第十二条规定。

第九条　人民法院认定驰名商标，应当考虑该驰名商标的显著性、在被控侵权商品的相关公众中的知晓程度，以及相关商品的关联程度等情形。具体认定时应综合考虑《商标法》第十四条规定的认定驰名商标的因素，但不以该商标必须满足该条规定的全部因素为前提。

第十条　认定《商标法》第十四条第（一）项中“知晓程度”，应综合考虑商标使用的持续时间，商标各种宣传的持续时间、程度、地理范围，商标受保护的记录及商标驰名的其他因素。

本意见中的“广为知晓”一般指涉案商标在我国三分之二以上省级行政区区域内为相关公众所普遍知悉；但对于有特定地域要求的商品和服务，不受三分之二以上省级行政区区域的限制。

第十一条　社会调查机构出具的涉案商标在相关公众中认知度的调查报告，应当慎重对待，仅作为证明相关公众知晓程度的参考因素。根据《商标法》第十四条第（二）至（四）项不能得出该商标驰名事实的结论时，不能仅凭调查报告认定该商标具有较高知名度和声誉度。

调查报告应经过庭审质证并确认其效力。对调查报告的质证、认证主要应围绕调查机构的权威性、调查方法的科学性及可行性等问题进行。

第十二条　认定驰名的商标应有持续多年使用的记录，起诉时使用时间少于三年的商标，一般不予认定，但众所周知的商标不受此限制。

《商标法》第十四条第（二）项中“商标使用的持续时间”的证据包括：该

商标使用、注册的有关材料,包括国内、外商标注册证书、续展证明材料、商标许可使用合同、销售合同等证明商标最早使用时间及持续使用的相关证明。

第十三条 《商标法》第十四条第(三)项中“商标的宣传工作的持续时间、程度和地理范围”的证据应当包括:

(一)该商标宣传所采用的宣传方式(电视、报纸、网站、户外、展会、冠名比赛等)的证据;

(二)宣传的起止时间、持续时间、地域范围以及广告投放量的有关材料;

(三)广告发布合同书、各区域、各种媒体广告分布的分析报告及有关近三年广告投入的分类审计报告。

一般要求广告的覆盖面要达到全国大部分地区,广告时间要持续,广告的形式要多样,广告的投放量应该在同行业中处于前列。

第十四条 《商标法》第十四条第(四)项中“商标受保护记录”的证据应当包括:

(一)商标被侵权事实情况汇总材料;

(二)各地行政管理部门在处理该商标侵权等纠纷过程中出具的处理决定书或其他相关文件,人民法院的生效裁判文书;

(三)购买侵权商品的销售发票、致侵权企业律师函等证明采取措施进行商标保护的其他证据。

第十五条 《商标法》第十四条第(五)项中“商标驰名的其他因素”的证据应当包括:

(一)使用该商标的主要商品近三年的产量、销售量、销售收入、利税、销售区域汇总表和有关部门对商品近三年销售量、销售收入、利税等分类统计表。上述数据应相应提供国内、外主要的销售合同及销售发票、增值税发票、进出口海关报关单,向税务部门缴纳的销售利润明细表、纳税证明等原始凭证或由税务、海关等部门确认的汇总表,中介机构的审计报告;

(二)由具有权威性的省级以上行政部门或全国性的行业协会提供的,证明使用该商标的主要商品近三年市场占有率、销售量、销售额和利税量等在中国同行业中的排名材料的原件或经过公证的复印件。认定驰名商标的相应产品一般要求在全国同行业中排名前列。

第十六条 被诉侵犯商标权或者不正当竞争行为发生前曾被人民法院或者国务院工商行政管理部门认定的驰名商标,被告对该商标驰名的事实不持异议的，人民法院予以认定。但人民法院有相反证据足以推翻的除外。

对于前款规定的商标驰名的事实，被告提出异议的，原告应当对该事实负举证责任。

被告在第一审程序中对第一款规定的商标驰名不持异议，但在第二审程序中无正当理由提出异议的，应当对其持异议的事实提供证据加以证明。

第十七条　对于在中国境内为社会公众广为知晓的商标，人民法院应适当减轻原告的举证责任。原告提供其商标驰名的初步证据，或被告不持异议的，人民法院对该商标驰名的事实予以认定。

虽有较高知晓度，但资信状况严重不佳的商标不予认定驰名商标。资信状况严重不佳包括：因重大违法经营被行政管理部门处罚，重大的产品质量或服务质量问题，拒不履行生效判决等。

第十八条　对案件当事人是否存在真正的争议，人民法院应重点审查下列情况：

（一）认定驰名商标案件的被告原则上应到庭参加诉讼，其委托代理人参加诉讼的，法院可主动向被告核实案情，审查被告的主体情况、与原告是否有关联关系；并充分向被告释明案件裁判可能带来的后果，以防止原告虚构案情，制造假案。

（二）被控侵权产品的制造者或进货渠道，被控侵权标识的印制者或销售者，被控侵权商品或行为的存续时间、被诉侵权行为的目前状况以及商品产量、销售量。

（三）被控侵权人的主观过错、行为动机。

（四）其他与案件有关的情况。

第十九条　对当事人刻意制造案件以获得驰名商标认定，能够查实的，人民法院应当依照民事诉讼法第一百零二条[①]规定的妨碍民事诉讼行为处理。对已认定涉案商标驰名的生效判决应按有关程序依法撤销。

第二十条　驰名商标司法认定是对某一商标驰名状态的认定，属于案件事实认定的范畴，只在裁判文书的事实和理由部分进行表述，人民法院对驰名商标的认定不写入判决主文，不使用“中国驰名商标”之类的称谓，也不在调解书中予以认定。

原告不得将申请认定驰名商标作为独立的诉讼请求提出，如原告提出该

---

① 2017年修正的民事诉讼法第一百一十一条。——编者注

项请求的,法院应向其释明,要求其变更;原告如坚持不进行变更,应驳回其要求认定驰名商标的诉讼请求。

第二十一条 涉及驰名商标认定的民事纠纷案件,由西宁市中级人民法院管辖,其他中院无权受理。其他中级人民法院在案件审理过程中发现须认定驰名商标的,必须及时将案件移送西宁市中级人民法院审理。

第二十二条 中级人民法院在案件审理中拟认定驰名商标的案件,判决前必须书面报请省高级法院审查。一审判决生效后十日内将判决书报省高级法院备案,并由省高级人民法院报送最高人民法院备案。

第二十三条 本意见中的"相关公众",是指在我国领域内与使用商标所标示的某类商品或者服务有关的消费者,生产该商品或者提供服务的其他经营者,经销渠道中所涉及的销售者和相关人员。只针对特殊消费群体的商品和服务,其相关公众不以一般消费者为准,而应该考虑该行业及其相关的消费者。

第二十四条 本意见中的"市场美誉"是指相关公众对商标所标识的商品或服务普遍给予较高的评价,且无较严重的资信状况不良记录。

第二十五条 本意见与有关法律、法规和最高人民法院的司法解释不一致的,以法律、法规和司法解释为准。

【公报案例】

1.【西安中院"尼康"电动车案】认定部分商标驰名已足以保护注册商标人的合法权益,无须再对其余商标是否驰名作出认定;认定驰名商标应以被诉侵犯商标权或者不正当竞争行为发生时,其商标是否驰名为判断标准〔株式会社尼康诉浙江尼康电动车业有限公司等侵犯注册商标专用权及不正当竞争纠纷案,陕西省西安市中级人民法院民事判决书(2009)西民四初字第302号,载《中华人民共和国最高人民法院公报》2012年第8期〕。

2.【苏州中院"KODAK"自动扶梯案】人民法院在审判侵犯商标权纠纷的案件中,对涉案商标是否属于驰名商标作出认定,属对案件基本事实的认定,不受当事人诉讼请求的限制〔伊士曼柯达公司诉苏州科达液压电梯有限公司商标权侵权纠纷案,江苏省苏州市中级人民法院民事判决书(2005)苏中民三初字第0213号,载《中华人民共和国最高人民法院公报》2008年第5期〕。

【法院参考案例】

(一)个案按需认定

1.【最高院"巨化"灯案】驰名商标实行个案按需认定原则,如商标法第十三条第三款的其他条件不满足,则不需要认定驰名商标〔巨化集团公司与国家工商行政管理总局商标评审委员会商标异议复审行政纠纷再审申请案,最高人民法院行政裁定书(2015)知行字第112号,载《最高人民法院知识产权审判案例指导(第八辑)》〕。

(1)异议申请人的商标为已经在中国注册的驰名商标、被异议商标构成对该驰名商标的复制、摹仿或者翻译,以及被异议商标的申请注册将容易导致消费者混淆或者误导公众,进而损害异议申请人的利益是在商标异议复审行政案件中适用商标法(2001年)第十三条第二款规定的三个基本条件。

(2)在商标授权确权行政案件的审理过程中,亦应遵循驰名商标的按需认定原则。如果被异议商标并没有构成对引证商标的复制、摹仿或者翻译,或者被异议商标获准注册的结果并不会导致误导公众并可能损害引证商标权利人利益的结果,即无须对引证商标是否构成驰名的问题作出审查和认定。

2.【最高院"汇源"水果罐头案】被诉侵权商品与要求保护之注册商标的核定商品构成类似商品,根据按需认定驰名商标的规则,无须认定其为驰名商标〔菏泽汇源罐头食品有限公司与北京汇源食品饮料有限公司侵害商标权及不正当竞争纠纷上诉案,最高人民法院民事判决书(2015)民三终字第7号〕。

3.【北京高院"约翰迪尔金鹿"案】一般情况下,在相同或者类似商品上已经能够予以商标权保护的情况下,基于驰名商标"按需认定"的原则,没有必要再认定驰名注册商标。但有两种例外情况:第一,被告在核定商品上使用核准注册商标,出现注册商标权之间的冲突;第二,被告将他人驰名商标用作企业名称,但不是突出使用,出现注册商标权与企业名称权冲突〔约翰迪尔(北京)农业机械有限公司等与迪尔公司等侵害商标权及不正当竞争纠纷上诉案,北京市高级人民法院民事判决书(2017)京民终413号〕。

(1)商标法第十三条第三款规定的字面解释均是对在中国已经注册的驰名商标给予不相同或者不相类似商品上的保护,但是基于法律规定的“举重以明轻”的原则,从目的解释的视角,显然与已经注册的驰名商标核定使用商品构成相同或者类似商标的近似商标,亦应当纳入驰名商标保护的范畴中。

(2)一般情况下,在相同或者类似商品上已经能够予以保护的情况下,基于驰名商标“按需认定”的原则,已无直接予以认定的必要。

(3)在侵害注册驰名商标权民事纠纷中,对于商标法第十三条第三款所规定的“禁止使用”在相同或者类似商品的民事纠纷,至少存在二种适用认定驰名商标的情形,均为产生民事权利冲突时所启动:第一种情形为当被控侵权主体使用的商标系经依法核准注册,并在其核定使用商品范围内规范进行的使用,即注册商标专用权之间产生的权利冲突;第二种情形为当被控侵权主体将他人驰名商标通过复制、摹仿、翻译的形式,作为企业名称中的字号予以使用,但并不属突出使用的,此时为了解决商标专用权与企业名称权益之间产生的权利冲突。

4.【北京高院“吉百利”氮肥案】只有对在先的注册商标是否驰名作出判断,才能确定商标法(2001年)第十三条第二款有无适用的可能与必要,进而才需要也才能够对诉争商标是否系复制、摹仿或者翻译他人已经在中国注册的驰名商标,以及诉争商标的注册是否会因误导公众而损害该驰名商标注册人的利益作出判断〔国家工商行政管理总局商标评审委员会与吉百利英国有限公司商标异议复审行政纠纷上诉案,北京市高级人民法院行政判决书(2011)高行终字第630号〕。

5.【北京知产法院“咏威”防火水泥涂料案】商标确权程序要在遵循按需认定原则的前提下,对商标驰名的程度进行审查;如果从商品的关联程度等因素出发,可以确定商标达不到商标法第十三条第三款保护所需要的范围,则不必认定驰名商标〔大众汽车股份有限公司与国家工商行政管理总局商标评审委员会、第三人五原县永旺工贸有限责任公司商标权无效宣告请求行政纠纷案,北京知识产权法院行政判决书(2015)京知行初字第5098号〕。

(1)在商标确权过程中,要在遵循按需认定原则的前提下,对商标驰名的程度进行审查。具体而言,2001年商标法第十三条第二款规定了驰名商标跨类保护的条件,其中每一个条件均为必要不充分条件,缺少任何一个条件都可以否定该条的适用。但是，由于商标的驰名程度会影响其他条件的认定，故在不能确定地否定其他条件时，应当首先对商标是否达到驰名状态进行判断。

(2)根据《最高人民法院关于审理涉及驰名商标保护的民事纠纷案件应用法律若干问题的解释》第十条，在确定驰名商标跨类保护的范围时，相关公众的知晓程度只是需要考虑的因素之一，如果从商品的关联程度等因素出发，可以确定商标达不到获得保护所需要的范围，则可以不对商标是否达到驰名状态进行认定。如果商标有可能达到获得保护所需要的范围，还需要审查相关公众的知晓程度加以确认，则应当首先对商标是否达到驰名状态进行认定，再根据上述各因素确定驰名商标的跨类保护范围。

6.【北京知产法院"美孚"农药案】驰名商标实行"按需保护"的原则，如果商标注册人在同一种或类似商品上注册的商标足以使得其获得与驰名商标同等水平的保护，则无须再对商标权人提供驰名商标的保护〔埃克森美孚公司与北京北农国信科技发展有限公司等侵犯商标专用权纠纷案，北京知识产权法院民事判决书(2014)京知民初字第143号〕。

因对驰名商标实施按需保护的原则，如果商标注册人在同一种或类似商品上注册的商标足以使得其获得与驰名商标同等水平的保护，则无须再对商标权人提供驰名商标的保护。对于何为同等水平的保护，至少需要从停止侵权及赔偿损失两方面进行考量。如果商标注册人在同一种或类似商品上注册的商标仅能够制止侵权行为的发生，但无法获得经济损失赔偿，则此时应认定依据同一种或类似商品上注册的商标无法获得与驰名商标同等水平的保护，依据按需认定的原则，便有必要对商标注册人提供驰名商标的保护。

7.【浙江高院"索菲亚"案】权利人享有多项注册商标专用权，有权选择以驰名商标跨类保护方式寻求更有利的救济，不应机械适用驰名商标"按需认定"的法律规则而强迫当事人以防御商标为基础行使商标权〔索菲亚家居股份有限公司与吕小林等侵害商标权及不正当竞争纠纷上诉案，浙江省高级人民法院民事判决书(2016)浙民终794号〕。

司法认定驰名商标的本意在于更好地保护驰名商标，在权利人享有多个商标权的情况下，如果法院为避免认定驰名商标，不允许权利人选择以驰名商标跨类保护的方式寻求更为有利的救济，则商标权人的合法利益就难以得到充分保障，与司法认定驰名商标制度的初衷亦背道而驰。

8.【内蒙古高院“酸酸乳”案】司法认定的驰名商标的效力只在发生争议的案件中有效,不针对其他市场主体〔内蒙古蒙牛乳业(集团)股份有限公司与董建军等商标权侵权及不正当竞争纠纷上诉案,内蒙古自治区高级人民法院民事判决书(2006)内民三终字第7号〕。

认定蒙牛乳业(集团)股份有限公司的“酸酸乳”标志为驰名商标,仅对本案有效,对其他企业无法律约束力。一种商标的驰名与否是一种客观状态,而这种客观状态会随着时间的推移而发生变化,是一个动态过程。如某一商标在刚刚进入市场时并不驰名,一定时间后成了驰名商标;同样,一个驰名商标也可能因为产品淡出市场等原因被相关公众淡忘而不再驰名。因此,司法认定的驰名商标的效力只在发生争议的该案件中有效,不针对其他市场主体。驰名商标的主要作用就是帮助企业更好地解决商标纠纷,认定驰名商标只是一种法律保护手段。总之,一个商标的驰名与否最终要由市场来决定。

(二)证明驰名的证据

1.【最高院“iPhone”钱包案】产品概念公布和媒体报道不能证明商标知名度,投放广告、销售商品等经营行为才能用于证明商标的知名度〔苹果公司(Apple Inc)与国家工商行政管理总局商标评审委员会商标异议复审行政纠纷再审申请案,最高人民法院行政裁定书(2016)最高法行申3386号〕。

(1)IPHONE手机概念公布至被异议商标申请日期间,IPHONE手机是部分媒体关注的对象,但并非中国主要媒体商业广告的对象,也未成为中国市场广大消费者熟悉并认可的知名品牌。

(2)IPHONE手机概念公布至苹果公司正式向中国市场销售IPHONE手机的逾两年内,苹果公司基于其经营策略,未实施向中国市场投放IPHONE品牌广告、销售IPHONE手机商品等经营行为,IPHONE商标至少在被异议商标申请日之前缺乏在中国驰名的客观条件。

(3)苹果公司主张引证商标随着IPHONE手机概念的公布及在美国首次销售的信息在全球传播而瞬间成为驰名商标的理由,既不符合2007年互联网在中国的实际状况,也不符合引证商标当时在中国的使用状况。

2.【最高院“日产嘉禾”润滑油案】引证商标为当事人企业字号,鉴于其核定使用商品的特殊性,消费者关注生产厂商,故该企业名称使用的证据可以证明引证商标的知名度〔北京市华夏长城高级润滑油有限责任公司与国家工商行政管理总局商标评审委员会、第三人日产自动车株式会社商标争议行政纠纷再审案，最高人民法院行政判决书(2011)知行第 45 号〕。

本案中两引证商标核定使用的商品为汽车，引证商标 1“日产”同时为日产株式会社的企业字号，引证商标 2 中的“NISSAN”文字与日产具有对应关系，考虑到汽车商品的特殊性，消费者会特别关注生产厂商，所以，日产株式会社对其企业名称的使用、所生产各种车型的汽车的销售维修等情况，均有助于其引证商标知名度的提高。

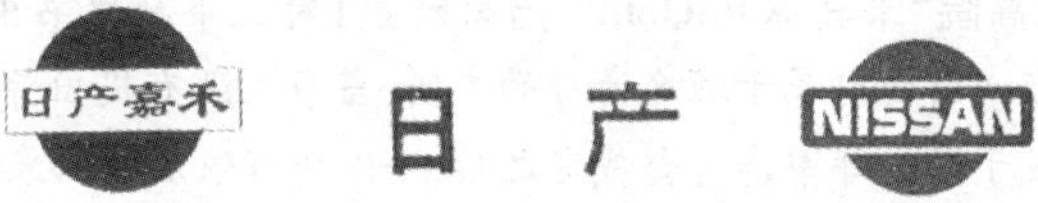

诉争商标图样(左图)；引证商标 1 图样(中图)；引证商标 2 图样(右图)

3.【最高院“伟哥”案】标志未在中国大陆使用过，媒体报道不能作为当事人真实使用商标的证据，更不能证明构成未注册驰名商标〔辉瑞有限公司等与上海东方制药有限公司破产清算组、广州威尔曼药业有限公司等不正当竞争及侵害未注册驰名商标权纠纷再审申请案，最高人民法院民事裁定书(2009)民申字第 313 号〕。

辉瑞制药公司也明确声明“万艾可”为其正式商品名，并承认其在中国内地未使用过“伟哥”商标，因此，不能认定媒体将“Viagra”称为“伟哥”反映了辉瑞公司和辉瑞制药公司当时将“伟哥”作为商标使用的真实意思。现有证据不足以证明“伟哥”为未注册商标，也无法证明其为未注册驰名商标。

4.【最高院“中铁”案】认定商标驰名与否，不仅应考虑商标注册后的使用情况，也应考虑商标注册前持续使用的情况〔北京中铁快运有限公司与国家工商行政管理总局商标评审委员会、第三人中铁快运股份有限公司商标权无效宣告请求行政纠纷再审申请案，最高人民法院驳回再审申请通知书(2009)行知字第 1 号〕。

5.【北京高院“美图秀秀”洗发液案】净利润数额只是商标知名度和美誉度的判断因素之一；对商标是否达到驰名的程度应以该商标在核定使用的商品上的显著性和知名程度为判断标准，并应考虑软件开发和市场推广阶段的资金投入可能会大于短期内的利润回报的行业情况〔贝荣雄与国家工商行政管理总局商标评审委员会等商标权无效宣告请求行政纠纷上诉案，北京市高级人民法院行政判决书(2017)京行终3764号〕。

6.【北京高院"CROCOCOLA"案】对于公众广泛知晓的驰名商标,应当结合众所周知的驰名事实,在当事人已提供基本证据时,对商标驰名的事实予以认定,减轻商标权人的举证责任〔国家工商行政管理总局商标评审委员会等与可口可乐公司商标异议复审行政纠纷上诉案,北京市高级人民法院行政判决书(2012)高行终字第943号〕。

7.【北京高院"米其林 miQolin"扬声器案】对民事判决书中认定引证商标在诉争商标申请之前属于驰名商标的事实,当事人没有提出异议,即便该民事判决书形成于商标评审委员会裁定之后,法院仍可依法予以采信〔国家工商行政管理总局商标评审委员会与米其林集团总公司商标异议复审行政纠纷上诉案,北京市高级人民法院行政判决书(2012)高行终字第1865号〕。

8.【北京知产法院"新华字典"案】未注册驰名商标的判定亦应首先对商标的显著特征进行判断,认定该商标是否构成未注册驰名商标时,应结合案件中商标的具体使用证据,客观、全面地进行审查〔商务印书馆有限公司与华语教学出版社有限公司侵犯商标权及不正当竞争纠纷案,北京知识产权法院民事判决书(2016)京73民初277号,列入最高人民法院公布的2017年中国法院10大知识产权案件〕。

9.【上海一中院"彭博"案】根据驰名商标认定的权利主张地原则,中国大陆之外华语国家和地区的商标注册情况并非判断商标驰名的直接依据〔彭博有限合伙公司与上海澎博财经资讯有限公司、上海澎博网络数据信息咨询有限公司侵害商标权纠纷案,上海市第一中级人民法院民事判决书(2007)沪一中民五(知)终字第2号〕。

10.【广东高院"米其林 miQolin"案】商标行政主管部门对争议商标驰名与否的认定只能作为认定案件事实的依据之一,而不能作为唯一的或决定性的依据〔(法国)米其林集团总公司与喻静、何丽芳侵犯商标权及不正当竞争纠纷上诉案,广东省高级人民法院民事判决书(2011)粤高法民三终字第163号,列入最高人民法院公布的2011年中国法院知识产权司法保护50件典型案例〕。

11.【广东高院“立邦”案】已经被其他法院在先生效判决认定为驰名商标的情况属于事实认定，如无相反证据予以推翻，其他法院作为事实予以确认符合法律规定〔立邦涂料（中国）有限公司与立邦时时丽（江门）化工有限公司等侵犯商标专用权纠纷上诉案，广东省高级人民法院民事判决书（2007）粤高法民三终字第 168 号，列入最高人民法院公布的 2008 年中国法院知识产权司法保护 50 件典型案例〕。

编者说明

驰名商标遵循个案认定、被动保护的原则。法律不承认超越个案而无时空限制的驰名商标。我国驰名商标一度是行政机关主导的评选活动，地方政府竞相评选驰名商标，以至于企业标榜“驰名商标”或“中国驰名商标”成为潮流。这种机制为权钱交易提供了舒适的温床。一旦驰名商标带上国家权力的光环，企业就长久取得不当的竞争优势，不利于形成公平合理的市场竞争秩序。

为此，现行商标法明文规定，驰名商标认定只具有个案效力。这是新时代我国商标法的一大进步。本法第十四条第二款和第三款规定，在商标注册审查、工商行政管理部门查处商标违法案件过程中，以及在商标争议处理过程中，当事人依照本法第十三条规定主张权利的，商标局或商标评审委员会根据审查、处理案件的需要，可以对商标驰名情况作出认定。《驰名商标认定和保护规定》（2014 年）第四条亦明确规定：“驰名商标认定遵循个案认定、被动保护的原则。”此规定第三条明确，仅商标局和商标评审委员会有权根据当事人请求以及审理案件的需要，在商标注册审查、商标争议处理和工商行政管理部门查处商标违法案件过程中认定和保护驰名商标。同时，商标法第十四条第四款规定，在商标民事、行政案件审理过程中，当事人依照本法第十三条规定主张权利的，最高人民法院指定的人民法院根据审理案件的需要，可以对商标驰名情况作出认定。此外，我国司法系统还设置有驰名商标司法认定备案制度。①

就商标法第十四条“处理涉及商标案件需要”的规范含义，司法实践存在分歧。第一种意见认为，应首先对商标是否达到驰名的状态作出判断，再考虑是否系复制、摹仿或翻译及因误导公众而损害商标注册人的利益，比如【北京高院“吉百利”案】。第二种意见认为，如果复制、摹仿或翻译及因误导公众而损害商标注册人的利益等要件不成立，则无须对商标是否达到驰名状态进行审查和认定，比如【最高院“巨化”案】。第三种意见认为，商标法第十三条规定驰名商标跨类保

---

① 参见《最高人民法院关于建立驰名商标司法认定备案制度的通知》[法（民三）明传〔2006〕8 号]。

护的各个条件是必要条件，在不能“确定地”否定其他条件时，才应当首先审查是否属于驰名商标，比如【北京知产法院“咏威”防火水泥涂料案】。

第一种意见是商标法2013年修正之前的主流观点。第三种意见与第二种意见基本一致，是对第二种意见进行补充，体现了“按需认定的原则是为了防止当事人单纯地获取驰名商标的司法认定，不正当地追求法律保护以外的其他意义”。① 所以，通常情况下，只有行为人的确违反第十三条第二款或第三款时，法院判决书上才可能出现驰名商标的事实认定。

然而，规范上，商标法第十三条第二款或三款适用的其他条件是否满足，其评判并不能脱离涉案商标的“知名度”。比如，【北京知产法院“咏威”防火水泥涂料案】所称“商品的关联度”不是商品物理上的关联度，而是相关公众一般注意力之下商品来源意义上的关联度。在杭州啄木鸟鞋业与国家工商行政管理总局商标评审委员会、七好(集团)有限公司商标争议行政纠纷再审申请案中，②最高人民法院指出，“关联商品往往是针对《区分表》中被划定为非类似，但实际上具有较强的关联性，相关商标共存容易导致混淆误认的商品而言的。对于这些商品，仍需置于类似商品框架之下进行审查判断；只要容易使相关公众认为商品或者服务是同一主体提供的，或者其提供者之间存在特定联系，在法律上即构成类似商品”。③为此，“相关商品是否类似并非绝对和一成不变，故基于不同的案情可能得出不同的结论”。在特多瓦公司与北京龟博士汽车清洗连锁有限公司商标异议复审行政纠纷再审申请案中，最高人民法院又指出，“通常情况下，如果同一商标分别使用在不同的商品或服务上，会使相关公众认为上述不同的商品或服务系由同一主体提供，或其提供者之间存在特定联系，则可以认定不同的商品或服务之间存在特定联系，或容易造成混淆”，则属于类似商品。④为此，给定两种商品(比如衣服和鞋)，其他条件不变的情况下，该“同一商标”知名度越高，相关公众越可能认为它们相互关联，容易混淆来源。由此可见，要求保护之商标的知名度本身就会实质性影响商标法第十三条第二款和第三款中其他条件的评判。

---

① 参见北京知识产权法院行政判决书(2015)京知行初字第5098号。

② 参见最高人民法院驳回再审申请通知书(2011)知行字第37号。

③ 参见最高人民法院驳回再审申请通知书(2011)知行字第37号。

④ 参见最高人民法院行政判决书(2015)行提字第3号。

第十五条　【抢注他人未注册商标】未经授权，代理人或者代表人以自己的名义将被代理人或者被代表人的商标进行注册，被代理人或者被代表人提出异议的，不予注册并禁止使用。

就同一种商品或者类似商品申请注册的商标与他人在先使用的未注册商标相同或者近似，申请人与该他人具有前款规定以外的合同、业务往来关系或者其他关系而明知该他人商标存在，该他人提出异议的，不予注册。

【司法解释】

1.《最高人民法院关于审理商标授权确权行政案件若干问题的规定》（法释〔2017〕2号，20170301；经法释〔2020〕19号修正，20210101）

第十五条　商标代理人、代表人或者经销、代理等销售代理关系意义上的代理人、代表人未经授权，以自己的名义将与被代理人或者被代表人的商标相同或者近似的商标在相同或者类似商品上申请注册的，人民法院适用商标法第十五条第一款的规定进行审理。

在为建立代理或者代表关系的磋商阶段，前款规定的代理人或者代表人将被代理人或者被代表人的商标申请注册的，人民法院适用商标法第十五条第一款的规定进行审理。

商标申请人与代理人或者代表人之间存在亲属关系等特定身份关系的，可以推定其商标注册行为系与该代理人或者代表人恶意串通，人民法院适用商标法第十五条第一款的规定进行审理。

第十六条　以下情形可以认定为商标法第十五条第二款中规定的“其他关系”：

（一）商标申请人与在先使用人之间具有亲属关系；

（二）商标申请人与在先使用人之间具有劳动关系；

（三）商标申请人与在先使用人营业地址邻近；

（四）商标申请人与在先使用人曾就达成代理、代表关系进行过磋商，但未形成代理、代表关系；

（五）商标申请人与在先使用人曾就达成合同、业务往来关系进行过磋商,但未达成合同、业务往来关系。

【注释】①

1. 关于第三款,即与代理人或者代表人有特定关系的人,比如近亲属,或者其担任法定代表人的企业等的抢注,能否适用商标法第十五条第一款有一定的争议。有意见认为,新的商标法实施后,此种情况应适用第二款处理。但考虑到与代理人、代表人恶意串通的抢注行为,本质上更接近于代理人、代表人的抢注,如果此种情形不能按照商标法第十五条第一款受到规制,将导致该条款极易被规避,明显与诚实信用原则不符。而且适用第十五条第二款要求被代理人、被代表人在先使用商标,第一款则无此要求。法律修改增加第二款规定本意是为了更好地遏制抢注,如果将此种情况转而适用第二款,则可能造成旧法下能够制止的抢注行为,依照新法反而不能制止,不符合法律修改的意图,故本解释仍然采用了视为代理人、代表人抢注的观点。

2. 商标法第十五条第二款仅要求在先使用,但对使用的规模等均未作要求,其原因即在于当事人之间具有合同、业务往来或者其他关系,这也是该条款与商标法第三十二条"在先使用并有一定影响"的区别所在。故本解释第十六条列举的几种关系应与合同、业务往来关系类似,申请人因具有所述关系而明知他人商标存在,对该他人负有一定的诚信义务,在他人商标已经在先使用的情况下,不应抢先注册该商标。第十六条所列举的第(四)项系对于曾为达成代理、代表关系进行磋商,而未形成代理、代表关系的情形的规定,也有建议一并纳入商标法第十五条第一款进行规制,但考虑到该种情形下毕竟当事人之间未形成代理、代表关系,亦考虑立法机关的意见,本解释将其纳入"其他关系"的范畴予以规范。另外,该条仅为例示性的列举,并非穷尽。

2.《最高人民法院关于审理商标案件有关管辖和法律适用范围问题的解释》(法释〔2002〕1号,20020121;经法释〔2020〕19号修正,20210101)

第五条 除本解释另行规定外,对商标法修改决定施行前发生,属于修改后商标法第四条、第五条、第八条、第九条第一款、第十条第一款第(二)、(三)、(四)项、第十条第二款、第十一条、第十二条、第十三条、第十五条、第

---

① 参见宋晓明、王闯、夏君丽、董晓敏:《〈关于审理商标授权确权行政案件若干问题的规定〉的理解与适用》,载《人民司法·应用》2017年第10期。

十六条、第二十四条、第二十五条、第三十一条所列举的情形，国家知识产权局于商标法修改决定施行后作出复审决定或者裁定，当事人不服向人民法院起诉的行政案件，适用修改后商标法的相应规定进行审查；属于其他情形的，适用修改前商标法的相应规定进行审查。

【部门参考文件】

1.《商标审查审理指南》（国家知识产权局公告第 462 号，20220101；下编）

第十一章　擅自注册被代理人或者被代表人商标的审查审理

2 释义

本款是对代理人或者代表人明知是被代理人或者被代表人商标而在同一种或类似商品上恶意抢先注册行为的禁止性规定。

3 适用要件

认定代理人或者代表人未经授权，擅自注册被代理人或者被代表人商标的行为，须符合下列要件：

（1）系争商标注册申请人是商标所有人的代理人或者代表人；

（2）系争商标与被代理人、被代表人商标使用在同一种或者类似的商品或者服务上；

（3）系争商标与被代理人、被代表人的商标相同或者近似；

（4）代理人或者代表人不能证明其申请注册行为已取得被代理人或者被代表人的授权。

4 代理关系、代表关系的判定

4.1 代理人、代表人的含义

代理人不仅包括《民法典》中规定的代理人，也包括基于商事业务往来而可能知悉被代理人商标的经销商。

代表人系指具有从属于被代表人的特定身份、因执行职务行为而可能知悉被代表人商标的个人，包括法定代表人、董事、监事、经理、合伙事务执行人等人员。

4.2 代理人、代表人擅自注册行为的认定

在为建立代理或者代表关系的磋商阶段，代理人、代表人知悉被代理人、被代表人商标后进行注册，致使被代理人、被代表人利益可能受到损害的，属于《商标法》第十五条第一款所指代理人、代表人的擅自注册行为。

代理、代表关系结束后，代理人、代表人将被代理人、被代表人商标申请注册，致使被代理人、被代表人利益可能受到损害的，属于《商标法》第十五条第一款所指代理人、代表人的擅自注册行为。

虽非以代理人或代表人名义申请注册被代理人或被代表人的商标，但有证据证明，注册申请人与代理人或者代表人具有串通合谋行为的，属于《商标法》第十五条第一款所指代理人、代表人的擅自注册行为。对于串通合谋抢注行为，可以视情况根据商标注册申请人与上述代理人或者代表人之间的亲属、投资等关系进行推定。

4.3 证明代理关系、代表关系存在的证据

下列证据可以证明代理关系的存在：

(1)代理、经销合同；

(2)可以证明代理、经销关系的交易凭证、采购资料等；

(3)其他可以证明代理、经销关系存在的证据。

下列证据可以证明代表关系的存在：

(1)企业注册登记资料；

(2)企业的工资表、劳动合同、任职文件、社会保险、医疗保险等材料；

(3)其他可以证明一方当事人具有从属于被代表人的特定身份、因执行职务行为而可能知悉被代表人商标的证据材料。

5 被代理人、被代表人的商标

5.1 被代理人的商标

被代理人的商标包括：

(1)在合同或者授权委托文件中载明的被代理人商标；

(2)如当事人无约定，在代理关系已经确定时，被代理人在其被代理经销的商品或者服务上，已经在先使用的商标视为被代理人商标；

(3)如当事人无约定，代理人在其所代理经销的商品或者服务上所使用的商标，因代理人自己的广告宣传等使用行为，已足以导致相关公众认为该商标是表示被代理人的商品或者服务与他人商品或者服务相区别的标志，则在被代理人的商品或者服务上视为被代理人的商标。

5.2 被代表人的商标

被代表人的商标包括被代表人已经在先使用的商标和其他依法属于被代表人的商标。

6 代理人、代表人取得商标注册授权的判定

被代理人、被代表人所作出授权的内容应当包括代理人、代表人可以注册的商品或者服务及商标标志，且授权意思表示应当清楚明确。

代理人或者代表人应当提交以下证据材料证明授权事实的存在：

(1)被代理人、被代表人对代理人、代表人所作出的书面授权文件；

(2)其他可以认定被代理人、被代表人对代理人、代表人作出过清楚明确的授权意思表示的证据。

代理人、代表人虽然在申请注册时未取得被代理人、被代表人的明确授权，但被代理人、被代表人对该申请注册行为进行了事后追认的，视为代理人、代表人取得了被代理人、被代表人的授权。

商标申请注册时取得被代理人、被代表人授权，被代理人、被代表人事后反悔的，仍应认定代理人、代表人取得了被代理人、被代表人的授权。

7 典型案例

7.1 代理人以自己的名义将被代理人的商标进行注册的情形

案例：第 22737360 号“绿博士”商标（以下称争议商标）无效宣告案

(1)商标信息。

绿博士

指定商品：刀叉餐具等

(2)审理要点。

2017 年国外某公司（以下称申请人）与天津某公司（以下称被申请人）签订了关于申请人“RISOLI”品牌系列产品在中国大陆地区的销售代理协议，被申请人为申请人在中国大陆地区的代理经销商；申请人的“RISOLI”品牌系列产品中包括“DR. GREEN”系列产品。早在 2015 年，申请人在中国地区的代理公司已宣传、销售标有“DR. GREEN”标识的产品。被申请人作为申请人的经销代理人，对申请人在先使用并具有较强独创性的“DR. GREEN”商标理应知晓。争议商标“绿博士”与申请人在先使用的“DR. GREEN”商标中文含义相近，且争议商标核定使用的刀叉餐具等商品与申请人在先使用的锅等商品在销售场所、销售渠道、消费对象等方面具有一定的关联性，属于类似商品。综上，争议商标的注册已构成 2013 年《商标法》第十五条第一款所指的代理人在未经被代理人授权的情况下申请注册被代理人商标的情形。

7.2 代表人以自己的名义将被代表人的商标进行注册的情形

案例:第16899795号"高原维金 GAOYUANWEUIN 及图"商标(以下称争议商标)无效宣告案

(1)商标信息。

指定商品:啤酒、汽水等

(2)审理要点。

该案中,由青海某生物科技开发有限公司(以下称申请人)提交的企业营业执照、陈某宇(以下称被申请人)的身份信息、劳动合同等材料可知,青海某集团有限公司与被申请人陈某宇于2014年12月27日签订了无固定期限劳动合同,并安排其担任食品饮料部经理职务。申请人是青海某集团有限公司下设独资企业,成立日期为2015年2月10日,其法定代表人为被申请人陈某宇。上述证据可以证明,被申请人作为申请人的法定代表人,其对申请人拥有的"高原维金 GAOYUANWEIJIN 及图"商标理应知晓,可以认定二者存在2013年《商标法》第十五条第一款所指的代表关系。争议商标核定使用的啤酒、水(饮料)、矿泉水配料等商品与申请人"高原维金"商标涉及的饮料商品在消费对象、功能用途、消费渠道等方面存在交叉或重合之处,属于同一种或类似商品,被申请人在上述商品上未经授权注册申请人商标,已构成2013年《商标法》第十五条第一款所指的擅自注册被代表人商标的情形。

第十二章 特定关系人抢注注册他人在先使用商标的审查审理

2 释义

本款是对除前款规定以外的合同、业务往来关系或者其他关系而明知他人商标,而在同一种或类似商品上恶意抢先注册行为的禁止性规定。

3 适用要件

认定特定关系人抢注他人在先使用商标须符合下列要件:

(1)他人商标在系争商标申请之前在先使用;

(2)系争商标注册申请人与商标在先使用人存在合同、业务往来关系或者其他关系,因该特定关系注册申请人明知他人商标的存在;

(3)系争商标指定使用在与他人在先使用商标同一种或者类似的商品或者服务上;

(4)系争商标与他人在先使用商标相同或者近似。

4“在先使用”的判定

本款所指在先使用既包括在实际销售的商品、提供的服务上使用商标,也包括对商标进行的推广宣传。

本款所指在先使用还包括在先使用人为标有其商标的商品或者服务投入市场而进行的实际准备活动。

在先使用人只需证明商标已经使用,无须证明商标通过使用具有了一定影响。

5 合同、业务往来关系及其他关系的判定

5.1 合同、业务往来关系及其他关系的含义

合同、业务往来关系是指双方存在代表、代理关系以外的其他商业合作、贸易往来关系;其他关系是指双方商业往来之外的其他关系。对合同、业务往来或者其他关系范围的界定应当从维护诚实信用原则立法宗旨出发,以保护在先权利、制止不公平竞争为落脚点,只要因合同、业务往来关系或者其他关系而明知他人在先使用商标存在进行抢注的,均应纳入本款规定予以规制。

5.2 常见的合同、业务往来关系

常见的合同、业务往来关系包括:

(1)买卖关系;

(2)委托加工关系;

(3)加盟关系(商标使用许可);

(4)投资关系;

(5)赞助、联合举办活动;

(6)业务考察、磋商关系;

(7)广告代理关系;

(8)其他商业往来关系。

5.3 常见的其他关系

常见的其他关系包括:

(1)亲属关系;

(2)隶属关系(例如除第十五条第一款规定的代表人以外的其他普通

员工)；

(3)商标申请人与在先使用人营业地址邻近。

因存在本章5.1、5.2部分列举以外的其他关系而知晓在先商标的，属于本款规定的其他关系。

5.4 证明合同、业务往来关系及其他关系存在的证据

下列证据可以证明合同、业务往来关系及其他关系的存在：

(1)合同；

(2)可以证明合同、业务往来关系的来往信函、交易凭证、采购资料等；

(3)企业的工资表、劳动合同、社会保险、医疗保险材料、户口登记证明等；

(4) 其他证明特定关系存在的证据。

虽非以特定关系人名义申请注册，但有证据证明，注册申请人与特定关系人具有串通合谋行为的，属于《商标法》第十五条第二款所指特定关系人的抢注行为。对于串通合谋抢注行为，可以视情况根据商标注册申请人与上述特定关系人之间的亲属、投资等关系进行推定。

6 典型案例

6.1 因营业地址邻近明知他人商标存在而申请注册的情形

案例：第20680736号"煤研宾馆"商标(以下称争议商标)无效宣告案

(1)商标信息。

煤研宾馆

指定服务：住所代理(旅馆、供膳寄宿处)等

(2)审理要点。

本案中煤某宾馆(以下称申请人)提交的在案证据显示翁某(以下称被申请人)地址与申请人营业地址邻近，被申请人曾入住过申请人的酒店，加之，被申请人在获取争议商标专用权后向申请人发出了《商标侵权告知函》，并在电话联系中提出巨额转让费，可以推定被申请人有知晓并抢注申请人在先使用"煤研宾馆"商标的恶意。争议商标核定使用的住所代理(旅馆、供膳寄宿处)、自助餐厅等服务与申请人在先使用的"煤研宾馆"商标实际使用的酒店、住宿等服务属于类似服务，可以认定争议商标的注册已构成2013年《商标法》第十五条第二款所指的情形。

6.2 与他人具有委托加工关系明知他人商标存在而申请注册的情形

案例:第 12035146 号“CHOPPIES”商标(以下称争议商标)无效宣告案

(1)商标信息。

CHOPPIES

指定商品:洗衣粉等

(2)审理要点。

该案中,国外某公司(以下称申请人)提交的证据足以证明申请人通过凯瑞公司委托某化工有限公司(以下称被申请人)在中国境内加工“CHOPPIES”品牌洗衣粉,并由中国境内出口至博茨瓦纳。故可以认定,被申请人对于申请人的“CHOPPIES”商标使用在洗衣粉商品上是明确知晓的。申请人在洗衣粉商品上使用“CHOPPIES”商标,最终目的在于促使相关公众认牌购物,发挥该商标识别商品来源的功能,虽然此种识别功能的发挥未在中国境内市场完成,但被申请人作为申请人的贴牌加工商,明知申请人商标存在,却在同一种或类似商品上申请注册相同商标,明显违反诚实信用原则。争议商标已构成 2013 年《商标法》第十五条第二款所述情形。

2.《规范商标申请注册行为若干规定》(国家市场监督管理总局令第 17 号,20191201)

第三条　申请商标注册应当遵循诚实信用原则。不得有下列行为:

(一)属于商标法第四条规定的不以使用为目的恶意申请商标注册的。

(二)属于商标法第十三条规定,复制、摹仿或者翻译他人驰名商标的。

(三)属于商标法第十五条规定,代理人、代表人未经授权申请注册被代理人或者被代表人商标的;基于合同、业务往来关系或者其他关系明知他人在先使用的商标存在而申请注册该商标的。

(四)属于商标法第三十二条规定,损害他人现有的在先权利或者以不正当手段抢先注册他人已经使用并有一定影响的商标的。

(五)以欺骗或者其他不正当手段申请商标注册的。

(六)其他违反诚实信用原则,违背公序良俗,或者有其他不良影响的。

第四条　商标代理机构应当遵循诚实信用原则。知道或者应当知道委托人申请商标注册属于下列情形之一的,不得接受其委托:

(一)属于商标法第四条规定的不以使用为目的恶意申请商标注册的;

(二)属于商标法第十五条规定的;

(三)属于商标法第三十二条规定的。

商标代理机构除对其代理服务申请商标注册外,不得申请注册其他商标,不得以不正当手段扰乱商标代理市场秩序。

【北京法院商标行政案件的规范文件】

《北京市高级人民法院商标授权确权行政案件审理指南》(20190424)

12. 商标法第十五条的适用

12.1【未经授权的认定】

被代理人或者被代表人未明确作出同意代理人或者代表人申请注册诉争商标的意思表示属于商标法第十五条第一款规定的"未经授权"。

被代理人或者被代表人知道诉争商标的申请注册而未提出反对意见的,一般不能据此推定其同意代理人或者代表人申请注册诉争商标。

12.2【"被代理人或者被代表人的商标"】

被代理人或者被代表人在诉争商标申请日前的已注册或者申请的商标,不属于商标法第十五条第一款规定的"被代理人或者被代表人的商标"。

被代理人或者被代表人是否实际使用该商标,不属于商标法第十五条第一款认定的要件。

12.3【适用要件】

代理人或者代表人未经授权申请注册的商标,与被代理人或者被代表人的商标相同或者相近似,指定使用的商品与被代理人或者被代表人的商标指向的商品相同或者类似,属于商标法第十五条第一款规定的情形。

12.4【适用主体】

诉争商标申请人与商标法第十五条第一款规定的"代理人或者代表人"、第二款规定的"申请人"存在亲属关系,或者是"代理人或者代表人"或"申请人"公司法定代表人的,属于商标法第十五条适用的主体。

12.5【"在先使用"的判断】

仅在其他国家、地区使用商标的,不属于商标法第十五条第二款规定的"在先使用"的情形。

商标使用的规模、时间、知名度等因素,不影响"在先使用"的判断。

12.6【"在先使用"证据的认定】

当事人主张保护“在先使用”的商标,应当提交诉争商标申请日前在中国境内使用商标的证据,在其他国家、地区的使用证据或者准备投入中国境内使用的证据可以作为证明其商标在先使用情况的补充。

12.7【“其他关系”的认定】

诉争商标申请人与在先使用人存在代理、代表关系以外的,能够知道他人商标且应予主动避让的关系,属于商标法第十五条第二款规定的“其他关系”的情形。

12.8【商标法第十五条认定的例外】

诉争商标申请人能够举证证明其在形成代理、代表关系前,在先使用诉争商标的,可以认定不属于商标法第十五条第一款规定的情形。

诉争商标申请人能够举证证明其先于商标法第十五条第二款规定的“他人”使用诉争商标的,可以认定不属于商标法第十五条第二款规定的情形。

【指导案例】

【最高院“江小白”案】当事人双方同时签订了销售合同和定制产品销售合同,虽然存在经销关系,但诉争商标图样、产品设计等均由代理人一方提出,且定制产品销售合同明确约定被代理人未经代理人授权不得使用定制产品的产品概念、广告用语等,在被代理人没有在先使用行为的情况下,不能认定诉争商标为商标法第十五条所指的“被代理人的商标”〔重庆江小白酒业有限公司诉国家知识产权局、第三人重庆市江津酒厂(集团)有限公司商标权无效宣告行政纠纷案,最高人民法院行政判决书(2019)最高法行再224号,最高人民法院指导案例第162号〕。

【公报案例】

【最高院“头包西林”案】商标法第十五条规定的“代理人”不仅包括接受商标注册申请人或者商标注册人的委托,在委托权限范围内代理商标注册等事宜的商标代理人、代表人,还包括总经销(独家经销)、总代理(独家代理)等特殊销售代理关系意义上的代理人、代表人〔重庆正通药业有限公司、国家工商行政管理总局商标评审委员会与四川华蜀动物药业有限公司商标行政纠纷案,最高人民法院行政判决书(2007)行提字第 2 号,载《中华人民共和国最高人民法院公报》2007 年第 11 期〕。

【法院参考案例】

(一)商标法第十五条第一款

1.【最高院"ANDIS"案】代理关系虽未形成但双方处于磋商阶段,同样可以适用商标法第十五条第一款的规定〔安迪士公司与国家工商行政管理总局商标评审委员会商标异议复审行政纠纷再审案,最高人民法院行政判决书(2018)最高法行再 22 号〕。

不能简单地以代理关系"未形成"就认定不属于 2001 年商标法第十五条规定的情形。根据该条规定所体现的"申请商标注册应当遵循诚实信用原则"的立法精神,以及参照《最高人民法院关于审理商标授权确权行政案件若干问题的规定》第十五条第二款关于"磋商阶段"同样可以适用商标法第十五条的规定,被诉裁定与二审判决仅以"代理关系未形成"就认定被异议商标的申请注册不属于 2001 年商标法第十五条规定的情形,适用法律有误。

2.【最高院"生活的艺术"案】将商业合作关系洽谈和磋商过程中得知的非商标的标志(课程名称)申请注册为商标,不违反商标法第十五条第一款的规定〔生活的艺术国际基金会与国家工商行政管理总局商标评审委员会、第三人泉州美俪阿萨娜健身有限公司等商标异议复审行政纠纷再审案,最高人民法院行政判决书(2017)最高法行再 44 号〕。

建立商业合作关系进行过洽谈和磋商,但该邮件中并未显示生活艺术基金会"THEARTOFLIVING 生活的艺术"商标,其虽称课程名称即为商标,但邮件内容中除标注有"生活的艺术"课程外,还有"完美瑜伽"等课程,故生活艺术基金会所称课程名称即为商标的主张不能成立。

3.【最高院"龟博士"案】(1)代理人或代表人不得申请注册的商标标志,不仅包括与被代理人或者被代表人商标相同的标志,也包括相近似的标志;不得申请注册的商品既包括与被代理人或者被代表人商标所使用的商品相同的商品,也包括类似的商品。(2)商标法第十五条第一款不限于被代理人或被代表人尚未提出注册商标申请的情形〔特多瓦公司与北京龟博士汽车清洗连锁有限公司商标异议复审行政纠纷再审案，最高人民法院行政判决书(2015)行提字第 3 号〕。

(1)代理人或者代表人不得申请注册的商标标志，不仅包括与被代理人或者被代表人商标相同的标志，也包括相近似的标志；不得申请注册的商品既包括与被代理人或者被代表人商标所使用的商品相同的商品，也包括类似的商品。

(2)一、二审法院关于"只有在代理人或代表人申请商标注册前被代表人或被代理人的商标系尚未提出注册商标申请的情况下，代理人或代表人的申请注册行为才可能构成抢注行为，且如果被代理人或被代表人已将其商标申请注册，则其对于该商标所享有的合法权益在商标注册层面亦并未被代理人或代表人损害，故商标法第十五条应不适用于被代理人或被代表人已将其商标提出注册申请或该商标已被注册的情形"的认定，不当地限缩了商标法第十五条的适用范围，本院予以纠正。

4.【最高院"雷博"案】只要特定商标应归于被代理人或者被代表人，无论是否在先使用，代理人或者代表人即应善尽忠诚和勤勉义务，不得擅自以自己名义进行注册〔香港雷博有限公司与国家工商行政管理总局商标评审委员会、第三人家园邮箱公司商标争议行政纠纷再审案，最高人民法院行政判决书(2014)行提字第 3 号〕。

(1)商标法第十五条第一款适用需要具备如下条件：商标申请人与异议人之间构成代表或者代理关系；争议商标系被代理人或者被代表人的商标；争议商标核定使用的商品或者服务与被代理人或者被代表人提供的商品或者服务类似；代表人或者代理人违反诚信原则，未经授权擅自以自己名义将争议商标进行注册。

(2)代理或者代表关系是一种具有信赖性的特殊法律关系。基于这种特殊的法律关系，代理人或者代表人对于被代理人或者被代表人负有特殊的忠诚和勤勉义务，必须恪尽职守，秉承最大限度有利于被代理人或者被代表人的利益之原则行事。商标法第十五条系针对代理或者代表关系这种特殊法律关系，基于诚实信用原则而设立的对被代理人或者被代表人的商标予以特殊保护制度，并不一概要求该商标已经在先使用。只要特定商标应归于被代理人或者被代表人，代理人或者代表人即应善尽忠诚和勤勉义务，不得擅自以自己名义进行注册。被代理人或者被代表人是否已经将该商标投入商业使用,并非商标法第十五条的适用条件。

5.【最高院"新东阳及图"案】代理人或代表人通过其担任法定代表人的公司申请被代理人或被代表人的商标,该公司视为代理人或代表人〔新东阳企业(集团)有限公司与新东阳股份有限公司商标异议复审行政纠纷再审申请案,最高人民法院行政裁定书(2013)知行字第97号〕①。

6.【上海知产法院"雅歌布"案】(1)依照商标法第四十五条规定,已经注册的商标,违反本法第十五条等规定的,自商标注册之日起五年内,在先权利人或者利害关系人可以请求商标评审委员会宣告该注册商标无效,本项规定不限制被代理人、被代表人就商标权属纠纷提起民事诉讼;(2)代理人或代表人违背诚信取得注册商标,由此形成的市场秩序不合法,法律上不应予以承认〔上海雅各布贸易有限公司与雅歌布赫伊有限责任公司商标权权属纠纷上诉案,上海知识产权法院民事判决书(2020)沪73民终304号〕。

7.【上海二中院"雅培"案】普通的分销商不能一律简单地推定为商标法第十五条规定的代理人或代表人〔雅培糖尿病护理公司与上海和亭商贸有限公司等侵害商标权纠纷上诉案,上海市第二中级人民法院民事判决书(2012)沪二中民五(知)终字第4号〕。

就普通的分销商而言,法院在案件审理过程中不能简单地推定普通经销商是商标法第十五条规定的代理人或代表人,而应当通过审查商标所有人与代理人或代表人之间是否形成了一种特殊的经销关系最终确认是否适用商标法第十五条。

(二)商标法第十五条第二款

1.【最高院"小郑酥烧饼"案】毗邻的同业经营者理应知晓对方使用的商标,同种或类似商品上抢注相同商标,违反商标法第十五条第二款的规定〔朱

① 类似案例参见广州她他会酒店管理有限公司海珠分公司与国家知识产权局商标权无效宣告请求行政纠纷再审申请案,最高人民法院行政裁定书(2019)最高法行申2873号。

丙山与南京市秦淮区郑小郑食品店、国家知识产权局商标权无效宣告请求行政纠纷再审申请案,最高人民法院行政裁定书(2020)最高法行申483号〕。

朱丙山与郑少游作为同业竞争者,所经营店面亦位于南京市秦淮区夫子庙景区附近,其理应知晓郑小郑食品店经营者郑少游对"小郑酥烧饼"的使用情况,应当进行合理避让,但其却仍在相同及类似商品上注册了完全相同的商标"小郑酥烧饼",其行为难谓正当。

2.【最高院"FECSA"案】外国公司在中国境内使用的销售合同、产品采购订单、报关单等所显示的商标,属于将标志使用在商业文书和商业活动中、用于识别商品来源的商标使用行为,满足商标法第十五条第二款"在先使用"的法律要求〔北京博飞普泰国际贸易有限公司与菲珂莎(北京)商贸发展有限公司、国家知识产权局商标权无效宣告请求行政纠纷再审申请案,最高人民法院行政裁定书(2020)最高法行申7449号〕。

3.【最高院"三之三"案】商标法第十五条第二款的适用要求申请注册的商标核定使用的商品与他人在先使用的未注册商标使用的商品为同一种商品或者类似商品〔展育企业发展(上海)有限公司与国家知识产权局商标权无效宣告请求行政纠纷再审申请案,最高人民法院行政裁定书(2020)最高法行申511号〕。

4.【北京高院"健保闪赔"案】员工在职期间得知本公司投入使用的商标,离职后其担任股东或法定代表人的公司抢先注册原公司在先使用的该商标,属于商标法第十五条第二款"其他关系而明知该他人商标存在"〔上海亿保健康科技集团有限公司、国家知识产权局与泰康保险集团股份有限公司商标权无效宣告请求行政纠纷上诉案,北京市高级人民法院行政判决书(2020)京行终4862号〕。

5.【北京高院"NORTH及图"案】诉争商标申请人与在先使用人存在代理、代表关系之外的、能知道他人商标且应予主动避让的关系,属于商标法第十五条第二款规定的"其他关系"〔三亚尼克体育运动有限公司与国家知识产权局商标权无效宣告请求行政纠纷上诉案,北京市高级人民法院行政判决书(2020)京行终3680号〕。

6.【北京知产法院“CHOPPIES”案】（1）商标法第十五条第二款所指“业务往来关系”包括直接的和间接的业务往来关系，委托人通过中间商与被委托人之间建立的贴牌加工关系属于该款所称的“业务往来关系”；（2）第十五条第二款中的“在先使用”不应有较高要求，在先使用的效果范围能够及于商标申请人即符合这项要求〔乔佩斯有限公司与国家工商行政管理总局商标评审委员会等商标权无效宣告请求行政纠纷案，北京知识产权法院行政判决书（2016）京73行初1441号〕。

（1）商标法第十五条第二款所指的“业务往来关系”应当理解为既包括直接的业务往来关系，也包括间接的业务往来关系。委托人通过中间商与被委托人之间建立的贴牌加工关系，属于该款所称的“业务往来关系”。

（2）考虑到商标法第十五条第二款的立法目的在于禁止因具有特定关系而明知他人商标存在的人抢注他人商标，维护诚实守信、公平竞争的市场环境，且第十五条第二款所保护的未注册商标仅能对抗特定关系人，因此，对第十五条第二款中的“在先使用”不应有较高要求，在先使用的效果范围能够及于商标申请人，或者商标申请人明知与其存在特定关系的他人已经在先使用商标的，即应认定符合“在先使用”的最低要求。

编者说明

品牌成功常离不开代理人和代表人开拓市场的积极努力。然而，代理人与被代理人（代表人与被代表人）各有不同的经济利益，代理关系（代表关系）终究可能解除。代理人（代表人）往往希望长期延续自己付出而发展形成的商事关系，无论代理关系（代表关系）的存废。由于商标识别来源的作用，这种商事关系必定以品牌为纽带。受利益驱动，代理人和代表人常有攀附被代理人和被代表人的品牌商誉的机会主义行为。这种恶意行为理应受到法律规制。为保障被代理人和被代表人的利益，维护代理（代表）关系下的商事信赖利益，商标法第十五条第一款规定：“未经授权，代理人或者代表人以自己的名义将被代理人或者被代表人的商标进行注册，被代理人或者被代表人提出异议的，不予注册并禁止使用。”

就“代理人”的外延，【最高院“头包西林”案】指出，商标法第十五条第一款规定的“代理人”不仅包括接受商标注册申请人或者商标注册人的委托，在委托权限范围内代理商标注册等事宜的商标代理人、代表人，还包括总经销（独家经销）、总代理（独家代理）等特殊销售代理关系意义上的代理人、代表人。

虽然本款规制抢注行为，但不以被抢注为前提条件。质言之，本条适用不以被代理人申请注册商标为前提条件。【最高院“雷博”案】指出：“商标法第十五条系针对代理或者代表关系这种特殊法律关系，基于诚实信用原则而设立的对被代理人或者被代表人的商标予以特殊保护的制度，并不一概要求该商标已经在先使用；只要特定商标应归于被代理人或者被代表人，代理人或者代表人即应善尽忠诚和勤勉义务，不得擅自以自己名义进行注册。”实际上，商标法第十五条第一款适用的条件是“未经授权，代理人或者代表人以自己的名义将被代理人或者被代表人的商标进行注册”，区别于第三十二条规定之“抢先注册他人已经使用并具有一定影响的商标”的法律要求。【最高院“龟博士”案】中，北京市高级人民法院曾认为，商标法第十五条第一款不应适用于被代理人或被代表人已经申请注册商标的情形。① 本案再审时，这一意见被最高人民法院推翻。最高人民法院指出：“代理人或者代表人不得申请注册的商标标志，不仅包括与被代理人或者被代表人商标相同的标志，也包括相近似的标志；不得申请注册的商品既包括与被代理人或者被代表人商标所使用的商品相同的商品，也包括类似的商品。长沙龟博士公司作为半隆中心的代理人，不得在相同或者类似商品上申请注册与其被代理人商标相同或者近似的商标。”

由此产生一个问题，如果被代理人已经申请或获准注册商标，并援引该商标申请或注册商标作为引证商标，如对代理人的商标申请提起商标异议或其注册商标提起无效宣告请求，应该适用商标法第三十条还是第十五条第一款？相比之下，适用第十五条第一款更为妥当。如果适用第三十条规定，则法院无须考虑代理关系，因为第三十条规定：“申请注册的商标，凡不符合本法有关规定或者同他人在同一种商品或者类似商品上已经注册的或者初步审定的商标相同或者近似的，由商标局驳回申请，不予公告。”由此，法院很可能认为诉争商标与引证商标不属于同一种商品上的近似商标，也不属于类似商品上的相同或近似商标。但是，考虑到代理关系这一关键因素和相应的市场格局，法院就可能认为，诉争商标一旦投入市场使用，相关公众将难以区分商品来源于被代理人还是来源于代理人。商标法第十五条第一款所称“未经授权，代理人或者代表人以自己的名义将被代理人或者被代表人的商标进行注册”，此处“被代理人或者被代表人的商标”应理解为延伸到全部容易导致混淆的商标，并且判定是否容易混淆时应当考虑到代理关系。

此外，代理人（代表人）经被代理人（被代表人）同意而申请并取得注册商标，该注册商标的转让仍要受到被代理人（被代表人）的拘束。就此，请参见第四十二条注释之下的【最高院“虎头”图形商标案】。

---

① 参见北京市高级人民法院行政判决书（2012）高行终字第 887 号。

第十六条 【商标中有商品的地理标志】商标中有商品的地理标志,而该商品并非来源于该标志所标示的地区,误导公众的,不予注册并禁止使用;但是,已经善意取得注册的继续有效。

前款所称地理标志,是指标示某商品来源于某地区,该商品的特定质量、信誉或者其他特征,主要由该地区的自然因素或者人文因素所决定的标志。

【立法·要点注释】

1. 地理标志是一种标示商品地理来源的标志。以地理标志标示的商品往往具有特定的质量、信誉或者其他特征。所谓商品的特定质量、信誉或者其他特征,是指与其他同类商品不同的质量、信誉或者其他特征。

2. 使用地理标志的商品的特定质量、信誉或者其他特征,主要由该地区的自然因素或者人文因素所决定。所谓自然因素,是指自然界客观存在的各种因素,如水质、土壤、地势、气候等。所谓人文因素,是指人类社会生产、生活中的各种因素,如用料、配方、工艺、历史传统等。商品的特定质量、信誉或者其他特征,主要由该地区的自然因素或者人文因素所决定,包括主要由当地的自然条件决定。由于地理条件、人文因素不同,同样一种商品来自不同地区,就意味着不同的质量和信誉。

【相关立法】

《中华人民共和国农业法》(20130101)

第二十三条 国家支持依法建立健全优质农产品认证和标志制度。

国家鼓励和扶持发展优质农产品生产。县级以上地方人民政府应当结合本地情况,按照国家有关规定采取措施,发展优质农产品生产。

符合国家规定标准的优质农产品可以依照法律或者行政法规的规定申请使用有关的标志。符合规定产地及生产规范要求的农产品可以依照有关法律或者行政法规的规定申请使用农产品地理标志。

第四十九条第一款 国家保护植物新品种、农产品地理标志等知识产权,鼓励和引导农业科研、教育单位加强农业科学技术的基础研究和应用研究,传播和普及农业科学技术知识,加速科技成果转化与产业化,促进农业科学技术进步。

【行政法规】

《中华人民共和国商标法实施条例》(20140501)

第四条　商标法第十六条规定的地理标志,可以依照商标法和本条例的规定,作为证明商标或者集体商标申请注册。

以地理标志作为证明商标注册的,其商品符合使用该地理标志条件的自然人、法人或者其他组织可以要求使用该证明商标,控制该证明商标的组织应当允许。以地理标志作为集体商标注册的,其商品符合使用该地理标志条件的自然人、法人或者其他组织,可以要求参加以该地理标志作为集体商标注册的团体、协会或者其他组织,该团体、协会或者其他组织应当依据其章程接纳为会员;不要求参加以该地理标志作为集体商标注册的团体、协会或者其他组织的,也可以正当使用该地理标志,该团体、协会或者其他组织无权禁止。

【司法解释】

1.《最高人民法院关于审理商标授权确权行政案件若干问题的规定》(法释〔2017〕2 号,20170301;经法释〔2020〕19 号修正,20210101)

第十七条　地理标志利害关系人依据商标法第十六条主张他人商标不应予以注册或者应予无效,如果诉争商标指定使用的商品与地理标志产品并非相同商品,而地理标志利害关系人能够证明诉争商标使用在该产品上仍然容易导致相关公众误认为该产品来源于该地区并因此具有特定的质量、信誉或者其他特征的,人民法院予以支持。

如果该地理标志已经注册为集体商标或者证明商标,集体商标或者证明商标的权利人或者利害关系人可选择依据该条或者另行依据商标法第十三条、第三十条等主张权利。

【注释】①

1. 本解释第十七条第一款规定对地理标志的保护不限于同类产品。由于地理标志与特定的产品紧密联系,故有观点认为其保护仅限于同类产品。但实际上,如果其他商品与地理标志产品足够类似,将地理标志注册在该产品上仍然有可能导致对该产品的来源、品质产生误认的,仍然可以适用商标法第十六条。当然,此处的误导公众与普通商标的来源混淆有所不同,指的是误认为该产品来源于特定地区从而具有特定的品质或其他特征。

2. 在集体商标、证明商标与普通的商品商标、服务商标之间能否进行近似性对比的问题上曾经存在不同的认识。有观点认为,地理标志的功能主要在于标示某商品来源于某地区,该商品的特定质量、信誉或者其他特征,主要由该地区的自然因素或者人文因素所决定。而商品商标或者服务商标的主要功能在于区分商品或者服务的来源,与使用该商标的商品是否来源于某地区以及该商品的特定质量、信誉或者其他特征是否主要由该地区的自然因素或者人文因素所决定并无直接关联。因此,在适用商标法第二十八条对相关商标是否构成使用在相同或类似商品上的近似商标进行比较时,不应将具有不同功能的证明商标与商品商标、服务商标进行近似性的比对。而可以进行近似比对的观点则认为,在商标的识别功能、商誉承载功能和品质保障功能上,地理标志集体商标和证明商标与产品商标和服务商标具有同质性,不能因其表现形式的差别将二者割裂成两个不相关的体制。征求意见稿中对此款设置了两种意见,最终本解释第十七条第二款规定,如果地理标志已经注册为集体商标或者证明商标,则纳入注册商标的保护体系,权利人或者利害关系人可以选择依照商标法第十六条主张地理标志的保护,也可选择依照商标法第三十条、第十三条来主张注册商标、驰名商标的保护,也即采纳了可以对比的意见。

2.《最高人民法院关于审理商标案件有关管辖和法律适用范围问题的解释》(法释〔2002〕1 号,20020121;经法释〔2020〕19 号修正,20210101)

第五条 除本解释另行规定外,对商标法修改决定施行前发生,属于修改后商标法第四条、第五条、第八条、第九条第一款、第十条第一款第(二)、

---

① 参见宋晓明、王闯、夏君丽、董晓敏:《〈关于审理商标授权确权行政案件若干问题的规定〉的理解与适用》,载《人民司法·应用》2017 年第 10 期。

（三）、（四）项、第十条第二款、第十一条、第十二条、第十三条、第十五条、第十六条、第二十四条、第二十五条、第三十一条所列举的情形，国家知识产权局于商标法修改决定施行后作出复审决定或者裁定，当事人不服向人民法院起诉的行政案件，适用修改后商标法的相应规定进行审查；属于其他情形的，适用修改前商标法的相应规定进行审查。

【部门参考文件】

1.《商标审查审理指南》（国家知识产权局公告第462号，20220101；下编）

第九章　集体商标、证明商标的审查审理

6 地理标志集体商标和地理标志证明商标特有事项的审查

根据《商标法实施条例》第四条和《集体商标、证明商标注册和管理办法》的有关规定，地理标志集体商标和地理标志证明商标的注册申请需要提供主体资格证明、地理标志所标示地区人民政府或行业主管部门的批准文件、申请人的检测能力证明材料等，因此，在对地理标志集体商标和地理标志证明商标进行审查时，除对其标志进行审查外，还应当对其申请人主体资格、使用管理规则、检验检测能力等特有事项进行审查。

6.1 指定商品的审查

6.1.1 地理标志集体商标和地理标志证明商标商品申报注意事项

地理标志集体商标和地理标志证明商标指定使用的商品的审查以《类似商品和服务区分表》为基本依据，但地理标志强调的是商品的特定品质及其与生产地域自然因素、人文因素之间的关联性，因此：

地理标志所标示的商品通常为农产品、食品、葡萄酒、烈性酒，还包括部分传统手工艺品等其他产品。单一的仅由自然因素或者仅由人文因素决定特定品质的，如：与产地自然因素没有关联的手工艺品、地方小吃或与产地人文因素没有关联的纯工业产品、矿产、野生动植物等，不能作为地理标志集体商标和地理标志证明商标指定使用的商品。

地理标志集体商标和地理标志证明商标指定使用的商品应明确、具体，且应与地理标志名称密切关联。例如“静宁苹果”地理标志证明商标核定使用的商品是“新鲜苹果”，而不是“新鲜水果”；“象州大米”地理标志证明商标核定使用的商品是“大米”,而不是“米”。

地理标志集体商标和地理标志证明商标的指定商品多为单一商品,特殊情况下可能指向《类似商品和服务区分表》中的多个商品或类别。例如:“建阳建盏”指定商品为第21类“瓷器;日用瓷器(包括盆、碗、盘、壶、餐具、缸、罐)”,“宜昌白山羊”指定商品包括第29类“羊肉;羊(非活)”和第31类“羊(活的)”。

6.1.2 指定商品类似关系的判定

地理标志集体商标和地理标志证明商标指定商品与在先商标指定商品间的相同类似关系判定,以《类似商品和服务区分表》作为基本依据。但地理标志集体商标和地理标志证明商标与在先商标相同、近似的判定,仅以其指定商品相同或包含关系为基础。例如,“西瓜”与“苹果”同属3105类似群组,如果地理标志集体商标和地理标志证明商标指定商品为“西瓜”,在先商标指定商品为“苹果”,则该地理标志集体商标和地理标志证明商标与该在先商标不判定为相同、近似;如果在先商标指定商品为“新鲜水果”,由于“西瓜”包含在“新鲜水果”商品项目中,则该地理标志集体商标和地理标志证明商标与该在先商标判定为相同、近似。

6.2 申请人主体资格的审查

《民法典》第一百二十三条规定,民事主体依法就地理标志享有专有的权利。因此地理标志集体商标和地理标志证明商标的申请人首先应为民事主体。

其次,地理标志是其产地从事相关生产经营活动的市场主体共有的权利,因此,地理标志集体商标和地理标志证明商标申请人应当是经该地理标志所标示地区县级以上人民政府或行业主管部门同意、对该地理标志产品特定品质具备监督检测能力、不以盈利为目的的团体、协会或者其他组织,一般为社会团体法人、事业单位法人,且其业务范围与所监督使用的地理标志产品相关。

公司和农民专业合作社等因是营利性主体,不能作为地理标志集体商标和地理标志证明商标注册人。

申请人应当提交其依法成立的主体资格证明文件。主体资格证明文件包括事业单位法人证书、社会团体法人登记证书等。

申请地理标志集体商标注册的团体、协会或者其他组织,应当由来自该地理标志标示的地区范围内的成员组成。

6.3 地理标志所标示地区县级以上人民政府或者行业主管部门批准文件的审查

地理标志集体商标和地理标志证明商标注册申请人应当提交该地理标志所标示地区县级以上人民政府或行业主管部门同意其申请注册并监督管理该地理标志的批准文件。

地理标志所标示的地域范围为一个县、市范围内的,由该县、市人民政府或者行业主管部门出具批准文件;地域范围为二个以上县、市范围的,由其共同上一级人民政府或者行业主管部门出具批准文件。

例如:

晋州山楂

商标类型:地理标志证明商标

指定商品:第 31 类新鲜山楂

申请人:晋州市盛林山楂协会

生产地域范围:晋州市的马于镇、总十庄镇、东里庄镇境内

(晋州山楂的生产地域虽仅是晋州市的若干镇,但该地理标志所标示地区为“晋州”,因此,应由晋州市以上人民政府或行业主管部门出具批准文件)

庫尔勒香梨

商标类型:地理标志证明商标

指定商品:第 31 类香梨

申请人:巴音郭楞蒙古自治州库尔勒香梨协会

生产地域范围:孔雀河流域和塔里木河流域,塔克拉玛干沙漠北边缘,冷热空气聚集冲击地带的库尔勒市、尉犁县、轮台县、库车县、新和县、沙雅县、阿克苏市、阿瓦提乡和分布在这些地区里的国营农(团)场

(该地理标志名称虽为“库尔勒香梨”,但其生产地域范围不仅仅在库尔勒市,还包括其所属的巴音郭楞州的其他县乡以及阿克苏等其他地区,因此,应由新疆维吾尔自治区人民政府或行业主管部门出具批准文件)

6.4 申请人监督检测证明能力的审查

申请人自身具备监督检测能力的,提交其检测资质证明、检测设备清单和检测人员名单,即认定其具有监督检测该地理标志产品特定品质的能力。

申请人自身不具备监督检测能力而委托他人检测的,提交明确的对地理标志产品特定品质检测的委托合同、受委托检测方的检测资质证书、检测设备清单和检测人员名单,即认定申请人具有监督检测该地理标志产品特定品

质的能力。

6.5 地理标志所标示的生产地域范围的审查

地理标志所标示地区的生产地域范围可以是县志、农业志、产品志、年鉴、教科书中所表述的地域范围，也可以由地理标志所标示地区的人民政府或行业主管部门出具的地域范围证明文件确定。地理标志所标示的地域范围为一个县、市内的，由该县、市人民政府或行业主管部门出具证明文件；地域范围为两个以上县、市范围的，由其共同上一级人民政府或行业主管部门出具证明文件。跨省的由中央人民政府相关行业主管部门或相应省人民政府协商解决。

该地域范围可以与所在地区的现行行政区划名称、范围不一致。

生产地域范围可以以下方式之一或其组合界定：

(1)行政区划；

(2)经纬度的方式；

(3)自然环境中的山、河等地理特征为界限的方式；

(4)地图标示的方式；

(5)其他能够明确确定生产地域范围的方式。

但表述应当清晰、明确、具体。如“主要分布”“主要包括”等含糊表述则不符合要求。通过多种方式表述的其产品地域范围应相互一致，不能互相冲突。

6.6 地理标志产品特定质量、信誉或其他特征与该地域自然因素、人文因素关系说明的审查

地理标志集体商标和地理标志证明商标指定商品的特定质量、信誉或者其他特征应主要由该地理标志所标示的地区的自然因素或者人文因素所决定。根据生产地域的自然因素、人文因素在地理标志产品特定品质形成过程中的决定作用大小，可分为以下三种情形：

6.6.1 主要由当地的自然条件决定的

例如：

商标类型：地理标志证明商标

指定商品：第31类鲜葡萄

申请人：吐鲁番地区葡萄产业协会

（吐鲁番盆地种植葡萄已经有2000年的历史了，该地区高温干燥降水极少，高热量、高温差、高光照，独特的水土、光热等自然条件决定了“吐鲁番葡萄”具有皮薄、肉脆、高糖低酸、高出干率等独特的品质）

商标类型：地理标志证明商标

指定商品：第30类茶叶

申请人：安溪县茶业总公司

（“安溪铁观音”属半发酵茶，产于福建省安溪县境内，产区属亚热带海洋性季风气候，群山环抱，土层厚，有机质含量高。产区的土壤、海拔、积温、降水、温度和湿度，加上独特的初制工艺，造就了“安溪铁观音”外形紧结重实、色泽乌绿油润，冲泡后香气浓郁持久、汤色金黄明亮、浓艳清澈、滋味醇厚、鲜爽甘甜的独特品质）

6.6.2 自然因素和人文因素均起主要决定作用的

例如：

商标类型：地理标志证明商标

指定商品：第33类黄酒

申请人：绍兴市黄酒行业协会

（绍兴黄酒的特定品质是由鉴湖水及独特的生产工艺所决定的。产地内四季分明，雨水充沛，适宜酿酒所需的微生物生长。鉴湖水系水质清澄，富含微量元素和矿物质。绍兴黄酒采用精白糯米为原料，配以鉴湖水酿制，形成色泽橙黄、清亮透明，味醇厚、柔和鲜爽的品质）

6.6.3 主要由人文因素决定的

例如：

商标类型：地理标志证明商标

指定商品：第21类瓷器

申请人：景德镇陶瓷协会

（景德镇瓷器以当地出产的“高岭土＋瓷石”独特的二元配方为主，用铁、铜、钴等氧化物，配制成不同色料，施于泥坯或瓷胎之表面，经高温或低温焙烧成景德镇瓷器，使景德镇瓷器具有色彩缤纷、晶莹悦目、风格独特、白如玉、明如镜、薄如纸、声如磬的特点。）

仅由自然因素或者仅由人文因素决定的产品,不符合地理标志概念。

例如:

商标类型:地理标志证明商标

指定商品:第 14 类宝石

申请人:泗水县泗滨砭石协会

(申请人提供的材料仅能证明该标志所指定商品的品质与该标志所标示的地区的自然因素有密切联系,但未能证明其特定品质的形成与产地的人文因素存在必然关系,没有声誉,不符合地理标志商标注册的条件,违反《商标法》第十六条的规定)

南汇甜瓜

商标类型:地理标志集体商标

指定商品:第 31 类新鲜甜瓜

申请人:上海市浦东新区农协会

(申请人提交的《南汇农业志》《南汇县续志(1986—2001)》《南汇甜瓜生产技术操作规程》等材料表明,"南汇甜瓜"采用大棚种植方式,人工控制生长环境,这种模式下的生长环境可在任意地区复制,其特定品质的形成与产地的自然环境因素无必然联系,不符合地理标志概念,违反《商标法》第十六条的规定)

灵宝小吃
LINGBAOXIAOCHI

商标类型:地理标志集体商标

指定服务:第 43 类餐馆、饭店等

申请人:灵宝市小吃协会

("小吃"是一类在口味上具有特定风格特色的食品的总称,是一个地区不可或缺的重要特色。但小吃因包含多种产品,其口味和产品品质不尽相同,不符合地理标志产品特定品质应确定单一的要求,且申请人所报地理标志"灵宝小吃"指定在第 43 类餐饮等服务上,服务是人为的活动,与当地的自然因素无任何关联,故服务商标不符合地理标志概念,违反《商标法》第十六条的规定)

6.7 地理标志客观存在及其声誉证明材料的审查

地理标志客观存在及声誉情况的证明材料是地理标志确权的重要依据,以下证据材料为判定地理标志是否客观存在的主要依据:

(1)县志、农业志、产品志、年鉴、教科书;

(2)上述之外的公开出版的书籍、国家级专业期刊、古籍等材料;

(3)其他可以证明该地理标志产品客观存在及声誉情况的材料。

地理标志客观存在及其声誉证明材料可以是原件，也可以是加盖出具单位公章的封面、版权页、内容页的复印件。

上述证明材料应对该地理标志的名称及其声誉等有清晰明确的记载。

例如：“”地理标志证明商标的客观存在证据为公开出版的书籍《苍山县志》，其中记载：“苍山大蒜是山东省的著名土特产品，因产地苍山县而得名，具有头大瓣齐、皮薄如纸、洁白似玉、粘辣清香、营养丰富等特点，在国内外享有盛誉。苍山县由此而成为国家优质大蒜生产、出口的基地县，被誉为大蒜之乡。”

6.8 使用管理规则的审查

地理标志集体商标和地理标志证明商标使用管理规则的审查除适用本章4.1.2小节和4.2.2小节外，还应对其指定商品的特定质量、信誉或者其他特征及生产地域范围等进行审查。

6.8.1 指定商品特定品质的审查

地理标志商品特定品质包括该商品的感官特征、理化指标或其特殊的制作方法。

感官特征包括形状、尺寸、颜色、纹理等视觉特征和嗅觉、味觉感知等。理化指标包括所属族、种等生物特征，重量、密度、酸碱度等物理特征，水分、蛋白质、脂肪、微量元素含量等化学特征。制作方法包括对加工技术的描述以及最终产品的质量标准，如动物产品的饲养过程、屠宰方法等，植物产品的种植过程、收获实践、储存方式等，传统手工艺品的原材料、配料和制作过程等。

例如：

商标类型：地理标志证明商标

指定商品：第31类苹果

申请人：烟台市苹果协会

（烟台苹果果型端正、果面光洁、色泽鲜艳、汁多爽口、肉质松脆。果形指数0.8以上，着色面积80%以上，可溶性固形物含量达到15%以上，果实硬度8.0kgf/cm^2 以上，总酸含量≤0.4%）

商标类型：地理标志证明商标

指定商品：第31类大葱

申请人：济南市章丘区大葱产业协会

（章丘大葱具有四大特点：高、长、脆、甜。株高一般在1.5米，高的可达1.8～2米，葱白长0.6米，长的可达0.8米以上，径粗3～5厘米，单株重0.5千克左右，葱叶色鲜绿，葱白色泽洁白，平滑光润，落地即断，具有汁多丝少、质地脆嫩、嚼之无丝的品质特点）

地理标志集体商标和地理标志证明商标指定商品特定品质不明确、不客观，或者该商品的特定质量、信誉或其他特征不由当地的自然因素和人文因素决定的，适用《商标法》第十六条第二款规定予以驳回。

例如：

昌吉火烧

CHANG JI HUO SHAO

商标类型：地理标志集体商标

指定商品：第30类火烧

申请人：昌吉市种子协会

（申请人提交的相关材料表明，“昌吉火烧”是新疆一种手工制作的面点，以精面粉、精油、蜂蜜为主要原料，生产者会根据各自的习惯，掺入花生、蜜瓜泥、核桃仁、鸡蛋、鲜玫瑰泥、蜜樱等不同辅料。因工艺特殊，选料考究，外酥内软，香甜可口，被誉为回民食品中独具特色的传统营养食品。由于“昌吉火烧”加工后成品的特定品质不一致，理化指标无法固定，不符合地理标志概念，引用《商标法》第十六条予以驳回）

6.8.2 指定商品的特定质量、信誉或者其他特征与该地理标志所标示地区的自然因素关系的审查

在审查地理标志产品的特定品质与生产地域特定的自然地理环境之间关系时，应重点对两者间的因果关系进行审查。某个具体时间、某个具体环境要素对产品的某一项特定品质产生具体影响的因果关系表述应推理清晰、完整。仅仅罗列产地的气温、光照、降水、土壤、河流等自然条件的，判定为不符合要求。

同时将产地的人文因素一并表述的，应包括种植区域（如山前山后、朝向）、种植时节的选择，特殊的生产建筑（如流入磨坊），当地特有的生产技术等。

例如：关于“金乡黑蒜”，金乡常年10月上旬日平均气温在17.6℃，有利于

蒜苗在入冬前形成5叶1心的壮苗，从而安全越冬。翌年3月下旬至4月上旬为大蒜起身期，是大蒜生长的最关键时期，需要较高的地温，金乡这一时期常年平均气温为12.3℃，十分适宜……。金乡黑蒜就是由完整、饱满、未剥皮、无霉点的金乡大蒜，用当地弱碱性水浸泡晾干后，在60～90℃的高温高湿密制容器中经过40天特殊发酵而成的。

6.8.3 生产地域范围的审查

地理标志集体商标、地理标志证明商标使用管理规则中关于地理标志产品生产地域范围的表述参见本章6.5“地理标志所标示的生产地域范围的审查”。

6.9 外国人或者外国企业申请地理标志集体商标和地理标志证明商标的审查

外国人或者外国企业在中国申请地理标志集体商标和地理标志证明商标注册的，同样应遵循本部分的规定，但根据《集体商标、证明商标注册和管理办法》第六条第二款的规定，外国人或者外国企业申请地理标志集体商标和地理标志证明商标注册的，申请人应当提供该地理标志以其名义在原属国受法律保护的证明。因此，申请人如提供了有效的上述证明，则视为申请人已符合本章6.2、6.3、6.5、6.6、6.7部分的要求。

2.《地理标志专用标志使用管理办法(试行)》(国家知识产权局公告第354号，20200403)

第一条　为加强我国地理标志保护，统一和规范地理标志专用标志使用，依据《中华人民共和国民法总则》《中华人民共和国商标法》《中华人民共和国产品质量法》《中华人民共和国标准化法》《中华人民共和国商标法实施条例》《地理标志产品保护规定》《集体商标、证明商标注册和管理办法》《国外地理标志产品保护办法》，制定本办法。

第二条　本办法所称的地理标志专用标志，是指适用在按照相关标准、管理规范或者使用管理规则组织生产的地理标志产品上的官方标志。

第三条　国家知识产权局负责统一制定发布地理标志专用标志使用管理要求，组织实施地理标志专用标志使用监督管理。地方知识产权管理部门负责地理标志专用标志使用的日常监管。

第四条　地理标志专用标志合法使用人应当遵循诚实信用原则，履行如下义务：

（一）按照相关标准、管理规范和使用管理规则组织生产地理标志产品；

（二）按照地理标志专用标志的使用要求，规范标示地理标志专用标志；

（三）及时向社会公开并定期向所在地知识产权管理部门报送地理标志专用标志使用情况。

第五条 地理标志专用标志的合法使用人包括下列主体：

（一）经公告核准使用地理标志产品专用标志的生产者；

（二）经公告地理标志已作为集体商标注册的注册人的集体成员；

（三）经公告备案的已作为证明商标注册的地理标志的被许可人；

（四）经国家知识产权局登记备案的其他使用人。

第六条 地理标志专用标志的使用要求如下：

（一）地理标志保护产品和作为集体商标、证明商标注册的地理标志使用地理标志专用标志的，应在地理标志专用标志的指定位置标注统一社会信用代码。国外地理标志保护产品使用地理标志专用标志的，应在地理标志专用标志的指定位置标注经销商统一社会信用代码。图样如下：

（二）地理标志保护产品使用地理标志专用标志的，应同时使用地理标志专用标志和地理标志名称，并在产品标签或包装物上标注所执行的地理标志标准代号或批准公告号。

（三）作为集体商标、证明商标注册的地理标志使用地理标志专用标志的，应同时使用地理标志专用标志和该集体商标或证明商标，并加注商标注册号。

第七条 地理标志专用标志合法使用人可在国家知识产权局官方网站下载基本图案矢量图。地理标志专用标志矢量图可按比例缩放，标注应清晰可识，不得更改专用标志的图案形状、构成、文字字体、图文比例、色值等。

第八条 地理标志专用标志合法使用人可采用的地理标志专用标志标示方法有：

（一）采取直接贴附、刻印、烙印或者编织等方式将地理标志专用标志附着在产品本身、产品包装、容器、标签等上；

（二）使用在产品附加标牌、产品说明书、介绍手册等上；

（三）使用在广播、电视、公开发行的出版物等媒体上，包括以广告牌、邮寄广告或者其他广告方式为地理标志进行的广告宣传；

（四）使用在展览会、博览会上，包括在展览会、博览会上提供的使用地理标志专用标志的印刷品及其他资料；

（五）将地理标志专用标志使用于电子商务网站、微信、微信公众号、微博、二维码、手机应用程序等互联网载体上；

（六）其他合乎法律法规规定的标示方法。

第九条　地理标志专用标志合法使用人未按相应标准、管理规范或相关使用管理规则组织生产的，或者在2年内未在地理标志保护产品上使用专用标志的，知识产权管理部门停止其地理标志专用标志使用资格。

第十条　对于未经公告擅自使用或伪造地理标志专用标志的；或者使用与地理标志专用标志相近、易产生误解的名称或标识及可能误导消费者的文字或图案标志，使消费者将该产品误认为地理标志的行为，知识产权管理部门及相关执法部门依照法律法规和相关规定进行调查处理。

第十一条　省级知识产权管理部门应加强本辖区地理标志专用标志使用日常监管，定期向国家知识产权局报送上一年使用和监管信息。鼓励地理标志专用标志使用和日常监管信息通过地理标志保护信息平台向社会公开。

第十二条　原相关地理标志专用标志使用过渡期至2020年12月31日。在2020年12月31日前生产的使用原标志的产品可以继续在市场流通。

3.《国外地理标志产品保护办法》（国家知识产权局公告第338号，20191127）

第一章　总　则

第一条　为了有效保护在中国销售的国外地理标志产品，规范国外地理标志产品名称和专用标志在华使用，依据《地理标志产品保护规定》第二十六条，制定本办法。

第二条　本办法所称国外地理标志产品，是指在中国以外生产、已受原产国或地区注册保护并符合《地理标志产品保护规定》第二条规定的产品。

第三条　依照本办法，申请在华保护的国外地理标志产品，应当按其所属国和中华人民共和国签订的协议或者共同参加的国际条约办理，或者按对等原则办理。

第四条 在中国保护(简称"在华保护")的国外地理标志产品的申请、受理、审查、批准、专用标志使用、监督管理和变更撤销等适用本办法。

第五条 国外地理标志产品在华保护名称包括中文名称和原文名称。

(一)中文名称,由具有地理指示功能的名称和反映产品真实属性的通用名称构成,也可是"约定俗成"的名称;

(二)原文名称,是指在原产国或地区获得地理标志注册保护的名称;

(三)上述名称在中国不属于通用名称,且未与中国的地理标志产品名称等其他在先权利相冲突。

第六条 中国国家知识产权局(以下简称"国家知识产权局")统一管理国外地理标志产品在华保护工作。各级知识产权管理部门依据职能对国外地理标志产品实施保护。

第二章 申请与受理

第七条 国外地理标志产品在华保护,由该产品所在原产国或地区地理标志保护的原申请人申请,经原产国或地区地理标志主管部门推荐,向国家知识产权局提出。

第八条 国外地理标志产品在华保护申请人可以指定其在华机构作为在华保护工作的联系人,也可商请原产国或地区官方驻华代表机构工作人员作为在华保护工作的联系人,或指定代理人。

第九条 国外地理标志产品在华保护申请需提供以下中文书面材料:

(一)国外地理标志产品在华保护申请书;

(二)申请人名称和地址、联系电话,在华联系人、地址和联系电话;

(三)在原产国或地区获准地理标志保护的官方证明文件原件及其经过公证的中文译本;

(四)原产国或地区地理标志主管机构出具的产地范围及其经过公证的中文译本;

(五)该产品的质量技术要求;

(六)检测报告:原产国或地区出具的,证明申请产品感官特色、理化指标的检测报告及其经过公证的中文译本;

(七)其他辅助证明资料等。

第十条 在华保护的国外地理标志产品质量技术要求包括:

(一)产品的中文名称和原文名称;

(二)保护的产地范围;

（三）产品属性及其生产工艺过程；

（四）质量特色，包括产品的感官特色、理化指标等；

（五）知名度，产品在原产国（地区）、中国以及世界其他国家和地区的知名度与贸易销售情况；

（六）关联性，产品质量特色与产地自然或人文因素之间关联性的描述等。

第十一条　国家知识产权局收到申请材料后，在30个工作日内组织对申请材料形式审查。形式审查的结论分为予以受理、需要补正和不予受理三种。

（一）予以受理的，国家知识产权局发布公报，并在其官方网站向社会公示；

（二）需要补正的，国家知识产权局向申请人书面反馈补正意见。申请人向国家知识产权局提交补正材料后，国家知识产权局重新组织形式审查；

（三）不予受理的，国家知识产权局向申请人发出不予受理的书面通知书。

第十二条　受理公告异议期为60日，自国家知识产权局公告受理之日起计算。异议期内，国内外任何组织或个人均可以书面形式向国家知识产权局提出异议。

第十三条　异议内容包括：异议人姓名、单位名称、联系方式，异议的原因及证据材料等。异议应当以中文书写，签字或签章有效。

第十四条　国家知识产权局收到异议后，及时将异议内容反馈申请人。异议由异议双方协商解决；或由国家知识产权局组织异议双方协商解决；协商不定时，由国家知识产权局组织地理标志专家委员会审议后裁定。

第十五条　异议申请有下列情形的，国家知识产权局不予受理，书面通知异议申请人并说明理由：

（一）未在法定期限内提出的；

（二）无明确的异议理由、事实和法律依据的。

第十六条　对驳回的异议申请，国家知识产权局应书面通知异议申请人。对异议裁决不服的，可以自收到通知之日起30日内向国家知识产权局申请复审。国家知识产权局自收到申请之日起60日内做出决定，并书面通知双方，复审决定为终审决定。

第三章 技术审查与批准

第十七条 受理公告期满且无异议、或异议协商一致、或异议经裁定不成立的，国家知识产权局组织专家进行技术审查。

第十八条 技术审查包括会议审查和必要的产地核查，申请人应予配合。技术审查专家组由5人或7人组成。

第十九条 技术审查时，申请人应当邀请熟悉该产品的专业技术人员和翻译人员参加，技术审查的时间和地点由双方商定。

第二十条 技术审查结论分为通过、需要整改和不予通过三种。

（一）审查通过的，国家知识产权局发布国外地理标志产品在华保护批准公告，依法予以保护；

（二）需要整改的，国家知识产权局向申请人书面反馈整改意见。申请人向国家知识产权局提交整改材料后，国家知识产权局再次组织技术审查或技术确认；

（三）不予通过的，国家知识产权局向申请人发出技术审查不予通过的书面通知。

第四章 专用标志和监督管理

第二十一条 获得在华保护的国外地理标志产品，其标注的产品名称、产地等信息应与国家知识产权局批准公告的信息相符。

第二十二条 获得在华保护的国外地理标志产品产地范围内的生产者、协会等社团，可向国家知识产权局申请使用中华人民共和国地理标志专用标志。

第二十三条 专用标志使用实行自我声明制度，一经使用在华保护的产品名称和中华人民共和国地理标志专用标志，则视其自我声明该产品符合国家知识产权局国外地理标志产品批准公告的要求。

第二十四条 中华人民共和国地理标志专用标志按照国家知识产权局有关要求执行。

第二十五条 在华保护的国外地理标志产品申请人应当以中文向社会公布其产品所执行的地理标志法律法规、技术标准。

第二十六条 在华保护的国外地理标志产品申请人须履行相应的管理责任，制定管理措施，对其名称、质量特色、专用标志使用等进行管理。

第二十七条 在华保护的国外地理标志产品施行年度报告制度。每年三月底前，申请人须向国家知识产权局报告当年的管理措施和上一年度实施情况报告。

第二十八条　已经在华保护的国外地理标志产品，在华发生重大负面影响时，国家知识产权局认为确有必要的，可组织对其质量特色和产地条件等进行进一步实地核查，申请人应予配合。

第二十九条　国家知识产权局通过官方网站公布国外地理标志产品的在华保护信息，接受社会监督。

第五章　保护、变更及撤销

第三十条　在华保护的国外地理标志产品与中国地理标志产品享受同等保护。

第三十一条　各级知识产权行政部门受理侵犯在华保护的国外地理标志产品合法权益的举报投诉，相关部门依法对违法行为进行查处；在华保护的国外地理标志产品申请人也可向人民法院提起诉讼。

第三十二条　在华保护的国外地理标志产品的产地范围、质量技术要求、产地范围内的生产者、协会或社团名称、地址等重大信息发生变更的，国外地理标志产品申请人应在90日内向国家知识产权局提出变更申请。经技术审查合格，由国家知识产权局发布公告予以变更。

第三十三条　获得在华保护的国外地理标志产品，存在下列情形的，国家知识产权局可以撤销；任何单位或个人可以请求国家知识产权局予以撤销，并提供相关证据材料：

（一）地理标志产品在原产国或地区被撤销保护的；

（二）在中国境内属于通用名称或演变为通用名称的；

（三）存在严重违反中国相关法律法规相关规定情形的。

第三十四条　撤销请求有下列情形的，国家知识产权局不予受理，书面通知请求人并说明理由：

（一）无明确的撤销理由和事实的；

（二）仅涉及产品名称在国外成为通用名称的。

第三十五条　由国家知识产权局组织地理标志专家委员会对撤销请求进行审议，并予以裁定。裁定予以撤销的，由国家知识产权局发布公告；裁定不予撤销的，通知请求人和权利人。

第六章　附　则

第三十六条　本办法自发布之日起施行。

第三十七条 在华保护的国外地理标志保护产品还应当遵守中国出入境检验检疫的相关规定。

第三十八条 本办法由国家知识产权局负责解释。

4.《农产品地理标志管理办法》(农业农村部令 2019 年第 2 号,20190425)

第一章 总 则

第一条 为规范农产品地理标志的使用,保证地理标志农产品的品质和特色,提升农产品市场竞争力,依据《中华人民共和国农业法》、《中华人民共和国农产品质量安全法》相关规定,制定本办法。

第二条 本办法所称农产品是指来源于农业的初级产品,即在农业活动中获得的植物、动物、微生物及其产品。

本办法所称农产品地理标志,是指标示农产品来源于特定地域,产品品质和相关特征主要取决于自然生态环境和历史人文因素,并以地域名称冠名的特有农产品标志。

第三条 国家对农产品地理标志实行登记制度。经登记的农产品地理标志受法律保护。

第四条 农业部负责全国农产品地理标志的登记工作,农业部农产品质量安全中心负责农产品地理标志登记的审查和专家评审工作。

省级人民政府农业行政主管部门负责本行政区域内农产品地理标志登记申请的受理和初审工作。

农业部设立的农产品地理标志登记专家评审委员会,负责专家评审。农产品地理标志登记专家评审委员会由种植业、畜牧业、渔业和农产品质量安全等方面的专家组成。

第五条 农产品地理标志登记不收取费用。县级以上人民政府农业行政主管部门应当将农产品地理标志管理经费编入本部门年度预算。

第六条 县级以上地方人民政府农业行政主管部门应当将农产品地理标志保护和利用纳入本地区的农业和农村经济发展规划,并在政策、资金等方面予以支持。

国家鼓励社会力量参与推动地理标志农产品发展。

第二章 登 记

第七条 申请地理标志登记的农产品,应当符合下列条件:

（一）称谓由地理区域名称和农产品通用名称构成；

（二）产品有独特的品质特性或者特定的生产方式；

（三）产品品质和特色主要取决于独特的自然生态环境和人文历史因素；

（四）产品有限定的生产区域范围；

（五）产地环境、产品质量符合国家强制性技术规范要求。

第八条　农产品地理标志登记申请人为县级以上地方人民政府根据下列条件择优确定的农民专业合作经济组织、行业协会等组织。

（一）具有监督和管理农产品地理标志及其产品的能力；

（二）具有为地理标志农产品生产、加工、营销提供指导服务的能力；

（三）具有独立承担民事责任的能力。

第九条　符合农产品地理标志登记条件的申请人，可以向省级人民政府农业行政主管部门提出登记申请，并提交下列申请材料：

（一）登记申请书；

（二）产品典型特征特性描述和相应产品品质鉴定报告；

（三）产地环境条件、生产技术规范和产品质量安全技术规范；

（四）地域范围确定性文件和生产地域分布图；

（五）产品实物样品或者样品图片；

（六）其它必要的说明性或者证明性材料。

第十条　省级人民政府农业行政主管部门自受理农产品地理标志登记申请之日起，应当在 45 个工作日内完成申请材料的初审和现场核查，并提出初审意见。符合条件的，将申请材料和初审意见报送农业部农产品质量安全中心；不符合条件的，应当在提出初审意见之日起 10 个工作日内将相关意见和建议通知申请人。

第十一条　农业部农产品质量安全中心应当自收到申请材料和初审意见之日起 20 个工作日内，对申请材料进行审查，提出审查意见，并组织专家评审。

专家评审工作由农产品地理标志登记评审委员会承担。农产品地理标志登记专家评审委员会应当独立做出评审结论，并对评审结论负责。

第十二条　经专家评审通过的，由农业部农产品质量安全中心代表农业部对社会公示。

有关单位和个人有异议的，应当自公示截止日起 20 日内向农业部农产品质量安全中心提出。公示无异议的,由农业部做出登记决定并公告,颁发《中华人民共和国农产品地理标志登记证书》,公布登记产品相关技术规范和标准。

专家评审没有通过的,由农业部做出不予登记的决定,书面通知申请人,并说明理由。

第十三条 农产品地理标志登记证书长期有效。

有下列情形之一的,登记证书持有人应当按照规定程序提出变更申请:

(一)登记证书持有人或者法定代表人发生变化的;

(二)地域范围或者相应自然生态环境发生变化的。

第十四条 农产品地理标志实行公共标识与地域产品名称相结合的标注制度。公共标识基本图案见附图。农产品地理标志使用规范由农业部另行制定公布。

第三章 标志使用

第十五条 符合下列条件的单位和个人,可以向登记证书持有人申请使用农产品地理标志:

(一)生产经营的农产品产自登记确定的地域范围;

(二)已取得登记农产品相关的生产经营资质;

(三)能够严格按照规定的质量技术规范组织开展生产经营活动;

(四)具有地理标志农产品市场开发经营能力。

使用农产品地理标志,应当按照生产经营年度与登记证书持有人签订农产品地理标志使用协议,在协议中载明使用的数量、范围及相关的责任义务。

农产品地理标志登记证书持有人不得向农产品地理标志使用人收取使用费。

第十六条 农产品地理标志使用人享有以下权利:

(一)可以在产品及其包装上使用农产品地理标志;

(二)可以使用登记的农产品地理标志进行宣传和参加展览、展示及展销。

第十七条 农产品地理标志使用人应当履行以下义务:

(一)自觉接受登记证书持有人的监督检查;

(二)保证地理标志农产品的品质和信誉;

(三)正确规范地使用农产品地理标志。

第四章　监督管理

第十八条　县级以上人民政府农业行政主管部门应当加强农产品地理标志监督管理工作,定期对登记的地理标志农产品的地域范围、标志使用等进行监督检查。

登记的地理标志农产品或登记证书持有人不符合本办法第七条、第八条规定的,由农业部注销其地理标志登记证书并对外公告。

第十九条　地理标志农产品的生产经营者,应当建立质量控制追溯体系。农产品地理标志登记证书持有人和标志使用人,对地理标志农产品的质量和信誉负责。

第二十条　任何单位和个人不得伪造、冒用农产品地理标志和登记证书。

第二十一条　国家鼓励单位和个人对农产品地理标志进行社会监督。

第二十二条　从事农产品地理标志登记管理和监督检查的工作人员滥用职权、玩忽职守、徇私舞弊的,依法给予处分;涉嫌犯罪的,依法移送司法机关追究刑事责任。

第二十三条　违反本办法规定的,由县级以上人民政府农业行政主管部门依照《中华人民共和国农产品质量安全法》有关规定处罚。

第五章　附　则

第二十四条　农业部接受国外农产品地理标志在中华人民共和国的登记并给予保护,具体办法另行规定。

第二十五条　本办法自 2008 年 2 月 1 日起施行。

附图:公共标识基本图案

5.《集体商标、证明商标注册和管理办法》(国家工商行政管理总局令第 6 号,20030601)

第六条　申请以地理标志作为集体商标、证明商标注册的,还应当附送管辖该地理标志所标示地区的人民政府或者行业主管部门的批准文件。

外国人或者外国企业申请以地理标志作为集体商标、证明商标注册的,申请人应当提供该地理标志以其名义在其原属国受法律保护的证明。

第七条 以地理标志作为集体商标、证明商标注册的，应当在申请书件中说明下列内容：

（一）该地理标志所标示的商品的特定质量、信誉或者其他特征；

（二）该商品的特定质量、信誉或者其他特征与该地理标志所标示的地区的自然因素和人文因素的关系；

（三）该地理标志所标示的地区的范围。

第八条 作为集体商标、证明商标申请注册的地理标志，可以是该地理标志标示地区的名称，也可以是能够标示某商品来源于该地区的其他可视性标志。

前款所称地区无需与该地区的现行行政区划名称、范围完全一致。

第九条 多个葡萄酒地理标志构成同音字或者同形字的，在这些地理标志能够彼此区分且不误导公众的情况下，每个地理标志都可以作为集体商标或者证明商标申请注册。

6.《地理标志产品保护规定》（国家质量监督检验检疫总局令第78号，20050715）

第一章 总 则

第一条 为了有效保护我国的地理标志产品，规范地理标志产品名称和专用标志的使用，保证地理标志产品的质量和特色，根据《中华人民共和国产品质量法》、《中华人民共和国标准化法》、《中华人民共和国进出口商品检验法》等有关规定，制定本规定。

第二条 本规定所称地理标志产品，是指产自特定地域，所具有的质量、声誉或其他特性本质上取决于该产地的自然因素和人文因素，经审核批准以地理名称进行命名的产品。地理标志产品包括：

（一）来自本地区的种植、养殖产品。

（二）原材料全部来自本地区或部分来自其他地区，并在本地区按照特定工艺生产和加工的产品。

第三条 本规定适用于对地理标志产品的申请受理、审核批准、地理标志专用标志注册登记和监督管理工作。

第四条 国家质量监督检验检疫总局（以下简称“国家质检总局”）统一管理全国的地理标志产品保护工作。各地出入境检验检疫局和质量技术监督局(以下简称各地质检机构)依照职能开展地理标志产品保护工作。

第五条　申请地理标志产品保护,应依照本规定经审核批准。使用地理标志产品专用标志,必须依照本规定经注册登记,并接受监督管理。

第六条　地理标志产品保护遵循申请自愿,受理及批准公开的原则。

第七条　申请地理标志保护的产品应当符合安全、卫生、环保的要求,对环境、生态、资源可能产生危害的产品,不予受理和保护。

第二章　申请及受理

第八条　地理标志产品保护申请,由当地县级以上人民政府指定的地理标志产品保护申请机构或人民政府认定的协会和企业(以下简称申请人)提出,并征求相关部门意见。

第九条　申请保护的产品在县域范围内的,由县级人民政府提出产地范围的建议;跨县域范围的,由地市级人民政府提出产地范围的建议;跨地市范围的,由省级人民政府提出产地范围的建议。

第十条　申请人应提交以下资料:

(一)有关地方政府关于划定地理标志产品产地范围的建议。

(二)有关地方政府成立申请机构或认定协会、企业作为申请人的文件。

(三)地理标志产品的证明材料,包括:

1. 地理标志产品保护申请书;

2. 产品名称、类别、产地范围及地理特征的说明;

3. 产品的理化、感官等质量特色及其与产地的自然因素和人文因素之间关系的说明;

4. 产品生产技术规范(包括产品加工工艺、安全卫生要求、加工设备的技术要求等);

5. 产品的知名度,产品生产、销售情况及历史渊源的说明。

(四)拟申请的地理标志产品的技术标准。

第十一条　出口企业的地理标志产品的保护申请向本辖区内出入境检验检疫部门提出;按地域提出的地理标志产品的保护申请和其他地理标志产品的保护申请向当地(县级或县级以上)质量技术监督部门提出。

第十二条　省级质量技术监督局和直属出入境检验检疫局,按照分工,分别负责对拟申报的地理标志产品的保护申请提出初审意见,并将相关文件、资料上报国家质检总局。

第三章　审核及批准

第十三条　国家质检总局对收到的申请进行形式审查。审查合格的,由国家质检总局在国家质检总局公报、政府网站等媒体上向社会发布受理公告;审查不合格的,应书面告知申请人。

第十四条　有关单位和个人对申请有异议的,可在公告后的2个月内向国家质检总局提出。

第十五条　国家质检总局按照地理标志产品的特点设立相应的专家审查委员会,负责地理标志产品保护申请的技术审查工作。

第十六条　国家质检总局组织专家审查委员会对没有异议或者有异议但被驳回的申请进行技术审查,审查合格的,由国家质检总局发布批准该产品获得地理标志产品保护的公告。

第四章　标准制订及专用标志使用

第十七条　拟保护的地理标志产品,应根据产品的类别、范围、知名度、产品的生产销售等方面的因素,分别制订相应的国家标准、地方标准或管理规范。

第十八条　国家标准化行政主管部门组织草拟并发布地理标志保护产品的国家标准;省级地方人民政府标准化行政主管部门组织草拟并发布地理标志保护产品的地方标准。

第十九条　地理标志保护产品的质量检验由省级质量技术监督部门、直属出入境检验检疫部门指定的检验机构承担。必要时,国家质检总局将组织予以复检。

第二十条　地理标志产品产地范围内的生产者使用地理标志产品专用标志,应向当地质量技术监督局或出入境检验检疫局提出申请,并提交以下资料:

(一)地理标志产品专用标志使用申请书。

(二)由当地政府主管部门出具的产品产自特定地域的证明。

(三)有关产品质量检验机构出具的检验报告。

上述申请经省级质量技术监督局或直属出入境检验检疫局审核,并经国家质检总局审查合格注册登记后,发布公告,生产者即可在其产品上使用地理标志产品专用标志,获得地理标志产品保护。

第五章 保护和监督

第二十一条 各地质检机构依法对地理标志保护产品实施保护。对于擅自使用或伪造地理标志名称及专用标志的;不符合地理标志产品标准和管理规范要求而使用该地理标志产品的名称的;或者使用与专用标志相近、易产生误解的名称或标识及可能误导消费者的文字或图案标志,使消费者将该产品误认为地理标志保护产品的行为,质量技术监督部门和出入境检验检疫部门将依法进行查处。社会团体、企业和个人可监督、举报。

第二十二条 各地质检机构对地理标志产品的产地范围,产品名称,原材料,生产技术工艺,质量特色,质量等级、数量、包装、标识,产品专用标志的印刷、发放、数量、使用情况,产品生产环境、生产设备,产品的标准符合性等方面进行日常监督管理。

第二十三条 获准使用地理标志产品专用标志资格的生产者,未按相应标准和管理规范组织生产的,或者在2年内未在受保护的地理标志产品上使用专用标志的,国家质检总局将注销其地理标志产品专用标志使用注册登记,停止其使用地理标志产品专用标志并对外公告。

第二十四条 违反本规定的,由质量技术监督行政部门和出入境检验检疫部门依据《中华人民共和国产品质量法》、《中华人民共和国标准化法》、《中华人民共和国进出口商品检验法》等有关法律予以行政处罚。

第二十五条 从事地理标志产品保护工作的人员应忠于职守,秉公办事,不得滥用职权、以权谋私,不得泄露技术秘密。违反以上规定的,予以行政纪律处分;构成犯罪的依法追究刑事责任。

【北京法院商标行政案件的规范文件】

《北京市高级人民法院商标授权确权行政案件审理指南》(20190424)

13. 商标法第十六条的适用

13.1【误导公众的认定】

诉争商标的申请注册容易使相关公众对使用该商标的商品真实产地发生误认的,属于商标法第十六条第一款规定的情形。

13.2【"商标中有商品的地理标志"】

诉争商标完整包含地理标志,或者包含地理标志的主要识别部分,容易使相关公众对使用该商标的商品的真实产地发生误认的,属于"商标中有商品的地理标志”的情形。

13.3【申请主体】

为保护地理标志而成立或者以保护地理标志为宗旨的团体、协会等，认为诉争商标违反商标法第十六条第一款规定的，可以提出申请。

使用该地理标志的产品的生产加工者、市场经营者，可以作为利害关系人提出申请。

13.4【原属国在先保护原则】

外国人以诉争商标的申请注册违反商标法第十六条第一款规定申请该商标不应予以注册或者应予宣告无效的，应当提供其名下的该地理标志在原属国受法律保护的证明。

13.5【混淆判断】

若地理标志集体商标或者证明商标申请注册在后，普通商标申请在前，应当结合地理标志客观存在情况及其知名度、显著性、相关公众的认知等因素，判断是否容易造成相关公众对商品或者服务来源产生混淆；若地理标志集体商标或者证明商标申请在前，普通商标申请在后，可以从不当攀附地理标志知名度的角度，判断是否容易造成相关公众对商品或者服务来源产生混淆。

13.6【驰名商标保护的适用】

地理标志集体商标或者证明商标已经达到驰名状态的，可以适用商标法第十三条第三款予以保护。

当事人依据商标法第十三条第三款申请地理标志集体商标或者证明商标不予核准注册或者宣告无效的，应当结合地理标志客观存在情况及其知名度、显著性、相关公众的认知等因素，认定地理标志集体商标或者证明商标的注册是否会误导公众、致使普通商标注册人的利益可能受到损害。

13.7【将地理标志注册为普通商标】

诉争商标申请人或者注册人将地理标志整体或者主要识别部分作为证明商标或者集体商标之外的商标申请注册的，可以适用商标法第十六条第一款、第十条第二款或者第十一条第一款的规定等进行审理。

13.8【地理范围确定错误】

地理标志集体商标或者证明商标的申请人在申请文件中标示的地区范围与真实产地不一致的，可以适用商标法第十六条第一款的规定等进行审理。

13.9【法律条款的适用】

当事人以他人申请注册的地理标志证明商标或者集体商标违反商标法第十六条第二款的规定不应予以核准注册或者应予宣告无效的,适用商标法第三十条中"凡不符合本法有关规定"的内容进行审理。

【公报案例】

【上海二中院"金华火腿"案】对于历史上合法核准的含有地名的注册商标,虽然其权利人享有注册商标专用权,但是如果该地名经国家专门行政机关批准实施原产地域产品保护,则被获准使用的民事主体可以在法定范围内使用该原产地域专用标志〔浙江省食品有限公司诉上海市泰康食品有限公司、浙江永康四路火腿一厂商标侵权纠纷案,上海市第二中级人民法院民事判决书(2005)沪二中民五(知)初字第 239 号,载《中华人民共和国最高人民法院公报》2007 年第 11 期〕。

【法院参考案例】

1.【北京高院"螺旋卡帕"案】(1)将地理标志中的显著识别部分作为普通商标的构成要素申请注册,使相关公众误认为该商标所用之商品来源于该地理标志所标示地区的,违反商标法第十六条第一款规定;(2)普通商品商标与地理标志证明商标近似,容易导致相关公众混淆误认的,不予核准注册〔纳帕河谷酿酒人协会与国家工商行政管理总局商标评审委员会及浙江中商投资有限公司商标异议复审行政纠纷上诉案,北京市高级人民法院行政判决书(2016)京行终 2295 号,北京法院参阅案例第 33 号〕。

(1)被异议商标由中文"螺旋卡帕"和英文"SCREWKAPPANAPA"组合而成。"纳帕河谷(Napa Valley)"是在中国获得保护的使用在葡萄酒商品上的地理标志。虽然被异议商标中仅包含了地理标志"纳帕河谷(Napa Valley)"中的一个英文单词,但"纳帕"和"Napa"分别是该地理标志中英文表达方式中最为显著的识别部分,相关公众在葡萄酒商品上见到"NAPA"一词时,即容易将其与"纳帕河谷(Napa Valley)"地理标志联系在一起,误认为使用该标志的相关商品是来源于上述地理标志所标示地区的商品。因此,被异议商标的申请注册违反了商标法第十六条第一款的规定。

(2)普通商品商标与地理标志证明商标近似,容易导致相关公众混淆误认的,应当依照2001年修正的商标法第二十八条、第二十九条(2013年修正的商标法第三十条、第三十一条)的规定,不予核准注册。

商标申请第4662547号图样(诉争商标,左图);注册商标第4502959号图样(引证商标,右图)

2.【北京高院"平阳黄汤"案】关于地理标志商标与普通商标的近似性判断,一般而言,地理标志集体商标或者证明商标申请注册在后,普通商标申请在前,应当结合地理标志客观存在情况及其知名度、显著性、相关公众的认知等因素,判断是否容易造成相关公众对商品或者服务来源产生混淆;若地理标志集体商标或者证明商标申请在前,普通商标申请在后,可以从不当攀附地理标志知名度的角度,判断是否容易造成相关公众对商品或者服务来源产生混淆〔浙江四贤茶业有限公司与国家知识产权局商标权无效宣告行政纠纷上诉案,北京市高级人民法院行政判决书(2019)京行终9717号〕。

3.【北京高院"祁门红茶"案】地理标志商标注册申请人负有诚实信用义务,包括向商标注册主管机关全面准确说明客观情况的积极作为义务;当产区范围存在争议时,地理标志商标注册申请人没有积极向商标注册主管机关全面准确报告客观情况而取得商标注册的,属于以"其他不正当手段取得注册"〔安徽国润茶业有限公司与祁门县祁门红茶协会等商标权无效宣告请求行政纠纷上诉案,北京市高级人民法院行政判决书(2017)京行终3288号,列入最高人民法院公布的2017年中国法院50件典型知识产权案例〕。

(1)对于地理标志商标而言,无论是地理标志证明商标,还是地理标志集体商标,由于其所涉及的地理标志地域范围的确定具有较强的专业性,商标注册主管机关自身难以予以核实,因此,在地理标志商标的审查过程中,商标注册主管机关通常只能进行形式上的审查。相应地,地理标志商标注册申请人在提交商标注册申请文件方面,就应当负有较之于普通的商品商标、服务商标注册申请人更多的诚实信用义务。地理标志商标注册申请人所负有的诚实信用义务,不仅仅限于消极方面,即不仅不能提供虚假的商标注册申请文件的消极不作为义务;而且也应当包括向商标注册主管机关全面准确说明客观情况的积极作为义务。违反上述诚实信用义务,无论是违反消极不作为义务,还是没有尽到积极作为义务,都将使其商标注册申请行为丧失正当性基础。提交虚假文件或者以其他方式弄虚作假而取得商标注册的,即属于2001年商标法第四十一条第一款规定的"以欺骗手段"取得注册的情形;而未尽到积极作为义务,未向商标注册主管机关全面准确报告客观情况而取得商标注册的,即属于2001年商标法第四十一条第一款规定的以"其他不正当手段取得注册的"的情形。

(2)虽然祁门红茶协会在提出争议商标注册申请时,并不存在提交虚假文件骗取商标注册的行为,其申请注册争议商标也不属于无实际使用意图而抢注商标的情形,但是,有关"祁门红茶"产区地域范围的不同认识是客观存在的。祁门红茶协会在明知存在上述争议的情况下,未全面准确地向商标注册主管机关报告该商标注册过程中存在的争议,尤其是在国润公司按照安徽省工商行政管理局会议纪要的要求撤回商标异议申请的情况下,其仍以不作为的方式等待商标注册主管机关核准争议商标的注册,这种行为明显违反了地理标志商标注册申请人所负有的诚实信用义务,构成了2001年商标法第四十一条第一款规定的以"其他不正当手段取得注册的"的情形,争议商标依法应予无效宣告。

4.【北京高院"FIJI PURE MAHOGANY"(斐济纯红木)案】对于地理标志证明商标,不应适用商标法第十一条规定评判其是否具有显著特征,而应审查其是否符合商标法第十六条第二款等规定的要求〔国家工商行政管理总局商标评审委员会与斐济共和国政府商标申请驳回复审行政纠纷上诉案,北京市高级人民法院行政判决书(2016)京行终1511号〕。

(1)与普通商标相比,作为地理标志的证明商标,其功能有所不同。地理标志是标示某商品来源于某地区,该商品的特定质量、信誉或者其他特征,主要由该地区的自然因素或者人文因素所决定的标志。因此,地理标志证明商标的功能不在于区分同种商品的不同提供者。因此,为了实现普通商标功能的显著特征要求并不当然适用于地理标志证明商标。

(2)斐济政府在申请诉争商标时已明确商标类型为证明商标,且诉争商标由地名"FIJI"和商品名"PURE MAHOGANY"构成,符合地理标志的通常构造,属于地理标志证明商标,不应适用商标法第十一条的规定对诉争商标是否具有显著特征进行判断,而应对该地理标志证明商标是否符合商标法第十六条第二款等规定的要求进行审查。被诉决定认为诉争商标指定使用在人工种植的红木木材商品上,难以起到区别商品来源的作用,进而认定诉争商标构成商标法第十一条第一款第(三)项所指之缺乏显著特征的情形,未考虑诉争商标的类型系地理标志证明商标的事实及地理标志证明商标与普通商标功能上的区别。①

5.【北京高院"西山焦"案】商标申请人或商标注册人不能提供证据证明使用诉争商标的商品来源于地理标志所标示的地区且不会误导公众,或者诉争商标从未实际使用的,均应认定诉争商标违反商标法第十六条第一款的规定〔陈建华与国家工商行政管理总局商标评审委员会商标争议行政纠纷上诉案,北京市高级人民法院行政判决书(2015)高行(知)终字第1568号〕。

(1)判断诉争商标的申请注册是否违反商标法第十六条的规定,应当首先确定诉争商标中是否含有商品的地理标志,而相应的举证责任应当由主张诉争商标的申请注册违反商标法第十六条规定的一方当事人承担。具体到商标争议案件,在商标评审程序中,应当由提出撤销商标注册申请的商标争议申请人承担相应的举证责任;在商标争议行政诉讼中,则应由在被诉的争议裁定中认定地理标志存在的商标评审委员会承担相应的举证责任。

(2)商标法第十六条第一款是从消极的、否定的方面作出规定的,"并非来源于"和"不予注册并禁止使用"的双重否定所表达的是一种肯定的内容,即商标中包含商品的地理标志的,只有在该商品来源于该地理标志所标示的地区且不会误导公众的情形下,才可以注册并使用。

(3)判断诉争商标的注册是否违反了商标法第十六条第一款的规定,应合理分配举证责任,由商标注册申请人或者商标注册人承担举证责任,证明使用诉争商标的商品来源于地理标志所标示的地区且不会误导公众。如果商标注册申请人或者商标注册人不能提供证据证明使用诉争商标的商品来源于地理标志所标示的地区且不会误导公众,包括诉争商标未实际使用因而没有实际使用该商标的商品的情形,均应当认定该诉争商标的申请或者注册违反了商标法第十六条第一款的规定。

① 类似案例参见阿瓦提县红宝石穆塞勒斯厂与国家工商行政管理总局商标评审委员会商标权无效宣告请求行政纠纷案,北京知识产权法院行政判决书(2015)京知行初字第5160号。

6.【北京高院“恩施玉露”证明商标案】对相关商标是否构成商标法第三十条之下相同或类似商品上的近似商标，不应将具有不同功能的证明商标（含有地理标志的）与商品商标、服务商标进行近似性的比对〔长沙玉露企业营销策划有限公司与国家工商行政管理总局商标评审委员会商标异议复审行政纠纷上诉案，北京市高级人民法院行政判决书（2013）高行终字第 1201 号〕。

作为证明商标而申请注册的被异议商标，其主要识别部分是作为地理标志而存在的“恩施玉露”。地理标志的功能主要在于标示某商品来源于某地区，该商品的特定质量、信誉或者其他特征，主要由该地区的自然因素或者人文因素所决定。而商品商标或者服务商标的主要功能在于区分商品或者服务的来源，与使用该商标的商品是否来源于某地区以及该商品的特定质量、信誉或者其他特征是否主要由该地区的自然因素或者人文因素所决定并无直接关联。因此，在适用商标法（2001 年）第二十八条［同商标法（2019 年）第三十条］对相关商标是否构成使用在相同或类似商品上的近似商标进行比较时，不应将具有不同功能的证明商标与商品商标、服务商标进行近似性的比对。

证明商标申请第 6761802 号图样（被异议商标，左图）；注册商标第 1387674 号（引证商标，右图）

7.【北京高院“香槟”案】地理标志的权利人及利害关系人有权禁止该标志所示地区之外的他人将该标志使用在其指向的商品或服务上，但无权利依据商标法第十六条禁止他人使用在其他商品或服务上〔法国香槟酒行业委员会与国家工商行政管理总局商标评审委员会商标争议行政纠纷上诉案，北京市高级人民法院行政判决书（2011）高行终字第 816 号〕。

（1）地理标志仅对某种“特定”类别商品或服务的特定质量、信誉或者其他特征具有标示作用，该标示作用并不延及其他类别的商品或服务。对于构成地理标志的标识，其权利人及利害关系人有权禁止该标志所示地区外的他人将该标志使用在该地理标志所指向的商品或服务上，但无权利禁止他人使用在除此之外的其他商品或服务上。

（2）本案中“香槟”及“CHAMPAGNE”系产于法国 CHAMPAGNE 省的一

种起泡白葡萄酒，该标志代表了这一地区出产的起泡白葡萄酒的特定质量及信誉。但该标志与除起泡白葡萄酒以外的其他商品或服务的特定质量、信誉或者其他特征并无关联，因此，如果该地区外的他人将该标志使用或注册在其他商品或服务上，则这一行为并不会产生上述损害后果。由于争议商标指定使用的服务为咖啡馆等，并非葡萄酒商品，因此，在该类服务上注册“香宾”，不属于商标法第十六条所禁止的情形。

8.【北京知产法院“Romanee－Conti”案】对于源自其他国家并以外国语言文字表现的地理标志，如果中国相关公众已经将其与特定的中文标志建立起稳定的对应关系，则对该中文标志的保护当然亦属于对该地理标志予以保护〔法国国家产品原产地与质量管理局与国家工商行政管理总局商标评审委员会商标权无效宣告请求行政纠纷案，北京知识产权法院行政判决书（2018）京73行初398号〕。

9.【北京知产法院“宣砚”案】如果地理标志证明商标申请所用的商品的产地与该地理标志的实际地域范围不符，无论是不适当地扩大了还是不适当地缩小了其地域范围，都将误导公众，难以证明使用该商标的商品来自特定产区、具有特定品质，该商标申请应当予以驳回〔宣城市宣砚文化研究会与国家知识产权局商标申请驳回复审行政纠纷案，北京知识产权法院行政判决书（2019）京73行初147号〕。

10.【北京知产法院“吉山红”案】注册商标中含有地理标志，容易使相关公众误认为所用的商品是地理标志产品或来源于地理标志产区，违背商标法第十六条第一款的规定〔永安市人民政府燕西街道办事处经济服务中心与国家工商行政管理总局商标评审委员会商标权无效请求行政纠纷案，北京知识产权法院行政判决书（2017）京73行初128号〕。

诉争商标由“吉山红”文字构成；“吉山老酒”是地理标志，其选用红曲为原料、酒色为红，又称为“吉山红”，故“吉山老酒”与“吉山红”在特定范围内已经形成一定对应关系。诉争商标的注册使用易导致相关公众将其识别为产自于福建省永安市的“吉山老酒”，从而误导公众。

11.【北京知产法院“灵宝香菇”案】申请注册地理标志证明商标与所用之商品之间应具备四个要件：特定性、关联性、长期性和稳定性〔灵宝市菌类生产管理办公室与国家工商行政管理总局商标评审委员会商标申请驳回复审行政纠纷案，北京知识产权法院行政判决书(2015)京知行初字第 2081 号〕。

通常认为，申请注册地理标志证明商标至少应同时满足以下四个要件：一是特定性，即该商品具有地理来源因素客观形成的特定的质量、声誉或其他特征，申请人应当提交证据证明其具有监督该证明商标所证明的特定商品品质的能力；二是关联性，即商品特征主要由土壤、气候、地形、水质等自然因素或者特有技艺、传统工艺、配料、方法等人文因素所形成；三是长期性，即商品特征与地理环境的联系是通过长期的使用传统和公众认知形成的，该期限一般应达数十年，地理标志的历史传统属性排除了仅仅通过短期商业促销或杜撰历史故事就获得声誉的可能性；四是稳定性，即具有持续使用和特征稳定的特点。①

编者说明

(一)“地理标志”与“地理标志专用标志”

对于地理标志，我国实行地理标志集体商标或证明商标的商标保护，也实行“地理标志产品”和相应的“地理标志专用标志”保护。

一方面，地理标志可以申请集体商标和证明商标，经核准可享受注册商标专用权，由商标法予以调整。当然，地理标志即便没有注册为商标，在商标法之下本身就享有本条规定的保护，即不得用作欺骗性的标志。

另一方面，国家颁行法规，对地理标志产品予以保护，管理“地理标志专用标志”。国家质量监督检验检疫总局根据产品质量法、标准化法、进出口商品检验法等有关规定，颁行有《地理标志产品保护规定》(国家质量监督检验检疫总局令第 78 号)，目的是为保证“地理标志产品”的质量和特色。相应地，地理标志专用标志是产品质量管控标志，只有特定的机构或企业可以申请，即“当地县级以上人民政府指定的地理标志产品保护申请机构或人民政府认定的协会和企业”。而且，政府对“地理标志产品”实行质量管控。《地理标志产品保护规定》第十七条明确规定，“拟保护的地理标志产品，应根据产品的类别、范围、知名度、产品的生产销售等方面的因素，分别制订相应的国家标准、地方标准或管理规范”。国

---

① 类似案例参见安图县东山白蜜行业协会与国家知识产权局商标权无效宣告请求行政纠纷案，北京知识产权法院行政判决书(2018)京 73 行初 8138 号。

家还颁行地理标志专用标志管理法规。农业部已经颁行《农产品地理标志管理办法》(农业部令第11号)。该办法第十九条明确规定,“地理标志农产品的生产经营者,应当建立质量控制追溯体系。农产品地理标志登记证书持有人和标志使用人,对地理标志农产品的质量和信誉负责”。机构改革后,国家知识产权局2020年又颁行《地理标志专用标志使用管理办法(试行)》。

这种制度格局容易导致法律概念混乱。比如,“原产地名称”“地理标志”“原产地标记”等法律概念常被混用。以原产地名称为例,国家工商行政管理总局认为,这属于证明商标范畴。2000年,《国家工商行政管理总局关于开展证明商标专用权专项保护活动的通知》认为,“根据《集体商标、证明商标注册和管理办法》规定,原产地名称属于证明商标的范畴,是一种重要的证明商标。原产地名称系指一个国家、地区或者地方的地名,用于标示一项产品来源于该地,其特定质量或者其他特征完全或者主要取决于地理环境,包括自然和人为因素。在被核准注册的证明商标中,原产地名称所占比重比较大,且区域内被侵权的现象比较集中”。但是,国家质量监督检验检疫总局却认为地理标志属于“原产地标记”,属于产品监管范畴。国家质量监督检验检疫总局颁行有《原产地标记管理规定》及其实施办法,调整原产国标记和地理标志两种原产地标记。为规范生态原产地产品保护工作,培育生态“原产地品牌”,国家质量监督检验检疫总局还颁行有《生态原产地产品保护评定通则》《生态原产地产品保护工作导则》等文件。

(二)申请注册含地理标志的商标要求实际使用

本条规定“商标中有商品的地理标志,而该商品并非来源于该标志所标示的地区,误导公众的,不予注册并禁止使用”。如果是未注册商标含有地理标志但商品不是来自标示的地理区域,本身属于欺诈行为,根据商标法第七条第二款规定,工商行政管理部门应予以制止。如果是商标申请含有地理标志,除非该商标实际使用,否则无法判断其指定使用的商品是否来源地理标志所标示的地区。为此,尽管我国实行商标注册制,商标注册通常不以实际使用为前提条件,但是依照本条规定,【北京高院“西山焦”案】认为,商标申请人或商标注册人不能提供证据证明使用诉争商标的商品来源于地理标志所标示的地区且不会误导公众,或者诉争商标从未实际使用的,均应认定诉争商标违反商标法第十六条第一款。这样分配举证责任有利于杜绝欺诈性标志的申请和使用。

(三)地理标志证明商标与普通商标的平等保护

就地理标志证明商标与普通商品商标、服务商标之间的关系,我国司法实践有明显的转变,正逐步向商标制度的原理和基本规则回归。【北京高院“恩施玉露”证明商标案】曾指出,对相关商标是否构成商标法第三十条之下相同或类似商品上的近似商标,不应将证明商标(含有地理标志的)与商品商标、服务商标进行近似性的比对，因为二者功能不同。但是，后来的北京法院参阅案例【北京高院“螺旋卡帕”案】却认为，将地理标志中的显著识别部分作为普通商标的构成要素申请注册，使相关公众误认为该商标所用之商品来源于该地理标志所标示地区的，违反商标法第十六条第一款规定，即认为地理标志证明商标可以与普通商品商标、服务商标进行近似性比较，二者的法律地位平等。【北京高院“平阳黄汤”案】进一步明确了地理标志商标与普通商标如何进行近似性判断，即：地理标志集体商标或者证明商标申请注册在后，普通商标申请在前，应当结合地理标志客观存在情况及其知名度、显著性、相关公众的认知等因素，判断是否容易造成相关公众对商品或者服务来源产生混淆；若地理标志集体商标或者证明商标申请在前，普通商标申请在后，可以从不当攀附地理标志知名度的角度，判断是否容易造成相关公众对商品或者服务来源产生混淆。

但是，就地理标志证明商标的侵权判定，我国法院目前还认为不同于普通商标。就此，请参见第五十七条注释的【法院参考案例】。

第十七条 【外国人申请商标注册】外国人或者外国企业在中国申请商标注册的,应当按其所属国和中华人民共和国签订的协议或者共同参加的国际条约办理,或者按对等原则办理。

【立法·要点注释】

1. 外国人或者外国企业在我国申请商标注册,按其所属国和中华人民共和国签订的协议或者共同参加的国际条约办理。所谓外国人或者外国企业所属国和中华人民共和国签订的协议,是指外国人的国籍国、外国企业的设立国与我国双方国家之间签订的协议。所谓外国人或者外国企业所属国和中华人民共和国共同参加的国际条约,是指外国人的国籍国、外国企业的设立国与我国都签署、批准而共同成为成员国的国际条约。我国参加的涉及商标的国际条约包括《保护工业产权巴黎公约》《与贸易有关的知识产权协定》等。外国人或者外国企业在中国申请商标注册,如果其所属国与我国签订了有关商标注册的协议,或者其所属国与我国共同参加的国际条约有关于商标注册的规定,则我国对该外国人或者外国企业的商标注册申请,按照该协议、国际条约办理。例如,《保护工业产权巴黎公约》规定,本联盟国家国民,在工业产权保护方面,在本联盟所有其他国家内应当享有各该国法律现在授予和今后可能授予其国民的各种利益,但不得损害本公约特别规定的各项权利。因此,《保护工业产权巴黎公约》成员国国民在我国申请商标注册,享有与我国国民同等的权利,我国国民到其他成员国申请商标注册也享有各该成员国国民的同等待遇。

2. 外国人或者外国企业在我国申请商标注册,按对等原则办理。所谓对等原则,是指国家与国家之间、国家与地区之间对某类事情的处理,互相给予对方以彼此同等的待遇。外国人或者外国企业在中国申请商标注册,如果其所属国与我国之间既没有签订有关商标注册的协议,也没有共同参加有商标注册规定的国际条约,则我国对该外国人或者外国企业的商标注册申请,按照对等原则办理。即申请商标注册的外国人或者外国企业所属国的法律给予我国自然人、法人或者其他组织商标注册保护的,我国也给予该国的自然人、法人或者其他组织商标注册保护。此外,《保护工业产权巴黎公约》规定，非本联盟国的国民，在本联盟某一成员国领土内有住所或有真实有效的工商营业所的，应享有本联盟成员国国民同样的待遇。作为成员国的我国应当履行公约规定的义务。因此，只要在我国申请商标注册的外国人或者外国企业，能够证明其在《保护工业产权巴黎公约》的任何一个成员国有住所或者有真实有效的工商营业所，就应当给予其不低于公约成员国国民待遇的商标注册保护。

【司法解释】

《最高人民法院关于适用〈中华人民共和国涉外民事关系法律适用法〉若干问题的解释（一）》（法释〔2012〕24 号，20130107；经法释〔2020〕18 号修正，20210101）

第三条　涉外民事关系法律适用法与其他法律对同一涉外民事关系法律适用规定不一致的，适用涉外民事关系法律适用法的规定，但《中华人民共和国票据法》《中华人民共和国海商法》《中华人民共和国民用航空法》等商事领域法律的特别规定以及知识产权领域法律的特别规定除外。

涉外民事关系法律适用法对涉外民事关系的法律适用没有规定而其他法律有规定的，适用其他法律的规定。

【部门参考文件】

《国家工商行政管理局商标局关于外国人或者外国企业申请人用药品商标注册需提供证明的复函》（19871106）

中国国际贸易促进委员会商标代理处：

你处 1987 年 10 月 5 日 TGC87047 - 036 号函悉。关于外国人或者外国企业在申请人用药品商标注册时，需提供批准生产或销售药品证明问题，我局意见如下：

1. 申请人提出申请时，应当提供证明。提出的证明，可以是证明原本的复印件，但须经公证；

2. 对经常申请注册药品商标的，在同一年内，申请人可以首次提供的是证明原本，以后申请时用原本的复印件代替，但须注明当年首次提出申请的日期；

3. 申请人所在国(地区)如果没有主管批准生产或销售药品的专门机构,可以根据该国实际情况,由与生产或销售药品有关的其他相应部门出具证明;

4. 香港、澳门地区的个人或者企业向我局申请注册人用药品商标的,目前可按上述规定办理。

【地方法院规范】

《北京市高级人民法院关于涉外知识产权民事案件法律适用若干问题的解答》(京高法发〔2004〕49号,20040218)

三、我国对外国人的知识产权如何给予保护?

答:……

(三)对外国人商标的保护

外国人欲得到我国商标法对其商标的保护,通常应在我国申请获得商标专用权:

1. 外国人可以根据其所属国同我国签订的协议或者共同参加的国际条约,在我国申请商标注册;

2. 对所属国与我国既无双边协议,又不属于任何一个国际条约的外国人,可以依照对等原则在我国获得商标权;

3. 外国人的商标是未在我国注册的驰名商标的,亦受我国法律保护。

四、在涉外知识产权审判中,知识产权国际条约起到什么作用?

答:在知识产权国际保护中,国际条约的作用是协调各国的知识产权国内法,促成各缔约国按照国际条约的要求,依照本国的法律承认和保护外国人的知识产权。一国缔结或者加入国际条约,只是承诺对成员国国民的知识产权予以保护,但保护的具体根据不是国际条约,而主要是本国法。只有在本国法的保护水平低于国际条约的要求时,才依据国际条约。因此,在涉外知识产权审判中,对于外国人要求我国给予知识产权法保护的,除了我国法律另有规定的以外,首先要考虑的是主张权利的外国人所属国与我国是否缔结或共同参加了国际条约,我国是否承诺给该国国民知识产权保护;其次,在适用我国相关知识产权法给该外国人知识产权保护时,要考虑我国相关法律规定的保护标准是否达到了国际条约的要求。

八、如何确定主张权利的外国人与相关国际条约的关系?

答:我国对外国人知识产权的保护主要是基于我国签订或者参加的国际条约所赋予的义务,因此确认外国人与相关国际条约成员国的关系,是审理涉外知识产权民事案件的前提。

在《巴黎公约》中,这种联系通过三个因素中的任何一个加以确定,即国籍、住所、营业所。自然人具有公约成员国的国籍、法人依法登记而获得法律主体资格的国家是公约成员国、非成员国国民的自然人在成员国有法律承认的住所、非成员国的法人在成员国有真实而有效的营业所的,该自然人或者法人即属成员国国民,可在我国主张权利。

……

编者说明

本条所称"按其所属国和中华人民共和国签订的协议或者共同参加的国际条约办理,或者按对等原则办理","办理"意味着国际商标协议主要调整商标申请注册的申请人资格和审查程序,而不是商标注册的实质性条件。但"办理"并不意味着与商标相关的双边或多边国际协议或条约对国际商标申请有细致的规定,对我国自动生效,商标局可以直接适用。实际上,我国商标法已经将国际协议或条约转化为国内法,规定有具体实施方式。比如,商标法实施条例第五章"商标国际注册"即实施了我国参与并对我国生效的《商标国际注册马德里协定》《商标国际注册马德里协定有关议定书》《商标国际注册马德里协定及该协定有关议定书的共同实施细则》。

第十八条 【商标事宜的委托代理】申请商标注册或者办理其他商标事宜,可以自行办理,也可以委托依法设立的商标代理机构办理。

外国人或者外国企业在中国申请商标注册和办理其他商标事宜的,应当委托依法设立的商标代理机构办理。

【立法·要点注释】

对外国人和外国企业强制要求委托代理办理商标事宜,主要是考虑外国人和外国企业在我国没有经常居所或者营业场所,在我国直接申请商标注册和办理其他商标事宜可能存在语言和书件送达障碍。为了保证申请书件的质量和有关文件的及时送达,使商标注册审查及其他相关工作顺利进行。根据《保护工业产权巴黎公约》的规定,有关委派代理人或者指定书件送达地址等问题的规定,各成员国可以在其法律中作出保留。世界多数国家的商标法都有同我国类似的规定。

【行政法规】

《中华人民共和国商标法实施条例》(20140501)

第五条 当事人委托商标代理机构申请商标注册或者办理其他商标事宜,应当提交代理委托书。代理委托书应当载明代理内容及权限;外国人或者外国企业的代理委托书还应当载明委托人的国籍。

外国人或者外国企业的代理委托书及与其有关的证明文件的公证、认证手续,按照对等原则办理。

申请商标注册或者转让商标,商标注册申请人或者商标转让受让人为外国人或者外国企业的,应当在申请书中指定中国境内接收人负责接收商标局、商标评审委员会后继商标业务的法律文件。商标局、商标评审委员会后继商标业务的法律文件向中国境内接收人送达。

商标法第十八条所称外国人或者外国企业,是指在中国没有经常居所或者营业所的外国人或者外国企业。

第六条 申请商标注册或者办理其他商标事宜,应当使用中文。

依照商标法和本条例规定提交的各种证件、证明文件和证据材料是外文的,应当附送中文译文;未附送的,视为未提交该证件、证明文件或者证据材料。

第十条 商标局或者商标评审委员会的各种文件,可以通过邮寄、直接递交、数据电文或者其他方式送达当事人;以数据电文方式送达当事人的,应当经当事人同意。当事人委托商标代理机构的,文件送达商标代理机构视为送达当事人。

商标局或者商标评审委员会向当事人送达各种文件的日期,邮寄的,以当事人收到的邮戳日为准;邮戳日不清晰或者没有邮戳的,自文件发出之日起满 15 日视为送达当事人,但是当事人能够证明实际收到日的除外;直接递交的,以递交日为准;以数据电文方式送达的,自文件发出之日起满 15 日视为送达当事人,但是当事人能够证明文件进入其电子系统日期的除外。文件通过上述方式无法送达的,可以通过公告方式送达,自公告发布之日起满 30 日,该文件视为送达当事人。

第八十三条 商标法所称商标代理,是指接受委托人的委托,以委托人的名义办理商标注册申请、商标评审或者其他商标事宜。

第八十四条 商标法所称商标代理机构,包括经工商行政管理部门登记从事商标代理业务的服务机构和从事商标代理业务的律师事务所。

商标代理机构从事商标局、商标评审委员会主管的商标事宜代理业务的,应当按照下列规定向商标局备案:

(一)交验工商行政管理部门的登记证明文件或者司法行政部门批准设立律师事务所的证明文件并留存复印件;

(二)报送商标代理机构的名称、住所、负责人、联系方式等基本信息;

(三)报送商标代理从业人员名单及联系方式。

工商行政管理部门应当建立商标代理机构信用档案。商标代理机构违反商标法或者本条例规定的,由商标局或者商标评审委员会予以公开通报,并记入其信用档案。

【部门参考文件】

1.《商标评审规则》(国家工商行政管理总局令第 65 号,20140601)

第五十四条 商标评审委员会的各种文件,可以通过邮寄、直接递交、数据电文或者其他方式送达当事人;以数据电文方式送达当事人的,应当经当事人同意。当事人委托商标代理机构的,文件送达商标代理机构视为送达当事人。

商标评审委员会向当事人送达各种文件的日期,邮寄的,以当事人收到的邮戳日为准;邮戳日不清晰或者没有邮戳的,自文件发出之日起满十五日,视为送达当事人,但当事人能够证明实际收到日的除外;直接递交的,以递交日为准。以数据电文方式送达的,自文件发出之日满十五日,视为送达当事人;文件通过上述方式无法送达的,可以通过公告方式送达当事人,自公告发布之日起满三十日,该文件视为已经送达。

商标评审委员会向当事人邮寄送达文件被退回后通过公告送达的,后续文件均采取公告送达方式,但当事人在公告送达后明确告知通信地址的除外。

第五十五条 依照实施条例第五条第三款的规定,商标评审案件的被申请人或者原异议人是在中国没有经常居所或者营业所的外国人或者外国企业的,由该评审商标注册申请书中载明的国内接收人负责接收商标评审程序的有关法律文件;商标评审委员会将有关法律文件送达该国内接收人,视为送达当事人。

依照前款规定无法确定国内接收人的,由商标局原审程序中的或者最后一个申请办理该商标相关事宜的商标代理机构承担商标评审程序中有关法律文件的签收及转达义务;商标评审委员会将有关法律文件送达该商标代理机构。商标代理机构在有关法律文件送达之前已经与国外当事人解除商标代理关系的,应当以书面形式向商标评审委员会说明有关情况,并自收到文件之日起十日内将有关法律文件交回商标评审委员会,由商标评审委员会另行送达。

马德里国际注册商标涉及国际局转发相关书件的,应当提交相应的送达证据。未提交的,应当书面说明原因,自国际局发文之日起满十五日视为送达。

上述方式无法送达的,公告送达。

2.《商标注册网上申请暂行规定》(20170310)

第二条 商标申请人可以自行办理,也可以委托依法设立的商标代理机构办理商标网上申请。商标申请人与为其提交商标注册网上申请的商标代理机构为商标代理委托关系。

外国人或者外国企业提交商标网上申请应当委托依法设立的商标代理机构办理。

【法院参考案例】

1.【北京高院"TERRACRETA"案】无证据证明某一国家对我国的自然人、法人等主体参加该国的商标评审事宜有公证、认证的手续要求,故按照对等原则,商标评审委员会可不对该国公司参与我国商标评审事宜的有关文件提出公证、认证的手续要求〔天津圣唐五金贸易有限公司与国家工商行政管理总局商标评审委员会商标权无效宣告请求行政纠纷上诉案,北京市高级人民法院行政判决书(2017)京行终 1098 号〕。

根据 2002 年实施的商标法实施条例第七条的规定,外国人或者外国企业的代理委托书及与其有关的证明文件的公证、认证手续,按照对等原则办理,即如果外国对我国的自然人、法人等主体参与该国商标评审事宜的有关文件要求办理公证、认证手续的,我国对该外国的自然人、法人等主体参与我国的商标评审事宜的有关文件也要求办理公证、认证手续。本案中,无证据证明希腊共和国对我国的自然人、法人等主体参加该国的商标评审事宜有公证、认证的手续要求,故按照对等原则,商标评审委员会对泰润公司参与我国商标评审事宜的有关文件未提出公证、认证的手续要求,并无不当。

2.【北京高院"啄木鸟"案】外国人委托的商标代理机构有权代收商标评审委员会裁定书,即使双方另有约定〔法国啄木鸟服饰有限公司与国家工商行政管理总局商标评审委员会商标争议行政纠纷上诉案,北京市高级人民法院行政判决书(2011)高行终字第 1351 号〕。

根据商标法第十八条,商标法实施条例(2002 年)第七条和第十一条[同商标法实施条例(2014 年)第五条和第十条],在中国境内没有营业所的外国企业办理商标事宜必须委托代理组织,其目的即在于方便相关事宜的办理以及法律文书的送达,故代理组织应当具有代为接收法律文书的权限。本案中,啄木鸟公司未提交其在中国大陆地区具有营业所的相关证据,故根据上述规定,中国商标专利事务所作为啄木鸟公司委托的商标代理组织,具有代为接收法律文书的权限。啄木鸟公司在委托书中关于委托事宜仅为"注册商标争议裁定答辩”的约定不能对抗法律法规的强制性规定。

3.【北京高院“everest”案】商标评审程序的当事人是外国人、香港特别行政区居民，无法确定其国内接收人的，由商标局原审程序中的或者最后一个申请办理该商标相关事宜的商标代理机构承担商标评审程序中有关法律文件的签收及转达义务〔施泰迪有限公司等与刘永勤商标权撤销复审行政纠纷上诉案，北京市高级人民法院行政裁定书(2020)京行终2318号〕。

第十九条　【商标代理机构的法律义务】商标代理机构应当遵循诚实信用原则，遵守法律、行政法规，按照被代理人的委托办理商标注册申请或者其他商标事宜；对在代理过程中知悉的被代理人的商业秘密，负有保密义务。

委托人申请注册的商标可能存在本法规定不得注册情形的，商标代理机构应当明确告知委托人。

商标代理机构知道或者应当知道委托人申请注册的商标属于本法第四条、第十五条和第三十二条规定情形的，不得接受其委托。

商标代理机构除对其代理服务申请商标注册外，不得申请注册其他商标。

【立法 · 要点注释】

1. 明确告知的义务。商标代理机构作为办理商标事宜的法律服务机构，具有商标方面的专业知识，熟悉商标事宜的办理业务，了解法律规定商标不得注册的情形。为使委托人在清楚了解相关情形的基础上，作出是否委托商标代理机构办理注册申请的决定，避免委托人产生不必要的损失，本条第二款规定，委托人申请注册的商标可能存在本法规定不得注册情形的，商标代理机构应当明确告知委托人。

2. 不得自行申请注册商标的义务。为防止商标代理机构利用其业务上的优势，自己恶意抢注他人商标牟利，本条第四款规定，商标代理机构除对其代理服务申请商标注册外，不得申请注册其他商标。商标代理机构违反本款规定的，应当按照本法第六十八条的规定承担法律责任。

【行政法规】

《中华人民共和国商标法实施条例》(20140501)

第八十三条　商标法所称商标代理，是指接受委托人的委托，以委托人的名义办理商标注册申请、商标评审或者其他商标事宜。

第八十四条 商标法所称商标代理机构,包括经工商行政管理部门登记从事商标代理业务的服务机构和从事商标代理业务的律师事务所。

商标代理机构从事商标局、商标评审委员会主管的商标事宜代理业务的,应当按照下列规定向商标局备案:

(一)交验工商行政管理部门的登记证明文件或者司法行政部门批准设立律师事务所的证明文件并留存复印件;

(二)报送商标代理机构的名称、住所、负责人、联系方式等基本信息;

(三)报送商标代理从业人员名单及联系方式。

工商行政管理部门应当建立商标代理机构信用档案。商标代理机构违反商标法或者本条例规定的,由商标局或者商标评审委员会予以公开通报,并记入其信用档案。

第八十五条 商标法所称商标代理从业人员,是指在商标代理机构中从事商标代理业务的工作人员。

商标代理从业人员不得以个人名义自行接受委托。

第八十六条 商标代理机构向商标局、商标评审委员会提交的有关申请文件,应当加盖该代理机构公章并由相关商标代理从业人员签字。

第八十七条 商标代理机构申请注册或者受让其代理服务以外的其他商标,商标局不予受理。

【部门参考文件】

1.《规范商标申请注册行为若干规定》(国家市场监督管理总局令第17号,20191201)

第四条 商标代理机构应当遵循诚实信用原则。知道或者应当知道委托人申请商标注册属于下列情形之一的,不得接受其委托:

(一)属于商标法第四条规定的不以使用为目的恶意申请商标注册的;

(二)属于商标法第十五条规定的;

(三)属于商标法第三十二条规定的。

商标代理机构除对其代理服务申请商标注册外,不得申请注册其他商标,不得以不正当手段扰乱商标代理市场秩序。

2.《商标审查审理指南》(国家知识产权局公告第 462 号,20220101;下编)

第十三章　商标代理机构申请注册商标的审查审理

2 释义

上述条款的立法宗旨是为了保护公共利益,防范商标代理机构利用其业务上的优势,恶意抢注他人商标牟利,扰乱商标市场秩序,侵害商标实际使用人的利益。

商标代理机构是指经备案的从事商标代理业务的服务机构和从事商标代理业务的律师事务所。未备案的,但经市场监督管理部门登记时标明从事商标代理、知识产权代理等业务的主体,或者未在市场监督管理部门登记标明从事商标代理等业务但有实际证据证明其从事商标代理业务的,视同商标代理机构。

商标代理服务是指商标代理机构接受委托人的委托,以委托人的名义办理商标注册申请、商标评审或者其他商标事宜,包括代理商标注册申请、变更、续展、转让、异议、撤销、评审、侵权投诉等有关事项,提供商标法律咨询,担任商标法律顾问,以及代理其他有关商标事务等。

3 商标代理机构申请注册商标的审查

商标代理机构除对其代理服务申请商标注册外,不得申请注册其他商标。商标代理机构的代理服务以《类似商品和服务区分表》中对应的第四十五类 4506 类似群服务内容为限,如有调整,按照审查时有效的《类似商品和服务区分表》执行。

商标代理机构在除代理服务以外的商品或者服务项目上申请注册商标的,其该商标注册申请不予受理;已经受理的,适用《商标法》第十九条第四款在实质审查中予以驳回。

商标代理机构在代理服务上申请注册商标的,不适用《商标法》第十九条第四款,依法予以审查。

3.《商标代理机构备案办理须知》(2019 年 11 月修订)

一、办理依据

根据《商标法实施条例》第八十四条规定,商标代理机构从事国家知识产权局主管的商标事宜代理业务的,应当按照下列规定向国家知识产权局备案。

二、备案主体

可以向国家知识产权局备案的商标代理机构包括经市场监督管理部门

登记从事商标代理业务的服务机构以及从事商标代理业务的律师事务所。

经市场监管部门登记从事商标代理业务的服务机构,其经营范围中应当含有“商标代理”、“知识产权代理”或“知识产权服务”项目。

三、办理途径

商标代理机构备案、变更备案可在线办理、邮寄办理或直接办理。商标代理机构注销备案可邮寄办理或直接办理。

(一)提交电子申请。

1. 新登记的商标代理机构办理备案业务,可通过“中国商标网 > 网上申请”栏目,进入网上服务系统首页,点击右侧的“代理机构备案申请”,在线办理。提交方法详见“网上申请”栏目“代理机构备案申请”子栏目。……

2. 已备案并领取数字证书的商标代理机构,可通过网上服务系统在线提交变更备案申请。登录网上服务系统,在“代理申请业务”栏中选择“代理变更申请”。

(二)邮寄办理。备案材料寄送至:北京市西城区茶马南街1号国家知识产权局商标局收文科,邮政编码:100055。

(三)直接办理。到国家知识产权局商标局商标注册大厅专门受理窗口办理。

商标局商标注册大厅办公地址:北京市西城区茶马南街1号　邮编:100055

办公时间:8:30—11:30 13:30—16:30

四、商标代理机构备案

商标代理机构向国家知识产权局备案,应当提交下列文件:

(一)《商标代理机构备案表》,按要求填写(以纸质方式提出的,应当打字或者印刷),在指定位置加盖商标代理机构章戳、负责人签字。

(二)商标代理从业人员名单。

(三)营业执照或者律师事务所执业许可证副本的复印件,并加盖商标代理机构章戳。如果营业执照未载明详细经营范围,需同时提交公司经营范围的证明文件复印件并加盖商标代理机构章戳。

注:采用在线办理方式的,需上传上述文件的彩色扫描件。

五、商标代理机构变更备案

备案商标代理机构依法办理变更登记手续后,应当及时向国家知识产权局办理变更备案。商标代理机构怠于办理的,自行承担由此产生的法律后果。

(一)变更商标代理机构名称的,应当提交下列文件:

1.《商标代理机构变更备案表》，按要求填写（以纸质方式提出的，应当打字或者印刷），在指定位置加盖商标代理机构章戳、负责人签字。

2. 登记主管部门出具的变更证明。变更证明可以是登记主管部门变更核准文件复印件或登记主管部门官方网站下载打印的相关档案，并加盖商标代理机构章戳。

3. 变更后的营业执照或者律师事务所执业许可证副本的复印件，并加盖商标代理机构章戳。

注：采用在线办理方式的，需上传上述文件的彩色扫描件。

（二）变更其他备案事项的，应当提交下列文件：

1.《商标代理机构变更备案表》，按要求填写（以纸质方式提出的，应当打字或者印刷），在指定位置加盖商标代理机构章戳、负责人签字。

2. 商标代理从业人员变更的，提交《商标代理从业人员变更表》。

3. 营业执照或者律师事务所执业许可证副本的复印件，并加盖商标代理机构章戳。

注：采用在线办理方式的，需上传上述文件的彩色扫描件。

六、商标代理机构合并备案

备案商标代理机构依法办理合并登记手续后，应当及时向国家知识产权局办理合并备案，商标代理机构怠于办理的，自行承担由此产生的法律后果。

办理商标代理机构合并备案，应当提交以下文件：

（一）《商标代理机构合并备案表》，按要求填写（以纸质方式提出的，应当打字或者印刷），在指定位置加盖商标代理机构章戳、负责人签字。

（二）登记主管部门出具的合并登记证明。合并登记证明可以是登记主管部门合并登记证明文件复印件或登记主管部门官方网站下载打印的相关档案，并加盖商标代理机构章戳。

（三）合并后的营业执照或者律师事务所执业许可证副本的复印件，并加盖商标代理机构章戳。

（四）商标代理机构名称以外的其他备案事项同时发生变更的，应另行办理商标代理机构变更备案。

注：采用在线办理方式的，需上传上述文件的彩色扫描件。

七、商标代理机构注销备案/结算

商标代理机构注销、变更营业登记，停止办理商标代理业务的，应当与委托人就未完成代理事宜签订终止委托协议或者经委托人同意与其他商标代理机构签订转委托协议。

商标代理机构办理注销、变更登记后，应当及时向国家知识产权局办理注销备案/结算。

（一）办理注销备案/结算的，应当提交以下文件：

1.《商标代理机构注销备案/结算表》，按要求填写（以纸质方式提出的，应当打字或者印刷），在指定位置加盖商标代理机构章戳、负责人签字。

2. 登记主管部门出具的注销登记通知书、企业变更登记通知书复印件，并加盖商标代理机构章戳。

因停止办理商标代理业务注销备案的，需提交变更后的营业执照或者律师事务所执业许可证副本的复印件，并加盖商标代理机构章戳。如果变更后的营业执照未载明详细经营范围，需同时提交公司经营范围的证明文件复印件并加盖商标代理机构章戳。

3. 仅办理结算的，须附送营业执照或者律师事务所执业许可证副本的复印件，并加盖商标代理机构章戳。

（二）办理结算的，拖欠的规费应当及时补足，所交预付款有余额的，国家知识产权局经清算后予以退回；指定非本商标代理机构名义账户的，须另附材料说明。

（三）注销备案/结算的商标代理机构，其未完成的商标代理事宜，国家知识产权局将有关书件直接送达商标申请人或者按照《关于委托人直接领取相关书件的通知》办理；商标申请人是外国人或者外国企业的，书件送达按照商标法实施条例第五条第三款的规定办理。

八、审查流程及办理费用

国家知识产权局自收到备案材料之日起十五个工作日内对商标代理机构备案材料进行审核。符合要求的，予以备案；不符合要求的，通过报送的电子邮箱通知商标代理机构。

办理商标代理机构备案、变更备案或注销备案无须缴纳费用。

九、备案信息公布

商标代理机构备案信息，由国家知识产权局在中国商标网公布。

十、注意事项

以上内容于 2019 年 11 月修订。之前发布的关于商标代理备案的规定与《商标法实施条例》及本须知内容相抵触的，遵照《商标法实施条例》和本须知要求执行。

4.《国家工商行政管理总局商标局关于对商标代理机构申请商标注册的审查决定的说明》(20141230)

一、法律依据

2014年3月25日公布的《最高人民法院关于商标法修改决定施行后商标案件管辖和法律适用问题的解释》(法释〔2014〕4号)第六条规定:对于在商标法修改决定施行前当事人就尚未核准注册的商标申请复审,商标评审委员会于决定施行后作出复审决定或者裁定,当事人提起行政诉讼的,人民法院审查时适用修改后的商标法。

根据上述司法解释原则,2014年4月15日《工商总局关于执行修改后的〈中华人民共和国商标法〉有关问题的通知》(工商标字〔2014〕81号)明确规定,对于2014年5月1日以前向商标局提出的商标注册等申请,商标局于2014年5月1日以后(含当日)作出的行政决定适用修改后的商标法。据此,对2014年5月1日前商标代理机构以自己名义在代理服务外提出的商标注册申请,我局应当适用修改后的商标法及其实施条例予以审查。

二、具体决定

对2014年5月1日前商标代理机构以自己名义在代理服务外提出的商标注册申请,没有作出受理决定的,我局根据修改后的商标法实施条例第八十七条作出不予受理的决定;已经根据修改前的商标法发出受理通知书的,我局在商标审查阶段依据修改后的商标法第十条第一款第(8)项、第十九条第四款的规定作出驳回决定。在审查时,我局依据商标代理机构备案数据库判断商标注册申请人是否为商标代理机构。如未在商标局备案的商标代理机构申请注册的商标被初步审定或被核准注册,任何人可以通过异议程序或商标注册无效宣告程序要求不予核准商标注册或宣告该注册商标无效。

【北京法院商标行政案件的规范文件】

《北京市高级人民法院商标授权确权行政案件审理指南》(20190424)

14. 商标法第十九条第四款的适用

14.1【商标代理机构的认定】

已经备案的从事商标代理业务的主体、工商营业执照中记载从事商标代理业务的主体、以及虽未备案但实际从事商标代理业务的主体,属于商标法第十九条第四款规定的“商标代理机构”,一般工商营业执照记载的经营事项不能作为排除认定“商标代理机构”的依据。

14.2【商标代理业务的认定】

接受委托人的委托,以委托人的名义办理商标注册申请、商标评审或者其他商标事宜,包括代理商标注册申请、变更、续展、转让、异议、撤销、评审、侵权投诉,提供商标法律咨询、担任商标法律顾问、代理其他有关商标事务等,属于商标代理业务。

14.3【诉争商标的转让不影响主体的认定】

商标评审程序中,诉争商标从商标代理机构转让至非商标代理机构名下的,可以适用商标法第十九条第四款的规定进行审理。

14.4【诉争商标申请注册范围的确定】

“代理服务”仅限于《类似商品和服务区分表》中第四十五类第4506类似群组的服务项目。

除商标代理服务之外,商标代理机构在其他商品或者服务类别上申请注册商标的,不予支持。

【法院参考案例】

1.【最高院“大闽”案】专业商标代理机构及人员,为谋取不当利益,诱导并积极帮助当事人刻意制造商标异议案件以达到认定驰名商标的目的,是违反诚实信用原则的失信行为〔北京新华商知识产权代理有限公司等与大闽食品(漳州)有限公司商标代理合同纠纷再审申请案,最高人民法院民事裁定书(2015)民申字第1272号〕。

专业商标代理机构及人员,为谋取不当利益,诱导并积极帮助当事人刻意制造商标异议案件以达到认定驰名商标的目的,不仅明显违反商标法的基本精神和驰名商标保护制度的基本目的,更是有违民事活动应该遵守的诚实信用原则,本院对新华商公司及傅发春的失信行为予以谴责。

2.【北京高院“浚”案】判断是否为商标代理机构,应以诉争商标申请时申请人的经营状态为准。在申请诉争商标时,已经备案从事商标代理业务的主体、工商营业执照中记载从事商标代理业务的主体以及虽未备案但实际从事商标代理业务的主体,均属于商标法第十九条第四款规定的“商标代理机构”〔南京市元未餐饮管理有限公司与国家知识产权局商标申请驳回复审行政纠纷上诉案，北京市高级人民法院行政判决书(2020)京行终7471号〕①。

3.【北京高院“上专所”案】商标法第十九条第四款对于申请注册的商标是商标代理机构自用还是以牟利为目的进行注册未作区分，故无论商标代理机构是基于何种目的进行的注册申请，只要是在代理服务之外的商品或服务上进行的注册申请，均属于该条款禁止的情形〔上海专利商标事务所有限公司与国家工商行政管理总局商标局商标申请驳回复审行政纠纷上诉案，北京市高级人民法院行政判决书(2017)京行终3116号〕。

商标代理机构申请注册商标应当按照商标法第十九条第四款的规定，仅限于在代理服务上申请注册商标，不得在其商标代理服务之外注册其他商标；在代理服务以外的其他商品和服务上申请注册商标的，商标局依法不应予以受理。

4.【北京高院“祥臻及图”案】是否从事商标法实施条例第八十三条规定的相关商标申请、评审等商标事宜系判断诉争商标申请人是否为商标代理机构的核心要素；商标代理机构营业执照记载的经营事项，无法作为认定商标法第十九条第四款规定的“代理服务”的依据〔北京黄金智慧知识产权代理有限公司与国家工商行政管理总局商标评审委员会商标申请驳回复审行政纠纷上诉案，北京市高级人民法院行政判决书(2016)京行终2034号〕。

(1)对于商标法第十九条第四款条文的理解，主要涉及对“商标代理机构”和“代理服务”的理解。关于商标代理机构，根据商标法实施条例第八十四条第一款的规定，可以看出其核心在于是否从事商标代理业务，即是否从事商标法实施条例第八十三条规定的相关商标申请、评审等商标事宜系判断诉争商标申请人是否为商标代理机构的核心要素。关于代理服务的理解，商标法实施条例第八十四条对何为商标代理已予以明确规定。因此，结合商标法实施条例的相关规定，商标法第十九条第四款的含义是明确的，即商标代理机构仅可以在代理服务上申请注册商标，除此之外的商品和服务上不得申请注册商标，至于商标代理机构是自己使用申请商标还是以牟利为目的申请

① 类似案例参见阿德科特学校有限公司与国家知识产权局商标申请驳回复审行政纠纷上诉案，北京市高级人民法院行政判决书(2020)京行终4206号；深圳市乘法信息技术有限公司与国家知识产权局商标申请驳回复审行政纠纷上诉案，北京市高级人民法院行政判决书(2020)京行终4455号。

注册商标,该条款并不加以区分。

(2)2003 年之后商标代理机构的设立依据我国公司法登记成立,其经营范围可由公司章程规定,依法予以登记,除必须经过批准的经营项目外,公司法对商标代理机构的经营范围并无特殊限制。商标代理机构可以通过修改公司章程改变经营范围,依法办理变更登记即可。因此,商标代理机构营业执照记载的经营事项,无法作为认定商标法第十九条第四款规定的"代理服务"的依据。

编者说明

本条对商标代理和商标代理机构申请注册商标进行规范。其中,第四款限制商标代理机构只能就商标代理服务申请注册商标。商标代理服务现归为《类似商品和服务区分表(基于尼斯分类第十版)》中第 4506 组内的服务项目。①

对商标代理机构申请注册商标的法律限制,本款规定比商标法第十五条第一款更为严厉,不以代理关系为前提条件,也不限于与被代理人商标属于同一种或类似商品上的相同或近似商标。本条适用只以申请主体属于商标代理机构、商标申请所指定的商品或服务不属于商标代理为前提条件。就商标代理和商标代理机构的定义,商标法实施条例第八十三条和第八十四条有明确的规定。实质上,本款在立法就推定,商标代理机构申请注册商标时,如果其指定的商品或服务不是商标代理服务,则没有真实的使用意图而具有转让牟利的性质,属于商标法第四条"不以使用为目的的恶意商标注册申请"或者第四十四条第一款规定"其他不正当手段取得注册"。

本条第四款立法目的是"防止商标代理机构利用其业务上的优势,自己恶意抢注他人商标牟利"。然而,商标代理机构或其负责人可能另外设立公司,专门抢注商标牟利,由此绕开商标法第十九条第四款的规制。此时,唯有恰当地解释商标法第四条和第四十四条第一款,才可能规制无真实使用意图而为投机的商标申请行为。

此外,商标代理机构不仅包括工商行政管理部门登记从事商标代理业务的服务机构,还包括从事商标代理业务的律师事务所。然而,律师事务所从事的业务不限于商标代理。如果律师事务所一旦备案为商标代理机构,其申请注册的商标没有指定用于"商标代理"就一律不予以核准注册,这值得商榷。

① 参见《商标审查审理指南》(2021 年)第 350 页。

第二十条　【商标代理行业组织的责任】商标代理行业组织应当按照章程规定,严格执行吸纳会员的条件,对违反行业自律规范的会员实行惩戒。商标代理行业组织对其吸纳的会员和对会员的惩戒情况,应当及时向社会公布。

【立法·要点注释】

1. 所谓商标代理行业组织,是指商标代理机构在平等、自愿的基础上,为增进共同利益、实现共同意愿、维护合法权益,依法组织起来并按照其章程开展活动的非营利性、自律性的社会组织。我国的商标代理行业组织有中华商标协会商标代理分会、各地的商标协会商标代理分会等。

2. 商标代理行业组织的责任包括三个方面:第一,按照章程规定严格执行吸纳会员的条件。第二,按照章程规定对违反行业自律规范的会员实行惩戒。第三,及时向社会公布吸纳的会员和对会员的惩戒情况。

【行政法规】

《中华人民共和国商标法实施条例》(20140501)

第九十一条　工商行政管理部门应当加强对商标代理行业组织的监督和指导。

【部门参考文件】

《规范商标申请注册行为若干规定》(国家市场监督管理总局令第 17 号,20191201)

第十八条　商标代理行业组织应当完善行业自律规范,加强行业自律,对违反行业自律规范的会员实行惩戒,并及时向社会公布。

编者说明

我国的商标代理行业组织有中华商标协会商标代理分会、各地的商标协会商标代理分会等。以中华商标协会商标代理分会为例，其成立于 2008 年，是由国内较大规模、信誉良好的一些商标代理组织发起，并经中华人民共和国民政部批准登记，受国家工商行政管理总局指导（机构改革后，受国家市场监督管理总局指导）、中华商标协会领导的全国性社团组织。

中华商标协会商标代理分会的宗旨包括：(1)团结和教育会员遵守宪法、法律、法规和国家政策，遵守中华商标协会商标代理分会章程，遵守社会道德风尚；(2)忠实于商标代理事业，恪守商标代理人职业道德和执业纪律；(3)协调行业内、外部关系，维护会员的合法权益，提高会员的执业素质；(4)加强行业自律，制止不正当竞争，促进商标代理事业的健康发展；(5)开展国际间的交流和合作。①

中华商标协会商标代理分会的主要职责包括：(1)制定行业发展规划、行业标准，建立健全行业规章制度；(2)开展商标代理行业宣传、培训、国际交流合作及诚信建设，规范行业行为；(3)充分发挥服务与桥梁作用，建立商标代理组织与行政主管部门的沟通渠道，向各级工商行政管理机关反映行业意见和会员诉求，维护商标代理组织的合法权益；(4)充分运用人才资源优势，开展商标理论研究和行业调查研究，参与相关法律法规、政策的研究、制定，向行政主管部门提出行业发展和立法等方面的意见和建议；(5)协调会员之间的关系以及代理行业和企业、相关行业的关系；(6)完善行业管理，加强行业自律，促进行业发展。②

商标代理行业组织最为重要的社会作用是加强行业自律。中华商标协会商标代理分会 2013 年 1 月 25 日颁行《中华商标协会商标代理分会惩戒规则》。③惩戒限于四种：(1)警告；(2)通报批评；(3)终止会员资格；(4)除名并将惩戒结果报送商标主管部门，提请行政管理部门给予相应的行政处罚。受惩戒的行为主要包括：以不正当手段招揽业务的；与第三方串通，损害委托人合法权益的；委托其他单位和个人从事商标代办活动，并为从事上述活动提供任何便利；接受同一商标案件中双方当事人的委托；损害国家和社会公共利益或者其他代理组织合法权益的。虽然此惩戒规则设有"其他非法活动"作为兜底，但还是很遗憾，没有能够体现商标法第十九条的规定，特别是对客户的保密义务、忠诚义务、告知义务以及非商标代理类商标申请禁止等。

---

① 《中华商标协会商标代理分会简介》，载中华商标协会网，http://www.cta.org.cn/dlfh/fhjj/，2021 年 5 月 10 日访问。

② 《中华商标协会商标代理分会简介》，载中华商标协会网，http://www.cta.org.cn/dlfh/fhjj/，2021 年 5 月 10 日访问。

③ 《中华商标协会商标代理分会惩戒规则》，载中华商标协会网，http://www.cta.org.cn/dlfh/hyzl/201608/t20160815_41956.html，2021 年 5 月 10 日访问。

第二十一条 【商标国际注册】商标国际注册遵循中华人民共和国缔结或者参加的有关国际条约确立的制度,具体办法由国务院规定。

【立法·要点注释】

我国自然人、法人进行商标国际注册,应当遵循我国已经参加的《商标国际注册马德里协定》和《商标国际注册马德里协定有关议定书》,以及将来缔结或者参加的有关国际条约确立的制度。按照《商标国际注册马德里协定》和《商标国际注册马德里协定有关议定书》确立的制度,成员国的自然人、法人,通过本国商标主管机关向设在日内瓦的世界知识产权组织国际局提交商标国际注册申请,该申请可以在除申请人所在国之外的其他成员国要求取得领土延伸保护;该申请经过规定的审查程序,由国际局在《国际注册簿》上予以登记,在其编发的《国际商标公告》上进行公告,并发给注册人商标国际注册证。国际注册的商标可以通过领土延伸在指定的协定及议定书缔约国直接受到法律保护,从而产生与在这些国家逐一进行商标注册相同的法律效力。

【行政法规】

1.《中华人民共和国商标法实施条例》(20140501)

第五章 商标国际注册

第三十四条 商标法第二十一条规定的商标国际注册,是指根据《商标国际注册马德里协定》(以下简称马德里协定)、《商标国际注册马德里协定有关议定书》(以下简称马德里议定书)及《商标国际注册马德里协定及该协定有关议定书的共同实施细则》的规定办理的马德里商标国际注册。

马德里商标国际注册申请包括以中国为原属国的商标国际注册申请、指定中国的领土延伸申请及其他有关的申请。

第三十五条 以中国为原属国申请商标国际注册的,应当在中国设有真实有效的营业所,或者在中国有住所,或者拥有中国国籍。

第三十六条 符合本条例第三十五条规定的申请人,其商标已在商标局获得注册的,可以根据马德里协定申请办理该商标的国际注册。

符合本条例第三十五条规定的申请人,其商标已在商标局获得注册,或者已向商标局提出商标注册申请并被受理的,可以根据马德里议定书申请办理该商标的国际注册。

第三十七条 以中国为原属国申请商标国际注册的,应当通过商标局向世界知识产权组织国际局(以下简称国际局)申请办理。

以中国为原属国的,与马德里协定有关的商标国际注册的后期指定、放弃、注销,应当通过商标局向国际局申请办理;与马德里协定有关的商标国际注册的转让、删减、变更、续展,可以通过商标局向国际局申请办理,也可以直接向国际局申请办理。

以中国为原属国的,与马德里议定书有关的商标国际注册的后期指定、转让、删减、放弃、注销、变更、续展,可以通过商标局向国际局申请办理,也可以直接向国际局申请办理。

第三十八条 通过商标局向国际局申请商标国际注册及办理其他有关申请的,应当提交符合国际局和商标局要求的申请书和相关材料。

第三十九条 商标国际注册申请指定的商品或者服务不得超出国内基础申请或者基础注册的商品或者服务的范围。

第四十条 商标国际注册申请手续不齐备或者未按照规定填写申请书的,商标局不予受理,申请日不予保留。

申请手续基本齐备或者申请书基本符合规定,但需要补正的,申请人应当自收到补正通知书之日起30日内予以补正,逾期未补正的,商标局不予受理,书面通知申请人。

第四十一条 通过商标局向国际局申请商标国际注册及办理其他有关申请的,应当按照规定缴纳费用。

申请人应当自收到商标局缴费通知单之日起15日内,向商标局缴纳费用。期满未缴纳的,商标局不受理其申请,书面通知申请人。

第四十二条 商标局在马德里协定或者马德里议定书规定的驳回期限(以下简称驳回期限)内,依照商标法和本条例的有关规定对指定中国的领土延伸申请进行审查,作出决定,并通知国际局。商标局在驳回期限内未发出驳回或者部分驳回通知的,该领土延伸申请视为核准。

第四十三条 指定中国的领土延伸申请人,要求将三维标志、颜色组合、声音标志作为商标保护或者要求保护集体商标、证明商标的，自该商标在国际局国际注册簿登记之日起3个月内，应当通过依法设立的商标代理机构，向商标局提交本条例第十三条规定的相关材料。未在上述期限内提交相关材料的，商标局驳回该领土延伸申请。

第四十四条　世界知识产权组织对商标国际注册有关事项进行公告，商标局不再另行公告。

第四十五条　对指定中国的领土延伸申请，自世界知识产权组织《国际商标公告》出版的次月1日起3个月内，符合商标法第三十三条规定条件的异议人可以向商标局提出异议申请。

商标局在驳回期限内将异议申请的有关情况以驳回决定的形式通知国际局。

被异议人可以自收到国际局转发的驳回通知书之日起30日内进行答辩，答辩书及相关证据材料应当通过依法设立的商标代理机构向商标局提交。

第四十六条　在中国获得保护的国际注册商标，有效期自国际注册日或者后期指定日起算。在有效期届满前，注册人可以向国际局申请续展，在有效期内未申请续展的，可以给予6个月的宽展期。商标局收到国际局的续展通知后，依法进行审查。国际局通知未续展的，注销该国际注册商标。

第四十七条　指定中国的领土延伸申请办理转让的，受让人应当在缔约方境内有真实有效的营业所，或者在缔约方境内有住所，或者是缔约方国民。

转让人未将其在相同或者类似商品或者服务上的相同或者近似商标一并转让的，商标局通知注册人自发出通知之日起3个月内改正；期满未改正或者转让容易引起混淆或者有其他不良影响的，商标局作出该转让在中国无效的决定，并向国际局作出声明。

第四十八条　指定中国的领土延伸申请办理删减，删减后的商品或者服务不符合中国有关商品或者服务分类要求或者超出原指定商品或者服务范围的，商标局作出该删减在中国无效的决定，并向国际局作出声明。

第四十九条　依照商标法第四十九条第二款规定申请撤销国际注册商标，应当自该商标国际注册申请的驳回期限届满之日起满3年后向商标局提出申请；驳回期限届满时仍处在驳回复审或者异议相关程序的，应当自商标局或者商标评审委员会作出的准予注册决定生效之日起满3年后向商标局提出申请。

依照商标法第四十四条第一款规定申请宣告国际注册商标无效的，应当自该商标国际注册申请的驳回期限届满后向商标评审委员会提出申请;驳回期限届满时仍处在驳回复审或者异议相关程序的,应当自商标局或者商标评审委员会作出的准予注册决定生效后向商标评审委员会提出申请。

依照商标法第四十五条第一款规定申请宣告国际注册商标无效的,应当自该商标国际注册申请的驳回期限届满之日起 5 年内向商标评审委员会提出申请;驳回期限届满时仍处在驳回复审或者异议相关程序的,应当自商标局或者商标评审委员会作出的准予注册决定生效之日起 5 年内向商标评审委员会提出申请。对恶意注册的,驰名商标所有人不受 5 年的时间限制。

第五十条 商标法和本条例下列条款的规定不适用于办理商标国际注册相关事宜:

(一)商标法第二十八条、第三十五条第一款关于审查和审理期限的规定;

(二)本条例第二十二条、第三十条第二款;

(三)商标法第四十二条及本条例第三十一条关于商标转让由转让人和受让人共同申请并办理手续的规定。

2.《国务院关于我国加入〈商标国际注册马德里协定〉的决定》(19890525)

一、关于第三条之二:通过国际注册取得的保护,只有经商标所有人专门申请时,才能扩大到中国;

二、关于第十四条第二款第四项:本议定书仅适用于中国加入生效之后注册的商标。但以前在中国已经取得与前述商标相同且仍有效的国内注册,经有关当事人请求即可承认为国际商标的,不在此例。

我国加入该协定后,国家工商行政管理局要做好实施该协定的国内衔接工作,注意我国已在国外注册的出口商品的商标取得该协定规定的国际保护。加入该协定的通知手续由外交部办理。

【部门参考文件】

《商标审查审理指南》(国家知识产权局公告第 462 号,20220101;上编)

第十三章 马德里商标国际注册申请审查

1 法律依据

《商标法》第十八条、第二十一条

《商标法实施条例》第五条、第三十五条、第三十六条、第三十七条、第三十八条、第三十九条、第四十条、第四十一条、第八十六条

《商标国际注册马德里协定有关议定书》第二条、第三条、第三条之二、第六条

《商标国际注册马德里协定有关议定书实施细则》第二章、第四章第二十二条

2 引言

本章所指马德里商标国际注册申请是以国家知识产权局为原属局，指定领土延伸至《商标国际注册马德里协定有关议定书》缔约方（以下简称缔约方）的商标国际注册申请。申请人应通过国家知识产权局向世界知识产权组织国际局（以下简称国际局）提交申请。

申请人办理马德里商标国际注册申请，可自行办理，也可委托依法设立的商标代理机构办理。

马德里商标国际注册申请可以以纸件形式提交，也可通过商标网上服务系统以数据电文方式提交。

3 申请人资格与申请条件

3.1 申请人资格

申请人应在中国设有真实有效的营业场所；或在中国境内有住所；或拥有中国国籍。

两个及以上申请人共同申请注册的，每个申请人均应符合上述要求。

3.2 申请条件

申请注册马德里国际商标的，必须在国内已有基础商标：基础商标已在中国获得注册，也可以是已在中国提出注册申请并被受理的商标。

两个及以上的申请人共同提交马德里国际商标注册申请的，基础商标也应为其共同所有。

4 书式要求

申请人需要提交以下申请书式：

（1）马德里商标国际注册申请书；

（2）外文申请书 MM2 表格；

（3）申请人盖章或签字的身份证明文件，如营业执照复印件、外国人在华居留许可复印件、身份证明文件复印件等；

(4)委托代理人的,应附送《马德里商标国际注册代理委托书》;

(5)指定美国的,一并提交 MM18 表格。

通过商标网上服务系统提交的电子申请,中外文信息正确填写视为马德里商标国际注册申请书及外文申请书 MM2 表格已提交,第 3—5 项书式以附件形式上传。

5 马德里商标国际注册申请审查标准

申请人应使用正确的正式表格提交申请,纸件方式提交的申请,外文可选择英语或法语书式,电子申请的应使用英语填写外文申请信息;外文书式应使用相应的外语填写,不得填写中文信息。

5.1 申请人信息

(1)应列明申请人名称、地址及外文翻译,中文信息应与国内商标信息一致,外文信息表述正确;

(2)应列明电子邮件地址,委托代理人办理的,不得填写与代理机构一致的电子邮件地址;

(3)应选择提交申请的外文语言;

(4)应列明所符合的申请人资格;外文书式中除列明资格外,还应包括:(ⅰ)申请人为自然人的,指明国家,(ⅱ)申请人为法律实体的,指明性质和国家;

(5)两个及以上申请人共同申请时,其余申请人的上述信息需在附页中列明。

外文书式中,申请人应使用外语列明自己的原属局缔约方"中国",列明的申请人信息应与中文书式中列明的外文信息一致。

5.2 代理人信息

如委托代理人办理的,应列明以下代理人信息:

(1)代理人名称、地址及外文翻译,外文书式提供的信息应与中文书式的外文信息一致;

(2)代理人电子邮件地址。

5.3 商标信息

(1)申请书应列明商标在中国的基础信息:申请号或注册号以及相应的日期,中外文书式信息应一致。

(2)电子申请的应上传符合要求的商标图样,纸件申请的应在书式的正确位置粘贴符合要求的商标图样,图样应与国内申请或注册的商标图样完全一致。

外文书式中,可声明视为标准字体,或说明是单一颜色或颜色组合商标。

(3)可以在申请中声明保护颜色,并作出相应说明,中外文书式应使用相对应的语言填写。

(4)如特殊类型商标,请指明:立体商标、声音商标、或者集体、证明商标等。

(5)可以列明对于商标的文字说明,可以是在国内基础申请时提供的说明,也可以列出新的说明。中外文书式应使用相对应的语言填写。

(6)商标中包含非拉丁字母或非罗马、阿拉伯数字的,应提供该内容的音译,中外文书式应使用相对应的语言填写。

(7)可以说明要求颜色作为商标的显著部分;或对每一种颜色作出相应说明。中外文书式应使用相对应的语言填写。

(8)申请人可以声明放弃对商标中任何要素的保护。中外文书式应使用相对应的语言填写。

(9)申请人希望享有在先申请优先权的,应指明在先申请的主管局名称和申请日、申请号;如不涉及该申请中所有的商品或者服务,还应指明相应的商品或者服务。中外文书式应使用相对应的语言填写。

以上信息,中外文书式同时列明的,应保持信息一致。

5.4 商品/服务信息

(1)列明的商品/服务信息不能超出国内申请/注册包含的商品/服务的范围;

(2)应按照商品/服务的国际分类分组排列,每一组应列明类别序号;

(3)商品/服务应表达准确;

(4)马德里商标国际注册申请可以就一个或多个指定的缔约方作出相同或不同的商品/服务清单的限定;

(5)中外文书式应使用相对应的语言填写,并保持内容一致。

5.5 缔约方信息

马德里商标国际注册申请应至少指定一个缔约方;不能指定原属局缔约方中国;中英文书式的填写应一致。

应列明个别缔约方的特殊要求:欧盟要求选择第二语言,美国应同时提交 MM18 表格。

5.6 申请人/代理人章戳或签字

(1)电子申请无须提供此项;

(2)委托代理机构的,代理机构应加盖章戳;

(3)由申请人自行提交的,申请人为自然人的,应提供签字;申请人为法律实体的,应加盖章戳。

5.7 指定美国使用意图声明

(1)仅在马德里商标国际注册申请指定缔约方包含美国时提交;

(2)使用单独的正式表格 MM18;电子申请的,应正确填写表格后,在商标网上服务系统上传清晰的扫描件;

(3)该表格需由申请人签字。

5.8 申请人身份证明文件

(1)国内自然人应提供有效期内的身份证明文件复印件或扫描件;

(2)符合在中国设有真实有效工商营业场所资格的,提供资格证明的复印件或扫描件,包括但不限于营业执照、事业单位法人证书、社会团体法人登记证书、民办非企业单位登记证书、基金会法人登记证书、律师事务所执业许可证;

(3)外籍个人办理马德里商标国际注册的,提供护照及有效期内的中华人民共和国外国人居留许可复印件或扫描件。

5.9 马德里商标国际注册申请代理委托书

如委托商标代理机构办理马德里商标国际注册,需提交代理委托书。

代理人应使用马德里商标国际注册代理委托书。

代理委托书应当使用规范简体汉字完整填写,并由委托人在“委托人章戳(签字)”栏盖章或签字。委托人名称、委托人章戳(签字)应与申请书中申请人名称、申请人章戳(签字),以及所附身份证明文件、主体资格证明文件一致。委托人章戳(签字)应当清晰完整。委托人为自然人的,可以签字;其他委托人应当加盖公章,不得使用合同章、专用章、业务章等其他章戳。

5.10 审查结论

(1)符合各项审查标准的,申请人缴纳规费后,下发受理通知书;

(2)申请手续不齐备或者未按照规定填写申请书的,不予受理;

(3)手续基本齐备或申请书式基本符合规定,需要补正的,申请人应当在规定期限内补正;逾期未补正的,不予受理。

5.11 规费

马德里商标国际注册申请规费由国家知识产权局代收,向国际局转交。

国家知识产权局以国际申请提交当日的汇率及国际规费标准按人民币计价代收国际申请规费。

未在规定期限内缴费的，马德里商标国际注册申请不予受理。

6 国际申请撤回

申请人在其提交的马德里商标国际注册申请被受理之前，可以向国家知识产权局申请撤回该商标的注册申请。

6.1 撤回申请文件

申请人申请马德里商标国际注册申请撤回的，应当提交：

(1)《马德里商标国际注册申请撤回申请书》；

(2)身份证明文件、主体资格证明文件；

(3)委托商标代理机构办理的，应当提交载明代理内容及权限的《马德里商标国际注册代理委托书》。

6.2 审查标准

(1)申请人名称、申请人地址、基础注册号或申请号均须与提交申请时的填写保持一致；

(2)正确选择要求撤回的申请业务类型；

(3)撤回请求，申请人自行填写合理要求。

提交撤回商标注册申请，不需要缴纳规费。

6.3 审查结论

书式审查合格的，该申请准予撤回；书式审查不合格的，该申请不予受理。

7 效力终止的通知

7.1 条件

依据《商标国际注册马德里协定有关议定书》及《商标国际注册马德里协定有关议定书实施细则》的规定，以国家知识产权局为原属局的马德里商标国际注册，自国际注册之日起至五年期满前，如果基础申请或由之产生的注册或者基础注册分别就全部或部分国际注册中所列的商品和服务被撤回、过期、被放弃、最终驳回、注销或被宣布无效的，无论其是否已被转让；或者已经满五年，但导致驳回、撤销或宣布无效的终局决定，或者分别要求撤回基础申请或由之产生的注册或者基础注册的有关上诉、诉讼或异议于该期限届满前已开始的，国家知识产权局应将相应事实和决定通知国际局。

7.2 通知书式与通知方式

通知书式为 Notification of Ceasing of Effect,分为英文和法文两种。英文书式示例如图：

Notification of Ceasing of Effect

Notified to the International Bureau of World Intellectual Property Organization (WIPO)

In accordance with Rule 22(1)(a)or(c) of the Common Regulations

Under the Madrid Agreement and the Madrid Protocol

Ⅰ. Administration which issues the notification:

Trademark Office

State Administration for Industry and Commerce

1, Chama Nanjie, Xichengqu,

Beijing 100055

People's Republic of China Fax: (8610)68050285

Ⅱ. Mark which is the subject of the notification:

International registration No.:

Name and address of the international registration holder:

Ⅲ. The notification is sent in accordance with Rule 22(I)(a)

The notification is sent in accordance with Rule 22(l)(c)

Ⅳ. Facts and decisions which affect the basic registration or basic application

Ⅴ. Date on which the facts and decisions go into effect :

Ⅵ. □ Ceasing of effect for all the goods and/or services

□ Ceasing of effect relating to the following goods and/or services:

Ⅶ. Date on which the notification is issued:

（套局章）

该通知由国家知识产权局通知国际局。

7.3 审查标准

(1)书式由国家知识产权局填写,加盖国家知识产权局商标审查业务章;

(2)应列明以下各项信息：

Ⅰ项应列明通知发起方的信息,即国家知识产权局信息；

Ⅱ项应列明与国际注册簿一致商标信息；

Ⅲ项应列明适用的国际条约条款:如果基础商标已在国际注册日起满五年内被宣布无效或部分无效,适用《商标国际注册马德里协定有关议定书实施细则》第二十二条(1)(a)；如果基础商标在国际注册日起满五年之后被宣布无效或部分无效,但导致无效的复审、异议、上诉等行为于期限届满之前开始的,适用《商标国际注册马德里协定有关议定书实施细则》第二十二条(1)(c)；

Ⅳ项应列明基础注册和申请的事实或结论；

Ⅴ项应列明第Ⅳ项事实或结论下达的时间；

Ⅵ项应列明无效涉及的范围:全部或部分无效;如果商标部分无效,应列明已经无效的商品或者服务；

Ⅶ项应列明效力终止通知发出的时间；

最后加盖国家知识产权局商标审查业务章。

第十四章　马德里商标国际注册后续业务申请审查

1 法律依据

《商标法》第二十一条

《商标法实施条例》第三十四条、第三十七条第二款、第三十七条第三款、第三十八条、第四十条、第四十一条

《商标国际注册马德里协定有关议定书》第三条之三(2)、第七条、第八条、第九条、第九条之二

《商标国际注册马德里协定有关议定书实施细则》第五章第二十四条、第二十五条,第六章,第八章

2 引言

国内申请人马德里商标国际注册后续业务共九项,分别为:国际续展、注册人名称或地址变更、国际转让、国际删减、国际注销、代理人名称或地址变更、指定代理人、国际放弃、后期指定。

所有后续业务既可由申请人自行或委托商标代理机构通过国家知识产权局转交国际局,也可由申请人自行或委托商标代理机构直接向国际局提交。

向国家知识产权局提交申请的方式分为两种：纸件形式提交和通过商标网上服务系统以数据电文方式提交。

3 国际续展

3.1 申请文件

以纸件形式提出国际续展申请的，应当提交马德里商标国际注册续展申请书、外文申请书 MM11 表格；委托商标代理机构办理的，应当提交载明代理内容及权限的《马德里商标国际注册代理委托书》。

通过商标网上服务系统提交的电子申请，中外文信息正确填写视为马德里商标国际注册续展申请书及外文申请书 MM11 表格已提交，上述其他材料以附件形式上传。

3.2 申请人资格

申请人必须是以国家知识产权局为原属局的马德里国际注册商标注册人。

3.3 续展期限

(1)马德里国际注册商标的有效期为 10 年，之后可以缴纳规费续展 10 年；

(2)申请人可在有效期届满前 12 个月内提交续展申请；

(3)如在有效期内未申请续展的，可在宽展期内提交续展申请。宽展期为国际注册到期之日起 6 个月。若申请人未在国际注册应当续展之日前缴纳续展规费，则应缴纳宽展费。

3.4 内容及要求

申请文件除满足形式审查的一般性要求(参见第一部分第一章“形式审查的一般性要求”)，还应满足以下要求：

(1)一份续展申请只能包含一个国际注册号；

(2)注册人名称必须与国际注册簿保持一致；

(3)续展所涉及的缔约方不得超出国际注册簿中的缔约方范围。

4 注册人名称或地址变更

4.1 申请文件

以纸件形式提出马德里商标国际注册注册人名称或地址变更申请的，应当提交马德里商标国际注册注册人名称或地址变更申请书、外文申请书 MM9 表格、相应的变更证明文件；委托商标代理机构办理的，应当提交载明代理内容及权限的《马德里商标国际注册代理委托书》。

通过商标网上服务系统提交的电子申请,中外文信息正确填写视为马德里商标国际注册注册人名称或地址变更申请书及外文申请书 MM9 表格已提交,上述其他材料以附件形式上传。

4.2 申请人资格

申请人必须是以国家知识产权局为原属局的马德里国际注册商标注册人。

4.3 内容及要求

申请文件除满足形式审查的一般性要求(参见第一部分第一章"形式审查的一般性要求"),还应满足以下要求:

(1)一份变更申请可涉及多个国际注册号,各个国际注册商标的注册人名称、地址必须完全一致,且所涉及的变更内容完全一致;

(2)注册人名称必须与国际注册簿保持一致;

(3)变更注册人名称、地址的,应提供登记机关出具的变更证明文件。变更证明文件可以为登记机关核准变更文件的复印件,也可为从登记机关网站上下载的变更情况,但若基础商标已经变更的,则无须提交变更证明文件。

5 国际转让

5.1 申请文件

以纸件形式提出马德里商标国际转让申请的,应当提交马德里商标国际注册转让申请书、外文申请书 MM5 表格、经盖章或者签字确认的转让人及受让人主体资格证明文件;受让人为外国申请人的,应提交转让协议公证书或转让声明公证书;委托商标代理机构办理的,应当提交载明代理内容及权限的《马德里商标国际注册代理委托书》。

通过商标网上服务系统提交的电子申请,中外文信息正确填写视为马德里商标国际注册转让申请书及外文申请书 MM5 表格已提交,并须以附件形式上传经盖章或者签字确认的转让人及受让人主体资格证明文件、双方共同签署的同意转让声明文件(当事人为法人的还应由法定代表人或法定代表人授权的人签字,为其他组织的还应由负责人签字);受让人为外国申请人的,应上传转让协议公证书或转让声明公证书;委托商标代理机构办理的,应当上传载明代理内容及权限的《马德里商标国际注册代理委托书》。

5.2 申请人

5.2.1 转让人

转让申请人必须是以国家知识产权局为原属局的马德里国际注册商标

注册人。

5.2.2 受让人

受让人须符合下列条件之一：

(1)受让人是缔约方国民；

(2)受让人在其所属缔约方境内有真实有效的工商营业场所；

(3)受让人所属缔约方是国际组织，受让人为该国际组织中国家的国民；

(4)受让人在其所属缔约方境内有住所。

受让人为两个或两个以上的国际注册转让申请，所有受让人均须满足马德里商标国际注册所有人的资格要求。

5.3 转让人、受让人主体资格证明文件

转让人、受让人主体资格证明文件是表明申请人具备转让资格的文件。依据不同情形，提交相应证明文件：

(1)转让人或受让人为国内自然人、法人或者其他组织的，应当提交身份证明文件的的复印件，身份证明文件的具体要求参见第一部分第一章5.1“身份证明文件、主体资格证明文件”；

(2)受让人为缔约方国民的，应当提交所属缔约方身份证明文件复印件及对应的中文译文；

(3)受让人所属缔约方是国际组织，受让人为该国际组织中国家的国民的，应当提交在该国身份证明文件复印件及对应的中文译文；

(4)受让人在其所属缔约方境内有住所，应当提交所属缔约方境内的住所地址证明及对应的中文译文；

(5)受让人为外国自然人、法人或者其他组织，在其所属缔约方境内有真实有效的工商营业场所的，应当提交其所属缔约方的登记证件复印件及对应的中文译文。

5.4 内容及要求

申请文件除满足形式审查的一般性要求(参见第一部分第一章“形式审查的一般性要求”)，还应满足以下要求：

(1)全部转让申请，可涉及多个国际注册号，各个国际注册商标的注册人名称、地址必须完全一致；部分转让申请，仅可涉及单个国际注册号；

(2)转让所涉及的商品或者服务不得超出该国际注册商标原有的商品和服务范围；

(3)转让所涉及的缔约方不得超出该国际注册商标所涉及的缔约方范围；

(4)注册人(转让人)名称必须与国际注册簿保持一致。

6 国际删减

6.1 申请文件

以纸件形式提出马德里商标国际删减申请的,应当提交马德里商标国际注册删减申请书、外文申请书 MM6 表格;委托商标代理机构办理的,应当提交载明代理内容及权限的《马德里商标国际注册代理委托书》。

通过商标网上服务系统提交的电子申请,中外文信息正确填写视为马德里商标国际注册删减申请书及外文申请书 MM6 表格已提交,上述其他材料以附件形式上传。

6.2 申请人资格

申请人必须是以国家知识产权局为原属局的马德里国际注册商标注册人。

6.3 内容及要求

申请文件除满足形式审查的一般性要求(参见第一部分第一章"形式审查的一般性要求"),还应满足以下要求:

(1)一份删减申请,可涉及多个国际注册号,各个国际注册商标的注册人名称、地址必须完全一致,且所涉及的删减内容完全一致;

(2)删减所涉及的商品或者服务不得超出该国际注册商标原有的商品和服务范围;

(3)删减所涉及的缔约方不得超出该国际注册商标所涉及的缔约方范围;

(4)注册人名称必须与国际注册簿保持一致。

7 国际注销

7.1 申请文件

以纸件形式提出马德里商标国际注销申请的,应当提交马德里商标国际注册注销申请书、外文申请书 MM8 表格;委托商标代理机构办理的,应当提交载明代理内容及权限的《马德里商标国际注册代理委托书》。

通过商标网上服务系统提交的电子申请,中外文信息正确填写视为马德里商标国际注册注销申请书及外文申请书 MM8 表格已提交,上述其他材料以附件形式上传。

7.2 申请人资格

申请人必须是以国家知识产权局为原属局的马德里国际注册商标注册人。

7.3 内容及要求

申请文件除满足形式审查的一般性要求(参见第一部分第一章"形式审查的一般性要求"),还应满足以下要求:

(1)全部注销申请,可涉及多个国际注册号,各个国际注册商标的注册人名称、地址必须完全一致;部分注销申请,仅可涉及单个国际注册号;

(2)注销所涉及的商品或服务不得超出该国际注册商标原有的商品和服务范围;

(3)注册人名称必须与国际注册簿保持一致。

8 代理人名称或地址变更

8.1 申请文件

以纸件形式提出马德里商标代理人名称或地址变更申请的,应当提交马德里商标国际注册代理人名称或地址变更申请书及外文申请书 MM10 表格。

通过商标网上服务系统提交的电子申请,中外文信息正确填写视为马德里商标国际注册代理人名称或地址变更申请书及外文申请书 MM10 表格已提交。

8.2 申请人资格

申请人必须是以国家知识产权局为原属局的马德里国际注册商标注册人委托的商标代理机构,该代理机构需已在商标注册部门备案。

8.3 内容及要求

申请文件除满足形式审查的一般性要求(参见第一部分第一章"形式审查的一般性要求"),还应满足以下要求:

(1)一份商标代理人名称或地址变更申请,可涉及多个国际注册号;

(2)代理人名称及地址必须与国际注册簿保持一致。

9 指定代理人

9.1 申请文件

以纸件形式提出马德里商标指定代理人申请的,应当提交马德里商标国际注册指定代理人申请书、外文申请书 MM12 表格、载明代理内容及权限的《马德里商标国际注册代理委托书》。

通过商标网上服务系统提交的电子申请,中外文信息正确填写视为马德里商标国际注册指定代理人申请书及外文申请书MM12表格已提交,上述其他材料以附件形式上传。

9.2 申请人资格

申请人必须是以国家知识产权局为原属局的马德里国际注册商标注册人委托的商标代理机构,该商标代理机构需已在商标注册部门备案。

9.3 内容及要求

申请文件除满足形式审查的一般性要求(参见第一部分第一章“形式审查的一般性要求”),还应满足以下要求:

(1)一份指定代理人申请,可涉及多个国际注册号,各个国际注册商标的注册人名称、地址必须完全一致;

(2)申请人或注册人名称必须与国际注册簿保持一致。

10 国际放弃

10.1 申请文件

以纸件形式提出马德里商标国际放弃申请的,应当提交马德里商标国际注册放弃申请书、外文申请书MM7表格;委托商标代理机构办理的,应当提交载明代理内容及权限的《马德里商标国际注册代理委托书》。

通过商标网上服务系统提交的电子申请,中外文信息正确填写视为马德里商标国际注册放弃申请书及外文申请书MM7表格已提交,上述其他材料以附件形式上传。

10.2 申请人资格

申请人必须是以国家知识产权局为原属局的马德里国际注册商标注册人。

10.3 内容及要求

申请文件除满足形式审查的一般性要求(参见第一部分第一章“形式审查的一般性要求”),还应满足以下要求:

(1)一份放弃申请,可涉及多个国际注册号,各个国际注册商标的注册人名称、地址必须完全一致,且涉及的放弃内容完全一致;

(2)放弃所涉及的缔约方不得超出该国际注册商标原有的缔约方范围;

(3)注册人名称必须与国际注册簿保持一致。

11 后期指定

11.1 申请文件

以纸件形式提出马德里商标后期指定申请的,应当提交马德里商标国际注册后期指定申请书、外文申请书 MM4 表格；指定美国的，一并提交 MM18 表格；委托商标代理机构办理的，应当提交载明代理内容及权限的《马德里商标国际注册代理委托书》。

通过商标网上服务系统提交的电子申请，中外文信息正确填写视为马德里商标国际注册后期指定申请书及外文申请书 MM4 表格已提交，上述其他材料以附件形式上传。

11.2 申请人资格

申请人必须是以国家知识产权局为原属局的马德里国际注册商标注册人。

11.3 内容及要求

申请文件除满足形式审查的一般性要求（参见第一部分第一章“形式审查的一般性要求”），还应满足以下要求：

（1）一份后期指定申请，仅可涉及一个国际注册号；

（2）后期指定所涉及的商品或者服务不得超出该国际注册商标原有的商品或者服务范围；

（3）部分缔约方声明，如国际注册日期早于其加入马德里议定书的日期，则不得通过后期指定程序指定该缔约方，此类缔约方名单详见 MM4 表格；

（4）注册人名称及地址必须与国际注册簿保持一致。

12 审查结论

12.1 补正

申请人办理马德里商标国际注册各项后续业务申请时，若缺少相应的申请材料或者填写不符合形式审查的要求，国家知识产权局会向申请人或代理人寄送补正通知书；申请人或代理人应在规定期限内通过商标网上服务系统或书面材料完成补正。

申请以书面形式提交的，补正回复需通过书面形式进行；申请通过商标网上服务系统提交的，补正回复需通过商标网上服务系统进行。

12.2 核准

国际续展、注册人名称或地址变更、国际转让、国际删减及后期指定申请形式审查合格后，国家知识产权局向申请人或代理人寄送《商标国际注册缴费通知书》。申请人或代理人按照通知书的要求在规定期限内缴纳相应的费用后，国家知识产权局向申请人或代理人寄送《受理通知书》。

国际注销、指定代理人、代理人名称或地址变更及国际放弃申请形式审查合格后,国家知识产权局向申请人或代理人寄送《受理通知书》。

12.3 不予受理

(1)逾期未补正或者不按照要求进行补正的,该申请不予受理;

(2)超出法定期限提交的国际续展申请不予受理;

(3)申请人未在宽展期内缴纳宽展费,该国际续展申请不予受理;

(4)申请人资格不符合受理条件,该申请不予受理;

(5)受让人资格不符合受理条件,该国际转让申请不予受理;

(6)申请书式与申请业务不符,该申请不予受理;

(7)已办理了相同内容的后续业务申请,该申请不予受理;

(8)其他不应予以受理的情况。

13 规费

通过国家知识产权局向国际局提交各项后续业务申请的,由国家知识产权局向国际局代为转交规费。国家知识产权局按照申请人提交申请当日的汇率及国际注册规费标准以人民币计价代收国际注册申请规费。

14 撤回申请

撤回申请应在国家知识产权局完成马德里国际注册后续业务形式审查之前提交,相关要求参见第四部分第十三章6"国际申请撤回"。

第二章　商标注册的申请

第二十二条　【提出商标注册申请】商标注册申请人应当按规定的商品分类表填报使用商标的商品类别和商品名称，提出注册申请。

商标注册申请人可以通过一份申请就多个类别的商品申请注册同一商标。

商标注册申请等有关文件，可以以书面方式或者数据电文方式提出。

【立法·要点注释】

1. 2011年12月12日，国家工商行政管理总局发布《关于执行〈商标注册用商品和服务国际分类〉第十版的公告》，提出根据世界知识产权组织(WIPO)的要求，我国将于2012年1月1日起执行《商标注册用商品和服务国际分类》第十版。国家工商行政管理总局以尼斯分类表为基础出台了《类似商品和服务区分表》。

2. 在申请商标注册时，必须指明具体的商品和服务名称。在国家工商行政管理总局颁布的《类似商品和服务区分表》中，每个类别有注释，并将商品或服务项目分为不同群组。提出商标注册申请时不能填写注释部分和群组名。一般说来，一个商品在商品分类表中有正规名称时，应使用分类表中的规范名称。某些人们日常生活中约定俗成的商品称谓，在申请商标注册时是不允许使用的。

【行政法规】

《中华人民共和国商标法实施条例》(20140501)

第八条　以商标法第二十二条规定的数据电文方式提交商标注册申请等有关文件，应当按照商标局或者商标评审委员会的规定通过互联网提交。

第九条　除本条例第十八条规定的情形外，当事人向商标局或者商标评审委员会提交文件或者材料的日期，直接递交的，以递交日为准；邮寄的，以寄出的邮戳日为准；邮戳日不清晰或者没有邮戳的，以商标局或者商标评审委员会实际收到日为准，但是当事人能够提出实际邮戳日证据的除外。通过邮政企业以外的快递企业递交的，以快递企业收寄日为准；收寄日不明确的，以商标局或者商标评审委员会实际收到日为准，但是当事人能够提出实际收寄日证据的除外。以数据电文方式提交的，以进入商标局或者商标评审委员会电子系统的日期为准。

当事人向商标局或者商标评审委员会邮寄文件，应当使用给据邮件。

当事人向商标局或者商标评审委员会提交文件，以书面方式提交的，以商标局或者商标评审委员会所存档案记录为准；以数据电文方式提交的，以商标局或者商标评审委员会数据库记录为准，但是当事人确有证据证明商标局或者商标评审委员会档案、数据库记录有错误的除外。

第十三条 申请商标注册，应当按照公布的商品和服务分类表填报。每一件商标注册申请应当向商标局提交《商标注册申请书》1 份、商标图样 1 份；以颜色组合或者着色图样申请商标注册的，应当提交着色图样，并提交黑白稿 1 份；不指定颜色的，应当提交黑白图样。

商标图样应当清晰，便于粘贴，用光洁耐用的纸张印制或者用照片代替，长和宽应当不大于 10 厘米，不小于 5 厘米。

以三维标志申请商标注册的，应当在申请书中予以声明，说明商标的使用方式，并提交能够确定三维形状的图样，提交的商标图样应当至少包含三面视图。

以颜色组合申请商标注册的，应当在申请书中予以声明，说明商标的使用方式。

以声音标志申请商标注册的，应当在申请书中予以声明，提交符合要求的声音样本，对申请注册的声音商标进行描述，说明商标的使用方式。对声音商标进行描述，应当以五线谱或者简谱对申请用作商标的声音加以描述并附加文字说明；无法以五线谱或者简谱描述的，应当以文字加以描述；商标描述与声音样本应当一致。

申请注册集体商标、证明商标的，应当在申请书中予以声明，并提交主体资格证明文件和使用管理规则。

商标为外文或者包含外文的，应当说明含义。

第十四条 申请商标注册的，申请人应当提交其身份证明文件。商标注册申请人的名义与所提交的证明文件应当一致。

前款关于申请人提交其身份证明文件的规定适用于向商标局提出的办理变更、转让、续展、异议、撤销等其他商标事宜。

第十五条　商品或者服务项目名称应当按照商品和服务分类表中的类别号、名称填写；商品或者服务项目名称未列入商品和服务分类表的，应当附送对该商品或者服务的说明。

商标注册申请等有关文件以纸质方式提出的，应当打字或者印刷。

本条第二款规定适用于办理其他商标事宜。

第十六条　共同申请注册同一商标或者办理其他共有商标事宜的，应当在申请书中指定一个代表人；没有指定代表人的，以申请书中顺序排列的第一人为代表人。

商标局和商标评审委员会的文件应当送达代表人。

第十七条　申请人变更其名义、地址、代理人、文件接收人或者删减指定的商品的，应当向商标局办理变更手续。

申请人转让其商标注册申请的，应当向商标局办理转让手续。

第十八条　商标注册的申请日期以商标局收到申请文件的日期为准。

商标注册申请手续齐备、按照规定填写申请文件并缴纳费用的，商标局予以受理并书面通知申请人；申请手续不齐备、未按照规定填写申请文件或者未缴纳费用的，商标局不予受理，书面通知申请人并说明理由。申请手续基本齐备或者申请文件基本符合规定，但是需要补正的，商标局通知申请人予以补正，限其自收到通知之日起 30 日内，按照指定内容补正并交回商标局。在规定期限内补正并交回商标局的，保留申请日期；期满未补正的或者不按照要求进行补正的，商标局不予受理并书面通知申请人。

本条第二款关于受理条件的规定适用于办理其他商标事宜。

【部门参考文件】

1.《国家知识产权局商标局关于启用尼斯分类第十一版 2021 文本的通知》(20201228)

根据世界知识产权组织的要求，尼斯联盟各成员国将于 2021 年 1 月 1 日起正式使用《商标注册用商品和服务国际分类》(即尼斯分类)第十一版 2021 文本。申请日为 2021 年 1 月 1 日及以后的商标注册申请，在进行商品服务项目分类时适用尼斯分类新版本，申请日在此之前的商标注册申请适用尼斯分类原版本。以尼斯分类为基础，我局对《类似商品和服务区分表》作了相应调整，现将尼斯分类与《类似商品和服务区分表》的修改内容一并予以公布。

2.《申请注册商品商标或服务商标》(2019 年 11 月修订)

一、办理依据及简要说明

依据商标法第四条及商标法实施条例第十三条的规定,自然人、法人或者其他组织在生产经营活动中,对其商品或者服务需要取得商标专用权的,应当向国家知识产权局申请商标注册。商标注册用商品和服务国际分类共有 45 个类别,其中商品 34 个类别、服务 11 个类别。指定使用在商品上的商标为商品商标,指定使用在服务上的商标为服务商标。

二、办理途径

(一)申请人自行提交电子申请。

申请人可自行通过网上服务系统在线提交商标注册申请。提交方法详见“网上申请”栏目。

……

(二)申请人可到以下地点办理商标注册申请。

1. 到国家知识产权局商标局委托地方市场监管部门或知识产权部门设立的商标受理窗口办理。……

2. 到国家知识产权局商标局在京外设立的商标审查协作中心办理。

……

3. 到国家知识产权局商标局驻中关村国家自主创新示范区办事处办理。

……

4. 到国家知识产权局商标局商标注册大厅办理。

……

(三)申请人委托在国家知识产权局备案的商标代理机构办理。

……

四、申请前的查询(非必须程序)

如果商标注册申请被驳回,申请人一方面损失商标注册费,另一方面重新申请注册商标还需要时间,而且再次申请能否被核准注册仍然处于未知状态。因此,申请人在申请注册商标之前最好进行商标查询,了解在先权利情况,根据查询结果作出判断以后再提交申请书。

五、商标注册申请手续

办理商标注册申请,应当提交下列文件:

商标注册申请等有关文件,可以以书面方式或者数据电文方式提出。以数据电文方式提出的，具体要求详见中国商标网“网上申请”栏目相关规定。

……

（二）申请人身份证明文件复印件（同一申请人同时办理多件商标的注册申请事宜时，只需要提供一份）

1. 国内申请人

申请人为法人或其他组织的，应当使用标注统一社会信用代码的身份证明文件，如营业执照、法人登记证、事业单位法人证书、社会团体法人证书、律师事务所执业证书等有效证件的复印件；期刊证、办学许可证、卫生许可证等不能作为申请人身份证明文件。

申请人为我国香港特别行政区、澳门特别行政区或台湾地区的法人或其他组织的，应当提交相应的登记证件复印件。

申请人为自然人的，应当提交身份证、护照、户籍证明等有效身份证件的复印件，以及《个体工商户营业执照》复印件或农村土地承包经营合同复印件。

申请人为我国香港特别行政区、澳门特别行政区或台湾地区自然人且自行办理的，应当提交在有效期（一年以上）内的《港澳居民来往内地通行证》《台湾居民来往大陆通行证》或《港澳台居民居住证》复印件。

2. 国外申请人

申请人为法人或其他组织的，应当提交所属地区或国家的登记证件复印件。外国企业在华的办事处、常驻代表机构的登记证复印件不能作为身份证明文件复印件。上述文件是外文的，应当附送中文译文；未附送的，视为未提交该文件。

申请人为自然人且自行办理的，应当提交护照复印件及公安部门颁发的、在有效期（一年以上）内的《外国人永久居留证》《外国人居留许可》或《外国人居留证》。

（三）委托商标代理机构办理的，应当提交《商标代理委托书》。

1.《商标代理委托书》应当载明代理内容及权限。

2. 申请人为外国人或者外国企业的，《商标代理委托书》应当载明申请人的国籍。

3. 外国人或者外国企业的《商标代理委托书》及与其有关的证明文件的公证、认证手续，按照对等原则办理。

……

七、商标注册申请补正程序(非必经程序)

商标注册申请手续齐备、按照规定填写申请文件并缴纳费用的,国家知识产权局予以受理并书面通知申请人;申请手续不齐备、未按照规定填写申请文件或者未缴纳费用的,国家知识产权局不予受理,书面通知申请人并说明理由。申请手续基本齐备或者申请文件基本符合规定,但是需要补正的,国家知识产权局通知申请人予以补正,限其自收到通知之日起30日内,按照指定内容补正并交回国家知识产权局。在规定期限内补正并交回的,保留申请日期;期满未补正的或者不按照要求进行补正的,国家知识产权局不予受理并书面通知申请人。

3.《工商总局关于大力推进商标注册便利化改革的意见》(工商标字〔2016〕139号,20160714)

二、拓展商标申请渠道,为申请人提供便利

(一)委托地方受理商标注册申请。地方工商、市场监管部门受商标局委托,在地方政务大厅或注册大厅设立商标受理处,代为办理商标注册申请受理等业务。2016年在四川雅安、浙江台州等地开展试点,根据试点情况逐步增设。

(二)设立京外商标审查协作中心。根据区域经济发展水平和商标申请规模,在京外合理布局,开展设立商标审查协作中心试点工作。商标审查协作中心受商标局委托,负责办理商标审查等业务。2016年开始试点,根据试点情况和业务需求适时增设。

(三)设立地方注册商标质权登记申请受理点。认真总结地方商标质押融资经验,加强对全国新设立的26个注册商标质权登记申请受理点的业务指导。自2017年起,在全国范围内逐步增设注册商标质权登记申请受理点。

(四)推行网上申请。将网上申请由仅对商标代理机构开放扩大至所有申请人;将网上申请仅接受商标注册申请逐步扩大至商标续展、转让、注销、变更等商标业务申请。2017年起,申请人办理商标注册申请的,可通过互联网、到所在地商标受理处或者到商标局注册大厅办理。

三、简化手续优化流程,为申请人提供优质服务

(五)优化商标注册流程。通过调整内部程序等方式将商标注册申请受理通知书发放时间由6个月左右缩短至3个月内。简化部分商标注册申请材料和手续。清理商标书式和精简商标发文。开通注册商标后续业务快速

审查通道。

（六）改变出具商标注册证明方式。推进部门之间信息共享核查，相关部门和单位在核查商标注册状态时可以通过商标数据库核查。对于确需商标局书面证明注册商标状态的，商标局通过在商标档案打印件上加盖“商标注册证明专用章”的方式办理，不再出具《商标注册证明》。缩短业务办理时间，在商标注册大厅直接申请的当场办理；通过邮寄办理的，商标局在5个工作日内办结寄出。马德里国际注册商标注册证明办理方式不变。

（七）逐步推进商标注册全程电子化。改革商标收发文方式，积极推进电子商标注册证及电子送达工作。开放商标数据库，引导地方工商、市场监管部门运用商标数据库信息加强商标监管工作。加强内部办公平台、社会服务平台“两个平台”建设，提升中国商标网服务体验，推动网上查询、网上申请、网上公告系统提速升级。

（八）进一步提升商标窗口服务水平。改进商标注册大厅窗口服务工作，畅通沟通服务渠道，提高商标咨询服务质量。公布可接受商品服务项目清单和各类商标申请形式审查标准，给申请人提供明确指引。加强商标受理处等商标服务窗口规范化建设。

4.《国家工商行政管理总局商标局关于简化部分商标申请材料和手续的通知》（20161229）

一、申请人在商标注册大厅、地方受理窗口直接办理除转让、移转以外的申请事宜时，不再要求提交经办人身份证复印件。

二、在办理变更商标申请人/注册人名义时，申请人可提交登记机关变更核准文件复印件或登记机关官方网站下载打印的相关档案作为变更证明文件。

同一申请人同时提交多份相同内容的变更商标申请人/注册人名义申请的，只需在一份变更申请中提交变更证明文件，其他变更申请须在申请书显著位置载明变更证明文件所在变更申请的商标申请号/注册号。

三、同一申请人同时提交多份相同内容的更正申请的，只需在一份更正申请中提交更正证明文件，其他更正申请须在申请书显著位置载明更正证明文件所在更正申请的商标申请号/注册号。

四、在办理注册商标续展时，不再要求提交商标注册证复印件。

五、办理商标申请事宜，提交的各种证件、证明文件和证据材料是外文的，应当附送中文译文，该中文译文不再要求经翻译机构或代理机构签章确认。

5.《委托地方工商和市场监管部门受理商标注册申请暂行规定》（工商标字〔2016〕168 号，20160901）

第二条 县级以上（以省会城市、地级市为主）工商、市场监管部门受工商总局商标局（以下简称商标局）委托，在地方政务大厅或注册大厅设立商标注册申请受理窗口，代为办理商标注册申请受理等业务。

第三条 县级以上（以省会城市、地级市为主）工商、市场监管部门拟开展商标注册申请受理业务的，须填写《地方工商和市场监管部门开展商标注册申请受理业务审批表》（附表），由省（自治区、直辖市）工商、市场监管部门提出意见后报送商标局。按照便利化原则，兼顾区域分布、商标申请量等因素，经审核确有设立必要且具备运行条件的，经商标局批准并公告后开展受理业务。

第四条 商标局工作职责：

（一）确定受托单位受理业务范围和受理区域范围；

（二）制定工作规程、业务质量标准和业务质量管理办法；

（三）根据业务工作需要，对受托单位工作人员进行业务培训；

（四）对受托单位商标注册申请受理和规费收缴等工作进行指导和检查。

第五条 受托单位工作职责：

（一）负责商标受理业务机构设置、人员安排、网络联通建设、办公场所和相关设备配置；

（二）根据商标局有关规定，制定和落实业务质量管理办法；

（三）加强与商标局业务联系，定期向商标局汇报工作；

（四）办理商标局委托的其他工作。

第九条 本规定由商标局负责解释。

第十条 本规定自 2016 年 9 月 1 日起施行。

【法院参考案例】

1.【北京高院“咖啡精”案】商标主管部门应接受《类似商品和服务区分表》以外的商品和服务名称的申请，但表外商品和服务名称应当具体、准确、规范，且符合分类原则，使其能与其他类别的商品和服务相区分；商品名称不规范、不准确，指向多个类似群，依法不应予以受理〔爱尔迪有限两合公司与国家知识产权局商标申请不予受理行政纠纷上诉案，北京市高级人民法院行政判决书（2020）京行终 1492 号〕。

(1)根据商标法第二十二条和商标法实施条例(2014 年)第十五条第一款,法律要求商标申请人在按照商品和服务分类表填报商品的类别、名称时,亦不禁止商标申请人在未列入商品和服务分类表的商品和服务上申请注册商标。由于《类似商品和服务区分表》(以下简称区分表)不可能穷尽现实生活中的全部商品和服务,随着现实生活中科学技术和经济的快速发展,区分表具有一定滞后性,当新领域、新行业出现新的商品和服务时,将其纳入区分表需要一定过程。为满足商标申请的客观需要,商标主管部门在鼓励商标申请人按照区分表确定的商品和服务名称时,也接受区分表以外的商品和服务名称的申请,但是并不意味着申请人就可以随意确定商品和服务的名称,申请仍然应当符合注册规范。商标申请的商品和服务名称应当具体、准确、规范,且符合分类原则,使其能与其他类别的商品和服务相区分。①

(2)爱尔迪公司在收到商标局发送的《商标注册申请补正通知书》后,将商品名称"咖啡精"修改为"咖啡精(调味品)",并提供了补充说明。但是,根据 2017 文本区分表所载商品名称,"咖啡精(调味品)"仍然是不规范商品名称,表述含义不清,无法确定其功能、用途、所用原料、性质和形态,既有可能指向 0305 类似群的咖啡味调味香精(香精油),而类比"柠檬香精油""食物用调味香精油",也可能指向 0113 类似群的食品制造用化学添加剂,进而超出诉争商标申请注册的商品类别,无法进行后续的实质审查。因此,爱尔迪公司未按照商标局向其发送的《商标注册申请补正通知书》的要求进行补正,其商标申请不应予以受理。

2.【北京高院"TWG"案】商标申请指定用于"零售服务和在线零售服务"等服务,超出中国《类似商品和服务区分表》规定的范围,违反商标法第二十二条而应当予以驳回〔TWG 茶产品私人有限公司与国家知识产权局商标申请驳回复审行政纠纷上诉案,北京市高级人民法院行政判决书(2020)京行终 1163 号〕。

商标法实施条例第三十九条规定:"商标国际注册申请指定的商品或者服务不得超出国内基础申请或者基础注册的商品或者服务的范围。"中国尚未接受指定使用在零售服务项目上的商标的国际注册延伸保护,对该项服务

---

① 类似案例参见广东生益科技股份有限公司与国家知识产权局其他商标行政纠纷上诉案,北京市高级人民法院行政判决书(2020)京行终 4976 号。

亦未实行注册商标的保护。鉴于TWG公司未明确放弃诉争商标指定使用在第35类批发、零售类服务项目上，诉争商标指定使用的"零售服务和在线零售服务"等服务超出中国《类似商品和服务区分表》规定的范围，国家知识产权局认定诉争商标的申请注册违反商标法第二十二条之规定并无不当。

3.【北京高院"中國銅業集團股份有限公司"案】商标申请书未使用正确规范的简体字，商标局不应直接不予受理，而应通知当事人补正〔中国铜业集团股份有限公司与国家工商行政管理总局商标局其他商标行政纠纷上诉案，北京市高级人民法院行政判决书(2017)京行终1942号〕。

编者说明

商标注册申请书必须要具体地确定请求商标专用权保护的标志。就此，请参见本书第八条商标要素的相关注释。

商标注册申请书还必须指定请求商标专用权保护的具体商品。指定商品或者服务项目名称应当按照商标局编订的《类似商品和服务区分表》中的类别号、名称填写，包括商品或服务名称和相应的编号[例如：贝雷帽250009，帽子(头戴)250012，室内便帽250024，风帽(服装)250027，斗笠C250020①，儿童头盔C250021]，不能只填写"类似群名称"(例如：2508帽)。

一个商品在商品分类表中有正规名称时，申请注册商标应该使用分类表中的规范名称。《商标注册用商品和服务国际分类表》一般每五年修订一次，一是增加新的商品，二是将已列入分类表的商品进行调整，增加商品和服务分类的统一性。商标局根据世界知识产权组织提供的《商标注册用商品和服务国际分类表》，结合我国国情对商品和服务的类似群组及商品和服务的名称进行了翻译、调整、增补和删减，编订成《类似商品和服务区分表》。《类似商品和服务区分表》跟随国际分类表的修订而作相应的调整。而且，商标局多次公布《类似商品和服务区分表》之外接受商品服务项目名称。②

① "C"表示该项商品未进入《商标注册用商品和服务国际分类表》，但属于中国常用商品。

② 《商标局公布〈类似商品和服务区分表〉以外可接受商品和服务项目名称》(2017年4月25日)；《商标局关于公布第三批〈类似商品和服务区分表〉以外可接受商品服务项目名称通告》(2016年9月19日)；《商标局关于公布第二批〈类似商品和服务区分表〉以外可接受商品服务项目名称通告》(2016年8月23日)；《商标局关于公布〈类似商品和服务区分表〉以外可接受商品服务项目名称通告》(2016年7月12日)。

如果商品或者服务项目名称未列入商品和服务分类表，则商标申请人应当附送对该商品或者服务的说明。否则，商标审查员可以根据商标法第二十九条要求商标申请人说明或修正。商标申请未采用《类似商品和服务区分表》之内的规范商品名称，同样可以核准注册。比如，第 572522 号商标核定使用在第 26 类"裤带扣"，此商品名称就不是《类似商品和服务区分表》的规范商品名称。[①] 又如，第 384293 号注册商标核定使用商品为"天花板""天花板产品"，第 558237 号注册商标核定使用商品为"天花板材料"，而"天花板"也不是《类似商品和服务区分表》的规范商品名称。

① 参见博内特里塞文奥勒有限公司与国家工商行政管理总局商标评审委员会、佛山市名仕实业有限公司商标争议行政纠纷提审案，最高人民法院行政判决书（2012）行提字第 28 号。

第二十三条 【核定商品之外须另提申请以取得商标专用权】注册商标需要在核定使用范围之外的商品上取得商标专用权的，应当另行提出注册申请。

【立法·要点注释】

需要在核定使用范围之外取得商标专用权，应当另行提出注册申请。“核定使用范围”是指商标局核准的商标注册文件中列明的商品类别和商品范围。比如，商品分类表的第十四类为贵重金属及其合金以及不属别类的贵重金属制品或镀有贵重金属的物品；珠宝首饰，宝石；钟表和计时仪器。如果申请人同时提出使用于上述三种商品的，则应当同时申请注册；其中有一种商品已经先注册使用（属于已经核定的使用范围）的，然后又要使用于其他两种商品上的，应当就其他两种商品另行提出注册申请。

编者说明

基于已经注册的商标，改变商品类别或者改变标志再申请注册商标，学理上称为“延伸申请”。商标法第二十三条和第二十四条分别规范两种形态的延伸申请，即类似商品延伸申请和近似商标延伸申请。

本条规定“类似商品延伸申请”应该另外提出申请，并另外审查核准。依照商标法第五十六条，“注册商标的专用权，以核准注册的商标和核定使用的商品为限”，而非以核准注册的商标标志为限。为此，注册商标需要在核定使用范围之外的商品上取得商标专用权，必须由其注册人另行提出注册申请，经商标局审查符合商标法规定而予以核准注册后，才在新核定的商品上享有商标专用权。

在核定商品之外以相同或近似标志申请注册“延伸”商标，时常不能取得注册商标专用权，因为他人很可能早在该种商品上就相同标志申请并取得注册商标专用权了。超出核定商品范围使用注册商标（以下简称超界使用注册商标），存在违法和侵权风险。一方面，超界使用注册商标时加注商标注册标识，则违反商标法第四十九条，属于“自行改变注册商标”。同时，此种行为也违反商标法第五十二条，属于"冒充注册商标"。另一方面，超界使用注册商标时不加注商标注册标识，则该商标实质上属于未注册商标，可能侵犯他人注册商标，除非符合商标法第五十九条第三款规定的"在先使用抗辩"，①或成立其他抗辩理由。

① 参见杭州明鹏机电有限公司与上海敦阳流体设备有限公司等侵害商标权纠纷案，浙江省杭州市下城区人民法院民事判决书(2014)杭下知初字第 281 号。

第二十四条 【改变注册标志须重新申请注册】注册商标需要改变其标志的,应当重新提出注册申请。

【司法解释】

《最高人民法院关于审理商标案件有关管辖和法律适用范围问题的解释》(法释〔2002〕1号,20020121;经法释〔2020〕19号修正,20210101)

第五条 除本解释另行规定外,对商标法修改决定施行前发生,属于修改后商标法第四条、第五条、第八条、第九条第一款、第十条第一款第(二)、(三)、(四)项、第十条第二款、第十一条、第十二条、第十三条、第十五条、第十六条、第二十四条、第二十五条、第三十一条所列举的情形,国家知识产权局于商标法修改决定施行后作出复审决定或者裁定,当事人不服向人民法院起诉的行政案件,适用修改后商标法的相应规定进行审查;属于其他情形的,适用修改前商标法的相应规定进行审查。

编者说明

基于已经注册的商标,改变商品类别或者改变标志再申请注册商标,学理上称为"延伸申请"。商标法第二十三条和第二十四条分别规范两种形态的延伸申请,即类似商品延伸申请和近似商标延伸申请。

本条规定"近似商标延伸申请"应该另外提出申请,并另外审查核准。依照商标法第五十六条,"注册商标的专用权,以核准注册的商标和核定使用的商品为限"。商标注册人对其注册的不同商标享有各自独立的商标专用权,其先后注册的商标之间不当然具有延续关系。为此,希望改变注册商标的标志并取得注册商标专用权,必须另行提出注册申请,经审查符合商标法规定而核准注册,方对改变后标志在核定商品上享有商标专用权。

改变注册商标的标识后"延伸"申请注册用于同种商品上,时常无法取得注册商标专用权,因为该近似商标可能与他人在先申请或核准注册的商标容易导致相关公众混淆。就此,请参见本书对商标法第三十条注释的法院参考案例。

改变核准注册的标志而用作商标,还可能违反法律。一方面,此种使用如果加注商标注册标识,则违反商标法第四十九条,属于"自行改变注册商标",同时还违反商标法第五十二条,属于“冒充注册商标”。另一方面,改变核准注册的标志以用作商标而不加注册商标标识,则该商标属于未注册商标,可能侵犯他人注册商标专用权。

第二十五条 【基于外国第一次申请的优先权】商标注册申请人自其商标在外国第一次提出商标注册申请之日起六个月内,又在中国就相同商品以同一商标提出商标注册申请的,依照该外国同中国签订的协议或者共同参加的国际条约,或者按照相互承认优先权的原则,可以享有优先权。

依照前款要求优先权的,应当在提出商标注册申请的时候提出书面声明,并且在三个月内提交第一次提出的商标注册申请文件的副本;未提出书面声明或者逾期未提交商标注册申请文件副本的,视为未要求优先权。

【立法·要点注释】

我国商标法规定的商标注册申请优先权,是符合国际通行规则的,它的实质内容就是,以某一个商标注册申请人在一成员国为一项商标提出的正式申请为基础,在一定期间内同一申请人可以在其他各成员国申请对该商标的保护,这些在后的申请被认为是与第一次申请同一天提出的。

【行政法规】

《中华人民共和国商标法实施条例》(20140501)

第二十条 依照商标法第二十五条规定要求优先权的,申请人提交的第一次提出商标注册申请文件的副本应当经受理该申请的商标主管机关证明,并注明申请日期和申请号。

【司法解释】

《最高人民法院关于审理商标案件有关管辖和法律适用范围问题的解释》(法释〔2002〕1号,20020121;经法释〔2020〕19号修正,20210101)

第五条 除本解释另行规定外,对商标法修改决定施行前发生,属于修改后商标法第四条、第五条、第八条、第九条第一款、第十条第一款第(二)、(三)、(四)项、第十条第二款、第十一条、第十二条、第十三条、第十五条、第十六条、第二十四条、第二十五条、第三十一条所列举的情形,国家知识产权局于商标法修改决定施行后作出复审决定或者裁定,当事人不服向人民法院起诉的行政案件,适用修改后商标法的相应规定进行审查;属于其他情形的,适用修改前商标法的相应规定进行审查。

【部门参考文件】

1.《商标审查审理指南》(国家知识产权局公告第462号,20220101;上编)

第二章　注册申请形式审查

5 申请人要求优先权

5.1 申报要求

申请人依据《商标法》第二十五条要求优先权的,《商标注册申请书》中选择"基于第一次申请的优先权",并填写"申请/展出国家/地区""申请/展出日期""申请号"栏。

申请人依据《商标法》第二十六条要求优先权的,《商标注册申请书》中选择"基于展会的优先权",并填写"申请/展出国家/地区""申请/展出日期"栏。

申请人应当同时提交优先权证明文件(包括原件和中文译文);优先权证明文件不能同时提交的,应当选择"优先权证明文件后补",并自申请日起三个月内提交。

5.2 审查内容

(1)申请人要求优先权的,应当在申请书中予以声明。未声明的,视为未要求优先权。

(2)要求优先权的,还应同时提交或在提出商标注册申请的三个月内提交优先权证明文件。证明文件为外文的,应当同时附送中文译文;未附送中文译文的,视为未提交该证明文件。逾期未提交优先权证明文件的,视为未要求优先权。

5.3 优先权有效情形

(1)书面声明要求基于第一次申请的优先权,完整填写申请书中"申请/展出国家/地区""申请/展出日期""申请号"栏,在规定期限内提交符合《商标法》第二十五条及《商标法实施条例》第二十条规定的优先权证明文件(包括原件和中文译文)的,优先权有效。

(2)书面声明要求基于展会的优先权,完整填写申请书中“申请/展出国家/地区”“申请/展出日期”栏,在规定期限内提交符合《商标法》第二十六条规定的优先权证明文件(包括原件和中文译文)的,优先权有效。

5.4 优先权无效情形

(1)要求基于第一次申请的优先权,但未完整填写申请书中“申请/展出国家/地区”“申请/展出日期”“申请号”栏的。

(2)要求基于展会的优先权,但未完整填写申请书中“申请/展出国家/地区”“申请/展出日期”栏的。

(3)商标注册申请的申请日期超过“申请/展出日期”六个月的。

(4)未同时提交优先权证明文件(包括原件和中文译文),也未在自申请日起三个月内补交的。

(5)优先权证明文件(包括原件和中文译文)不符合规定的。

(6)优先权证明文件(包括原件和中文译文)与申请书中“申请/展出国家/地区”“申请/展出日期”“申请号”栏填写内容不一致的。

2.《商标注册申请常见问题指南》(2019 年 11 月)

二、有关商标注册申请书的填写

8. 什么是“基于第一次申请的优先权”? 该如何填写?

《商标法》第二十五条规定,商标注册申请人自其商标在外国第一次提出商标注册申请之日起六个月内,又在中国就相同商品以同一商标提出商标注册申请的,依照该外国同中国签订的协议或者共同参加的国际条约,或者按照相互承认优先权的原则,可以享有优先权。

申请人依据《商标法》第二十五条要求优先权的,选择“基于第一次申请的优先权”,并填写“申请/展出国家/地区”、“申请/展出日期”、“申请号”栏。申请人应当同时提交优先权证明文件(包括原件和中文译文);优先权证明文件不能同时提交的,应当选择“优先权证明文件后补”,并自申请日起三个月内提交。未提出书面声明或者逾期未提交优先权证明文件的,视为未要求优先权。

优先权证明文件是指申请人提交的第一次提出商标注册申请文件的副本,该副本应当经受理该申请的商标主管机关证明,并注明申请日期和申请号。

我国台湾地区申请人办理商标注册申请并要求台湾地区优先权时，应当使用《商标注册申请书（台湾地区申请人专用）》。

9. 在国外的第一次申请是按一标多类申请的，在中国可以按一标一类申请并要求优先权吗？需要提交几份优先权证明文件？

申请人依据《商标法》第二十五条规定要求优先权时，若申请人的多份商标注册申请均是基于同一份第一次申请要求优先权的，可以在其中一份申请书中提交1份优先权证明文件原件，并在其他申请书中注明优先权证明文件原件所在的具体申请件。如果优先权证明文件是在自申请日起三个月内补充提交的，应附送说明，载明所有基于该份优先权证明文件要求优先权的商标注册申请号。

10. 在国外的第一次申请是按一标一类申请（同一天就同一商标在不同类别提交多份申请）的，在中国可以按一标多类申请并要求优先权吗？如何填写？

申请人依据《商标法》第二十五条规定要求优先权时，可以基于其在同一国家、同一申请日、同一商标的多份第一次申请一并要求优先权，在"申请号"栏逐一填写第一次申请的申请号，并应附送全部申请号的优先权证明文件。

3.《申请出具优先权证明文件》（2019 年 11 月修订）

一、法律依据及申请条件

申请人在国内提出商标注册申请后 6 个月内，根据《保护工业产权巴黎公约》第四条到《保护工业产权巴黎公约》其他成员国申请注册同一商标要求优先权的，应向国家知识产权局申请出具优先权证明文件。

二、办理途径

（一）申请人自行提交电子申请。

申请人可自行通过网上服务系统在线提交出具优先权证明文件申请。提交方法详见"网上申请"栏目。

商标网上服务系统网址：http://sbj.cnipa.gov.cn/wssq/

（二）申请人可到以下地点办理出具优先权证明文件申请。

1. 到国家知识产权局商标局委托地方市场监管部门或知识产权部门设立的商标受理窗口办理。……

2. 到国家知识产权局商标局在京外设立的商标审查协作中心办理。

……

3. 到国家知识产权局商标局驻中关村国家自主创新示范区办事处办理。

……

4. 到国家知识产权局商标局商标注册大厅办理。

……

(三)申请人委托在国家知识产权局备案的商标代理机构办理。

三、办理流程

(一)申请人直接通过网上服务系统办理的,登录网上服务系统→在“商标后续申请”栏中选择“出具优先权证明申请”→在线填写提交申请书→在线缴纳商标规费。

(二)申请人直接到商标注册大厅办理的,申请人可以按照以下步骤办理:

准备申请书件→在受理窗口提交申请书件→在打码窗口确认提交申请→在交费窗口缴纳商标规费→领取规费收据。

(三)申请人到商标受理窗口办理的,应通过网上申请方式提交申请材料,具体以窗口工作人员的要求为准。

(四)委托商标代理机构办理的,申请人可以自愿选择任何一家在国家知识产权局备案的商标代理机构办理。所有在国家知识产权局备案的商标代理机构都公布在中国商标网“代理机构”一栏中。

四、申请手续

办理出具优先权证明文件申请,应当提交下列文件:

出具优先权证明文件申请等有关文件,可以以书面方式或者数据电文方式提出。以数据电文方式提出的,具体要求详见中国商标网“网上申请”栏目相关规定。

(一)《出具优先权证明文件申请书》

1.《出具优先权证明文件申请书》以纸质方式提出的,应当打字或者印刷。

2. 申请人为法人或其他组织的,应当在指定位置加盖公章;申请人为自然人的,应当由申请人使用钢笔或签字笔在指定位置签字确认。

3. 填写要求详见《出具优先权证明文件申请书》所附填写说明。

（二）申请人身份证明文件复印件（同一申请人同时办理多件商标的出具优先权证明文件申请事宜时，只需要提供一份）

1. 申请人为国内法人或其他组织的，应当使用标注统一社会信用代码的身份证明文件，如营业执照、法人登记证、事业单位法人证书、社会团体法人证书、律师事务所执业证书等有效证件的复印件；期刊证、办学许可证、卫生许可证等不能作为申请人身份证明文件。

2. 申请人为国内自然人的，应当提交身份证、护照、户籍证明等有效身份证件的复印件。

3. 申请人为港澳台或国外的法人或其他组织的，应当提交所属地区或国家的登记证件复印件。外国企业在华的办事处、常驻代表机构的登记证复印件不能作为身份证明文件复印件。上述文件是外文的，应当附送中文译文；未附送的，视为未提交该文件。

4. 申请人为港澳台自然人且自行办理的，应当提交在有效期（一年以上）内的《港澳居民来往内地通行证》《台湾居民来往大陆通行证》或《港澳台居民居住证》复印件；申请人为国外自然人且自行办理的，应当提交护照复印件及公安部门颁发的、在有效期（一年以上）内的《外国人永久居留证》《外国人居留许可》或《外国人居留证》。

（三）委托商标代理机构办理的，应当提交《商标代理委托书》。

1.《商标代理委托书》应当载明代理内容及权限。

2. 申请人为外国人或者外国企业的，《商标代理委托书》应当载明申请人的国籍。

3. 外国人或者外国企业的《商标代理委托书》及与其有关的证明文件的公证、认证手续，按照对等原则办理。

（四）申请人提交的各种证件、证明文件和证据材料是外文的，应当附送中文译文；未附送的，视为未提交该证件、证明文件或者证据材料。

五、缴纳费用

申请出具优先权证明文件，应当缴纳费用。缴纳数额及缴纳方式请见相关栏目说明。

六、《优先权证明文件》的发放

出具优先权证明文件申请手续齐备、按照规定填写申请文件并缴纳费用，经审查符合规定的，国家知识产权局发给申请人《优先权证明文件》。

七、注意事项

原申请人名义发生变更的，应当先提出申请人名义变更申请，再提交出具优先权证明文件申请。

以上内容于2019年11月修订，如果以后发生变动，或者在办理中与商标注册大厅工作人员的要求不一致的，应以工作人员的要求为准。

4.《台湾地区商标注册申请人要求优先权有关事项的规定》(20101122)

一、自2010年11月22日起，台湾地区申请人自其商标在台湾地区第一次提出商标注册申请之日起六个月内，又在国家工商行政管理总局商标局就同一商标在相同商品上提出商标注册申请的，可以要求优先权。其第一次申请的日期可以追溯到2010年9月12日。

二、依照前述规定要求优先权的，应当参照《商标法》第二十四条第二款、《商标法实施条例》第二十条第一款的规定办理。

三、依照前述规定要求优先权的，其商标注册申请书应当使用国家工商行政管理总局发布的商标注册申请书式。

四、台湾地区申请人要求台湾地区优先权的声明，经认可后，其在台湾地区的第一次申请商标注册的日期，即视为在国家工商行政管理总局商标局的申请日期。

【公报案例】

【最高院"prana"案】申请人在申请商标注册时主张有优先权，行政部门对申请商标是否享有优先权存在漏审，导致被诉决定错误的，人民法院应当在查清相关事实的基础上依法作出裁判〔普兰娜生活艺术有限公司与国家工商行政管理总局商标评审委员会商标申请驳回复审行政纠纷案，最高人民法院行政判决书(2017)最高法行再10号，载《中华人民共和国最高人民法院公报》2017年第12期〕。

【法院参考案例】

【北京高院"信思"案】申请商标是否具有优先权对商标授权确权案件处理结果有重大影响，对该事实的认定是商标评审委员会作出相应行政行为的前提和事实基础〔国家工商行政管理总局商标评审委员会与泰尔斯特拉有限公司商标申请驳回复审行政纠纷上诉案，北京市高级人民法院行政判决书(2011)高行终字第 1471 号〕。

申请商标是否具有优先权对本案处理结果有重大影响，对该事实的认定是商标评审委员会作出相应具体行政行为的前提和事实基础。虽然泰尔斯特拉公司在商标评审阶段并未明确主张享有优先权，但在申请商标的商标档案中"优先权"栏目已载明了相关内容的情况下，商标评审委员会未对与优先权有关的相关内容进行审查，即依据商标法(2001 年)第二十八条的规定对申请商标予以驳回，不仅适用法律错误，而且也缺乏事实依据。

编者说明

我国商标权取得实行先申请原则，同时兼顾在先使用人利益。然而，递交日在先的商标注册申请在法律上未必就是在先申请。我国是《保护工业产权巴黎公约》成员国，故而我国商标法承认"优先权"；优先权日可取代"递交日"而视为"申请日"。

根据优先权事由不同，可分为"申请优先权"和"展览优先权"。商标法第二十五条规定的是"申请优先权"。根据《保护工业产权巴黎公约》，为要求优先权，外国第一次申请根据该国法律必须构成正常国内申请(regular national filing)，也即是说依照该国法律足以取得申请日。至于此外国申请随后的命运如何，都不影响在后的中国申请，即便其为申请人撤回或被外国商标局驳回。为要求优先权，商标注册申请人还应当在提出商标注册申请时作出书面声明，并在三个月内提交第一次提出的外国商标注册申请文件副本，应当经受理该申请的商标主管机关证明，并注明申请日期和申请号。不满足上述任一条件，视为未要求优先权。

成功主张优先权的法律效力在于，第三人在优先权期间内(即自外国第一次申请之后六个月内)的任何行为(包括商标注册申请行为、商标使用行为等)都不具有对抗享有优先权的商标注册申请的法律效力。① 此商标申请人得根据优先权日，"就相同商品以同一商标提出商标注册申请"享受优先权，即这些商标注册申请在法律上视为在优先权日(第一次商标注册申请提出之日)向缔约成员提出申请。任何人在优先权日后，在同种或类似商品之上申请与注册相同或近似商标，都应当予以驳回。

---

① 《保护工业产权巴黎公约》第四条 B 款。

第二十六条 【基于国际展览会首次使用商标的优先权】商标在中国政府主办的或者承认的国际展览会展出的商品上首次使用的,自该商品展出之日起六个月内,该商标的注册申请人可以享有优先权。

依照前款要求优先权的,应当在提出商标注册申请的时候提出书面声明,并且在三个月内提交展出其商品的展览会名称、在展出商品上使用该商标的证据、展出日期等证明文件;未提出书面声明或者逾期未提交证明文件的,视为未要求优先权。

【立法·要点注释】

列入保护的范围为中国政府主办的或者承认的国际展览会,不是由我国政府主办或者我国不予承认的国际展览会上展出的商品首次使用的商标不享有商标申请优先权。保护对象为在国际展览会展出的商品上首次使用的商标,即该商标在国际展览会召开之前没有使用过。保护的内容为自该商品展出之日起六个月内,该商标的注册申请人可以享有优先权。要求优先权的,应当在提出商标注册申请时提出书面声明。在提出商标注册申请和提出要求优先权的书面声明后,商标申请人应在三个月内提交法定的有关证明文件,包括展出其商品的展览会名称、在展出商品上使用该商标的证据、展出日期等证明文件。

【部门参考文件】

《商标注册申请常见问题指南》(2019 年 11 月)

二、有关商标注册申请书的填写

11. 商标在展览会展出的商品上使用过,可以要求优先权吗?该如何填写?

《商标法》第二十六条规定,商标在中国政府主办的或者承认的国际展览会展出的商品上首次使用的,自该商品展出之日起六个月内,该商标的注册申请人可以享有优先权。

申请人依据《商标法》第二十六条要求优先权的,选择"基于展会的优先权”，并填写“申请/展出国家/地区”、“申请/展出日期”栏。申请人应当同时提交优先权证明文件（包括原件和中文译文）；优先权证明文件不能同时提交的，应当选择“优先权证明文件后补”，并自申请日起三个月内提交。未提出书面声明或者逾期未提交优先权证明文件的，视为未要求优先权。

优先权证明文件应载有展出其商品的展览会名称、在展出商品上使用该商标的证据、展出日期等。优先权证明文件一般由展会主办出具或证明。

编者说明

商标法第二十六条规定的是“展览优先权”，其法律效力与商标法第二十五条规定的优先权条款的法律效力类似。《保护工业产权巴黎公约》第十一条仅要求成员国对展览会所展示商品的工业产权予以临时保护（temporary protection），而没有规定具体保护形式。就所展商品涉及的技术发明，我国专利法第二十四条采取宽限期保护模式，即在中国政府主办或者承认的国际展览会上首次展出不破坏专利申请的新颖性；而对于所展商品所涉商标，我国商标法第二十六条采取优先权保护模式。为要求此种优先权，商标注册申请人应当在提出商标注册申请之时作出书面声明，并且在三个月内提交展览会名称、在展出商品上使用此商标的证据、展出日期等证明文件；否则，视为未要求优先权。

第二十七条 【申报事项和材料应当真实、准确、完整】 为申请商标注册所申报的事项和所提供的材料应当真实、准确、完整。

【立法·要点注释】

1. 申请商标注册就是以一定的事实为基础,要求与商标有关的专用权依法得到确认。首先,要求所申报的事项和所提供的材料应当是真实的,不能有弄虚作假的行为,更不允许捏造事实和欺诈。其次,商标注册申请所申报的事项和所提供的资料应当是准确可靠的,应当是确定的而不能是模糊不清的。因为它会涉及具体的权利和具体的法律关系。最后,要求商标注册申请所申报的事项和所提供的材料应当是完整的,不能是残缺不全的。

2. 本条中规定的"真实、准确、完整"的要求不仅适用于一般的商标申请行为,也适用于商标代理机构以及商标代理人。

【法院参考案例】

1.【北京高院"蔚蓝卡地亚"案】提交商标异议材料应当采用真实印章;针对初步审定的商标提出异议必须在法定期限内进行,应当是异议人的真实意思表示,期限届满不承认追认〔成都嘉德置业有限公司、成都阳明房地产有限责任公司与国家工商行政管理总局商标评审委员会商标异议复审行政纠纷上诉案,北京市高级人民法院行政判决书(2016)京行终 2433 号〕。

针对初步审定的商标提出异议时,异议人应当具备真实合法的主体资格,并提交真实、准确、完整的证据材料,以确保异议的提出是出自异议人的真实意愿。本案中,阳明公司在异议阶段提交的《商标异议申请书》《商标代理委托书》《企业法人营业执照》所盖的公司印章的编号及印文与阳明公司真实印章的编号及印文均不同。虽然阳明公司在原审诉讼中提交了对其刻制有两枚公章的情况说明,并在原审诉讼过程中作出其针对本案被异议商标所提起的商标异议申请系其真实意思表示的明确陈述。但是,针对初步审定的商标提出异议必须在法定期限内进行,在法定期限内提出的异议应当是异议人的真实意思表示,且提出商标注册异议是否是异议人的真实意思表示一般不宜在法定期限届满后追认。

2.【北京知产法院“品沃”案】营业执照的真实性涉及申请文件的实质性内容，无论商标申请是否委托商标代理机构提交，均应由商标申请人对其真实性负责，商标局无权更正〔王恒与国家工商行政管理总局商标评审委员会商标权无效宣告请求行政纠纷案，北京知识产权法院行政判决书(2017)京73 行初 1702 号〕。

(1)个体工商户以其个人名义申请商标注册，应当提交身份证明以及其作为负责人的个体工商户营业执照。营业执照所载内容错误，无论是本人提交还是商标代理机构提交，因商标申请人与商标代理机构之间签有委托书，其法律后果均应由商标申请人承受。

(2)申请商标注册时提供的个体工商户营业执照的真实性涉及申请文件的实质性内容，其真实性由商标申请人负责，商标局无权根据商标法第三十八条依职权予以更正。

3.【北京一中院“皇冠”商标转让案】注册商标专用权受让人在转让申请中应当提供真实、完整的材料〔罗杰商贸(中山)有限公司与国家工商行政管理总局商标局其他商标行政纠纷案，北京市第一中级人民法院行政判决书(2011)一中行初字第 2211 号〕。

商标法(2001 年)第二十六条规定：“为申请商标注册所申报的事项和所提供的材料应当真实、准确、完整。”虽然上述规定直接规范的是商标申请行为，但商标转让行为系依申请行政行为，行政机关须依据相对人的真实意思表示进行审查，继而作出行政决定。因此，在商标法规定商标转让手续由受让人办理的情况下，受让人提交的材料必须真实、完整。否则，商标局应作出不予核准转让的决定。

编者说明

商标注册申请实行书面审查，是典型的单方程序，审查员所获信息依赖于申请人单方面提供的“商标注册申请书”及相关材料，除非第三方在提出商标异议或注册商标无效请求时举出反证。如商标申请人不提供真实、准确、完整的信息，则很容易误导商标审查员作出错误的审查决定，不仅浪费国家行政资源，而且可能危害第三方的权益。为此，商标法第二十七条要求商标申请人提供真实、准确、完整的信息,商标档案也公开供公众查询核实。此外,商标法第四十四条第一款规定,"以欺骗手段或者其他不正当手段取得注册的,由商标局宣告该注册商标无效;其他单位或者个人可以请求商标评审委员会宣告该注册商标无效"。

实际上,不仅商标注册申请人应当提供真实的材料,商标异议请求人、注册商标专用权转让程序的受让人等进行有关法律程序时,同样应该提供真实的材料;否则,商标局应当不予受理。① 故而,本条规范可以类推适用。

① 参见成都嘉德置业有限公司、成都阳明房地产有限责任公司与国家工商行政管理总局商标评审委员会商标异议复审行政纠纷上诉案,北京市高级人民法院行政判决书(2016)京行终2433号;罗杰商贸(中山)有限公司与国家工商行政管理总局商标局商标核准转让行政纠纷案,北京市第一中级人民法院行政判决书(2011)一中行初字第2211号。

第三章　商标注册的审查和核准

第二十八条 【商标申请初步审定公告】对申请注册的商标，商标局应当自收到商标注册申请文件之日起九个月内审查完毕，符合本法有关规定的，予以初步审定公告。

【立法·要点注释】

1. 对申请注册商标的初步审定，是商标注册审查中的一个重要环节，是指对商标注册申请手续、申请文件、商标的基本标准、商标的注册条件等事项进行审查、检索、分析对比，如果经过上述的审查过程，认定申请注册的商标符合商标法的规定，并决定是否作出初步审定的决定。

2. 经商标局初步审定，对申请注册的商标作出初步核准决定的，即予以公告。这种公告，就是在商标局编辑出版的《商标公告》上进行公布。自2003 年 12 月 26 日起，国家工商行政管理总局商标局在继续出版纸质《商标公告》的同时，开始在“中国商标网”上发布《商标公告》。“中国商标网”滚动发布最新出版的 12 期《商标公告》，包括三个月异议期内的全部初步审定的商标以及商标注册、续展、变更、转让、撤销、注销、异议、评审、商标使用许可合同备案、送达等公告信息。

【行政法规】

《中华人民共和国商标法实施条例》(20140501)

第十一条 下列期间不计入商标审查、审理期限：

(一)商标局、商标评审委员会文件公告送达的期间；

(二)当事人需要补充证据或者补正文件的期间以及因当事人更换需要重新答辩的期间；

(三)同日申请提交使用证据及协商、抽签需要的期间；

(四)需要等待优先权确定的期间；

(五)审查、审理过程中，依案件申请人的请求等待在先权利案件审理结果的期间。

第十二条 除本条第二款规定的情形外，商标法和本条例规定的各种期限开始的当日不计算在期限内。期限以年或者月计算的,以期限最后一月的相应日为期限届满日;该月无相应日的,以该月最后一日为期限届满日;期限届满日是节假日的,以节假日后的第一个工作日为期限届满日。

商标法第三十九条、第四十条规定的注册商标有效期从法定日开始起算,期限最后一月相应日的前一日为期限届满日,该月无相应日的,以该月最后一日为期限届满日。

第二十一条 商标局对受理的商标注册申请,依照商标法及本条例的有关规定进行审查,对符合规定或者在部分指定商品上使用商标的注册申请符合规定的,予以初步审定,并予以公告;对不符合规定或者在部分指定商品上使用商标的注册申请不符合规定的,予以驳回或者驳回在部分指定商品上使用商标的注册申请,书面通知申请人并说明理由。

第二十二条 商标局对一件商标注册申请在部分指定商品上予以驳回的,申请人可以将该申请中初步审定的部分申请分割成另一件申请,分割后的申请保留原申请的申请日期。

需要分割的,申请人应当自收到商标局《商标注册申请部分驳回通知书》之日起15日内,向商标局提出分割申请。

商标局收到分割申请后,应当将原申请分割为两件,对分割出来的初步审定申请生成新的申请号,并予以公告。

编者说明

商标申请要核准注册,需要满足商标注册的实质性条件;商标申请的审查程序是围绕商标注册的实质性条件展开的。商标注册的实质性条件可以分为绝对条件和相对条件,对应于商标异议的绝对理由和相对理由(商标法第三十三条),也对应于注册商标无效宣告的绝对理由(商标法第四十四条第一款)和相对理由(商标法第四十五条第一款)。具体来说,绝对条件涉及公共利益和商标的一般要求,具体见于商标法第十条、第十一条、第十二条、第十九条第四款以及第四十四条第一款禁止“以欺骗手段或者其他不正当手段取得注册”;相对条件涉及特定私人利益,具体见于商标法第十三条第二款和第三款、第十五条、第十六条第一款、①第三

---

① 商标法第三十三条和第四十五条均将商标法第十六条第一款列为商标核准注册的相对理由。《北京市高级人民法院商标授权确权行政案件审理指南》第13.3条明确,以此条件提起商标异议或无效宣告的申请主体为:“为保护地理标志而成立或者以保护地理标志为宗旨的团体、协会等,认为诉争商标违反商标法第十六条第一款规定的,可以提出申请。使用该地理标志的产品的生产加工者、市场经营者,可以作为利害关系人提出申请。”

十条、第三十一条、第三十二条规定。

商标注册申请的审查分为两个阶段:初步审查阶段和商标申请异议阶段。初步审查阶段是典型的单方程序,由商标局依据商标申请人提交的商标申请文件,审查其是否违反商标法关于商标注册实质性条件的规定。在这一阶段,商标审查员所获知的信息非常有限。除了商标申请文件,商标审查员只能依赖商标数据库,进行检索。所以,在初步审查阶段,商标审查员主要审查商标注册申请是否违反绝对条件。① 对于相对条件的审查,商标审查员在初步审查阶段主要限定于是否"同他人在同一种商品或者类似商品上已经注册的或者初步审定的商标相同或者近似",以及是否有他人在同一种商品或者类似商品上以相同或者近似的商标已经在先申请注册。商标审查员通常难以获知市场上已经使用并具有一定知名度的商标,包括未注册的驰名商标,毕竟驰名商标并不要求为全体民众所知晓。他通常也难以知道商标申请日之前全部的在先权利。所以,对商标申请是否违反商标法第十三条第二、三款和第三十二条,商标审查员在初步审查阶段难以作出判断。商标审查员也不太可能知道商标申请人是否属于代理人/代表人抢注被代理人/被代表人的商标,或者因为特殊关系而明知是他人的商标。为此,对于商标申请是否违反商标法第十五条,商标审查员在初步审查阶段也难以作出判断。

所以,本条所称"符合本法有关规定的,予以初步审定公告"的表述不准确。本条应该表述如下:对申请注册的商标,商标局应当自收到商标注册申请文件之日起九个月内审查完毕,如果"未发现"违反商标法有关规定的,予以初步审定公告。当然,如果"发现"违反商标法规定,则依照商标法第三十条,予以驳回。

---

① 审查商标注册申请是否符合商标注册实质条件之中的绝对条件时,时常也需要商标申请书之外的证据材料。比如,商标法第十条第一款第(二)(三)(四)项、第二款但书规定;商标法第十一条第二款经使用取得显著特征;商标法第十五条被代理人或被代表人准予代理人或代表人申请商标;商标法第十六条第一款商品来自于地理标志所示地理区域;商标法第三十二条在先权利人允许申请人使用其权利对象的标志;等等。

第二十九条 【商标注册申请内容的说明或者修正】在审查过程中,商标局认为商标注册申请内容需要说明或者修正的,可以要求申请人做出说明或者修正。申请人未做出说明或者修正的,不影响商标局做出审查决定。

【立法·要点注释】

1. 本条规定赋予商标局要求申请人就商标注册申请内容作出说明或者修正的权力。根据这一规定,有权提出要求的主体是商标局,作出说明或者修正的内容为商标注册申请的有关内容。书面说明不充分的,商标局还可以进一步要求申请人当面予以说明有关情况。当事人提出商标注册申请的商品类别归类不准确,或者商品名称表述过于宽泛的,商标局可以要求申请人予以修正。

2. 要求申请人就商标注册申请内容作出说明,是商标局的一项权力,而不是商标注册申请审查过程中的一项法定义务,是否提出此项要求,由商标局根据实际情况予以决定。商标局要求申请人作出相关说明或者修正的,在进行审查决定过程中,应当一并考虑申请人的有关说明和修正情况。如果申请人未作出说明或者修正的,也不影响商标局作出审查决定。

【行政法规】

《中华人民共和国商标法实施条例》(20140501)

第二十三条 依照商标法第二十九条规定,商标局认为对商标注册申请内容需要说明或者修正的,申请人应当自收到商标局通知之日起15日内作出说明或者修正。

【部门参考文件】

1.《商标审查审理指南》(国家知识产权局公告第462号,20220101;下编)

第十九章　审查意见书

2 释义

在审查过程中,商标注册部门认为商标注册申请内容需要说明或者修正的,可以通过发出审查意见书的形式,要求申请人作出说明或者修正。

(1)审查意见书是商标注册部门依据《商标法》及其实施条例的有关规定,认为商标注册申请涉及不符合规定,但经说明或修正后有可能克服前述障碍等情形的,视审查实际情况需要,依职权要求商标注册申请人或其代理人在法定期限内对其商标注册申请作出说明或者修正,并提供相应补充证据或补正文件的法定程序。审查意见书不是商标注册审查的必经程序,仅在案情复杂、确有必要时启动。

(2)审查意见书原则上一次性告知需要说明或者修正的事项,对于申请人、代理人完全相同的多件商标注册申请,若存在涉嫌恶意注册等相同事由,要求商标注册申请人或其代理人作统一说明或者修正的,可以并案发出一份审查意见书。

(3)依据《商标法》第二十八条和《商标法实施条例》第十一条第一款第(二)项的规定,商标注册申请人或其代理人在法定期限内提供补充证据或补正文件的,自审查意见书签发之日起至商标注册申请人或其代理人提供补充证据或补正文件之日止的期间,不计入商标审查期限;法定期限届满,商标注册申请人或其代理人未提供补充证据或补正文件的,自审查意见书签发之日起至法定期限届满之日止的期间,不计入商标审查期限。

(4)申请人对其商标注册申请提供的补充证据或补正文件,应当使用规范的文件格式并按要求规范填写。提供的补充证据或补正文件应当为原件、经公证的复印件或者由原件出具方盖章或签字的复印件。申请人修正其商标注册申请时,可以声明放弃商标非显著部分的专用权,但不得对商标进行修改。

3 适用情形

下列情形可启动审查意见书程序:

(1)具有《商标法》第十条第一款第(二)项、第(三)项、第(四)项和第二款但书规定情形的,经申请人提供补充证据或补正文件后,相关商标注册申请具有准予初步审定的可能性。

(2)商标含有与我国国家名称相同或者近似的文字,但其整体是企事业单位简称的(适用此条需具备以下条件:申请人主体资格是经国务院或其授权的机关批准设立的,申请人名称是经名称登记机关依法登记,申请注册的商标与申请人名称的简称一致,简称是经国务院或其授权机关批准)。

(3)“地市级及以上行政区划地名+公共事业名称”组成的商标,具有获得相关部门授权其在商标注册申请指定的商品或者服务项目上使用该标志申请注册商标的可能性。

(4)在报纸、杂志、期刊、新闻刊物等4项商品上,申请注册含有国家名称、县级以上行政区划地名,中央国家机关所在地特定地点的名称或标志性建筑物的名称及缺乏显著特征的标识等情形,需申请人提供有关部门核发的报纸、期刊出版许可证明等相关证据材料,以证明该标识是经批准使用的报纸、期刊名称。

(5)申请注册的商标直接涉及国内外知名的重大赛事、展会等活动,但经查询公开信息能够推定该申请人与该赛事、展会等活动的主办方存在关联,具有获得主办方授权其在商标注册申请指定的商品或者服务项目上使用该标志申请注册商标可能性。

(6)申请注册的商标直接涉及国家重大工程项目,但经查询公开信息能够推定该申请人与该工程项目存在关联,具有获得相关部门授权其在商标注册申请指定的商品或者服务项目上使用该标志申请注册商标可能性。

(7)申请注册的商标直接涉及国家级公园等公共设施,但经查询公开信息能够推定该申请人与公共设施存在关联,具有获得相关部门授权其在商标注册申请指定的商品或者服务项目上使用该标志申请注册商标可能性。

(8)商标中包含具有一定知名度的自然人的姓名或肖像,且并非申请人本人的姓名或肖像,易导致消费者对商品或者服务的来源产生误认,如经查询公开信息能够推定该自然人和申请人存在关联的可能性,可以要求申请人提供该自然人授权其在商标注册申请指定的商品或者服务项目上以该自然人的姓名或肖像申请注册商标的相关补充证据或补正文件。

(9)商标注册申请人与引证商标的所有人同为我国公民且姓名、地址均相同,仅身份证号码的个别数字或字母因公民身份号码编码规则变化导致不同,疑似同一主体的;或者外国申请人国籍、姓名、地址均相同,仅护照号码因护照更换导致不同,疑似同一主体的;以及外国申请人的英文名称、英文地址由于语种、缩写形式等原因具有极其细微差异,疑似同一主体的,可以要求申请人提供补充证据或补正文件,说明其与引证商标的所有人是否系同一主体。

(10)申请信息错误或者无法核实的,由于申请人或其代理机构填写商标申请信息有误,与申请人主体资格证明文件不一致的,以及申请人在商标注册申请文件中提供的营业执照在国家企业信用信息公示系统中无法查询到的情形,可以要求申请人通过变更或者更正程序消除错误,或者提供补充证据或补正文件,说明其营业执照真实有效。

(11)商标中含有难以确定书写是否规范的汉字的,可以要求申请人提供补充证据或补正文件,说明其出处。

(12)声音商标、颜色组合商标等具有符合《商标法》第十一条第二款规定的可能性,可以要求申请人提供补充证据或补正文件,说明其经过长期使用取得显著特征,可能予以初步审定。

(13)三维标志商标中的三维形状部分不具有显著特征,需要申请人声明放弃三维形状部分专用权。

(14)商标中包含不宜由某一申请人独占使用的非显著部分,需要申请人声明放弃专用权。

(15)对审查决定有重大影响的在先商标处于变更、转让或申请人名义更正程序中,但变更、转让或更正决定在该商标注册申请的法定审查周期内无法作出的,可以发审查意见书告知申请人可以依法提交请求暂缓审查的书面申请,等待在先案件审理结果的期间,不计入该商标注册申请的审查期限。

(16)涉嫌不以使用为目的的恶意商标注册申请,可以要求申请人就申请注册商标意图及使用情况作出说明。

(17)集体商标、证明商标注册申请内容需要说明或者修正。

(18)其他确有必要适用的情形。

2.《商标注册档案管理办法》(国家知识产权局公告第370号,20200820)

第二条　本办法所称商标注册档案,是指在商标注册申请、异议、撤销、复审、无效等过程中形成的具有保存和利用价值的各种形式和载体的历史记录。

第五条　商标注册文件材料归档范围主要包括:

(一)商标注册申请及后续业务类;

(二)商标异议业务类;

(三)商标撤销业务类;

(四)商标复审业务类;

（五）商标无效业务类；

（六）其他类。

出具商标注册证明材料、补发商标注册证材料、补发商标变更、转让、续展证明材料等可不归档。

第七条 商标电子注册文件归档工作，应当按照国家有关电子文件管理标准执行。

商标电子注册文件应当采用适合长期保存的文件存储格式与元数据一并归档并建立持久有效的关联。

编者说明

本条授权商标审查员在审查商标注册申请过程中向申请人发出《商标审查意见书》。仅依照商标申请文件，商标审查员时常无法确定商标注册申请应否批准。依照商标法实施条例（2014 年）第十三条和第十四条，商标注册申请应当提交《商标注册申请书》和申请人身份证明文件（证明商标和集体商标申请还应提交主体资格证明文件和使用管理规则）。但是，审查商标注册申请是否符合商标法具体条文规定时，时常还需要其他证据材料。比如，商标法第十条第一款第（二）、（三）、（四）项、第二款但书规定；商标法第十一条第二款经使用取得显著特征；商标法第十五条被代理人或被代表人准予代理人或代表人申请商标；商标法第十六条第一款商品来自地理标志所示地理区域；商标法第三十二条在先权利人允许申请人使用其权利对象的标志。诸如此类的情况之下，商标审查员可以发出《商标审查意见书》，要求申请人修改商标申请文件或提交补充材料，以便符合商标申请的核准条件。如果商标审查员不就有关情况征询申请人，武断地作出决定，只会无谓地增加商标复审纠纷。

商标申请人提供的说明或修正意见，属于商标档案，具有法律拘束力。1987 年 12 月 25 日，国家工商行政管理局和国家档案局发布《商标档案管理暂行办法》。2020 年，国家知识产权局颁行《商标注册档案管理办法》。

第三十条 【驳回不合规定的商标申请】申请注册的商标，凡不符合本法有关规定或者同他人在同一种商品或者类似商品上已经注册的或者初步审定的商标相同或者近似的，由商标局驳回申请，不予公告。

【立法·要点注释】

1.“不符合本法有关规定的商标注册申请”非常概括，包含的内容非常多，比如不符合本法第一章关于商标构成要素、商标禁用条款，本法第二章关于商标注册申请的有关规定，等等。

2. 同一种商品，是指名称相同的商品，或者名称虽然不相同，但所指的商品是相同的商品。类似商品，是指两种或者两种以上的商品由于用途、功能、原料、销售场所以及整机与零部件关系容易被消费者混淆出处，容易被误认为是同一个企业生产的商品。类似商品并不局限在商品分类表所划分的同一类中，有些在商品分类表中不属于同一类的，也被认为是类似商品，甚至有些服务项目与商品也被认为是类似的。例如，家具和修理、油漆家具的服务业。商标相同，是指商标的构成要素完全相同或者基本相同，比如使用同样的文字或者图形作为商标。商标近似，是指商标在发音、含义、视觉效果等方面相近似。

3. 已经注册的商标，是指已经成为注册商标的商标。初步审定的商标，即商标局认为符合注册条件，在《商标公告》上公布以征求社会公众意见的商标。初步审定的商标还不是注册商标。商标具有识别不同生产经营者的商品或者服务的功能，如果不同的生产经营者在同一种商品或者类似商品上使用相同或者近似的商标，就会造成消费者对商品来源的误认，就使商标起不到区别商品来源的作用。

【司法文件】

《最高人民法院关于审理商标授权确权行政案件若干问题的意见》（法发〔2010〕12号，20100420）

14. 人民法院在审理商标授权确权行政案件中判断商品类似和商标近

似,可以参照最高人民法院《关于审理商标民事纠纷案件适用法律若干问题的解释》的相关规定。

15. 人民法院审查判断相关商品或者服务是否类似,应当考虑商品的功能、用途、生产部门、销售渠道、消费群体等是否相同或者具有较大的关联性;服务的目的、内容、方式、对象等是否相同或者具有较大的关联性;商品和服务之间是否具有较大的关联性,是否容易使相关公众认为商品或者服务是同一主体提供的,或者其提供者之间存在特定联系。《商标注册用商品和服务国际分类表》、《类似商品和服务区分表》可以作为判断类似商品或者服务的参考。

16. 人民法院认定商标是否近似,既要考虑商标标志构成要素及其整体的近似程度,也要考虑相关商标的显著性和知名度、所使用商品的关联程度等因素,以是否容易导致混淆作为判断标准。

【部门参考文件】

《商标审查审理指南》(国家知识产权局公告第462号,20220101;下编)

第五章 商标相同、近似的审查审理

2 释义

商标相同是指两商标在视觉效果上或者声音商标在听觉感知上完全相同或者基本无差别。所谓基本无差别,是指两商标虽有个别次要部分不完全相同,但主要部分完全相同或者在整体上几乎没有差别,以至于在一般注意力下,相关公众或者普通消费者很难在视觉或听觉上将两者区分开来。

商标近似是指文字、图形、字母、数字、三维标志、颜色组合和声音等商标的构成要素在发音、视觉、含义或排列顺序等方面虽有一定区别,但整体差异不大。文字商标的近似应主要考虑"形、音、义"三个方面,图形商标应主要考虑构图、外观及着色;组合商标既要考虑整体表现形式,还要考虑显著部分。

同一种商品是指名称相同的商品,或者名称不同但在功能、用途、主要原料、生产部门、销售渠道、消费对象等方面相同或者基本相同,相关公众一般认为是同一事物的商品。

同一种服务是指名称相同的服务,或者名称不同但在服务的目的、内容、方式、对象、场所等方面相同或者基本相同,相关公众一般认为是同一方式的服务。

类似商品是指在功能、用途、主要原料、生产部门、销售渠道、消费对象等方面基本相同或者有密切联系的商品。

类似服务是指在服务的目的、内容、方式、对象、场所等方面基本相同或者有密切联系的服务。

同一种或者类似商品或者服务的认定，以《商标注册用商品和服务国际分类》《类似商品和服务区分表》作为参考。

对于《类似商品和服务区分表》未涵盖的商品，应当基于相关公众的一般认知力，综合考虑商品的功能、用途、主要原料、生产部门、消费对象、销售渠道等因素认定是否构成同一种或者类似商品。

对于《类似商品和服务区分表》未涵盖的服务，应当基于相关公众的一般认知力，综合考虑服务的目的、内容、方式、对象、场所等因素认定是否构成同一种或者类似服务。

3 判定原则和方法

判定商标相同或者近似时，首先应认定指定使用的商品或者服务是否属于同一种或者类似商品（服务）；其次应从商标本身的"形、音、义"和整体表现形式等方面，以相关公众的一般注意力和认知力为标准，采用隔离观察、整体比对和要部比对的方法，判断商标标志本身是否相同或者近似。同时考虑商标本身的显著性、在先商标知名度等因素判定是否易使相关公众对商品或者服务的来源产生混淆。

3.1 隔离观察、整体比对和要部比对方法

隔离观察一般指的是进行商标近似判断时，应当在比对对象隔离的状态下分别进行。但在审查商标时，比对只能是直接的，非隔离的，因此，隔离观察在审查中要求的是应当尽可能以消费者选购商品的真实场景去判断两商标是否会引起混淆。

整体比对是基础，但同时需考虑商标的主要部分或显著识别部分，如果两商标的主要部分或显著识别部分相同或者近似，也容易导致相关公众混淆。

3.2 相关考虑因素

商标标志的近似程度是影响混淆可能性的最根本因素和基础事实。在商标注册审查中，判定相同、近似主要考虑商标标志本身的近似程度。在其他程序中，则在判定商标标志相同、近似的基础上，还应考虑以下因素，综合判断商标使用在同一种或类似商品或者服务上是否易使相关公众对商品或

者服务的来源产生混淆。

三维标志商标、颜色组合商标、声音商标、集体商标、证明商标相同、近似的审查,适用本篇其他相应部分的规定。

3.2.1 在先商标的显著性

判断是否易导致来源混淆,应考虑在先商标的显著性。商标显著性的强弱与相关公众是否产生混淆有着密切的联系。商标的显著性越强,其作为商标的识别功能就越强。在先显著性强的商标,即使标志发生变化,仍可能导致相关公众混淆。

3.2.2 在先商标的知名度

判断是否易导致来源混淆,应考虑在先商标的知名度。具有知名度的商标,经使用已与商品或者服务的来源产生了较密切的联系。当在后申请商标完整包含他人在先具有较高知名度的商标时,有可能导致相关公众认为属于同一来源或存在关联。

3.2.3 相关公众的注意程度

判断是否易导致来源混淆,应考虑相关公众购买商品或者服务的注意程度。商品或者服务的价格、商品的购买渠道或服务的提供方式等,都会影响相关公众的注意力。对于普通日用品,相关公众的注意力较低,对不同商标的差异辨识度较弱。但对于价值比较高的产品,如汽车等,相关公众在选购时注意力更高,对不同商标的差异辨识度更强。

3.2.4 商标申请人的主观意图

判断是否易导致来源混淆,应考虑商标申请人的主观意图。商标申请人有明显的恶意,在其他因素相同时,则更有可能造成相关公众混淆。

3.2.5 其他相关因素

除上述因素外,仍存在其他可能导致来源混淆的情况。比如,商标申请人所处地域、商标的使用方式、商标申请人与引证商标权利人是否属于同行业等。

4 具体适用:商标相同的审查

4.1 文字商标相同的审查

文字商标相同,是指商标使用的语种相同,且文字构成、排列顺序完全相同。因字体、字母大小写或者文字排列方式有横排与竖排之分使两商标存在细微差别,或者仅改变汉字、字母、数字等之间的间距、颜色,仍判定为相同商标。

4.1.1 仅文字的字体存在细微差别

例如：

五斗米　　五斗米

鳳凰　　凤凰

AURA　　AURA

777　　777

4.1.2 仅字母大小写存在细微差别

例如：

Lifebloom　　LifeBloom

Susanna　　SUSANNA

4.1.3 仅文字排列方式存在细微差别

例如：

泰山　　泰山

Old West　　OLD WEST

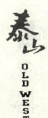

4.1.4 仅文字的间距或颜色存在细微差别

例如：

喜茶　　喜茶

JANTAMINIAU　　JAN TAMINIAU

4.2 图形商标相同的审查

图形商标相同，是指商标图形在构图要素、表现形式等视觉上基本无差别，易使相关公众对商品或者服务的来源产生混淆、误认。

例如：

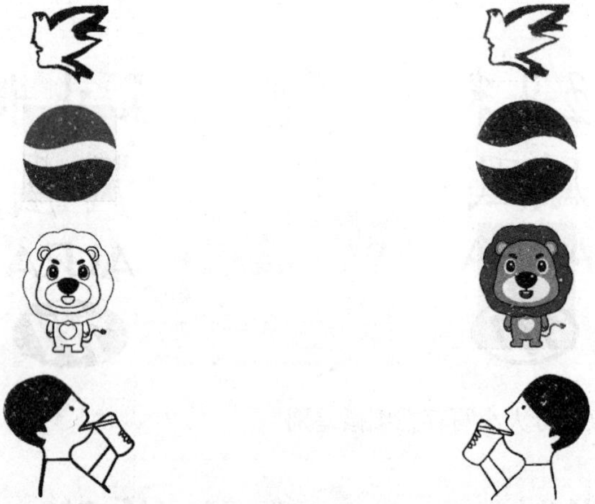

4.3 组合商标相同的审查

组合商标相同，是指商标的文字构成、图形外观及其排列组合方式基本相同，使商标在呼叫和整体视觉上基本无差别，易使相关公众对商品或者服务的来源产生混淆、误认。

例如：

5 具体适用：商标近似的审查

5.1 文字商标近似的审查

5.1.1 中文商标的汉字构成相同，仅字体或设计、注音、排列顺序不同，易使相关公众对商品或者服务的来源产生混淆的，判定为近似商标

例如：

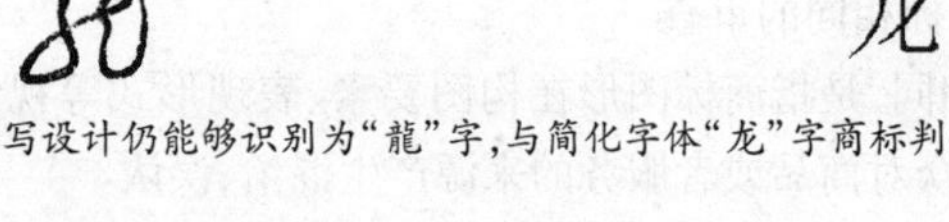

（“龍”字经书写设计仍能够识别为“龍”字，与简化字体“龙”字商标判定为近似商标）

龙山

（商标经艺术设计仍能够识别出汉字"龍山"，与"龙山"汉字商标判定为近似商标）

雅乐 YAYUE　　　　YALE雅乐

（两件商标虽然注音不同，但汉字部分完全相同，判定为近似商标）

汇博 HUIBO　　　　博汇 Bohui

（两商标的汉字构成相同，汉字作为商标主要识别部分仅存在排列顺序的不同，判定为近似商标）

新康得　　　　新得康

斯波帝卡　　　　波斯·卡帝

5.1.2 中文商标的显著识别部分汉字构成相同，仅排列顺序不同，易使相关公众对商品或者服务的来源产生混淆的，判定为近似商标

例如：

慧奥教育　　　　奥慧

指定服务：教育，培训　　　　指定服务：教育，培训

坤星文具　　　　星坤

指定商品：文具　　　　指定商品：文具

康宝医药　　　　宝康制藥 BKZY

但商标含义或呼叫区别明显，不易使相关公众对商品或者服务的来源产生混淆的，不判为近似商标。

例如：

亚美航空　　　　美亚医疗

5.1.3 商标文字由字、词重叠而成，易使相关公众对商品或者服务的来源产生混淆的，判定为近似商标

(1)商标文字由单一汉字重叠而成。

例如：

星 牛牌　　　　星星 牛牛

（商标虽然由“牛牌”两个汉字构成，但“牌”字属于商标的非显著识别部分，显著识别部分是“牛”字，“牛牛”由“牛”重叠而成，两商标判定为近似商标）

但单一汉字经过艺术设计或采用不常见的古代字体，使商标难以辨认为文字，商标整体外观区别明显，不易使相关公众对商品或者服务的来源产生混淆的，不判为近似商标。

例如：

典典

（“典”字经艺术设计，更易被公众作为图形予以识别，与普通字体“典典”整体外观区别明显，不判为近似商标）

鼎鼎

（“鼎”字是篆书书法字体，更易被公众作为图形予以识别，与普通字体“鼎鼎”整体外观区别明显，不判为近似商标）

(2)商标文字由词重叠而成。

例如：

哈罗 Vicki　　　　哈罗哈罗 VICKI·VICKI

5.1.4 商标文字或显著识别部分文字读音相同或者近似，且字形或者整体外观近似，易使相关公众对商品或者服务的来源产生混淆的，判定为近似商标

(1)商标文字读音相同或者近似，且字形或者整体外观近似，易使相关公众对商品或者服务的来源产生混淆的，判定为近似商标。

例如：

洛淇　　洛淇

（两件商标读音相同且字形近似，判定为近似商标）

椒宴　　椒晏

（两件商标读音相同且字形近似，判定为近似商标）

惠特曼　　蕙特曼

（两件商标读音相同且字形近似，判定为近似商标）

活力汪　　活力旺

（两件商标读音、字形近似，判定为近似商标）

梦娜丽莎　　蒙娜丽莎

（两件商标虽然首字不同，但读音近似且含义无明显差异，判定为近似商标）

CATANA　　KATANA

（两件商标虽然首字母不同，但读音及整体外观近似，判定为近似商标）

Marc O'Polo　　MACAO POLO

（两件商标读音及整体外观近似，判定为近似商标）

AUTEC　　AUTEK　　AUTECH

（三件商标相互之间读音及整体外观近似，判定为近似商标）

（2）商标显著识别部分文字读音相同或者近似，且字形近似，易使相关公众对商品或者服务的来源产生混淆的，判定为近似商标。

例如：

华宾面粥　　华滨

指定商品：粥，面条

碧成教育　　碧城

指定服务：教育，培训

但商标含义、字形或者整体外观区别明显，不易使相关公众对商品或者服务的来源产生混淆的，不判为近似商标。

例如：

好哥　　　　好歌

（两件商标虽然读音相同，但含义与整体外观区别明显，不判为近似商标）

幸运树　　　　幸运数

（两件商标虽然读音相同，但含义与整体外观区别明显，不判为近似商标）

高太丝　　　　高泰斯

（两件商标虽然读音相同且无含义，但整体外观区别明显，不判为近似商标）

容大　　　　容达

（两件商标虽然读音近似且无含义，但整体外观区别明显，不判为近似商标）

福达　　　　FUDA

（两件商标呼叫相同或者近似，但整体外观区别明显，不判为近似商标）

喜马辣鸭　　　　喜馬拉雅

（两件商标虽然读音近似，但"喜马拉雅"具有为公众所熟知的文字含义，而"喜马辣鸭"可能包含特定的设计寓意，两商标整体外观区别明显，不判为近似商标）

5.1.5 商标文字构成、读音不同，但商标字形近似，易使相关公众对商品或者服务的来源产生混淆的，判定为近似商标

(1)商标文字结构相近，使商标的整体外观近似，判定为近似商标。

例如：

雕　　　　周佳

（商标文字："雕"）　　　　（商标文字："周佳"）

酷几　　　　酷儿

（商标文字:“蓝妹”）

（商标文字:“BOSS”）　（商标文字:“13055”）　（商标文字:“8088”）

（2）商标文字经过书写或者艺术设计，使商标的整体外观近似，判定为近似商标。

例如：

（商标文字:“荷茬”）　（商标文字:“荷花”）

（商标文字:“青伶酒”）　（商标文字:“汾酒”）

（商标文字:“福沃”）　（商标文字:“福天”）

（商标文字:“双订”）　（商标文字:“双灯”）

（商标文字:“山楂树下”）　（商标文字:“川楂树下”）

clunlzill

（商标文字："clunlzill"）

dunhill

（商标文字："dunhill"）

5.1.6 商标文字构成或者读音不同，但含义相同或者近似，易使相关公众对商品或者服务的来源产生混淆的，判定为近似商标

(1)商标由汉字或者数字构成，含义相同或者近似，易使相关公众对商品或者服务的来源产生混淆的，判定为近似商标。

例如：

玫瑰花　　玫瑰

3506　　三五零六

红太阳　　太阳

珠穆朗玛峰　　珠穆朗玛

（"珠穆朗玛"一般指"珠穆朗玛峰"）

(2)外文商标的含义与中文、数字商标的主要含义相同（在含义上有一一对应关系）或基本相同（在含义上有较强的对应关系），易使相关公众对商品或者服务的来源产生混淆的，判定为近似商标。

例如：

CROWN　　皇冠

（可译为"皇冠"）

victory　　勝利牌

（可译为"胜利"）

Onetwothree　　123　　一二三

（可译为"123"）

ROSE OF NO MAN'S LAND　　　　无人区玫瑰

（可译为"无人区玫瑰"）

B³　　　　B三

SK-TWO　　　　SK-Ⅱ

但外文商标的含义超出相关公众的一般认知能力，相关公众通常容易将其作为无含义的外文商标进行识别，不易产生混淆误认的，不判为近似商标。

例如：

BRUIN　　　　熊

（"BRUIN"可译为（童话故事中的）熊）

CLIPPERS　　　　剪刀

（"CLIPPERS"可译为"大剪刀""快速帆船""快马"等含义，但相关公众一般会将"scissors"与"剪刀"作为常用中英文对应关系。因此"CLIPPERS"虽然有"大剪刀"的中文含义，但已超出相关公众的一般认知范畴，两商标不判为近似商标）

（3）两个外文商标的主要含义相同或基本相同，且字形差别不大，易使相关公众对商品或者服务的来源产生混淆的，判定为近似商标。

例如：

Life Solutions　　　　LIVING SOLUTIONS

（可译为"生活解决方案"）　　　　（可译为"生活解决方案"）

5.1.7 中文商标由三个或者三个以上汉字构成，仅个别汉字不同，整体无含义或者含义无明显区别，易使相关公众对商品或者服务的来源产生混淆的，判定为近似商标

（1）两商标整体无含义。

例如：

帕尔斯　　　　帕洛尔斯

蒙尔斯特　　　　蒙尔斯吉

(2)两商标含义无明显区别。

例如:

心至必达　　　　心之必达

熊猫老爸　　　　熊猫爸爸

奔跑的果子　　　　奔跑吧菓子

勇者地下城　　　　勇士与地下城

但商标首字读音、字形明显不同,或者整体含义不同,使商标整体区别明显,不易使相关公众对商品或者服务的来源产生混淆的,不判为近似商标。

例如:

君运来　　　　福运来

东方雪　　　　東方雪狼

迷尔派斯　　　　舒尔派斯

北美风情　　　　北欧风情

5.1.8 商标由一至两个外文字母或者数字构成,仅字体或设计不同,商标整体外观近似,易使相关公众对商品或者服务的来源产生混淆的,判定为近似商标

例如:

BV　　　　BV

GG　　　　GG

但商标由一个或者两个非普通字体的外文字母构成，字形明显不同，使商标整体区别明显，不易使相关公众对商品或者服务的来源产生混淆的，不判为近似商标。

例如：

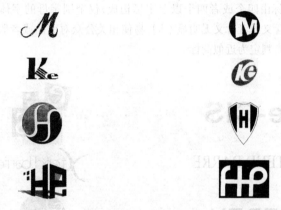

5.1.9 外文商标由三个或者三个以上字母构成，仅个别字母不同，整体无含义或者含义无明显区别，易使相关公众对商品或者服务的来源产生混淆的，判定为近似商标

（注："个别字母不同"包括变字母、增加或减少字母、临近字母变换顺序等。需结合商标的文字长度、字体、外形设计、有无含义、不同点所处位置等情况综合判断是否近似。）

（1）商标由三个字母构成，仅个别字母不同但字形相近，整体无含义或者含义无明显不同，易使相关公众对商品或者服务的来源产生混淆的，判定为近似商标。

例如：

DMG　　DMC

Pal　　PAI

SIVIS　　　　SMS

TGV　　　　FGV

TRW　　　　TRW

(2)商标由四个或者四个以上字母构成,仅个别字母的字体或设计不同,整体无含义或者含义无明显不同,易使相关公众对商品或者服务的来源产生混淆的,判定为近似商标。

例如:

e-CIS　　　　ecis

XTEND BARRE　　　　Xtend barre

EDEN　　　　eden

(3)商标由四个或者四个以上字母构成,仅个别字母不同,整体无含义,易使相关公众对商品或者服务的来源产生混淆的,判定为近似商标。

例如:

SOMI　　　　SOMIS

TREC　　　　TREG

WOOSH　　　　VVOOSH

BILLDAN　　　　BILLDANY

COURSERA　　　　coursera

IZUCU　　ISUZU

(4)商标由四个或四个以上字母构成,仅个别字母不同,其中之一有含义,易使相关公众对商品或者服务的来源产生混淆的,判定为近似商标。

例如:

MIRROR（可译为“镜子”）　　MIROR（无含义）

Triumph（可译为“胜利”）　　TRIMPH（无含义）

(5)商标由四个或四个以上字母构成,仅个别字母不同,含义无明显区别,易使相关公众对商品或者服务的来源产生混淆的,判定为近似商标。

例如:

Artist（可译为“艺术家”）　　ARTISTE（可译为“艺术家”）

但下列三种情形,商标首字母发音及字形明显不同,或者整体含义不同,或者字母排列顺序不同,使商标整体区别明显,不易使相关公众对商品或者服务的来源产生混淆的,不判为近似商标。

(1)商标首字母发音及字形明显不同,使商标整体区别明显,不易使相关公众对商品或者服务的来源产生混淆的,不判为近似商标。

例如:

LOVE（可译为“爱”）　　EOVE（无含义）

Desire（可译为“愿望”）　　Jesiré（无含义）

RELGAN（无含义）　　SELGAN（无含义）

(2)商标整体含义不同,使商标整体区别明显,不易使相关公众对商品或者服务的来源产生混淆的,不判为近似商标。

例如:

HORSE	HOUSE
(可译为"马")	(可译为"房子")
think	THANK
(可译为"思索")	(可译为"谢谢")

(3)商标由三个或者三个以上外文字母构成,字母排列顺序不同,使商标整体区别明显,不易使相关公众对商品或者服务的来源产生混淆的,不判为近似商标。

例如:

(无含义)	(无含义)
ARNEGI	AIGNER
(无含义)	(无含义)
ACB	CAB
(无含义)	(可译为"出租马车")
	HBS 华博士
(无含义)	(无含义)

5.1.10 商标由两个外文单词构成,仅单词顺序不同,含义无明显区别,易使相关公众对商品或者服务的来源产生混淆的,判定为近似商标

例如:

HAWKWOLF	WOLFHAWK

("HAWK"可译为"鹰","WOLF"可译为"狼")

TechBlitz	Blitztech

("Blitz"可译为"闪电战","Tech"可译为"技术")

5.1.11 商标文字仅在形式上发生单复数、动名词、缩写、比较级或最高级、词性、添加冠词、添加连词、添加介词等变化,例如:“MORE”“THE”“LA”“LE”“AND”“BY”“FROM”等,但表达含义基本相同,易使相关公众对商品或者服务的来源产生混淆的,判定为近似商标

例如:

Explorer (普通形式)	THE EXPLORERS (复数加冠词形式)
SAINT TROPEZ	ST. TROPEZ (注:“ST.”为“SAINT”缩写形式)
Attractive (原级)	more attractive (比较级)
NOUVELLE (普通形式)	LA NOUVELLE (加冠词形式)
Holon (普通形式)	A*HOLON (加冠词形式)
FANG (普通形式)	by FANG (加介词形式)
FRANK (普通形式)	FROM: FRANK (加介词形式)

5.1.12 商标仅由他人在先商标的显著识别部分及本商品或者服务的通用名称、型号或者直接表示商品或者服务的质量、主要原料、功能、用途、重量、数量及其他特点的文字组成,易使相关公众对商品或者服务的来源产生混淆的,判定为近似商标

(1)商标仅由他人在先商标的显著识别部分及本商品或者服务的通用名称、型号组成,易使相关公众对商品或者服务的来源产生混淆的,判定为近似商标。

例如:

乐曼啤酒 指定商品:啤酒	乐曼
华旗文旅 指定服务:安排旅行	华旗
嘉人医美 指定服务:医疗诊所	嘉人 指定服务:整形外科
青峰直播 指定服务:娱乐	青峰 指定服务:演出
KALDI COFFEE AND TEA	kaldi 指定服务:安排和举办专题讨论会,包括咖啡和制作精美的食物方面的专题讨论会等 (显著部分为“KALDI”;“COFFEE AND TEA”可译为“咖啡和茶”,指明了服务的内容、领域)
3M 指定商品:外科和医疗用面罩	3MN95 指定商品:医用卫生口罩 (“N95”为口罩的一种防护等级)

(2)商标仅由他人在先商标显著识别部分及直接表示商品或者服务的质量的文字组成,易使相关公众对商品或者服务的来源产生混淆的,判定为近似商标。

例如:

碧清香 指定商品:酸奶	碧 清 指定商品:酸奶
华盛耐磨 指定商品:耐磨金属	華盛 指定商品:金属板条

BLANCO Professional 指定服务：商业机构的咨询等 （显著部分“BLANCO”；“PROFESSIONAL”可译为“专业的”，表示质量特点）	BIANCO.

（3）商标仅由他人在先商标的显著识别部分及直接表示商品的主要原料的文字组成，易使相关公众对商品或者服务的来源产生混淆的，判定为近似商标。

例如：

老龙潭山泉 指定商品：矿泉水	老龙潭 指定商品：矿泉水
雅妮本草 YANIBENCAO 指定商品：化妆品	雅妮 YA NI 指定商品：化妆品

（4）商标仅由他人在先商标的显著识别部分及直接表示商品的功能、用途的文字组成，易使相关公众对商品或者服务的来源产生混淆的，判定为近似商标。

例如：

中信贷 指定服务：抵押贷款	中信 指定服务：抵押贷款
乘风制冷 指定商品：冷冻设备和机器	乘风 指定商品：冷柜
adamSport 指定商品：鞋	ADAM 指定商品：运动鞋
ELITE-LIGHTING 指定商品：照明器械及装置 （“LIGHTING”可译为“照明”）	ELITE 指定商品：电灯泡

(5)商标仅由他人在先商标的显著识别部分及直接表示商品的重量、数量的文字组成,易使相关公众对商品或者服务的来源产生混淆的,判定为近似商标。

例如:

古瓮頭 来二两 指定商品:烧酒	古瓮頭 指定商品:白酒,烧酒
汇源一桶 指定商品:奶茶	汇源 指定商品:无酒精水果混合饮料

(6)商标仅由他人在先商标显著识别部分及直接表示商品或者服务的其他特点的文字组成,易使相关公众对商品或者服务的来源产生混淆的,判定为近似商标。

例如:

富力通 指定商品:可视电话	富力 指定商品:可视电话
首信高科 指定商品:影碟机	首信 指定商品:影碟机
风味黎红 指定商品:调味品	黎红
Cirrus3d 指定商品:计算机外围设备录制、传送、重放声音或影像的装置;3D 眼镜等 (显著部分为“Cirrus”;“3d”是指技术特点)	CIRRUS
LILLYDOO for mom 指定商品:家用怀孕测试制剂等 (显著部分为“LILLYDOO”;“for mom”可译为“用于妈妈”,表明了使用对象)	Lilly doo

FIREFLY MINI

指定商品:烟斗等

(注:显著部分为"FIREFLY","MINI"可译为"小型的,迷你的",表明大小型号特点)

FiRE FLY

5.1.13 商标仅由他人在先商标的显著识别部分及某些表示服务场所或商品生产、销售、使用场所的文字组成,易使相关公众对商品或者服务的来源产生混淆的,判定为近似商标

例如:

金鼎轩

指定商品:家具

金鼎

指定商品:家具

華仁堂 HUA REN TANG

指定商品:蜂蜜

华仁

指定商品:食用蜂蜜

丽人坊

指定服务:美容院

麗人

指定服务:美容院

来福楼

指定服务:餐馆

福 来福生煎

指定服务:餐馆

云趣店

指定商品:充气轮胎

云趣

指定商品:汽车轮胎

和劑局

指定商品:人用药

和剂堂

指定商品:中药成药

DTX STUDIO

指定商品:牙科设备和仪器

DTX

指定商品:医用诊断设备

PARKER'S CELLAR

指定商品:葡萄酒

Parkers

指定商品:含酒精液体

但商标由单一汉字构成或整体含义区别明显，不易使相关公众对商品或者服务的来源产生混淆的，不判为近似商标。

例如：

顾	顾堂
大洋	大洋房

5.1.14 两商标存在起修饰作用的形容词或者副词、名词以及其他在商标中显著性较弱的文字的区别，例如“新”“大”“好”“宝”“世家”“国际”“珍品”“DR.”等，所表述的含义基本相同或者相近，易使相关公众对商品或者服务的来源产生混淆的，判定为近似商标

例如：

新吉澳	吉澳
好美人娇	美人娇
老庆福	庆福
万宝王	万宝
小润发 指定服务：替他人推销	大润发 指定服务：替他人推销
百盛世家	百盛
超力一族	超力
活力派	活力
慧腾国际	慧腾
美客优购	美客

e-JBN 指定商品:计算机程序;电开关;等 (“e-”表示“电子的”)	JBN
SIKA-DESIGN (“DESIGN”可译为“设计”)	SIKA
STRADA SERIES (“SERIES”可译为“系列”)	Strada
ZETA GROUP (显著部分为“ZETA”;“GROUP”可译为“集团”,属于公司性质描述)	ZETA
Dr. Mayson	Mayson 漫森

但商标含义或者整体区别明显,不易使相关公众对商品或者服务的来源产生混淆误认的,不判为近似商标。

例如:

球王	球
WHISPERING ANGEL (可译为“低语的天使”)	ANGEL
STEAM TRAIN	STEAM

(“STEAM TRAIN”可译为“蒸汽火车”或“蒸汽培训”,指定使用在第 41 类“教育、培训”服务上,与“STEAM”判定为近似商标。但指定使用在第 42 类“室内装饰设计、计算机软件设计”等服务上,因整体含义区别明显,与“STEAM”不判为近似商标)

5.1.15 两商标或者其中之一由两个或者两个以上相对独立的部分构成,其中显著部分近似,易使相关公众对商品或者服务的来源产生混淆的,判定为近似商标

例如:

格丽 碧珍 精彩生活 愛麗斯	碧珍 愛麗斯

Bor Jiann's HUNTER	HUNTER
benge 奔鹅	benge 本格

（两商标虽然汉字部分不同，但拼音部分完全相同，且“benge”属于商标的主要识别部分，两商标整体外观近似，判定为近似商标）

FELICIA 法莱亚	FENICIA
Symphony by Commend	SYMPHONY SERVICES
Symphony by Commend	COMMEND
360金融	360 贷款

但商标整体含义区别明显，不易使相关公众对商品或者服务的来源产生混淆的，不判为近似商标。

例如：

星跃 Xingyue	兴越 Xingyue
QQ眼	e眼
3D 时代	U9 时代
22世纪	世纪
K 宝	M 宝

5.1.16 商标完整地包含或者摹仿他人在先具有较高知名度或者显著性较强的文字商标，易使相关公众认为属于系列商标而对商品或者服务的来源产生混淆的，判定为近似商标

例如：

华为海思 指定商品：智能手机 申请人：某自然人	华为 指定商品：手机，智能手机 申请人：某技术有限公司

一口思念 指定商品：肉	思念 指定商品：猪肉食品
箭一口一牌 指定商品：抽水马桶	箭牌
凯悦长城 KAIYUECHANGCHENG 指定商品：葡萄酒	長城 指定商品：葡萄酒
Mobi-jd 美经★典孚 指定商品：润滑油	Mobil美孚 引發非凡動力 指定商品：润滑油
一品蓝之梦 指定商品：白酒	梦之蓝
IROBAMI 指定商品：燃气炉等	ROBAM老板
CHUANHONG 川虹 指定商品：电视机	CHANGHONG

六　必　居
风　味　酱

居必六

（“六风”“必味”“居酱”为同一申请人申请的三件商标，可拼凑组成“六必居风味酱”，应与“六必居”判定为近似商标）

5.1.17 商标包含汉字及其对应拼音，与含单独相同拼音的商标，易使相关公众对商品或者服务的来源产生混淆的，判定为近似商标

例如：

雅叶 YAYE	YAYE
MIYU	密语MIYU

5.2 图形商标近似的审查

5.2.1 商标图形的构图和整体外观近似，易使相关公众对商品或者服务的来源产生混淆的，判定为近似商标

例如：

5.2.2 商标包含他人在先具有较高知名度或者显著性较强的图形商标，易使相关公众认为属于系列商标而对商品或者服务的来源产生混淆的，判定为近似商标

例如：

指定商品：服装　　　　　　　　指定商品：服装

5.3 组合商标近似的审查

5.3.1 商标汉字部分相同或者近似，易使相关公众对商品或者服务的来源产生混淆的，判定为近似商标

例如：

但汉字作为商标的非显著识别部分或者非主要识别部分，商标外观区别明显，不易使相关公众对商品或者服务的来源产生混淆的，不判为近似商标。

例如：

指定商品：沐浴用设备　　指定商品：浴室装置

（商标汉字部分是“创新科技　引领未来”）

5.3.2 商标外文、数字部分相同或者近似，易使相关公众对商品或者服务的来源产生混淆的，判定为近似商标

例如：

SMC

SMC 蜆華

AIRLINES
RED WINGS

REDWING
PROFESSIONAL

KIKO KIKO

KIKO

牧 家
BOCCA

指定商品：咖啡、茶等

BOCCA COFFEE

指定商品：咖啡、咖啡精和咖啡茶等

BERLVTI
贝尔履提

1895
BERLUTI
PARIS

英吉特
Inforgate

INFOGATE

1314

1314
24h

1314

但商标整体呼叫、含义和外观区别明显,不易使相关公众对商品或者服务的来源产生混淆的,不判为近似商标。

例如:

-52　　　　幸运52

JIE CHENG　　　　佳诚 JIA CHENG

常兴灯饰 CHANGXING LIGHTING　　　　CHANGYING

365DAY　　　　DAY 8

5.3.3 商标的中文与外文文字的主要含义相同或基本相同,易使相关公众对商品或者服务的来源产生混淆的,判定为近似商标

例如:

　　　　BOSS

(可译为“老板”)

企鹅绅士　　　　GENTLEMAN PENGUIN

(可译为“绅士企鹅”)

鹦鹉　　　　Parrot MINIDRONES ROLLING SPIDER

(“Parrot”可译为“鹦鹉”,属于商标的主要识别部分,与汉字“鹦鹉”判定为近似商标)

快乐蜗牛 玩学馆

指定服务:安排和组织培训班等

HappySnail

指定服务:教育或者娱乐竞赛的组织等

(“HappySnail”可译为“快乐蜗牛”)

但商标整体构成、呼叫或者外观区别明显,不易使相关公众对商品或者服务的来源产生混淆的,不判为近似商标。

例如:

HAPPYTREE 开心树

KUAILESHU 快樂樹

不二

唯一

(“UNIQUE”可译为“唯一的、独特的”,与“不二”有一定的对应关系)

5.3.4 商标图形部分相同或者近似,易使相关公众对商品或者服务的来源产生混淆的,判定为近似商标

例如:

迅力 XUN LI

史芬

农科登

东方红 DONG FANG HONG

但因商标中所含图形为本商品常用图案，或者主要起装饰、背景作用而在商标中显著性较弱，商标整体含义、呼叫或者外观区别明显，不易使相关公众对商品或者服务的来源产生混淆的，不判为近似商标。

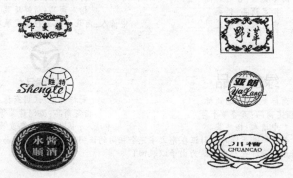

例如：

新爽 Xin shuang　　　　佳爽 JIASHUANG

5.3.5 商标文字、图形不同，但排列组合方式或者整体描述的事物基本相同，使商标整体外观或者含义近似，易使相关公众对商品或者服务的来源产生混淆的，判定为近似商标

例如：

QI XIANG FENG　　　　MOUTAI

六和　　　　六和塔 Liuheta

皮克老人头 PIKELAORENTOU

6 具体适用：普通商标与集体商标、证明商标相同、近似的审查

普通商标与集体商标、证明商标相同、近似的审查适用本章的基本规定。

例如：

环都	环都菜园
商标类型：普通商标 指定商品：甜菜 申请人：刘某某	商标类型：集体商标 指定商品：新鲜蔬菜 申请人：河北省蔬菜行业发展联合总社

绿色食品	绿色食品
商标类型：普通商标 指定商品：五香萝卜等 申请人：杨某某	商标类型：证明商标 指定商品：腌制蔬菜等 申请人：中国绿色食品发展中心

（在审查该普通商标时除引证在先文字完全相同的证明商标外，还需以易使消费者对指定商品的品质等特点产生误认为由予以驳回）

需要指出的是,同一申请人不能在相同或者类似商品或者服务上注册两种不同类型的相同或者近似商标。因为集体商标、证明商标与普通商标在功能作用、使用方式、使用条件、注册人和使用人的权利、义务等方面均有所不同,在相同或者类似商品或者服务上同时注册两种不同类型的商标,仍易引起公众对商品或者服务的来源及其品质等方面的误认,应予以驳回。

嶂山	嶂山 ZHANGSHAN
商标类型:普通商标	商标类型:集体商标
指定商品:鲜水果等	指定商品:水蜜桃、桃等
申请人:镇江市润州区蒋乔嶂山果品协会	申请人:镇江市润州区蒋乔嶂山果品协会

(为避免公众对商品的来源及其品质等方面产生误认,同一申请人在后申请的"嶂山"集体商标引证其在先已注册的"嶂山"普通商标予以驳回)

第六章　三维标志商标的审查审理

3.4 三维标志商标相同、近似的审查

三维标志商标相同、近似的审查包括三维标志商标之间相同、近似的审查和三维标志商标与平面商标之间相同、近似的审查。审查时应考虑商标中三维形状的任一可观察角度,并就观察到的表现内容及视觉效果与他人在先商标进行对比。

3.4.1 三维标志商标之间相同、近似的审查

3.4.1.1 三维标志商标仅由三维形状构成

仅由三维形状构成的三维标志商标,其整体视觉效果与他人在先的三维标志商标相同或者近似,易使相关公众对商品或者服务的来源产生混淆的,判定为相同或者近似商标。

例如:

指定商品:香水

指定商品:香水

3.4.1.2 三维标志商标由具有显著特征的三维形状和其他平面要素组合而成

由具有显著特征的三维形状和其他平面要素组合而成的三维标志商标，若其具有显著特征的三维形状部分或者具有显著特征的平面要素部分与他人在先的三维标志商标对应部分相同或者近似，易使相关公众对商品或者服务的来源产生混淆的，判定为相同或者近似商标。

例如：

指定商品：香水

指定商品：香水

（图示两件商标三维形状近似，平面图形近似，致使整体视觉效果近似，易使相关公众对商品或者服务的来源产生混淆，判定为近似商标）

3.4.1.3 三维标志商标由不具有显著特征的三维形状和具有显著特征的平面要素组合而成

（1）由不具有显著特征的三维形状和具有显著特征的平面要素组合而成的三维标志商标，若两件商标具有显著特征的平面要素相同或者近似，易使相关公众对商品或者服务的来源产生混淆误认的，判定为相同或者近似商标。

例如：

指定商品：巧克力

指定商品：巧克力

（图示两件商标的三维形状部分均不具有显著特征，其具有显著特征的平面要素部分近似，易使相关公众对商品或者服务的来源产生混淆，判定为近似商标）

（2）由不具有显著特征的三维形状和具有显著特征的平面要素组合而成的三维标志商标，若两件商标具有显著特征的平面要素部分区别较大，相关公众能够据以区分商品或者服务的来源的,不判定为相同或者近似商标。

例如:

指定商品:酒

指定商品:酒

(左侧标志平面文字为“KURG”,右侧标志平面文字为“LA GRANDE DAME”,图示两件商标的三维形状部分均不具有显著特征,其具有显著特征的平面要素部分不近似,相关公众能够区分二者商品的来源,不判定为近似商标)

3.4.2 三维标志商标与平面商标相同、近似的审查

3.4.2.1 三维标志商标仅由三维形状构成

仅由三维形状构成的三维标志商标,与他人在先的平面商标在整体视觉效果上相同或者近似,易使相关公众对商品或者服务的来源产生混淆的,判定为相同或者近似商标。

例如:

指定商品:服装

指定商品:服装

(图示两件商标中,左侧三维标志商标的企鹅三维形状与右侧平面商标的企鹅平面图形的整体视觉效果近似,易使相关公众对商品的来源产生混淆,判定为近似商标)

指定商品:清洁制剂

指定商品:清洁制剂

(图示两件商标中,左侧三维标志商标的三维形状整体为“G”字型,与右侧平面商标的平面文字“G”整体视觉效果近似,易使相关公众对商品的来源产生混淆,判定为近似商标)

指定商品:酒精饮料　　　　指定商品:酒精饮料

(图示两件商标中,左侧三维标志商标的立马三维形状与右侧平面商标的立马平面图形的整体视觉效果近似,易使相关公众对商品的来源产生混淆,判定为近似商标)

指定商品:饮料　　　　指定商品:饮料

(图示两件商标中,左侧三维标志商标的足球瓶形三维形状与右侧平面商标的平面足球图形的整体视觉效果近似,易使相关公众对商品的来源产生混淆,判定为近似商标)

3.4.2.2 三维标志商标由三维形状和其他平面要素组合而成

由三维形状和其他平面要素组合而成的三维标志商标,若其具有显著特征的三维形状部分与他人在先的平面商标在整体视觉效果上相同或者近似,或者其具有显著特征的平面要素部分与他人在先的平面商标相同或者近似,易使相关公众对商品或者服务的来源产生混淆的,均判定为相同或者近似商标。

例如:

OFFENSIVE

指定商品:香水　　　　指定商品:香水　　　　指定商品:香水

(图示三件商标中,左侧三维标志商标的足球三维形状与右侧平面商标的平面足球图形的整体视觉效果近似,易使相关公众对商品的来源产生混淆,判定为近似商标;左侧三维标志商标的平面文字“OFFENSIF”与中间平面商标的平面文字“OFFENSIVE”近似,易使相关公众对商品的来源产生混淆,判定为近似商标)

指定商品:化妆品

指定商品:化妆品

(图示两件商标中,左侧三维标志商标的字头“R”与右侧平面商标的字头“R”高度近似,易使相关公众对商品的来源产生混淆,判定为近似商标)

指定商品:酒精饮料

GUADET

指定商品:酒精饮料

(图示两件商标中,左侧三维标志商标的的平面文字“GARDET”与右侧平面商标的文字“GUADET”近似,易使相关公众对商品的来源产生混淆,判定为近似商标)

第七章　颜色组合商标的审查审理

3.3 颜色组合商标相同、近似的审查

颜色组合商标相同、近似的审查包括颜色组合商标之间和颜色组合商标与其他类型商标之间相同、近似的审查。

颜色组合商标相同、近似的审查,应以其申请注册的颜色组合要素,及其《商标注册申请书》中说明的具体使用方式为依据。审查时需要对颜色组合要素进行检索,在判断是否相同、近似时,应当结合颜色组合商标的使用方式,主要从整体视觉效果上进行审查判断。

3.3.1 颜色组合商标之间相同、近似的审查

(1)构成颜色组合商标的颜色及其排列组合的方式相同或者近似,且在商业活动中的具体使用方式无明显差别,整体视觉效果区别不明显,易使相关公众对商品或者服务的来源产生误认的,判定为相同或者近似商标。

例如:

指定商品：电锯

商标说明：该颜色组合商标由桔红色、灰色两种颜色组合构成。其中桔红色为 Pantone PQ－17－1464TCX，灰色为 Pantone P 179－15C。灰色用于割草机机身，桔红色用于空滤器盖和把手，虚线部分用以表示颜色在该商品上的位置，锯齿轮廓和外形不是商标构成要素。

指定商品：林业和园艺用链锯

商标说明：本商标为颜色组合商标，商标的图形轮廓仅用来显示颜色所在的位置，该图形轮廓本身并不是要申请的商标。本商标包含的颜色为橙色（RAL 颜色对照表编号 2010）和灰色（RAL 颜色对照表编号 7035），与本商标指定使用商品的颜色一致。其中，橙色位于指定商品外罩的上部，灰色位于指定商品外罩的下部。

（2）构成颜色组合商标的颜色相同或者近似，但排列组合方式不同，或在商业活动中的具体使用方式不同，整体视觉效果差别较大，不易使相关公众对商品或者服务的来源产生误认的，不判定为相同或者近似商标。

例如：

指定商品：电动工具用充电站

商标说明：该颜色组合商标由金色和黑色两种颜色组合构成，产品整体呈金色，上有黑色竖状条纹。

指定商品：电池

商标说明：商标为长条状色块，两种颜色为黄铜色和黑色，分别占整体的 1/3、2/3。

3.3.2 颜色组合商标与其他类型商标之间相同、近似的审查

（1）一般情况下，根据申请人提供的商标说明，颜色组合商标的颜色排列组合方式及其在商业活动中的具体使用方式使其整体视觉效果与其他类型商标的整体视觉效果差别较大，不易使相关公众对商品或者服务的来源产生误认的，不判定为相同或者近似商标。

例如：

（颜色组合商标）

指定商品：金属制管套筒

说明：本商标为颜色组合商标，由蓝色（国际标准色卡色号：2925）和黑色（国际标准色卡色号：黑色）组合而成。在实际使用中有一定的图形限制，蓝色和黑色以同心圆的形式使用在指定商品上，黑色圆圈位于中心位置，四周环绕蓝框。

（平面商标）

指定商品：金属管道弯头等

(2)特定情况下,颜色组合商标与其他类型商标相同或者近似,是指构成颜色组合商标的颜色与其他类型商标所指定的颜色相同或者近似,且以申请人说明的使用方式使用所呈现的整体视觉效果与其他类型商标的整体视觉效果基本无差别或差别不大,易使相关公众对商品或者服务的来源产生误认的,判定为相同或者近似商标。

第八章　声音商标的审查审理

3.3 声音商标相同、近似审查

声音商标相同、近似审查包括声音商标之间和声音商标与其他类型商标之间的相同、近似审查。

3.3.1 声音商标之间相同、近似审查

两声音商标的听觉感知或整体音乐形象相同或者近似,易使相关公众对商品或者服务来源产生混淆误认,或者认为二者之间存在特定联系的,判定为相同或者近似商标。

3.3.2 声音商标与其他类型商标相同、近似审查

声音商标中语音对应的文字或其他要素,与可视性商标中含有的文字或其他要素读音相同或者近似,易使相关公众对商品或者服务来源产生混淆误认,或者认为二者之间存在特定联系的,判为相同或者近似商标。

例如:

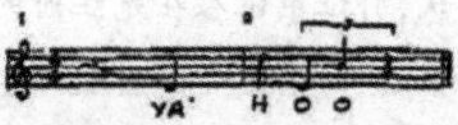

人声用真假喉音急变互换的方式歌唱出"YAHOO"。

(声音商标)

YAHO

(外文商标)

第九章　集体商标、证明商标的审查审理

3.3 集体商标和证明商标相同、近似的审查

集体商标和证明商标注册不得违反《商标法》第三十条和第三十一条的规定,对其相同、近似的审查适用本编第五章的基本规定。

例如:

环都菜园

商标类型：集体商标

指定商品：第 31 类新鲜蔬菜

申请人：河北省蔬菜行业发展联合总社

环都

商标类型：普通商标

指定商品：第 31 类甜菜

申请人：刘志林

小沙窝萝卜

商标类型：集体商标

指定商品：第 31 类新鲜萝卜等

申请人：天津市曙光沙窝萝卜专业合作社

沙 窝

商标类型：地理标志证明商标

指定商品：第 31 类新鲜萝卜

申请人：天津市西青区辛口镇沙窝萝卜产销协会

值得注意的是，即使是同一申请人，也不能在相同或类似商品或者服务上注册两种不同类型的相同或者近似商标。因为集体商标、证明商标与普通商标、地理标志集体商标、地理标志证明商标虽然同属商标的类型，但在功能作用、使用方式、商品或者服务使用条件、注册人和使用人的权利、义务等方面均有所不同，在相同、类似商品或者服务上同时注册两种不同类型的商标，仍会引起公众对商品或者服务的来源及其品质等方面产生误认，应予以驳回。

例如：

嶂山
ZHANGSHAN

商标类型：集体商标

指定商品：第 31 类水蜜桃、桃

申请人：镇江市润州区蒋乔嶂山果品协会

嶂山

商标类型：普通商标

指定商品：第 31 类鲜水果等

申请人：镇江市润州区蒋乔嶂山果品协会

（为避免公众对商品的来源及其品质等方面产生误认，引证申请人在先注册的“嶂山”普通商标，驳回其后在相同类别、近似商品上申请的“嶂山”集体商标）

5.3 地理标志集体商标和地理标志证明商标相同、近似的审查

地理标志集体商标和地理标志证明商标作为商标的一种类型，同样应进行商标近似性比对审查，遵循《商标法》第三十条、第三十一条的规定。对其相同、近似的审查适用本编第五章的基本规定。

例如：

金秀红茶

商标类型：地理标志证明商标

指定商品：第 30 类红茶

申请人：金秀瑶族自治县大瑶山茶叶产业协会

金秀红
JINXIUHONG

商标类型：普通商标

指定商品：第 30 类茶；冰茶；茶饮料

申请人：金秀瑶区农林土特产有限公司

宜昌白山羊

商标类型:地理标志证明商标
指定商品:第 29 类羊肉;羊(非活)
申请人:宜昌畜牧绿色产业研究所

商标类型:普通商标
指定商品:第 29 类肉;家禽(非活)等
申请人:红河县宏旭农业开发有限公司

赵县黄冠梨

商标类型:地理标志证明商标
指定商品:第 31 类新鲜梨
申请人:赵县大安绿色梨果协会

赵县雪花梨
ZHAOXIANXUEHUALI

商标类型:地理标志证明商标
指定商品:第 31 类鲜雪花梨
申请人:赵县梨果产业协会

但鉴于地理标志是其产地从事相关生产经营活动的市场主体共有的权利,其与普通商标在功能、用途、产品特定品质、历史渊源等方面区别明显,在地理标志集体商标和地理标志证明商标相同、近似比对审查中,应当进行个案判断,不能机械地照搬条款。

如果地理标志集体商标、地理标志证明商标申请在后,普通商标申请在前,应当结合地理标志集体商标、地理标志证明商标的知名度、显著性、相关公众的认知等因素,不易构成相关公众混淆误认的,不判定为近似商标。

如果地理标志集体商标、地理标志证明商标申请在前,普通商标申请在后,容易导致相关公众对商品或者服务来源产生混淆误认,不当攀附地理标志集体商标或者地理标志证明商标知名度的,认定二者构成近似商标。

5.3.1 汉字逆序形式

地理标志集体商标、地理标志证明商标中非通用名称的文字与在先商标的文字构成相同,但排列顺序不同,应当结合地理标志集体商标、地理标志证明商标的知名度和显著性、相关公众的认知等因素综合判断,不易构成相关公众混淆误认的,不判定为近似商标。

例如:

LANSHANLVCHA
1966
岚山绿茶

商标类型:地理标志证明商标
指定商品:第 30 类茶
申请人:日照市岚山区农业技术服务协会

山岚

商标类型:普通商标
指定商品:第 30 类茶;茶叶代用品
申请人:嵊州市谷来农业总公司

5.3.2 大小地名套用

地理标志集体商标、地理标志证明商标名称由具有包含关系的两级地名即“大地名＋小地名＋商品通用名称”构成，如果小地名隶属于大地名，且在先小地名商标权利人来自大地名所标示地区，易造成误认，在类似商品上两者应判定近似。

例如：

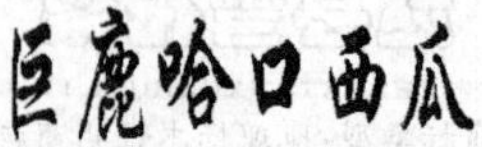

商标类型：地理标志证明商标
指定商品：第 31 类西瓜
申请人：巨鹿县哈口西瓜种植协会

商标类型：普通商标
指定商品：第 31 类鲜水果；西瓜等
申请人：巨鹿县哈口果蔬专业合作社

（哈口是河北省邢台市巨鹿县下辖的村名，该村某果蔬专业合作社在先注册了“哈口”普通商标，为避免公众产生误认，在后申请的“巨鹿哈口西瓜”地理标志证明商标应引证在先“哈口”予以驳回）

在将地理标志集体商标、地理标志证明商标与其他商标进行近似性比对时，商品类似关系的判定详见本章 6.1.2“指定商品类似关系的判定”。

【北京法院商标行政案件的规范文件】

《北京市高级人民法院商标授权确权行政案件审理指南》（20190424）

11. 商标法第十三条的适用

11.7【驰名商标的法条转换】

商标评审部门在符合下列条件的情况下，适用商标法第三十条或者第三十一条作出被诉裁决且支持当事人申请，对方当事人主张适用法律错误的，不予支持：

（1）当事人依据商标法第十三条第三款的规定对相同或者类似商品上申请注册的诉争商标申请不予核准注册或者宣告其无效的；

（2）当事人没有明确主张诉争商标的申请注册违反商标法第三十条或者第三十一条的；

（3）当事人申请诉争商标不予核准注册或者宣告无效的实质理由是相关公众容易对诉争商标与引证商标所标示的商品来源产生混淆的；

（4）当事人提出宣告诉争商标无效的申请没有超出商标法第四十五条第一款规定的五年期限的。

13. 商标法第十六条的适用

13.9【法律条款的适用】

当事人以他人申请注册的地理标志证明商标或者集体商标违反商标法第十六条第二款的规定不应予以核准注册或者应予宣告无效的,适用商标法第三十条中“凡不符合本法有关规定”的内容进行审理。

15. 商标法第三十条、第三十一条的适用

15.1【商标延续注册的限制】

诉争商标申请人的在先商标注册后、诉争商标申请前,他人在相同或者类似商品上注册与诉争商标相同或者近似的商标并持续使用且产生一定知名度,诉争商标申请人不能证明该在先商标已经使用或者经使用产生知名度、相关公众不易发生混淆的情况下,诉争商标申请人据此主张该商标应予核准注册的,可以不予支持。

15.2【商标近似的判断规则】

适用商标法第三十条、第三十一条时,可以综合考虑商标标志的近似程度、商品的类似程度、引证商标的显著性和知名度、相关公众的注意程度以及诉争商标申请人的主观意图等因素,以及前述因素之间的相互影响,以是否容易造成相关公众混淆为标准。

商标标志相同且指定使用的商品相同,可以直接认定违反商标法第三十条、第三十一条的规定,无须考虑其他因素。

将引证商标的整体或者显著识别部分作为诉争商标构成要素的,可以认定构成商标标志近似。

15.3【商标申请驳回复审行政案件中商标近似性的判断】

商标申请驳回复审行政案件中,诉争商标与引证商标是否近似,主要根据诉争商标标志与引证商标标志近似程度等因素进行认定。诉争商标的知名度可以不予考虑。

15.4【商标不予注册复审和无效宣告请求行政案件中商标近似性的判断】

商标不予注册复审和商标权无效宣告请求行政案件中,若诉争商标的申请人主观并无恶意,且基于特定历史原因诉争商标与引证商标长期共存,形成既定市场格局,当事人主张不会导致相关公众发生混淆的,可以认定不构成近似商标。

认定诉争商标与引证商标是否近似,可以综合考虑诉争商标申请人和引

证商标权利人提供的证据、诉争商标申请人的主观状态等。

15.5【市场调查报告的认定】

当事人可以提交市场调查报告用于证明诉争商标和引证商标不构成近似商标,但该报告结论缺乏真实性、科学性的,可以不予采纳。

15.6【商标法第三十条、第三十一条的适用条件】

商标行政案件中,应当依据诉争商标的申请日确定引证商标属于已被核准注册、已初步审定的商标或者在先申请的商标。

引证商标申请日早于诉争商标,但在诉争商标申请日前,引证商标尚未被核准注册或者初步审定,即使在商标评审部门作出被诉裁决时,引证商标已被核准注册或者初步审定的,应当适用商标法第三十一条的规定对引证商标与诉争商标是否构成近似商标进行认定。

15.7【引证商标权利人被注销】

商标行政案件中,引证商标权利人被注销且无证据证明存在权利义务承受主体的,可以认定引证商标与诉争商标不构成近似商标。

15.8【中文商标与外文商标的近似性判断】

中文商标与外文商标的近似性判断,可以综合考虑以下因素:

(1)相关公众对外文含义的认知程度;

(2)中文商标与外文商标在含义、呼叫等方面的关联性或者对应性;

(3)引证商标的显著性、知名度和使用方式;

(4)诉争商标实际使用的情况。

15.9【三维标志商标的比对】

涉及三维标志商标的近似性判断,一般应从整体上进行比对,不能仅就该商标中的文字、图形与在先注册的文字、图形商标进行比对。

15.10【共存协议的属性】

判断诉争商标与引证商标是否构成近似商标,共存协议可以作为排除混淆的初步证据。

15.11【共存协议的形式要件】

引证商标权利人应以书面形式同意诉争商标申请注册,明确载明诉争商标的具体信息,但附条件或者附期限的共存协议一般不予采信。

共存协议应当真实、合法、有效,且不存在损害国家利益、社会公共利益和第三人合法权益等情形,否则不应予以采纳。

15.12【共存协议的法律效果】

引证商标与诉争商标的商标标志相同或者基本相同,且使用在相同或者类似商品上的,不能仅以共存协议为依据,准予诉争商标的注册申请。

引证商标与诉争商标的商标标志近似,使用在相同或者类似商品上,引证商标权利人出具共存协议的,在无其他证据证明诉争商标与引证商标的共存足以导致相关公众对商品来源发生混淆的情况下,可以认定诉争商标与引证商标不构成近似商标。

引证商标权利人出具共存协议后,以诉争商标与引证商标构成近似商标为由,提起不予注册异议或者请求无效宣告的,不予支持,但该协议依法无效或者被撤销的除外。

15.13【类似商品的认定】

商标申请驳回复审行政案件中,一般应以案件审理时的《类似商品和服务区分表》作为判断构成类似商品或者服务的依据。

商标不予注册复审、商标权无效宣告请求行政案件中,案件审理时的《类似商品和服务区分表》可以作为判断构成类似商品或者服务的参考。

15.14【具有主观恶意的认定】

判断诉争商标申请人是否具有主观恶意,可以综合考虑如下因素:

(1)引证商标具有较强显著性和知名度;

(2)诉争商标申请人与引证商标权利人营业地址临近;

(3)诉争商标申请人与引证商标权利人属于同行业;

(4)诉争商标标志与引证商标标志基本相同且诉争商标申请人未作出合理解释。

【公报案例】

1.【最高院"蜘蛛王"案】市场主体以转移、延续商誉为目的另行注册与原注册商标标识存在一定联系的新商标,仍然应当由商标行政主管部门依法进行审核〔蜘蛛王集团有限公司与国家工商行政管理总局商标评审委员会、美国蜘蛛集团有限公司商标异议复审行政纠纷案,最高人民法院行政裁定书(2017)最高法行申3297号,载《中华人民共和国最高人民法院公报》2018年第11期〕。

商标授权确权行政程序中,应当区分商誉的延续与商标的延续。市场主体在经营过程中积累的商誉,可以转移、延续,但是其市场经营行为并不因目的上的正当性而当然具有结果上的合法性。市场主体以转移、延续商誉为目的另行注册与原注册商标标识存在一定联系的新商标，仍然应当由商标行政主管部门依法进行审核。

2.【最高院"福连升"案】同地域的同业竞争者理应知晓竞争对手商标的知名度和显著性，申请和使用商标应当遵守诚实信用原则，注意合理避让而不是恶意攀附竞争对手商标的知名度和良好商誉；未尽合理避让义务，申请并大规模使用近似商标，由此带来的不利后果须自行承担〔北京福联升鞋业有限公司与国家工商行政管理总局商标评审委员会、北京内联升鞋业有限公司商标异议复审行政纠纷案，最高人民法院行政裁定书(2015)知行字第116号，载《中华人民共和国最高人民法院公报》2016年第6期〕。

3.【最高院"啄木鸟"案】(1)审理商标授权确权案件时，应当从商品的功能、用途、生产部门、销售渠道、消费群体等是否相同或者具有较大的关联性，两个商标共存是否容易使相关公众认为商品或者服务是同一主体提供的或者其提供者之间存在特定联系等各方面进行审查，全面合理地判断相关商品是否类似；(2)相关商品是否类似并非绝对和一成不变，基于不同的案情可能得出不同的结论〔杭州啄木鸟鞋业与国家工商行政管理总局商标评审委员会、七好(集团)有限公司商标争议行政纠纷案，最高人民法院驳回再审申请通知书(2011)知行字第37号，载《中华人民共和国最高人民法院公报》2012年第12期〕。

(1)人民法院在审理商标授权确权案件时，不应将相关商品物理属性的比较作为单一判断商品是否类似的标准，而应当从商品的功能、用途、生产部门、销售渠道、消费群体等是否相同或者具有较大的关联性，两个商标共存是否容易使相关公众认为商品或者服务是同一主体提供的或者其提供者之间存在特定联系等各方面进行审查，全面合理地判断相关商品是否类似。

(2)《区分表》①可以作为判断类似商品或者服务的参考。尤其商标注册申请审查，强调标准的客观性、一致性和易于操作性，为了保证执法的统一性和效率，商标行政主管机关以《区分表》为准进行类似商品划分并以此为

① 《区分表》是《类似商品和服务区分表》的简称。——编者注

基础进行商标注册和管理,是符合商标注册审查的内在规律的。

(3)在商标异议、争议和后续诉讼以及侵权诉讼中进行商品类似关系判断时,不能机械、简单地以《区分表》为依据或标准,而应当考虑更多实际要素,结合个案的情况进行认定。

(4)由于判断商品类似时考虑了个案情况,相关商品是否类似并非绝对和一成不变,故基于不同的案情可能得出不同的结论。

(5)关联商品往往是针对《区分表》中被划定为非类似,但实际上具有较强的关联性,相关商标共存容易导致混淆误认的商品而言的。对于这些商品,仍需置于类似商品框架之下进行审查判断;只要容易使相关公众认为商品或者服务是同一主体提供的,或者其提供者之间存在特定联系,在法律上即构成类似商品。

【法院参考案例】

(一)近似商标

1.【最高院"惠购"案】构成商标法第三十条规定的申请商标授权障碍的,应当是已经注册或者初步审定的有效商标〔青岛山景信息技术有限公司与国家知识产权局商标申请驳回复审行政纠纷再审案,最高人民法院行政判决书(2020)最高法行再 244 号〕。

2.【最高院"GREENWORKS"案】(1)判断是否构成商标法第三十条所指的使用在同一种或类似商品上的近似商标,应当结合诉争商标与引证商标所核定的商品的关联程度、引证商标的知名度、引证商标的显著性、诉争商标与引证商标的近似程度等因素,以是否易使相关公众对商品的来源产生误认或者认为其来源与引证商标的商品有特定的联系为判断标准;(2)对于使用时间较长、已建立较高市场声誉和形成相关公众群体的诉争商标,应当准确把握商标法有关保护在先商业标志权益与维护市场秩序相协调的立法精神,充分尊重相关公众已在客观上将相关商业标志区别开来的市场实际,注重维护已经形成的稳定市场秩序〔宝时得科技(中国)有限公司与国家知识产权局商标权无效宣告请求行政纠纷再审申请案,最高人民法院行政裁定书

(2019)最高法行申8735号〕。

3.【最高院"禧六福珠宝"案】商标授权确权程序中,判断商标是否近似时,原则上并不需要考虑在后申请的争议商标的知名度〔六福集团有限公司与深圳市禧六福珠宝有限公司、国家工商行政管理总局商标评审委员会商标争议行政纠纷再审申请案,最高人民法院行政裁定书(2018)最高法行再100号〕①。

4.【最高院"BESON"案】商标驳回复审案件为单方程序,引证商标知名度不应予以考虑〔深圳市柏森家居用品有限公司与国家工商行政管理总局商标评审委员会商标申请驳回复审行政纠纷再审申请案,最高人民法院行政裁定书(2016)最高法行申362号〕。

商标驳回复审案件为单方程序,因此,引证商标持有人不可能作为诉讼主体参与到该程序中,有关引证商标知名度的证据因而在该程序中无法得以出示。在缺乏对申请商标,特别是引证商标进行充分举证和辩论的情况下,商标知名度实际上无法予以考虑。否则,将有违程序的正当性。

5.【最高院"拉菲庄园"案】外文商标通过使用与中文标志建立起稳固联系,他人申请注册近似中文标志应予以驳回;争议商标使用时间长并不意味着已经形成自身的相关公众群体,同他人相关商标已经区别开〔拉菲罗斯柴尔德酒庄与国家工商行政管理总局商标评审委员会等商标争议行政纠纷再审案,最高人民法院行政判决书(2016)最高法行再34号,列入最高人民法院公布的2016年中国法院10大知识产权案件〕。

(1)人民法院认定商标是否近似,既要考虑商标构成要素及其整体的近似程度,也要考虑相关商标的显著性和知名度、所使用商品的关联程度等因

---

① 类似案例参见福特汽车公司等与四川野马汽车股份有限公司商标权无效宣告请求行政纠纷上诉案,北京市高级人民法院行政判决书(2018)京行终4897号;北京青花瓷酒业股份有限公司等与山西杏花村汾酒厂股份有限公司商标权无效宣告请求行政纠纷上诉案,北京市高级人民法院行政判决书(2018)京行终5552号。区别案例参见四川省宜宾五粮液集团有限公司与国家工商行政管理总局商标评审委员会等商标异议复审行政纠纷案,最高人民法院行政裁定书(2014)知行字第37号;浙江苏泊尔股份有限公司与国家工商行政管理总局商标评审委员会等商标权无效宣告请求行政纠纷上诉案,北京市高级人民法院行政判决书(2018)京行终4791号。

素,以是否容易导致混淆作为判断标准。

(2)争议商标由中文文字“拉菲庄园”构成,“庄园”用在葡萄酒类别上显著性较弱,“拉菲”系争议商标的主要部分,判断争议商标与引证商标是否构成近似,关键在于判断“拉菲”与“LAFITE”是否构成近似或者形成了较为稳定的对应关系。拉菲酒庄通过多年的商业经营活动,客观上在“拉菲”与“LAFITE”之间建立了稳固的联系。

(3)对于已经注册使用一段时间的商标,该商标是否已经通过使用建立较高市场声誉和形成自身的相关公众群体,并非由使用时间长久来决定,而是在客观上有无通过其使用行为使得相关公众能够将其与相关商标区分开来,不应仅根据争议商标使用时间较长就推定与引证商标区别开,已经形成稳定的市场秩序。

6.【最高院“FOREVERMARK”案】确定争议的中文商标与引证的英文商标的近似性,需要考虑如下因素:相关公众对英文商标的认知水平和能力、中文商标与英文商标含义上的关联性或者对应性、引证商标自身的知名度和显著性、争议商标实际使用情况等〔高文新与戴比尔斯公司、国家工商行政管理总局商标评审委员会商标争议行政纠纷再审申请案,最高人民法院行政裁定书(2014)知行字第49号〕。

(1)判断争议商标与引证商标是否构成商标法意义上的近似商标,应以相关公众的一般注意力为标准来进行。既要考虑商标标志构成要素及其整体的近似程度,也要考虑相关商标的显著性和知名度、所使用商品的关联程度等因素,以是否容易导致混淆作为判断标准。

(2)确定争议的中文商标与引证的英文商标的近似性,需要考虑如下因素:相关公众对英文商标的认知水平和能力、中文商标与英文商标含义上的关联性或者对应性、引证商标自身的知名度和显著性、争议商标实际使用情况等。

7.【最高院“滨河九粮液”案】评判近似商标时,应综合考虑被异议商标与引证商标的构成要素、被异议商标的使用状况及知名度等情况,两商标共同使用在相同商品上是否会导致相关公众混淆误认〔四川省宜宾五粮液集团有限公司与国家工商行政管理总局商标评审委员会等商标异议复审行政纠纷案,最高人民法院行政裁定书(2014)知行字第37号〕。

本案的引证商标为“五粮液及图”,被异议商标为“滨河九粮液”文字,二者相比对,标志本身存在一定程度的区别。虽然考虑到“五粮液”商标的知名度较高,相关公众容易将“五粮液”视作引证商标的主要识别部分,但是,根据二审法院查明的事实,滨河公司于1987年7月21日就申请注册了“滨河及图”商标,并于1988年2月20日被核准注册,该商标经过使用已经具有较高知名度,“滨河”作为该商标的主要识别部分,已经在相关公众中与滨河公司形成对应联系。在这种情况下,被异议商标在整体上与引证商标形成较大差异,白酒类相关公众施以一般注意力可以将二者进行区分,不会造成混淆误认。

8.【最高院“鳄鱼图形”案】诉争商标是图形商标,引证商标是图文组合商标,文字构成元素是其主要识别部分,即便二者图形部分近似,但主要识别部分及各要素组合后的整体结构并不相同或者近似,以相关公众的一般注意力在隔离状态下观察,二者不会产生混淆和误认〔卡帝乐鳄鱼私人有限公司与国家工商行政管理总局商标评审委员会商标争议行政纠纷再审案,最高人民法院行政判决书(2018)最高法行再134号〕。

争议商标为一写实鳄鱼图形,引证商标为文字图形组合商标,且指定了颜色,其中文字“CARTELO”为无含义臆造词,在文字中间嵌有一鳄鱼图形,鳄鱼身长大概占据了文字中的三个字母,身高大概占据了文字高度的三分之二。从整体来看,争议商标与引证商标差别较大;从主要识别部分来看,争议商标为一写实鳄鱼图形,引证商标虽然也在文字中间嵌有一鳄鱼图形,但相对于“CARTELO”文字来说,所占面积较少,不到文字所占面积的三分之一,“CARTELO”文字更容易引起相关公众注意,因此,“CARTELO”是引证商标的主要识别部分。争议商标与引证商标相比较,二者图形部分近似,但主要识别部分及各要素组合后的整体结构并不相同或者近似。以相关公众的一般注意力在隔离状态下观察,二者不会产生混淆和误认。

9.【最高院“依保路”案】诉争商标与引证商标共存市场容易引起相关公众混淆,即使能够证明诉争商标经过长期使用或宣传,已建立了较高的市场声誉,形成了相关公众群体,甚至使用诉争商标和引证商标的相同商品可能曾经同时在同一商场销售过,但是鉴于引证商标申请注册在先,且在中国大陆地区已经享有很高的市场知名度，仍然存在相关公众将二者混淆并误认的可能性，诉争商标因此应宣告无效〔依波路（远东）有限公司与瑞士依保路钟表有限公司商标权无效宣告请求行政纠纷再审案，最高人民法院行政判决书（2017）最高法行再 75 号〕。

10.【最高院“梦特娇花图形”案】尽管争议商标之图形与引证商标之图形在视觉上相似，所指定使用之商品与引证商标核定商品也类似，但引证商标欠缺知名度，而争议商标与当事人在先注册并大量使用的商标相似并延续其上之商誉，相关公众客观上能将争议商标与引证商标区别开来，故而应当允许争议商标核准注册，维护已经形成的稳定市场秩序〔博内特里塞文奥勒有限公司与国家工商行政管理总局商标评审委员会、佛山市名仕实业有限公司商标争议行政纠纷再审案，最高人民法院行政判决书（2012）行提字第 28 号，列入最高人民法院公布的 2013 年中国法院 50 件典型知识产权案例〕。

（1）即便争议商标与引证商标在自然属性上构成近似，争议商标核定使用在“皮带（服饰用）”上的商品与引证商标核定使用在“裤带扣”的商品构成类似，但毕竟争议商标在第 25 类注册，引证商标在第 26 类注册，二者属于不同类别上注册的不同商品，且引证商标不具有一定的知名度，尽管名仕公司对引证商标享有商标专用权，但其商标专用权的排斥力因其商标不具知名度而应受到一定的限制。

（2）博内特里公司在先注册并大量使用的“花图形”标识的商誉已延续至争议商标，使得争议商标具有较高的知名度，已建立较高市场声誉和形成相关公众群体，相关公众已在客观上将博内特里公司的争议商标与名仕公司的引证商标区别开来，此时允许争议商标存在只是限制引证商标排斥权的范围，并不限制其商标专用权。从本案争议商标的特殊性考虑，认定争议商标的注册具有合法性能维护已经形成和稳定的市场秩序。

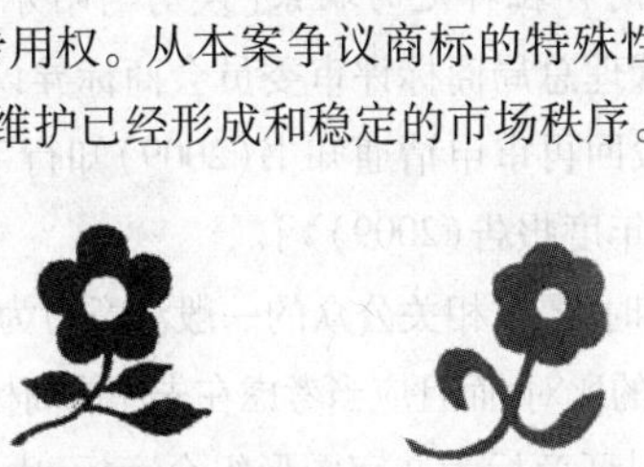

注册商标第 3119295 号图样（争议商标，左图）；注册商标第 572522 号图样（引证商标，右图）

11.【最高院“渝富桥 YUFUQIAO”案】在被异议商标与引证商标存在一定差异，且被异议商标与引证商标同样具有较高知名度的情况下，可以认定被异议商标与引证商标均已形成了各自相应的知名度和相关消费群体，相关公众能够将被异议商标与各引证商标相区别，不会对使用被异议商标的服务与使用引证商标的服务的产源发生混淆，也不会误认为使用被异议商标的服务与使用引证商标的服务存在特定联系〔杨世群与国家工商行政管理总局商标评审委员会、重庆富侨保健服务有限公司商标异议复审行政纠纷再审案，最高人民法院行政判决书(2013)行提字第1号〕。

12.【最高院“GAP”太阳眼镜案】虽然被异议商标与引证商标所指定使用的商品在《类似商品和服务区分表》分属不同大类，但它们在功能用途、销售渠道、消费群体具有较大的关联性，鉴于引证商标具有一定知名度，被异议商标申请人具有搭车的意图，被异议商标与引证商标又基本相同，二者分别使用到各自指定商品上容易造成相关公众认为商品是同一主体提供的，或者其提供者之间存在特定的联系〔盖璞(国际商标)公司与国家工商行政管理总局商标评审委员会等商标异议复审行政纠纷再审案，最高人民法院行政判决书(2012)行提字第10号〕。

13.【最高院“伊雅秋林”案】(1)引证商标是图文组合商标，其中的文字标识经使用成为相关公众识别商品来源的重要部分，被异议商标如果包含该文字标识，可构成近似商标；(2)判断商标近似时，还应结合特定历史关系及处在同一地域等因素，考虑两商标共存是否易使相关公众对商品的来源产生误认或者认为两者之间存在特定的联系〔侯勇与哈尔滨秋林集团股份有限公司、国家工商行政管理总局商标评审委员会商标异议复审行政纠纷再审申请案，最高人民法院驳回再审申请通知书(2009)知行字第15号，载《最高人民法院知识产权案件年度报告(2009)》〕。

(1)判断近似商标时，要以相关公众的一般注意力为标准，既要进行整体比对，又要进行主要部分的比对，而且应当考虑在先注册商标的显著性和知名度。

(2)在先注册的引证商标为文字图形组合商标，由文字“秋林”和其他图形组合而成。对于相关公众而言，引证商标中的“秋林”文字部分具有天然的呼叫和认知优势，加上本案中，引证商标的权利人为秋林糖果公司，其字号为“秋林”，通过秋林糖果公司对引证商标的使用，引证商标在黑龙江省尤其是哈尔滨市等区域范围内已经拥有一定的市场知名度，为相关公众知悉，相关公众也已经习惯将其认知为“秋林”商标。被异议商标为“伊雅秋林”文字商标，其中完全包含了引证商标中起重要识别作用的文字“秋林”，以相关公众的一般注意力为标准，结合考虑被异议商标是秋林食品公司授权以个人名义申请注册的，而该公司与引证商标所有人秋林糖果公司均为原秋林公司的下属企业，且均处在同一地域，如果被异议商标注册并使用在肉罐头、香肠、风肠、猪肉食品、肉等与引证商标核定使用商品相类似的商品上，易使相关公众对商品的来源产生误认或者认为两者之间存在特定的联系。因此，被异议商标和引证商标构成近似商标。

14.【北京高院“梦娜公主”案】判定商标法第三十条的“近似商标”应当考虑商标的音、形、义等因素，采用隔离观察、整体比对的方法，并以相关公众的一般注意力为标准综合判断〔蒙娜丽莎集团股份有限公司等与国家知识产权局商标权无效宣告请求行政纠纷上诉案，北京市高级人民法院行政判决书(2020)京行终 4041 号〕。

商标法第三十条规定之“商标近似”是指两商标文字的字形、读音、含义或者图形的构图及颜色，或者其各要素组合后的整体结构相似，或者其立体形状、颜色组合近似，易使相关公众对商品的来源产生误认或者认为其来源之间存在特定的联系。判断商标是否近似，应当考虑商标的音、形、义等因素，采用隔离观察、整体比对的方法，并以相关公众的一般注意力为标准综合判断。

15.【北京高院“巨人教育”案】如果相关商标的共存是特殊条件下形成，认定商标近似还应根据两者的实际使用状况、使用形式、相关公众的认知状态、使用者的主观状态等因素综合判定，尊重已经客观形成的市场格局，不宜简单地把商标构成要素近似等同于商标近似，注重维护已经形成和稳定的市场秩序，实现经营者之间的包容性发展〔巨人投资有限公司等与国家知识产权局商标权无效宣告请求行政纠纷上诉案，北京市高级人民法院行政判决书(2020)京行终 5326 号〕。

16.【北京高院“商机旺旺汇”案】评判商标应否核准注册需综合考虑商标标志的近似程度、商品的类似程度、引证商标的显著性和知名度、相关公众的注意程度以及申请人的主观意图等因素及其相互影响，以是否容易导致混淆作为判断标准〔常州智造密码企业营销策划有限公司等与国家工商行政管理总局商标评审委员会商标权无效宣告请求行政纠纷上诉案，北京市高级人民法院行政判决书(2019)京行终2364号〕①。

商标近似是指商标文字的字形、读音、含义或者图形的构图及颜色，或者其各要素组合后的整体结构相似，或者其立体形状、颜色组合近似，易使相关公众对商品或服务来源产生误认，或者认为其来源与他人在先商标的商品或服务具有特定联系。判定商标是否构成近似，既要考虑商标标志构成要素及其整体的近似程度，也要考虑相关商标的显著性和知名度、所使用商品或服务的关联程度、相关公众的注意程度等因素及各因素之间的相互影响，以是否容易导致混淆作为判断标准。

17.【北京高院“大力士”案】在判断商标是否近似时，尽管可以考虑商标的知名度、相关商品或服务的关联性或类似程度等因素，但商标标识本身的近似程度是判断商标是否近似的基础因素〔干才勇等与国家工商行政管理总局商标评审委员会商标无效宣告请求行政纠纷上诉案，北京市高级人民法院行政判决书(2019)京行终3499号〕。

---

① 类似案例参见武义弘诺门配件厂与国家工商行政管理总局商标评审委员会等商标权无效宣告请求行政纠纷上诉案，北京市高级人民法院行政判决书(2019)京行终3628号；华润雪花啤酒(中国)有限公司与国家知识产权局、陈东州商标权无效宣告请求行政纠纷上诉案，北京市高级人民法院行政判决书(2020)京行终2977号；邓志文等与国家工商行政管理总局商标评审委员会商标权无效宣告请求行政纠纷上诉案，北京市高级人民法院行政判决书(2020)京行终1790号；巨商智能科技(上海)有限公司等与国家知识产权局商标权无效宣告请求行政纠纷上诉案，北京市高级人民法院行政判决书(2020)京行终2235号；鳄鱼恤有限公司等与国家工商行政管理总局商标评审委员会商标权无效宣告请求行政纠纷上诉案，北京市高级人民法院行政判决书(2019)京行终2741号；特许零售公司等与国家知识产权局、杭州猴王服饰有限公司商标不予注册复审行政纠纷上诉案，北京市高级人民法院行政判决书(2019)京行终9773号；国家知识产权局等与“头发梦想”头发贸易有限公司商标权无效宣告请求行政纠纷上诉案，北京市高级人民法院行政判决书(2020)京行终3537号。

18.【北京高院"雪冰"案】判断外文商标与中文标志是否近似需要考虑相关公众的认知情况和外文商标与中文标志之间是否形成对应关系等因素〔丁善姬等与国家工商行政管理总局商标评审委员会商标权无效宣告请求行政纠纷上诉案,北京市高级人民法院行政判决书(2019)京行终 5884 号〕。

判断外文商标与中文标志是否近似,需要考虑相关公众的认知情况和外文商标与中文标志之间是否形成对应关系等因素。本案中,诉争商标图形为韩文文字,且并非生僻词汇,其对应的中文含义即为"雪冰"。诉争商标的中文含义与引证商标一的显著识别部分"雪冰元素"在文字构成、呼叫等方面相近,构成近似商标。当二者同时使用在同一种或类似服务上时,相关公众从含义进行识别时易产生混淆或者误认为其来源存在某种特定联系。同时,在案证据不足以证明诉争商标在中国经使用已与丁善姬形成唯一对应关系,并足以与引证商标一相区分。

注册商标第 15053105 号图样(诉争商标,左图);注册商标第 15320433 号图样(引证商标,右图)

19.【北京高院"竹叶青青花瓷"案】引证商标在先合法注册,即便直接描述商标特点而显著性弱,没有被依法宣告无效前同样应享受注册商标专用权,在评判诉争商标与引证商标是否近似时,不应过分强调其显著性问题而使其间接失效〔北京青花瓷酒业股份有限公司等与山西杏花村汾酒厂股份有限公司商标权无效宣告请求行政纠纷上诉案,北京市高级人民法院行政判决书(2018)京行终 5552 号〕①。

(1)虽然在商标近似的判断过程中应当考虑相关标志的显著性,对于商标标志中缺乏显著特征的构成要素,通常不应作为商标近似判断过程中的主要比对对象;但是,当商标标志整体上是由缺乏显著特征的要素构成时,如果过分强调该商标的显著性问题而允许在后的商标注册申请人在他人已获准注册的商标标志上添附其他构成要素而申请注册新的商标,实际上则是在对

---

① 类似案例参见四川省宜宾五粮液集团有限公司等与国家工商行政管理总局商标评审委员会商标申请驳回复审行政纠纷上诉案,北京市高级人民法院行政判决书(2018)京行终 312 号。

前后两商标的近似判断过程中，对在先已核准注册的商标效力予以否定。这种通过对在先商标不予保护而使其间接失效的做法，不仅直接损害了在先商标权人已经依法取得的商标专用权，而且将对商标注册秩序产生影响，模糊不同法律条款之间的功能定位。

（2）争议商标"竹叶青青花瓷"核定使用的"开胃酒、葡萄酒"等商品与引证商标"青花瓷"核定使用的"开胃酒、葡萄酒"等商品属于同一种或者类似商品。"青花瓷"是瓷器或者纹样名称，当其作为商标使用在"烈酒（饮料）、米酒、清酒、黄酒、烧酒"等商品上，容易使相关公众将其作为是对上述商品包装容器等相关特点的描述，其注册是否符合商标法第十一条的规定可能存有争议，也不应在本案审理程序中。

20.【北京高院"SUPOR"案】在后商标申请经过核准注册而无证据表明其申请人或权利人存在明显恶意的情况下，可以在商标确权程序中对在后商标的实际使用证据予以考量，并结合在先引证商标的使用情况，评判是否容易导致相关公众对商品或服务来源产生混淆误认〔浙江苏泊尔股份有限公司与国家工商行政管理总局商标评审委员会等商标权无效宣告请求行政纠纷上诉案，北京市高级人民法院行政判决书（2018）京行终 4791 号〕。

（1）在商标确权行政程序中，判断商标相同或近似，应当从商标在文字的字形、读音、含义和图形的构图、设计及整体表现形式等方面，采取整体观察与对比主要部分的方法，并且也要考虑相关商标的显著性和知名度、所使用商品的关联程度等因素，以相关公众的一般注意力是否易造成对商品的来源产生混淆或误认为标准。同时，应当注意的是，商标法意义上的商标近似是以是否容易导致商品来源的混淆误认为判断标准，而该判断结论从属性上为法律问题，并非事实问题，故不能仅凭诉争商标与引证商标的标志存在近似，即当然得出"容易导致混淆误认"的结论。

（2）若在后商标经过核准注册，且涉案证据并不能当然证明在后商标申请人或权利人存在明显恶意的情况下，可以在商标确权程序中对在后商标的实际使用证据予以考量，并结合在先引证商标的使用情况，对是否容易导致相关公众对商品或服务来源产生混淆误认作出判断。以此方式进行判断，并非有悖于商标注册制度本身，虽然我国以商标在先申请为原则，但商标本质在于使用，应当实现商标作为标识商品或者服务来源的作用，发挥其本体价值，积极鼓励商标注册人将合法获准注册的商标投入到实际的生产经营活动中；而非通过商标注册制度，反向鼓励其他主体任意占用社会公共资源，闲置注册商标不予使用，阻碍其他正当经营者的正常生产经营所需，进而影响我国市场经济的发展与繁荣，引导商标权利主体将所获得的注册商标投入商品生产、流通环节，真正发挥商标的价值所在，避免社会公共资源的浪费。同时，既然商标近似的判断属于法律问题，则在商标确权行政程序中更应当将标志的近似程度、商品的类似程度、涉案商标的显著性和知名度、相关公众的注意程度、诉争商标申请注册人的主观意图等作为认定因素，综合得出判定结论。特别对基于特定历史原因，已经长期形成市场共存的商标，尊重既定的市场格局和相关公众的已有认知，在一定程度上对包容性、多元化的市场经济发展格局予以适当保护。

21.【北京高院“蓝色 + 黑色组合商标”案】（1）颜色组合商标与图形商标是不同类型的商标，但可能构成近似商标；（2）不同类型的两个商标是否构成近似，应遵循商标法近似性判断的一般性规则〔国家工商行政管理总局商标评审委员会与烙克赛克公司商标申请驳回复审行政纠纷上诉案，北京市高级人民法院行政判决书（2016）京行终 55 号〕。

（1）商标法有关商标近似判断的规定中，并未区分商标的不同类型，因而，商标近似的判断并不因其构成要素的类型化差异而必然得出近似或者不近似的结论，不同类型商标之间存在构成近似商标的可能。在两个特定的商标之间进行近似性判断时，应当遵循商标法近似性判断的一般性规则，既要考虑商标标志构成要素及其整体的近似程度，也要考虑相关商标的显著性和知名度、所使用商品的关联程度等因素，以是否容易导致混淆作为判断标准。

（2）就本案而言，申请商标与引证商标一之间，在商标标志构成要素及其整体视觉效果等方面存在较大差异，尤其是考虑到烙克赛克公司根据商标法实施条例提交的商标说明中限定的商标使用方式等因素，应当认定申请商标与引证商标一不构成近似商标。

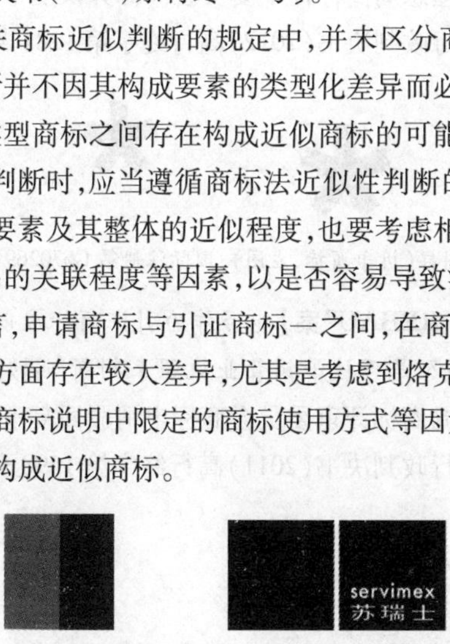

商标申请 **G11915217** 号图样（诉争商标，左图）；注册商标 **G1077840** 号图样（引证商标，右图）

22.【北京高院"康基"案】对于图文组合商标而言，如果相关公众更容易从文字部分而不是图形部分对商标进行认读，则文字识读部分是该商标的主要识别部分〔雀巢产品有限公司等与国家工商行政管理总局商标评审委员会商标异议复审行政纠纷上诉案，北京市高级人民法院行政判决书(2014)高行终字第547号〕。

23.【北京高院"李金记"案】如被异议商标与引证商标构成使用在相同或者类似商品上的近似商标，被异议商标的使用行为就违反商标法，原则上不因该使用行为持续时间长而获得正当性〔深圳市李金记食品有限公司与国家工商行政管理总局商标评审委员会、第三人李锦记有限公司商标异议复审行政纠纷上诉案，北京市高级人民法院行政判决书(2012)高行终字第1283号〕。

24.【北京高院"雪花图形"案】被异议商标为图形商标，引证商标为图文组合商标，二者图形组成相同，可构成近似商标〔喜列罗法国简化股份公司与国家工商行政管理总局商标评审委员会商标异议复审行政纠纷上诉案，北京市高级人民法院行政判决书(2012)高行终字第1281号〕。

商标申请第3550658号图样(诉争商标，左图)；国际注册第G670269号图样(引证商标，右图)

25.【北京高院"REHAU"案】能否作为引证商标应以该商标是否有效为标准，并不以其权利人是否被吊销营业执照来判断〔瑞好股份有限公司与国家工商行政管理总局商标评审委员会商标申请驳回复审行政纠纷上诉案，北京市高级人民法院行政判决书(2011)高行终字第1598号〕。

(二)类似商品/服务

1.【最高院"斯伯丁 SPALDING"案】(1)类似商品，是指在功能、用途、生产部门、销售渠道、消费对象等方面相同，或者相关公众一般认为其存在特定联系、容易造成混淆的商品；(2)人民法院认定商品或者服务是否类似，应当以相关公众对商品或者服务的一般认识综合判断;(3)商品在功能、用途上存在着紧密关联,在销售渠道上作为辅助用具以套餐方式销售,或者作为配送的产品,二者构成类似商品;(4)商品之间是否类似,应该以商品主要用途作为评判依据,而不能基于个别用途〔SGG利是高有限公司与国家知识产权局商标异议复审行政纠纷再审案,最高人民法院行政判决书(2019)最高法行再236号〕。

(1)类似商品,是指在功能、用途、生产部门、销售渠道、消费对象等方面相同,或者相关公众一般认为其存在特定联系、容易造成混淆的商品;人民法院认定商品或者服务是否类似,应当以相关公众对商品或者服务的一般认识综合判断。本案中,相关证据显示,异议商标指定的自行车打气筒,尽管名为自行车打气筒,但同样属于打气筒产品。作为篮球产品最重要的辅助工具,打气筒产品与篮球产品在功能、用途上存在着紧密关联。同时,在销售渠道上,打气筒作为篮球的辅助用具以套餐方式销售,或者作为篮球产品配送的产品,非常常见。另外,在日常生活中,在没有专门的篮球打气筒时,使用自行车打气筒为球类充气也是常见的现象。因此,异议商标核定使用的自行车打气筒与引证商标核定使用的球类、篮球等产品存在密切关联,属于类似商品。

(2)关于异议商标指定使用的自行车等其他商品,随着人民生活水平的提高与健身锻炼意识的提高,自行车更多地被公众作为健身器材确是不争的事实;自行车竞赛与篮球比赛也确实同为大型体育运动会的竞赛项目,在体育爱好者及普通公众间存在一定的重合。在销售上,自行车也存在与篮球同样作为体育器材销售的现象。但是,自行车的主要用途依然是作为交通工具,其个别作为健身器材以及作为竞赛项目的事实,不能否定自行车作为代步工具与篮球作为体育用品的基本区别。

2.【最高院"ANDIS"案】(1)《类似商品与服务区分表》不是判断类似商品的根本标准;某些商品因功能、用途、所用原料、销售渠道、消费对象等方面具有一定的共同性,如果使用相同、近似的商标,易使相关公众误认为是同一企业生产的商品或认为存在特定联系,则构成"类似商品"。(2)随着社会经济发展,市场交易状况不断发生变化,商品的类似关系也会相应发生变化,人民法院审查判断相关商品是否类似时应考虑市场交易的客观变化〔安迪士公司与国家工商行政管理总局商标评审委员会商标异议复审行政纠纷再审案，最高人民法院行政判决书(2018)最高法行再22号〕。

(1)《类似商品与服务区分表》是我国商标主管部门为了商标检索、审查、管理工作的需要，在总结多年实践工作经验的基础上，把某些存在特定联系、容易造成误认的商品或服务组合到一起，编制而成。一方面，《类似商品与服务区分表》并未穷尽现有的所有类似商品和服务项目；另一方面，随着社会经济发展，市场交易状况不断发生变化，商品或服务的类似关系也不会固定不变。因此，人民法院审查判断相关商品是否类似，可以参考《类似商品与服务区分表》，但其不是判断的唯一标准，更不是根本标准。

(2)商标法领域中的"商品类似"概念，应与"商标近似"概念相结合，共同服务于商标标识商品来源的功能。某些商品因功能、用途、所用原料、销售渠道、消费对象等方面具有一定的共同性，如果使用相同、近似的商标，易使相关公众误认为是同一企业生产的商品或认为存在特定联系。

(3)本案中，随着科学技术的发展，原本需要采用大型电动机以修剪动物毛发的动物剪毛机、电动剪刀，在实践中已经可以采用便携、轻便的电源装置，加之宠物已日渐成为人们日常生活的一部分，因此，被异议商标指定使用的动物剪毛机、电动剪刀商品，与引证商标核定使用的电动理发器、电动理发推子商品在功能用途、生产部门、销售渠道、消费群体等方面具有高度重合性，如果使用相同、近似的商标，易使相关公众误认为是同一企业生产的商品或认为存在特定联系。

3.【最高院"龟博士"案】(1)认定商品或者服务是否类似，应当以相关公众对商品或者服务的一般认识综合判断，《商标注册用商品和服务国际分类表》《类似商品和服务区分表》可以作为判断类似商品或者服务的参考；(2)如果同一商标分别使用在不同的商品或服务上，会使相关公众认为上述不同的商品或服务系由同一主体提供，或其提供者之间存在特定联系，则可以认定不同的商品或服务之间存在特定联系，或容易造成混淆，则应认定为类似商品或者服务〔特多瓦公司与北京龟博士汽车清洗连锁有限公司商标异议复审行政纠纷再审案，最高人民法院行政判决书(2015)行提字第3号〕。

4.【最高院"稻香村"案】是否构成类似商品的具体判断标准并非一成不变，而是应当随着社会发展、相关消费市场的逐渐演变、生活水平的提高而不断变化、调整，故之前裁定和判决中确立的评判标准和结论并不能对在后的案件产生必然的影响〔苏州稻香村食品工业有限公司与国家工商行政管理总局商标评审委员会、北京稻香村食品有限责任公司商标异议复审行政纠纷再审申请案,最高人民法院行政裁定书(2014)知行字第85号〕。

5.【最高院“梦特娇花图形”案】引证商标核定商品名称超出《类似商品或服务区分表》,应从功能、用途、生产部门、销售渠道、消费对象等方面评判诉争商标指定使用的商品与引证商标核定商品是否构成类似商品〔博内特里塞文奥勒有限公司与国家工商行政管理总局商标评审委员会、佛山市名仕实业有限公司商标争议行政纠纷再审案,最高人民法院行政判决书(2012)行提字第28号,列入最高人民法院公布的2013年中国法院50件典型知识产权案例〕。

关于争议商标与引证商标核定使用商品的类似性判断。引证商标于1990年申请注册,当时适用1988年版《类似商品与服务区分表》,该表中没有引证商标核定使用的“裤带扣”商品,在第26类第2604组中仅有“腰带扣”,无“皮带扣”;1998年版、2002年版的《类似商品与服务区分表》将1988年版中第2604组的“腰带扣”调整为第2603组的“皮带扣”,可以视为“皮带扣”商品就是原来的“腰带扣”商品。引证商标核准注册的“裤带扣”,从字面上理解,裤带的材质应包括皮质和非皮质,其用途应包括腰带及连接肩与裤的裤背带(或称肩带、吊带),裤带扣即为裤带上的金属扣。引证商标核定使用的裤带扣与争议商标核定使用的服饰用皮带,二者虽不同,但在功能、用途、生产部门、销售渠道、消费对象等方面有一定交叉,相关公众一般会认为二者存在特定联系。

6.【最高院“加加 jiajia”案】为判断商品是否类似,应当考虑商品用途等方面;对商品用途的判断,应以其主要用途为主,如商品的不同用途面对的是不同的消费对象,一般情况下应该以注意程度较低的消费者为准〔湖南省长康实业有限责任公司与国家工商行政管理总局商标评审委员会、第三人长沙加加食品集团有限公司商标异议复审行政纠纷再审申请案,最高人民法院行政裁定书(2011)知行字第7号〕。

(1)判断商品是否类似,应当考虑商品的功能、用途、生产部门、销售渠道、消费群体等是否相同或者具有较大的关联性,是否容易使相关公众认为是同一主体提供的,或者其提供者之间存在特定联系。对于产品用途的判断,应以其主要用途为主;如果产品的不同用途面对的是不同的消费对象,一般情况下应该以注意程度较低的消费者为准。

(2)芝麻香油是芝麻油主要面向普通消费者的产品形态,其可用作调味,而且其产品包装规格更类似于酱油、醋这样的调味品,即一般为小瓶包装,与其他食用油明显不同。其作为食用油脂更主要是作为食用调和油的原料,而不是独立的产品。本案中,应以家庭烹饪用品的消费者作为相关公众,对于此类普通消费者来讲,其普遍的认知应该是芝麻油是调味品的一种。

7.【最高院"啄木鸟"案】人民法院审查判断相关商品是否类似,应当考虑商品的功能、用途、生产部门、销售渠道、消费群体等是否相同或者具有较大的关联性,两个商标共存是否容易使相关公众认为商品或者服务是同一主体提供的,或者其提供者之间存在特定联系〔杭州啄木鸟鞋业与国家工商行政管理总局商标评审委员会、七好(集团)有限公司商标争议行政纠纷再审申请案,最高人民法院驳回再审申请通知书(2011)知行字第37号〕。

8.【最高院"采乐"案】两种商品在流通渠道存在明显区别,其上即便使用近似的文字商标仍可以共存〔佛山市圣芳(联合)有限公司与国家工商行政管理总局商标评审委员会、强生公司商标争议行政纠纷再审案,最高人民法院行政判决书(2008)行提字第2号〕。

由于强生公司自身并未在中国市场使用过引证商标"采樂",实际使用人西安杨森公司的采乐酮康唑洗剂作为药品只在医院、药店出售,与普通洗发水在产品性质、生产和销售渠道等方面有着明确的区别,圣芳公司的洗发水产品不可能进入医药流通领域,消费者可以辨别。因此,圣芳公司在洗发水等日化用品上注册使用争议商标"采乐 CAILE",不足以误导公众,不足以损害强生公司在药品商标上的利益,两个商标在药品和日化品的各自相关市场中可以共存。强生公司虽然在药品类别上注册了引证商标,但是其在洗发水等日化品市场并没有合法的在先利益,法律也不会为强生公司在药品上的商标预留化妆品市场。

9.【北京知产法院"MATERIA"案】诉争商标指定使用的商品以非规范名称表征,与引证商标核定使用的商品同属于《类似商品与服务区分表》一个类似群组,应认定诉争商标指定商品与引证商标的核定商品构成"类似商品”，除非诉争商标申请人举证证明二者在功能、用途、生产部门、销售渠道、消费对象等方面并不相同或者相关公众不会认为其存在特定联系、不易造成混淆〔国家工商行政管理总局商标评审委员会与马特里亚公司等商标申请驳回复审行政纠纷案，北京知识产权法院行政判决书（2015）京知行初字第2610 号〕。

10.【北京一中院“锦竹”案】驰名商标保护的本质应当是给予驰名商标相较于一般商标更强的保护，故适用商标法第三十条时应当允许在类似甚至相同的商品上也适用商标法第十三条的规定〔广东省深圳市宝松利实业有限公司与国家工商行政管理总局商标评审委员会商标争议裁定纠纷案，北京市第一中级人民法院行政判决书（2012）一中知行初字第 3359 号〕。

一般情况下，驰名商标在相同或类似商品上的保护适用商标法（2001 年）第二十八条［同商标法（2019 年）第三十条］的规定即可，然而，在某些特殊情况下，该规定难以实现对驰名商标的保护，尤其是在法律对商标争议期限存在不同规定的情况下。考虑到驰名商标保护的本质应当是给予驰名商标相较于一般商标更强的保护，故应当允许在类似甚至相同的商品上适用商标法（2001 年）第十三条第二款［同商标法（2019 年）第十三条第三款］的规定。

（三）商标延伸注册

1.【最高院“梦特娇花图形”案】同一主体的不同注册商标的知名度在特定条件下可以辐射；在争议商标申请日前，争议商标因同一主体对其近似商标的长期广泛使用已经具有较高知名度，而引证商标不具有知名度的，引证商标的排斥范围应当受到限制〔博内特里塞文奥勒有限公司与国家工商行政管理总局商标评审委员会、佛山市名仕实业有限公司商标争议行政纠纷再审案，最高人民法院行政判决书（2012）行提字第 28 号，列入最高人民法院公布的 2013 年中国法院 50 件典型知识产权案例〕。

2.【北京高院“七粮液”案】商标申请注册人对其申请注册的不同商标享有各自独立的商标权；将与驰名注册商标近似的商标申请注册，该商标不当然具有知名度而应予以核准注册，如该商标与他人在先注册商标近似而易使相关公众混淆商品来源，应予以驳回〔四川宜宾五粮液集团有限公司等与国家工商行政管理总局商标评审委员会商标异议复审行政纠纷上诉案，北京市高级人民法院行政判决书(2019)京行终4786号〕。

3.【北京高院“鲁能泰山”案】不同的注册商标的专用权是相互独立的，商标权人在其他商品或者服务上的商标即使已经注册并具有了较高的知名度，也并不意味着其在其他商品或者服务上申请注册的商标就能够与他人在先注册的商标相区分而应被核准〔泰山石膏有限公司、国家工商行政管理总局商标评审委员会与山东鲁能泰山足球俱乐部股份有限公司商标权无效宣告请求行政纠纷上诉案，北京市高级人民法院行政判决书(2018)京行终5082号〕。

4.【北京高院“福特野马”案】他人商标已经在先合法注册，若允许具有知名度的商标权利人在自己商标的基础上添附他人在先注册的商标后取得注册商标专用权，无疑会损害他人在先注册商标权〔福特汽车公司等与四川野马汽车股份有限公司商标权无效宣告请求行政纠纷上诉案，北京市高级人民法院行政判决书(2018)京行终4897号〕。

(1)争议商标为“福特野马”，完整包含了引证商标一“野马及图”中的文字部分“野马”及引证商标三“野马汽车”中的显著识别部分“野马”，争议商标与两引证商标共同使用在同一种或者类似商品上，容易导致相关公众的混淆误认，使相关公众误认为使用上述商标的商品来源于同一市场主体或者彼此之间存在特定关系。

(2)福特公司主张其“福特”商标具有较高的知名度，且争议商标与其注册的“FORD MUSTANG”商标存在翻译上的对应关系，在引证商标一、三不具有较高知名度的情况下，争议商标与引证商标一、三共存在相同或类似商品上不会造成混淆误认。但是，商标知名度仅是近似判断过程中的考量因素之一，在引证商标在先合法注册的情况下，若允许具有一定知名度商标的权利人在自己商标的基础上添附他人商标而重新申请注册，无疑会损害他人合法的商标权利。

5.【北京高院“青龙瓷”案】商标评审采取个案审查原则，商标审查受到其形成时间、形成环境、在案证据情况等多种条件影响，每个案件的具体事实均不完全相同;其他商标是否获准注册,并不能够成为诉争商标是否必然应当获准注册的充分理由〔包头市神池林酒业有限责任公司与国家工商行政管理总局商标评审委员会商标异议复审行政纠纷上诉案,北京市高级人民法院行政判决书(2016)京行终650号〕。

6.【北京高院"稻香村"案】如基础商标注册之后、被异议商标申请之前,他人在同一种或类似商品上注册与被异议商标相同或者近似的商标,并持续使用而使其具有一定的知名度,相关公众因基础注册商标没有知名度或丧失知名度等原因不会认为被异议商标延续基础注册商标的声誉,而容易将被异议商标与他人注册商标相混淆的,则被异议商标不应核准注册〔苏州稻香村食品工业有限公司与国家工商行政管理总局商标评审委员会等商标异议复审行政纠纷上诉案,北京市高级人民法院行政判决书(2014)高行终字第1103号,列入最高人民法院公布的2014年中国法院10大知识产权案件〕。

(1)判断是否构成近似商标,要根据案件的具体情况,既要考虑商标标志构成要素及其整体的近似程度,也要考虑相关商标的显著性和知名度、所使用商品的关联程度等因素,以是否容易导致混淆作为判断标准。相关商标均具有较高知名度,或者相关商标的共存是特殊条件下形成时,认定商标近似还应根据两者的实际使用状况、使用历史、相关公众的认知状态、使用者的主观状态等因素综合判定,注意尊重已经客观形成的市场格局,防止简单地把商标构成要素近似等同于商标近似,实现经营者之间的包容性发展。

(2)虽然不同的注册商标专用权是相互独立的,但商标所承载的商誉是可以延续的,延续的条件在于基础注册商标经过使用获得一定知名度,从而导致相关公众将同一当事人在同一种或者类似商品上在后申请注册的相同或者近似商标与其基础注册商标联系在一起,并认为使用两商标的商品均来自该当事人或与其存在特定联系。

(3)如果在基础商标注册后、被异议商标申请前,他人在同一种或者类似商品上注册与被异议商标相同或者近似的商标并持续使用且产生一定知名度,而基础注册商标因没有知名度或者丧失知名度等原因导致相关公众不会认为被异议商标是基础注册商标声誉的延续,反而容易将被异议商标与他人申请注册并经使用产生一定知名度的商标相混淆的,则被异议商标不应获准注册。

<table>
<tr><td>稻香村
商标申请第 5485873 号(被异议商标)
(2006 年 7 月 18 日提出申请)</td><td rowspan="2">稻香村
注册商标第 1011610 号(引证商标)
(1997 年 5 月 21 日核准注册)</td></tr>
<tr><td>稻香村
注册商标第 184905 号和第 352997 号(基础注册商标)
(1983 年 7 月 5 日和 1989 年 6 月 30 日获准注册)</td></tr>
</table>

7.【北京高院“李金记”案】同一商标注册人在后申请注册的商标是否是其在先注册商标的延伸,关键在于在先注册商标是否经过使用获得一定知名度,从而使得相关公众将在后申请注册的相同或者近似商标与其在先注册商标联系在一起并认为使用两商标的商品均来自该商标注册人或与其存在特定联系〔深圳市李金记食品有限公司与国家工商行政管理总局商标评审委员会及第三人李锦记有限公司商标异议复审行政纠纷上诉案,北京市高级人民法院行政判决书(2012)高行终字第 1283 号〕。

8.【北京高院“G2000”案】即便申请人在先注册的商标经过使用而取得知名度,其在类似商品上申请注册的相同商标如果与他人注册商标构成同一种或类似商品上的相同或近似商标,侵入法律为其预留的专用空间,则不应当予以核准〔百利有限公司与赵华商标异议复审行政纠纷上诉案,北京市高级人民法院行政判决书(2012)高行终字第 696 号〕。

(1)一旦商标获准注册,不论是否已实际使用,法律即给其预留专用的空间,并保护注册人的注册商标专用权。即使他人在相同或者类似商品上使用了相同或者近似的商标,也不能因为这种使用行为而否定经合法程序授予的注册商标专用权。在确定某一注册商标专用权的保护范围时,既不应因其未经大量使用、缺乏知名度而受到影响,也不应受其他注册商标在实际使用过程中形成的知名度的影响。只要是合法有效的注册商标,就应当依法给予保护。

(2)本案中,引证商标(文字商标“2000”)和在先注册商标(文字商标“G2000”)都经行政程序和司法程序的确认,均为有效的注册商标,应在各自核定使用的范围内享有专用权。现百利有限公司在与引证商标核定使用商品相同或类似的商品上申请注册被异议商标(文字商标“G2000”),将与法律为引证商标所预留的专用空间相重叠。第 3050 号裁定只依据被异议商标与在先注册并具有一定知名度的“G2000”商标在字母构成及表现形式上完全相同,与引证商标在文字构成、字体上有所区别,就认为被异议商标与引证商标指定使用在同一种或者类似商品上,消费者能够区分不致混淆,二者未构成使用在同一种或者类似商品上的近似商标,这一做法没有考虑到引证商标的有效存在已构成被异议商标注册的权利障碍。

(四)商标共存协议

1.【最高院“ALMAT”案】商标权人在行使其商标权利时,不得损害国家利益、社会公共利益或者他人的合法权利,《商标同意书》不能当然地排除可能的市场混淆〔爱尔迪有限两合公司与国家知识产权局商标申请驳回复审行政纠纷再审申请案,最高人民法院行政裁定书(2020)最高法行申 8163 号〕。

我国商标法律制度不仅保障生产、经营者的利益,同时还保障消费者的利益和公平的市场竞争秩序。商标权具有私权属性,但商标权并非如其他财产权可以随意处分。商标权人在行使其商标权利时,不得损害国家利益、社会公共利益或者他人的合法权利。对于指定使用在类似商品上的两个高度近似的商标,相关公众无法区分两个商标标识的商品来源,不能排除相关公众混淆两种商品来源的可能性,若允许两个商标共存,可能损害商标的标识功能和消费者的利益,甚至可能损害社会公共利益。

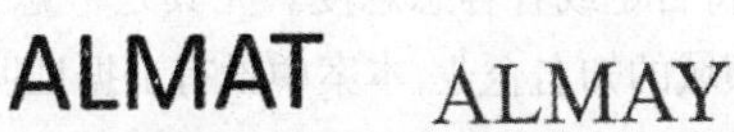

商标申请第 26585561 号图样(诉争商标,左图);注册商标第 3117097 号图样(引证商标,右图)

2.【最高院“V 及狮子图”案】商标法保护商标专用权也防止消费者混淆和误认,商标共存协议是对私权的处分但不得排除商标法适用〔拉斯维加斯莎士公司与国家知识产权局商标申请驳回复审行政纠纷再审申请案,最高人民法院行政裁定书(2019)最高法行申 2778 号〕。

商标法通过第三十条关于不得与他人在相同或者类似商品上申请注册相同或者近似商标等规定,在保护商标专用权的同时,也防止造成消费者混淆和误认,从而保障消费者的利益。商标共存协议在性质上是在先引证商标注册人对其私权的处分,但该处分也要受到商标法第三十条等规定的限制。

以商标共存协议为由主张诉争商标应当核准注册,实际上是直接排除了商标法第三十条的适用,缺乏法律依据。

第4815057号商标图样(诉争商标,左图)与第3633468号商标图样(引证商标,右图)

3.【最高院"Nexus"案】在没有客观证据证明的情况下,不宜简单地以尚不确定的"损害消费者利益"为由,否定引证商标权利人作为生产、经营者对其合法权益的判断和处分,对引证商标权利人出具同意诉争商标注册的同意书不予考虑〔谷歌公司与国家工商行政管理总局商标评审委员会商标申请驳回复审行政纠纷再审案,最高人民法院行政判决书(2016)最高法行再102号〕。

(1)虽然是否容易造成相关公众的混淆、误认是适用商标法(2001年)第二十八条[同商标法(2019年)第三十条]的重要考虑因素,但也要考虑到相关公众对于近似商业标志具有一定的分辨能力,在现实生活中也难以完全、绝对地排除商业标志的混淆可能性。尤其是在存在特定历史因素等特殊情形下,还可能存在不同生产、经营者善意注册、使用的特定商业标志的共存。

(2)相较于尚不确实是否受到损害的一般消费者的利益,申请商标的注册和使用对于引证商标权利人株式会社岛野的利益的影响更为直接和现实。株式会社岛野出具同意书,明确同意谷歌公司在我国申请和使用包括申请商标在内的有关商标权,表明株式会社岛野对申请商标的注册是否容易导致相关公众的混淆、误认持否定或者容忍态度。尤其是考虑到谷歌公司、株式会社岛野分别为相关领域的知名企业,本案中没有证据证明谷歌公司申请或使用申请商标时存在攀附株式会社岛野及引证商标知名度的恶意,也没有证据证明申请商标的注册会损害国家利益或者社会公共利益。在没有客观证据证明的情况下,不宜简单以尚不确定的"损害消费者利益"为由,否定引证商标权利人作为生产、经营者对其合法权益的判断和处分,对引证商标权利人出具的同意书不予考虑。

第11709161号商标图样(申请商标,左图)与第1465863号商标图样(引证商标,右图)

4.【北京高院“HÄGGLUNDS”案】在商标授权行政案件中，判断诉争商标与引证商标是否构成商标法意义上的近似商标时，《同意书》可以作为排除混淆可能性的初步证据，但还须考虑双方商标的近似程度、商品的类似情况、当事人市场划分的意思表示内容、各自商标的使用情况、相关公众的认知程度等，不能以经营者或生产者之间约定了《同意书》，直接将其约定效力及于商标申请注册制度和商标授权行政行为，由此可能架空商标申请注册的基本原则〔贝伊系统公共有限公司与国家工商行政管理总局商标评审委员会商标申请驳回复审行政纠纷上诉案，北京市高级人民法院行政判决书(2018)京行终 689 号〕。

5.【北京高院“ITALIAINDEPENDENT”案】商标共存协议一般只是作为排除消费者混淆可能性的重要证据供商标评审委员会和法院参考，并不能作为诉争商标获准注册的当然依据。如果商标共存协议无法排除相关公众混淆商品来源的可能性，则商标的共存可能损及商标识别功能的发挥及消费者利益，与商标法保护消费者利益的立法精神不符，此种情况下，商标共存协议不是诉争商标获准注册的正当理由〔意大利独立股份公司与国家工商行政管理总局商标评审委员会商标申请驳回复审行政纠纷上诉案，北京市高级人民法院行政判决书(2014)高行(知)终字第 3570 号〕。

(五)恶意商标申请

1.【北京高院“清样”案】商标局、商标评审委员会及法院在商标申请审查、核准及相应诉讼程序中，若发现商标注册申请人是以欺骗手段或者其他不正当手段申请注册商标的，可以参照商标法第四十四条第一款，制止不正当的商标申请注册行为〔国家工商行政管理总局商标评审委员会等与安国市金泰副食品有限责任公司商标异议复审行政纠纷上诉案，北京市高级人民法院行政判决书(2015)高行(知)终字第 659 号，北京法院参阅案例第 24 号，载《人民司法·案例》2015 年第 24 期〕。

商标法(2001 年)第四十一条第一款[本款规定之“撤销该注册商标”对应商标法(2019 年)第四十四条第一款规定之“宣告该注册商标无效”]规定的立法精神在于贯彻公序良俗原则，维护良好的商标注册、管理秩序，营造良好的商标市场环境。依照该条款的文义，该规定适用于已注册商标的撤销程序，而不适用于商标申请审查及核准程序。但是，对于在商标申请审查及核准程序中发现的以欺骗手段或者其他不正当手段申请商标注册的行为，若不予制止，等到商标注册程序完成后再启动撤销程序予以规制，显然不利于及时制止前述不正当注册行为。因此，前述立法精神应当贯穿于商标申请审查、核准及撤销程序的始终。商标局、商标评审委员会及法院在商标申请审查、核准及相应诉讼程序中，若发现商标注册申请人是以欺骗手段或者其他不正当手段申请注册商标的，可以参照前述规定，不予核准注册。但是，此种法律适用方式在商标实践中应当慎用，一般仅在其他法律规定不足以制止前述不正当注册行为时，才能参照前述规定予以处理。

2.【北京高院“名蓝”案】同一地区的经营者应对同行竞争者较高知名度的商标予以避让，在类似商品上申请与其近似的商标则具有恶意〔侍行飞等与国家知识产权局商标权无效宣告请求行政纠纷上诉案，北京市高级人民法院行政判决书(2020)京行终6852号〕。

3.【北京高院“杰士威邦 ZENGCEWEBON”案】审理商标授权确权行政案件时，若存在“以欺骗手段或者其他不正当手段取得注册的”，可以参照商标法第四十四条第一款不予以核准注册〔康恩泰有限公司与国家知识产权局、第三人黄观龙商标权无效宣告行政纠纷上诉案，北京市高级人民法院行政判决书(2017)京行终3326号〕。

2001年商标法第四十一条第一款的立法精神在于以公序良俗原则，维护良好的商标注册、管理秩序。在审理涉及商标授权确权行政案件时，对于商标注册申请的审查中，若存在“以欺骗手段或者其他不正当手段取得注册的”，可以参照该条规定不予以核准注册。审查判断被异议商标是否属于以其他不正当手段取得注册，要考虑其是否属于欺骗手段以外的扰乱商标注册秩序、损害公共利益、不正当占用公共资源或者以其他方式谋取不正当利益的手段。

编者说明

(一)“近似商标”与“类似商品”

商标法第三十条并未明确“近似商标”和“类似商品”的认定标准。对此，最高人民法院2010年颁行的《最高人民法院关于审理商标授权确权行政案件若干问题的意见》(法发〔2010〕12号)指出：“人民法院在审理商标授权确权行政案件中判断商品类似和商标近似，可以参照《最高人民法院关于审理商标民事纠纷案件适用法律若干问题的解释》的相关规定。”具体来说，就是参照《最高人民法院关于审理商标民事纠纷案件适用法律若干问题的解释》第八条到第十一条。

一方面，商标授权确权行政程序中判断商品类似和商标近似与注册商标侵权诉讼程序中的情形具有一致性，“近似商标”和“类似商品”都不是考察标志或商品的物理属性，而是考虑是否易使相关公众混淆。判定“近似商标”不只是比对争议标识与引证标志在视觉或听觉的“近似”；而认定“类似商品”也不是比较争议标识指定使用的商品（比如帽子）与引证商标指定使用的商品（比如衣服）二者之间的物理属性是否“类似”。就何谓“类似商品”，【最高院“龟博士”案】指出，“通常情况下，如果同一商标分别使用在不同的商品或服务上，会使相关公众认为上述不同的商品或服务系由同一主体提供，或其提供者之间存在特定联系，则可以认定不同的商品或服务之间存在特定联系，或容易造成混淆”，则属于类似商品。所以，无论是判定“近似商标”还是“类似商品”，都应当是从商品来源的角度考察是否易使相关公众混淆。

而且，两种程序中判断是否容易导致相关公众混淆都应当遵守“隔离比对”原则。隔离比对原则反映了消费者选购商品或服务通常情景，即两个商标通常不同时同地出现，消费者没有机会并列比对细致分辨商标之间的差异，区分二者商标指定或核定使用的商品或服务项目。隔离比对意味着相关公众凭借“记忆印象”来识别商标。消费者对商标的记忆印象常常不是具体的，而只能是概括的、模糊的，而不是清晰的。这种记忆印象既受到商标的显著性和知名度的强烈影响，也受到其注意力程度的影响。

另一方面，商标授权确权行政程序又区别于注册商标侵权诉讼程序，前者所称“近似商标”和“类似商品”偏重于形式，因而是初步判断；而后者所称“近似商标”和“类似商品”则偏重于实质。究其原因，商标注册申请的审查程序受到更多的信息限制。具体来说，商标注册申请初步审查中，商标审查员依赖于商标注册申请书披露的信息，受限于可以检索到的注册商标信息和商标注册申请信息。故而，审查员对“近似商标”考察时，通常局限于比较商标注册申请书所载商标图样和可以检索到的在先注册商标或在先商标注册申请的图样；对“类似商品”考察时，通常局限于比较商标注册申请书指定商品和可检索到的在先注册商标或在先商标注册的指定商品，以《类似商标和服务区分表》作为判断的根据。受限于单方程序可得的证据，商标审查员无法顾及在先注册商标在市场之上的显著性和知名度；也不可能细究当下市场条件之下相关商品在功能、用途、生产部门、销售渠道、消费对象上的实际异同。商标注册申请的初审程序也就只能对“近似商标”和“类似商品”作出初步判断。这是行政程序的效率要求。

这一程序可能产生错误或纰漏，我国商标制度通过后续的异议程序和商标无效宣告程序来予以弥补和纠正。相比于注册商标初步审查程序，商标申请异议程序和注册商标无效宣告程序所受信息限制要少些。它们都是双方程序，商标局或商标评审委员会可借双方当事人对抗程序而获得更加充分的事实证据，更全面地评判在后商标注册申请或已注册商标是否容易使相关公众与在先注册或在先申请的商标相混淆。

进入商标授权确权的行政诉讼程序，当事人提供的证据更多，法院更可能作出实质性判断。为此，【最高院“GREENWORKS”案】指出，判断是否构成商标法第三十条所指的使用在同一种或类似商品上的近似商标，应当结合诉争商标与引证商标所核定的商品的关联程度、引证商标的知名度、引证商标的显著性、诉争商标与引证商标的近似程度等因素，以是否易使相关公众对商品的来源产生误认或者认为其来源与引证商标的商品有特定的联系为判断标准。

(二)非规范商品名称与“类似商品”

诉争商标指定或核定商品采用非规范商品名称，或引证商标核定商品为非规范商品名称时，如何判定诉争商标与引证商标是否属于商标法第三十条规定之“类似商品”？【最高院“梦特娇花图形”案】指出，引证商标核定商品名称超出《类似商品或服务区分表》，应从功能、用途、生产部门、销售渠道、消费对象等方面评判诉争商标指定使用的商品与引证商标核定商品是否构成类似商品。

但是，这不妨碍法院赋予《类似商品和服务区分表》的类似群组以推定效力。【最高院“龟博士”案】指出，认定商品或者服务是否类似，应当以相关公众对商品或者服务的一般认识综合判断，《商标注册用商品和服务国际分类表》《类似商品和服务区分表》可以作为判断类似商品或者服务的参考。为此，【北京知产法院“MATERIA”案】认为，诉争商标指定使用的商品以非规范名称表征，与引证商标核定使用的商品同属一个类似群组，应认定诉争商标指定商品与引证商标的核定商品构成“类似商品”，除非诉争商标申请人举证证明二者在功能、用途、生产部门、销售渠道、消费对象等方面并不相同或者相关公众不会认为其存在特定联系、不易造成混淆。

(三)“他人”的范围

商标注册申请应该区别于“他人”的在先商标。如果商标注册申请与同他人在同一种商品或者类似商品上已经注册的或者初步审定的商标相同或者近似的，则由商标局驳回。本条规定的在先商标包括在先注册的商标或在先初步审定的商标。如果是他人申请在先的商标，则另由商标法第三十一条调整。

本条所称“他人”是指不同的商品或服务来源，即品质控制源。如果商标注册申请与自己在先申请或注册的商标相同或近似，且指定的商品或服务项目属于"同一种"或"类似"，这并不影响该商标注册申请的核准。"他人"的范围是指超越商标注册申请人控制范围的民事主体。反之，如果引证商标的权利人与申请商标的权利人属于同一个商品品质控制源，则二者之间不属于本人与"他人"之间的法律关系。比如，两人共同申请注册的商标与任一人已经注册的商标属于同种商品上的近似商标，或类似商品上的相同或近似商标，并不违反商标法第三十条。①

（四）商标共存协议

本条要求商标注册申请与他人在先商标相区别，以便识别不同的商品来源，但没有规定注册商标申请人同该"他人"达成协议，该"他人"同意注册商标申请得到核准的情况。这种协议俗称"共存协议"。概言之，商标共存协议（consent agreement）是指双方当事人协议，一方（如在先注册商标人）同意另一方（如相同或近似标志的注册申请人）按照规定方式使用和注册某一标志，或者双方当事人相互同意对方按照给定方式使用或注册相同或近似标志。

我国商标法未规定商标共存协议的法律效力。由此产生两方面的法律问题：第一，商标共存协议对于商标确权授权而言，应该具有何种法律效力，商标局应该如何对待？第二，商标共存协议的当事人可否反悔，嗣后提起商标异议请求或商标无效宣告请求？

就第一问题，首先私人协议并不能剥夺或限制商标局、商标评审委员会等国家权力机关根据商标法评判申请商标是否符合商标法的核准注册条件。质言之，商标共存协议作为私人协议，不能干涉国家公权力的正当行使。【最高院"ALMAT"案】【最高院"V 及狮子图"案】【北京高院"HÄGGLUNDS"案】【北京高院"ITALIAINDEPENDENT"案】均对此予以肯定。

商标共存协议不应当干扰到国家公权力正当行使，并不等于说不影响国家机关评判申请商标与引证商标是否符合商标法第三十条。本质上，商标共存协议代表当事人双方对两商标是否共存于市场的法律意见，法律上相当于当事人证言。在判断两商标共存市场是否有混淆之虞时，裁判机构应将商标共存协议作为证人证言考虑。相关商标是否容易导致相关公众混淆，仍应该根据证据综合考察。为避免主观抽象地认定"近似商标"和"类似商品"，裁判机构应该重视商标共存协议的证据效力——它体现了市场利益冲突的双方对两个商标实际市

① 参见段晓梅：《〈商标法〉第五条关于共有商标的案件审理实践——第 3156117 号"BEIREN－TSK 及图形"商标驳回复审案评析》，载中国商标网，http://sbj.cnipa.gov.cn/sbps/201402/t20140210_328528.html，2021 年 4 月 8 日访问。

场使用的审慎判断。【最高院“Nexus”案】指出,在没有客观证据证明的情况下,不宜简单地基于不确定的“损害消费者利益”,否定引证商标权利人作为生产、经营者对其合法权益的判断和处分,对引证商标权利人出具同意诉争商标注册的同意书不予考虑。

但是,共存协议不应该只是表明同意申请商标予以注册。当事人应该说明为何不存在混淆,或者提供当事人为避免消费者混淆所采取的措施。如果缺乏支持的证据或论证,共存协议就会褪变,丧失证明力。为此,实践中,时而将共存协议作为“排除消费者混淆可能性的重要证据”(比如【北京高院“ITALIAINDEPENDENT”案),时而将其作为“排除混淆可能性的初步证据”(比如【北京高院“HÄGGLUNDS”案】)。当下,《北京市高级人民法院商标授权确权行政案件审理指南》第15.10条采纳后一种做法。

就第二个问题,当事人可否嗣后反悔,针对曾经同意注册的申请商标提起商标异议或无效宣告请求,这时商标局、商标评审委员会或法院是否应该准许呢?【最高院“ALMAT”案】指出,商标权人在行使其商标权利时,不得损害国家利益、社会公共利益或者他人的合法权利,《商标同意书》不能当然地排除可能的市场混淆。由此,商标局、商标评审委员会或者法院有权审查以下问题:商标共存协议是否“违反法律、法规的强制性规定”,是否“损害消费者的利益及公共利益”。即便存在商标共存协议,商标局或商标评审委员会仍应有权审查相关商标同时在市场上使用时,是否易使消费者混淆,从而损害消费者的利益;是否容易导致消费者误认(比如误认商品来源或性质),从而损害公共利益。所以,商标共存协议的效力就是证据效力,不得“一般性地”否定当事人提出商标异议或商标无效宣告请求的权利。

第三十一条　【初步审定并公告申请在先的商标】两个或者两个以上的商标注册申请人，在同一种商品或者类似商品上，以相同或者近似的商标申请注册的，初步审定并公告申请在先的商标；同一天申请的，初步审定并公告使用在先的商标，驳回其他人的申请，不予公告。

【行政法规】

《中华人民共和国商标法实施条例》(20140501)

第十八条　商标注册的申请日期以商标局收到申请文件的日期为准。

商标注册申请手续齐备、按照规定填写申请文件并缴纳费用的，商标局予以受理并书面通知申请人；申请手续不齐备、未按照规定填写申请文件或者未缴纳费用的，商标局不予受理，书面通知申请人并说明理由。申请手续基本齐备或者申请文件基本符合规定，但是需要补正的，商标局通知申请人予以补正，限其自收到通知之日起 30 日内，按照指定内容补正并交回商标局。在规定期限内补正并交回商标局的，保留申请日期；期满未补正的或者不按照要求进行补正的，商标局不予受理并书面通知申请人。

本条第二款关于受理条件的规定适用于办理其他商标事宜。

第十九条　两个或者两个以上的申请人，在同一种商品或者类似商品上，分别以相同或者近似的商标在同一天申请注册的，各申请人应当自收到商标局通知之日起 30 日内提交其申请注册前在先使用该商标的证据。同日使用或者均未使用的，各申请人可以自收到商标局通知之日起 30 日内自行协商，并将书面协议报送商标局；不愿协商或者协商不成的，商标局通知各申请人以抽签的方式确定一个申请人，驳回其他人的注册申请。商标局已经通知但申请人未参加抽签的，视为放弃申请，商标局应当书面通知未参加抽签的申请人。

【司法解释】

《最高人民法院关于审理商标案件有关管辖和法律适用范围问题的解释》(法释〔2002〕1 号，20020121；经法释〔2020〕19 号修正，20210101)

第五条　除本解释另行规定外，对商标法修改决定施行前发生，属于修改后商标法第四条、第五条、第八条、第九条第一款、第十条第一款第(二)、(三)、(四)项、第十条第二款、第十一条、第十二条、第十三条、第十五条、第十六条、第二十四条、第二十五条、第三十一条所列举的情形,国家知识产权局于商标法修改决定施行后作出复审决定或者裁定,当事人不服向人民法院起诉的行政案件,适用修改后商标法的相应规定进行审查;属于其他情形的,适用修改前商标法的相应规定进行审查。

【部门参考文件】

1.《商标评审规则》(国家工商行政管理总局令第 65 号,20140601)

第二十七条 商标评审委员会审理商标评审案件实行合议制度。但有下列情形之一的案件,可以由商标评审人员一人独任评审:

(一)仅涉及商标法第三十条和第三十一条所指在先商标权利冲突的案件中,评审时权利冲突已消除的;

(二)被请求撤销或者无效宣告的商标已经丧失专用权的;

(三)依照本规则第三十二条规定应当予以结案的;

(四)其他可以独任评审的案件。

2.《商标注册同日申请抽签须知》(20200824)

六、商标同日申请抽签具体操作程序

1. 商标申请人在规定时间内注册抽签账户并上传材料进行资格审核。

2. 参加抽签的商标申请人在规定时间登陆抽签账户进行签到,身份验证通过后进入等候区等待抽签,抽签人根据平台指引进行抽签操作。

3. 抽签规则:相同近似商标在同一组抽签,同一组的同一申请人只有一次抽签机会。每名抽签人分配三套数字卡牌,每套由数字 0 到 9 十张数字卡牌组成,分别放入代表百位、十位、个位的数字区域,三套数字卡牌背面朝向抽签人。抽签开始后,抽签人在规定时间内在每套卡牌中随机选择一张,选择完成后点击确认按键。全部三套卡牌选择完毕后,生成一个三位数字,即代表本次抽签的数字编号。同一组抽签完毕后,公布抽签人的数字编号,比较每位抽签人的数字编号大小,数字编号大者为中签者,数字编号相同重新进行抽签。未在规定时间完成卡牌选择并点击确认按键的,视为放弃抽签权利。当事人一方参加抽签而另一方未抽签的,参加抽签一方自然中签;未在规定时间内完成抽签的，完成抽签一方自然中签；双方均未参加抽签视为放弃申请。同一被委托人不得代表同一组的双方（或多方）申请人参加抽签。

4. 商标申请人可于抽签结束30日后登陆抽签账户在线下载商标注册同日申请抽签结果及《公证书》。

【北京法院商标行政案件的规范文件】

《北京市高级人民法院商标授权确权行政案件审理指南》（20190424）

1.8【异议事由与主体资格的认定】

异议人同时主张诉争商标违反商标法第十条、第十一条、第十二条规定和第十三条第二款、第三款、第十五条、第十六条第一款、第三十条、第三十一条、第三十二条规定的，应当对其是否具有依据第十三条第二款、第三款、第十五条、第十六条第一款、第三十条、第三十一条、第三十二条的规定提起申请的主体资格进行审查。若异议人不属于商标法第三十三条所规定的"在先权利人或者利害关系人"的，对其申请的除第十条、第十一条、第十二条规定以外的理由应当不予审查。

2.9【"绝对理由"和"相对理由"的同时适用】

商标评审部门依据商标法第十条、第十一条、第十二条的规定和第三十条、第三十一条的规定作出驳回诉争商标注册申请的决定，不能仅以商标评审部门同时适用商标法第十条、第十一条、第十二条的规定和第三十条、第三十一条的规定进行审查为由撤销被诉决定。

11.7【驰名商标的法条转换】

商标评审部门在符合下列条件的情况下，适用商标法第三十条或者第三十一条作出被诉裁决且支持当事人申请，对方当事人主张适用法律错误的，不予支持：

（1）当事人依据商标法第十三条第三款的规定对相同或者类似商品上申请注册的诉争商标申请不予核准注册或者宣告其无效的；

（2）当事人没有明确主张诉争商标的申请注册违反商标法第三十条或者第三十一条的；

（3）当事人申请诉争商标不予核准注册或者宣告无效的实质理由是相关公众容易对诉争商标与引证商标所标示的商品来源产生混淆的；

（4）当事人提出宣告诉争商标无效的申请没有超出商标法第四十五条

第一款规定的五年期限的。

15.2【商标近似的判断规则】

适用商标法第三十条、第三十一条时,可以综合考虑商标标志的近似程度、商品的类似程度、引证商标的显著性和知名度、相关公众的注意程度以及诉争商标申请人的主观意图等因素,以及前述因素之间的相互影响,以是否容易造成相关公众混淆为标准。

商标标志相同且指定使用的商品相同,可以直接认定违反商标法第三十条、第三十一条的规定,无须考虑其他因素。

将引证商标的整体或者显著识别部分作为诉争商标构成要素的,可以认定构成商标标志近似。

15.6【商标法第三十条、第三十一条的适用条件】

商标行政案件中,应当依据诉争商标的申请日确定引证商标属于已被核准注册、已初步审定的商标或者在先申请的商标。

引证商标申请日早于诉争商标,但在诉争商标申请日前,引证商标尚未被核准注册或者初步审定,即使在商标评审部门作出被诉裁决时,引证商标已被核准注册或者初步审定的,应当适用商标法第三十一条的规定对引证商标与诉争商标是否构成近似商标进行认定。

【法院参考案例】

1.【北京高院"尕会计"案】在适用商标法第三十一条时,可以综合考虑商标标志的近似程度、商品的类似程度、引证商标的显著性和知名度、相关公众的注意程度以及诉争商标申请人的主观意图等因素,以及前述因素之间的相互影响,以是否容易造成相关公众混淆为标准〔重庆益市科技发展有限公司与国家知识产权局商标申请驳回复审行政纠纷上诉案,北京市高级人民法院行政判决书(2020)京行终5705号〕。

2.【北京高院"华源"案】(1)商标法第三十一条规定的"同一天"指的是同一个自然日,若因新的情况出现需要对"同一天"赋予新的特殊含义,应当由法定机关作出解释;(2)商标局《新增服务商标的通知》第四项关于过渡期的规定将"2013年1月1日至1月31日"31个自然日视为"同一天"实质上是对商标法第三十一条规定的"同一天"进行了重新定义,属于违法行政行为〔国家工商行政管理总局商标局与安徽华源医药股份有限公司等其他商标行政纠纷上诉案,北京市高级人民法院行政判决书(2016)京行终 2345 号〕。

(1)商标法第三十一条规定的"同一天"指同一个自然日,但《新增服务商标的通知》第四项将"2013 年 1 月 1 日至 1 月 31 日"视为"同一天",显然与商标法的前述规定不符,并且在事实上对有关新增服务商标申请作出了新的制度安排。商标局主张《新增服务商标的通知》第四项有关过渡期的规定合法,依据不足,本院不予支持。

(2)行政诉讼法第七十四条第一款第一项规定,行政行为依法应当撤销,但撤销会给国家利益、社会公共利益造成重大损害的,人民法院判决确认违法,但不撤销行政行为。商标局作出《新增服务商标的通知》第四项有关过渡期的规定违反了商标法的相关规定,同时商标局作出《同日申请协商通知书》亦缺乏法律依据,属于违法行政行为,但由于《新增服务商标的通知》发布于 2012 年 12 月,商标行政主管机关根据该文件受理了 7000 余件商标的注册申请,其中 1000 余件商标的注册申请已经处理完毕。如果本案《同日申请协商通知书》被撤销,势必形成连锁反应,破坏基于《新增服务商标的通知》所形成的社会秩序,为数众多的商标申请人的信赖利益亦将受到严重损害,进而影响社会秩序的稳定。鉴此,虽然商标局作出的《同日申请协商通知书》属于违法行政行为,本应予以撤销,但考虑到撤销后将会给社会公共利益造成重大损害,因此不宜予以撤销。

编者说明

我国商标权取得不实行先使用制。依据先使用来确定商标权归属存在显著的制度缺陷,会让商业活动缺乏必要的可预期性。首先,商标使用是既成事实,常有地域局限,经使用而获得的商标权因此受地域限制。一旦企业经营扩张超出本地,各地相同或类似标志的使用人之间很容易发生权益冲突。法律能给出的解决方案必定是限制此种商标权,以避免由此产生的消费者混淆。① 这样一

---

① 参见《最高人民法院关于审理不正当竞争民事案件应用法律若干问题的解释》第一条第二款的规定:"在不同地域范围内使用相同或者近似的知名商品特有的名称、包装、装潢,在后使用者能够证明其善意使用的,不构成反不正当竞争法第五条第(二)项规定的不正当竞争行为。因后来的经营活动进入相同地域范围而使其商品来源足以产生混淆,在先使用者请求责令在后使用者附加足以区别商品来源的其他标识的,人民法院应当予以支持。"该条中的第五条系 2019 年修正的反不正当竞争法第六条。

来,企业难以充分有效地利用商标权开拓全国大市场。其次,商标使用是既成事实,总限定于所用的商品和服务,经使用而获得的商标权也就限定于所用的商品或服务类别之上。企业由此难以有效地拟定经营计划,利用商标为新商品或服务开拓市场。最后,商标使用是既成事实,总限定于特定的标志。然而,商标的构成要素与商品装潢的构成要素并无二致,同时出现在商品之上,常常难以向竞争对手显示权益的对象。即便企业标注"商标"或"TM"字样,倘若商标周围没有区隔使之与装潢元素区分开来,还是容易引起误解,不清楚商标构成的确切元素。此外,应商品或服务推广宣传的需要,企业往往在不同时间、不同地域使用不同商标于不同商品或服务之上,不同企业也可能交错使用相同或近似的标志。这使得商标权的对象在法律上难以确定。总之,根据商标使用而事后确定商标权,当事人往往需要花费大量财力和人力收集众多证据来证明自己对特定商业标志在所主张的商品或服务之上享有商标权,而市场竞争者又不能事前清楚地知道商标权的主体和权利边界,故这种制度安排的成本非常昂贵。

我国采用商标注册制,实行先申请原则,同时兼顾先使用人权益。商标注册制可以轻易地克服先使用制的缺陷。商标注册申请作为固定的书面证据,能够清楚地表明商标权的主体,明晰地界定权利的对象——特定商业标志识别指定商品或服务的法律关系。通过国家常设机构的事前审查,能有效地降低注册商标权之间的冲突。而且,一经核准注册,注册商标专用权即在全国范围之内有效,享受法律保护,便于企业最大可能地利用全国大市场。

先申请原则意味着,对同种或类似商品上多个相同或近似的商标注册申请,核准注册先申请的商标。具体体现于商标法第三十一条。如果他人在同种或类似商品上申请注册相同或近似商标,先申请人可以通过异议程序,阻止其核准注册;如果已核准注册,先注册人可以通过无效宣告程序,请求宣告该注册商标无效。被宣告无效的注册商标,注册商标专用权自始不存在。

先申请原则下,"申请日"具有重要的法律意义。根据商标法实施条例第十八条规定,商标注册的申请日期以商标局收到申请文件的日期为准,以商标局受理为条件。① "商标局收到申请文件的日期"依照以下规则确定:当事人向商标

① 商标注册申请手续齐备、按照规定填写申请文件并缴纳费用的,商标局予以受理并书面通知申请人;申请手续不齐备、未按照规定填写申请文件或者未缴纳费用的,商标局不予受理,书面通知申请人并说明理由。申请手续基本齐备或者申请文件基本符合规定,但是需要补正的,商标局通知申请人予以补正,限其自收到通知之日起30日内,按照指定内容补正并交回商标局。在规定期限内补正并交回商标局的,保留申请日期;期满未补正的或者不按照要求进行补正的,商标局不予受理并书面通知申请人。

局提交文件或者材料的日期，直接递交的，以递交日为准；邮寄的，以寄出的邮戳日为准；邮戳日不清晰或者没有邮戳的，以商标局实际收到日为准，但是当事人能够提出实际邮戳日证据的除外。通过邮政企业以外的快递企业递交的，以快递企业收寄日为准；收寄日不明确的，以商标局实际收到日为准，但是当事人能够提出实际收寄日证据的除外。以数据电文方式提交的，以进入商标局电子系统的日期为准。①

然而，递交日在先的商标注册申请在法律上未必就是申请在先。我国是《保护工业产权巴黎公约》的成员国，我国商标法承认“优先权”，而优先权日可取代“递交日”而视为“申请日”。根据优先权事由不同，可分为“申请优先权”（商标法第二十五条）和“展览优先权”（商标法第二十六条）。就“优先权”，请见第二十五条和第二十六条的释义。

但是，完全贯彻商标注册制，这可能造成严重的不公平。注册商标人依照取得的注册商标专用权将可以禁止先使用人诚实信用的商业活动。为此，我国实行商标注册制，但兼顾先使用人的利益。具体来说，主要体现在以下几个方面：(1)商标法第十三条第二款，对未注册驰名商标予以反混淆保护，并禁止他人注册；(2)商标法第十五条第二款，禁止注册和使用通过特殊关系而知晓他人已经使用的商标；(3)商标法第三十二条后半句，禁止以不正当手段抢先注册他人已经使用并有一定影响的商标；(4)商标法第五十九条第三款，给予商标在先使用人以在先使用侵权抗辩，准予在先使用并有一定影响的商标在原有范围内继续使用。

尽管如此，在先使用行为在法律上无法给予在先使用人“商标权”或“申请商标的权利”。我国商标法实现先申请原则，这就是说，注册商标权原始取得以商标局核准注册商标申请为必要条件。在先使用人仅能根据商标法第十三条第二款、第十五条第二款和第三十二条提起商标异议，阻止先申请人所提商标申请核准，或者提起注册商标无效宣告请求，将已经注册的商标宣告无效，而不能根据自己的使用行为要求商标评审委员会或法院判令将被异议商标申请或被争议之注册商标转移到自己名下。无论是商标异议程序，还是商标无效宣告程序，都不是商标权属纠纷的解决程序。此外，商标法第五十九条第三款规定的“在先使用抗辩”仅保护一种事实状态，也没有给予在先使用人一种特定且可以自由处分的财产权利。就此，请参见第五十九条的注释。

---

① 商标法实施条例(2014年)第九条第一款。

第三十二条 【申请商标注册不得损害在先权利、不得以不正当手段抢注】申请商标注册不得损害他人现有的在先权利，也不得以不正当手段抢先注册他人已经使用并有一定影响的商标。

【相关立法】

《中华人民共和国民法典》(20210101)

第九百九十条 人格权是民事主体享有的生命权、身体权、健康权、姓名权、名称权、肖像权、名誉权、荣誉权、隐私权等权利。

除前款规定的人格权外，自然人享有基于人身自由、人格尊严产生的其他人格权益。

第九百九十四条 死者的姓名、肖像、名誉、荣誉、隐私、遗体等受到侵害的，其配偶、子女、父母有权依法请求行为人承担民事责任；死者没有配偶、子女且父母已经死亡的，其他近亲属有权依法请求行为人承担民事责任。

第一千零一十二条 自然人享有姓名权，有权依法决定、使用、变更或者许可他人使用自己的姓名，但是不得违背公序良俗。

第一千零一十三条 法人、非法人组织享有名称权，有权依法决定、使用、变更、转让或者许可他人使用自己的名称。

第一千零一十七条 具有一定社会知名度，被他人使用足以造成公众混淆的笔名、艺名、网名、译名、字号、姓名和名称的简称等，参照适用姓名权和名称权保护的有关规定。

第一千零一十八条 自然人享有肖像权，有权依法制作、使用、公开或者许可他人使用自己的肖像。

肖像是通过影像、雕塑、绘画等方式在一定载体上所反映的特定自然人可以被识别的外部形象。

【司法解释】

《最高人民法院关于审理商标授权确权行政案件若干问题的规定》(法释〔2017〕2 号,20170301；经法释〔2020〕19 号修正,20210101)

第十八条　商标法第三十二条规定的在先权利，包括当事人在诉争商标申请日之前享有的民事权利或者其他应予保护的合法权益。诉争商标核准注册时在先权利已不存在的，不影响诉争商标的注册。

第十九条　当事人主张诉争商标损害其在先著作权的，人民法院应当依照著作权法等相关规定，对所主张的客体是否构成作品、当事人是否为著作权人或者其他有权主张著作权的利害关系人以及诉争商标是否构成对著作权的侵害等进行审查。

商标标志构成受著作权法保护的作品的，当事人提供的涉及商标标志的设计底稿、原件、取得权利的合同、诉争商标申请日之前的著作权登记证书等，均可以作为证明著作权归属的初步证据。

商标公告、商标注册证等可以作为确定商标申请人为有权主张商标标志著作权的利害关系人的初步证据。

第二十条　当事人主张诉争商标损害其姓名权，如果相关公众认为该商标标志指代了该自然人，容易认为标记有该商标的商品系经过该自然人许可或者与该自然人存在特定联系的，人民法院应当认定该商标损害了该自然人的姓名权。

当事人以其笔名、艺名、译名等特定名称主张姓名权，该特定名称具有一定的知名度，与该自然人建立了稳定的对应关系，相关公众以其指代该自然人的，人民法院予以支持。

第二十一条　当事人主张的字号具有一定的市场知名度，他人未经许可申请注册与该字号相同或者近似的商标，容易导致相关公众对商品来源产生混淆，当事人以此主张构成在先权益的，人民法院予以支持。

当事人以具有一定市场知名度并已与企业建立稳定对应关系的企业名称的简称为依据提出主张的，适用前款规定。

第二十二条　当事人主张诉争商标损害角色形象著作权的，人民法院按照本规定第十九条进行审查。

对于著作权保护期限内的作品，如果作品名称、作品中的角色名称等具有较高知名度，将其作为商标使用在相关商品上容易导致相关公众误认为其经过权利人的许可或者与权利人存在特定联系，当事人以此主张构成在先权益的，人民法院予以支持。

第二十三条　在先使用人主张商标申请人以不正当手段抢先注册其在先使用并有一定影响的商标的，如果在先使用商标已经有一定影响，而商标申请人明知或者应知该商标,即可推定其构成“以不正当手段抢先注册”。但商标申请人举证证明其没有利用在先使用商标商誉的恶意的除外。

在先使用人举证证明其在先商标有一定的持续使用时间、区域、销售量或者广告宣传的,人民法院可以认定为有一定影响。

在先使用人主张商标申请人在与其不相类似的商品上申请注册其在先使用并有一定影响的商标,违反商标法第三十二条规定的,人民法院不予支持。

【注释】①

1. 关于在先权利,本解释第十八条将其定位为一种开放性的规定,既包括法律有明确规定的在先权利,也包括其他应予保护的合法权益,之后分别用了四个条文对在先著作权、姓名权、字号权益和角色形象、作品名称以及角色名称的保护进行了规定。第十八条另明确了判断是否损害在先权利的时间点一般为诉争商标申请日,但在诉争商标核准注册时在先权利已不存在的,则权利冲突的障碍已经消除,故不因之前存在在先权利而影响诉争商标的注册。

2. 在先著作权是商标法第三十二条规定的在先权利之一。近年来,对在先商标标志主张著作权的案件增多,引发较多争议,主要集中在权属认定标准上。本解释第十九条第一款一般性地规定,主张在先著作权的,应该按照著作权法的相关规定,对于所主张的客体是否构成作品、当事人是否为著作权人或者利害关系人以及诉争商标标志申请注册是否构成对著作权的侵害进行判断。第二款参考了《最高人民法院关于审理著作权民事纠纷案件适用法律若干问题的解释》第七条,规定设计底稿等可以作为证明著作权归属的证据,结合对商标标志主张著作权案件的特点,对著作权登记证书作了限定,即只有在诉争商标申请日之前的著作权登记证书才具有初步证明的效力。第三款则明确了在先商标注册证、商标公告可以作为确定利害关系人的初步证据。根据商标法的规定,有权主张著作权的不仅包括著作权人,还包括利害关系人。在先的注册商标经过公告,在没有相反证据的情况下,应当认为其是合法取得的,不侵犯他人著作权。在这个前提下,其商标标志可能有如下来源:自行创作、委托创作、许可、受让。在创作和受让情况下,商标权

① 参见宋晓明、王闯、夏君丽、董晓敏:《〈关于审理商标授权确权行政案件若干问题的规定〉的理解与适用》,载《人民司法·应用》2017年第10期。

人享有著作权。在委托创作的情况下,委托人即在先商标申请人可以依照合同约定享有著作权,如果合同没有约定,则其有权在约定的范围内或者委托创作的目的范围内使用作品。考虑到商标的特性,应认为除非合同中有相反约定,在先商标申请人对于将该标志作为商标注册和使用享有专有权,其可作为利害关系人来主张权利。许可使用的情况下商标申请人作为被许可人亦是有权主张著作权的利害关系人。当然,商标申请人也可以提供该条第二款规定的如设计底稿、取得权利的合同等证据证明其为著作权人。这种初步证据加上反证的方式符合著作权法对于权属问题的通常证明标准。另外,如果在后的商标申请人并非抄袭在先商标标志,而是有其他来源,其也很容易举出反证。

3. 本解释第二十条是关于在先姓名权的规定。实践中经常出现将名人姓名注册为商标的案件,除前述不良影响条款中涉及的政治等领域公众人物姓名外,比较多的是体育、娱乐等领域的名人姓名。姓名权是一项民事权利,反不正当竞争法(1993年)第五条第(三)项亦规定,经营者不得擅自使用他人的企业名称或者姓名,引人误认为是他人的商品。《最高人民法院关于审理不正当竞争民事案件应用法律若干问题的解释》第六条第二款规定,在商品经营中使用的自然人的姓名,应当认定为反不正当竞争法(1993年)第五条第(三)项规定的“姓名”。具有一定的市场知名度、为相关公众所知悉的自然人的笔名、艺名等,可以认定为反不正当竞争法(1993年)第五条第(三)项规定的“姓名”。该规定是从禁止仿冒的角度,对从事商品经营、具有商品来源标识意义的姓名的保护。虽然姓名权是重要的人身权利,但其所包含的财产利益日益受到关注并在法律层面得到认可,比如侵权责任法第二十条规定,侵害他人人身权益造成财产损失的,按照被侵权人因此造成的损失赔偿。该条一般被认为明确承认了人格权中所蕴含的财产利益。本解释第二十条第一款从“相关公众认为商标标志指代了该自然人,容易认为标记有该商标的商品系经过该自然人许可或者与该自然人存在特定联系”的角度,认定了对姓名权的损害。对于实践中出现的并非以自然人的户籍姓名,而是以笔名、艺名、译名等特定名称来主张姓名权的,该条第二款规定,如果该特定名称具有一定的知名度,与该自然人建立了稳定的对应关系,相关公众以其指代该自然人的,人民法院应当予以支持,并依照第一款规定判断诉争商标的申请是否对其构成损害。

4. 本解释第二十一条是关于在先字号保护的规定。字号是企业名称中主要起识别作用的部分,容易与商标产生冲突。《最高人民法院关于审理不正当竞争民事案件应用法律若干问题的解释》第六条明确,具有一定的市场知名度,为相关公众所知悉的企业名称中的字号,可以认定为反不正当竞争法(1993年)第五条第(三)项规定的企业名称。本解释第二十一条第一款沿用了上述司法解释规定的条件,并规定以相关公众容易造成混淆误认为判断是否侵害字号权益的标准。第二款规定,对于已经具有一定的市场知名度、与企业建立起稳定对应关系的企业名称简称,可以作为在先权利受到保护。

5. 本解释第二十二条是关于角色形象、角色名称、作品名称等的规定。第一款涉及的角色形象尤其是虚拟形象有很多可以作为美术作品来进行保护,是著作权法所保护的一种作品类型,属于法律有明确规定的在先权利。当事人对其主张在先著作权的,按照前述本解释第十九条,依照著作权法对相关问题进行审查。第二款规定的作品名称和角色名称,按照我国著作权法的规定,通常不能受到著作权法的保护,但是对于具有较高知名度的作品名称、角色名称而言,其知名度会带来相应的商业价值,权利人可以自行使用或者许可他人使用,构成可受保护的一种合法权益。如果他人未经许可将上述作品名称、角色名称等作为商标使用在相关商品上,容易使相关公众误认为该商品获得了权利人的许可或者与其有特定联系,会损害相关权利人自行或者许可他人对其进行商业利用的权利,权利人可以依据商标法第三十二条对该商标提出异议、无效申请。本解释第二十二条是在总结实践经验并充分征求意见的基础上进行的规定,从利益平衡的角度,对此类合法利益进行保护,并根据我国的立法情况,将法律适用的标准确定在现行法律的框架下,明确其属于商标法第三十二条规定的在先权利。且考虑既对其进行保护,又要有所限制,由于此项权益产生的基础是作品名称、作品中的角色名称,故将所提供的保护限于作品的著作权保护期之内。既考虑到对合法权益进行保护,防止不正当占用他人的经营成果,也要避免损害社会公众对社会公共文化资源的正当使用。

6. 本解释第二十三条是关于商标法第三十二条"不得以不正当手段抢先注册他人在先使用并有一定影响的商标"的规定。我国商标法采取注册制原则,对未注册商标仅提供有限的保护,且需满足一定条件。除了前述关于未注册驰名商标以及商标法第十五条禁止有代理、代表等特定关系的人抢注外,商标法第三十二条关于在先使用并有一定影响是对未注册商标进行保护的重要条款。之所以要求有一定影响,是考虑到这种情况下的未注册商标已经在相关公众中实际发挥了识别商品来源的作用,他人未经许可申请注册是一种有违诚实信用原则的抢注行为,而且容易造成相关公众的混淆误认。故关于该条中不正当手段的理解,应结合其立法目的来看,本质上指的是商标申请人占用他人在先使用商标商誉的恶意。本解释第二十三条第一款则规定,如果在先使用商标已经有一定影响,而商标申请人明知或者应知该商标,即可推定其构成以不正当手段抢先注册。但商标申请人举证证明其没有利用在先使用商标商誉的恶意的除外。将他人商标具有一定影响作为推定恶意的证据,允许商标申请人举证以推翻。

【部门参考文件】

1.《商标审查审理指南》(国家知识产权局公告第 462 号,20220101;下编)

第十四章　损害他人在先权利的审查审理

2 释义

本条规定的在先权利是指在系争商标申请注册日之前已经取得的,除商标权以外的其他权利,包括字号权、著作权、外观设计专利权、姓名权、肖像权、地理标志以及应予保护的其他合法在先权益。

“现有”是指系争商标申请注册日前已经享有并合法存续。系争商标核准注册时在先权利已不存在的,不影响系争商标的注册。

3 具体在先权利的审查审理

3.1 字号权

3.1.1 概述

将与他人在先登记、使用并具有一定知名度的字号相同或者基本相同的文字申请注册为商标,容易导致中国相关公众混淆,致使在先字号权人的利益可能受到损害的,应当认定为对他人在先字号权的损害,系争商标应当不予核准注册或者予以无效宣告。

当事人以具有一定市场知名度并已与企业建立稳定对应关系的企业名称的简称为依据提出主张的,适用本指南。

以事业单位及其他组织的名称、个人合伙及个体工商户的字号提出主张的,参照适用本指南。

3.1.2 适用要件

(1)在系争商标申请注册日之前,他人已在先登记或使用其字号。

(2)在系争商标申请注册日之前,该字号在中国相关公众中已具有一定的知名度。

(3)系争商标的注册与使用容易导致中国相关公众误以为该商标所标示的商品或者服务来自字号权人,或者与字号权人有某种特定联系,致使在先字号权人的利益可能受到损害。

原则上系争商标与在先字号相同或基本相同时容易产生混淆,但在个案中应根据在先字号的独创性、知名度对系争商标与字号是否构成基本相同进行判断。其次,对在先字号权的保护原则上应当以与字号权人实际经营的商品或者服务相同或者类似的商品或者服务为限,但在个案中应根据在先字号的独创性、知名度,以及双方商品或者服务的关联程度,具体确定该在先字号的保护范围。

3.2 著作权

3.2.1 概述

未经著作权人的许可,将他人享有著作权的作品申请注册商标,应认定为对他人在先著作权的损害,系争商标应当不予核准注册或者予以无效宣告。

"作品"是指受到《著作权法》保护的客体。在先著作权是指系争商标申请注册日之前,作品已经创作完成。

3.2.2 适用要件

(1)在系争商标申请注册之前他人已在先享有著作权,且该著作权在保护期限内。

在先享有著作权的事实可以用下列证据材料加以证明:在先公开发表该作品的证据材料,在先创作完成该作品的证据材料,著作权登记证书,通过继承、转让等方式取得在先著作权的证据材料等。对生效裁判文书中确认的当事人在先享有著作权的事实,在没有充分相反证据的情况下,可以予以认可。商标注册证或晚于系争商标申请注册日进行登记的著作权登记证书不能单独作为认定在先著作权成立的证据。

(2)系争商标与他人在先享有著作权的作品相同或者实质性相似。

(3)系争商标注册申请人接触过或者有可能接触到他人享有著作权的作品。

如果系争商标注册申请人能够证明系争商标是独立创作完成的,则不构成对他人在先著作权的损害。

(4)系争商标的注册申请未经著作权人许可。

系争商标注册人主张系争商标的注册申请取得了著作权人许可的,应承担许可事实的举证责任。

典型案例:“peppapig及图”商标无效宣告案

(1)商标信息。

指定服务:广告、替他人推销等

(2)审理要点。

首先,申请人“Peppa · Pig”角色形象表现形式独特,具有较强的独创性,属于著作权法保护的美术作品。申请人提交的知识产权转让相关协议及“Peppa · Pig”美术作品在美国的著作权登记证书、作品图样等证据足以形成完整证据链,证明申请人在先享有“Peppa · Pig”美术作品的著作权。中国与美国均为《伯尔尼公约》成员国,申请人在美国取得的著作权亦受中国著作权法的对等保护。其次,系争商标的图形部分与申请人享有著作权的涉案作品在构成要素、表现形式、设计细节等方面高度相近,给公众的视觉效果几无差异,已构成著作权法意义上的实质性相似。再次,申请人提交的证据可以证明,在争议商标申请日期之前,众多国内媒体已对小猪佩奇系列图书及游戏进行了报道,被申请人在争议商标申请日前完全有可能接触到申请人作品。本案争议商标文字部分亦与申请人涉案作品动画角色名称完全相同。争议商标的申请注册难谓巧合。最后,被申请人未经申请人许可。综上,争议商标的申请注册损害了申请人的在先著作权。

3.3 外观设计专利权

3.3.1 概述

未经许可,将他人享有专利权的外观设计申请注册商标,致使在先外观设计专利权人的利益可能受到损害的,应认定为对他人在先外观设计专利权的损害,系争商标应当不予核准注册或者予以无效宣告。

3.3.2 适用要件

(1)在系争商标申请注册及使用之前他人已在先享有外观设计专利权,

且该外观设计专利权在保护期限内。

当事人应提交外观设计专利证书、年费缴纳凭据、专利登记簿副本等证据材料证明外观设计专利的授权公告日早于系争商标注册申请日及使用日。

(2)系争商标的注册与使用容易导致相关公众产生混淆,致使在先专利权人的利益可能受到损害。在判断混淆可能性时,既可以就系争商标与外观设计的整体进行比对,也可以就系争商标的主体显著部分与外观设计的要部进行比对。外观设计专利中的文字仅保护其特殊表现形式,其读音、含义并不在专利权保护范围内。

(3)系争商标的注册申请未经专利权人许可。

系争商标注册人主张系争商标的注册申请取得了外观设计专利权人许可的,应承担许可事实的举证责任。

3.4 姓名权

3.4.1 概述

未经许可,将他人的姓名申请注册商标,给他人姓名权可能造成损害的,系争商标应当不予核准注册或者予以无效宣告。

他人的姓名包括本名、笔名、艺名、译名、别名等。

"他人"是指系争商标申请注册时在世的自然人。系争商标核准注册时自然人已不在世的,不适用本规定。

3.4.2 适用要件

(1)姓名具有一定的知名度,与自然人建立了稳定的对应关系,在相关公众的认知中,指向该姓名权人。

(2)系争商标的注册给他人姓名权可能造成损害。

在个案中综合考虑姓名的知名程度以及系争商标指定的商品或者服务与姓名权人知名领域的关联程度,具体确定该在先姓名权的保护范围。

明知为他人的姓名,却基于损害他人利益的目的申请注册商标的,应当认定为对他人姓名权的损害。

(3)系争商标的注册申请未经姓名权人许可。

系争商标注册人主张系争商标的注册申请取得了姓名权人许可的,应承担许可事实的举证责任。

3.4.3 涉及姓名权保护的其他问题

使用姓名申请注册商标,不符合上述姓名权保护适用要件,但误导公众、妨害公序良俗或者有其他不良影响的,依据《商标法》第十条第一款第(七)

项、第(八)项的规定进行审查审理。

典型案例:"屠呦呦"商标无效宣告案

(1)商标图样。

屠呦呦

指定商品:眼镜等

(2)审理要点。

申请人屠呦呦为药学家,在争议商标申请日之前已在中国公众中具有较高知名度,"屠呦呦"稳定指向申请人。被申请人在未经申请人许可的情况下,将与申请人姓名完全相同的文字"屠呦呦"作为争议商标进行注册,有可能使相关公众认为该商标指定使用的眼镜等商品来源于申请人,或来源于申请人授权的其他主体。因此,争议商标的申请注册损害了申请人的在先姓名权。

3.5 肖像权

3.5.1 概述

未经许可,将他人的肖像申请注册商标,给他人肖像权可能造成损害的,系争商标应当不予核准注册或者予以无效宣告。

肖像是通过影像、雕塑、绘画等方式在一定载体上所反映的特定自然人可以被识别的外部形象。

"他人"是指系争商标申请注册时在世的自然人。系争商标核准注册时自然人已不在世的,不适用本规定。

3.5.2 适用要件

(1)在相关公众的认知中,系争商标图像指向该肖像权人。

将他人的肖像照片作为商标申请注册的,不以他人具有公众知名度为保护前提。

将他人的肖像画作为商标申请注册的,系争商标图像应具有足以使相关公众识别为特定自然人的特征,与该自然人之间形成了稳定的对应关系。

(2)系争商标的注册给他人肖像权可能造成损害。

将他人的肖像照片作为商标申请注册的,不以容易使相关公众认为标记有该商标的商品或者服务系经过该自然人许可或者与该自然人存在特定联系为保护前提。

将他人的肖像画作为商标申请注册的,在个案中以系争商标的注册使用是否容易使相关公众认为标记有该商标的商品或者服务系经过该自然人许可或者与该自然人存在特定联系,具体确定该在先肖像权的保护范围。

明知为他人的肖像,却基于损害他人利益的目的申请注册商标的,应当认定为对他人肖像权的损害。

(3)系争商标的注册申请未经肖像权人许可。

系争商标注册人主张系争商标的注册申请取得了肖像权人许可的,应承担许可事实的举证责任。

3.5.3 涉及肖像权保护的其他问题

使用肖像申请注册商标,不符合上述肖像权保护适用要件,但误导公众、妨害公序良俗或者有其他不良影响的,依据《商标法》第十条第一款第(七)项、第(八)项的规定进行审理。

典型案例:“真英雄及图”商标无效宣告案

(1)商标图样。

指定商品:服装等

(2)审理要点。

申请人系牙买加籍田径运动员,多次打破短跑世界纪录,在比赛获胜后常以射箭姿势作为其庆祝动作。通过大量新闻报道,申请人及其招牌庆祝动作在争议商标申请注册之前已经在中国公众当中具有较高知名度。争议商标中的人物形象和动作姿态容易使相关公众将其认知为申请人及其招牌庆祝动作,从而误认为争议商标使用的服装等商品系经过申请人许可或者与申请人存在特定联系。被申请人未经申请人许可,申请注册争议商标,损害了申请人的在先肖像权,争议商标予以宣告无效。

3.6 地理标志

3.6.1 概述

将与在先地理标志相同或者近似的文字、图形等申请注册为商标,容易误导公众,致使在先地理标志权利人的利益可能受到损害的,系争商标应当不予核准注册或者予以无效宣告。

地理标志是指标示某商品来源于某地区，该商品的特定质量、信誉或者其他特征，主要由该地区的自然因素或人文因素所决定的标志。

3.6.2 适用要件

（1）系争商标申请注册时，地理标志已经客观存在。

（2）系争商标的注册和使用容易误导公众，致使在先地理标志相关合法权益可能受到损害。应当综合考虑系争商标与在先地理标志的近似程度，地理标志客观存在情况及其知名度、显著性、相关公众的认知，系争商标注册申请人是否具有不当攀附地理标志知名度的主观恶意等因素进行判断。

（3）地理标志在系争商标申请注册时已经作为集体商标或者证明商标申请注册的，适用商标权保护有关规定，不适用本章规定。

（4）系争商标中有商品的地理标志，若该商标已经善意取得注册，即使商品并非来源于地理标志所标示的地区，仍继续有效。

3.6.3 涉及地理标志保护的其他问题

对于商标与在先地理标志相同或者近似，容易误导公众的，当事人在商标异议、评审程序中，同时主张《商标法》第三十二条和《商标法》第十条第一款第（七）项或者第十六条第一款，并符合相关适用要件的，优先适用第十条第一款第（七）项或者第十六条第一款的规定。

3.7 有一定影响的商品或者服务名称、包装、装潢

3.7.1 概述

将与他人有一定影响的商品或者服务名称、包装、装潢相同或者近似的文字、图形等申请注册为商标，容易导致相关公众混淆，致使他人合法权益可能受到损害的，应当认定为对他人有一定影响的商品或者服务名称、包装、装潢的损害，系争商标应当不予核准注册或者予以无效宣告。

有一定影响的商品或者服务名称、包装、装潢是指，并非仅由功能性形状构成，具有显著性，并且在系争商标申请注册之前已经具有一定知名度，相关公众能够以之区分商品或者服务来源的标志。

3.7.2 适用要件

（1）当事人主张在先权益的商品或者服务名称、包装、装潢在系争商标申请注册之前已具有一定影响。

（2）系争商标的注册与使用容易导致相关公众产生混淆或误认，致使在先有一定影响的商品或者服务名称、包装、装潢权益可能受到损害。

应当综合考虑系争商标与商品或者服务名称、包装、装潢的近似程度以

及系争商标指定的商品或者服务与名称、包装、装潢有一定影响的商品或者服务的关联程度进行判断。

(3)他人有一定影响的商品或者服务名称、包装、装潢未申请注册为商标。

已作为商标申请注册的有一定影响的商品或者服务名称、包装、装潢适用商标权保护规定,不适用本章规定。

典型案例:“可立停”商标无效宣告案

(1)商标图样。

可立停

指定商品:成药、医药制剂等

(2)审理要点。

申请人早在1994年已获得卫生部门批准使用“可立停”作为其磷酸苯丙哌林口服液药品的商品名称。经过一定规模的实际使用,在争议商标申请注册之前,申请人“可立停”药品商品名称已经在相关公众当中具有一定影响。被申请人与申请人均为药品生产企业,争议商标注册使用在止咳类药品上,容易导致相关公众对商品来源产生混淆。因此,争议商标的申请注册损害了申请人在先有一定影响的商品名称所享有的民事权益,属于《商标法》第三十二条“损害他人现有的在先权利”所指情形。

3.8 其他应予保护的合法在先权益

3.8.1 概述

除字号权、姓名权、肖像权、著作权、外观设计专利权、有一定影响的商品或者服务名称外的合法权利或者权益,如作品名称权益、作品中的角色名称权益等。作品名称、作品中的角色名称等在系争商标申请注册之前已具有较高知名度,作为商标使用在相关商品或者服务上容易导致相关公众误认为其经过在先标志权益人许可或者与在先标志权益人存在特定联系,在先标志权益人提出主张的,系争商标应当不予核准注册或者予以无效宣告。

3.8.2 适用要件

(1)在先权益归属明确,合法存续。

(2)请求保护的在先标志具有较高知名度。

(3)系争商标注册申请人主观上存在恶意。

(4)系争商标使用在指定商品或者服务上容易导致相关公众误认为其经过在先标志权益人的许可或者与在先标志权益人存在特定联系。此要件应当综合考虑系争商标与在先标志的近似程度、在先标志的知名程度和知名领域以及系争商标指定的商品或者服务与在先标志知名领域的关联程度等因素。

典型案例:“哈利波特 Halibote 及图”商标无效宣告案

(1)商标图样。

哈利波特

—Halibote—

指定商品:医用营养食物、营养补充剂、婴儿食品、婴儿奶粉、婴儿尿裤、婴儿尿布、人用药等

(2)审理要点。

某娱乐公司对江川某商务有限公司注册的“哈利波特 Halibote 及图”商标提出无效宣告请求。本案在案证据显示,申请人是《哈利·波特》系列电影的出品方。在争议商标申请日前,《哈利·波特》系列小说及电影已经在国内进行了广泛的宣传、播放,具有较高知名度。“哈利·波特”作为申请人电影作品中的主角名称也因此为相关公众所熟知,其知名度的取得是申请人创造性劳动的结晶。争议商标的显著识别文字与申请人电影作品的主角名称“哈利·波特”相同,考虑到影视作品衍生商业市场广泛,争议商标注册使用在“营养补充剂、婴儿食品、婴儿尿裤”等商品上,容易使相关公众误认为上述商品与申请人《哈利·波特》系列作品相关或者已经获得了申请人授权。因此,争议商标的注册使用可能会不正当地借用申请人基于其作品主角名称的知名度,损害申请人的在先合法权益。

第十五章　抢注他人已经使用并有一定影响商标的审查审理

2 释义

上述规定是基于诚实信用原则,对已经使用并有一定影响的未注册商标予以保护,制止以不正当手段抢注的行为,弥补严格实行注册原则的不足。

未注册商标包括在系争商标申请日前未提出商标注册申请或者注册期满未续展丧失商标专用权的商标。

3 适用要件

(1)他人商标在系争商标申请日之前已经在先使用并有一定影响;

(2)系争商标与他人商标相同或者近似;

(3)系争商标所指定的商品或者服务与他人商标所使用的商品或者服务原则上相同或者类似;

(4)系争商标申请人采取了不正当手段。

是否构成本条款所指情形应对“一定影响”的程度和“不正当手段”的情形予以综合考虑。

4 已经使用并有一定影响商标的判定

4.1 含义

在先未注册商标通过商业宣传和生产经营活动,发挥了识别商品或者服务来源的作用,并为中国一定范围的相关公众所知晓的,认定为“已经使用并有一定影响”。

法律规定不得作为商标使用的标识,不能认定为“已经使用并有一定影响的商标”。

相关公众的判定参照本编第十章5.1“相关公众”。

4.2 证据材料

证明未注册商标已经使用并有一定影响,可以提供下列证据材料:

(1)该商标最早使用时间或持续使用情况等相关资料;

(2)该商标所标示的商品或者服务的合同、发票、提货单、银行进账单、进出口凭据、电商平台交易单据或者交易记录等;

(3)该商标所标示的商品或者服务的销售区域范围、销售量、销售渠道、方式、市场份额等相关资料;

(4)该商标的使用人在广播、电影、电视、报纸、期刊、网络、户外等媒体发布的商业广告,以及上述媒体中所有涉及该商标的评论、报道及其他宣传活动资料;

(5)该商标所标示的商品或者服务参加展览会、博览会、拍卖等商业活动的相关资料;

(6)该商标的获奖等商誉资料;

(7)其他可以证明该商标已经使用并有一定影响的资料。

用以证明商标使用情况的证据材料,应当能够显示所使用的商标标识、商品或者服务、使用日期和使用人。

4.3 时间

未注册商标原则上应当是在系争商标申请日前已经在先使用并具有一定影响。

在系争商标申请日前虽曾使用并具有一定影响，但未持续使用的，还应对该商标的影响力是否持续至系争商标申请注册日予以判定。

5 不正当手段的判定

系争商标申请人明知或者应知他人在先使用未注册商标存在而抢先注册的，判定为采取了“不正当手段”，可综合考虑下列因素：

（1）系争商标申请人与在先使用人曾有贸易往来或合作关系，或者曾就达成上述关系进行过磋商；

（2）系争商标申请人与在先商标使用人共处相同地域或地缘接近，或者属于同行业竞争关系；

（3）系争商标申请人与在先使用人曾发生过其他纠纷，可知晓在先使用人商标；

（4）系争商标申请人与在先使用人曾有内部人员往来关系；

（5）系争商标申请人与在先商标使用人具有亲属关系；

（6）系争商标申请人利用在先使用人有一定影响商标的声誉和影响力进行误导宣传，胁迫在先使用人与其进行贸易合作，向在先使用人或者他人索要高额转让费、许可使用费或者侵权赔偿金等行为；

（7）他人商标具有较强显著性或较高知名度，系争商标与之相同或高度近似；

（8）其他明知或者应知他人在先使用未注册商标存在的情形。

6 典型案例

案例一：“金鼎轩”商标无效宣告案

（1）商标信息。

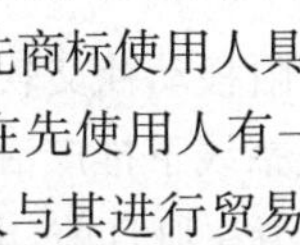

指定服务：饭店等

（2）审理要点。

本案中，申请人提交了企业登记文件、报纸、杂志广告、报道、纳税证明、互联网网页等证据，基于餐饮服务特有的字号一般与商标同一、连锁经营、地域性强等特点，申请人上述证据可以证明，在争议商标申请注册前，“金鼎轩”作为申请人连锁经营酒楼字号及其提供的餐饮服务上的商标已具有一定影响。被申请人与申请人同处北京地区，具有知悉申请人使用“金鼎轩”的可能性。且被申请人在争议商标获准注册后，在没有取得餐饮业经营资格的情况下，利用该商标进行招商，实质是利用申请人商誉，以收取加盟费和商标使用费的方式牟取利益，主观意图、市场行为具有不正当性。争议商标的注册申请构成“以不正当手段抢先注册他人已经使用并具有一定影响的商标”之情形。

案例二：“陌陌”商标无效宣告案

(1)商标信息。

陌陌

指定服务：安全保卫咨询、交友服务等

(2)审理要点。

本案中，申请人提交的《陌陌移动社交软件》计算机软件著作权登记证书、陌陌社交 App 使用证据（包括线下推广活动资料、广告宣传、媒体报道）等证据可以证明在争议商标申请注册日前，申请人开发的“陌陌”移动社交软件产品在交友服务上已具有一定影响。被申请人营业执照内容显示其主要从事计算机软件开发等服务，作为同业竞争者，其对申请人在先使用并具有一定影响的“陌陌”商标应当知晓。在此情况下，被申请人在交友服务、婚姻介绍服务上申请注册“陌陌”商标难谓善意，争议商标在该两项服务上的注册申请构成“以不正当手段抢先注册他人已经使用并具有一定影响的商标”之情形。

案例三：“苏醒灵”商标无效宣告案

(1)商标信息。

苏醒灵

指定商品：兽医用药等商品

(2)审理要点。

本案中，申请人提交的科研项目合同、成果报告等文件显示“眠乃宁”

"苏醒灵"专项课题于1988年立项,1992年通过专家鉴定,1989年其研发人员在《中国林副特产》等杂志上发表关于药理作用、使用价值等内容的论文,受业内机构和专家肯定,荣获众多奖项,以上证据反映出该商标最早使用时间及持续使用情况,能够证明其在相关公众中具有一定影响。被申请人的法定代表人曾与申请人就"苏醒灵"兽药存在购销关系,可以推定其作为同一地域的同行业者对申请人具有显著性的"苏醒灵"标识理应知晓,但仍申请注册争议商标,违反诚实信用原则。争议商标的注册构成"以不正当手段抢先注册他人已经使用并有一定影响的商标"之情形。

案例四:"ムヒベビー"商标无效宣告案

(1)商标信息。

ムヒベビー

指定商品:止痒水等商品

(2)审理要点。

本案中,申请人提交的中国供应商网、网易等网站、《日本热销药图鉴》等书籍对申请人"ムヒ""ムヒベビー"驱蚊液、止痒药水等产品进行推介,把专门面向华语地区销售的液体状"ムヒ"产品命名为"无比滴",表明在争议商标申请注册前,申请人上述商标在止痒药水等商品上在先使用且影响力已及于中国相关公众。被申请人在产品销售中采用"日本无比滴""国内授权版本"等宣传语言,使用与申请人近乎相同的产品包装,由此推定其明知申请人商标的存在,有利用在先使用人有一定影响商标的声誉和影响力进行误导宣传之嫌。综合考虑申请人在案证据及被申请人的恶意情形,争议商标的注册申请构成"以不正当手段抢先注册他人已经使用并有一定影响的商标"之情形。

2.《规范商标申请注册行为若干规定》(国家市场监督管理总局令第17号,20191201)

第三条　申请商标注册应当遵循诚实信用原则。不得有下列行为:

(一)属于商标法第四条规定的不以使用为目的恶意申请商标注册的。

(二)属于商标法第十三条规定,复制、摹仿或者翻译他人驰名商标的。

(三)属于商标法第十五条规定,代理人、代表人未经授权申请注册被代理人或者被代表人商标的;基于合同、业务往来关系或者其他关系明知他人在先使用的商标存在而申请注册该商标的。

（四）属于商标法第三十二条规定，损害他人现有的在先权利或者以不正当手段抢先注册他人已经使用并有一定影响的商标的。

（五）以欺骗或者其他不正当手段申请商标注册的。

（六）其他违反诚实信用原则，违背公序良俗，或者有其他不良影响的。

第四条 商标代理机构应当遵循诚实信用原则。知道或者应当知道委托人申请商标注册属于下列情形之一的，不得接受其委托：

（一）属于商标法第四条规定的不以使用为目的恶意申请商标注册的；

（二）属于商标法第十五条规定的；

（三）属于商标法第三十二条规定的。

商标代理机构除对其代理服务申请商标注册外，不得申请注册其他商标，不得以不正当手段扰乱商标代理市场秩序。

【北京法院商标行政案件的规范文件】

《北京市高级人民法院商标授权确权行政案件审理指南》（20190424）

16. 商标法第三十二条的适用

16.1【在先权利范围】

当事人依据反不正当竞争法第六条主张在先合法权益的，可以适用商标法第三十二条进行审理。

认定诉争商标的申请注册是否损害他人在先权利，一般以规定在先权利的法律为依据。

16.2【在先权利时间的起算】

当事人主张诉争商标的申请注册损害“在先权利”的，应举证证明诉争商标申请日前该在先权利合法存在。

如果在先权利在诉争商标核准注册时已不存在的，则不影响诉争商标的注册。

16.3【外国人在先著作权】

外国人主张诉争商标的申请注册损害其在先著作权的，按照著作权法第二条的规定进行处理。

16.4【损害在先著作权的认定】

判断诉争商标的申请注册是否损害当事人在先著作权时，应考虑以下要件：

(1)涉案作品构成著作权法的保护客体;

(2)当事人为涉案作品的著作权人或者利害关系人;

(3)在诉争商标申请日前,诉争商标申请人有可能接触涉案作品;

(4)诉争商标标志与涉案作品构成实质性相似。

前款所列任一要件不成立时,无须对其他要件予以认定。

16.5【作品的认定】

缺乏独创性的,不应认定为作品。

简单的常见图形、字母等一般不认定为作品。

16.6【超过保护期限的作品】

诉争商标申请注册时,当事人以超过著作权法规定保护期限的作品主张著作权的,不予支持。

认定诉争商标标志和涉案作品是否构成实质性相似时,二者共同使用已进入公有领域的表达不作为考虑因素。

16.7【在先著作权权属的认定】

当事人提供的涉及著作权的底稿、原件、合法出版物、诉争商标申请日前著作权登记证书、取得权利的合同等可以作为认定在先著作权归属的初步证据,但是诉争商标申请人提供相反证据的除外。

16.8【利害关系人资格的认定】

当事人依据商标公告、商标注册证等主张其有权作为在先著作权的利害关系人提出申请的,可以予以支持。

16.9【独创性高低对认定"实质性相似"的影响】

对于独创性较低的作品,诉争商标标志与该作品在视觉上基本无差异的,可以认定构成实质性相似。

16.10【不构成损害在先著作权的抗辩】

当事人主张诉争商标的申请注册不构成损害他人在先著作权,具有下列情形之一的,可以予以支持:

(1)诉争商标标志与涉案作品相同或者相近似的部分属于公有素材或者公有领域的信息的;

(2)诉争商标标志与涉案作品相同或者相近似的原因在于执行共同的标准或者表达形式有限的;

(3)诉争商标标志与涉案作品相同或者相近似的部分源于案外人的作品,且该作品的创作完成时间早于涉案作品的。

16.11【在先著作权的保护范围】

当事人以损害其在先著作权为由主张诉争商标应当不予核准注册或者应予宣告无效的,对诉争商标指定使用的商品或者服务类别不予考虑。

16.12【姓名权保护的具体利益】

当事人主张诉争商标的申请注册损害其在先姓名权的,一般应举证证明诉争商标申请人明知其姓名而采取盗用、冒用等手段申请注册商标。

相关公众容易认为标有诉争商标的商品与该自然人存在许可等特定联系的,可以认定属于商标法第三十二条规定的情形。

16.13【姓名的范围】

姓名包括户籍登记中使用的姓名,也包括别名、笔名、艺名、雅号、绰号等。

能够与特定的自然人建立起对应关系的主体识别符号可以视为该自然人的姓名。

16.14【自然人声誉对姓名权的影响】

自然人的声誉不是保护其姓名权的前提,但可以作为认定相关公众是否将某一姓名与特定自然人建立起对应关系的考虑因素。

16.15【肖像权的保护】

当事人主张诉争商标的申请注册损害其在先肖像权的,应当举证证明诉争商标标志具有足以使相关公众识别其所对应的特定自然人的个性特征,从而使该标志与该自然人之间形成了稳定的对应关系,相关公众容易认为标有诉争商标的商品与该自然人存在许可等特定联系。

人形剪影未包含可识别的特定自然人个性特征,当事人据此主张损害其在先肖像权的,不予支持。

16.16【在先企业名称权的认定】

企业名称的简称或者字号等经使用具有一定知名度,已与当事人建立稳定对应关系,且该使用行为不违背当事人意愿的,当事人可以据此主张在先企业名称权。

16.17【外国企业名称的保护】

外国公司的企业名称、字号或者其惯用音译等,在诉争商标申请日前已在中国境内进行商业使用、具有一定知名度且为相关公众所知晓的,当事人可以据此主张在先企业名称权。

16.18【“商品化权益”的表述】

在法律尚未规定“商品化权益”的情况下，不宜直接在裁判文书中使用“商品化权益”等称谓。

16.19【“商品化权益”认定的限制】

当事人主张的“商品化权益”内容可作为姓名权、肖像权、著作权、一定影响商品(服务)名称等法律明确规定的权利或者利益予以保护的，不宜对当事人所主张的“商品化权益”进行认定。

若依据除商标法第三十二条“在先权利”之外的其他具体条款不足以对当事人提供救济，且无法依据前款所规定的情形予以保护的，在符合特定条件时，可以依据当事人的主张适用商标法第三十二条“在先权利”予以保护，但一般应依据反不正当竞争法第六条的规定进行认定。

16.20【“特定条件”的认定】

认定是否属于本审理指南16.19条所规定的“特定条件”时，应同时具备下列情形：

(1)“保护对象”为作品名称、作品中的角色名称等；

(2)在诉争商标申请日前，“保护对象”应具有一定知名度；

(3)诉争商标的申请注册人主观上存在恶意；

(4)诉争商标标志与“保护对象”相同或者相近似；

(5)诉争商标指定使用的商品属于“保护对象”知名度所及的范围，容易导致相关公众误认为其经过“保护对象”利益所有人的许可或者与利益所有人存在特定联系。

16.21【恶意抢注适用仅限“未注册商标”】

商标法第三十二条规定的“申请人不得以不正当手段抢先注册他人已经使用并有一定影响的商标”，其中所规定的“商标”是指“未注册商标”，包括在诉争商标申请日前未提出商标注册申请或者已失效的商标。

16.22【恶意抢注的适用要件】

认定诉争商标的申请注册是否属于“以不正当手段抢先注册他人在先使用并具有一定影响的商标”时，应同时具备下列情形：

(1)未注册商标在诉争商标申请日之前已经使用并有一定影响；

(2)诉争商标与在先使用的未注册商标构成相同或近似商标；

(3)诉争商标指定使用的商品与在先使用的未注册商标所使用的商品构成相同或者类似商品；

(4)诉争商标申请人明知或者应知他人在先使用商标。

商标申请人能够举证证明其没有利用在先使用商标商誉的恶意的，不构成前款所指情形。

16.23【明知或者应知的认定】

认定诉争商标申请人是否明知或者应知他人的未注册商标时，可以综合考虑以下因素：

(1)诉争商标申请人与在先商标使用人曾就商标许可、商标转让等进行联络；

(2)经相关机关认定，诉争商标申请人存在侵害商标权行为；

(3)诉争商标申请人与在先商标使用人属于同行业；

(4)在先商标显著性较强的，诉争商标与其高度近似。

16.24【"已经使用"的判断】

当事人通过商业宣传和生产经营活动，能够使其主张的"未注册商标"发挥识别商品来源的作用属于商标法第三十二条规定的"已经使用"。

一般在相关公众已将该"未注册商标"与当事人产生联系的情况下，只要该行为不违背当事人主观意愿的，可以认定构成"已经使用"的情形。

16.25【"有一定影响"的判断】

当事人举证证明其在先未注册商标的知名度足以使诉争商标申请人明知或者应知该商标存在的，可以认定构成"有一定影响"。

当事人提交在先未注册商标的持续使用时间、区域、销售量或者广告宣传等证据，足以证明该商标为一定范围的相关公众所知晓的，可以认定构成"有一定影响"。

16.26【单纯出口行为的认定】

使用在先未注册商标的商品未在中国境内流通且直接出口的，当事人主张诉争商标的申请注册属于商标法第三十二条规定的"以其他不正当手段抢先注册他人已经使用并有一定影响的商标"情形的，不予支持。

【指导案例】

【最高院"乔丹"案 I】外国自然人就特定名称主张姓名权保护的，该特定名称应为我国公众知悉是指代该自然人，且二者之间已建立稳定的对应关系〔迈克尔·杰弗里·乔丹与国家工商行政管理总局商标评审委员会、乔丹体育股份有限公司商标争议行政纠纷案，最高人民法院行政判决书(2016)最高法行再 27 号,最高人民法院指导案例第 113 号〕。

(1)姓名权是自然人对其姓名享有的人身权,姓名权可以构成商标法规定的在先权利。外国自然人外文姓名的中文译名符合条件的,可以依法主张作为特定名称按照姓名权的有关规定予以保护。

(2)外国自然人就特定名称主张姓名权保护的,该特定名称应当符合以下三项条件:①该特定名称在我国具有一定的知名度,为相关公众所知悉;②相关公众使用该特定名称指代该自然人;③该特定名称已经与该自然人之间建立了稳定的对应关系。

(3)使用是姓名权人享有的权利内容之一,并非姓名权人主张保护其姓名权的法定前提条件。特定名称按照姓名权受法律保护的,即使自然人并未主动使用,也不影响姓名权人按照商标法关于在先权利的规定主张权利。

【公报案例】

1.【最高院"乔丹"案 II】如果当事人主张肖像权保护的标识不具有足以识别的面部特征,则应当证明该标识包含了其他足以反映其所对应的自然人的个人特征,具有可识别性,使得社会公众能够认识到该标识能够明确指代该自然人〔迈克尔·杰弗里·乔丹与国家工商行政管理总局商标评审委员会、第三人乔丹体育股份有限公司商标争议行政纠纷案,最高人民法院行政裁定书(2015)知行字第 332 号,载《中华人民共和国最高人民法院公报》2018 年第 9 期〕。

(1)肖像权是自然人享有的重要人身权利。肖像权所保护的"肖像"是对特定自然人体貌特征的视觉反映,社会公众通过"肖像"识别、指代其所对应的自然人,并能够据此将该自然人与他人相区分。根据肖像权以及肖像的性质,肖像权所保护的"肖像"应当具有可识别性,其中应当包含足以使社会公众识别其所对应的权利主体,即特定自然人的个人特征,从而能够明确指代其所对应的权利主体。如果请求肖像权保护的标识不具有可识别性,不能明确指代特定自然人,则难以在该标识上形成依法应予保护,且归属于特定自然人的人格尊严或人格利益。

(2)从社会公众的认知习惯和特点来看,自然人的面部特征是其体貌特征中最为主要的个人特征,一般情况下,社会公众通过特定自然人的面部特征就足以对其进行识别和区分。如果当事人主张肖像权保护的标识并不具有足以识别的面部特征，则应当提供充分的证据，证明该标识包含了其他足以反映其所对应的自然人的个人特征，具有可识别性，使得社会公众能够认识到该标识能够明确指代该自然人。

(3)涉案商标标识虽然与照片中当事人运动形象的身体轮廓的镜像基本一致，但该标识仅仅是黑色人形剪影，除身体轮廓外，其中并未包含任何与当事人有关的个人特征。并且，当事人就该标识所对应的动作本身并不享有其他合法权利，其他自然人也可以作出相同或者类似的动作，该标识并不具有可识别性，不能明确指代当事人。因此，当事人不能就该标识享有肖像权。

2.【最高院"TOOFACED"案】当事人以商标标志构成受著作权法保护的作品，主张诉争商标损害其在先著作权的，需要综合考量相关证据予以认定。在著作权登记证明晚于诉争商标申请日时，可以结合诉争商标申请日前的商标注册证、包含商标标志的网站页面、报刊内容、产品实物等证据，确认商标标志的形成时间早于诉争商标申请日的事实。在仅凭商标注册证不足以证明在先著作权时，可以综合考量全案证据，在确认相关证据相互印证，已形成完整的证据链时，可以认定当事人对该商标标志享有在先著作权〔杰杰有限公司与国家工商行政管理总局商标评审委员会、第三人金华市百姿化妆品有限公司商标异议复审行政纠纷案，最高人民法院行政判决书(2017)最高法行再35号，载《中华人民共和国最高人民法院公报》2018年第7期〕①。

3.【最高院"白象"案】在商标申请日早于外观设计专利申请日的情况下，外观设计专利权不会与商标申请权构成权利冲突，商标申请权不能作为专利法第二十三条规定的在先取得的合法权利。但基于商标申请权本身的性质、作用和保护在先权利原则，只要商标申请日在专利申请日之前，且在提起专利无效宣告请求时商标已被核准注册并仍然有效，在先申请的注册商标专用权就可以对抗在后申请的外观设计专利权，用于判断外观设计专利权是否与之相冲突〔国家知识产权局专利复审委员会与白象食品股份有限公司、第三人陈

① 类似案例参见温州市伊久亮光学有限公司与达马股份有限公司及国家工商行政管理总局商标评审委员会商标权无效宣告请求行政纠纷再审申请案，最高人民法院行政裁定书(2017)最高法行申7174号。

朝晖外观设计专利权无效行政纠纷案,最高人民法院行政裁定书(2014)知行字第4号,载《中华人民共和国最高人民法院公报》2016年第11期〕。

4.【最高院“山起”案】(1)企业简称的形成与两个过程有关:一是企业自身使用简称代替其正式名称;二是社会公众对于企业简称的认同,即认可企业简称与其正式名称所指代对象为同一企业。由于简称省略了正式名称中某些具有限定作用的要素,可能会不适当地扩大正式名称所指代的对象范围。因此,企业简称能否特指该企业,取决于该企业简称是否为相关社会公众所认可,并在相关社会公众中建立起与该企业的稳定的关联关系。(2)对于具有一定市场知名度、为相关公众所熟知并已实际具有商号作用的企业或者企业名称的简称,可以视为企业名称。如果经过使用和公众认同,企业的特定简称已经为特定地域内的相关公众所认可,具有相应的市场知名度,与该企业建立起了稳定联系,已产生识别经营主体的商业标识意义,他人在后擅自使用该知名企业简称,足以使特定地域内的相关公众对在后使用者和在先企业之间发生市场主体上的混淆,进而将在后使用者提供的商品或服务误认为在先企业提供的商品或服务,造成市场混淆,在后使用者就会不恰当地利用在先企业的商誉,侵害在先企业的合法权益。此时,反不正当竞争法对企业名称保护的规定可以适用于保护该企业的特定简称〔山东起重机厂有限公司与山东山起重工有限公司侵犯企业名称权纠纷案,最高人民法院民事裁定书(2008)民申字第758号,载《中华人民共和国最高人民法院公报》2010年第3期〕。

【法院参考案例】

(一)商标法第三十二条前半句

1.【最高院“象球牌及图”案】申请商标不得损害他人在先权利,考虑到申请商标尚未实际取得商标权,故判断在先权利是否存在的时间节点,至迟为核准注册日〔厦门市象球日用化工有限公司与国家知识产权局等商标权无效宣告请求行政纠纷再审申请案,最高人民法院行政裁定书(2020)最高法行申3522号〕。

《最高人民法院关于审理商标授权确权行政案件若干问题的规定》第十八条规定“商标法第三十二条规定的在先权利,包括当事人在诉争商标申请日之前享有的民事权利或者其他应予保护的合法权益。诉争商标核准注册时在先权利已不存在的,不影响诉争商标的注册”。其中关于在先权利有效的时间点有两个:即“申请日之前”和“核准注册时”,如何理解要回归到商标法第三十二条的立法本意。从文义上看,该条款旨在避免申请人商标权和他人在先权利之间产生权利冲突;更深层次则体现了法律价值观所引领提倡的诚实信用原则,即对于商标权人的诚信经营而言,其在申请商标之时就不得损害他人的在先权利,应当尽到合理避让义务。但是考虑到申请时其并未实际取得商标权,故而司法解释第十八条结合行政机关授权确权工作的实际情况,将在先权利的有效时间点由申请日延展到最迟核准注册时。因此,该条文中的“核准注册时”的文义是清晰且明确的,即判断是否存在合法在先权利的时间节点最迟为商标核准注册日。

2.【最高院“东洋克斯”图形商标案】(1)权利自然失效不产生自始无效的法律后果,如诉争商标核准注册时在先权利仍合法存在,不能直接援引《最高人民法院关于审理商标授权确权行政案件若干问题的规定》第二十八条的规定,认定影响商标获准注册、维持有效的事实基础发生变化,而仍需对是否存在权利冲突作出判断;(2)仅仅是将包含三维形状设计要素在内的外观设计图片或照片申请为平面商标,在平面商标缺乏产品载体的情况下,难以认定二者构成相同或相近似的外观设计〔株式会社东洋克斯与国家知识产权局等商标争议行政纠纷再审案,最高人民法院行政判决书(2019)最高法行再51号〕。

3.【最高院“KOHL'S”案】商标法第三十二条规定的“在先权利”包括在先商号权;商号所有人主张享有在先商号权,应当证明其在诉争商标申请注册之日前通过主动使用商号使之具有了一定的市场知名度并为相关公众所知悉〔科尔士公司(原科尔士伊利诺斯公司)与国家知识产权局商标异议复审行政纠纷再审案，最高人民法院行政判决书（2018）最高法行再 77 号〕①。

4.【最高院“Dyneema”图形商标案】被异议商标与在先创作并发表的作品完全相同，其申请人未给出合理解释，则应认定被异议商标属于未经许可擅自复制他人作品的情形，该商标在全部指定商品上的注册均违反商标法规定之“损害他人在先权利”〔帝斯曼知识产权资产有限公司与国家工商行政管理总局商标评审委员会商标异议复审行政纠纷再审案，最高人民法院行政判决书（2017）最高法行再 76 号〕。

5.【最高院“孙悟空”图形商标案】（1）作品具有商品与著作权客体二重属性；（2）作品的著作权保护期限届满之后，不得以反不正当竞争法下之知名商品特有名称要求保护该作品的名称〔上海美术电影制片厂有限公司与武汉新金珠宝首饰有限公司侵害著作权、不正当竞争纠纷再审申请案，最高人民法院民事裁定书（2017）最高法民申 4621 号〕。

（1）作品本身可以成为商品，即便作品已过著作权保护期，但只要该作品的商品形态仍具有市场稀缺性和市场需求，仍不妨碍将其作为商品而进行市场销售。例如，将作品制作成音像出版物进行销售的，即便作品已过著作权保护期，所销售的仍是以音像出版物为载体的作品，其实质不是为了销售音像出版物实物形态的载体，也即具有交换价值的仍是该作品。

（2）但是，在作品具有商品与著作权客体二重属性的情况下，作品名称与商品名称是合一的，在作品已过著作权保护期时，如果以作品特有名称等方式保护原著作权人的商品名称，无异于使已进入公有领域的作品名称，仍可以排斥他人对作品名称及作品的自由使用，显然有悖于著作权保护的立法政策。

6.【最高院“Gregory 山形”图形商标案】（1）商标申请人及商标注册人信息仅仅能证明注册商标权的归属，不是著作权法规定的表明作品创作者身份的署名行为；（2）如果作品具有独创性且没有相反证据，在注册商标申请日之前取得的著作权登记证书可以证明其记载的权利人在先享有著作权〔格里高

① 类似案例参见广州林叶机电科技有限公司与国家工商行政管理总局商标评审委员会商标异议复审行政纠纷再审案，最高人民法院行政判决书（2013）行提字第 23 号。

利登山用品有限公司与鹤山三丽雅工艺制品有限公司等商标异议复审行政纠纷再审申请案,最高人民法院行政裁定书(2016)最高法行申 2154 号〕。

7.【最高院“派克汉尼汾 PARKER&HANNIFIN”案】关联公司使用显著性较强的相同字号,它们的排名、销售额和相关市场情况可以用于证明该字号在中国市场上的知名度〔帕克无形资产有限责任公司与国家工商行政管理总局商标评审委员会商标异议复审行政纠纷再审案,最高人民法院行政判决书(2014)行提字第 9 号〕①。

8.【最高院“竹家庄避风塘”案】企业字号具有描述性,他人正当地使用该描述含义并不侵害其企业名称权〔上海避风塘美食有限公司与国家工商行政管理总局商标评审委员会商标争议行政纠纷再审案,最高人民法院行政判决书(2013)行提字第 8 号〕。

(1)由于“避风塘”一词不仅仅是上海避风塘公司的字号,还具有“躲避台风的港湾”和“一种风味料理或者菜肴烹饪方法”的含义,因此只要不会造成相关公众的混淆、误认,上海避风塘公司就不能以其企业名称权禁止他人在上述含义上正当使用“避风塘”一词。

(2)本案争议商标由竹子图案与“竹家庄避风塘”文字组成,其中竹子图案占据商标的大部分面积,且处于商标的显著位置。对于餐饮行业相关公众而言,“避风塘”一词因具有“一种风味料理或者菜肴烹饪方法”的含义,故争议商标中的“竹家庄”文字与竹子图案更具有标识商品或服务来源的作用。因此,争议商标的注册、使用不会造成相关公众的混淆、误认,未侵害上海避风塘公司的企业名称权。

9.【最高院“可立停”案】经药品行政管理部门批准使用的药品商品名称是否产生民事权益取决于其实际使用情况;经实际使用并具有一定影响的药品商品名称,可作为民事权益受法律保护〔山西康宝生物制品股份有限公司与国家工商行政管理总局商标评审委员会等商标争议行政纠纷再审申请案,最高人民法院驳回再审申请通知书(2010)知行字第 52 号〕。

---

① 类似案例参见采埃孚转向系统有限公司与国家工商行政管理总局商标评审委员会商标争议行政纠纷再审案,最高人民法院行政判决书(2014)行提字第 2 号。

10.【北京高院“双锦稻花香”案】具有一定的市场知名度、为相关公众所知悉的商号，可以作为商标法第三十二条所规定的“在先权利”受到保护〔湖北稻花香酒业股份有限公司与国家知识产权局、第三人上海祥森米业有限公司商标权无效宣告请求行政纠纷上诉案，北京市高级人民法院行政判决书(2020)京行终 4729 号〕。

商标法第三十二条规定的在先权利包括在先商号权益。该在先商号应为在与诉争商标所核定使用的同一种或类似商品上具有一定知名度的商号，且诉争商标的使用会导致相关公众对诉争商标提供者与该商号权人产生混淆、误认的后果。企业登记主管机关依法登记注册的企业名称，以及在中国境内进行商业使用的外国(地区)企业名称中，具有一定的市场知名度、为相关公众所知悉的商号，可以作为商标法第三十二条所规定的“在先权利”受到保护。审查判断诉争商标是否损害他人现有的在先权利，一般以诉争商标申请日为准。

11.【北京高院“金龟子”案】艺名作为姓名权益在商标确权行政程序中要求保护，应综合考虑如下条件：(1)相关公众是否能够将所涉艺名与特定自然人建立起对应关系；(2)相关公众是否容易认为标有诉争商标的商品或服务系经过该自然人许可或者与该自然人存在特定联系；(3)诉争商标申请人是否具有盗用、冒用的主观恶意〔李二娜与国家知识产权局、第三人刘纯燕商标权无效宣告请求行政纠纷上诉案，北京市高级人民法院行政判决书(2019)京行终 7285 号〕。

12.【北京高院“好药师”案】在先商号权益构成诉争商标注册的障碍应该符合以下要件：一是商号的登记、使用日早于诉争商标的申请日；二是商号在相关公众中具有一定知名度，即商号上凝聚了商誉；三是诉争商标指定使用的商品或服务与商号所用于经营的商品或服务属于同一种或类似商品或服务；四是诉争商标的注册使用容易使相关公众认为诉争商标与在先商号具有某种联系，导致相关公众的混淆，从而攀附在先商号上的商誉并对在先商号权益人造成损害〔好药师大药房连锁有限公司与国家工商行政管理总局商标评审委员会等商标权无效宣告请求行政纠纷上诉案，北京市高级人民法院行政判决书(2019)京行终 5361 号〕。

13.【北京高院“葵花宝典”案】(1)无论是就作品整体而言,还是对其构成元素而言,除非通过立法程序作出赋权性规定,否则不应当在具体个案中创设著作权法没有规定的新的排他性权利或权益;(2)在作品名称、作品中的角色名称具有较高知名度的情况下,相关公众容易将使用该作品名称或作品中的角色名称的商品或者服务与该作品的著作权人联系在一起,认为使用人与作品的著作权人之间存在特定联系,应采用反不正当竞争法予以规制〔完美世界(北京)数字科技有限公司等与上海游某网络有限公司商标权无效宣告请求行政纠纷上诉案,北京市高级人民法院行政判决书(2018)京行终6240号〕。

14.【北京高院“Kobe 8”案】世界知名的前NBA篮球明星具有为公众追随的吸引力,与其相关的个人标志性信息能够产生与其个人密切相关的联系,其合法授权人有权以侵害该个人标志性信息等相关权利为由宣告诉争商标无效〔耐克国际有限公司与国家工商行政管理总局商标评审委员会商标争议行政纠纷再审案,北京市高级人民法院行政判决书(2016)京行再11号〕。

(1)关于在先权利,商标法(2001年)对其权利内容并未列举具体类型。根据现有民事法律规定,结合审判实践经验、商业操作习惯,通常认为依法受到法律保护,并在争议商标申请日之前已由权利主体依法享有的民事权利或者民事权益,都应当予以保护。

(2)科比·布莱恩特作为世界知名的前NBA篮球明星,具有被公众追随的吸引力,与其相关的个人标志性信息,能够产生与其个人密切相关的联系。耐克国际公司作为科比·布莱恩特的合法授权人,有权以侵害科比·布莱恩特个人标志性信息等相关权利为由,要求撤销争议商标。

(3)本案争议商标的图案是英文“Kobe”的手写体加数字“8”。科比·布莱恩特在全球范围内具有极高的知名度。英文“Kobe”是科比·布莱恩特的名字,为人们广泛知悉。另外,科比·布莱恩特使用过“8”作为其球衣号码。本案争议商标中的图案将英文“Kobe”的手写体加球衣号码“8”组合在一起,能够与科比·布莱恩特这位篮球明星产生一一对应的联系。而科比·布莱恩特的姓名权及相关权利是科比·布莱恩特本人以及其合法授权人依法享有并受到法律严格保护。在未经过权利人许可的情况下,争议商标使用在服装鞋帽类商品,特别是运动服装、运动鞋等商品上,侵犯了科比·布莱恩特的姓名权及相关权利。

15.【北京高院“孤星”案】对于具有较高知名度企业的在先商号而言，由于其承载的商誉价值以及影响力已经超出其直接经营产品或服务的相应范围而延及相邻或关联产业，考虑到企业的“多元化”发展，如果消费者在看到诉争商标所指定使用的商品或服务时，易与该商号直接产生联系的，应认定申请注册诉争商标损害该商号的在先权益〔孤星发行有限公司与国家工商行政管理总局商标评审委员会、第三人华美集团（国际）有限公司商标异议复审行政纠纷上诉案，北京市高级人民法院行政判决书（2016）京行终 633 号〕。

16.【北京高院“邦德 007 BOND”案】在先知名的电影人物角色名称应当作为在先权利得到保护〔国家工商行政管理总局商标评审委员会等与丹乔有限公司商标异议复审行政纠纷上诉案，北京市高级人民法院行政判决书（2011）高行终字第 374 号〕。

根据丹乔提交的证据可以认定，在被异议商标申请注册之前，“007”系列电影人物的角色名称“007”“JAMES BOND”已经具有较高知名度，已为相关公众所了解。这一知名度得来是丹乔创造性劳动的结晶，由此知名角色名称所带来的商业价值和商业机会也是丹乔投入大量劳动和资本所获得。因此，作为在先知名的电影人物角色名称应当作为在先权利得到保护。商标评审委员会第 4817 号裁定认为，丹乔主张对“007”与“JAMES BOND”享有角色商品化权并无法律依据，这属于认定有误，予以纠正。

17.【北京高院“AIDU 及图”案】（1）当事人主张在先著作权须提交权属证明；（2）当事人只提供证据证明对作品有实际使用且发生权属争议，并不能证明其对该作品享有著作权〔欧尚集团与国家工商行政管理总局商标评审委员会商标撤销争议行政纠纷上诉案，北京市高级人民法院行政判决书（2010）高行终字第 1159 号〕。

（二）商标法第三十二条后半句

1.【最高院“Novacel”案】代理人或者代表人未经同意抢先注册被代理人或者被代表人在先注册并有一定影响的商标的，适用商标法第三十二条规定；员工同原公司解除劳动关系后，应当遵守诚实信用原则，对属于原公司的商标应该予以合理避让，员工离职后投资成立并担任法定代表人的公司负有同样的义务〔诺凡赛尔有限公司与国家知识产权局商标异议复审行政纠纷再审案,最高人民法院行政判决书(2019)最高法行再262号〕。

2.【最高院"CARTELO及图"案】争议商标的申请注册构成以不正当手段抢先注册他人在先使用并有一定影响的商标,需要同时满足下列要件:一是在先使用商标具有一定影响;二是争议商标构成以不正当手段抢先注册,即争议商标申请人具有主观恶意,其明知或者应知在先使用并有一定影响的商标而予以抢注,但其举证证明没有利用在先使用商标商誉的除外;三是对在先使用并有一定影响的商标的保护限于相同或者类似商品或者服务〔拉科斯特股份有限公司与卡帝乐鳄鱼私人有限公司、国家工商行政管理总局商标评审委员会商标争议行政纠纷再审案,最高人民法院行政判决书(2018)最高法行再134号〕①。

3.【最高院"赖茅"案】"在先使用并有一定影响的商标"之"使用"应当是合法行为,如系违法行为,则不得产生商标权益〔贵州赖世家酒业有限责任公司与国家工商行政管理总局商标评审委员会商标异议复审行政纠纷再审申请案,最高人民法院行政裁定书(2015)知行字第115号〕。

4.【最高院"氟美斯FMS"案】我国商标法采用"先申请原则",在无法律规定和当事人约定的情况下,同时使用商标者不应作为注册商标专用权之共有人;虽然申请注册的商标为他人在先使用并已经具有一定影响,但不具有抢占该商标商誉的恶意,申请自己实际使用相同的商标,符合商标注册的"先申请"原则,不属于以不正当手段抢先注册他人在先使用并具有一定影响的商标〔抚顺博格环保科技有限公司与国家工商行政管理总局商标评审委员会等商标争议行政纠纷再审案,最高人民法院行政判决书(2013)行提字第11号〕。

5.【最高院"同德福"案】(1)商标法所称的"他人在先使用并有一定影响的商标"所称"有一定影响"应当是一种基于持续使用行为而产生的法律效

① 类似案例参见广州市希力电子科技有限公司等与上海波克城市网络科技股份有限公司商标异议复审行政纠纷再审案,最高人民法院行政判决书(2016)最高法行再96号。

果，争议商标的申请日是判断在先商标是否有一定影响的时间节点；(2)长期停止使用的商标不具备本条规定的未注册商标的知名度和影响力〔余晓华与国家工商行政管理总局商标评审委员会商标争议行政纠纷再审申请案，最高人民法院行政裁定书(2013)知行字第 80 号〕。

6.【最高院“广云贡茶”案】(1)尽管生产中断，但市面上仍有此前生产的商品流通，经营者与其在先使用之商标的联系没有中断和减弱；(2)即便商标未在商品上实际标注，但该商标经过生产经营能使相关公众识别商品来源，该商标也属于商标法规定的“使用并具有一定影响的商标”〔桂埔芳与广东茶叶进出口有限公司、国家工商行政管理总局商标评审委员会商标异议复审行政纠纷再审申请案，最高人民法院行政裁定书(2013)知行字第 40 号〕。

7.【最高院“欧恪米兰”案】“有一定影响”的商标，通常是指已经使用了一定时间，因一定的销售量、广告宣传等而在一定范围的相关公众中具有一定知名度的未注册商标；召开新闻发布会、巡回现场化妆表演、技术培训与指导、签订经销或加盟代理合同等证据可以证明“有一定影响”〔广州市欧恪米兰化妆品有限公司与国家工商行政管理总局商标评审委员会商标争议行政纠纷再审案，最高人民法院行政判决书(2012)行提字第 6 号〕。

8.【最高院“鸭王”案】在注册原则下，只有在先使用的未注册商标已经具有了一定影响、在后的商标申请人明知或应知该在先商标而且具有从该商标声誉中获利的恶意，才是商标法要遏制的对象；通常情况下，如果在先使用商标已经具有一定影响，而在后商标申请人明知或应知该商标而将其申请注册即可推定其具有占用他人商标声誉的意图，即二者一般是重合的〔北京鸭王烤鸭店有限公司与上海淮海鸭王烤鸭店有限公司、国家工商行政管理总局商标评审委员会商标异议复审行政纠纷再审案，最高人民法院行政判决书(2012)知行字第 9 号，列入最高人民法院公布的 2013 年中国法院 10 大创新性知识产权案件〕。

9.【最高院“无印良品”案】在中国大陆境内实际使用并为一定范围的相关公众所知晓的商标，应认定属于已经使用并有一定影响的商标；委托中国大陆境内厂家加工生产商品供出口，且宣传、报道等均是在中国大陆境外，不能证明该商标在中国境内实际使用并为一定范围的相关公众所知晓，不属于"已经使用并有一定影响的商标"〔株式会社良品计画与国家工商行政管理总局商标评审委员会商标异议复审行政纠纷再审案，最高人民法院行政判决书(2012)行提字第2号〕。

10.【最高院"索爱"案】对商业标识主张权利的人必须有实际使用该标识的行为，且该标识已能够识别其商品来源，媒体报道对某一畅销产品所采用的称号不能为其提供者创设受法律保护的民事权益〔索尼爱立信移动通信产品(中国)有限公司与国家工商行政管理总局商标评审委员会等商标争议行政纠纷再审案，最高人民法院驳回再审申请通知书(2010)知行字第48号〕①。

争议商标"索爱"，无论是作为未注册商标的简称，还是作为企业名称或知名商品特有名称的简称，其受法律保护的前提是，对该标识主张权利的人必须有实际使用该标识的行为，且该标识已能够识别其商品来源；在争议商标申请日前，索尼爱立信公司并无将争议商标作为其商业标志的意图和行为，相关媒体对其手机产品的相关报道不能为该公司创设受法律保护的民事权益。

11.【最高院"散列通"案】我国药品管理法禁止在药品上使用未注册商标，药品包装使用的标志因此不是作为商标使用，不属于"在先使用并具有一定影响的商标"〔西南药业股份有限公司与国家工商行政管理总局商标评审委员会等商标争议行政纠纷再审案，最高人民法院行政判决书(2009)行提字第1号〕。

12.【最高院"诚联"案】投资人之一和高级管理人员明知原公司使用争议商标，离职后创办经营同类业务的公司并在同类商品上抢注原公司正在使用的商标，属于"以不正当手段抢先注册他人在先使用并具有一定影响的商标"〔常州诚联电源制造有限公司与国家工商行政管理总局商标评审委员会等商标撤销行政纠纷再审申请案，最高人民法院驳回再审申请通知书(2006)行监字第118-1号〕。

① 类似案例参见辉瑞有限公司、辉瑞制药有限公司与上海东方制药有限公司破产清算组、北京健康新概念大药房有限公司、广州威尔曼药业有限公司不正当竞争及侵害未注册驰名商标权纠纷再审申请案，最高人民法院民事裁定书(2009)民申字第313号。

13.【北京高院“LADYM”案】相关公众已将“未注册商标”与当事人产生联系且不违背当事人意愿，即可认定构成“已经使用”；在先未注册商标的知名度足以使诉争商标申请人明知或者应知该商标存在，即可认定构成“有一定影响”〔胡周开与国家知识产权局、第三人 M 女士甜品有限公司商标权无效宣告请求行政纠纷上诉案，北京市高级人民法院行政判决书(2019)京行终 7231 号〕。

14.【北京高院“RIDDEX”案】认定“以不正当手段抢先注册他人已经使用并有一定影响的商标”应以该他人未注册商标在诉争商标申请日之前已经在中国大陆境内真实使用并有一定影响为前提条件〔国家知识产权局、宁波市江北瑞迪克斯工贸有限公司与环球概念有限公司商标权无效宣告行政纠纷上诉案，北京市高级人民法院行政判决书(2018)京行终 6068 号〕①。

认定诉争商标的注册构成商标法所指“以不正当手段抢先注册他人已经使用并有一定影响的商标”的情形，应以他人未注册商标在诉争商标申请日之前已经在中国大陆境内真实使用并有一定影响为前提条件。对于他人使用在先未注册商标的商品未在中国大陆境内流通而直接出口，他人据此主张诉争商标的注册构成“以不正当手段抢先注册他人已经使用并有一定影响的商标”情形的，应不予支持。

15.【北京高院“QQ”案】对于已经使用并有一定影响的商标，不宜在不相类似商品上给予保护，在先使用的商标应当与诉争商标构成使用在同一种或者类似商品上的近似商标；知晓或理应知晓他人在先使用并具有一定影响的商标，即便在非类似商品上持有与之相同的商标且取得较高知名度，抢先在其类似商品上申请注册商标，仍属于以不正当手段抢先注册他人在先使用并具有一定影响的商标〔腾讯科技(深圳)有限公司与国家工商行政管理总局商标评审委员会商标争议行政纠纷上诉案，北京市高级人民法院行政判决书(2014)高行终字第 1696 号〕。

16.【北京高院“人生丰收时刻”案】在先使用并有一定影响的商标不仅

① 类似案例参见国家工商行政管理总局商标评审委员会与伊夫圣洛朗股份公司商标异议复审行政纠纷上诉案，北京市高级人民法院行政判决书(2016)京行终 3813 号。

应当具有识别商品来源的显著性,而且应当实际发挥识别商品来源的作用;将广告语长期与商标同时或组合使用可以建立二者固定的联系,使得相关公众以该广告语识别商品来源〔国家工商行政管理总局商标评审委员会等与陶琴商标异议复审行政纠纷上诉案,北京市高级人民法院行政判决书(2013)高行终字第1188号〕。

商标法(2001年)第三十一条规定[同商标法(2019年)第三十二条]的"在先使用并有一定影响的商标"不仅应当具有识别商品来源的显著性,而且应当实际发挥了识别作用。具有识别商品来源的显著性是构成未注册商标,进而获得本条保护的前提。未注册商标的使用应当是商业活动中为了表明商品来源而使用,并通过使用产生了使相关公众区分同种商品不同提供者的效果。

虽然"人生丰收时刻"为稻花香公司使用的广告语之一,但根据在案证据,"人生丰收时刻"也是稻花香公司委托他人策划制定的品牌定位,稻花香公司不仅在被异议商标申请日前在网络和报刊上刊登包含"人生丰收时刻"的产品宣传,而且也在商品包装上使用"人生丰收时刻"字样,并将其与"稻花香"商标长期同时或组合使用,由此可知,稻花香公司使用"人生丰收时刻"具有表明商品来源的意图,经过大量使用和宣传,"人生丰收时刻"已经和"稻花香"商标以及稻花香公司建立起了固定的联系,相关公众能够通过"人生丰收时刻"识别商品的来源。

17.【北京高院"路虎"案】注册商标中的英文有多种中文译法,其中一种如果经过使用与该英文形成对应关系并具有较大影响,成为该注册商标的中文代称,该种译法之下的中文标志属于"在先使用并具有一定影响的商标"〔国家工商行政管理总局商标评审委员会等与路华公司商标争议行政纠纷上诉案,北京市高级人民法院行政判决书(2011)高行终字第1151号〕。

18.【北京高院"小肥羊"案】商标缺乏固有显著性,虽然不得主张他人以不正当手段抢先注册己方在先使用并具有一定影响的商标,但该商标可以通过使用和宣传而获得显著性〔西安小肥羊烤肉馆与国家工商行政管理总局商标评审委员会商标争议行政纠纷上诉案,北京市高级人民法院行政判决书(2006)高行终字第94号〕。

19.【北京高院"与狼共舞"香烟案】宣传用语没有作为商标使用在香烟商品的外包装上，不得主张构成"在先使用并具有一定影响的商标"〔国家工商行政管理总局商标评审委员会等与益安贸易公司商标异议复审行政纠纷上诉案，北京市高级人民法院行政判决书(2005)高行终字第202号〕。

所谓"他人已经使用并有一定影响的商标"，是指他人在生产经营活动中实际使用过的商标，其中"使用"应为实际使用，"商标"则应是在商品中能够起到区别商品来源的功能并实际使用于商品的标志。本案被异议商标包含的"与狼共舞"文字是龙岩卷烟厂自1997年起在电视广告和非广告宣传中使用的宣传用语，但因该宣传用语未使用于"七匹狼"香烟的外包装，故"与狼共舞"不能视为"七匹狼"香烟商品实际使用的商标。

编者说明

（一）商标法第三十二条"在先权利"的范围

对于商标法第三十二条"在先权利"的外延，法律上没有明确的规定。《最高人民法院关于审理商标授权确权行政案件若干问题的规定》第十八条规定"在先权利"包括"民事权利"和"合法权益"，表明"在先权利"是一个开放的规范概念。无论如何，民法典规定的相关民事权利，比如姓名权、肖像权等，都属于本条规定的"在先权利"。至于"合法权益"，其内涵和外延则由法院个案认定，往往造成理论和实践的争议。

比如，对企业字号、知名商品特有名称等客体，司法实践曾有分歧，有时依照"在先权利"，有时依照"在先使用并有一定影响的商标"进行保护。① 民法典实施后，尘埃落定。民法典第一千零一十七条规定："具有一定社会知名度，被他人使用足以造成公众混淆的笔名、艺名、网名、译名、字号、姓名和名称的简称等，参照适用姓名权和名称权保护的有关规定。"同时，【最高院"KOHL'S"案】等系列案件认为，商标法第三十二条规定的"在先权利"包括在先商号权；商号所有人主张享有在先商号权，应当证明其在诉争商标申请注册之日前通过主动使用商号使之具有了一定的市场知名度并为相关公众所知悉。

此外，最有争议的"在先权利"莫过于知名人物角色名称，涉及知识产权法定的基本原则。【北京高院"邦德007 BOND"案】曾认为，"007""JAMES BOND"的

① 参见北京市第一中级人民法院知识产权庭编著：《商标确权行政审判疑难问题研究》，知识产权出版社2008年版，第99—103页。

知名度是创造性劳动的结晶,知名角色名称所带来的商业价值和商业机会源于投入的大量劳动和资本,为此应作为在先权益受商标法第三十二条保护。然而,现代知识产权法并未建构在劳动财产论的自然权利基础之上,而主要是出于功利主义目的,服务于大众福利。法院基于劳动财产论贸然承认知识产权性质的财产权,有越权的嫌疑。同时,商标法调整识别商品来源的商业标志,除了法律规定的权利,商标法下的"在先权利""合法权益"也应局限于商业标志。

为此,2018 年【北京高院"葵花宝典"案】转变态度,明确指出,无论是就作品整体而言,还是对其构成元素而言,除非通过立法程序作出赋权性规定,否则不应当在具体个案中创设著作权法没有规定的新的排他性权利或权益。该案同时指出,在作品名称、作品中的角色名称具有较高知名度的情况下,相关公众容易将使用该作品名称或作品中的角色名称的商品或者服务与该作品的著作权人联系在一起,认为使用人与作品的著作权人之间存在特定联系,应采用反不正当竞争法予以规制。《最高人民法院关于审理商标授权确权行政案件若干问题的规定》第二十二条也采用这种观点,其第二款规定:"对于著作权保护期限内的作品,如果作品名称、作品中的角色名称等具有较高知名度,将其作为商标使用在相关商品上容易导致相关公众误认为其经过权利人的许可或者与权利人存在特定联系,当事人以此主张构成在先权益的,人民法院予以支持。"但遗憾的是,本条司法解释所称"权利人"的具体指代却不清晰。应当注意到,著作权区分著作人格权和著作财产权,两种权利时常分属不同主体。同时,著作财产权下属多项财产权利,可以分别转让或许可给不同主体。

(二)"申请商标注册不得损害他人现有的在先权利"

商标法第九条第一款规定:"申请注册的商标……不得与他人在先取得的合法权利相冲突。"同时,商标法第三十二条前半句规定:"申请商标注册不得损害他人现有的在先权利……"结合商标法第三十三条和第四十五条第一款的规定可知,在先权利人可以通过商标异议程序和商标无效宣告程序,排除妨害自己权利的商标注册申请或商标注册。

何谓"损害"他人在先权利?第一,商标法第三十二条所谓"不得损害他人在先权利"不等同于第九条所谓"不得与他人在先取得的合法权利相冲突"。"权利冲突"本义是指同一客体上同时存在两个以上内容不兼容的权利。例如,同一标的物之上两个以上的所有权。如果权利冲突,则法律上只有一项权利有效,且不取决于当事人的意思表示。在同种商品上核准注册两个以上相同商标，属于权利冲突，①应属于第九条所称“合法权利相冲突”的情形。然而，同一个标志之上可以同时存在姓名权和注册商标权，或者著作权和注册商标权，诸如此类，只要在先权利人对申请注册商标的行为给予“许可”（包括事后追认），即不违反商标法第三十二条。这恰如同一不动产上可以成立一个所有权和多个抵押权、多个地役权一样。

第二，“损害”他人在先权利并不要求申请注册行为本身侵犯他人在先权利。1993年商标法实施细则（现已失效）第二十七条曾明确，“侵犯他人合法的在先权利进行注册的”，构成“以欺骗手段或者其他不正当手段取得注册的行为”。但商标法（2001年）第三十一条规定“不得损害他人在先权利”，现行《商标法》亦采这种表述。“侵犯他人合法在先权利”同“不得损害他人在先权利”的规范意义不同。以他人专利外观设计作为商标申请注册，此行为本身不违反专利法第十一条，即不属于制造、销售、许诺销售、进口外观设计专利产品，②故不侵犯外观设计专利权，也就不是“侵犯他人合法在先权利进行注册”。然而，这种行为可能“损害他人在先权利”。

第三，“损害他人在先权利”之“损害”解释为“妨害”为妥，无论是否可能或实际造成损害。有观点认为，商标注册申请行为对他人现有在先权利往往并不构成侵权，但可能造成损害；此种“损害可能性”即受本条规范的调整。③ 这种意见值得商榷。当商标核准注册并实际使用时，通常才会侵犯他人在先权利。虽然权利之侵犯通常会产生“损害”，但并非总是如此。以跨栏赛跑健将“刘翔”作为商标用于高质量的商品之上，未必会给他造成经济损失或人格利益损害，诚如危墙可妨害邻地正常使用而未必造成损害一样。作为权利人，应有权排除权利行使之妨害。商标法第三十二条的立法目的是“在同一时间段内避免在先权利

① 然而，在同种商品上注册近似商标，或类似商品上注册相同商标，则不能算完全的权利冲突，因为当事人之间可以达成共存协议。就此，请参见商标法第三十条释义。

② 专利法第二十三条第三款亦规定：“授予专利权的外观设计不得与他人在申请日以前已经取得的合法权利相冲突。”司法实践已有判例指出，申请专利之产品外观设计包含他人驰名注册商标（如“LV”），指定用于类似商品之上，此申请行为本身不侵犯注册商标专用权，因为该行为不属于面向消费者的非法使用商标行为。尽管法院无权宣告此外观设计专利无效，但外观设计申请专利的目的是投入市场应用，故法院有权责令外观设计专利权人不得实施之。参见路易斯威登马利蒂股份有限公司与郭碧英侵害商标权纠纷上诉案，北京市高级人民法院民事判决书（2009）高民终字第2575号。

③ 参见北京市第一中级人民法院知识产权庭编著：《商标确权行政审判疑难问题研究》，知识产权出版社2008年版，第104页。

的保护范围内并存一个合法有效的注册商标专用权而造成在先权利行使上的障碍”。① 所以,对于商标法第三十二条规定而言,“妨害”是比“损害”更恰当的规范术语:“妨害”权利并不要求对权利人造成“损害”或“可能造成损害”,而排除妨害或防止妨害乃是权利之应有内容。②

无论“损害”还是“妨害”,权利人本可以根据调整在先权利的法律起诉而寻求充分救济,商标法提供行政救济(商标异议和商标无效宣告)的理由何在? 如果使用注册商标会妨害他人在先权利行使,在先权利人自然可以根据有关法律法规寻求民事救济。但是,以在先权利之对象标志申请注册商标或取得商标注册,这会“妨害”在先权利人以该对象标志申请注册商标;对此种妨害,在先权利人在商标法之外难以得到救济。如果在先权利人希望以其在先权利之对象标志申请注册商标,则必须有权阻止他人抢先在同种或类似商品上申请注册相同或近似标志,扫清商标核准注册的法律障碍。“妨害”在先权利自然包括妨害在先权利人申请注册商标,而这种妨害只有通过商标异议程序和商标无效宣告程序才能排除。

何谓损害他人“现有”之在先权利,其判断作准时间点为何?《最高人民法院关于审理商标授权确权行政案件若干问题的规定》第十八条规定:“商标法第三十二条规定的在先权利,包括当事人在诉争商标申请日之前享有的民事权利或者其他应予保护的合法权益。诉争商标核准注册时在先权利已不存在的,不影响诉争商标的注册。”然而,让人费解的是,何谓在先权利“已不存在”? 一般来说,权利在法律上既可能因为法定事实(比如专利保护期限届满)成立而使得权利从此不再存在,也可能因宣告无效而权利自始不存在。对于后者,权利被宣告无效后,原权利人自始就没有可寻求法律救济的权利基础;但对于前者,权利效力终止之后,权利人仍可以在诉讼时效期间之内提起诉讼,追究权利有效期间之内的侵权行为。为此,如果在先权利因为效力终止而于争议商标核准注册时不存在,则该注册商标的存在仍旧可以妨害在先权利行使,法律应该禁止。就此,【最高院“东洋克斯”图形商标案】指出,权利自然失效不产生自始无效的法律后果,如诉争商标核准注册时在先权利仍合法存在,不能直接援引《最高人民

① 参见深圳市东贸实业发展有限公司与国家工商行政管理总局商标评审委员会、良记物产有限公司商标行政纠纷案,北京市第一中级人民法院(2008)一中行初字第519号。

② 关于“妨害”和“损害”的区别,请参见王泽鉴:《民法物权》(第二版),北京大学出版社2010年,第130页;[德]鲍尔·施蒂尔纳:《德国物权法(上册)》,张双根译,法律出版社2004年版,第228页。

法院关于审理商标授权确权行政案件若干问题的规定》第二十八条的规定,认定影响商标获准注册、维持有效的事实基础发生变化,而仍需对是否存在权利冲突作出判断。

(三)“以不正当手段抢先注册他人已经使用并有一定影响的商标”

本条所称“不正当手段”是何种含义?早期案件中,比如蒋新峰与国家工商行政管理总局商标评审委员会商标权无效宣告请求行政纠纷上诉案,①北京市高级人民法院认为,这是指“明知或应知”他人在先使用的商标具有一定影响,仍抢先在同种或者类似商品上申请注册该商标,致使他人无法以其在先使用的商标申请注册的行为,是“不正当手段抢先注册”。

这种解释带有先天缺陷。手段正当与否不应取决于“致使他人无法以其在先使用的商标申请注册”。我国实行商标自愿注册制。即便商标在先使用人永远不申请注册商标,仍然可以成立“以不正当手段抢先注册他人在先使用并有一定影响的商标”。《最高人民法院关于审理商标授权确权行政案件若干问题的规定》第二十三条就规定,“商标申请人明知或者应知该商标,即可推定其构成‘以不正当手段抢先注册’”,并不要求致使商标在先使用人无法申请注册。

“明知或应知他人在先使用商标”而抢先注册,通常是为利用他人商标声誉而谋取不正当的利益。我国商标法不是为注册商标而注册商标,商标注册审查和管理都是为了使注册商标实际用于商品,识别商品来源,避免消费者混淆,促进社会主义市场经济。明知或应知他人在先使用的商标,仍在同种类似商品上申请注册相同或近似标志,若是蓄意制造市场混淆,妨害他人经营行为,其行为自然是“不正当手段”。但是,如果商标申请人没有利用在先使用商标商誉的恶意,则不在此列。《最高人民法院关于审理商标授权确权行政案件若干问题的规定》第二十三条即规定,“但商标申请人举证证明其没有利用在先使用商标商誉的恶意的除外”。

既然采用“不正当手段”,无论是否成功注册,无论被抢注商标是否具有一定影响,均应该一律禁止,毕竟法律不应该鼓励“不正当手段”。一方面,不正当抢先申请人另行设计并申请区别标志的成本很低;另一方面,不正当抢先申请人攀附他人标志对消费者和竞争者危害大。为此,商标法第十五条第二款规定:“就同一种商品或者类似商品申请注册的商标与他人在先使用的未注册商标相同或者近似,申请人与该他人具有……合同、业务往来关系或者其他关系而明知该他人商标存在,该他人提出异议的,不予注册。”这本质上就是禁止不正当的商标申

① 参见北京市高级人民法院行政判决书(2006)高行终字第82号。

请注册行为，无论被抢注的商标是否具有一定影响。

正因为“不正当手段”抢先注册属于应该被打击的行为，故而“已经使用并有一定影响”的法律标准不应过高。曾有意见认为，商标法第三十二条所要求的“已经使用”必须为“真实、合法的使用”，即只考虑实际粘附商标到商品进行销售的使用，而不考虑广告宣传、销售合同等使用证据。① 出于遏制不正当手段抢注的政策目的，【最高院“欧恪米兰”案】指出，“有一定影响”的商标，通常是指已经使用了一定时间，因一定的销售量、广告宣传等而在一定范围的相关公众中具有一定知名度的未注册商标；为此，召开新闻发布会、巡回现场化妆表演、技术培训与指导、签订经销或加盟代理合同等证据都可以证明“有一定影响”。

---

① 参见刘井玉：《对〈商标法〉(2001 年修正)第三十一条“已经使用”的理解和适用》，载《中国专利与商标》2007 年第 1 期。

第三十三条 【对初步审定公告的商标提出异议】对初步审定公告的商标,自公告之日起三个月内,在先权利人、利害关系人认为违反本法第十三条第二款和第三款、第十五条、第十六条第一款、第三十条、第三十一条、第三十二条规定的,或者任何人认为违反本法第四条、第十条、第十一条、第十二条、第十九条第四款规定的,可以向商标局提出异议。公告期满无异议的,予以核准注册,发给商标注册证,并予公告。

【行政法规】

《中华人民共和国商标法实施条例》(20140501)

第二十四条　对商标局初步审定予以公告的商标提出异议的,异议人应当向商标局提交下列商标异议材料一式两份并标明正、副本:

(一)商标异议申请书;

(二)异议人的身份证明;

(三)以违反商标法第十三条第二款和第三款、第十五条、第十六条第一款、第三十条、第三十一条、第三十二条规定为由提出异议的,异议人作为在先权利人或者利害关系人的证明。

商标异议申请书应当有明确的请求和事实依据,并附送有关证据材料。

第四十五条　对指定中国的领土延伸申请,自世界知识产权组织《国际商标公告》出版的次月 1 日起 3 个月内,符合商标法第三十三条规定条件的异议人可以向商标局提出异议申请。

商标局在驳回期限内将异议申请的有关情况以驳回决定的形式通知国际局。

被异议人可以自收到国际局转发的驳回通知书之日起 30 日内进行答辩,答辩书及相关证据材料应当通过依法设立的商标代理机构向商标局提交。

第九十四条　商标局设置《商标注册簿》,记载注册商标及有关注册事项。

第九十五条　《商标注册证》及相关证明是权利人享有注册商标专用权的凭证。《商标注册证》记载的注册事项,应当与《商标注册簿》一致;记载不一致的，除有证据证明《商标注册簿》确有错误外，以《商标注册簿》为准。

第九十六条　商标局发布《商标公告》，刊发商标注册及其他有关事项。

《商标公告》采用纸质或者电子形式发布。

除送达公告外，公告内容自发布之日起视为社会公众已经知道或者应当知道。

【部门参考文件】

1.《驰名商标认定和保护规定》（国家工商行政管理总局令第66号，20140803）

第五条　当事人依照商标法第三十三条规定向商标局提出异议，并依照商标法第十三条规定请求驰名商标保护的，可以向商标局提出驰名商标保护的书面请求并提交其商标构成驰名商标的证据材料。

2.《商标审查审理指南》（国家知识产权局公告第462号，20220101；上编）

第十五章　商标国际异议形式审查

2.1 提交期限

商标国际异议申请应当在法定异议期限内提出。自世界知识产权组织《国际商标公告》出版的次月1日起算，3个月内可提交商标国际异议。以最后一月的最后一日为期限届满日。期限届满日是节假日的，以节假日后的第一个工作日为期限届满日。

2.2 异议主体

商标国际异议主体与国内异议标准相同……

3.《国家工商行政管理总局商标局关于开通商标异议申请人变更渠道的通知》（20170704）

一、商标异议申请人变更是指异议申请提交之后至异议决定作出之前，异议申请人据以提出异议申请的在先权利转移至案外第三人，由第三人承继异议申请人主体地位、参加后续异议程序并承担相应后果。在先权利的转移包括异议申请人和第三人之间自愿的转让，也包括因合并、继承、诉讼等事由导致的法定移转。在先权利的转移应当合法、有效、完整，致使异议申请人失去适格的主体资格、第三人获得适格的主体资格。

二、异议申请人变更应由第三人以异议申请补充材料的形式向商标局提出书面申请,并一次性提交以下材料一份:异议申请人变更的书面申请;身份证明;在先权利转移证明;原异议申请人同意变更的书面文件。异议申请人变更书面申请应当有第三人承继异议申请人主体地位、参加后续异议程序并承担相应后果的明确意思表示。在先权利转移证明应当包含在先权利转移的双方主体、转移时间、权利范围和法律效力等内容。

4.《国家工商行政管理总局商标局关于提交商标异议申请有关事项的通知》(20081201)

一、根据《商标法》及《商标法实施条例》的有关规定,异议人提交异议申请时,应有明确的请求和事实依据的文字表述。如以被异议商标违反《商标法》第二十八条、二十九条(即被异议商标侵犯在先申请商标或在先注册商标)为由的,则应指出在先商标的申请号或注册号以及商标名称,并提供相应证据;如以违反《商标法》其他规定为由的,则应清楚表述其理由及事实依据,并提供相应证据。请求和事实依据的文字表述应便于对方当事人答辩。异议人提交异议申请时,如没有明确的请求和事实依据,我局依法不予受理。

二、依据《商标法》、《商标法实施条例》及《中华人民共和国邮政法》等法律法规之规定,当事人通过邮政部门(含邮政部门所属快递公司)向商标局提交异议申请的,异议申请日以寄出的邮戳日为准。当事人通过非邮政部门所属的其他快递公司向商标局提交异议申请的,异议申请日以商标局收到日为准。

通过邮政部门邮寄异议申请或其他相关材料的,一件申请最好使用一个信封,以便于异议申请日期的确定及有关文件的归档与查阅。

【法院参考案例】

1.【最高院“KOHL'S”案】2001年商标法第四十一条第一款明确规定其适用于“已经注册的商标”,对于是否能够适用或者参照适用于“未注册商标”并未作出规定,国家知识产权局审查商标注册申请时应当严格依照法律规定,这是依法行政的要义所在。国家知识产权局审查商标注册申请时应当严格依照法律规定,商标行政机关认定处于异议复审阶段的诉争商标未违反商标法该项规定,并无不当〔科尔士公司(原科尔士伊利诺斯公司)与国家知识产权局商标异议复审行政纠纷再审案,最高人民法院行政判决书(2018)

最高法行再77号〕。

2.【最高院"采埃孚"案】虽然利害关系人多以被许可使用人、合法继承人的形式表现，但利害关系人的范围不应仅限于此，其他有证据证明与案件具有利害关系的主体，亦可以违反商标法第三十二条规定为由，根据第四十五条提起注册商标无效宣告请求；采用相同企业字号且存在投资控股关系的公司，是该字号的利害关系人〔采埃孚转向系统有限公司与国家工商行政管理总局商标评审委员会商标争议行政纠纷提审案，最高人民法院行政判决书（2014）行提字第2号〕。

3.【最高院"六味地"案】引证商标的权利人不是商标申请驳回复审程序的当事人，在商标初步审定公告后有权依法提出异议，即使商标评审委员会曾在商标申请驳回复审程序中认定被异议商标与该引证商标不构成类似商品上的近似商标〔河南省养生殿酒业有限公司与国家工商行政管理总局商标评审委员会、安徽高炉酒厂商标异议复审行政纠纷再审申请案，最高人民法院行政裁定书（2011）知行字第53号〕。

本案中，商标评审委员会确曾在涉及被异议商标的驳回复审程序中作出第4556号决定，认定被异议商标与引证商标不构成类似商品上的近似商标。但是，驳回复审程序是依被异议商标申请人的请求而启动，在该程序中，由于引证商标权利人不是评审当事人，无从知晓被异议商标申请人的主张，没有机会对被异议商标与引证商标是否近似这一问题陈述意见和提供反驳证据，也无法就对其不利的驳回复审决定向人民法院提起诉讼。被异议商标初审公告后，引证商标权利人认为被异议商标与其在先注册的引证商标构成冲突，损害其在先权利的，只能通过后续的异议或者争议程序予以解决，因此如果引证商标权利人按照法律规定对被异议商标提出异议和后续的异议复审申请，商标局和商标评审委员会应当受理并依法进行审理；不能因为存在在先的驳回复审决定而剥夺引证商标权利人异议的权利，否则将严重损害引证商标权利人的权益。商标法实施条例（2002年）第三十五条关于"商标评审委员会对商标评审申请已经作出裁定或者决定的，任何人不得以相同的事实和理由再次提出评审申请"的规定不适用于本案的情形。

4.【北京高院"清样"案】商标行政机关在商标申请审查及核准程序中，对以欺骗手段或者其他不正当手段申请注册商标的，参照2001年修正的商标法第四十一条第一款（2019年修正的商标法第四十四条第一款）的规定，不予核准注册，人民法院应予以支持〔安国市金泰副食品有限责任公司与国家工商行政管理总局商标评审委员会及湖北稻花香酒业股份有限公司商标异议复审行政纠纷上诉案，北京市高级人民法院行政判决书（2015）高行（知）终字第659号，北京法院参阅案例第24号〕。

5.【北京高院"Androidpay"案】"利害关系人"包括在先权利的被许可使用人、合法继受人或者其控股股东〔天津中驰瑞银商贸有限公司与国家知识产权局商标异议不予受理行政纠纷上诉案，北京市高级人民法院行政判决书（2020）京行终7450号〕。

6.【北京高院"链家 LIanJIa. com"案】初步审定公告只是国家知识产权局作出核准注册行政行为之前的过程性行为，而非对个人合法权益产生确定效力的行政行为，尚未对个人的权利义务产生实际影响，故初步审定公告不属于可诉请确认违法的行政行为〔刘敬琳与北京链家房地产经纪有限公司等行政纠纷上诉案，北京市高级人民法院行政裁定书(2019)京行终7130号〕。

7.【北京高院"好太太家居"案】商标评审期间成为引证商标的权利人，可作为利害关系人提起行政诉讼〔广东好太太科技发展有限公司与国家工商行政管理总局商标评审委员会等商标异议复审行政纠纷上诉案，北京市高级人民法院行政裁定书（2014）高行（知）终字第3259号〕。

8.【北京高院"鳄鱼"案】中国商标局在不影响和不改变国际注册商标在中国实际核准保护日的前提下，开辟《国际商标公告》属于提示性的二次公告，不具有法律效力〔（香港）林维尔国际有限公司与国家工商行政管理总局商标评审委员会商标争议行政纠纷上诉案，北京市高级人民法院行政判决书（2005）高行终字第341号〕。

关于中国商标局开辟《国际商标公告》是否具有法律依据，该行为是否具有法律效力。《商标国际注册马德里协定》明确规定国际局的公告为国际注册商标的充分有效公告，因此中国商标局对国际注册商标没有公告的义务。中国商标局于 1990 年 6 月 30 日开辟的《国际商标公告》虽名为“公告”，但并不是我国修改前商标法第十六条、第十九条和《商标国际注册马德里协定》第三条第(四)、(五)项，第三条之三第(二)项所规定的具有法律意义的公告，因此不具有任何法律效力。中国商标局在不影响和不改变国际注册商标在中国实际核准保护日的前提下，可以进行提示性的二次公告，但在商标已过驳回期并已进入注册状态的情况下，再进行任何公告以及依据此公告作为评判国际注册商标是否注册乃至作为计算争议期起点的做法，都是违反《商标国际注册马德里协定》规定的。中国商标局关于国际商标公告的说明尚不能构成规范性文件，其没有任何理由损害国际条约的实施。

编者说明

(一) 商标异议程序的法律性质

自初步审定的商标注册申请在《商标公告》上公告之日起三个月，为商标注册申请的异议期间。在法律性质上，商标异议程序是商标审查程序的组成部分。异议程序是开放给社会公众质疑商标注册申请的机会。初步审定只表明没有发现可以驳回商标注册申请的理由，不等于说它已经符合商标核准注册的法律条件。商标注册申请实行书面审查，是典型的单方程序，审查员所获信息依赖于申请人所提出的“商标注册申请书”，其只包含申请注册的标志图样，指定使用的商品或服务以及必要的说明。审查员几乎不了解实际市场状况，难以判断申请注册的商标在实际市场使用中，是否容易使相关公众与市场上已经使用的商标相混淆，抑或妨害第三人的在先权利。商标注册先申请人、商标先注册人、同种或类似商品上在先使用相同或近似商标的经营者、未注册驰名商标持有人、申请日前取得权利的人等，均可发动异议程序，主张商标注册申请核准不符合商标法。通过引入对抗方，商标局可以获得更充分的信息，从而更好地作出核准或驳回决定。这既有利于维护在先权益，也有利于防止未来市场上出现不必要的商品来源混淆。

商标异议程序不同于救济性质的“行政复议”，其本质上是商标注册申请初审程序的自然延续，是商标注册申请审查程序的组成部分。商标局对商标注册申请初步审定公告，尚未作出决定，认为该商标申请不符合商标法的请求人因此不能提起行政复议以便寻求行政救济，而只能提起商标异议程序。【北京高院“链家 LIanJIa. com”案】也明确指出，初步审定公告只是国家知识产权局作出核准注册行政行为之前的过程性行为，而非对个人合法权益产生确定效力的行政行为，不属于可诉请确认违法的行政行为。《国家工商行政管理总局行政复议程序规则》(已废止)第三条曾规定，“对工商总局商标局以自己名义作出的，依法不属于商标评审委员会评审范围的具体行政行为不服的”，[①]可以依照行政复议法和行政复议法实施条例的规定，向工商总局提出行政复议申请。商标注册程序性争议行政复议由国家工商总局商标评审委员会办理。[②] 比如，商标局对商标注册申请、商标异议请求等不予受理，则应通过商标行政复议寻求救济。总之，商标行政复议不适用于商标申请是否符合注册实质性条件的实体争议，而只适用于“程序性争议”。机构改革之后，则应按照《国家知识产权局行政复议规程》处理。

（二）商标异议的绝对理由与相对理由

商标法区分绝对理由和相对理由，限定商标异议请求人的资格。商标法（2001 年）第三十条曾规定，对初步审定的商标，自公告之日起三个月内，“任何人”均可以提出异议。然而，不限制主体资格，容易导致第三人滥用异议程序，妨碍商标注册申请的正常审查和核准。为此，商标法 2013 年修正时，第三十三条区分商标异议理由为绝对理由和相对理由，对主体资格进行限制。

根据本条规定，商标异议的绝对理由包括商标法第四条、第十条、第十一条、第十二条、第十九条第四款规定，任何人都有资格根据以上法律理由对初步审定公告的商标提出异议。然而，商标法第四十四条第一款将“以欺骗手段或者其他不正当手段取得注册”作为注册商标无效宣告的绝对理由，第三十三条却并未将其作为商标异议的绝对理由。【北京高院“清样”案】认为，商标行政机关在商标

---

① 《商标评审规则》第二条　根据商标法及实施条例的规定，国家工商行政管理总局商标评审委员会（以下简称商标评审委员会）负责处理下列商标评审案件：

（一）不服国家工商行政管理总局商标局（以下简称商标局）驳回商标注册申请决定，依照商标法第三十四条规定申请复审的案件；

（二）不服商标局不予注册决定，依照商标法第三十五条第三款规定申请复审的案件；

（三）对已经注册的商标，依照商标法第四十四条第一款、第四十五条第一款规定请求无效宣告的案件；

（四）不服商标局宣告注册商标无效决定，依照商标法第四十四条第二款规定申请复审的案件；

（五）不服商标局撤销或者不予撤销注册商标决定，依照商标法第五十四条规定申请复审的案件。

在商标评审程序中，前款第（一）项所指请求复审的商标统称为申请商标，第（二）项所指请求复审的商标统称为被异议商标，第（三）项所指请求无效宣告的商标统称为争议商标，第（四）、（五）项所指请求复审的商标统称为复审商标。本规则中，前述商标统称为评审商标。

② 《国家工商行政管理总局行政复议程序规则》（已废止）第四条第二款。

申请审查及核准程序中对以欺骗手段或者其他不正当手段申请注册商标不予核准注册，人民法院应予支持。但是，【最高院“KOHL’S”案】则认为，对“其他不正当手段取得注册”能否适用或者参照适用于商标申请的审查，商标法未予明确，国家知识产权局审查商标注册申请时应当严格依照法律规定，商标行政机关认定处于异议复审阶段的诉争商标未违反商标法该项规定，并无不当。然而，如果商标局发现商标申请涉及欺骗或其他不正当手段，法理上不允许商标局驳回商标申请，并没有充分的法律理由。

根据本条规定，商标异议的相对理由与商标法第四十五条规定的商标无效宣告的相对理由一致，都包括商标法第十三条第二款和第三款、第十五条、第十六条第一款、第三十条、第三十一条、第三十二条规定，只有在先权利人和利害关系人才可以据此提出异议。在先权利人的边界较为清晰，而利害关系人则不然。“利害关系人”主要包括相关权利的被许可使用人、合法继承人。此外，【最高院“采埃孚”案】指出，“利害关系人”还包括“其他有证据证明与案件具有利害关系的主体”，比如采用相同企业字号且存在投资控股关系的公司，是该字号的利害关系人。

(三)商标注册申请“予以核准注册”

商标注册申请初步审定公告三个月期间届满，无人提出异议，则商标申请“予以核准注册”，并予以公告。此公告期间届满之日就是核准注册之日，同时也是注册公告之日，依照商标法第三十九条开始取得注册商标专用权。就此，详见商标法第三十九条释义。

第三十四条【商标申请驳回的复审程序】对驳回申请、不予公告的商标,商标局应当书面通知商标注册申请人。商标注册申请人不服的,可以自收到通知之日起十五日内向商标评审委员会申请复审。商标评审委员会应当自收到申请之日起九个月内做出决定,并书面通知申请人。有特殊情况需要延长的,经国务院工商行政管理部门批准,可以延长三个月。当事人对商标评审委员会的决定不服的,可以自收到通知之日起三十日内向人民法院起诉。

【行政法规】

《中华人民共和国商标法实施条例》(20140501)

第十一条　下列期间不计入商标审查、审理期限:

(一)商标局、商标评审委员会文件公告送达的期间;

(二)当事人需要补充证据或者补正文件的期间以及因当事人更换需要重新答辩的期间;

(三)同日申请提交使用证据及协商、抽签需要的期间;

(四)需要等待优先权确定的期间;

(五)审查、审理过程中,依案件申请人的请求等待在先权利案件审理结果的期间。

第二十一条　商标局对受理的商标注册申请,依照商标法及本条例的有关规定进行审查,对符合规定或者在部分指定商品上使用商标的注册申请符合规定的,予以初步审定,并予以公告;对不符合规定或者在部分指定商品上使用商标的注册申请不符合规定的,予以驳回或者驳回在部分指定商品上使用商标的注册申请,书面通知申请人并说明理由。

第二十二条　商标局对一件商标注册申请在部分指定商品上予以驳回的,申请人可以将该申请中初步审定的部分申请分割成另一件申请,分割后的申请保留原申请的申请日期。

需要分割的,申请人应当自收到商标局《商标注册申请部分驳回通知书》之日起15日内,向商标局提出分割申请。

商标局收到分割申请后,应当将原申请分割为两件,对分割出来的初步审定申请生成新的申请号,并予以公告。

第五十一条 商标评审是指商标评审委员会依照商标法第三十四条、第三十五条、第四十四条、第四十五条、第五十四条的规定审理有关商标争议事宜。当事人向商标评审委员会提出商标评审申请,应当有明确的请求、事实、理由和法律依据,并提供相应证据。

商标评审委员会根据事实,依法进行评审。

第五十二条 商标评审委员会审理不服商标局驳回商标注册申请决定的复审案件,应当针对商标局的驳回决定和申请人申请复审的事实、理由、请求及评审时的事实状态进行审理。

商标评审委员会审理不服商标局驳回商标注册申请决定的复审案件,发现申请注册的商标有违反商标法第十条、第十一条、第十二条和第十六条第一款规定情形,商标局并未依据上述条款作出驳回决定的,可以依据上述条款作出驳回申请的复审决定。商标评审委员会作出复审决定前应当听取申请人的意见。

【部门参考文件】

《国家知识产权局行政复议规程》(国家知识产权局令第66号,20120901)

第四条 除本规程第五条另有规定外,有下列情形之一的,可以依法申请行政复议:

(一)对国家知识产权局作出的有关专利申请、专利权的具体行政行为不服的;

(二)对国家知识产权局作出的有关集成电路布图设计登记申请、布图设计专有权的具体行政行为不服的;

(三)对国家知识产权局专利复审委员会作出的有关专利复审、无效的程序性决定不服的;

(四)对国家知识产权局作出的有关专利代理管理的具体行政行为不服的;

(五)认为国家知识产权局作出的其他具体行政行为侵犯其合法权益的。

【北京法院商标行政案件的规范文件】

1.《北京市高级人民法院商标授权确权行政案件审理指南》(20190424)

1. 7【追加诉讼当事人的范围】

商标申请驳回复审行政案件中,一般诉讼当事人应以被诉行政行为的相对人以及其他与行政行为有利害关系的人为限,不宜主动追加未参与商标评审程序的引证商标权利人等主体参加诉讼。

2. 5【商标驳回复审的审查范围】

商标申请驳回复审行政案件中,商标评审部门在未听取申请人意见的情况下,超出驳回商标注册申请的决定,直接依据商标法第十条、第十一条、第十二条或者第十六条第一款的规定作出被诉裁决,当事人据此主张违反法定程序的,可以予以支持。

6. 4【逾期作出被诉裁决的处理】

商标行政诉讼中,商标评审部门未按商标法第三十四条、第三十五条、第四十四条、第四十五条、第四十九条规定的法定期限作出被诉裁决,但未对当事人权利产生实际影响的,当事人据此主张违反法定程序的,不予支持。

2.《北京市高级人民法院关于规范商标行政诉讼案由的意见》(京高法发〔2014〕392 号,20140904)

一、不服商标评审委员会、商标局具体行政行为提起诉讼案件的案由

(一)商标申请驳回复审行政纠纷

商标申请驳回复审行政纠纷是指,商标注册申请人不服商标局驳回其商标注册申请的决定,向商标评审委员会申请复审,商标评审委员会作出驳回其商标注册申请(含部分驳回)的决定,商标注册申请人不服该决定提起的行政诉讼。

(二)商标不予注册复审行政纠纷

商标不予注册复审行政纠纷是指,商标注册申请人不服商标局对其初步审定公告的商标作出的不予核准注册决定,向商标评审委员会申请复审,商标评审委员会对该商标作出不予核准注册(包括部分不予核准注册)的决定,商标注册申请人不服该决定提起的行政诉讼。

【法院参考案例】

1.【最高院"彩鸾"案】引证商标不再构成诉争商标核准注册的在先权利障碍,法院有权基于新的事实状态重新作出认定〔深圳市彩鸾时装有限公司与国家知识产权局商标申请驳回复审行政纠纷再审案,最高人民法院行政判决书(2019)最高法行再59号〕。

2.【最高院"微信"案】商标授权确权行政纠纷案件二审时,人民法院可以全面审查商标评审委员会作出的决定,即便一审未曾审理过〔创博亚太科技(山东)有限公司与国家工商行政管理总局商标评审委员会、第三人张新河商标异议复审行政纠纷再审申请案,最高人民法院行政裁定书(2016)最高法行申3313号〕。

行政诉讼法第六条规定:"人民法院审理行政案件,对行政行为是否合法进行审查。"第八十七条规定:"人民法院审理上诉案件,应当对原审人民法院的判决、裁定和被诉行政行为进行全面审查。"本案中,虽然一审判决仅就被异议商标的申请注册是否违反商标法第十条第一款第(八)项的规定作出了认定,但商标评审委员会在第67139号裁定中,除对被异议商标的申请注册是否违反商标法第十条第一款第(八)项的规定作出认定外,还根据原异议人张新河提出的意见,对被异议商标的申请注册是否违反商标法第十一条第一款的规定作出了认定。因此,二审法院对被异议商标的申请注册是否违反商标法第十一条第一款的规定一并予以审查符合上述关于全面审查的规定。

3.【最高院"勒布朗-詹姆斯"案】商标申请驳回复审行政纠纷案中,商标申请人针对引证商标提出异议申请,法院中止审理本案不会损害他人利益或公共利益,应从保证实体公正的角度裁定中止审理〔耐克国际有限公司与国家工商行政管理总局商标评审委员会商标申请驳回复审行政纠纷再审案,最高人民法院行政判决书(2015)行提字第7号〕。

《最高人民法院关于执行〈中华人民共和国行政诉讼法〉若干问题的解释》第五十一条第一款第(七)项关于"其他应当中止诉讼的情形"的规定,授权人民法院可以根据案件实际情况决定中止诉讼,以保障审理结果公正合理。本案在原审法院审理期间，耐克公司针对影响涉案申请商标注册的引证商标三提出异议申请，并积极督促相关部门加快审理。与此同时，耐克公司申请原审法院中止本案审理，希望等待并根据另案裁定结果对本案作出处理，以保障本案实体争议能够得以公正裁判，维护其合法权益。原审法院暂缓或中止本案审理并不会损害他人或公共利益，而且有利于避免耐克公司因重新申请注册商标而遭受利益损失，防止程序空转，彻底解决本案纠纷。原审法院未从保障实体公正角度考虑本案实际并作出恰当处理，理解和适用法律存在偏颇之处。

4.【最高院“ADVENT”案】在商标申请驳回复审行政纠纷案件中，如果引证商标在诉讼程序中因三年连续不使用而被商标局予以撤销，鉴于申请商标尚未完成注册，人民法院应根据情势变更原则，依据变化了的事实依法作出裁决〔艾德文特软件有限公司与国家工商行政管理总局商标评审委员会商标申请驳回复审行政纠纷再审案，最高人民法院行政判决书(2011)行提字第 14 号〕。

5.【北京高院“知冠”案】不服商标局作出的商标驳回通知，应当依法向商标评审委员会申请复审，直接向国家知识产权局提出行政复议申请不符法定程序和行政复议的受案范围〔上海知冠信息技术咨询有限公司与国家知识产权局其他商标行政纠纷上诉案，北京市高级人民法院行政判决书(2020)京行终 380 号〕。

6.【北京高院“金酒”案】商标评审委员会审理不服商标局驳回商标注册申请决定的复审案件，应当针对商标局的驳回决定和申请人申请复审的事实、理由、请求及评审时的事实状态进行审理；在商标复审评审中提出放弃诉争商标在指定使用商品上的注册申请，但该放弃行为涉及整体商品的分割以及商标申请档案的修改，该放弃请求不是商标评审机构审查事项〔金门酒厂实业股份有限公司与国家知识产权局商标申请驳回复审行政纠纷上诉案，北京市高级人民法院行政判决书(2020)京行终 5735 号〕。

7.【北京高院“磨谷磨谷 MOGUMOGU”案】商标评审委员会在商标申请驳回复审程序中对是否中止审查案件具有自由裁量权，其不因引证商标处于无效宣告程序而中止审理程序，这并不构成程序违法〔萨普公共有限公司与国家知识产权局商标申请驳回复审行政纠纷上诉案，北京市高级人民法院行政判决书(2019)京行终9104号〕。

8.【北京高院“九牧家具”案】商标申请驳回复审行政纠纷案中，引证商标不再构成商标核准注册的障碍，并非国家知识产权局的原因导致案件处理结果发生变化，诉讼费酌定由商标申请人承担〔九牧厨卫股份有限公司与国家知识产权局商标申请驳回复审行政纠纷上诉案，北京市高级人民法院行政判决书(2019)京行终9431号〕。

9.【北京高院“一雨”案】不服商标驳回决定应当先行向商标评审委员会申请复审，直接以国家知识产权局为被告向法院提起行政诉讼不属于行政诉讼的受案范围〔上海壹雨工业设计有限公司与国家知识产权局其他商标行政纠纷上诉案，北京市高级人民法院行政裁定书(2019)京行终5620号〕。

10.【北京高院“POPSTAR”案】引证商标的合法性问题无须在本案诉争商标申请驳回复审行政诉讼中一并进行审理〔嘉丰永道(北京)科技股份有限公司等与掌游天下(北京)信息技术股份有限公司商标申请驳回复审行政纠纷上诉案，北京市高级人民法院行政判决书(2018)京行终4115号〕①。

(1)行政权和司法权要有一定的界限，在行政机关依法行政时，法院不能替代行政机关作出判断，并进而认定行政机关作出的行政行为是否违法。本案中，商标评审委员会系依照商标法第三十条的相关规定，在商标申请驳回复审中审查诉争商标是否同他人在同一种或类似商品上已经注册的商标相同或者近似。在无证据证明商标评审委员会作出被诉决定违反法律法规相关规定的情形下，原审法院通过追加嘉丰永道公司参加诉讼并主动审查引证商标的合法性，违反行政诉讼法中合法性审查的原则。

(2)当事人认为引证商标权利的合法性有问题，其可以对引证商标提起商标权无效宣告申请；引证商标的合法性问题无须在本案诉争商标申请驳回复审行政诉讼中一并进行审理。

---

① 类似案例参见萨普公共有限公司与国家工商行政管理总局商标评审委员会商标申请驳回复审行政纠纷上诉案，北京市高级人民法院行政判决书(2017)京行终504号。

11.【北京高院"OLUX"案】商标申请驳回复审程序期间，商标申请人以引证商标连续三年无正当理由不使用为由请求撤销，商标评审委员会可以不中止商标申请驳回复审程序〔欧司朗有限公司与国家工商行政管理总局商标评审委员会商标申请驳回复审行政纠纷上诉案，北京市高级人民法院行政判决书(2016)京行终 2719 号〕。

商标法第三十五条第四款和《商标评审规则》第三十一条针对商标异议复审案件，且并未要求商标评审委员会必须中止审理。但是，本案系商标申请驳回复审案件，与上述规定的情形不同，故商标评审委员会未暂缓审理本案并无不当。

12.【北京高院"w 及图"案】商标申请驳回复审案件中，引证商标到期未续展，商标评审委员会应根据情势变更原则，依据变化的事实依法作出裁决〔喜达屋饭店及度假村国际集团与国家工商行政管理总局商标评审委员会商标申请驳回复审行政纠纷上诉案，北京市高级人民法院行政判决书(2015)高行(知)终字第 1960 号〕。

13.【北京知产法院"盘龙云海"案】商标申请驳回复审程序中，因引证商标权利状态需要等待法律程序确定，审理期间超过九个月仍属于合理〔云南盘龙云海药业有限公司与国家工商行政管理总局商标评审委员会商标申请驳回复审行政纠纷案，北京知识产权法院行政判决书(2016)京 73 行初 437 号〕。

编者说明

1. 本条规定"有特殊情况需要延长的，经国务院工商行政管理部门批准，可以延长三个月"，但并没有规定商标申请驳回复审程序的中止。不同的是，商标法第三十五条第四款对商标异议复审程序明确规定中止条件，即"所涉及的在先权利的确定必须以人民法院正在审理或者行政机关正在处理的另一案件的结果为依据的，可以中止审查"。此外，商标法实施条例(2014 年)第十一条规定的不计入商标审理期限的情况包括"审查、审理过程中，依案件申请人的请求等待在先权利案件审理结果的期间"。依照上述程序法原理，【北京知产法院"盘龙云海"案】确认引证商标权利状态需要等待法律程序予以确定而使商标申请驳回复审的审理期间超过九个月是合理的，这即是承认国家知识产权局根据引证商标的具体情况有权决定是否中止审理。如果国家知识产权局基于引证商标有效而作出决定，嗣后引证商标被注销、被宣告无效或被撤销，人民法院可根据《最高人民法院关于审理商标授权确权行政案件若干问题的规定》第二十八条，依据新的事实撤销商标评审委员会相关裁决，并判令其根据变更后的事实重新作出裁决。

2. 不服国家知识产权局商标局不予受理商标申请的决定，应根据《国家知识产权局行政复议规程》提起行政复议，而不是提起商标复审请求。尽管 2012 年《国家知识产权局行政复议规程》没有列明商标申请，但商标局并入国家知识产权局后，可依据该规程第四条第（五）项提起行政复议。本规程正在修订过程中，其 2018 年 11 月 29 日公布的征求意见稿第五条第（二）项规定，“对国家知识产权局作出的有关商标注册申请、注册商标专用权的具体行政行为，包括在商标注册复审程序、宣告注册商标无效程序中作出的具体行政行为不服的”，可以依法申请行政复议。

第三十五条 【商标异议的处理程序】对初步审定公告的商标提出异议的，商标局应当听取异议人和被异议人陈述事实和理由，经调查核实后，自公告期满之日起十二个月内做出是否准予注册的决定，并书面通知异议人和被异议人。有特殊情况需要延长的，经国务院工商行政管理部门批准，可以延长六个月。

商标局做出准予注册决定的，发给商标注册证，并予公告。异议人不服的，可以依照本法第四十四条、第四十五条的规定向商标评审委员会请求宣告该注册商标无效。

商标局做出不予注册决定，被异议人不服的，可以自收到通知之日起十五日内向商标评审委员会申请复审。商标评审委员会应当自收到申请之日起十二个月内做出复审决定，并书面通知异议人和被异议人。有特殊情况需要延长的，经国务院工商行政管理部门批准，可以延长六个月。被异议人对商标评审委员会的决定不服的，可以自收到通知之日起三十日内向人民法院起诉。人民法院应当通知异议人作为第三人参加诉讼。

商标评审委员会在依照前款规定进行复审的过程中，所涉及的在先权利的确定必须以人民法院正在审理或者行政机关正在处理的另一案件的结果为依据的，可以中止审查。中止原因消除后，应当恢复审查程序。

【行政法规】

《中华人民共和国商标法实施条例》(20140501)

第二十五条 商标局收到商标异议申请书后，经审查，符合受理条件的，予以受理，向申请人发出受理通知书。

第二十六条 商标异议申请有下列情形的，商标局不予受理，书面通知申请人并说明理由：

(一)未在法定期限内提出的；

(二)申请人主体资格、异议理由不符合商标法第三十三条规定的；

(三)无明确的异议理由、事实和法律依据的；

（四）同一异议人以相同的理由、事实和法律依据针对同一商标再次提出异议申请的。

第二十七条 商标局应当将商标异议材料副本及时送交被异议人，限其自收到商标异议材料副本之日起30日内答辩。被异议人不答辩的，不影响商标局作出决定。

当事人需要在提出异议申请或者答辩后补充有关证据材料的，应当在商标异议申请书或者答辩书中声明，并自提交商标异议申请书或者答辩书之日起3个月内提交；期满未提交的，视为当事人放弃补充有关证据材料。但是，在期满后生成或者当事人有其他正当理由未能在期满前提交的证据，在期满后提交的，商标局将证据交对方当事人并质证后可以采信。

第二十八条 商标法第三十五条第三款和第三十六条第一款所称不予注册决定，包括在部分指定商品上不予注册决定。

被异议商标在商标局作出准予注册决定或者不予注册决定前已经刊发注册公告的，撤销该注册公告。经审查异议不成立而准予注册的，在准予注册决定生效后重新公告。

第五十一条 商标评审是指商标评审委员会依照商标法第三十四条、第三十五条、第四十四条、第四十五条、第五十四条的规定审理有关商标争议事宜。当事人向商标评审委员会提出商标评审申请，应当有明确的请求、事实、理由和法律依据，并提供相应证据。

商标评审委员会根据事实，依法进行评审。

第五十三条 商标评审委员会审理不服商标局不予注册决定的复审案件，应当针对商标局的不予注册决定和申请人申请复审的事实、理由、请求及原异议人提出的意见进行审理。

商标评审委员会审理不服商标局不予注册决定的复审案件，应当通知原异议人参加并提出意见。原异议人的意见对案件审理结果有实质影响的，可以作为评审的依据；原异议人不参加或者不提出意见的，不影响案件的审理。

【部门参考文件】

1.《国家知识产权局商标局关于在网上公开商标异议决定文书的公告》（20200218）

为增强商标异议审查工作的透明度，加强社会监督，促进依法行政，我局决定自2020年1月1日起在网上公开商标异议决定。

商标异议决定文书将自交邮之日起20个工作日内在中国商标网(http://sbj.cnipa.gov.cn/)上予以公开,但有下列情形之一的除外:

(一)涉及当事人的商业秘密、个人隐私的;

(二)当事人书面请求不公开,且商标局认为该请求合理的;

(三)我局认为不宜在互联网公开的其他特殊情形。

……

公开的商标异议决定文书仅供查询人参考,不具有法律效力。非法使用文书信息给他人造成损害的,由非法使用人承担法律责任。

2.《商标评审规则》(国家工商行政管理总局令第65号,20140601)

第三十一条　依照商标法第三十五条第四款、第四十五条第三款和实施条例第十一条第(五)项的规定,需要等待在先权利案件审理结果的,商标评审委员会可以决定暂缓审理该商标评审案件。

3.《驰名商标认定和保护规定》(国家工商行政管理总局令第66号,20140803)

第十条　当事人依照本规定第五条、第六条规定提出驰名商标保护请求的,商标局、商标评审委员会应当在商标法第三十五条、第三十七条、第四十五条规定的期限内及时作出处理。

【北京法院商标行政案件的规范文件】

1.《北京市高级人民法院商标授权确权行政案件审理指南》(20190424)

6.4【逾期作出被诉裁决的处理】

商标行政诉讼中,商标评审部门未按商标法第三十四条、第三十五条、第四十四条、第四十五条、第四十九条规定的法定期限作出被诉裁决,但未对当事人权利产生实际影响的,当事人据此主张违反法定程序的,不予支持。

2.《北京市高级人民法院关于规范商标行政诉讼案由的意见》(京高法发〔2014〕392号,20140904)

一、不服商标评审委员会、商标局具体行政行为提起诉讼案件的案由

(三)商标异议复审行政纠纷

商标异议复审行政纠纷是指,当事人不服商标局于2014年5月1日前依据2001年12月1日起施行的商标法(以下简称2001年商标法)对其已经初步审定公告的商标作出的异议裁定,向商标评审委员会申请复审,商标评审委员会于2014年5月1日后对该商标作出不予核准注册(包括部分不予核准注册)的裁定,当事人不服该裁定提起的行政诉讼。

【法院参考案例】

1.【北京高院"INTZA"案】被异议人不服商标评审委员会的决定,应当在法定期限内提起行政诉讼;新冠肺炎疫情确实属于当事人不能预见的,但当事人是否确因疫情耽误起诉期限而可以援引作为不可抗力,应结合其提供的证据、法律及司法解释对提起诉讼提交材料的要求综合考量〔苏州艺制林商贸有限公司与国家知识产权局商标不予注册复审行政纠纷上诉案,北京市高级人民法院行政裁定书(2020)京行终3383号〕。

(1)行政诉讼法第四十八条第一款规定,因不可抗力或者其他不属于其自身的原因超过起诉期限的,被耽误的时间不计算在起诉期限内。所谓"不可抗力",是指当事人不能预见、不能避免并且不能克服的客观情况。新冠肺炎疫情确实属于当事人不能预见的,但本案当事人是否确因疫情耽误起诉期限应结合其提供的证据、法律及司法解释对提起诉讼提交材料的要求综合考量。

(2)首先,根据在案材料显示,艺制林公司作为被诉决定的相对人,在春节前即已经知道被诉决定,且其自称并未受新冠肺炎疫情很大影响,作为其代理公司的光华公司办公地点是否因疫情原因封闭,并不必然影响艺制林公司作为当事人在法定起诉期限内正常提起诉讼主张权利。其次,艺制林公司无法进入光华公司办公区获取被诉决定书原件,不构成其超过法定起诉期限提起诉讼的正当理由。根据行政诉讼法第四十九条第(三)项、《最高人民法院关于行政诉讼证据若干问题的规定》第四条第一款等规定,当事人提起诉讼时,在立案阶段仅要求当事人提供被诉行政行为存在的初步证据。

2.【北京高院"沃克士 WOKIX"案】商标评审程序所称"一事不再理"的"一事"不包括当事人向商标局提起的商标申请驳回、对初步审定公告的商标提出异议、撤销注册商标的申请〔宝时得科技(中国)有限公司与国家知识产权局、第三人台州鹏能机电有限公司商标权无效宣告请求行政纠纷上诉案,北京市高级人民法院行政判决书(2019)京行终 9196 号〕。

(1)行政诉讼法规定的"一事不再理"原则,强调的是申请人以相同的事实和理由再次对同一商标向商标评审委员会提出评审申请,此时的商标评审系指当事人向商标评审委员会提出的商标申请驳回复审、商标不予注册复审、宣告注册商标无效以及撤销或者不予撤销注册商标复审申请,并不包括当事人向商标局提起的商标申请驳回、对初步审定公告的商标提出异议、撤销注册商标的申请。

(2)撤回异议申请后即使以相同的事实和理由对已核准注册的诉争商标提起无效宣告请求并不构成"一事不再理"。

3.【北京高院"附近"案】商标法中关于商标授权确权行政程序及司法审查的相关规定相比于行政诉讼法中当事人可以对行政机关的行政行为提起行政诉讼的规定是特别法与一般法的关系;被异议人不服商标局作出的不予注册决定时,"可以"在法定期限内向商标评审委员会申请复审,不应理解为被异议人可以申请复审亦可以提起行政诉讼〔合肥附近网络有限公司与国家工商行政管理总局商标局、国家工商行政管理总局商标评审委员会其他商标行政纠纷上诉案,北京市高级人民法院行政判决书(2017)京行终 1648 号〕。

(1)商标法既是实体法,又是程序法。商标法中关于商标申请、取得、维持、终止程序的设置是商标授权确权行政程序的体现,人民法院对商标授权确权行政程序进行司法审查。商标法中关于商标授权确权行政程序及司法审查的相关规定,与行政诉讼法中当事人可以对行政机关的行政行为提起行政诉讼的规定相比,是特别法与一般法的关系,故商标授权确权行政案件应按照适用商标法的规定。

(2)根据商标法第三十五条第三款的规定,被异议人不服商标局作出的不予注册决定,可以在法定期限内向商标评审委员会申请复审。商标评审委员会经过不予注册复审后仍决定不予注册诉争商标的,被异议人可以在法定期限内向人民法院提起诉讼。虽然该条款中使用的是"可以"一词,但结合商标法第三十六条第一款的规定,应得出商标法第三十五条第三款是赋予被异议人申请不予注册复审的权利,其可以行使该权利,也可以放弃该权利,而不应理解为被异议人可以申请复审,亦可以提起行政诉讼,否则商标法第三十六条第一款不可能规定当事人在法定期限内不申请不予注册复审则不予注册决定生效。基于商标法已经对商标被异议后不予注册的行政程序及司法审查作出特别规定,故被异议人不服商标局不予注册决定时,作为救济途径,应在法定期限内首先向商标评审委员会申请复审,商标评审委员会作出不予注册复审决定后仍然不服的,被异议人可以针对商标评审委员会作出的不予注册复审决定提起行政诉讼。

4.【北京高院"印象刘三姐"案】商标法第三十五条第四款是关于不予注册复审中止审查程序的规定,且第四款所规定的亦是商标评审委员会根据具体情况可以予以中止审查,并非强制性条款〔桂林广维文华旅游文化产业有限公司与国家工商行政管理总局商标评审委员会商标申请驳回复审行政纠纷上诉案,北京市高级人民法院行政判决书(2017)京行终 868 号〕。

第三十六条　【驳回、不予注册及复审等决定的生效】法定期限届满，当事人对商标局做出的驳回申请决定、不予注册决定不申请复审或者对商标评审委员会做出的复审决定不向人民法院起诉的，驳回申请决定、不予注册决定或者复审决定生效。

经审查异议不成立而准予注册的商标，商标注册申请人取得商标专用权的时间自初步审定公告三个月期满之日起计算。自该商标公告期满之日起至准予注册决定做出前，对他人在同一种或者类似商品上使用与该商标相同或者近似的标志的行为不具有追溯力；但是，因该使用人的恶意给商标注册人造成的损失，应当给予赔偿。

【法院参考案例】

1.【北京高院“每夫”案】诉争商标经异议程序最终决定准予注册，并予以公告，其专用权期限应当自商标初步审定公告三个月期满之日起算，该起算日即其核准注册日期〔国家知识产权局与佛山市海天调味食品股份有限公司、第三人方美红商标权无效宣告请求行政纠纷上诉案，北京市高级人民法院行政判决书(2020)京行终 4364 号〕。

2.【山东高院“ORA”案】明知他人商标申请被异议而恶意使用，应对商标公告期满之日起至该商标申请准予注册决定作出前的侵权使用行为向注册商标权人承担赔偿责任〔上海瑷馨露贸易有限公司与山东省对外贸易泰丰有限公司等侵害商标权纠纷上诉案，山东省高级人民法院民事判决书(2016)鲁民终 493 号〕。

3.【四川高院“路虎”案】注册商标专用权的受让人可以对商标公告期满之日起至该商标申请准予注册决定作出前的恶意使用行为人要求损害赔偿〔捷豹路虎控股有限公司与成都路虎商贸有限公司等侵害商标专用权纠纷上诉案，四川省高级人民法院民事判决书(2016)川民终 350 号〕。

编者说明

本条第二款所谓“经审查异议不成立”有两种情况。第一种情况,商标局审查认为异议不成立,故而作出准予注册的决定。依照商标法第三十五条,商标局审查异议请求的期限是十二个月,特殊情况下经批准可以延长六个月。第二种情况,商标局认为异议成立作出不予注册的决定,商标申请人不服而依法向商标评审委员会请求复审;如复审维持商标局决定,该申请人还可以向北京知识产权法院提起行政诉讼,并最终上诉到北京市高级人民法院。这种情况下,最终作出异议不成立的机构可能是:(1)商标评审委员会;(2)北京知识产权法院;(3)北京市高级人民法院。可以肯定的是,经过这些法律程序,异议不成立的决定作出时,初步审定公告的三个月期间已经届满。但是,注册商标专用权在法律上都起自于“初步审定公告三个月期满之日”。【北京高院“每夫”案】指出,诉争商标经异议程序最终决定准予注册,并予以公告,其专用权期限应当自商标初步审定公告三个月期满之日起算,该起算日即其核准注册日期。为此,初步审定公告三个月期满之日与商标法第三十九条规定之“核准注册日”一致。

对于“经审查异议不成立”而准予注册的商标申请而言,自“商标公告期满之日”到准予注册决定作出之间,其是否具有专用权的法律效力呢?这段时间,它仍然是商标申请,故不享有注册商标专用权。本条只是规定该注册商标的专用权自商标初步审定公告期间届满之日开始“计算”,并没有规定该注册商标的专用权自其初步审定公告期届满之日生效。注册商标专用权期间计算起始之日不等于注册商标专用权生效之日。这类似于发明专利的保护期间从申请日开始起算二十年,但专利权开始于发明专利授权公告日。故而,注册商标专用权生效时间应当是注册公告日,而非其起算日期“初步审定公告期届满之日”(同于商标法第三十九条所称“核准注册之日”)。

注册商标自初步审定公告期满之日到核准注册决定之间享受的法律保护,可以称为“临时保护”。商标初步审定公告后,第三方提起商标异议致使商标注册申请延后核准,商标申请人本身并没有过错。如果“自该商标公告期满之日起至准予注册决定作出前”不给予任何法律保护,则此类注册商标受到法律歧视,专用权期间明显短于未经商标异议程序而直接核准注册的商标。而且,第三方可能明知异议理由不成立而恶意提起异议程序,甚至可能同时故意使用被异议商标。为此,本条第二款第二句明确规定注册商标的“临时保护”。

注册商标的“临时保护”在法律性质上类似于发明专利享有的“临时保护”。专利法第十三条规定,“发明专利申请公布后,申请人可以要求实施其发明的单位或者个人支付适当的费用",此即所谓"临时保护"。发明专利申请公布之后,申请人并不享有专利权,故而无法请求法院禁止他人未经许可的利用其专利技术的行为。但是,待发明专利申请批准后,专利申请人成为专利权人,则可以嗣后请求法院要求实施其发明的行为人为其在发明专利申请公布之后到批准之间的使用而支付适当费用。如果发明专利授权公告之后,该行为人并未中止实施行为,则专利权人可以要求他停止侵害。注册商标的"临时保护"的法律性质也是这样。但是,相比之下,注册商标的"临时保护"更为有限,仅限于"恶意给商标注册人造成的损失"的情况。

何谓"恶意给商标注册人造成的损失"?从"商标初步审定公告届满之日"到"准予注册决定作出"的期间,既然商标申请已经初步审定公告,则依照商标法实施条例第九十六条第三款,第三方在法律上已经知道或者应当知道公告内容。但是,不能由此推定第三方在同种商品上使用近似标志,或者在类似商品上使用相同或近似标志,都属于"恶意",除非其明知异议理由不成立。原因有二:其一,注册商标申请处于异议期间,未来可否取得注册商标专用权乃是未知,行为人当时并非未经许可而使用他人注册商标;其二,同种商品上使用近似标志,或者在类似商品上使用相同或近似标志,并不必然"容易导致混淆",而取决于商标的显著性和知名度等因素。所以,"恶意"通常应限定为在与注册商标申请指定商品的同一种商品上使用相同商标的情况。【山东高院"ORA"案】中,被告明知原告商标处于异议程序仍然在同一种商品上使用相同商标,法院认定属于恶意使用,应当就该商标初步审定公告期届满之日到准予注册之日期间的"侵权行为"承担赔偿责任。

本条第二款规定之"临时保护"应该截止于注册商标公告之日。注册商标专用权效力起始于注册商标注册公告之日。商标注册公告之日后,第三方就能启动无效宣告程序,①挑战注册商标的效力。"临时保护"应该截止于注册商标公告之日,而非"准予注册决定作出之日"。准予注册决定作出之日到《商标公告》进行注册公告之间需要一段时间。然而,依照本条文字含义,"准予注册决定作出之日"到注册商标注册公告之日,注册商标权人不享有任何权益,由此存在权利空窗期。这并不符合"临时保护"设置的初衷。

---

① 参见广州市倩采化妆品有限公司与国家知识产权局商标权无效宣告请求行政纠纷再审申请案,最高人民法院行政裁定书(2019)最高法行申 2874 号;北京时尚汇百货有限公司与国家工商行政管理总局商标评审委员会商标权无效宣告请求行政纠纷上诉案,北京市高级人民法院行政判决书(2016)京行终 4837 号。

第三十七条 【注册申请和复审申请应及时审查】对商标注册申请和商标复审申请应当及时进行审查。

【北京法院商标行政案件的规范文件】

《北京市高级人民法院商标授权确权行政案件审理指南》(20190424)

6.4【逾期作出被诉裁决的处理】

商标行政诉讼中,商标评审部门未按商标法第三十四条、第三十五条、第四十四条、第四十五条、第四十九条规定的法定期限作出被诉裁决,但未对当事人权利产生实际影响的,当事人据此主张违反法定程序的,不予支持。

【法院参考案例】

【北京知产法院"蓝之蓝"案】商标评审委员会在无效程序中应当及时审查,超出法定期限违反商标法第四十五条,属于程序瑕疵,人民法院有权予以纠正〔江苏蓝之蓝酒业股份有限公司与国家工商行政管理总局商标评审委员会商标权无效宣告请求行政纠纷案,北京知识产权法院行政判决书(2016)京73行初3753号〕。

第三十八条　【商标申请或注册文件错误更正】商标注册申请人或者注册人发现商标申请文件或者注册文件有明显错误的，可以申请更正。商标局依法在其职权范围内作出更正，并通知当事人。

前款所称更正错误不涉及商标申请文件或者注册文件的实质性内容。

【立法·要点注释】

本条在规定商标注册申请人或者注册人可以申请更正商标申请文件或者注册文件中的明显错误的同时，又规定这种更正不能涉及商标申请文件或者注册文件的实质性内容。因为如果涉及实质性的内容，比如，对商标构成要素进行更正，实际上是将原商标变成一个新的商标。在这种情况下就应当重新提出商标注册申请，在申请日期上就不能沿用原来商标申请的日期。

【行政法规】

《中华人民共和国商标法实施条例》(20140501)

第二十九条　商标注册申请人或者商标注册人依照商标法第三十八条规定提出更正申请的，应当向商标局提交更正申请书。符合更正条件的，商标局核准后更正相关内容；不符合更正条件的，商标局不予核准，书面通知申请人并说明理由。

已经刊发初步审定公告或者注册公告的商标经更正的，刊发更正公告。

【法院参考案例】

1.【北京知产法院“品沃”案】申请商标注册时提供的个体工商户营业执照的真实性涉及申请文件的实质性内容，应当由申请人对其真实性负责〔王恒与国家工商行政管理总局商标评审委员会商标权无效宣告请求行政纠纷案，北京知识产权法院行政判决书(2017)京 73 行初 1702 号〕。

2.【北京知产法院“卓望”案】诉争商标指定使用的商品在类似群划分上如果有误，当事人应启动更正程序或提供证明材料，否则应依照商标档案记载确定类似商品/服务〔蓝十字旅游服务公司与国家工商行政管理总局商标评审委员会商标申请驳回复审行政纠纷案，北京知识产权法院行政判决书(2016)京73行初4803号〕。

编者说明

本条是对商标申请文件和注册文件之中“明显错误”可以更正的规定，以不改变商标申请文件和注册文件“实质性内容”为前提条件。“明显错误”意味着审查员可以唯一确定正确的内容。那么，何谓“实质性内容”呢？凡是商标法特别规定应当通过另行提起商标申请或变更申请的内容，均属于实质性内容，不属于“明显错误”的更正。第一，实质性内容涵盖“标志”。商标法第二十四条规定，“注册商标需要改变其标志的，应当重新提出注册申请”。如果是特殊标志，要求附加商标说明，改变该说明就等同于改变商标申请的标志。简言之，改变标志应当重新提出商标申请。第二，实质性内容涵盖“指定或核定使用的商品”。商标法第二十三条规定，“注册商标需要在核定使用范围之外的商品上取得商标专用权的，应当另行提出注册申请”。可见，改变指定或核定使用商品，应当另行提起申请。第三，实质性内容涵盖“注册人名义、地址或其他注册事项的变更”。商标法第四十一条规定，“注册商标需要变更注册人的名义、地址或者其他注册事项的，应当提出变更申请”。

第四章　注册商标的续展、变更、转让和使用许可

第三十九条　【注册商标有效期】注册商标的有效期为十年，自核准注册之日起计算。

【行政法规】

《中华人民共和国商标法实施条例》（20140501）

第四十六条　在中国获得保护的国际注册商标，有效期自国际注册日或者后期指定日起算。在有效期届满前，注册人可以向国际局申请续展，在有效期内未申请续展的，可以给予 6 个月的宽展期。商标局收到国际局的续展通知后，依法进行审查。国际局通知未续展的，注销该国际注册商标。

【法院参考案例】

1.【最高院"悦城"案】商标权具有使用与禁止他人使用两项权能。在商标申请日至核准注册日之间，商标权人无权禁止他人使用相同或近似的商标。商标一经核准注册，商标权人就取得了完整的商标权，他人未经其许可就不得使用，否则将构成商标侵权行为，除非他人的在先使用行为符合商标法第五十九条第三款的规定〔大悦城商业管理（北京）有限公司与哈尔滨海升龙房地产开发集团有限责任公司侵害商标权纠纷再审案，最高人民法院民事判决书（2020）最高法民再 344 号〕。

2.【北京高院"每夫"案】诉争商标经异议程序最终决定准予注册，并予以公告，其专用权期限应当自商标初步审定公告三个月期满之日起算，该起算日即其核准注册日期〔国家知识产权局与佛山市海天调味食品股份有限公司、第三人方美红商标权无效宣告请求行政纠纷上诉案，北京市高级人民法院行政判决书（2020）京行终 4364 号〕。

编者说明

本条规定注册商标专用权期限自"核准注册之日"起算十年。本条对应于商标法第三十三条规定之“公告期满无异议的，予以核准注册，发给商标注册证，并予公告”和第三十六条第二款“经审查异议不成立而准予注册的商标，商标注册申请人取得商标专用权的时间自初步审定公告三个月期满之日起计算”。总之，商标但凡核准注册，“核准注册之日”就是“自初步审定公告三个月期满之日”，即是注册商标专用权起算之日。本条规定之“核准注册之日”不同于商标法第四十五条第一款规定之“商标注册之日”，后者是指“商标注册公告之日”。就此，请参见商标法第四十五条注释。

第四十条　【注册商标的续展手续】注册商标有效期满，需要继续使用的，商标注册人应当在期满前十二个月内按照规定办理续展手续；在此期间未能办理的，可以给予六个月的宽展期。每次续展注册的有效期为十年，自该商标上一届有效期满次日起计算。期满未办理续展手续的，注销其注册商标。

商标局应当对续展注册的商标予以公告。

【行政法规】

《中华人民共和国商标法实施条例》(20140501)

第十四条　申请商标注册的，申请人应当提交其身份证明文件。商标注册申请人的名义与所提交的证明文件应当一致。

前款关于申请人提交其身份证明文件的规定适用于向商标局提出的办理变更、转让、续展、异议、撤销等其他商标事宜。

第三十三条　注册商标需要续展注册的，应当向商标局提交商标续展注册申请书。商标局核准商标注册续展申请的，发给相应证明并予以公告。

第三十七条　以中国为原属国申请商标国际注册的，应当通过商标局向世界知识产权组织国际局(以下简称国际局)申请办理。

以中国为原属国的，与马德里协定有关的商标国际注册的后期指定、放弃、注销，应当通过商标局向国际局申请办理；与马德里协定有关的商标国际注册的转让、删减、变更、续展，可以通过商标局向国际局申请办理，也可以直接向国际局申请办理。

以中国为原属国的，与马德里议定书有关的商标国际注册的后期指定、转让、删减、放弃、注销、变更、续展，可以通过商标局向国际局申请办理，也可以直接向国际局申请办理。

第四十六条　在中国获得保护的国际注册商标，有效期自国际注册日或者后期指定日起算。在有效期届满前，注册人可以向国际局申请续展，在有效期内未申请续展的，可以给予 6 个月的宽展期。商标局收到国际局的续展通知后，依法进行审查。国际局通知未续展的，注销该国际注册商标。

【司法解释】

《最高人民法院关于审理商标民事纠纷案件适用法律若干问题的解释》（法释〔2002〕32号，20021016；经法释〔2020〕19号修正，20210101）

第五条 商标注册人或者利害关系人在注册商标续展宽展期内提出续展申请，未获核准前，以他人侵犯其注册商标专用权提起诉讼的，人民法院应当受理。

【部门参考文件】

《商标审查审理指南》（国家知识产权局公告第462号，20220101；上编）

第十二章 注册商标的续展

1 法律依据

《商标法》第四十条

《商标法实施条例》第三十三条

2 续展申请文件

申请文件应满足形式审查的一般性要求（参见第一部分第一章“形式审查的一般性要求”）。

3 申请人

续展申请由商标注册人办理。申请书上填写的申请人名称与商标注册部门档案记录的注册人应当一致。

（1）申请人名义或地址发生了变更，且向商标注册部门办理了商标变更申请手续的，以变更后名义地址提交续展申请的，可以予以核准；

（2）商标注册人名义发生了变更、随续展申请附了相关变更证明文件证明上述变更事实，但未向商标注册部门申请办理商标变更手续的，补正通知当事人办理相关变更手续；

（3）申请人非商标权利人，为商标的受让人且已办理了商标转让申请手续的，等待转让核准后再行核准续展申请；

（4）申请人并非商标权利人，但属于该商标的利害关系人，如质权人、债权人（法院执行案件）、共有人等，注册人怠于行使续展可能使其利益遭受损失的,可以核准其代为申请的续展。

4 商标

申请续展的商标应为注册商标,且为有效状态。

对于一标多类的注册商标,续展时允许申请人申请续展其中的部分类别。

5 续展申请日期

商标注册人应当在期满前十二个月内按照规定办理续展手续;在此期间未能办理的,可以给予六个月的宽展期。

续展申请直接递交的,以递交日为准;邮寄的,以寄出的邮戳日为准;邮戳日不清晰或者没有邮戳的,以商标注册部门实际收到日为准。

续展申请在期限届满日递交的,该日是节假日的,以节假日后的第一个工作日为准。

6 审查结论

6.1 补正

经审查,续展申请不符合要求,存在下列情形之一的,需要通知申请人予以补正:

(1)申请书填写的申请人名称与商标注册部门档案记录的注册人名称不一致;

(2)续展申请收到日超出宽展期限且邮戳不清;

(3)申请书填写的类别和档案中登记的不符。

6.2 核准续展

经审查,续展申请完全符合规定的,商标注册部门核准续展注册,并予以公告,发给注册人相应的续展证明。

6.3 不予核准

经审查,续展申请存在下列情形之一的,不予核准:

(1)申请人并非商标注册人且无其他利害关系的;

(2)已办理了相同内容的续展申请;

(3)注册商标已丧失商标专用权的;

(4)超出法定期限提交续展申请的;

(5)撤回续展申请的;

(6)其他不应核准续展的情况。

7 续展申请的撤回和中止审查

具体内容参见本部分第十章 1.7“变更申请的撤回和中止审查”。

第十一章 商标权的处分类申请

6 注册商标有效期满未续展的注销

……

6.2 期满未续展注销

注册商标有效期满，未在期满前十二个月及六个月宽展期内按照规定办理续展注册的，商标注册部门依职权注销该注册商标。

6.3 刊发注销公告

超过宽展期后仍未办理续展注册的，无其他影响商标权利状态的情况，刊发期满未续展注销公告；商标超过宽展期后仍未办理续展注册的，但存在其他申请流程等情况的，不直接刊发注销公告，转由人工核查。

6.4 核查后刊发注销公告

经核查，商标仍在续展申请中，或仍为有效注册商标的，不核准该商标期满未续展注销。

经核查，商标确属超过宽展期六个月后仍未办理续展注册的，核准该注册商标期满未续展注销，刊发期满未续展注销公告。

第十四章 马德里商标国际注册后续业务申请审查

3 国际续展

3.1 申请文件

以纸件形式提出国际续展申请的，应当提交马德里商标国际注册续展申请书、外文申请书 MM11 表格；委托商标代理机构办理的，应当提交载明代理内容及权限的《马德里商标国际注册代理委托书》。

通过商标网上服务系统提交的电子申请，中外文信息正确填写视为马德里商标国际注册续展申请书及外文申请书 MM11 表格已提交，上述其他材料以附件形式上传。

3.2 申请人资格

申请人必须是以国家知识产权局为原属局的马德里国际注册商标注册人。

3.3 续展期限

(1)马德里国际注册商标的有效期为10年,之后可以缴纳规费续展10年;

(2)申请人可在有效期届满前12个月内提交续展申请;

(3)如在有效期内未申请续展的,可在宽展期内提交续展申请。宽展期为国际注册到期之日起6个月。若申请人未在国际注册应当续展之日前缴纳续展规费,则应缴纳宽展费。

3.4 内容及要求

申请文件除满足形式审查的一般性要求(参见第一部分第一章"形式审查的一般性要求"),还应满足以下要求:

(1)一份续展申请只能包含一个国际注册号;

(2)注册人名称必须与国际注册簿保持一致;

(3)续展所涉及的缔约方不得超出国际注册簿中的缔约方范围。

第十八章　领土延伸至中国的国际注册后续业务实质审查

2 国际续展

2.1 法律依据

《商标法实施条例》第四十六条

《商标国际注册马德里协定有关议定书》第七条

《商标国际注册马德里协定有关议定书实施细则》第六章

2.2 审查结论

2.2.1 核准

申请国际续展的商标为有效商标,且续展申请符合相关法律规定的,予以核准。

2.2.2 不予核准

有下列情形之一的,续展不予核准:

(1)申请国际续展的商标已经失效;

(2)因更正撤回或者有其他不符合法律规定情形。

【法院参考案例】

1.【北京高院"链家"案】注册商标在续展手续办理过程中被撤销注册,

国家知识产权局依据事实状态不予核准续展，并无不当〔刘敬琳与国家知识产权局商标权撤销复审行政纠纷上诉案，北京市高级人民法院行政判决书(2020)京行终391号〕。

2.【北京高院"千禧娃"案】(1)商标共有人中的代表人提出商标续展申请，应当视为全部的商标共有人提出了商标续展申请；(2)商标局审核商标续展申请，要求续展申请人提交全部商标共有人的主体证件等申请文件，是其作出核准续展决定的前提条件，亦属合理，有权多次发送补正通知书〔陈震与国家工商行政管理总局商标局其他商标行政纠纷上诉案，北京市高级人民法院行政判决书(2018)京行终2556号〕。

3.【北京高院"中南海"案】注册商标的续展注册通常不是商标评审委员会的职责，注册商标的续展注册是否应进行实质审查也不是其职责〔新探健康发展研究中心与国家工商行政管理总局商标评审委员会商标争议行政纠纷上诉案，北京市高级人民法院行政判决书(2012)高行终字第310号〕。

4.【北京知产法院"阿里旺旺"案】涉案商标不是有效的注册商标，已经异议复审裁定不予核准注册，国家知识产权局对涉案商标续展申请作出不予核准的决定于法有据〔闽清县宇航家电经营部与国家知识产权局行政纠纷案，北京知识产权法院行政判决书(2020)京73行初3537号〕。

5.【北京知产法院"希能"案】诉争商标已公告无效，再申请续展不符合商标法第四十条之规定〔南京亿华药业有限公司与国家知识产权局其他商标行政纠纷案，北京知识产权法院行政判决书(2019)京73行初543号〕。

6.【北京知产法院"鹿牌"案】商标到期未续展被注销后再次申请注册的商标是新的商标；商标注册人对其注册的不同商标享有各自独立的商标专用权，其先后注册的商标之间不当然具有延续关系，其在先注册商标在被注销后，其商标的商誉也不当然延续至其在后申请的商标及其指定商品上〔北方国际集团天津同鑫进出口有限公司与国家知识产权局商标申请驳回复审行政纠纷案，北京知识产权法院行政判决书(2019)京73行初8196号〕。

7.【北京知产法院“华夏信融”案】引证商标有效期满后未办理续展手续而应被注销，不应再作为诉争商标获准注册的在先权利障碍〔华夏信融信息技术有限公司与国家工商行政管理总局商标评审委员会商标申请驳回复审行政纠纷案，北京知识产权法院行政判决书(2015)京知行初字第4915号〕。

8.【北京知产法院“银河酒店”案】注册商标到期后的宽展期未满，其仍是有效的注册商标，构成诉争商标核准注册的在先权利障碍〔银河娱乐商标有限公司与国家工商行政管理总局商标评审委员会商标申请驳回复审行政纠纷案，北京知识产权法院行政判决书(2015)京知行初字第6187号〕。

编者说明

注册商标专用权自核准注册日起算十年有效，期满可以无限次续展，每次续展十年。注册人应该在注册商标有效期届满前十二个月内办理续展手续，如果未办理，可在注册商标有效期满后六个月的“宽展期”之内办理。否则，注册商标将被注销。因注册商标被注销前应仍享有注册商标专用权，故在宽展期内注册商标专用权还是有效的。宽展期经过后而未续展的，注册商标被注销掉，则注册商标专用权终止。可见，注册商标到期的续展要求是清除无用注册商标的法律机制。

注册商标专用权因到期未续展而效力终止，时常会影响到特定注册商标是否可以作为引证商标评判商标申请是否符合商标法第三十条规定，或作为引证商标评判已注册商标是否应被宣告无效。引证商标在商标异议程序中可能尚处于有效，而在商标异议复审阶段或商标异议复审行政诉讼中因经过宽展期未续展而归于消灭。类似的情况也可以发生在注册商标无效宣告程序之中，即商标评审委员会评审争议商标期间，引证商标处于有效期间内，而在后续行政诉讼阶段遭注销。注册商标到期而未及时办理续展导致注册商标专用权终止，不再是有效的引证商标。此时，法院应根据审理时引证商标的法律状态，按照“情势变更”原则裁判商标评审委员会决定合法，同时根据引证商标已注销的法律事实来评判争议商标是否符合商标法规定的核准注册条件。

第四十一条　【商标注册事项的变更】注册商标需要变更注册人的名义、地址或者其他注册事项的，应当提出变更申请。

【行政法规】

《中华人民共和国商标法实施条例》(20140501)

第三十条　变更商标注册人名义、地址或者其他注册事项的，应当向商标局提交变更申请书。变更商标注册人名义的，还应当提交有关登记机关出具的变更证明文件。商标局核准的，发给商标注册人相应证明，并予以公告；不予核准的，应当书面通知申请人并说明理由。

变更商标注册人名义或者地址的，商标注册人应当将其全部注册商标一并变更；未一并变更的，由商标局通知其限期改正；期满未改正的，视为放弃变更申请，商标局应当书面通知申请人。

第九十四条　商标局设置《商标注册簿》，记载注册商标及有关注册事项。

第九十五条　《商标注册证》及相关证明是权利人享有注册商标专用权的凭证。《商标注册证》记载的注册事项，应当与《商标注册簿》一致；记载不一致的，除有证据证明《商标注册簿》确有错误外，以《商标注册簿》为准。

【法院参考案例】

1.【最高院“OBASI 及图”案】商标注册人未申请地址变更，商标评审委员会按照商标注册登记时的地址送达文件，其程序不违法，属于有效送达〔林贤威与国家工商行政管理总局商标评审委员会商标权撤销复审行政纠纷再审申请案，最高人民法院行政裁定书(2018)最高法行申 4157 号〕。

2.【北京高院“智光”案】注册商标人的地址改变后应及时申请变更；商标局将注册商标撤销决定以挂号信的方式寄送到注册商标人登记的通讯地址，因“原写地址不详”而被退回后，采用公告方式送达，符合法律规定〔前郭尔罗斯蒙古族自治县前郭镇智光咨询所与国家工商行政管理总局商标评审委员会商标权撤销复审行政纠纷上诉案，北京市高级人民法院行政判决书(2018)京行终 2188 号〕。

3.【北京知产法院“HAAGENDESS”案】商标注册人地址变更而没有就注册事项进行变更申请，商标局公告送达合法，并应当根据公告送达时间确定复审申请时限〔黄来发与国家工商行政管理总局商标评审委员会商标权撤销复审行政纠纷案，北京知识产权法院行政判决书(2014)京知行初字第 166 号〕。

编者说明

注册商标的注册事项，比如注册人名义、地址等事项，均具有法律意义。注册人名义关系可以行使注册商标专用权的主体。如果原注册人因为各种原因而更改名称，没有办理变更手续，将无法成为适格主体行使注册商标专用权。[①] 如果注册人地址改变而未办理变更手续，注册商标专用权效力争议时，商标局或商标评审委员会只能公告送达，从而实质性影响注册商标权人的利益。质言之，如果第三人根据商标法第四十四条或第四十五条请求宣告注册商标无效时，或第三人根据商标法第四十九条请求撤销注册商标时，有关法律文件无法送达，则商标局或商标评审委员会只能采用公告方式送达，法律上这属于有效送达，并且有关期限应依照公告送达时间来计算。[②]

① 参见 1724982 亚伯达无限责任公司与上海彩帛针织有限公司侵害商标权纠纷案，上海市浦东新区人民法院民事裁定书(2014)浦民三(知)初字第 743 号。

② 商标法实施条例第十条规定：“……文件通过上述方式无法送达的，可以通过公告方式送达，自公告发布之日起满 30 日，该文件视为送达当事人。”

第四十二条　【注册商标的转让】转让注册商标的，转让人和受让人应当签订转让协议，并共同向商标局提出申请。受让人应当保证使用该注册商标的商品质量。

转让注册商标的，商标注册人对其在同一种商品上注册的近似的商标，或者在类似商品上注册的相同或者近似的商标，应当一并转让。

对容易导致混淆或者有其他不良影响的转让，商标局不予核准，书面通知申请人并说明理由。

转让注册商标经核准后，予以公告。受让人自公告之日起享有商标专用权。

【立法·要点注释】

1. 注册商标的转让，是指注册商标所有人在法律允许的范围内，将其注册商标转移给他人所有，转让注册商标是注册商标的主体发生变更，转让后的商标所有人不再是原注册人。转让注册商标与变更注册人名义不同，后者注册商标的主体并不发生改变，只是注册人的名称、住址等发生了变化。

2. 商标权的转让不同于有形财产权的转让，也不同于专利权和著作权的转让，它关系商品的来源和出处，涉及企业的信誉和声誉。以前以商品来源为中心考虑商标转让，让商标与营业保持密切关系，以此确保商品的同一性，随着生产规模的扩大，相同商品大量出现在市场上，消费者关注的重点转向商品的质量和特性，而商品的生产者、销售者降至次要地位。能否保证商品质量与商标是否与营业一起转让无必然联系，主要取决受让人的努力。法律并不必然要求商标与营业一起转让。

3. 转让注册商标需由转让人与受让人签订注册商标转让协议，并共同向商标局提出申请，向商标局交送《转让注册商标申请书》，有关申请手续由转让人和受让人共同办理，受让人必须符合商标法有关商标权利人主体资格的规定，即从事生产、制造、加工、拣选和经销商品或是提供服务的自然人、法人或者其他组织。经商标局核准后，发给受让人相应证明，并予以公告。

4. 允许商标转让与营业相分离，并不意味着转让上的随意性，如果注册商标的转让可能引起不同厂家商品的混淆或商品质量的下降，或转让行为有损第三人或公众的利益，法律是予以禁止的。所以，在我国法律上采取申请核准制。根据本条规定，受让人应当保证使用该注册商标的商品质量，有关条文还明确规定，使用注册商标，其商品粗制滥造，以次充好，欺骗消费者的，由各级工商行政管理部门分不同情况予以处理，直至由商标局撤销其注册商标。对自行转让注册商标的，商标局还应责令其限期改正或者撤销其注册商标。

【行政法规】

《中华人民共和国商标法实施条例》(20140501)

第三十一条　转让注册商标的，转让人和受让人应当向商标局提交转让注册商标申请书。转让注册商标申请手续应当由转让人和受让人共同办理。商标局核准转让注册商标申请的，发给受让人相应证明，并予以公告。

转让注册商标，商标注册人对其在同一种或者类似商品上注册的相同或者近似的商标未一并转让的，由商标局通知其限期改正；期满未改正的，视为放弃转让该注册商标的申请，商标局应当书面通知申请人。

第三十二条　注册商标专用权因转让以外的继承等其他事由发生移转的，接受该注册商标专用权的当事人应当凭有关证明文件或者法律文书到商标局办理注册商标专用权移转手续。

注册商标专用权移转的，注册商标专用权人在同一种或者类似商品上注册的相同或者近似的商标，应当一并移转；未一并移转的，由商标局通知其限期改正；期满未改正的，视为放弃该移转注册商标的申请，商标局应当书面通知申请人。

商标移转申请经核准的，予以公告。接受该注册商标专用权移转的当事人自公告之日起享有商标专用权。

第四十七条　指定中国的领土延伸申请办理转让的，受让人应当在缔约方境内有真实有效的营业所，或者在缔约方境内有住所，或者是缔约方国民。

转让人未将其在相同或者类似商品或者服务上的相同或者近似商标一并转让的，商标局通知注册人自发出通知之日起 3 个月内改正；期满未改正或者转让容易引起混淆或者有其他不良影响的，商标局作出该转让在中国无效的决定，并向国际局作出声明。

【部门参考文件】

1.《商标审查审理指南》(国家知识产权局公告第462号,20220101;上编)

第十一章 商标权的处分类申请

1 注册商标/注册申请的转让和移转

……

1.2 转让申请文件

申请文件应满足形式审查的一般性要求(参见第一部分第一章“形式审查的一般性要求”)。

1.2.1 申请文件要求

转让申请文件以纸质方式提交的,双方应在申请书上规定位置盖章或签字;以电子方式提交的,应以彩色扫描件方式上传双方共同签署的同意转让声明文件(当事人为法人的还应由法定代表人或法定代表人授权的人签字,为其他组织的还应由负责人签字)。

《商标法》第四条规定,受让人应提供证明其从事经营活动的主体资格证明文件,主体资格证明文件的具体要求参见第一部分第一章5.1.1.2“主体资格证明文件”。

因继承等事由办理商标移转申请的,还应提供有关证明文件或法律文书。

申请人自愿提供的其他申请文件,如公证文件、转让协议等,作为审查参考文件。

1.2.2 移转申请的特殊要求

商标注册人已经死亡或终止的,由继受商标的当事人一方办理申请。办理时,如不能提供转让方的身份证明文件的可免于提交、申请书无法加盖转让方盖章或者签字的可留空;需要提供有权利继受商标权的证明文件或法律文书:

(1)法人解散、破产的,在清算过程中办理移转手续时,由相应的清算组织或破产管理人在转让人章戳处盖章或提供相关同意转让的声明(简易注销公示期中的法人应提供由全体投资人签字或盖章的同意转让书面文件);清算组织应当提供其成立及在登记机关备案的有关文件(简易注销公示期中的法人应提供证明其已经申报简易注销的材料及全体投资人的身份证明文件），破产管理人应当提供法院指定其为破产管理人的裁定及其身份证明文件。其他组织清算期间处分商标权参照法人情况办理。

（2）因合并、分立、改制等原因办理移转手续，应提供公司登记机关的有关登记证明，以及相关证明商标权归属的合并/兼并协议等证明文件复印件。

（3）个体工商户的营业执照注销后，个体工商户的经营者（家庭经营的为参与经营的家庭成员）可以处分其商标权，办理手续时应提供个体工商户经营者的证明、经营者的身份证复印件，由经营者签署有关转让文件；个人独资企业、合伙企业等出资人或设立人承担无限责任的其他组织终止后，有证据证明其清算时遗漏商标权的，参照个体工商户由出资人、合伙人或设立人处分商标权。

（4）自然人死亡的，应提供继承公证等证明有权继承该商标的证明文件或法律文书（所有继承人的身份证、户口簿或其他身份证明；被继承人的死亡证明；所有继承人与被继承人之间的亲属关系证明；放弃继承的，提供放弃继承权的声明；继承人已经死亡的，代位继承人或转继承人可参照上述内容提供材料；被继承人生前有遗嘱或遗嘱扶养协议的，提交全部遗嘱或遗嘱扶养协议；被继承人生前与配偶有夫妻财产约定的，提交书面约定协议）。继承人可免于提交证明其经营资质的个体工商户营业执照等主体资格证明文件。

（5）由法院判决或裁定执行的注册商标移转，由法院向商标注册部门送达协助执行通知书；申请人应当另行提交移转申请，并附送有关的法律文书，法律文书载明的被执行人、买受方、执行标的和申请书的转让人、受让人、转让商标应当一致。受让方可免于提交证明其经营资质的个体工商户营业执照等主体资格证明文件。

1.2.3 集体商标、证明商标转让/移转申请文件的特殊要求

1.2.3.1 申请集体商标转让/移转的

（1）加盖转让人公章的转让人身份证明文件复印件；

（2）加盖受让人公章的受让人主体资格证明文件复印件；

（3）加盖受让人公章转让后的集体商标使用管理规则；

（4）转让后的集体成员名单；

（5）商标转让合同。

转让人和受让人主体资格证明文件要求参见下编第九章 4.1“集体商标特有事项的审查”。

1.2.3.2 申请证明商标转让/移转的

(1)加盖转让人公章的转让人主体资格证明文件复印件;

(2)加盖受让人公章的受让人主体资格证明文件复印件;

(3)加盖受让人公章转让后的证明商标使用管理规则;

(4)受让人监督检测能力证明;

(5)商标转让合同。

转让人和受让人主体资格证明文件要求参见下编第九章 4.2“证明商标特有事项的审查”。

1.2.3.3 申请地理标志集体商标/地理标志证明商标转让/移转的

(1)县级以上人民政府或行业主管部门同意该地理标志转让的批复;

(2)加盖转让人公章的转让人主体资格证明文件复印件;

(3)加盖受让人公章的受让人主体资格证明文件复印件;

(4)加盖受让人公章的转让后的商标使用管理规则;

(5)受让人监督检测能力证明材料;

(6)商标转让合同。

转让人和受让人主体资格证明文件要求参见下编第九章 6“地理标志集体商标和地理标志证明商标特有事项的审查”。

1.2.4 申请文件的审查方式

商标注册部门以纸件形式对转让申请文件进行审查。

通过书面审查发现申请材料明显不合常理而对其真实性产生合理性怀疑的,或者在审查过程中收到反映相关申请材料虚假的线索的,商标注册部门可补正通知转让双方提供补充说明和证据、电子方式提交的申请文件原始纸质文件等其他方式对申请材料真实性进行进一步核实。

对于申请材料不符合前述要求的,应该补正通知申请人补充提供。申请材料无法通过补正达到要求,或者虽经补正仍未能符合要求的,不予核准转让申请。

1.3 转让双方的民事主体资格

商标转让/移转申请是发生在不同民事主体之间的商标权利转移行为,转让当事人应具备相应民事主体资格和相应的民事权利能力及行为能力。

同一民事主体的名称发生变更,应该办理相应的变更申请。

1.3.1 转让人

转让申请的转让人应为商标的注册人,转让人应与档案记录的注册人相关情况一致。

注册人在登记机关变更名称后,需要将其名下全部注册商标一并办理变更名义申请,商标注册部门在其变更申请获准后,再对其转让申请进行审查。

商标注册人包括自然人、法人和非法人组织三种类型的民事主体。

自然人的民事权利能力和民事行为能力,依照《民法典》的相关规定进行界定。个体工商户应按照自然人办理,由个体户负责人提供身份证明文件和签署转让文件,但家庭经营的个体户由参与经营的家庭成员共同决定。

法人享有独立的民事权利能力和民事行为能力。法人行使其处分权时由其法定代表人或其委托的人代表。

非法人组织可以参照法人情况办理。

1.3.2 共有商标

共有商标全体共有人作为整体共同享有商标权。共有商标转让申请应经全体共有人一致确认同意。

1.4 商标

申请转让的商标可为有效注册商标或有效商标注册申请。

1.5 相同或者近似商标一并转让

注册商标转让,商标注册人对其在同一种或者类似商品上注册的相同或者近似的商标,应当一并转让。

转让人名下申请中的相同或者近似的商标可以一并转让。

对于转让人名下领土延伸至中国受保护的马德里国际注册商标,与申请转让的国内注册商标构成相同近似商标的,应一并办理转让。

已作出审查结论(含已初步审定、处于驳回复审、异议程序中的商标)的商标注册申请,应当参照注册商标一并转让。

1.6 商标相同或者近似和同一种或类似商品/服务的判断

商标相同或者近似的判定,参见下编第五章"商标相同、近似的审查审理"。同一种或类似商品/服务认定原则参见下编第一章"概述"。

对于转让的商标已经在市场投入使用的,要将容易导致混淆、误认作为判定两件商标构成近似商标的要件,不会导致混淆、误认的商标不判定为近似商标。

转让审查中，认定转让商标和引证商标容易导致混淆、误认进而构成近似商标，还需要综合考虑以下因素：

（1）两件商标的知名度高低、市场占有率大小。商标知名度愈高、市场占有率愈大，与其知名的商品关联度愈高，其造成混淆的可能性愈大。

（2）两件商标标识本身显著性的强弱。商标显著性越强，其造成混淆的可能性愈大。

（3）两件商标所指定使用商品的原材料、生产制造工艺、销售渠道、消费群体的差异程度。差异愈小，其造成混淆的可能性愈大。

（4）转让双方当事人对于两件商标是否近似的认知和判断是否一致。

（5）转、受让双方已经采取或者约定采取的措施是否可以有效避免混淆，或者是否有证据表明普通消费者能对两件商标的商品提供者加以区分。

能够避免混淆的区分措施主要是指，转、受让双方已达成相关协议或完成股份结构调整，从而事实上完成了实体区隔，实现了各自独立运营，并且已采取有效宣传措施以提升各自在消费者中的认知程度，促进消费者对双方的区分。

表明消费者能够区分两件商标的商品提供者应当是基于普通消费者的认知水平，在其施加一般注意力的情况下，即可以对二者进行区分。独立第三方基于客观真实的市场调研或调查结果可以作为相关证据参考。

1.7 容易导致混淆或其他不良影响的转让

《商标法》第四十二条第三款规定，对容易导致混淆或者有其他不良影响的转让，商标注册部门不予核准。上述混淆或不良影响是指转让行为本身所导致的，而非转让商标标识本身所携带的混淆或不良影响。主要包括以下几种情况：

（1）申请转让集体商标、证明商标的，受让人不符合《集体商标、证明商标注册和管理办法》规定的主体资格和资质要求。

（2）含有地名的商标申请转让给该地区以外的其他所有人时，如果使用该商标的商品与该商标所包括之地名具备紧密联系，易使公众对商品的产地、来源产生误认，容易导致相关公众或一般消费者混淆的。

（3）含有企业名称全称、部分名称或简称的商标，转让给其他企业，如果投入市场使用容易导致相关公众或一般消费者混淆的。

(4)商标标识本身具备特殊含义,转让可能对我国政治、经济、文化、宗教、民族等社会公共利益、公共秩序或公序良俗产生消极的、负面的影响。

(5)代理机构违反《商标法实施条例》第八十七条规定作为受让人的。

(6)注册人累计申请注册商标较多且累计转让商标较多,受让人较为分散,且无正当理由不能提供相关商标使用证据或说明使用意图的,或者证据无效的。

(7)其他容易导致混淆或者其他不良影响的情形。

1.8 对他人权利的影响

转让程序是对商标权的一种处分程序,可能会对其他利益相关方的利益产生影响,这些其他利益相关方包括被许可人特别是独占和排他被许可人、在先曾申请转让但未被核准的受让方、申请转让的另一方受让人、已签订协议但未提交转让申请的受让方、对商标权属的争议方等。

在审查中,发现转让申请可能存在侵犯他人合法在先权利情形的,可以通知转让双方申请人说明情况、提供有关证据。

1.9 审查结论

转让申请经实质审查,可能作出的审查结论有补正、不予核准、视为放弃和核准四种。

1.9.1 补正及对补正通知书回文的审查

存在下列情形之一的,商标注册部门可通知申请人予以补正:

(1)申请书填写的转让人名称与商标注册部门档案记录的注册人名称不一致,且可以改正的(如漏办变更、填写错误等);

(2)转让人为自然人或者个体工商户的,申请人身份证号码和商标注册部门档案中登记的注册人身份证号码不符;

(3)商标已临近有效期或者进入续展宽展期,通知申请人及时办理续展申请的;

(4)转让申请商标已经办理了质权登记或已被查封的;

(5)商标注册人对其在同一种或者类似商品上注册的相同或者近似的商标,未一并办理转让的;

(6)其他经审查发现存在问题或疑问需要申请人进一步说明和提供补充材料的。

申请人在收到补正通知书后,在规定期限内按照通知书的要求予以改正，商标注册部门对该转让申请根据申请人的补正内容进行再次审查。

对于要求一并转让的商标，转让人也可以通过办理注销（部分注销）、撤回商标注册申请、删减商品等方式消除转让障碍。

1.9.2 不予核准

经审查，转让申请存在下列情形之一的，不予核准：

（1）申请人不是商标注册人（如转让申请书填写了错误的注册号码的、商标已经转让给他人的）；

（2）已办理了相同内容的转让申请，无须再次办理转让；

（3）商标已经无效的；

（4）商标被法院查封、在先办理了质权登记，且未取得法院或质权人书面同意的；

（5）办理移转申请的，申请人提供的证明文件不能证明其有权利继受该商标权的；

（6）容易导致混淆和其他不良影响的转让；

（7）其他不应核准转让的情况。

1.9.3 视为放弃申请

经审查，对在同一种或者类似商品上注册的相同或者近似的商标，未一并办理转让的，经补正通知后，仍未按要求改正的，该转让申请视为放弃。

1.9.4 核准转让

经审查，转让申请完全符合规定的，商标注册部门核准转让，予以公告，并发给受让人相应的转让证明。

1.10 转让申请的撤回和中止审查

转、受让双方一致同意撤回转让申请的，应共同向商标注册部门提出申请，双方均应在撤回申请书相应位置盖章或签字。

其他内容参见本部分第十章1.7“变更申请的撤回和中止审查”。

第十八章 领土延伸至中国的国际注册后续业务实质审查

3 国际转让

3.1 法律依据

《商标法》第四十二条第二款、第三款

《商标法实施条例》第四十七条

《商标国际注册马德里协定有关议定书实施细则》第五章第二十七条

3.2 受让人资格

受让人需满足马德里国际注册商标所有人的相关要求；受让人为两个或两个以上的转让申请，所有受让人均应当符合对马德里国际注册商标所有人的要求。

3.3 一并转让

国际注册商标转让人需将其在相同或类似商品或者服务上的相同或者近似商标一并转让；对于共有商标，该要求适用于共有人名下的所有有效商标。

3.4 混淆或者其他不良影响

转让不应容易导致混淆或产生其他不良影响，相关审查标准参见第三部分第十一章1.7“容易导致混淆或其他不良影响的转让”。

3.5 集体、证明商标

对于马德里国际注册集体或证明商标的转让申请，参见第三部分第十一章1.2.3“集体商标、证明商标转让/移转申请文件的特殊要求”，对受让人主体资格和商标使用管理规则也应进行审查。

3.6 转让补正

国际注册商标转让人未将其在相同或类似商品或者服务上的相同或者近似商标一并转让的，应自补正通知书发出之日起3个月内，按要求补正。

3.7 转让无效

有下列情形之一的，转让无效：

(1)转让人或受让人的资格不符合法律规定的要求；

(2)转让容易引起混淆或者有其他不良影响；

(3)未按期补正或补正不符合法律规定的要求；

(4)其他不符合法律规定情形。

3.8 转让终局

转让申请人对转让无效在规定期限内提起行政复议或行政诉讼的，待上述程序终结后，国家知识产权局视具体情况将转让终局决定通知国际局。

3.9 核准

申请国际转让的商标为有效商标或权利待定的商标，且转让申请符合相关法律规定的，予以核准。

3.10 不予核准

有下列情形之一的，转让不予核准：

(1)申请国际转让的商标已经失效；

(2)因更正撤回或者有其他不符合法律规定情形。

4 国际部分转让

4.1 法律依据

《商标法》第四十二条第二款、第三款

《商标法实施条例》第四十七条

《商标国际注册马德里协定有关议定书实施细则》第五章第二十七条

4.2 受让人资格

受让人需满足马德里国际注册商标所有人的相关要求；受让人为两个或两个以上的转让申请，所有受让人均需满足马德里国际注册商标所有人的要求。

4.3 一并转让

国际注册商标部分转让人需将其在相同或类似商品或者服务上的相同或者近似商标一并转让。部分商品或者服务项目转让的，相同或类似商品或者服务应一并转让。对于共有商标，该要求适用于共有人名下的所有有效商标。

4.4 误认、混淆或者其他不良影响

部分转让不应使公众产生误认、混淆或产生其他不良影响。

4.5 集体、证明商标

对于马德里国际注册集体或证明商标的部分转让申请，需要按照集体、证明商标的审查标准进行受让人主体资格和商标使用管理规则的审查。

4.6 转让补正

国际注册商标部分转让人未将其在相同或类似商品或者服务上的相同或者近似商标一并转让的，应自补正通知书发出之日起三个月内，按要求补正。

4.7 转让无效

有下列情形之一的，部分转让无效：

(1)转让人或受让人的资格不符合法律规定的要求；

(2)转让可能引起误认、混淆或者有其他不良影响；

(3)未按期补正或补正不符合法律规定的要求；

(4)其他不符合法律规定情形。

4.8 转让终局

转让申请人对部分转让无效在规定期限内提起行政复议或行政诉讼的，待上述程序终结后，国家知识产权局视具体情况将部分转让终局决定通知国际局。

4.9 核准

申请国际部分转让的商标为有效商标或权利待定的商标，且转让申请符合相关法律规定的，予以核准。

4.10 不予核准

有下列情形之一的，部分转让不予核准：

(1)申请国际转让的商标已经失效；

(2)因更正撤回或者有其他不符合法律规定情形。

2.《申请转让注册商标注册申请》(2019年11月修订)

一、法律依据及申请条件

根据商标法第四十二条及《商标法实施条例》第三十一条、第三十二条规定：

1. 转让注册商标的，转让人和受让人应当共同到商标局办理注册商标的转让手续。双方均为申请人。

2. 因继承、企业合并、兼并或改制等其他事由发生移转的，接受该注册商标专用权的当事人应当凭有关证明文件或者法律文书到商标局办理注册商标的移转手续。

3. 依法院判决发生商标专用权移转的，也应当办理移转手续。

办理商标转让或移转适用《转让/移转申请/注册商标申请书》。

二、办理途径

申请转让注册商标有以下途径：

(一)申请人自行提交电子申请。

通过网上系统提交商标转让申请。提交方法详见中国商标网“网上申请”栏目。商标网上服务系统网址：http://sbj.cnipa.gov.cn/wssq

(二)申请人可到以下地点办理：

1. 直接到开展相关受理业务的商标受理窗口办理。

自2018年11月1日起,部分地方商标受理窗口受理商标变更、转让、续展申请等业务,申请人可就近办理,窗口地址请查阅中国商标网"商标申请指南"栏目或"常见问题解答"栏目《京外商标审查协作中心和地方商标受理窗口汇总表》,网址:http://sbj.cnipa.gov.cn/gzdt/201811/t20181107_276856.html

2. 到商标局在京外设立的商标审查协作中心办理。

……

3. 直接到商标局驻中关村国家自主创新示范区办事处办理。

……

4. 直接到商标局商标注册大厅办理。

……

(三)委托在商标局备案的商标代理机构办理。

三、转让的书件格式

转让的书件格式只有一种,即《转让/移转申请/注册商标申请书》。

四、申请材料及办理流程

(一)准备申请书件

1. 应提交的申请书件为:

(1)《转让/移转申请/注册商标申请书》

(2)转让人和受让人经盖章或者签字确认的身份证明文件复印件(如企业的营业执照副本、自然人的身份证/港澳居民居住证/台湾居民居住证/护照等)

(3)委托商标代理机构办理的提交转让人和受让人双方出具的代理委托书,直接在商标注册大厅办理的提交双方经办人的身份证复印件

(4)申请移转的,商标注册人已经终止的,无需提交身份证明文件及委托书,但应当依法提交有关证明文件或者法律文书,证明有权利继受相应的商标权

(5)申请文件为外文的,还应提供经申请人或代理组织或翻译机构签章确认的中文译本

2. 具体说明

(1)按照申请书上的要求逐一填写,且必须是打字或者印刷。转让人或受让人是自然人的,应在姓名后填写身份证件号码,外国自然人填写护照号

码,电子申请除外。

(2)网上提交电子申请的,同意转让证明文件应由双方盖章、签字(法人或其他组织应盖章并同时由负责人或者法定代表人签字)并上传,原件应留存备查。

(3)办理移转申请的可以免于提供转让人身份证明文件复印件。

(4)办理转让商标申请,受让人为自然人的,应注意下列事项:

i. 受让人为个体工商户的,可以以其《个体工商户营业执照》登记的字号作为受让人名义,也可以以其个人身份证姓名作为受让人名义。以个人姓名作为受让人时应提交以下材料的复印件:

①受让人的身份证;

②个体工商户营业执照。

ii. 个人合伙可以以其《营业执照》登记的字号或有关主管机关登记文件登记的字号作为受让人名义提出商标转让申请,也可以以全体合伙人的名义共同提出商标转让申请。以全体合伙人的名义共同提出申请时应提交以下材料的复印件:

①合伙人的身份证;

②营业执照;

③合伙协议。

iii. 农村承包经营户可以以其承包合同签约人的名义提出商标转让申请,申请时应提交以下材料的复印件:

①签约人身份证;

②承包合同。

iv. 其他依法获准从事经营活动的自然人,可以以其在有关行政主管机关颁发的登记文件中登载的经营者名义提出商标转让申请,申请时应提交以下材料的复印件:

①经营者的身份证;

②有关行政主管机关颁发的登记文件。

v. 对于自然人受让人不符合上述规定的商标转让申请,商标局不予受理并书面通知申请人。

申请人提供虚假材料取得商标权的,由商标局撤销核准商标转让。

(5)办理商标移转的,如果转让人不能盖章,受让人应提交其有权接受该商标的证明文件或者法律文书。例如,企业因合并、兼并或者改制而发生商标移转的,应提交合并、兼并或者改制文件和登记部门出具的证明。合并、兼并或者改制文件应证明商标权由受让人继受,登记部门应证明原注册人与受让人的关系、原注册人已经不存在的现实状态。因法院判决而发生商标移转的,应提交法院出具的法律文书,法律文书上的被执行人名称和接受该注册商标专用权的企业名称应当与申请书中的转让人名称和受让人名称相符。

(6)如果申请转让的商标是共有商标,应注意下列事项:

i. 商标由一个人所有转让为多个人共有的,在填写转让申请书时,受让人名称和地址的栏目应当填写代表人的名称和地址,受让人章戳处加盖代表人印章,其他共有人的名称应填写在附页的转让后其他共有人名义列表中,并加盖印章,其他共有人的地址不需填写。

ii. 商标由多个人共有转让为一个人所有的,在填写转让申请书时,转让人名称和地址的栏目应填写原代表人的名称和地址,转让人章戳处加盖原代表人印章;受让人名称和地址填写在相应的栏目中,并加盖印章。原其他共有人的名称应填写在附页的转让前其他共有人名义列表中,并加盖印章,原其他共有人的地址不需填写。

iii. 因共有商标的共有人发生改变(包括共有人的增加或减少)而申请转让的,在填写申请书时,应将原代表人的名称和地址填写在申请书的转让人名称和地址的栏目中,转让人章戳处加盖原代表人印章,原其他共有人的名称填写在附页的转让前其他共有人名义列表中,并加盖印章;申请书的受让人名称和地址栏目应填写转让后的代表人名称和地址,受让人章戳处加盖转让后的代表人印章,转让后的其他共有人名称应填写在附页的转让后其他共有人名义列表中,并加盖印章。附页列表中不需填写其他共有人的地址。

(7)如果申请转让的商标是集体商标、证明商标,除申请书外,还应提交以下书件:

i. 集体商标转让需提交商标转让合同、集体成员名单、受让主体资格证明文件复印件和商标使用管理规则。

ii. 证明商标转让需提交商标转让合同、受让主体资格证明文件复印件、受让人检测能力证明和商标使用管理规则。

iii. 地理标志集体商标/证明商标转让需提交商标转让合同、受让资格证明文件复印件、地方政府或主管部门同意该地理标志转让的批复、受让人监督检测能力的证明和商标使用管理规则。

(二)缴纳商标规费

申请按类别收费,一个类别受理转让注册商标费为500元人民币,电子申请为450元。具体请见收费标准:http://sbj.cnipa.gov.cn/sbsq/sfbz/

五、注意事项

1. 转让注册商标的,商标注册人对其在相同或类似商品上注册的相同或近似商标应当一并转让。转让注册商标申请不应可能产生误认、混淆或者其他不良影响。

2. 受让人为外国人或外国企业的,应当在申请书中指定国内文件接收人负责接收商标局的法律文件。国内受让人不需填写此栏。

3. 转让申请提交后,对符合受理条件的转让申请,商标局给申请人发出《受理通知书》(纸件方式直接办理的,将按照申请书上填写的地址,以邮寄方式发给申请人;委托代理机构的,发送给代理组织)。不符合受理条件的,不予受理,并向申请人发出《不予受理通知书》(纸件方式直接办理的,将按照申请书上填写的地址,以邮寄方式发给申请人;委托代理机构的,发送给代理组织)。

4. 如果转让申请需要补正的,商标局给申请人发出补正通知(纸件方式直接办理的,将按照申请书上填写的地址,以邮寄方式发给申请人;委托代理机构的,发送给代理组织),要求申请人限期补正。申请人未在规定期限内按要求补正的,商标局有权对转让申请视为放弃或不予核准。

5. 转让申请核准后,纸件方式直接办理的,商标局将按照申请书上填写的地址,以邮寄方式发给受让人转让证明,委托代理机构的,发送给代理组织。同时将转让事宜刊登公告。受让人自公告之日起享有商标专用权。

6. 转让申请被视为放弃或不予核准的,商标局发出《视为放弃通知书》或《不予核准通知书》。纸件方式直接办理的,将按照申请书上填写的地址,以邮寄方式发给申请人;经代理的,发送给代理组织。

7. 转让申请书中的受让人为多个人共有的,商标局的有关通知或证明仅发给代表人。

8. 申请人委托商标代理机构办理转让申请的,所有书件都寄发给该商标代理机构。

9. 转让申请在商标局核准之前双方协商一致的,可以申请撤回。通过代理机构办理转让的,应通过原代理机构办理撤回手续。

以上内容于2019年11月修订，如果以后发生变动，或者在办理中与商标注册大厅接待人员的要求不一致的，应以工作人员的要求为准。

3.《国家工商行政管理总局商标局关于申请转让商标有关问题的规定》(20090810)

一、在办理转让商标申请手续时，除应当按照有关规定提交《转让申请/注册商标申请书》等材料外，还应当提供能够证明转、受让双方主体资格的加盖公章的有效证件复印件。

商标局对上述证件的真实性、有效性产生怀疑的，可以要求提供有关证明文件或经过公证的复印件，对于在国外形成的文件可以要求提供经公证、认证的复印件，对于在港、澳、台地区形成的文件可以要求履行相关证明手续。

二、申请人提供的转让申请材料中有外文文件的，应当同时提交其中文译文。中文译文应当由申请人或代理组织签字盖章确认。

三、商标局对转让商标申请进行形式审查后，对于符合有关规定的，向受让人发送《转让申请受理通知书》，同时向国内(港、澳、台除外)转让人发送《转让申请受理通知书》。

四、商标权利人发现其商标未经同意被他人申请转让并向商标局提出书面反映的，或者商标局对转让的真实性产生怀疑的，商标局可以向受让人发出补正通知书，要求其书面说明有关情况，必要时可以要求提供经公证的转让协议或经公证的转让人同意转让的声明，或者其他证明文件。

五、商标权利人或利害关系人对商标转让存在异议，要求商标局中止审查的，应当提出书面申请，并提供有关司法机关的立案证明或其他证明文件。商标局依据该申请可以中止对转让商标申请的审查程序。

六、商标权利人发现其商标未经同意已经被他人转让的，可以向人民法院提起民事诉讼。商标局依据人民法院的裁判对该商标转让作出决定。

七、转让注册商标的，受让人自公告之日起享有商标专用权。受让人在取得商标专用权之后才能提出再次转让申请。转让商标申请权的，受让人在取得核准转让通知书之后才能提出再次转让申请。

4. 商标局常见问题解答“一标多类的商标如果转让一个或几个类别要如何办理?”(20140815)

注册商标转让手续应整体办理，注册人对其在同一种类商品上注册的近似商标，或在类似商品上注册的相同近似商标，也应一并办理转让。

5. 商标局常见问题解答"有许可备案的商标能否正常转让，转让后是否需要重新办理备案？"（20140815）

有许可备案的商标可以办理转让，转让后应重新办理许可备案。

6. 商标局常见问题解答"质押中的商标能否办理转让？"（20140815）

商标专用权出质后，出质人原则上不得转让商标，但经出质人与质权人协商同意的可以转让。

7. 商标局常见问题解答"异议中的商标可以转让吗？"（20091113）

可以转让，但商标注册人注册的与被异议商标构成相同或近似的商标应同时一并转让。

8. 商标局常见问题解答"商标拥有企业改制，企业名称变更，企业的商标是作变更还是转让？"（20091113）

企业改制的应当向我局提交转让申请，同时附送改制的相关书面证明材料，包括企业登记机关的证明、上级主管部门或国有资产管理部门出具的改制文件。

【地方法院规范】

《北京市高级人民法院关于审理商标民事纠纷案件若干问题的解答》（京高法发〔2006〕68号，20060307）

33. 如何认定注册商标转让合同的生效时间？

注册商标转让合同没有特别约定的，合同在双方当事人签字或者盖章之日起成立并生效。自国家商标行政主管机关核准公告之日起，受让人享有商标权。

34. 转让注册商标是否影响未备案的在先商标使用许可合同的效力？

除当事人另有约定的以外，商标使用许可合同未备案的，不影响该合同的效力；注册商标的转让也不影响转让前已经生效的商标使用许可合同的效力。因此，在许可合同约定期间，转让注册商标的，被许可人可以继续使用该商标。

35. 注册商标转让合同生效后,核准公告前,受让人能否作为原告对商标侵权行为提起诉讼?

注册商标转让合同生效后,核准公告前,商标权仍然由转让人享有,受让人对商标侵权行为无权起诉。但是转让合同约定受让人在合同签订之日起可以使用该注册商标,并授予受让人对商标侵权行为起诉权的,受让人可以起诉。

38. 商标权人的法定代表人或者代理人未经授权转让商标权人的注册商标并经核准公告的,应如何处理?

商标权人的法定代表人或者代理人未经授权转让商标权人的注册商标的,商标权人可以向人民法院提起民事诉讼,请求确认转让行为无效、返还注册商标。商标权人也可以针对商标局核准转让注册商标的行为提起行政诉讼。

39. 他人擅自转让商标权人的注册商标并经核准公告的,应如何处理?

他人擅自转让商标权人的注册商标的,属于商标侵权行为,商标权人可以针对此种行为向人民法院提起侵权之诉,请求返还注册商标。商标权人也可以针对商标局核准转让注册商标的行为提起行政诉讼。

40. 被他人擅自转让的注册商标又通过正常商业交易转让给第三人并经核准公告的,该第三人能否取得商标权?

擅自转让商标权人注册商标的行为是商标侵权行为,受让人不能因此取得商标权。受让人通过正常商业交易再将该注册商标转让给第三人并经核准公告的,第三人亦不能因此取得该商标权。

【法院参考案例】

1.【最高院"红牛"案】原始取得与继受取得是获得注册商标专用权的两种方式。判断是否构成继受取得,应当审查当事人之间是否就权属变更、使用期限、使用性质等作出了明确约定,并根据当事人的真实意思表示及实际履行情况综合判断。在许可使用关系中,被许可人使用并宣传商标,或维护被许可使用商标声誉的行为,均不能当然地成为获得商标权的事实基础〔红牛维他命饮料有限公司与天丝医药保健有限公司商标权权属纠纷再审案,最高人民法院民事判决书(2020)最高法民终394号,列入最高人民法院公布的2020年中国法院10大知识产权案件〕。

2.【最高院"虎头"图形商标案】经销代理商经被代理人授权申请并取得注册商标,在经销代理关系终止后,其不经被代理人同意转让取得之注册商标专用权给关联公司的行为无效,应当将相关注册商标转至被代理人并承担相关费用〔俄罗斯乌苏里斯克市巴里赞姆开放式股份公司与绥芬河市传峰经济贸易有限责任公司商标权权属纠纷、侵害商标权纠纷再审案,最高人民法院民事判决书(2020)最高法民再24号〕。

3.【最高院"汤沟"案】当事人约定未来签订注册商标转让的预约合同后,应当诚实信用地履行〔黄海睿与江苏汤沟两相和酒业有限公司商标权转让合同纠纷再审申请案,最高人民法院民事裁定书(2016)最高法民申1063号〕。

4.【最高院"金晖杨广"案】受让人根据转让协议虽已支付转让价款并已实际使用商标,但该转让未经商标局核准并予以公告,仍不发生注册商标转让的法律效力〔曲靖宇航面业有限公司与钟柏林等案外人执行异议纠纷再审申请案,最高人民法院民事裁定书(2019)最高法民申6908号〕。

5.【北京高院"彩的CHAIDE"案】(1)商标局应当对注册商标转让协议、转让注册商标申请书、商标代理委托书、转让人和受让人的主体资格证明等文件进行实质性审查,如有疑问,则应当与商标注册人核实以避免注册商标违背商标注册人的真实意思而被非法转让;(2)自然人办理注册商标转让,没有委托代理机构也没有到注册大厅,而是通过邮寄提交转让手续,商标局应通知补正材料〔国家工商行政管理总局商标局与刘高伟其他商标行政纠纷上诉案,北京市高级人民法院行政判决书(2017)京行终4569号〕。

(1)注册商标转让由商标局负责审查批准,并予以公告,但相关法律并未就商标局应当审查的法律文件的具体内容以及如何进行审查进行具体规定,在判断商标局是否履行行政审查职责时,应以其行政行为是否符合相关法律的立法目的为衡量标准。审查注册商标转让的目的在于确认转让行为的真实有效,即确认转让人与受让人之间是否存在转让注册商标的真实意思表示及相应法律关系,避免商标注册人的权利受到不应有的损害。注册商标专用权是权利人的一项重要财产权,其权利移转应由转让人和受让人达成转让合议后,按照商标法的规定共同向商标局提出申请,转让注册商标申请手续亦应由转让人和受让人共同办理。因此,商标局应当对注册商标转让协议、转让注册商标申请书、商标代理委托书、转让人和受让人的主体资格证明等文件进行实质性审查,在存有疑问时应当与商标注册人核实以避免注册商标违背商标注册人的真实意思而被非法转让。

(2)本案中,转让人刘高伟并未委托商标代理机构,刘高伟的身份证复印件上亦没有签字。在刘高伟并未直接到商标局的商标注册大厅办理商标转让手续而是通过邮寄提交商标转让手续的情况下,参照商标局《申请转让注册商标注册申请》的要求,其应当委托商标代理机构办理商标转让。虽然转让申请书上的刘高伟签字与涉案商标注册申请书上留存的刘高伟签字基本一致,但在其并未委托商标代理机构,且其提交的身份证复印件上亦无刘高伟签字的情况下,商标局应当通知刘高伟补齐商标转让手续的相关材料,待材料齐备后才能对此次商标转让是否合法进行实质性审查。

6.【北京高院"老行家"案】商标局对注册商标转让申请负担审查义务〔国家工商行政管理总局商标局等与卡士(香港)有限公司其他商标行政纠纷上诉案,北京市高级人民法院行政判决书(2014)高行终字第913号〕。

商标局作为商标行政管理机关,应对商标转让申请人提交的材料依法进行审查。《国家工商行政管理总局商标局关于申请转让商标有关问题的规定》第三条规定,商标局对转让商标申请进行形式审查后,对于符合有关规定的,向国内(港、澳、台除外)转让人发送《转让申请受理通知书》。该规定的实施在较大程度上避免了国内(港、澳、台除外)商标权人的商标被冒名转让的情况。

7.【北京知产法院"皮尔·卡丹"案】《商标转让协议》和国际仲裁决定所裁注册商标权属与注册商标公示不同,应以公示为准〔诚隆股份有限公司与北京东方绮丽服装服饰有限责任公司侵害商标权纠纷上诉案,北京知识产权法院民事判决书(2020)京73民终1594号〕。

8.【辽宁高院"鄉健"案】原注册商标人否认签署注册商标转让合同,"受让人"拒不提交《同意转让证明》及《商标代理委托书》,应根据《最高人民法院关于民事诉讼证据的若干规定》(2001年)第七十五条规定推定转让行为无效〔海城市乡健蛋鸡养殖专业合作社与贾付军商标权权属纠纷上诉案,辽宁省高级人民法院民事判决书(2020)辽民终414号〕。

9.【厦门中院"状元"案】鉴于商标登记的公信力，为维护市场稳定和交易安全，善意取得制度的原则和规定应适用于商标权的流转〔郭月功与厦门优觉投资咨询有限公司等商标权权属及侵权纠纷上诉案，福建省厦门市中级人民法院民事判决书(2016)闽02民终3857号〕。

10.【北京一中院"妻之友"案】受让人不能证明《注册商标转让申请书》加盖的印章是注册商标权人的真实印章，注册商标专用权转让行为无效〔英国连德尔大药厂有限公司与万年贸易公司侵害商标权纠纷案，北京市第一中级人民法院民事判决书(2002)一中民初字第7331号〕。

11.【江苏高院"富庭FULLTEAM"案】注册商标权人签订转让协议之后又在同类商品和服务上申请注册近似商标，尽管转让协议未涉及嗣后注册的商标，但依法应当一并办理转让手续〔南通富庭家纺有限公司与南通富罗家纺有限公司商标权转让合同纠纷上诉案，江苏省高级人民法院民事判决书(2018)苏民终1124号〕①。

编者说明

本条所谓"转让注册商标"，表述欠妥。② 注册商标是注册商标专用权的对象，法律上不能转让。法律上，能够处分的不是注册商标，而是注册商标专用权。故而，本条实际上是关于"注册商标专用权转让"的规定。为保持与制定法律规定一致，故以下仍使用"注册商标转让"或"转让注册商标"的术语，其与"注册商标专用权转让"同义，可互换使用。

转让注册商标，转让人和受让人共同向商标局提交《转让注册商标申请书》，须双方共同填写并签章，同时提供主体身份证明文件。商标局对转让商标申请进行形式审查后，对于符合有关规定的，向受让人发送《转让申请受理通知书》，

---

① 类似案例参见绿瘦健康产业集团有限公司与广州市名仁堂化妆品有限公司商标权转让合同纠纷上诉案，广州知识产权法院民事判决书(2017)粤73民终1521号。

② 我国商标法采用"注册商标转让"和"注册商标许可"的法律术语，此处的"注册商标"应理解为"注册商标专用权"。这类似于"转让土地"的用语。这不是严谨的法律表述，因为"土地"作为物权对象不能被转让，被转让的只是"所有权"或者"土地使用权"。土地之上可以有很多不同的权利，不能由"转让土地"的概念清晰地表明。

同时向国内(港、澳、台除外)转让人发送《转让申请受理通知书》,①这可以有效避免违背商标注册人意愿的注册商标专用权转让。只有当转让真实性存在疑义时,商标局才会要求受让人提供经公证的注册商标转让协议,或注册人同意转让的声明文件。② 一份转让注册商标申请书只能转让一个注册商标。商标局对转让注册申请书进行形式审查,包括签章真实性的审查。如果转让申请材料中的印章、签名与商标权人在商标局预留的印章、签名不一致,商标局应当驳回申请。如商标局错误作出《核准商标转让证明》,这一行政行为依法应被宣告无效。③

为防止消费者混淆,保护消费者利益,注册商标专用权转让受到法律规制。我国商标法禁止"容易导致混淆或者有其他不良影响"的注册商标专用权转让。商标局对注册商标专用权转让行为进行审查,特别要求"商标注册人对其在同一种商品上注册的近似的商标,或者在类似商品上注册的相同或者近似的商标,应当一并转让"。鉴于一份《转让注册商标申请书》只能填写一个注册商标号,故此种情况下转让人和受让人须填写多份转让申请书。如果注册商标转让违反商标法第四十二条第二款,则由商标局发出通知,限期改正。如果当事人不服,则应该向法院以商标局为被告提起行政诉讼。否则,注册商标转让协议的当事人就得重新商议,就转让协议覆盖的注册商标和价格重新达成协议。

间或注册商标转让不是当事人协商的结果,而是法院判决的结果。当事人之间可能就所要转让的注册商标范围产生争议。此时,受让人往往提起诉讼,要求法院确认"同一种商品上注册的近似的商标,或者类似商品上注册的相同或者近似的商标"。④

注册商标专用权转让以公告为准,即受让人从转让公告之日才开始享有注册商标专用权。转让人与受让人之间签订的注册商标转让合同生效并不产生注册商标专用权转让的法律效力。当履行期间届满,受让人可以依照注册商标转让合同请求注册商标人办理转让手续。如果转让人拒绝履行,则受让人只能通过诉讼请求法院判令商标注册人履行合同义务。

① 《国家工商行政管理总局商标局关于申请转让商标有关问题的规定》第三条。

② 《国家工商行政管理总局商标局关于申请转让商标有关问题的规定》第四条。

③ 参见上海米高食品有限公司与三星实业有限公司其他商标行政纠纷上诉案,北京市高级人民法院行政判决书(2012)高行终字第1177号;国家工商行政管理总局商标局等与卡士(香港)有限公司其他商标行政纠纷上诉案,北京市高级人民法院行政判决书(2014)高行终字第913号。

④ 参见曹成功与河南桐柏乐神集团有限公司等商标权纠纷案,河南省南阳市中级人民法院民事判决书(2006)南民三初字第64号。

第四十三条　【注册商标的使用许可】商标注册人可以通过签订商标使用许可合同,许可他人使用其注册商标。许可人应当监督被许可人使用其注册商标的商品质量。被许可人应当保证使用该注册商标的商品质量。

经许可使用他人注册商标的,必须在使用该注册商标的商品上标明被许可人的名称和商品产地。

许可他人使用其注册商标的,许可人应当将其商标使用许可报商标局备案,由商标局公告。商标使用许可未经备案不得对抗善意第三人。

【行政法规】

1.《中华人民共和国商标法实施条例》(20140501)

第六十九条　许可他人使用其注册商标的,许可人应当在许可合同有效期内向商标局备案并报送备案材料。备案材料应当说明注册商标使用许可人、被许可人、许可期限、许可使用的商品或者服务范围等事项。

第七十一条　违反商标法第四十三条第二款规定的,由工商行政管理部门责令限期改正;逾期不改正的,责令停止销售,拒不停止销售的,处 10 万元以下的罚款。

2.《商业特许经营管理条例》(20070501)

第三条　本条例所称商业特许经营(以下简称特许经营),是指拥有注册商标、企业标志、专利、专有技术等经营资源的企业(以下称特许人),以合同形式将其拥有的经营资源许可其他经营者(以下称被特许人)使用,被特许人按照合同约定在统一的经营模式下开展经营,并向特许人支付特许经营费用的经营活动。

企业以外的其他单位和个人不得作为特许人从事特许经营活动。

第二十二条　特许人应当向被特许人提供以下信息:

(一)特许人的名称、住所、法定代表人、注册资本额、经营范围以及从事特许经营活动的基本情况;

(二)特许人的注册商标、企业标志、专利、专有技术和经营模式的基本情况；

（三）特许经营费用的种类、金额和支付方式（包括是否收取保证金以及保证金的返还条件和返还方式）；

（四）向被特许人提供产品、服务、设备的价格和条件；

（五）为被特许人持续提供经营指导、技术支持、业务培训等服务的具体内容、提供方式和实施计划；

（六）对被特许人的经营活动进行指导、监督的具体办法；

（七）特许经营网点投资预算；

（八）在中国境内现有的被特许人的数量、分布地域以及经营状况评估；

（九）最近2年的经会计师事务所审计的财务会计报告摘要和审计报告摘要；

（十）最近5年内与特许经营相关的诉讼和仲裁情况；

（十一）特许人及其法定代表人是否有重大违法经营记录；

（十二）国务院商务主管部门规定的其他信息。

第三十一条 特许经营活动中涉及商标许可、专利许可的，依照有关商标、专利的法律、行政法规的规定办理。

【司法解释】

《最高人民法院关于审理商标民事纠纷案件适用法律若干问题的解释》（法释〔2002〕32号，20021016；经法释〔2020〕19号修正，20210101）

第三条 商标法第四十三条规定的商标使用许可包括以下三类：

（一）独占使用许可，是指商标注册人在约定的期间、地域和以约定的方式，将该注册商标仅许可一个被许可人使用，商标注册人依约定不得使用该注册商标；

（二）排他使用许可，是指商标注册人在约定的期间、地域和以约定的方式，将该注册商标仅许可一个被许可人使用，商标注册人依约定可以使用该注册商标但不得另行许可他人使用该注册商标；

（三）普通使用许可，是指商标注册人在约定的期间、地域和以约定的方式，许可他人使用其注册商标，并可自行使用该注册商标和许可他人使用其注册商标。

第四条 商标法第六十条第一款规定的利害关系人，包括注册商标使用许可合同的被许可人、注册商标财产权利的合法继承人等。

在发生注册商标专用权被侵害时，独占使用许可合同的被许可人可以向人民法院提起诉讼；排他使用许可合同的被许可人可以和商标注册人共同起诉，也可以在商标注册人不起诉的情况下，自行提起诉讼；普通使用许可合同的被许可人经商标注册人明确授权，可以提起诉讼。

第十九条 商标使用许可合同未经备案的，不影响该许可合同的效力，但当事人另有约定的除外。

第二十条 注册商标的转让不影响转让前已经生效的商标使用许可合同的效力，但商标使用许可合同另有约定的除外。

【注释】①

1. 本解释第三条解决的目的，在于规范实践中的商标许可合同形式，解决诉讼中利害关系人作为原告的主体资格问题，为适用侵权损害赔偿应当考虑有关许可合同的要素奠定基础。

2. 根据本解释第十九条规定，人民法院不因未办理备案手续而确认该使用许可合同无效；但当事人双方在合同中约定办理备案手续方能生效的，应当依照约定处理。

3. 本解释第二十条规定肯定了注册商标转让前合法订立的使用许可合同的效力，不能因为注册商标权人的变更而否定其效力，应当依照合同的约定继续履行。也规定了除外的情况，即商标使用许可合同对此另有约定的，依照该约定执行。也就是说，原来的商标使用许可合同约定商标转让终结商标使用合同等条款的，应当按照该约定处理。这充分体现了当事人约定优先的原则。

【司法文件】

《最高人民法院关于商标侵权纠纷中注册商标排他使用许可合同的被许可人是否有权单独提起诉讼问题的函》（〔2002〕民三他字第3号，20020910）

注册商标排他使用许可合同的被许可人与商标注册人可以提起共同诉讼，在商标注册人不起诉的情况下，可以自行向人民法院提起诉讼。商标注

① 参见蒋志培：《如何理解和适用〈关于审理商标民事纠纷案件适用法律若干问题的解释〉》，载《人民司法》2003年第2期。

册人不起诉包括商标注册人明示放弃起诉的情形，也包括注册商标排他使用许可合同的被许可人有证据证明其已告知商标注册人或者商标注册人已知道有侵犯商标专用权行为发生而仍不起诉的情形。

【部门参考文件】

1.《商标审查审理指南》（国家知识产权局公告第462号，20220101；上编）

第十一章 商标权的处分类申请

2 注册商标的使用许可备案（变更许可人被许可人名称、许可提前终止）

2.1 法律依据

《商标法》第四十三条

《商标法实施条例》第六十九条

2.2 商标使用许可备案材料

许可备案材料应满足形式审查的一般性要求（参见第一部分第一章“形式审查的一般性要求”）。商标使用许可备案材料应提交被许可人的身份证明文件复印件，无须提交相关商标使用许可合同。

2.3 许可人

商标使用许可备案应由商标注册人办理，许可人应为商标注册人。

共有商标办理使用许可备案的，需由代表人提出报送，并取得全体共有人同意。

2.4 许可使用的商标

许可使用的商标应为有效注册商标。

许可人的注册商标专用权上应不存在限制，如在先办理了质押、转让；商标如被人民法院禁止许可，应由相关人民法院出具同意函方可予以备案；商标如在先已经办理过质权登记，应由质权人出具书面同意文件。

备案的商标使用许可行为不得损及第三方利益，包括但不限于以下第三方：

（1）受让人：注册商标在提交备案之前（或同时）已经提交了转让申请，或者在商标使用许可备案提交之前商标已经协议转让给他人，使用许可行为未告知和取得受让人同意的。

（2）在先被许可人：有证据表明许可行为损害在先被许可人利益的。

（3）其他第三方：如对许可商标存在权属争议的第三方，其他有证据证明对许可商标具有利益且许可行为可能损及其利益的第三方。

2.5 许可期限及许可商品/服务项目

许可期限:许可期限不得超出注册商标的有效期限,不得与许可人、被许可人民事主体的存续期间存在冲突,不得与许可人(注册人)取得该商标权的时间冲突。

许可商品/服务项目:备案表填写的许可使用的商品/服务项目名称应与许可商标注册证核定使用的商品/服务项目名称相同,不得超出核定使用的商品/服务项目。

2.6 许可人及被许可人名称变更

商标使用许可备案后,在许可期限内,许可人或被许可人的名称在登记机关发生变更的,可以凭有关变更证明文件由许可人报送变更许可人/被许可人名称备案。办理时,应报送以下材料:

(1)《变更许可人/被许可人名称备案表》;

(2)许可人的身份证明文件复印件;

(3)被许可人变更的,其变更后的身份证明文件复印件;

(4)登记机关出具的变更证明文件(变更核准文件复印件或登记机关网站下载打印的相关档案);

(5)委托代理机构的,许可人盖章或签署的代理委托书。

上述备案材料应满足形式审查的一般性要求(参见第一部分第一章“形式审查的一般性要求”)。

2.7 商标使用许可提前终止备案

商标使用许可提前终止的,由许可人即商标注册人办理商标使用许可提前终止备案。

以电子方式申请使用许可提前终止备案的,应另附许可人、被许可人双方签订的使用许可提前终止协议。

2.8 撤回许可备案和中止审查

商标使用许可备案材料在备案之前可以撤回,撤回许可备案由许可人即商标注册人提交。

其他内容参见本部分第十章1.7“变更申请的撤回和中止审查”。

2.《商标使用许可合同备案办法》(商标〔1997〕39号,19970801)

第一条　为了加强对商标使用许可合同的管理,规范商标使用许可行为,根据《中华人民共和国商标法》及《中华人民共和国商标法实施细则》的有关规定,制订本办法。

第二条 商标注册人许可他人使用其注册商标,必须签订商标使用许可合同。

第三条 订立商标使用许可合同,应当遵循自愿和诚实信用的原则。

任何单位和个人不得利用许可合同从事违法活动,损害社会公共利益和消费者权益。

第四条 商标使用许可合同自签订之日起三个月内,许可人应当将许可合同副本报送商标局备案。

第五条 向商标局办理商标使用许可合同备案事宜的,可以委托国家工商行政管理局认可的商标代理组织代理,也可以直接到商标局办理。

许可人是外国人或者外国企业的,应当委托国家工商行政管理局指定的商标代理组织代理。

第六条 商标使用许可合同至少应当包括下列内容:

(一)许可使用的商标及其注册证号;

(二)许可使用的商品范围;

(三)许可使用期限;

(四)许可使用商标的标识提供方式;

(五)许可人对被许可人使用其注册商标的商品质量进行监督的条款;

(六)在使用许可人注册商标的商品上标明被许可人的名称和商品产地的条款。

第七条 申请商标使用许可合同备案,应当提交下列书件:

(一)商标使用许可合同备案表;

(二)商标使用许可合同副本;

(三)许可使用商标的注册证复印件。

人用药品商标使用许可合同备案,应当同时附送被许可人取得的卫生行政管理部门的有效证明文件。

卷烟、雪茄烟和有包装烟丝的商标使用许可合同备案,应当同时附送被许可人取得的国家烟草主管部门批准生产的有效证明文件。

外文书件应当同时附送中文译本。

第八条 商标注册人通过被许可人许可第三方使用其注册商标的,其商标使用许可合同中应当含有允许被许可人许可第三方使用的内容或者出具相应的授权书。

第九条 申请商标使用许可合同备案,应当按照许可使用的商标数量填报商标使用许可合同备案表,并附送相应的使用许可合同副本及《商标注册证》复印件。

通过一份合同许可一个被许可人使用多个商标的,许可人应当按照商标数量报送商标使用许可合同备案表及《商标注册证》复印件,但可以只报送一份使用许可合同副本。

第十条 申请商标使用许可合同备案,许可人应当按照许可使用的商标数量缴纳备案费。

缴纳备案费可以采取直接向商标局缴纳的方式,也可以采取委托商标代理组织缴纳的方式。具体收费标准依照有关商标业务收费的规定执行。

第十一条 有下列情形之一的,商标局不予备案:

(一)许可人不是被许可商标的注册人的;

(二)许可使用的商标与注册商标不一致的;

(三)许可使用商标的注册证号与所提供商标注册证号不符的;

(四)许可使用的期限超过该注册商标的有效期限的;

(五)许可使用的商品超出了该注册商标核定使用的商品范围的;

(六)商标使用许可合同缺少本办法第六条所列内容的;

(七)备案申请缺少本办法第七条所列书件的;

(八)未缴纳商标使用许可合同备案费的;

(九)备案申请中的外文书件未附中文译本的;

(十)其他不予备案的情形。

第十二条 商标使用许可合同备案书件齐备,符合《商标法》及《商标法实施细则》有关规定的,商标局予以备案。

已备案的商标使用许可合同,由商标局向备案申请人发出备案通知书,并集中刊登在每月第2期《商标公告》上。

第十三条 不符合备案要求的,商标局予以退回并说明理由。

许可人应当自收到退回备案材料之日起一个月内,按照商标局指定的内容补正再报送备案。

第十四条 有下列情形之一的,应当重新申请商标使用许可合同备案:

(一)许可使用的商品范围变更的;

(二)许可使用的期限变更的;

(三)许可使用的商标所有权发生转移的;

(四)其他应当重新申请备案的情形。

第十五条 有下列情形之一的,许可人和被许可人应当书面通知商标局及其各自所在地县级工商行政管理机关:

(一)许可人名义变更的;

(二)被许可人名义变更的;

(三)商标使用许可合同提前终止的;

(四)其他需要通知的情形。

第十六条 对以欺骗手段或者其他不正当手段取得备案的,由商标局注销其商标使用许可合同备案并予以公告。

第十七条 对已备案的商标使用许可合同,任何单位和个人均可以提出书面查询申请,并按照有关规定交纳查询费。

第十八条 按照《商标法实施细则》第三十五条的规定,许可人和被许可人应当在许可合同签订之日起三个月内,将许可合同副本交送其所在地工商行政管理机关存查,具体存查办法可以参照本办法执行。

第十九条 县级以上工商行政管理机关依据《商标法》及其他法律、法规和规章的规定,负责对商标使用许可行为的指导、监督和管理。

第二十条 利用商标使用许可合同从事违法活动的,由县级以上工商行政管理机关依据《商标法》及其他法律、法规和规章的规定处理;构成犯罪的,依法追究刑事责任。

第二十一条 本办法所称商标许可人是指商标使用许可合同中许可他人使用其注册商标的人,商标被许可人是指符合《商标法》及《商标法实施细则》有关规定并经商标注册人授权使用其商标的人。

本办法有关商品商标的规定,适用于服务商标。

第二十二条 商标使用许可合同示范文本由商标局制定并公布。

第二十三条 本办法自发布之日起施行。商标局一九八五年二月二十五日颁发的《商标使用许可合同备案注意事项》同时废止。

3.《国家工商行政管理局商标局关于分公司使用总公司注册商标是否需要办理商标使用许可手续问题的批复》(商标〔1995〕29 号,19950719)

总公司下设的分公司若单独登记注册取得《营业执照》,则属于相对独立的经营实体。因此,分公司与总公司之间或分公司与其他分公司之间相互需要使用对方注册商标的,应当签订商标使用许可合同,并报我局备案。

【公报案例】

【上海高院“PIMIO”案】即便商标使用许可合同备案提前终止,但无证据表明商标独占使用许可合同已被解除,则应认定该独占使用许可合同关系依然存续;在后商标使用许可合同相对人明知商标权人与在先商标使用许可合同相对人未解除在先商标独占使用许可合同,仍和商标权人签订许可合同,导致先后两个独占许可合同的许可期间存在重叠的,在后合同并非无效,但在后商标使用许可合同相对人不属于善意第三人,不能依据在后合同获得商标的许可使用权,在先取得的独占许可使用权可以对抗在后的商标使用许可合同关系〔上海帕弗洛文化用品有限公司诉上海艺想文化用品有限公司、毕加索国际企业股份有限公司商标使用许可合同纠纷案,上海市高级人民法院(2014)沪高民三(知)终字第117号,载《中华人民共和国最高人民法院公报》2017年第2期〕。

【法院参考案例】

1.【最高院“红牛”案】注册商标被许可人不能取得商标权益〔红牛维他命饮料有限公司与天丝医药保健有限公司商标权权属纠纷再审案,最高人民法院民事判决书(2020)最高法民终394号,列入最高人民法院公布的2020年中国法院10大知识产权案件〕。

(1)除非当事人有特别的约定,设计商标、为商标注册提供帮助,均非商标法上取得商标权的法定要件。

(2)注册商标许可合同对双方权利义务已经作出了明确约定,被许可人使用并宣传注册商标并不能取得商标权。

(3)被许可人应当保证使用该注册商标的商品质量,亦即应当维护被许可使用商标的声誉,不得据此主张享有商标权。

(4)注册商标被许可人为产品宣传所进行的投入已经得到产品利润等回报,不得基于宣传使用商标而主张商标权。

2.【最高院“王老吉”红罐凉茶案】即便注册商标被许可人在商品装潢上标注厂商名称,也不能据此判定该商品装潢权益归属于被许可人〔广东加多宝饮料食品有限公司与广州王老吉大健康产业有限公司擅自使用知名商品特有包装装潢纠纷上诉案，最高人民法院民事判决书(2015)民三终字第2号，列入最高人民法院公布的2017年中国法院10大知识产权案件〕。

3.【最高院“wolsey”案】未注册商标能否许可他人使用，法律法规对此没有禁止性规定〔天津开发区泰盛贸易有限公司与北京业宏达经贸有限公司商标许可使用合同纠纷再审申请案，最高人民法院民事裁定书(2012)民申字第1501号〕。

4.【最高院“奥妮”案】“商标使用许可合同未在商标局备案的，不得对抗善意第三人”中的“第三人”是指商标使用许可合同当事人以外的当事人，第三人既可能是其他的被许可人，也可能是其他与商标权人就该商标进行交易的当事人，包括商标的受让人、质押权人等〔奥妮化妆品有限公司与广东宝凯实业有限公司侵害商标权纠纷再审申请案，最高人民法院民事裁定书(2011)民申字第700号〕。

5.【江苏高院“宝庆”案】(1)在特许经营合同关系中，首先应当保证特许人对注册商标等特许经营资源的绝对控制，被特许人应当依约诚信经营，不得攫取特许人的知识产权利益，且未经特许人许可，被特许人不得擅自使用特许经营资源开设店铺；(2)被特许人在经营过程中对特许人的品牌增值作出了贡献，其在特许经营中获得的正当经营利益亦应获得相应的保障。对于被特许人依约诚信经营的行为，特许人应当按合同约定允许其继续经营并正常审批，无正当理由不得拒绝许可〔南京宝庆首饰总公司与江苏创煜工贸有限公司、南京宝庆银楼连锁发展有限公司特许经营合同纠纷上诉案，江苏省高级人民法院民事判决书(2012)苏知民终字第154号，列入最高人民法院公布的2014年中国法院10大知识产权案件〕。

6.【山东高院“灰太狼”美术作品侵权案】注册商标被许可人未在商品上标明被许可人的名称和商品产地，许可人予以认可，则被许可人的行为对外是代表许可人，二者应当共同承担侵权责任〔浙江明牌珠宝股份有限公司等与广东原创动力文化传播有限公司等著作权侵害纠纷上诉案，山东省高级人民法院民事判决书(2017)鲁民终1409号〕。

7.【北京一中院"妻之友"案】将非法持有之他人商标许可第三方使用，即便该第三方无恶意，该许可合同仍属于无效合同〔英国连德尔大药厂有限公司与万年贸易公司等确认合同无效纠纷案，北京市第一中级人民法院民事判决书(2003)一中民初字第4331号〕。

8.【宁波中院"菲莱威尔"案】注册商标的被许可人实际使用注册商标时，捆绑使用许可人的不同商标，模糊不同商标的辨识度及市场定位，会抵销商标权人经营不同品牌策略付出的努力，弱化商标权人多品牌经营的效果，应当承担违约责任〔田利峰等与宁波杉杉时尚服装品牌管理有限公司等商标使用许可合同纠纷上诉案，浙江省宁波市中级人民法院民事判决书(2017)浙02民终268号〕。

9.【西安中院"ABIE · C"案】未注册商标可以作为商业标识予以许可使用；权利人许可他人使用其未注册商标后取得注册商标的，被许可人不得主张在先使用抗辩〔上海布来斯教育投资有限公司与西安逾青商务信息咨询有限公司侵害商标权纠纷案，陕西省西安市中级人民法院民事判决书(2016)陕01民初930号〕。

10.【上海普陀法院"卡帝乐鳄鱼"图文商标案】商标许可协议约定许可方有权在被许可方违反本协议中的任何条款和条件时向被许可方出具终止本协议的书面通知，这种约定显然泛化了单方解除权行使的条件，对各种违约行为不加区分同等对待；若简单依此履行，必将造成解除合同过于随意，增加了合同被解除的风险，不利于交易安全和稳定〔上海懒鳄文化用品有限公司与卡帝乐鳄鱼私人有限公司、上海卡帝乐鳄鱼服饰有限公司商标使用许可合同纠纷案，上海市普陀区人民法院民事判决书(2018)沪0107民初12824号〕。

11.【上海闵行法院"MARIE DALGAR"案】未经备案的许可使用权处于一种效力不圆满状态，即如果商标权人进行了重复授权，若出现了善意第三人，未备案的在先被许可人不可以要求在后的善意第三人停止使用相关商标〔上海菲扬化妆品有限公司与上海悦佳生物科技有限公司等侵害商标权纠纷案，上海市闵行区人民法院民事判决书(2015)闵民三(知)初字第775号〕。

编者说明

(一) 注册商标许可的法律规制

注册商标许可不为注册商标专用权嗣后转让所打破。类似于"买卖不破租赁",注册商标专用权转让不影响转让之前已经生效的注册商标专用权许可合同,除非当事人另有约定。①

尽管注册商标专用权许可合同内容由当事人自由约定,但为避免消费者混淆,许可人应当监督被许可人使用其注册商标的商品质量,被许可人应当保证使用该注册商标的商品质量,并且必须在使用该注册商标的商品上标明被许可人的名称和商品产地。② 然而,对于违反此项义务的法律责任,我国法律没有明文规定。按法理来说,被许可人未按照法律规定标识商品,应该由工商行政管理部门责令改正或科以罚款。注册商标人不履行商品质量监督义务,属于"裸许可",是欺诈消费者,恶意使用或滥用注册商标专用权,其权利应当归于失效。③ 道理很简单,相关公众将注册商标人作为商品的品质控制源,被许可人提供的商品如脱离其管控,等于另外生出一个品质控制源,即同一注册商标实际用于识别两个以上的不同商品品质控制源,自然易使相关公众混淆或误认。而且,既然同一个标志识别多个商品质量控制源,等于说该标志丧失显著特征,不再有资格享受商标法或反不正当竞争法保护。比较法上,美国联邦第九巡回上诉法院抨击商标权"裸许可"时曾指出,"这就是欺诈,商业标志之上的所有权利由此而放弃"。④ 我国法院则可以依照民法典第七条和第八条规定的原则进行处理。

(二) 注册商标许可合同备案

我国现行商标法下,注册商标许可合同备案不是强制性要求,虽然本条第三款规定许可人"应当"将其商标使用许可报商标局备案。历史上,不少国家强行要求注册商标许可合同备案。未按照法律要求备案,可能导致许可合同无效,甚至于注册商标被撤销。这一制度主要基于以下几点考虑:(1)审查许可合同是否违反本国反垄断法、外汇管制法、技术转移法、外资管制法或税法;(2)希望借此让消费者确定被许可人是否经过授权而使用商标,被许可人提供的商品是否达

---

① 参见《最高人民法院关于审理商标民事纠纷案件适用法律若干问题的解释》第二十条。

② 参见商标法第四十三条的规定。

③ 参见王泽鉴:《诚实信用与权利滥用》,载《北方法学》2013 年第 6 期。

④ See Freecycle Sunnyvale v. Freecycle Network, 626 F. 3d 509, 515 – 516 (9th Cir. 2010).

到许可人的质量标准；（3）保护注册商标人利益，备案被许可人使用商标的行为在法律上视为注册商标人使用被许可的注册商标，以便取得和维持注册商标专用权；（4）保护被许可人利益，使得备案登记的被许可人可以加入诉讼维护自身权益，防止注册商标许可人不与被许可人协商即转让、注销或出质注册商标专用权。① 但是，注册商标许可强制备案要求过于严苛，以此作为注册商标撤销理由缺乏正当性。通过注册商标许可合同登记也无法确保被许可人提供之商品的品质。无论是被许可人使用商标的行为在法律上视为注册商标人使用，还是被许可人参与法律诉讼维护自身利益，都没有必要要求注册商标许可合同必须登记备案。② 故而，注册商标许可强制备案制度已经过时。

我国商标法施行注册商标许可备案对抗制。这涉及注册商标独占或排他许可交易的安全问题。注册商标许可合同没有备案，既不影响注册商标专用权本身的法律效力，也不影响注册商标许可合同的法律效力；③如果未备案，则注册商标许可不得对抗善意第三人。当然，如果第三人明知注册商标已经以独占或排他方式许可给了他人，则该第三人不属于善意第三人。此种情况之下，【上海高院"PIMIO"案】指出，该第三人如坚持与注册商标人签订注册商标许可合同，则法律上并不能成为被许可人而有权合法使用该注册商标。质言之，该第三方与注册商标人签订的注册商标许可合同在后，即便成立并生效，也因为法律上不能履行致使不能实现合同目的。依照民法典第五百八十条，该第三方可以请求法院终止合同权利义务关系，并要求商标权人承担违约责任。但是，该第三方如果使用该注册商标，则属于未经许可使用，可侵犯在先被许可人依照其签订之商标许可合同所享有的权益。

然而，商标法第四十三条第三款本身只能提供有限的法律确信，注册商标独占或排他许可的被许可人并不能据此法律规定而确信所得许可安全无虞。虽然商标法实施条例（2014年）第六十九条和《商标使用许可合同备案办法》均要求许可人"应当"就注册商标许可合同到商标局备案，但是注册商标许可合同备案实质上拘束注册商标人，对其不利。故而，注册商标人未必有主动性和积极性前

---

① See INTA Board Resolutions, Elimination of Mandatory Trademark License Recording Requirements.

② See INTA Board Resolutions, Elimination of Mandatory Trademark License Recording Requirements.

③ 参见广东神州燃气用具有限公司与佛山市顺德区爱华家用电器有限公司商标使用许可合同纠纷上诉案，广东省佛山市中级人民法院民事判决书（2015）佛中法知民终字第285号；上海菲扬化妆品有限公司与上海悦佳生物科技有限公司等侵害商标权纠纷案，上海市闵行区人民法院民事判决书（2015）闵民三（知）初字第775号。

往办理注册商标许可合同备案。尽管商标法实施条例(2014 年)第六十九条规定许可人应当在“许可合同有效期内”向商标局备案并报送备案材料,①这也无法督促注册商标人及时办理注册商标许可备案。所以,如果注册商标独占许可或排他许可的被许可人希望利用注册商标许可备案制度来保护交易安全,防范注册商标人嗣后将同一注册商标又许可给第三方,只能借助注册商标许可合同本身给许可人施加法律义务。质言之,注册商标专用权被许可人应该在许可协议中明确约定注册商标人(许可人)应在指定期限内办理注册商标许可合同备案,否则承担违约金等违约责任,并在合同履行过程中督促注册商标人办理备案手续。

注册商标许可合同备案后,只在备案的范围内可以对抗善意第三人。注册商标许可合同备案后会公示,法律上因此推定第三人知晓备案内容。已经签订并备案的注册商标许可合同如果许可使用的商品范围或使用期限变更,则须重新申请备案,否则不能对抗善意第三人。为此,注册商标人应与被许可人签订补充协议,而后重新申请备案。

---

① 商标法实施条例(2014 年)和《商标使用许可合同备案办法》就注册商标许可人的备案义务存在冲突。《商标使用许可合同备案办法》第四条规定,“商标使用许可合同自签订之日起三个月内,许可人应当将许可合同副本报送商标局备案”,而商标法实施条例(2014 年)第六十九条规定许可人应当在“许可合同有效期内”向商标局备案并报送备案材料。鉴于商标法实施条例效力等级高于《商标使用许可合同备案办法》,又是新近法律规定,故而商标法实施条例(2014 年)第六十九条规定是现行有效规定。

第五章　注册商标的无效宣告

第四十四条　【以绝对理由宣告注册商标无效】已经注册的商标，违反本法第四条、第十条、第十一条、第十二条、第十九条第四款规定的，或者是以欺骗手段或者其他不正当手段取得注册的，由商标局宣告该注册商标无效；其他单位或者个人可以请求商标评审委员会宣告该注册商标无效。

商标局做出宣告注册商标无效的决定，应当书面通知当事人。当事人对商标局的决定不服的，可以自收到通知之日起十五日内向商标评审委员会申请复审。商标评审委员会应当自收到申请之日起九个月内做出决定，并书面通知当事人。有特殊情况需要延长的，经国务院工商行政管理部门批准，可以延长三个月。当事人对商标评审委员会的决定不服的，可以自收到通知之日起三十日内向人民法院起诉。

其他单位或者个人请求商标评审委员会宣告注册商标无效的，商标评审委员会收到申请后，应当书面通知有关当事人，并限期提出答辩。商标评审委员会应当自收到申请之日起九个月内做出维持注册商标或者宣告注册商标无效的裁定，并书面通知当事人。有特殊情况需要延长的，经国务院工商行政管理部门批准，可以延长三个月。当事人对商标评审委员会的裁定不服的，可以自收到通知之日起三十日内向人民法院起诉。人民法院应当通知商标裁定程序的对方当事人作为第三人参加诉讼。

【行政法规】

《中华人民共和国标法实施条例》(20140501)

第四十九条第二款　依照商标法第四十四条第一款规定申请宣告国际注册商标无效的，应当自该商标国际注册申请的驳回期限届满后向商标评审委员会提出申请；驳回期限届满时仍处在驳回复审或者异议相关程序的，应当自商标局或者商标评审委员会作出的准予注册决定生效后向商标评审委员会提出申请。

第五十一条　商标评审是指商标评审委员会依照商标法第三十四条、第三十五条、第四十四条、第四十五条、第五十四条的规定审理有关商标争议事宜。当事人向商标评审委员会提出商标评审申请，应当有明确的请求、事实、理由和法律依据，并提供相应证据。

商标评审委员会根据事实，依法进行评审。

第五十四条 商标评审委员会审理依照商标法第四十四条、第四十五条规定请求宣告注册商标无效的案件，应当针对当事人申请和答辩的事实、理由及请求进行审理。

第五十五条 商标评审委员会审理不服商标局依照商标法第四十四条第一款规定作出宣告注册商标无效决定的复审案件，应当针对商标局的决定和申请人申请复审的事实、理由及请求进行审理。

第五十七条 申请商标评审，应当向商标评审委员会提交申请书，并按照对方当事人的数量提交相应份数的副本；基于商标局的决定书申请复审的，还应当同时附送商标局的决定书副本。

商标评审委员会收到申请书后，经审查，符合受理条件的，予以受理；不符合受理条件的，不予受理，书面通知申请人并说明理由；需要补正的，通知申请人自收到通知之日起 30 日内补正。经补正仍不符合规定的，商标评审委员会不予受理，书面通知申请人并说明理由；期满未补正的，视为撤回申请，商标评审委员会应当书面通知申请人。

商标评审委员会受理商标评审申请后，发现不符合受理条件的，予以驳回，书面通知申请人并说明理由。

第五十八条 商标评审委员会受理商标评审申请后应当及时将申请书副本送交对方当事人，限其自收到申请书副本之日起 30 日内答辩；期满未答辩的，不影响商标评审委员会的评审。

第五十九条 当事人需要在提出评审申请或者答辩后补充有关证据材料的，应当在申请书或者答辩书中声明，并自提交申请书或者答辩书之日起 3 个月内提交；期满未提交的，视为放弃补充有关证据材料。但是，在期满后生成或者当事人有其他正当理由未能在期满前提交的证据，在期满后提交的，商标评审委员会将证据交对方当事人并质证后可以采信。

第六十条 商标评审委员会根据当事人的请求或者实际需要，可以决定对评审申请进行口头审理。

商标评审委员会决定对评审申请进行口头审理的，应当在口头审理 15 日前书面通知当事人，告知口头审理的日期、地点和评审人员。当事人应当在通知书指定的期限内作出答复。

申请人不答复也不参加口头审理的，其评审申请视为撤回，商标评审委员会应当书面通知申请人；被申请人不答复也不参加口头审理的，商标评审委员会可以缺席评审。

第六十一条　申请人在商标评审委员会作出决定、裁定前，可以书面向商标评审委员会要求撤回申请并说明理由，商标评审委员会认为可以撤回的，评审程序终止。

第六十二条　申请人撤回商标评审申请的，不得以相同的事实和理由再次提出评审申请。商标评审委员会对商标评审申请已经作出裁定或者决定的，任何人不得以相同的事实和理由再次提出评审申请。但是，经不予注册复审程序予以核准注册后向商标评审委员会提起宣告注册商标无效的除外。

【司法解释】

《最高人民法院关于审理商标授权确权行政案件若干问题的规定》（法释〔2017〕2号，20170301；经法释〔2020〕19号修正，20210101）

第二十四条　以欺骗手段以外的其他方式扰乱商标注册秩序、损害公共利益、不正当占用公共资源或者谋取不正当利益的，人民法院可以认定其属于商标法第四十四条第一款规定的“其他不正当手段”。

第二十九条　当事人依据在原行政行为之后新发现的证据，或者在原行政程序中因客观原因无法取得或在规定的期限内不能提供的证据，或者新的法律依据提出的评审申请，不属于以“相同的事实和理由”再次提出评审申请。

在商标驳回复审程序中，国家知识产权局以申请商标与引证商标不构成使用在同一种或者类似商品上的相同或者近似商标为由准予申请商标初步审定公告后，以下情形不视为“以相同的事实和理由”再次提出评审申请：

（一）引证商标所有人或者利害关系人依据该引证商标提出异议，国家知识产权局予以支持，被异议商标申请人申请复审的；

（二）引证商标所有人或者利害关系人在申请商标获准注册后依据该引证商标申请宣告其无效的。。

第三十条　人民法院生效裁判对于相关事实和法律适用已作出明确认定，相对人或者利害关系人对于国家知识产权局依据该生效裁判重新作出的裁决提起诉讼的,人民法院依法裁定不予受理;已经受理的,裁定驳回起诉。

【释义】①

1. 本解释第二十四条是对商标法第四十四条第一款"其他不正当手段"的规定,主要应考虑是否扰乱商标注册秩序、损害公共利益、不正当占用公共资源或者以其他方式谋取不正当利益,不适用于仅损害特定民事权益的情形。

2. 实践中相关法院根据上述规定的精神,将"没有真实使用目的,大量抢注他人在先有一定知名度的商标"的行为界定为扰乱商标注册秩序,从而适用商标法第四十四条所规定的不正当手段予以规制。较早的案例如"蜡笔小新"案[北京市高级人民法院(2011)高行终字第1427号行政判决书],最高人民法院在"海棠湾"案中亦予以确认[最高人民法院(2013)知行字第41号行政裁定书]。北京市高级人民法院在"清样"案中认为,该立法精神应当贯穿于商标申请审查、核准及撤销程序的始终,故商标异议复审案件亦可参照适用2001年商标法第四十一条第一款(即2013年商标法第四十四条第一款)的规定[北京市高级人民法院(2015)高行知(终)字第659号行政判决书]。由于商标抢注是近年来我国商标法实践中引起较大关注的现象,最高人民法院在相关司法政策中也一贯强调要用足用好现行法律,遏制恶意抢注。本解释曾设想将该情形纳入司法解释的范畴,征求意见稿第三条曾规定:"商标注册人明显缺乏真实使用意图,大量申请注册与他人有一定知名度的商标、有一定知名度的地名相同或者近似的商标,或者缺乏正当理由申请大量商标,商标评审委员会适用商标法第四条、第四十四条规定不予注册或者宣告无效的,人民法院予以支持。"但由于尚难以统一意见,且对如"大量"等要件的规定难以量化和确定化,作为司法解释规定条件尚不成熟,最终未能纳入,但实践中仍然可以进一步探索和完善适用条件。

3. 本解释第二十九条是对所谓一事不再理的规定。实践中对于相同的事实和理由有不同的把握,该条第一款采用了相对较严格的标准,即并非只要有不同的证据就可以再次提出评审申请,而要求新提出的证据是新发现的证据,或者在原行政程序中因客观原因无法取得或者在规定的期限内不能提供的。第二款是对一事不再理的例外规定。商标法实施条例第六十二条仅

---

① 参见宋晓明、王闯、夏君丽、董晓敏:《〈关于审理商标授权确权行政案件若干问题的规定〉的理解与适用》,载《人民司法·应用》2017年第10期。

规定了一种例外:经不予注册复审程序予以核准注册后向商标评审委员会提起宣告注册商标无效的除外。本条第二款补充了两种情形,即驳回复审程序中对引证商标与诉争商标是否构成商标法第三十条所指情形的认定,因引证商标权利人未参与该程序,对该权利人不产生一事不再理的阻碍效果。

4. 因受制于目前行政诉讼的框架,人民法院无法在行政诉讼中直接认定商标的效力,只能判令商标评审委员会重新作出裁决,当事人对商标评审委员会所作裁决可能再次提起行政诉讼,导致循环诉讼的出现,影响授权确权效率。尤其是商标评审委员会完全依据人民法院生效裁判的事实和理由重新作出的裁决,其事实上是执行法院生效判决的行为,并没有自由裁量的空间,属于《最高人民法院关于适用〈中华人民共和国行政诉讼法〉若干问题的解释》第三条第一款第(九)项"诉讼标的已为生效裁判所羁束的"情形,应当不予受理或者驳回起诉。故本解释第三十条规定,人民法院生效裁判对于相关事实和法律适用已作出明确认定,当事人对于商标评审委员会依据该生效裁判重新作出的裁决提起诉讼的,人民法院依法裁定不予受理;已经受理的,裁定驳回起诉。当然,如果商标评审委员会所做裁决引入了新的事实或者理由,则不适用该条。

【部门参考文件】

1.《规范商标申请注册行为若干规定》(国家市场监督管理总局令第17号,20191201)

第七条　对已注册的商标,因违反本规定的理由,在法定期限内被提出宣告注册商标无效申请的,商标注册部门经审理认为宣告无效理由成立,应当依法作出宣告注册商标无效的裁定。

对已注册的商标,商标注册部门发现属于违反本规定情形的,应当依据商标法第四十四条规定,宣告该注册商标无效。

2.《商标审查审理指南》(国家知识产权局公告第462号,20220101;下编)

第十六章　以欺骗手段或者其他不正当手段取得商标注册的审查审理

2 释义

上述规定是关于以欺骗手段或者其他不正当手段取得注册商标的处理。

申请商标注册应当遵守诚实信用原则,不得以弄虚作假的手段欺骗商标注册部门取得注册，也不得以扰乱商标注册秩序、损害公共利益、不正当占用公共资源或者其他不正当方式谋取不正当利益等其他不正当手段取得注册。

在商标异议和不予注册复审程序中可参照适用本条标准。

3 适用要件

3.1 以欺骗手段取得商标注册的行为

此种行为是指系争商标注册人在申请注册商标时，采取向商标注册部门虚构或者隐瞒事实真相、提交伪造的申请书件或者其他证明文件等手段骗取商标注册。该行为包括但不限于下列情形：

(1)伪造申请书件章戳或签字的行为；

(2)伪造、涂改申请人的身份证明文件的行为，包括使用虚假的身份证、营业执照等身份证明文件，或者涂改身份证、营业执照等身份证明文件上重要登记事项等行为；

(3)伪造其他证明文件的行为。

3.2 以其他不正当手段取得商标注册的行为

3.2.1 含义

此种行为是指确有充分证据证明系争商标注册人采用欺骗手段以外的扰乱商标注册秩序、损害公共利益、不正当占用公共资源或者以其他方式谋取不正当利益等其他不正当手段取得注册，其行为违反了诚实信用原则，损害了公共利益。对于只损害特定民事权益的情形，应适用《商标法》第四十五条及其他相应规定。

3.2.2 “以其他不正当手段取得注册”的情形

下列情形属于本条所指的“以其他不正当手段取得注册”：

(1)系争商标申请人申请注册多件商标，且与他人具有一定知名度或较强显著特征的商标构成相同或者近似的；

(2)系争商标申请人申请注册多件商标，且与他人字号、企业名称、社会组织及其他机构名称、有一定影响的商品名称、包装、装潢等构成相同或者近似的；

(3)其他可以认定为以不正当手段取得注册的情形。

3.2.3 考虑因素

系争商标申请人以不正当手段取得商标注册的，应当对系争商标具有使用意图或已经实际投入商业使用。对于使用意图的判定可以依据本编第二章4“考虑因素”进行。

系争商标申请人以不正当手段取得注册的商标，不限于系争商标申请人本人申请注册的商标，也包括与系争商标申请人具有串通合谋行为或者具有特定身份关系或者其他特定联系的人申请注册的商标。

3.2.4 适用的限制

根据在案证据能够适用商标法其他条款对系争商标不予注册或宣告无效的，不再适用《商标法》第四十四条第一款，恶意明显的例外。

3.《商标评审规则》（国家工商行政管理总局令第65号，20140601）

第一章　总　则

第二条　根据商标法及实施条例的规定，国家工商行政管理总局商标评审委员会（以下简称商标评审委员会）负责处理下列商标评审案件：

（一）不服国家工商行政管理总局商标局（以下简称商标局）驳回商标注册申请决定，依照商标法第三十四条规定申请复审的案件；

（二）不服商标局不予注册决定，依照商标法第三十五条第三款规定申请复审的案件；

（三）对已经注册的商标，依照商标法第四十四条第一款、第四十五条第一款规定请求无效宣告的案件；

（四）不服商标局宣告注册商标无效决定，依照商标法第四十四条第二款规定申请复审的案件；

（五）不服商标局撤销或者不予撤销注册商标决定，依照商标法第五十四条规定申请复审的案件。

在商标评审程序中，前款第（一）项所指请求复审的商标统称为申请商标，第（二）项所指请求复审的商标统称为被异议商标，第（三）项所指请求无效宣告的商标统称为争议商标，第（四）、（五）项所指请求复审的商标统称为复审商标。本规则中，前述商标统称为评审商标。

第三条　当事人参加商标评审活动，可以以书面方式或者数据电文方式办理。

数据电文方式办理的具体办法由商标评审委员会另行制定。

第四条　商标评审委员会审理商标评审案件实行书面审理，但依照实施条例第六十条规定决定进行口头审理的除外。

口头审理的具体办法由商标评审委员会另行制定。

第五条　商标评审委员会根据商标法、实施条例和本规则做出的决定和裁定,应当以书面方式或者数据电文方式送达有关当事人,并说明理由。

第六条 除本规则另有规定外,商标评审委员会审理商标评审案件实行合议制度,由 3 名以上的单数商标评审人员组成合议组进行审理。

合议组审理案件,实行少数服从多数的原则。

第七条 当事人或者利害关系人依照实施条例第七条的规定申请商标评审人员回避的,应当以书面方式办理,并说明理由。

第八条 在商标评审期间,当事人有权依法处分自己的商标权和与商标评审有关的权利。在不损害社会公共利益、第三方权利的前提下,当事人之间可以自行或者经调解以书面方式达成和解。

对于当事人达成和解的案件,商标评审委员会可以结案,也可以做出决定或者裁定。

第九条 商标评审案件的共同申请人和共有商标的当事人办理商标评审事宜,应当依照实施条例第十六条第一款的规定确定一个代表人。

代表人参与评审的行为对其所代表的当事人发生效力,但代表人变更、放弃评审请求或者承认对方当事人评审请求的,应当有被代表的当事人书面授权。

商标评审委员会的文件应当送达代表人。

第十条 外国人或者外国企业办理商标评审事宜,在中国有经常居所或者营业所的,可以委托依法设立的商标代理机构办理,也可以直接办理;在中国没有经常居所或者营业所的,应当委托依法设立的商标代理机构办理。

第十一条 代理权限发生变更、代理关系解除或者变更代理人的,当事人应当及时书面告知商标评审委员会。

第十二条 当事人及其代理人可以申请查阅本案有关材料。

第二章 申请与受理

第十三条 申请商标评审,应当符合下列条件:

(一)申请人须有合法的主体资格;

(二)在法定期限内提出;

(三)属于商标评审委员会的评审范围;

(四)依法提交符合规定的申请书及有关材料;

(五)有明确的评审请求、事实、理由和法律依据;

(六)依法缴纳评审费用。

第十四条 申请商标评审,应当向商标评审委员会提交申请书;有被申请人的,应当按照被申请人的数量提交相应份数的副本;评审商标发生转让、移转、变更,已向商标局提出申请但是尚未核准公告的,当事人应当提供相应的证明文件;基于商标局的决定书申请复审的,还应当同时附送商标局的决定书。

第十五条 申请书应当载明下列事项:

(一)申请人的名称、通信地址、联系人和联系电话。评审申请有被申请人的,应当载明被申请人的名称和地址。委托商标代理机构办理商标评审事宜的,还应当载明商标代理机构的名称、地址、联系人和联系电话。

(二)评审商标及其申请号或者初步审定号、注册号和刊登该商标的《商标公告》的期号。

(三)明确的评审请求和所依据的事实、理由及法律依据。

第十六条 商标评审申请不符合本规则第十三条第(一)、(二)、(三)、(六)项规定条件之一的,商标评审委员会不予受理,书面通知申请人,并说明理由。

第十七条 商标评审申请不符合本规则第十三条第(四)、(五)项规定条件之一的,或者未按照实施条例和本规则规定提交有关证明文件的,或者有其他需要补正情形的,商标评审委员会应当向申请人发出补正通知,申请人应当自收到补正通知之日起30日内补正。

经补正仍不符合规定的,商标评审委员会不予受理,书面通知申请人,并说明理由。未在规定期限内补正的,依照实施条例第五十七条规定,视为申请人撤回评审申请,商标评审委员会应当书面通知申请人。

第十八条 商标评审申请经审查符合受理条件的,商标评审委员会应当在30日内向申请人发出《受理通知书》。

第十九条 商标评审委员会已经受理的商标评审申请,有下列情形之一的,属于不符合受理条件,应当依照实施条例第五十七条规定予以驳回:

(一)违反实施条例第六十二条规定,申请人撤回商标评审申请后,又以相同的事实和理由再次提出评审申请的;

(二)违反实施条例第六十二条规定,对商标评审委员会已经做出的裁定或者决定,以相同的事实和理由再次提出评审申请的;

(三)其他不符合受理条件的情形。

对经不予注册复审程序予以核准注册的商标提起宣告注册商标无效的,不受前款第(二)项规定限制。

商标评审委员会驳回商标评审申请,应当书面通知申请人,并说明理由。

第二十条 当事人参加评审活动,应当按照对方当事人的数量,提交相应份数的申请书、答辩书、意见书、质证意见及证据材料副本,副本内容应当与正本内容相同。不符合前述要求且经补正仍不符合要求的,依照本规则第十七条第二款的规定,不予受理评审申请,或者视为未提交相关材料。

第二十一条 评审申请有被申请人的,商标评审委员会受理后,应当及时将申请书副本及有关证据材料送达被申请人。被申请人应当自收到申请材料之日起30日内向商标评审委员会提交答辩书及其副本;未在规定期限内答辩的,不影响商标评审委员会的评审。

商标评审委员会审理不服商标局不予注册决定的复审案件,应当通知原异议人参加并提出意见。原异议人应当在收到申请材料之日起30日内向商标评审委员会提交意见书及其副本;未在规定期限内提出意见的,不影响案件审理。

第二十二条 被申请人参加答辩和原异议人参加不予注册复审程序应当有合法的主体资格。

商标评审答辩书、意见书及有关证据材料应当按照规定的格式和要求填写、提供。

不符合第二款规定或者有其他需要补正情形的,商标评审委员会向被申请人或者原异议人发出补正通知,被申请人或者原异议人应当自收到补正通知之日起30日内补正。经补正仍不符合规定或者未在法定期限内补正的,视为未答辩或者未提出意见,不影响商标评审委员会的评审。

第二十三条 当事人需要在提出评审申请或者答辩后补充有关证据材料的,应当在申请书或者答辩书中声明,并自提交申请书或者答辩书之日起3个月内一次性提交;未在申请书或者答辩书中声明或者期满未提交的,视为放弃补充证据材料。但是,在期满后生成或者当事人有其他正当理由未能在期满前提交的证据,在期满后提交的,商标评审委员会将证据交对方当事人并质证后可以采信。

对当事人在法定期限内提供的证据材料,有对方当事人的,商标评审委员会应当将该证据材料副本送达给对方当事人。当事人应当在收到证据材料副本之日起30日内进行质证。

第二十四条 当事人应当对其提交的证据材料逐一分类编号和制作目录清单,对证据材料的来源、待证的具体事实作简要说明,并签名盖章。

商标评审委员会收到当事人提交的证据材料后,应当按目录清单核对证据材料,并由经办人员在回执上签收,注明提交日期。

第二十五条　当事人名称或者通信地址等事项发生变更的,应当及时通知商标评审委员会,并依需要提供相应的证明文件。

第二十六条　在商标评审程序中,当事人的商标发生转让、移转的,受让人或者承继人应当及时以书面方式声明承受相关主体地位,参加后续评审程序并承担相应的评审后果。

未书面声明且不影响评审案件审理的,商标评审委员会可以将受让人或者承继人列为当事人做出决定或者裁定。

第三章　审　理

第二十七条　商标评审委员会审理商标评审案件实行合议制度。但有下列情形之一的案件,可以由商标评审人员一人独任评审:

(一)仅涉及商标法第三十条和第三十一条所指在先商标权利冲突的案件中,评审时权利冲突已消除的;

(二)被请求撤销或者无效宣告的商标已经丧失专用权的;

(三)依照本规则第三十二条规定应当予以结案的;

(四)其他可以独任评审的案件。

第二十八条　当事人或者利害关系人依照实施条例第七条和本规则第七条的规定对商标评审人员提出回避申请的,被申请回避的商标评审人员在商标评审委员会做出是否回避的决定前,应当暂停参与本案的审理工作。

商标评审委员会在做出决定、裁定后收到当事人或者利害关系人提出的回避申请的,不影响评审决定、裁定的有效性。但评审人员确实存在需要回避的情形的,商标评审委员会应当依法做出处理。

第二十九条　商标评审委员会审理商标评审案件,应当依照实施条例第五十二条、第五十三条、第五十四条、第五十五条、第五十六条的规定予以审理。

第三十条　经不予注册复审程序予以核准注册的商标,原异议人向商标评审委员会请求无效宣告的,商标评审委员会应当另行组成合议组进行审理。

第三十一条　依照商标法第三十五条第四款、第四十五条第三款和实施条例第十一条第(五)项的规定,需要等待在先权利案件审理结果的,商标评审委员会可以决定暂缓审理该商标评审案件。

第三十二条 有下列情形之一的,终止评审,予以结案:

(一)申请人死亡或者终止后没有继承人或者继承人放弃评审权利的;

(二)申请人撤回评审申请的;

(三)当事人自行或者经调解达成和解协议,可以结案的;

(四)其他应当终止评审的情形。

商标评审委员会予以结案,应当书面通知有关当事人,并说明理由。

第三十三条 合议组审理案件应当制作合议笔录,并由合议组成员签名。合议组成员有不同意见的,应当如实记入合议笔录。

经审理终结的案件,商标评审委员会依法做出决定、裁定。

第三十四条 商标评审委员会做出的决定、裁定应当载明下列内容:

(一)当事人的评审请求、争议的事实、理由和证据;

(二)决定或者裁定认定的事实、理由和适用的法律依据;

(三)决定或者裁定结论;

(四)可以供当事人选用的后续程序和时限;

(五)决定或者裁定做出的日期。

决定、裁定由合议组成员署名,加盖商标评审委员会印章。

第三十五条 对商标评审委员会做出的决定、裁定,当事人不服向人民法院起诉的,应当在向人民法院递交起诉状的同时或者至迟15日内将该起诉状副本抄送或者另行将起诉信息书面告知商标评审委员会。

除商标评审委员会做出的准予初步审定或者予以核准注册的决定外,商标评审委员会自发出决定、裁定之日起4个月内未收到来自人民法院应诉通知或者当事人提交的起诉状副本、书面起诉通知的,该决定、裁定移送商标局执行。

商标评审委员会自收到当事人提交的起诉状副本或者书面起诉通知之日起4个月内未收到来自人民法院应诉通知的,相关决定、裁定移送商标局执行。

第三十六条 在一审行政诉讼程序中,若因商标评审决定、裁定所引证的商标已经丧失在先权利导致决定、裁定事实认定、法律适用发生变化的,在原告撤诉的情况下,商标评审委员会可以撤回原决定或者裁定,并依据新的事实,重新做出商标评审决定或者裁定。

商标评审决定、裁定送达当事人后,商标评审委员会发现存在文字错误等非实质性错误的,可以向评审当事人发送更正通知书对错误内容进行更正。

第三十七条　商标评审决定、裁定经人民法院生效判决撤销的，商标评审委员会应当重新组成合议组，及时审理，并做出重审决定、裁定。

重审程序中，商标评审委员会对当事人新提出的评审请求和法律依据不列入重审范围；对当事人补充提交的足以影响案件审理结果的证据可以予以采信，有对方当事人的，应当送达对方当事人予以质证。

【北京法院商标行政案件的规范文件】

1.《北京市高级人民法院商标授权确权行政案件审理指南》（20190424）

2.7【商标权无效宣告的审查范围】

商标权无效宣告请求行政案件中，商标评审部门一般应当针对当事人申请和答辩的事实、理由及请求进行审查，商标评审部门超出前述范围进行评审，当事人据此主张违反法定程序的，可以予以支持。

2.8【商标行政诉讼中审查范围的确定】

商标行政诉讼中，一般应根据原告的诉讼请求及理由确定审查范围。原告虽未提出主张，但被诉裁决存在明显不当的，应当在各方当事人陈述意见后，对相关事由进行审查并作出裁判，但不能超出被诉裁决的审查范围。

当事人在商标评审程序中提出了多项理由，商标评审部门仅依据部分理由作出被诉裁决，且认定结论有误，当事人主张撤销被诉裁决的，可以予以支持，对商标评审部门未审查的事由不宜直接予以支持。

2.9【"绝对理由"和"相对理由"的同时适用】

商标评审部门依据商标法第十条、第十一条、第十二条的规定和第三十条、第三十一条的规定作出驳回诉争商标注册申请的决定，不能仅以商标评审部门同时适用商标法第十条、第十一条、第十二条的规定和第三十条、第三十一条的规定进行审查为由撤销被诉决定。

4."一事不再理"的认定

4.1【"相同的事实"】

当事人依据在原行政行为之后新发现的证据，或者在原行政程序中因客观原因无法取得或在规定期限内不能提供的证据提出的申请，不属于以"相同的事实"再次提出申请。

下列情形属于以"相同的事实"再次提出申请：

(1)当事人依据在原行政程序中能够获得但无正当理由未予提交的图书馆查询资料等证据,再次提出申请的;

(2)当事人主张侵害在先著作权,在原行政程序中提交了相关作品,仅依据新取得的著作权登记证书,再次提出申请的。

4.2【"相同的理由"】

下列情形不属于以"相同的理由"再次提出申请:

(1)原行政程序中仅对当事人主张的部分理由进行了审理,该当事人对未经审理的其他理由,再次提出申请的;

(2)当事人依据在原行政程序中未涉及的引证商标,再次提出申请的;

(3)当事人在原行政程序中,依据商标法第十三条提出申请,商标评审部门主动转换适用商标法第三十条,且未予支持,当事人再次依据商标法第十三条提出申请的;

(4)商标异议复审程序中,当事人依据2001年商标法第十条第一款第(七)项提出申请,商标评审部门主动转换适用2001年商标法第十条第一款第(八)项并予以支持,经行政诉讼程序认为该申请不能成立,诉争商标被核准注册,当事人再次依据2013年商标法第十条第一款第(八)项提出无效宣告请求的。

4.3【以"相同事实和理由"再次提出评审申请】

当事人以"相同事实和理由"再次提出评审申请的,商标评审部门不予受理或者依据商标法实施条例第五十七条规定予以驳回,当事人主张违反法定程序的,不予支持。

6.4【逾期作出被诉裁决的处理】

商标行政诉讼中,商标评审部门未按商标法第三十四条、第三十五条、第四十四条、第四十五条、第四十九条规定的法定期限作出被诉裁决,但未对当事人权利产生实际影响的,当事人据此主张违反法定程序的,不予支持。

17. 商标法第四十四第一款的适用

17.1【"欺骗手段"的认定】

同时具备下列情形的,可以认定属于商标法第四十四条第一款规定的"以欺骗手段取得注册":

(1)诉争商标申请人存在使商标行政机关因受到欺骗而陷入错误认知的主观意愿;

(2)诉争商标申请人存在以弄虚作假的手段从商标行政机关取得商标

注册的行为；

(3)商标行政机关陷入错误认识而作出的行政行为系基于诉争商标申请人的行为所产生，二者之间具有直接的因果关系。

17.2【“其他不正当手段”的认定】

“其他不正当手段”是指以欺骗手段以外的其他方式扰乱商标注册秩序、损害公共利益、不正当占用公共资源或者谋取不正当利益，以使诉争商标获准注册的行为，包括诉争商标申请人采取大批量、规模性抢注他人具有一定知名度的商标等手段的行为。

同时具备下列要件的，可以认定属于商标法第四十四条第一款规定的“以其他不正当手段取得注册”：

(1)适用主体是该商标的申请注册人，但有证据证明诉争商标现注册人与申请注册人之间具有特定关系，或对于申请注册诉争商标的行为具有意思联络的除外；

(2)适用对象既包括已经注册的商标，也包括申请注册的商标；

(3)申请注册行为扰乱商标注册秩序、损害社会公共利益，或者属于不正当占用公共资源、以其他方式谋取不正当利益的；

(4)申请注册行为未仅损害特定民事权益。

17.3【“其他不正当手段”具体情形的认定】

具有下列情形之一的，可以认定属于商标法第四十四条第一款规定的“以其他不正当手段取得注册”：

(1)诉争商标申请人申请注册多件商标，且与他人具有较强显著性的商标或者较高知名度的商标构成相同或者近似，既包括对不同商标权利人的商标在相同或类似商品、服务上申请注册的，也包括针对同一商标权利人的商标在不相同或不类似商品或者服务上申请注册的；

(2)诉争商标申请人申请注册多件商标，且与他人企业名称、社会组织名称、有一定影响商品的名称、包装、装潢等商业标识构成相同或者近似标志的；

(3)诉争商标申请人具有兜售商标，或者高价转让未果即向在先商标使用人提起侵权诉讼等行为的。

17.4【“其他不正当手段”具体情形的例外】

诉争商标申请人具有本审理指南第17.3条规定的情形，但诉争商标申请注册的时间较早，且在案证据能够证明诉争商标申请人对该商标具有真实使用意图并实际投入商业使用的,可以根据具体情况,认定诉争商标不构成"以其他不正当手段取得注册"的情形。

17.5【"其他不正当手段"条款适用的限制】

审理商标不予注册复审、商标权无效宣告请求等行政案件时,根据在案证据能够适用商标法其他条款对诉争商标不予注册或宣告无效的,不再适用商标法第四十四条第一款。

2.《北京市高级人民法院关于规范商标行政诉讼案由的意见》(京高法发〔2014〕392号,20140904)

一、不服商标评审委员会、商标局具体行政行为提起诉讼案件的案由

(四)商标权无效宣告复审行政纠纷

商标权无效宣告复审行政纠纷是指,商标注册人不服商标局作出的宣告其注册商标专用权无效的决定,向商标评审委员会申请复审,商标评审委员会作出宣告其注册商标专用权无效(包括部分无效)的决定,商标注册人不服该决定提起的行政诉讼。

(五)商标权无效宣告请求行政纠纷

商标权无效宣告请求行政纠纷是指,当事人不服商标评审委员会作出的维持争议商标专用权有效或者宣告争议商标专用权无效(包括部分无效)的裁定提起的行政诉讼。

【法院参考案例】

(一)以欺骗手段或者其他不正当手段取得注册

1.【最高院"UL及图"案】注册商标受让人是否善意与诉争商标是否因违反商标法第四十四条而应被宣告无效没有法律上的因果关系,故受让诉争商标时是否善意并不影响诉争商标应否被宣告无效〔武战与国家知识产权局商标权无效宣告请求行政纠纷再审申请案,最高人民法院行政裁定书(2020)最高法行申6437号〕。

2.【最高院"KOHL'S"案】当事人在中国大陆地区并不存在在先权利,基于诉争商标申请人以复制、摹仿的手段大量注册他人知名的在先注册商标

的近似商标，可以参照适用商标法第四十四条第一款，认定其以不正当手段申请注册，不应予以核准〔科尔士公司(原科尔士伊利诺斯公司)与国家知识产权局商标异议复审行政纠纷再审案，最高人民法院行政判决书(2018)最高法行再77号〕。

3.【最高院"GLASHUTTE"案】认定商标是否属于商标法第四十一条规定的"其他不正当手段取得注册"，应当以涉案商标"取得注册"时的事实状态为依据，商标后续转让行为不能改变商标注册经"其他不正当手段"的认定〔格拉舒特图书有限公司与国家知识产权局、格拉苏蒂制表有限公司商标异议复审行政纠纷再审案，最高人民法院行政判决书(2018)最高法行再4号〕。

4.【最高院"埃索"案】申请注册多个与他人知名商标相近似的标志，是扰乱正常的商标注册管理秩序，违背公序良俗，属于"以其他不正当手段取得注册"〔桂林埃索技术有限公司与国家知识产权局商标异议复审行政纠纷再审申请案，最高人民法院行政裁定书(2018)最高法行申749号〕。

人民法院审查判断诉争商标是否属于"以其他不正当手段取得注册"，要考虑其是否属于欺骗手段以外的扰乱商标注册秩序、损害公共利益、不正当占用公共资源或者以其他方式谋取不正当利益的手段。本案中，美孚公司的"ESSO"品牌及其中文译名"埃索"在中国大陆地区具有较高的知名度，但埃索公司却在多个商品类别上申请注册了包含"埃索"文字的商标，具有攀附美孚公司商标商誉的故意。此外，埃索公司还申请了"脑黄金""蓝魔""冷白金"等多个和他人知名商标相近似的标志。埃索公司的上述行为扰乱了正常的商标注册管理秩序，违背了公序良俗，二审法院参照适用2001年商标法第四十一条第一款规定，认为诉争商标不应当予以核准注册，并无不当。

5.【最高院"SFC"案】评判当事人是否具有囤积商标营利的不正当目的，应综合考虑注册资本额、经营范围、注册商标的数量和商品/服务种类以及法定代表人是否曾从事知识产权代理等因素〔泉州市泉港区春回大地电子科技有限公司与国家知识产权局商标权无效宣告请求行政纠纷再审申请案，最高人民法院行政裁定书(2019)最高法行申2869号〕。

6.【最高院"海棠湾"案】"以其他不正当手段取得注册"是指以欺骗手段以外的扰乱商标注册秩序、损害公共利益、不正当占用公共资源或者以其他方式谋取不正当利益的手段取得注册；民事主体申请注册商标，应有使用的真实意图，其申请注册商标行为应具有合理性或正当性〔李隆丰与国家工商行政管理总局商标评审委员会、三亚市海棠湾管理委员会商标争议行政纠纷再审申请案，最高人民法院行政裁定书（2013）知行字第41、42号〕。

7.【北京高院"格美"案】"以欺骗手段和其他不正当手段取得他人商标注册"的适用对象是商标的申请注册人的行为，且不适用"善意取得"〔吴冠珊等与国家知识产权局商标权无效宣告请求行政纠纷上诉案，北京市高级人民法院行政判决书（2020）京行终7095号〕。

商标法第四十四条第一款规定，已经注册的商标，违反本法第十条、第十一条、第十二条规定的，或者以欺骗手段和其他不正当手段取得他人商标注册的，由商标局宣告该注册商标无效；其他单位或者个人可以请求商标评审委员会宣告该注册商标无效。该条款适用主体是该商标的申请注册人，且不适用"善意取得"。本案中，诉争商标为"格美 GEMEI"，虽系吴冠珊经原注册人富利华商店转让所得，但富利华商店除注册诉争商标外，还先后在第7类、第11类、第19类等多个类别申请注册了270余件商标，其中包括"新飞扬""双星""华夏好太太""红双喜""宏基""真功夫""荣华""苹果 APPLE""马可波罗""宝洁""三星"等与其他知名品牌相同或近似的商标，其申请商标的数量已经远远超出正常使用的需要，具有不正当竞争的目的，损害公平竞争，扰乱了市场秩序，亦扰乱了商标注册、使用和管理的秩序，违反了诚实信用原则，侵犯他人合法权益，已构成商标法第四十四条第一款所指"以欺骗手段和其他不正当手段取得他人商标注册"之情形。

8.【北京高院"HUDABEAUTY"案】认定商标申请人采取大批量、规模性抢注他人具有一定知名度的商标等行为时应当采取审慎原则〔浙江欣妃化妆品有限公司等与国家知识产权局商标权无效宣告请求行政纠纷上诉案，北京市高级人民法院行政判决书（2020）京行终3067号〕。

"其他不正当手段"是指以欺骗手段以外的其他方式扰乱商标注册秩序、损害公共利益、不正当占用公共资源或者谋取不正当利益。在认定商标申请人采取大批量、规模性抢注他人具有一定知名度的商标等行为时，应当采取审慎原则。一方面,对确属以囤积商标进而通过转让等方式牟取商业利益为目的,大量申请注册他人具有较高知名度的商标,明显违背商标内在价值,并会对商标注册秩序产生消极影响,有碍于社会主义市场经济诚实守信经营秩序建立的行为,应当予以有效规制;另一方面,也应当考虑现行的商标注册制度,对于能够证明诉争商标申请人对其商标具有真实使用意图并实际投入商业使用的,可以根据具体情况,认定诉争商标不构成"以其他不正当手段取得注册"的情形。

9.【北京高院"SAFETY JOGGER"案】申请商标之后有使用商标的真实意图,同时也已实际使用了注册商标的,通常不宜依据商标法第四十四条第一款"其他不正当手段取得注册"的规定宣告其无效〔葛天那有限公司与温州宝汉鞋业有限公司、国家知识产权局商标权无效宣告请求行政纠纷再审案,北京市高级人民法院行政判决书(2019)京行再10号〕。

依照商标法立法宗旨,商标的注册应当是以具有真实使用的意图为前提。商标法第四十四条第一款的立法目的之一是制止以不正当手段取得商标注册的行为。若申请人以囤积商标进而通过转让等方式牟取商业利益为目的,大量申请注册他人具有较高知名度的商标,则违背了商标制度的价值目标,同时还将影响商标的正常注册秩序,有碍于商品经济中诚实守信的经营者进行正常经营。但是,如果申请人申请商标后,有使用商标的真实意图,同时也已实际使用了该商标的,通常不宜依据商标法第四十四条第一款规定宣告其无效。

10.【北京高院"牛忠喜及图"案】通常情况下,同时具备下列情形的,可以认定属于"以欺骗手段取得注册":诉争商标申请人存在使商标行政机关因受到欺骗而陷入错误认知的主观意愿;诉争商标申请人存在以弄虚作假的手段从商标行政机关取得商标注册的行为;商标行政机关陷入错误认识而作出的行政行为系基于诉争商标申请人的行为所产生,二者之间具有直接的因果关系〔牛奔与新乡市牛忠喜烧饼店有限公司等商标权无效宣告行政纠纷上诉案,北京市高级人民法院行政判决书(2020)京行终2843号〕。

11.【北京高院"KROKO"案】"其他不正当手段"取得注册的行为包括:申请注册多件与他人具有较强显著性的商标或者较高知名度的商标构成相

同或者近似的商标；申请注册多件与他人企业名称、社会组织名称、有一定影响商品的名称、包装、装潢等商业标识构成相同或者近似标志的商标；兜售商标或高价转让未果即向在先商标使用人提起侵权诉讼；大量申请注册商标用以囤积，没有真实使用意图等行为〔深圳市华泰安电子科技有限公司等与国家知识产权局商标无效宣告请求行政纠纷上诉案，北京市高级人民法院行政判决书(2020)京行终 6896 号〕①。

12.【北京高院“埃索”案】无正当理由而抢注多件与他人具有较强显著性或较高知名度的商标构成相同或近似的商标属于“以其他不正当手段”取得商标注册〔桂林埃索技术有限公司等与国家知识产权局商标权无效宣告请求行政纠纷上诉案，北京市高级人民法院行政判决书(2020)京行终 4296 号〕。

13.【北京高院“KEEP”案】关联公司大量注册与他人在先使用的权利标志相同或近似的商标——与多家初创科技型企业的企业名称、商标、产品名称相同——攀附他人商誉以谋取不正当利益，构成“以欺骗手段或者其他不正当手段取得注册”〔北京卡路里信息技术有限公司等与国家知识产权局商标权无效宣告请求行政纠纷上诉案，北京市高级人民法院行政判决书(2020)京行终 2554 号〕。

14.【北京高院“popstar”案】没有真实使用意图和使用行为而注册大量高度知名度游戏软件名称，属于商标法第四十四条第一款规定的“其他不正当手段”〔嘉丰永道(北京)科技股份有限公司与国家知识产权局、掌游天下(北京)信息技术股份有限公司商标权无效宣告请求行政纠纷上诉案，北京市高级人民法院行政判决书(2019)京行终 8201 号〕。

15.【北京高院“xxio”案】在审查是否构成以欺骗手段或者其他不正当手段取得注册的情况时，要考虑是否扰乱商标注册秩序、损害公共利益、不正

---

① 类似案例参见 ITHK TM 有限公司、国家知识产权局与瑞安市索罗门鞋业有限公司商标权无效宣告请求行政纠纷上诉案，北京市高级人民法院行政判决书(2020)京行终 1031 号；贺惇等与国家知识产权局商标权无效宣告请求行政纠纷上诉案，北京市高级人民法院行政判决书(2019)京行终 9817 号。

当占用公共资源，对只损害特定民事权益的情形不应适用该条款〔住友橡胶工业株式会社等与国家知识产权局商标不予注册复审行政纠纷上诉案，北京市高级人民法院行政判决书(2019)京行终4310号〕①。

16.【北京高院"马诺罗·贝丽嘉MANOLO&BLAHNIK"案】"以欺骗手段或者其他不正当手段取得注册"主要是指注册手段而不是注册目的具有不正当性〔马诺娄·布拉尼克等与国家工商行政管理总局商标评审委员会商标权无效宣告请求行政纠纷上诉案，北京市高级人民法院行政判决书(2019)京行终753号〕。

17.【北京高院"nikemao尼可猫"案】当事人及其关联公司申请注册大量商标，包含很多与他人在先使用的权利标识、企业名称等相同或近似的商标，且在网上公开售卖，此种囤积商标、以销售为目的的注册商标的行为扰乱了商标注册秩序，损害了社会公共利益，构成"以其他不正当手段取得注册"的情形〔国家工商行政管理总局商标评审委员会等与耐克创新有限合伙公司商标权无效宣告请求行政纠纷上诉案，北京市高级人民法院行政判决书(2018)京行终3936号〕。

18.【北京高院"FACEBOOK"案】商标局、商标评审委员会及法院在商标申请审查、核准及相应诉讼程序中，若发现商标注册申请人是以欺骗手段或者其他不正当手段申请注册商标的，可以参照商标法第四十四条第一款，制止不正当的商标申请注册行为〔刘红群与菲丝博克公司、国家工商行政管理总局商标评审委员会商标异议复审行政纠纷上诉案，北京市高级人民法院行政判决书(2016)京行终475号〕②。

---

① 类似案例参见同济大学与国家工商行政管理总局商标评审委员会、华中科技大学同济医学院附属同济医院商标争议行政纠纷上诉案，北京市高级人民法院行政判决书(2012)高行终字第703号。

② 类似案例参见国家工商行政管理总局商标评审委员会等与安国市金泰副食品有限责任公司商标异议复审行政纠纷上诉案，北京市高级人民法院行政判决书(2015)高行(知)终字第659号。

19.【北京高院"AmCham"案】公司董事离职后,其担任法定代表人的公司在多类别商品或者服务上大量申请注册与原任职公司相同或近似的商标,有违商标法诚实信用的基本原则,属于"其他不正当手段取得注册"〔中国美国商会、国家工商行政管理总局商标评审委员会与美国俱乐部商标异议复审行政纠纷上诉案,北京市高级人民法院行政判决书(2016)京行终2802号〕。

20.【北京高院"蜡笔小新"案】抢注知名动漫人物的名称或卡通形象,伴有大批量、规模性抢注商标并转卖牟利的行为,构成"以其他不正当手段取得注册"的情形〔江苏蜡笔小新服饰有限公司与国家工商行政管理总局商标评审委员会商标争议行政纠纷上诉案,北京市高级人民法院行政判决书(2011)高行终字第1428号〕。

(二)程序规则

1.【最高院"富士寶"案】人民法院对提交的新证据不予采纳的限定条件是原告依法应当提供而拒不提供,不提供的后果是人民法院一般不予采纳,并非一概不予采纳〔吴树填与国家工商行政管理总局商标评审委员会、佛山市富士宝电器科技股份有限公司商标争议行政纠纷再审申请案,最高人民法院驳回再审申请通知书(2011)知行字第9号〕。

人民法院对提交的新证据不予采纳的限定条件是原告依法应当提供而拒不提供,不提供的后果是人民法院一般不予采纳,并非一概不予采纳。本案中,二审法院考虑本案的具体情形并同时考虑行政诉讼救济价值,对于当事人未能在行政程序中提供有效证明自己主张的证据,判令商标评审委员会在综合原有证据以及当事人在诉讼过程中提交的证据的基础上,重新对本案争议商标作出裁定亦无不当。

2.【最高院"采乐"案】对已决的商标争议案件,商标评审委员会如果要受理新的评审申请,必须以存在新的事实或理由为前提。新的事实应该是以新证据证明的事实,而新证据应该是在裁定或者决定之后新发现的证据,或者确实是在原行政程序中因客观原因无法取得或在规定的期限内不能提供的证据〔佛山市圣芳(联合)有限公司与国家工商行政管理总局商标评审委员会、强生公司商标争议行政纠纷再审案,最高人民法院行政判决书(2008)

行提字第 2 号,列入最高人民法院公布的 2009 年中国法院知识产权司法保护 10 大案件〕。

3.【北京高院"WindJet"案】对于裁决已经生效的商标评审案件,须提交前一程序中没有的新证据证明"新的事实"才可基于同样理由提起商标评审请求〔喷雾系统公司等与国家知识产权局、东莞市金梦喷雾净化科技有限公司商标权无效宣告请求行政纠纷上诉案,北京市高级人民法院行政判决书(2019)京行终 7011 号〕。

对于一个已有生效裁决的商标评审案件,并非只要提交了不同于前一程序的证据就可以认定构成"新的事实"。新的事实应该是以新证据证明的事实,而新证据应该是在原裁定或者决定之后新发现的证据,或者确实是在原行政程序中因客观原因无法取得或在规定的期限内不能提供的证据。如果将本可以在以前的行政程序中提交的证据作为新证据接受,就会使法律对启动行政程序事由的限制形同虚设,不利于形成稳定的法律秩序。

4.【北京高院"卡拉利"案】当事人依据"相同的理由"再次提起评审申请应当证明支持该理由成立的相关事实发生了实质性变化〔康纳利爱尔兰有限公司等与国家工商行政管理总局商标评审委员会商标权无效宣告请求行政纠纷上诉案,北京市高级人民法院行政判决书(2019)京行终 4598 号〕。

《最高人民法院关于审理商标授权确权行政案件若干问题的规定》第二十九条第一款规定:"当事人依据在原行政行为之后新发现的证据,或者在原行政程序中因客观原因无法取得或在规定的期限内不能提供的证据,或者新的法律依据提出的评审申请,不属于以'相同的事实和理由'再次提出评审申请。"当事人依据在原行政程序中能够获得但无正当理由未予提交的证据再次提出申请的,属于以"相关事实"再次提出申请。此外,当事人依据"相同的理由"再次提起评审申请的情况下,还应当举证证明支持该理由成立的相关事实发生了实质性变化。当事人提交的证据系裁定作出后新形成的证据,但该证据与本案争议的事实不存在直接关联,无法证明相应事实发生了实质性变化。如果依据与前案相同的理由提出商标无效宣告请求,违反商标法实施条例第六十二条规定所指的"以相同的事实和理由再次提出评审申请",违反"一事不再理原则"。

5.【北京高院“钢笔头”立体商标案】应当根据无效宣告请求书实际载明的内容，确定商标无效宣告所依据的法律条款和事实理由；当事人在商标无效宣告请求书没有援引的具体法条，但明确主张的法律理由，同样属于商标评审范围〔国家工商行政管理总局商标评审委员会等与上海欧鳄文化用品有限公司商标权无效宣告请求行政纠纷上诉案，北京市高级人民法院行政判决书(2018)京行终78号〕。

(1)注册商标无效宣告制度的设立，旨在对原本依法不得作为商标使用、注册但因各种原因而已经获得商标注册的标志，或者以欺骗手段、其他不正当手段取得注册的商标，通过事后救济途径予以无效宣告，从而维护商标注册管理秩序以及市场经济秩序，保障利害关系人和社会公众的利益。

(2)在适用商标法实施条例第五十四条的规定，确定商标评审委员会无效宣告请求案件审理范围时，应当从立法本意出发准确理解相关术语的含义，而非仅仅局限于商标法实施条例条文的字面含义作狭义的理解。具体而言，商标法实施条例第五十四条中的“当事人申请和答辩的事实、理由及请求”不应仅仅理解为当事人在无效宣告申请书相关部分明确列明法条序号的内容，而是应当根据无效宣告请求书实际载明的内容，确定其所依据的法律条款和事实理由。如果将当事人请求和答辩的事实、理由仅仅理解为其在相关申请书、答辩书中明确列明法条序号的内容，而不将其未列明法条序号但已实际指出的内容作为请求、答辩的事实、理由对待，则会在客观上对权利人和利害关系人提出无效宣告请求设置徒具形式意义的程序，增加权利人和利害关系人的诉累，不利于当事人合法权益的实质性保护。

6.【北京知产法院“蓝之蓝”案】商标评审委员会在商标无效宣告程序中应当及时进行审理，超出法定期限属于程序瑕疵，人民法院有权予以纠正〔江苏蓝之蓝酒业股份有限公司与国家工商行政管理总局商标评审委员会商标权无效宣告请求行政纠纷案，北京知识产权法院行政判决书(2016)京73行初3753号〕。

编者说明

(一)本条注释涵盖的内容范围

1. 宣告注册商标无效的绝对理由包括商标法第四条、第十条、第十一条、第十二条、第十九条第四款规定，以及“以欺骗手段或者其他不正当手段取得注册”。“以欺骗手段或者其他不正当手段取得注册”是商标核准注册的实质条件,是本条注释的焦点;其他商标核准注册需要符合的绝对理由,注释参见相应法条。

2. 宣告注册商标无效属于商标评审程序,也是本条注释的要点。值得注意的是,商标法第四十五条涉及相对理由的注册商标无效宣告程序,与本条在法律程序上具有共通规则。为避免不必要的重复,商标法第四十五条的注释内容不再涉及宣告注册商标无效程序的共通性规范。

(二)“以欺骗手段或者其他不正当手段取得注册”

商标法第四十四条本是注册商标无效宣告的程序规定,但“以欺骗手段或者其他不正当手段取得注册”却是决定注册商标效力的实体规范。它不同寻常的位置有不同寻常的历史渊源。这一规范最早是商标法 1993 年修正时引入。商标法(1993 年)第二十七条第一款规定:“已经注册的商标,违反本法第八条规定的,或者是以欺骗手段或者其他不正当手段取得注册的,由商标局撤销该注册商标;其他单位或者个人可以请求商标评审委员会裁定撤销该注册商标。”同时,1993 年修订的商标法实施细则第二十五条将本条规定进行细化,其第一款规定:“下列行为属于《商标法》第二十七条第一款所指的以欺骗手段或者其他不正当手段取得注册的行为:(1)虚构、隐瞒事实真相或者伪造申请书件及有关文件进行注册的;(2)违反诚实信用原则,以复制、模仿、翻译等方式,将他人已为公众熟知的商标进行注册的;(3)未经授权,代理人以其名义将被代理人的商标进行注册的;(4)侵犯他人合法的在先权利进行注册的;(5)以其他不正当手段取得注册的。”

2001 年商标法修正时,商标法实施细则(1993 年)第二十五条第一款第(2)—(4)项各自独立提升成为法条,并成为商标法(2001 年)第四十一条第二款规定之商标无效宣告的相对理由;而其中第(1)项和第(5)项合并成为商标法(2001 年)第四十一条第一款,与商标法(2001 年)第十条、第十一条和第十二条一起被作为注册商标无效宣告的绝对理由。商标法(2001 年)第四十一条第一款即是商标法(2019 年)第四十四条第一款。

从字面和逻辑关系来看,既然“以欺骗或其他不正当手段取得注册”纳入商标法第四十四条第一款作为商标宣告无效的绝对理由,则应该保护公共利益和注册秩序,而不是私利。《最高人民法院关于审理商标授权确权行政案件若干问题的规定》第二十四条明确“以欺骗手段以外的其他方式扰乱商标注册秩序、损害公共利益、不正当占用公共资源或者谋取不正当利益的”,属于商标法第四十四条第一款规定的“其他不正当手段”。此司法解释 2020 年修正,这一条文没有改变。

《商标审查审理指南》(2021 年)采用基本相同的口径,但强调"违反诚实信用原则"。其规定"以其他不正当手段取得商标注册的行为"是指"此种情形是指确有充分证据证明系争商标注册人采用欺骗手段以外的扰乱商标注册秩序、损害公共利益、不正当占用公共资源或者以其他方式谋取不正当利益等其他不正当手段取得注册,其行为违反了诚实信用原则,损害了公共利益。对于只是损害特定民事权益的情形,则应适用商标法第四十五条及商标法的其他相应规定进行审查判断"。特别地,其认为以下两种情况均属于"其他不正当手段取得注册":(1)系争商标申请人申请注册多件商标,且与他人具有较强显著性的商标构成相同或者近似的;(2)系争商标申请人申请注册多件商标,且与他人字号、企业名称、社会组织及其他机构名称、知名商品的特有名称、包装、装潢等构成相同或者近似的。【北京高院"KROKO"案】【北京高院"埃索"案】【北京高院"KEEP"案】等采用基本相同的观点。

然而,值得争议的问题是,这两种情形涉及多人的私人利益,但特定多人的私人利益相互独立,仍是私人利益,如何成为"不特定人"的公共利益呢? 法院适用的法律标准还需要一致性。【北京高院"HUDABEAUTY"案】强调,认定商标申请人采取大批量、规模性抢注他人具有一定知名度的商标等行为时应当采取审慎原则。【北京高院"SAFETY JOGGER"案】又明确指出,申请商标之后有使用商标的真实意图,同时也已实际使用了注册商标的,通常不宜依据商标法第四十四条第一款"其他不正当手段取得注册"的规定宣告其无效。法院至少面对一个严峻的问题,即不以使用为目的商标申请与违反诚实信用原则的规范含义不尽相同。

第四十五条【以相对理由宣告注册商标无效】已经注册的商标，违反本法第十三条第二款和第三款、第十五条、第十六条第一款、第三十条、第三十一条、第三十二条规定的，自商标注册之日起五年内，在先权利人或者利害关系人可以请求商标评审委员会宣告该注册商标无效。对恶意注册的，驰名商标所有人不受五年的时间限制。

商标评审委员会收到宣告注册商标无效的申请后，应当书面通知有关当事人，并限期提出答辩。商标评审委员会应当自收到申请之日起十二个月内做出维持注册商标或者宣告注册商标无效的裁定，并书面通知当事人。有特殊情况需要延长的，经国务院工商行政管理部门批准，可以延长六个月。当事人对商标评审委员会的裁定不服的，可以自收到通知之日起三十日内向人民法院起诉。人民法院应当通知商标裁定程序的对方当事人作为第三人参加诉讼。

商标评审委员会在依照前款规定对无效宣告请求进行审查的过程中，所涉及的在先权利的确定必须以人民法院正在审理或者行政机关正在处理的另一案件的结果为依据的，可以中止审查。中止原因消除后，应当恢复审查程序。

【行政法规】

《中华人民共和国商标法实施条例》(20140501)

第四十九条第三款　依照商标法第四十五条第一款规定申请宣告国际注册商标无效的，应当自该商标国际注册申请的驳回期限届满之日起5年内向商标评审委员会提出申请；驳回期限届满时仍处在驳回复审或者异议相关程序的，应当自商标局或者商标评审委员会作出的准予注册决定生效之日起5年内向商标评审委员会提出申请。对恶意注册的，驰名商标所有人不受5年的时间限制。

【司法解释】

《最高人民法院关于审理商标授权确权行政案件若干问题的规定》(法

释〔2017〕2 号,20170301;经法释〔2020〕19 号修正,20210101)

第二十五条 人民法院判断诉争商标申请人是否“恶意注册”他人驰名商标,应综合考虑引证商标的知名度、诉争商标申请人申请诉争商标的理由以及使用诉争商标的具体情形来判断其主观意图。引证商标知名度高、诉争商标申请人没有正当理由的,人民法院可以推定其注册构成商标法第四十五条第一款所指的“恶意注册”。

【注释】①

本解释第二十五条规定了判断商标法第四十五条恶意注册时的考虑因素,同时规定“引证商标知名度高,诉争商标申请人没有正当理由的”,即可推定构成恶意注册。恶意注册是法律条文中单独规定的额外条件,需要予以单独判断,而关于推定的规定则在相当大的程度上减轻了权利人举证的负担,体现了对驰名商标加大保护力度的政策导向。

【司法文件】

1.《最高人民法院关于全面加强知识产权司法保护的意见》(法发〔2020〕11 号,20200415)

3. 加强商业标志权益保护。综合考虑商标标志的近似程度、商品的类似程度、请求保护商标的显著性和知名度等因素,依法裁判侵害商标权案件和商标授权确权案件,增强商标标志的识别度和区分度。充分运用法律规则,在法律赋予的裁量空间内作出有效规制恶意申请注册商标行为的解释,促进商标申请注册秩序正常化和规范化。加强驰名商标保护,结合众所周知的驰名事实,依法减轻商标权人对于商标驰名的举证负担。加强地理标志保护,依法妥善处理地理标志与普通商标的权利冲突。

2.《最高人民法院关于当前经济形势下知识产权审判服务大局若干问题的意见》(法发〔2009〕23 号,20090421)

9. ……对于注册使用时间较长、已建立较高市场声誉和形成自身的相关公众群体的商标,不能轻率地予以撤销,在依法保护在先权利的同时,尊重相

① 参见宋晓明、王闯、夏君丽、董晓敏:《〈关于审理商标授权确权行政案件若干问题的规定〉的理解与适用》,载《人民司法·应用》2017 年第 10 期。

关公众已在客观上将相关商标区别开来的市场实际。要把握商标法有关保护在先权利与维护市场秩序相协调的立法精神,注重维护已经形成和稳定了的市场秩序,防止当事人假商标争议制度不正当地投机取巧和巧取豪夺,避免因轻率撤销已注册商标给企业正常经营造成重大困难。与他人著作权、企业名称权等在先财产权利相冲突的注册商标,因超过商标法规定的争议期限而不可撤销的,在先权利人仍可在诉讼时效期间内对其提起侵权的民事诉讼,但人民法院不再判决承担停止使用该注册商标的民事责任。

【部门参考文件】

《商标审查审理指南》(国家知识产权局公告第462号,20220101;下编)

第十章 复制、摹仿或者翻译他人驰名商标的审查审理

8 恶意注册的判定

复制、摹仿或者翻译他人驰名商标申请注册的,自该商标注册之日起五年内,驰名商标所有人或者利害关系人可请求宣告该系争商标无效,但对属于恶意注册的,驰名商标所有人请求宣告系争商标无效不受五年的时间限制。

判定系争商标申请人是否具有恶意可考虑下列因素:

(1)系争商标申请人与驰名商标所有人曾有贸易往来或者合作关系;

(2)系争商标申请人与驰名商标所有人共处相同地域或者双方的商品或者服务有相同的销售渠道和地域范围;

(3)系争商标申请人与驰名商标所有人曾发生其他纠纷,可知晓该驰名商标;

(4)系争商标申请人与驰名商标所有人曾有内部人员往来关系;

(5)系争商标申请人注册系争商标后具有以牟取不当利益为目的,利用驰名商标的声誉和影响力进行误导宣传,胁迫驰名商标所有人与其进行贸易合作,向驰名商标所有人或者他人索要高额转让费、许可使用费或者侵权赔偿金等行为;

(6)驰名商标具有较强独创性;

(7)其他可以认定为恶意的情形。

【北京法院商标行政案件的规范文件】

1.《北京市高级人民法院商标授权确权行政案件审理指南》(20190424)

6.4【逾期作出被诉裁决的处理】

商标行政诉讼中,商标评审部门未按商标法第三十四条、第三十五条、第四十四条、第四十五条、第四十九条规定的法定期限作出被诉裁决,但未对当事人权利产生实际影响的,当事人据此主张违反法定程序的,不予支持。

18. 商标法第四十五条的适用

18.1【商标法第四十五条属性的确定】

商标法第四十五条第一、二、三款均属于程序条款。

18.2【“五年期间”的认定】

商标法第四十五条第一款规定的“自商标注册之日起五年内”,是指自诉争商标注册公告之日的次日起五年内,该期间不适用中止、中断等情形。

自诉争商标注册公告之日的次日起,方可依据商标法第四十五条第一款的规定提起商标权无效宣告申请。

18.3【超“五年期间”申请主体】

商标法第四十五条第一款规定的“驰名商标所有人”,不包括驰名商标的利害关系人。

18.4【“恶意注册”的认定】

认定商标法第四十五条第一款规定的“恶意注册”,可以综合下列因素:

(1)诉争商标与在先驰名商标近似程度较高;

(2)在先驰名商标具有较强显著性和知名度;

(3)诉争商标指定使用商品与在先驰名商标的商品关联程度较高;

(4)诉争商标申请人与在先驰名商标所有人曾有贸易往来或者合作关系;

(5)诉争商标申请人与在先驰名商标所有人营业地址临近;

(6)诉争商标申请人与在先驰名商标所有人曾发生其他纠纷,足以知晓该驰名商标;

(7)诉争商标申请人与在先驰名商标所有人曾有内部人员往来关系;

(8)诉争商标申请人申请注册该商标后,具有攀附在先驰名商标商誉的行为;

(9)诉争商标申请人大量注册他人具有较强显著性和知名度的商标。

2.《北京市高级人民法院关于规范商标行政诉讼案由的意见》(京高法发〔2014〕392 号,20140904)

一、不服商标评审委员会、商标局具体行政行为提起诉讼案件的案由

(五)商标权无效宣告请求行政纠纷

商标权无效宣告请求行政纠纷是指,当事人不服商标评审委员会作出的维持争议商标专用权有效或者宣告争议商标专用权无效(包括部分无效)的裁定提起的行政诉讼。

【法院参考案例】

(一)"自商标注册之日起五年内"

1.【最高院"益达"案】商标法第四十五条规定的"商标注册之日"应理解为商标核准注册公告之日〔广州市倩采化妆品有限公司与国家知识产权局商标权无效宣告请求行政纠纷再审申请案,最高人民法院行政裁定书(2019)最高法行申 2874 号〕。

2.【最高院"魅力健将"案】对已注册的商标提出无效申请,应以该商标准予注册公告之日起计算,以保障在先权利人或者利害关系人有效获知商标是否注册,决定是否在商标法规定的五年期限内及时行使相关权利〔杨爱国与国家工商行政管理总局商标评审委员会商标权无效宣告请求行政纠纷再审申请案,最高人民法院行政裁定书(2018)最高法行申 2899 号〕。

商标法第三十六条第二款规定的"初步审定公告三个月期满之日起计算"系经异议不成立而准予注册的商标专用权的保护期限的计算起点。而商标法第四十五条中关于已注册商标的"商标注册之日"是针对已注册商标的商标注册效力的起算时间。商标初审公告以及商标注册公告,均是商标法在不同程序中对商标授权和确权行为的公开公示。对已注册的商标提出无效申请,应以该商标准予注册公告之日起计算,以保障在先权利人或者利害关系人有效获知商标是否注册,决定是否在商标法规定的五年期限内及时行使相关权利。杨爱国对商标法第四十五条"商标注册之日"与第三十六条第

二款中"取得商标专用权的时间"应为同一时间的主张，系对相关规定的误解，本院不予支持。

3.【北京高院"益达"案】商标法第四十五条规定的五年除斥期间自核准注册公告之日起算，而非取得商标专用权之日起算〔广州市倩采化妆品有限公司与国家工商行政管理总局商标评审委员会等商标权无效宣告请求行政纠纷上诉案，北京市高级人民法院行政判决书(2017)京行终2503号〕①。

4.【北京高院"鳄鱼"国际商标案】国际商标注册根据《商标国际注册马德里协定》第五条第(二)和(五)项进入不得拒绝保护的状态，亦即我国商标法所指的"经核准注册"的状态，是计算注册商标无效宣告期限起算日期的唯一合法依据〔(香港)林维尔国际有限公司与国家工商行政管理总局商标评审委员会商标争议行政纠纷上诉案，北京市高级人民法院行政判决书(2005)高行终字第341号〕。

(二)"在先权利人或者利害关系人"

1.【最高院"采埃孚"案】虽然利害关系人多以被许可使用人、合法继承人的形式表现，但利害关系人的范围不应仅限于此，其他有证据证明与案件具有利害关系的主体，亦可以违反商标法第三十二条规定为由，根据第四十五条提起注册商标无效宣告请求；采用相同企业字号且存在投资控股关系的公司，是该字号的利害关系人〔采埃孚转向系统有限公司与国家工商行政管理总局商标评审委员会商标权无效宣告请求行政纠纷再审案，最高人民法院

---

① 就商标法第四十五条第一款规定的五年期限的法律性质，曾有司法意见认为，此期限不适用诉讼时效或除斥期间［参见成昌行粮食有限公司与国家工商行政管理总局商标评审委员会注册商标纠纷案，北京市第一中级人民法院行政判决书(2005)一中行初字第1090号；(香港)成昌行粮食有限公司与国家工商行政管理总局商标评审委员会商标行政纠纷上诉案，北京市高级人民法院行政判决书(2006)高行终字第185号］，现在已经达成共识，此五年期限是除斥期间［参见博内特里塞文奥勒有限公司与国家工商行政管理总局商标评审委员会商标争议行政纠纷上诉案，北京市高级人民法院行政判决书(2010)高行终字第1124号；埃尔梅斯国际与国家工商行政管理总局商标评审委员会商标异议复审行政纠纷上诉案，北京市高级人民法院行政判决书(2012)高行终字第705号］。

行政判决书(2014)行提字第 2 号〕。

2001 年商标法第四十一条第二款(同 2019 年商标法第四十五条)对"利害关系人"的范围没有作出明确界定,参照商标局和商标评审委员会颁布的《商标审查及审理标准》的规定,2001 年商标法第三十一条(同 2019 年商标法第三十二条)所称的"利害关系人",是指在先权利的被许可人以及其他有证据证明与案件有利害关系的主体。司法实践中,虽然利害关系人多以被许可使用人、合法继承人的形式表现,但利害关系人的范围不应仅限于此,其他有证据证明与案件具有利害关系的主体,亦可依据商标法的规定对争议商标提出撤销申请。

2.【北京高院"母乳泉"案】诉争商标是否应依据 2013 年商标法第十三条第二款和第三款、第十五条、第十六条第一款、第三十条、第三十一条、第三十二条规定宣告无效,应当依据申请人提出有效申请启动无效审查程序,国家知识产权局一般不能依职权主动审查诉争商标是否应根据上述条款被宣告无效〔贵州万里春生态农业产业发展有限公司等与国家知识产权局商标权无效宣告请求行政纠纷上诉案,北京市高级人民法院行政判决书(2021)京行终 373 号〕。

3.【北京高院"姐妹图形"案】商标法第四十五条第一款中的"利害关系人"仅指与在先权利有利害关系的人,并不包括与在先权利不具有利害关系、仅因争议商标的注册与否而受到影响的其他人;有权依据 2001 年商标法第二十八条针对已注册商标提起无效宣告的主体,应为在先注册商标的权利人或对该在先注册商标具有利害关系的人,而不是存在民事纠纷的当事人〔上海凌琳日化有限公司等与国家工商行政管理总局商标评审委员会商标权无效宣告行政纠纷上诉案,北京市高级人民法院行政判决书(2018)京行终 2552 号〕。

对于法律条文中特定术语的理解,应当遵循体系化的解释原则。虽然 2013 年商标法第四十五条第一款本身并未对"利害关系人"的范围作出明确,但是,一方面,2013 年商标法第四十五条第一款的"利害关系人"是与"在先权利人"具有并列法律地位的无效宣告请求人,另一方面,2013 年商标法第六十五条、第六十六条中明确规定,"利害关系人"在特定情形下可以寻求司法救济,其地位是与商标注册人相对应的。在同一部法律中,对同一法律术语通常应作相同的理解，因此，“在先权利人或者利害关系人”应解读为“在先权利的权利人或者在先权利的利害关系人”，即由于其在先权利或在先权益有可能受到已注册商标的侵害而提起无效宣告的特定主体。因此，2013 年商标法第四十五条第一款中的“利害关系人”仅指与在先权利有利害关系的人，并不包括与在先权利不具有利害关系、仅因争议商标的注册与否而受到影响的其他人。

（三）“恶意注册的，驰名商标所有人不受五年的时间限制”

1.【最高院“艾慕”案】明知他人商标在某类商品上具有较高知名度，仍在同类商品上申请与其近似的商标，具有攀附他人驰名商标知名度的意图，可推定是恶意申请注册〔周绪泽与爱慕股份有限公司、国家知识产权局商标权无效宣告请求行政纠纷再审申请案，最高人民法院行政裁定书（2020）最高法行申 8365 号〕。

2.【最高院“幸运蜻蜓”案】住所与驰名注册商标的权利人相同，应当知晓该驰名商标，仍在同类商品上申请注册与驰名注册商标近似的商标，属于商标法第四十五条规定的“恶意注册”〔浙江红蜻蜓鞋业股份有限公司与国家知识产权局、第三人浙江红青蛙鞋业有限公司商标权无效宣告请求行政纠纷再审案，最高人民法院行政判决书（2018）最高法行再 178 号〕。

3.【最高院“威仕达玉兰”案】判断争议商标的注册是否具有恶意，不能仅仅考虑商标是否已经达到驰名的程度，即只要是驰名商标，就推定申请注册人具有恶意，而应该根据案件具体情节，从主观意图、客观表现等方面综合判断；经营者应该知晓同行业的驰名商标，复制、摹仿同行业的驰名商标攀附其商誉并申请注册商标，属于“恶意注册”〔宝洁公司与国家工商行政管理总局商标评审委员会等商标权无效宣告请求行政纠纷再审案，最高人民法院行政判决书（2016）最高法行再 12 号〕①。

① 类似案例参见郑丽霞等与国家知识产权局商标权无效宣告请求行政纠纷上诉案，北京市高级人民法院行政判决书（2021）京行终 875 号。

4.【北京高院"约翰史密斯"案】对于在相同或相类似商品上复制、摹仿、翻译他人驰名商标的行为，若已超过五年的期限，驰名商标权利人可以援引驰名商标的相关条款请求对其权利进行救济；诉争商标含有驰名注册商标的组成部分，构成摹仿驰名注册商标〔邹振环等与 A. O. 史密斯公司商标权无效宣告请求行政纠纷上诉案，北京市高级人民法院行政判决书(2020)京行终 4005 号〕①。

5.【北京高院"好达 HAODA"案】商标法第四十五条"对恶意注册的，驰名商标所有人不受五年的时间限制"的规定，属于程序性条款，由商标评审委员会主动审查〔江苏本港投资有限公司与本田技研工业株式会社、国家工商行政管理总局商标评审委员会商标权无效宣告行政纠纷上诉案，北京市高级人民法院行政判决书(2017)京行终 1675 号〕。

(1)我国商标法就其体系和内容而言，是兼具程序性条款与实体性条款的部门法。

(2)商标法第四十五条所述的"对恶意注册的，驰名商标所有人不受五年的时间限制"的规定，本院认为应当属于程序性条款，而非实体性条款。

(3)程序性条款是为实体性条款适用提供了纠纷解决的机制与路径，而实体性条款则是对纠纷解决特别是权利、义务产生实质性影响的具体规定。特别是在商标法体系下的程序性条款，更多体现为按照商标授权、确权不同阶段对诉争商标所启动的相关程序，而实体性条款则是启动具体程序后，对诉争商标的效力状态直接予以判定的依据。因此，"对恶意注册的，驰名商标所有人不受五年的时间限制"规定的目的是申请主体是否可以超过"五年"期限提出无效宣告请求，商标评审委员会是否需要受理该申请，并不会直接对商标权利状态的确定产生实质性影响，即使构成超过"五年"可以受理的情形，亦不必然导致诉争商标应当被予以宣告无效的结论。

(4)商标法体系下的程序性条款一般是商标评审委员会主动审查，而实体性条款特别是在依据商标法第四十五条第一款时，商标评审委员会系基于请求主体的申请被动审查，二者启动的主体不同。具体而言，若申请主体超过"五年"主张宣告无效的，商标评审委员会应当主动审查是否满足注册时

① 类似案例参见昆仑天迅石化(北京)有限公司等与国家知识产权局商标权无效宣告行政纠纷上诉案，北京市高级人民法院行政判决书(2020)京行终 1697 号。

存在恶意,以及是否为驰名商标所有人;而商标评审委员会在审查是否超过“五年”的情形后,对诉争商标是否应当依据商标法具体条款予以宣告无效时,则应当依据申请主体的请求范围予以认定。

(5)商标法体系下的程序性条款是对诉争商标的效力状态产生间接性影响,即该申请主体不符合超过“五年”宣告无效的主体资格,不代表诉争商标即符合商标法具体条款的规定。商标法体系下的实体性条款是对诉争商标的效力状态产生直接性影响,即直接对诉争商标是否符合商标法具体条款予以评价。

6.【北京高院“同济”案】申请注册商标具有合理理由,即便在类似商品上申请注册的商标与他人驰名注册商标相同,也不构成“恶意注册”〔同济大学与国家工商行政管理总局商标评审委员会、第三人华中科技大学同济医学院附属同济医院商标争议行政纠纷上诉案,北京市高级人民法院行政判决书(2012)高行终字第703号,列入最高人民法院公布的2012年中国法院知识产权司法保护50件典型案例〕。

编者说明

(一)本条注释涵盖的内容范围

1. 本条与第四十四条都属于商标无效宣告程序,都适用商标评审规则,二者在法律程序上具有共通规则。为避免不必要重复,就此请参见第四十四条注释的相应内容。但是,本条涉及“商标注册之日起五年内”“利害关系人”等独特的法律概念。它们是本条注释的重要内容。

2. 宣告注册商标无效的相对理由包括商标法第十三条第二款和第三款、第十五条、第十六条第一款、第三十条、第三十一条、第三十二条规定。就其判定的法律标准,请参见相应法条的注释内容。但在“恶意注册”的情况下,驰名商标权利人不受五年期限的限制,这是本条的独有规范,故而构成本条注释的实质内容。

(二)自商标注册之日起“五年内”

我国司法实践认为(比如【北京高院“益达”案】),本条第一款规定之“五年”期间是除斥期间,而不是诉讼时效,故商标评审委员会应该主动审查。此五年期限从商标注册之日起算。本条所称“商标注册之日”是指注册公告之日(参见商标法第三十九条释义)。

本条规定之“五年”除斥期间，是否应该解释为限制商标法第三十二条所规定之在先权利人通过诉讼得到法律救济？在商标授权确权行政程序救济之外，在先权利人可以直接通过民事诉讼程序维护自己的权利。《最高人民法院关于审理注册商标、企业名称与在先权利冲突的民事纠纷案件若干问题的规定》第一条规定：“原告以他人注册商标使用的文字、图形等侵犯其著作权、外观设计专利权、企业名称权等在先权利为由提起诉讼，符合民事诉讼法第一百一十九条规定的，人民法院应当受理。”然而，商标无效宣告程序和民事诉讼程序两种救济之间可能发生冲突。一方面，在先权利人依照商标法第四十五条第一款提起注册商标无效宣告请求受五年期限拘束；另一方面，只要侵权行为持续，在先权利人就可以提起诉讼，不受五年期间的限制。就此，《最高人民法院关于当前经济形势下知识产权审判服务大局若干问题的意见》（法发〔2009〕23号）指出：“与他人著作权、企业名称权等在先财产权利相冲突的注册商标，因超过商标法规定的争议期限而不可撤销的，在先权利人仍可在诉讼时效期间内对其提起侵权的民事诉讼，但人民法院不再判决承担停止使用该注册商标的民事责任。”《最高人民法院关于审理涉及驰名商标保护的民事纠纷案件应用法律若干问题的解释》第十一条也有类似的规定：“被告使用的注册商标违反商标法第十三条的规定，复制、摹仿或者翻译原告驰名商标，构成侵犯商标权的，人民法院应当根据原告的请求，依法判决禁止被告使用该商标，但被告的注册商标有下列情形之一的，人民法院对原告的请求不予支持：（一）已经超过商标法第四十五条第一款规定的请求宣告无效期限的……”

不给予停止侵害的救济限制值得商榷。诉讼时效制度已经足以督促在先权利人行使权利。我国立法者亦未明确商标法第四十五条第一款规定之“商标注册之日五年期”是一般性规则，是对在先权利的“除斥期间”，不限于提起商标无效宣告请求。首先，要求在先权利人在商标注册之日五年期内行使权利，有违正当程序之虞。从商标注册日起的五年期间内，在先权利人可能因为注册商标的有限使用而无从得知侵权行为发生，或者因为旅居国外、身患重病等原因而难以知晓。这些情况之下，如果实行五年除斥期间，则过分苛求在先权利人，而过分偏袒商标抢先注册人。如果在先权利人能够证明，商标抢先注册人知道或应当知道其注册的商标侵犯在先权利，则应该判处停止侵权并赔偿损失。毕竟，商标抢先注册人应该为自己的过错行为承担不利后果。

其次，当在先权利的渊源是全国人民代表大会颁行的法律时，已有法律已然规定权利遭受侵害时的法律救济，商标法何以能够一概性地限制它们？毕竟，在先权利的存在、内容、限制、行使都另有法律规则，法理基础不在于商标法。而且,TRIPS协议第十六条第一款明文规定,注册商标权不得“减损”(prejudice)在先权利。这表明,注册商标专用权保护不应作为限制在先权利保护的理由。

另外,从比较法来看,《欧盟商标条例》[Council Regulation (EC) No 207/2009 of 26 February 2009 on the Community trade mark]第53条第2款把在先权利作为宣告欧盟注册商标无效的相对理由,但是第54条却没有对此限定期限。《德国商标法》第20条第1款规定更为明确:在先权利人侵权的时限为其获知侵权信息和确定的侵权者之日起3年;不知的,为自侵权之日起30年。①

(三)“对恶意注册的,驰名商标所有人不受五年的时间限制”

本条第一款规定,恶意抢注驰名商标,驰名商标所有人不受五年的时间限制。驰名商标持有人何以不受五年除斥期间的限制? 原因在于,在后注册商标人与在先驰名商标人之间的利益平衡不同于在后注册商标人与其他在先权利人之间的利益平衡。就后者而言,《最高人民法院关于当前经济形势下知识产权审判服务大局若干问题的意见》(法发〔2009〕23号)曾指出:“对于注册使用时间较长、已建立较高市场声誉和形成自身的相关公众群体的商标,不能轻率地予以撤销,在依法保护在先权利的同时,尊重相关公众已在客观上将相关商标区别开来的市场实际。要把握商标法有关保护在先权利与维护市场秩序相协调的立法精神,注重维护已经形成和稳定了的市场秩序,防止当事人假商标争议制度不正当地投机取巧和巧取豪夺,避免因轻率撤销已注册商标给企业正常经营造成重大困难。”但是,这对驰名商标并不适用。如果一个商标在争议商标申请注册时已然驰名,则潜在消费者广泛。争议商标自投入市场使用,即容易导致混淆。即便争议商标自注册后一直连续使用五年,也难以形成“相关公众已在客观上将相关商标区别开来的市场实际”。故而,为驰名商标开设例外是合情合理的。

那么何谓“恶意注册”? 既然被抢注的商标是驰名商标,可否推定争议商标的注册人明知而抢先注册? 并非如此。《最高人民法院关于审理商标授权确权行政案件若干问题的规定》第二十五条规定:“人民法院判断诉争商标申请人是否‘恶意注册’他人驰名商标,应综合考虑引证商标的知名度、诉争商标申请人申请诉争商标的理由以及使用诉争商标的具体情形来判断其主观意图。引证商标知名度高、诉争商标申请人没有正当理由的,人民法院可以推定其注册构成商标法第四十五条第一款所指的‘恶意注册’。”【最高院“威仕达玉兰”案】指出,“不能仅仅考虑商标是否已经达到驰名的程度,即只要是驰名商标,就推定申请注册

① 参见《十二国商标法》翻译组译:《十二国商标法》,清华大学出版社2013年版,第85页。

人具有恶意，而应该根据案件具体情形，从主观意图、客观表现等方面综合判断”。就本案，最高人民法院认为存在“恶意注册”。第一，威仕达公司与宝洁公司同为洗化行业经营者；第二，引证商标在争议商标申请注册日前已经具有很高知名度，威仕达公司应当知晓，但仍然申请注册争议商标；第三，威仕达公司实际使用争议商标的过程中具有攀附引证商标商誉的意图。可见，最高人民法院认为，驰名商标的知名度有高低之别，不能一概而论。引证商标被认定为驰名商标还不足以认定“恶意”，因为不足以证明争议商标注册人实际知道引证商标。“恶意注册”要求实际知道，并且故意攀附引证商标商誉。如果引证商标属于家喻户晓的商标，则可以推定“恶意注册”。

第四十六条 【维持或宣告无效之决定、裁定的生效】法定期限届满，当事人对商标局宣告注册商标无效的决定不申请复审或者对商标评审委员会的复审决定、维持注册商标或者宣告注册商标无效的裁定不向人民法院起诉的，商标局的决定或者商标评审委员会的复审决定、裁定生效。

【立法·要点注释】

1. 宣告注册商标无效工作中相关决定的生效时间，为“法定期限届满”。具体来讲，有以下几种情形：

(1)商标局宣告注册商标无效的决定。商标局作出宣告注册商标无效的决定后，在该决定规定的申请复审的期限内，当事人不申请复审的，期限届满时，该决定生效。

(2)商标评审委员会的复审决定。当事人不服商标局作出的宣告注册商标无效的决定，向商标评审委员会申请复审的，商标评审委员会作出复审决定后，在该复审决定规定的起诉期限内，当事人不向人民法院提出诉讼的，期限届满时，该复审决定生效。

(3)商标评审委员会的裁定。又分两种情况：一是当事人请求商标评审委员会宣告注册商标无效，但商标评审委员会作出维持注册商标的裁定，在裁定规定的起诉期限内，当事人不向人民法院提起诉讼的，期限届满时，该裁定生效。二是当事人请求商标评审委员会宣告注册商标无效，商标评审委员会作出宣告注册商标无效的裁定，在裁定规定的起诉期限内，对方当事人不向人民法院提起诉讼的，期限届满时，该裁定生效。

2. 商标局宣告注册商标无效的决定、商标评审委员会的复审决定，以及商标评审委员会维持注册商标或者宣告注册商标无效的裁定，一旦生效，即具有法律效力，当事人也就不再享有申请复审或者提起诉讼的权利。

【法院参考案例】

1.【最高院“MILDLINER”案】引证商标被国家知识产权局宣告无效

后，引证商标权人不服提起行政诉讼，无效宣告裁定并未生效，引证商标仍构成诉争商标申请注册的在先权利障碍〔斑马株式会社与国家知识产权局商标申请驳回复审行政纠纷再审申请案，最高人民法院行政裁定书(2020)最高法行申14299号〕。

2.【安徽高院"南宣贡酒"案】商标权人在注册商标被商标评审委员会裁定宣告无效后提起行政诉讼，在该行政诉讼审结前，其注册商标仍处于有效状态，其使用该注册商标不侵犯他人注册商标专用权〔安徽宣酒集团股份有限公司等与合肥瑶海区皖之韵酒类经营部侵害商标权及不正当竞争纠纷上诉案，安徽省高级人民法院民事判决书(2017)皖民终136号〕。

3.【福建高院"奔富酒园"案】商标注册人对宣告其注册商标无效的裁定提起行政诉讼，在该行政诉讼案件未审结之前，人民法院不应认定该注册商标"失权"〔奔富国际贸易股份有限公司与福建省顺意丰商业有限公司侵害商标权纠纷上诉案，福建省高级人民法院民事裁定书(2019)闽民终57号〕。

编者说明

本条规定"法定期限届满"，当事人如果不寻求法律救济，则商标局或商标评审委员会所作出的商标无效宣告决定生效。"法定期限"规定于商标法第四十四条第二款、第三款和四十五条第二款。

但是，本条没有规定"法定期限届满"之前，当事人寻求法律救济期间（无论是对商标局宣告注册商标无效的决定申请复审，还是对商标评审委员会宣告注册商标无效的决定提起行政诉讼），被商标局或商标评审委员会宣告为无效的注册商标，其是否仍然具有专用权？曾有意见认为，此种状态之中的注册商标不享有专用权。如果注册人提起侵权诉讼，则属于"无权诉请他人承担侵权损害赔偿责任"，应该驳回起诉。① 这种意见的主要理由是：商标评审委员会有权对争议商标进行处理，其作出的无效宣告的裁定并不以人民法院的行政诉讼结果为必然要求。商标法第四十六条只是指导原商标权人在商标被宣告无效后采用司法

---

① 参见中山市大成网络科技有限公司与广州泰李汽车座椅有限公司、东风汽车有限公司东风日产乘用车公司等侵害商标权纠纷再审申请案，广东省高级人民法院民事裁定书(2016)粤民申1103号。

途径进行救济，在人民法院重新确定原商标权人仍然具有商标权之前，该无效宣告的裁定具有法律效力。① 另一种意见则认为，此种状态中的注册商标仍具有专用权。如果有人借此宣称粘附该注册商标的商品是“假”的，则属于虚假宣传，诋毁他人商誉。② 这种意见的主要理由是，虽然商标评审委员会已经作出无效宣告决定，但因注册商标人提起行政诉讼，故而此决定“尚未执行”。

第二种意见目前是主流意见。代表性的案例如【福建高院“奔富酒园”案】【安徽高院“南宣贡酒”案】等。【最高院“MILDLINER”案】指出，引证商标被国家知识产权局宣告无效后，引证商标权人不服提起行政诉讼，无效宣告裁定并未生效，引证商标仍构成诉争商标申请注册的在先权利障碍，这等于间接肯定第二种意见。

第一种意见值得商榷。如果本条立法本意是注册商标无效宣告决定自作出开始生效，则本条不必设置如下生效条件：“法定期限届满”，当事人不申请复审或不向法院提起诉讼。而且，依照商标法规定，仅有商标局可以核准注册商标，仅有商标评审委员会有权依请求宣告注册商标无效。法院只能审查商标评审委员会的决定是否符合法律规定，而无权确定原商标权人应否继续享有注册商标专用权。依照商标法第四十七条规定，被宣告无效的注册商标“由商标局予以公告，该注册商标专用权视为自始即不存在”。如果注册商标被商标评审委员会决定宣告无效，而该决定正在经历行政诉讼，则意味着商标局无法根据该决定公告该注册商标无效，即该决定尚未生效。如果此时注册商标人依照该注册商标提起侵权之诉，法院仍应该受理。但是，鉴于商标评审委员会所作无效宣告决定尚未生效，法院可以选择中止审理。

但是，商标评审委员会因为侵权诉讼的被告提起无效宣告请求而宣告原告注册商标无效，则审理商标侵权的法院并不应选择中止审理。此时，即便原告作为注册商标权人不服无效宣告决定而向北京知识产权法院提起行政诉讼，受理侵权诉讼的法院基于商标评审委员会已经作出的决定继续审理并驳回原告起诉，法律上也有充分理由。这种情况类似于法院根据专利复审委员会无效宣告决定而驳回专利侵权的起诉。《最高人民法院关于审理侵犯专利权纠纷案件应

---

① 参见中山市大成网络科技有限公司与广州泰李汽车座椅有限公司、东风汽车有限公司东风日产乘用车公司等侵害商标权纠纷再审申请案，广东省高级人民法院民事裁定书(2016)粤民申1103号。

② 参见昭平县昭平镇传承车行与昭平县工商行政管理局工商行政处罚行政纠纷上诉案，广西壮族自治区贺州市中级人民法院行政判决书(2014)贺行终字第22号。

用法律若干问题的解释(二)》第二条第一款规定,“权利人在专利侵权诉讼中主张的权利要求被国务院专利行政部门宣告无效的,审理侵犯专利权纠纷案件的人民法院可以裁定驳回权利人基于该无效权利要求的起诉”。本条第二款同时规定,“有证据证明宣告上述权利要求无效的决定被生效的行政判决撤销的,权利人可以另行起诉”。具体到商标法,商标评审委员会所作出的无效宣告决定在法律上较为稳定(虽然尚未生效),法院及时驳回原告诉讼请求有利于维护被告的正当权益。如果一定要等待行政诉讼的最终结果,则对被告商事活动影响过于严重。比如,被告基于原告以不正当手段抢先注册其在先使用并具有一定影响的商标而请求宣告原告注册商标无效。如果商标评审委员会审查后认定的确如此并宣告原告注册商标无效,则法院可以合理地认为原告起诉被告侵犯其注册商标专用权的行为本身就缺乏正当性。如果此时原告不服商标评审委员会决定而提起行政诉讼,法院仍必须等待行政诉讼最终结果,则会使被告商事活动长期处于不确定的法律状态之中,过于严苛。另外,即便嗣后北京知识产权法院或北京市高级人民法院推翻商标评审委员会所作出的无效宣告请求,原告注册商标权人可以重新提出诉讼,仍可以获得救济。权衡原被告处境,法院此种情况之下驳回原告侵权诉讼的起诉更为合理和正当。但是,这不是因为商标评审委员会的无效宣告决定作出后经过“法定期限届满”就生效,而是平衡原告和被告双方利益的结果。

第四十七条　【注册商标宣告无效的法律后果】依照本法第四十四条、第四十五条的规定宣告无效的注册商标，由商标局予以公告，该注册商标专用权视为自始即不存在。

宣告注册商标无效的决定或者裁定，对宣告无效前人民法院做出并已执行的商标侵权案件的判决、裁定、调解书和工商行政管理部门做出并已执行的商标侵权案件的处理决定以及已经履行的商标转让或者使用许可合同不具有追溯力。但是，因商标注册人的恶意给他人造成的损失，应当给予赔偿。

依照前款规定不返还商标侵权赔偿金、商标转让费、商标使用费，明显违反公平原则的，应当全部或者部分返还。

【部门参考文件】

《国家工商行政管理局商标局〈关于商标争议期间是否受法律保护的请示〉的复函》（商标字〔1989〕第25号，19891104）

根据《商标法》第三条规定："经商标局核准注册的商标为注册商标，商标注册人享有商标专用权，受法律保护。"商标争议期间，其争议并未作出裁定，因为该商标属于注册商标，其商标专用权仍然应当受到法律保护。

【法院参考案例】

（一）宣告无效的公告日的法律效力

【北京知产法院"民间假日"案】商标法第四十七条并未规定宣告无效的注册商标自商标局公告之日起无效；恰恰相反，该条款明确规定被宣告无效的注册商标其专用权自始不存在，商标局的公告程序仅起到对社会公示的效果，并非注册商标专用权无效的成立要件〔海口民间旅行社有限公司与国家工商行政管理总局商标评审委员会商标撤销复审行政纠纷案，北京知识产权法院行政判决书（2015）京知行初字第6444号〕。

（二）注册商标被宣告无效而不具追溯力的情形

【最高院“澳门豆捞”案】所谓判决已执行，是指判决所确定的执行内容已经执行完毕，判决确定的权利人的利益已经得到实现。判决已执行的时间点，一般应以判决所确定的执行内容执行完毕，且判决确定的权利人的利益得到实现的时间点为准〔珲春市鼎汇丰重庆老火锅城与浙江凯旋门澳门豆捞控股集团有限公司侵害商标权纠纷再审案，最高人民法院民事判决书（2017）最高法民再 262 号〕。

（三）“商标注册人的恶意给他人造成的损失”

1.【最高院“杞”案】以直接描述商品主要原料的标志申请注册商标并实际使用，尽管隐瞒该标志指向商品主要原料的事实，但不是恶意针对特定的其他经营者采取的损失其利益的行为，不属于“商标注册人的恶意给他人造成的损失”的情况；嗣后该注册商标被宣告无效，对已经执行的判决等不具有追溯力〔四川省宜宾杞酒厂与四川省射洪沱牌曲酒厂等侵权纠纷上诉案，最高人民法院民事判决书（1997）知终字第 2 号〕。

2.【浙江高院“CPU”案】明知行业内通用名称而将其申请注册为商标，恶意提起商标侵权诉讼和向工商行政部门投诉，致使他人遭受经济损失，应当承担侵权责任，不得根据商标法第四十七条免除责任〔新昌县共利新颖建材有限公司与绍兴市科顺建材有限公司侵权责任纠纷上诉案，浙江省高级人民法院民事判决书（2018）浙民终 37 号〕。

3.【新疆高院“泰红”案】如果申请和使用注册商标行为没有恶意，应当认定不属于“商标注册人的恶意给他人造成的损失”的情况〔潍坊泰鸿拖拉机有限公司与阿克苏金信园农机有限公司、洛阳泰红农业机械有限公司侵害商标权纠纷上诉案，新疆维吾尔自治区高级人民法院民事判决书（2019）新民终 23 号〕。

4.【河北高院“皇家山荘”案】申请商标时未遵守诚实信用原则，不避免与他人已有注册商标相混淆，在他人对权利瑕疵的注册商标提起商标无效宣告后又将其转让第三方，且在该商标被裁定无效至终审判决维持无效期间未及时通知受让方停止生产相关商品，显系存在恶意，与该受让人共同侵害注册商标权，应承担法律责任〔承德避暑山庄企业集团有限责任公司与承德避霞山庄饮品有限公司等侵害商标权纠纷上诉案，河北省高级人民法院民事判决书(2016)冀民终23号〕。

5.【河南高院"巨人教育"案】在相同或类似服务上申请注册并使用与他人注册商标在文字构成、呼叫等方面相近的标识，具有主观上的恶意，容易造成混淆，侵害他人注册商标专用权，属于"因商标注册人的恶意给他人造成的损失"的情况〔郑州巨人教育咨询有限公司、巨人投资有限公司与北京阳光巨人教育科技有限公司侵害商标权纠纷上诉案，河南省高级人民法院民事判决书(2020)豫知民终263号〕。

(四)"明显违反公平原则"

【河北高院"将军蛽"案】理应知晓他人在先注册并具有一定影响的商标仍然以基本相同商标注册到类似商品上，导致注册商标在受让人支付转让费用后不久就被宣告无效，属于"明显违反公平原则"的情形，应返还相应的商标转让费及相关代理费用〔涉县娲皇宫商贸有限公司与邯郸市康润纯净水有限公司商标权权属纠纷、商标权转让合同纠纷上诉案，河北省高级人民法院民事判决书(2018)冀民终1046号〕。

(五)注册商标被宣告无效之前的"侵权使用"

1.【上海知产法院"希能"案】注册商标冲突案件中，在后注册商标被撤销或宣告无效的决定对于之前的使用行为原则上没有溯及力，但在后注册商标权人申请注册时存在恶意的，在先商标权人可以主张相关使用行为构成侵权〔南京亿华药业有限公司与无锡济民可信山禾药业股份有限公司侵害商标权纠纷上诉案，上海知识产权法院民事判决书(2017)沪73民终299号，载《人民司法·案例》2018年第35期〕。

(1)商标法第四十七条规定并未明确宣告注册商标无效的决定或裁定，对宣告无效前商标注册人自身使用商标的行为是否具有追溯力，即在先的注册商标权人是否可以据此主张在后注册商标无效前的使用行为构成侵权。本院认为,商标局或商标评审委员会关于准予商标注册的决定对于商标权人在内的社会公众均具有一定的公信力,因信赖商标注册部门的决定而实施的相关商标使用、许可、转让或者保护等行为应当受到保护,不能因为注册商标之后被撤销或无效而使得原本合法的行为转变为侵权行为,否则基于注册商标而进行的各种市场活动将缺乏稳定性和可预期性,不利于市场主体的交易安全。

(2)如果商标注册人在申请商标注册时或者使用注册商标时,主观上存在恶意,即明知其申请注册或使用的商标侵害他人在先权利,则商标注册人对商标局核准注册决定的信赖利益便不存在。不论注册商标是否被撤销或者宣告无效,在先的权利人均可以主张在后的商标使用行为构成侵权。

2.【江苏高院“双沟珍宝坊”案】商标法第四十七条只对商标被无效宣告后,被宣告无效的商标注册人作为权利人追究他人侵权责任如何处理进行了规定;在判定经由商标注册人许可而使用被宣告无效的注册商标的行为人是否构成商标侵权之时,应当参照商标法第四十七条第二款“因商标注册人的恶意给他人造成的损失,应当给予赔偿”的规定,即该行为人在该商标被宣告无效前恶意使用该注册商标的,才应认定构成侵权〔江苏双沟酿酒厂与苏酒集团贸易股份有限公司、上海欧尚超市有限公司侵害商标权纠纷上诉案,江苏省高级人民法院民事判决书(2019)苏民终 638 号〕。

3.【江苏高院“拉法基”案】被许可人在注册商标被宣告无效之前使用该注册商标的行为是否构成侵权,应当考察其主观上是否具有过错〔拉法基股份有限公司与南京美世达建材有限公司等侵害商标权及不正当竞争纠纷再审案,江苏省高级人民法院民事判决书(2014)苏知民再终字第 0001 号〕。

4.【吉林高院“万通”案】注册商标被宣告无效之前的使用行为可构成商标法第五十七条第(二)项规定的侵犯注册商标专用权的行为;一方面本条规定未限定侵权人所使用的商标必须是未注册商标,另一方面商标法第四十七条是对商标转让或者使用许可合同双方当事人权利的规定,并未免除侵权责任〔南杏林春药业有限公司等与通化万通药业股份有限公司、通化市东昌区中兴联合大药房侵害商标权纠纷上诉案,吉林省高级人民法院民事判决书

(2018)吉民终653号〕。

5.【常州中院"555"案】被告使用之注册商标被宣告无效后，其注册商标专用权自始无效，被告不因曾经享有注册商标专用权而豁免于商标侵权责任；被告申请和使用该注册商标的主观状态不是应否承担赔偿责任的考量因素，而是确定赔偿数额的考量因素〔赵宇阳、常州市康霸星钟表制造厂等与上海钟厂侵害商标权纠纷上诉案，江苏省常州市中级人民法院民事判决书(2016)苏04民终2352号〕。

编者说明

当被诉侵犯注册商标专用权时，被告往往主张是使用自己的注册商标，或是经许可而使用第三方的注册商标（以下统称被告方注册商标）。嗣后，如被告方注册商标被宣告无效，则被告是否应当承担赔偿责任呢？对此，我国法院有两种截然不同的意见。【上海知产法院"希能"案】【江苏高院"双沟珍宝坊"案】【江苏高院"拉法基"案】等案件认为，被告使用自己的注册商标或经第三方许可而使用注册商标是正当行为，该注册商标被无效宣告后，对其侵权行为也不具有追溯力，除非被告申请和使用该注册商标具有恶意。而【吉林高院"万通"案】【常州中院"555"案】则认为，被告方注册商标被宣告无效后，注册商标专用权自始不存在，因使用该注册商标而侵犯他人注册商标权应该承担赔偿责任，不应适用商标法第四十七条第二款有关"追溯力"的规定。

第一种意见值得商榷。我国商标法仅规定"注册商标的专用权，以核准注册的商标和核定使用的商品为限"，并没有规定使用注册商标是侵犯第三方的注册商标专用权的抗辩事由。就注册商标侵权抗辩，仅有正当使用和在先使用抗辩，见于商标法第五十九条规定。被告方注册商标一旦被宣告无效，则自始无效，被告使用它的行为就是未经原告注册商标人许可的行为，符合商标法第五十七条规定则构成侵犯注册商标专用权。此外，商标法第四十七条第二款所谓不具有追溯力实际上是针对因被宣告无效之注册商标的专用权取得之利益而言，因为同条第三款表明不具有追溯力是针对该注册商标人取得的"商标侵权赔偿金、商标转让费、商标使用费"。

第一种意见的主要理由是，准予商标注册的决定对于商标权人在内的社会公众均具有一定的公信力。就"一定的公信力"而言，首先应明确"一定"的范围，即商标局或商标评审委员会作出行政决定的信息限制，以及此种限制对其注册商标专用权效力稳定性的限制。商标局核准商标申请之时，其行政决定所依据的信息受到限制，通常不知道引证商标的知名度，更不知道申请商标与引证商标同时出现在市场上是否容易导致相关公众混淆。商标局所做核准决定或多或少脱离市场实际。这不是商标局的过错，而是商标注册制度本身的局限性。为此，商标法才设置注册商标无效宣告的法律程序。无论是商标注册人还是社会公众，都十分了解注册商标专用权固有的效力不稳定性。这并不会威胁国家公权力的“公信力”。商标法专门规定商标申请审查程序，即充分表明此法律程序区别于商标侵权诉讼程序。将商标核准注册作为注册商标侵权抗辩事由，等于将商标核准注册程序视作侵权嫌疑之排除程序，将商标局作为商标侵权判定的裁判机构，实际上是混淆不同性质的法律程序。

第六章　商标使用的管理

第四十八条【商标的使用】本法所称商标的使用，是指将商标用于商品、商品包装或者容器以及商品交易文书上，或者将商标用于广告宣传、展览以及其他商业活动中，用于识别商品来源的行为。

【部门参考文件】

1. 商标局常见问题解答“商标使用在指定商品上的具体表现形式有哪些？”(20180905)

商标使用在指定商品上的具体表现形式有：

1. 采取直接贴附、刻印、烙印或者编织等方式将商标附着在商品、商品包装、容器、标签等上，或者使用在商品附加标牌、产品说明书、介绍手册、价目表等上；

2. 商标使用在与商品销售有联系的交易文书上，包括使用在商品销售合同、发票、票据、收据、商品进出口检验检疫证明、报关单据等上；

3. 商标使用在广播、电视等媒体上，或者在公开发行的出版物中发布，以及以广告牌、邮寄广告或者其他广告方式为商标或者使用商标的商品进行的广告宣传；

4. 商标在展览会、博览会上使用，包括在展览会、博览会上提供的使用该商标的印刷品以及其他资料；

5. 其他符合法律规定的商标使用形式。

2. 商标局常见问题解答“商标使用在指定服务上的具体表现形式有哪些？”(20180905)

商标使用在指定服务上的具体表现形式有：

1. 商标直接使用于服务场所，包括使用于服务的介绍手册、服务场所招牌、店堂装饰、工作人员服饰、招贴、菜单、价目表、奖券、办公文具、信笺以及其他与指定服务相关的用品上；

2. 商标使用于和服务有联系的文件资料上，如发票、汇款单据、提供服务协议、维修维护证明等；

3. 商标使用在广播、电视等媒体上，或者在公开发行的出版物中发布，以及以广告牌、邮寄广告或者其他广告方式为商标或者使用商标的服务进行的广告宣传；

4. 商标在展览会、博览会上使用，包括在展览会、博览会上提供的使用该商标的印刷品及其他资料；

5. 其他符合法律规定的商标使用形式。

3. 商标局常见问题解答“哪些情形不被视为《商标法》意义上的商标使用？”(20180905)

以下情形，不被视为《商标法》意义上的商标使用：

1. 商标注册信息的公布或者商标注册人关于对其注册商标享有专用权的声明；

2. 未在公开的商业领域使用；

3. 仅作为赠品使用；

4. 仅有转让或许可行为而没有实际使用；

5. 仅以维持商标注册为目的的象征性使用。

4. 商标局常见问题解答“哪些证据不被视为《商标法》意义上的商标使用？”(20180905)

仅提交下列证据，不被视为《商标法》意义上的商标使用：

1. 商品销售合同或提供服务的协议、合同；

2. 书面证言；

3. 难以识别是否经过修改的物证、视听资料、网站信息等；

4. 实物与复制品。

5.《国家工商行政管理局商标局关于保护服务商标若干问题的意见》(商标〔1999〕12号，19990330)

七、在下列情形中使用服务商标，视为服务商标的使用：

(一)服务场所；

(二)服务招牌；

(三)服务工具；

(四)带有服务商标的名片、明信片、赠品等服务用品；

(五)带有服务商标的账册、发票合同等商业交易文书；

（六）广告及其他宣传用品；

（七）为提供服务所使用的其他物品。

他人正常使用服务行业惯用的标志，以及以正常方式使用商号（字号）、姓名、地名、服务场所名称，表示服务特点，对服务事项进行说明等，不构成侵犯服务商标专用权行为，但具有明显不正当竞争意图的除外。

6.《国家工商行政管理局商标局对商标使用问题的复函》（19870428）

一、根据商标法第四条及商标法实施细则第十二条规定，商标的使用包括商标注册人自己生产、制造、加工、拣选、经销的商品，或者用于广告宣传、展览。

【地方法院规范】

1.《北京市高级人民法院关于审理商标民事纠纷案件若干问题的解答》（京高法发〔2006〕68号，20060307）

2. 商标的使用方式有哪些？

在商业活动中，使用商标标识标明商品的来源，使相关公众能够区分提供商品的不同市场主体的方式，均为商标的使用方式。除商标法实施条例第三条所列举的商标使用方式外，在音像、电子媒体、网络等平面或立体媒介上使用商标标识，使相关公众对商标、商标所标示的商品及商品提供者有所认识的，都是商标的使用。

3. 如何界定服务商标的使用？

在商业活动中，有下列行为之一的，可以认定为服务商标的使用：

（1）在服务场所内外标明其服务商标的；

（2）在服务招牌上标明其服务商标的；

（3）在为提供服务所使用的物品上标明其服务商标的；

（4）在服务人员的服装、鞋帽及标牌、名片、名信片等物品上标明其服务商标的；

（5）在服务提供者的财务账册、发票、合同等商业交易文书上标明其服务商标的；

（6）利用音像、电子媒体、网络等平面或者立体媒介使相关公众认识到其为服务商标的；

(7)其他在商业活动中使用服务商标的行为。

4. 转让注册商标是否属于商标使用行为?

仅实施转让注册商标的行为,没有发挥商标的区分不同商品来源的功能,不属于商标使用行为。

5. 如何界定计算机软件商品商标的使用?

除本解答第2条所述商标使用方式外,在安装、运行计算机软件时,显示器显示出的对话框、标题栏、图标及版权页等界面上出现注册商标,表明其所标示的商品区别于其他同类商品的来源的,亦为商标的使用方式。

6. 实际使用的商标与注册商标有差异的,能否认定是对注册商标的使用?

实际使用的商标未改变注册商标的显著特征的,视为对注册商标的使用;否则,不能认定是对注册商标的使用。

2.《北京市高级人民法院知识产权民事诉讼证据规则指引》(20210422)

4.3 原告主张被告侵害其商标权的,应提供证据证明被诉侵权标志的使用构成商标法意义上的使用。

为证明前款事项,原告可以提供以下证据:

(一)以直接贴附、刻印、烙印或者编织等方式标示有被诉侵权标志的商品、商品包装、容器、标签、商品附加标牌、产品说明书、介绍手册、价目表;

(二)标示有被诉侵权标志的与商品销售有关的合同、发票、收据、商品进出口检验检疫证明、报关单据;

(三)标示有被诉侵权标志的计算机软件安装、运行界面的图片或视频;

(四)标示有被诉侵权标志的服务场所使用的宣传资料、工作人员服饰、招贴、菜单、价目表、名片、奖券、办公文具、信笺,店堂招牌、内外装饰装潢的照片或视频;

(五)标示有被诉侵权标志的与服务有关的宣传资料、财务账册、发票、收据、收汇款单据、服务协议、维修维护证明;

(六)标示有被诉侵权标志的电影、广播、电视、网页、即时通讯工具、应用程序、出版物、广告牌、邮寄广告或者其他广告载体;

(七)展览会、博览会等公开集会上使用的标示有被诉侵权标志的印刷品、展台照片、参展证明、委托布展合同、发票及其他资料;

(八)与商标使用相关的其他证据。

3.《江苏省高级人民法院侵害商标权民事纠纷案件审理指南(修订版)》(20201229)

第二部分 商标权有效性、商标权保护范围审查

2.4 商标的使用

指商标用于商品、商品包装或者容器以及商品交易文书上,或者将商标用于广告宣传、展览以及其他商业活动中,用于识别商品来源的行为。

2.4.1 商标使用的本质

商标使用的本质为区分商品或服务来源的使用。侵害商标权行为的本质即是对区分商品或服务来源功能的破坏,以致造成相关公众对商品或服务的来源产生误认或者认为其来源与注册商标的商品或服务存在某种特定的联系。如果被控侵权标识的使用并不是为了区分商品或服务的来源,则不会构成对他人商标权的侵害。

2.4.2 商标的实际使用

对于商标的实际使用,需要判断商标权人是否有真实的使用意图和实际使用行为。

1. 商标的使用,不仅包括商标权人自行使用,也包括许可他人使用以及其他不违背商标权人意志的使用;

2. 商标权人实际使用的商标与其核准注册的商标虽有细微差别,但未改变其显著特征的,视为对其注册商标的使用;

3. 没有实际使用注册商标,仅有转让或者许可行为;或者仅公布商标注册信息或者仅声明对其注册商标享有专用权的,即仅为维持注册商标的存在而进行的象征性使用,不认定为商标使用;

4. 商标权人有真实使用商标的意图,并且有实际使用的必要准备,但因其他客观事由尚未实际使用注册商标的,法院可以认定其有正当理由。

2.4.3 商品商标的使用

1. 将商标用于商品、商品包装或者容器以及商品交易文书上;

2. 将商标用于广告宣传、展览;

3. 使用在广播、电视、音像、电子媒体、网络等平面或者立体媒介上,或者在公开发行的出版物中发布,以及以广告牌、邮寄广告或者其他广告方式对商标进行广告宣传中标明其商标。

2.4.4 服务商标的使用

1. 在服务场所内外标明或使用其服务商标,包括服务场所招牌、店堂装

饰装潢、服务人员的服装、鞋帽上或提供的餐食包装或容器上等。例如,提供裸露熟食的餐馆无法直接在商品上标识商标,故经营者一般是通过在装潢、包装或容器上标注字样、图案等标记的方式来标识食品的提供者和来源;

2. 在为提供服务所使用的物品上标明其服务商标;

3. 使用于和服务有联系的文件资料中,例如,在介绍手册、菜单、价目表、奖券、办公文具、信笺、名片、明信片、发票、财务账册、合同、维修维护证明等中标明其服务商标;

4. 使用在广播、电视、音像、电子媒体、网络等平面或者立体媒介上,或者在公开发行的出版物中发布,以及以广告牌、邮寄广告或者其他广告方式对商标或使用商标的服务进行广告宣传中标明其商标;

5. 在展览会、博览会上使用,包括在展览会、博览会上提供使用该商标的印刷品及其他资料。

4.《天津市高级人民法院侵犯商标权纠纷案件审理指南》(津高法〔2016〕3 号,20160112)

四、商标侵权判定

(一)商标使用判定

商标使用是指将商标用于商品、商品包装或者容器以及商品交易文书上,或者将商标用于广告宣传、展览以及其他商业活动中,用于识别商品来源的行为。

1. 商品商标的使用包括:

(1)将商标用于商品、商品包装或者容器以及商品交易文书上的;

(2)将商标用于广告宣传、展览的;

(3)在报纸、杂志、电视、网络等媒体上使用商标,用于识别商品来源的;

(4)其他使用商标用于识别商品来源的。

2. 服务商标的使用包括:

(1)在服务场所内外标明服务商标的;

(2)在为提供服务所使用的物品上标明其服务商标的;

(3)在和服务有联系的文件资料上标明其服务商标的;

(4)在报纸、杂志、电视、网络等媒体上标明其服务商标的;

(5)其他在商业活动中标明其服务商标的行为。

5.《四川省高级人民法院侵害商标权案件审理指南》(川高法〔2018〕229号,20180904)

8【审查抗辩事由】

8.2 商标的使用,是指在商业活动中,将商标标识用于标明商品来源,使得相关公众能够识别商品来源。

8.3 在商业活动中,有下列行为之一的,可以认定为商品商标的使用:

(1)在商品、商品包装或者容器以及商品交易文书上标明商品商标的;

(2)在广告宣传、展览上标明商品商标的;

(3)在报纸、杂志、电视、网络等平面或立体媒介上标明商品商标,用于识别商品来源的;

(4)其他在商业活动中标明商品商标,用于识别商品来源的行为。

8.4 在商业活动中,有下列行为之一的,可以认定为服务商标的使用:

(1)在服务场所内外标明服务商标的;

(2)在为提供服务所使用的物品上标明服务商标的;

(3)在服务人员的服装、鞋帽及标牌、名片、名信片等物品上标明其服务商标的;

(4)在与服务相关的财务账册、发票、合同等商业交易文书上标明服务商标的;

(5)在报纸、杂志、电视、网络等平面或立体媒介上标明服务商标,用于识别服务来源的;

(6)其他在商业活动中标明服务商标,用于识别服务来源的行为。

【法院参考案例】

(一)侵犯注册商标专用权的商标性使用

1.【最高院"HONDAKIT"案】在生产制造或加工的产品上以标注方式或其他方式使用了商标,只要具备了区别商品来源的可能性,就应当认定该使用状态属于商标法意义上的"商标的使用"〔本田技研工业株式会社与重庆恒胜鑫泰贸易有限公司等侵害商标权纠纷再审案,最高人民法院民事判决书(2019)最高法民再138号〕。

2.【最高院"神舟兴陇"案】商标使用的目的是区分服务的来源主体而非服务的功能内容;银行卡上起到识别服务来源作用的是银行名称,而非银行卡的种类名称〔甘肃银行股份有限公司与西安思睿观通品牌营销策划有限公司等侵害商标权纠纷再审案,最高人民法院民事判决书(2019)最高法民再139号〕。

3.【最高院"小天鹅"案】在发票上使用的标志可构成商标性使用〔无锡小天鹅股份有限公司与内蒙古包头百货大楼集团股份有限公司侵害商标权及不正当竞争纠纷再审申请案,最高人民法院民事裁定书(2016)最高法民申2216号〕。

商标是用以区分商品或服务来源的标识,独立的标识无法构成商标法意义上的商标。作为商品交易文书的一种,发票使用属于一种商标使用行为,但在实际使用中,发票对商标的使用必然是与特定商品或服务的结合性使用。因此,在判断该使用行为是否侵犯他人权利时,仍然需要结合其指向的商品或服务本身予以综合判断。

4.【最高院"功夫熊猫"案】电影的名称用以概括说明电影内容的表达主题,属于描述性使用,并非用以区分电影的来源〔陕西茂志娱乐有限公司与梦工场动画影片公司等侵害商标权纠纷再审申请案,最高人民法院民事裁定书(2014)民申字第1033号,列入最高人民法院公布的2013年中国法院50件典型知识产权案例〕。

5.【最高院"蓝色菱形"立体商标案】商品本身形状和颜色是立体注册商标,包装在不透明材料内,其颜色及形状并不能起到标识其来源和生产者的作用,不能认定为商标意义上的使用〔辉瑞产品有限公司等与江苏联环药业股份有限公司侵害商标权纠纷再审申请案,最高人民法院民事裁定书(2009)民申字第268号〕。

6.【北京高院"功夫熊猫"案】系列电影的名称与他人注册商标相近似,是否属于商标意义上的使用行为,应当考虑以下因素:(1)被控侵权的使用行为是否出于善意;(2)被控侵权的使用行为是否是表明自己商品来源的使用行为;(3)被控侵权的使用行为是否只是为了说明或者描述自己商品的特点〔陕西茂志娱乐有限公司与梦工场动画影片公司等侵害商标权纠纷上诉案,北京市高级人民法院民事判决书(2013)高民终字第3027号〕。

7.【北京高院"LV"案】申请专利之产品外观设计包含他人驰名注册商标,不属于面向消费者的非法使用商标行为,故此申请行为本身不侵犯注册商标专用权〔路易斯威登马利蒂股份有限公司与郭碧英侵害商标权纠纷上诉案,北京市高级人民法院(2009)高民终字第2575号〕。

8.【北京知产法院"零感"避孕套案】将与他人文字注册商标相同的文字标识突出使用或搭配其他词语使用在同一种商品上,尽管消费者可能理解为描述商品品质,但该文字标识本身尚不属于固定搭配的词或词组,仍然可以起到识别商品来源的作用,属于商标性使用〔武汉杰士邦卫生用品有限公司与北京大象和他的朋友们科技有限公司侵害商标权纠纷上诉案,北京知识产权法院民事判决书(2019)京73民终2501号〕。

9.【上海高院"卡地亚"案】在公司网站页面、宣传手册、销售凭证上使用他人注册商标,属于商标性使用〔卡地亚国际有限公司与佛山市三水区铭坤陶瓷有限公司等侵害商标权及不正当竞争纠纷上诉案,上海市高级人民法院民事判决书(2011)沪高民三(知)终字第93号〕。

10.【广东高院"吉尼斯"案】要构成商标性使用需要满足以下要件,即相关标识必须是在商业活动中使用,且使用是用于识别商品或服务的来源,其中商业活动不一定要是通过直接收费盈利的〔奇瑞汽车股份有限公司与安徽奇瑞汽车销售有限公司侵害商标权纠纷上诉案,广东省高级人民法院民事判决书(2017)粤民终2347号〕。

11.【广东高院"非诚勿扰"案】相关标识具有节目名称的属性并不能当然排斥该标识作为商标的可能性;在判断此类电视节目是否与某一服务类别相同或类似时,应当综合考察节目的整体和主要特征,关键在于相关标识的使用是否能指示相关商品/服务的来源,起到使相关公众区分不同商品/服务的提供者的作用〔金阿欢与江苏省广播电视总台、深圳市珍爱网信息技术有限公司侵害商标权纠纷再审案,广东省高级人民法院民事判决书(2016)粤民再 447 号〕。

12.【广东高院"四花瓣"图形商标案】在商品标注商标的惯常位置上标识自己的商标,尽管商品上的不规则图案看似他人注册商标,但主要是装饰作用,不构成商标性使用〔时间廊钟表有限公司等与路易威登马利蒂侵害商标权纠纷上诉案,广东省高级人民法院民事判决书(2008)粤高法民三终字第 345 号〕。

13.【广东高院"五谷丰登"案】(1)商标法意义上的使用应满足三个条件:必须将商业标识用于商业活动中;使用的目的是说明商品或服务的来源;通过使用能够使相关公众区分商品或服务的来源。(2)是否属于商标使用应当从客观意义上进行判断,商品名称是否识别商品来源,不以使用人的主观认识或者称谓上的差异为转移,而是要根据其客观上是否具有了识别商品来源意义进行判断〔珠海格力电器股份有限公司与广东美的制冷设备有限公司等侵害商标权纠纷上诉案,广东省高级人民法院民事判决书(2015)粤高法民三终字第 145 号〕。

14.【广东高院"皇马"案】在商品或者服务上突出使用企业名称中的字号,实际赋予了字号特殊的标识意义,将字号从企业名称的整体中剥离出来进行强化,作商标化使用,在我国法律上视为商标性使用〔杨汉卿、北京新范文化有限公司与恒大足球学校等侵害商标权及不正当竞争纠纷上诉案,广东省高级人民法院民事判决书(2013)粤高法民三终字第 630 号〕。

15.【杭州滨江法院"说曹操"案】当标识结合服务的通用名词一同出现,已经充分向相关公众表明该商标识别的是服务来源时,该标识又出现在服务提供所需的辅助产品(工具)之上,且该产品(工具)不被服务提供者作为商品独立出售,此种标识使用行为只是识别服务来源,而没有识别任何商品来源的功能〔浙江曹一操网络科技有限公司与杭州优行科技有限公司侵害商标权纠纷案,杭州市滨江区人民法院民事判决书(2016)浙 0108 民初 5704 号〕。

16.【湖南高院"Levi's 牛仔裤后兜双弧线"图形商标案】(1)判断被诉侵权标识是否属于商标性使用,应以相关公众是否通过相应标识的使用方式而区分商品来源为判断标准，而这与诉请保护标识的知名度、商品特点及商标标注惯例等因素相关。(2)诉请保护商标的知名度越高，在相同或类似商品或服务领域，与其相近似的标识对相关公众会产生更大影响；若该相近似标识被突出使用，往往更容易起到指示商品来源的作用〔利惠公司与湖南康星连锁百货有限公司侵害商标权纠纷上诉案，湖南省高级人民法院民事判决书(2019)湘知民终 566 号〕。

17.【山东高院“Levi's 牛仔裤后兜双弧线”图形商标案】被诉侵权标识起到识别商品来源作用的商标性使用功能不因被诉侵权商品上的其他标识能够识别商品来源而受到影响〔利惠公司与山东家家悦超市有限公司海阳尚悦百货店侵害商标权纠纷上诉案，山东省高级人民法院民事判决书(2019)鲁民终 2599 号〕。

侵犯他人商标权必须是商标性使用行为，也就是使用的标识具有区别商品来源的作用。被诉侵权商品的裤兜上突出使用被诉侵权标识，能够起到识别商品来源的作用，属于商标性使用。且该标识起到识别商品来源作用的商标性使用功能，不因有其他标识能够识别商品来源而受到影响。

18.【山东高院“张裕”案】在产品上突出使用企业字号，实际起到标识商品来源的作用，构成商标法意义上的使用〔烟台张裕卡斯特酒庄有限公司与上海卡斯特酒业有限公司、李道之确认不侵犯商标权纠纷上诉案，山东省高级人民法院民事判决书(2013)鲁民三终字第 155 号〕。

19.【山东高院“crocodile”案】商标法上的商标使用，应当是与商品流通相联系的使用行为〔鳄鱼恤有限公司与青岛瑞田服饰有限公司侵害商标权纠纷上诉案，山东省高级人民法院民事判决书(2012)鲁民三终字第 81 号〕。

20.【江苏高院“金夫人”案】将他人注册商标的文字部分设置为百度推广服务关键词，搜索结果中首条链接是他人的官网，后续链接是自己的公司网站且不带有他人注册商标，普通网络用户能够正确识别，该关键词设置不会使用户将其识别为区分商品或服务来源的商标，不属于商标法意义上的商标性使用〔重庆金夫人实业有限公司与北京百度网讯科技有限公司、南京米兰尊荣婚纱摄影有限公司侵害商标权及不正当竞争纠纷再审申请案，江苏省高级人民法院民事裁定书(2017)苏民申 2676 号〕。

21.【江苏高院“乐活”案】将他人注册商标与自己的注册商标连用作为一个整体标志并予以突出,属于商标性使用〔苏州鼎盛食品有限公司与江苏省苏州工商行政管理局工商行政处罚纠纷上诉案,江苏省高级人民法院行政判决书(2011)苏知行终字第 4 号〕。

22.【四川高院“正泰”案】侵犯注册商标权的行为不限于在商品上标注他人注册商标,还可以包括在厂房、门市招牌等处使用他人注册商标;突出使用他人注册商标,容易使相关公众混淆商品或服务来源,或误认为与注册商标权人存在特定联系,破坏商标识别功能,都可成立侵犯注册商标专用权〔浙江正泰电器股份有限公司与四川正泰电力电气成套有限公司侵害商标权及不正当竞争纠纷上诉案,四川省高级人民法院民事判决书(2014)川知民终字第 5 号〕。

23.【陕西高院“大圣归来”案】(1)商标法第四十八条所称“商标的使用”不仅要求使用商标的商品进入流通市场的客观状态,还要求使用人有使用商标的主观意图;(2)被诉标志没有出现在商品显著位置,而是隐藏在不透明的包装之内,不符合同类商品上商标使用的通常做法,不是商标法意义上的使用〔西安甄宝家居有限公司与陕西中烟工业有限责任公司侵害商标权纠纷上诉案,陕西省高级人民法院民事判决书(2019)陕民终 966 号〕。

24.【西安中院“PRADA”案】为推介房产项目和推销店铺,引进商户进驻而在广告中使用奢侈品牌,不是表明自己是相关商品的提供者,不属于商标性使用〔普拉达有限公司与陕西东方源投资发展有限公司、华商报社侵害商标权及不正当竞争纠纷案,陕西省西安市中级人民法院民事判决书(2013)西民四初字第 00227 号〕。

25.【天津高院“美闻披萨”案】在百度推广中以他人注册商标用作关键词进行竞价排名,只是利用该注册商标的知名度吸引相关网络用户的关注以提高自己网站点击率,不从事类似商品或服务的经营活动,不属于商标性使用〔商机在线(北京)网络技术有限公司与天津市意典美闻食品有限公司等侵害商标权及不正当竞争纠纷上诉案,天津市高级人民法院民事判决书(2014)津高民三终字第0011号〕。

26.【天津高院"雅马哈"案】在合同及产品目录上使用他人商标推销自己的商品属于商标性使用〔雅马哈发动机株式会社与天津港田集团公司等侵害商标权纠纷案,天津市高级人民法院民事判决书(2001)高知初字第3号〕。

(二)定牌加工出口商品上的商标性使用

1.【最高院"HONDAKIT"案】涉外定牌加工商品上使用的标记可构成商标性使用而侵犯他人注册商标专用权〔本田技研工业株式会社与重庆恒胜鑫泰贸易有限公司等侵害商标权纠纷再审案,最高人民法院民事判决书(2019)最高法民再138号〕。

2.【最高院"PRETUL"案】接受外国注册商标权人的委托加工产品并贴附该外国注册商标,全部产品均出口到该国,此种使用商标的行为在中国境内仅属物理贴附行为,在中国境内不具有识别商品来源的功能,不应认定为商标意义上的使用行为〔浦江亚环锁业有限公司与莱斯防盗产品国际有限公司侵害商标权纠纷再审案,最高人民法院民事判决书(2014)民提字第38号〕。

3.【最高院"SOYADA"案】(1)对商标识别功能的保护,也应受到地域性的限制;(2)接受外国注册商标人委托加工商品,全部商品经出口交付委托方,贴附商标只是为委托人使用其商标提供必要的技术性条件,并不能实现区别商品来源的意义;(3)是否破坏商标的识别功能,是判断是否构成侵害商标权的基础。在商标并不能发挥识别作用情况下,判断是否在相同商品上使用相同的商标,或者判断在相同商品上使用近似的商标,或者在类似商品上使用相同或者近似的商标是否容易导致混淆,都不具实际意义〔喻德新等与沭阳中远进出口有限公司等侵害商标权纠纷再审申请案,最高人民法院民事裁定书(2014)民申字第669号〕。

4.【上海高院"申达"案】(1)在定牌加工关系中,境内加工方在产品上标注商标的行为形式上虽由加工方所实施,但实质上商标真正的使用者仍为境外委托方;(2)涉案产品所贴商标只在中国境外具有商品来源的识别意义,并不在国内市场发挥识别商品来源的功能,不是商标性使用〔申达音响电子有限公司与玖丽得电子有限公司侵害商标权纠纷上诉案,上海市高级人民法院民事判决书(2009)沪高民三(知)终字第65号〕。

5.【上海知产法院"PEAKSEASON"案】即便出口商品不在境内销售,也难以避免通过各类电子商务网站使国内消费者得以接触到已出口至境外的商品及其标识,必然涉及是否会造成相关公众混淆和误认问题,此种情况下商品上的标识会起到识别商品来源作用〔福建泉州匹克体育用品有限公司与无锡市振宇国际贸易有限公司等侵害商标权纠纷上诉案,上海知识产权法院民事判决书(2016)沪73民终37号〕。

6.【浙江高院"SPEEDO"案】对于以商品出口为目的的涉外贴牌加工行为,亦应当以我国的有关消费者以及与产品的营销有密切联系的其他经营者作为相关公众,来评判涉外贴牌加工行为是否容易导致混淆,而不应当简单地以被诉侵权产品系以出口为目的,即否认造成混淆的可能性〔斯皮度控股公司与温州路加贸易有限公司、科纳森光学产品贸易和代理有限公司等侵害商标权纠纷上诉案,浙江省高级人民法院(2014)浙知终字第25号〕。

7.【山东高院"Crocodile"案】所加工产品全部销往国外而不在中国境内销售,属于对外"贴牌加工"行为;加工方按照委托方的要求,将商标贴附于加工之产品上,就其性质而言,属于加工行为,不是商标法意义上的商标使用行为〔鳄鱼恤有限公司与青岛瑞田服饰有限公司侵害商标权纠纷上诉案,山东省高级人民法院民事判决书(2012)鲁民三终字第81号〕。

8.【广东高院"Crocodile"案】(1)不宜将涉外定牌加工行为一概认定为侵权或不侵权,应该综合考虑被诉侵权人的主观意图、注册商标与被诉侵权商标使用状况等相关因素;(2)委托定牌加工出口的产品全部销往外国,被诉侵权商标只能在日本国市场发挥其区别商品来源的功能,涉案产品未在中国国内市场实际销售,被诉侵权商标并未在中国国内市场发挥识别商品来源的功能,中国国内相关公众不存在对该商品的来源发生混淆和误认的客观基础〔台山利富服装有限公司与鳄鱼恤有限公司侵害商标权纠纷上诉案,广东省高级人民法院民事判决书(2011)粤高法民三终字第467号〕。

编者说明

商标法多个条文涉及商标的"使用",包括商标法第十五条第二款、第三十二条后半句、第四十九条第二款、第五十七条第(一)项和第(二)项、第五十九条第三款等。各个条文之下的商标"使用"的规范内涵和外延不尽相同。本条注释内容聚焦于"商标性使用",即第五十七条第(一)项"使用与其注册商标相同的商标的"和第(二)项"在同一种商品上使用与其注册商标近似的商标,或者在类似商品上使用与其注册商标相同或者近似的商标"之中的"使用"。其他条文涉及商标的"使用"在各个条文之下予以注释。

"商标性使用"不同于商标法第四十八条规定"商标的使用"。"商标的使用"实际是指商标在商业活动中使用。"商标性使用"的外延更小,不仅要求商标在商业活动中使用,而且要求其作为商标使用,是"特定方式"的商标使用行为。"商标性使用"的法律概念同"注册商标专用权"的法律概念同源。从字面上理解,"注册商标专用权"的效力应及于禁止他人将注册的标志当作商标使用。未当作商标使用,则不受商标法调整;虽未作商标使用但误导公众,则受反不正当竞争法调整。《加拿大商标法》是世界上少数以商标性使用作为注册商标侵权先决条件的商标法,①充分体现这一法律观念。《加拿大商标法》第十九条规定,除另有法律规定外,商标一经注册,除非宣告无效,注册人享有加拿大范围之内"专有使用注册商标的权利"(exclusive right to use)。同时,《加拿大商标法》第二十条规定,当被告使用"混淆性商标"(confusing trademark)才视为侵犯注册商标专用权。在认定被诉行为不构成商标性使用后,加拿大法院仍会继续考虑被诉行为是否构成"仿冒"。②

我国现行商标法之下,"商标性使用"具有规范意义,是注册商标侵权判定的先决条件。商标法第五十七条第(一)项和第(二)项都要求被诉行为是未经商

① Tommy Hilfiger Licensing, Inc., and Tommy Hilfiger Canada Inc. (Appellants) v. International Clothiers Inc., 2005 1 F. C. R. 148; Compagnie Générale des Établissements Michelin" Michelin & Ciev. National Automobile, Aerospace, Transportation and General Workers Union of Canada (CAW - Canada) (T. D.), 1997 2 F. C. 306; Meubles Domani's v. Guccio Gucci S. p. A. (1992), 43 C. P. R. (3d) 372 (F. C. A.).

② See, e. g., Tommy Hilfiger Licensing, Inc., and Tommy Hilfiger Canada Inc. (Appellants) v. International Clothiers Inc., Federal Court((2003), 29 C. P. R. (4th) 39.

标注册人许可而在同种或类似商品上使用与注册商标相同或近似的"商标"。此外,只有未经许可在同一种商品上使用与注册商标相同的"商标",才可能构成"假冒注册商标罪"。①

但是,不同于《加拿大商标法》,我国商标法对非商标性使用行为也予以调整。未经许可将他人注册商标作为商品名称、商品装潢、企业字号或者网络域名使用,也可以构成侵犯注册商标专用权,但法律适用各不相同。具体来说,未经许可将他人注册商标作为商品名称或商品装潢使用,不违反商标法第五十七条第(一)项而是违反本条第(二)项。商标法实施条例(2014年)第七十六条明确规定:"在同一种商品或者类似商品上将与他人注册商标相同或者近似的标志作为商品名称或者商品装潢使用,误导公众的,属于商标法第五十七条第(二)项规定的侵犯注册商标专用权的行为。"这意味着在同一种商品上将与他人注册商标相同的标志作为商品名称或者商品装潢使用,达到"误导公众"的程度,法律上属于商标法第五十七条第(二)项所称"容易导致混淆",构成侵犯注册商标专用权。此时,"作为商品名称或者商品装潢使用"等同于作为商标使用。就此,法院参考案例请参见商标法第五十七条注释。

未经许可将他人注册商标作为企业字号使用,适用商标法第五十七条第(七)项或者反不正当竞争法第二条。《最高人民法院关于审理商标民事纠纷案件适用法律若干问题的解释》第一条第(一)项规定,"将与他人注册商标相同或者相近似的文字作为企业的字号在相同或者类似商品上突出使用,容易使相关公众产生误认的"行为,属于商标法第五十七条第(七)规定的"给他人的注册商标专用权造成其他损害的"行为。【山东高院"张裕"案】认为,在产品上突出使用企业字号,实际起到标识商品来源的作用,构成商标法意义上的使用。此外,未经许可将他人注册商标作为企业字号使用可以构成不正当竞争行为。商标法第五十八条规定:"将他人注册商标、未注册的驰名商标作为企业名称中的字号使用,误导公众,构成不正当竞争行为的,依照《中华人民共和国反不正当竞争

---

① 刑法第二百一十三条规定:"未经注册商标所有人许可,在同一种商品、服务上使用与其注册商标相同的商标,情节严重的,处三年以下有期徒刑,并处或者单处罚金;情节特别严重的,处三年以上十年以下有期徒刑,并处罚金。"同时参见《最高人民法院、最高人民检察院关于办理侵犯知识产权刑事案件具体应用法律若干问题的解释》(法释〔2004〕19号)第一条。

法》处理。"①对未经许可将他人注册商标作为企业字号使用的情况,详情请参见商标法第五十八条释义。

未经许可将他人注册商标作为网络域名使用,适用商标法第五十七条第(七)项。《最高人民法院关于审理商标民事纠纷案件适用法律若干问题的解释》第一条第(三)项规定,"将与他人注册商标相同或者相近似的文字注册为域名,并且通过该域名进行相关商品交易的电子商务,容易使相关公众产生误认的",属于商标法第五十七条第(七)规定的"给他人的注册商标专用权造成其他损害的"行为。就此,法院参考案例请参见商标法第五十七条注释。

然而,对于何谓"商标性使用",我国法律却没有明确规定。商标法第四十八条规定有"商标的使用":"本法所称商标的使用,是指将商标用于商品、商品包装或者容器以及商品交易文书上,或者将商标用于广告宣传、展览以及其他商业活动中,用于识别商品来源的行为。""商标的使用"所要回答的法律问题是:已知商标何时算作"商标法意义上"的使用?对于被诉标志是否作为商标使用,商标法第四十八条根本没有回答。实际上,商品名称、商品装潢、企业字号以及网络域名都可以用于商品、商品包装或者容器以及商品交易文书上,或者用于广告宣传、展览以及其他商业活动中,用以识别商品来源。

如何判断被告将注册为商标的标志"当作识别商品来源的标志使用"?是依据被告的主观状态(以下简称主观状态说),还是相关公众的客观认知(以下简称相关公众客观认知说)呢?遗憾的是,这两种法律标准都差强人意。主观状态说在法律上的困难在于,一方面,被告的主观状态不可不考虑。倘若被告行为的目的就是把他人的注册商标当作识别商品来源的标志,借此混淆视听,攀附商誉之心昭然,商标法理应给予否定性评价。另一方面,又不应该把被告主观状态作为决定性因素。如果被告把与注册商标相同的标志作为装饰图案使用到同种商品之上,不能仅因为被告的主观意图是美化商品就放纵这种行为,不顾相关公众

---

① 对于商业标志保护,商标法和反不正当竞争法严格分工的时代已经过去。历史上,商标法保护限于臆造性标识和任意性标识。描述性文字和符号,以及其他可以识别商品来源的符号或图形,包括商品的物理形状、包装的外观等,都不受商标法保护。如果它们客观上发挥识别商品来源的功能,只可以通过反不正当竞争法获得保护。随着商标侵权之诉和反不正当竞争之诉的法律分界弱化,商标法开始对可识别商品来源的描述性标志以及商品外观进行保护[See Restatement (Third) of Unfair Competition § 9 comment g]。就我国商标法而言,图形、颜色组合、三维标志(包括商品外形)等元素,皆可作为商标申请注册。它们同时又是构成商品外观、包装装潢的元素,发挥装饰商品的作用。如果具有显著特征,则可受反不正当竞争法第六条保护。

的实际认知状况。

相关公众客观认知说的法理困难更为明显。被告常会主张嫌疑标志不是作为商标使用,而是作为企业字号、商品装潢等使用,其不识别商品来源;在其制售的商品之上另外显著地标有被告自己的商标,这才具有识别商品来源的作用。就此,法院难以直接得出结论,相关公众的确以嫌疑标志识别商品来源。由此,原告不得不举证证明。然而,原告举证被告如何使用争议标志,已然无济于事。原告必须诉诸于注册商标的显著性以及自己使用注册商标而积累的知名度,才可能证明相关公众会感知嫌疑标志为"识别商品来源"。质言之,原告已经不是在证明被告的行为"本身"是否为商标性使用,而是证明嫌疑标志是否因为原告注册商标的显著性和知名度而构成"商标性使用"。在【湖南高院"Levi's 牛仔裤后兜双弧线"图形商标案】中,法院就指出,判断被诉侵权标识是否属于商标性使用,应以相关公众是否通过相应标识的使用方式而区分商品来源为判断标准,而这与诉请保护标识的知名度、商品特点及商标标注惯例等因素相关。由此可见,与其说这是在证明注册商标侵权的先决条件"商标性使用",不如说是在证明相关公众是否可能混淆——注册商标侵权的决定性条件。

以上两种标准都有困难,【广东高院"五谷丰登"案】转而兼采主观状态说和相关公众客观认知说。类似地,对于被告主观状态说和相关公众客观认知说存在的法理困境,在 2005 年 *Tommy Hilfiger Licensing, Inc. v. International Clothiers Inc.* 案中,加拿大联邦上诉法院试图给出解决方案,认为只要证明被告主观状态或相关公众客观认知其中之一,均符合"商标性使用"的法律条件。① 然而,这些都无济于事。这两种法律标准先天缺陷在于,它们都认为"商标性使用"的考察对象就是嫌疑标志本身,无须考虑原告注册商标的显著性和知名度。这是把"商标性使用"作为一个绝对判断:无论原告注册商标是否为被告知晓,为相关公众熟悉,只要求证明被告意图把嫌疑标志作为商标使用,或者相关公众把嫌疑标志感知为商标,就认定被告行为是否为"商标性使用"。

"商标性使用"必定是一种相对判断。相关公众之所以混淆,是因为某种程度上知道原告的注册商标,而后异时异地碰见嫌疑标志,误以为其为商品来源的标志。被告主观状态说和相关公众客观认知说所考虑的因素,都已然包括进入是否"容易导致混淆"的判断之中,即需要考察原告注册商标的显著性和知名度。就此,法院参考案例请参见商标法第五十七条注释。

---

① See Tommy Hilfiger Licensing, Inc. , and Tommy Hilfiger Canada Inc. v. International Clothiers Inc. , para. 37.

第四十九条　【注册商标的撤销事由和程序】商标注册人在使用注册商标的过程中，自行改变注册商标、注册人名义、地址或者其他注册事项的，由地方工商行政管理部门责令限期改正；期满不改正的，由商标局撤销其注册商标。

注册商标成为其核定使用的商品的通用名称或者没有正当理由连续三年不使用的，任何单位或者个人可以向商标局申请撤销该注册商标。商标局应当自收到申请之日起九个月内做出决定。有特殊情况需要延长的，经国务院工商行政管理部门批准，可以延长三个月。

【行政法规】

《中华人民共和国商标法实施条例》(20140501)

第四十九条　依照商标法第四十九条第二款规定申请撤销国际注册商标，应当自该商标国际注册申请的驳回期限届满之日起满 3 年后向商标局提出申请；驳回期限届满时仍处在驳回复审或者异议相关程序的，应当自商标局或者商标评审委员会作出的准予注册决定生效之日起满 3 年后向商标局提出申请。

依照商标法第四十四条第一款规定申请宣告国际注册商标无效的，应当自该商标国际注册申请的驳回期限届满后向商标评审委员会提出申请；驳回期限届满时仍处在驳回复审或者异议相关程序的，应当自商标局或者商标评审委员会作出的准予注册决定生效后向商标评审委员会提出申请。

依照商标法第四十五条第一款规定申请宣告国际注册商标无效的，应当自该商标国际注册申请的驳回期限届满之日起 5 年内向商标评审委员会提出申请；驳回期限届满时仍处在驳回复审或者异议相关程序的，应当自商标局或者商标评审委员会作出的准予注册决定生效之日起 5 年内向商标评审委员会提出申请。对恶意注册的，驰名商标所有人不受 5 年的时间限制。

第五十六条　商标评审委员会审理不服商标局依照商标法第四十九条规定作出撤销或者维持注册商标决定的复审案件，应当针对商标局作出撤销或者维持注册商标决定和当事人申请复审时所依据的事实、理由及请求进行审理。

第六十五条 有商标法第四十九条规定的注册商标成为其核定使用的商品通用名称情形的,任何单位或者个人可以向商标局申请撤销该注册商标,提交申请时应当附送证据材料。商标局受理后应当通知商标注册人,限其自收到通知之日起2个月内答辩;期满未答辩的,不影响商标局作出决定。

第六十六条 有商标法第四十九条规定的注册商标无正当理由连续3年不使用情形的,任何单位或者个人可以向商标局申请撤销该注册商标,提交申请时应当说明有关情况。商标局受理后应当通知商标注册人,限其自收到通知之日起2个月内提交该商标在撤销申请提出前使用的证据材料或者说明不使用的正当理由;期满未提供使用的证据材料或者证据材料无效并没有正当理由的,由商标局撤销其注册商标。

前款所称使用的证据材料,包括商标注册人使用注册商标的证据材料和商标注册人许可他人使用注册商标的证据材料。

以无正当理由连续3年不使用为由申请撤销注册商标的,应当自该注册商标注册公告之日起满3年后提出申请。

第六十七条 下列情形属于商标法第四十九条规定的正当理由:

(一)不可抗力;

(二)政府政策性限制;

(三)破产清算;

(四)其他不可归责于商标注册人的正当事由。

第六十八条 商标局、商标评审委员会撤销注册商标或者宣告注册商标无效,撤销或者宣告无效的理由仅及于部分指定商品的,对在该部分指定商品上使用的商标注册予以撤销或者宣告无效。

【司法解释】

《最高人民法院关于审理商标授权确权行政案件若干问题的规定》(法释〔2017〕2号,20170301;经法释〔2020〕19号修正,20210101)

第二十六条 商标权人自行使用、他人经许可使用以及其他不违背商标权人意志的使用,均可认定为商标法第四十九条第二款所称的使用。

实际使用的商标标志与核准注册的商标标志有细微差别,但未改变其显著特征的,可以视为注册商标的使用。

没有实际使用注册商标,仅有转让或者许可行为;或者仅是公布商标注册信息、声明享有注册商标专用权的，不认定为商标使用。

商标权人有真实使用商标的意图，并且有实际使用的必要准备，但因其他客观原因尚未实际使用注册商标的，人民法院可以认定其有正当理由。

【注释】①

1. 本解释第二十六条对商标使用分四款作了规定，分别规定了使用的主体、未改变注册商标显著特征的使用、未发挥识别作用的使用，以及没有使用的正当理由。前三款情形所作出的规定，均是基于使得商标真正发挥识别商品或者服务来源的基本功能的考虑。2013 年修正的商标法，将此前商标法实施条例中第三条关于商标使用的含义纳入法律的条文中予以规范，以商标法第四十八条的规定，明确了商标使用的含义，商标法第四十九条对商标使用作为维持注册商标有效的条件进行了强调。

2. 第二十六条第四款的"正当理由"，因 2014 年修订的商标法实施条例第六十七条已经明确规定了正当理由包括不可抗力、政策性限制、破产清算和其他不可归责于商标注册人的正当事由，故重复的部分不再规定。

【部门参考文件】

《商标审查审理指南》(国家知识产权局公告第 462 号，20220101；下编)

第十七章　撤销注册商标案件的审查审理

2 释义

商标注册人负有规范使用和连续使用注册商标并积极维护注册商标显著性的法定义务。上述条款是关于禁止自行改变注册商标、注册商标的注册人名义、地址或者其他注册事项等行为，以及撤销成为其核定使用的商品的通用名称及无正当理由连续三年不使用注册商标的规定。

3 是否存在自行改变注册商标、注册人名义、地址或者其他注册事项情形的判定

自行改变注册商标，是指商标注册人或者被许可使用人在实际使用注册商标时，擅自改变该商标的文字、图形、字母、数字、立体形状、颜色组合等，导致原注册商标的主要部分和显著特征发生变化。改变后的标志同原注册商

---

① 参见宋晓明、王闯、夏君丽、董晓敏：《〈关于审理商标授权确权行政案件若干问题的规定〉的理解与适用》，载《人民司法·应用》2017 年第 10 期。

标相比,易被认为不具有同一性。

自行改变注册商标的注册人名义,是指商标注册人名义(姓名或者名称)发生变化后,未依法向商标注册部门提出变更申请,或者实际使用注册商标的注册人名义与《商标注册簿》上记载的注册人名义不一致。

自行改变注册商标的注册人地址,是指商标注册人地址发生变化后,未依法向商标注册部门提出变更申请,或者商标注册人实际地址与《商标注册簿》上记载的地址不一致。

自行改变注册商标的其他注册事项,是指除注册商标、商标注册人名义、地址之外的其他注册事项发生变化后,注册人未依法向商标注册部门提出变更申请,致使与《商标注册簿》上登记的有关事项不一致。

存在上述行为之一的,且经地方市场监督管理部门责令商标注册人限期改正,但期满不改正的,依法予以撤销。

4 是否存在注册商标成为其核定使用商品的通用名称情形的判定

4.1 含义

注册商标成为其核定使用商品的通用名称,是指原本具有商标显著特征的注册商标,在市场实际使用过程中,退化为其核定使用商品的通用名称。

4.2 判定

判定系争商标是否属于商品的通用名称,应当从商标标志整体上进行审查,且应当认定通用名称指向的具体商品,对与该商品类似的商品不予考虑。

判定系争商标是否属于商品的通用名称,关键是判定该商标的功能是区分不同商品还是区分不同商品来源,如商标的主要功能是区分不同商品,应判定为通用名称。除依据本编第四章3.1“仅有本商品的通用名称、图形、型号的”部分审查审理外,还可以参考辞典、专用工具书、国家或者行业标准、相关行业组织的证明、市场调查报告、市场上的宣传使用证据以及其他主体在同种商品上使用该商标标志的证据进行审查审理。

判断注册商标成为其核定使用商品的通用名称的时间点,一般应以提出撤销申请时的事实状态为准,案件审查审理时的事实状态可以作为参考。

4.3 适用要件

(1)注册商标在其获准注册之时尚未成为其核定使用商品的通用名称;

(2)注册商标在市场实际使用过程中,丧失了其识别商品来源的功能,在被提出撤销申请时已成为其核定使用商品的通用名称。

判定注册商标是否成为其核定使用商品的通用图形、型号,参照上述关于通用名称判定标准进行。

5 连续三年不使用注册商标情形的判定

5.1 含义和时间起算

连续三年不使用注册商标,是指一个注册商标在其有效期内不使用,且该状态不间断地持续三年以上。

连续三年不使用注册商标的时间起算,应当自申请人向商标注册部门申请撤销该注册商标之日起,向前推算三年。

5.2 商标使用的判定

商标的使用,是指商标的商业使用。包括将商标用于商品、商品包装或者容器以及商品交易文书上,或者将商标用于广告宣传、展览以及其他商业活动中,用于识别商品来源的行为。

对商标注册人提供的商标使用证据,应结合其市场主体类型、实际经营形式、商标注册情况综合判断其是否真实、公开、合法地使用商标。

商标注册人应当在核定使用的商品上使用注册商标。商标注册人在核定使用的商品上使用注册商标的,在与该商品相类似的商品上的注册可予以维持。商标注册人在核定使用商品之外的类似商品上使用其注册商标,不能视为对其注册商标的使用。

系争商标实际使用的商品不属于《类似商品和服务区分表》中的规范商品名称,但其与系争商标核定使用的商品仅名称不同,本质上属于同一商品的,或是实际使用的商品属于核定商品下位概念的,可以认定构成在核定商品上的使用。

系争商标核准注册时,核定的未实际使用商品与已实际使用商品在《类似商品和服务区分表》中不属于类似商品,但因《类似商品和服务区分表》的变化,在案件审理时属于类似商品的,以案件审理时的事实状态为准,可以维持未实际使用商品的注册。系争商标核准注册时,核定的未实际使用商品与已实际使用商品在《类似商品和服务区分表》中属于类似商品,但因《类似商品和服务区分表》的变化,在案件审理时不属于类似商品的,以核准注册时的事实状态为准,可以维持未实际使用商品的注册。

系争商标实际使用的商品未在中国境内流通而直接出口的,可以认定构成核定商品的使用。

以下情形,不被视为商标法意义上的商标使用:

(1)商标注册信息的公布或者商标注册人关于对其注册商标享有专用

权的声明；

（2）未在公开的商业领域使用；

（3）改变了注册商标主要部分和显著特征的使用；

（4）仅有转让或许可行为而没有实际使用；

（5）仅以维持商标注册为目的的象征性使用。

5.3 商标使用在指定商品上的具体表现形式

（1）采取直接贴附、刻印、烙印或者编织等方式将商标附着在商品、商品包装、容器、标签等上，或者使用在商品附加标牌、产品说明书、介绍手册、价目表等上；

（2）商标使用在与商品销售有联系的交易文书上，包括使用在商品销售合同、发票、票据、收据、商品进出口检验检疫证明、报关单据、电子商务经营的交易单据或者交易记录等上；

（3）商标使用在广播、电视、互联网等媒体上，或者在公开发行的出版物中发布，以及以广告牌、邮寄广告或者其他广告方式为商标或者使用商标的商品进行的广告宣传；

（4）商标在展览会、博览会上使用，包括但不限于在展会印刷品及其他资料、工牌、指示牌和背景牌等处用于指示商品和服务来源的使用；

（5）商标使用体现在国家机关、检测或鉴定机构及行业组织出具的法律文书、证明文书上；

（6）其他符合法律规定的商标使用形式。

5.4 商标使用在指定服务上的具体表现形式

（1）商标直接使用于服务场所，包括使用于服务的介绍手册、服务场所招牌、店堂装饰、工作人员服饰、招贴、菜单、价目表、奖券、办公文具、信笺以及其他与指定服务相关的用品上；

（2）商标使用于和服务有联系的文件资料上，如发票、汇款单据、提供服务协议、维修维护证明、电子商务经营的交易单据或者交易记录等；

（3）商标使用在广播、电视、互联网等媒体上，或者在公开发行的出版物中发布，以及以广告牌、邮寄广告或者其他广告方式为商标或者使用商标的服务进行的广告宣传；

（4）商标在展览会、博览会上使用，包括但不限于在展会印刷品及其他资料、工牌、指示牌和背景牌等处用于指示商品和服务来源的使用；

（5）商标使用体现在国家机关、检测或鉴定机构及行业组织出具的法律文书、证明文书上；

(6)其他符合法律规定的商标使用形式。

5.5 系争商标不存在连续三年不使用情形的举证责任由系争商标注册人承担

用以证明系争商标不存在连续三年不使用的情形的证据材料，应当符合以下要求：

(1)能够显示出使用的系争商标标识；

(2)能够显示出系争商标使用在指定使用的商品或者服务上；

(3)能够显示出系争商标的使用人，既包括商标注册人自己，也包括商标注册人许可的他人以及其他不违背商标权人意志使用商标的人。如许可他人使用的，应当能够证明许可使用关系的存在；

(4)能够显示出系争商标的使用日期，且应当在自撤销申请之日起向前推算三年内；

(5)能够证明系争商标在《商标法》效力所及地域范围内的使用。

仅提交下列证据，不视为商标法意义上的商标使用：

(1)商品销售合同或提供服务的协议、合同；

(2)书面证言；

(3)难以识别是否经过修改的物证、视听资料、网站信息等；

(4)实物与复制品。

6 典型案例

案例一：第10691087号“PHILLIPS”商标撤销复审案

(1)商标信息。

PHILLIPS

指定商品：金属支架

(2)审理要点。

本案中，商标注册人提交了注册人与广东省某公司、某国际贸易公司签订的购销合同，合同中显示“PHILLIPS”商标及铁支架商品，签订时间亦在本案指定期间。商标注册人还提交了增值税专用发票，发票显示的商品名称、数量、金额与前述购销合同可以形成一一对应关系，能够证明前述购销合同已经实际履行。而且,证据中显示的铁支架商品属于“PHILLIPS”商标核定使用的金属支架商品,因此在案证据已经可以证明“PHILLIPS”商标在核定使用商品上进行了实际使用。

案例二:第7040019号“一丸土”商标撤销复审案

(1)商标信息。

指定商品:茶具、茶壶等

(2)审理要点。

商标注册人提交的证据包括商标使用授权书、淘宝店铺“一丸土工作室”首页截图、淘宝店铺掌柜fiships为张某霞的认证材料、店铺交易记录、紫砂壶包装盒照片、中国胶粘剂交易平台采购紫砂杯及微信采购对话记录等。上述证据能够证明“一丸土”商标在“紫砂壶;紫砂杯”商品上进行了商标法意义上的使用。虽然“紫砂壶;紫砂杯”商品不属于《类似商品和服务区分表》中的规范商品名称,但其实际上属于系争商标核定使用的“茶具;茶壶”商品中的一种,可以认定构成在“茶具;茶壶”商品上的使用,并在“陶器;瓷器;日用陶器(包括盆、碗、盘、缸、坛、罐、砂锅、壶、布器餐具)”等类似商品上对“一丸土”商标一并维持注册。

案例三:第5417364号“宜派ipai及图”商标撤销复审案

(1)商标信息。

指定商品:汽车等

(2)审理要点。

经在国家税务总局全国增值税发票查验平台上对商标注册人提交的三张深圳增值税普通发票进行查验,发现其中一张发票显示的商品名称、金额均与平台所录信息不符,另外两张发票经查验显示无此票信息。鉴于商标注册人的主要证据真实性存疑,该项证据应不予认可,“宜派 ipai 及图”商标应予以撤销。

案例四:第 1166678 号“六堡茶”商标撤销案

(1)商标信息。

六堡茶

指定商品:茶

(2)审查要点。

广西某公司提供的证据材料“中华人民共和国国家标准 GB/T 32719. 4—2016”显示,六堡茶已被囊括进黑茶概念里,从 2017 年 1 月 1 日该国家标准施行之日起,“六堡茶”即成为法定的商品通用名称;该公司提交的相关网络搜索结果,也可作为“六堡茶”在茶行业通用性使用的佐证。且商标注册人怠于维护商标专用权,致使行业内大量以“六堡茶”命名的公司涌现。广西某公司提交的证据足以证明“六堡茶”商标在其核定使用的第 30 类“茶”部分核定使用商品上已成为通用名称,与《商标法》第四十九条规定的成为其核定使用的商品的通用名称之情形相符。

案例五:第 602490 号“工”商标撤销案

(1)商标信息。

工

指定商品:钢丝绳卡头

(2)审查要点。

商标注册人提交了“工”商标不使用正当理由的相关证据材料。证据显

示,2009年10月30日商标注册人因资不抵债由青岛市四方区人民法院民事裁定破产清算,主管部门青岛市市北区发展和改革局出具说明函,说明“工”商标作为无形资产计入资产冲减负债。本案经审查认为,商标注册人的不使用正当理由成立,“工”商标予以维持。

【北京法院商标行政案件的规范文件】

1.《北京市高级人民法院商标授权确权行政案件审理指南》(20190424)

19. 商标法第四十九条第二款的适用

19.1【注册商标通用化的判断】

认定诉争商标是否属于商品通用名称,应当从商标标志整体上进行审查,且应当认定通用名称指向的具体商品。对与该商品类似的商品不予考虑。

当事人主张诉争商标成为商品通用名称的,可以提交字典、工具书、国家或者行业标准、相关行业组织的证明、市场调查报告、市场上的宣传使用证据、其他主体在同种商品上使用该商标标志的证据等予以证明。

19.2【注册商标通用化判断的时间点】

认定诉争商标是否属于通用名称,一般以当事人向商标撤销审查部门提出撤销申请时的事实状态进行判断,评审时的事实状态可以作为参考。

19.3【新旧法的适用】

商标权撤销复审行政案件中,对于指定的三年期间跨越2014年5月1日的,在实体法上适用2001年修正的商标法。

19.4【使用的认定】

具有下列情形之一的,当事人主张维持商标注册的,不予支持:

(1)仅在核定使用范围外的类似商品或者服务上使用诉争商标的;

(2)使用诉争商标但未发挥区分商品、服务来源作用的;

(3)为了维持诉争商标注册进行象征性使用的。

19.5【“违法”使用的认定】

商标使用行为明确违反商标法或者其他法律禁止性规定的,可以认定不构成商标使用。

19.6【使用主体的认定】

商标法第四十九条第二款规定的“连续三年不使用”中的“使用”主体,包括商标权人、被许可使用人以及其他不违背商标权人意志使用商标的人。

商标权人已经对他人使用诉争商标的行为明确表示不予认可，在商标权撤销复审行政案件中又依据该他人的行为主张使用诉争商标的，不予支持。

19.7【非规范商品的认定】

实际使用的商品或者核定的商品不属于《类似商品和服务区分表》中的规范商品名称，在认定具体商品所属类别时，应当结合该商品功能、用途、生产部门、消费渠道、消费群体进行判断，并考虑因消费习惯、生产模式、行业经营需求等市场因素，对商品本质属性或名称的影响，作出综合认定。

19.8【非规范实际使用商品构成核定商品使用的认定】

实际使用的商品不属于《类似商品和服务区分表》中的规范商品名称，但其与诉争商标核定使用的商品仅名称不同，本质上属于同一商品的，或是实际使用的商品属于核定商品下位概念的，可以认定构成对核定商品的使用。

认定是否属于同一商品，可以综合考虑物理属性、商业特点以及《类似商品和服务区分表》关于商品分类的原则和标准等因素。

19.9【维持注册范围】

诉争商标在核定商品上构成使用的，可以维持与该商品类似的其他核定商品上的注册。

认定前款所指的类似商品，应当严格按照商品的功能、用途、生产部门、消费渠道和消费群体进行判断，一般依据《类似商品和服务区分表》进行认定。

19.10【区分表的变化对商品类似的判断】

诉争商标核准注册时，核定的未实际使用商品与已实际使用商品在《类似商品和服务区分表》中不属于类似商品，但因《类似商品和服务区分表》的变化，在案件审理时属于类似商品的，以案件审理时的事实状态为准，可以维持未实际使用商品的注册。

诉争商标核准注册时，核定的未实际使用商品与已实际使用商品在《类似商品和服务区分表》中属于类似商品，但因《类似商品和服务区分表》的变化，在案件审理时不属于类似商品的，以核准注册时的事实状态为准，可以维持未实际使用商品的注册。

19.11【在他人商标上贴附诉争商标的认定】

在标注他人商标的商品上同时贴附诉争商标，若相关公众不易识别该商品来源于诉争商标注册人的，可以认定不构成商标使用。

19.12【一物多标行为的认定】

诉争商标注册人在同一商品上,同时使用包括诉争商标在内的多个商标的,若相关公众能够将该商标作为识别商品来源的标志,可以认定构成商标使用。

19.13【一人多标行为的认定】

诉争商标注册人拥有多个已注册商标,虽然其实际使用商标与诉争商标仅存在细微差异,但若能够确定该使用系针对其已注册的其他商标的,对其维持诉争商标注册的主张,可以不予支持。

19.14【"替他人推销"商标使用的认定】

诉争商标注册人为商场、超市等,其能够证明通过提供场地等形式与销售商等进行商业合作,足以认定其为推销商品提供建议、策划、宣传、咨询等服务,可以认定诉争商标在"替他人推销"服务上进行了商标使用。

19.15【指定期间后的使用】

指定期间之后开始大量使用注册商标的,一般不构成在指定期间内的商标使用,但当事人在指定期间内使用商标的证据较少,在指定期间之后持续、大量使用诉争商标的,在判断是否构成商标使用时可以综合考虑。

19.16【单纯出口行为的认定】

使用诉争商标的商品未在中国境内流通且直接出口的,诉争商标注册人主张维持注册的,可以予以支持。

2.《北京市高级人民法院关于规范商标行政诉讼案由的意见》(京高法发〔2014〕392 号,20140904)

(六)商标权撤销复审行政纠纷

商标权撤销复审行政纠纷是指,当事人不服商标局作出的撤销或者不予撤销注册商标专用权的决定,向商标评审委员会申请复审,商标评审委员会作出撤销复审决定,当事人不服该决定提起的行政诉讼。

【法院参考案例】

(一)商标法第四十九条第一款

【最高院"智光"案】商标法第四十九条第一款赋予行政机关针对商标注册人在使用注册商标过程中不规范行为进行处理的行政职权,其目的并非附加行政机关相应义务,更不应理解为商标注册人对法律规定其应自行履行的法定义务,可以消极等待行政机关对其进行敦促〔前郭尔罗斯蒙古族自治县前郭镇智光咨询所与国家工商行政管理总局商标评审委员会商标权撤销复审行政纠纷再审申请案,最高人民法院行政裁定书(2019)最高法行申 2795 号〕。

(二)抗辩"撤三"之使用核准注册的商标

1.【最高院"厨味"案】实际使用的商标标志与核准使用的商标标志有细微差别,但未改变其显著特征的,可以视为注册商标的使用〔东莞市厚街厨味食品加工厂与国家工商行政管理总局商标评审委员会商标权撤销复审行政纠纷再审案,最高人民法院行政判决书(2017)最高法行再 47 号〕。

实际使用的商标标志与核准使用的商标标志有细微差别,但未改变其显著特征的,可以视为注册商标的使用。本案中,虽然在案证据显示东莞厨味加工厂在鸡粉商品上使用的商标与诉争商标有所差别,但是其使用的"厨味 chuwei 及图"及"厨味及图"标志其显著识别部分均为文字"厨味",与诉争商标相同,并未改变诉争商标显著特征,可以视为诉争商标的使用。

2.【最高院"华佗"案】商标权撤销案件的商标使用,应当是对诉争商标的完整使用,而不是对商标中某个元素、某个部分的使用。如果诉争商标权利人提交的使用证据仅反映了诉争商标的部分元素,而没有完整反映出商标标识的,则一般不能认定其对诉争商标进行了实际使用〔亳州天然食品有限公司与国家工商行政管理总局商标评审委员会等商标权撤销复审行政纠纷再审申请案,最高人民法院行政裁定书(2017)最高法行申 7206 号〕。

3.【北京高院"香格里拉"案】商品上出现的企业名称包含文字注册商标,相关公众会将其识别为商号而不是商标的,不属于实际使用注册商标〔香格里拉国际饭店管理有限公司等与国家工商行政管理总局商标评审委员会商标权撤销复审行政纠纷上诉案,北京市高级人民法院行政判决书(2018)京行终 5474 号〕。

4.【北京高院"猴子"图形商标案】立体挂饰用于商品不能证明是实际使用平面图形商标〔VF 国际公司等与国家工商行政管理总局商标评审委员会

商标权撤销复审行政纠纷上诉案,北京市高级人民法院行政判决书(2017)京行终5215号〕。

复审商标系由猴子图形构成的平面商标,核定使用在“皮革及皮革制品”等商品上。VF国际公司虽然提交了其授权威富中国公司、威富深圳公司使用复审商标以及威富深圳公司在手提包等商品上使用“猴子吊坠”的证据,但相关证据上并未出现作为平面商标的复审商标。以手提包挂件形式出现的该“猴子吊坠”,亦与作为平面商标的复审商标在标志构成、表现形式等方面存在明显区别,二者属于不同的标志,该“猴子吊坠”的使用不能作为本案复审商标的使用证据用以维持复审商标的注册。被诉决定和原审判决的相关认定并无不当。

(三)抗辩“撤三”之核定商品上使用注册商标

1.【最高院“K-WEY”案】注册商标在其核定的一种商品上的使用,该使用行为可以延及维持其他核定使用商品的注册效力〔基本网络股份公司与国家工商行政管理总局商标评审委员会商标权撤销复审行政纠纷再审申请案,最高人民法院行政裁定书(2017)最高法行申7122号〕。

2.【最高院“B及图”案】“连续三年不使用”中的“使用”,应当理解为在核定类别商品上的使用,不应将在类似商品上的使用视为该条所称的“使用”〔青华漆业有限公司与国家工商行政管理总局商标评审委员会等商标权撤销复审行政纠纷再审申请案,最高人民法院行政裁定书(2015)知行字第255号〕。

3.【最高院“三得利SDL及图”案】商标法第四十九条第二款规定中“使用注册商标”的行为应当理解为在该注册商标核定使用的商品上使用,而不包括在类似商品上使用〔三得利控股株式会社等与国家工商行政管理总局商标评审委员会商标权撤销复审行政纠纷再审申请案,最高人民法院行政裁定书(2017)最高法行申5093号〕。

根据2001年商标法第四十四条第(四)项[同商标法(2019年)第四十九条第二款]的规定,连续三年停止使用注册商标的,商标局可以责令限期改正或者撤销其注册商标。对于该规定中“使用注册商标”的解释,应该结合该规定的立法目的及商标法的其他规定综合予以考虑。首先,对2001年商标法第四十四条第(四)项中“使用注册商标”的解释应尽可能有利于实现该规定的立法目的。2001年商标法第四十四条第(四)项旨在督促商标权人积极使用核准注册的商标,避免商标资源闲置。如果注册商标可因在核准注册的商品以外的类似商品上的使用得以维持,则注册商标资源在核定商品上仍处于闲置状态,避免商标闲置的立法目的将大打折扣。其次,对“使用注册商标”的解释应与商标法的其他有关规定相协调。2001年商标法第二十一条规定:“注册商标需要在同一类的其他商品上使用的,应当另行提出注册申请。”该法第五十一条规定:“注册商标的专用权,以核准注册的商标和核定使用的商品为限。”根据上述规定可知,无论是注册商标的使用还是注册商标专用权范围仅限于核定使用的商品范围,超出该范围使用的应当另行申请。如果将2001年商标法第四十四条第(四)项中“使用注册商标”的解释扩大到在核定商品范围以外的类似商品上的使用,则会与2001年商标法第二十一条和第五十一条不相协调。因此,2001年商标法第四十四条第(四)项中“使用注册商标”的行为应当理解为在该注册商标核定使用的商品上使用。

4.【北京高院“盘龙云海”案】注册商标在与核定使用的商品相类似的商品上的使用,以及与核准注册的商标相近似的商标在与核定使用的商品相同或相类似的商品上的使用,均不属于注册商标专用权的范围,这些使用行为不构成注册商标专用权意义上的使用,其不足以动摇或者改变注册商标未在注册商品上实际使用的事实,不足以维持注册商标在核定商品上的注册〔国家工商行政管理总局商标评审委员会与方子林商标权撤销复审行政纠纷上诉案,北京市高级人民法院行政判决书(2016)京行终2844号〕。

(1)商标的使用不仅要公开、真实、合法,还应该与特定商品、服务相联系并且必须发生在商业活动中,以使商标起到区分商品、服务来源的作用。商标权人自行使用、许可他人使用以及其他不违背商标权人意志的使用,均可认定属于实际使用的行为。实际使用的商标与核准注册的商标虽有细微差别,但未改变其显著特征的,可以视为注册商标的使用。没有实际使用注册商标,仅有转让或许可行为,或者仅有商标注册信息的公布或者对其注册商标享有专有权的声明等的,不宜认定为商标使用。如果商标权人因不可抗力、政策性限制、破产清算等客观事由,未能实际使用注册商标或者停止使用,或者商标权人有真实使用商标的意图,并且有实际使用的必要准备,但因其他客观事由尚未实际使用注册商标的,均可认定有正当理由。

(2)注册商标因连续三年停止使用被撤销注册的,其撤销的是注册商标的专用权,而不是注册商标的禁用权。无论是2001年商标法第五十一条,还是2014年商标法第五十六条,均规定:"注册商标的专用权,以核准注册的商标和核定使用的商品为限。"这表明注册商标专用权仅限于核准注册的商标和核定使用的商品,并不包括与核准注册的商标相近似的商标,也不包括与核定使用的商品相类似的商品。与注册商标相近似的商标以及与核定使用的商品相类似的商品最多只是可能进入注册商标禁用权的范围,不可能进入注册商标专用权的范围。因此,注册商标在与核定使用的商品相类似的商品上的使用,以及与核准注册的商标相近似的商标在与核定使用的商品相同或相类似的商品上的使用,均不属于注册商标专用权的范围,这种使用也不构成注册商标专用权意义上的使用,其不足以动摇或者改变注册商标未在注册商品上实际使用的事实,故也就不足以维持注册商标在核定商品上的注册。

(四)抗辩"撤三"之使用注册商标的举证证明

1.【最高院"鹰图及BOY"案】(1)商标法第四十九条第二款是在已有权利的基础上激活商标,维持权利,为此本条对商标使用的要求显然不同于产生权利的使用要求;(2)判断诉争商标是否已经实际使用,要综合全案证据来考量商标注册人是否对诉争商标有真实的使用意图,在无有效反证的情况下,不宜对商标权人提交的使用证据科以过高的要求〔金甲琪、安格洛联营公司与国家知识产权局商标权撤销复审行政纠纷再审案,最高人民法院行政判决书(2019)最高法行再61号〕。

2.【最高院"Pierrefamily及图"案】(1)商标使用应当是真实、合法以及公开的使用,未进入流通领域,中国大陆地区相关公众无法接触到的商标使用并不构成商标法意义上的商标使用;(2)许可使用的相关文件,仅能证明商标许可使用,内外包装、菲林、信纸、吊卡等仅能证明其为实际使用诉争商标进行准备工作,均尚不足以证明附着诉争商标的商品实际进入了流通领域〔法国皮尔·卡丹国际集团与国家知识产权局商标权撤销复审行政纠纷再审申请案,最高人民法院行政裁定书(2019)最高法行申7439号〕。

3.【最高院"雪花"案】只有商标使用许可合同、经销合同等证据,但没有合同发票或者其他证据证明该合同实际履行的事实，不能证明注册商标实际使用〔驻马店市豫粮生物科技有限公司与国家工商行政管理总局商标评审委员会商标权撤销复审行政纠纷再审申请案，最高人民法院行政裁定书(2017)最高法行申 5068 号〕。

4.【最高院“湾仔码头”案】没有实际使用注册商标，仅有转让、许可行为，或者仅有商标注册信息的公布或者对其注册商标享有专有权的声明等，不能认定为商标使用。判断商标是否实际使用，需要判断商标注册人是否有真实的使用意图和实际的使用行为，仅为维持注册商标的存在而进行的象征性使用，不构成商标的实际使用〔成超与通用磨坊食品亚洲有限公司商标权撤销复审行政纠纷再审申请案，最高人民法院行政裁定书(2015)知行字第 181 号〕。

5.【最高院“卡斯特”案】(1)只要在商业活动中公开、真实地使用了注册商标，且注册商标的使用行为本身没有违反商标法律规定，则注册商标权利人已经尽到法律规定的使用义务，不宜认定注册商标违反 2001 年商标法第四十四条第(四)项规定；(2)争议商标有关的其他经营活动中是否违反进口、销售等方面的法律规定，并非商标法所要规范和调整的问题〔法国卡斯特兄弟股份有限公司与国家工商行政管理总局商标评审委员会、李道之商标权撤销复审行政纠纷再审申请案，最高人民法院行政裁定书(2010)知行字第 55 号〕①。

6.【北京高院“水中贵族”案】判断所涉行为是否构成商标法第四十九条第二款的注册商标“使用”，应结合在案证据综合考量使用者在主观上是否具有真实使用商标的意图，以及所涉行为在客观上是否能使相关公众在商标与其所标志的商品或服务之间建立联系〔谢平德等与国家知识产权局商标

---

① 本案例的观点与此前最高人民法院的裁判意见截然不同。在康王公司与国家工商行政管理总局商标评审委员会等行政纠纷案中[最高人民法院驳回再审申请通知书(2007)行监字第 184 号]，最高人民法院审查认为：“商标法第四十四条第(四)项[同商标法(2019 年)第四十九条第二款]规定的‘使用’，应该是在商业活动中对商标进行公开、真实、合法的使用。从商标法第四十五条的规定来看，判断商标使用行为合法与否的法律依据，并不限于商标法及其配套法规。对于违反法律法规强制性、禁止性规定的生产经营活动中的商标使用行为，如果认定其法律效力，则可能鼓励、纵容违法行为，与商标法有关商标使用行为规定的本意不符。”

权撤销复审行政纠纷上诉案,北京市高级人民法院行政判决书(2021)京行终667号〕①。

商标的使用是指商标的商业使用,包括将商标用于商品、商品包装或者容器以及商品交易文书上,或者将商标用于广告宣传、展览以及其他商业活动中。商标使用应在该商标核定商品或服务上使用,在其他商品或服务上的使用不能维持诉争商标的注册。判断所涉行为是否构成商标使用,应结合在案证据综合考量使用者在主观上是否具有真实使用商标的意图,以及所涉行为在客观上是否能使相关公众在商标与其所标志的商品或服务之间建立联系。仅以维持商标注册效力为目的的象征性使用,不属于商标法意义上真实、有效的使用行为。

7.【北京高院"京粮"案】(1)在商标权撤销复审案件中,诉争商标注册人对其在指定期间内使用诉争商标的情况负有举证责任。(2)通常情况下,诉争商标注册人提交的商标使用证据应满足以下要求:其一,相关证据具有形式上的真实性;其二,商标使用行为发生在指定期间内;其三,使用证据上显示有诉争商标标志;其四,诉争商标标志系在其核定使用的商品或服务上的使用,能够发挥识别、区分商品或服务来源的作用〔北京粮食集团有限责任公司与国家知识产权局、北京老窖酒业有限公司商标权撤销复审行政纠纷上诉案,北京市高级人民法院行政判决书(2020)京行终4231号〕。

8.【北京高院"恒大"案】商标注册人为证明注册商标实际使用而不应撤销,如果部分使用证据系伪造,则应当对其提交的所有证据从严审查,相应提高证明标准;对于商标使用证据的审查判断,既要逐一审查单个证据本身的真实性、合法性、关联性,也要从整体上对全部在案证据进行审查,从各证据与案件事实的关联程度、各证据之间的联系等方面进行综合判断〔国家工商行政管理总局商标评审委员会等与江西恒大高新技术股份有限公司商标权撤销复审行政纠纷上诉案,北京市高级人民法院行政判决书(2017)京行终4247号〕。

① 类似案例参见李新城等与海霸王(汕头)食品有限公司、国家知识产权局商标权撤销复审行政纠纷上诉案,北京市高级人民法院行政判决书(2021)京行终844号;李新城等与海霸王(汕头)食品有限公司商标权撤销复审行政纠纷上诉案,北京市高级人民法院行政判决书(2021)京行终816号。

（1）相较于对商标使用规模等"量"的要求，在商标使用的判断上，更侧重于对商标使用"质"的要求，即商标注册人在指定期间内是否存在真实的商标使用行为。鉴于商标使用的证据主要由商标注册人掌握和提供，实践中不乏为维持商标注册而伪造证据的情形，且此种行为不易辨别和认定，通常需要对方当事人提出质疑、提供相反证据。为避免连续三年停止使用注册商标撤销制度目的落空，形成鼓励当事人如实、规范提供商标使用证据的导向，如果商标注册人提供的部分使用证据系伪造，则应当对其提交的所有证据从严审查，相应提高证明标准。

（2）对于商标使用证据的审查判断，既要逐一审查单个证据本身的真实性、合法性、关联性，也要从整体上对全部在案证据进行审查，从各证据与案件事实的关联程度、各证据之间的联系等方面进行综合判断。当事人提交多个证据试图形成证据链证明某一事实时，一般应先逐一审查单个证据的真实性、合法性，在确认相关证据真实性、合法性的基础上，从其与案件事实的关联程度、各证据之间的联系等方面判断有无证明力及证明力的大小。

9.【北京高院"CLARKE"案】（1）对商标法第四十九条第二款"使用"的认定应当符合市场实际，在使用证据的认定上应当坚持优势证据原则；（2）只要证据显示，使用注册商标的核定商品在市场上能够被相关消费者获得且持续一定的时间，使用行为不违反商标法的禁止性规定，就应当认定该注册商标已经进行了真实、公开、合法、有效的使用〔国家工商行政管理总局商标评审委员会等与克拉克国际有限公司商标权撤销复审行政纠纷上诉案，北京市高级人民法院行政判决书(2016)京行终95号〕。

10.【北京知产法院"桑梓"案】在诉争不使用期间，诉争商标为待处置资产，欠缺使用证据属于情理之中。诉争商标确系具有真实使用的意图，且正在为规模化、规范化使用做准备，属于正当理由〔天津市桑梓农副产品销售中心与国家工商行政管理总局商标评审委员会商标权撤销复审行政纠纷案，北京知识产权法院行政判决书(2016)京73行初2800号〕。

（五）抗辩"撤三"之使用注册商标到定牌加工出口的商品

1.【最高院"VIZIT及图"案】（1）我国商标法设置三年不使用撤销规定

的意图旨在将市场上已经死亡的商标从商标注册簿上清除，以发挥商标应有的识别商品或服务来源的作用和清理闲置不用的商标，防止商标资源的浪费和维护公平竞争；(2)贴附商标的商品直接出口至国外，其生产行为仍发生在中国大陆地区，这种行为显然是在积极使用商标，具有使用该商标的真实意图，对其商标予以撤销显然不符合我国商标法设置三年不使用撤销制度的立法目的，反而可能造成更多的资源浪费〔厦门三江盛达商贸有限公司城厢办事处与国家知识产权局商标权撤销复审行政纠纷再审案，最高人民法院行政判决书(2019)最高法行再188号〕。

2.【最高院"USAPRO"案】委托他人生产商品、标注商标后出口，在法律上属于自己实际使用注册商标〔门富士有限公司与国家工商行政管理总局商标评审委员会商标权撤销复审行政纠纷再审申请案，最高人民法院行政裁定书(2018)最高法行申8135号〕。

3.【最高院"MANGO"案】关于将贴附商标的商品全部出口到中国大陆地区以外是否属于商标法意义上的使用问题，需根据相关法律规定结合具体的案件事实加以认定，不应将此种情况一律认定为商标未实际发挥商品来源的识别作用而不属于商标法意义上的商标使用行为〔索娜媞国际有限公司与国家工商行政管理总局商标权撤销复审行政纠纷再审申请案，最高人民法院行政裁定书(2018)最高法行申4175号〕。

4.【最高院"PROTAPER"案】不管产品在中国市场上销售还是出口销售到国外，都属于销售行为，都能使商标发挥识别商品来源的作用，足以证明显然是在积极使用诉争商标，具有使用该商标的真实意图，其并未违反商标法关于连续三年停止使用予以撤销的规定〔胡棋、厦门巨杰进出口贸易有限公司与国家工商行政管理总局商标评审委员会商标权撤销复审行政纠纷再审申请案，最高人民法院行政裁定书(2018)最高法行申1764号〕。

5.【北京高院"BJORNBORG"案】商标获准注册后，通过许可他人使用、贴牌加工的方式切实将商标投入实际使用，积极激活注册商标，不存在搁置和浪费商标资源的行为，不属于商标法第四十九条第二款的情形〔国家知识产权局与比约恩博格品牌有限公司商标权撤销复审行政纠纷上诉案，北京市高级人民法院行政判决书(2020)京行终 2898 号〕。

6.【北京高院“SODA”案】在注册商标连续三年不使用而应撤销的案件中,许可使用协议可以作为商标使用的证据,但不能作为单独的定案依据;使用商标的商品在中国生产加工后直接出口国外,未在中国大陆市场流通,属于商标使用行为;商标注册人在核定使用的一项商品上使用注册商标的,在与该商品类似的商品上的注册可予以维持〔索达有限公司、国家工商行政管理总局商标评审委员会与明季私人有限公司商标权撤销复审行政纠纷上诉案,北京市高级人民法院行政判决书(2016)京行终 4613 号〕。

2001 年商标法第四十四条第(四)项[同商标法(2019 年)第四十九条第二款]规定的立法目的在于激活商标资源,清理闲置商标,督促商标权人履行连续使用义务。虽然使用商标的商品在中国生产加工后直接出口国外,未在中国大陆市场流通,但这是切实将商标投入实际使用,积极激活注册商标,并不存在搁置和浪费商标资源的行为。同时出于保护对外贸易、促进贴牌加工行业发展的目的,在商标连续三年不使用的撤销案件中,应将贴牌加工行为认定为商标使用行为。

7.【北京知产法院“DCLSA”案】“没有正当理由连续三年不使用商标”对使用行为的实质要求为:(1)该行为应属于中国大陆境内的商标意义上的使用行为,且属于真实的、善意的使用行为,而非“象征性使用”;(2)注册商标用于出口商品上,构成在中国境内实际使用该注册商标;(3)诉争商标的使用行为既可维持其在与实际使用商品构成“同一种类”的核定使用商品上的注册,亦足以延及其在“相类似”的核定使用商品上的注册〔镇江锁厂有限公司与国家工商行政管理总局商标评审委员会商标权撤销复审行政纠纷案,北京知识产权法院行政判决书(2015)京知行初字第 408 号〕。

(1)所谓商标意义上的使用行为是指能够实现商标本质功能的使用行为。因商标的本质功能为其识别功能(即通过该商标识别商品或服务的提供者),而通常情况下只有商品已进入流通环节的情况下才可能起到识别作用,因此,原则上商品流通环节的商标使用行为(如销售行为、广告行为等),属于“商标意义上的使用行为”。未进入商品流通环节的商标使用行为(如商标标识的印制行为、在商品包装上印制商标的行为等),则不属于“商标意义上的使用行为”。此外,因该条款系商标法对于在中国注册的商标的使用要求,故原则上该使用行为应发生在“中国大陆境内”。

(2)商标法之所以规定可以将连续三年停止使用的商标予以撤销,其目的在于避免商标闲置,促进商标使用,真正发挥商标在市场经济中的识别作用。因此,在考虑某一商标使用行为是否属于发生在中国大陆境内的使用行为时,关键在于该使用行为是否足以使该商标在中国大陆境内产生识别作用。对于本案所涉出口行为而言,虽然出口商品的终端销售行为发生在进口国,但不可否认,出口商向进口商销售商品的行为发生在中国大陆境内,同时进口商在选择中国出口商的过程中,可以依据不同的商标将不同的中国出口商相区分,在这一过程中该商标显然已起到识别作用,而该识别作用发生在中国大陆域内。因此,认定出口行为构成商标使用行为,符合商标法第四十四条第(四)项的立法目的。

(3)如果商标注册人依据《商标国际注册马德里条约》(以下简称马德里条约)或《商标国际注册马德里有关议定书》(以下简称马德里议定书)的相关规定在中国进行商标注册的同时,亦在进口国及其他成员国进行了国际注册,则商标注册人在中国所注册商标的效力状态在一定程度上会影响到该商标在进口国的效力状态。马德里条约第六条规定,如果商标注册人在原属国的注册在五年内被撤销或被无效,则其在其他成员国或地区的注册亦同样会被撤销。由此可见,如果认定出口行为未构成商标使用行为而将其撤销,则意味着该企业不仅在中国无法获得商标法保护,更为重要的是在其进口国家或地区在一定情况下亦无法获得商标法保护,而后者对其显然更为重要。

(4)“真实的、善意的商标使用行为”系指商标注册人为真正发挥商标的识别作用而进行的使用行为,“象征意义的使用行为”则是商标注册人在缺乏真实善意的使用目的情况下,仅仅是为了维持该商标的有效性,避免因连续三年未使用被撤销而进行的商标使用行为。因“真实的、善意的”的认定,属于对商标注册人主观状态的认定,而主观状态通常较难通过直接证据证明,故很多情况下需结合具体的使用证据予以推定。一般而言,如果商标注册人的使用行为已具有一定规模,可推定此种使用行为系“真实的、善意的商标使用行为”。但如果并未达到一定规模的使用,则需结合其他因素对其是否属于“象征性的商标使用行为”予以判断。

编者说明

商标的价值不在于注册,而在于发挥识别商品来源的经济作用。只注册商标而不使用,占据标识资源,徒增市场进入成本。为此,各国商标法均要求注册商标应该投入实际使用,否则予以撤销。有些国家对此要求非常严格,要求注册商标人每年必须向商标局提交实际使用注册商标的证据,否则直接撤销,比如美国。我国商标法则采取相对缓和的做法,即准许第三人自商标注册公告之日起三年后以"没有正当理由连续三年不使用"为由申请撤销注册商标(以下简称"撤三"),而注册商标人必须举证证明实际使用过注册商标。根据商标法实施条例(2014 年),商标局一旦受理此种撤销注册商标的申请,注册商标人则必须自收到商标局受理通知之日起两个月内提交该商标在撤销申请所称的连续三年期间之内实际使用过该注册商标的证据材料,或者证明不使用具有正当理由;期满未提供使用的证据材料或者证据材料无效并没有正当理由的,则由商标局撤销其注册商标。

何谓"没有正当理由"连续三年不使用?商标法实施条例(2014 年)第六十七条规定:下列情形属于商标法第四十九条规定的正当理由:(一)不可抗力;(二)政府政策性限制;(三)破产清算;(四)其他不可归责于商标注册人的正当事由。特别地,注册商标专用权人具有真实使用意图并准备使用,则法院更可能认定其具有正当事由。《最高人民法院关于审理商标授权确权行政案件若干问题的规定》第二十六条第四款就规定:"商标权人有真实使用商标的意图,并且有实际使用的必要准备,但因其他客观原因尚未实际使用注册商标的,人民法院可以认定其有正当理由。"【北京知产法院"桑梓"案】中,在诉争不使用期间,诉争商标为待处置资产,但法院认为这种情况下欠缺使用证据属于情理之中。由于商标注册人提供了桑梓产业园设计方案、当地出具的"桑梓豆片"为地方特色产品的证明和天津市桑梓镇人民政府的证明,以及第三人与商标注册人的合作协议,法院据此认定注册人对诉争商标确系具有真实使用的意图,且正在为规模化、规范化使用做准备,属于有正当理由,因此诉争商标应当予以维持。

何谓"连续三年不使用"呢?商标法(2001 年)第四十四条第(四)项曾采用"连续三年停止使用"的表述,二者所谓的"使用"具有相同的内涵。最高人民法院曾一度认为,商标法(2001 年)第四十四条第(四)项规定的"使用"应该是"在商业活动中对商标进行公开、真实、合法的使用";判断商标使用行为合法与否,不应只依据商标法及其配套法规。对于违反法律法规强制性、禁止性规定的生产经营活动中的商标使用行为,也不应该认定其法律效力,否则可能鼓励、纵容违法行为。[①] 但最高人民法院嗣后明确，这是针对案件具体情况作出的法律意见。[②] 2012 年【最高院"卡斯特"案】指出，商标法(2001 年)第四十四条第(四)项的立法目的在于"激活商标资源，清理闲置商标，撤销只是手段，而不是目的……只要在商业活动中公开、真实地使用了注册商标，且注册商标的使用行为本身没有违反商标法律规定，则注册商标权利人已经尽到法律规定的使用义务，则不宜认定注册商标违反该项规定"。同时，最高人民法院指出，争议注册商标人使用争议商标有关的其他经营活动是否违反进口、销售等方面的法律规定，不属于商标法第四十四条第(四)项的调整范围。

所谓"公开、真实的使用"，是指实际使用，即注册商标投入市场实际使用，向消费者昭示识别商品来源的功能。仅有注册商标转让或许可使用合同，不能证明注册商标"实际使用"。《最高人民法院关于审理商标授权确权行政案件若干问题的规定》第二十六条第一款和第三款规定："商标权人自行使用、他人经许可使用以及其他不违背商标权人意志的使用，均可认定为商标法第四十九条第二款所称的使用。""没有实际使用注册商标，仅有转让或者许可行为；或者仅是公布商标注册信息、声明享有注册商标专用权的，不认定为商标使用。"典型的案例如【最高院"Pierrefamily 及图"案】【最高院"雪花"案】【最高院"湾仔码头"案】。"公开、真实"的使用，还强调不得是象征性使用。【最高院"湾仔码头"案】指出，"判断商标是否实际使用，需要判断商标注册人是否有真实的使用意图和实际的使用行为，仅为维持注册商标的存在而进行的象征性使用，不构成商标的实际使用"。

所谓公开、真实使用"注册商标"，是指实际使用的商标未改变核准商标的显著特征并且用于核定商品之上。曾经有争议的是，就注册商标用于与核定商品类似的商品上，是否属于实际使用注册商标？在联合利华有限公司与国家工商行政管理总局商标评审委员会、刘伟商标撤销复审行政纠纷案中，涉案注册商标核定使用于"消毒肥皂""洗面奶""浴液""抑菌洗手剂""化妆品"上，实际使用在"洗发液"上。北京市第一中级人民法院审理认为，实际使用之商品与核定使用商品在功能用途、生产销售渠道、消费对象等方面相近，并且在《类似商品和服务区分表》中被划为相同或类似群组，属于类似商品，因此涉案注册商标在"洗发液"商品上的使用可以视为在"消毒肥

---

① 参见云南滇红药业集团有限公司与汕头市康王有限公司、国家工商行政管理总局商标评审委员会商标撤销行政纠纷再审申请案，最高人民法院行政裁定书(2007)行监字第 184－1 号。

② 参见最高人民法院知识产权审判庭编：《最高人民法院知识产权审判案例指导(第一辑)》，中国法制出版社 2008 年版。

皂”“洗面奶”“浴液”“抑菌洗手剂”“化妆品”上的使用。① 但是,【最高院“B及图”案】【最高院“K－WEY”案】【最高院“三得利SDL及图”案】等案例明确否定上述观点,认为“连续三年不使用”中的“使用”,应当理解为在核定类别商品上的使用,不应将在类似商品上的使用视为该条所称的“使用”。

实际使用的商标应该是核准注册的标志,但允许不改变显著特征的调整。《最高人民法院关于审理商标授权确权行政案件若干问题的规定》第二十六条第二款规定:“实际使用的商标标志与核准注册的商标标志有细微差别,但未改变其显著特征的,可以视为注册商标的使用。”【最高院“厨味”案】指出,实际使用的商标标志与核准使用的商标标志有细微差别,但未改变其显著特征的,可以视为注册商标的使用。所谓未改变显著特征,应该是指实际使用的标志与注册商标具有相同、连续的商业印象。如果只使用注册商标的部分要素(【最高院“华佗”案】),或者不能使相关公众将其识别为商标(【北京高院“猴子”图形商标案】),都属于改变注册商标显著特征的使用行为,并不能抗辩“撤三”。

① 参见北京市第一中级人民法院行政判决书(2012)一中知行初字第2112号。

第五十条 【注册商标专用权消灭后再核准的期限限制】注册商标被撤销、被宣告无效或者期满不再续展的,自撤销、宣告无效或者注销之日起一年内,商标局对与该商标相同或者近似的商标注册申请,不予核准。

【立法·要点注释】

注册商标被撤销、被宣告无效或者被注销,商标注册人的商标专用权不再存在。在此种情形下,其他单位或者个人提出与该商标相同或者近似的商标注册申请,在权利上不存在冲突问题,理应允许。但是,被撤销、被宣告无效或者被注销的注册商标,在被撤销、被宣告无效或者被注销之前,除了连续三年不使用这种情形外,毕竟已经使用,并或多或少在市场上产生一定的影响。为了维护市场经济秩序和保护消费者的利益,防止不必要的误会和损失,有必要在一定期限内对与该商标相同或者近似的商标注册申请,作出一定的限制。为此,注册商标被撤销、被宣告无效或者被注销后,超过一年时间的,与该商标相同或者近似的商标注册申请,商标局应当依法予以核准。

【行政法规】

《中华人民共和国商标法实施条例》(20140501)

第七十三条 商标注册人申请注销其注册商标或者注销其商标在部分指定商品上的注册的,应当向商标局提交商标注销申请书,并交回原《商标注册证》。

商标注册人申请注销其注册商标或者注销其商标在部分指定商品上的注册,经商标局核准注销的,该注册商标专用权或者该注册商标专用权在该部分指定商品上的效力自商标局收到其注销申请之日起终止。

第七十四条 注册商标被撤销或者依照本条例第七十三条的规定被注销的,原《商标注册证》作废,并予以公告;撤销该商标在部分指定商品上的注册的,或者商标注册人申请注销其商标在部分指定商品上的注册的,重新核发《商标注册证》,并予以公告。

【部门参考文件】

《商标审查审理指南》(国家知识产权局公告第 462 号,20220101;下编)

第十八章　《商标法》第五十条的审查审理

2 释义

注册商标被撤销、被宣告无效或者期满不再续展的,商标注册人的商标专用权不再存在。在此种情况下,其他单位或者个人提出与该商标相同或者近似的商标注册申请,在权利上不存在冲突问题,理应允许。但是,被撤销、被宣告无效或者被注销的注册商标,在被撤销、被宣告无效或者被注销之前,除了连续三年不使用这种情形外,毕竟已经使用,并或多或少在市场上产生一定的影响。为了避免市场上同时存在不同主体提供使用相同或者近似商标的商品或者服务,使消费者对商品或者服务的来源产生混淆,有必要适用《商标法》第五十条以设置一定时间的隔离期限。

因此,本条明确规定,注册商标被撤销、被宣告无效或者期满不再续展的,自撤销、宣告无效或者注销之日起一年内,商标注册部门对与该商标相同或者近似的商标注册申请,不予核准。

3 适用情形

做出审查决定时,他人在先相同或者近似的注册商标被撤销(因连续三年不使用而被撤销的除外)的,自撤销公告之日起未满一年的,应适用《商标法》第五十条予以引证。

做出审查决定时,他人在先相同或者近似的注册商标被宣告无效的,自宣告无效决定或者裁定的应诉期届满之日起未满一年的,应适用《商标法》第五十条予以引证。

做出审查决定时,他人在先相同或者近似的注册商标有效期满不再续展的,自注册商标有效期届满之日起未满一年的,应适用《商标法》第五十条予以引证。

做出审查决定时,他人在先相同或者近似的注册商标因连续三年不使用被撤销的,自撤销公告之日起,不适用《商标法》第五十条的规定。

【法院参考案例】

1.【最高院“南湖旅游”案】商标法第五十条主要是维护市场经济秩序和保护消费者的利益，是对商标行政审查部门在一定期限内核准与已宣告无效、已撤销或已注销之注册商标相同或者近似的商标注册申请所作出的限制性规定，并非注册商标无效宣告的事由〔广东南湖国际旅行社有限责任公司与国家知识产权局商标权无效宣告请求行政纠纷再审申请案，最高人民法院行政裁定书(2020)最高法行申4950号〕。

2.【最高院“OCEAN”案】被错误注销后重新恢复的注册商标，其专用权应视为一直存续；对于因相信该商标被注销而进行使用的善意第三人，可不认定侵犯该商标权〔青岛海洋焊接材料有限公司与青岛鑫源焊接材料有限公司、烟台市鑫源焊条有限公司侵害商标权纠纷案，最高人民法院民事判决书(2012)民提字第9号〕。

3.【北京高院“装机360”案】根据商标法(2001年)第四十八条［同商标法(2019年)第五十条］，注册商标专用权有效期届满后，在一年六个月的时间内，其依然是其他近似商标获准注册的法定障碍，商标局有权据此作出商标申请驳回决定〔北京奇虎科技有限公司与国家工商行政管理总局商标评审委员会商标申请驳回复审行政纠纷上诉案，北京市高级人民法院行政判决书(2014)高行终字第1926号〕①。

4.【北京知产法院“恩格贝”案】商标法第五十条意在避免在先商标的商誉延续等问题造成相关公众的混淆误认，并维护公平竞争的市场秩序及消费者的合法利益〔内蒙古新东投资有限责任公司与国家知识产权局商标不予注册复审行政纠纷案，北京知识产权法院行政判决书(2016)京73行初6136号〕。

5.【宜昌中院“奥陶记”案】注册商标续展的宽展期届满后一年内，确属

① 类似案例参见富乐加零售公司与国家工商行政管理总局商标评审委员会商标申请驳回复审行政纠纷案，北京市第一中级人民法院行政判决书(2012)一中知行初字第2653号。

其他相同或近似商标获准注册的法定障碍,但并不意味着原商标注册人在六个月的宽展期满后,仍可以当然获准继续注册〔宜都市奥陶纪石林旅游开发有限责任公司与欧帮(宜昌)企业管理有限公司委托合同纠纷案,湖北省宜昌市中级人民法院民事判决书(2019)鄂05 知民初 146 号〕。

编者说明

(一)商标注册人申请注销注册商标

注册商标可因为权利人自愿放弃或法定事由而注销。注册商标专用权是私权,商标权人可以自主放弃,无论是否临界续展期间。对此,虽然商标法没有规定,但商标法实施条例(2014 年)第七十三条规定:"商标注册人申请注销其注册商标或者注销其商标在部分指定商品上的注册的,应当向商标局提交商标注销申请书,并交回原《商标注册证》。商标注册人申请注销其注册商标或者注销其商标在部分指定商品上的注册的,该注册商标专用权或者该注册商标专用权在该部分指定商品上的效力自商标局收到其注销申请之日起终止。"

如果商标被错误地申请注销,经司法程序确认,可以恢复效力。典型的错误注销发生于假冒他人名义,委托商标代理机构注销他人注册商标。【最高院"OCEAN"案】认为,注册商标被错误注销,注册商标专用权的效力应视为一直存续;但第三人善意相信该商标已经注销而使用的,不应认定构成侵权。如果该使用行为易使相关公众混淆的,妥善的处理方式是类推适用商标法第五十九条第三款,即第三人只应在"原有范围内"继续使用,并应注册商标人要求而增加区别性标识。

"注销"适用于注册商标专用权自主放弃,第三人不得请求"注销"他人所持有的注册商标。商标法实施条例(2002 年)第四十七条曾规定:"商标注册人死亡或者终止,自死亡或者终止之日起一年期满,该注册商标没办理移转手续的,任何人可以向商标局申请注销该注册商标。提出注销申请的,应当提交有关该商标注册人死亡或者终止的证据。"然而,注册商标人主体消灭并不意味着其继承人主动放弃注册商标专用权,即便未办理转让手续。实际上,注册商标人主体消灭,通常意味着注册商标停止使用(但有可能存在被许可使用的情况),第三人至多可以依照商标法第四十九条第二款"无正当理由连续三年不使用"请求撤销该注册商标,但商标局等国家机关完全可能认为存在正当理由。为此,现行商标法和商标法实施条例都没有再出现类似于商标法实施条例(2002 年)第四十七条的规定。

(二)注册商标撤销/注销对后续商标申请审查的法律影响

通说认为,注册商标撤销或注销(以下统称商标撤注销)并不必然意味着带有相应标志的商品或服务已经退出市场,第三人在同种或类似商品上使用相同或近似商标不再易使相关消费者混淆。即便相关商品或服务已经退出市场,其市场影响也未必已经消散,相关消费者仍旧可能发生混淆或误认(以下统称市场残留混淆)。注册商标人自主放弃注册商标专用权而主动申请注销或者注册商标期满不再续展,都有类似情况。商标撤注销后,原权利人既没有商标法依据,也没有利益驱动,去维护市场竞争秩序。此种情况因此需要法律介入。为此,商标法第五十条规定:"注册商标被撤销……或者期满不再续展的,自撤销……或者注销之日起一年内,商标局对与该商标相同或者近似的商标注册申请,不予核准。"

然而,本条存在解释困难。首先,单从字面来看,该法条规定的禁止注册的范围过宽,覆盖"相同或近似商标"而没有限定商品或服务类别。此处的近似商标应该理解为"混淆性近似",要考虑商标注册申请所指定的商品或服务项目。

其次,对于"不予核准"的对象,本条规定存在歧义,至少有三种理解。第一种理解,"禁注"的对象是自注册商标撤注销之日起一年内提起的商标注册申请,本条是作为这种商标申请的驳回理由之一。据此,在撤注销之日前已经受理的商标注册申请则不在"禁注"范围之内。如是,它们之中如有相同或近似商标(指定用于同种或类似商品之上)则可以核准,由此可能导致市场残留混淆。这显然与立法目的冲突,故而这种理解可以排除。

第二种理解,自注册商标撤销或注销之日起一年内,商标局对已经受理而进入商标初步审查和商标异议程序的相同或近似商标,均中止审查,待一年期间届满后,才予以核准注册。换言之,本条所谓一年期间是限定"商标核准注册"的时间,本条规定因此被作为商标法第三十三条和第三十五条规定的例外。假定商标审查员在商标审查程序中(包括初步审查程序和商标异议程序)发现注册商标A,本可以据此驳回商标申请X,但注册商标A被撤销或注销并公告。依照第二种理解,商标局应中止商标申请X的审查程序直到撤注销一年期间届满,而后则可以作出准予商标申请X核准注册的决定。

第三种理解,自注册商标撤销或注销之一年内,该注册商标法律上仍可以作为引证商标,商标局可据此驳回商标申请。换言之,本条所谓一年期间是限定被撤销或注销商标可作为引证商标的期限,将本条视为以下条款的例外:商标法第五十五条第二款规定之"被撤销注册商标专用权自公告之日终止"和第四十四条"被注销商标专用权自注册商标期限届满之日终止"。【北京高院"装机360"案】认为,如果注册商标期满未续展,"注册商标专用权有效期届满后,在一年六个月的时间内,其依然可以成为其他近似商标获准注册的法定障碍"。

从制度运行成本的角度来说,第三种理解比第二种理解成本低,具有比较优势。依照第二种理解,商标审查员须即时关注注册商标撤注销的公告,以便及时中止有关审查活动。而依照第三种理解,注册商标无论注销还是被撤销,在一年期限内仍可以作为引证商标，构成商标申请核准的法律障碍，故而注册商标撤销或注销既不会立即影响到在审注册商标申请的审查，也不会影响到注册商标申请人原先的预期。这比较契合实际情况。主动放弃注册商标专用权或者到期不办理注册商标续展手续，抑或不符合商标法第四十九条而被撤销，都不属于商标申请人预期的大概率事件。

如果按照第三种理解，商标法第五十条主要是为便利商标申请审查，而不是为维护市场经济秩序和保护消费者的利益。注册商标权人之所以主动放弃而申请注销或不办理续展，最可能是因为该注册商标没有实际使用或没有市场影响；注册商标依照商标法第四十九条被撤销，最常见的原因是连续三年没有正当理由不使用。《商标审查审理指南》(2021 年)也明确，“作出审查决定时，他人在先相同或者近似的注册商标因连续三年不使用而撤销的，自撤销公告之日起，不适用《商标法》第五十条的规定”。① 所以，就注册商标撤销和注销而言，商标法第五十条设置“不予核准”的限制不太可能是为防止市场残留混淆。值得注意的是，商标法并未将本条规定作为商标异议或注册商标无效宣告的法定理由，更说明本条只是商标申请审查的管理性条款。

(三)注册商标被宣告无效对后续商标申请审查的法律影响

2013 年商标法修正时，才在商标法(2001 年)第四十六条的基础上增加了注册商标“被宣告无效”的情况，延续为现行商标法第五十条，对其也适用一年的“禁注”期限。

如果依照上文所述第三种理解，商标法第五十条就是对第四十七条第一款的如下规定设置例外：被宣告无效的注册商标“自始即不存在”。第三方作为在先权利人或利害关系人以注册商标核准注册违反商标法第十三条第二款和第三款、第十五条、第十六条第一款、第三十二条规定请求宣告其无效，则只能等待该注册商标被无效宣告之后一段很长的时间，才可以提起与之相同或近似的注册商标申请，指定使用到与之同种或类似的商品/服务项目上。否则，商标局可以不断引用被宣告无效的注册商标作为引证商标驳回其申请，妨碍在先权利人依照自身本应该享有的权利取得注册商标专用权。更为糟糕的是，即便注册商标被宣告无效，原权利人仍旧可以将其作为未注册商标使用。如果不能取得注册商标专用权，在先权利人就难以在全国范围内禁止他人从事上述使用行为。所以，这种制度安排不仅不利于救济在先权利人和在先权益人，反而有利于不正当取得注册商标专用权之人，值得商榷。

---

① 参见《商标审查审理指南》(2021 年)第 372 页。

第五十一条 【违反商标强制注册管理规定的处罚】违反本法第六条规定的，由地方工商行政管理部门责令限期申请注册，违法经营额五万元以上的，可以处违法经营额百分之二十以下的罚款，没有违法经营额或者违法经营额不足五万元的，可以处一万元以下的罚款。

【相关立法】

《中华人民共和国烟草专卖法》(20150424)

第十九条 卷烟、雪茄烟和有包装的烟丝必须申请商标注册，未经核准注册的，不得生产、销售。

禁止生产、销售假冒他人注册商标的烟草制品。

【部门参考文件】

1.《烟草制品商标使用管理规定》(19960823)

第十四条 烟草制品投产前，其商标所有者必须将注册证、实用标识及有关文件，报国家烟草专卖局商标主管部门审查。

第十五条 使用他人注册商标者，必须与商标注册人签订商标使用许可合同。商标使用许可合同必须在国家烟草专卖局商标主管部门备案。

第十六条 各省级烟草专卖局应有相应的部门负责所属企业商标使用的管理工作，并建立完整的商标档案。

第十七条 企业申请商标注册，必须同时向所属省级烟草专卖局和国家烟草专卖局商标主管部门备案。

第十八条 企业应建立严格、完整的商标申请、印制、使用管理制度。

第十九条 对于违反本《规定》第四至十二条的，商标所有者应于1996年12月31日前自行更改，并将新的实用标识报所在地省级烟草专卖局和国家烟草专卖局商标主管部门。对拖延不改的，国家烟草专卖局将核减其卷烟生产计划指标，并禁止该产品在中国卷烟批发交易市场销售。

第二十条 对于违反《规定》第十三条的，国家烟草专卖局将依据有关规定处罚或移交有关部门处罚。

第二十一条　对于违反《规定》第十四、十五、十七条的，国家烟草专卖局不予核发准产证。

2.《药品说明书和标签管理规定》（国家食品药品监督管理总局令第 24 号，20060601）

第二十七条　药品说明书和标签中禁止使用未经注册的商标以及其他未经国家食品药品监督管理局批准的药品名称。

药品标签使用注册商标的，应当印刷在药品标签的边角，含文字的，其字体以单字面积计不得大于通用名称所用字体的四分之一。

第三十条　药品说明书和标签不符合本规定的，按照《中华人民共和国药品管理法》的相关规定进行处罚。

第五十二条 【未注册商标违法使用行为的行政处罚】将未注册商标冒充注册商标使用的,或者使用未注册商标违反本法第十条规定的,由地方工商行政管理部门予以制止,限期改正,并可以予以通报,违法经营额五万元以上的,可以处违法经营额百分之二十以下的罚款,没有违法经营额或者违法经营额不足五万元的,可以处一万元以下的罚款。

【部门参考文件】

1.《国家工商行政管理局商标局关于"冒充注册商标"的解释》(商标字〔1988〕第3号,19880119)

冒充注册商标是一种欺骗行为,主要表现为某一商标未经注册,使用人却称其商标已经注册。如在未注册商标标识上加注"注册商标"字样或加注㊟或®注册标记,或者在产品的广告、说明书等宣传品上冒称注册商标等。

对商标注册人将自己的注册商标使用在未核定使用的商品上,并同时标有"注册商标"字样或使用注册标记㊟或®的,视为冒充注册商标。

2.《国家工商行政管理局商标局关于冒充注册商标问题的批复》(商标案〔1997〕246号,19970616)

在未注册商标图样周围使用Ⓚ符号,与®标记近似,易使人误认为该商标是注册商标,属于冒充注册商标行为。

3.《国家工商行政管理总局商标局关于冒充注册商标管辖权问题的批复》(20040608)

根据《商标法》(2001年)第四十八条的规定,有冒充注册商标行为的,由地方工商行政管理部门予以制止,限期改正,并可以予以通报或者处以罚款。《行政处罚法》第二十条规定:"行政处罚由违法行为发生地的县级以上地方人民政府具有行政处罚权的行政机关管辖。法律、行政法规另有规定的除外。"

根据上述法律规定,对于冒充注册商标的行为,违法行为发生地的工商行政管理部门均享有管辖权。鉴于此案的特殊情况,由行为人所在地的工商行政管理部门立案处理，则更有利于从根本上规范企业的商标使用行为。

【法院参考案例】

1.【北京二中院“中央”案】将“中央”作为商标使用，因“中央”字样极易诱使社会公众产生“中央机关”“中央人民政府”等联想，导致公众对酒品的来源、质量等产生过高联想，违反商标法第十条第一款第(八)项规定，地方工商行政管理部门有权进行查处〔周佰平与北京市东城区市场监督管理局行政处罚纠纷上诉案，北京市第二中级人民法院行政判决书(2019)京02行终1432号〕。

2.【济南中院“固本堂”案】自购买商品后，为维护自身合法权益向地方工商行政管理机关投诉销售冒充注册商标的商品，其与举报处理行为具有法律上的利害关系，具有行政诉讼原告主体资格，人民法院应当对接受举报行政机关作出的答复的合法性进行审查〔刘兆田与济南高新技术产业开发区管委会市场监管局等行政复议纠纷上诉案，山东省济南市中级人民法院行政判决书(2018)鲁01行终76号〕。

3.【永州冷水滩区法院“雷邦仕”案】注册商标改变后仍加注注册标识属于冒充注册商标〔永州市工商行政管理局冷水滩分局申请执行广州雷邦仕化工建材有限公司行政处罚案，湖南省永州市冷水滩区人民法院行政裁定书(2015)永冷行执字19号〕。

编者说明

“冒充注册商标”是指用未注册商标冒充注册商标使用，由此扰乱注册商标之注册标记使用秩序的违法行为。“冒充注册商标”不同于假冒注册商标。假冒注册商标可以构成犯罪，是指未经注册商标权人许可，在与注册商标核定商品相同商品上使用相同或基本相同的商标。假冒注册商标因此会导致消费者混淆商品或服务来源，而“冒充注册商标”却未必。

典型的冒充注册商标的行为包括：(1)在未注册商标标识上加注“注册商标”字样、Ⓡ或㊟等注册商标的标志，或在产品的广告、说明书等宣传材料上冒称注册商标，属于冒充注册商标的行为。在未注册商标图样周围使用Ⓚ符号，因该符号与Ⓡ标记近似，易使人误认为该商标是注册商标，故属于冒充注册商标。①(2)商标注册人将自己的注册商标使用在未核定使用的商品上，并同时标有"注册商标"字样或使用注册标记Ⓡ或㊟的，也属于冒充注册商标。②

实际使用的商标不同于核准注册商标但附有注册标记Ⓡ，可能被认定为"冒充注册商标"或"自行改变注册商标"。这二者时常没有截然的法律界限，但处理的法律程序和要承担的法律责任却区别明显。对于"冒充注册商标"，商标法第五十二条规定，由地方工商行政管理部门予以制止，限期改正，并可以予以通报，违法经营额五万元以上的，可以处违法经营额百分之二十以下的罚款，没有违法经营额或者违法经营额不足五万元的，可以处一万元以下的罚款。对于"自行改变注册商标"，商标法第四十九条规定，由地方工商行政管理部门责令限期改正；期满不改正的，由商标局撤销其注册商标。很明显，"冒充注册商标"的行政责任比"自行改变注册商标"要重很多。鉴于二者界限模糊，这种规范设置会不合理地赋予工商行政管理部门过大的自由裁量权。

① 参见《国家工商行政管理局商标局关于冒充注册商标问题的批复》(商标案〔1997〕246号)。

② 参见《国家工商行政管理局商标局关于"冒充注册商标"的解释》(商标字〔1988〕第3号)。

第五十三条　【违法使用“驰名商标”字样的行政处罚】违反本法第十四条第五款规定的,由地方工商行政管理部门责令改正,处十万元罚款。

【部门参考文件】

1.《国家工商总局商标局关于企业在自建网站上使用驰名商标字样等有关问题的批复》(20160909)

江苏省工商行政管理局:

《江苏省工商局关于驰名商标企业违反商标管理规定有关问题的请示》(苏工商标〔2016〕91号)收悉。经研究,现批复如下:

驰名商标认定与保护是我国履行相关国际公约义务,加强对相关公众熟知商标保护的一项重要法律制度。企业的商标获得驰名商标认定并给予扩大保护是企业全面加强商标创造、运用、管理、保护工作的成果。该认定保护记录是一种客观事实,企业在网站上或其他经营活动中对自己商标获得驰名商标扩大保护的记录做事实性陈述,没有突出使用“驰名商标”字样行为的,不属于《商标法》第十四条第五款所述的违法行为。

《商标法》第十四条第五款的立法目的在于厘清驰名商标保护制度,明确驰名商标认定系对相关公众熟知商标给予扩大保护的立法本意,纠正将驰名商标认定等同于荣誉评比的错误认识倾向。如企业在网站上或其他经营活动中,有意淡化驰名商标认定与保护的法律性质,将“驰名商标”字样视为荣誉称号并突出使用,用以宣传企业或推销企业经营的商品或服务,则不属于合理使用的范畴,构成《商标法》第十四条第五款所规定的违法行为。

2.《国家工商总局关于执行修改后的〈中华人民共和国商标法〉有关问题的通知》(20140415)

(二)对于将“驰名商标”字样用于商品、商品包装或者容器上,或者用于广告宣传、展览以及其他商业活动中的行为,适用修改后的商标法处理。但是,对于将“驰名商标”字样用于商品、商品包装或者容器上并于2014年5月1日以前已经进入流通领域的除外。

对于将“驰名商标”字样用于商品、商品包装或者容器上，驰名商标持有人应承担违法责任，由其住所地工商行政管理部门查处。住所地以外的工商行政管理部门发现上述违法行为的，移送其住所地工商行政管理部门查处。住所地不在中国境内或者因管辖权发生争议的，由国家工商行政管理总局指定的工商行政管理部门查处。

3.《关于中国名牌产品有效期满后标志使用问题的通知》（国质检质函〔2010〕405 号，20100622）

二、中国名牌产品有效期满后，企业不得在产品及其包装、装潢、说明书、广告宣传以及有关材料中继续使用中国名牌产品标志。

三、2010 年 9 月有效期满的中国名牌产品，如已印制产品包装材料、说明书并在产品包装材料、说明书上使用中国名牌产品标志，可以顺延使用至 2010 年 12 月 31 日。逾期不得继续使用中国名牌产品标志。

4.《中国名牌产品标志管理办法》（国质检质〔2002〕37 号，20020226）

第二条 中国名牌产品标志适用于《中国名牌产品管理办法》规定的获得中国名牌产品称号的产品。中国名牌产品标志是质量标志。

第三条 获得中国名牌产品称号的产品在有效期内，可以在其包装、装潢、说明书、广告宣传以及有关材料中使用统一规定的中国名牌产品标志，并注明有效期。

第四条 中国名牌产品标志由标准图形（含标准字体）及标准色（三色）构成，共有二种三色标志供企业选用。中国名牌产品标志及标准色、中国名牌产品标志尺寸、中国名牌产品标志标准字体见附件 1、附件 2、附件 3。

第五条 获中国名牌产品称号的生产企业可自行负责制作、印刷在其包装、装潢、说明书、广告宣传以及有关材料中使用的中国名牌产品标志。

第六条 企业使用中国名牌产品标志，图形必须准确，并根据规定的式样，按比例放大或缩小，不得更改图形的比例关系和色相。

第十条 中国名牌产品标志只能使用在与获得中国名牌产品称号相一致的产品规格、型号或品种上，不得扩大使用范围。

第十一条 中国名牌产品应在有效期满的当年第二季度，重新申请复评中国名牌产品并获得通过，方能继续使用中国名牌产品标志。

第十二条 在有效期内使用中国名牌产品标志的产品，免于各级政府部门的质量监督检查。

第十四条　未获得中国名牌产品称号的产品，不得冒用中国名牌产品标志；被暂停或撤销中国名牌产品称号的产品、超过有效期未重新申请或重新申请未获通过的产品，不得继续使用中国名牌产品标志；禁止转让、伪造中国名牌产品标志及其特有的或者与其近似的标志。违者按《中华人民共和国产品质量法》冒用质量标志的规定进行处理。

【法院参考案例】

1.【山东高院“Snow white”案】在企业官方网站上对商标作出“驰名商标”的表述，目的并不仅仅是介绍企业的历史和荣誉，更是为了提高企业的知名度和外界认可度，以获取更多更好的交易机会，违反商标法第十四条第五款的禁止规定〔青岛昌隆文具有限公司与青岛市工商行政管理局、青岛市人民政府工商行政处罚及行政复议纠纷上诉案，山东省青岛市中级人民法院行政判决书(2016)鲁 02 行终 351 号〕。

2.【河南南阳中院“钻之韵”案】曾经被认定驰名商标，虽违法使用“驰名商标”字样用于宣传，但并不因此而构成“欺诈”〔黄文英与郑州丹尼斯百货有限公司南阳新华分公司买卖合同纠纷上诉案，河南省南阳市中级人民法院民事判决书(2015)南民三终字第 01462 号〕。

3.【北京大兴法院“沁园”案】未证明曾获“驰名商标”保护而用“驰名商标”字样宣传构成“欺诈”〔赵建磊与北京苏宁云商销售有限公司大兴店、北京苏宁云商销售有限公司买卖合同纠纷案，北京市大兴区人民法院民事判决书(2015)大民(商)初字第 8415 号〕。

编者说明

本条是关于违法使用“驰名商标”作为标志语进行宣传的处罚规定。商标法第十四条第五款规定得很严格，即“不得将‘驰名商标’字样用于商品、商品包装或者容器上，或者用于广告宣传、展览以及其他商业活动中”，并没有设置任何例外。本条的立法目的十分明确，“纠正将驰名商标认定等同于荣誉评比的错误认识倾向”。①

然而,我国司法和行政部门都曾经认定过诸多驰名商标。随之而来的问题是,企业在介绍本企业历史时可否说明自己的商标曾经被认定过驰名商标?【山东高院“Snow white”案】认为,企业对自己商标作出“驰名商标”的表述,“目的并不仅仅是介绍企业的历史和荣誉,更是为了提高企业的知名度和外界认可度,以获取更多更好的交易机会”,因此违反商标法第十四条第五款。② 这过于严厉。国家工商行政管理总局2016年曾经答复指出,“对自己商标获得驰名商标扩大保护的记录做事实性陈述,没有突出使用‘驰名商标’字样行为的”,③不属于商标法第十四条第五款禁止的情形。质言之,客观陈述历史不违法,但不允许突出使用“驰名商标”。就自己商标获得驰名商标的事实作出客观陈述,至少要求说明认定为驰名商标的具体时间,表明驰名商标的认定的时空限制和个案限制。一旦孤立而突出地使用“驰名商标”字样,则容易使消费者误以为该商标持续地被国家机关认可为“驰名商标”。

违法使用“驰名商标”字样宣传自己的商品是否成立欺诈而应依照消费者权益保护法第五十五条承担三倍赔偿责任呢?【北京大兴法院“沁园”案】认为,如无证据表明曾被认定过驰名商标,的确可以构成欺诈,并适用消费者权益保护法第五十五条。如果曾经被认定过驰名商标,法院通常不认为构成“欺诈”,只允许原告请求退还货款,而不适用消费者权益保护法第五十五条,以便打击职业打假人。④ 然而,这并不应该作为普遍适用的法律规范。比如,有法院认为,即便被告商标九年前曾被法院认定为驰名商标,也不构成欺诈。⑤ 这就值得商榷了。毕竟,驰名商标是在个案中认定的。经过九年时间,市场通常会发生重大变化。基于九年前的驰名商标认定和保护的历史,宣称自己商标是驰名商标,消费者很容易误以为是现在驰名,而非九年前驰名,已有欺诈之嫌疑。

---

① 参见《国家工商总局商标局关于企业在自建网站上使用驰名商标字样等有关问题的批复》。

② 参见青岛昌隆文具有限公司与青岛市工商行政管理局、青岛市人民政府工商行政处罚及行政复议纠纷上诉案,山东省青岛市中级人民法院行政判决书(2016)鲁02行终351号。

③ 参见《国家工商总局商标局关于企业在自建网站上使用驰名商标字样等有关问题的批复》。

④ 参见马全与沈阳市和平区健平海产品超市、大连非得生物产业有限公司买卖合同纠纷案,沈阳市和平区人民法院民事判决书(2015)沈和民三初字第02153号。

⑤ 参见汪晓辉与北京永辉超市有限公司买卖合同纠纷案,北京市丰台区人民法院民事判决书(2015)丰民(商)初字第12952号。

第五十四条　【商标权撤销复审及行政诉讼】对商标局撤销或者不予撤销注册商标的决定，当事人不服的，可以自收到通知之日起十五日内向商标评审委员会申请复审。商标评审委员会应当自收到申请之日起九个月内做出决定，并书面通知当事人。有特殊情况需要延长的，经国务院工商行政管理部门批准，可以延长三个月。当事人对商标评审委员会的决定不服的，可以自收到通知之日起三十日内向人民法院起诉。

【行政法规】

《中华人民共和国商标法实施条例》（20140501）

第十一条　下列期间不计入商标审查、审理期限：

（一）商标局、商标评审委员会文件公告送达的期间；

（二）当事人需要补充证据或者补正文件的期间以及因当事人更换需要重新答辩的期间；

（三）同日申请提交使用证据及协商、抽签需要的期间；

（四）需要等待优先权确定的期间；

（五）审查、审理过程中，依案件申请人的请求等待在先权利案件审理结果的期间。

第五十六条　商标评审委员会审理不服商标局依照商标法第四十九条规定作出撤销或者维持注册商标决定的复审案件，应当针对商标局作出撤销或者维持注册商标决定和当事人申请复审时所依据的事实、理由及请求进行审理。

【北京法院商标行政案件的规范文件】

《北京市高级人民法院商标授权确权行政案件的审理指南》（20190424）

6.4【逾期作出被诉裁决的处理】

商标行政诉讼中，商标评审部门未按商标法第三十四条、第三十五条、第四十四条、第四十五条、第四十九条规定的法定期限作出被诉裁决，但未对当事人权利产生实际影响的，当事人据此主张违反法定程序的，不予支持。

6.5【商标权撤销复审行政案件中证据的提交与采纳】

商标权撤销复审行政案件中，当事人明确表示依据其在撤销决定作出前提交的证据原件主张诉争商标实际使用的，商标评审部门仅以当事人未提交证据为由撤销诉争商标注册，当事人据此请求撤销被诉决定的，可以予以支持。

【法院参考案例】

1.【最高院“金宝利”案】针对商标局不予撤销商标的行政裁决不服，委托好友代签法律文件而提起行政诉讼，未损害公共利益和他人权益的，法律并不禁止，是合法有效的意思表示〔深圳市金利珠宝首饰有限公司与史晶等商标权撤销复审行政纠纷再审申请案，最高人民法院行政裁定书(2017)最高法行申7402号〕。

2.【北京高院“恒星财富”案】根据商标法第五十四条，不服撤销或者不予撤销注册商标的决定应当先向国家知识产权局提出复审，此复审程序是提起行政诉讼的必经程序〔高艳敏与国家知识产权局商标权撤销行政纠纷上诉案，北京市高级人民法院行政裁定书(2020)京行终2140号〕。

3.【北京知产法院“天堂鸟”案】商标评审程序中，诉争商标转让或转移，受让人或者承继人应当及时以书面方式声明承受相关主体地位；如果受让人未曾以书面方式向商标评审委员会声明承受撤销复审案件的被申请人地位，由此导致商标评审委员会未向其送达案件材料，应自负后果〔江门市亚太投资有限公司与国家知识产权局商标权撤销复审行政纠纷案，北京知识产权法院行政判决书(2019)京73行初6330号〕。

4.【北京知产法院“德标TUB”案】商标权撤销复审程序超期但被诉行政决定正确，人民法院予以纠正程序错误，但驳回注册商标权人关于撤销被诉决定的诉讼请求〔德标管业(深圳)有限公司与国家知识产权局商标权撤销复审行政纠纷案，北京知识产权法院行政判决书(2018)京73行初12604号〕。

5.**【北京知产法院“凯美瑞”案】**补充证据的期间不计入商标权撤销复审程序的审理期间〔王娟与国家知识产权局商标权撤销复审行政纠纷案，北京知识产权法院行政判决书(2016)京 73 行初 6601 号〕。

编者说明

请求人如果不服商标局对其商标权撤销请求所做之决定，应依照本条规定寻求法律救济。具体来说，商标局对此类请求作出决定之后，当事人只能通过复审寻求救济，尽管本条规定采用“可以”向商标评审委员会提起复审的表述。如果在法律规定的十五日期限内没有提起复审请求，则不得再就商标局作出的具体行政决定提起行政诉讼。这类似于商标法第三十五条第三款的规定。就此，可以参阅商标法第三十五条的释义。

第五十五条 【撤销注册商标的决定及相应复审决定的生效条件】法定期限届满，当事人对商标局做出的撤销注册商标的决定不申请复审或者对商标评审委员会做出的复审决定不向人民法院起诉的，撤销注册商标的决定、复审决定生效。

被撤销的注册商标，由商标局予以公告，该注册商标专用权自公告之日起终止。

【行政法规】

《中华人民共和国商标法实施条例》(20140501)

第七十四条 注册商标被撤销或者依照本条例第七十三条的规定被注销的，原《商标注册证》作废，并予以公告；撤销该商标在部分指定商品上的注册的，或者商标注册人申请注销其商标在部分指定商品上的注册的，重新核发《商标注册证》，并予以公告。

【法院参考案例】

1.【浙江高院"National"案】商标局撤销该注册商标的行为不能影响之前作出的被诉行政处罚决定的合法性，亦不能构成撤销被诉行政处罚决定的理由〔宁波鑫能国际贸易有限公司与中华人民共和国大榭海关海关行政处罚行政纠纷上诉案，浙江省高级人民法院行政判决书(2020)浙行终885号〕。

2.【江苏高院"苗方清颜"案】在被撤销的注册商标公告前，其权利人仍具备提起诉讼的权利基础；即使注册商标未实际投入商业使用，权利人仍有权主张侵权人承担停止侵权等民事责任〔哈尔滨苗方清颜商贸有限公司与陈亦珍侵害商标权纠纷再审申请案，江苏省高级人民法院民事裁定书(2019)苏民申3375号〕。

3.【广东高院"格子"图形商标案】原告注册商标被请求撤销不是注册商

标专用权侵权民事诉讼中止审理的法律理由〔博柏利有限公司等与博柏利(上海)贸易有限公司、佛山市南海区路必达马球皮具制品有限公司侵害商标权及不正当竞争纠纷上诉案,广东省高级人民法院民事判决书(2016)粤民终 564 号〕①。

根据商标法第五十五条第二款的规定,被撤销的注册商标,由商标局予以公告,该注册商标专用权自公告之日起终止。因此,依法注册的商标被撤销之前的合法权利仍应受法律保护。涉案第 G732879 号注册商标系合法取得,至今仍然有效,案外人诺贝卡公司针对涉案第 G732879 号商标以缺乏显著性为由提起的撤销申请并非本案中止审理的法定事由,且该撤销申请行为不影响本案的审理。

国际注册第 G732879 号图样

① 类似案例参见江苏玉山草堂文化发展有限公司与昆山市阳澄湖名人文化村玉山胜境有限公司侵害商标权及不正当竞争纠纷上诉案,江苏省苏州市中级人民法院民事判决书(2017)苏 05 民终 2203 号。

第七章　注册商标专用权的保护

第五十六条　【注册商标专用权保护范围】注册商标的专用权，以核准注册的商标和核定使用的商品为限。

【司法解释】

1.《最高人民法院关于审理注册商标、企业名称与在先权利冲突的民事纠纷案件若干问题的规定》（法释〔2008〕3号，20080301；经法释〔2020〕19号修正，20210101）

第一条　原告以他人注册商标使用的文字、图形等侵犯其著作权、外观设计专利权、企业名称权等在先权利为由提起诉讼，符合民事诉讼法第一百一十九条规定的，人民法院应当受理。

原告以他人使用在核定商品上的注册商标与其在先的注册商标相同或者近似为由提起诉讼的，人民法院应当根据民事诉讼法第一百二十四条第（三）项的规定，告知原告向有关行政主管机关申请解决。但原告以他人超出核定商品的范围或者以改变显著特征、拆分、组合等方式使用的注册商标，与其注册商标相同或者近似为由提起诉讼的，人民法院应当受理。

【注释】①

1. 本解释第一条第一款以例示的方式，规定了注册商标与在先权利冲突民事纠纷的受理问题，此类在先权利除条文中列举的著作权、外观设计专利权、企业名称权外，还包括反不正当竞争法规定的知名商品的特有名称、包装、装潢、域名以及其他在先权利，未予全部列举，实践中可根据案件具体情况进行把握。

2. 本解释第一条第一款规定的侵权行为，只针对已注册的商标使用了他人在先作品、外观设计专利、企业名称字号等而侵犯在先权利的行为，不包括将他人在先的作品、外观设计、企业名称字号等作为商标提出注册申请，但尚未经核准注册的申请行为。这种单纯的申请注册行为不属于民事侵权行为，由此产生的争议不属于民事诉讼的范围。

---

① 参见蒋志培、孔祥俊、夏君丽：《〈关于审理注册商标、企业名称与在先权利冲突的民事纠纷案件若干问题的规定〉的理解与适用》，载《人民司法·应用》2008年第7期。

3. 在适用该条第二款的规定时,应注意以下问题:第一,准确把握本款规定适用的对象和范围。按照本款规定,人民法院不予受理的只是两个注册商标之间产生的冲突争议,即被控侵权商标已经核准注册(领取商标注册证),且被控侵权行为是在核定使用的商品或者服务上使用该核准注册的商标。如果超越授权使用的范围,则不在此限。第二,本条款的规定不适用于尚在注册程序当中的商标的商业使用行为。当事人虽已提出商标的注册申请,但该商标并未由商标行政主管机关核准注册的,他人对该使用行为可以提起民事诉讼。

2.《最高人民法院关于审理涉及驰名商标保护的民事纠纷案件应用法律若干问题的解释》(法释〔2009〕3 号,20090501;经法释〔2020〕19 号修正,20210101)

第十一条 被告使用的注册商标违反商标法第十三条的规定,复制、摹仿或者翻译原告驰名商标,构成侵犯商标权的,人民法院应当根据原告的请求,依法判决禁止被告使用该商标,但被告的注册商标有下列情形之一的,人民法院对原告的请求不予支持:

(一)已经超过商标法第四十五条第一款规定的请求宣告无效期限的;

(二)被告提出注册申请时,原告的商标并不驰名的。

【注释】①

1. 对于构成侵犯他人在先驰名商标的在后注册商标,人民法院给予驰名商标所有人禁止在后注册商标使用的民事救济,既符合商标法第十三条关于禁止使用的规定精神,符合驰名商标保护的实际,也有利于加强驰名商标保护。依据本解释第十一条规定,人民法院不仅可以受理涉及在后注册商标与在先驰名商标相冲突的民事纠纷案件,对于复制、模仿或者翻译在先驰名商标,构成侵犯商标权的,人民法院还可以判决禁止在后注册商标的使用。由于商标法第十三条规定既涉及驰名的未注册商标,也涉及驰名的已注册商标,故该条文中使用了“侵犯商标权”,而未用“侵犯商标专用权”。

2. 本解释第十一条同时规定了两项例外情形。一是“已经超过商标法第四十一条第二款规定的请求撤销期限的”;二是“被告提出注册申请时,原

① 参见孔祥俊、夏君丽:《〈关于审理涉及驰名商标保护的民事纠纷案件应用法律若干问题的解释〉的理解与适用》,载《人民司法·应用》2009 年第 13 期。

告的商标并不驰名的"。根据商标法（2001年）第四十一条第二款的规定，"已经注册的商标，违反本法第十三条、第十五条、第十六条、第三十一条规定的，自商标注册之日起五年内，商标所有人或者利害关系人可以请求商标评审委员会裁定撤销该注册商标。对恶意注册的，驰名商标所有人不受五年的时间限制"。超过该条规定的请求撤销期限的，该争议的注册商标即不可撤销。对于此种情况，人民法院不能禁止使用该注册商标，故本解释第十一条将此作为第（一）项例外情形予以规定。第（二）项规定的例外情形，是指给予驰名的未注册商标对抗在后注册商标的保护，必须以在后注册商标申请注册时原告的未注册商标已经驰名为必要。在被告提出商标的注册申请时，原告的商标尚未驰名，就不能获得禁止被告在后注册商标使用的特殊保护。

3.《最高人民法院关于审理商标案件有关管辖和法律适用范围问题的解释》（法释〔2002〕1号，20020121；经法释〔2020〕19号修正，20210101）

第八条　对商标法修改决定施行前发生的侵犯商标专用权行为起诉的案件，人民法院于该决定施行时尚未作出生效判决的，参照修改后商标法第五十六条的规定处理。

【注释】[①]

对商标法修改决定施行前发生的侵权行为起诉的案件，人民法院于该决定施行时尚未作出生效判决，如果侵权行为已经认定成立，但难以认定权利人损失或者难以查明侵权人获利，本解释第八条规定人民法院可以参照修改后商标法第五十六条关于法定赔偿的规定进行处理。这条规定，对处理因商标法修改决定施行前发生的商标侵权行为而起诉的侵权纠纷案件参照适用法定赔偿问题提供了依据。

【地方法院规范】

1.《江苏省高级人民法院侵害商标权民事纠纷案件审理指南（修订版）》（20201229）

---

① 参见《最高人民法院民三庭负责人就〈关于审理商标案件有关管辖和法律适用范围问题的解释〉答本报记者问》，载《人民法院报》2002年1月21日，第4版。

第二部分 商标权有效性、商标权保护范围审查

2.3 商标权的保护范围

2.3.1 商标权保护范围的具体内容

商标权保护范围的具体内容包括商标专用权和禁用权两部分。

1. 专用权

指商标权人只能在经商标行政主管机关核定的商品或服务上使用自己的注册商标样式,即商标专用权以核准注册的商标和核定使用的商品或服务为限。

2. 禁用权

指商标权人或者未注册驰名商标持有人有权禁止他人未经许可,在同一种或者类似商品或服务上使用与其注册商标或未注册驰名商标相同或者近似的商标,容易导致混淆的行为;有权禁止他人采用其他不正当手段损害其注册商标声誉等行为。

注册商标是驰名商标的,商标权人有权禁止他人在不相同或者不相类似的商品或服务上使用与其注册商标相同或者近似的商标,误导公众,致使该商标权人利益可能受到损害的行为。

禁用权的范围大于专用权。

2.3.2 商标权保护范围的确定

商标权保护范围的确定,要考虑市场实际,并与其显著性强度、知名度程度等相适应,依法保障商标权人在其权利范围内获得充分、有效保护。

2.3.3 确定商标权保护范围需特别注意的问题

核准注册的商标,不论是商品商标还是服务商标,应当受到同等法律保护,商标权的保护范围应当及于全国范围的相关领域。虽然有些服务类注册商标提供的服务项目具有一定地域性特点,其相关服务及影响力可能未及全国范围,但并不意味着该注册商标的保护范围仅能覆盖至商标权人提供的服务项目所在区域。

(详见案例一)①

---

① 案例一:北京巴黎春天公司诉王某侵害商标权及不正当竞争纠纷案[江苏省高级人民法院(2012)苏知民终字第0120号]。

第五部分　权利冲突类案件的审理

5.3 注册商标之间的权利冲突

如果原告以他人使用在核定商品或服务上的注册商标与其在先的注册商标相同或者近似为由提起民事侵权诉讼的,法院应当告知原告向有关行政主管机关申请解决,先行申请无效或撤销注册商标。但法院可以在以下几种情形下直接处理注册商标之间的权利冲突案件。

1. 被告使用的注册商标复制、摹仿或者翻译原告驰名商标,构成侵犯商标权的,根据原告的请求,法院可以判决禁止被告使用其注册的商标;

2. 被告没有规范使用自己的注册商标,实际使用的商标超出了核定商品或服务的范围;或者虽然使用在核定的商品或服务上,但自行改变了商标的外观特征或式样,包括改变显著特征、拆分使用、将自己的多个注册商标不当叠加或组合使用,并通过文字处理,弱化或淡化部分文字,突出其他文字等方式使用注册商标,而与原告的注册商标相同或者近似;

3. 被控侵权商标在法院受理案件时尚未获得注册或已被撤销、无效的;

4. 被控侵权行为发生时,被控侵权商标尚未获得注册,而受理案件时被控侵权商标获得注册的。

(详见案例十七)①

2.《天津市高级人民法院侵犯商标权纠纷案件审理指南》(津高法〔2016〕3号,20160112)

三、商标权权利范围及状态

(一)权利范围

注册商标专用权是指注册商标权人在核定使用的商品上使用核准注册的商标的权利;禁止他人未经许可在相同或类似商品上使用相同或近似商标以及其他侵犯注册商标权行为的权利。

(二)权利状态

1. 受保护的注册商标标志以商标注册证上载明的商标标志为准;

2. 核定使用商品的类别以商标注册证上载明的类别和项目为准;

① 案例十七:洋河酒厂诉徐州发洋食品公司、汤某某等侵害商标权及不正当竞争纠纷案[江苏省高级人民法院(2017)苏民终1781号]。

3. 受保护的注册商标应在有效期内，商标注册人和利害关系人应提供商标注册证、续展证明。

【指导案例】

【最高院“歌力思”案】地域接近、经营范围关联程度较高的商品经营者应知他人在先使用并具较高知名度的商标，仍然抢先注册并以非善意取得的商标权对他人正当使用行为提起侵权之诉，构成权利滥用，不能得到法律保护〔王碎永诉深圳歌力思服饰股份有限公司、杭州银泰世纪百货有限公司侵害商标权纠纷案，最高人民法院民事判决书(2014)民提字第24号，最高人民法院指导案例第82号〕。

【法院参考案例】

1.【最高院“鹦鹉”案】在后注册商标的权利人起诉在先注册商标的权利人侵害其商标权的，不属于《最高人民法院关于审理注册商标、企业名称与在先权利冲突的民事纠纷案件若干问题的规定》第一条第二款规定的应当由原告向有关行政主管机关申请解决的情形，人民法院应当依法受理并裁判〔北方国际集团天津同鑫进出口有限公司与天津市鹦鹉乐器有限公司等侵害商标权及不正当竞争纠纷再审案，最高人民法院民事判决书(2020)最高法民再25号〕。

2.【最高院“爱国者”案】因商品或服务发展而时常交易状况变化，商标核准注册时未纳入“核定商品”的商品或服务可以纳入注册商标专用权范围〔爱国者数码科技有限公司、爱国者电子科技有限公司与深圳市飞象未来科技有限公司、北京隆通科技有限公司侵害商标权纠纷再审申请案，最高人民法院民事裁定书(2018)最高法民申3270号〕。

3.【最高院“蒙娜丽莎”案】只要在先注册商标取得权利的基础正当且合法存续，在其注册商标专用权的范围内，法律为注册商标权利人预留了应有的市场空间，一般应作为在后驰名商标扩张禁用权范围或主张跨类保护的准入障碍〔蒙娜丽莎集团股份有限公司与广州蒙娜丽莎建材有限公司等侵害注册商标专用权纠纷再审案，最高人民法院民事判决书(2017)最高法民再80号〕。

4.【最高院"同庆号"案】老字号歇业之后处于长期停用状态，尽管权利主体消失，但不意味着其已进入公有领域，也不意味着成为任何人都能以任意方式使用的文化符号；同老字号无历史渊源，但申请取得带老字号的注册商标并长期使用，取得较高知名度，对老字号的回归、维护和传承作出贡献，客观上使得老字号商业标识的功能愈加显著，该注册商标在有效存续期间应获得合法有效的保护〔西双版纳同庆号茶业股份有限公司与云南易武同庆号茶业有限公司等侵害商标权及不正当竞争纠纷再审申请案，最高人民法院民事裁定书(2017)最高法民申2722号〕。

5.【最高院"歌力思"案】在先注册商标人起诉他人使用在后注册商标侵犯其专用权，即便在后注册商标为恶意注册，也应当经过注册商标无效宣告的行政程序〔王碎永与深圳歌力思服饰股份有限公司侵害商标权、不正当竞争纠纷再审申请案，最高人民法院民事裁定书(2016)最高法民申1617号〕。

6.【最高院"奥普"案】商标专用权保护适用比例原则，应当与其显著性和知名度相适应〔杭州奥普卫厨科技有限公司与浙江现代新能源有限公司、浙江凌普电器有限公司等侵害商标权纠纷再审案，最高人民法院民事判决书(2016)最高法民再216号〕。

基于知识产权保护激励创新的目的和比例原则，知识产权的保护范围和强度要与特定知识产权的创新和贡献程度相适应。只有使保护范围、强度与创新贡献相适应、相匹配，才能真正激励创新、鼓励创造，才符合比例原则的要求。对于商标权的保护强度，应当与其应有的显著性和知名度相适应。

7.【最高院"大宝"案】注册商标并不以实际使用为前提，一旦商标获得注册，商标法即为商标权人预留了使用的空间；在注册商标存续期间，即使商标权人未实际使用，不存在现实的市场混淆，也不允许他人在相同商品上使用相同商标或者标识，否则会导致商标法为商标权人预留的使用空间受到侵害〔北京大宝化妆品有限公司与北京市大宝日用化学制品厂、深圳市碧桂园化工有限公司侵害商标权及不正当竞争纠纷再审案,最高人民法院民事判决书(2012)民提字第166号〕。

8.【最高院"正野"案】因使用注册商标而被诉侵犯注册商标专用权属于注册商标之间的纠纷,应通过注册商标争议行政程序处理,法院不应受理〔佛山市高明区正野电器实业有限公司等与佛山市顺德区正野电器有限公司等不正当竞争纠纷再审案,最高人民法院民事判决书(2008)民提字第36号,列入最高人民法院公布的2010年中国法院知识产权司法保护50件典型案例〕。

9.【北京高院"绿车身黄车轮"颜色组合商标案】对于颜色组合商标,不能以商标注册证上标注的商标图样机械地认定商标注册人只能以商标注册证上标注的形式使用其商标——其使用中的具体形态可随商品本身的形状不同而改变〔迪尔公司与九方泰禾国际重工(青岛)股份有限公司、九方泰禾国际重工(北京)有限公司侵害商标权及不正当竞争纠纷上诉案,北京市高级人民法院民事判决书(2014)高民终字第382号,列入最高人民法院公布的2014年中国法院50件典型知识产权案例〕。

(1)颜色组合商标是由两种或两种以上颜色排列组合而成的,可以区分不同商品或服务的标识。颜色组合商标的使用一般应与商品相结合,其使用中的具体形态可随商品本身的形状不同而改变。

(2)因为对于传统商标而言,商标注册人应当在商品或者其包装容器上使用商标注册证上载明的商标标志,以表明其为商品的提供者;但是对包括颜色组合商标在内的非传统商标而言,其使用方式比较特殊,可能覆盖了整个商品或者商品包装,商标法实施条例也只有在对颜色组合商标和三维标志立体商标这种非传统商标的申请要求申请人必须声明并附能够确定其使用方式的文字或者图样。

(3)对于颜色组合商标而言,由于其商标本身的特殊性和商标注册证对商标标志标注的实际情况,不能以商标注册证上标注的商标图样,机械地认定商标注册人只能以商标注册证上标注的形式使用其商标。

10.【上海杨浦法院"映享家"服务商标案】在商标持有人诚信经营的情

况下，若服务商标持有人并非明显使用其服务商标提供商品，则只要服务商标持有人的整体经营行为仍为提供服务，即便相关经营活动涉及对商品的提供，但只要对商品的提供行为属于整体提供服务活动下的自然延伸或非恶意越界的合理延伸，则不应认定属于超出服务商标的核定使用范围〔映享（上海）装饰设计工程有限公司与美克国际家居用品股份有限公司侵害商标权纠纷案，上海市杨浦区人民法院（2020）沪0110民初字第13402号〕。

11.【上海高院“美孚”案】为实现法的效率价值目标，人民法院在特殊情况下可以受理并审理被告使用自己注册的商标是否侵犯原告注册商标专用权的纠纷，不但可以减少当事人的讼累、提高审判效率，而且并不会因此损害当事人在程序和实体上的合法正当权益，并有利于使双方当事人的争议得到实质性解决〔埃克森美孚公司等与上海彬恒贸易有限公司侵害商标权及不正当竞争纠纷上诉案，上海市高级人民法院民事判决书（2016）沪民终字第35号〕。

12.【浙江高院“Collage”案】对已经被宣告无效的注册商标的使用行为提起侵犯注册商标之诉，法院应当予以受理〔高露洁棕榄公司与义乌市爱尚日用品有限公司侵害商标权纠纷再审申请案，浙江省高级人民法院民事裁定书（2011）浙知提字第1号〕。

13.【江苏高院“射场+大米”案】将自己的注册商标和商品通用名称标识组合使用，已经改变原注册商标的显著特征，与地理标志证明商标近似，侵犯该证明商标专用权〔滨海县以祝米厂与射阳县大米协会侵害商标权纠纷上诉案，江苏省高级人民法院民事判决书（2015）苏知民终字第00165号〕。

滨海县以祝米厂将“射場 She chang”商标与“大米 dami”文字进行组合，构成了新的“射場大米 She chang da mi”商业标识，属于对其“射場 She chang”商标的不规范使用，人民法院可以受理。综合“射陽大米及图”地理标志商标的知名度及显著性，滨海县以祝米厂主观上具有攀附知名商品的故意及相关公众容易对涉案商标与被控侵权标识构成误认等因素，足以认定滨海县以祝米厂在大米商品上使用“射場 She chang 大米”标识构成对“射陽大米及图”地理标志商标专用权的侵犯。

14.【江苏高院“洋河”案】驰名注册商标权人可以起诉恶意注册人侵犯其权利，要求其停止侵害，不受五年期限的限制〔徐州发洋食品有限公司等与江苏洋河酒厂股份有限公司等侵害商标权及不正当竞争纠纷上诉案，江苏省高级人民法院民事判决书(2017)苏民终1781号〕。

15.【河南高院“中洁禹”案】不规范使用注册商标导致其要素成为消费者最先识别的部分可侵犯他人注册商标专用权〔广东中洁厨卫有限公司与河南中洁瓷业有限公司侵害商标权纠纷上诉案，河南省高级人民法院民事判决书(2019)豫知民终465号〕。

河南中洁公司虽然注册有“中洁禹”商标，但未规范使用，不仅超出核定商品范围，且突出使用“中洁”两个字，缩小“禹”字，或在“中洁”和“禹”之间增加间隔符号，淡化“禹”字，导致“中洁禹”商标中的“中洁”二字成为消费者最先识别部分，足以造成相关公众的混淆误认，构成商标侵权。

16.【湖北高院“BMW”案】任何人行使其自有权利均不得侵害他人在先合法的权利，故意模仿他人注册商标而改变自己注册商标的核准标志并实际使用，容易导致相关公众混淆，侵犯他人注册商标专用权〔宝马股份公司与深圳市世纪宝马服饰有限公司等侵害商标权及不正当竞争纠纷案，湖南省高级人民法院民事判决书(2009)湘高法民三初字第1号，列入最高人民法院公布的2009年中国法院知识产权司法保护10大案件〕。

17.【山东高院“加多士及图”案】在经营中擅自改变图文注册商标的整体性和组合结构，单独或突出使用文字部分作为商品商标或商品名称，改变注册商标的标识特征，可因此侵犯他人注册商标专用权〔济南加德士润滑油有限公司与雪佛龙能源公司等侵害商标权及不正当竞争纠纷上诉案，山东省高级人民法院民事判决书(2009)鲁民三终字第194号〕。

18.【沈阳中院“科乐”案】在核准商品之外的商品上使用注册商标不受法律保护，可侵犯他人注册商标专用权；被许可人没有在注册商标核定使用的商品范围内使用被许可之商标，并且改变该商标的，不得主张所使用的商标具有合法来源〔科勒公司与赵桂香、佛山市顺德区容桂科乐厨具有限公司侵害商标权及不正当竞争纠纷案，沈阳市中级人民法院民事判决书(2007)沈民四知初字第97号〕。

19.【哈尔滨中院“壳牌”案】拆分注册商标元素后进行组合使用，容易导致与他人注册商标相混淆，侵犯他人注册商标专用权〔哈尔滨市南岗区市场监督管理局与哈尔滨如翰商贸有限公司工商行政处罚纠纷上诉案，哈尔滨市中级人民法院(2018)黑01行终336号，列入黑龙江法院2018年十大知识产权典型案例〕。

如翰商贸公司销售的润滑油产品将“口壳喜”“牌力”商标通过改变显著特征、拆分、组合使用等方式使用，容易导致与壳牌品牌国际股份公司的“壳牌”“喜力”注册商标混淆。

20.【北京一中院“恒生”案】申请注册并使用的商标均含有与他人在先注册及使用的商标相近似的标识要素，从公平、诚实信用、保护在先权利以及维护正常的市场经济秩序的原则出发，不得以在后取得的商标专用权作为其不侵权的抗辩理由〔北京恒升远东电子计算机集团与北京市恒生科技发展公司等侵害商标权及不正当竞争纠纷案，北京市第一中级人民法院民事判决书(2001)一中知初字第343号〕。

编者说明

(一)被告依核准商标和核定商品使用注册商标

商标法第五十六条规定：“注册商标的专用权，以核准注册的商标和核定使用的商品为限。”当被告使用自己注册商标时，本条规定给予被告一种程序上的利益。如果被告依照核准商标在核定商品使用注册商标，原告对此种行为提起诉讼(包括注册商标侵权之诉或不正当竞争之诉)，则实质上是质疑被告注册商标的法律效力，应该通过注册商标无效宣告的行政程序解决。【最高院“正野”案】指出，因使用注册商标而被诉侵犯注册商标专用权属于注册商标之间的纠纷，应通过注册商标争议行政程序处理，法院不应受理。《最高人民法院关于审理注册商标、企业名称与在先权利冲突的民事纠纷案件若干问题的规定》第一条第二款规定：“原告以他人使用在核定商品上的注册商标与其在先的注册商标相同或者近似为由提起诉讼的，人民法院应当根据民事诉讼法第一百二十四条第

(三)项的规定,告知原告向有关行政主管机关申请解决。……"所以,当后注册商标与先注册商标共存市场容易使相关公众混淆之时,先注册商标人应依据商标法第四十五条,自后注册商标注册公告之日五年内,请求商标评审委员会宣告后注册商标无效。

但是,原告是驰名商标持有人时,被告使用注册商标并不享有如上的程序利益。《最高人民法院关于审理涉及驰名商标保护的民事纠纷案件应用法律若干问题的解释》第十一条规定:"被告使用的注册商标违反商标法第十三条的规定,复制、摹仿或者翻译原告驰名商标,构成侵犯商标权的,人民法院应当根据原告的请求,依法判决禁止被告使用该商标……"

为何驰名商标持有人享有更高水平的保护?一方面,商标法第十三条第二款和第三款采用"不予注册并禁止使用"的规范表述,明确授权法院直接禁止侵犯驰名商标的行为,这可视为商标法第五十六条的例外。另一方面,商标申请予以核准,并不代表商标局已经审查并确认该商标申请不违反商标法第十三条。商标注册申请初步审查是单方程序,商标局于此阶段高度依赖于申请人提供的注册申请表,无法知悉他人已经使用的未注册商标或先注册商标的知名度,也就不能审查商标注册申请是否有违商标法第十三条。在被告取得其注册商标过程中,原告作为驰名商标持有人未曾提出过商标异议请求,则意味着商标局核准被告之注册商标时未曾考虑过本条规定。所以,原告起诉被告使用自身注册商标而侵犯其驰名商标时,不存在法院需要尊重商标局决定的情况,法院应有权直接判处被告停止侵害。

但是,这种解释也有缺陷。依照商标局核准被告注册商标时考虑过的事项来确定法院审理注册商标使用行为的权限范围,会使得情况相当复杂。商标注册申请初步审查范围非常有限,就商标核准注册的相对理由而言,通常限于商标注册申请是否"同他人在同一种商品或者类似商品上已经注册的或者初步审定的商标相同或者近似"。由于缺乏利害关系人提供信息,商标审查员难以审查商标申请是否符合商标法第十三条第二和三款、第十五条、第十六条第一款和第三十二条后半句。而且,商标局审查商标注册申请是否符合商标法第三十条时,如果商标注册申请初步审定公告后未遭受异议而直接核准注册,商标局也不可能考虑第三人在先申请或在先注册商标的知名度。质言之,普通注册商标核准注册时,商标局所进行的审查也并非全面,诸多事项因欠缺信息而未能进行深度审查。照理,如果被告使用此类注册商标而被诉侵犯原告注册商标专用权,法院也应直接判令停止侵害。由此,《最高人民法院关于审理注册商标、企业名称与在先权利冲突的民事纠纷案件若干问题的规定》第一条第二款与《最高人民法院关于审理涉及驰名商标保护的民事纠纷案件应用法律若干问题的解释》第十一条之间的规范区别难以解释。换言之,审理被告使用其注册商标的行为是否侵犯他人注册商标专用权时,没有充分的理由区分原告是普通注册商标权人还是驰名商标权人,要求前者先请求商标评审委员会宣告被告注册商标无效,但准许法院直接审理后者提起的侵权诉讼并判处被告承担停止侵害和赔偿损失的法律责任。

那么,如果被告完全按照核准标志在核定商品上使用注册商标,但被告注册商标被宣告无效,被告使用其注册商标的行为是否侵犯他人注册商标权呢?就此,请参见商标法第四十七条注释的有关内容。

(二)被告不依核准商标和核定商品使用注册商标

在后注册商标人只有在核定商品上使用核准标志才可以主张在先注册商标人对其使用行为不可直接提起侵权诉讼。《最高人民法院关于审理注册商标、企业名称与在先权利冲突的民事纠纷案件若干问题的规定》第一条第二款规定:"……原告以他人超出核定商品的范围或者以改变显著特征、拆分、组合等方式使用的注册商标,与其注册商标相同或者近似为由提起诉讼的,人民法院应当受理。"可见,如果被告使用其注册商标时改变过注册商标的识别特征或识别对象,原告注册商标专用权人有权直接向法院提起诉讼,法院应当受理并审理被告是否未经许可使用原告注册商标而侵犯其注册商标专用权。【湖北高院"BMW"案】【山东高院"加多士及图"案】【哈尔滨中院"壳牌"案】【河南高院"中洁禹"案】等案的被告就是改变其注册商标的显著特征予以使用,因容易导致相关公众混淆而侵犯他人注册商标。改变注册商标的显著特征包括改变标志构成要素、增加颜色、拆分、组合、突出局部等。【沈阳中院"科乐"案】的被告则是超出核定商品范围使用注册商标。整体上,我国法院倾向于严格认定"核准商标"和"核定商品",限制被告以使用自己注册商标作为侵权抗辩。

第五十七条 【侵犯注册商标专用权行为】有下列行为之一的,均属侵犯注册商标专用权:

(一)未经商标注册人的许可,在同一种商品上使用与其注册商标相同的商标的;

(二)未经商标注册人的许可,在同一种商品上使用与其注册商标近似的商标,或者在类似商品上使用与其注册商标相同或者近似的商标,容易导致混淆的;

(三)销售侵犯注册商标专用权的商品的;

(四)伪造、擅自制造他人注册商标标识或者销售伪造、擅自制造的注册商标标识的;

(五)未经商标注册人同意,更换其注册商标并将该更换商标的商品又投入市场的;

(六)故意为侵犯他人商标专用权行为提供便利条件,帮助他人实施侵犯商标专用权行为的;

(七)给他人的注册商标专用权造成其他损害的。

【立法·要点注释】

1. 所谓“侵犯注册商标专用权”的行为,是指一切损害他人注册商标权益的行为。构成侵犯注册商标专用权,需要四个要件:一是客观性,即客观上存在损害他人注册商标权益的事实;二是违法性,即行为人的行为违反了法律规定,合法行为不构成侵犯注册商标专用权的行为;三是过错性,即行为人在实施违法行为时,主观上具有故意或者过失的过错;四是关联性,即损害事实与违法行为之间存在因果关系,损害事实是由违法行为造成的。

2. 未经商标注册人的许可,在同一种商品上使用与其注册商标相同的商标的行为。这种行为是比较典型的侵犯注册商标专用权的行为,也就是通常所说的“假冒”行为。其后果是混淆商品出处,误导消费者,损害商标注册人的合法权益和消费者的利益。

3. 未经商标注册人的许可,在同一种商品上使用与其注册商标近似的商标，或者在类似商品上使用与其注册商标相同或者近似的商标，容易导致混淆的行为。这种行为也是比较常见的侵犯注册商标专用权的行为。其后果是混淆商品出处，误导消费者，损害商标注册人的合法权益和消费者的利益。

4. 销售侵犯注册商标专用权的商品的行为。这种行为通常发生在流通环节，也是一种较为常见的商标侵权行为。在现实生活中，侵犯注册商标专用权的商品，有的是生产者自行销售，有的要通过他人进行销售。其后果也是混淆商品出处、侵犯注册商标专用权、损害消费者利益。

5. 伪造、擅自制造他人注册商标标识或者销售伪造、擅自制造的注册商标标识的行为。所谓“伪造”，是指没有经过他人同意或者许可，模仿他人注册商标的图样或者实物，制作与他人注册商标标识相同的商标标识。所谓“擅自制造”，是指没有经过他人同意或者许可，制作他人注册商标标识。擅自制造，通常发生在加工承揽活动中，即承揽人在承揽制作他人注册商标标识时，未经他人同意，在商标印制合同约定的印数之外，又私自加印商标标识。销售伪造、擅自制造的注册商标标识的行为，是指采用零售、批发、内部销售等方式，出售伪造或者擅自制造的他人注册商标标识。这类行为直接侵犯了商标注册人的商标专用权。

6. 未经商标注册人同意，更换其注册商标并将该更换商标的商品又投入市场的行为。这类行为，在国外被称为“反向假冒”，即在商品销售活动中，消除商品上的他人商标，然后换上自己的商标，冒充自己的商品进行销售。这种行为既侵犯了商标注册人的合法权益，也侵犯了消费者的知情权，导致消费者对商品的来源产生误认。

7. 故意为侵犯他人商标专用权行为提供便利条件，帮助他人实施侵犯商标专用权行为的行为。这类行为，主要是指故意为侵犯他人注册商标专用权的行为，提供诸如仓储、运输、邮寄、隐匿等方面的条件，从而帮助他人完成实施侵犯商标专用权的行为。

8. 给他人的注册商标专用权造成其他损害的行为。这是一项兜底性规定，是指上述六类行为以外的其他侵犯注册商标专用权的行为。按照《最高人民法院关于审理商标民事纠纷案件适用法律若干问题的解释》的规定，下列行为属于“给他人注册商标专用权造成其他损害的行为”：一是将与他人注册商标相同或者相近似的文字作为企业的字号在相同或者类似商品上突出使用，容易使相关公众产生误认的；二是复制、摹仿、翻译他人注册的驰名商标或其主要部分在不相同或者不相类似商品上作为商标使用,误导公众,致使该驰名商标注册人的利益可能受到损害的;三是将与他人注册商标相同或者相近似的文字注册为域名,并且通过该域名进行相关商品交易的电子商务,容易使相关公众产生误认的。

【相关立法】

《中华人民共和国刑法》(20210301)

第二百一十三条 未经注册商标所有人许可,在同一种商品、服务上使用与其注册商标相同的商标,情节严重的,处三年以下有期徒刑,并处或者单处罚金;情节特别严重的,处三年以上十年以下有期徒刑,并处罚金。

第二百一十四条 销售明知是假冒注册商标的商品,违法所得数额较大或者有其他严重情节的,处三年以下有期徒刑,并处或者单处罚金;违法所得数额巨大或者有其他特别严重情节的,处三年以上十年以下有期徒刑,并处罚金。

第二百一十五条 伪造、擅自制造他人注册商标标识或者销售伪造、擅自制造的注册商标标识,情节严重的,处三年以下有期徒刑,并处或者单处罚金;情节特别严重的,处三年以上十年以下有期徒刑,并处罚金。

【行政法规】

1.《中华人民共和国商标法实施条例》(20140501)

第七十五条 为侵犯他人商标专用权提供仓储、运输、邮寄、印制、隐匿、经营场所、网络商品交易平台等,属于商标法第五十七条第六项规定的提供便利条件。

第七十六条 在同一种商品或者类似商品上将与他人注册商标相同或者近似的标志作为商品名称或者商品装潢使用,误导公众的,属于商标法第五十七条第二项规定的侵犯注册商标专用权的行为。

2.《印刷业管理条例》(20201129)

第二条 本条例适用于出版物、包装装潢印刷品和其他印刷品的印刷经营活动。

本条例所称出版物,包括报纸、期刊、书籍、地图、年画、图片、挂历、画册及音像制品、电子出版物的装帧封面等。

本条例所称包装装潢印刷品，包括商标标识、广告宣传品及作为产品包装装潢的纸、金属、塑料等的印刷品。

本条例所称其他印刷品，包括文件、资料、图表、票证、证件、名片等。

本条例所称印刷经营活动，包括经营性的排版、制版、印刷、装订、复印、影印、打印等活动。

第二十五条　从事包装装潢印刷品印刷的企业不得印刷假冒、伪造的注册商标标识，不得印刷容易对消费者产生误导的广告宣传品和作为产品包装装潢的印刷品。

第二十六条　印刷企业接受委托印刷注册商标标识的，应当验证商标注册人所在地县级工商行政管理部门签章的《商标注册证》复印件，并核查委托人提供的注册商标图样；接受注册商标被许可使用人委托，印刷注册商标标识的，印刷企业还应当验证注册商标使用许可合同。印刷企业应当保存其验证、核查的工商行政管理部门签章的《商标注册证》复印件、注册商标图样、注册商标使用许可合同复印件 2 年，以备查验。

国家对注册商标标识的印刷另有规定的，印刷企业还应当遵守其规定。

第四十一条　从事包装装潢印刷品印刷经营活动的企业有下列行为之一的，由县级以上地方人民政府出版行政部门给予警告，没收违法所得，违法经营额 1 万元以上的，并处违法经营额 5 倍以上 10 倍以下的罚款；违法经营额不足 1 万元的，并处 1 万元以上 5 万元以下的罚款；情节严重的，责令停业整顿或者由原发证机关吊销许可证；构成犯罪的，依法追究刑事责任：

（一）接受委托印刷注册商标标识，未依照本条例的规定验证、核查工商行政管理部门签章的《商标注册证》复印件、注册商标图样或者注册商标使用许可合同复印件的；

（二）接受委托印刷广告宣传品、作为产品包装装潢的印刷品，未依照本条例的规定验证委托印刷单位的营业执照或者个人的居民身份证的，或者接受广告经营者的委托印刷广告宣传品，未验证广告经营资格证明的；

（三）盗印他人包装装潢印刷品的；

（四）接受委托印刷境外包装装潢印刷品未依照本条例的规定向出版行政部门备案的，或者未将印刷的境外包装装潢印刷品全部运输出境的。

印刷企业接受委托印刷注册商标标识、广告宣传品，违反国家有关注册商标、广告印刷管理规定的，由工商行政管理部门给予警告，没收印刷品和违法所得,违法经营额1万元以上的,并处违法经营额5倍以上10倍以下的罚款;违法经营额不足1万元的,并处1万元以上5万元以下的罚款。

【司法解释】

1.《最高人民法院关于审理商标民事纠纷案件适用法律若干问题的解释》(法释〔2002〕32号,20021016;经法释〔2020〕19号修正,20210101)

第一条 下列行为属于商标法第五十七条第(七)项规定的给他人注册商标专用权造成其他损害的行为:

(一)将与他人注册商标相同或者相近似的文字作为企业的字号在相同或者类似商品上突出使用,容易使相关公众产生误认的;

(二)复制、摹仿、翻译他人注册的驰名商标或其主要部分在不相同或者不相类似商品上作为商标使用,误导公众,致使该驰名商标注册人的利益可能受到损害的;

(三)将与他人注册商标相同或者相近似的文字注册为域名,并且通过该域名进行相关商品交易的电子商务,容易使相关公众产生误认的。

第九条 商标法第五十七条第(一)(二)项规定的商标相同,是指被控侵权的商标与原告的注册商标相比较,二者在视觉上基本无差别。

商标法第五十七条第(二)项规定的商标近似,是指被控侵权的商标与原告的注册商标相比较,其文字的字形、读音、含义或者图形的构图及颜色,或者其各要素组合后的整体结构相似,或者其立体形状、颜色组合近似,易使相关公众对商品的来源产生误认或者认为其来源与原告注册商标的商品有特定的联系。

第十条 人民法院依据商标法第五十七条第(一)(二)项的规定,认定商标相同或者近似按照以下原则进行:

(一)以相关公众的一般注意力为标准;

(二)既要进行对商标的整体比对,又要进行对商标主要部分的比对,比对应当在比对对象隔离的状态下分别进行;

(三)判断商标是否近似,应当考虑请求保护注册商标的显著性和知名度。

第十一条 商标法第五十七条第(二)项规定的类似商品,是指在功能、用途、生产部门、销售渠道、消费对象等方面相同,或者相关公众一般认为其存在特定联系、容易造成混淆的商品。

类似服务，是指在服务的目的、内容、方式、对象等方面相同，或者相关公众一般认为存在特定联系、容易造成混淆的服务。

商品与服务类似，是指商品和服务之间存在特定联系，容易使相关公众混淆。

第十二条 人民法院依据商标法第五十七条第（二）项的规定，认定商品或者服务是否类似，应当以相关公众对商品或者服务的一般认识综合判断；《商标注册用商品和服务国际分类表》《类似商品和服务区分表》可以作为判断类似商品或者服务的参考。

【注释】①

1. 商标法规定的相关公众包括两部分：一是与商标所标识的某类商品或者服务有关的消费者，也就是最终消费者；二是与商标所标识的某类商品或者服务的营销有密切关系的其他经营者。这两部分公众中，涉及任何一部分人都是法律规定的相关公众。不是两部分人都涉及才构成商标法所称的相关公众。

2. "人民法院依据商标法（2001年）第五十二条第（一）项的规定，认定商品或者服务是否类似，应当以相关公众对商品或者服务的一般认识综合判断；《商标注册用商品和服务国际分类表》《类似商品和服务区分表》可以作为判断类似商品或者服务的参考。"所谓相关公众的一般认识，是指相关市场的一般消费者对商品的通常认知和一般交易观念，不受限于商品本身的自然特性；所谓综合判断，是指将相关公众在个案中的一般认识，与商品交易中的具体情形，以及司法解释规定的判断商品类似的各要素结合在一起从整体上进行考量，同时可以参照商品服务分类表的分类。

3. 一般地说，分类表和区分表最主要的功能是在商标注册时划分类别，方便注册审查与商标行政管理，与商品类似本来不尽一致。所以在判断商品是否类似时，不能以此作为依据，仅可以作为判断商品类似的参考。

4. 就《最高人民法院关于审理商标民事纠纷案件适用法律若干问题的解释》第十条规定，要以包括相关消费者和经营者的公众的一般注意力为标准判断。商标的基本功能就在于使消费者在购买商品、服务时便于识别这些

---

① 参见蒋志培：《如何理解和适用〈关于审理商标民事纠纷案件适用法律若干问题的解释〉》，载《人民司法》2003年第2期。

商品和服务,以及他们的来源。商品相同或者近似也一般发生在市场中,受影响的主要是相关的消费者和特定经营者。所以事后法官审判案件在认定、甄别商标相同、近似时,判断注意力也要回归到此种情景,也要以相关消费者和特定经营者的注意力为标准。这种注意力不是该领域相关专家所具有的注意力,专家的注意力过于专业可能出现判断标准过严的情况。但也不是一个与一般消费者有别的粗心大意的消费者的注意力,以他们的注意力判断又可能失之过宽,可能出现漏掉已经构成商标相同或者近似的情形。要以前边所提两者中间选择大多数相关公众通常的、普通的、一般的注意力为标准。在分析、判断和采纳有关证据作为定案依据和产生心证过程中,都要坚持以相关公众的一般注意力为标准。

5. 就《最高人民法院关于审理商标民事纠纷案件适用法律若干问题的解释》第十条规定,要对商标相同或者近似的整体、要部和隔离比对,按照消费者在市场中对商标的感知规律,来判断商标的相同,特别是商标的近似。

6. 整体比对,又称为商标整体观察比较,是指将商标作为一个整体来进行观察,而不是仅仅将商标的各个构成要素抽出来分别进行比对。这是因为商标作为商品或者服务的识别标志,是由整个商标构成的,在消费者的记忆中留下的是该商标的整体印象,而不是构成该商标的某些单个要素。因此,当两个商标在各自具体的构成要素上存在区别,但只要将它们集合起来作为一个整体,因此而产生的整体视觉,仍有可能使消费者产生误认,就应当认定为近似商标。反之,如果两个商标的部分组成要素可能相同,但是它们作为一个整体并不会使消费者产生误认,即整体视觉不同,就不能认定为近似商标。

7. 要部比对,又称为商标主要部分观察比较,是指将商标中发挥主要识别作用的部分抽出来进行重点比较和对照,是对整体比对的补充。此种比对方法也是根据消费者在市场中对商标与商品的具体感受和记忆而采用的一种方法。一般来说,消费者对商标的感受和留下最深的记忆,是商标的主要部分或者称要部,即商标中起主要识别作用的部分。当两个商标的主要部分相同或者近似,就容易造成消费者的误认,就可以判断为商标近似。

8. 隔离比对,又称为对商标的隔离观察比较,是指将注册商标与被控侵权的商标放置于不同的地点在不同的时间进行观察比对,不是把要比对的两个商标摆放在一起进行对比观察。这是一种基本的商标比对方法,无论在进行整体比对还是要部比对时,都应当采用隔离比对的方式。一般地说,消费者寻找自己所要的商品,总是凭着以往头脑中对某种商品或者服务的广告宣传所遗留的商标印象,在市场中寻找所感知的某种品牌的商品或者服务。在市场中,不同商标的商品一般也不是同时摆放在同一个柜台中。在消费者的思维中,多数情况下不是两种要比对的商标同时存在,而是存在以前见到过在头脑中记忆的商标,与当前见到的商标的比较。在事后的侵权判定中,利用消费者的此种思维模式采用隔离观察比对的方法,更能够真实地反映出被控商标所造成混淆的可能性和程度。将两个商标放在一起进行比对,不同于消费者在市场中实际购买交易的情况,有可能使法官更关注两个商标的不同点,不能准确地判断消费者实际交易中可能产生的混淆。

2.《最高人民法院关于审理涉及驰名商标保护的民事纠纷案件应用法律若干问题的解释》(法释〔2009〕3号,20090501;经法释〔2020〕19号修正,20210101)

第九条 足以使相关公众对使用驰名商标和被诉商标的商品来源产生误认,或者足以使相关公众认为使用驰名商标和被诉商标的经营者之间具有许可使用、关联企业关系等特定联系的,属于商标法第十三条第二款规定的"容易导致混淆"。

足以使相关公众认为被诉商标与驰名商标具有相当程度的联系,而减弱驰名商标的显著性、贬损驰名商标的市场声誉,或者不正当利用驰名商标的市场声誉的,属于商标法第十三条第三款规定的"误导公众,致使该驰名商标注册人的利益可能受到损害"。

【注释】①

1."容易导致混淆",一般包括以下三种情形:一是将原被告的商品完全误认,鱼目混珠;二是认为原被告的商品来源相同,为同一经营者;三是误认为原被告之间具有商业标识许可使用、参股控股、关联企业等特定的联系。本解释第九条第一款根据未注册驰名商标在相同或者类似商品上予以保护的规定,将"足以使相关公众对使用驰名商标和被诉商标的商品来源产生误认,或者足以使相关公众认为使用驰名商标和被诉商标的经营者之间具有许可使用、关联企业关系等特定联系"三种情形界定为容易导致混淆的法律要件。

① 参见孔祥俊、夏君丽:《〈关于审理涉及驰名商标保护的民事纠纷案件应用法律若干问题的解释〉的理解与适用》,载《人民司法·应用》2009年第13期。

2. 按照商标法(2001年)第十三条第二款规定,对于驰名的注册商标可给予在不相同或者不相类似商品上的跨类保护。其中规定的“误导公众,致使该驰名商标注册人的利益可能受到损害”,不应简单地从一般商标侵权的市场混淆意义上进行理解,通常都涉及因误导相关公众而减弱驰名商标的显著性或者贬损其声誉,因而本解释第九条第二款将此规定为“足以使相关公众认为被诉商标与驰名商标具有相当程度的联系,而减弱驰名商标的显著性、贬损驰名商标的市场声誉,或者不正当利用驰名商标的市场声誉”。这种界定更符合此类驰名商标的司法保护实际,更利于加强驰名商标的保护。当然,这种界定直接涉及跨类保护的范围,故本条第二款要求“使相关公众对商品或者其经营者产生相当程度的联系”,而不能是程度不高的“联想”。

3.《最高人民法院关于审理涉及计算机网络域名民事纠纷案件适用法律若干问题的解释》(法释〔2001〕24号,20010724;经法释〔2020〕19号修正,20210101)

第四条 人民法院审理域名纠纷案件,对符合以下各项条件的,应当认定被告注册、使用域名等行为构成侵权或者不正当竞争:

(一)原告请求保护的民事权益合法有效;

(二)被告域名或其主要部分构成对原告驰名商标的复制、模仿、翻译或音译;或者与原告的注册商标、域名等相同或近似,足以造成相关公众的误认;

(三)被告对该域名或其主要部分不享有权益,也无注册、使用该域名的正当理由;

(四)被告对该域名的注册、使用具有恶意。

第五条 被告的行为被证明具有下列情形之一的,人民法院应当认定其具有恶意:

(一)为商业目的将他人驰名商标注册为域名的;

(二)为商业目的注册、使用与原告的注册商标、域名等相同或近似的域名,故意造成与原告提供的产品、服务或者原告网站的混淆,误导网络用户访问其网站或其他在线站点的;

(三)曾要约高价出售、出租或者以其他方式转让该域名获取不正当利益的;

(四)注册域名后自己并不使用也未准备使用,而有意阻止权利人注册该域名的；

（五）具有其他恶意情形的。

被告举证证明在纠纷发生前其所持有的域名已经获得一定的知名度，且能与原告的注册商标、域名等相区别，或者具有其他情形足以证明其不具有恶意的，人民法院可以不认定被告具有恶意。

第六条　人民法院审理域名纠纷案件，根据当事人的请求以及案件的具体情况，可以对涉及的注册商标是否驰名依法作出认定。

4.《最高人民法院关于审理不正当竞争民事案件应用法律若干问题的解释》（法释〔2007〕2 号，20070201；经法释〔2020〕19 号修正，20210101）

第六条　企业登记主管机关依法登记注册的企业名称，以及在中国境内进行商业使用的外国（地区）企业名称，应当认定为反不正当竞争法第五条第（三）项[①]规定的"企业名称"。具有一定的市场知名度、为相关公众所知悉的企业名称中的字号，可以认定为反不正当竞争法第五条第（三）项规定的"企业名称"。

在商品经营中使用的自然人的姓名，应当认定为反不正当竞争法第五条第（三）项规定的"姓名"。具有一定的市场知名度、为相关公众所知悉的自然人的笔名、艺名等，可以认定为反不正当竞争法第五条第（三）项规定的"姓名"。

【司法文件】

1.《最高人民法院办公厅关于对〈"定牌加工"出口产品是否构成侵权问题〉的复函》（法办〔2010〕350 号，20100706）

（涉外定牌）产品所贴商标只在中国境外具有商品来源的识别意义，并不在国内市场发挥识别商品来源的功能，中国的相关公众在国内不可能接触到涉案产品，不会造成国内相关公众的混淆误认……此种情形不属于商标法第五十二条[②]规定的侵犯注册商标专用权的行为。

---

① 2019 年修正的反不正当竞争法第六条第（二）项。——编者注

② 2019 年修正的商标法第五十七条。——编者注

2.《最高人民法院关于当前经济形势下知识产权审判服务大局若干问题的意见》(法发〔2009〕23 号,20090421)

6. 完善商标司法政策,加强商标权保护,促进自主品牌的培育。正确把握商标权的专用权属性,合理界定权利范围,既确保合理利用商标资源,又维护公平竞争;既以核定使用的商品和核准使用的商标为基础,加强商标专用权核心领域的保护,又以市场混淆为指针,合理划定商标权的排斥范围,确保经营者之间在商标的使用上保持清晰的边界,使自主品牌的创立和发展具有足够的法律空间。未经商标注册人许可,在同一种商品上使用与其注册商标相同的商标的,除构成正当合理使用的情形外,认定侵权行为时不需要考虑混淆因素。认定商品类似和商标近似要考虑请求保护的注册商标的显著程度和市场知名度,对于显著性越强和市场知名度越高的注册商标,给予其范围越宽和强度越大的保护,以激励市场竞争的优胜者,净化市场环境,遏制不正当搭车、模仿行为。

3.《最高人民法院刑事审判第二庭关于集体商标是否属于我国刑法的保护范围问题的复函》(〔2009〕刑二函字第 28 号,20090410)

一、我国《商标法》第三条规定:"经商标局核准注册的商标为注册商标,包括商品商标、服务商标和集体商标、证明商标;商标注册人享有商标专用权,受法律保护。"因此,刑法第二百一十三条至二百一十五条所规定的"注册商标"应当涵盖"集体商标"。

二、商标标识中注明了自己的注册商标的同时,又使用了他人注册为集体商标的地理名称,可以认定为刑法规定的"相同的商标"。……

4.《最高人民法院对陕西省高级人民法院〈关于深圳市远航科技有限公司与深圳市腾讯计算机系统有限公司、腾讯科技(深圳)有限公司、深圳市腾讯计算机系统有限公司西安分公司侵犯商标权及不正当竞争纠纷一案请示〉的答复》(〔2008〕民三他字第 12 号,20081008)

一、根据《最高人民法院关于审理商标民事纠纷案件适用法律若干问题的解释》第十一条第三款的规定,商品和服务是否类似,应当根据商品和服务之间是否存在特定的联系,以及是否容易使相关公众产生混淆进行判断。至于你院请示案件中涉及商品和服务是否类似,应根据案件的具体情况,结合网络游戏软件使用和网络游戏服务的目的、内容、方式、对象等具体情形,作出认定。

二、对于在一定地域内的相关公众中约定俗成的扑克游戏名称，如果当事人不是将其作为区分商品和服务来源的商标使用，只是将其用作反映该类游戏内容、特点等的游戏名称，可以认定为正当使用。……

5.《最高人民法院对辽宁省高级人民法院〈关于大连金州酒业有限公司与大连市金州区白酒厂商标侵权纠纷一案的请示〉的答复》（〔2005〕民三他字第 6 号，20050810）

注册商标含有地名的，商标专用权人不得禁止地名所在区域的其他经营者为表明地理来源等正当用途而在商品名称中使用该地名。但是，除各自使用的地名文字相同外，如果商品名称与使用特殊的字体、形状等外观的注册商标构成相同或者近似，或者注册商标使用的地名除具有地域含义外，还具有使相关公众与注册商标的商品来源必然联系起来的其他含义（即第二含义），则不在此限。

6.《最高人民法院对江苏省高级人民法院〈关于南京金兰湾房地产开发公司与南京利源物业发展有限公司侵犯商标专用权纠纷一案请示〉的答复》（〔2003〕民三他字第 10 号，20040202）

根据《中华人民共和国商标法》第五十二条第（一）项①、《中华人民共和国商标法实施条例》第三条、第四十九条的规定，以地名作为文字商标进行注册的，商标专用权人有权禁止他人将与该地名相同的文字作为商标或者商品名称等商业标识在相同或者类似商品上使用来表示商品的来源；但无权禁止他人在相同或者类似商品上正当使用该地名来表示商品与产地、地理位置等之间的联系（地理标志作为商标注册的另论）。能否准确把握上述界限，是正确认定涉及地名的文字商标专用权的权利范围，依法保护商标专用权并合理维护正当的公众利益的关键。

我们认为应当注意以下问题：一、使用人使用地名的目的和方式。使用地名的方式往往表现出使用目的。使用人使用地名的方式是公众惯常理解的表示商品产地、地理位置等方式的，应当认为属于正当使用地名。二、商标和地名的知名度。所使用的文字，如果其作为商标知名度高，则一般情况下，相关

① 2019 年修正的商标法第五十七条第（一）（二）项。——编者注

公众混淆、误认的可能性较大;如果其作为地名知名度高,则相关公众对其出处的混淆、误认的可能性会较小。三、相关商品或服务的分类情况。商品或服务的分类情况,往往决定了是否需要指示其地理位置。房地产销售中指示房地产的地理位置,一般应当认为是基于说明该商品的自然属性的需要。四、相关公众在选择此类商品或服务时的注意程度。根据相关公众选择此类商品或服务时的一般注意程度,审查确认是否会因这种使用而对该商品或服务的来源混淆、误认。五、地名使用的具体环境、情形。在房地产广告上为突出地理位置的优越而突出使用地名与在一般商品上、一般商品的广告上为突出商品的产地而突出使用地名往往给予公众的注意程度不同,产生的效果也有所差别。

7.《最高人民法院对上海市高级人民法院〈关于对杭州张小泉剪刀厂与上海张小泉刀剪总店、上海张小泉刀剪制造有限公司商标侵权及不正当竞争纠纷一案有关适用法律问题请示〉的答复》(〔2003〕民三他字第1号,20031104)

二、同意你院关于在先取得企业名称权的权利人有权正当使用自己的企业名称,不构成侵犯在后注册商标专用权行为的意见。企业名称权和商标专用权各自有其权利范围,均受法律保护。企业名称经核准登记以后,权利人享有在不侵犯他人合法权益的基础上使用企业名称进行民事活动、在相同行政区划范围内阻止他人登记同一名称、禁止他人假冒企业名称等民事权利。……

三、使用与他人在先注册并驰名的商标文字相同的文字作为企业名称或者名称中部分文字,该企业所属行业(或者经营特点)又与注册商标核定使用的商品或者服务相同或者有紧密联系,客观上可能产生淡化他人驰名商标,损害商标注册人的合法权益的,人民法院应当根据当事人的请求对这类行为予以制止。……

8.《最高人民法院对江苏省高级人民法院〈关于TCL集团公司在产品促销活动中使用与汉都公司注册商标相近的"千禧龙"文字是否构成商标侵权请示〉的答复》(〔2003〕民三他字第4号,20030731)

判断在产品促销活动中使用与他人注册商标相同或者相近似的文字是否侵犯商标专用权,应当以这种使用行为是否容易造成相关公众对商品和服务的来源产生混淆,是否借用他人注册商标的信誉为自己谋取不正当利益,或者是否对注册商标专用权造成其他损害为标准进行。

由于在产品促销活动中使用与他人注册商标相同或者相近似的文字,不同于在商品和服务中直接使用他人注册商标,因此,在认定是否造成“混淆”、“借用”、“损害”等事实时,应当特别注意:

一、要考虑注册商标的知名度与显著性。商标的显著性,即能够起到区别作用的特性的强弱,是商标侵权判断中确定商标专用权权利范围以及确认是否构成侵权的重要因素之一。知名度高显著性强的商标,被“混淆”、“借用”的可能性就大,而知名度低显著性弱的商标,被“混淆”、“借用”的可能性就小。

二、要对产品促销活动中使用他人商标的具体情形进行分析,如行为人是否将他人商标作为自己的商标或者自己的商品名称使用,是否在使用他人商标的方式、时间等方面容易使相关公众混淆商品或者服务的来源,或者误认商品、服务的提供者存在特殊的关系等。

【部门参考文件】

1.《商标侵权判断标准》(国知发保字〔2020〕23 号,20200615)

第一条 为加强商标执法指导工作,统一执法标准,提升执法水平,强化商标专用权保护,根据《中华人民共和国商标法》(以下简称商标法)、《中华人民共和国商标法实施条例》(以下简称商标法实施条例)以及相关法律法规、部门规章,制定本标准。

第二条 商标执法相关部门在处理、查处商标侵权案件时适用本标准。

第三条 判断是否构成商标侵权,一般需要判断涉嫌侵权行为是否构成商标法意义上的商标的使用。

商标的使用,是指将商标用于商品、商品包装、容器、服务场所以及交易文书上,或者将商标用于广告宣传、展览以及其他商业活动中,用以识别商品或者服务来源的行为。

第四条 商标用于商品、商品包装、容器以及商品交易文书上的具体表现形式包括但不限于:

(一)采取直接贴附、刻印、烙印或者编织等方式将商标附着在商品、商品包装、容器、标签等上,或者使用在商品附加标牌、产品说明书、介绍手册、

价目表等上;

(二)商标使用在与商品销售有联系的交易文书上,包括商品销售合同、发票、票据、收据、商品进出口检验检疫证明、报关单据等。

第五条 商标用于服务场所以及服务交易文书上的具体表现形式包括但不限于:

(一)商标直接使用于服务场所,包括介绍手册、工作人员服饰、招贴、菜单、价目表、名片、奖券、办公文具、信笺以及其他提供服务所使用的相关物品上;

(二)商标使用于和服务有联系的文件资料上,如发票、票据、收据、汇款单据、服务协议、维修维护证明等。

第六条 商标用于广告宣传、展览以及其他商业活动中的具体表现形式包括但不限于:

(一)商标使用在广播、电视、电影、互联网等媒体中,或者使用在公开发行的出版物上,或者使用在广告牌、邮寄广告或者其他广告载体上;

(二)商标在展览会、博览会上使用,包括在展览会、博览会上提供的使用商标的印刷品、展台照片、参展证明及其他资料;

(三)商标使用在网站、即时通讯工具、社交网络平台、应用程序等载体上;

(四)商标使用在二维码等信息载体上;

(五)商标使用在店铺招牌、店堂装饰装潢上。

第七条 判断是否为商标的使用应当综合考虑使用人的主观意图、使用方式、宣传方式、行业惯例、消费者认知等因素。

第八条 未经商标注册人许可的情形包括未获得许可或者超出许可的商品或者服务的类别、期限、数量等。

第九条 同一种商品是指涉嫌侵权人实际生产销售的商品名称与他人注册商标核定使用的商品名称相同的商品,或者二者商品名称不同但在功能、用途、主要原料、生产部门、消费对象、销售渠道等方面相同或者基本相同,相关公众一般认为是同种商品。

同一种服务是指涉嫌侵权人实际提供的服务名称与他人注册商标核定使用的服务名称相同的服务,或者二者服务名称不同但在服务的目的、内容、方式、提供者、对象、场所等方面相同或者基本相同,相关公众一般认为是同种服务。

核定使用的商品或者服务名称是指国家知识产权局在商标注册工作中对商品或者服务使用的名称,包括《类似商品和服务区分表》(以下简称区分表)中列出的商品或者服务名称和未在区分表中列出但在商标注册中接受的商品或者服务名称。

第十条 类似商品是指在功能、用途、主要原料、生产部门、消费对象、销售渠道等方面具有一定共同性的商品。

类似服务是指在服务的目的、内容、方式、提供者、对象、场所等方面具有一定共同性的服务。

第十一条 判断是否属于同一种商品或者同一种服务、类似商品或者类似服务,应当在权利人注册商标核定使用的商品或者服务与涉嫌侵权的商品或者服务之间进行比对。

第十二条 判断涉嫌侵权的商品或者服务与他人注册商标核定使用的商品或者服务是否构成同一种商品或者同一种服务、类似商品或者类似服务,参照现行区分表进行认定。

对于区分表未涵盖的商品,应当基于相关公众的一般认识,综合考虑商品的功能、用途、主要原料、生产部门、消费对象、销售渠道等因素认定是否构成同一种或者类似商品;

对于区分表未涵盖的服务,应当基于相关公众的一般认识,综合考虑服务的目的、内容、方式、提供者、对象、场所等因素认定是否构成同一种或者类似服务。

第十三条 与注册商标相同的商标是指涉嫌侵权的商标与他人注册商标完全相同,以及虽有不同但视觉效果或者声音商标的听觉感知基本无差别、相关公众难以分辨的商标。

第十四条 涉嫌侵权的商标与他人注册商标相比较,可以认定与注册商标相同的情形包括:

(一)文字商标有下列情形之一的:

1. 文字构成、排列顺序均相同的;

2. 改变注册商标的字体、字母大小写、文字横竖排列,与注册商标之间基本无差别的;

3. 改变注册商标的文字、字母、数字等之间的间距,与注册商标之间基本无差别的;

4. 改变注册商标颜色,不影响体现注册商标显著特征的;

5. 在注册商标上仅增加商品通用名称、图形、型号等缺乏显著特征内容,不影响体现注册商标显著特征的;

(二)图形商标在构图要素、表现形式等视觉上基本无差别的;

(三)文字图形组合商标的文字构成、图形外观及其排列组合方式相同,商标在整体视觉上基本无差别的;

(四)立体商标中的显著三维标志和显著平面要素相同,或者基本无差别的;

(五)颜色组合商标中组合的颜色和排列的方式相同,或者基本无差别的;

(六)声音商标的听觉感知和整体音乐形象相同,或者基本无差别的;

(七)其他与注册商标在视觉效果或者听觉感知上基本无差别的。

第十五条 与注册商标近似的商标是指涉嫌侵权的商标与他人注册商标相比较,文字商标的字形、读音、含义近似,或者图形商标的构图、着色、外形近似,或者文字图形组合商标的整体排列组合方式和外形近似,或者立体商标的三维标志的形状和外形近似,或者颜色组合商标的颜色或者组合近似,或者声音商标的听觉感知或者整体音乐形象近似等。

第十六条 涉嫌侵权的商标与他人注册商标是否构成近似,参照现行《商标审查及审理标准》关于商标近似的规定进行判断。

第十七条 判断商标是否相同或者近似,应当在权利人的注册商标与涉嫌侵权商标之间进行比对。

第十八条 判断与注册商标相同或者近似的商标时,应当以相关公众的一般注意力和认知力为标准,采用隔离观察、整体比对和主要部分比对的方法进行认定。

第十九条 在商标侵权判断中,在同一种商品或者同一种服务上使用近似商标,或者在类似商品或者类似服务上使用相同、近似商标的情形下,还应当对是否容易导致混淆进行判断。

第二十条 商标法规定的容易导致混淆包括以下情形:

(一)足以使相关公众认为涉案商品或者服务是由注册商标权利人生产或者提供;

(二)足以使相关公众认为涉案商品或者服务的提供者与注册商标权利人存在投资、许可、加盟或者合作等关系。

第二十一条 商标执法相关部门判断是否容易导致混淆,应当综合考量以下因素以及各因素之间的相互影响：

（一）商标的近似情况；

（二）商品或者服务的类似情况；

（三）注册商标的显著性和知名度；

（四）商品或者服务的特点及商标使用的方式；

（五）相关公众的注意和认知程度；

（六）其他相关因素。

第二十二条 自行改变注册商标或者将多件注册商标组合使用，与他人在同一种商品或者服务上的注册商标相同的，属于商标法第五十七条第一项规定的商标侵权行为。

自行改变注册商标或者将多件注册商标组合使用，与他人在同一种或者类似商品或者服务上的注册商标近似、容易导致混淆的，属于商标法第五十七条第二项规定的商标侵权行为。

第二十三条 在同一种商品或者服务上，将企业名称中的字号突出使用，与他人注册商标相同的，属于商标法第五十七条第一项规定的商标侵权行为。

在同一种或者类似商品或者服务上，将企业名称中的字号突出使用，与他人注册商标近似、容易导致混淆的，属于商标法第五十七条第二项规定的商标侵权行为。

第二十四条 不指定颜色的注册商标，可以自由附着颜色，但以攀附为目的附着颜色，与他人在同一种或者类似商品或者服务上的注册商标近似、容易导致混淆的，属于商标法第五十七条第二项规定的商标侵权行为。

注册商标知名度较高，涉嫌侵权人与注册商标权利人处于同一行业或者具有较大关联性的行业，且无正当理由使用与注册商标相同或者近似标志的，应当认定涉嫌侵权人具有攀附意图。

第二十五条 在包工包料的加工承揽经营活动中，承揽人使用侵犯注册商标专用权商品的，属于商标法第五十七条第三项规定的商标侵权行为。

第二十六条 经营者在销售商品时，附赠侵犯注册商标专用权商品的，属于商标法第五十七条第三项规定的商标侵权行为。

2.《商标印制管理办法》（国家市场监督管理总局令第 31 号，20201023）

第一条 为了加强商标印制管理，保护注册商标专用权，维护社会主义市场经济秩序,根据《中华人民共和国商标法》、《中华人民共和国商标法实施条例》(以下分别简称《商标法》、《商标法实施条例》)的有关规定,制定本办法。

第二条 以印刷、印染、制版、刻字、织字、晒蚀、印铁、铸模、冲压、烫印、贴花等方式制作商标标识的,应当遵守本办法。

第三条 商标印制委托人委托商标印制单位印制商标的,应当出示营业执照副本或者合法的营业证明或者身份证明。

第四条 商标印制委托人委托印制注册商标的,应当出示《商标注册证》,并另行提供一份复印件。

签订商标使用许可合同使用他人注册商标,被许可人需印制商标的,还应当出示商标使用许可合同文本并提供一份复印件;商标注册人单独授权被许可人印制商标的,还应当出示授权书并提供一份复印件。

第五条 委托印制注册商标的,商标印制委托人提供的有关证明文件及商标图样应当符合下列要求:

(一)所印制的商标样稿应当与《商标注册证》上的商标图样相同;

(二)被许可人印制商标标识的,应有明确的授权书,或其所提供的《商标使用许可合同》含有许可人允许其印制商标标识的内容;

(三)被许可人的商标标识样稿应当标明被许可人的企业名称和地址;其注册标记的使用符合《商标法实施条例》的有关规定。

第六条 委托印制未注册商标的,商标印制委托人提供的商标图样应当符合下列要求:

(一)所印制的商标不得违反《商标法》第十条的规定;

(二)所印制的商标不得标注"注册商标"字样或者使用注册标记。

第七条 商标印制单位应当对商标印制委托人提供的证明文件和商标图样进行核查。

商标印制委托人未提供本办法第三条、第四条所规定的证明文件,或者其要求印制的商标标识不符合本办法第五条、第六条规定的,商标印制单位不得承接印制。

第八条 商标印制单位承印符合本办法规定的商标印制业务的,商标印制业务管理人员应当按照要求填写《商标印制业务登记表》,载明商标印制委托人所提供的证明文件的主要内容,《商标印制业务登记表》中的图样应当由商标印制单位业务主管人员加盖骑缝章。

商标标识印制完毕，商标印制单位应当在15天内提取标识样品，连同《商标印制业务登记表》、《商标注册证》复印件、商标使用许可合同复印件、商标印制授权书复印件等一并造册存档。

第九条 商标印制单位应当建立商标标识出入库制度，商标标识出入库应当登记台帐。废次标识应当集中进行销毁，不得流入社会。

第十条 商标印制档案及商标标识出入库台帐应当存档备查，存查期为两年。

第十一条 商标印制单位违反本办法第七条至第十条规定的，由所在地市场监督管理部门责令其限期改正，并视其情节予以警告，处以非法所得额三倍以下的罚款，但最高不超过三万元，没有违法所得的，可以处以一万元以下的罚款。

第十二条 擅自设立商标印刷企业或者擅自从事商标印刷经营活动的，由所在地或者行为地市场监督管理部门依照《印刷业管理条例》的有关规定予以处理。

第十三条 商标印制单位违反第七条规定承接印制业务，且印制的商标与他人注册商标相同或者近似的，属于《商标法实施条例》第七十五条所述的商标侵权行为，由所在地或者行为地市场监督管理部门依《商标法》的有关规定予以处理。

第十四条 商标印制单位的违法行为构成犯罪的，所在地或者行为地市场监督管理部门应及时将案件移送司法机关追究刑事责任。

第十五条 本办法所称“商标印制”是指印刷、制作商标标识的行为。

本办法所称“商标标识”是指与商品配套一同进入流通领域的带有商标的有形载体，包括注册商标标识和未注册商标标识。

本办法所称“商标印制委托人”是指要求印制商标标识的商标注册人、未注册商标使用人、注册商标被许可使用人以及符合《商标法》规定的其他商标使用人。

本办法所称“商标印制单位”是指依法登记从事商标印制业务的企业和个体工商户。

本办法所称《商标注册证》包括国家知识产权局所发的有关变更、续展、转让等证明文件。

3.《国家工商行政管理局关于适用〈商标法实施细则〉第三十四条问题的答复》(工商标字〔1991〕第69号,19910311)

《商标法实施细则》①第三十四条第一款("任何人不得非法印制或者买卖商标标识")中所指的商标标识,包括注册商标标识和未注册商标标识。

4.《对外经济贸易部关于在收购出口产品中加强商标管理的通知》(19910221)

一、外贸公司为出口而收购(或代理销售等)生产企业的产品时,要严格检查产品所用商标是否属该企业所有,以注册证为依据。对滥用他人商标的企业产品不得收购(或代理)出口。

二、生产企业用于产品上的商标属商标注册人许可使用的,但在使用许可合同中未规定生产企业有销售权或只规定有内销权的,外贸公司不得收购(或代理)出口其产品。

三、由于历史原因造成的同一商标外贸和生产企业都持有国内注册证,而国外已由外贸公司注册的,非经外贸公司注册人同意,其他出口企业不得向持有该商标国内注册证的生产企业收购(或代理)其产品出口。

四、外贸企业不得滥用他人商标做定牌出口。

五、作为商标注册人的外贸公司许可生产企业使用其注册商标时,要在合同中对其产品的外销问题做出严格的规定,并加强管理和监督。

外贸公司在收购(或代理)出口中,由于忽视商标所有权问题造成侵权的,或商标注册人因管理不善产生问题的,均要视情节追究当事人的行政和法律责任。

【地方法院规范】

1.《江苏省高级人民法院侵害商标权民事纠纷案件审理指南(修订版)》(20201229)

第四部分 侵害商标权的行为

4.1 侵害商标权的行为

根据《中华人民共和国商标法》第十三条、第五十七条,《中华人民共和

① 该法规虽已被商标法实施条例废止,但商标行政主管机关的答复未被明确废止,其内容可供参考。——编者注

国商标法实施条例》第七十五条、第七十六条,《最高人民法院关于审理商标民事纠纷案件适用法律若干问题的解释》第一条的规定,侵害商标权的行为一般包括:

1. 未经许可,在同一种商品上使用与其注册商标或未注册驰名商标相同的商标;

2. 未经许可,在同一种商品上使用与其注册商标或未注册驰名商标近似的商标,或者在类似商品上使用与其注册商标或未注册驰名商标相同或者近似的商标,容易导致混淆的;

3. 销售侵害商标权的商品;

4. 伪造、擅自制造他人注册商标标识或者销售伪造、擅自制造的注册商标标识;

5. 未经商标注册人同意,更换其注册商标并将该更换商标的商品又投入市场;

6. 故意为侵害他人商标权行为提供便利条件,即为侵权提供仓储、运输、邮寄、印制、隐匿、经营场所、网络商品交易平台等,帮助他人实施侵害商标权行为;

7. 在同一种商品或者类似商品上将与他人注册商标相同或者近似的标志作为商品名称或者商品装潢使用,误导公众的;

8. 将与他人注册商标相同或者相近似的文字作为企业字号在相同或者类似商品上突出使用,容易使相关公众产生误认的;

9. 将与他人注册商标相同或者相近似的文字注册为域名,并且通过该域名进行相关商品交易的电子商务,容易使相关公众产生误认的;

10. 复制、摹仿、翻译他人注册的驰名商标或其主要部分在不相同或者不相类似商品上作为商标使用,误导公众,致使该驰名商标注册人的利益可能受到损害的。

4.2 侵害商标权的判定

侵害商标权的判定主要涉及商品或服务相同、类似;商标相同、近似以及是否构成混淆误认的判断。

在侵害商标权纠纷案件中,要结合商标权保护范围具有弹性的特点,妥善利用商品或服务类似、商标近似、混淆可能性、不正当手段、主观过错等裁量性因素,考虑市场实际,使商标权的保护强度与其显著性、知名度相适应,尽可能保护商业标识的区别性,维护商标声誉,严厉打击不诚信的商标攀附、仿冒搭车及恶意抢注商标等行为,有效规范商标注册秩序,进一步净化市场竞争环境。

4.2.1 商品或服务相同

指主张权利的注册商标核定使用的商品或服务与被控侵权标识使用的商品或服务为同一类别。

4.2.2 商品或服务类似

类似商品,是指在功能、用途、生产部门、销售渠道、消费对象等方面相同,或者相关公众一般认为其存在特定联系、容易造成混淆的商品。

类似服务,是指在服务的目的、内容、方式、对象等方面相同,或者相关公众一般认为存在特定联系、容易造成混淆的服务。

4.2.3 商品或服务类似的判断方法

1. 应当结合案件具体的情况,以发生纠纷时相关公众的一般认识水平,从功能、用途、销售渠道、消费对象以及服务的目的、内容、方式、对象等因素综合考虑消费者是否会混淆或认为诉争商品或服务之间有特定联系。

2. 应当考虑市场实际,充分考虑商标所使用商品的关联性,结合个案情况认定。关联商品系《类似商品和服务区分表》中被划定为非类似,但实际上仍具有较强的关联性,且相关商标共存容易导致混淆误认的商品。对于这些商品,只要容易使相关公众认为商品是同一主体提供的,或者其提供者之间存在特定联系,即构成类似商品。主张权利的商标已实际使用并具有一定知名度的,认定商品类似要充分考虑商品之间的关联性。

3. 参考《商标注册用商品和服务国际分类表》与《类似商品和服务区分表》的分类。

4.2.4《商标注册用商品和服务国际分类表》与《类似商品和服务区分表》的作用

《商标注册用商品和服务国际分类表》于1957年6月15日在法国尼斯外交会议上正式签订,并于1961年4月8日生效的国际公约,全称为《商标注册用商品和服务国际分类尼斯协定》。一般每五年修订一次,一是增加新的商品,二是将已列入分类表的商品按照新的观点调整,以求商品更具有内在的统一性。尼斯协定的宗旨是建立一个共同的商标注册用商品和服务国际分类体系,并保证其实施,我国于1994年8月9日正式成为该协定的成员国。

《类似商品和服务区分表》是我国商标行政主管机关以《商标注册用商品和服务国际分类表》为基础,针对中国的国情实际对商品和服务的类似群组及商品和服务的名称进行了翻译、调整、增补和删减而制订的。《类似商品和服务区分表》亦随着国际分类表的修订而作相应的调整。需特别注意的是,《类似商品和服务区分表》的作用是在商标注册行政授权中划定商标专用权的范围,而侵害商标权纠纷中认定类似商品或服务在于确定商标禁用权的范围。商标和服务存在项目更新、市场交易情况不断变化的情形,因此,在侵害商标权判定中,《类似商品和服务区分表》只能作为判断商品或服务类似的参考,不能作为唯一的认定标准。首先,应当考虑《类似商品和服务区分表》的划分;其次,当事人提出与《类似商品和服务区分表》的划分不一致的主张时,应当结合当事人的抗辩及提供的证据,根据前述"商品或服务类似的判断方法"进行判断。

4.2.5 商品类似的判定

下列商品一般构成类似商品:

1. 具有相同功能、用途的商品;

例如,钢笔与签字笔及铅笔等以书写为使用价值的商品,即可认定为具有相同功能。

2. 商品之间的功能、用途具有辅助性或互补性,容易被人误认为相关联商品或系列商品;

例如,毛毯(床上用品)与电热毯(电器)显然分属不同商品分类,但同属于一般认识中的"床上用品",属于类似商品。

3. 在使用时存在着搭配关系的商品;

例如,皮带与领带,牙膏与牙刷等。

4. 存在着原料与成品或零部件与成品等对应关系的商品;

5. 销售渠道、销售场所、销售对象相同或者相近的商品或者一般属于同一行业或者领域生产、销售的商品。

4.2.6 判断商品与服务类似的考虑因素

1. 商品与服务之间联系的密切程度;

2. 在用途、用户、通常效用、销售渠道及销售习惯等方面的一致性;

3. 在商品与服务中使用相同或者近似商标,是否足以造成相关公众的混淆、误认。

4.2.7 商标相同

指被控侵权的标识与原告的注册商标相比较,两者在视觉上基本无差别。

4.2.8 商标近似

指被控侵权的标识与原告的注册商标相比较，其文字的字形、读音、含义或者图形的构图及颜色，或者各要素组合后的整体结构相似，或者其立体形状、颜色组合等近似，容易使相关公众对商品或服务的来源产生误认或者认为其来源与原告注册商标的商品或服务有特定的联系。

4.2.9 商标相同或近似的判断原则

1. 以相关公众的一般注意力为标准；

2. 既要对商标进行整体比对，又要对商标主要部分进行比对，并应当在比对对象隔离的状态下分别进行；

3. 判断商标是否近似，应当考虑请求保护注册商标的显著性和知名度。

4.2.10 相关公众的一般注意力

相关公众，是指与商标所标识的某类商品或服务有关的消费者和与前述商品或服务的营销有密切关系的其他经营者。

相关公众的一般注意力，是指对相关商品或服务具有一般知识和经验的公众，按照通常的消费习惯对商品或服务进行判断。

需特别注意的是，商标所标示的商品性质、种类、价格等因素不同，相关公众的范围和注意程度也就不同。通常来说，日常生活用品应以一般消费者为相关公众，其在购买时可能凭第一眼直觉就购买。而价值高的商品，例如汽车、房屋等，注意力标准要比购买日常生活用品时高许多。

4.2.11 商标相同或近似的判断方法

1. 比对时，应当以权利人注册商标的形态与被控侵权标识比对

权利人注册商标的实际使用形态与注册形态不一致的，在判断被控侵权标识与权利人的注册商标是否近似时，仍应以权利人商标的注册形态与被控侵权标识进行比对，而不能用权利人实际使用的注册商标形态与被控侵权标识进行比对。

2. 整体比对

指将商标作为一个整体来进行观察，而不仅将商标的各个构成要素单独抽出来分别进行比对。

当两个商标在各自具体的构成要素上存在区别，但只要将构成要素集合起来作为一个整体产生的整体视觉，有可能使消费者产生误认，就应当认定为近似商标。反之，如果两个商标的部分组成要素可能相同，但是它们作为一个整体并不会使消费者产生误认，就不能认定为近似商标。

3. 要部比对

指将商标中发挥识别作用的主要部分抽出来进行重点比较和对照,是对整体比对的补充。其中商标的要部是指最具显著性和识别性,容易使相关公众将其与使用该商标的商品或服务联系起来的商标构成要素。两个商标的构成要素整体上不近似,但主张权利的商标的知名度远高于被控侵权标识的,可以采取比较主要部分决定是否近似。

4. 隔离观察

指将商标与被控侵权标识放置于不同的地点在不同的时间进行观察比对。

4.2.12 商标近似的具体比对

1. 文字商标近似性的比对

根据文字商标的特征,具有呼叫功能的读音或文字的字形易给人听觉或视觉留下比较深刻的印象,故文字商标近似性的判断主要考虑文字的读音和字形,兼顾文字的含义。

2. 中文商标与外文商标近似性的比对

由于中文商标与外文商标在音、形上不相同也不近似,因此判断中文商标与外文商标是否近似,主要从含义上进行确定,需要考虑相关公众对外文商标的认知水平和能力、中文商标与外文商标含义上的关联性或者对应性、商标本身的知名度和显著性、商标的实际使用情况、所使用商品或服务的关联程度等因素。

3. 外文商标近似性的比对

判断外文商标之间是否构成近似,应考虑中国普通消费者的一般注意力、认知水平等因素。

(详见案例三)①

4. 图文组合商标近似性的比对

使用整体比对和要部比对相结合的方法,考虑商标的特征及通常的呼叫习惯等因素进行比对。多数情形下,将组合商标中的文字字形及读音作为主要部分加以比对。

(详见案例四)②

---

① 案例三:莱雅公司诉上海美莲妮公司、杭州欧莱雅公司侵害商标权纠纷案[江苏省高级人民法院(2009)苏民三终字第0168号]。

② 案例四:中粮公司诉嘉裕公司、开心公司等侵害商标权纠纷案[最高人民法院(2005)民三终字第5号]。

5. 特殊情形下图文组合商标近似性的比对

当涉案商标与被控侵权标识均为图文组合商标，而该图文组合商标中的中文文字商标系案外人商标并已被认定为驰名商标或具有极高知名度时，涉案商标中的文字显著性和知名度即相对有限，涉案商标的图形部分具有较强的识别性。在此情形下的图文组合商标近似性比对，应从双方商标外观整体观察，不能仅以被控侵权标识使用与涉案商标相同的文字即认定两者构成近似。

（详见案例五）①

6. 三维标志商标近似性的比对

三维标志商标是由三维标志或者与其他标志组合构成的具有区别性的标识。

考虑到三维标志商标重点保护“三维标志”本身的立法原义和立法目的，在对三维标志商标进行近似性比对时应当整体比较，并重点关注三维标志本身是否具备显著性。当三维标志具备显著性时，侵权判定应重点比对三维标志部分。

（1）三维标志显著

被控侵权标识与三维标志商标中具有显著特征的三维标志相同或近似，容易使相关公众对商品或者服务的来源产生混淆或误认的，可以认定为相同或者近似商标。

（2）三维标志不显著但其他标志显著

虽然三维标志不显著，但如果被控侵权标识与三维标志商标中具有显著特征的其他标志相同或近似，容易使相关公众对商品或者服务的来源产生混淆或误认的，可以认定为相同或者近似商标。

如果被控侵权标识与三维标志商标中不具有显著特征的三维标志相同或近似，但是与具有显著特征的其他标志区别明显，不会使相关公众对商品或者服务的来源产生混淆或误认的，整体上仍不宜认定为相同或者近似商标。

（详见案例六）②

---

① 案例五：越城制钉厂诉美标五金公司侵害商标权纠纷案［江苏省高级人民法院（2015）苏知民终字第00245号］。

② 案例六：九蜂堂公司诉老山公司侵害商标权纠纷案［江苏省高级人民法院（2013）苏知民终字第0038号］。

4.2.13 混淆与误认对侵害商标权判定的重要影响

侵害商标权的判定,不仅应当比较诉争商标标识是否近似,还应当对是否足以造成相关公众混淆、误认进行认定。即使诉争的商标标识客观上相近似,但如果被控侵权标识的使用不会造成相关公众的混淆、误认,则不应认定构成侵害商标权。

足以造成相关公众的混淆、误认一般包括:

1. 商品或服务混淆

指相关公众将两个商品或服务混为一谈。

2. 来源混淆

指相关公众误认为被控侵权标识与注册商标所标示的商品或服务来自同一市场主体,对商品或服务的来源产生混淆、误认。

3. 关联关系混淆

指虽然相关公众认为被控侵权标识与注册商标所标示的商品或服务来自不同的市场主体,但是误认为两个市场主体之间存在着商标许可、投资合作、关联企业等关联关系。

4.2.14 混淆包括现实的混淆与混淆的可能性

除存在长期善意共存等极为特殊的历史因素外,通常在判断是否造成相关公众混淆时,既要考虑客观现实的混淆,也要考虑混淆的可能性。但不能以个别消费者、经营者认为混淆或不混淆而直接推定是否具有混淆的可能性,混淆可能性的判断主体仍然是相关公众。

(详见案例七)①

4.2.15 衡量是否造成相关公众混淆、误认的因素

1. 注册商标的知名度、显著性

2. 被控侵权人的主观意图

3. 相关标识使用的历史和现状

4.2.16 商标的知名度和显著性对判断商标近似的影响

1. 如果比对的商标均未曾使用或者不具有很高的知名度,通常按照音、形、义等自然因素进行整体比对,这种近似更接近于事实上的近似即商标标识近似。

---

① 案例七:鼎盛公司诉苏州工商局工商行政处罚案[江苏省高级人民法院(2011)苏知行终字第0004号]。

2. 如果比对的商标知名度相差悬殊,可以根据案件的具体情形采取比较主要部分或整体比对认定其近似性。

3. 如果比对的商标均具有较高知名度,或者相关商标的共存具有特殊历史渊源,有共同形成历史和发展历程的,此时不应简单就商标构成要素认定近似,而应当综合考虑两者的实际使用状况、使用历史、使用者的主观状态、相关公众的认知状态、政策变化等因素,尊重已经客观形成的市场格局,准确作出侵权判断。

例如,对于一些具有复杂历史渊源的商标或老字号等商业标识,相关当事人对于商标和品牌的创立和发展都作出了自己的贡献,加之还可能具有法律、政策等变化的其他原因,且均为善意使用,故法院在处理此类商标纠纷案件时,应当允许构成要素近似的商标之间的适当共存,实现经营者之间的包容性发展,即便相关商业标识的和平共处不可避免地会产生一定程度的市场混淆。

(详见案例八)①

4.3 反向假冒

指未经商标注册人同意,将商标注册人的商标"更换"成自己的商标,并将该已更换商标的商品又投入市场。

(详见案例九)②

4.4 帮助侵权

指故意为侵害他人商标权行为提供便利条件,帮助他人实施侵害商标权的行为。

4.4.1 便利条件

指为侵害他人商标权提供仓储、运输、邮寄、印制、隐匿、经营场所、网络商品交易平台等。

4.4.2 市场管理者承担侵权责任的具体表现形式及民事责任承担

市场管理者,是指依法设立,利用自有、租用或者其他形式取得固定场所,通过提供场地、相关设施、物业服务以及其他服务,吸纳商品经营者在场内集中进行现货商品交易,从事市场经营管理的企业法人。

---

① 案例八:拉科斯特公司诉鳄鱼国际公司等侵害商标权纠纷案[最高人民法院(2009)民三终字第3号]。

② 案例九:北京服装一厂诉鳄鱼国际公司等侵害商业信誉、不正当竞争纠纷案[北京市第一中级人民法院(1994)中经知初字第566号]。

市场管理者是否应当承担侵权责任，应当以市场管理者与商户之间的关系，商标权人向市场管理者发出附有确凿证据的警告函，市场管理者知晓市场内发生侵害商标权行为后的不同反应来认定。

1. 市场管理者与商户之间不是单一的铺位租赁关系，除承担管理职能外，还直接参与市场内的经营活动，并从中获取租金外的经营利益，且消费者有充分理由相信，除商户外，市场管理者同时也是交易相对方。此种情形，应认定市场管理者与商户系共同经营，对经营行为共同承担侵权责任。

（详见案例十）①

2. 市场管理者与商户之间仅是铺位租赁合同关系，只向商户收取铺位租金，不参与商户的经营行为。此时，如果市场管理者能够证明其收到商标权人警告函后即对被控侵权行为采取合理、必要措施的，应当认定其主观上没有放任侵权行为，客观上亦已尽到管理、监督、检查等义务，市场管理者不应对商户的侵害商标权行为承担责任。而如果市场管理者不能证明其在收到商标权人警告函后即对被控侵权行为采取合理、必要措施的，应当认定其在收到警告函后为商户的侵权行为提供帮助，市场管理者应当承担相应责任。商标权人不能证明市场管理者在收到警告函以前即知道商户实施侵权行为的，市场管理者仅就商户全部赔偿数额承担部分连带责任。

（详见案例十一、案例十二）②

4.5 电子商务平台经营者侵害商标权行为认定

电子商务平台经营者，是指在电子商务中为交易双方或者多方提供网络经营场所、交易撮合、信息发布等服务，供交易双方或者多方独立开展交易活动的法人或者非法人组织。

法院审理涉电子商务平台侵害商标权纠纷案件，应当坚持严格保护知识产权的原则，依法惩治通过电子商务平台提供假冒等侵权商品或者服务的行为，积极引导当事人遵循诚实信用原则，依法正当行使权利，并妥善处理好商标权人、电子商务平台经营者、平台内经营者等各方主体之间的关系。

---

① 案例十：三六一度公司诉玉驰公司、吴某侵害商标权纠纷案[江苏省高级人民法院(2013)苏知民终字第0052号]。

② 案例十一：路易威登马利蒂诉王某、淘淘巷公司侵害商标权纠纷案[江苏省高级人民法院(2013)苏知民终字第0059号]。案例十二：路易威登马利蒂诉黄某、莱迪公司侵害商标权纠纷案[江苏省高级人民法院(2013)苏知民终字第0082号]。

4.5.1 投诉处理机制中合格通知与声明的认定

1. 商标权人认为其商标权受到侵害的,有权通知电子商务平台经营者采取删除、屏蔽、断开链接、终止交易和服务等必要措施。商标权人向电子商务平台经营者发出的通知应当采取书面形式,通知一般包括:

①商标权的权利证明及商标权人的真实身份信息;

②能够实现准确定位的被控侵权商品或者服务信息;

③构成侵权的初步证据;

④通知真实性的书面保证等。

2. 电子商务平台经营者接到通知后,应当及时采取必要措施,并将该通知转送平台内经营者;未及时采取必要措施的,应对损害的扩大部分与平台内经营者承担连带责任。

判断电子商务平台经营者是否采取了合理的措施,法院可以考量下列因素:

①构成侵权的初步证据;

②侵权成立的可能性;

③侵权行为的影响范围;

④侵权行为的具体情节,包括是否存在恶意侵权、重复侵权情形;

⑤防止损害扩大的有效性;

⑥对平台内经营者利益可能的影响;

⑦电子商务平台的服务类型和技术条件等。

3. 平台内经营者接到电子商务平台经营者转送的通知后,可以向电子商务平台经营者提交不存在侵权行为的书面声明,声明一般包括:

①平台内经营者的真实身份信息;

②能够实现准确定位、要求终止必要措施的商品或者服务信息;

③商标权属证明、授权证明等不存在侵权行为的初步证据;

④声明真实性的书面保证等。

认定平台内经营者发出的声明是否具有恶意,法院可以考量下列因素:

①提供伪造或者无效的权利证明、授权证明;

②声明包含虚假信息或者具有明显误导性;

③通知已经附有认定侵权的生效裁判或者行政处理决定,仍发出声明;

④明知声明内容错误,仍不及时撤回或者更正等。

电子商务平台经营者接到声明后,应当将该声明转送发出通知的商标权人,并告知其可以向有关主管部门投诉或者向法院起诉。电子商务平台经营者在转送声明到达商标权人后十五日内,未收到权利人已经投诉或者起诉通知的,应当及时终止所采取的措施。

4.5.2 电子商务平台经营者知道或者应当知道存在侵权行为的侵权责任

电子商务平台经营者知道或者应当知道平台内经营者侵害商标权的,应当根据侵权的具体情形、技术条件以及构成侵权的初步证据、服务类型等因素,及时采取必要措施,未采取必要措施的,与侵权人承担连带责任。采取的必要措施应当遵循合理审慎的原则,包括但不限于删除、屏蔽、断开链接等下架措施。平台内经营者多次、故意侵害商标权的,电子商务平台经营者有权采取终止交易和服务的措施。

电子商务平台经营者存在下列情形之一的,法院可以认定其"应当知道"侵权行为的存在:

①未履行制定知识产权保护规则、审核平台内经营者经营资质等法定义务;

②未审核平台内店铺类型标注为"旗舰店""品牌店"等字样的经营者的权利证明;

③未采取有效技术手段,过滤和拦截包含"高仿""假货"等字样的侵权商品链接、被投诉成立后再次上架的侵权商品链接;

④其他未履行合理审查和注意义务的情形。

4.5.3 错误通知的赔偿责任

因通知错误造成平台内经营者损害的,依法承担民事责任。恶意发出错误通知,造成平台内经营者损失的,加倍承担赔偿责任。

认定通知人是否具有"恶意",法院可以考量下列因素:

①提交伪造、变造的权利证明;

②提交虚假侵权对比的鉴定意见、专家意见;

③明知权利状态不稳定仍发出通知;

④明知通知错误仍不及时撤回或者更正;

⑤反复提交错误通知等。

电子商务平台经营者、平台内经营者以错误通知、恶意发出错误通知造成其损害为由,向法院提起诉讼的,可以与涉电子商务平台知识产权纠纷案件一并审理。

4.5.4 开展自营业务的电子商务平台经营者的侵害商标权行为认定

电子商务平台经营者对其自营业务依法承担商品销售者或者服务提供者的责任。认定电子商务平台经营者是否属于开展自营业务,法院可以考量下列因素:

①商品销售页面上标注的"自营"信息;

②商品实物上标注的销售主体信息;

③发票等交易单据上标注的销售主体信息等。

4.6 回收再利用带有商标标识容器的侵害商标权行为认定

如果回收利用企业对回收的旧瓶上原权利人的商标标识没有采取遮蔽、消除等合理措施,或者采取的措施不能彻底将原商标标识从相关公众的视野内移除,或者没有附加其他区别性标识,容易导致消费者产生混淆误认的,则再利用行为构成侵害商标权。

(详见案例十三)①

4.7 驰名商标的保护

驰名商标,是指经过长期使用或者大量商业推广或宣传,在中国境内为相关公众所熟知,且具有良好市场声誉的商标。

4.7.1 驰名注册商标的跨类保护

复制、摹仿、翻译他人已经在中国注册的驰名商标或其主要部分,并在不相同或者不相类似商品或服务上作为商标使用,误导公众,致使该驰名商标注册人的利益可能受到损害的,构成侵害商标权。"误导公众,致使该驰名商标注册人的利益可能受到损害",是指足以使相关公众认为被诉商标与驰名商标具有相当程度的联系,而减弱驰名商标的显著性、贬损驰名商标的市场声誉,或者不正当利用驰名商标的市场声誉。

(详见案例十四)②

4.7.2 未注册驰名商标的非跨类保护

复制、摹仿、翻译他人未在中国注册的驰名商标或其主要部分,并在相同或者类似商品或服务上作为商标使用,容易导致混淆的,构成侵害商标权。

---

①　案例十三:恒顺公司诉恒庆公司等侵害商标权纠纷案[江苏省高级人民法院(2019)苏民终1754号]。

②　案例十四:伊士曼公司诉科达电梯公司侵害商标权纠纷案[苏州市中级人民法院(2005)苏中民三初字第0213号]。

"容易导致混淆",是指足以使相关公众对使用驰名商标和被诉商标的商品或服务来源产生误认,或者足以使相关公众认为使用驰名商标和被诉商标的经营者之间具有许可使用、关联企业关系等特定联系。

对于驰名的未注册商标的保护,应当审查当事人申请保护的商标是否属于《中华人民共和国商标法》第十条、第十一条、第十二条规定的不得作为商标注册和使用的情形。

(详见案例十五)①

4.8 损害商标品质保障功能的侵权认定

商标既具有识别商品或服务来源的基本功能,也具有品质保障、信誉承载等衍生功能,其中来源识别功能是商标的首要功能。司法实践中,除主要以是否破坏来源识别功能来判断是否构成侵害商标权外,也以是否损害品质保障功能来判定是否构成侵害商标权,商标权人对降低商品或服务品质、减损或损害其商标所负载商誉的商标使用行为有权制止。

将正品重新包装并贴附权利人商标后再行出售的行为是否构成侵害商标权,关键在于判断重新包装的行为是否损害了商标的品质保障功能,是否对商标权人的商誉造成损害。如果重新包装再转售的行为并未对商标的品质保障功能造成损害,则该行为属于合法的商品转售行为,适用权利用尽原则。但如果被控侵权人将较低质量标准的商品或服务通过改变包装等形成按较高质量标准的商品或服务出售或提供,则可以认定被控侵权人的行为即便未造成消费者混淆,亦构成侵害商标权。

(详见案例十六)②

第五部分　权利冲突类案件的审理

5.1 商业标识的权利冲突

商业标识的权利冲突,是指两个或者两个以上的民事主体对相同或者近似的商业标识分别获取相同或者不相同的知识产权,相关商业标识在商业环境下产生消费者混淆或误认的后果,相关主体在行使权利上产生矛盾或冲突。

---

① 案例十五:南社布兰兹公司诉华夏庄园公司、杭州正声公司侵害商标权纠纷案[南京市中级人民法院(2018)苏01民初3450号]。

② 案例十六:不二家(杭州)食品有限公司诉钱某某等侵害商标权纠纷案[杭州市余杭区人民法院(2015)杭余知初字第416号]。

5.2 解决权利冲突类案件的基本原则

1. 保护在先合法权利原则

2. 诚实信用原则

3. 防止市场混淆原则

4. 利益平衡原则

审理权利冲突类案件,根据前述原则并综合考虑以下因素:

1. 原、被告各自使用商业标识的情况,包括消费者的认知程度,被告使用商业标识的具体范围、持续时间,以及是否系出于正常营业需要而合法善意地使用,有无累积一定的商誉;

2. 原、被告获得商业标识的时间、取得方式,是否具有正当性与合理性,有无攀附的主观恶意;

3. 诉争商业标识本身的显著性强弱、知名度大小;

4. 诉争商业标识形成和发展的历史、使用现状等等。

在综合考虑上述因素后,法院应当在尊重在先权利的前提下兼顾各方利益,认定是否构成侵害商标权,避免绝对地以在先商标权人的利益作为唯一衡量因素,而忽略被告利益及公共利益。但为了防止市场主体的混淆和冲突,鼓励诚实经营,维护正常的市场竞争秩序,在维持现有使用状态的同时,各方当事人均应当各自规范使用其商业标识,以便消费者加以区分和识别,维护各方当事人及消费者的合法权益。

(详见案例十七)①

5.4 在先商标权与在后企业名称权冲突类案件的处理

将与他人注册商标相同或者相近似的文字作为企业字号在相同或者类似商品或服务上突出使用,容易使相关公众产生误认的,构成侵害商标权。

需特别注意的是:

1. 只有突出使用"与他人注册商标相同或者近似文字"的企业字号时,才构成侵害商标权。

2. 尽管未突出使用企业字号的行为不构成侵害商标权,但最高人民法院在(2004)民三他字第10号函中明确,"对违反诚实信用原则,使用与他人注册商标中的文字相同或者近似的企业字号,足以使相关公众对其商品或者

① 案例十七:洋河酒厂诉徐州发洋食品公司、汤某某等侵害商标权及不正当竞争纠纷案[江苏省高级人民法院(2017)苏民终1781号]。

服务的来源产生混淆的，根据当事人的诉讼请求，可以依照民法通则有关规定以及反不正当竞争法第二条第一、二款规定，审查是否构成不正当竞争行为，追究行为人的民事责任。”

5.5 在先企业名称权与在后商标权冲突类案件的处理

5.5.1 在先企业名称权与在后商标权的冲突

如果在先企业名称的使用系出于正常营业需要而合法善意地使用，并未攀附在后注册商标的商誉，应当判决在先的企业名称不构成侵害商标权。但为了防止市场主体的混淆和冲突，鼓励各自诚实经营，保护消费者权益与正常的市场竞争秩序，法院可以在判决中明确要求当事人各自规范使用其企业名称和注册商标。

（详见案例十八）①

5.5.2 在先企业名称权的保护

注册在先的企业名称是否构成在先权利，不宜仅单纯依据诉争的企业名称、商标等商业标识的各自使用时间节点进行认定，而应当综合考虑市场主体使用企业名称等商业标识的完整历史渊源、企业名称的知名度等因素。虽然名称经合法登记和使用后，在其登记辖区范围内享有排斥其他同类竞争企业注册和使用相同或近似名称的权利，但在长期使用过程中，依靠名称权人的信誉、产品质量以及广告投入等因素，其在更大范围内享有较高知名度，由此在超出其登记辖区的更大范围内产生应受保护的权利和商益。如果在后商标权人获准注册的商标系抢注他人在先中华老字号、知名字号以及在一定范围内有影响的字号，则在后商标权人的行为应当受到规制，在先企业名称权应当具有明显的可保护利益。

（详见案例十九）②

5.6 商标权与电视节目名称冲突类案件的处理

电视节目制作有其固有的制作规律，从提出节目名称及LOGO设想到开播要经过较长的一段时间，其中需经历节目名称及LOGO设计与创作、节目运行方案的构思与研究、召开首播新闻发布会、节目首播等环节。因此，认定

---

① 案例十八：富士控股公司、番禺富士公司诉苏州富士等侵害商标权纠纷案［江苏省高级人民法院（2010）苏知民终字第0114号］。

② 案例十九：北京三民太奇公司诉无锡太奇中心侵害商标权及不正当竞争纠纷案［江苏省高级人民法院（2015）苏知民终字第00098号］。

谁在先设计出相关节目名称或商标,不能简单机械地以商标注册申请的时间和节目的开播时间来划定保护的边界,否则可能会出现不符合客观现实状态并产生不公平后果。

对于电视节目名称与商标权之间的冲突,如果电视台等对节目名称、LOGO 图标等享有在先权利或者有正当使用的权利,且不存在攀附和利用他人商标与商业信誉的主观过错,电视节目的播出不会造成相关公众的混淆与误认,则应当认定电视台等使用其节目名称不构成对他人商标权的侵害。

(详见案例二十)①

5.7 商标权与域名冲突类案件的处理

将与他人注册商标相同或者相近似的文字注册为域名,并且通过该域名进行相关商品交易的电子商务,容易使相关公众产生误认的,构成侵害商标权。

需特别注意的是,由于侵害商标权必须与商品或服务联系在一起,故如果只是将与他人注册商标相同或者相近似的文字注册为域名,而没有通过该域名进行相关商品交易的电子商务,一般不认定构成侵害商标权。同时在理解并运用该条时,要注意结合《最高人民法院关于审理涉及计算机网络域名民事纠纷案件适用法律若干问题的解释》第四条和第五条的规定精神,认定被告注册、使用域名等行为构成侵权或者不正当竞争:原告请求保护的民事权益合法有效;被告域名或其主要部分构成对原告驰名商标的复制、模仿、翻译或音译,或者与原告的注册商标、域名等相同或近似,足以造成相关公众的误认;被告对该域名或其主要部分不享有权益,也无注册、使用该域名的正当理由;被告对该域名的注册、使用具有恶意。

5.8 商标权与 APP 标识冲突类案件的处理

在处理涉及 APP 应用程序与新商业模式融合的知识产权纠纷时,要以有利于促进创新、有利于公平竞争、有利于保护消费者利益为指引,慎重对待,妥善运用法律制度中的保护和例外,合理确定权利和责任的边界,依法维护善意使用者的市场交易安全,降低创新者的法律风险。

在使用的 APP 标识与他人注册商标构成近似的情况下,是否侵害他人商标权,应当综合考虑以下因素予以认定:

---

① 案例二十:同舟公司诉江苏电视台、长江龙侵害商标权纠纷案[江苏省高级人民法院(2015)苏审三知民申字第 00001 号]。

1. 二者使用的商品或服务的类别是否相同或类似

APP 本身属于《类似商品和服务区分表》0901 群组“计算机程序、可下载软件”。APP 标识通常由文字、图形或二者组合而成，代表不同的开发商和所提供的商品或服务。APP 被开发者上传至应用商店，下载后手机中会显示相应标识，用户通过 APP 标识区分其来源及所提供的商品或服务，故 APP 标识从构成要素、使用形式及展现位置来看，具有能够区分商品或服务来源的作用，可认定为《中华人民共和国商标法》第八条中区分商品或服务来源的标志。

依据 APP 的具体用途，可以将其分为两类：一类是软件企业向相关公众提供的计算机操作程序，用户下载、安装此类 APP 的目的是通过使用其作为计算机程序所具有的功能来解决某一方面的使用需求，如输入法、浏览器、图片编辑、文字处理等功能，此类 APP 在商品类别上可归入第 9 类计算机操作程序。另一类 APP 则是企业向相关公众提供商品或服务的平台或工具。对于相关公众来说，其下载、安装、使用 APP 的目的在于以 APP 作为平台或媒介来接受相关经营者提供的商品或服务，是互联网环境下新的商业模式。因此，与传统商品或服务类别的区分不同，APP 兼具商品和服务的双重属性。尤其是前述第二类 APP 跨越了第 9 类计算机操作程序，又与其具体提供的商品或服务类别发生重合。故在划分 APP 商品或服务的类别时，既要考虑计算机应用程序的性质，还要考虑其提供的商品或服务的类别，才能对其所属商品或服务的类别作出科学、合理的判断。

2. 注册商标的显著性和知名度

注册商标的显著性越高，造成混淆的可能性就越大；反之，造成混淆的可能性就越小。涉案商标受到保护的范围及强度应当与商标的显著性强弱及知名度大小相适应。

3. 是否具有攀附他人注册商标商誉的主观恶意

考虑 APP 运营者的使用意图，有无攀附注册商标的商誉，攫取不正当利益的目的。

（详见案例二十一）①

① 案例二十一：好利维尔公司诉北京农管家公司侵害商标权纠纷案[江苏省高级人民法院(2017)苏民终 1982 号]。

2.《北京市高级人民法院知识产权民事诉讼证据规则指引》(20210422)

第四部分 侵害商标权纠纷

4.4 原告主张被诉侵权商品与其商标核定使用的商品属于同一种或类似商品的,可以围绕以下事实提供证据:

(一)《类似商品和服务区分表》;

(二)相关商品被作为关联商品采购的合同、收发货单据、交易票据;

(三)相关商品被置于相同品类货架销售、宣传展示的照片;

(四)进行比较分析、汇总统计、归纳趋势特点的行业情况报告、统计报告;

(五)反映消费群体、销售渠道相关联、相重合的市场报告、行业调查报告;

(六)其他事实。

4.5 被诉侵权标志与原告的注册商标属于使用在同一种商品上的近似商标的,或者属于使用在类似商品上的相同或近似商标的,原告可以提供用户评价、用户留言、投诉信函、市场调查报告等证据证明存在混淆可能性。

原告主张被告在同一种商品上使用与其注册商标相同商标的,推定已造成混淆。

4.6 原告主张被告销售侵害注册商标专用权的商品或销售伪造、擅自制造注册商标标志的,可以提供侵权商品、侵权商标标志、销售合同、发票、付款凭证、宣传材料、电商平台销售记录、用户留言评价以及销售其他商品或商标标志时附赠的侵权商品、商标标志等证据。

4.7 原告主张被告伪造、擅自制造其注册商标标志的,应提供证据证明被告实际制造或委托他人制造了与原告注册商标相同或近似的标志,且该标志所示商品与原告注册商标核定使用的商品构成同一种或类似商品。

4.8 原告主张被告为实施侵害商标权行为提供帮助的,可以提供被告作为市场主办方、展会主办方、柜台出租人、电子商务平台经营者,为他人实施侵权行为提供仓储、运输、邮寄、印制、隐匿、经营场所、网络商品交易平台等便利的证据。

4.9 原告主张被告故意为侵害他人商标权行为提供便利条件的,可以提供原告发出的侵权警告函被签收、相关执法部门通知、行政裁决书、裁判文书等证据。

4.10 原告主张被告将与他人注册商标相同或近似的文字作为企业字号

使用构成侵害商标权的，除按第4.1条提供其享有注册商标专用权的证据外，还应提供被告在与原告注册商标同一种或类似商品上单独或突出使用企业字号的证据。

4.14 原告主张被告将与其注册商标相同或近似的文字注册为域名侵害其商标权的，除按第4.1条提供其享有注册商标专用权的证据外，还应提供域名查询信息、域名证书、被告在同一种或类似商品上使用该域名进行电子商务交易的网页、交易记录等证据。

3.《北京市高级人民法院关于涉及网络知识产权案件的审理指南》(20160413)

二、涉及网络商标权部分

17. 平台服务商是指为交易信息和交易行为提供网络平台服务的主体。

18. 在认定平台服务商是否应承担侵害商标权的法律责任时，要兼顾权利人、平台服务商、网络卖家、社会公众的利益。

19. 平台服务商通常情况下不具有事先审查网络交易信息或者交易行为合法性的义务，但应根据其所属行业提供服务的性质、方式、内容以及通常应具备的信息管理能力和经营能力等，采取必要的、合理的、适当的措施防止侵害商标权行为的发生。

20. 原告有初步证据证明平台服务商提供被控侵权交易信息或者实施交易行为侵害其商标权，但平台服务商能够证明该交易信息或者交易行为系由网络卖家提供或者实施，平台服务商无过错的，不应认定平台服务商承担侵权责任。

平台服务商提供能够确定网络卖家的主体身份、联系方式、网络地址等证据的，可以初步认定被控侵权交易信息或者交易行为系由网络卖家提供或者实施。

平台服务商不提供证据或者无法举证证明，被控侵权交易信息或者交易行为系由网络卖家提供或者实施的，可以认定其直接提供了被控侵权交易信息或者实施了交易行为。

21. 平台服务商在提供网络服务时，教唆或者帮助网络卖家实施侵害商标权行为的，应当与网络卖家承担连带责任。

平台服务商故意以言语、推介技术支持、奖励积分、提供优惠服务等方式诱导、鼓励网络卖家实施侵害商标权行为的，可以认定其构成教唆网络卖家实施侵权行为。

平台服务商知道网络卖家利用网络服务侵害他人商标权,未采取删除、屏蔽、断开链接等必要措施,或者仍提供技术、服务支持等帮助行为的,可以认定其构成帮助网络卖家实施侵权行为。

22. 权利人通知平台服务商采取删除、屏蔽、断开链接等必要措施阻止网络卖家侵害其商标权的,应以书面形式或者平台服务商公示的方式向平台服务商发出通知。

前款通知的内容应当能够使平台服务商确定被控侵权的具体情况且有理由相信存在侵害商标权的可能性较大。通知应包含以下内容:

(1)权利人的姓名、有效联系方式等具体情况;

(2)能够准确定位被控侵权内容的相关信息;

(3)商标权权属证明及所主张的侵权事实;

(4)权利人对通知内容真实性负责的声明。

23. 平台服务商根据权利人发送的通知,知道网络卖家利用其网络服务实施侵害商标权行为的,应当及时采取删除、屏蔽、断开链接等必要措施。

必要措施是否及时、合理、适当,应当根据网络服务的性质、通知的形式和内容、侵害商标权的情节、技术条件等因素综合判断。

24. 平台服务商在采取必要措施后,应当在合理期限内将采取措施的情况明确告知网络卖家。超过合理期限,且平台服务商存在过错,导致网络卖家产生损失的,应当承担赔偿责任。

25. 因权利人错误通知导致平台服务商采取删除、屏蔽、断开链接等必要措施,致使网络卖家发生损失的,网络卖家有权要求权利人承担赔偿责任。

26. 平台服务商"知道"网络卖家利用其网络服务实施侵害商标权行为,包括"明知"和"应知"。

认定平台服务商知道网络卖家利用网络服务侵害他人商标权,可以综合考虑以下因素:

(1)被控侵权交易信息位于网站首页、栏目首页或者其他明显可见位置;

(2)平台服务商主动对被控侵权交易信息进行了编辑、选择、整理、排名、推荐或者修改等;

(3)权利人的通知足以使平台服务商知道被控侵权交易信息或者交易行为通过其网络服务进行传播或者实施;

(4)平台服务商针对相同网络卖家就同一权利的重复侵权行为未采取相应的合理措施;

(5)被控侵权交易信息中存在网络卖家的侵权自认;

(6)以明显不合理的价格出售或者提供知名商品或者服务;

(7)平台服务商从被控侵权交易信息的网络传播或者被控侵权交易行为中直接获得经济利益;

(8)平台服务商知道被控侵权交易信息或者交易行为侵害他人商标权的其他因素。

27. 平台服务商从被控侵权交易信息的网络传播或者被控侵权交易行为中直接获得经济利益,是指平台服务商针对该特定交易信息或者交易行为投放广告,提取相应比例收入,或者获取与该特定交易信息或者交易行为存在其他直接联系的经济利益。

平台服务商因提供网络服务而收取一般性广告费、行业内通常标准的技术服务费、行业内惯有商业模式的服务费、管理费等,不属于前款规定的情形。

28. 认定利用信息网络通过应用软件提供的商品或者服务,与他人注册商标核定使用的商品或者服务是否构成相同或者类似,应结合应用软件具体提供服务的目的、内容、方式、对象等方面综合进行确定,不应当然认定其与计算机软件商品或者互联网服务构成类似商品或者服务。

4.《北京市高级人民法院关于审理商标民事纠纷案件若干问题的解答》(京高法发[2006]68号,20060307)

7.《类似商品和服务区分表》的作用是什么?

《类似商品和服务区分表》可以作为判断商品是否类似的参考,但不是判断类似的唯一参考标准。如果当事人提出与《类似商品和服务区分表》的划分不一致的关于商品类似或者不类似的证据的,应当根据当事人提供的证据予以认定,否则应当参考《类似商品和服务区分表》认定商品是否类似。

8. 如何判断商品与服务是否类似?

判断商品与服务是否类似应考虑下列因素:商品与服务在性质上的相关程度,在用途、用户、通常效用、销售渠道及销售习惯等方面的一致性,即在商品和服务中使用相同或者近似商标,是否足以造成相关公众的混淆、误认。

9. 判断商标近似的标准是什么?

在判断商标近似时应当以对相关商品具有一般性的知识、经验的相关公众在选购商品时所施加的普通注意程度为标准。

13. 整体比对方法与主要部分比对方法在判断商标近似时应如何适用?

商标的主要部分影响相关公众对商标的整体印象,因此在判断商标是否近似时应当以整体比对方法为主,并辅之以主要部分对比方法。注册商标中有放弃专用权的部分的,在比对时仍应当用包括放弃专用权的部分在内的注册商标整体进行比对。

14. 如何判断文字商标是否近似?

判断文字商标是否近似应以是否足以造成相关公众的混淆、误认为标准,将文字商标整体进行比对并考虑文字的读音、字体、含义、排列方式等方面因素。

属于下列情形之一的,可以认定为近似商标:

(1)字形近似的;

(2)字形不同但读音、含义相同的;

(3)文字不同但读音相同、字形近似且文字无含义的;

(4)由三个以上的字组成、无确定含义但排列顺序相同的;或者虽然排列顺序不同但发音近似、字形近似的;

(5)由外文字母组成的无含义商标,部分字母相同且排列顺序相同,或者虽然排列顺序不同但发音、字形近似的;

(6)可以判定为近似商标的其他情形。

15. 如何判断图形商标是否近似?

判断图形商标是否近似应当以注册商标与被控侵权商标外观是否足以造成相关公众的混淆、误认为标准,外观的比对应从图形的构图、设计方面进行。

注册商标与被控侵权商标虽有不同之处,但给相关公众的整体印象基本一致的;或者两图形较小,相关公众运用一般注意程度不易辨认其构图、设计的,只要两图形整体外观近似,即可认定为近似商标。如果两图形构图、设计近似,即使颜色或者反映的事物不同,也应当认定为近似商标;相反,如果两图形反映的是同一事物,但构图、设计均不同的,则不应认定为近似商标。

16. 如何判断图形文字组合商标是否近似?

图形文字组合商标有下列情形之一,足以造成相关公众混淆、误认的,可以认定为近似商标:

(1)商标整体近似的；

(2)商标文字相同或者近似的；

(3)商标文字不同，但图形相同或者近似的；

(4)可以判定为近似组合商标的其他情形。

17. 将组合商标的各部分分别使用在商品或包装的各个不同部位的，如何判断近似？

应当用组合商标与在不同部位使用的各个标志分别进行比对，比对时应考虑各部分标志的使用部位、相关公众对其注意程度以及是否认为是商标的使用等情况。如果作为商标使用的标志是组合商标的主要部分，相关公众对组合商标的整体印象主要来源于该标志，这种使用足以造成相关公众混淆、误认的，应认定两者近似；否则不宜认定为近似。

18. 能否将权利人多个不同注册商标组合起来的标志与被控侵权商标比对以判断两者是否近似？

多个注册商标组合在一起的排列方式有多种，权利人未将其组合形式注册为商标的，不能用该组合形式与被控侵权商标进行比对；应当将权利人的各个注册商标分别与被控侵权商标进行比对，判断是否近似。

19. 权利人注册商标的实际使用形态与注册形态不一致，能否用实际使用形态与被控侵权商标比对判断是否近似？

判断商标是否近似，应以权利人商标的注册形态与被控侵权商标进行比对，不能以权利人商标的实际使用形态与被控侵权商标进行比对。

20. 哪些行为可以认定为商标法第五十七条规定的即将实施侵犯注册商标专用权的行为？

下列行为可以认定为即将实施侵犯注册商标专用权的行为：

(1)以销售为目的持有侵权商品；

(2)以销售为目的发布侵权商品宣传广告；

(3)以制造或者销售侵权商品为目的，持有侵权标识或者带有侵权标识的包装物；

(4)其他可以认定为即将实施的侵权行为。

21. 承揽加工带有他人注册商标的商品是否构成商标侵权？

承揽加工带有他人注册商标的商品的，承揽人应当对定作人是否享有注册商标专用权进行审查。未尽到注意义务加工侵犯注册商标专用权的商品的，承揽人与定作人构成共同侵权，应当与定作人共同承担损害赔偿等责任。

承揽人不知道是侵犯注册商标专用权的商品,并能够提供定作人及其商标权利证明的,不承担损害赔偿责任。

22. 销售商品时搭赠侵犯注册商标专用权的商品是否构成商标侵权?

搭赠是销售的一种形式,因此搭赠侵犯注册商标专用权商品的行为是商标侵权行为,搭赠人应承担停止侵权的责任;明知或者应知所搭赠的商品是侵犯注册商标专用权的商品的,还应当承担损害赔偿责任。

23. 商标使用许可合同终止后,被许可人继续销售合同终止前生产的带有许可人注册商标的商品的,是否构成商标侵权?

商标使用许可合同有约定或者当事人就此问题达成协议的,按照当事人的约定处理。没有约定或者当事人不能达成协议的,可以根据具体情况确定合理销售期限。在该期限内被许可人销售使用许可合同期限内制造的商品的,不认定为侵权;被许可人逾期销售的,构成侵权。

24. 在同一种或者类似商品上使用与他人在先注册商标相同或者近似的文字作为商品名称并经相关行业主管机关审批的,是否构成商标侵权?

商品名称虽已经过行业主管机关的审批,但如果该名称在使用时发挥了商标的功能,足以造成相关公众的混淆、误认的,构成商标侵权。

25. 将权利人一种商品上的注册商标去除,换上同一权利人另一种商品的另一注册商标后再出售的,是否构成商标侵权?

将权利人一种商品上的注册商标去除,换上同一权利人另一种商品的另一注册商标后再出售的,属于商标法第五十二条第(四)项①规定的"未经商标注册人同意,更换其注册商标并将该更换商标的商品又投入市场的"行为,应当认定构成商标侵权。

28. 注册商标的使用导致该商标文字在一定程度上通用化的,他人使用该商标文字是否构成商标侵权?

他人将该商标文字在已通用化的范围内使用而不是作为商标使用,且不足以造成相关公众的混淆、误认的,应当认定不构成商标侵权。

29. 外观设计专利权或者著作权的保护期届满后,原权利人将外观设计、作品或者其中一部分注册为商标的,能否依据商标权禁止他人实施该外观设计或者使用该作品?

外观设计专利权或者著作权的保护期届满后,外观设计或者作品即进入

① 2019 年修正的商标法第五十七条第(五)项。——编者注

公有领域，他人实施该外观设计或者使用该作品，不构成对原权利人专利权或者著作权中的财产权的侵犯。但如他人将与原权利人的注册商标相同或者近似的该外观设计或者该作品作为商标使用，足以造成相关公众的混淆、误认的，应认定为商标侵权。

5.《北京市高级人民法院关于审理电子商务侵害知识产权纠纷案件若干问题的解答》（京高法发〔2013〕23 号，20121228）

10. 联系信息不明导致权利人无法通知应如何处理？

电子商务平台经营者未公开其名称、联系方式等信息，或公开的信息有误，导致权利人在发现侵权行为后无法发送通知的，电子商务平台经营者对因此导致的损害扩大部分承担连带赔偿责任。

11. 对权利人的通知有何要求？

权利人认为网络卖家利用电子商务平台经营者提供的网络服务侵害其知识产权的，有权以书信、传真、电子邮件等方式通知电子商务平台经营者采取删除、屏蔽、断开链接等必要措施。通知应当包含下列内容：

（1）权利人的姓名（名称）、联系方式和地址等信息；

（2）足以准确定位被控侵权交易信息的具体信息；

（3）证明权利归属、侵权成立等相关情况的证据材料；

（4）权利人对通知的真实性负责的承诺。

权利人发送的通知不符合上述条件的，视为未发出通知。

12. 权利人提交通知时是否需要提交实际交易情况的相关证据？

根据公开传播的交易信息足以对侵权与否进行判断的，权利人可以不提交实际交易的商品或服务的相关证据。

根据公开传播的交易信息不足以对侵权与否进行判断的，或者权利人主张交易信息与实际交易的商品或服务不一致的，权利人可以提交实际交易的商品或服务的相关证据。

6.《北京市高级人民法院关于商标与使用企业名称冲突纠纷案件审理中若干问题的解答》（京高法发〔2002〕357 号，20021224）

根据有关法律和最高人民法院司法解释的精神，结合本市审判实践，我院在调查研究的基础上，制定如下解答意见：

1. 商标与使用企业名称冲突纠纷案件的具体含义是什么？

本《解答》所称商标与使用企业名称冲突是指:将与他人注册商标相同或者近似的文字作为企业名称中的字号注册使用,使商标与字号发生的冲突。当事人因注册商标与使用企业名称发生冲突引起纠纷向人民法院起诉的,经审查符合《民事诉讼法》第一百零八条[①]规定的,人民法院应予受理。

2. 如何理解企业名称应当依法规范使用?

企业名称是区别不同市场主体的标志,依次由企业所在地的行政区划、字号、行业或者经营特点、组织形式等四部分组成。其中,字号是区别不同企业的主要标志。企业在对外经营活动中应当依法规范使用企业名称,企业的印章、银行账户、信笺、产品或者其包装等使用的企业名称,应当与营业执照上的企业名称相同。从事商业、公共饮食、服务等行业的企业名称的牌匾可以适当简化,但不得与其他企业的注册商标相混淆。

3. 审理商标与使用企业名称冲突纠纷案件应当如何适用法律?

商标与使用企业名称冲突纠纷,从侵权人的行为性质上看,主要是借助于合法的形式侵害他人商誉,表现为使消费者对商品或者服务的来源以及不同经营者之间具有关联关系产生混淆误认,故一般属于不正当竞争纠纷,应当适用《民法通则》、《反不正当竞争法》进行调整;将与他人注册商标相同或者近似的文字作为企业的字号在相同或者类似商品上单独或者突出使用,容易使相关公众产生误认的,属于侵犯他人注册商标专用权的行为,应当适用《商标法》进行调整。

4. 审理商标与使用企业名称冲突纠纷案件,如何判令侵权人承担法律责任?

审理商标与使用企业名称冲突纠纷案件,应当遵循诚实信用、保护在先合法权益的原则。侵权人的行为造成消费者对商品或者服务的来源产生误认和混淆,或者造成消费者误认为不同经营者之间具有关联关系,或者对驰名商标造成《商标法》第十条第(八)项所说的不良影响,构成不正当竞争的,人民法院可以判令停止使用企业名称或者对该企业名称的使用方式和范围作出限制。因主观上具有过错给权利人造成损害的,还应该判令赔偿损失。

5. 注册商标专用权的受让人对于受让前的侵权行为能否主张权利?

商标是区别不同商品或者服务来源的标志。注册商标专用权的受让人自商标转让公告之日起享有该商标专用权和禁止他人在相同或者类似商品

---

① 2017 年修正的民事诉讼法第一百一十九条。——编者注

或者服务中使用该商标的权利,对于转让前发生的侵权行为不能主张权利。但有特别约定或者至商标转让公告之日仍在持续的侵权行为除外。

6. 审理商标与使用企业名称冲突纠纷案件,商标权人是否必须在一定期限内主张权利?

商标与使用企业名称发生冲突,商标权人自企业名称登记之日起五年内未提出请求的,不予保护。对恶意将他人驰名商标注册为企业名称的,则不受五年的限制。

7. 企业名称专用权人能否许可他人使用自己的企业名称?

企业名称是用于区别不同企业或者社会组织的标志,具有专用属性,其保护范围受行业和行政区划的限制,仅可由进行注册登记的企业专用,故企业名称专用权人不得许可他人使用自己的企业名称。在商标与使用企业名称冲突纠纷案件的审理中,对被告以经他人授权许可而使用企业名称为由进行抗辩的不予支持。

8. 如何认定商标与企业名称中字号的使用冲突足以造成消费者的误认混淆?

判断商标与企业名称中字号的使用冲突能否造成消费者误认混淆(包括产生混淆的可能性),即对不同经营者提供的商品或者服务的商业来源以及不同经营者之间具有关联关系的误认混淆,应该以侵权行为发生时的有关事实为依据,同时还应当考虑但不限于以下因素:①销售商品或者提供服务的渠道与方式;②双方所经营的商品或者服务的类似程度以及消费者购买时的注意程度;③是否有证据证明已经造成了实际混淆;④被告人是否具有利用或者损害他人商誉的故意等,综合作出判断。

9. 审理商标与使用企业名称冲突纠纷案件,如何认定文字近似?

判断商标与企业名称中的字号是否近似,应主要考虑公众的视觉效果,综合字形、读音、含义进行判断。只要字形、读音之一基本相同并足以使消费者对商品或服务的来源以及不同经营者之间具有关联关系造成误认混淆的,即应认定为近似,同时还应考虑请求保护的注册商标的显著性和知名程度。

10. 审理商标与使用企业名称冲突纠纷案件,什么情况下应当中止审理?

商标与使用企业名称冲突纠纷案件的审理中,被告请求商标局或者商标评审委员会撤销注册商标专用权的,人民法院一般不中止诉讼,但行政主管机关正在对使用冲突纠纷进行处理或者人民法院经审查认为有必要中止诉讼的除外。

11. 经行政主管机关认定为驰名商标的权利人对于此前他人在不相同或者不相类似的商品或者服务中使用驰名商标的行为能否主张权利?

经行政主管机关认定的驰名商标,自认定驰名之日起其保护范围及于不相同或者不相类似的商品或者服务,但其效力并不能当然溯及既往。权利人对于此前他人在不相同或者不相类似的商品或者服务中使用驰名商标的行为主张权利,对方当事人不持异议的,人民法院可以就是否构成驰名商标不再审查。

12. 商标与使用企业名称冲突纠纷案件审理中,企业名称先于注册商标合法登记的应如何处理?

审理商标与使用企业名称冲突纠纷应当依法保护在先合法登记并使用企业名称者享有继续使用的合法权益,即在注册商标申请日前已经合法登记并使用的企业名称中的字号与他人商标相同或者近似的,企业名称使用人有权继续使用该企业名称。

7.《浙江省高级人民法院民三庭涉电商平台知识产权案件审理指南》(浙高法民三〔2019〕33号,20191223)

一、基本原则

1. 在审理涉电商平台知识产权案件时,应在坚持"严格保护"基本价值导向的同时,妥善处理好知识产权权利人、电商平台经营者、平台内经营者和社会公共利益之间的关系,实现各方主体之间的利益平衡。

2. 遵循"权责一致"原则,既要尊重电商平台经营者的自治权限,给予其一定的自治空间,又要明确电商平台经营者的行为边界,合理界定其法律责任,促进互联网相关产业的健康发展。

3. 秉持网络协同治理理念,加强司法保护与行政执法、调解、仲裁之间的有机衔接,鼓励支持电子商务各方主体共同参与治理,推动形成共建共治共享的电子商务市场治理体系。

二、一般规则

4. 人民法院认定电商平台经营者的涉案行为是提供平台服务还是开展自营业务,应主要考虑以下几个因素:

(1)商品页面上标注的销售主体信息或"自营""他营"等标记;

(2)商品实物上标注的销售主体信息;

(3)发票等交易单据上的销售主体信息。

上述三项销售主体信息不一致的,一般可以认定各相关主体共同实施了销售行为,但发票记载的销售主体系依法经税务机关委托代开发票的除外。

5. 在知识产权侵权案件中,原告通过电商平台购买被诉侵权产品的,网购收货地既非合同履行地,也非侵权行为地,故不应以网购收货地确定地域管辖。

6. 通过电商平台销售侵权产品的行为,不属于《最高人民法院关于适用〈中华人民共和国民事诉讼法〉的解释》第二十五条规定的"信息网络侵权行为",不应以被侵权人住所地确定地域管辖。

三、关于"通知—移除"规则

7. 电商平台经营者应当建立畅通的知识产权投诉渠道,并以合理的方式在其网站上进行公示。

8. 知识产权权利人发出的"通知"应当包括以下几方面内容:

(1)知识产权权利人(及委托代理人)的身份资料和联系方式等;

(2)能够准确定位涉嫌侵权产品、服务或内容的信息或网址;

(3)构成侵权的初步证据,包括权属证据和侵权成立的证据。

9. 平台内经营者提交的"反通知"应当包括以下几方面内容:

(1)反通知人的姓名(名称)、联系方式等主体信息;

(2)要求终止必要措施的产品、服务或内容的网址;

(3)不构成侵权的初步证据。

10. 通知和反通知均应以书面形式发送,通知人和反通知人应当分别对通知和反通知的真实性负责。

11. 电商平台经营者可以在法律规定的框架内,根据自身审查需要、知识产权的权利类型、产业发展的实际情况等因素,对通知和反通知的具体要求进行明确和细化,并以合理方式予以公示。

对于涉及专利的通知,电商平台经营者可以要求知识产权权利人提供侵权比对说明;涉及外观设计和实用新型专利的,还可以要求其提供专利权评价报告(或无效宣告请求审查决定书)。

12. 电商平台经营者提出的通知和反通知要求不能对当事人依法维权设置不合理的条件或者障碍,例如规定与通知和反通知内容无关的额外条件,或者对初步证据提出过高要求。

13. 电商平台经营者应当对通知和反通知是否具备形式要件进行审查,

并排除明显不构成知识产权侵权的通知和明显不能证明被通知人行为合法性的反通知。

人民法院在认定是否属于上述“明显”的情形时,应考虑电商平台经营者的一般判断能力,不能从知识产权法律专业人员的角度进行评判。

电商平台经营者选择提高对通知和反通知的审查标准的,应当承担因审查判断错误而导致的法律责任。

14. 电商平台经营者在收到合格通知后应当采取的“必要措施”的类型,包括但不限于:删除、屏蔽、断开链接、终止交易和服务、冻结被通知人账户或者要求其提供保证金。

15. 人民法院应当根据“比例原则”判断电商平台经营者是否采取了合理的必要措施,具体考量因素包括但不限于:

(1)侵权的可能性;

(2)侵权的严重程度;

(3)对被通知人利益造成的影响;

(4)电商平台的技术条件。

被通知人多次故意侵害他人知识产权的,电商平台经营者应当采取终止交易和服务的措施。

16. 人民法院认定电商平台经营者采取必要措施是否“及时”,应当根据判断侵权成立与否的难易程度、必要措施的具体类型等因素加以综合判断。

17. 电商平台经营者认为通知不符合要求的,应当向通知人反馈审查结果并说明原因,以便其补正。

对于同一权利人发送的已经过处理的通知,与此前通知内容没有区别的,电商平台经营者可以不予处理。

四、关于电商平台的过错认定

18. 电商平台经营者对平台内经营者侵害知识产权的行为承担过错责任,其主观要件包括知道或应当知道。

19. 电商平台经营者知道或应当知道平台内侵权行为而未及时采取必要措施的,即使权利人没有发送通知,电商平台经营者也应与直接侵权人承担连带责任。

电商平台经营者知道或应当知道平台内侵权行为,但在收到权利人通知后及时采取了必要措施的,仅对采取必要措施之前权利人的损害承担连带责任。

电商平台经营者知道或应当知道平台内侵权行为，且在收到知识产权人通知前后均未采取必要措施的，对权利人遭受的全部损害承担连带责任。

电商平台经营者不知道或不应当知道平台内侵权行为，在收到权利人通知后亦未及时采取必要措施，对损害的扩大部分存在过错的，应就该部分承担连带责任。

20. 人民法院应结合知识产权的权利类型和个案其他具体情况认定电商平台经营者是否存在过错，不能仅因电商平台经营者需要按照相关管理规定进行交易信息合法性的事前监控，或者只是知晓其平台内存在知识产权侵权的可能性等，就认定其知道或应当知道特定侵权行为的存在。

21. "知道"是指电商平台经营者实际知晓侵权行为存在的主观状态。

电商平台经营者收到权利人合格通知的，应认定其知道侵权行为的存在。权利人未发送通知或通知不合格的，人民法院不应仅据此就认定电商平台经营者主观上不知道，收到行政部门通知、消费者投诉等事实也可以证明其知道侵权行为的存在。

22. "应当知道"是指电商平台经营者对于侵权行为的存在，应注意或能注意却未注意的主观状态。

在认定电商平台经营者是否应当知道时，人民法院应着重考量其在保护他人知识产权方面的合理注意义务，如果电商平台经营者未履行或怠于履行在其预见能力和预见范围内的合理注意义务的，应当认定其构成应当知道。

23. 电商平台经营者在知识产权方面的合理注意义务不包括一般性的事前监控义务，但符合下述情形的，人民法院可以认定电商平台经营者未尽到合理注意义务：

（1）未履行建立知识产权保护规则、核验登记经营者入驻信息等与知识产权保护存在关联的法定义务；

（2）品牌"旗舰店""专卖店"等类型的经营者入驻时，未要求其提交商标注册证或相关授权；

（3）未采取侵权行为发生时已普遍存在的监控侵权的有效技术手段，例如未对标注"假货""高仿"等字样的链接进行过滤、未在已经投诉成立的侵权链接再次上架时进行拦截等。

24. 电商平台经营者通过设置热销榜单、推荐明星产品等方式对商品或服务进行人为推荐的，应承担较高的注意义务。

电商平台经营者主要通过合理的自动化技术手段实施实时销量排名、个性化推送等行为的，一般不导致其注意义务的提高，但电商平台经营者应对其采用自动化技术手段的事实及其合理性承担举证证明责任。

五、关于错误通知和恶意通知

25.“错误通知”是指通知人发出的通知错误从而对被通知人造成损害的行为。司法机关或行政机关最终认定被通知人不构成侵权的，应当属于通知人通知错误。

26. 被通知人以通知错误为由要求通知人承担民事责任的，可以提起一般民事侵权之诉。

27.“恶意通知”是指通知人明知自己无权通知或通知依据不足，仍然发出通知，从而对被通知人造成损害的行为。

28. 认定通知人是否存在恶意，应重点考量是否存在以下情形：

(1)伪造、变造权属证明；

(2)明知权利状态不稳定或有瑕疵；

(3)知道通知错误后不及时撤回；

(4)提供虚假鉴定意见；

(5)前后同类通知理由冲突。

29. 被通知人以恶意通知为由要求通知人承担民事责任的，既可以提起不正当竞争之诉，也可以提起一般民事侵权之诉，且均有权基于《电子商务法》第四十二条第三款的规定要求通知人加倍承担赔偿责任。

30. 因错误通知或恶意通知导致的损害赔偿数额应当按照被通知人因通知行为受到的实际损失计算；实际损失无法确定的，可以按照通知人因侵权获得的利益计算；上述两项均无法确定，由人民法院根据个案具体情况裁量。

赔偿数额应当包括被通知人为制止侵权行为而支出的合理开支。

31. 被通知人因错误通知或恶意通知受到的实际损失包括利润损失、商誉损失以及恢复成本等。

32. 利润损失主要指因相关链接被采取删除、屏蔽、断开等措施而造成的通知人销售利润的减少。

计算利润损失可以根据被删链接此前的月平均营业额、行业平均利润率结合被采取措施的时长进行计算。

被删链接此前的销量越高，越应当考虑因该链接被删所导致的整个店铺的营收变化，具体可以根据被通知人的店铺在通知前后一定时间内的销售总额的变化、行业平均利润率、相关链接被采取措施的时长等因素确定。

33. 商誉损失是指被通知人的相关链接或店铺因通知行为受到电商平台经营者的处罚，导致其店铺信誉积分受损而产生的损失。

34. 恢复成本是指被通知人为消除通知行为带来的不利影响而额外支出的推广费、技术服务费等费用。

恢复成本可以参照此前被通知人为推广链接或店铺所支出的相应费用予以确定。不能确定的，由人民法院结合流量经济背景下被通知人为消除因遭受平台处罚带来的流量流失及用户粘性减弱等不利影响所需支出的通常费用进行裁量。

35. 被通知人书面催告通知人提起诉讼，通知人在收到催告之日起一个月内或者自书面催告发出之日起二个月内仍不起诉的，被通知人可以提起确认不侵权之诉。

36. 被通知人可以向人民法院申请诉前或诉中行为保全，请求法院责令通知人撤回通知或者禁止通知人继续发出通知。

在通知人提起的知识产权侵权诉讼中，被通知人也可以申请诉中行为保全。

37. 对被恶意通知人提出的上述行为保全申请的审查要点是：

(1)通知人的恶意程度；

(2)通知人的恶意通知行为对被通知人店铺的影响程度；

(3)不采取行为保全措施对被通知人造成的损害是否超过采取行为保全措施对通知人造成的损害；

(4)采取行为保全措施是否损害社会公共利益。

8.《浙江省高级人民法院、浙江省人民检察院、浙江省公安厅关于办理涉外定牌加工等侵犯知识产权刑事案件有关法律适用问题的会议纪要》(摘录)(20160628)

二、关于涉外定牌加工行为的性质认定

合法授权范围内的涉外定牌加工，是指境内生产厂家受境外注册商标权利人的委托生产使用该注册商标的商品，该商品全部销往境外而不在境内销售的一种加工生产方式。由于商品均销往境外，相关商标并未在境内市场发挥识别商品来源的功能，境内相关公众对该商品来源不会产生混淆或误认，境内商标注册权人在境内的市场份额和竞争地位未受到影响，其相关权利并未受到实际侵害。行为人是受境外注册商标权利人委托生产使用该注册商标的商品,没有假冒注册商标的主观故意,也没有假冒注册商标的行为,因此对合法授权范围内的涉外定牌加工行为不宜以假冒注册商标犯罪论处。

对境内受托方超出涉外订单范围生产该注册商标的商品,且确有充足证据证实已在或将在境内销售的部分,由于已侵犯或势必会侵犯境内相关权利人的商标专用权,如符合入罪标准,则可以假冒注册商标罪定罪处罚。司法实践中,应当注重收集和审查行为人对超出订单范围的辩解是否合理、有无在境内销售或意图在境内销售等事实、证据,把好案件事实关和证据关,确保案件质量。

涉外定牌加工中,行为人未经涉外委托方授权或同意,将加工业务转委托给他人加工,由于涉案商品均在境外销售,故仍属合法授权范围的涉外定牌加工,对转委托人和实际加工人的行为一般仍不宜以假冒注册商标罪论处。至于未经涉外委托方授权或同意的转委托是否有效,属于相关当事人是否应当承担其他责任的问题,不属刑法调整的范畴。

9.《广东省高级人民法院关于网络游戏知识产权民事纠纷案件的审判指引(试行)》(粤高法发〔2020〕3 号,20200412)

四、商标权与不正当竞争纠纷

第二十六条 【类似商品或服务的认定】审理涉及网络游戏的侵害商标权纠纷案件,判断是否构成类似商品或服务,可重点考察消费人群、服务方式以及产业上下游关系等因素。

被告以游戏类型、风格、运行平台等不同为由,主张被诉游戏与原告注册商标核定使用的商品或服务不属于相同或类似类别的,一般不予支持。

原告注册商标仅核定使用在《类似商品和服务区分表》第 9 类或第 41 类的情形,一般不影响对被诉游戏与涉案注册商标核定使用的商品或服务是否属于相同或类似类别的判断。

第二十七条 【商标不侵权抗辩】被告能证明以下情况之一的,可认定不构成侵害商标权:

(1)被诉标识属于通用名称;

(2)被诉标识系出于描述、说明游戏内容目的而进行的合理、善意使用;

(3)被诉标识在原告注册商标申请日前已先于原告使用在被诉游戏上并产生一定影响;

(4)原告不以使用为目的恶意注册涉案商标;

(5)其他不构成侵害商标权的情形。

第二十八条 【反不正当竞争法一般条款的适用规则】审理涉及网络游戏的不正当竞争纠纷案件,原告主张被告行为违反反不正当竞争法第二条规定的,应重点审查被诉行为是否违反自愿、平等、公平、诚信原则和商业道德,扰乱网络游戏市场竞争秩序,使原告的合法权益受到损害。

审查是否违反商业道德,应以网络游戏及衍生产业的经营者普遍认同和接受的商业伦理为标准,并符合反不正当竞争法第一条规定的立法目的。确定商业道德可参考以下因素:

(1)网络游戏及衍生产业的行业惯例;

(2)行业协会或自律组织制定的从业规范或自律公约;

(3)网络游戏及衍生产业的技术规范;

(4)其他有参考价值的行业惯例、从业规范或自律公约。

第二十九条 【游戏元素作为商业标识的审查】原告主张被诉行为属于反不正当竞争法第六条规定的不正当竞争行为的,应依照相关构成要件进行审查。

原告主张其网络游戏的名称属于有一定影响的商品名称的,应重点审查该游戏名称是否具有一定知名度,能否起到识别商品来源的作用。

原告主张游戏图标、界面构成有一定影响的包装、装潢的,除审查相关游戏图标、界面是否具有一定知名度外,还应审查其是否作为包装、装潢使用,以及能否起到识别商品来源的作用。

游戏角色、装备、场景等游戏元素虽不属于有一定影响的商品名称、包装、装潢,但其单独或者组合使用已具备一定知名度并起到识别商品来源作用的,如被告擅自使用与之相同或近似的标识,足以引人误认为是原告网络游戏或者与原告存在特定联系的,可认定属于反不正当竞争法第六条第四项规定的“其他混淆行为”。

原告提交其网络游戏的运营时间、运营规模、下载数量、获奖情况或者广告宣传等证据,证明相关游戏元素为一定范围的相关公众所知晓并实际起到商业标识作用的,可认定为“有一定影响”。

10.《天津市高级人民法院侵犯商标权纠纷案件审理指南》(津高法〔2016〕3 号,20160112)

四、商标侵权判定

人民法院在判定是否构成商标侵权时,一般应主要审查被控侵权标志的使用是否属于商标使用行为，是否在与注册商标核定使用同一种或者类似商品或者服务上使用了与注册商标标志相同或者近似的标志，是否容易导致相关公众混淆。

（一）商标使用判定

……

（二）同一种或者类似商品或服务判定

1. 同一种商品或者服务是指注册商标核定使用的商品或者服务类别与被控侵权标志使用的商品或者服务类别相同。

2. 类似商品是指在商品的功能、用途、生产部门、销售渠道、消费对象等方面相同，或者相关公众一般认为其存在特定联系的商品。

类似服务是指在服务的目的、内容、方式、对象等方面相同，或者相关公众一般认为存在特定联系的服务。

类似商品与服务是指商品和服务之间存在特定联系。

3. 类似商品或服务判定方法

认定商品或者服务是否类似，应当以侵权行为发生时相关公众对商品或者服务的一般认识水平，从功能、用途、生产部门、销售渠道、消费对象以及服务目的、内容、方式、对象等因素综合判断商品或服务之间存在的特定联系，《商标注册用商品和服务国际分类表》、《类似商品和服务区分表》可以作为判断类似商品或者服务的参考。

（三）相同或者近似商标标志判定

1. 相同商标标志

相同商标标志是指被控侵权商标标志与注册商标标志相比较，二者在视觉效果上基本无差别。

相同文字商标标志是指商标标志使用的语种相同，且文字构成、排列顺序完全相同，或字体、字母大小写或者文字排列方式仅使两个标志存在细微差别。

相同图形商标标志是指商标标志图形在视觉效果上基本无差别。

相同组合商标标志是指商标标志的文字构成、图形外观及其排列组合方式相同，使商标标志在呼叫和整体视觉效果上基本无差别。

2. 近似商标标志

近似商标标志是指被控侵权商标标志与注册商标标志相比较，其文字的字形、读音、含义或者图形的构图及颜色或者其各要素组合后的整体结构无实质差别,或者其立体形状、颜色组合近似。

3. 相同或者近似商标标志判定

(1)判定主体

相关公众是指与使用注册商标标志的商品或服务有关的消费者和与前述商品或服务的营销有密切关系的经营者。

(2)判定标准

认定商标标志相同或者近似,应当以相关公众的一般注意力为标准进行判断,一般注意力即大多数相关公众通常的、普通的、一般的注意力。

(3)判定方法

判定商标标志相同或者近似,既要对商标标志的整体进行对比,又要对商标标志的主要部分进行对比,对比应当在对比对象隔离的状态下分别进行。

隔离对比又称为隔离观察比较,是指将注册商标标志与被控侵权的商标标志放置于不同地点在不同时间进行观察对比。隔离对比是一种基本的对比方法,无论进行整体对比还是要部对比,都应该采用隔离对比的方法。

整体对比又称为整体观察比较,是指将商标标志作为一个整体来进行观察,而不是将商标标志的各个构成要素分别进行对比。

要部对比又称为主要部分观察比较,是指将商标标志中发挥主要识别作用的部分抽出来进行重点比较和对照,是整体对比的补充。

(4)近似判定

①文字商标标志的近似判定

文字商标标志的近似判定,应当将文字的读音、含义和由文字构成的形状外观作为认定要素整体对比。

符合下列情形之一,通常可以认定构成文字商标标志近似:

A. 文字字形近似且读音相同或近似的;

B. 文字构成相同,仅字体、读音、排列顺序不同的;

C. 文字由三个或三个以上排列顺序相同的汉字构成,整体无含义或两者含义无明显区别,但个别汉字不同的;

D. 文字含义相同或近似的;

E. 文字由字、词重叠而成的;

F. 仅加入表示商品质量、主要原料、功能、用途、重量、数量及其他特点或者生产、销售或使用场所或者核定使用商品的通用名称、型号的;

G. 仅是在商标标志中加入或删除显著性较弱的文字,且显著性较强的要部相同或近似的。

②图形商标标志的近似判定

图形商标标志的近似判定,应当将图形的外观作为认定要素整体对比,图形的外观对比应从图形的构图、设计方面进行,整体视觉效果无实质性差别,通常可以认定为近似。

符合下列情形之一,通常可以认定构成图形商标标志近似:

A. 图形的构图和整体外观在视觉效果上没有实质性差异,构成近似的;

B. 完整包含具有一定知名度或者显著性较强的图形商标的。

③组合商标标志的近似判定

组合商标标志的近似判定,应当将组成商标标志的文字、图形、字母、数字、三维标志或颜色组合中的两种或两种以上要素,作为一个整体进行对比,既要整体观察,又要注意到各个组成部分,观察后的整体视觉效果如无实质性差别,通常可以认定为近似。

(四)混淆的判定

1. 混淆可能性

根据《商标法》第五十七条第(二)项的规定,未经商标注册人的许可,在同一种商品上使用与其注册商标标志近似的商标标志,或者在类似商品上使用与其注册商标标志相同或者近似的商标标志,容易导致混淆的,属于侵犯注册商标专用权的行为。

容易导致混淆是指混淆可能性,而不是实际混淆,指相关公众容易对商品的来源产生误认或者认为其来源与原告注册商标的商品有特定的联系,包括来源混淆和关联关系混淆。

来源混淆是指被告在同一种或者类似的商品和服务上,使用与原告注册商标相同或者近似的商标标志,足以使相关公众相信该商品或者服务来源于原告注册商标所标识的商品或者服务。

关联关系混淆是指被告在同一种或者类似的商品和服务上,使用与原告注册商标相同或者近似的商标标志,足以使相关公众相信原告与被告具有密切的商业关系。

2. 判定方法

判定是否混淆可以考虑下列因素:

(1)注册商标的显著性和知名度;

(2)被控侵权人的主观意图;

(3)涉案商品的功能、用途、价格、质量等;

(4)被控侵权商标标志的实际使用情况;

(5)实际混淆的证据;

(6)其他容易导致混淆的情形。

五、商标侵权行为

(一)未经商标注册人的许可,在同一种商品上使用与其注册商标相同的商标的;

(二)未经商标注册人许可,在同一种商品上使用与其注册商标近似的商标,或者在类似商品上使用与其注册商标相同或者近似的商标,容易导致混淆的;

(三)未经商标注册人同意,更换其注册商标并将该更换商标的商品又投入市场的;

(四)将与他人注册商标相同或者相近似的文字作为企业的字号在相同或者类似的商品上突出使用,容易使相关公众产生误认的;

(五)复制、摹仿、翻译他人注册的驰名商标或其主要部分在不相同或者不相类似商品上作为商标使用,误导公众的,致使该驰名商标注册人的利益可能受到损害的;

(六)将与他人注册商标相同或者相近似的文字注册为域名,并且通过该域名进行相关商品交易的电子商务,容易使相关公众产生误认的;

(七)销售侵犯注册商标专用权的商品的;

(八)伪造、擅自制造他人注册商标标志或者销售伪造、擅自制造的注册商标标志的;

(九)故意为侵犯他人商标专用权行为提供便利条件,帮助他人实施侵犯商标专用权行为的。为侵犯他人商标专用权提供仓储、运输、邮寄、印制、隐匿、经营场所、网络商品交易平台等属于提供便利条件。

六、商业标识的权利冲突

商业标识是指在商业活动中能够识别或区分商品、经营主体或经营活动的标识,包括商标、商号和域名。

(一)解决商业标识权利冲突的基本原则:

1. 诚实信用原则;

2. 保护在先权利原则;

3. 防止市场混淆原则。

(二)注册商标专用权与企业名称权的冲突

1. 将与他人注册商标相同或者相近似的文字作为企业字号在相同或者类似商品、服务上突出使用,容易使相关公众产生误认的,属于侵犯注册商标专用权的行为。

2. 将他人注册商标、未注册的驰名商标作为企业名称中的字号使用误导公众,构成不正当竞争行为的,依照反不正当竞争法处理。

(三)注册商标专用权与域名的冲突

将与他人注册商标相同或者相近似的文字注册为域名,并且通过该域名进行相关商品交易的电子商务,容易使相关公众产生误认的,属于侵犯注册商标专用权的行为。

(四)历史原因造成的权利冲突

对于涉及有特定历史渊源的注册商标与企业名称冲突的案件,应当根据案件的具体情况,综合考虑该商标和企业名称的历史形成背景、产生冲突的原因,当事人各自对商标和企业名称的贡献、使用的主观意图和状况等因素,根据诚实信用原则、保护在先权利原则、防止市场混淆原则做出公平合理的认定。

11.《天津市高级人民法院关于涉平行进口商标侵权纠纷案件的审判指引(试行)》(2018)

为妥善审理涉平行进口商标侵权纠纷案件,依法保护当事人的合法权益,统一裁判标准和司法尺度,促进天津自贸区平行贸易规范发展,服务保障天津的现代化建设,依据商标法及司法解释的相关规定,结合我市审判实际,制定本指引。

一、定义及举证责任

(一)平行进口的定义

平行进口是指未经我国商标权利人同意,从境外进口、销售带有相同商标的同类商品的行为。

本指引所规范的平行进口是指平行进口的商品来源于商标权人或者其授权主体,且履行了合法的入境手续。即平行进口的商品是由商标权人自己或者授权他人投放到境外市场的合法商品,也称"真品"。

(二)举证责任

被告应举证证明进口商品为经商标权人或者其授权主体投放市场的商

品,但原告对进口商品为真品予以认可或者未提异议的除外。被告还应就进口商品履行了合法的入境手续承担举证责任。

二、审理原则和思路

(一)以商标权利穷竭为原则

商标法对商标权进行保护的主要目的,是为了维护商标权人作为商标所标识商品的主体身份及其商誉,进而维护健康的市场商业秩序。

商标权利穷竭规则是指商品经由商标权人自己或者授权他人投放市场后,其对该商品上的商标权利即被视为用尽。商标权利人已从该商品的首次销售中获得商业回报,在没有合法依据情况下,其无权禁止他人对该商品再行销售。

(二)以依法平衡保护为目的

平行进口是否构成商标侵权,应以维护商标权的合法权益和利益平衡为原则,并结合当事人的诉讼主张及个案的具体事实等因素予以综合考量评判,正确处理保护商标权与保障商品自由流通之间的关系。

三、侵权判定标准

(一)以"实质性差异"作为基本判定标准

在认定平行进口是否构成侵害商标权时,应在查明案件事实的基础上,重点分析平行进口是否会对商标权造成"实质性"损害。

根据当事人的主张及举证质证情况,具体审查进口商品在投入市场时的实际状况与相关标识等信息的标注情况,相关商品在国内的销售是否有可能引起消费者混淆、是否使商标的商誉受到损害,判断进口商品与国内商标权利人销售的商品是否存在"实质性差异"。

原告对存在"实质性差异"负有举证责任。

(二)构成侵害商标权的情形

进口商品与国内商标权利人销售的商品存在"实质性差异",主要指进口商品在投放市场后,其商品信息、包装装潢、商标标识等原有状态被改变,使消费者无法获知进口商品的真实来源,足以影响消费者购买商品的意愿或者对商标权益造成其他损害的,依法认定构成商标侵权。

(三)不构成侵害商标权的情形

进口商品与国内商标权利人销售的商品在品质、包装、质量控制等方面相同或者不存在"实质性差异",且该进口商品的状况未被改变、相关标识等信息的标注准确清楚,不足以导致消费者混淆的,依法认定不构成商标侵权。

四、指示性合理使用抗辩

(一)定义

所售平行进口商品为合法取得的真品,并且为了客观说明自己商品来源而善意使用他人的商标,不足以使消费者产生混淆的,构成指示性合理使用,商标权人无权禁止。

(二)判断标准及考量因素

认定是否构成指示性合理使用,应当结合商标知名度、商品用途、消费群体、销售渠道、交易习惯以及被诉侵权的具体使用方式等(包括店铺所在地域或者所在行业的经营习惯),综合考量以下因素:

1. 使用目的的正当性,即使用他人商标时应出于善意。善意是指应基于销售的正当目的使用他人商标,向公众传递出其所售商品来源于商标权利人的客观事实,不得不正当地利用商标及商标权人的商誉。

2. 使用需求的必要性,即为指示其所销售商品的相关信息而不得不使用他人的商标,以便于消费者了解和找寻其所欲购买的品牌商品,否则将不能说明特定的商品来源。

3. 使用限度的适当性,即使用他人的商标应当在合理的限度内,以能够区别商品来源的目的为限,不得造成对商标权益的损害。

4. 使用结果的非混淆性,即从相关公众的一般认知角度看,对他人商标的使用不会造成消费者对商品来源产生混淆,或者不会形成对使用人与权利人之间存在授权经营、专卖专营等关联关系的误认。

五、附则

本指引自下发之日起执行,已经作出生效裁判的案件不适用本指引。

本指引与新的法律法规和司法解释的规定不一致时,按照法律法规和司法解释执行。

12.《四川省高级人民法院侵害商标权案件审理指南》(川高法〔2018〕229号,20180904)

7【审查被诉侵权行为】

7.1《中华人民共和国商标法》第五十七条、《最高人民法院关于审理商标民事纠纷案件适用法律若干问题的解释》第一条列举的行为,均属于侵害商标权行为,应以此为判断依据。

7.2 未经商标权人许可,在相同商品上使用相同商标构成侵权;在同一种商品上使用与注册商标近似的商标,或在类似商品上使用与其注册商标相同或者近似的商标是否构成侵权,应从商品类似、商标近似和容易导致混淆两方面判断。

7.3 判断商品是否类似应考虑商品功能、用途、生产部门、消费渠道、消费对象等因素;判断服务是否类似应考虑服务目的、服务内容、服务方式、服务对象等因素;判断商品与服务是否类似应考虑商品与服务的关联度,二者在用途、消费对象、功能、销售渠道及销售习惯等方面的一致性等因素。

7.4 判断商标近似,应从商标本身的形、音、义、整体表现形式等方面,以相关公众的一般注意力为标准,采取整体观察与比对主要部分的方法,判断被告使用的商标与商标权人的注册商标是否相同或者近似。

7.5 文字商标的近似判断,可以将文字的读音、含义、字体、形状等作为认定要素进行比对;图形商标的近似判断,可以将图形的构图、颜色等作为认定要素进行比对;组合商标的近似判定,可以将商标的文字构成、图形外观、排列组合方式等作为认定要素进行比对。

7.6 认定商品类似以及商标近似,需结合注册商标的知名度进行考察,注册商标的知名度越大,保护力度越大,认定商品类似、商标近似的标准越低。

7.7 容易导致混淆通常指混淆可能性,包括来源混淆和关联关系混淆。

来源混淆是指被告使用与原告注册商标相同或近似的商标,足以使相关公众相信其商品与原告注册商标所标识的商品来自同一市场主体。

关联关系混淆是指被告使用与原告注册商标相同或者近似的商标,足以使相关公众相信原告与被告之间存在联营、许可、赞助等经营上、组织上或者法律上的关联。

相关公众是指与注册商标标识的商品有关的消费者或与前述商品营销密切相关的经营者。

【指导案例】

【天津高院“小拇指”案】在他人取得注册商标之前即注册使用被诉网络域名,不侵犯他人注册商标专用权〔兰建军、杭州小拇指汽车维修科技股份有限公司诉天津市小拇指汽车维修服务有限公司等侵害商标权及不正当竞争纠纷案,天津市高级人民法院民事判决书(2012)津高民三终字第 0046 号,最高人民法院指导案例第 30 号〕。

【公报案例】

1.【最高院“金戈铁马”案】侵犯注册商标专用权的相关公众混淆误认包括将商标权人的商品误认为被诉侵权人的商品或者误认商标权人与被诉侵权人有某种联系，妨碍商标权人行使其注册商标专用权，进而实质性妨碍该注册商标发挥识别作用〔曹晓冬与云南下关沱茶股份有限公司侵害商标权纠纷案，最高人民法院民事判决书（2017）最高法民再273号，载《中华人民共和国最高人民法院公报》2018年第10期〕。

（1）注册商标权属于标识性民事权利，商标权人不仅有权禁止他人在相同类似商品上使用该注册商标标识，更有权使用注册商标标识其商品或者服务，在相关公众中建立该商标标识与其商品来源的联系。相关公众是否会混淆误认，既包括将使用被诉侵权标识的商品误认为商标权人的商品或者与商标权人有某种联系，也包括将商标权人的商品误认为被诉侵权人的商品或者误认商标权人与被诉侵权人有某种联系，妨碍商标权人行使其注册商标专用权，进而实质性妨碍该注册商标发挥识别作用。

（2）被控侵权商品上既使用自己的商标也使用他人注册商标，即便自己的注册商标知名度更高，可以推断没有攀附他人注册商标商誉的意图，同样侵犯他人注册商标专用权。如果认为被诉侵权人享有的注册商标更有知名度即可以任意在其商品上使用他人享有注册商标的标识，将实质性损害该注册商标发挥识别商品来源的基本功能，对该注册商标专用权造成基本性损害。

2.【最高院“庆丰”案】我国商标法鼓励生产、经营者通过诚实经营保证商品和服务质量，建立与其自身商业信誉相符的知名度，不断提升商标的品牌价值，同时保障消费者和生产、经营者的利益。公民享有合法的姓名权，当然可以合理使用自己的姓名。但是，公民在将其姓名作为商标或企业字号进行商标使用时，不得违反诚实信用原则，不得侵害他人的在先权利。明知他人注册商标或字号具有较高的知名度和影响力，仍旧注册与他人字号相同的企业字号，在同类商品或服务上突出使用与他人注册商标相同或相近似的商标或字号，明显具有攀附他人注册商标或字号知名度的恶意，容易使相关公众产生误会，其行为不属于对姓名的合理使用，构成侵害他人注册商标专用权和不正当竞争〔北京庆丰包子铺与山东庆丰餐饮管理有限公司侵害商标权与不正当竞争纠纷案,最高人民法院民事判决书(2016)最高法民再 238 号,载《中华人民共和国最高人民法院公报》2018 年第 12 期〕。

3.【最高院"鳄鱼图形 + LACOSTE"案】侵犯注册商标专用权意义上的商标近似是指混淆性近似,即足以造成市场混淆的近似,除通常需要考虑其构成要素的近似程度外,还需要综合考虑其他相关因素,诸如被诉侵权人的主观意图、双方共存和使用的历史与现状、相关市场实际等因素〔(法国)拉科斯特股份有限公司与(新加坡)鳄鱼国际机构私人有限公司、上海东方鳄鱼服饰有限公司北京分公司侵犯商标专用权纠纷案,最高人民法院民事判决书(2009)民三终字第 3 号,载《中华人民共和国最高人民法院公报》2011 年第 12 期〕。

4.【最高院"银鸡"案】判断被控侵权标识与主张权利的注册商标是否近似,应根据案件的具体情况,考虑所涉商标使用的历史状况、相关公众的认知状态、是否已经形成稳定化的市场秩序等因素,对其整体或者主要部分是否具有市场混淆的可能性进行综合分析判断〔湖南省嘉禾县锻造厂、郴州市伊斯达实业有限责任公司诉湖南省华光机械实业有限公司、湖南省嘉禾县华光钢锄厂侵犯商标权纠纷案,最高人民法院民事判决书(2010)民提字第 27 号,载《中华人民共和国最高人民法院公报》2011 年第 2 期〕。

5.【苏州中院"柯达"案】(1)人民法院在审判侵犯商标权纠纷的案件中,对涉案商标是否属于驰名商标作出认定,属对案件基本事实的认定,不受当事人诉讼请求的限制;(2)根据《最高人民法院关于审理商标民事纠纷案件适用法律若干问题的解释》第一条第(二)项的规定,复制、摹仿、翻译他人注册的驰名商标或其主要部分在不相同或不相类似商品上作为商标使用,误导公众,致使该驰名商标注册人的利益可能受到损害的,属于商标法(2001 年)第五十二条第(五)项规定的给他人注册商标专用权造成其他损害的行为,依法应当承担停止侵权、消除影响及赔偿经济损失的民事侵权责任〔伊士曼柯达公司诉苏州科达液压电梯有限公司商标权侵权纠纷案,苏州市中级人民法院民事判决书(2005)苏中民三初字第 0213 号,载《中华人民共和国最高人民法院公报》2008年第5期〕。

6.【上海知产法院“宝马”案】被控侵权标识包含多个相近标识,且在权利商标驰名前后分别注册的,判断在后注册的被控侵权标识是否应被禁止使用时,应考虑如下因素:被控侵权人的主观意态;该被控侵权标识与之前注册的被控侵权标识是否存在商誉上的传承关系;该被控侵权标识是否构成对驰名商标复制、摹仿,是否会误导公众并可能致使驰名商标注册人的利益受到损害等〔宝马股份公司诉上海创佳服饰有限公司等侵害商标权及不正当竞争纠纷案,上海知识产权法院民事判决书(2015)沪知民初字第58号,载《中华人民共和国最高人民法院公报》2019年第9期〕。

7.【江苏太仓法院“静冈刀具”案】未经许可擅自将他人所有的注册商标完全嵌入在自己未经注册的产品标识中,并使用在同类商品上,易使相关公众误认为涉案产品的来源与注册商标的核定商品具有特定的关联,应当被认定为商标近似侵权〔苏州静冈刀具有限公司诉太仓天华刀具有限公司侵犯商标专用权纠纷案,江苏省太仓市人民法院民事判决书(2013)太知民初字第0016号,载《中华人民共和国最高人民法院公报》2014年第10期〕。

8.【上海二中院“维多利亚的秘密”案】国外某品牌拥有者在国内就该品牌注册了商标,但又在国外将该品牌商品授权他人处分,国内经销商通过正规渠道从该被授权人处进口该品牌正牌商品并在国内转售的,根据商标权利用尽原则,该进口并转售的正牌商品不会造成相关公众对所售商品来源的混淆、误认,不构成商标侵权〔维多利亚的秘密商店品牌管理有限公司诉上海锦天服饰有限公司侵害商标权及不正当竞争纠纷案,上海市第二中级人民法院民事判决书(2012)沪二中民五(知)初字第86号,载《中华人民共和国最高人民法院公报》2013年第12期〕。

9.【上海一中院“TEENIE WEENIE 熊图形商标”案】网络交易平台经营者对于网络商户的侵权行为一般不具有预见和避免的能力,故不当然为此承担侵权赔偿责任,但如果网络交易平台经营者知道网络商户利用其所提供的网络服务实施侵权行为,而仍然为侵权行为人提供网络服务或者没有采取必要的措施,则应当与网络商户承担共同侵权责任。网络交易平台经营者是否知道侵权行为的存在,可以结合权利人是否发出侵权警告、侵权现象的明显程度等因素综合判定。网络交易平台经营者是否采取了必要的避免侵权行为发生的措施,应当根据网络交易平台经营者对侵权警告的反应、避免侵权行为发生的能力、侵权行为发生的概率大小等因素综合判定〔衣念(上海)时装贸易有限公司诉浙江淘宝网络有限公司、杜国发侵害商标权纠纷案,上海市第一中级人民法院民事判决书(2011)沪一中民五(知)终字第 40 号,载《中华人民共和国最高人民法院公报》2012 年第 1 期,列入最高人民法院公布的 2011 年中国法院知识产权司法保护 10 大案件〕。

10.【上海一中院"LACOSTE"案】市场管理者对市场内商铺销售假冒注册商标商品的行为未尽合理注意义务,为侵权行为提供便利条件的,属于帮助侵权的行为,应当和销售假冒注册商标商品的商铺经营者承担连带责任〔拉科斯特股份有限公司与上海龙华服饰礼品市场经营管理有限公司注册商标专用权纠纷案,上海市第一中级人民法院民事判决书(2009)沪一中民五(知)初字第 211 号,载《中华人民共和国最高人民法院公报》2010 年第 10 期〕。

(1)商场管理方应税务部门要求为场内承租商铺经营者代为缴税而开具发票,并不因此就成为侵权商品的直接销售者。

(2)商场管理方经通知而知道商铺经营者来销售侵犯注册商标专用权的商品,只要求其出具保证书,主观上没有尽到善良管理人的注意义务,客观上为侵权行为提供了便利条件,导致侵权行为反复发生,与商铺经营者构成共同侵权。

11.【云南高院"三河福成"案】法律只规定企业有依法"简化"企业名称的权利,且企业名称的简化只允许在牌匾上使用,而未规定企业可以随意变更企业名称。简化是在全称基础上的合理缩减,而非彻底抛弃原名称,随意使用与原名称完全不同的新名称;正常使用服务行业惯用标志,以及正常方式使用商号(字号)、姓名、地名、服务场所名称,表示服务特点,对服务事项进行说明等不构成侵犯服务商标专用权行为,但具有明显不正当竞争意图的除外〔河北三河福成养牛集团总公司诉哈尔滨福成饮食有限公司昆明分公司侵犯注册商标专用权及不正当竞争纠纷案,云南省高级人民法院民事判决书(2007)云高民三终字第 7 号,载《中华人民共和国最高人民法院公报》

2008年第6期〕。

12.【南通中院“银雉”案】对购置他人生产的旧设备重新修整，去除原有商标标识后以无任何标识的方式向外出售的行为，应认定为侵犯原设备生产企业的商标专用权〔如皋市印刷机械厂诉如皋市铁德物资有限责任公司侵犯商标专用权纠纷案，南通市中级人民法院民事判决书(2003)通中民三初字第15号，载《中华人民共和国最高人民法院公报》2004年第10期〕。

13.【福建高院“恒盛”案】企业名称虽在他人商标注册之前登记，但产品的包装箱上标明企业名称的同时突出使用字号用于表明商品名称，造成与他人注册商标相混淆，系对其企业名称的不合理使用而侵犯他人注册商标专用权〔芳芳陶瓷厂诉恒盛陶瓷建材厂侵犯商标专用权纠纷案，福建省高级人民法院民事判决书(1999)闽知终字第14号，载《中华人民共和国最高人民法院公报》2001年第3期〕。

【法院参考案例】

一、商标法第五十七条第(一)(二)项

(一)相关公众

1.【最高院“HONDAKIT”案】涉外定牌加工商品出口运输等环节的经营者即存在接触该商品的可能性，是相关公众〔本田技研工业株式会社与重庆恒胜鑫泰贸易有限公司等侵害商标权纠纷再审案，最高人民法院民事判决书(2019)最高法民再138号〕。

2.【海南高院“手牵手、心连心”图形商标案】医疗服务对象具有地域性，被诉医院在当地具有知名度，其标徽虽然含有他人注册商标的组成图案，但该注册商标在外地使用而在当地没有知名度，被诉医院使用该标徽不属于易使相关公众对医疗服务来源产生混淆或误认的情形〔陈国明与海南省人民医院侵害商标权纠纷上诉案，海南省高级人民法院民事判决书(2009)琼民

三终字第 25 号，列入最高人民法院公布的 2009 年中国法院知识产权司法保护 50 件典型案例〕①。

3.【北京一中院“XTOOL”案】（1）选用他人注册商标作为关键词进行竞价排名，此行为是否属于商标法意义上的使用，不应以涉案商标所核定使用服务的全部相关公众作为判断主体，而应以其中以该关键词实施搜索行为的特定网络用户作为判断主体；（2）对于该部分网络用户而言，其只有对关键词的含义具有事先认知的情况下才会将其选择为关键词进行搜索。如果该搜索关键词的设定来源于对涉案商标的认知，则该网络用户在看到被控侵权页面中该关键词时，通常会将其作为商标认知，此时被控侵权页面对该关键词的使用则可以认定为商标法意义上的使用〔八百客（北京）软件技术有限公司与北京沃力森信息技术有限公司侵害商标权纠纷上诉案，北京市第一中级人民法院民事判决书（2010）一中民终字第 2779 号〕。

（二）注册商标的显著性和知名度

1.【最高院“小丑”图形商标案】核定用于扑克牌的图形注册商标具有显著性和知名度，未经许可使用近似图案到大小王扑克牌上，消费者在使用时或使用后可能会认为与大小王上的图案相同或相似的扑克与注册商标权利人存在一定的关联，容易导致消费者产生误认误购〔山东临沂开元教育设备有限公司与上海姚记扑克股份有限公司侵害商标权及不正当竞争纠纷再审申请案，最高人民法院民事裁定书（2020）最高法民申 4768 号〕。

① 区别案件参见和睦家医疗管理咨询（北京）有限公司与福州和睦佳妇产医院等侵害商标权及不正当竞争纠纷再审案，最高人民法院民事判决书（2018）最高法民再 428 号。本案被告福州和睦佳称，和睦家公司在福建省境内未设立医疗机构、在福建省境内无知名度，其注册企业名称时不存在攀附“和睦家”企业字号主观恶意。对此，最高人民法院认为，受反不正当竞争法（1993 年）第五条第（三）项保护的企业名称的知名度并不限定于特定的地域，而是要求为相关公众所知悉，况且，和睦家公司在与福建省毗邻的广东省已经设立了医疗机构，其相关医疗机构通过网络做了大量广告宣传，全国范围内发行的行业性报纸《中国医药报》、与双方当事人医疗业务范围即妇产科患者群体密切相关的《中国妇女报》以及在南方发行的《南方都市报》等媒体对和睦家医疗机构均有报道宣传，再考虑到如本判决后面所述福州和睦佳使用的被诉侵权图形标识与和睦家公司的第 4182184 号商标标识高度近似等因素，福州和睦佳使用“和睦佳”以攀附和睦家公司“和睦家”字号商誉的主观意图很明显。福州和睦佳以其成立时“和睦家”在福建省境内没有知名度为由主张其不存在攀附恶意，不能成立。

2.【最高院“赣”案】注册商标含有省级行政区划的简称，显著特征不强，同样含有该简称的商品名称与其长期共存，二者形成稳定的市场关系，难以认定该商品名称容易导致相关公众混淆〔江西省国窖赣酒有限公司与江西省赣酒酒业有限责任公司侵害商标权纠纷再审申请案，最高人民法院民事裁定书(2020)最高法民申1661号〕。

3.【最高院“MK”案】在判断是否会造成相关公众混淆误认时，既要考虑被诉侵权标识的实际使用情况，还应结合注册商标的显著性和知名度予以评判，在判断反向混淆时亦应如此〔汕头市澄海区建发手袋工艺厂与迈克尔高司商贸(上海)有限公司等侵害商标权纠纷再审申请案，最高人民法院民事裁定书(2019)最高法民申6283号〕①。

4.【最高院“齐鲁”案】商标注册人不具有证券行业准入资格，即便注册商标核定服务包括证券服务，该注册商标在证券行业也不具有知名度，证券经营者企业字号与其注册商标相同，即便突出使用，也不会使公众对该证券服务的经营主体及经营范围产生混淆、误认〔山东齐鲁众合科技有限公司与齐鲁证券有限公司南京大平南路证券营业部侵害商标权纠纷再审申请案，最高人民法院民事裁定书(2011)民申字第222号〕。

5.【最高院“诸葛酿”案】注册商标与被诉标志是否构成侵犯注册商标专用权意义上的近似，需要考虑注册商标的显著性及二者的实际使用情况；注册商标显著性较弱又未经实际使用，对近似标识的排斥力较弱〔泸州千年酒业有限公司等与四川江口醇酒业(集团)有限公司侵害商标权纠纷再审申请案，最高人民法院民事裁定书(2007)民三监字第37－1号〕。

6.【最高院“长城”葡萄酒案】(1)对于在特定市场范围内具有驰名度的注册商标，给予与其驰名度相适应的强度较大的法律保护，有利于激励市场竞争的优胜者、鼓励正当竞争和净化市场秩序，防止他人不正当地攀附其商

---

① 类似案例参见江苏省广播电视总台等与金阿欢侵害商标权纠纷再审案，广东省高级人民法院民事判决书(2016)粤民再447号；南京同舟知识产权事务所有限公司与江苏省广播电视总台等侵害商标权纠纷再审申请案，江苏省高级人民法院民事裁定书(2015)苏审三知民申字第1号。

业声誉,从而可以有效地促进市场经济有序和健康的发展;(2)文字注册商标因其驰名度而取得较强的显著性,使其在相关市场中对于其他含有相同文字的商标具有较强的排斥力,应当给予强度较大的法律保护〔北京嘉裕东方葡萄酒有限公司与中国粮油食品(集团)有限公司侵害商标权纠纷上诉案,最高人民法院民事判决书(2005)民三终字第5号〕。

7.【北京高院"爱慕"案】(1)认定是否构成商标法第十三条规定的复制、摹仿或者翻译,应综合考虑商标标志的近似程度、商品的类似程度、请求保护的商标的显著性和知名程度、相关公众的注意程度等因素,以是否容易导致混淆或者误导公众作为判断标准;(2)所使用的商标与他人驰名注册商标的中文呼叫完全相同,字母构成相近,当使用在与他人驰名注册商标核定商品相同或类似商品上时,相关公众施以一般注意力隔离观察时,容易将二者相混淆,或者误认为系同一商品提供者提供的系列商标,构成近似商标〔广东艾慕内衣有限公司与爱慕股份有限公司侵害商标权及不正当竞争纠纷上诉案,北京市高级人民法院民事判决书(2020)京民终194号,列入最高人民法院公布的2020年中国法院50件典型知识产权案例〕。

8.【北京高院"老干妈"案】使用与他人驰名的文字注册商标相同的文字用于描述自己商品特点,能识别商品来源,不属于合理使用,而是属于商标性使用,可侵犯他人注册商标专用权〔贵州永红食品有限公司与贵阳南明老干妈风味食品有限责任公司等侵害商标权纠纷上诉案,北京市高级人民法院民事判决书(2017)京民终28号〕。

9.【江苏高院"巴黎春天"案】(1)虽然有些服务类注册商标中提供的服务项目具有一定地域性特点,其相关服务及影响力可能未及覆盖至全国范围,但并不意味着该注册商标的保护范围仅能覆盖至商标权人所提供的服务项目所在区域。根据商标法对服务商标与商品商标给予同等保护的立法精神,以及在全球化及互联网时代,鼓励服务业连锁发展经营的理念,需要为这类商标权人预留一定的保护空间。此时,对于是否造成相关公众混淆的判断,应当更多地考虑混淆的可能性,而非仅根据该服务商标现有知名度的覆盖区域来判断是否产生了实际混淆。(2)服务商标知名度的覆盖区域,在商标侵权判定中不应作为混淆判断的重要依据,而应仅作为认定被控侵权人是否具有攀附他人商誉的故意以及确定损失赔偿额的考量因素〔北京巴黎春天摄影有限公司与王玉琴侵害商标权及不正当竞争纠纷上诉案,江苏省高级人民法院民事判决书(2012)苏知民终字第0120号〕。

10.【广东高院"棕色方形瓶黄色尖顶瓶盖"立体商标案】(1)显著性强的商标对相近似标识的排斥力较强,反之显著性弱的商标则对相近似标识的排斥力较弱;(2)三维标志属于商品的容器,在申请为注册商标前已在中国大陆被众多企业作为包装物使用,其显著性较弱;(3)被诉侵权立体标志作为包装物使用时,应将要求保护的立体注册商标与被诉侵权产品的包装、装潢及商标等整体能为消费者看到的所有部分进行隔离比对,如果包装物上使用的商标和说明能正确识别商品来源,则不侵犯该立体注册商标的专用权〔雀巢产品有限公司与开平味事达调味品有限公司确认不侵犯注册商标专用权纠纷上诉案,广东省高级人民法院民事判决书(2010)粤高法民三终字第418号〕。

11.【重庆渝北法院"轩尼诗"酒瓶立体商标案】(1)立体商标的保护范围应当以商标注册证上的图形或照片为准;(2)立体注册商标经过广泛宣传使用,已经与原告建立较强的稳定的联系,立体商标对应的立体形状已不仅是商品的容器,而是已经识别商品来源,未经许可采用相同立体形状的商品容器,即便还使用自己的注册商标等标识,仍然容易导致相关公众混淆,构成注册商标侵权〔法国轩尼诗公司与蓬莱酒业有限公司侵害商标权纠纷案,重庆市渝北区人民法院民事判决书(2016)渝0112民初17407号〕。

12.【重庆高院"松江"案】图文组合商标所含县级以上行政区划名称的显著性弱,应作次要部分进行考察〔重庆松江管道设备厂与上海松江环福橡胶制品厂等侵害商标权纠纷上诉案,重庆市高级人民法院民事判决书(2016)渝民终151号〕。

13.【山东高院"缘"案】商标显著性程度应当根据商标核定使用商品的相关公众的通常认识为判断标准;在注册商标核定商品经营和消费领域,相关公众使用频率较高的文字,其作为商标的区分功能不强〔安徽缘酒酿造有限公司与内蒙古河套酒业集团股份有限公司等侵害商标权纠纷上诉案,山东省高级人民法院民事判决书(2019)鲁民终560号〕。

参照《最高人民法院关于审理商标授权确权行政案件若干问题的意见》，商标显著性程度，应当根据商标核定使用商品的相关公众的通常认识为判断标准。在有文字的组合商标中，汉字是国内相关公众特别是消费者首先关注的也是最为显著的实质部分。缘酒公司注册商标以单个汉字“缘”为核心要素，并无臆造成分。而“缘”在我国酒文化中属常用字，在涉案注册商标核定使用商品白酒的经营和消费领域，相关公众使用“缘”字的频率较高，作为商标标志的区分功能不强。

14.【新疆高院“赛里木”案】注册商标所含地理名称的显著性低，如未经长期而广泛的使用获得本身字面含义之外的“第二含义”，他人使用相同或近似的名称标识不容易使相关公众混淆商品来源〔博乐市赛里木酒业酿造有限责任公司与新疆赛里木湖大酒店有限责任公司侵害商标权纠纷上诉案，新疆维吾尔自治区高级人民法院民事判决书(2012)新民三终字第6号〕①。

(三)相同或近似商标

1.【最高院“奥普”案】商标法所要保护的是商标所具有的识别和区分商品及服务来源的功能，而并非仅以注册行为所固化的商标标识本身。因此，商标标识本身的近似不是认定侵权行为是否成立的决定性因素，如果使用行为并未损害涉案商标的识别和区分功能，亦未因此而导致市场混淆的后果，该种使用行为即不在商标法所禁止的范围之中〔杭州奥普卫厨科技有限公司与浙江现代新能源有限公司等侵害商标权纠纷再审案，最高人民法院民事判决书(2016)最高法民再216号〕。

2.【最高院“美标”案】图文组合注册商标的文字部分是第三方驰名商标的核定标志，知名度和显著性相对有限，其图形部分具有较强的识别性，被诉标识包含与之相同的文字，但与不同的图形标志组合使用，二者整体上不构成近似商标〔绍兴市越城恒大制钉厂与南京美标五金电器有限公司侵害商标权纠纷再审申请案，最高人民法院民事裁定书(2016)最高法民申3481号〕。

---

① 类似案例参见大连金州酒业有限公司与大连市金州区白酒厂侵害商标权纠纷上诉案，辽宁省高级人民法院民事判决书(2004)辽民四知终字第176号。

3.【最高院"长城"案】判断商标侵权中的近似不限于商标整体的近似，还包括主要部分的近似。在商标法意义上，商标的主要部分是指最具商品来源的识别性、最易于使相关公众将其与使用该商标的商品联系起来的商标构成要素〔北京嘉裕东方葡萄酒有限公司与中国粮油食品有限公司侵害商标权纠纷上诉案，最高人民法院民事判决书(2005)民三终字第5号〕。

4.【广东高院"长城"案】(1)商标法上所指的商标近似，并非纯粹视觉效果上的近似，而是具有法律意义的混淆性近似。(2)被诉侵权标识与请求保护的注册商标的构成要素整体上构成近似的，可以认定构成近似；被诉侵权标识与请求保护的注册商标整体上不近似，但请求保护的注册商标的知名度远高于被诉侵权标识的，可以采取比较主要部分来决定近似与否〔中粮集团有限公司与深圳市光明新区公明万盛佳百货店侵害商标权纠纷再审案，广东省高级人民法院(2020)粤民再176号〕。

5.【福建高院"利莱森玛"案】擅自使用与他人英文注册商标已经形成固定对应关系的中文译名，侵犯他人英文注册商标专用权〔利莱森玛公司、利莱森玛电机科技有限公司与利玛森玛电机有限公司侵害商标权、擅自使用他人企业名称纠纷上诉案，福建省高级人民法院民事判决书(2012)闽民终字第819号〕。

6.【江苏高院"莱雅"案】判断不同语言文字的外文商标之间是否构成近似，应考虑中国普通消费者的一般注意力、认知水平、商家采用的对应中文称呼等因素，而不应过度关注外文本身的含义和发音〔上海美莲妮化妆品有限公司、杭州欧莱雅化妆品有限公司与莱雅公司侵害商标权及不正当竞争纠纷上诉案，江苏省高级人民法院民事判决书(2009)苏民三终字第0168号〕。

7.【江苏高院"小熊瓶形"立体商标案】立体商标是由三维标志或者含有其他标志的三维标志构成的具有区别性的可视性标志。在对立体商标进行近似性判断时，应当进行整体比较，重点关注三维标志本身是否具备一定的显著性，并以此来判断被控侵权标识与立体商标是否构成相同或近似〔南京老山营养保健品有限公司与南京九峰堂蜂产品有限公司侵害商标权纠纷上诉案，江苏省高级人民法院民事判决书(2013)苏知民终字第0038号，载《人民司法·案例》2015 年第 4 期〕。

8.【江苏中院"奔腾豹"图形商标案】被诉侵权图形商标在消费者头脑中产生的核心观念和印象与他人注册商标相同，具有实质性相同的显著特征，构成近似商标〔鲁道夫·达斯勒体育用品波马股份公司与苏州好又多百货商业有限公司侵害商标权纠纷案，江苏省苏州市中级人民法院民事判决书(2008)苏中知民初字第 0065 号〕。

(四)同种或类似商品

1.【最高院"KingSteel 及图"案】在对相关商品或服务进行"类似商品或服务"判断时，可以将《商标注册用商品和服务国际分类表》和《类似商品和服务区分表》作为参考，但不应机械地将其作为判断的主要依据，应考虑新材料新技术应用的新的机械类型〔林东梁与钜强(广州)机械有限公司等侵害商标权纠纷再审申请案，最高人民法院民事裁定书(2018)最高法民申 6129 号〕①。

2.【天津高院"华联"案】鉴于我国商标注册体制下尚未明确开放商品批发零售服务商标的注册，实践中从事该类服务的商业主体一般在第 35 类相关服务项目中申请注册从而寻求商标保护，通过经营的超市向消费者提供的销售服务与以特许经营模式在商超等零售服务，两者在服务目的、内容和对象上存在一定关联，应认定两者构成类似〔天津华联商厦企业管理有限公司与天津市西青区财源利食品店侵害商标权纠纷上诉案，天津市高级人民法院民事判决书(2020)津民终 88 号〕。

3.【湖北高院"健保通"案】使用计算机系统提供保险服务与计算机软件商品不属于类似商品/服务〔上海健保典垚科技有限公司与武汉市黄陂区人民医院等侵害商标权纠纷上诉案，湖北省高级人民法院民事判决书(2019)鄂民终 161 号〕。

---

① 类似案例参见四川白家食品有限公司与河南省正龙食品有限公司等侵害商标权纠纷上诉案，河南省高级人民法院民事判决书(2008)豫法民三终字第 37 号。

4.【江苏高院“农管家”案】App 兼具商品和服务的双重属性；在第 9 类“计算机操作程序”商品上的商标注册并不当然能够排斥他人借助移动应用软件使用与该商标相同的名称进行与核定使用的商品或服务不同类别的经营；通过使用某一名称的 App 向相关公众提供某类商品或服务，亦不能当然排斥其他在第 9 类商品上享有注册商标专用权的企业开发使用相同名称的 App 延伸自己的服务范围〔徐州好利维尔科技发展有限公司与北京农管家科技有限公司侵害商标权纠纷上诉案，江苏省高级人民法院民事判决书(2017)苏民终 1982 号〕①。

5.【北京海淀法院“滴滴打车”案】划分商品和服务类别，不应仅因其形式上使用基于互联网和移动通讯业务产生的应用程序，就机械地将其归为电信服务，应从服务的整体进行综合性判断，不能将网络和通信服务的使用者与提供者混为一谈〔广州市睿驰计算机科技有限公司与北京小桔科技有限公司侵害商标权纠纷案，北京市海淀区人民法院民事判决书(2014)海民(知)初字第 21033 号〕。

6.【北京高院“七彩乐”案】两种服务尽管在服务目的上存在一定相同，但是在服务内容、方式及对象上均存在差异，相关公众根据普通的认知能力在综合判断后，不会认为二者存在特定联系亦不会造成混淆，不属于“类似服务”〔葛玉华与中国福利彩票发行管理中心等侵害商标专用权纠纷上诉案，北京市高级人民法院民事判决书(2012)高民终字第 404 号〕。

中国福彩中心及北京福彩中心实施的涉案被控侵权行为是对名称为“七乐彩”(即“30 选 7”电脑福利彩票)彩票的发行、销售，与葛玉华涉案注册商标核定使用中的“募集慈善基金”相比较：

第一，从服务目的上，涉案被控侵权行为是以“扶老、助残、救孤、济困”为宗旨，具有社会福利性，同时兼具使中奖的彩票购买者能够取得相应奖金的目的，“募集慈善基金”的宗旨亦具有帮困、助残等社会福利性，故二者的目的具有部分相同性。

第二，从服务内容上，涉案被控侵权行为的行为主体、行为方式均由国家

① 类似案例参见曹一操公司与优行科技公司侵害商标权纠纷案，杭州市滨江区人民法院民事判决书(2016)浙 0108 民初 5704 号。

有关部门批准，即被控侵权行为的设立主体中国福彩中心是经国务院特许批准而设立的，其发行的方式和范围须经国务院特许进行。本案被控侵权行为即服务内容是需要购买者支付相应的对价，并取得中奖的期待权，同时其取得资金分为公益金、奖金和发行费，具体分配比例和使用管理由国家财政部门负责，而且其监管部门是国务院财政部门，民政部门等部门按各自的职责进行监管；但是“募集慈善基金”的设立主体并不须国务院特许设立，而且其发行过程中参与者为无偿捐赠，亦不取得任何权益，同时其资金使用情况需要向社会公开，一般慈善基金的募集均具有特定用途，其监管主体不同于涉案被控侵权行为如此严格，故二者的服务内容存在明显差异。

第三，从服务方式上，涉案被控侵权行为需要将彩票作为商品出售给彩票购买者，而且向彩票购买者提供一整套与之相配套的服务，中国福彩中心要制定详细的游戏规则、设奖、兑奖方式及销售细则，制定安全管理、保密技术等方面的制度，还要负责统筹规划彩票销售场所的布局、统一建立彩票销售电脑系统与管理软件、统一配置销售终端系统、安排彩票从印制、运输到宣传、销售等各个环节的业务，并组织和开展定期公开摇奖、定期向公众发布信息等工作，北京福彩中心在中国福彩中心的指导下开展相应工作；“募集慈善基金”并不具有上述环节，其具体操作内容亦存在明显区别，故二者的方式存在明显差异。

第四，从服务对象上，涉案被控侵权行为的购买者只能是成年人，并且其购买彩票虽知晓具有公益性质，但是能够获得彩票奖金亦为其购买的目的之一；“募集慈善基金”的对象可以是自然人、法人和其他组织等主体，捐赠者为无偿捐赠，并有权了解其捐赠资金的具体去向，故二者的对象也存在一定差异性。

因此，基于上述分析，涉案被控侵权行为与葛玉华的涉案注册商标核定使用服务中的“募集慈善基金”虽然在服务目的上存在一定相同，但是在服务内容、方式及对象上均存在差异，相关公众根据普通的认知能力在综合判断后，不会认为二者存在特定联系，亦不会造成混淆，同时中国福彩中心及北京福彩中心销售涉案的彩票商品也不会与“募集慈善基金”服务之间产生特定联系。

(五)主观过错

1.【最高院"TELEMARTIX"案】以不正当手段抢先注册他人在先使用并具有一定影响的商标之后,对在先使用人发动诉讼,是为恶意知识产权诉讼,应当承担法律责任〔山东比特智能科技股份有限公司与江苏中讯数码电子有限公司因恶意提起知识产权诉讼损害责任纠纷再审申请案,最高人民法院民事裁定书(2019)最高法民申 366 号〕。

2.【浙江高院"3N"案】在商标近似判断中,一方面须通过审查注册商标的显著性和知名度划定权利界限,另一方面须通过考察被诉侵权人的主观意图作出是否越界的判断,对近似商标予以容忍的界限在于善意;尊重已经形成的市场格局,实现包容性发展的司法政策,应当限于因复杂历史因素或者其他客观因素所导致的善意共存〔3M 中国有限公司等与常州华威新材料有限公司侵害商标权纠纷上诉案,浙江省高级人民法院民事判决书(2015)浙知终字第 152 号,列入 2015 年浙江法院十大知识产权保护案件〕。

3.【河南高院"一代粽师"案】没有攀附他人商标知名度及商业信誉的主观恶意,在商品突出使用自己取得知名度和美誉度的注册商标并诚信标注厂商名称,相关公众施以一般注意力就能够直接判断出产品来源,客观上将被诉标识作为装潢使用,不会造成相关公众的误认,不侵犯他人注册商标专用权〔山东省威海市鹏得利食品有限公司与三全食品股份有限公司确认不侵害商标权纠纷上诉案,河南省高级人民法院民事判决书(2015)豫法知民终字第 62 号〕。

4.【江苏高院"小熊瓶形"立体商标案】特定地区具有一定影响力和知名度的企业,应当具有较高的品牌意识,关注同行业同地区竞争者所使用的注册商标并注意加以避让,以防止侵害他人的商标权,但使用的包装与他人立体注册商标相比,整体形状构成近似,极易使消费者产生混淆,侵犯他人注册商标专用权〔南京老山营养保健品有限公司与南京九峰堂蜂产品有限公司侵害商标权纠纷上诉案,江苏省高级人民法院民事判决书(2013)苏知民终字第 0038 号,载《人民司法 · 案例》2015 年第 4 期〕。

5.【云南高院“同庆号”案】同处一个行业和地区的企业，在他人商标获得注册商标专用权以后，本应在生产、经营过程中自行规范使用自己商标以及相关的商标性行为，避免实施容易导致其商品来源与他人商标或商品产生混淆或误认的行为〔西双版纳同庆号茶业股份有限公司与云南易武同庆号茶业有限公司等侵害商标权纠纷再审案，云南省高级人民法院民事判决书(2018)云民再 22 号〕。

6.【福建高院“iska”案】商标法第三十二条虽是“商标注册的审查和核准”的条款之一，但也是诚实信用原则在该法中的重要体现之一，现有法律和司法解释等没有规定人民法院在处理商标侵权纠纷案件中不能适用该条款〔年年红国际食品有限公司与德国舒乐达公司、厦门国贸实业有限公司侵害商标权纠纷上诉案，福建省高级人民法院(2012)闽民终字第 378 号〕。

7.【甘肃高院“欧诗漫”案】长期经营的企业对于同行业的情况，特别是同行业的知名企业知名商标的情况应较一般人具有更多的注意义务〔汕头市澄海区莉露化妆品有限公司与浙江欧诗漫集团有限公司、鱼池口佳嘉日化商行侵害商标权纠纷上诉案，甘肃省高级人民法院民事判决书(2019)甘民终 670 号〕。

(六)容易导致混淆

1.【最高院“百艾”案】在涉案商标兼具产品名称和品牌混合属性的情况下，要结合商标权利人、市场上其他主体对商标的使用情况，从商标的识别功能出发，综合判断被诉侵权标识系对产品名称的使用还是对商标的使用，以是否容易造成相关公众混淆误认为标准，判定被诉侵权行为是否构成商标侵权〔武汉东信医药科技有限责任公司与湖南守护神制药有限公司等侵害商标权及不正当竞争纠纷再审申请案，最高人民法院民事裁定书(2020)最高法民申 5452 号〕。

2.【最高院“玉浮梁”案】将自己知名度较高的注册商标与他人的注册商标联合使用，会割裂该注册商标与相关商品或者服务之间的联系，使得该商标失去其应有的识别功能，损害该注册商标权利人的利益〔西安饮食股份有限公司、西安大业食品有限公司与西安卫尔康安市场营销服务有限公司侵害商标权纠纷再审申请案,最高人民法院民事裁定书(2019)最高法民申3064号〕。

3.【最高院"九粮液"案】在侵害商标权案件中,判断商标是否近似,应当综合考虑被诉侵权标识的使用方式、被诉侵权行为人的主观恶意及注册商标的知名度等因素,判断被诉侵权标识的使用是否会造成相关公众混淆误认〔宜宾五粮液股份有限公司与甘肃滨河食品工业(集团)有限责任公司等侵害商标权纠纷再审案,最高人民法院民事判决书(2017)最高法民再234号〕。

4.【最高院"百威英博"案】回收的商品容器上带有他人具有知名度的注册商标,使用该容器销售自己生产的商品,即便粘附自己的注册商标仍然容易导致相关公众混淆的,侵犯他人注册商标专用权〔浙江喜盈门啤酒有限公司与百威英博(中国)销售有限公司、浙江蓝堡投资有限公司、抚州喜盈门啤酒有限公司、黑龙江北国啤酒集团有限公司侵害商标权纠纷再审申请案,最高人民法院民事裁定书(2014)民申字第1182号,列入最高人民法院公布的2014年中国法院50件典型知识产权案例〕①。

5.【最高院"宏济堂"案】(1)老字号分立时的资产及业务划分格局并不能作为现在或将来限制有关企业经营范围的依据;(2)因历史上的原因,同老字号有历史渊源的多家公司使用带老字号的企业字号及商标进行生产经营活动时,均应遵守诚实信用、公平竞争原则,不仅应该共同维持老字号的良好形象和声誉,而且应该善意区分各自的产品及服务,尊重历史并善意地处理竞争中出现的字号及商标之间的冲突,避免造成相关公众的混淆误认〔山东宏济堂制药集团有限公司与山东宏济堂阿胶有限公司等侵害商标权及不正当竞争纠纷再审申请案,最高人民法院民事裁定书(2014)民申字第1192号〕。

6.【最高院"星河湾"案】将与他人注册商标相近似的标识作为楼盘名称使用,容易使相关公众造成混淆误认,侵犯他人注册商标专用权,应当承担相

① 类似案例参见福州市仓山区稻香源餐饮店与福州井水营销策划有限公司侵害商标权纠纷上诉案,福建省高级人民法院民事判决书(2020)闽民终1380号;恒顺公司与恒庆公司等侵害商标权纠纷上诉案,江苏省高级人民法院民事判决书(2019)苏民终1754号。

应的民事责任〔广州星河湾实业发展有限公司、广州宏富房地产有限公司与江苏炜赋集团建设开发有限公司侵害商标权及不正当竞争纠纷再审案，最高人民法院民事判决书（2013）民提字第102号，列入最高人民法院公布的2015年中国法院10大知识产权案件〕。

7.【最高院"鳄鱼图形"商标案】侵犯注册商标专用权意义上的商标近似是指混淆性近似，即足以造成市场混淆的近似；根据诉争商标涉及的具体情况，认定商标近似除通常需要考虑其构成要素的近似程度外，还需要综合考虑其他相关因素，诸如被诉侵权人的主观意图、双方共存和使用的历史与现状、相关市场实际等因素，在此基础上进行公平合理的判断认定诉争商标是否构成混淆性近似，诉争商标仅在构成要素上具有近似性，但综合考量其他相关因素，不能认定其足以造成市场混淆的，不应认定为侵犯注册商标专用权〔（法国）拉科斯特股份有限公司与（新加坡）鳄鱼国际机构私人有限公司、上海东方鳄鱼服饰有限公司北京分公司侵犯商标专用权纠纷再审案，最高人民法院民事判决书（2009）民三终字第3号〕。

8.【最高院"红河红"案】（1）判断是否构成侵犯注册商标专用权意义上的商标近似，不仅要比较相关商标在字形、读音、含义等构成要素上的近似性，还要考虑其近似是否达到足以造成市场混淆的程度，为此要根据案件具体情况，综合考虑相关商标的显著性、实际使用情况、是否有不正当意图等因素，进行近似性判断；（2）要求保护的注册商标显著性不高，没有证据显示通过实际使用取得较强显著性，被诉侵权的商标虽然相似但使用具有合理性，并且通过实际使用取得较高知名度，使得整体上区别于要求保护的注册商标，不构成注册商标侵权〔云南城投置业股份有限公司与山东泰和世纪投资有限公司等侵害商标权纠纷再审案，最高人民法院民事判决书（2008）民提字第52号〕。

9.【最高院"维纳斯"案】将与他人文字注册商标相同的文字作为自己品牌商品的一种规格、款式名称，突出使用自己的注册商标并标明企业名称，通过自己的专卖店予以销售，不容易导致消费者混淆，不构成注册商标侵权〔谊来陶瓷工业有限公司与上海福祥旧瓷有限公司等侵犯商标权纠纷上诉案，最高人民法院民事判决书（2004）民三终字第2号〕。

10.【最高院“长城”葡萄酒案】图文组合注册商标具有显著性和知名度，因使用和呼叫习惯而使得文字部分成为主要识别部分，未经许可使用包含相同文字的被诉标志在同种或类似商品上，足以导致混淆或误认为二者存在特定联系，构成商标侵权〔北京嘉裕东方葡萄酒有限公司与中国粮油食品（集团）有限公司侵害商标权纠纷上诉案，最高人民法院民事判决书（2005）民三终字第5号〕。

11.【北京中院“大磨坊”案】未经许可，经商标注册人设置的专柜销售其他厂家散装的同种商品，即便没有另外使用该注册商标，仍足以使消费者混淆不同厂家提供的商品，侵犯该注册商标专用权〔北京巴黎大磨坊食品有限公司与北京太阳城商场侵害商标权纠纷案，北京市中级人民法院民事判决书（1993）中经知初字第623号〕。

12.【广东高院“周一品小肥羊”案】持续实施的商标侵权行为并不因为未受到有效遏制而获得法律豁免，因侵权行为而获取的消费群体和市场利益亦不是合法权益而应受法律保护〔深圳市周一品小肥羊餐饮连锁管理有限公司与内蒙古小肥羊餐饮连锁有限公司侵害商标权及不正当竞争纠纷上诉案，广东省高级人民法院民事判决书（2014）粤高法民三终字第27号〕。

13.【上海知产法院“85 °C”案】在相同商品上商标性使用相同商标，是商标专用权人的固有权利，未经许可从事此类行为，推定发生混淆，应当认定为商标侵权行为；就类似商品相同商标、相同商品近似商标以及类似商品近似商标行为的侵权判断，均应以混淆作为侵权判断的必要条件；商标法虽赋予商标专用权人控制已被注册为商标的文字、图形或其组合的权利，但非商标性使用显然不在商标专用权人的控制范围之内〔光明乳业股份有限公司与美食达人股份有限公司、上海易买得超市有限公司侵害商标权纠纷上诉案，上海知识产权法院民事判决书（2018）沪73民终289号〕。

14.【上海浦东法院“GG”图形商标案】（1）将他人具有较强显著性和知名度的注册商标的图形作为装潢使用，该图形仍然具备识别功能，即便商品上还有自己的商标、企业名称等标识，相关公众还是可能认为商品生产者与商标注册人之间存在特定联系，包括两者之间的合作、授权或许可等，构成侵犯注册商标专用权。如果任由此种使用行为蔓延发展,将直接影响他人注册商标的显著性,导致商标淡化。(2)消费者自己在购买时对产品来源并未产生混淆,但容易导致购买者周围的人产生混淆,降低他人注册商标的价值,影响其表彰作用的发挥,构成商标侵权〔古乔古希股份公司与江苏森达集团有限公司等侵害商标权纠纷案,上海市浦东新区人民法院民事判决书(2007)浦民三(知)初字第78号〕。

15.【广州知产法院"香奈儿"双C反向图形商标案】(1)商品的"装潢"与商品形状是两个不同的概念,二者没有"本质上"的关联性,不宜将商品自身固有的形状纳入商品"装潢"范围之内;(2)我国商标法第五十七条规定中涉及的"混淆",应是指基于生产者、销售者的"误导"而使消费者产生的"直接混淆",而不应扩大到售后混淆等范畴;(3)将他人图形商标用作商品形状不容易导致相关公众混淆来源的,不构成注册商标侵权〔叶孟宗与香奈儿股份有限公司侵害商标权纠纷上诉案,广州知识产权法院民事判决书(2018)粤73民终1530号〕。

16.【浙江高院"雪舫蒋"案】注册商标被许可人在商品上同时使用自己的注册商标和经许可使用的注册商标,易使相关公众误以为两个注册商标识别同一商品来源,特别是在许可关系终止以后,由此损害经许可使用之注册商标的识别功能,属于侵害注册商标专用权的行为〔东阳市上蒋火腿厂与浙江雪舫工贸有限公司侵害商标权纠纷上诉案,浙江省高级人民法院民事判决书(2013)浙知终字第301号,列入最高人民法院公布的2014年中国法院10大创新性知识产权案件〕。

17.【浙江高院"蓝色风暴"案】如果被诉标志经宣传使用活动后具有很强的显著性和市场声誉,当商标注册人在自己商品上使用其注册商标时,消费者会因被诉标志与该注册商标近似而将其与被告产生联系,误认为商标注册人生产经营的商品与被告相关,导致商标注册人与其注册商标的联系被割裂,该注册商标将失去其基本的识别功能,其注册人寄予其注册商标谋求市场声誉、拓展企业发展空间、塑造良好企业品牌的价值将受到抑制,所受到的利益损失明显,这种情况应判定为商标侵权行为〔浙江蓝野酒业有限公司与杭州联华华商集团有限公司等侵害商标权纠纷上诉案,浙江省高级人民法院民事判决书(2007)浙民三终字第74号〕。

18.【四川高院"尊及图"案】经销商改换商品装潢,采用瓶贴、箱贴等覆盖经销商品上的注册商标,并将自己的企业字号与该注册商标联合使用,容易使相关公众误以为其与商标注册人存在合作关系,属于容易导致混淆,侵犯注册商标专用权〔宜宾五粮液股份公司与江西精彩生活投资发展有限公司侵害商标权纠纷上诉案,四川省高级人民法院民事判决书(2013)川民终字第665号,列入最高人民法院公布的2013年中国法院50件典型知识产权案例〕。

19.【湖南高院"牛仔裤后兜双弧线"图形商标案】处于商品特定位置的被诉侵权标识在实现装饰功能的同时,还可以同时作为识别商品来源的商标;被告销售带有与原告注册商标相同或近似标识的商品,即便该商品上同时使用自己的商标并经自己的专卖店销售,仍然易使相关公众误以为被告与原告存在特定联系,侵犯原告注册商标专用权〔利惠公司与湖南康星连锁百货有限公司侵害商标权纠纷上诉案,湖南省高级人民法院民事判决书(2019)湘知民终566号〕。

(1)被诉侵权标识在实现装饰功能的同时,并不能否认其可以作为识别商品来源的商标进行使用。

(2)后裤兜上的被诉侵权标识处于显眼位置,在涉案商标经过利惠公司的宣传使用具有了较高的知名度、承载利惠公司产品的商誉和美誉度、与利惠公司建立了稳定联系的情况下,被上诉人在牛仔裤后裤袋上使用与涉案商标相同或近似的标识,在隔离状态下,易使相关公众误认为该牛仔裤与利惠公司或其涉案注册商标的商品存在某种特定联系,造成一定的混淆。且潜在消费者也应当列入商标法及相关司法解释规定的"相关公众"范围内,即使购买者本身没有产生混淆。但购买者在实际使用被诉侵权牛仔裤时,牛仔裤后兜容易被注意到,可能会导致其他潜在消费者对商品的来源产生混淆。

(3)即使被诉侵权商品系通过专卖店销售,但基于涉案商标的高知名度和显著性,被上诉人销售带有与涉案商标相同或近似的标识的牛仔裤的行为,仍然容易使相关公众误认为被上诉人与利惠公司存在一定的关联关系。

(4)任由被诉侵权商品使用相近似的双弧线图形广泛使用于后兜装饰,将导致涉案注册商标的显著性受到侵蚀,最终沦为在牛仔裤、休闲裤上普遍使用的装饰图案，进而丧失其作为注册商标的识别功能和市场价值。

20.【湖南高院“三一重工”案】在产品和对外宣传的醒目位置上突出使用之标识完整包含他人注册商标，属于在同一种商品上使用与他人注册商标相同的商标的侵权行为〔三一重工股份有限公司与马鞍山市永合重工科技有限公司侵害商标权及不正当竞争纠纷上诉案，湖南省高级人民法院民事判决书(2012)湘高法民三终字第 61 号〕。

21.【山东高院“CARIOCA”案】实质性违反注册商标许可协议的行为侵犯注册商标专用权〔环球股份有限公司与青岛际通文具有限公司、青岛际通铅笔有限公司等侵害商标权纠纷上诉案，山东省高级人民法院民事判决书(2013)鲁民三终字第 32 号，列入最高人民法院公布的 2013 年中国法院 50 件典型知识产权案例〕。

22.【福建高院“奥丁格”案】进口商品外包装本身所标注的外文商标虽然不侵害他人商标权，但是其中文标签上根据该外文商标翻译成的中文商标名称与他人在国内合法注册的商标相同，易造成消费者的混淆误认，应认定构成商标性使用，属于注册商标专用权侵权行为〔俞某与福建省莆田市瑞升贸易发展有限公司等侵害商标权纠纷上诉案，福建省高级人民法院民事判决书(2014)闽民终字第 914 号，载《人民司法·案例》2020 年第 26 期〕。

23.【上海黄浦法院“安徒生”案】我国商标法、反不正当竞争法均规制经营者之间的商业行为，不调整政府招商引资行为〔上海安徒生童话乐园(集团)有限公司等与上海佰立置业有限公司等侵害商标权纠纷案，上海市浦东新区人民法院民事判决书(2018)沪 0115 民初 36374 号〕。

24.【黑龙江高院“科松”案】消费者购买、使用侵权商品的行为不属于商标法规制的侵犯注册商标专用权的行为〔深圳科松技术有限公司与大庆油田房地产开发有限责任公司等侵害商标权纠纷上诉案，黑龙江省高级人民法院民事判决书(2019)黑民终 382 号〕。

(七)竞价排名广告

1.【广东高院"精英商标"案】行为人所提供的服务与他人注册商标的核定服务属于同一种服务,明知他人注册商标,仍将该注册商标设置为搜索关键词,使得同一条搜索结果显示中该注册商标与行为人提供的服务连接在一起并链接到自己公司网站,极易使相关公众以为其提供的商品或服务来源于注册商标权人或得到该权利人的授权,或与该权利人具有特定联系,导致相关公众的混淆和误认,此种将他人注册商标设置为搜索关键词的行为属于在同一种商品或服务上使用与其注册商标近似的商标,容易导致混淆,依法构成商标侵权〔深圳市精英商标事务所与重庆猪八戒网络有限公司等侵害商标权纠纷上诉案,广东省高级人民法院民事判决书(2018)粤民终2352号,列入2020年广东法院互联网领域反不正当竞争和反垄断十大案例〕。

2.【江苏高院"梅思泰克"案】购买他人注册商标作为关键词进行竞价排名,使得该品牌的用户访问自己的网站并由此增加自己的交易机会,是利用他人商标的声誉吸引消费者,此种行为构成商标性使用〔上海梅思泰克生态科技有限公司与无锡安固斯建筑科技有限公司侵害商标权纠纷上诉案,江苏省高级人民法院民事判决书(2011)苏知民终字第33号,列入最高人民法院公布的2011年中国法院知识产权司法保护50件典型案例〕。

3.【重庆五中院"汇博"案】将他人注册商标作为搜索关键词的行为是利用该注册商标进行深度推广的宣传活动;即使搜索结果的链接网站宣传推广内容均与该商标注册人无关,但此种行为已经削弱该注册商标与其权利人及其提供的商品或服务之间的特定联系,降低了该注册商标在商业活动中发挥的区分商品服务来源的识别功能,并且提高了网络用户搜索该注册商标的成本,实质上损害该注册商标专用权〔重庆聚焦人才服务有限公司与前锦网络信息技术有限公司等侵害商标权纠纷案,重庆市第五中级人民法院民事判决书(2017)渝05民初377号〕。

4.【四川高院"以纯"案】竞价排名搜索推广本质上属于一种技术性的信息检索服务,而非广告发布,使用他人商标文字作关键词的行为本身并不违法〔东莞市以纯集团有限公司与朱邓彬侵害商标权纠纷上诉案,四川省高级人民法院(2015)川知民终字第135号〕。

5.【杭州滨江法院“盘古”案】以他人注册商标相近似的文字作为百度竞价排名的关键词,搜索结果带有他人注册商标,网络用户点击却进入到自己的公司网站,误导公众误以为与该注册商标权人之间具有一定的联系,侵犯该注册商标专用权〔杭州盘古自动化系统有限公司与杭州盟控仪表技术有限公司等侵害商标权纠纷案,杭州市滨江区人民法院民事判决书(2011)杭滨知初字第11号〕。

(八)定牌加工商品出口

1.【最高院“HONDAKIT”案】人民法院审理涉及涉外定牌加工的商标侵权纠纷案件,要遵循商标侵权判断的基本规则,不能把涉外定牌加工方式简单地固化为不侵害商标权的除外情形;商标权具有地域性,境外商标权不是豁免中国境内商标侵权责任的抗辩事由;涉外定牌加工商品上使用的标记可构成商标性使用而侵犯他人注册商标专用权〔本田技研工业株式会社与重庆恒胜鑫泰贸易有限公司等侵害商标权纠纷再审案,最高人民法院民事判决书(2019)最高法民再138号〕。

2.【最高院“东风”案】(1)受托人接受外方委托加工生产或出口过程中,指定使用的商标指向的均是委托人,并未影响国内注册商标在国内市场上的正常识别区分功能,不会导致相关公众的混淆误认。考虑到定牌加工是一种常见的、合法的国际贸易形式,除非有相反证据显示受托人接受委托未尽合理注意义务,其受托加工行为对国内注册商标的商标权造成了实质性的损害,一般情况下不应认定定牌加工行为侵害注册商标专用权。(2)外国注册商标权人转委托他方从事定牌加工,原受托定牌加工方即便取得该品牌的国内注册商标,其专用权并不会因为他方的定牌加工出口行为而遭受实质性损害〔江苏常佳金峰动力机械有限公司与上海柴油机股份有限公司侵害商标权纠纷再审案,最高人民法院民事判决书(2016)最高法民再339号〕。

(1)在经济发展全球化程度不断加深,国际贸易分工与经贸合作日益紧密的复杂形势下,人民法院审理商标侵权纠纷案件应当结合国际经贸形势发展的客观现实,对特定时期特定市场的交易形式进行具体分析,准确判断相关行为对于商标权人合法权益的实际影响,才能更为准确适用法律。既要严格依法保护商标权人合法权益,又要防止不适当扩大保护而对正常贸易和竞争秩序造成妨碍。

(2)常佳公司从事本案所涉贴牌加工业务之时,本案原告上柴公司与印尼PTADI公司之间的商标争议已经印度尼西亚最高法院生效判决处理,印尼PTADI公司作为商标权人的资格已经司法程序确认。上柴公司自行使用相同商标生产相关或同类相关产品,实际已经无法合法出口至印度尼西亚销售。况且,自2004—2007年期间,上柴公司亦是受印度尼西亚被许可方的委托出口"东风及图"商标的相关产品。在此情况下,常佳公司根据印尼PTADI公司授权委托从事涉案定牌加工业务,对于上柴公司在印度尼西亚境内基于涉案商标争取竞争机会和市场利益,并不造成实质影响。虽然商标具有识别商品或服务来源的基本功能,但归根到底,相关公众需求的并非商品标识本身,而是其指示或承载的商品及其良好品质。即便综合国际贸易现实需要进行综合衡量,也没有足够理由认定常佳公司从事涉案定牌加工行为已对上柴公司造成实质损害,并进而有必要作为商标法意义上的侵权行为予以认定。

3.【浙江高院"Roadage"案】贴牌加工商品全部销往他国市场足以导致相关公众混淆,损害国内商标权人利益〔浙江容大商贸有限公司与于逊刚侵害商标权纠纷再审案,浙江省高级人民法院民事判决书(2016)浙民再121号〕。

在国际贸易中,接受国外委托方委托进行贴牌加工的国内受托方应当对该委托方是否在境外享有商标权以及该商标的具体形态进行审查,未尽到合理注意义务加工侵害国内商标权人权利的商品,应当承担相应的侵权责任。虽然容大公司主张被诉侵权产品全部销往墨西哥,与标有权利商标的商品之间没有混淆的空间机会,故不构成商标侵权,但结合于逊刚宣传使用其注册商标的实际情况,于逊刚的注册商标早已及于国外市场,为相关公众所知悉。即使被诉侵权产品系进入该境外市场,但于逊刚注册商标核准使用的商品也销往同一境外市场,故足以使相关公众产生混淆误认,客观上势必导致国内商标权人利益之实质损害。

4.【浙江高院"CONVERSE"案】(1)如果境外委托方在目的国拥有正当合法的商标权而产品又全部出口该国,对境内加工方的生产加工行为应结合境内加工方是否尽到必要的审查注意义务,合理确定其应承担的商标侵权责任;(2)外国商标尚未注册前就接受委托进行定牌加工,对同行业中知名度较高的近似商标没有尽到审慎的注意义务,使用与其近似的侵权标识,难谓善意,构成注册商标侵权〔浙江凯达进出口贸易有限公司与全星有限合伙公司侵害商标权纠纷再审申请案,浙江省高级人民法院民事裁定书(2018)浙民申3223号〕。

5.【福建高院"BOSS"案】(1)中国注册商标的权利人不能证明自己在目标国已经申请注册或在先使用其商标,国内公司接受目标国商标权人的定牌加工委托,将加工完成的全部带有相同或近似商标的商品出口到目标国,中国的相关公众不可能也没有机会接触到这些商品,就更不可能造成国内相关公众的混淆和误认,此种行为不侵犯该中国注册商标的专用权;(2)受托定牌加工商对定牌加工完成的商品不享有商标使用权和销售权,其在商品上定贴商标的行为不应认定为商标法意义上的商标实际使用行为;(3)涉外定牌加工如果侵犯他人注册商标专用权,应由商标的实际使用人(即定作人)承担法律责任〔香港雨果博斯有限公司与武夷山市喜乐制衣有限公司侵害商标权纠纷上诉案,福建省高级人民法院民事判决书(2007)闽民终字第459号〕。

6.【上海知产法院"格子"图形商标案】长期从事自营和代理货物及技术进出口业务的商贸公司,理应知道他人具有较高知名度和显著性的注册商标,仍然委托第三方生产加工并自行出口带有相同商标的商品,主观过错明显,应承担注册商标侵权责任〔宁波中轻进出口有限公司与勃贝雷有限公司侵害商标权纠纷上诉案,上海知识产权法院民事判决书(2017)沪73民终21号〕。

7.【深圳中院"NIKE"案】外国注册商标与中国注册商标的标志相同而商品类似,该外国注册商标权人为商业目的而在中国境内委托加工并出口,向受托方提供原材料和商标标志,即便加工完成的商品全部交付该外国注册商标权人,仍然侵犯该中国注册商标专用权〔美国耐克国际有限公司与浙江省嘉兴市银兴制衣厂等侵害商标权纠纷案,广东省深圳市中级人民法院民事判决书(2001)深中法知产初字第55号〕。

(九)商标权用尽和平行进口

1.【最高院"多米诺"案】商品通过正常合法的商业渠道售出后再行转售的,通常不构成商标侵权。但是,如果商品在转售过程中进行了实质性改变,导致商品与来源之间的联系发生改变,在该商品上继续使用原有商标且未对消费者履行合理告知义务的情况下,容易导致混淆并损害商标权人的利益,构成商标侵权〔广州市杜高精密机电有限公司与多米诺印刷科学有限公司等侵害商标权纠纷再审申请案,最高人民法院民事裁定书(2019)最高法民申4241号〕。

(1)商标的功能在于发挥识别商品来源的作用,即在商品与其提供者之间建立联系,形成对应关系。而商品是由一系列的特性构成的,这些特性影响着商品的性质、质量、口碑等。因此,商标发挥识别商品来源的功能,也就意味着将商品的提供者与具有特定特性的商品,以及商品的性质、质量、口碑等之间建立联系,进而影响消费者的消费选择,形成商标权人的利益。商标法禁止他人在经营相同或类似商品时未经许可使用权利人的商标,即在于防止消费者对此种联系产生混淆误认,影响消费选择,侵害商标权人利益。

(2)商标权的保护亦存在一定的限制,当商品通过正常商业渠道售出后,再次转售该商品时,一般不应再受到不合理的限制,影响商品的正常使用和流通,即商标权自第一次出售商品时权利用尽,再次转售通常不构成商标侵权。

(3)转售行为通常不构成商标侵权,是因为商标标示商品来源的功能旨在将特定性质的商品指向特定的提供者,但并不具有标示商品提供者具体身份的功能。消费者购买再次转售的商品时,商标所指向的商品提供者仍然是商标权人。因此,商品的转售,通常情况下并不会影响商标标示商品与其来源之间联系的功能,不构成商标侵权。

(4)改装过程中变动了商品的特性,特定商品与特定来源之间的联系可能因为改装行为对商品特性的改变而发生改变。因此,需要根据个案的情况具体判断改装后的再次销售是否侵害商标权。从商标标示特定商品与特定来源之间联系的功能出发,通常可以根据改装程度是否足以实质性影响商品性质以及消费者的选择来判断该种改装后再次出售的行为是否构成商标侵权。

(5)杜高公司改装E50喷码机的墨路系统,是喷码机产品正常运行的重要部件,该改装行为实质性改变了商品的原有品质,在对消费者选择产生显著影响的同时,对商标与商品之间的对应关系产生了实质性影响。杜高公司在出售经过实质性改变的商品上继续使用涉案商标且未通过明显方式告知消费者改装的情况,容易造成相关消费者对商品来源产生混淆或者混淆的可能。

2.【浙江高院"科罗娜"案】(1)商标权利用尽是指有商标权的商品经由商标权人或被许可人在内的商标权主体以合法方式销售或转让后,商标权主体对该特定商品上的商标权即告穷竭,无权禁止他人在市场上再行销售该产品或直接使用;(2)商标权利用尽的前提是他人在销售正品的过程中未对该正品进行实质性改变,未导致商标权功能受到损害;(3)英文注册商标经使用与特定的中文注册商标形成紧密的对应关系,指向同一商品来源,进口的正品商品上带有相同的英文商标但同时带有不同的中文标志,则会破坏该英文注册商标与对应中文注册商标的对应关系,侵犯该中文注册商标的专用权〔福建省土产畜产进出口有限公司与百威投资(中国)有限公司侵害商标权纠纷上诉案,浙江省高级人民法院民事判决书(2021)浙民终331号〕。

百威公司享有涉案商标使用权,其在我国境内销售啤酒时,将中文"科罗娜"与英文"CoronitaExtra"商标同时使用,通过长期经营和大量宣传投入,使"科罗娜"商标在相关公众中形成有关产品质量、服务的积极评价和正面印象,具有较高知名度,并与英文"CoronitaExtra"商标建立起紧密的对应关系,两者均指向同一商品。现土产畜产公司在标有英文"CoronitaExtra"标识的涉案啤酒上使用了"卡罗莱"标识,破坏了"科罗娜"商标与英文"CoronitaExtra"商标之间的对应性,割裂了涉案"科罗娜"商标与商品之间的对应关系,削弱了涉案"科罗娜"商标的来源识别作用,亦使得百威公司为提高涉案"科罗娜"商标知名度,开拓国内市场所作出的努力受到损害,属于商标法第五十七条第(七)项规定的给他人的注册商标专用权造成其他损害的情形,侵害了涉案"科罗娜"商标专用权。

3.【浙江高院"Ermenegildo Zegna"案】(1)主张被诉侵权商品系来源于商标权人及其关联公司,应承担相应的举证责任;(2)商品系通过平行进口方式获取的正品,该商品与商标之间的对应关系真实,并不会导致消费者对商品来源产生混淆误认,不侵犯注册商标专用权;(3)在平行进口的商品上附加自己的商标,容易使相关公众误认为与平行进口商品的商标指向同一来源或二者存在特定联系,侵犯注册商标专用权〔康恩泰有限公司与杭州法蔻进出口贸易有限公司侵害商标权纠纷上诉案,浙江省高级人民法院民事判决书(2020)浙民终 701 号〕。

4.【浙江高院"BURBERRY"案】销售平行进口商品时在店铺门头、外墙、橱窗上方等店铺装潢醒目位置使用该商品的商标,未销售其他品牌的商品,消费者在该店铺购买商品时对商品来源不会发生混淆误认,此种销售行为未削弱商标在商品来源指向上的核心功能,又没有证据证明影响了商标对商品质量的保证功能或产生了丑化或淡化涉案商标商誉的后果,不侵犯该商品商标的专用权〔博柏利有限公司与杭州法蔻进出口贸易有限公司侵害商标权纠纷上诉案,浙江省高级人民法院民事判决书(2019)浙民终 939 号〕。

5.【北京东城法院"吉力贝"案】正品商品进口、销售不会引起来源混淆,判定此种行为是否侵犯中国注册商标专用权关键在于是否损害了权利商标保证商品质量和表明商品提供者信誉的作用,是否会给该注册商标及其权利人的声誉带来不良的影响〔吉励贝食品有限公司与安徽洋品行电子商务有限公司等侵害商标权纠纷案,北京市东城区人民法院民事判决书(2018)京 0101 民初 13472 号〕。

6.【天津中院"PRADA"案】自由贸易实验区企业就其作为欧洲进口商品的集中展销中心,对所售平行进口商品进行宣传推广,若所售商品未经实质性改变,其对商标的指示性使用不会混淆商品和服务来源,不会导致公众对于进口产品进入中国的渠道及当事人关联关系的混淆和误认,则不构成商标侵权〔普拉达有限公司与天津万顺融和商业管理有限公司侵害商标权及不正当竞争纠纷上诉案,天津市第二中级人民法院(2017)津 02 民终 671 号〕。

7.【杭州余杭法院"莱特妮丝"案】(1)根据"商标权权利用尽原则",商标注册人无权禁止他人在网络上销售其生产的产品,即使其与经销商约定禁止网络销售,该约定也仅约束于经销商,对其他销售主体没有约束力,故商标注册人以其销售政策不允许网络销售为由当然认定电子商务平台上销售的产品均是侵权产品,没有法律根据;(2)法律规定注册商标的专用权以核准注册的商标和核定使用的商品为限，并未将产品代言人的形象纳入商标权的保护范畴，同时法律并未规定使用产品代言人形象属于商标侵权行为〔深圳市莱特妮丝服饰有限公司与浙江淘宝网络有限公司侵害商标权纠纷案，浙江省杭州市余杭区人民法院(2010)杭余知初字第 14 号〕。

8.【长沙中院"雅漾"案】商品进入流通领域后，一般情况下，商标注册人不能禁止他人再次销售该商品；他人未对商品本身进行任何改动的情况下，利用网络对该商品进行再次销售的行为，并不会导致本已用尽的商标权被重新激活〔法国皮尔法伯护肤化妆品股份有限公司与长沙慧吉电子商务有限公司侵害商标权纠纷案，湖南省长沙市中级人民法院民事判决书(2015)长中民五初字第 280 号〕。

9.【哈尔滨中院"三彩丽雪"案】在商品来自于商标权人的情况下，销售者未按照商标权人划定的市场区域销售来自于商标权人的商品，并不改变该商品是来自于商标权人、不是侵害商标权的商品的性质，不属于侵害商标权的行为〔卓尚杭州服饰有限公司与刘某侵害商标权纠纷案，黑龙江省哈尔滨市中级人民法院民事判决书(2019)黑 01 民初 149 号，列入黑龙江法院发布的 2019 年十大知识产权典型案例〕。

10.【山东高院"CARIOCA"案】在经商标注册人许可首次销售的商品上将自己标注为经销商、生产商或添加自己的商标，破坏他人注册商标的识别功能，容易使得消费者误认商品来源，或者误认为与商标注册人存在特定联系，侵犯他人注册商标专用权〔环球股份有限公司与青岛际通文具有限公司、青岛际通铅笔有限公司等侵害商标权纠纷上诉案，山东省高级人民法院民事判决书(2013)鲁民三终字第 32 号，列入最高人民法院公布的 2013 年中国法院 50 件典型知识产权案例〕。

11.【苏州中院"绝对"伏特加案】(1)食品安全法要求进口的预包装食品应当有中文标签、中文说明书，系我国对进口商品质量监管所制定的管理性规范，并未强制要求经营者需对商品商标进行翻译，不能据此认定经营者在未取得商标专用权人许可的情况下，有权对进口商品的商标任意使用并标贴于商品上进行销售。(2)当商标注册人及许可使用人将标有该商标的商品投放市场后,产品本身与注册商标、包装装潢等多种要素发生紧密联系,并与商标权人的商誉形成了专属的对应关系,未经许可添加标志破坏原商品的完整性和美观感受,足以导致消费者对商品的生产、销售来源产生合理怀疑,从而对商标权利人的认可度和信赖度降低,致使商标权人的利益遭受损害,属于"对他人的注册商标专用权造成其他损害的"情形。(3)经营者磨去产品识别码不仅破坏了商品的整体性,导致商品关键信息丢失,而且实质上给消费者和商标权利人造成了双重损害:一是影响了商标的识别功能,侵害了消费者对商品来源及产品信息的知情权,导致消费者对真实商品来源及销售渠道产生疑惑、误认或混淆;二是妨碍了商标权利人对产品质量的追踪管理,干扰了商标权利人控制产品质量的权利,致使商标权人商标权益受损,属于"对他人的注册商标专用权造成其他损害的"情形〔绝对有限公司、保乐力加贸易有限公司与苏州隆鑫源酒业有限公司不正当竞争、垄断纠纷案,江苏省苏州市中级人民法院民事判决书(2013)苏中知民初字第0175号〕。

12.【南京中院"中华牌"铅笔案】将他人首次销售的正品商品分成小包装并使用他人注册商标,表明商品的生产厂家,说明商品的来源,此种使用行为不侵犯注册商标专用权〔老凤祥股份有限公司与苏果超市有限公司等侵害商标权纠纷上诉案,江苏省南京市中级人民法院民事判决书(2014)宁知民终字第19号〕。

13.【杭州余杭法院"不二家"案】擅自将他人首次销售后的商品分装到明显不同的包装盒进行再销售,该分装行为会降低商标所指向的商品信誉,损害商标的信誉承载功能,属于商标法第五十七条第(七)项规定的侵权行为〔不二家食品有限公司与钱某某、浙江淘宝网络有限公司侵害商标权纠纷案,浙江省杭州市余杭区人民法院民事判决书(2015)杭余知初字第416号〕。

14.【长沙中院"米其林"I案】商标注册人将标有其商标的商品投放市场后,注册商标和凝聚在该商标上的商誉与具体商品及其各种特性形成唯一对应关系,改变该商标或该商品上的任一要素,都有可能损害注册商标的识别、指引功能;改变商标注册人首次销售之商品的等级标识,会使消费者对该商品的来源产生混淆,同时危及商标注册人对产品质量保证产生的信誉,侵犯注册商标专用权〔米其林集团总公司与胡亚平侵害商标权纠纷案,湖南省长沙市中级人民法院民事判决书(2009)长中民三初字第0072号〕。

15.【长沙中院"米其林"II案】进口并销售的正品商品未经强制认证,是违反法律的,且可能存在性能和安全隐患,破坏他人商标保证商品质量和表彰商品提供者信誉的作用,已经实际损害他人注册商标专用权〔米其林集团总公司与谈国强等侵害商标权纠纷案,湖南省长沙市中级人民法院民事判决书(2009)长中民三初字第73号〕。

16.【广州天河法院"惠普"案】改装、拼装的商品与原商品质量差异大,未经许可在其上使用该商品上的原有注册商标,容易导致消费者混淆,不适用商标权用尽〔惠普公司与孙某等侵害商标权纠纷案,广州市天河区人民法院民事判决书(2016)粤0106民初20467号〕。

17.【广州中院"ZIPPO"案】实质性改变注册商标权人首次销售的商品的整体外观(比如光板打火机雕刻图案)再销售,属于未经许可在同种商品上使用相同商标,侵犯注册商标专用权〔之宝制造公司与李广生侵害商标权及不正当竞争纠纷案,广东省广州市中级人民法院民事判决书(2012)穗中法知民初字第54号〕。

18.【广州知产法院"OBO"案】我国现行法律、法规和司法解释未对平行进口行为的规制问题作明确规定,需要回归商标权本质属性、基本功能和根本目的,综合考量平行进口行为产生和存在的社会经济基础,合理平衡商标权人、被许可使用人、平行进口人和消费者的利益,准确划定商标侵权行为和正当使用行为的法律界限〔欧宝电气(深圳)有限公司与广东施富电气实业有限公司侵害商标权纠纷上诉案,广州知识产权法院民事判决书(2019)粤73民终6976号〕。

(1)平行进口行为是否侵害涉案商标权。我国现行法律、法规和司法解释未对平行进口行为的规制问题作明确规定,需要回归商标权本质属性、基本功能和根本目的,综合考量平行进口行为产生和存在的社会经济基础,合理平衡商标权人、被许可使用人、平行进口人和消费者的利益,准确划定商标侵权行为和正当使用行为的法律界限。

(2)从保护商标权的角度来看,平行进口行为未损害涉案商标的识别功能。

商标作为一种区分商业主体的标识,其为法律所认可和保护的并非标识本身,而是标识与商业主体之间唯一的、确定的指向关系,使消费者能够在准确识别商业主体的前提下作出符合其真实意思表示的选择。因此,商标侵权行为的判定必须建立在实际影响或割裂了商标标识与商标权人指向关系的基础上。

(3)平行进口未损害涉案商标的质量保证功能。一般而言,标有同一商业标识的产品具有基本相同的品质,符合消费者通过该标识对产品进行认知的经验和期待。消费者通过商标识别产品来源,进而根据消费经验对产品质量作出评价并进行选择,商标质量保证功能由此得以发挥。

(4)平行进口行为未损害涉案商标的承载商誉功能。商誉是经营者通过长期诚信经营和大量宣传资源投入,在相关公众中形成有关产品质量、服务的积极评价和正面印象。商标所承载的商誉凝结了经营者善意经营所付出的努力、时间和成本,会对消费者购买产品的选择产生影响,理应予以保护。

(5)从保障消费者利益的角度来看,平行进口产品标识真实、明确、产品合法来源于商标权人,产品质量有保障的情况下,一般不会损害消费者权益,反而会因产品类型增多而丰富消费者选择,激发市场竞争活力,长远来看会使消费者获益。

(6)从促进市场经济发展的角度来看,在商标权人已经通过销售实现经济利益的前提下,平行进口对商标权人造成的损害有限,不宜在产品后续流通环节赋予商标权人更多的垄断利益。否则,商标权保护程度一旦超过我国市场经济发展水平或市场公平竞争需求范围,会造成权利滥用,损害市场经济健康发展。

(十)侵犯地理标志证明商标专用权

1.【北京高院"舟山带鱼"地理标志证明商标案】证明商标是用来标示商品原产地、原料、制造方法、质量或其他特定品质的商标。其设置与注册的目的是向社会公众证明某一产品或服务所具有的特定品质,而非用以区分商品或服务的生产经营者。因此,证明商标注册人的权利不以禁止造成生产者或者提供者的混淆误认为内容,而应以保有、管理、维持证明商标为核心〔舟山市水产流通与加工行业协会与北京申马人食品销售有限公司、北京华冠商贸有限公司侵害商标权及不正当竞争纠纷上诉案,北京市高级人民法院民事判决书(2012)高民终字第58号,列入最高人民法院公布的2012年中国法院知识产权司法保护 50 件典型案例〕。

2.【浙江高院“龙井茶”地理标志证明商标案】侵犯地理标志证明商标权利，不应以被诉侵权行为是否容易导致相关公众对商品来源产生混淆作为判断标准，而应当以被诉侵权行为是否容易导致相关公众对商品的原产地等特定品质产生误认作为判断标准〔浙江省农业技术推广中心与杭州河滨乐购生活购物有限公司等侵害商标权纠纷再审案，浙江省高级人民法院民事判决书（2016）浙民申 1589 号，列入 2016 年度浙江法院十大知识产权民生案件〕①。

（1）是否侵犯地理标志证明商标权利，不能以被诉侵权行为是否容易导致相关公众对商品来源产生混淆作为判断标准，而应当以被诉侵权行为是否容易导致相关公众对商品的原产地等特定品质产生误认作为判断标准。

（2）地理标志证明商标的注册人对于其商品符合使用该地理标志条件的自然人、法人或者其他组织要求使用该证明商标的，应当允许。其不能剥夺虽没有向其提出使用该证明商标的要求，但其商品确实符合原产地等特定品质的自然人、法人或者其他组织正当使用该证明商标中地名的权利。

（3）被诉侵权商品的生产者在商品上使用地理标志对商品的原产地等特定品质进行标识的，其对于商品具有该地理标志证明商标所标识的原产地等特定品质负有举证责任。

3.【新疆高院“库尔勒香梨”案】产于地理标志指示地区的相同品种的农产品，虽然品质不能达到地理标志证明商标管理规则的要求，但该证明商标的权利人无权禁止他人正当使用产地名称和品种名称〔新疆库尔勒希伯来纸业有限公司与新疆巴州库尔勒香梨协会侵害商标权纠纷上诉案，新疆维吾尔自治区高级人民法院民事判决书（2005）新民三终字第 7 号〕。

4.【山东高院“五常大米”证明商标案】（1）地理标志证明商标侵权判定中的混淆可能性是指消费者对于商品产地以及与该产地密切相关的产品品质特征的混淆，而不是对商品具体提供者的混淆；（2）主张对地理标志进行合理使用的，必须举证证明其商品来源于地理标志所标示的产区，使用目的

① 类似案例参见北京黄村顺祥商贸中心与杭州市西湖区龙井茶产业协会侵害商标权纠纷上诉案，北京知识产权法院民事判决书（2018）京 73 民终 366 号。

是指明其商品的产地，而不是在商标意义上进行使用〔黑龙江省永超米业有限公司与五常市大米协会侵害商标专用权纠纷上诉案，山东省高级人民法院(2016)鲁民终812号〕①。

5.【黑龙江高院“库尔勒香梨”案】被诉侵权商品包装上突出使用地理标志而不能举证所售商品来源于地理标志所标示的地区，侵犯地理标志证明商标专用权〔北京华联综合超市股份有限公司哈尔滨第一分公司与巴音郭楞蒙古自治州库尔勒香梨协会侵害商标权纠纷上诉案，黑龙江省高级人民法院民事判决书(2019)黑民终610号〕。

6.【西宁中院“阿克苏”地理标志证明商标案】地理标志证明商标的权利人有权禁止外地经营者在相应商品上标注该地理标志，但不能剥夺商品确产于该地理标志所识别区域的经营者正当使用该证明商标所含地名的权利〔阿克苏地区苹果协会与西宁城北兴敏蔬菜水果商行侵害商标权纠纷案，青海省西宁市中级人民法院民事判决书(2020)青01知民初40号，列入最高人民法院公布的2020年中国法院50件典型知识产权案例〕②。

7.【长沙天心法院“古丈毛尖”案】证明商标在识别功能、主体、使用方面均与普通商标存在差别，但法律并未对证明商标专用权作出例外的限制，注册人享有的商标专用权受法律同等保护〔古丈茶业发展研究中心与湖南省华茗茶业有限公司、湖南平和堂实业有限公司侵害商标权纠纷案，湖南省长沙市天心区人民法院民事判决书(2009)天民初字第2500号，列入最高人民法院公布的2009年中国法院知识产权司法保护50件典型案例〕。

二、商标法第五十七条第(三)项

1.【北京高院“JING TANG”案】将侵犯他人注册商标专用权的商品搭

① 类似案例参见五常市大米协会与钜富公司侵害商标权纠纷上诉案，黑龙江省高级人民法院民事判决书(2018)黑民终2号，列入黑龙江法院2018年十大知识产权典型案例。

② 类似案例参见江苏省盱眙龙虾协会与南京鸡头土菜馆侵害商标权纠纷上诉案，江苏省南京市中级人民法院民事判决书(2017)苏01民终2202号。

赠其他商品销售，属于销售侵犯注册商标专用权的商品〔北京市糖业烟酒公司与北京美厨食品有限公司侵害商标权纠纷上诉案，北京市高级人民法院民事判决书（2001）高知终字第 43 号〕。

2.【温州鹿城法院"久安"案】工程承包方明知工程材料侵犯他人注册商标专用权仍然购买并使用侵权产品到工程项目中，是不同于终端消费者的消费行为，因其营利性质而应视为销售行为，此种行为应认定为销售注册商标专用权的商品〔张建康与温州鹿泉区市场监督管理局行政纠纷案，温州市鹿城区人民法院行政判决书（2015）温鹿行初字第 132 号〕。

3.【南京中院"IDEAL"案】注册商标被许可人明知自己仅有生产权，无权向第三方提供其生产带有该注册商标的产品但擅自向第三方供货，其销售行为侵犯注册商标专用权；外贸商就其出口商品应查实注册商标权人并征得其同意〔上海轻工国际有限公司与中信宁波进出口公司等侵害商标权纠纷案，江苏省南京市中级人民法院民事判决书（1997）宁知初字第 82 号〕。

三、商标法第五十七条第（四）项

【延边朝鲜族自治州中院"喜大喜"案】违反《印刷业管理条例》的相关规定，擅自接受委托生产印有他人注册商标的纸箱和包装袋，属于伪造、擅自制造他人注册商标标识或者销售伪造、擅自制造的注册商标标识的行为〔希杰（青岛）食品有限公司与延吉美笑食食品有限公司等侵害商标权纠纷案，延边朝鲜族自治州中级人民法院民事判决书（2013）延中民三知初字第 14 号〕。

四、商标法第五十七条第（五）项

1.【北京一中院"汉王"案】（1）购买他人产品后，以自己的商标覆盖他人在产品上的注册商标，并将该产品再次投入市场，构成反向假冒；（2）以自己商标覆盖产品上他人注册商标的反向假冒行为人，不得主张合法来源抗辩〔汉王科技股份有限公司与中国联合网络通信集团有限公司等侵害商标权纠纷案，北京市第一中级人民法院民事判决书（2011）一中民初字第 17449 号〕。

2.【北京一中院"卡帝乐"案】将商品上他人的注册商标撕下后更换商标再高价销售，不适用商标权用尽；这种行为利用他人优质产品为其牟取暴利，无偿地占有他人为创立其商业信誉和通过正当竞争占有市场而付出的劳动，违反诚实信用、公平竞争的基本原则，妨碍他人商业信誉、品牌的建立，使他人商业信誉和正当竞争的权利受到一定的影响，应承担赔礼道歉、消除影响、赔偿损失等法律责任〔北京市京工服装工业集团服装一厂与北京百盛轻工发展有限公司、香港鳄鱼国际机构有限公司等侵犯商业信誉及不正当竞争纠纷案，北京市第一中级人民法院民事判决书(1994)中经知初字第566号〕。

3.【上海一中院"KING"案】明知商品上原有注册商标被第三方以自己的商标覆盖仍然销售该商品，构成商标侵权，应承担法律责任〔株式会社富士克与台州市椒江金宝特种制线厂等侵害商标权纠纷案，上海市第一中级人民法院民事判决书(2005)沪一中民五(知)初字第3号〕。

4.【广东高院"卡地斯帕"案】反向假冒的商品应系同一商品，也就是说被更换的只是商标，商品本身仍是原来的商品；受托定牌加工商未从市场或其他渠道获得定牌商品而更换商标后再投入市场，其生产销售同种但不同品牌的商品不属于反向假冒，不违反商标法第五十七条第(四)项〔卡地斯帕环境电器有限公司等与中山市韦某电器发展有限公司侵害商标权、不正当竞争纠纷上诉案，广东省高级人民法院民事判决书(2013)粤高法民三终字第477号〕。

5.【宁波中院"Malata"案】以自己的商标覆盖商品上他人的注册商标，并将更换了商标的商品再投入市场销售，剥夺他人向相关公众展示其商标的权利，会使相关公众对于该商品的来源产生误认，将原本来源于他人的商品误认为与自己商标存在特定联系，使他人失去了通过市场创建品牌、获得商誉的机会，妨碍了他人注册商标发挥识别作用的功能〔万利达集团有限公司与北京仁歌视听科技有限公司等侵害商标权纠纷案，浙江省宁波市中级人民法院民事判决书(2015)浙甬知初字第41号〕。

五、商标法第五十七条第(六)项

1.【河北高院"KNORR"案】自然人未合法利用法人独立人格，与其担任法定代表人的公司在经营上构成混同,共同生产、销售侵犯注册商标的商品,应当共同承担侵权责任〔克诺尔·伯莱姆斯股份公司与衡水永信制动材料有限公司侵害商标权及不正当竞争纠纷上诉案,河北省高级人民法院民事判决书(2019)冀知民终 43 号〕。

2.【北京高院"MBWL"案】租赁公司直接开具购买小票及收取提成租金是租赁管理行业的通常做法,不能证明租赁方直接参与经营和销售,与承租方共同侵犯注册商标〔宝马股份公司与广州世纪宝驰服饰实业有限公司、北京方拓商业管理有限公司、李淑芝侵害商标权及不正当竞争纠纷上诉案,北京市高级人民法院民事判决书(2012)高民终字第 918 号,列入最高人民法院 2013 年公布的八起知识产权司法保护典型案例〕。

李淑芝作为个体工商户,具有独立的民事主体资格,其与北京方拓公司签订的《商铺租赁合同》系租赁合同。北京方拓公司作为租赁管理方,在原审诉讼中,及时终止了李淑芝在方恒购物中心店铺的销售;购买小票直接由北京方拓公司开具及收取提成租金系租赁管理行业的通常做法,不能充分证明北京方拓公司直接参与经营与销售,故原审法院认定北京方拓公司作为租赁管理方,不构成侵害商标权与不正当竞争正确,本院予以支持。

3.【北京高院"LE COQ SPORTIF"案】团购网站经营者应当承担何种程度的知识产权合法性审查义务,取决于在符合利益平衡的原则下其在团购活动中获得的利益是否要求其应当审查团购商品的具体信息、应当审查团购商品的交易信息和交易行为是否侵权;团购网站经营者从被控侵权商品的团购活动中直接获得经济利益,就应当对团购活动中商品的商标合法性进行审查〔株式会社迪桑特与北京今日都市信息技术有限公司等侵害商标权纠纷上诉案,北京市高级人民法院民事判决书(2012)高民终字第 3969 号〕。

4.【上海知产法院"FENDI"案】商场经营管理者知道商铺经营者未经许可而使用他人注册商标而不予以制止,反而宣称该注册商标的品牌要入驻,是明知而放任注册商标侵权行为,属于提供便利和帮助的帮助性注册商标侵权行为〔芬迪爱得乐有限公司与上海益朗国际贸易有限公司等侵害商标权及不正当竞争纠纷上诉案,上海知识产权法院民事判决书(2017)沪 73 民终 23 号〕。

5.【江苏高院"361°"案】市场管理者与商户之间不是单一的铺位租赁关系，除承担管理职能外，还直接参与市场内的经营活动，并从中获取租金外的经营利益，且消费者有充分理由相信，除商户外，市场管理者同时也是交易相对方，应认定市场管理者与商户系共同经营，对该经营行为共同承担商标侵权责任〔三六一度公司与玉驰公司、吴某侵害商标权纠纷上诉案，江苏省高级人民法院民事判决书(2013)苏知民终字第0052号〕。

6.【江苏高院"LV"案Ⅰ】如果市场管理者能够证明其收到商标权人警告函后即对被控侵权行为采取合理、必要措施的，应当认定其主观上没有放任侵权行为，客观上亦已尽到管理、监督、检查等义务，市场管理者不应对商户的侵害商标权行为承担责任〔路易威登马利蒂与王某、淘淘巷公司侵害商标权纠纷上诉案，江苏省高级人民法院民事判决书(2013)苏知民终字第0059号〕。

7.【江苏高院"LV"案Ⅱ】如果市场管理者不能证明其在收到商标权人警告函后即对被控侵权行为采取合理、必要措施的，应当认定其在收到警告函后为商户的侵权行为提供帮助，市场管理者应当承担相应责任。商标权人不能证明市场管理者在收到警告函以前即知道商户实施侵权行为的，市场管理者仅就商户全部赔偿数额承担部分连带责任〔路易威登马利蒂与黄某、莱迪公司侵害商标权纠纷上诉案，江苏省高级人民法院民事判决书(2013)苏知民终字第0082号〕。

8.【湖南高院"宝马"案】应知他人侵犯驰名注册商标仍为其提供银行账号收取货款，是为商标侵权行为提供极其重要的便利条件，使得侵权行为更为隐蔽，属于帮助侵权行为〔宝马股份公司与深圳市世纪宝马服饰有限公司、傅献琴、家润多商业股份有限公司侵害商标权及不正当竞争纠纷案，湖南省高级人民法院民事判决书(2009)湘高法民三初字第1号，列入最高人民法院公布的2009年中国法院知识产权司法保护10大案件〕。

9.【海南高院"路易威登"案】只是向销售商标侵权商品的商户出租场地、提供收款并开具发票服务，不是共同销售侵权商品，不应承担连带责任；但对商户行使一定的管理职责而应承担相应的管理责任〔路易威登马利蒂与三亚宝宏实业有限公司宝宏大酒店等侵害商标权纠纷上诉案，海南省高级人民法院民事判决书(2013)琼民三终字第 87 号〕。

10.【合肥中院"路易威登"案】商城物业服务提供者对商城不具有管理权限,对商城内商户的侵权行为既无权利也无义务制止,不应对商城内商户的侵权行为承担责任;但是,商城经营管理方从商城取得利益,有义务对商户的经营活动进行监督和管理,如未尽义务而致商城内的商铺持续销售侵权产品,则应当对商户侵权行为所致损害承担连带赔偿责任〔路易威登马利蒂与董党伟等侵害商标权纠纷案,安徽省合肥市中级人民法院民事判决书(2014)合民三初字第 00203 号〕。

11.【吉林高院"美国威斯康辛州花旗参农业总会及图"案】注册商标权人明知具体侵权链接而未通知电子商务平台经营者,经催告仍不提供,是怠于履行告知义务,致使电子商务平台经营者无法及时采取必要措施,后者无须对注册商标权人的损失承担法律责任〔美国威斯康辛州花旗参农业总会与浙江淘宝网络有限公司、吉林市参乡瑰宝上特产品有限公司侵害商标权纠纷上诉案,吉林省高级人民法院民事判决书(2012)吉民三涉终字第 3 号,列入最高人民法院公布的 2012 年中国法院知识产权司法保护 50 件典型案例〕。

12.【杭州滨江法院"盘古"案】关键词竞价排名广告服务提供商尽到合理谨慎义务,对关键词广告侵犯他人注册商标专用权的行为没有过错,不承担侵权责任〔杭州盘古自动化系统有限公司与杭州盟控仪表技术有限公司、北京百度网讯科技有限公司侵害商标权纠纷案,浙江省杭州市滨江区人民法院民事判决书(2011)杭滨知初字第 11 号〕。

六、商标法第五十七条第(七)项

(一)将与他人注册商标相同或者相近似的文字作为企业的字号在相同或者类似商品上突出使用

1.【最高院"王将"案】(1)对于注册商标与企业名称之间的纠纷,人民法院应当区分不同的情形,按照诚实信用、维护公平竞争和保护在先权利等原则，依法处理。(2)如果注册使用企业名称本身具有不正当性，比如不正当地将他人具有较高知名度的在先注册商标作为字号注册登记为企业名称，即使规范使用仍足以产生市场混淆的，可以按照不正当竞争处理；如果是不规范使用企业名称，在相同或者类似商品上突出使用与他人注册商标相同或相近的企业的字号，容易使相关公众产生误认的，属于给他人注册商标专用权造成其他损害的行为，依法按照侵犯商标专用权行为处理。(3)人民法院应当依据《最高人民法院关于审理注册商标、企业名称与在先权利冲突的民事纠纷案件若干问题的规定》第四条的规定，根据原告的诉讼请求和案件具体情况，确定被告应当承担的民事责任。如果不正当地将他人具有较高知名度的在先注册商标作为字号注册登记为企业名称，注册使用企业名称本身即是违法，不论是否突出使用均难以避免产生市场混淆的，可以根据当事人的请求判决停止使用或者变更该企业名称；如果企业名称的注册使用并不违法，只是因突出使用其中的字号而侵犯注册商标专用权的，判决被告规范使用企业名称、停止突出使用行为即足以制止被告的侵权行为，因此这种情况下不宜判决停止使用或者变更企业名称。规范使用企业名称与停止使用或变更企业名称是两种不同的责任承担方式，不能因突出使用企业名称中的字号从而侵犯商标专用权就一律判决停止使用或变更企业名称〔王将饺子餐饮有限公司与李惠廷侵害商标权纠纷再审案，最高人民法院民事判决书(2010)民提字第15号〕。

2.【最高院“大宁堂”案】文字商标注册之前已经将相同的文字登记为企业字号，并因历史原因而对企业字号享有正当权益，注册商标应与该企业字号善意共存〔太原大宁堂药业有限公司与山西省药材公司侵害商标权及不正当竞争纠纷再审案，最高人民法院民事判决书(2015)民提字第46号〕。

3.【重庆高院“陈昌银”案】判定姓名商标侵权的规则当然遵循混淆性近似的标准，应合理区分商业活动中正当使用自然人姓名与商标侵权之间的界限，重点考察已注册姓名商标与被诉姓名标志显著性强弱、侵权人的使用意图等因素综合判定〔重庆喜火哥饮食文化有限公司九龙坡分公司等与重庆市磁器口陈麻花食品有限公司商标侵权及不正当竞争纠纷上诉案，重庆市高级人民法院民事判决书(2017)渝民终335号，列入最高人民法院公布的依法平等保护民营企业家人身财产安全十大典型案例〕。

姓名商标的显著性主要来自于其第二含义，即区别于姓名本身指示他人人格的含义而成为指示商品或服务来源的符号，已注册的姓名商标并不因为其商标标志同时系人名符号而在享有注册商标专有权的权利范围上有所受限。判定姓名商标侵权的规则当然遵循混淆性近似的标准，基于自然人姓名可能出现的同名或相似的重要特征，应合理区分商业活动中正当使用自然人姓名与商标侵权之间的界限，重点考察已注册姓名商标与被诉姓名标志显著性强弱、侵权人的使用意图等因素综合判定。

4.【上海知产法院“华美”案】经营者将企业名称中的字号在商品或服务中突出使用时，企业字号实际上具有了识别商品或服务来源的功能与效果，即具有了与商标相同的功能；即便商标注册人和字号使用人目前经营各自局限一定的地域，但与商标相同或近似的字号被突出使用在与在先注册的商标相同或近似的商品或服务上时，应与合法注册的商标相避让，避免造成相同或近似标识的识别混乱，引起相关公众的混淆或误认，包括正向混淆和反向混淆〔上海华美医疗美容医院有限公司与成都华美牙科连锁管理股份有限公司侵害商标权纠纷上诉案，上海知识产权法院民事判决书(2018)沪 73 民终 143 号〕。

5.【广东高院“米其林”案】经营场所正门的匾额上突出使用与他人注册商标相同的文字，容易使相关公众将产品销售者的身份与注册商标指示的来源联系在一起，让相关公众误认为其经合法授权许可或专门销售该商品，侵犯注册商标专用权〔佛山市顺德区宝骏汽车维修有限公司与米其林集团总公司侵害商标权纠纷上诉案，广东省高级人民法院民事判决书(2014)粤高法民三终字第 239 号〕。

6.【佛山中院“威极”案】如果字号在使用时相对于企业名称而成为一个相对独立、突出的标识，构成“突出使用”〔佛山市海天调味食品股份有限公司与佛山市高明威极调味食品有限公司侵害商标权、不正当竞争纠纷案，广东省佛山市中级人民法院民事判决书(2012)佛中法知民初字第 352 号〕。

7.【江苏高院“吴良材”案】所谓突出使用企业字号，一般来讲是指将字号与构成企业名称的其他组成部分相分离或相区别，或者单独使用字号，或者使用特殊的字体、颜色或者大小将字号突出出来等;除此之外,即使将字号与行政区划或者行业特点结合使用,如果客观上突出了字号的标识商品来源的作用,亦应属于对企业字号的突出使用〔苏州市吴良材眼镜有限责任公司与上海三联有限公司等侵害商标权及不正当竞争纠纷上诉案,江苏省高级人民法院民事判决书(2009)苏民三终字第0181号,列入最高人民法院公布的2009年中国法院知识产权司法保护10大案件〕。

8.【南京中院"雪中彩影"案】"将与他人注册商标相同或者近似的文字作为企业的字号在相同或者类似商品上突出使用"之"突出使用",是指将与商标权人注册商标文字相同或相近似的字号从企业名称中脱离出来,在字体、大小、颜色等方面突出醒目地进行使用,使人在视觉上产生深刻印象的行为〔南京雪中彩影婚纱摄影有限公司与上海雪中彩影婚纱摄影有限公司江宁分公司等侵害商标权及不正当竞争纠纷案,江苏省南京市中级人民法院民事判决书(2004)宁民三初字第312号〕。

9.【四川高院"安佑"案】不当省略企业名称而突出使用与他人注册商标相同的文字标识,不是合理简化使用,超越了表明或描述其商品技术来源作用的范围,实际是以商业标识的方式使用该文字标志,应属于商标性使用行为;有意淡化自身商标,并以较大的字体和鲜艳的颜色单独、突出使用与他人文字注册商标相同的文字标识,客观上该文字起到标识商品来源的作用,明显具有攀附该注册商标商誉的恶意,侵犯注册商标专用权〔安佑生物科技集团股份有限公司与自贡联合饲料有限公司等侵害商标权纠纷上诉案,四川省高级人民法院民事判决书(2016)川民终319号〕。

10.【江西高院"伟星"案】"突出使用"是指将与商标权人注册商标文字相同或相近似的字号从企业名称中脱离出来,在字体、大小、颜色等方面突出醒目地进行使用,使字号具有标识的商标意义,并使人在视觉上产生深刻印象的行为〔浙江伟星新型建材股份有限公司与江西伟星管业有限公司侵害商标权及不正当竞争纠纷上诉案,江西省高级人民法院民事判决书(2014)赣民三终字第17号〕。

11.【四川高院"精科"案】经营者在他人商标注册之前就宣传使用企业

名称简称，长期将其企业简称与其注册商标配套对外使用，在行业内已具有一定知名度，相关公众已将企业简称与该企业建立了直接、稳定的联系和指向，该企业简称已完全具有使相关公众识别不同商品来源和不同市场经营主体的作用，尽管该企业简称突出使用，相关公众不会因为其与他人注册商标相同或近似而产生误认或混淆〔成都科析仪器成套有限公司与成都新世纪科发实验仪器有限公司等侵害商标权纠纷上诉案，四川省高级人民法院民事判决书(2012)川民终字第 208 号，列入 2012 年四川法院知识产权司法保护十大典型案例〕。

12.【四川高院“保宁”案】字号与商标均属于识别性标记，但分别受不同的法律法规调整，经过合法注册产生的注册商标专用权和经依法核准登记产生的企业名称权均为合法权利；当两种权利发生冲突时，人民法院应当依照诚实信用、维护公平竞争和保护在先权利等原则处理〔四川滕王阁制药有限公司与四川保宁制药有限公司侵害商标权纠纷上诉案，四川省高级人民法院民事判决书(2009)川民终字第 155 号，列入最高人民法院公布的 2009 年中国法院知识产权司法保护 50 件典型案例〕①。

13.【湖北高院“武当红”案】在判断企业字号与注册商标冲突而是否侵犯商标权时，需要考虑三个方面的因素：(1)企业字号与他人注册商标是否相同或相近似；(2)是否存在恶意突出使用企业字号的情形；(3)企业字号的突出使用是否容易造成相关公众的混淆、误认〔湖北十堰武当山特区仙尊酿酒有限公司与武汉天滋武当红酒业销售有限公司等侵害商标权纠纷上诉案，湖北省高级人民法院民事判决书(2013)鄂民三终字第 132 号〕。

14.【广西高院“香和牌”案】“将与他人注册商标相同或者相似的文字作为企业字号在相同或者类似商品上突出使用”之“突出使用”的方式应是以醒目、突出的字样进行使用，给相关公众以视觉上的冲击，其目的应是足以产生市场混淆，使相关公众对双方企业的关系或对商品的来源产生误认或误认

① 类似案例参见王美燕与广东中凯文化发展有限公司侵害商标权纠纷案，浙江省高级人民法院民事判决书(2009)浙知终字第 98 号，列入最高人民法院公布的 2009 年中国法院知识产权司法保护 50 件典型案例。

的可能〔北京王致和食品有限公司与桂林花桥食品有限公司侵害商标权纠纷上诉案,广西壮族自治区高级人民法院民事判决书(2012)桂民三终字第19号〕。

15.【天津二中院"米其林"案】将他人具有显著性和较高知名度的注册商标使用到关联商品上,并作为企业字号登记使用,造成相关公众对其与商标注册人之间存在某种关系产生联想或误认,属于给他人的注册商标专用权造成其他损害的行为〔米其林集团总公司与天津米其林电动自行车有限公司侵害商标权纠纷案,天津市第二中级人民法院民事判决书(2008)二中民三初字第3号〕。

16.【山东高院"Hisense"案】将与他人驰名注册商标相同的文字作为企业字号在非类似商品上突出使用,或注册为域名并借此从事电子商务,侵犯该驰名注册商标的专用权〔青岛海信计算机科技发展有限公司等与青岛海信电子产业控股股份有限公司侵害商标权纠纷上诉案,山东省高级人民法院民事判决书(2007)鲁民三终字第105号〕。

17.【延边朝鲜族自治州中院"马路边边"案】他人注册商标已经具备一定的知名度和美誉度,仍将其作为企业字号并在经营中突出使用,足以导致消费者产生混淆,使相关公众误以为二者存在一定的关联,侵犯注册商标专用权〔成都马路边餐饮管理有限公司与延吉市马路边边麻辣烫饭店侵害商标权纠纷案,吉林省延边朝鲜族自治州中级人民法院民事判决书(2019)吉24知民初4号〕。

(二)将与他人注册商标相同或者相近似的文字注册为域名并借此进行相关商品交易的电子商务

1.【浙江高院"YKK"案】使用的域名包含他人注册商标但未进行相关商品的电子商务活动,不侵犯注册商标专用权〔杭州熙攘服饰有限公司与YKK株式会社侵害商标权纠纷上诉案,浙江省高级人民法院民事判决书(2018)浙民终460号〕。

2.【贵州高院"Jiayou9. com"域名案】(1)判断注册和使用计算机网络域名是否会造成相关公众与他人注册商标产生混淆,不仅应考虑域名与他人注册商标是否相似,还应考虑作为互联网用户的普通消费者访问特定网站的操作习惯;(2)如果普通互联网用户通过输入关键词搜索网页链接的方式并不会被误导而访问被诉域名网站,或者因记忆混淆输入网站域名而登录到被诉域名网站后,互联网用户以其一般认知能力即能区别网站服务来源,则不应认定侵犯注册商标专用权〔贵州家有在线网络有限公司与家有购物集团股份有限公司侵害商标权纠纷上诉案,贵州省高级人民法院民事判决书(2017)黔民终 822 号〕。

3.【广东高院"去哪儿网"案】双方当事人的域名相近(只差一个字母),但域名权益均来源合法,双方需要彼此容忍,互相尊重,长期共存。一方不能因为在经营过程中知名度提升,就剥夺另一方的生存空间;另一方也不能恶意攀附知名度较高一方的商誉,以谋取不正当的商业利益。在继续使用自己域名时,也有义务在与域名相关的搜索链接及网站上加注区别性标识,以使消费者区分服务来源〔北京趣拿信息技术有限公司与广州市去哪信息技术有限公司不正当竞争纠纷上诉案,广东省高级人民法院民事判决书(2013)粤高法民三终字第 565 号〕。

4.【湖北高院"wudanghong. com"域名案】注册商标未实际投入使用,网络域名与注册商标不构成直接对应关系且注册时间早于注册商标的,不侵犯注册商标专用权〔湖北十堰武当山特区仙尊酿酒有限公司与武汉天滋武当红酒业销售有限公司等侵害商标权纠纷上诉案,湖北省高级人民法院民事判决书(2013)鄂民三终字第 00132 号〕。

5.【合肥中院"hensy. cn"域名案】网络域名与他人注册商标尽管差别较为显著,但网站专门宣传、销售侵犯他人注册商标的商品,大量使用他人注册商标,容易使网站访问者误以为与注册商标权人存在联系,侵犯他人注册商标专用权〔法国轩尼诗公司与昌黎轩尼诗酒庄有限责任公司等侵害商标权及不正当竞争纠纷案,安徽省合肥市中级人民法院民事判决书(2012)合民三初字第 00029 号〕。

6.【湖北高院“lafitefamily. com”域名案】网络域名完整地包含他人注册商标，且在网站上宣传、推广与他人注册商标核定商品的相同的商品，容易使相关公众误以为商品来源于注册商标权人，属于“给他人注册商标专用权造成其他损害的行为”〔深圳市金鸿德贸易有限公司与尚杜·拉菲特罗兹施德民用公司、湖南生物医药集团健康产业发展有限公司侵害商标权及不正当竞争纠纷上诉案，湖南省高级人民法院民事判决书(2011)湘高法民三终字第55号〕。

7.【北京高院“Royal Canin S. A”案】如果只是域名与注册商标相同或近似，但网站提供的服务不同于也不类似于注册商标核定的商品或服务，则不足以成立侵犯注册商标专用权或者不正当竞争行为〔刘唯泽与法国皇家宠物食品有限公司侵害商标权及不正当竞争纠纷上诉案，北京市高级人民法院民事判决书(2008)高民终字第1157号〕。

8.【盐城中院“camoga”域名案】应知他人具有一定知名度的商标，出于商业目的注册相同或近似域名，通过该域名在网站上发布同种产品的宣传、推广信息，容易使相关公众误以为与注册商标权人存在特定联系，侵犯注册商标专用权〔凯摩高公司与盐城凯摩高机械制造有限公司侵害商标权及不正当竞争纠纷案，江苏省盐城市中级人民法院民事判决书(2007)盐民三初字第36号〕。

编者说明

(一)商标法第五十七条第(一)项

商标法第五十七条第(一)项规定，“未经商标注册人的许可，在同一种商品上使用与其注册商标相同的商标的”行为是侵犯注册商标专用权，不要求“容易导致混淆”。我国法院强调，嫌疑标志使用行为必须首先构成“商标意义上的使用”(以下简称“商标性使用”)，才可以成立侵害商标权。就“商标性使用”，请参见本书第四十八条注释及其编者说明。

这一法律适用值得商榷。如【最高院“蓝色菱形”立体商标案】中，辉瑞产品公司经核准注册蓝色菱形立体商标，核定商品项目为第5类“医药制剂”“人用药”等。江苏联环药业股份有限公司所生产的同类药品采用相同的颜色和形状，但包裹在不透明材料中出售。最高人民法院审查认为，被告虽然生产销售蓝色菱形药片，但药片包装于不透明的材料内，其颜色及形态不能起到标识其来源和生产者的作用，不是“商标意义上的使用”，故不侵犯辉瑞公司的注册商标专用权。① 然而，辉瑞公司生产销售的“万艾可”牌枸橼酸西地那非片，所采用的蓝色菱形注册商标已经取得很高的知名度，俗称“小蓝片”，是广为人知的抗男性功能障碍药品，争议发生之时还受专利保护。尽管被诉蓝色菱形药片包装于不透明的材料里，消费者购买后服用之时，仍旧可以看到药片的形状和颜色。根据日常生活经验，相关公众看到蓝色菱形抗男性功能障碍药片相当可能误认为所购药品来源于原告或经原告专利授权生产的厂商。这种误认会直接影响消费者的重复购买行为。最高人民法院以不透明材料包装内的小蓝片不是商标性使用作为裁判基础，不太符合市场实际情况。

如本书第四十八条编者说明所述，“商标性使用”其实代表一组容易导致相关公众混淆的因素，而不应作为一个判定注册商标专用权侵权的前设法律条件。相比于考察被诉标志是否构成“商标性使用”，考察被诉标志使用行为是否容易导致混淆更具有建设性。同样对于不透明材料包装内的嫌疑标志使用，在【最高院“小丑”图形商标案】中，被告将他人核定到扑克牌的商标用作大小王的图案。尽管消费者购买扑克牌时看不到大小王的图案，最高人民法院却强调，消费者在“使用时”或“使用后”可能会认为大小王上的图案相同或相似的扑克与注册商标权利人存在一定的关联，容易导致消费者产生误认误购，为此构成侵害注册商标专用权。

对于在注册商标核定使用之同种商品上使用与注册商标相同标志（以下简称“重同使用”），商标法第五十七条第（一）项条文中没有“容易导致混淆”的条件。这是否可以得出“重同使用”不要求“容易导致混淆”即构成侵犯注册商标专用权呢？通常情况下，“重同使用”容易导致混淆，但不尽然。例如，真车等比例模型玩具车带有真车注册商标，相关公众完全可能不认为模型玩具来自于该注册商标人，即便该注册商标同时也核定用于儿童玩具类商品。② 此时，法院仍应该考察是否容易导致混淆，而不应直接以“重同使用”而判定侵犯注册商标权。实际上，TRIPS 协议第十六条第一款规定，“重同使用”应当推定（shall be presumed）为

① 参见辉瑞产品有限公司等与江苏联环药业股份有限公司侵犯商标权纠纷再审申请案，最高人民法院民事裁定书（2009）民申字第 268 号。类似案例参见西安甄宝家居有限公司与陕西中烟工业有限责任公司侵害商标权纠纷上诉案，陕西省高级人民法院民事判决书（2019）陕民终 966 号。

② See EU Court of Justice, C－48/05 - Opel / Autec.

容易导致混淆,但允许被告举出相反证据推翻这一推定。

(二)商标法第五十七条第(二)项

商标法第五十七条第(一)和(二)项条文易使人误以为被诉对象是"侵权嫌疑标志",而"侵犯注册商标专用权"="同种或类似商品"+"相同或近似商标"。《最高人民法院关于审理商标民事纠纷案件适用法律若干问题的解释》第九条和第十一条分别解释"相同商标""近似商标"与"类似商品""类似服务",更加强了这一错误认知倾向。

然而,侵犯注册商标专用权之诉的被诉对象是嫌疑标志的使用行为。消费者混淆标志也好,混淆商品也好,都不是侵犯注册商标专用权是否成立的核心问题。消费者是否可能混淆商品来源才是关键问题。法院审理是否构成侵犯注册商标专用权时,不是只考察同种或类似商品与相同或近似商标两个方面,而是综合考察全案所有可能影响消费者混淆商品来源的因素。

简言之,"容易导致混淆"才是侵犯注册商标专用权的充要条件,既包括嫌疑标志的使用行为容易使相关公众混淆商品来源("直接混淆"),还包括误以为不相关的两家企业具有特定经济联系("间接混淆")。特定经济联系包括许可、赞助、授权、控制、关联等关系,例如"嘉裕长城"牌葡萄酒可被误认为是"长城"牌葡萄酒的一个系列,或者由同一公司经营控制。就"容易导致混淆",商标法第五十七条第(二)项明文规定,"未经商标注册人的许可,在同一种商品上使用与其注册商标近似的商标,或者在类似商品上使用与其注册商标相同或者近似的商标,容易导致混淆的",属于侵犯注册商标专用权。如前所述,未经商标注册人的许可,在同一种商品上使用与其注册商标相同的商标,也要求容易导致混淆。

"容易导致混淆"(likelihood of confusion)不要求实际混淆,而只要求相关公众"可能"混淆,故也称之为"混淆之虞"。"相关公众"是指与商标所标识的某类商品或者服务有关的消费者和与前述商品或者服务的营销有密切关系的其他经营者。之所以将"容易导致混淆"作为判定注册商标侵权,是为了保障注册商标人对注册商标使用的可预期性,满足现代商业活动的需要。"容易导致混淆"所谓的混淆不是指相关公众混淆标志或者混淆商品(服务),而是混淆商品(服务)的来源。至于此种混淆发生于售前、售中还是售后,在所不问;"容易导致混淆"是否导致注册商标权人遭受经济损失,在所不问;原被告之间是否存在直接的竞争关系,也在所不问。

"容易导致混淆"区别于"容易导致联想"。"联想之虞"是商标侵权的必要条件而不是充分条件。有"混淆",必有"联想";而有"联想"不必有"混淆"。嫌疑标志只要和注册商标在发音、外形或含义上足够相似,就能够引发联想。消费者由一商标联想到另一商标,但仍可能清楚地分辨商品来源。司机看到"红灯"可以联想到"绿灯",但可以区分;消费者看到"可口可乐",容易想到"百事可乐",同样仍能辨识两种碳酸饮料的各自来源。

"容易导致联想"(或称"联想之虞",likelihood of association)曾经作为一种商标侵权理论。它诞生于《比荷卢经济联盟商标公约》(Benelux Convention on Trademarks)。在著名的1983年 *Jullien v. Verschuere* 案中,比荷卢法院判决指出:"如果根据具体案情,特别注册商标的显著性,考虑嫌疑标志和注册商标本身及其相互关系,它们在发音、外形或含义上足够相似,以至于相关公众可以在二者之间建立联想,则嫌疑标志与注册商标应当认定为构成近似。"①这一理论认为,如果嫌疑标志可以引起对某一注册商标的联想(association),公众就会在此标志和商标之间建立联系(connection),从而损害商标权:其一,它可能让消费者误以为商品来自于同一企业或者关联企业;其二,消费者对嫌疑标志的感知将唤醒其对该商标的记忆(通常是潜意识的),从而使附着在商标上的商誉迁移到嫌疑标志,冲淡商标在消费者心目中的形象。② 但这种理论并不长命,在其诞生之地都已经被"混淆之虞"所取代。《比荷卢经济联盟商标公约》之后,《欧盟成员国商标法协调指令》也有"联想之虞"的表述,但规范意义截然不同。该指令第五条第二款规定:"未经注册商标人许可,在商标注册核定商品之相同或相似商品上使用任何相同或近似标志,可能使相关公众发生混淆,包括可能使相关公众由该标志联想到该注册商标。"但1997年在 Puma/Sabèl 案中,欧洲法院指出:《欧盟成员国商标法协调指令》不承认仅仅是"联想"就足以损害在先商标权人利益,而是要求"混淆之虞"。③

判定被诉标志使用是否容易导致混淆,须综合考虑多种市场因素。【最高院"九粮液"案】指出,"在侵害商标权案件中,判断商标是否近似,应当综合考虑被

---

① See Court of Justice of European Community, Judgment of 20 May 1983 in Case A 82/5 Jullien v Verschuere, Jur. 1983, vol. 4, p. 36 (There is similarity between a trade mark and a sign when, given the particular circumstances of the case in point, particularly the distinctive character of the trade mark, the trade mark and the sign, considered per se and in terms of their mutual relationship, are aurally, visually or conceptually so similar as to establish an association between the sign and the trade mark).

② See Court of Justice of European Community Case C – 251/95 (November 11, 1997), available at: http://www.ipo.gov.uk/c25195.pdf.

③ See Court of Justice of European Community, Puma/Sabèl of 11 November 1997 (Case C – 251/95).

诉侵权标识的使用方式、被诉侵权行为人的主观恶意及注册商标的知名度等因素,判断被诉侵权标识的使用是否会造成相关公众混淆误认"。【最高院"鳄鱼图形"商标案】指出,"侵犯注册商标专用权意义上的商标近似是指混淆性近似,即足以造成市场混淆的近似。根据诉争商标涉及的具体情况,认定商标近似除通常需要考虑其构成要素的近似程度外,还需要综合考虑其他相关因素,诸如被诉侵权人的主观意图、双方共存和使用的历史与现状、相关市场实际等因素,在此基础上进行公平合理的判断认定诉争商标是否构成混淆性近似,诉争商标仅在构成要素上具有近似性,但综合考量其他相关因素,不能认定其足以造成市场混淆的,不应认定为侵犯注册商标专用权"。【最高院"红河红"案】也指出,"判断是否构成侵犯注册商标专用权意义上的商标近似,不仅要比较相关商标在字形、读音、含义等构成要素上的近似性,还要考虑其近似是否达到足以造成市场混淆的程度,为此要根据案件具体情况,综合考虑相关商标的显著性、实际使用情况、是否有不正当意图等因素,进行近似性判断"。它们都明确"容易导致混淆"是多因素综合判断,须考虑全案情况,而不是只考虑"近似商标"和"类似商品"的机械判定。

(三)反向混淆

"容易导致混淆"有两种:第一,误认为嫌疑标志识别之商品来源于注册商标权人,即正向混淆;第二,误认为注册商标识别之商品来源于嫌疑标志持有人,即"反向混淆"(reverse confusion)。特定案件中,何者具有主导地位,取决于注册商标与嫌疑标志的知名度对比情况。如果注册商标知名度高而嫌疑标志知名度低,正向混淆居主导地位,注册商标人可因客户流失而遭受损失。反之,如果注册商标知名度低而嫌疑标志知名度高,注册商标人遭受的损害不在于客户流失,而在于独立建立品牌形象的商业机会减少。

无论是商标法还是最高人民法院司法解释,都没有单独为"反向混淆"创设规范。无论正向混淆还是反向混淆都应适用"容易导致混淆"判定的一般规则,只是具体方式略有不同而已。具体来说,反向混淆的注册商标侵权纠纷案中,原告注册商标的知名度低。【最高院"MK"案】指出,"在判断是否会造成相关公众混淆误认时,既要考虑被诉侵权标识的实际使用情况,还应结合注册商标的显著性和知名度予以评判,在判断反向混淆时亦应如此"。【最高院"诸葛酿"案】指出,注册商标的知名度和显著性不高时,其排斥近似商标的能力亦不大。反向混淆的注册商标侵权纠纷中,原告注册商标知名度低,其排斥相似商标的能力应该相当弱。为此,只有当嫌疑标志相当接近原告注册标志才可能成立"反向混淆"。【浙江高院"蓝色风暴"案】中,原告注册商标"蓝色风暴及图"被百事可乐公司用于推销“可乐”，被诉标志“蓝色风暴”虽不完全同于原告的注册商标，但包含完全相同的文字，又用到原告注册商标核定之商品（“可乐”）的同种商品上，故法院判决构成“反向混淆”。

法律救济上，无论反向混淆还是正向混淆都应当适用商标法第六十三条，但具体适用方式应当区别。特别地，反向混淆成立的注册商标侵权案件不应以被告“因侵权所得利益”作为赔偿金额的计算基础。就此，请参见商标法第六十三条释义。

（四）反向假冒

“反向假冒”完全不同于“反向混淆”。商标法第五十七条第（五）项规定：“未经商标注册人同意，更换其注册商标并将该更换商标的商品又投入市场的”，侵犯注册商标专用权。学理上称之为“反向假冒”。

“反向假冒”是我国特色的商标侵权理论，可以追溯到 20 世纪 90 年代【北京一中院“卡帝乐”案】。1994 年 5 月，新加坡鳄鱼公司的经销商以单价 230 元购进北京市服装厂制作的“枫叶牌”西服，去除“枫叶”注册商标后换成“鳄鱼”商标，然后在北京市百盛购物中心的鳄鱼服装专柜上以单价 560 元售出。对这种行为应否认定为侵犯注册商标专用权，专家学者曾进行广泛讨论。最终，经 2001 年修正商标法，这种行为被定性为侵犯注册商标专用权，规定在商标法（2001 年）第五十二条第（四）项，一直延续至今。

“反向假冒”是否易使相关公众混淆呢？这并不能一概而论。假设注册商标 M1 识别商品 g，中间商购买之后，去除注册商标 M1 而更换上商标 M2 转售。一方面，如果中间商未曾改变商品品质，消费者会误以为 M2 商标权人控制商品品质，是商品 g 的真实来源。然而，商品 g 品质的实际控制人却是 M1 商标权人。即便商标 M1 和 M2 完全不相同，消费者也已经发生“混淆”。但相关公众的这种混淆不是混淆商标 M1 和 M2 所识别的商品来源，也不是误认为两商标权人之间存在特定经济联系。这种“混淆”既不能归入正向混淆，也不能归入反向混淆。这种“混淆”本质上是一种“欺诈”，即中间商用商标 M2 对商品的品质和生产者作引人误解的虚假宣传。这种行为更适合采用反不正当竞争法之下的“禁止虚假宣传”来调整。

另一方面，如果中间商实质性改变商品 g 的品质，然后以商标 M2 进行销售，这种行为并无不妥。众多中间产品不是直接消费的对象。厂家采购之后，实质性改变中间产品的性状，以自己的商标识别最终商品而不显示中间产品的品牌，这是符合商业惯例的诚信行为。中间商作为最终产品质量的直接控制人，他就是商品来源，理应采用自己的商标。在这种情况下，反倒是继续采用原先商标

M1 来出售最终产品，容易使相关公众混淆，误以为最终产品的品质仍由 M1 商标权人控制。比如，中间商大量购买可口可乐碳酸饮料然后兑水再转售，宣称为“可口可乐”牌碳酸饮料，这是以假充真、以次充好的行为，是中间商利用他人商标“可口可乐”对所售商品的品质和生产者作出引人误解的虚假宣传。《欧盟协调成员国商标法指令》第七条第二款和《欧盟商标条例》第十三条第二款把这种情况作为商标权用尽之例外，准许商标注册人提起侵权诉讼。我国商标法（2001年）只准许行政处理，其第四十五条规定，“使用注册商标，其商品粗制滥造，以次充好，欺骗消费者的，由各级工商行政管理部门分别不同情况，责令限期改正，并可以予以通报或者处以罚款，或者由商标局撤销其注册商标”。但商标法（2013年）删除此条。

匪夷所思的是，我国司法实践曾认为，去除他人注册商标，即便不更换商标而转售商品，也侵犯注册商标专用权。【南通中院“银雉”案】中，原告生产销售印刷机械，1991 年受让取得“银雉”注册商标（注册商标第 174737 号，核定用于第 7 类“印刷机械”）。原告把“银雉”注册商标和产品技术参数、厂名一并刻录到铭牌上，固定于生产销售的胶印机上。被告组装、修理和销售印刷机械。自 2001 年开始，多次购买使用过的“银雉”牌旧胶印机，修理后除去铭牌重新喷涂，再以无标识的形式售出。原告起诉被告侵犯注册商标专用权。南通市中级人民法院审理认为：“商品商标与商品具有不可分离的属性，商标权人有权在商品的任何流通环节，要求保护商品商标的完整性，保障其经济利益。在商品流通过程中拆除原有商标的行为，显然割断了商标权人和商品购买使用者的联系，不仅使其无从知道商品的实际生产者，剥夺公众认知商品生产者和商品商标的机会，还终结了该商品所具有的市场扩张属性，直接侵犯了商标权人所享有的商标专用权，并最终损害商标权人的经济利益。”为此，法院判定被告行为侵犯注册商标专用权。但法院不认为这违反商标法（2001 年）第五十二条第（四）项，而认为这属于同条第（五）项“给他人的注册商标专用权造成其他损害的”行为。本案后来作为公报案例，载于《中华人民共和国最高人民法院公报》2004 年第 10 期。

然而，南通市中级人民法院的判决意见站不住脚。本案被告出售无商标的二手胶印机不属于商标法（2001 年）第五十二条第（一）至（四）的任何一种侵权行为。法院似乎认为，商标注册人有权要求在商品流通的全部环节均保持商标附着在商品之上，故而“反向假冒”条款的核心是禁止从商品上“去除”注册商标。然而，注册商标专用权的核心是保护商标识别商品来源的功能，而不是保护商标对商品的固着关系。维修第三方产品，未经许可不得使用其注册商标。经维修的二手商品区别于一手新产品，其品质不一致；原厂商如无法控制旧商品的维修品质，出于商事利益的考虑，不会放任他人在翻新机器上继续使用商品原有商标。如果翻新后保留原商标并以原装产品出售，可能构成犯罪。比如，未经注册商标权人许可，对废旧硒鼓翻新、灌装碳粉、粘标和包装，假冒兄弟、联想、富士、佳能、理光及美能达等品牌的打印机耗材后，以原装正品代理商销售正品耗材的方式在其开设的淘宝网店销售，被判构成"假冒注册商标罪"。①【最高院"多米诺"案】中，被告改装原告喷码机后没有去除原告在喷码机上的注册商标。最高人民法院认为，如果商品在转售前发生实质性改变，导致商品与来源之间的联系发生改变，在该商品上继续使用原有商标且未对消费者履行合理告知义务的情况下，容易导致混淆并损害商标权人的利益，构成商标侵权。可见，【南通中院"银雉"案】的裁判意见行之不远。

（五）将他人注册商标用作企业字号

商标先注册而企业字号后登记使用，可能侵犯在先注册商标之专用权。这种情况可以区分两种典型情况：（1）将他人注册商标不正当注册使用为企业字号；（2）不规范使用企业名称而容易导致与注册商标混淆。【最高院"王将"案】指出，"注册商标和企业名称均是依照相应的法律程序获得的标志权利，分属不同的标志序列，依照相应法律受到相应的保护。对于注册商标与企业名称之间的纠纷，人民法院应当区分不同的情形，按照诚实信用、维护公平竞争和保护在先权利等原则，依法处理。如果注册使用企业名称本身具有不正当性，比如不正当地将他人具有较高知名度的在先注册商标作为字号注册登记为企业名称，即使规范使用仍足以产生市场混淆的，可以按照不正当竞争处理；如果是不规范使用企业名称，在相同或者类似商品上突出使用与他人注册商标相同或相近的企业的字号，容易使相关公众产生误认的，属于给他人注册商标专用权造成其他损害的行为，依法按照侵犯商标专用权行为处理"。

对这两种情况，法律救济有所不同。依据《最高人民法院关于审理注册商标、企业名称与在先权利冲突的民事纠纷案件若干问题的规定》第四条的规定，如果不正当地将他人具有较高知名度的在先注册商标作为字号注册登记为企业名称，注册使用企业名称本身即是违法，不论是否突出使用均难以避免产生市场混淆的，可以根据当事人的请求判决停止使用或者变更该企业名称；如果企业名称的注册使用并不违法，只是因突出使用其中的字号而侵犯注册商标专用权的，判决被告规范使用企业名称、停止突出使用行为即足以制止被告的侵权行为，则

① 参见李某甲假冒注册商标刑事纠纷案，广东省中山市第一人民法院刑事判决书（2015）中一法知刑初字第41号。

不宜判决停止使用或者变更企业名称。

就第一种情况，典型的是将他人已经具有相当知名度的商标注册为企业字号。比如，当“微信”普遍使用、广为知晓之后，将企业名称由“广东微企动力互联网服务有限公司”变更为“广东微信互联网服务有限公司”，在经营场所使用有“广东微信”字样，从事软件和信息技术服务业，即侵犯“微信”注册商标专用权。①

就第二种情况，不规范使用企业名称而容易导致与注册商标混淆，适用商标法第五十七条第（七）项。《最高人民法院关于审理商标民事纠纷案件适用法律若干问题的解释》第一条第（一）项规定，“将与他人注册商标相同或者相近似的文字作为企业的字号在相同或者类似商品上突出使用，容易使相关公众产生误认的”，属于商标法第五十七条第（七）项规定的“给他人注册商标专用权造成其他损害的”行为，构成侵犯注册商标专用权。“突出使用”企业字号就是不规范使用企业名称，使得字号突出而可以使得相关公众将其作为商业标志识别商品或服务来源。【江西高院“伟星”案】指出，“突出使用”是指“将与商标权人注册商标文字相同或相近似的字号从企业名称中脱离出来，在字体、大小、颜色等方面突出醒目地进行使用，使字号具有标识的商标意义，并使人在视觉上产生深刻印象的行为”。【南京中院“雪中彩影”案】【江苏高院“吴良材”案】【广东高院“米其林”案】等案，也可做“突出使用”认定的参考。【上海知产法院“华美”案】指出，经营者将企业名称中的字号在商品或服务中突出使用时，企业字号实际上具有了识别商品或服务来源的功能与效果，即具有了与商标相同的功能。

特别地，只使用企业名称的组成部分而不使用全称，通常都是不规范使用。《企业名称登记管理规定》（2012 年）第二十条规定：“企业的印章、银行账户、牌匾、信笺所使用的名称应当与登记注册的企业名称相同。……”违反本条，可构成该管理规定第二十六条“使用未经核准登记注册的企业名称从事生产经营活动”，或者“擅自改变企业名称”，应受行政处罚。特殊行业的企业可以适当简化企业名称，但应该符合该管理规定第二十条规定：“……从事商业、公共饮食、服务等行业的企业名称牌匾可适当简化，但应当报登记主管机关备案。”此处所称“适当简化”

---

① 参见广东微信互联网服务有限公司与腾讯科技（深圳）有限公司等侵害商标权及不正当竞争纠纷上诉案，广东省佛山市中级人民法院民事判决书（2016）粤 06 民终 3137 号。

是指不容易造成混淆的简化。① 事实上,不使用企业全称而只使用企业字号,并附加商品或服务名称,就是将字号作为未注册商标使用,识别商品或服务来源。②

(六)将他人注册商标用作网络域名

将他人注册商标用作域名,只有容易导致相关公众混淆时,方构成侵犯注册商标专用权。域名是网络环境下识别计算机 IP 地址的符号序列。IP 地址是数字,不便于记忆,所以技术上选由字符型域名代替 IP 地址,通过域名服务器(Domain Name System, DNS)中介实现 Internet 主机识别,以便实现计算机之间的通信。域名由计算机系统识别,计算机对非常相似的域名也可以精确地区分开来,绝不会出现混淆情况。【广东高院"去哪儿网"案】中,北京趣拿公司的"qunar. com"域名与广州去哪公司的"quna. com"域名仅相差一个字母"r",但双方都合法取得了域名注册。

总之,域名本身不表征商品或服务来源。只有在特定情况下,将他人注册商标用作域名才侵犯注册商标专用权。《最高人民法院关于审理商标民事纠纷案件适用法律若干问题的解释》第一条第(三)项规定,"将与他人注册商标相同或者相近似的文字注册为域名,并且通过该域名进行相关商品交易的电子商务,容易使相关公众产生误认的",属于商标法第五十七条第(七)项规定的给他人注册商标专用权造成其他损害的行为。【北京高院"Royal Canin S. A"案】指出,如果只是域名与注册商标相同或近似,但网站提供的服务不同于也不类似于注册商标核定的商品或服务,则不足以成立侵犯注册商标专用权或者不正当竞争行为。

---

① 不当简称容易引起混淆。例如,中国人民大学可简称为"人大",全国人民代表大会也可以简称为"人大",从而发生混淆误认。企业简称常容易导致同注册商标混淆。例如"哈尔滨福成饮食有限公司昆明分公司"在其经营场所的牌匾、外墙、内外装饰、宣传资料、定餐卡、菜单上,大量使用"福成""福成集团""福成肥牛""福成火锅""福成肥牛火锅""福成肥牛火锅昆明旗舰店"等与其企业名称不符的文字。法院认为,法律只规定企业有依法"简化"企业名称的权利,而未规定企业可以随意变更企业名称。"简化"是在全称基础上的合理缩减,而非彻底抛弃原名称,随意使用与原名称完全不同的新名称。而且,企业名称的简化只允许在牌匾上使用,还须报登记主管机关备案。故法院认定该公司违法使用企业名称。参见河北三河福成养牛集团总公司诉哈尔滨福成饮食有限公司昆明分公司侵犯注册商标专用权及不正当竞争纠纷案,云南省高级人民法院民事判决书(2007)云高民三终字第7号,载《中华人民共和国最高人民法院公报》2008年第6期。

② 参见梁或、卢宜坚与安徽采蝶轩蛋糕集团有限公司、合肥采蝶轩企业管理服务有限公司等侵害商标权、不正当竞争纠纷上诉案,安徽省高级人民法院民事判决书(2013)皖民三终字第72号。

第五十八条 【将他人商标作为企业字号使用的不正当竞争行为】将他人注册商标、未注册的驰名商标作为企业名称中的字号使用，误导公众，构成不正当竞争行为的，依照《中华人民共和国反不正当竞争法》处理。

【立法·要点注释】

1. 企业名称是区别不同市场主体的标志。按照国务院《企业名称登记管理规定》和国家工商行政管理总局《企业名称登记管理实施办法》的规定，企业只准使用一个名称，在登记主管机关辖区内不得与已登记注册的同行业企业名称相同或者近似；企业名称中不得含有另一个企业名称。企业名称由行政区划、字号、行业、组织形式依次组成。在企业名称的四个要素中，行政区划、行业、组织形式三个要素属于共有要素，只要在同一行政区域、从事同一行业、组织形式相同的企业，这三个要素可能完全相同。只有"字号"这个要素，是每个企业独有的。"字号"由两个以上的字组成，具有识别性、显著性、表意性等特点，是企业名称中的一个核心要素，是企业名称中最显著和最重要的组成部分。

2. 选择和确定"字号"，应当符合法律规定，不得损害他人合法权益。他人的注册商标，由他人依法享有商标专用权；他人的未注册驰名商标，是他人通过不断努力获得的商标信誉。将他人的注册商标或者未注册的驰名商标，作为企业名称中的字号使用，在主观上具有误导公众的故意或者过失，在客观上也会产生损害他人合法权益、误导社会公众、扰乱社会经济秩序的不良效果，属于不正当竞争行为。因此，实施此类行为，误导公众，构成不正当竞争行为的，依照反不正当竞争法处理。

【相关立法】

《中华人民共和国反不正当竞争法》(20190423)

第二条 经营者在生产经营活动中，应当遵循自愿、平等、公平、诚信的原则，遵守法律和商业道德。

本法所称的不正当竞争行为,是指经营者在生产经营活动中,违反本法规定,扰乱市场竞争秩序,损害其他经营者或者消费者的合法权益的行为。

本法所称的经营者,是指从事商品生产、经营或者提供服务(以下所称商品包括服务)的自然人、法人和非法人组织。

第六条　经营者不得实施下列混淆行为,引人误认为是他人商品或者与他人存在特定联系:

……

(二)擅自使用他人有一定影响的企业名称(包括简称、字号等)、社会组织名称(包括简称等)、姓名(包括笔名、艺名、译名等);

……

【司法解释】

1.《最高人民法院关于审理注册商标、企业名称与在先权利冲突的民事纠纷案件若干问题的规定》(法释〔2008〕3 号,20080301;经法释〔2020〕19 号修正,20210101)

第三条　人民法院应当根据原告的诉讼请求和争议民事法律关系的性质,按照民事案件案由规定,确定注册商标或者企业名称与在先权利冲突的民事纠纷案件的案由,并适用相应的法律。

第四条　被诉企业名称侵犯注册商标专用权或者构成不正当竞争的,人民法院可以根据原告的诉讼请求和案件具体情况,确定被告承担停止使用、规范使用等民事责任。

【注释】①

1. 就第三条的理解与适用,最高人民法院 2008 年公布的《民事案件案由规定》将“侵犯企业名称(商号)权纠纷”“擅自使用他人企业名称、姓名纠纷”分别作为第三级和第四级案由予以规定,纳入“知识产权纠纷”当中,为将此类案件统一作为知识产权案件受理提供了依据。

2. 就第四条的理解与适用:本条规定“规范使用”,主要是针对突出使用企业名称中的字号,侵犯他人注册商标专用权的行为,人民法院可以责令

---

① 参见蒋志培、孔祥俊、夏君丽:《〈关于审理注册商标、企业名称与在先权利冲突的民事纠纷案件若干问题的规定〉的理解与适用》,载《人民司法·应用》2008 年第 7 期。

行为人经规范的方式使用、不得突出使用等。本解释中的“等”还包括了承担民事责任的其他方式。审判实践中，对于企业名称构成侵权的，有的法院判令侵权行为人变更字号。在有些案件中采用这种责任方式也是必要的。特别是一些法院对这种民事责任的强制执行方式也作出了明确规定，进行了有效的探索，甚至一些地方性法规也作出相应规定。在本解释调研起草过程中，国家工商总局支持法院可以直接判令当事人申请变更企业名称。

2.《最高人民法院关于审理涉及驰名商标保护的民事纠纷案件应用法律若干问题的解释》(法释〔2009〕3 号,20090501;经法释〔2020〕19 号修正,20210101)

第十条 原告请求禁止被告在不相类似商品上使用与原告驰名的注册商标相同或者近似的商标或者企业名称的,人民法院应当根据案件具体情况,综合考虑以下因素后作出裁判:

(一)该驰名商标的显著程度;

(二)该驰名商标在使用被诉商标或者企业名称的商品的相关公众中的知晓程度;

(三)使用驰名商标的商品与使用被诉商标或者企业名称的商品之间的关联程度;

(四)其他相关因素。

【注释】①

针对不同驰名商标驰名程度差异的情况,驰名的注册商标在不相同或者不相类似的商品上依法获得跨类保护的范围不是整齐划一和固定不变的。为了更准确地规范人民法院对驰名商标跨类保护的适用标准,本解释第十条的规定,便于审判实践中准确把握跨类保护的范围,使其保护范围宽窄适度,避免使跨类保护成为全类保护,从而使跨类保护更符合立法意图。

3.《最高人民法院关于审理商标案件有关管辖和法律适用范围问题的解释》(法释〔2002〕1 号,20020121;经法释〔2020〕19 号修正,20210101)

第七条 对商标法修改决定施行前发生的侵犯商标专用权行为,商标注

---

① 参见孔祥俊、夏君丽:《〈关于审理涉及驰名商标保护的民事纠纷案件应用法律若干问题的解释〉的理解与适用》,载《人民司法·应用》2009 年第 13 期。

册人或者利害关系人于该决定施行后在起诉前向人民法院提出申请采取责令停止侵权行为或者保全证据措施的，适用修改后商标法第五十七条、第五十八条的规定。

【司法文件】

《最高人民法院民事审判第三庭关于转发〔2004〕民三他字第 10 号函的通知》（法民三明传〔2005〕2 号，20050311）

二、对违反诚实信用原则，使用与他人注册商标中的文字相同或者近似的企业字号，足以使相关公众对其商品或者服务的来源产生混淆的，根据当事人的诉讼请求，可以依照民法通则有关规定以及反不正当竞争法第二条第一、二款规定，审查是否构成不正当竞争行为，追究行为人的民事责任。

【部门参考文件】

《企业名称禁限用规则》（工商企注字〔2017〕133 号，20170731）

第二十七条　企业不得使用工商总局曾经给予驰名商标保护的规范汉字作同行业企业名称的字号，但已经取得该驰名商标持有人授权的除外。

【地方法院规范】

1.《北京市高级人民法院关于当前知识产权审判中需要注意的若干法律问题》（2018）

二、商标案件

2. 侵害商标权案件中的具体问题

被告突出使用与原告注册商标相同或近似的企业字号的法律适用。对于被告将与他人注册商标相同或相近的文字作为企业的字号在相同或类似商品上突出使用的行为，在适用法律时，应当注意商标法相关条款与《最高人民法院关于审理商标民事纠纷案件适用法律若干问题的解释》第一条第一项规定所指情形之间的区别。《最高人民法院关于审理商标民事纠纷案件适用法律若干问题的解释》第一条第一项是对 2001 年商标法第五十二条第五项兜底条款中“给他人注册商标专用权造成其他损害的行为”所作的细化。2014年商标法第五十七条也规定了兜底条款。因此,针对前述行为,不能同时适用商标法与司法解释的上述规定。在具体案件中,如果当事人依据2001年商标法第五十二条第一项或者2014年商标法第五十七条第一项、第二项的规定提出诉讼主张,在符合适用要件时,可以依据当事人的主张对相关行为进行调整。

2.《北京市高级人民法院关于商标与使用企业名称冲突纠纷案件审理中若干问题的解答》(京高法发〔2002〕357号,20021224)

1. 商标与使用企业名称冲突纠纷案件的具体含义是什么?

本《解答》所称商标与使用企业名称冲突是指:将与他人注册商标相同或者近似的文字作为企业名称中的字号注册使用,使商标与字号发生的冲突。当事人因注册商标与使用企业名称发生冲突引起纠纷向人民法院起诉的,经审查符合《民事诉讼法》第一百零八条①规定的,人民法院应予受理。

2. 如何理解企业名称应当依法规范使用?

企业名称是区别不同市场主体的标志,依次由企业所在地的行政区划、字号、行业或者经营特点、组织形式等四部分组成。其中,字号是区别不同企业的主要标志。企业在对外经营活动中应当依法规范使用企业名称,企业的印章、银行账户、信笺、产品或者其包装等使用的企业名称,应当与营业执照上的企业名称相同。从事商业、公共饮食、服务等行业的企业名称的牌匾可以适当简化,但不得与其他企业的注册商标相混淆。

3. 审理商标与使用企业名称冲突纠纷案件应当如何适用法律?

商标与使用企业名称冲突纠纷,从侵权人的行为性质上看,主要是借助于合法的形式侵害他人商誉,表现为使消费者对商品或者服务的来源以及不同经营者之间具有关联关系产生混淆误认,故一般属于不正当竞争纠纷,应当适用《民法通则》、《反不正当竞争法》进行调整;将与他人注册商标相同或者近似的文字作为企业的字号在相同或者类似商品上单独或者突出使用,容易使相关公众产生误认的,属于侵犯他人注册商标专用权的行为,应当适用《商标法》进行调整。

4. 审理商标与使用企业名称冲突纠纷案件,如何判令侵权人承担法律责任?

① 2017年修正的《民事诉讼法》第一百一十九条。——编者注

审理商标与使用企业名称冲突纠纷案件,应当遵循诚实信用、保护在先合法权益的原则。侵权人的行为造成消费者对商品或者服务的来源产生误认和混淆,或者造成消费者误认为不同经营者之间具有关联关系,或者对驰名商标造成《商标法》第十条第(八)项所说的不良影响,构成不正当竞争的,人民法院可以判令停止使用企业名称或者对该企业名称的使用方式和范围作出限制。因主观上具有过错给权利人造成损害的,还应该判令赔偿损失。

5. 注册商标专用权的受让人对于受让前的侵权行为能否主张权利?

商标是区别不同商品或者服务来源的标志。注册商标专用权的受让人自商标转让公告之日起享有该商标专用权和禁止他人在相同或者类似商品或者服务中使用该商标的权利,对于转让前发生的侵权行为不能主张权利。但有特别约定或者至商标转让公告之日仍在持续的侵权行为除外。

6. 审理商标与使用企业名称冲突纠纷案件,商标权人是否必须在一定期限内主张权利?

商标与使用企业名称发生冲突,商标权人自企业名称登记之日起五年内未提出请求的,不予保护。对恶意将他人驰名商标注册为企业名称的,则不受五年的限制。

7. 企业名称专用权人能否许可他人使用自己的企业名称?

企业名称是用于区别不同企业或者社会组织的标志,具有专用属性,其保护范围受行业和行政区划的限制,仅可由进行注册登记的企业专用,故企业名称专用权人不得许可他人使用自己的企业名称。在商标与使用企业名称冲突纠纷案件的审理中,对被告以经他人授权许可而使用企业名称为由进行抗辩的不予支持。

8. 如何认定商标与企业名称中字号的使用冲突足以造成消费者的误认混淆?

判断商标与企业名称中字号的使用冲突能否造成消费者误认混淆(包括产生混淆的可能性),即对不同经营者提供的商品或者服务的商业来源以及不同经营者之间具有关联关系的误认混淆,应该以侵权行为发生时的有关事实为依据,同时还应当考虑但不限于以下因素:①销售商品或者提供服务的渠道与方式;②双方所经营的商品或者服务的类似程度以及消费者购买时的注意程度;③是否有证据证明已经造成了实际混淆;④被告人是否具有利用或者损害他人商誉的故意等,综合作出判断。

9. 审理商标与使用企业名称冲突纠纷案件,如何认定文字近似?

判断商标与企业名称中的字号是否近似，应主要考虑公众的视觉效果，综合字形、读音、含义进行判断。只要字形、读音之一基本相同并足以使消费者对商品或服务的来源以及不同经营者之间具有关联关系造成误认混淆的，即应认定为近似，同时还应考虑请求保护的注册商标的显著性和知名程度。

10. 审理商标与使用企业名称冲突纠纷案件，什么情况下应当中止审理？

商标与使用企业名称冲突纠纷案件的审理中，被告请求商标局或者商标评审委员会撤销注册商标专用权的，人民法院一般不中止诉讼，但行政主管机关正在对使用冲突纠纷进行处理或者人民法院经审查认为有必要中止诉讼的除外。

11. 经行政主管机关认定为驰名商标的权利人对于此前他人在不相同或者不相类似的商品或者服务中使用驰名商标的行为能否主张权利？

经行政主管机关认定的驰名商标，自认定驰名之日起其保护范围及于不相同或者不相类似的商品或者服务，但其效力并不能当然溯及既往。权利人对于此前他人在不相同或者不相类似的商品或者服务中使用驰名商标的行为主张权利，对方当事人不持异议的，人民法院可以就是否构成驰名商标不再审查。

12. 商标与使用企业名称冲突纠纷案件审理中，企业名称先于注册商标合法登记的应如何处理？

审理商标与使用企业名称冲突纠纷应当依法保护在先合法登记并使用企业名称者享有继续使用的合法权益，即在注册商标申请日前已经合法登记并使用的企业名称中的字号与他人商标相同或者近似的，企业名称使用人有权继续使用该企业名称。

【指导案例】

【重庆高院“同德福”案】与“老字号”无历史渊源的个人或企业将“老字号”或与其近似的字号注册为商标后，以“老字号”的历史进行宣传的，属于虚假宣传，构成不正当竞争〔成都同德福合川桃片有限公司诉重庆市合川区同德福桃片有限公司、余晓华侵害商标权及不正当竞争纠纷案，重庆市高级人民法院民事判决书（2013）渝高法民终字第00292号，最高人民法院指导案例第58号〕。

(1)与“老字号”无历史渊源的个人或企业将“老字号”或与其近似的字号注册为商标后,以“老字号”的历史进行宣传的,应认定为虚假宣传,构成不正当竞争。

(2)与“老字号”具有历史渊源的个人或企业在未违反诚实信用原则的前提下,将“老字号”注册为个体工商户字号或企业名称,未引人误认且未突出使用该字号的,不构成不正当竞争或侵犯注册商标专用权。

【公报案例】

【最高院“正野”案】(1)根据反不正当竞争法(1993 年)第二条、第五条第(三)项的规定,将他人注册商标中相同的文字作为企业名称中的字号使用在类似商品上,致使相关公众对商品或者服务的来源产生混淆,虽不突出使用,仍构成不正当竞争行为;(2)企业名称特别是字号,不同于一般意义上的人身权,是区别不同市场主体的商业标识,本质上属于财产权益;(3)原企业注销后,其债权债务由其后企业承继的,字号所产生的相关权益也由在后企业承继;(4)在民事责任的承担上,在后商标的使用侵犯在先字号权益构成不正当竞争行为的,应当判决停止构成侵权的注册商标的使用〔广东伟雄集团有限公司、佛山市高明区正野电器实业有限公司、广东正野电器有限公司与佛山市顺德区正野电器有限公司、佛山市顺德区光大企业集团有限公司不正当竞争纠纷案,最高人民法院民事判决书(2008)民提字第 36 号,载《中华人民共和国最高人民法院公报》2012 年第 3 期〕。

【法院参考案例】

1.【最高院“采蝶轩”案】企业字号与他人注册商标相同或近似,判断行为人注册该企业字号是否构成不正当竞争,关键在于其是否具有攀附涉案商标的意图,为此需要考虑该注册商标在该企业名称注册时是否具有知名度〔梁或等与安徽采蝶轩蛋糕集团有限公司等侵害商标权、不正当竞争纠纷再审案,最高人民法院民事判决书(2015)民提字第 38 号〕。

2.【最高院“瑞和如家”案】在他人文字注册商标具有较高知名度后,登记的企业字号包含相同的文字标识并在实际使用中予以突出,具有攀附他人注册商标商誉的主观故意，违反了诚实信用原则，容易导致混淆，构成不正当竞争〔天津市静海县瑞和如家快捷宾馆与和美酒店管理（上海）有限公司侵害商标权及不正当竞争纠纷再审申请案，最高人民法院民事裁定书（2017）最高法民申4517号〕。

3.【最高院“和睦佳”案】医疗服务企业无论是否突出使用字号都容易导致市场混淆，应判决停止使用该字号〔和睦家医疗管理咨询（北京）有限公司与福州和睦佳妇产医院等侵害商标权及不正当竞争纠纷再审案，最高人民法院民事判决书（2018）最高法民再428号〕。

4.【重庆高院“同德福”案】行为人选用企业字号时善意并具有正当理由，而他人注册商标缺乏知名度，即便该字号与他人缺乏知名度的注册商标相同或近似，二者经营范围相同，也不构成不正当竞争或注册商标侵权〔成都同德福合川桃片有限公司诉重庆市合川区同德福桃片有限公司、余晓华侵害商标权及不正当竞争纠纷上诉案，重庆市高级人民法院民事判决书（2013）渝高法民终字第00292号，列入最高人民法院公布的2013年中国法院50件典型知识产权案例〕。

5.【天津高院“科艺隆”案】当事人在经营范围具有相关性，在消费对象有较高重合性，且同在一地经营，对同业竞争者及其品牌的知名度理应知晓，应在登记企业名称时予以避让，仍将与他人注册商标和企业字号相同的文字作为自己的企业字号登记，在经营中突出使用，明显具有攀附他人注册商标商誉的主观意图，违反了诚实信用原则，构成不正当竞争〔天津科艺隆装饰工程有限公司与天津科艺隆科技有限公司侵害商标权及不正当竞争纠纷上诉案，天津市高级人民法院民事判决书（2016）津民终400号〕。

6.【天津高院“万科”案】明知他人具有较高知名度和显著特征的文字注册商标，仍在类似服务类别经营中登记使用完整包含该文字注册商标的企业字号，具有明显的攀附他人商誉的主观故意，虽然规范使用企业名称而未突出使用字号，但仍足以造成相关公众误认为其与商标注册人具有关联关系，违反诚实信用原则，构成不正当竞争〔天津万科金钻装饰设计工程有限公司与万科企业股份有限公司侵害商标权及不正当竞争纠纷上诉案，天津市高级人民法院民事判决书(2015)津高民三终字第 0005 号〕。

7.【四川高院"正泰"案】同业竞争者将与他人已经使用并有较高知名度的注册商标相近似的文字作为企业字号,并在相同商品上使用,容易使相关公众产生误认,损害他人合法权益,构成不正当竞争,应停止在企业字号中继续使用该字号〔浙江正泰电器股份有限公司与四川正泰电力电气成套有限公司侵害商标权及不正当竞争纠纷上诉案,四川省高级人民法院民事判决书(2014)川知民终字第 5 号,列入最高人民法院公布的 2014 年中国法院 50 件典型知识产权案例、2014 年四川省知识产权保护十大典型案例〕。

8.【山东高院"张裕卡斯特酒庄"案】处理企业字号与注册商标冲突时,当事人的主观状态是善意或恶意是考量违法性的重要因素;判断是否具有恶意,通常要考虑当事人最早获取或使用相关商业标识时是否知道、是否有合理理由知道他人相同或近似的商业标识,以及获取和使用该商业标识的行为是否不正当利用、损害他人在先商业标识的声誉,并根据在后使用者开始使用时的情况以及在先使用者当时的知名度等具体情况进行判断〔烟台张裕卡斯特酒庄有限公司与上海卡斯特酒业有限公司、李道之确认不侵犯商标权纠纷上诉案,山东省高级人民法院民事判决书(2013)鲁民三终字第 155 号〕。

9.【福州中院"众信"案】应知他人具有知名度的注册商标而在没有任何权利基础的情况下将其作为企业字号使用,其行为足以使相关公众误认为其与商标注册人存在关联关系,具有攀附商标注册人商誉的主观故意,容易造成相关公众的混淆,构成对商标注册人的不正当竞争,应承担停止使用该企业名称、赔偿经济损失的法律责任〔众信旅游集团股份有限公司与福建省众信国际旅行社有限公司商标权权属、侵权纠纷案,福建省福州市中级人民法院民事判决书(2018)闽 01 民初 1126 号〕。

10.【黑龙江高院"狗不理"案】老字号传人未将老字号申请并取得注册商标,未经注册商标专用权人许可,擅自使用老字号可能构成注册商标侵权〔天津狗不理包子饮食公司与哈尔滨市香坊区天龙阁饭店等侵害商标权纠纷再审案,黑龙江省高级人民法院民事判决书(1994)黑高经再字第 93 号〕。

编者说明

文字商标和企业名称的构成要素相同。然而,这不意味着构成要素相同的文字商标与企业名称之间容易使相关公众混淆商品来源。企业名称识别企业法人,不识别商品来源。众多企业申请注册和使用的商标与自己的字号全然不同。而且,我国企业名称实行分级登记管理,不同行政区划的企业名称可能包含完全相同的字号但各企业之间没有任何经济关系。如果消费者错误地以为它们之间存在特定经济联系,并由此而作出购买决策,法律上属于消费者认知错误,并不能给予法律救济。

即便它们经营同种商品,法律还是承认它们通过不同商标来识别各自的商品来源。如在福建省白沙消防工贸有限公司与南安市白沙消防设备有限公司侵犯企业名称(商号)权及不正当竞争纠纷案中,原告前身福建省南安县白沙消防器材厂于1989年由南安县美林镇白沙村民委员会投资创办,为村办集体所有制企业,主营消防器材。此厂几经更名,最后2003年变更成现名"福建省白沙消防工贸有限公司"(以下简称福建白沙公司),主营消防设备。被告前身"福建省南安市白沙消防设备厂"于1995初经南安市工商行政管理局核准设立,亦为集体所有制企业,主营消防器材产品。2003年2月,该厂变更企业名称为"南安市白沙消防设备有限公司"(以下简称南安白沙公司)。原告注册使用"远红"商标。此商标于2002年底被认定为"泉州市知名商标";2003年被认定为"福建省著名商标";2006年由常德市中级人民法院在审判个案中认定为"中国驰名商标"。被告1997年7月经核准取得"白沙"文字注册商标(第1065970号),由此引发争议。最高人民法院审理认为:南安白沙公司将"白沙"作为其字号属于对该公司住所地村名的正当使用,将其所处村名和字号"白沙"注册为商标的行为也具有正当性。尽管南安白沙公司注册和使用"白沙"商标是福建白沙公司的企业字号"白沙"二字,但与福建白沙公司注册并使用的"远红"商标相区别,不足以使相关公众混淆。①

我国法律并无明文规定"企业字号权"。一方面,《企业名称登记管理规定》保护"企业名称专用权"。企业名称由以下部分组成:字号(或者商号)、行业或者经营特点和组织形式。② 并且,企业名称应当冠以企业所在地省(包括自治

① 参见最高人民法院民事裁定书(2012)民申字第14号;同时参见福建省高级人民法院民事判决书(2008)闽民终字第514号,列入最高人民法院公布的2009年中国法院知识产权司法保护50件典型案例。

② 《企业名称登记管理规定》(2012年)第七条。

区、直辖市）或者市（包括州）或者县（包括市辖区）行政区划名称，除非是历史悠久、字号驰名的企业，外商投资企业或者企业名称中可合法使用“中国”“中华”或“国际”字词的企业。① 企业仅对其核准登记的企业名称享有企业名称专用权，对于企业名称的组成部分“字号”并没有专属权益。由于我国实行企业名称分级管理制，不同行政区划的企业可以包含完全相同的字号。另一方面，民法典第一千零一十七条规定：“具有一定社会知名度，被他人使用足以造成公众混淆的笔名、艺名、网名、译名、字号、姓名和名称的简称等，参照适用姓名权和名称权保护的有关规定。”反不正当竞争法第六条第（二）项明文规定“擅自使用他人有一定影响的企业名称（包括简称、字号等）”，引人误认为是他人商品或者与他人存在特定联系，属于禁止从事的混淆行为。《最高人民法院关于审理不正当竞争民事案件应用法律若干问题的解释》第六条明确，“具有一定的市场知名度、为相关公众所知悉的企业名称中的字号，可以认定为反不正当竞争法第五条第（三）项规定的‘企业名称’”。可见，企业字号本身不受法律保护，除非经使用而具有一定的市场知名度而可以识别商品或服务来源。

---

① 《企业名称登记管理规定》（2012 年）第七条。

第五十九条 【注册商标专用权的限制】注册商标中含有的本商品的通用名称、图形、型号,或者直接表示商品的质量、主要原料、功能、用途、重量、数量及其他特点,或者含有的地名,注册商标专用权人无权禁止他人正当使用。

三维标志注册商标中含有的商品自身的性质产生的形状、为获得技术效果而需有的商品形状或者使商品具有实质性价值的形状,注册商标专用权人无权禁止他人正当使用。

商标注册人申请商标注册前,他人已经在同一种商品或者类似商品上先于商标注册人使用与注册商标相同或者近似并有一定影响的商标的,注册商标专用权人无权禁止该使用人在原使用范围内继续使用该商标,但可以要求其附加适当区别标识。

【司法文件】

1.《最高人民法院对陕西省高级人民法院〈关于深圳市远航科技有限公司与深圳市腾讯计算机系统有限公司、腾讯科技(深圳)有限公司、深圳市腾讯计算机系统有限公司西安分公司侵犯商标权及不正当竞争纠纷一案请示〉的答复》(〔2008〕民三他字第12号,20081008)

二、对于在一定地域内的相关公众中约定俗成的扑克游戏名称,如果当事人不是将其作为区分商品或者服务来源的商标使用,只是将其用作反映该类游戏内容、特点等的游戏名称,可以认定为正当使用。……是否属于上述情况,请结合案件的具体情况,依据《中华人民共和国商标法实施条例》(2002年)第四十九条的规定,作出认定。

2.《最高人民法院对山东省高级人民法院〈关于烟台市京蓬农药厂诉潍坊市益农化工厂商标侵权纠纷一案的请示〉的答复》(〔1999〕知他字第5号函,20000417)

烟台市京蓬农药厂(以下简称京蓬厂)的"桃小灵"注册商标与潍坊市益农化工厂(以下简称益农厂)的"桃小一次净"商品名称都具有区别商品品质

和来源的标识作用，“桃小”在其中均是起主要识别作用的部分，“灵”与“一次净”都均有功效显著之意，因此，两者的字形和含义存在一定的近似之处。本案的关键问题就是判定这种“近似”是否足以造成消费者的误认，即是否符合《商标法实施细则》第四十一条第(2)项的规定，属于《商标法》第三十八条第(4)项所指的对他人的商标权造成其他损害的行为。……虽然“桃小”是昆虫的通用名称，商标权人不能以其注册了“桃小灵”商标而限制他人使用该词汇，且农药行业有将药物防治对象与防治效果组合命名的惯例，但这并不等于说他人在任何情况下使用“桃小”均是正当合理的。判断正当与否，要结合案件的实际情况，根据是否造成了对他人商标权的损害来认定。如果本案“桃小灵”与“桃小一次净”之间构成近似并足以造成消费者的误认，则益农厂使用“桃小”就是不正当的，要承担侵权的法律责任。此外，从京蓬厂提供的证据看，似已发生了农药经销商产生“桃小一次净”是“桃小灵”替代产品错误认识的客观事实，经销商虽然不是最终消费者，但在一定程度上反映了普通消费者的主观判断。

【部门参考文件】

1.《商标侵权判断标准》(国知发保字〔2020〕23 号,20200615)

第三十三条　商标法第五十九条第三款规定的“有一定影响的商标”是指在国内在先使用并为一定范围内相关公众所知晓的未注册商标。

有一定影响的商标的认定，应当考虑该商标的持续使用时间、销售量、经营额、广告宣传等因素进行综合判断。

使用人有下列情形的，不视为在原使用范围内继续使用：

(一)增加该商标使用的具体商品或者服务；

(二)改变该商标的图形、文字、色彩、结构、书写方式等内容，但以与他人注册商标相区别为目的而进行的改变除外；

(三)超出原使用范围的其他情形。

2.《国家工商行政管理局商标局关于保护服务商标若干问题的意见》(商标〔1999〕12 号,19990330)

七、在下列情形中使用服务商标，视为服务商标的使用：

(一)服务场所；

(二)服务招牌；

(三)服务工具；

(四)带有服务商标的名片、明信片、赠品等服务用品；

(五)带有服务商标的账册、发票合同等商业交易文书；

(六)广告及其他宣传用品；

(七)为提供服务所使用的其他物品。

他人正常使用服务行业惯用的标志，以及以正常方式使用商号(字号)、姓名、地名、服务场所名称，表示服务特点，对服务事项进行说明等，不构成侵犯服务商标专用权行为，但具有明显不正当竞争意图的除外。

【地方法院规范】

1.《北京市高级人民法院知识产权民事诉讼证据规则指引》(20210422)

第四部分 侵害商标权纠纷

4.15 被告主张原告注册商标或其中部分文字属于通用名称的，可以提供字典、辞典、工具书、国家标准、行业标准、地方志、行业权威刊物等文献资料，或者属于全国范围内相关公众普遍认为能够指代一类商品约定俗成的通用名称的证据。

4.16 被告依据《中华人民共和国商标法》第五十九条第三款提出在先使用抗辩的，可以提供原告注册商标申请日前的合同、履行合同证明、宣传推广协议、市场调查报告、用户评价记录、购买记录、销售订单等使用被诉侵权标志的证据。

2.《江苏省高级人民法院侵害商标权民事纠纷案件审理指南(修订版)》(20201229)

第六部分 侵害商标权的抗辩事由

6.1 正当使用抗辩

注册商标中含有的本商品的通用名称、图形、型号，或者直接表示商品的质量、主要原料、功能、用途、重量、数量及其他特点，或者含有地名，商标权人无权禁止他人正当使用。

被告提出正当使用抗辩的事由，通常包括：

1. 被告的使用行为不构成商标意义上的使用

商标法对注册商标的保护并不是绝对的,如果他人是将与注册商标相同或近似的文字用来叙述、说明商品的特点、质量、数量等或者描述某种商业活动的客观事实等,而不具有区分商品来源和不同生产者的作用,则他人的使用不属于商标意义上的使用,不构成对他人商标权的侵害。

2. 被告系正当使用

被告使用与他人注册商标相同或近似的文字并非出于不正当竞争的目的,主观上不是想故意引起混淆,而是善意正当使用。判断是否出于善意,应当综合考虑使用意图、使用行为发生的时间、使用方式以及使用的客观效果。

6.1.1 描述商品或服务特点的叙述性使用

1. 注册商标直接表示商品或服务的性质、质量、主要原料、功能、用途、重量、数量、种类及其他特点,他人可以正当使用。

当注册商标具有描述性时,其他生产者出于说明或客观描述商品或服务特点的目的,以善意方式在必要的范围内予以标注,不会导致相关公众将其视为商标而导致来源混淆的,构成正当使用。判断是否属于善意,是否必要,可以参考商业惯例等因素。

(详见案例二十二)①

2. 注册商标中含有本商品或服务的通用名称、图形、型号的,他人可以正当使用。

其中,通用名称是指在某一区域内为生产经营者或者消费者普遍用于称呼某一商品、服务或其他对象的名称,包括全称、简称、缩写、俗称等。通用名称既包括依据法律规定或者国家标准、行业标准属于商品或服务通用名称的,也包括约定俗成的商品或服务通用名称。相关公众普遍认为某一名称能够指代一类商品或服务的,应当认定为约定俗成的通用名称。被专业工具书、辞典等列为商品或服务名称的,可以作为认定约定俗成的通用名称的参考。约定俗成的通用名称一般以全国范围内相关公众的通常认识为判断标准。对于由于历史传统、风土人情、地理环境等原因形成的相关市场固定的商品或服务,在该相关市场内通用的称谓,法院可以认定为通用名称。

6.1.2 指示商品或服务特点、来源等的指示性使用

---

① 案例二十二:盛某诉延边出版社等侵害商标权纠纷案[江苏省高级人民法院(2012)苏知民终字第0124号]。

在产品修理、零配件制造、产品销售、产品组装等商业领域中，经营者为了向消费者描述其制造、销售的商品或提供的服务内容、来源等，应当允许其合理使用商标权人的商标。但经营者必须遵守指示性合理使用的规则，在使用时应当基于诚信善意，不能以描述的需要为由随意扩大使用商标权人的商标，使用商标的具体形式、程度应保持在合理范畴之内，不会对商标权人的合法权益造成损害。

（详见案例二十三）①

6.1.3 作为地名使用

判断被告使用地名的行为是否属于正当使用，需结合地名商标的知名度、被告使用的具体方式和目的、是否会导致相关公众产生混淆误认等因素综合判断。若通过综合分析判断，确定被告的使用行为系出于攀附权利人地名商标知名度或商誉的意图，可能使相关公众产生混淆误认的，则该使用行为超出了正当使用的范畴，构成侵害商标权。若被告的使用行为有正当理由，且不会使相关公众产生混淆误认，则属于法律规定的正当使用，商标权人无权禁止他人在相同或者类似商品上正当使用该地名来表示商品与产地、地理位置等要素之间的联系。

（详见案例二十四、二十五）②

6.1.4 地理标志使用

地理标志是标示某商品来源于某地区，并且该商品的特定质量、信誉或其他特征主要由该地区的气候、地质、土壤以及品种等自然因素和与之相适应的生产技术、加工工艺等人为因素所决定的标志。

地理标志类商标是将在一定范围内的公用资源纳入商标专用权的范围，故在确定地理标志类商标专用权的保护范围时，应当充分考虑公共利益和商标权利的平衡，将地理标志类商标专用权与禁用权范围限定于“具体地名+产品通用名称”的组合使用方式。一方面，商标专用权的范围不能扩张到地名或者通用名称的单独使用，另一方面，其禁用权的范围不能不当剥夺他人

---

① 案例二十三：联想公司诉顾某侵害商标权纠纷案［江苏省高级人民法院（2014）苏知民终字第0142号］。

② 案例二十四：句容市联友卤制品厂诉柏某侵害商标权纠纷案［江苏省高级人民法院（2004）苏民三终字第003号］。案例二十五：灌南县预算外资金管理局、江苏汤沟两相和酒业有限公司诉陶某侵害商标权纠纷案［江苏省高级人民法院（2006）苏民三终字第0094号］。

合理使用地名加产品通用名称的正当权利。地理标志是一项地区性、公有性的财产权,产地内所有符合条件的厂商和个人都有权使用,不允许垄断使用。因此,在地理标志类商标的保护及侵权诉讼中,在考察被告是否属于正当使用时,法院需要重点审查的内容包括被告销售的产品是否来源于该地理标志特定区域内、是否具备特定品质、产品标注的使用方式是否正当以及使用者主观上是否出于善意。如果被告提供的证据能够证明其商品或服务确实来源于地理标志特定区域,具备特定品质,且未使用地理标志中的特有图案,不会导致相关公众对商品的原产地等特定品质产生误认的,则应当认定被告的使用系对特定地名的正当使用,不构成侵害商标权。

(详见案例二十六、二十七、二十八)①

6.2 先用权抗辩

先用权抗辩制度的主要目的是保护那些已经在市场上具有一定影响但未注册的商标所有人的权益。商标注册人申请商标注册前,他人已经在同一种商品或服务,或者类似商品或服务上先于商标注册人使用与注册商标相同或者近似并有一定影响的商标的,商标权人无权禁止该使用人在原使用范围内继续使用该商标,但可以要求其附加适当区别标识。

先用权抗辩的适用要件主要包括:

1. 他人在注册商标申请日之前存在在先使用商标的行为;

2. 该在先使用行为原则上应当早于商标注册人对商标的使用行为,且为善意;

3. 该在先使用的商标应具有一定影响。使用人对其商标的使用确系真实使用,且经过使用已使得商标在使用地域内起到识别作用;

4. 被控侵权行为系他人在原有范围内的使用行为。

3.《天津市高级人民法院侵犯商标权纠纷案件审理指南》(津高法〔2016〕3号,20160112)

---

① 案例二十六:大米协会诉以祝米厂等侵害商标权纠纷案[江苏省高级人民法院(2015)苏知民终字第00165号]。案例二十七:盱眙龙虾协会诉建红土菜馆侵害商标权纠纷案[南京市中级人民法院(2016)苏01民终10680号]。案例二十八:盱眙龙虾协会分别诉陈某、邱某侵害商标权纠纷两案[无锡高新技术产业开发区人民法院(2014)新知民初字第0003号;无锡市中级人民法院(2014)锡知民终字第0010号]。

七、抗辩事由

(一)正当使用抗辩

1. 注册商标中含有的本商品的通用名称、图形、型号或者直接表示商品的质量、主要原料、功能、用途、重量、数量及其他特点,或者含有的地名,注册商标专用权人无权禁止他人正当使用。

2. 三维标志注册商标中含有的商品自身的性质产生的形状、为获得技术效果而需要的商品形状或使商品具有实质性价值的形状,注册商标专用权人无权禁止他人正当使用。

3. 商标注册人申请商标前,他人已经在同一种商品或者类似商品上先于商标注册人使用与注册商标相同或者近似并有一定影响的商标的,注册商标专用权人无权禁止该使用人在原使用范围内继续使用该商标,但可以要求其附加适当区别标识。

4.《四川省高级人民法院侵害商标权案件审理指南》(川高法〔2018〕229号,20180904)

8【审查抗辩事由】

8.1 被告提出的抗辩事由一般包括如下情形:

(1)被告使用与原告注册商标相同或者近似的标识的行为不构成商标性使用;

(2)商标注册人申请商标注册前,被告已经在同一种商品或类似商品上先于商标注册人使用与注册商标相同或者近似商标,并有一定影响的;

(3)被告对其使用的与原告注册商标相同或者近似的标识享有商标权、企业名称权、著作权、外观设计专利权等权利;

(4)原告未实际使用注册商标;

(5)被告销售的商品不是假冒商品;

(6)被诉侵权商品有合法来源;

(7)其他情形。

8.5 商标权人无权禁止他人正当使用商标。判断被诉侵权行为是否属于商标的正当使用,一般考虑如下因素:

(1)使用意图。审查被告是出于描述、说明商品的目的善意使用相关标识,还是出于攀附他人商誉等不当目的恶意使用原告商标;

(2)使用方式。审查被告使用相关标识的方式是否合理,是否符合一般商业惯例。将原告注册商标置于显著位置,以加大加粗等方式突出使用,不标注或不妥善标注被告商标、企业名称等信息等使用方式不宜认定为合理使用方式;

(3)使用效果。被告使用相关标识,容易导致相关公众混淆的,不宜认定为商标的正当使用。

8.6 被告以在先使用的未注册商标抗辩的,抗辩是否成立,一般考虑如下因素:

(1)时间上,被告的使用行为在商标申请注册前;

(2)形式上,被告的使用行为合法,不能违反法律有关商标使用的禁止性规定;

(3)结果上,被告在先使用的未注册商标在一定区域范围内为相关公众认可,具有一定影响。

8.7 被告以在核定商品上使用其注册商标抗辩的,应当根据《中华人民共和国民事诉讼法》第一百二十四条第(三)项规定,裁定驳回原告起诉,并告知原告向商标行政管理机关申请解决。如果被告以改变显著特征、拆分、组合等方式使用其注册商标,或者超出了核定商品的范围,则被告的商标权抗辩不能成立。

8.8 被告以其使用的标识是在注册程序中的商标抗辩的,由于该商标尚未获准注册,除符合前述8.6条规定的情形外,被告的抗辩不成立。

8.9 被告以被诉侵权行为发生时,其享有商标权抗辩的,如果被告的注册商标被撤销,撤销前的商标权仍然有效,被告的抗辩成立;如果被告的注册商标被宣告无效,商标权视为自始不存在,被告的抗辩不成立。

8.10 注册商标在商标权人使用过程中,因自行改变注册事项、无正当理由连续三年停止使用等原因被撤销的,商标撤销决定不具有溯及力,该商标权在被撤销前依然有效。

注册商标因违反法律禁止性规定,或者以欺骗、损害他人在先权利等不正当手段取得注册,被商标行政管理机关宣告无效的,该商标权视为自始不存在。

8.11 被告以享有企业名称权抗辩的,抗辩是否成立,一般考虑如下因素:

(1)原告注册商标的知名度;

(2)被告企业名称登记时间与原告商标权取得时间;

(3)被告使用其企业名称的方式是否规范；

(4)被告使用企业名称的行为是否导致相关公众混淆；

(5)其他因素。

8.12 被告以享有著作权、外观设计专利权等其他在先权利抗辩的，人民法院依照《中华人民共和国商标法》第三十二条之规定，根据诚实信用原则、公平原则、保护在先权利原则以及防止市场混淆原则等审查抗辩是否成立。

8.13 被告以原告未实际使用注册商标抗辩的，法院可以要求原告提供此前三年内实际使用该注册商标的证据。仅实施商标的转让行为或许可使用行为，没有发挥商标区分商品来源功能的，不属于商标使用行为。

8.14 被告以其销售的商品不是假冒商品抗辩的，法院应当要求原告陈述被告所售商品是假冒商品的理由。如果原告提供了与被控侵权时间大概一致时间段内的正品，并且陈述被告所售商品与正品在颜色、材料、大小、型号以及防伪码等方面存在不同，可初步认定被告销售的是假冒商品。如果原告不能说明两者之间的区别，或者被告提供了其所售商品不是假冒商品的反证时，原告需进一步提供证据加以证明。

8.15 被告以被诉侵权商品有合法来源抗辩的，抗辩是否成立，一般考虑如下因素：

(1)主体上，合法来源抗辩的主体为侵权商品的销售者；

(2)主观上，销售者不知道其销售的商品为侵害商标权的商品；

(3)客观上，被诉侵权商品有合法来源。

8.16 被告是否知道或应当知道其销售的商品为侵害商标权的商品，需判断被告是否尽到合理的注意义务，一般考虑如下因素：

(1)销售商品的进货和销售价格；

(2)注册商标的知名度；

(3)销售者的经营规模；

(4)其他因素。

8.17 被诉侵权商品是否来源合法，法院重点审查能够证明侵权商品提供者合法存在的证据以及能够证明侵权商品交易方式、过程、价格等符合交易习惯的商品来源证据，如合同、收付款凭证、供货单据、权利证明等。仅有销售者与提供者就侵权商品来源于该提供者的一致陈述而无其他证据予以佐证的，原则上不宜认定侵权商品来源合法。

8.18 合法来源抗辩原则上由被告主动提出，但根据查明事实，被诉侵权商品确有合法来源,在被告未提出合法来源抗辩的情况下,法院应当进行释明,对被告的诉讼行为进行引导。

8.19 被告合法来源抗辩成立的,不承担损害赔偿责任。但应停止侵权,并支付权利人维权的合理费用。

【指导案例】

【山东高院"鲁锦"案】判断具有地域性特点的商品通用名称,应当注意从以下方面综合分析:(1)该名称在某一地区或领域约定俗成,长期普遍使用并为相关公众认可;(2)该名称所指代的商品生产工艺经某一地区或领域群众长期共同劳动实践而形成;(3)该名称所指代的商品生产原料在某一地区或领域普遍生产〔山东鲁锦实业有限公司诉鄄城县鲁锦工艺品有限责任公司、济宁礼之邦家纺有限公司侵害商标权及不正当竞争纠纷案,山东省高级人民法院民事判决书(2009)鲁民三终字第 34 号,最高人民法院指导案例第 46 号〕。

【公报案例】

1.【上海知产法院"洁水"案】经营者为说明品牌代理销售商的变化,在善意、合理的限度内使用他人注册商标,属于商标正当使用,不构成商标侵权;在如实、详细告知消费者商品销售代理商及品牌变化的情况下,新代理商在宣传中使用原代理商注册商标不会导致相关公众产生误解,不构成虚假宣传〔开德阜国际贸易(上海)有限公司与阔盛管道系统(上海)有限公司等侵害商标权、虚假宣传纠纷案,上海知识产权法院民事判决书(2015)沪知民终字第 161 号,载《中华人民共和国最高人民法院公报》2019 年第 3 期〕。

2.【上海高院"维多利亚的秘密"案】(1)合法取得销售商品权利的经营者,可以在商品销售中对商标权人的商品商标进行指示性使用,但应当限于指示商品来源,如超出了指示商品来源所必需的范围,则会对相关的服务商标专用权构成侵害。(2)商标使用行为可能导致相关公众误认为销售服务系商标权人提供或者与商标权人存在商标许可等关联关系的,应认定已经超出指示所销售商品来源所必要的范围而具备了指示、识别服务来源的功能〔维多利亚的秘密商店品牌管理公司诉上海麦司投资管理有限公司侵害商标权及不正当竞争纠纷案,上海市高级人民法院民事判决书(2014)沪高民三(知)终字第104号,载《中华人民共和国最高人民法院公报》2017年第8期〕。

3.【上海二中院“金华火腿”案】对于因历史原因形成的、含有地名的注册商标,虽然商标权人根据商标法享有商标专用权,但是如果该地名经国家专门行政机关批准实施原产地域产品保护,则被获准使用的民事主体可以在法定范围内使用该原产地域专用标志。商标权人以行为人合法使用的原产地域专用标志侵犯自己的商标专用权为由诉至人民法院,请求侵权损害赔偿的,人民法院不予支持〔浙江省食品有限公司诉上海市泰康食品有限公司、浙江永康四路火腿一厂商标侵权纠纷案,上海市第二中级人民法院民事判决书(2003)沪二中民五(知)初字第239号,载《中华人民共和国最高人民法院公报》2007年第11期〕。

4.【山东高院“狗不理”案】行为人将与他人已注册的服务商标相同或近似的文字用作其商品名称的,不属于商标法实施条例(2002年)第五十四条规定的情形。如果行为人对该商品名称的使用构成在先使用,且不属于违背商业道德,出于为争夺市场而利用他人已注册的服务商标声誉的主观恶意,故意实施侵权行为的,只要行为人规范使用该商品名称,即不存在侵犯他人已注册的服务商标专用权的问题。但是,如果行为人将该商品名称用于宣传牌匾、墙体广告和指示牌,突出使用该商品名称或将该商品名称与自己的字号割裂开来独立使用,容易使消费者产生误认的,则构成对他人已注册服务商标专用权的侵犯〔天津狗不理集团有限公司诉济南市大观园商场天丰园饭店侵犯商标专用权纠纷案,山东省高级人民法院民事判决书(2007)鲁民三终字第70号,载《中华人民共和国最高人民法院公报》2008年第2期〕。

5.【江苏高院“汤沟”案】行为人对他人注册商标中地名的使用是出于善意,是为了表明产地或地理来源,使用后也不会使相关公众产生混淆或误认的,属于法律规定的正当使用;如行为人对地名的使用并非出于善意,其主要目的是攀附他人已具有较高知名度的地名商标的商誉,使相关公众产生混淆或误认的,则该使用行为不属于正当使用,而构成商标侵权〔灌南县预算外资金管理局、两相和公司诉陶芹商标侵权纠纷案,江苏省高级人民法院民事判决书(2006)苏民三终字第0094号,载《中华人民共和国最高人民法院公报》2007年第2期〕。

【法院参考案例】

(一)描述性正当使用

1.【最高院"枫丹白露"案】与地名没有关联的当事人不得主张正当使用含有地名的注册商标〔深圳市丹枫白露酒店投资管理有限公司与湛江市枫丹白露酒店有限公司侵害商标权纠纷再审案,最高人民法院民事判决书(2020)最高法民再284号〕。

2.【最高院"德州扒鸡"案】被告主张描述性正当使用,须证明使用方式以描述性、介绍性为主,而非以发挥商品来源识别作用为主〔山东省芳冠食品有限公司与章丘东方冷库商贸有限公司侵害商标权纠纷再审申请案,最高人民法院民事裁定书(2020)最高法民申459号〕。

(1)在适用商标法第五十九条第一款判断对相关标志的使用是否构成正当使用时,必须结合商标法的其他条款,结合相关标志的使用方式加以综合考虑。如果该使用方式发挥的主要是来源识别作用,则不宜认定其构成正当使用;如果该使用方式发挥的主要是描述、介绍作用且不会对商品来源产生混淆误认,则不宜仅因该注册商标的存在而禁止他人正当使用。当事人主张其对相关标志的使用构成正当使用的,除应当举证证明该标志属于该商品的通用名称、图形、型号,或者具有直接表示商品的质量、主要原料、功能、用途、重量、数量、产地及其他特点的描述作用外,还应当举证证明其使用方式以描述性、介绍性为主,而非以发挥商品来源识别作用为主。

(2)"德州扒鸡"全称"德州五香脱骨扒鸡",是山东传统名吃、鲁菜经典,且德州扒鸡制作技艺被确定为国家级非物质文化遗产。但对非物质文化遗产的传承、发展和保护,并不当然排斥注册商标的保护。

(3)在被控侵权商品上使用的"德州扒鸡"字样显著、突出,其字体、文字排列方式与他人注册商标"德州扒鸡"的字体、文字排列方式近似,而本公司自己的注册商标却以明显小于"德州扒鸡"字样的方式使用在被控侵权商品左上角,这表明并非是从描述其扒鸡产自德州的角度进行的使用,而是作为区别商品来源的标志的使用。

3.【最高院"灯影牛肉"案】如果被诉侵权商品本身属于通用名称所指代的特定类别的商品,被诉侵权人为了说明或描述被诉侵权商品特点,以善意方式对通用名称进行规范使用,且不会导致相关公众对被诉侵权商品的来源产生混淆误认的,则应认定为正当使用;被诉标识以描述商品的方式使用特定类别的商品通用名称,加注自己具有一定知名度的商标和企业名称,未突出使用他人注册商标,没有攀附他人注册商标的恶意,相关公众看到被诉标识容易将其识别为商品名称,属于正当使用〔四川百年灯影牛肉食品有限责任公司与达州市宏隆肉类制品有限公司侵害商标权纠纷再审申请案,最高人民法院民事裁定书(2018)最高法民申 1660 号〕。

4.【最高院"八宝春"案】被诉标识包含地名和商品别称,但该类商品的相关公众会将被诉标识作为整体用于识别商品来源,不构成描述性使用〔安徽九宝春酿酒有限责任公司与安徽老家酒业有限责任公司等侵害商标权及不正当竞争纠纷再审申请案,最高人民法院民事裁定书(2017)最高法民申 3779 号〕。

5.【最高院"绛州"案】注册商标含有古地名,他人正当使用该地名介绍产品、宣传产品,不侵犯注册商标专用权〔山西省新绛县绛州澄泥砚研制所与闫吉平侵害商标权及不正当竞争纠纷再审申请案,最高人民法院民事裁定书(2015)民申字第 3171 号〕。

虽然澄泥砚研制所在第 16 类的"砚"商品上注册了"绛州及图"商标,但由于"绛州"系"澄泥砚"的历史产地之一,则作为古称"绛州"的新绛县境内的相关"澄泥砚"制作企业或个人而言,其在"澄泥砚"产品宣传中使用"绛州"字样,系对该产品历史产地所作的描述性说明,反映的是商品的其他特点,第三人在相关宣传中使用"绛州澄泥砚""绛州绛源斋澄泥砚"字样,未侵犯涉案注册商标专用权。

6.【最高院"岩韵"案】就商品品质特征的标识申请并取得注册商标,无权禁止他人正当使用该标识来描述其生产、销售的同种商品的品质特征;在商品包装的商品名称之下标明其品质特征，同时在商品上标注自己的商标等商业标识，是正当使用品质特征标识〔周志坚与厦门山国饮艺茶业有限公司侵害商标权纠纷再审申请案，最高人民法院民事裁定书(2014)民申字第 49 号〕①。

7.【最高院“沁州黄”小米案】注册商标权人不得基于对特定种类商品的市场推广中的贡献而主张对该商品的通用名称享有商标权，无权禁止他人使用该通用名称来表明商品品种来源〔山西沁州黄小米(集团)有限公司与山西沁州檀山皇小米发展有限公司、山西沁县檀山皇小米基地有限公司确认不侵害商标权及侵害商标权纠纷再审申请案，最高人民法院民事裁定书(2013)民申字第 1642 号〕。

8.【最高院“牧羊”案】如果集团公司对其分(子)公司及其成员企业是否均有权使用集团标识没有限制性规定，其成员企业为彰显其成员企业的身份而在经营活动中使用集团标识符合常理，且无不正当性〔江苏迈安德食品机械有限公司与江苏牧羊集团有限公司侵害商标权及不正当竞争纠纷再审案，最高人民法院民事判决书(2012)民提字第 61 号〕。

9.【最高院“片仔癀”案】以善意方式在必要的范围内标注商品成分，不会导致相关公众将其视为商标而与他人注册商标发生来源混淆的，可以认定为注册商标的正当使用；判断是否属于善意，是否必要，可以参考商业惯例等因素〔漳州宏宁家化公司与漳州片仔癀药业股份公司侵害商标权纠纷再审申请案，最高人民法院民事裁定书(2009)民申字第 1310 号〕。

10.【福建高院“菜油王”案】在商品上使用商品通用名称，不侵犯与之近似的注册商标的专用权〔福州富升旺粮油食品有限公司与四川大陈粮油有限公司侵害商标权及不正当竞争纠纷上诉案，福建省高级人民法院民事判决书(2019)闽民终 1454 号〕。

---

① 类似案例参见海门市晨光照明电器有限公司与青岛莱特电器有限公司侵害商标权纠纷上诉案，山东省高级人民法院民事判决书(2012)鲁民三终字第 80 号；大宇资讯股份有限公司与上海盛大网络发展有限公司侵犯注册商标专用权纠纷上诉案，上海市第一中级人民法院民事判决书(2007)沪一中民五(知)终字第 23 号。

11.【广东高院"吉尼斯"案】(1)描述性正当使用以被使用的标识确有用于描述的相关含义为前提;(2)指示性正当使用是指为了客观说明某商品、服务与注册商标的商品、服务之间的某种联系而不可避免地正当使用注册商标,只是出于说明自己的商品、服务与商标权人的商品、服务之间在功能或用途等方面的某种联系的客观需要而必须使用,不是让相关公众将二者的商品、服务产生混淆或者误认为二者在来源上存在许可使用、关联企业关系等特定关系;(3)在指示性正当使用中,对相关标识的使用应当出于善意,不能超出合理的限度〔奇瑞汽车股份有限公司、安徽奇瑞汽车销售有限公司与吉尼斯世界纪录有限公司侵害商标权及不正当竞争纠纷上诉案,广东省高级人民法院民事判决书(2017)粤民终2347号〕。

12.【云南高院"滇重楼"案】被专业工具书列为商品名称,相关公众普遍认为其指代特定商品的,应认定为约定俗成的通用名称;在他人商标注册之前就将相同或近似文字标识以通用名称方式使用属于正当使用〔云南宝田农业科技有限公司与纳雍民正种植农民专业合作社侵害商标权纠纷上诉案,云南省高级人民法院民事判决书(2018)云民终135号〕。

13.【北京知产法院"西湖龙井"证明商标案】地理标志证明商标权利人有权禁止不符合其管理规则的民事主体使用该商标,但无权剥夺不接受证明服务但商品的确来自于该地理区域的民事主体正当使用该证明商标中地名的权利〔杭州市西湖区龙井茶产业协会与北京紫瑶鸿商贸有限公司等侵害商标权纠纷上诉案,北京知识产权法院民事判决书(2016)京73民终393号〕。

14.【北京知产法院"钛马赫"案】(1)商标正当使用一般需要具备以下三个条件:首先,使用商标基于善意;其次,使用商标标识本身固有含义且使用方式符合行业习惯及语言习惯;最后,使用结果不会对注册商标专用权造成损害。(2)商标正当使用与商标的使用之间的关系为商标正当使用一定不是商标的使用,但非商标的使用不限于商标正当使用。(3)削弱他人注册商标显著性并使之面临通用化成商品名称或服务名称风险的使用行为,损害注册商标专用权,不是正当使用〔博洛尼家居用品(北京)股份有限公司与成都丰立装饰工程有限公司侵害商标权纠纷上诉案,北京知识产权法院民事判决书(2016)京73民终817号〕。

15.【上海知产法院“85°C”案】在处理涉及正当使用抗辩的问题时，应当在比对被控侵权标识与涉案注册商标相似程度、具体使用方式的基础上，分析被控侵权行为是否善意（有无将他人商标标识作为自己商品或服务的标识使用的恶意）和合理（是否仅是在说明或者描述自己经营的商品或服务的特点等必要范围内使用），以及使用行为是否使相关公众产生混淆和误认等因素；注册商标是描述商品性质的标志，被诉标识外观上与之有明显区别且真实表明商品性质，属于正当使用〔光明乳业股份有限公司与美食达人股份有限公司、上海易买得超市有限公司侵害商标权纠纷上诉案，上海知识产权法院民事判决书（2018）沪 73 民终 289 号〕。

16.【上海浦东法院“FOR VOLVO”案】善意合理使用他人注册商标说明自己商品的使用对象范围，未造成相关消费者的混淆和误认，未使相关消费者误认该商品与他人注册商标之间存在关系，属于正当使用〔沃尔沃商标控股有限公司与浙江省瑞安市长生滤清器有限公司侵害商标权纠纷案，上海市浦东新区人民法院民事判决书（2005）浦民三（知）初字第 40 号〕。

17.【江苏高院“随堂通”案】（1）商标法对注册商标的保护并不是绝对的，如果他人是将与注册商标相同或近似的文字用来叙述、说明商品的特点、质量、数量等或者描述某种商业活动的客观事实，而不具有区分商品来源和不同生产者的作用，则他人的使用不属于商标意义上的使用，不构成对他人注册商标专用权的侵犯；（2）当注册商标具有描述性时，其他生产者出于说明或客观描述商品或服务特点的目的，以善意方式在必要的范围内予以标注，不会导致相关公众将其视为商标而导致来源混淆的，构成正当使用。判断是否属于善意，是否必要，可以参考商业惯例等因素〔盛焕华与北京世纪卓越信息技术有限公司等侵害商标权纠纷上诉案，江苏省高级人民法院民事判决书（2012）苏知民终字第 0124 号〕。

18.【江苏高院“百家湖”案】注册商标是地名，其权利人虽有权禁止他人将与该地名相同的文字作为商标或者商品名称等商业标识在相同或者类似商品上使用来表示商品的来源，但无权禁止他人在相同或者类似商品上正当使用该地名来表示商品与产地、地理位置等之间的联系；文字标识的地名含义享有高于注册商标的知名度，按照商业惯例和普通公众惯常理解使用该文字标识,不会导致误认和混淆,不侵犯注册商标专用权〔南京利源物业发展有限公司与南京金兰湾房地产开发有限公司侵害商标权纠纷再审案,江苏省高级人民法院民事判决书(2004)苏民三再终字第001号〕。

19.【江苏高院"茅山"案】标识作为地名的知名度远远超过作为注册商标的知名度,当地经营者早于注册商标的申请日就将其在商品上使用并成为当地知名商品,属于正当使用〔句容市联友卤制品厂与柏代娣侵害商标权纠纷上诉案,江苏省高级人民法院民事判决书(2004)苏民三终字第3号〕。

20.【江苏高院"千禧龙"案】商品装潢所使用的宣传语标识用于描述自身商品,尽管与他人注册商标相同,但是,鉴于该标识的使用符合商业习惯,且同时突出使用自己的注册商标,他人注册商标又未实际使用过,不会造成相关公众混淆,属于正当使用〔TCL集团股份有限公司与徐州汉都实业发展有限公司侵害商标权纠纷上诉案,江苏省高级人民法院民事判决书(2003)苏民三终字第25号〕。

(二)指示性正当使用

1.【最高院"阅江楼"案】为客观描述并指示其经营场所所在地而使用的文字标志,尽管属于他人注册商标的组成部分,没有攀附他人商誉的故意,属于正当使用〔冯印与西安曲江阅江楼餐饮娱乐文化有限公司侵害商标权纠纷再审申请案,最高人民法院民事裁定书(2017)最高法民申4920号〕。

2.【最高院"锦绣前程"案】为表明经销商身份而使用所经销商品的注册商标,没有破坏商标来源的功能,不侵犯注册商标专用权〔四川省宜宾五粮液集团有限公司与济南天源通海酒业有限公司侵害商标权及不正当竞争纠纷再审申请案,最高人民法院民事裁定书(2012)民申字第887号〕。

3.【上海知产法院"FENDI"案】(1)构成商标合理使用应当符合下列条件:使用行为是善意和合理的,并未将他人商标标识作为自己商品或服务的标识使用;使用行为是必要的,仅是在说明或者描述自己经营商品的必要范围内使用;使用行为不会使相关公众产生任何混淆和误认。(2)基于善意目的的合理使用行为应当是相关公众仅根据该使用行为本身就足以作出清晰、合理、正常的判断,而不会产生任何混淆和误认。(3)店铺的店招中单独使用他人注册商标,相关公众施以一般注意义务,在普遍情况下均会得出店铺由商标注册人经营,或经其授权经营,不属于商标合理使用〔芬迪爱得乐有限公司与上海益朗国际贸易有限公司等侵害商标权及不正当竞争纠纷上诉案,上海知识产权法院民事判决书(2017)沪73民终23号〕①。

4.【上海一中院"立邦"案】在网店上使用他人注册商标仅为指示其所销售商品的品牌信息,不是传达经营者的商号、商标或经营风格,未造成相关公众混淆,属于商标指示性使用,未侵犯注册商标专用权〔立邦涂料(中国)有限公司与上海展进贸易有限公司等侵害商标权纠纷上诉案,上海市第一中级人民法院民事判决书(2012)沪一中民五(知)终字第64号〕。

5.【江苏高院"联想"案】(1)商标的指示性合理使用是指经营者在商业活动中善意合理地使用他人注册商标以客观说明自己商品或者服务的来源、用途、服务对象及其他商品本身固有的特性,一般要求使用者系基于诚信善意,使用商标的具体形式、程度也应保持在合理范畴之内,且未对商标权人的合法权益造成损害;(2)经销商试图使消费者误认为其与品牌商存在特许经营、加盟、专卖等特定商业关系的攀附故意,客观上形成了上述效果,是对合理指示商品来源的权利的不当扩张〔顾清华与联想(北京)有限公司侵害商标权纠纷上诉案,江苏省高级人民法院民事判决书(2014)苏知民终字第0142号〕。

顾清华作为"联想"电脑的经销商,可以在经营活动中正当使用"联想"和"lenovo"商标以指示其销售商品的内容与来源,即顾清华可以在其所售商品上通过标签、在店铺上通过"本店销售联想电脑"等合理方式标注"联想"和"lenovo"商标以达到指示商品来源的作用。但在本案中,顾清华在其经营场所全面使用涉案商标,并在店铺门头、店内装饰、名片、销售清单等处突出使用"lenovo 联想""lenovo"等标识,从上述行为可以推断出顾清华具有试图使消费者误认为其与联想公司存在特许经营、加盟、专卖等特定商业关系的

---

① 类似案例参见嘉兴盼多芙商贸有限公司、上海米岚城市奥莱企业管理有限公司、上海兴皋实业有限公司与古乔古希股份公司侵害商标权及不正当竞争纠纷上诉案,上海知识产权法院民事判决书(2015)沪知民终字第185号。

攀附故意,客观上也形成了上述效果,显然属于对合理指示商品来源的权利的不当扩张,已经超出了商标指示性使用的合理范畴。

6.【四川高院“以纯”案】为说明自己提供的商品与他人商品配套而在必要范围内使用他人注册商标,是对该注册商标的指示性合理使用,而非用作区分商品或服务来源的商标性使用〔东莞市以纯集团有限公司与朱邓彬侵害商标权纠纷上诉案,四川省高级人民法院(2015)川知民终字第135号〕。

7.【深圳中院“SALVATORE FERRAGAMO”案】将他人商标与自身商标并用于店铺招牌之上,容易误导相关公众认为是该他人商标授权专卖店,不属于正当使用〔蔻莎国际品牌管理(深圳)有限公司与萨尔瓦多·菲拉格慕股份有限公司侵害商标权纠纷上诉案,广东省深圳市中级人民法院民事判决书(2018)粤03民终11861号〕。

(1)就商标的合理使用问题,应基于以下因素考量:使用行为是否必要,使用人是否善意且使用方式合理及是否会造成相关公众的混淆和误认。

(2)上诉人在店面招牌上使用被上诉人商标的合理性限定于标识其商品的真实来源,便于消费者找到其欲购买的品牌,明确其出售产品的类别。而上诉人将其自身商标与被上诉人商标并用,并且没有采取在醒目的场所表明其商品的来源或与被上诉人的关系等措施,容易导致公众误认上诉人开设的店铺系被上诉人的授权专卖店。

8.【成都中院“欧司朗”案】(1)对是否构成商标指示性使用应从使用目的的正当性、使用需求的必要性、使用尺度的适当性、使用结果的非损害性综合判定。(2)使用者超出指示商品或服务来源的合理限度,擅自突出使用或者仅将商标权人的商标作为指示商品或服务来源的唯一标识的,不属于商标指示性使用,属于侵犯注册商标专用权行为〔欧司朗股份公司与四川蓝景光电技术有限责任公司等侵害商标权及不正当竞争纠纷案,四川省成都市中级人民法院(2013)成民初字第1404号〕。

(三)在先使用抗辩

1.【最高院“玉浮梁”案】(1)主张在先使用抗辩的,必须在使用时间、使用程度、使用范围等方面满足特定条件:使用时间上,被诉侵权标识的使用时间应当早于注册商标申请日及注册商标申请人的使用;使用程度上,在注册商标申请日及注册商标申请人使用之前,在先使用人对被诉侵权标识的使用应当达到具有一定影响;使用范围上,在先使用人应当在原有使用范围内使用被诉侵权标识。(2)划定在先使用的范围的主要依据应当是注册商标申请日及注册商标申请人使用注册商标日之前,被诉侵权标识的商誉所及范围,在先使用人应当对此承担举证责任。(3)注册商标申请日后扩展到网络销售,超出"原有范围"〔西安饮食股份有限公司、西安大业食品有限公司与西安卫尔康安市场营销服务有限公司侵害商标权纠纷再审申请案,最高人民法院民事裁定书(2019)最高法民申3064号〕。

2.【最高院"理想空间"案】确定商标先用权抗辩中的"原有范围"应主要考虑商标使用的地域范围和使用方式;在商标注册人申请或实际使用商标后,在原实体店铺影响范围之外增设新店或拓展互联网经营方式的,应当认定已经超出了原有范围〔林明恺与成都武侯区富运家具经营部、成都红星美凯龙世博家居生活广场有限责任公司侵害商标权纠纷再审案,最高人民法院民事判决书(2018)最高法民再43号〕。

在先使用人不侵权抗辩成立,应当同时满足以下条件:(1)使用相同或者近似商标时间在先。在先使用人对相关标志的使用,应当早于该商标注册人申请商标注册的时间,同时亦必须早于该商标注册人使用该商标标志的时间。[①] (2)在相同或者类似商品上在先使用。在先使用人必须是在与注册商标核定使用的商品或服务相同或者类似的商品和服务上使用该未注册商标,在不相同或者不类似商品或服务上的商标使用行为,不属于不侵权抗辩事由的范畴。(3)在先使用相同或者近似的标志。在先使用人使用的未注册商标必须是与注册商标相同或者近似的商标标志。(4)在先使用具有一定影响。在先使用人对该未注册商标的使用,必须在商标注册人申请商标注册日和使用日之前,就已经具有一定影响。商标注册人提出商标注册申请之后或

---

① 类似案例参见新兴县鲜仙乐凉果实业有限公司与广东佳宝集团有限公司侵害商标权及不正当竞争纠纷上诉案,广东省高级人民法院民事判决书(2019)粤民终1861号。区别案例参见北京中创东方教育科技有限公司与北京市海淀区启航考试培训学校等侵害商标权纠纷上诉案,北京知识产权法院民事判决书(2015)京知民终字第588号。

者商标注册人使用该商标之后,在先使用人继续使用该商标的证据不应作为“一定影响”的考量因素。(5)原有范围内使用。在先使用人必须在其使用该未注册商标的原有范围内使用该商标,而原有范围的判断,应以在先使用人使用其未注册商标所形成的商誉所及的范围为主要判断依据。

3.【最高院“超妍”案】“原有范围”的理解,应当根据该条款的立法目的并结合商标、商品或服务、使用行为与使用主体等要素,综合予以判断;对在先使用人许可他人使用的行为,原则上应当予以限制〔南京妍之梦投资管理有限公司与夏丽琼侵害商标权纠纷再审申请案,最高人民法院民事裁定书(2017)最高法民申2642号〕。

商标法第五十九条第三款的立法目的在于,合理平衡注册商标权人与在先商标使用人的利益,对在先使用人利益进行保护时,避免对商标注册人的利益产生不合理的影响,并形成对商标注册制度的冲击。因此,在适用该规定判断先用权抗辩是否成立时,对该条款中“原有范围”的理解,应当根据该条款的立法目的并结合商标、商品或服务、使用行为与使用主体等要素,综合予以判断。仅就商标使用主体而言,因商标许可使用方式可能带来短时间内经营范围的迅速扩张,且被许可使用人的数量难以控制,容易对商标注册人的利益产生较大影响,故对在先使用人许可他人使用的行为,原则上应当予以限制。

4.【北京高院“阳光超人”案】未注册商标权益的归属应以该商标所指向的商品或者服务的来源最终确定;从商标识别来源的角度,在商品进口代理进口关系中,与其商标建立对应关系的是被代理人,其有权主张在先使用抗辩〔杭州琴侣高新技术有限公司与深圳西为进出口有限公司等侵害商标权纠纷再审申请案,北京市高级人民法院民事裁定书(2018)京民申3688号〕。

5.【北京知产法院“起航学校”案】(1)商标法第五十九条第三款虽然字面含义上要求在先使用行为应早于商标注册人对商标的使用行为,但是这一要求的实质是要排除在先使用人具有恶意的情形,故应把在先使用是否出于善意作为重要的考量因素,而不应拘泥于条款本身关于时间点先后的字面用语;(2)如商标注册人虽存在在先使用行为,但在先使用人对此并不知晓,且亦无其他证据证明在先使用人存在明知或应知商标注册人对注册商标的“申请意图”却仍在同一种或类似商品或服务上使用相同或相近似的商标等其他恶意情形的，即不能仅因商标注册人具有在先使用行为而否认先用抗辩的成立〔北京中创东方教育科技有限公司与北京市海淀区启航考试培训学校等侵害商标权纠纷上诉案，北京知识产权法院民事判决书（2015）京知民终字第588号〕。

6.【江苏高院“龍嫂”案】商标法第五十九条第三款规定的目的在于保护已经在市场上具有一定影响但未注册的商标所有人的权益，如果对在先使用行为进行严格限制，会在很大程度上缩减对在先使用人应有的保护；在先使用人增加新品种，推出不同的包装规格和容器材质，扩大地域范围，设立公司官方网站等进行网络销售，没有超出“原使用范围”〔泗阳县龙嫂调味品有限公司与江苏龙嫂绿色食品有限公司侵害商标权纠纷上诉案，江苏省高级人民法院民事判决书（2018）苏民终930号〕。

7.【江苏高院“蒋有记”案】使用的未注册商标与他人注册商标是同一种商品上的相同商标，但在该注册商标申请日之前取得该未注册商标权人的许可，可以根据商标法第五十九条第三款主张在先使用抗辩〔蒋玉友与南京夫子庙饮食有限公司等侵害商标权纠纷上诉案，江苏省高级人民法院民事判决书（2013）苏知民终字第0037号〕。

8.【广东高院“九制陈皮”案】商标法第五十九条第三款设立的商标在先使用权抗辩成立，就形式要件而言，通常需被告使用被诉侵权标志的时间既早于涉案商标申请注册的时间又早于涉案商标被实际使用的时间，即“双优先”；就实质要件而言，还需要被诉侵权标志在涉案商标申请注册之前已经产生一定的影响力〔新兴县鲜仙乐凉果实业有限公司与广东佳宝集团有限公司侵害商标权纠纷上诉案，广东省高级人民法院民事判决书（2019）粤民终1861号〕。

9.【广东高院“黑天鹅”案】不得以第三方在先使用的未注册商标与他人注册商标是同一种或类似商品上的相同或近似商标为由，主张自己不侵犯该注册商标专用权〔广东黑天鹅饮食文化有限公司与哈尔滨黑天鹅集团股份有限公司侵害商标权及不正当竞争纠纷上诉案，广东省高级人民法院民事判决书（2003）粤高法民三终字第175号〕。

10.【山东高院"ORA"案】要成功主张在先使用抗辩，必须证明被诉侵权标识在他人商标注册前已经在中国境内使用并具有一定影响〔上海瑷馨露贸易有限公司与山东省对外贸易泰丰有限公司等侵害商标权纠纷上诉案，山东省高级人民法院民事判决书(2016)鲁民终 493 号〕。

11.【广西高院"新华书店"案】集体成员经许可使用集体商标，不得对集体商标的权利人的侵权诉请主张在先使用抗辩〔南宁市新华书店有限责任公司与中国新华书店协会确认不侵害商标权纠纷上诉案，广西壮族自治区高级人民法院民事判决书(2015)桂民三终字第 58 号〕。

编者说明

(一)正当使用抗辩

商标法第五十九条第一款明文规定"正当使用"是商标侵权抗辩事由，并未将商标正当使用限定为不会导致相关公众混淆或误认的情形。然而，司法实践中，法院认为使用他人注册商标有"混淆之虞"，则不能成立注册商标正当使用。① 如【最高院"片仔癀"案】指出，对于描述性注册商标，"生产者出于说明或客观描述商品特点的目的，以善意方式在必要范围内予以标注，不会导致相关公众将其视为商标而导致来源混淆的，可认定为正当使用……(被告行为)客观上可能造成相关公众产生商品来源的混淆"，故不成立正当使用。这似乎表明我国法院不承认"正当使用"是注册商标侵权抗辩事由，而只是将"正当使用"作为不容易导致混淆的另一种表述。在《最高人民法院对江苏省高级人民法院〈关于南京金兰湾房地产开发公司与南京利源物业发展有限公司侵犯商标专用权纠纷一案请示〉的答复》(〔2003〕民三他字第 10 号)中，这种观点表现得淋漓尽致。

"正当使用"本身就是独立的法律规则。"正当使用"(fair use)之对于注册商标权，犹如合理使用之对于著作权，就是对注册商标专用权的法律限制。因此，正当使用应是侵犯注册商标专用权的一种积极抗辩。质言之，首先应由注册

---

① 参见雅马哈株式会社与港田集团、港田发动机公司侵害商标权纠纷案，天津市高级人民法院民事判决书(2001)高知初字第 3 号；汉都公司与 TCL 集团公司侵害商标权纠纷上诉案，江苏省高级人民法院民事判决书(2003)民三终字第 25 号；浙江蓝野酒业有限公司与杭州联华华商集团有限公司等侵害商标权纠纷上诉案，浙江省高级人民法院民事判决书(2007)浙民三终字第 74 号；周志坚与厦门山国饮艺茶业有限公司侵害商标权纠纷上诉案，福建省高级人民法院民事判决书(2012)闽民终字第 498 号。

商标权人证明被告行为易使相关公众混淆;否则,不成立侵权。只有在侵权成立的条件下,被告才需要主张并证明成立"正当使用",从而免除侵权责任。所以,成立正当使用并不排除相关公众可能发生混淆,但是因为构成正当使用,故而不属于侵犯注册商标专用权。

正是在这个意义上,TRIPS 协议第十七条规定了"商标权例外",承认"正当使用"。其规定:"WTO 成员可以对本协议规定的商标排他权设定有限的例外(limited exceptions),例如对描述性词汇的正当使用(fair use),但此类限制应考虑商标权人和第三方的正当利益。"①此条所谓商标权人和第三方的"正当利益"不同于注册商标权完全实现的"合法利益",即在相关公众无混淆之虞的条件下,商标权人和第三方(相关公众)可以获得的全部合法利益;否则,无所谓注册商标权"例外"。评判是否属于注册商标的正当使用行为,是从六大方面进行利益权衡:对于注册商标权人来说,需要控制注册商标的使用,以免竞争者窃夺自己的商誉和竞争优势;对于经营者而言,需要准确描述自己的商品,以便进行有效的市场竞争;对于相关公众而言,既需要从市场上获取准确的商品信息,又需要准确识别商品来源。而且,只有经营者竞相提供品质产品,消费者的利益才可能得到最大化。如果本应属于公共使用的标识为某一经营者垄断,则会产生市场壁垒,危害到消费者的利益。②

注册商标正当使用作为侵权抗辩,就意味着容忍一定程度的相关公众混淆。比较法上,美国商标法就此曾有两种截然不同的观点。一种观点认为,如果易使相关公众混淆,则不成立正当使用,③因为商标法的目的就是防止相关公众混淆。④ 另一种观点则认为,即便存在混淆之虞,仍可以成立正当使用。⑤ 其基本

---

① Article 17 TRIPS: Members may provide limited exceptions to the rights conferred by a trademark, such as fair use of descriptive terms, provided that such exceptions take account of the legitimate interests of the owner of the trademark and of third parties.

② Michael G. Frey, Comment, Is it Fair to Confuse? An Examination of Trademark Protection, the Fair Use Defense, and the First Amendment, 65 University of Cincinnati Law Review 1255, 1260 - 61 (1997).

③ See Zatarains, Inc. v. Oak Grove Smokehouse, Inc., 698 F. 2d 786, 796 (5th Cir. 1983); PACCAR Inc. v. TeleScan Technologies, L. L. C, 319 F. 3d 243, 255 - 56 (6th Cir. 2003).

④ See 2 J. Thomas McCarthy, McCarthy On Trademark and Unfair Competition 11:45 (4th ed. 2001).

⑤ See Shakespeare Co. v. Silstar Corp. of America, 110 F. 3d 234 (4th Cir. 1997); Sunmark, Inc. v. Ocean Spray Cranberries, Inc., 64 F. 3d 1055, 1057 (7th Cir. 1995).

理由是,“使用近似标识真实地描述自己的商品,在法律和道德上都不具有可责性,即便结果导致相关公众误认商品来源”。[①] 2004 年后,前一种观点已经淡出历史舞台。在 *KP Permanent Make – Up, Inc. v. Lasting Impression I, Inc.* 案中,[②] 美国联邦最高法院判决认为,主张商标正当使用抗辩的被告,没有法律义务证明被诉行为不会导致相关公众混淆。即便有一定程度的可能性相关公众会发生混淆,但这和正当使用抗辩不相冲突。描述性标志不应为私人垄断,《美国兰汉姆法案》不曾剥夺市场经营者使用描述性标识自由表达自己商品特点的自由。商标权人选择众所周知的描述性符号作为商标注册,也就选择了相关公众可能发生混淆的法律风险。[③]

综上,描述性标志作为市场竞争(特别是商品推销竞争)的要素,应该为市场竞争者自由使用。此类标志即便通过使用获得显著性并核准为注册商标,注册商标专用权保护也不应该成为市场自由竞争的壁垒。如果消费者混淆原被告商品,被告不应该负担全部责任,原告应该为其选择不具有固有显著性的标志来识别自己商品的来源而承担责任和风险。因此,关键的问题不在于是否存在一定程度的混淆,而在于被告行为是否“正当”,这才是正当使用抗辩的核心问题。

(二)在先使用抗辩

商标法第五十九条不仅规定有正当使用抗辩,还规定有“在先使用抗辩”。本条第三款规定:“商标注册人申请商标注册前,他人已经在同一种商品或者类似商品上先于商标注册人使用与注册商标相同或者近似并有一定影响的商标的,注册商标专用权人无权禁止该使用人在原使用范围内继续使用该商标,但可以要求其附加适当区别标识。”

有学者和法院称本款规定为“商标先用权”。这值得商榷。首先,我国实行商标注册制度,仅对注册商标承认专用权。本款涉及未注册商标,故而其使用人不可能取得商标权。其次,“商标先用权”如果能够成立,则一定属于财产权利,依法应当具有对世效力,其权利人可以禁止任何人未经许可使用。然而,依照本条规定,商标在先使用人并不能禁止任何第三人(特别是注册商标专用权人)使用其商标。而且,在先使用人还必须应注册商标专用权人的要求而添加区别标

---

① See William R. Warner & Co. v. Eli Lilly & Co. ,265 U. S. 526,528(1924)(“The use of a similar name by another to truthfully describe his own product does not constitute a legal or moral wrong,even if its effect be to cause the public to mistake the origin of its product”).

② See KP Permanent Make – Up,Inc. v. Lasting Impression I,Inc. ,543 U. S. 111(2004).

③ See KP Permanent Make – Up,543 U. S. at 122.

志。最后,“商标先用权”如果能够成立,则一定属于财产权利,依法应当可以转让给第三方或许可第三方使用。但是,一旦转让或许可第三方使用,则可能使得使用范围超过原有范围,由此侵犯注册商标专用权。可见,本款规定并不是“商标先用权”,而仅仅是商标在先使用抗辩。

商标在先使用抗辩本质上是给予既存的事实状态一定程度的法律保护。鉴于在先使用商标在“原使用范围”内的诚信使用已经形成稳定的市场秩序,故而法律上予以承认,给予注册商标专用权适当的限制。但是,注册商标专用权仍具有优先效力,不仅可以进入“原使用范围”的市场,而且可以要求商标在先使用人附加适当区别标识。倘若第三方在“原使用范围”采用容易混淆的商标,则无论注册商标专用权人,还是商标在先使用人,都可以通过法律(商标法或反不正当竞争法)予以禁止。

就先使用抗辩的适用条件之“先使用”,仍存在一定的争议。代表性的观点认为,本款规定要求的先使用是“商标注册人申请商标注册前”和“先于商标注册人使用”,即双重在先。【最高院“玉浮梁”案】指出,主张在先使用抗辩的,在使用程度上,在注册商标申请日及注册商标申请人使用之前。但是,“先于商标注册人使用”的法律要求并不具有说服力。【北京知产法院“起航学校”案】指出,商标法第五十九条第三款虽然字面含义上要求在先使用行为应早于商标注册人对商标的使用行为,但是这一要求的实质是要排除在先使用人具有恶意的情形,故应把在先使用是否出于善意作为重要的考量因素,不能仅因商标注册人具有在先使用行为而否认先用抗辩的成立。未来,最高人民法院或许会接受这一意见。

此外,就先使用抗辩之“原使用范围”,商标法未予明确,时常成为争议焦点,正日益为判例所廓清。【最高院“超妍”案】认为,就“原有范围”的理解,应当根据该条款的立法目的并结合商标、商品或服务、使用行为与使用主体等要素,综合予以判断;对在先使用人许可他人使用的行为,原则上应当予以限制。这一意见与【江苏高院“龙嫂”案】的裁判意见截然不同,表明后者不久会淡出。此外,【最高院“玉浮梁”案】指出,划定在先使用的范围的主要依据应当是注册商标申请日及注册商标申请人使用注册商标日之前,被诉侵权标识的商誉所及范围,在先使用人应当对此承担举证责任。【最高院“理想空间”案】还指出,确定商标先用权抗辩中的“原有范围”应主要考虑商标使用的地域范围和使用方式;在商标注册人申请或实际使用商标后,在原实体店铺影响范围之外增设新店或拓展互联网经营方式的,应当认定已经超出了原有范围。

第六十条 【侵犯注册商标专用权纠纷的行政处理】有本法第五十七条所列侵犯注册商标专用权行为之一,引起纠纷的,由当事人协商解决;不愿协商或者协商不成的,商标注册人或者利害关系人可以向人民法院起诉,也可以请求工商行政管理部门处理。

工商行政管理部门处理时,认定侵权行为成立的,责令立即停止侵权行为,没收、销毁侵权商品和主要用于制造侵权商品、伪造注册商标标识的工具,违法经营额五万元以上的,可以处违法经营额五倍以下的罚款,没有违法经营额或者违法经营额不足五万元的,可以处二十五万元以下的罚款。对五年内实施两次以上商标侵权行为或者有其他严重情节的,应当从重处罚。销售不知道是侵犯注册商标专用权的商品,能证明该商品是自己合法取得并说明提供者的,由工商行政管理部门责令停止销售。

对侵犯商标专用权的赔偿数额的争议,当事人可以请求进行处理的工商行政管理部门调解,也可以依照《中华人民共和国民事诉讼法》向人民法院起诉。经工商行政管理部门调解,当事人未达成协议或者调解书生效后不履行的,当事人可以依照《中华人民共和国民事诉讼法》向人民法院起诉。

【立法·要点注释】

1. 根据事实与法律,工商行政管理部门认定商标侵权行为成立的,应当责令实施商标侵权行为的一方当事人立即停止侵权行为。责令停止侵权行为,本身不是一种行政处罚措施。

2. 没收、销毁相关商品与工具之“没收”是一种处罚措施,是指实施行政处罚的机关依照法律规定,将违法行为人通过违法行为获取的财产,或者实施违法行为的工具等予以收缴的一种处罚形式。“销毁”是一种处置措施,是指通过焚烧、粉碎、填埋等方式改变物品存在形式,或者使其失去原有使用功能的一种处置措施。工商行政管理部门予以没收、销毁的对象有两类:一类是“侵权商品”,如使用与注册商标近似商标的同一种商品。另一类是主要用于制造侵权商品、伪造注册商标标识的工具。

3. 处以罚款即对实施侵犯注册商标专用权行为的当事人，依法强迫其缴纳一定数额的货币，从而依法损害或者剥夺其一定财产权的一种处罚。

【行政法规】

《中华人民共和国商标法实施条例》（20140501）

第七十八条　计算商标法第六十条规定的违法经营额，可以考虑下列因素：

（一）侵权商品的销售价格；

（二）未销售侵权商品的标价；

（三）已查清侵权商品实际销售的平均价格；

（四）被侵权商品的市场中间价格；

（五）侵权人因侵权所产生的营业收入；

（六）其他能够合理计算侵权商品价值的因素。

第七十九条　下列情形属于商标法第六十条规定的能证明该商品是自己合法取得的情形：

（一）有供货单位合法签章的供货清单和货款收据且经查证属实或者供货单位认可的；

（二）有供销双方签订的进货合同且经查证已真实履行的；

（三）有合法进货发票且发票记载事项与涉案商品对应的；

（四）其他能够证明合法取得涉案商品的情形。

第八十条　销售不知道是侵犯注册商标专用权的商品，能证明该商品是自己合法取得并说明提供者的，由工商行政管理部门责令停止销售，并将案件情况通报侵权商品提供者所在地工商行政管理部门。

【司法解释】

1.《最高人民法院关于审理商标案件有关管辖和法律适用范围问题的解释》（法释〔2002〕1号，20020121；经法释〔2020〕19号修正，20210101）

第一条　人民法院受理以下商标案件：

1. 不服国家知识产权局作出的复审决定或者裁定的行政案件；

2. 不服国家知识产权局作出的有关商标的其他行政行为的案件；
3. 商标权权属纠纷案件；
4. 侵害商标权纠纷案件；
5. 确认不侵害商标权纠纷案件；
6. 商标权转让合同纠纷案件；
7. 商标使用许可合同纠纷案件；
8. 商标代理合同纠纷案件；
9. 申请诉前停止侵害注册商标专用权案件；
10. 申请停止侵害注册商标专用权损害责任案件；
11. 申请诉前财产保全案件；
12. 申请诉前证据保全案件；
13. 其他商标案件。

第二条 本解释第一条所列第1项第一审案件，由北京市高级人民法院根据最高人民法院的授权确定其辖区内有关中级人民法院管辖。

本解释第一条所列第2项第一审案件，根据行政诉讼法的有关规定确定管辖。

商标民事纠纷第一审案件，由中级以上人民法院管辖。

各高级人民法院根据本辖区的实际情况，经最高人民法院批准，可以在较大城市确定1—2个基层人民法院受理第一审商标民事纠纷案件。

第三条 商标注册人或者利害关系人向国家知识产权局就侵犯商标权行为请求处理，又向人民法院提起侵害商标权诉讼请求损害赔偿的，人民法院应当受理。

2.《最高人民法院关于审理商标民事纠纷案件适用法律若干问题的解释》（法释〔2002〕32号，20021016；经法释〔2020〕19号修正，20210101）

第四条 商标法第六十条第一款规定的利害关系人，包括注册商标使用许可合同的被许可人、注册商标财产权利的合法继承人等。

在发生注册商标专用权被侵害时，独占使用许可合同的被许可人可以向人民法院提起诉讼；排他使用许可合同的被许可人可以和商标注册人共同起诉，也可以在商标注册人不起诉的情况下，自行提起诉讼；普通使用许可合同的被许可人经商标注册人明确授权，可以提起诉讼。

第六条 因侵犯注册商标专用权行为提起的民事诉讼，由商标法第十三条、第五十七条所规定侵权行为的实施地、侵权商品的储藏地或者查封扣押地、被告住所地人民法院管辖。

前款规定的侵权商品的储藏地,是指大量或者经常性储存、隐匿侵权商品所在地;查封扣押地,是指海关等行政机关依法查封、扣押侵权商品所在地。

第七条 对涉及不同侵权行为实施地的多个被告提起的共同诉讼,原告可以选择其中一个被告的侵权行为实施地人民法院管辖;仅对其中某一被告提起的诉讼,该被告侵权行为实施地的人民法院有管辖权。

第十八条 侵犯注册商标专用权的诉讼时效为三年,自商标注册人或者利害权利人知道或者应当知道权利受到损害以及义务人之日起计算。商标注册人或者利害关系人超过三年起诉的,如果侵权行为在起诉时仍在持续,在该注册商标专用权有效期限内,人民法院应当判决被告停止侵权行为,侵权损害赔偿数额应当自权利人向人民法院起诉之日起向前推算三年计算。

第二十一条 人民法院在审理侵犯注册商标专用权纠纷案件中,依据民法典第一百七十九条、商标法第六十条的规定和案件具体情况,可以判决侵权人承担停止侵害、排除妨碍、消除危险、赔偿损失、消除影响等民事责任,还可以作出罚款,收缴侵权商品、伪造的商标标识和主要用于生产侵权商品的材料、工具、设备等财物的民事制裁决定。罚款数额可以参照商标法第六十条第二款的有关规定确定。

行政管理部门对同一侵犯注册商标专用权行为已经给予行政处罚的,人民法院不再予以民事制裁。

【注释】①

1. 本解释第四条明确规定了商标侵权诉讼中的利害关系人范围和被许可人的起诉条件,对于统一执法尺度具有指导意义。独占使用许可的被许可人,由于其对被许可使用的注册商标独家使用,商标注册人也因约定不得使用,侵犯该商标权的行为直接、主要地侵害了独占被许可人的利益,所以,独占被许可人依法可以作为原告向法院提起侵权之诉。在排他使用许可合同中,商标注册人与被许可人都可以使用该注册商标,都是侵犯商标侵权行为的直接受害人。所以,在发生注册商标专用权被侵害时,他们可以作为共同

① 参见蒋志培:《如何理解和适用〈关于审理商标民事纠纷案件适用法律若干问题的解释〉》,载《人民司法》2003 年第 2 期。

原告提起诉讼;如果商标注册人由于某种原因不提起诉讼,应当允许排他使用许可人自行提起诉讼。情况比较特殊的是商标普通使用许可人的诉权问题,起草中就其能否单独提起诉讼,争议较大。根据商标主管部门以及商标法专家学者、律师和商标代理人的意见,本解释第四条采纳了"普通使用许可合同的被许可人经商标注册人明确授权,可以提起诉讼"的意见。这主要是考虑,一些商标注册人特别是国外的一些在中国注册的商标权人,在国内一般只授权普通许可,遇到侵权行为,国外的商标权人采取法律措施会有比较多的手续,会发生某种延误,这样就有可能损害这些被许可人的合法权益,应当为他们提供司法救济手段。但是普通使用被许可人的诉权以及在多个普通被许可人存在的情况下,如何在诉讼中依法公平合理追究侵权人的民事责任?遇到数个普通被许可人分先后起诉,有的被许可人在法院对先起诉的被许可人判决保护权利后,又对同一被告、同一侵权行为起诉等,应当如何处理?在理论上、实践中还没有研究得十分清楚。

2. 对侵犯商标权民事纠纷案件,在符合本解释第六条和第七条规定的情形下,不再依侵权结果发生地确定管辖。其他司法解释中有关依侵权结果发生地确定管辖的规定,不再适用于商标权侵权纠纷案件。

3. 本解释第六条规定的查封扣押地,仅指海关、工商等行政机关查封、扣押侵权商品的地点。人民法院在诉前查封、扣押侵权商品的地点,不属于上述司法解释规定的查封扣押地。人民法院在审查当事人诉前申请采取临时措施时,首先应当确定自己有管辖权,不得因采取诉前临时措施而认为可以取得管辖权。

4. 根据本解释第六条,在侵权商品储藏地或者扣押地,当事人可以起诉实施储存、保管、运输等行为的行为人,也可以起诉该部分商品的经销商、制造商,或者同时起诉各行为人。

5. 人民法院依法给予侵权人的民事制裁,应当在审判侵权纠纷的具体案件中,依照所审判民事案件的具体情况,特别是行为人侵犯商标权行为的具体情况,单独或者并用轻重程度不同的民事制裁形式。民事制裁的具体形式包括罚款,收缴侵权商品、伪造的商标标识和专门用于生产侵权商品的材料、工具、设备等财物。适用民事制裁罚款形式的,罚款数额可以参照商标法实施条例的有关规定确定。工商行政管理部门对同一侵犯注册商标专用权行为已经给予行政处罚的,人民法院不再予以民事制裁。人民法院对收缴、罚款民事制裁措施的适用,必须经受诉法院院长批准,另行制作民事制裁决定书。被制裁人对决定不服的,在收到决定书的次日起十五日内可以向上一级人民法院申请复议一次。复议期间,决定暂不执行。

3.《最高人民法院关于涉外民商事案件诉讼管辖若干问题的规定》(法释〔2002〕5号,20020301;经法释〔2020〕20号修正,20210101)

第四条 发生在与外国接壤的边境省份的边境贸易纠纷案件,涉外房地产案件和涉外知识产权案件,不适用本规定。

【部门参考文件】

《商标侵权判断标准》(国知发保字〔2020〕23号,20200615)

第二十七条 有下列情形之一的,不属于商标法第六十条第二款规定的"销售不知道是侵犯注册商标专用权的商品":

(一)进货渠道不符合商业惯例,且价格明显低于市场价格的;

(二)拒不提供账目、销售记录等会计凭证,或者会计凭证弄虚作假的;

(三)案发后转移、销毁物证,或者提供虚假证明、虚假情况的;

(四)类似违法情形受到处理后再犯的;

(五)其他可以认定当事人明知或者应知的。

第二十八条 商标法第六十条第二款规定的"说明提供者"是指涉嫌侵权人主动提供供货商的名称、经营地址、联系方式等准确信息或者线索。

对于因涉嫌侵权人提供虚假或者无法核实的信息导致不能找到提供者的,不视为"说明提供者"。

第二十九条 涉嫌侵权人属于商标法第六十条第二款规定的销售不知道是侵犯注册商标专用权的商品的,对其侵权商品责令停止销售,对供货商立案查处或者将案件线索移送具有管辖权的商标执法相关部门查处。

对责令停止销售的侵权商品,侵权人再次销售的,应当依法查处。

【地方法院规范】

1.《北京市高级人民法院知识产权民事诉讼证据规则指引》(20210422)

第四部分 侵害商标权纠纷

4.1 原告主张其享有注册商标专用权的,可以提供商标注册证、核准注册公告、续展注册商标公告、由国家知识产权局依据《商标国际注册马德里协定》作出的该国际注册在中国有效的证明文件、商标转让证明、注册商标转让公告、商标承继关系证明等证据。

原告主张其经许可取得商标使用权的,可以提供商标使用许可合同、商标许可使用授权书、商标许可使用备案信息以及其他能体现商标许可使用关系的证据。

4.2 取得排他许可的被许可人提起侵权之诉,除应提供第4.1条列举的商标权属证据外,还应提供商标权人放弃诉讼或不起诉的证据。

取得普通许可的被许可人提起侵权之诉,除应提供第4.1条列举的商标权属证据外,还应提供商标权人明确授权被许可人提起诉讼的证据。

2.《江苏省高级人民法院侵害商标权民事纠纷案件审理指南(修订版)》(20201229)

第三部分 侵害商标权诉讼的提起

3.1 侵害商标权纠纷案件的诉讼主体

提起侵害商标权诉讼的主体一般包括商标注册人、商标使用许可合同的被许可人、商标权转让合同的受让人、因注册人死亡或企业合并、分立、破产、歇业等事由导致的商标财产性权利义务承继者。

3.1.1 独占使用许可合同的被许可人

商标权被侵害时,独占使用许可合同的被许可人可以单独向法院提起诉讼。

3.1.2 排他使用许可合同的被许可人

排他使用许可合同的被许可人可以和商标注册人共同起诉,也可以在商标注册人不起诉的情况下,自行提起诉讼。

商标注册人不起诉包括:

1. 商标注册人明示放弃起诉;

2. 被许可人有证据证明其已告知商标注册人或者商标注册人已知道有侵害商标权行为而仍不起诉的情形。

3.1.3 普通使用许可合同的被许可人

普通使用许可合同的被许可人经商标注册人明确授权,可以提起诉讼。

明确授权,包括在许可合同中明确授权和在合同之外另行出具授权书两种情况,不能仅以使用许可合同中没有明确授权即驳回被许可人的起诉。

如果使用许可合同对许可方式没有约定或者约定不明确，应视为普通使用许可。

3.1.4 商标权转让合同的受让人

商标权转让合同没有特别约定的，合同自双方当事人签字或者盖章之日起成立并生效。自商标行政主管机关核准公告之日起，受让人享有商标权。

被控侵权行为从转让前持续至转让后的，转让人与受让人都有权起诉，其中受让人有权主张商标转让后的侵权赔偿；转让人有权主张商标转让前的侵权赔偿。

转让合同对诉权有特别约定的，按照约定处理。

3.2 管辖

因侵害商标权行为提起的民事诉讼，由侵权行为的实施地、侵权商品的储藏地或者查封扣押地、被告住所地法院管辖。

侵权商品的储藏地，是指大量或者经常性储存、隐匿侵权商品所在地；查封扣押地，是指海关、工商等行政机关依法查封、扣押侵权商品所在地。

原告通过网络购物方式购买被控侵权商品，不以收货地作为侵权行为实施地来确定管辖法院，应按上述标准确定管辖法院。

（详见案例二）①

对涉及不同侵权行为实施地的多个被告提起的共同诉讼，原告可以选择其中一个被告的侵权行为实施地法院管辖；仅对其中某一被告提起的诉讼，该被告侵权行为实施地的法院有管辖权。

3.3 诉讼时效

侵害商标权的诉讼时效为 3 年，自商标注册人或者利害权利人知道或者应当知道权利受到损害以及义务人之日起计算，但在 2017 年 10 月 1 日已经超出原有两年诉讼时效期间的除外。

商标注册人或者利害关系人超过 3 年起诉的，如果侵权行为在起诉时仍在持续，在该商标权有效期限内，法院应当判决被告停止侵权行为，侵权损害赔偿额应当自权利人向法院起诉之日起向前推算 3 年计算。

第八部分　民事责任承担

8.1 停止侵害

---

① 案例二：新百伦公司与马内尔公司、周某某等不正当竞争纠纷管辖异议案［最高人民法院（2016）最高法民辖终 107 号］。

在侵害商标权纠纷案件中，法院判决的责任方式主要包括：

1. 停止使用侵害原告商标权的“××”标识的行为；

2. 规范使用、不得突出使用或者停止使用侵害原告商标权的“××”企业名称。

8.1.1 规范使用企业名称

《最高人民法院关于审理注册商标、企业名称与在先权利冲突的民事纠纷案件若干问题的规定》第四条规定，被诉企业名称侵害商标权或者构成不正当竞争的，法院可以根据原告的诉讼请求和案件具体情况，确定被告承担停止使用、规范使用等民事责任。如果企业名称的注册使用并不违法，只是因突出使用其中的字号而侵害商标权的，判决被告规范使用企业名称、停止突出使用行为即足以制止被告的侵权行为，不宜判决停止使用或者变更企业名称。

8.1.2 停止使用或者变更企业名称

对于被诉企业名称侵害商标权或者构成不正当竞争的案件，是否判令停止使用企业名称，应当视案件具体情况，在综合考量主观过错程度、历史因素和使用现状的基础上公平合理地作出裁量。在被告注册、使用被诉企业名称具有明显攀附恶意时，如果允许被告继续使用其字号，与原告商标、字号共存，即便不突出使用字号，对于市场而言，尤其是潜在购买者，仍极易发生混淆或者误认为两者之间存在投资或合作等关联关系时，应当判决其在构成侵害商标权等的同时，停止使用或者变更企业名称，以体现商标法鼓励企业诚信经营、发展自主品牌的裁判导向。

8.1.3 停止使用楼盘名称问题

涉楼盘侵害商标权案件中，是否需要判决停止使用楼盘名称，应当考虑利益平衡原则，根据个案的不同情形予以裁量，在综合考量注册商标的知名度、被告的侵权过错程度、实际销售量、业主入住情况、拆除被控侵权标识的成本及影响、风险等因素后作出判决。

（详见案例三十一）①

8.1.4 法院判决停止侵害的例外情况

如果判决停止有关行为会造成当事人之间利益的重大失衡，或者有悖社会公共利益，或者实际上无法执行，可以根据案件具体情况进行利益衡量，即

① 案例三十一：钓鱼台美高梅公司诉安徽高速地产苏州公司侵害商标权纠纷案[江苏省高级人民法院(2016)苏民终1167号]。

可以不判决停止侵害,而改为加重民事赔偿的方式。

8.4 附加适当区别标识

商标注册人申请商标注册前,他人已经在相同商品或服务,或者类似商品或服务上先于商标注册人使用与注册商标相同或者近似并有一定影响的商标的,商标权人无权禁止该使用人在原使用范围内继续使用该商标,但可以要求其附加适当区别标识。

8.6 销毁侵权材料、工具、专用设备及商品等

根据当事人的诉讼请求以及案件的具体情况、现实可能性等因素责令侵权人限期销毁侵权商品(包括库存品)以及制造侵权商品的材料、工具、专用设备等,或者在特殊情况下,责令禁止前述材料、工具、专用设备等进入商业渠道;必要时可以责令限期召回已进入流通领域的侵权商品等,由此产生的费用由行为人负担。

采取销毁措施应当以确有必要为前提,与侵权行为的严重程度相当,且不能造成不必要的损失。

因个案具体情况不判决销毁较为合理的,可以视情况增加赔偿数额。

8.7 不适用赔礼道歉的责任方式

在侵害商标权纠纷案件中,原告除要求赔偿损失外,一般还会要求被告公开赔礼道歉,但是赔礼道歉的民事责任仅适用于侵犯人身权的场合,而商标权是一种财产性质的权利,被控侵权行为严重损害商标权人商誉的,可以根据个案情况判决其在一定范围内消除影响。

8.8 商标撤销、无效等行政程序对商标权效力及侵权诉讼的影响

《中华人民共和国商标法》第四十七条规定,宣告无效的注册商标,该商标权视为自始即不存在。针对商标无效情形,实践中法院一般可以参照专利法司法解释的精神,裁定驳回起诉。

撤销商标的决定与商标无效宣告决定产生的效力不同。注册商标被撤销的,商标权的效力并非自始无效,而是自撤销公告之日起终止,对撤销公告前侵害商标权的行为仍有提起诉讼的请求权基础,仍可以要求停止侵害。因此,不能将撤销商标的法律效果混同于商标无效宣告而简单裁定驳回起诉。至于商标权人是否可以就撤销公告前的侵权事实主张损害赔偿,需要根据撤销商标的具体理由确定。如果注册商标系基于连续三年未使用而被撤销,原告无权获得赔偿。

（详见案例三十九）①

第九部分 其 他

9.3 民事制裁

法院对于侵害商标权的行为可以作出罚款、收缴侵权商品、伪造的商标标识和主要用于生产侵权商品的材料、工具、设备等财物的民事制裁决定。

9.4 确认不侵权

商标权人向他人发出侵权警告函，他人可以作为原告针对商标权人发函指控其侵害商标权的行为向法院提起诉讼，请求确认其不侵害商标权。

9.4.1 受理条件

参照《最高人民法院关于审理侵犯专利权纠纷案件应用法律若干问题的解释》第十八条的规定，确认不侵权之诉的受理条件应当包括：

1. 被警告人或者利害关系人受到明确的侵权警告威胁；

2. 被警告人或者利害关系人书面催告商标权人向法院起诉，或要求其请求有关行政机关处理；

3. 商标权人未在合理期限内撤回警告或通过提起诉讼、行政处理等方式解决。自商标权人收到该书面催告之日起一个月内或者自书面催告发出之日起二个月内，商标权人未在合理期限内撤回警告或请求法院、行政机关处理，使得被警告人或者利害关系人的法律地位处于不稳定、不安全的危险状态；

4. 不提起确认不侵权诉讼将使得被警告人或者利害关系人的合法权益受到或可能受到损害。只有通过提起确认不侵权诉讼才能消除这种不稳定、不安全的状态。

作为一种新型诉讼，确认不侵权之诉应以必要为前提，对其受理应加以严格审查。

9.4.2 管辖

确认不侵权之诉由侵权行为地法院受理。确认不侵权之诉与侵权之诉可以并存。因同一侵权事实提起的两种诉讼，由最先受理的法院管辖，后受理的法院应将案件移送先受理法院合并审理。

3.《江苏省高级人民法院关于实行最严格知识产权司法保护为高质量

① 案例三十九：苗方清颜商贸公司诉陈某侵害商标权纠纷案［江苏省高级人民法院(2019)苏民申3375号］。

发展提供司法保障的指导意见》(苏高法〔2019〕224号,20190822)

32. 销毁侵权材料、工具、专用设备及商品等。除判决侵权人承担停止侵权、赔偿损失等民事责任外,还可以根据权利人申请、现有证据以及现实可能性等因素责令侵权人限期销毁侵权商品(包括库存品)以及制造侵权商品的材料、工具、专用设备等,或者在特殊情况下,责令禁止前述材料、工具、专用设备等进入商业渠道;必要时可以责令限期召回已进入流通领域的侵权商品等。

4.《天津市高级人民法院侵犯商标权纠纷案件审理指南》(津高法〔2016〕3号,20160112)

二、原告诉讼主体资格

原告包括商标注册人、利害关系人、转让合同的受让人。

1. 商标注册人

是在商标注册证上载明的权利人。

2. 利害关系人

包括注册商标使用许可合同的被许可人和注册商标财产权利的合法继承人等。在发生注册商标专用权被侵害时,独占使用许可合同的被许可人可以向人民法院提起诉讼;排他使用许可合同的被许可人可以和商标注册人共同起诉,也可以在商标注册人不起诉的情况下,自行提起诉讼;普通使用许可合同的被许可人经商标注册人明确授权,可以提起诉讼。

3. 转让合同的受让人

转让注册商标的,转让人和受让人应当签订转让协议,并共同向商标局提出申请,转让注册商标核准并予以公告后,受让人自公告之日起享有注册商标专用权。被控侵权行为持续到注册商标转让核准公告之日后,受让人有权对公告之日以后的被控侵权行为向人民法院提起诉讼。

八、民事责任

人民法院在审理侵犯注册商标专用权纠纷案件中,依据法律规定和案件具体情况,可以判决侵权人承担停止侵害、赔偿损失、消除影响等民事责任,还可以作出罚款,收缴侵权商品、伪造的商标标志和专门用于生产侵权商品的材料、工具、设备等财物的民事制裁决定。罚款数额可以参照《中华人民共和国商标法实施条例》的有关规定确定。

(一)停止侵害

1. 一般情况下法院判决的具体责任方式包括:

(1)停止侵害原告注册商标专用权的行为;

(2)如果因在企业名称中突出使用注册商标而构成侵权,判决规范使用企业名称足以制止侵权行为的,可以判决不得突出使用注册商标或者规范使用企业名称。

2. 例外情况

如果判决停止侵害会损害社会公共利益,或者造成双方当事人之间的重大利益失衡,或者实际上已无法执行,可以不判决停止侵害,适当加大民事赔偿数额。

5.《四川省高级人民法院侵害商标权案件审理指南》(川高法〔2018〕229号,20180904)

4【审查法院管辖权】

4.1 侵害商标权案件,当事人可以自愿选择向人民法院起诉,或者向工商行政管理机关投诉。

4.2 侵害商标权案件,由侵权行为地、侵权商品的储藏地或者查封扣押地、被告住所地人民法院管辖。侵权行为地包括侵权行为实施地和侵权结果发生地。

侵害商标权案件中,如果原告通过网络购物方式购买被诉侵权产品的,不能以网络购物收货地作为侵权行为地确定管辖。

4.3 侵害商标权案件中,当事人依照《中华人民共和国商标法》第十三条规定主张权利的,根据案件审理情况,人民法院认为有必要对商标驰名情况作出认定的,由成都市中级人民法院集中管辖。

5【审查原告主体资格】

5.1 侵害商标权案件中,商标权人及利害关系人可以向人民法院提起诉讼。利害关系人包括注册商标使用许可合同的被许可人、注册商标财产权利的合法继承人等。

5.2 前款被许可人中,独占使用许可合同的被许可人、经商标权人明确授权的普通使用许可合同的被许可人,可以单独向人民法院提起诉讼。排他使用许可合同的被许可人可以和商标权人共同提起诉讼,也可以在商标权人不起诉的情况下,单独提起诉讼。

9【民事责任的认定】

9.1 侵害商标权案件中,法院可以根据案件具体情况,判令被告承担停止侵害、赔偿损失、消除影响等民事责任。

9.2 如果被告停止被诉侵权行为可能损害公共利益，或者违反比例原则，或者实际上已无法执行的，可以不判令停止侵害，根据案件情况从高确定赔偿数额。

9.3 如果被告因在企业名称中突出使用原告注册商标构成侵权，判决规范使用企业名称足以制止侵权行为的，可以判决不得突出使用注册商标或者规范使用企业名称。

9.9 被告的侵权行为对原告的商誉等造成较大影响的，可以判决被告刊登声明、消除影响。选择刊登声明的媒体时，应考虑侵权行为的性质、情节和影响范围等因素。

9.10 商标权是财产性权利，法院不宜在案件中判决被告承担赔礼道歉的民事责任。

【公报案例】

【江苏太仓法院“静冈刀具”案】（1）注册商标侵权行为误导相关消费者，其权利人要求消除影响的诉讼请求应予以支持，具体消除方式应结合侵权行为的性质、规模及影响等因素酌情确定；（2）工商行政管理部门对同一侵犯注册商标专用权行为已给予行政处罚的，人民法院不再予以民事制裁〔苏州静冈刀具有限公司诉太仓天华刀具有限公司侵犯商标专用权纠纷案，江苏省太仓市人民法院民事判决书（2013）太知民初字第0016号，载《中华人民共和国最高人民法院公报》2014年第10期〕。

【法院参考案例】

（一）侵犯注册商标的行政处罚

1.【江苏高院“金燕”案】（1）注册商标专用权是一项法定的授权性权利，实践中极有可能出现被控侵权人无意踏入注册商标保护范围的情形，因此工商行政管理机关在对侵权行为进行查处时，应当注意对被控侵权行为人是否存在主观故意以及是否造成实际损害后果加以甄别，突出行政执法的重点是制止恶意侵权和重复侵权；（2）对于没有主观故意且未造成实际损害后果，责令停止侵权行为即足以保护商标专用权并恢复商标管理秩序的，可以在责令立即停止侵权行为的同时，明确告知行政相对人自行去除侵权标识，无须加处罚款、没收等行政处罚，以体现商标法的立法目的以及商标行政执法的谦抑与平衡〔江苏祥和泰纤维科技有限公司与江苏省工商行政管理局工商行政处罚纠纷上诉案，江苏省高级人民法院行政判决书(2013)苏知行终字第0004号〕。

2.【江苏高院“乐活”案】责令注册商标侵权行为人停止侵权行为即足以达到保护注册商标专用权以及保障消费者和相关公众利益的行政执法目的，却对侵权行为人处以行政罚款，不考虑其主观上无过错，侵权性质、行为和情节显著轻微，尚未造成实际危害后果等因素，致使行政处罚的结果与违法行为的社会危害程度明显不适当，该行政处罚缺乏妥当性和必要性〔苏州鼎盛食品有限公司与江苏省苏州工商行政管理局等工商行政处罚纠纷上诉案，江苏省高级人民法院行政判决书(2011)苏知行终字第0004号〕。

3.【温州中院“贵州茅台”案】工商行政管理部门仅以注册商标权人有权鉴定假冒商品而将涉案商标真伪的鉴别判断权完全交给注册商标权人，不予支持〔温州荣盛贸易有限公司与温州市工商行政管理局鹿城分局工商行政处罚纠纷上诉案，浙江省温州市中级人民法院行政判决书(2011)浙温行终字第261号〕。

4.【广州铁运中院“NE图形”案】五年内对同一注册商标实施两次以上商标侵权行为，应加重处罚〔张丽霞与广州市越秀区工商行政管理局等行政处罚及行政复议纠纷上诉案，广州铁路运输中级法院行政判决书(2016)粤71行终1853号〕。

(二)确认不侵犯注册商标之诉

1.【最高院“龙文堂”案】确认不侵害商标权之诉本质上属于侵权之诉，判断提起诉讼是否具备法定条件，应根据商标法及民事诉讼法关于起诉条件及侵权诉讼的相关规定进行认定，在上述法律对相关起诉条件无专门规定的情况下，法院应参照《最高人民法院关于审理侵犯专利权纠纷案件应用法律若干问题的解释》第十八条的相关规定进行审查〔许全本与曾澄贵、浙江淘宝网络有限公司确认不侵害商标权纠纷再审申请案，最高人民法院民事裁定书(2020)最高法民申 5602 号〕。

2.【最高院“红牛”案】(1)人民法院审理其他类型的确认不侵害知识产权诉讼，应当参照《最高人民法院关于审理侵犯专利权纠纷案件应用法律若干问题的解释》第十八条规定处理；(2)提起确认不侵害知识产权诉讼必须符合相应的条件，即权利人向他人发出侵权的警告，被警告人或者利害关系人书面催告，权利人在收到书面催告后在合理期限内既未撤回警告也未提起诉讼。其中书面催告是程序性要件，权利人既不撤回警告也不启动纠纷解决程序而导致利害关系人的利益受损是实质性要件〔红牛维他命饮料(江苏)有限公司与天丝医药保健有限公司确认不侵害商标权纠纷上诉案，最高人民法院民事裁定书(2018)最高法民终 341 号〕。

3.【最高院“张裕卡斯特”案】律师声明针对相关商品上使用注册商标的不特定的人，相关商品上带有相同或近似标识由此涉嫌侵犯注册商标，因此权利处于不确定状态的企业或个人有权提起确认不侵权之诉〔烟台张裕卡斯特酒庄有限公司与上海卡斯特酒业有限公司、李道之确认不侵害商标权纠纷再审申请案，最高人民法院民事裁定书(2016)最高法民申 351 号〕。

4.【最高院“农佳乐”案】(1)权利人向他人发出警告或有类似于警告的行为，又未在合理时间内启动司法解决纠纷程序，是确认不侵害商标权诉讼的事实前提；(2)注册商标权人未发出过侵权警告函，但已经向工商行政管理部门投诉且行政裁决即将作出，可以认定双方之间存在因商标使用的利害冲突以及由此引起的利益不稳定状态，被投诉方提起确认不侵犯注册商标专用权，符合确认不侵害商标权诉讼的实质条件〔玉努司·阿吉与新疆农资有限责任公司确认不侵害商标权纠纷再审申请案，最高人民法院民事裁定书(2013)民申字第 237 号〕。

(三)侵犯注册商标专用权的诉讼管辖

1.【最高院“贝豪”案】(1)因侵犯注册商标专用权行为提起民事诉讼的侵权行为地确定不同于一般民事纠纷案件；(2)鉴于《最高人民法院关于审

理商标民事纠纷案件适用法律若干问题的解释》对因侵犯注册商标专用权行为提起民事诉讼的侵权行为地作出了明确规定,对网络销售侵权商品的纠纷不宜适用《最高人民法院关于适用〈中华人民共和国民事诉讼法〉的解释》第二十五条规定之以原告住所地作为侵权结果发生地来确定管辖〔广东马内尔服饰有限公司等与新百伦贸易(中国)有限公司等不正当竞争纠纷管辖异议上诉案,最高人民法院民事裁定书(2017)最高法民辖29号〕①。

(1)由于商标权等知识产权案件涉及无形财产的保护,商品商标或者其他权利附着于商品上,具有在全国范围的可流通性,故此类案件侵权行为地的确定具有不同于一般民事纠纷案件的特殊性。

(2)在侵犯商标权案件中,除了大量侵权商品的储藏地以及海关、工商等行政机关依法查封、扣押侵权商品的所在地外,仅侵权行为实施地或者被告住所地可以作为确定管辖的依据,而不再依据侵权结果发生地作为确定案件管辖的依据。

(3)本案系侵犯商标权及不正当竞争纠纷,鉴于《最高人民法院关于审理商标民事纠纷案件适用法律若干问题的解释》对因侵犯注册商标专用权行为提起民事诉讼的侵权行为地作出了明确规定,本案不宜适用《最高人民法院关于适用〈中华人民共和国民事诉讼法〉的解释》第二十五条的规定以侵权结果发生地确定本案管辖。

2.【最高院“金通”案】消费者使用被控侵权商品的扣押地不是《最高人民法院关于审理商标民事纠纷案件适用法律若干问题的解释》第六条规定的“侵权商品的查封扣押地”〔日照金通车辆制造有限公司与金杯汽车股份有限公司、金杯车辆制造集团有限公司侵害商标权纠纷再审申请案,最高人民法院民事裁定书(2012)民提字第109号〕。

从立法本意看,《最高人民法院关于审理商标民事纠纷案件适用法律若干问题的解释》第六条规定以增强案件管辖的确定性,既方便当事人行使诉权,又方便法院审理为目的。如果将消费者使用被控侵权商品的扣押地理解为司法解释第六条规定的“侵权商品的查封扣押地”,将会增加当事人选择管辖法院的随意性,减损此类案件管辖的确定性,违背有关管辖规定的本意。

---

① 类似案例参见新百伦公司与马内尔公司、周某某等不正当竞争纠纷管辖异议上诉案,最高人民法院民事裁定书(2016)最高法民辖终107号。

3.【最高院"阿迪王"案】涉外知识产权案件不适用普通涉外民商事案件集中管辖的规定〔阿迪达斯有限公司与阿迪王体育用品有限公司、华珠鞋业有限公司、郭艳梅侵害商标权及不正当竞争纠纷再审申请案，最高人民法院民事裁定书(2010)民申字第1114号〕。

（四）侵犯注册商标专用权纠纷的诉讼时效

1.【最高院"龙牌"案】工商行政管理部门查处注册商标侵权产品的时间可以作为诉讼时效起算时间〔北新集团建材股份有限公司与昆明市官渡区鑫兴吊顶材料经营部侵害商标权纠纷再审申请案，最高人民法院民事裁定书(2018)最高法民申4056号〕。

2.【最高院"STKUPS"案】"超过二年起诉"应理解为商标注册人或者利害关系人知道或应当知道侵权行为之日起超过两年〔叶维锐、佛山市瑞芯工业电子有限公司等与山特电子(深圳)有限公司等侵害商标权纠纷再审申请案，最高人民法院民事裁定书(2018)最高法民申1769号〕。

3.【上海一中院"LV"案】对超过诉讼时效的侵权损害赔偿请求不予支持〔路易威登马利蒂与林益仲、上海仲雯贸易有限公司等侵害商标权纠纷案，上海市第一中级人民法院民事判决书(2009)沪一中民五(知)初字第34号〕。

（五）注册商标的侵权救济：停止侵害

1.【最高院"星河湾"案】(1)就侵害注册商标专用权的行为是否应适用停止侵害救济的问题，根据民法关于善意保护之原则，在商标权等知识产权与物权等其他财产权发生冲突时，应以其他财产权是否善意作为权利界限和是否容忍的标准，同时应兼顾公共利益之保护；(2)小区命名经过民政局批准，小区居民已经入住多年，且并无证据证明其购买该房产时知晓小区名称侵犯他人注册商标专用权，如果判令停止使用该小区名称，会导致商标权人与公共利益及小区居民利益的失衡，故不判令停止使用该小区名称〔广州星河湾实业发展有限公司等与江苏炜赋集团建设开发有限公司侵害商标权及不正当竞争纠纷再审案，最高人民法院民事判决书(2013)民提字第102号〕。

2.【江苏高院“钓鱼台”案】涉楼盘侵害商标权案件中，是否需要判决停止使用楼盘名称，应当采用利益平衡原则，根据个案的不同情形予以裁量，在综合考量注册商标的知名度、被告的侵权过错程度、实际销售量、业主入住情况、拆除被控侵权标识的成本及影响、风险等因素后作出判决〔安徽省高速地产集团（苏州）有限公司与钓鱼台美高梅酒店管理有限公司侵害商标权纠纷上诉案，江苏省高级人民法院民事判决书（2016）苏民终 1167 号〕。

3.【北京高院“天朝”案】大量购买带有他人注册商标的商品容器，已经为侵犯他人注册商标做好了准备，可以认定侵犯他人注册商标专用权，应承担停止侵害、赔礼道歉的法律责任，并赔偿权利人为制止侵权而支付的合理费用〔北京市通州区运河化工厂与北京天朝精细化工有限公司侵害商标权纠纷上诉案，北京市高级人民法院民事判决书（1999）高知终字第 63 号〕。

（六）注册商标的侵权救济：赔偿责任

参见第六十三条和第六十四条注释。

（七）注册商标的侵权救济：排除妨碍

1.【上海高院“优衣库”案】注册商标权利人未实际使用注册商标，在判令侵权行为人停止侵害后，注册商标专用权就已经恢复，权利人使用该注册商标已经没有任何障碍，不应再判令侵权人承担排除妨碍之责任〔广州市指南针会展服务有限公司等与优衣库商贸有限公司上海船厂路店侵害商标权纠纷上诉案，上海市高级人民法院民事判决书（2015）沪高民三（知）终字第 97 号，列入 2016 年度上海法院十大知识产权案件〕。

2.【北京高院“服装口袋”外观设计案】外观设计专利产品主视图上使用的图形与他人注册商标的图形相同，虽然无证据显示其权利人已实际将其外观设计专利产品投入市场使用，但该产品一旦投入市场即不可避免地会造成相关公众的混淆误认，给他人注册商标专用权造成侵害，为此可以判令专利权人不得使用该外观设计专利产品以避免实际侵害结果的发生〔王军与路易威登马利蒂股份有限公司侵害商标权纠纷上诉案，北京市高级人民法院民事判决书(2009)高民终字第1544号〕。

(八)注册商标的侵权救济:消除影响

1.【最高院"彩蝶轩"案】消除影响是侵害人在其侵权行为不良影响范围内承担消除对受害人不利后果的民事责任方式;注册商标具有一定的知名度,侵权行为使得相关公众混淆被控侵权标识与该注册商标,其权利人有权要求侵权人在侵权行为集中发生的地区通过当地报纸登载声明以消除不良影响〔梁或等与安徽采蝶轩蛋糕集团有限公司等侵害商标权及不正当竞争纠纷再审案,最高人民法院民事判决书(2015)民提字第38号〕。

2.【最高院"星河湾"案】侵权人无利用他人注册商标声誉之故意,注册商标权人未证明其商誉遭受损失,对注册商标权人主张消除影响、赔礼道歉的诉讼请求不应予以支持〔广州星河湾实业发展有限公司等与江苏炜赋集团建设开发有限公司侵害商标权及不正当竞争纠纷再审案,最高人民法院民事判决书(2013)民提字第102号〕。

3.【上海高院"优衣库"案】注册商标权利人未实际使用注册商标,又未能证明因侵权行为而使注册商标的社会评价降低,不应支持其消除影响的诉讼请求〔广州市指南针会展服务有限公司等与优衣库商贸有限公司上海船厂路店侵害商标权纠纷上诉案,上海市高级人民法院民事判决书(2015)沪高民三(知)终字第97号,列入2016年度上海法院十大知识产权案件〕。

(1)消除影响通常是适用于人格权受到侵害时,被侵权人因侵权行为导致社会评价降低而适用的法律救济措施。由于商标可以承载商业信誉,故当商标之声誉因侵权行为遭受损害时,即该标识在相关公众中的社会评价被降低,权利人可以要求侵权人承担消除影响之法律责任以恢复其商标原有声誉。

(2)由于指南针公司、中唯公司未实际使用涉案注册商标,故权利商标未承载因使用行为而在相关公众中形成的商誉;同时,指南针公司、中唯公司也未能提交证据证明因本案侵权行为降低了涉案注册商标的社会评价,故要求消除影响的主张缺少需恢复的社会评价作为基础,即缺乏所需恢复的被贬损的商标声誉。

4.【福建高院"德高"案】商标权属于财产权，证据不足以证明侵权销售行为导致注册商标权人的商誉受到贬损，其商标权人诉请法院判令被告刊登声明、消除影响，不应予支持〔德高(广州)建材有限公司与龙海市九湖忠信瓷砖店等侵害商标权纠纷上诉案，福建省高级人民法院民事判决书(2020)闽民终717号〕。

5.【湖南高院"宝马"案】侵权行为主观故意明显，客观上造成了市场混乱，已给注册商标权利人的商誉造成严重不良影响，该商标权人诉请法院判令被告刊登声明、消除影响，应予以支持〔宝马股份公司与深圳市世纪宝马服饰有限公司、傅献琴等侵害商标权及不正当竞争纠纷案，湖南省高级人民法院民事判决书(2009)湘高法民三初字第1号，列入最高人民法院公布的2009年中国法院知识产权司法保护10大案件〕。

6.【山东高院"加多士及图"案】被告在企业名称中使用与他人在先注册商标相同的文字，并在同行业中与注册商标权人进行商业竞争，搭他人便车、攀附他人品牌商誉，因产生混淆而造成他人商业利益之流失，应在相应范围内承担消除影响的法律责任〔济南加德士润滑油有限公司与雪佛龙能源公司等侵害商标权纠纷上诉案，山东省高级人民法院民事判决书(2009)鲁民三终字第194号〕。

(九)注册商标的侵权救济:赔礼道歉

1.【最高院"彩蝶轩"案】赔礼道歉系针对人身权侵权的一种责任承担方式，商标专用权的侵害不属于人身权侵权范畴，故对注册商标权利人要求侵权人赔礼道歉的主张不予支持〔梁或等与安徽采蝶轩蛋糕集团有限公司等侵害商标权及不正当竞争纠纷再审案，最高人民法院民事判决书(2015)民提字第38号〕。

2.【广东高院"米其林"卡通人像和人偶案】被告侵犯注册商标，其权利人请求判令被告刊登道歉声明消除影响，但未提交证据证明侵权行为造成其商誉损害的，不予支持〔米其林集团总公司与宁波嘉琪工艺品有限公司侵害商标权纠纷再审案，广东省高级人民法院民事判决书(2019)粤民再44号〕。

(十)注册商标的侵权救济:民事制裁

1.【最高院“大宝”案】在判令注册商标侵权行为人承担停止侵权行为、赔偿损失的民事责任后,如果侵权行为人已经声称不再使用侵权产品包装,不应再支持消除影响、承担收回及清理流通领域中的侵权产品、销毁侵权产品包装的诉讼请求〔北京大宝化妆品有限公司与北京市大宝日用化学制品厂、深圳市碧桂园化工有限公司侵害商标权及不正当竞争纠纷再审案,最高人民法院民事判决书(2012)民提字第 166 号〕。

2.【北京高院“宝马”案】对于侵权人有组织、规模化的恶意侵权行为,如行政机关未进行过行政处罚,人民法院依法应对侵权人采取民事制裁措施〔宝马股份公司、广州世纪宝驰服饰实业有限公司与北京方拓商业管理有限公司、李淑芝侵害商标权及不正当竞争纠纷上诉案,北京市高级人民法院民事判决书(2012)高民终字第 918 号,列入最高人民法院 2013 年公布的八起知识产权司法保护典型案例〕。

3.【上海一中院“RITS”案】民事制裁的成立是基于国家的意志和行为,并通过司法机关来确定和实现,注册商标权利人将民事制裁作为民事诉讼的请求没有法律依据〔雷茨饭店有限公司与上海丽池健身有限公司侵害商标权纠纷案,上海市第一中级人民法院民事判决书(2008)沪一中民五(知)初字第 12 号〕。

4.【揭阳中院“ADIDAS”案】行为人虽因门店装潢而侵犯他人知名商品特有装潢权、企业名称权及注册商标专用权,但所销售的商品来源于权利方,其侵权行为不会对权利人的商誉造成损害和不良影响,故不应判令训诫、具结悔过、没收非法活动的财物、非法所得及罚款等民事制裁措施〔阿迪达斯体育(中国)有限公司与广东美佳乐购物广场有限公司侵犯知名商品特有装潢权及商标专用权纠纷案,广东省揭阳市中级人民法院民事判决书(2009)揭中法民三初字第 7 号〕。

编者说明

本条规定针对侵犯注册商标纠纷的行政处理及行政责任,属于注册商标专用权的行政保护条款。因商标法没有条文明确规定注册商标侵权的民事诉讼事宜，而本条提到注册商标权利人可以选择向法院提起侵权之诉，故本条注释【法院参考案例】包含注册商标侵权之诉的若干重要内容。

同时，商标法没有条文专门规定侵犯注册商标专用权的民事责任，而《最高人民法院关于审理商标民事纠纷案件适用法律若干问题的解释》第二十一条规定，人民法院依据民法典第一百七十九条、商标法第六十条的规定和侵犯注册商标专用权纠纷案件的具体情况，对于侵权行为人科以民事责任和民事制裁。为此，本条注释【法院参考案例】还包括此条司法解释所涉商标侵权的民事救济。鉴于商标法第六十三条和第六十四条专门规定有侵犯注册商标专用权的赔偿责任和抗辩，故就此种侵权责任请参见这两条的注释。

第六十一条　【注册商标侵权行为的行政查处和犯罪移送】对侵犯注册商标专用权的行为，工商行政管理部门有权依法查处；涉嫌犯罪的，应当及时移送司法机关依法处理。

【行政法规】

1.《中华人民共和国商标法实施条例》(20140501)

第八十二条　在查处商标侵权案件过程中，工商行政管理部门可以要求权利人对涉案商品是否为权利人生产或者其许可生产的产品进行辨认。

2.《行政执法机关移送涉嫌犯罪案件的规定》(20200807)

第二条　本规定所称行政执法机关，是指依照法律、法规或者规章的规定，对破坏社会主义市场经济秩序、妨害社会管理秩序以及其他违法行为具有行政处罚权的行政机关，以及法律、法规授权的具有管理公共事务职能、在法定授权范围内实施行政处罚的组织。

第三条　行政执法机关在依法查处违法行为过程中，发现违法事实涉及的金额、违法事实的情节、违法事实造成的后果等，根据刑法关于破坏社会主义市场经济秩序罪、妨害社会管理秩序罪等罪的规定和最高人民法院、最高人民检察院关于破坏社会主义市场经济秩序罪、妨害社会管理秩序罪等罪的司法解释以及最高人民检察院、公安部关于经济犯罪案件的追诉标准等规定，涉嫌构成犯罪，依法需要追究刑事责任的，必须依照本规定向公安机关移送。

知识产权领域的违法案件，行政执法机关根据调查收集的证据和查明的案件事实，认为存在犯罪的合理嫌疑，需要公安机关采取措施进一步获取证据以判断是否达到刑事案件立案追诉标准的，应当向公安机关移送。

第十一条　行政执法机关对应当向公安机关移送的涉嫌犯罪案件，不得以行政处罚代替移送。

行政执法机关向公安机关移送涉嫌犯罪案件前已经作出的警告，责令停产停业，暂扣或者吊销许可证、暂扣或者吊销执照的行政处罚决定，不停止执行。

依照行政处罚法的规定，行政执法机关向公安机关移送涉嫌犯罪案件前，已经依法给予当事人罚款的，人民法院判处罚金时，依法折抵相应罚金。

第十二条 行政执法机关对公安机关决定立案的案件，应当自接到立案通知书之日起3日内将涉案物品以及与案件有关的其他材料移交公安机关，并办结交接手续；法律、行政法规另有规定的，依照其规定。

第十六条 行政执法机关违反本规定，逾期不将案件移送公安机关的，由本级或者上级人民政府，或者实行垂直管理的上级行政执法机关，责令限期移送，并对其正职负责人或者主持工作的负责人根据情节轻重，给予记过以上的处分；构成犯罪的，依法追究刑事责任。

行政执法机关违反本规定，对应当向公安机关移送的案件不移送，或者以行政处罚代替移送的，由本级或者上级人民政府，或者实行垂直管理的上级行政执法机关，责令改正，给予通报；拒不改正的，对其正职负责人或者主持工作的负责人给予记过以上的处分；构成犯罪的，依法追究刑事责任。

对本条第一款、第二款所列行为直接负责的主管人员和其他直接责任人员，分别比照前两款的规定给予处分；构成犯罪的，依法追究刑事责任。

【部门参考文件】

《公安机关受理行政执法机关移送涉嫌犯罪案件规定》（公通字〔2016〕16号，20160616）

第一条 为规范公安机关受理行政执法机关移送涉嫌犯罪案件工作，完善行政执法与刑事司法衔接工作机制，根据有关法律、法规，制定本规定。

第二条 对行政执法机关移送的涉嫌犯罪案件，公安机关应当接受，及时录入执法办案信息系统，并检查是否附有下列材料：

（一）案件移送书……

（二）案件调查报告……

（三）涉案物品清单……

（四）附有鉴定机构和鉴定人资质证明或者其他证明文件的检验报告或者鉴定意见；

（五）现场照片、询问笔录、电子数据、视听资料、认定意见、责令整改通知书等其他与案件有关的证据材料。

移送材料表明移送案件的行政执法机关已经或者曾经作出有关行政处罚决定的,应当检查是否附有有关行政处罚决定书。

对材料不全的,应当在接受案件的二十四小时内书面告知移送的行政执法机关在三日内补正。但不得以材料不全为由,不接受移送案件。

第三条　对接受的案件,公安机关应当按照下列情形分别处理:

(一)对属于本公安机关管辖的,迅速进行立案审查;

(二)对属于公安机关管辖但不属于本公安机关管辖的,移送有管辖权的公安机关,并书面告知移送案件的行政执法机关;

(三)对不属于公安机关管辖的,退回移送案件的行政执法机关,并书面说明理由。

第四条　对接受的案件,公安机关应当立即审查,并在规定的时间内作出立案或者不立案的决定。

决定立案的,应当书面通知移送案件的行政执法机关。对决定不立案的,应当说明理由,制作不予立案通知书,连同案卷材料在三日内送达移送案件的行政执法机关。

第六十二条　【查处注册商标侵权行为的行政职权】县级以上工商行政管理部门根据已经取得的违法嫌疑证据或者举报，对涉嫌侵犯他人注册商标专用权的行为进行查处时，可以行使下列职权：

（一）询问有关当事人，调查与侵犯他人注册商标专用权有关的情况；

（二）查阅、复制当事人与侵权活动有关的合同、发票、账簿以及其他有关资料；

（三）对当事人涉嫌从事侵犯他人注册商标专用权活动的场所实施现场检查；

（四）检查与侵权活动有关的物品；对有证据证明是侵犯他人注册商标专用权的物品，可以查封或者扣押。

工商行政管理部门依法行使前款规定的职权时，当事人应当予以协助、配合，不得拒绝、阻挠。

在查处商标侵权案件过程中，对商标权属存在争议或者权利人同时向人民法院提起商标侵权诉讼的，工商行政管理部门可以中止案件的查处。中止原因消除后，应当恢复或者终结案件查处程序。

【立法·要点注释】

1. 询问、调查权。所谓询问、调查权，是指工商行政管理部门在对涉嫌侵犯他人注册商标专用权的行为进行查处时，有权询问有关当事人，调查与侵犯他人注册商标专用权有关的情况。工商行政管理部门在行使询问、调查权时，既可以到有关当事人的住所、工作场所、生产经营场所进行询问，也可以责令有关当事人到指定场所接受询问，还可以要求当事人将其了解的情况用书面形式提交给工商行政管理部门，甚至可以责令当事人将其掌握的与侵权行为有关的物品、工具、数据等提供给工商行政管理部门。工商行政管理部门在行使询问、调查权时，应当文明、规范，如制作规范的询问笔录，不得限制或者变相限制被询问人的人身自由等。

2. 查阅、复制权。所谓查阅、复制权，是指工商行政管理部门在对涉嫌侵犯他人注册商标专用权的行为进行查处时,有权查阅、复制当事人与侵权活动有关的合同、发票、账簿以及其他有关资料。合同、发票、账簿及其他有关资料,反映了市场主体开展生产经营活动的具体状况,是记录经济活动的主要凭据。对合同、发票、账簿及其他有关资料进行查阅,可以了解当事人是否实施了商标侵权行为,可以判断商标侵权行为的性质、情节以及危害后果,从而为工商行政管理部门依法作出行政处罚决定等提供依据。对合同、发票、账簿及其他有关资料进行复制,主要是为了保存相关证据。

3. 检查权。所谓检查权,是指工商行政管理部门在对涉嫌侵犯他人注册商标专用权的行为进行查处时,有权检查相关的现场或者物品。工商行政管理部门依法行使检查权,目的是查明事实真相,掌握相关证据,为依法开展相关行政处理工作做好准备、打好基础。检查权可以分为两种:第一种,现场检查权。所谓现场检查权,是指工商行政管理部门在对涉嫌侵犯他人注册商标专用权的行为进行查处时,有权对当事人涉嫌从事侵犯他人注册商标专用权活动的场所实施现场检查。涉嫌从事商标侵权活动的场所,既包括涉嫌从事商标侵权行为的生产加工场所或者经营场所,也包括涉嫌从事商标侵权行为的商品或者商标标识的存放场所等。对于涉嫌从事商标侵权活动的场所,工商行政管理部门有权派人进入,开展进行现场检查。第二种,物品检查权。所谓物品检查权,是指工商行政管理部门在对涉嫌侵犯他人注册商标专用权的行为进行查处时,有权检查与商标侵权活动有关的物品。与商标侵权活动有关的物品,既包括与侵犯他人注册商标专用权活动有关的产品及其包装、商标标识等,也包括主要用于制造侵权商品、伪造注册商标标识的工具等。

4. 查封、扣押权。所谓查封、扣押权,是指工商行政管理部门在对涉嫌侵犯他人注册商标专用权的行为进行查处时,有权查封、扣押有证据证明是侵犯他人注册商标专用权的物品。所谓查封,是指对侵权物品采用张贴封条等措施,就地封存,未经许可不得启封、转移或者动用。所谓扣押,是指对侵权物品采取移至他处予以扣留封存的措施。根据本条第一款第(四)项的规定,工商行政管理部门采取查封、扣押措施,应当具备“有证据证明是侵犯他人注册商标专用权的物品”的条件,即在已经掌握了必要证据的情况下,才能实施查封、扣押,而不能仅凭他人举报只是掌握了初步线索等情况就采取这一措施。这里的“物品”,既包括与商标侵权有关的产品及其包装、商标标识等,也包括主要用于制造侵权商品、伪造注册商标标识的工具等。

5. 对于县级以上工商行政管理部门依法行使职权,当事人应当予以协助、配合,不得拒绝、阻挠。行政机关依法行使职权,是其依法履行职责、执行公务的行为,行政相对人应当接受,予以配合。包括以下两个方面的具体要求:第一,予以协助、配合。所谓协助,是指帮助、辅助;所谓配合,是指按照要求实施某种行为或者提供某种条件。工商行政管理部门依法行使职权,离不开当事人的协助与配合,如没有当事人的协助与配合,工商行政管理部门就没有办法单方面行使询问、调查权,也没有办法单方面进行查阅、复制合同等相关资料等活动。因此,当事人的配合义务,就是要求当事人在工商行政管理部门依法行使职权时,按照查处工作的需要,实施相应的行为,提供相应的条件。第二,不得拒绝、阻碍。所谓不得拒绝,就是不允许当事人拒绝工商行政管理部门依法行使职权的活动,如不允许当事人拒绝接受询问调查,不允许当事人拒绝工商行政管理部门及其工作人员的查阅复制、现场检查、物品检查、查封扣押等活动。所谓不得阻碍,就是不允许当事人采取积极的或者消极的手段,如派人把持办公场所的大门不让检查人员进入办公场所进行现场检查,或者明知检查人员来了解情况而故意将经办人员派到外地长期出差等,阻碍工商行政管理部门依法行使职权的活动。如果当事人实施拒绝、阻碍行为,构成违反治安管理行为的,将依照治安管理处罚法的规定进行处罚。如果当事人以暴力、威胁方法阻碍国家机关工作人员依法执行职务的,将构成犯罪行为。

6. 关于查处程序的中止。如果存在商标权属争议,或者权利人向法院提起商标侵权诉讼,可能会涉及注册商标专用权的确定、归属等问题,如当事人是否属于合法的商标注册人或者合法权利人等。而工商行政管理部门查处商标侵权案件,是以该商标已经注册、不存在权属争议为前提条件。因此,在工商行政管理部门查处商标侵权案件的过程中,如果出现当事人对商标权属存在争议,或者权利人同时向人民法院提起商标侵权诉讼的情形,则可以暂时停止对侵权案件的查处,等待相关结果,然后再继续开展相关工作。

【行政法规】

《中华人民共和国商标法实施条例》(20140501)

第八十一条 涉案注册商标权属正在商标局、商标评审委员会审理或者人民法院诉讼中，案件结果可能影响案件定性的，属于商标法第六十二条第三款规定的商标权属存在争议。

【司法解释】

1.《最高人民法院关于商标法修改决定施行后商标案件管辖和法律适用问题的解释》（法释〔2014〕4 号，20140501；经法释〔2020〕19 号修正，20210101）

第四条　在行政管理部门查处侵害商标权行为过程中，当事人就相关商标提起商标权权属或者侵害商标权民事诉讼的，人民法院应当受理。

2.《最高人民法院关于审理商标案件有关管辖和法律适用范围问题的解释》（法释〔2002〕1 号，20020121；经法释〔2020〕19 号修正，20210101）

第三条　商标注册人或者利害关系人向国家知识产权局就侵犯商标权行为请求处理，又向人民法院提起侵害商标权诉讼请求损害赔偿的，人民法院应当受理。

【部门参考文件】

《商标侵权判断标准》（国知发保字〔2020〕23 号，20200615）

第三十五条　正在国家知识产权局审理或者人民法院诉讼中的下列案件，可以适用商标法第六十二条第三款关于"中止"的规定：

（一）注册商标处于无效宣告中的；

（二）注册商标处于续展宽展期的；

（三）注册商标权属存在其他争议情形的。

第三十六条　在查处商标侵权案件过程中，商标执法相关部门可以要求权利人对涉案商品是否为权利人生产或者其许可生产的商品出具书面辨认意见。权利人应当对其辨认意见承担相应法律责任。

商标执法相关部门应当审查辨认人出具辨认意见的主体资格及辨认意见的真实性。涉嫌侵权人无相反证据推翻该辨认意见的，商标执法相关部门将该辨认意见作为证据予以采纳。

【法院参考案例】

1.【贵州高院“周六福”案】(1)工商行政管理部门调查投诉的涉嫌侵害注册商标专用权的行为时,应当通过询问等方式调查与涉案注册商标专用权有关的情况,尤其对于注册商标的效力问题应当尽到审查职责;(2)工商行政管理机关在接到注册商标侵权投诉后,可以采取询问、查阅、复制、对经营场所实施现场检查、拍摄照片、同步录像等手段进行证据固定,如工商行政管理机关在有能力进行调查、有手段进行调查的情形下,未履行调查职责,属于履行法定职责不充分、不完全〔香港周六福珠宝国际集团有限公司与盘州市市场监督管理局其他工商纠纷上诉案,贵州省高级人民法院行政判决书(2018)黔行终1590号〕。

2.【广州铁路中院“美孚”案】在商标侵权行政处罚决定作出时,商标无效宣告请求尚在国家工商行政管理总局商标评审委员会审查中,工商行政管理部门对是否中止案件查处具有自由裁量权〔广州力孚汽车用品有限公司与广州市越秀区市场和质量监督管理局工商行政处罚及行政复议纠纷上诉案,广州铁路运输中级法院行政判决书(2017)粤71行终2184号〕。

第六十三条　【侵犯商标专用权的赔偿数额】侵犯商标专用权的赔偿数额,按照权利人因被侵权所受到的实际损失确定;实际损失难以确定的,可以按照侵权人因侵权所获得的利益确定;权利人的损失或者侵权人获得的利益难以确定的,参照该商标许可使用费的倍数合理确定。对恶意侵犯商标专用权,情节严重的,可以在按照上述方法确定数额的一倍以上五倍以下确定赔偿数额。赔偿数额应当包括权利人为制止侵权行为所支付的合理开支。

人民法院为确定赔偿数额,在权利人已经尽力举证,而与侵权行为相关的账簿、资料主要由侵权人掌握的情况下,可以责令侵权人提供与侵权行为相关的账簿、资料;侵权人不提供或者提供虚假的账簿、资料的,人民法院可以参考权利人的主张和提供的证据判定赔偿数额。

权利人因被侵权所受到的实际损失、侵权人因侵权所获得的利益、注册商标许可使用费难以确定的,由人民法院根据侵权行为的情节判决给予五百万元以下的赔偿。

人民法院审理商标纠纷案件,应权利人请求,对属于假冒注册商标的商品,除特殊情况外,责令销毁;对主要用于制造假冒注册商标的商品的材料、工具,责令销毁,且不予补偿;或者在特殊情况下,责令禁止前述材料、工具进入商业渠道,且不予补偿。

假冒注册商标的商品不得在仅去除假冒注册商标后进入商业渠道。

【司法解释】

1.《最高人民法院关于审理商标民事纠纷案件适用法律若干问题的解释》(法释〔2002〕32号,20021016;经法释〔2020〕19号修正,20210101)

第十三条　人民法院依据商标法第六十三条第一款的规定确定侵权人的赔偿责任时,可以根据权利人选择的计算方法计算赔偿数额。

第十四条　商标法第六十三条第一款规定的侵权所获得的利益,可以根据侵权商品销售量与该商品单位利润乘积计算;该商品单位利润无法查明的,按照注册商标商品的单位利润计算。

第十五条 商标法第六十三条第一款规定的因被侵权所受到的损失,可以根据权利人因侵权所造成商品销售减少量或者侵权商品销售量与该注册商标商品的单位利润乘积计算。

第十六条 权利人因被侵权所受到的实际损失、侵权人因侵权所获得的利益、注册商标使用许可费均难以确定的,人民法院可以根据当事人的请求或者依职权适用商标法第六十三条第三款的规定确定赔偿数额。

人民法院在适用商标法第六十三条第三款规定确定赔偿数额时,应当考虑侵权行为的性质、期间、后果,侵权人的主观过错程度,商标的声誉及制止侵权行为的合理开支等因素综合确定。

当事人按照本条第一款的规定就赔偿数额达成协议的,应当准许。

第十七条 商标法第六十三条第一款规定的制止侵权行为所支付的合理开支,包括权利人或者委托代理人对侵权行为进行调查、取证的合理费用。

人民法院根据当事人的诉讼请求和案件具体情况,可以将符合国家有关部门规定的律师费用计算在赔偿范围内。

第十八条 侵犯注册商标专用权的诉讼时效为三年,自商标注册人或者利害权利人知道或者应当知道权利受到损害以及义务人之日起计算。商标注册人或者利害关系人超过三年起诉的,如果侵权行为在起诉时仍在持续,在该注册商标专用权有效期限内,人民法院应当判决被告停止侵权行为,侵权损害赔偿数额应当自权利人向人民法院起诉之日起向前推算三年计算。

【注释】①

1. 就计算赔偿数额的方式确定,本解释引进了当事人意思自治的原则。赔偿额的计算不但人民法院在审判中可以根据案情依法予以选择,而且当事人(主要是指作为原告的权利人)也有权选择,并且人民法院的选择一般应当基于当事人选择请求之上。而且,当事人之间就计算本案赔偿额达成一致协议,不违反国家法律和社会公共利益及他人合法权益的,人民法院也应当准许。

2. 本解释第十四条所规定的"该商品单位利润",是指每件商品的平均利润;所规定的"注册商标商品的单位利润",是指权利人享有注册商标权的每件正牌商品的平均利润。实践中,一些制假贩假者故意隐瞒证据,做虚假

① 参见蒋志培:《如何理解和适用〈关于审理商标民事纠纷案件适用法律若干问题的解释〉》,载《人民司法》2003年第2期。

不实陈述,没有或者隐匿账册单据,使假冒商品的利润无法查明。即使查明了,假冒商品的价格极低,如果按照该价格考虑对权利人的赔偿数额很不公平。

3. 就本解释第十五条,一般地说,被侵权人的损失应当由其负担举证责任,需证明因侵权所造成商品销售量的减少额和商品的单位利润,然后计算出应当赔偿的数额。在实践中,由于某种商品市场需求等原因,往往也会出现侵权事实已经发生但被侵权人的商品销售量并没有减少,甚至还呈现上升趋势的情形。但对权利人合法商品潜在销售市场毕竟造成了损害。同时,被侵权人的损失还体现在侵权人使用被侵权人的注册商标的非法获利上。因此,根据查明的侵权商品销售量和正牌商品利润来计算被侵权人所受到的损失,就成为可以选择的另一种赔偿额计算方法。

4. 适用法定赔偿,应当在侵权获利和侵权损失均难以确定的情形下。能够通过证据的采信确定赔偿数额的,不适用法定赔偿。防止对法定赔偿的轻易适用,造成商标权人的经济损失不能得到充分赔偿。在条件成就的情况下,人民法院对法定赔偿的适用,可以根据当事人的请求,也可以根据案情依职权进行。法定赔偿额的计算,要根据侵权行为的性质、期间、后果,商标的声誉,商标使用许可费的数额,商标使用许可的种类、时间、范围及制止侵权行为的合理开支等因素综合确定。所谓综合确定,是指法官根据前述各项因素和全案的情况进行综合判断确定。制止侵权行为的合理开支包括律师费,都在商标法规定的赔偿额范围内确定,而不是超出该范围。人民法院确定法定赔偿数额,既可以适用判决方式,也可以适用调解方式。

2.《最高人民法院关于审理侵害知识产权民事案件适用惩罚性赔偿的解释》(法释〔2021〕4号,20210303)

第一条 原告主张被告故意侵害其依法享有的知识产权且情节严重,请求判令被告承担惩罚性赔偿责任的,人民法院应当依法审查处理。

本解释所称故意,包括商标法第六十三条第一款和反不正当竞争法第十七条第三款规定的恶意。

第二条 原告请求惩罚性赔偿的,应当在起诉时明确赔偿数额、计算方式以及所依据的事实和理由。

原告在一审法庭辩论终结前增加惩罚性赔偿请求的,人民法院应当准许;在二审中增加惩罚性赔偿请求的,人民法院可以根据当事人自愿的原则进行调解,调解不成的,告知当事人另行起诉。

第三条 对于侵害知识产权的故意的认定,人民法院应当综合考虑被侵害知识产权客体类型、权利状态和相关产品知名度、被告与原告或者利害关系人之间的关系等因素。

对于下列情形,人民法院可以初步认定被告具有侵害知识产权的故意:

(一)被告经原告或者利害关系人通知、警告后,仍继续实施侵权行为的;

(二)被告或其法定代表人、管理人是原告或者利害关系人的法定代表人、管理人、实际控制人的;

(三)被告与原告或者利害关系人之间存在劳动、劳务、合作、许可、经销、代理、代表等关系,且接触过被侵害的知识产权的;

(四)被告与原告或者利害关系人之间有业务往来或者为达成合同等进行过磋商,且接触过被侵害的知识产权的;

(五)被告实施盗版、假冒注册商标行为的;

(六)其他可以认定为故意的情形。

第四条 对于侵害知识产权情节严重的认定,人民法院应当综合考虑侵权手段、次数,侵权行为的持续时间、地域范围、规模、后果,侵权人在诉讼中的行为等因素。

被告有下列情形的,人民法院可以认定为情节严重:

(一)因侵权被行政处罚或者法院裁判承担责任后,再次实施相同或者类似侵权行为;

(二)以侵害知识产权为业;

(三)伪造、毁坏或者隐匿侵权证据;

(四)拒不履行保全裁定;

(五)侵权获利或者权利人受损巨大;

(六)侵权行为可能危害国家安全、公共利益或者人身健康;

(七)其他可以认定为情节严重的情形。

第五条 人民法院确定惩罚性赔偿数额时,应当分别依照相关法律,以原告实际损失数额、被告违法所得数额或者因侵权所获得的利益作为计算基数。该基数不包括原告为制止侵权所支付的合理开支;法律另有规定的,依照其规定。

前款所称实际损失数额、违法所得数额、因侵权所获得的利益均难以计算的，人民法院依法参照该权利许可使用费的倍数合理确定，并以此作为惩罚性赔偿数额的计算基数。

人民法院依法责令被告提供其掌握的与侵权行为相关的账簿、资料，被告无正当理由拒不提供或者提供虚假账簿、资料的，人民法院可以参考原告的主张和证据确定惩罚性赔偿数额的计算基数。构成民事诉讼法第一百一十一条规定情形的，依法追究法律责任。

第六条　人民法院依法确定惩罚性赔偿的倍数时，应当综合考虑被告主观过错程度、侵权行为的情节严重程度等因素。

因同一侵权行为已经被处以行政罚款或者刑事罚金且执行完毕，被告主张减免惩罚性赔偿责任的，人民法院不予支持，但在确定前款所称倍数时可以综合考虑。

第七条　本解释自 2021 年 3 月 3 日起施行。最高人民法院以前发布的相关司法解释与本解释不一致的，以本解释为准。

【注释】①

1. 从惩罚性赔偿制度的历史来看，由于惩罚性赔偿具有加重责任的性质，侵权故意是惩罚的正当性基础。为实现惩罚性赔偿的惩罚和预防的社会控制功能，同时为了防止被滥用，行为人的主观过错程度是决定惩罚性赔偿的重要考量。民法典规定惩罚性赔偿的主观要件为故意，商标法第六十三条第一款、反不正当竞争法第十七条第三款规定为恶意。经征求各方意见和反复研究，我们认为，对故意和恶意的含义应当作一致性理解。首先，民法典是上位法，商标法和反不正当竞争法虽然修改在前，但对其所规定的恶意的解释也应当与民法典保持一致。而且，在民法典颁布后修改的专利法和著作权法均规定惩罚性赔偿的主观要件为故意。其次，在知识产权司法实践中，故意与恶意常常难以精准地区分，作一致性解释有利于增强实践操作性，也有利于避免造成这样的误解：恶意适用于商标、不正当竞争领域，而故意适用于其他知识产权领域。

2. 情节严重主要针对侵权手段、方式及其造成的后果等，一般不涉及侵权人的主观状态。本解释第四条列举的情形，主要源自司法实践中的典型案例。为了正确实施惩罚性赔偿制度，最高人民法院于 2021 年 3 月 15 日发布

---

① 参见林广海、李剑、秦元明：《〈关于审理侵害知识产权民事案件适用惩罚性赔偿的解释〉的理解和适用》，载《人民司法·应用》2021 年第 10 期。

了6件侵害知识产权民事案件适用惩罚性赔偿典型案例,均涉及情节严重认定问题。如五粮液公司与徐中华等侵害商标权纠纷案,五粮液公司经商标注册人许可,独占使用“五粮液及图”注册商标。徐中华实际控制的店铺曾因销售假冒五粮液白酒及擅自使用“五粮液”字样的店招被行政处罚。徐中华等人因销售假冒的五粮液等白酒,构成销售假冒注册商标的商品罪,被判处有期徒刑等刑罚。在徐中华等人曾因销售假冒五粮液商品被行政处罚和刑事处罚的情形下,一审、二审法院考量被诉侵权行为模式、持续时间等因素,认定其基本以侵权为业,判令承担两倍的惩罚性赔偿责任。该案的典型意义就在于准确界定了以侵害知识产权为业等情节严重情形,具有示范意义。

行为人的故意是一种内在的主观状态,在民事诉讼中查明难度较大,往往只能通过客观证据加以认定。通常情况下,侵权人与权利人的关系越密切,侵权人知道诉争知识产权的可能性就越大。例如,商标法第十五条、《最高人民法院关于审理商标授权确权行政案件若干问题的规定》第十五条和第十六条就如何认定具有明知他人商标的特定关系作了规定。

3. 关于惩罚性赔偿基数的计算方式,专利法第七十一条第一款、著作权法第五十四条第一款、商标法第六十三条第一款、反不正当竞争法第十七条第三款、种子法第七十三条第三款均有明确规定。司法实践中,因损害赔偿数额难以精确计算,导致惩罚性赔偿适用时常面临困境。为发挥惩罚性赔偿制度遏制侵权的重要作用,立足知识产权审判实际,本解释第五条第三款将参考原告主张和提供的证据所确定的赔偿数额作为基数的一种。此外,制止侵权的合理开支在实际维权过程中才能发生,与侵权赔偿的指向不同,而且著作权法、商标法、专利法、反不正当竞争法均把合理开支排除在计算基数之外,因此第五条第一款规定,基数不包括原告为制止侵权所支付的合理开支。同时,考虑到种子法规定合理开支包含在计算基数之内,该款增加但书:“法律另有规定的,依照其规定。”

关于基数计算方式,著作权法规定赔偿数额计算基数为实际损失或者侵权人违法所得,专利法、商标法、反不正当竞争法、种子法规定的计算基数为实际损失或者因侵权所获得的利益。商标法、反不正当竞争法和种子法规定的计算基数是先按照实际损失确定,难以确定的按照因侵权所获得利益确定,即规定了先后次序,而著作权法和专利法未规定计算基数的先后次序。为解决与各部门法衔接的问题,本解释第五条第一款规定,应当分别依照相关法律。

需要指出的是，填平性赔偿数额即基数和惩罚性赔偿数额应当分别单独计算。也就是说，如果惩罚性赔偿的倍数确定为一倍，那么被诉侵权人承担的赔偿总额应当为填平性赔偿数额加上惩罚性赔偿数额之和，即为基数的两倍。

4. 倍数是决定惩罚性赔偿数额的另一关键因素，人民法院综合案件整体情况在法律规定的倍数幅度范围内依法确定。在确定倍数时，不仅要考虑侵权人过错程度、情节严重程度、赔偿数额的证据支持情况等，还需要考虑知识产权惩罚性赔偿与行政处罚和刑事罚金的关系。此外，倍数可以不是整数。

关于知识产权惩罚性赔偿与行政罚款、刑事罚金的关系问题，三者在价值取向上不完全一致，民法典第一百八十七条也已有明确规定，因此，为加大侵权制裁力度，本解释第六条规定，不能因已经被处以行政罚款或者刑事罚金而减免民事诉讼中的惩罚性赔偿责任。但是，为避免当事人利益严重失衡，本解释第六条第二款同时规定，人民法院在确定倍数时可以综合考虑已执行完毕的行政罚款或者刑事罚金情况。

3.《最高人民法院关于知识产权民事诉讼证据的若干规定》（法释〔2020〕12号，20201118）

第三十一条　当事人提供的财务账簿、会计凭证、销售合同、进出货单据、上市公司年报、招股说明书、网站或者宣传册等有关记载，设备系统存储的交易数据，第三方平台统计的商品流通数据，评估报告，知识产权许可使用合同以及市场监管、税务、金融部门的记录等，可以作为证据，用以证明当事人主张的侵害知识产权赔偿数额。

第三十二条　当事人主张参照知识产权许可使用费的合理倍数确定赔偿数额的，人民法院可以考量下列因素对许可使用费证据进行审核认定：

（一）许可使用费是否实际支付及支付方式，许可使用合同是否实际履行或者备案；

（二）许可使用的权利内容、方式、范围、期限；

（三）被许可人与许可人是否存在利害关系；

（四）行业许可的通常标准。

【注释】①

1. 为引导当事人正确收集证据,促进知识产权损害赔偿计算精细化的实现,本解释第三十一条对证明相关事实的证据作出列举。需要注意的是,当事人提交的第三十一条所列证据,可以作为确定侵害知识产权的赔偿数额的证据,但是其证明力如何,是否能够采纳,还需要人民法院结合其他证据,综合各种因素全面审查后作出认定。

2. 在参照许可使用费的合理倍数确定损害赔偿数额的情况下,如何审核认定当事人提交的许可使用费证据,本解释第三十二条作出具体规定,审核认定的关键在于参照的许可使用费是否真实发生、是否符合行业标准,其许可使用的权项、方式、范围、期限等是否具有可比性。

【司法文件】

《最高人民法院关于依法加大知识产权侵权行为惩治力度的意见》(法发〔2020〕33号,20200914)

三、依法加大赔偿力度

7. 人民法院应当充分运用举证妨碍、调查取证、证据保全、专业评估、经济分析等制度和方法,引导当事人积极、全面、正确、诚实举证,提高损害赔偿数额计算的科学性和合理性,充分弥补权利人损失。

8. 人民法院应当积极运用当事人提供的来源于工商税务部门、第三方商业平台、侵权人网站、宣传资料或者依法披露文件的相关数据以及行业平均利润率等,依法确定侵权获利情况。

9. 权利人依法请求根据侵权获利确定赔偿数额且已举证的,人民法院可以责令侵权人提供其掌握的侵权获利证据;侵权人无正当理由拒不提供或者未按要求提供的,人民法院可以根据权利人的主张和在案证据判定赔偿数额。

10. 对于故意侵害他人知识产权,情节严重的,依法支持权利人的惩罚性赔偿请求,充分发挥惩罚性赔偿对于故意侵权行为的威慑作用。

11. 人民法院应当依法合理确定法定赔偿数额。侵权行为造成权利人

---

① 参见林广海、李剑、吴蓉:《〈最高人民法院关于知识产权民事诉讼证据的若干规定〉的理解与适用》,载《法律适用》2021年第4期。

重大损失或者侵权人获利巨大的,为充分弥补权利人损失,有效阻遏侵权行为,人民法院可以根据权利人的请求,以接近或者达到最高限额确定法定赔偿数额。

人民法院在从高确定法定赔偿数额时应当考虑的因素包括:侵权人是否存在侵权故意,是否主要以侵权为业,是否存在重复侵权,侵权行为是否持续时间长,是否涉及区域广,是否可能危害人身安全、破坏环境资源或者损害公共利益等。

12. 权利人在二审程序中请求将新增的为制止侵权行为所支付的合理开支纳入赔偿数额的,人民法院可以一并审查。

13. 人民法院应当综合考虑案情复杂程度、工作专业性和强度、行业惯例、当地政府指导价等因素,根据权利人提供的证据,合理确定权利人请求赔偿的律师费用。

【地方法院规范】

1.《北京市高级人民法院关于侵害知识产权及不正当竞争案件确定损害赔偿的指导意见及法定赔偿的裁判标准(2020年)》(20200421)

第一章　基本规定

1.1【损害赔偿的确定原则】

确定损害赔偿坚持知识产权市场价值导向,遵循填平原则,体现补偿为主、惩罚为辅的损害赔偿司法认定机制。

被告因过错侵害他人知识产权或实施不正当竞争行为,且造成损害的,应当承担损害赔偿责任。

1.2【赔偿计算方法及顺序】

当事人应当按照权利人的实际损失、侵权人的获利、许可使用费、法定赔偿的顺序,提出具体的赔偿计算方法。

当事人选择后序赔偿计算方法的,可以推定前序赔偿计算方法难以确定赔偿数额,但有相反证据的除外。

当事人还可以依据协商一致的其他合理方式提出具体的赔偿计算方法。

1.3【赔偿计算方法的举证】

原告除明确具体赔偿数额、赔偿计算方法外,还应当按照提出的赔偿计算方法进行举证。被告对原告主张的赔偿数额和赔偿计算方法不予认可的,也可以提出具体的赔偿计算方法并进行相应举证。

当事人可以证明赔偿的具体数额，也可以证明赔偿数额的合理区间；既可以精确计算，也可以概括估算。

1.4【赔偿计算方法的种类】

同一案件中，当事人针对同一被诉行为可以同时提出多种赔偿计算方法，针对不同被诉行为也可以分别提出赔偿计算方法。

1.5【未明确赔偿计算方法的后果】

原告仅提出赔偿数额，经释明后仍未提出具体赔偿计算方法且未提供相应证据的，对于其举证责任转移的主张，一般不予支持。

上述原告不服一审判决赔偿数额提起上诉的，在无充分理由和证据时，二审法院对一审判决确定的赔偿数额一般不予调整。

1.6【赔偿数额的阐述】

当事人已提出具体赔偿计算方法和相应的证据，判决书中应当评述计算方法的合理性和证据的可信度，细化阐述判决采用的赔偿计算方法，并在此基础上确定赔偿数额。

1.7【实际损失和侵权获利的确定】

确定权利人的实际损失和侵权人的获利，应当运用证据规则，采取优势证据标准，考虑知识产权的市场价值、贡献率等合理因素。

确定侵权人的获利，一般以营业利润为准；被告完全以侵权为业的，可以销售利润为准。

原告确有必要自行修复商誉的，为修复商誉已实际支出的合理广告费可以作为确定实际损失的考量因素。

1.8【裁量性赔偿的适用】

裁量性赔偿不是法定赔偿，属于对权利人的实际损失或侵权人的获利的概括计算。

有证据证明权利人的实际损失或侵权人的获利明显在法定赔偿限额以外，综合全案证据情况，可以在法定限额以外合理确定赔偿数额。

1.9【合理的许可使用费】

参照许可使用费确定赔偿数额的，一般不低于可比较的合理许可使用费。

认定合理的许可使用费，可以综合考虑下列因素：

(1)许可使用合同是否实际履行，有无发票、付款凭证等相应证据；

(2)许可使用合同是否备案;

(3)许可使用的权项、方式、范围、期限等因素与被诉行为之间有无可比性;

(4)许可使用费是否为正常的商业许可费用而未受到诉讼、并购、破产、清算等外在因素的影响;

(5)许可人与被许可人之间是否存在亲属关系、投资或关联公司等利害关系;

(6)其他因素。

1.10【法定赔偿的适用】

在案证据难以确定权利人的实际损失、侵权人的获利、许可使用费,也难以采用其他合理方式确定赔偿数额的,可以适用法定赔偿。

原告明确请求适用法定赔偿,被告对此不予认可且提供一定证据证明权利人的实际损失、侵权人的获利、许可使用费等,被告提供的证据可以作为确定赔偿数额的参考。

1.11【法定赔偿的说明】

原告直接依据法定赔偿方法请求损害赔偿的,应当说明适用法定赔偿的理由及主张赔偿数额的相关因素。

1.12【法定赔偿数额的确定】

法定赔偿数额的确定,应当遵循裁判标准一致性原则,综合考虑权利、行为、过错、后果、因果关系等因素,体现案件之间的相同点和不同点,合理确定赔偿数额。

1.13【惩罚性赔偿的适用条件】

惩罚性赔偿的适用,应当依照法律的规定。

恶意实施侵害商标权或者侵犯商业秘密等行为,且情节严重的,适用惩罚性赔偿。

“恶意”一般为直接故意。“情节严重”一般是指被诉行为造成了严重损害后果。

1.14【惩罚性赔偿的适用方法】

惩罚性赔偿的适用,应当依据当事人的主张,但一般情况下当事人应当在一审法庭辩论终结前提出该主张。

1.15【惩罚性赔偿“恶意”的认定】

具有下列情形之一的,可以认定为被告具有恶意:

(1)被告或者其控股股东、法定代表人等在生效判决作出后,重复或变相重复实施相同侵权行为或不正当竞争行为;

(2)被告或者其控股股东、法定代表人等经权利人多次警告或受到行政机关处罚后,仍继续实施侵权行为或不正当竞争行为;

(3)假冒原告注册商标;

(4)攀附原告驰名商标声誉、抢注原告驰名商标;

(5)被告在相同或类似商品上使用原告驰名商标;

(6)原告与被告之间存在劳动、劳务关系,或者具有代理、许可、经销、合作等关系,或者进行过磋商,被告明知他人知识产权存在;

(7)被告存在掩盖被诉行为、伪造或毁灭侵权证据等行为;

(8)被告拒不履行行为保全裁定;

(9)其他情形。

1.16【侵害商标权“情节严重”的认定】

具有下列情形之一的,可以认定为侵害商标权的情节严重:

(1)完全以侵权为业;

(2)被诉行为持续时间长;

(3)被诉行为涉及区域范围广;

(4)侵权获利数额巨大;

(5)被诉行为同时违反了食品、药品、医疗、卫生、环境保护等法律法规,可能危害人身安全、破坏环境资源或者严重损害公共利益;

(6)其他情形。

1.17【侵犯商业秘密“情节严重”的认定】

具有下列情形之一的,可以认定为侵犯商业秘密的情节严重:

(1)完全以侵权为业;

(2)被诉行为持续时间长;

(3)被诉行为导致商业秘密为公众所知悉;

(4)侵权获利数额巨大;

(5)被告多次侵犯他人商业秘密或侵犯他人多项商业秘密;

(6)被诉行为同时违反了食品、药品、医疗、卫生、环境保护等法律法规,可能危害人身安全、破坏环境资源或者严重损害公共利益;

(7)其他情形。

1.18【惩罚性赔偿的“基数”】

惩罚性赔偿的“基数”包括权利人的实际损失、侵权人的获利以及许可使用费。

原告维权支出的合理开支，一般不纳入计算基数。

1.19【惩罚性赔偿的“倍数”】

惩罚性赔偿的数额，以前款确定的赔偿数额作为计算基数，在法定倍数范围内酌情确定。

惩罚性赔偿的“倍数”，可以不是整数。

1.20【惩罚性赔偿与行政罚款、刑事罚金的关系】

被告以其同一被诉行为已受到行政罚款或者刑事罚金处罚为由，请求抵销惩罚性赔偿相应数额的，一般不予支持。

1.21【约定赔偿的适用】

当事人依法约定赔偿数额或者赔偿计算方法，并在诉讼中主张依据该约定确定赔偿数额的，应当予以支持。

1.22【合理开支的确定原则】

确定合理开支的数额，应当综合考虑合同、发票、支付凭证等证据的真实性、关联性，以及相应开支的合理性、必要性。

被告应当赔偿原告为制止被诉行为支出的合理开支，该项内容单独列出。

1.23【合理开支中律师费的确定】

对于案情简单，诉讼标的不大，权利义务清楚的案件，原告主张较高数额律师费的，不宜全额支持。

对于专业性强、案情复杂、工作量大的案件，原告以计时收费方式主张律师费的，可以予以支持。

对于尚未实际支出但根据合同约定必然发生的律师费，且律师确已付出相应劳动并符合付款条件的，可以予以支持。

1.24【关联案件的合理开支】

在关联案件中，对于原告为制止被诉行为而共同支付的合理开支，已在其他案件中获得赔偿的，不再重复计算。

1.25【精神损害赔偿的适用】

侵害著作人身权及表演者人身权情节严重，且适用停止侵权、消除影响、赔礼道歉仍不足以抚慰原告所受精神损害的，应当判令支付精神损害抚慰金。精神损害抚慰金一般不低于 5000 元，不高于 10 万元。

1.26【举证妨碍的适用范围】

在侵害知识产权及不正当竞争案件中，均可以适用举证妨碍的有关规定分配举证责任、确定赔偿数额。

1.27【举证妨碍的适用条件】

权利人的损失难以确定，原告就侵权人的获利提供了初步证据，在与被诉行为相关的账簿、资料主要由被告掌握的情况下，可以责令被告提供与被诉行为相关的账簿、资料；被告无正当理由拒不提供的，可以根据原告的主张和提供的证据认定赔偿数额。

1.28【举证妨碍的释明及后果】

责令被告提供账簿、资料的，应当向其释明拒不提供或者提供虚假账簿、资料的法律后果。

被告在一审诉讼中无正当理由拒不提供或提供虚假账簿、资料，在二审诉讼中提交相应证据，用以推翻一审判决依法认定的事实的，不予采信。

1.29【赔偿证据的保全】

与赔偿数额有关的证据可能灭失或者以后难以取得的，当事人可以依法提出证据保全申请。

具有相应资质的金融机构以担保书或独立保函形式为证据保全提供担保的，一般应予准许。

1.30【赔偿证据的保密】

当事人提交的与赔偿数额有关的证据涉及国家秘密、商业秘密或者法律规定应当保密的情形的，可以请求责令对方当事人及其诉讼代理人保密。

经审查需要保密的，可以责令对方当事人及其诉讼代理人签署保密承诺书，并采取适当措施限定质证的范围和方式。

第七章　侵害商标权法定赔偿的裁判标准

7.1【考量因素】

适用法定赔偿确定侵害商标权行为的赔偿数额时，可以综合考虑涉案商标的显著性、知名度、声誉，商标权人的商品单价及利润，被诉侵权商品的单价及利润，被告的类型、经营方式、经营规模、侵权情节、主观恶意等因素。

7.2【考量证据】

原告主张法定赔偿时提交的下列证据，除明显不符合常理或者有相反证据外，可以予以采信：

（1）被告以公开方式宣称的销售数量、销售额、利润等；

(2)第三方平台显示的被诉侵权商品销售数量、销售额、利润等;

(3)国家行政主管部门、行业协会、中立机构发布的统计报告或者行业报告显示的行业平均销售数量、销售额、利润等;

(4)与被告具有可比性的第三方销售数量、销售额、成交价格、利润等;

(5)符合行业惯例的平均价格;

(6)其他证据。

对于前述第(1)(2)项证据,被告仅以夸大宣传或者刷单、刷量等为由否认的,一般不予支持。

7.3【生产商的基本赔偿标准】

以被诉侵权商品的生产商作为被告的,可以根据侵权商品的销售价格、被告的生产规模、商标许可使用费、商品利润率等因素,酌情确定赔偿数额,赔偿数额一般不低于20万元。

7.4【线下销售直接侵权的基本赔偿标准】

以被诉侵权商品的线下销售商为被告的,无其他参考因素时,赔偿数额一般为2000元至3万元。

7.5【线上销售直接侵权的基本赔偿标准】

以被诉侵权商品的线上销售商为被告的,可以参照7.4条的规定,酌情确定赔偿数额。

7.6【销售商直接侵权的酌加标准】

具有下列情形之一的,可以比照上述销售商的基本赔偿标准,酌情提高1—5倍确定赔偿数额:

(1)被诉侵权商品的销售数量、用户评论数量较大;

(2)线下经营规模较大;

(3)经营场所处于繁华地段;

(4)线上店铺的关注量、收藏量、店铺会员量较大;

(5)使用涉案商标的商品价格较高;

(6)其他情形。

7.7【帮助侵权的赔偿标准】

被告仅系超市、商场、市场或者电商平台等经营者,且上述主体经查明构成帮助侵权的,可以比照前述赔偿标准,视其主观过错程度,酌情确定赔偿数额。

7.8【知名度的酌加标准】

涉案商标知名度较高或者商标权人知名度较高的，可以比照前述基本赔偿标准，酌情提高 1—5 倍确定赔偿数额。

涉案商标在被诉行为发生及持续期间为驰名商标的，可以比照前述基本赔偿标准，酌情提高 5—10 倍确定赔偿数额。

7. 9【侵权情节严重的酌加标准】

有下列情形之一的，属于侵权情节严重，可以比照前述基本赔偿标准，酌情提高 1—5 倍确定赔偿数额：

(1)被诉行为持续时间较长；

(2)被诉行为涉及区域范围较广；

(3)侵权获利数额较大；

(4)其他情形。

7. 10【批量维权的酌减情形】

原告基于同一商标，针对不同销售商分别提起诉讼，案件数量较多且累计赔偿数额明显不合理的；或者具有明知生产商而不予起诉等不合理情形的，按照上述基本赔偿标准下限的 60% 至 70% 确定赔偿数额。

7. 11【其他酌减情形】

按照前述规定计算的赔偿数额，具有明显不合理的高于涉案商标市场价值等情形的，可以根据案件具体情况，比照前述基本赔偿标准，酌情降低赔偿数额。

2.《北京市高级人民法院知识产权民事诉讼证据规则指引》(20210422)

第一部分　总　　则

1. 36 原告主张被告承担损害赔偿责任的，除提供被告主观存在明知或应知的证据外，还应提供与确定权利人的实际损失、侵权人的违法所得或侵权获利相关的计算方法、计算模型、计算基础因素等证据，并就相关计算方法、计算模型、计算基础因素的合理性等作出详细说明。

当事人可以提供相关权利的可比许可协议作为确定赔偿数额的证据。

当事人主张在法定赔偿最高限额以上或最低限额以下确定赔偿数额的，应根据前述第一款、第二款的规定提供证据证明相关数额明显超过法定赔偿最高限额或者明显低于法定赔偿最低限额。

1. 37 原告主张参照权利使用费确定赔偿数额的，应提供证据证明许可使用合同已经实际履行，且该权利使用费与被诉侵权行为具有可比性。

许可使用合同的备案证明、纳税凭证、转账记录、发票等财务凭证等可用以证明合同已经实际履行。

许可使用合同涉及的权利类型、被许可人情况、许可使用的范围、许可使用的时间、是否存在交叉许可等可用以证明权利使用费的可比性。

1.38 原告主张适用法定赔偿计算赔偿数额的,应提供反映权利人实际损失状况、侵权人的违法所得或侵权获利状况、许可使用费状况、侵权行为类型、持续时间及所涉范围、主观过错等方面的证据。

1.39 原告主张适用惩罚性赔偿的,应提供权利人实际损失、侵权人的违法所得或侵权获利、权利使用费、主观故意、侵权情节严重等方面的证据。

1.40 原告主张销毁侵权产品或侵权复制品、主要用于制造侵权产品或侵权复制品的材料、工具、设备等,被告否认上述销毁对象存在的,原告应提供证据证明上述销毁对象的存放地址、数量等事实。

原告因客观原因不能自行收集上述证据的,可以依据《最高人民法院关于适用〈中华人民共和国民事诉讼法〉的解释》第九十四条第二款的规定申请调查取证。

1.41 原告因客观原因仅提供部分证据证明其为制止侵权行为所支付的合理开支的,可以在该部分证据的基础上结合生活经验和逻辑确定合理开支的具体数额。

3.《北京市高级人民法院关于当前知识产权审判中需要注意的若干法律问题》(2018)

六、其他共性问题

关于赔偿数额计算依据的适用顺序。在侵害知识产权民事案件中,应当根据各部门法的具体规定确定损害赔偿计算依据的适用顺序,在法律规定文义明确,且没有充分理由的情况下,不得随意行使裁量权、任意选择赔偿数额的计算依据。

依据违法所得确定赔偿数额并突破法定赔偿额上限时应注意的问题。在原告已经尽力举证,结合在案证据,运用逻辑推理和日常生活经验,能够初步确定侵权人的违法所得明显高于法定赔偿额上限的情况下,被告经释明后,对其掌握的相关账簿、资料仍拒不提交或者不能完全提交的,可以根据原告的主张,在综合考虑涉案知识产权对产品的贡献率、侵权持续时间、影响范围、销售数量、产品定价、单位利润、主观恶意等因素基础上,确定高于法定上限的赔偿数额。同时,要注意不能偏离“补偿为主,惩罚为辅”的原则。

4.《浙江省高级人民法院民事审判第三庭知识产权损害赔偿审理指南》(浙高法民三〔2017〕4号,20171225)

第一条 以填平损失为基本原则,充分弥补权利人因被侵权遭受的损害,同时应重视提高侵权人的侵权代价,预防并制裁不法行为,实现以补偿为主、以惩罚为辅的制度功能。

第二条 贯彻比例协调政策,科技成果类知识产权损害赔偿数额应与科技成果的创新高度和贡献程度相适应,著作权损害赔偿数额应与作品的独创性范围和尺度相适应,商业标识类知识产权损害赔偿数额应与商业标识的显著程度、知名度等相适应。

第三条 赔偿数额的确定既是事实问题,也是法律问题,人民法院既要努力查明权利价值、侵权情节、损害程度等客观事实,也要适当考虑侵权人的主观状态,在认定事实的基础上体现法院的价值判断。

第四条 积极运用经济分析的思维和方法,必要时引导当事人对损失或获利数额进行鉴定评估,提高损害赔偿计算的科学性和合理性,实现赔偿数额与知识产权市场价值的契合。

第五条 确定知识产权损害赔偿数额的主要方法有:

(一)权利人因被侵权所受到的实际损失;

(二)侵权人因侵权所获得的利益;

(三)该知识产权许可使用费的倍数;

(四)当事人约定的赔偿数额或赔偿计算方式;

(五)法定赔偿。

赔偿数额应当包括权利人为制止侵权行为所支付的合理开支。

第六条 权利人因被侵权所受到的实际损失主要指利润损失,包括因侵权导致权利人相关产品的销售量流失以及价格受到侵蚀而造成的利润减少。

权利人因被侵权减少的销售量难以确定的,按照侵权产品的销售量确定。

第七条 权利人因被侵权所受到的实际损失除利润损失外,还可以包括商誉损失和恢复成本。

商誉损失是指因侵权使权利人的商业标识遭到丑化、淡化等不利影响,进而导致权利人未来销售能力或议价能力的降低,或者导致权利人的其他产品受到牵连而影响获利。

恢复成本是指权利人为消除因侵权带来的不利影响而额外支出的更正广告费等费用。

第八条　侵权人因侵权所获得的利益可以根据侵权产品销售量与该侵权产品单位利润乘积计算。

侵权产品利润一般按照侵权人的营业利润计算,但对于侵权故意明显、侵权情节及后果严重的,可以按照侵权人的销售利润计算。

侵权产品利润无法查明的,按照权利人产品利润或者该行业的平均单位利润计算。

第九条　在确定侵权人因侵权所获得的利益时,应当考虑侵害涉案知识产权的行为与所得利益之间的因果关系,合理界定该知识产权对实现侵权产品整体利润的贡献率;对因侵权人自身商誉、产品中的其他知识产权等因素而获取的利益,应当从侵权人整体获利中扣除。

权利人主张依据侵权人获利确定赔偿数额的,应当就侵权人因实施侵权行为所获得的总收益承担举证责任;侵权人主张扣除因其他因素而获取的利益的,应承担相应举证责任。

第十条　在侵害商标权案件中,人民法院认定构成反向混淆的,一般不应根据侵权人获利确定赔偿数额,但权利人能够证明侵权获利与侵权行为有因果关系的除外。

第十一条　"知识产权许可使用费"是指权利人在纠纷发生前许可侵权人或第三人使用涉案知识产权时已实际收取或依据合同可以收取的费用。

侵害著作权的赔偿数额,可以参照专利法第六十五条规定的许可使用费的倍数合理确定。

第十二条　在确定许可使用费的倍数时,应当考虑的主要因素有:

(一)侵权情形与许可使用的情形是否相似,包括许可使用的方式、期限、范围等;

(二)侵权人的过错程度;

(三)侵权人与权利人之间是否存在竞争关系。

第十三条　参照许可使用费的倍数确定的赔偿数额应当高于正常交易状态下的许可使用费。

第十四条　权利人、侵权人依法约定侵害知识产权的赔偿数额或者赔偿计算方法,并在侵权诉讼中主张依据该约定确定赔偿数额的,人民法院应予支持。

权利人、侵权人请求人民法院对约定的赔偿数额进行调整的,人民法院一般不予支持,但根据约定数额确定赔偿数额将导致双方利益明显失衡的除外。

第十五条 依照第五条第一款第一项、第二项、第三项均无法确定赔偿数额,当事人之间亦无约定的,人民法院可以根据当事人的请求或者依职权适用法定赔偿方法确定赔偿数额。

权利人因被侵权所受损失或侵权人因侵权所获利益的确切数额虽无法查实,但有证据证明已经超过法定赔偿最高限额或者低于法定赔偿最低限额的,人民法院应当适用第五条第一款第一项或第二项在法定赔偿数额之外酌情确定赔偿数额。

第十六条 在适用法定赔偿方法时,可以按照以下步骤确定赔偿数额或验证赔偿数额的恰当性:

(一)将专利法、著作权法或商标法规定的法定赔偿数额分为若干等级,如“高”、“较高”、“适中”、“较低”、“低”五等,每个等级对应一定幅度的赔偿数额。

(二)细化损害赔偿考量因素,设立两级指标层,第一级指标层包括权利信息和侵权信息。

权利信息之下的二级指标可包括:权利类型,创新程度或显著程度、知名度,权利稳定性,权利使用情况,市场价值,保护期限等。

侵权信息之下的二级指标可包括:主观过错,侵权行为的类型,侵权规模,侵权的持续时间、地域范围,侵权后果等。

(三)在按照立法目的及司法政策导向合理设置各项指标权重的基础上,根据二级指标评估一级指标的等级,再对一级指标中的权利信息和侵权信息进行综合评判、相互修正,确定法定赔偿数额的等级。

(四)结合区域经济发展水平,对经济发达地区、次发达地区、欠发达地区分别设置不同的法定赔偿系数,确定最终的赔偿数额。

第十七条 依据商标法第六十三条第一款适用惩罚性赔偿应符合下列要件:

(一)恶意侵害他人商标权;

(二)侵权情节严重;

(三)权利人因侵权所受到的实际损失、侵权人因侵权所获得的利益或者商标许可使用费可以确定。

判断恶意的考量因素包括:是否属于重复侵权、是否明知权利的存在、侵权人与权利人之间是否存在特定关系,以及是否存在故意拖延诉讼、举证妨碍等行为。

判断侵权情节严重性的考量因素包括:是否属于相同侵权、是否贬损权利人商誉、是否对消费者的人身安全和健康造成损害,以及侵权的规模、时间、范围等。

第十九条　合理开支是为制止涉案侵权行为而支付的合理、必要的费用。

合理开支主要包括:

(一)律师、专利代理人等的代理费用;

(二)公证费及其他调查取证费用;

(三)鉴定费用;

(四)交通食宿费;

(五)诉讼材料印制费;

(六)权利人因申请海关扣留侵权嫌疑货物而支付的仓储、保管、处置等费用。

第二十条　确定律师代理费时,可以参考国家司法行政部门规定的律师收费标准,并结合案件复杂程度、律师工作量、实际判赔额和请求赔偿额的比例等因素合理确定。

第二十一条　当事人虽未提供与合理开支相关的合同、发票等证据,但在案事实显示确有代理费、公证费等支出的,人民法院仍应对该部分合理开支予以支持。

第二十二条　判决书一般应单独列明合理开支的数额,但在以法定赔偿方法确定赔偿数额的小标的案件中,合理开支的数额可以与其他损害赔偿合并列明。

5.《上海市高级人民法院关于加强知识产权司法保护的若干意见》(20180720)

三、优化赔偿计算方式适用,充分体现知识产权价值

8. 合理确定损害赔偿计算方式,让权利人得到足额充分赔偿。对于权利人选择的损害赔偿计算方式,可以根据案件实际情况予以确认。在依据权

利人实际损失计算赔偿数额时，应探索覆盖商誉、价格侵蚀等间接损失的适用。对依据侵权人获利计算赔偿数额时，如果被控侵权人发生法律规定的举证妨碍情况，依法推定权利人相应事实主张成立。根据现有证据无法确定实际损失或侵权获利的准确数额，但权利人损失数额显然超出已经查明的数额时，应当根据现有证据积极运用裁量性方式酌定赔偿数额。

9. 加大侵权惩罚力度，让侵权者付出应有代价。对重复侵权、恶意侵权及其他严重侵权行为，积极适用惩罚性赔偿，加大对侵权行为的打击力度和威慑力，遏制侵权的再次发生。对于尚未规定惩罚性赔偿的侵害著作权、专利权等知识产权侵权行为，充分考虑侵权行为性质和侵权人主观恶意程度，依法加大赔偿力度。

10. 正确运用法定赔偿，充分发挥补偿和惩罚的双重功能。正确认识法定赔偿制度补偿权利人损失、惩罚侵权行为的双重功能。在确定法定赔偿数额时，应当综合考虑侵权情形、类似案例判赔金额等因素，着力确保全面补偿。对于具有重复、恶意以及其他严重侵权情节的，应充分考虑侵权人的主观过错程度，体现法定赔偿的惩罚性功能，提高法定赔偿数额。

11. 尊重法律服务市场价值，让权利人维权成本得到全面覆盖。对权利人为制止侵权支出的合理费用，应足额赔偿并在损失赔偿数额之外单独列出。权利人虽未能提交发票等证据证明其维权支出，但根据在案其他证据和已经查明的事实能够推定该项支出确已发生且系维权必要费用的，可纳入合理费用范围。充分尊重法律服务市场价值，确定与知识产权维权法律服务市场价值相适应的合理费用认定标准。

6.《上海市高级人民法院关于知识产权侵权纠纷中适用法定赔偿方法确定赔偿数额的若干问题的意见（试行）》（沪高法〔2010〕267号，20100820）

一、适用法定赔偿的范围、原则与基本要求

1. 知识产权侵权诉讼中，确定侵权损害赔偿数额，有下列情形之一的，方可适用法定赔偿方法：

（1）根据案件现有证据，难以确定权利人损失数额、侵权人非法获利；

（2）经法院释明，权利人明确请求法院适用法定赔偿方法确定侵权损害赔偿数额，亦未提供相应证据证明权利人损失、侵权人非法获利。

对于难以证明权利人受损或者侵权人非法获利的具体数额，但有证据证明前述数额确已超过法定赔偿最高限额的，不应适用法定赔偿方法，而应综合全案的证据情况，在法定赔偿最高限额以上合理确定赔偿数额。

2. 适用法定赔偿方法确定的赔偿数额应公平合理，确保权利人损失获得充分赔偿。

3. 适用法定赔偿方法确定赔偿数额时，应根据案件具体情况在判决中分析和阐明权利价值、侵权情节、侵权恶意、侵权损害后果等方面具体情形与确定赔偿数额之间的联系。

4. 适用法定赔偿方法确定赔偿数额时，判决赔偿数额既应当保持同类案件之间的赔偿尺度协调，又应考虑不同案件之间的案情差异。

二、适用法定赔偿方法确定赔偿数额的酌定因素

5. 适用法定赔偿方法确定赔偿数额时，一般综合以下因素酌定赔偿数额：

(1)被侵犯知识产权的权利价值；

(2)侵权情节；

(3)侵权损害后果；

(4)侵权人过错程度；

(5)其他应予考虑的因素。

7. 商标侵权诉讼中，可根据以下因素衡量商标权权利价值：

(1)商标知名度、商标显著性；

(2)商标的商业声誉；

(3)商标估值、设计成本、广告投入、价值培育投入、市场开拓成本；

(4)商标实际使用状况与收益；

(5)侵权行为发生时的合理转让价格、合理许可费用；

(6)商标使用许可的种类、时间、范围；

(7)其他可以衡量商标权权利价值的因素。

9. 知识产权侵权诉讼中，可根据以下因素衡量侵权情节：

(1)侵权行为方式，可区别直接侵权与间接侵权，生产过程中的侵权与销售过程中的侵权；

(2)侵权产品生产与销售规模、侵权作品传播范围；

(3)侵权行为持续时间；

(4)侵权次数，初次侵权或重复侵权；

(5)侵权行为的组织化程度；

(6)权利人发出侵权警告后侵权人的行为表现；

(7)其他可以衡量侵权情节的因素。

10. 知识产权侵权诉讼中,可根据侵权行为对权利人商业利润、商业声誉、社会评价的影响等衡量侵权损害后果。

11. 知识产权侵权诉讼中,因判决停止侵权可能损害社会公共利益或者严重损害第三人利益而不判决停止侵权的,赔偿数额应当高于判决停止侵权的同类案件。

三、合理开支的确定

12. 适用法定赔偿,应分别计算损失赔偿数额与权利人为维权而支付的合理开支数额,法院应当审查维权开支的真实性、关联性、必要性和合理性。

13. 合理开支包括:

(1)公证费、认证费;

(2)符合司法行政部门规定的律师费;

(3)调查、取证费;

(4)翻译费;

(5)其他为制止侵权、消除影响而支付的合理费用。

14. 权利人主张为制止侵权行为、消除影响而支付的合理费用,应当提交相关的合同和已经实际支付的凭证。该合理费用在其他相关联的案件中已获得赔偿的,不再重复计算。

15. 权利人主张律师费用的,可以参考司法行政部门规定的律师收费标准、实际判赔额与请求赔偿额、案件的复杂程度等因素合理酌定。

五、侵犯商标权案件中赔偿数额的确定

22. 权利人请求保护的注册商标未实际投入商业使用的,不以侵权人的获利确定赔偿数额,如果权利人确有证据证明其实际损失的,可酌情予以支持。

23. 注册商标已构成商标法规定的连续三年停止使用情形的,可以仅判决赔偿权利人为制止侵权而支出的合理费用,不支持权利人要求损害赔偿的请求。

7.《江苏省高级人民法院侵害商标权民事纠纷案件审理指南(修订版)》(20201229)

第八部分 民事责任承担

8.2 赔偿损失

坚持损害赔偿的市场价值导向,尽可能细化并阐述赔偿标准,确定与知识产权市场价值相适应的侵权损害赔偿数额。

8.2.1 基本原则

赔偿额为权利人因被侵权所受到的实际损失，难以确定实际损失的，为侵权人因侵权所获得的利益，损失或者利益难以确定的，参照商标许可使用费的倍数合理确定。故意侵权的，按上述方法确定数额的1—5倍确定。

权利人主张按照权利人损失或侵权人获利计算损害赔偿，同时有可供参照的合理许可使用费的，损害赔偿数额原则上不应低于可比较的合理许可使用费。

权利人因被侵权所受到的实际损失、侵权人因侵权所获得的利益、注册商标许可使用费均难以确定的，法院可以根据侵权行为的情节判决五百万元以下的赔偿。

根据诉讼请求，被告还应支付原告为制止侵权而花费的合理开支。

8.2.2 权利人的损失

权利人因侵权所受到的损失可以根据权利人因侵权所造成商品销售减少量或者侵权商品销售量与该注册商标商品的单位利润乘积计算。

确定侵害商标权的赔偿数额时，在权利人有证据证明其产品销量严重下降主要系因行为人实施侵权行为的情况下，权利人主张其实际损失包括因被迫降价而损失的利润、未来必将损失的利润以及商誉损失的，应当予以支持。(详见案例三十二)①

许可使用费可以作为其损失的参考。法院可以考量下列因素对许可使用费证据进行审核认定：

1. 许可使用费是否实际支付及支付方式，许可使用合同是否实际履行或者备案；

2. 许可使用的权利内容、方式、范围、期限；

3. 被许可人与许可人是否存在利害关系；

4. 行业许可的通常标准。

8.2.3 侵权人的获利

被告因侵权所获得的利益可以根据侵权商品销售量与该商品单位利润乘积计算；该商品单位利润无法查明的，按照注册商标商品的单位利润计算。

---

① 案例三十二：巴洛克木业公司诉浙江巴洛克公司等侵害商标权及不正当竞争纠纷案[江苏省高级人民法院(2017)苏民终1297号]。

如果以这两个单位利润计算均不尽合理,也可以以同类产品的平均利润率或者参照最相类似产品的利润率计算。

8.2.4 积极引导当事人采用损失或者获利确定赔偿额

对于当事人请求以损失或获利确定赔偿额的,法院不应当简单地以"难以确定"为由直接适用法定赔偿,而应当积极引导当事人及其诉讼代理人就权利状况、侵权认定、因侵权行为而产生的损失额、获利额或者许可费标准等方面的事实进行举证。能够据实计算具体数额的,则直接计算;不能具体计算数额的,能够通过对裁量性因素计算最低值的,则运用裁量性赔偿方法确定赔偿数额;有许可使用费可以参照的,可以参照许可使用费进行裁量;前述方法无法确定的,可以考虑适用法定赔偿。

在上述的举证质证中,原告就其主张的赔偿额提供详细计算方式及其参考因素,并有相关证据支持,说明其计算方式的合法、合理依据,如果侵权人仅作简单否认而并未提供任何相反证据或有力反驳理由,法院可以根据诉辩意见及现有证据支持权利人的合理诉求。对原告确因客观原因不能自行收集的证据,及时依申请出具调查令,必要时可以依申请调查收集,以体现加大知识产权司法保护力度的裁判导向。

8.2.5 法定赔偿

适用法定赔偿时,法院应当综合考虑如下因素:

1. 商标的声誉;

2. 商标许可使用的种类、数额、时间、范围;

3. 原告可能遭受的损失,被告可能获得的利益;

4. 原告因侵权行为受到的商业信誉损失;

5. 侵权行为的性质、持续时间、范围、后果;

6. 被告的过错程度、有无侵权史;

7. 侵权行为或侵权商品是否可能危害人身安全、破坏环境资源或者损害公共利益,如侵权物品是否为抢险救灾、防疫物资等;

8. 制止侵权行为的合理开支;

9. 其他因素。

侵权行为造成原告重大损失或者被告获利巨大的,为充分弥补原告损失,有效阻遏侵权行为,法院可以根据原告的请求,以接近或者达到最高限额确定法定赔偿数额。

如果现有证据虽未能证明因侵权行为导致的原告损失或者被告获利的

具体数额,但可以证明不低于某项数额,可以按该最低额确定赔偿额,即便该最低额已经超过法定赔偿的最高限额。

8.2.6 合理费用

法院除判决被告承担赔偿损失责任之外,还应当根据原告的请求,判令被告支付因制止侵权行为所支付的合理开支。

原告为制止侵权行为发生而支出的合理费用的项目及范围,一般包括:

1. 公证费;

2. 因调查取证或出庭而产生的交通、住宿、误工等费用;

3. 档案查询费、材料印制费;

4. 翻译费;

5. 律师代理费;

权利人的律师代理费支出,若无明显不合理因素的,应当支持。

6. 公告费;

7. 因申请保全提供担保发生的保险费;

8. 其他合理费用。

对合理费用,法院应当审查合理性、必要性和关联性。原告虽未能提交发票等证据证明其维权支出,但根据案件查明的事实,能够推定该项支出确已发生且系维权必要的,可以纳入合理费用范围。

需特别注意的是:

1. 在关联案件中,对于原告为制止侵权行为而共同支出的合理费用,已在其他案件中确定或考虑过的不再重复计算。

2. 由于合理费用与侵权所造成的损失虽有关联,但系两种不同性质的费用,而且合理费用一般都能够准确算出,因此一般情况下,在裁判文书的事实部分可以详细认定合理费用的具体项目及确定依据,并在主文中对合理费用部分与赔偿额分别进行裁判。

3. 对诉讼代理人工作的评价。代理费的确定可以根据案件的复杂程度、专业性程度、代理人付出的工作量、行业惯例、律师收费标准、代理费是否实际支付等因素综合确定。

(详见案例三十三)①

---

① 案例三十三:北京赤那思公司诉江苏赤那思公司、南通赤那思公司侵害商标权及不正当竞争纠纷案[江苏省高级人民法院(2015)苏知民终字第 00205 号]。

8.2.7 惩罚性赔偿

对故意侵害商标权,情节严重的,可以按照有关方法确定数额的一倍以上五倍以下确定赔偿数额。

1. 故意的认定

实践中,可以综合考虑被侵害商标的知名度、商标权受保护记录、被告与原告或者利害关系人之间的关系、侵权行为和手段的具体情形等因素认定被告主观上是否存在故意。下列情形,可以认定被告存在故意:

(1)被告经原告或者利害关系人通知、警告后,仍继续实施侵权行为;

(2)被告或其法定代表人、管理人是原告或者利害关系人的法定代表人、管理人、实际控制人;

(3)被告与原告或者利害关系人之间存在劳动、劳务、合作、许可、经销、代理、代表等关系,且接触过或知晓被侵害的商标;

(4)被告与原告或者利害关系人之间有业务往来或者为达成合同等进行过磋商,且接触过或知晓被侵害的商标;

(5)被告以侵权为业,不断变换公司名称或新设立公司实施侵权行为;

(6)被告实施假冒注册商标行为;

(7)其他情形。

2. 情节严重的认定

实践中,可以综合考虑侵害商标权行为的手段、性质、次数、持续时间、地域范围、规模、后果、侵权人在诉讼中的行为等因素认定侵权情节是否严重。"情节严重"一般包括:

(1)被告因侵害商标权经行政处罚、法院裁判承担责任后,再次实施相同或者类似侵权行为;

(2)被告以侵权为业;

(3)被告伪造、毁坏或者隐匿侵权证据;

(4)被告拒不履行保全裁定;

(5)被告侵权获利或者原告损失巨大;

(6)侵权行为可能危害国家安全、公共利益或者人身健康等;

(7)其他情形。

3. 计算基数

法院应当以原告实际损失数额或者被告因侵权所获得的利益作为计算惩罚性赔偿数额的基数。原告的实际损失数额或者被告因侵权所获得的利益均难以计算的,可以参照许可使用费的倍数合理确定计算基数。

原告维权支出的合理开支,不应当计入计算基数。

4. 倍数的确定

确定惩罚性赔偿数额的倍数应当综合考虑被告侵权的主观恶意程度、侵权行为的情节严重程度等因素。

因同一侵权行为已经被处以行政罚款或者刑事罚金且执行完毕,被告主张减免惩罚性赔偿责任的,法院不予支持,但在确定前款所称倍数时可以综合考虑。

(详见案例三十四)①

8.2.8 适用举证妨碍及证据披露制度确定损害赔偿额

1. 对于原告有充分证据证明侵权事实存在,且侵权情节或侵权获利等方面的证据由被告掌握,原告确因客观原因难以取得,法院可以根据原告的申请责令被告在规定期限内提供,或者根据申请实施证据保全。被告明确拒绝提供、隐匿相关证据、提供虚假证据、提供证据不全面,或者毁灭证据、阻挠保全,或者销毁保全的证据,影响案件裁判的,法院可以综合案件现有证据,在判断原告提供的计算方式具有合理性的基础上,就赔偿额直接作出裁判,并可以根据情节轻重对被告予以罚款、拘留等。

(详见案例三十五)②

2. 被告在审计报告、上市公司年报、招股说明书、财务账簿、会计凭证、销售合同、进出货单据、许可使用合同、设备系统存储的交易数据、公司网站、产品宣传册或其他媒体上公开的经营信息,以及第三方平台统计的商品流通数据,评估报告,市场监管、税务、金融部门的记录等,除明显不合常理或者被告提供证据推翻外,可以作为证据,用以证明当事人主张的侵权赔偿额。

(详见案例三十六)③

8.2.9 原告可以主张诉讼期间持续侵权的损害赔偿数额

侵权行为在诉讼期间仍在持续,原告在一审法庭辩论终结前提出增加赔

---

① 案例三十四:小米科技公司、小米通讯公司诉中山奔腾公司等侵害商标权及不正当竞争纠纷案[江苏省高级人民法院(2019)苏民终 1316 号]。

② 案例三十五:雅马哈株式会社诉浙江华田公司等侵害商标权纠纷案[最高人民法院(2006)民三终字第 1 号]。

③ 案例三十六:厦门东亚公司诉南京捷豹公司等侵害商标权及不正当竞争纠纷案[南京市中级人民法院(2014)宁知民终字第 41 号]。

偿数额请求且提供相应证据的,可以根据查明的事实确定赔偿数额。

一审判决后侵权行为仍在持续,权利人上诉请求增加赔偿数额的,二审法院可以根据自愿原则予以调解。调解不成,且双方当事人同意由二审法院一并审理的,二审法院可以就增加的赔偿数额一并审理并判决。

8.3 商标使用状况对承担民事责任的影响

1. 商标未使用

请求保护的注册商标未实际投入商业使用的,确定民事责任时可将责令停止侵害作为主要方式。在确定赔偿额时可以酌情考虑未实际使用的事实,除为维权而支出的合理费用外,如果确无实际损失和其他损害,侵权人不承担赔偿责任。

2. 因三年未使用已被撤销的商标

商标受保护的原因不在标识形式本身,而在于它区分商品或服务来源以及所体现的商誉。如果注册商标未实际使用且被撤销,则该注册商标实际上并无知名度,也不能发挥市场识别作用,消费者不会将被控侵权标识与注册商标相联系并产生混淆或误认。由于该注册商标的权利并未在核定使用的商品或服务上体现出其商业价值,并没有可保护的实质性利益,因此对于此类已被撤销的注册商标,从撤销之日起无需再给予司法保护的必要。

(详见案例三十七)①

3. 考虑注册人的主观状况

如果注册商标的注册人或受让人并无实际使用的意图,只是将注册商标作为索赔工具的,可以考虑不予赔偿。

8.《江苏省高级人民法院关于实行最严格知识产权司法保护为高质量发展提供司法保障的指导意见》(苏高法〔2019〕224 号,20190822)

五、加大惩处力度,破解"赔偿低""再侵权"问题

22. 准确理解与适用法定赔偿方式。能够通过当事人提供的证据具体计算损害赔偿数额的,一般不适用法定赔偿方式。引导当事人及其诉讼代理人尽职调查收集证据,积极提供因侵权行为而产生的损失额、获利额,或者许可费标准等相关证据,避免过度依赖和采用法定赔偿方式。

---

① 案例三十七:徐某诉名爵公司、南汽公司等侵害商标权纠纷案[江苏省高级人民法院(2012)苏知民终字第 0183 号]。

23. 努力建立与知识产权市场价值相适应的侵权损害赔偿标准。坚持损害赔偿的市场价值导向，综合考虑因侵权行为导致的价格侵蚀，许可费，权利人商品（服务）、侵权商品（服务）或者同期同类商品（服务）的价格、利润率，商誉损失，可得利益损失，技术成果的研发成本及其对商品（服务）价值的贡献度等多方面因素，并尽可能细化并阐述赔偿标准，确定与知识产权市场价值相适应的侵权损害赔偿数额。

24. 侵权人公开的经营信息可以作为确定赔偿数额的依据。侵权人已经公开的商品销售或服务经营状况、纳税记录、营业收入或获利状况，以及其他经营业绩的信息，除该信息明显不符合常理或者侵权人提供证据推翻外，可以作为证明其侵权规模、经营业绩或获利状况等确定赔偿数额的相关依据。

25. 在法定赔偿额上限以上合理裁量赔偿数额。现有证据已经证明因侵权行为导致的权利人损失额或者侵权人获利额已经超过法定赔偿额最高限额的，应当根据当事人请求及现有证据，在法定赔偿额上限以上合理确定赔偿数额。

26. 积极适用惩罚性赔偿。有证据证明侵权人故意侵害知识产权的，可以根据侵权人主观恶意程度或侵权情节，适用惩罚性赔偿，以确定的补偿性损害赔偿数额为基数，在法定倍数范围内酌定损害赔偿数额。权利人维权支出的合理开支，不纳入计算基数。

前款所称“故意”包括侵权人在权利人发出侵权警告函或通知后无正当理由继续实施侵权行为；侵权人与权利人或其被许可人之间的代理、许可、合作关系终止后未经许可继续实施相关行为；侵权人不履行行为保全裁定继续实施相关行为；侵权人在法院或行政机关对相同行为作出判决或处罚决定后继续实施相同侵权行为；侵权人以侵权为业，不断变换公司名称或新设立公司实施侵权行为；侵权人故意攀附驰名商标声誉抢注相同、近似商标或者实施其他商标侵权行为等情形。

对于尚未规定惩罚性赔偿制度的其他类型的故意侵权行为，适用法定赔偿时应当考虑惩罚性因素，根据侵权人主观恶意程度及侵权情节，提高赔偿数额。

27. 权利人可以主张诉讼期间持续侵权的损害赔偿数额。侵权行为在诉讼期间仍在持续，原告在一审法庭辩论终结前提出增加赔偿数额请求且提供相应证据的，可以根据查明的事实确定赔偿数额。

一审判决后侵权行为仍在持续，权利人上诉请求增加赔偿数额的，二审法院可以根据自愿原则予以调解。调解不成，且双方当事人同意由二审法院一并审理的,二审法院可以就增加的赔偿数额一并审理并判决。

28. 全面弥补权利人的合理费用支出。权利人的律师代理费支出,若无明显不合理因素的,应当支持。

权利人因诉讼发生的公告费、因申请保全提供担保发生的保险费,以及针对不当获得知识产权的过错方提起权属纠纷而发生的代理费等费用,可以作为合理费用主张。

权利人虽未能提交发票等证据证明其维权支出,但根据案件查明的事实,能够推定该项支出确已发生且系维权必要的,可以纳入合理费用范围。

合理费用原则上在侵权损害赔偿数额外单独考虑。

29. 民事损害赔偿优先于刑事罚金、行政罚款等。刑事没收非法所得、罚金或行政罚款等与民事损害赔偿不能兼顾时,优先保障民事案件权利人获得民事损害赔偿。

30. 加大对驰名商标的保护强度。在涉及驰名商标司法认定的案件中,涉案商标已经达到驰名商标的显著程度,尽管认定侵权成立无需以认定驰名商标为前提,但在适用损害赔偿等法律责任以及确定保护强度时可以认定涉案商标驰名的事实。

9.《江苏省高级人民法院关于知识产权侵权损害适用定额赔偿办法若干问题的指导意见》(20051118)

一、适用条件

第一条 原告以因侵权所受到的损失或者被告因侵权所获得的利益要求损害赔偿,但其所受到的损失或被告获得的利益难以确定的,可以直接适用定额赔偿办法确定赔偿数额。

第二条 原告起诉时请求适用定额赔偿办法,或者在一审法庭辩论终结前请求适用定额赔偿办法计算赔偿数额的,应当准许。

原告请求适用定额赔偿办法,被告以其他赔偿方法抗辩的,法院应当进行审查。被告抗辩主张不能成立,但其提供的有一定依据的计算赔偿数额的方法或结果可以作为确定赔偿数额的参考因素。

第三条 原告同时请求按因侵权所受到的损失或被告因侵权所获得的利益和定额赔偿办法计算赔偿数额的,应当首先审查原告受到的损失或被告获得的利益;原告受到的损失或被告获得利益难以确定的,可以按照定额赔偿办法确定赔偿数额。

第四条　原告请求按被告因侵权所获得的利益计算赔偿数额，并申请保全被告的财务账册等证据，当事人对证据保全取得的财务账册等证据无异议，且通过审计确定了被告所获得的利益额，如原告再要求按定额赔偿办法确定赔偿数额的，一般不予准许。

人民法院未保全到被告的财务账册等证据，或者保全到的证据未被采信的，可以按照定额赔偿办法确定赔偿数额，但有本意见第五条规定的情形除外。

第五条　原告要求按被告因侵权所获得的利益计算赔偿数额，并提供被告在广告宣传、行业协会报告等相关资料中记载的销售、获利情况，或者有其他初步证据能够支持其诉讼请求，或者有证据证明被告持有其获利的相关证据但拒绝提供，或者因被告的原因致使其提供的证据不能被采信的，不应当适用定额赔偿办法确定赔偿数额，可以直接支持原告的诉讼请求。

二、参考因素

（一）一般规定

第六条　适用定额赔偿办法时，应当根据以下因素综合确定赔偿数额：

1. 知识产权的种类；

2. 侵权行为的性质、持续时间、范围、后果等；

3. 原告可能遭受的损失、被告可能获得的利益；

4. 合理的转让费、许可使用费等收益、报酬；

5. 被告的过错程度；

6. 被告有无侵权史；

7. 被告有无对权利人侵权判决未予执行或完整执行的记录；

8. 其他应当考虑的因素。

原告应当对以上因素承担初步举证责任。

第七条　原告因侵权行为受到商业信誉损失的，可以将商业信誉损失作为确定赔偿数额的因素。

作为自然人的原告因侵权行为受到精神损害的，可以根据其请求在定额赔偿额之外确定其精神损害的赔偿数额。

第八条　因个案具体情况不判决销毁涉案侵权产品较为合理的，可以视情况增加定额赔偿的数额。

（二）具体规定

第十一条　包装物侵犯他人外观设计专利权、知名商品特有的包装装潢专有权、著作权、商标专用权等权利的，一般应当参照该包装物本身的价值及其在实现被包装产品利润中所起的作用等因素合理确定赔偿数额。包装物如果系吸引一般消费者购买该产品的主要因素,并且与被包装产品在销售时不可分离的,可以参照被包装产品的利润合理确定赔偿数额。

三、存在数项权利或数个侵权行为时定额赔偿办法的适用

第十五条 适用定额赔偿办法一般应当以每项具体权利作为计算单位。

第十六条 在权利发生竞合时,原告以其多项权利受到侵害提起诉讼,经审判人员释明后,以其选择的一项权利作为计算单位确定赔偿数额;原告不作出选择的,以对其最为有利的一项权利作为计算单位确定赔偿数额。

四、诉讼期间持续侵权的损害赔偿

第十八条 侵权行为在诉讼期间仍在持续,原告在一审法庭辩论终结前提出增加赔偿数额请求且提供相应证据的,可以在增加后的赔偿总额范围内确定赔偿数额。

在二审程序中,原告就持续侵权提出增加赔偿数额的,二审法院可以根据当事人自愿的原则予以调解;调解不成的,一般可以就赔偿数额予以加判。

两次酌定赔偿的总额超过50万元的,比照本意见第二十三条规定处理。

五、合理费用的确定与适用

第十九条 因制止侵权行为所支付的合理费用,包括:

1. 公证费;
2. 调查取证费;
3. 咨询费、档案查询费、翻译费;
4. 交通费、住宿费;
5. 材料印制费;
6. 律师代理费;
7. 原告为制止侵权行为支付的其他合理费用。

对上述费用的合理性、必要性和关联性应当进行审查。

第二十条 合理费用可以在定额赔偿数额以外确定。

第二十一条 在相关联的案件中,对于原告为制止侵权行为而共同支付的合理费用,已在其他案件中确定或考虑过的不再重复计算。

第二十二条 原告要求支付律师代理费的,可以参考国家司法行政部门规定的律师收费标准、实际判赔额和请求赔偿额的比例等因素合理酌定。

原告提出前款诉讼请求,应当提供执业律师已实际收取费用的正规票据。

10.《天津市高级人民法院侵犯商标权纠纷案件审理指南》（津高法〔2016〕3 号，20160112）

八、民事责任

（二）赔偿损失

商标法第六十三条第一款规定：侵犯商标专用权的赔偿数额，按照权利人因被侵权所受到的实际损失确定；实际损失难以确定的，可以按照侵权人因侵权所获得的利益确定；权利人的损失或者侵权人获得的利益难以确定的，参照该商标许可使用费的倍数合理确定。对恶意侵犯商标专用权，情节严重的，可以在按照上述方法确定数额的一倍以上三倍以下确定赔偿数额。赔偿数额应当包括权利人为制止侵权行为所支付的合理开支。

1. 权利人的损失

权利人的损失，可以根据权利人因侵权所造成商品销售减少量或者侵权商品销售量与该注册商标商品的单位利润乘积计算。

2. 侵权人的获利

侵权人的获利，可以根据侵权商品销售量与该商品单位利润乘积计算；该商品单位利润无法查明的，按照注册商标商品的单位利润计算。

3. 注册商标许可使用费认定

可以根据原告提交的在商标局备案并经过公告的商标使用许可合同记载的许可使用费认定。

4. 惩罚性赔偿

对恶意侵犯商标专用权，情节严重的，可以按照权利人损失或侵权获利的计算方法确定的数额的一倍以上三倍以下，确定赔偿数额。

5. 法定赔偿

权利人因被侵权所受到的实际损失、侵权人因侵权所获得的利益、注册商标许可使用费均难以确定的，人民法院可以适用法定赔偿，根据侵权行为的情节判决三百万元以下的赔偿。

适用法定赔偿时，应考虑以下因素：

（1）侵权行为的性质、期间、后果；

（2）商标的声誉；

（3）商标使用许可费的数额；

（4）商标使用许可的种类、时间、范围；

（5）制止侵权行为的合理开支。

人民法院在确定法定赔偿数额后，当事人按照法定赔偿数额的规定达成调解协议的，应当准许。

6. 合理开支

为制止侵权行为所支付的合理开支包括：

(1)公证费；

(2)调查、取证费用包括档案查询费、书面资料印刷费；

(3)交通费、住宿费、伙食费等；

(4)翻译费；

(5)合理的律师费。

7. 侵权人妨害举证适用法定赔偿

人民法院为确定赔偿数额，在权利人已经尽力举证，而与侵权行为相关的账簿、资料主要由侵权人掌握的情况下，可以责令侵权人提供与侵权行为相关的账簿、资料；侵权人不提供或者提供虚假的账簿、资料的，人民法院可以参考权利人的主张和提供的证据酌情判定赔偿数额。

11.《四川省高级人民法院侵害商标权案件审理指南》(川高法〔2018〕229 号，20180904)

9【民事责任的认定】

9.4 无法确定权利人的实际损失、侵权人违法所得、商标许可使用费时，法院可以根据在案证据合理酌定赔偿数额。根据在案证据可以确定权利人实际损失或者侵权人违法所得明显超过法定赔偿最高限额的，法院可以在法定赔偿最高额以上合理酌定赔偿数额。

9.5 法院合理酌定赔偿数额时，除根据在案证据外，一般考虑如下因素：

(1)原告商品的市场价格、销售量、利润率以及所在行业的正常利润率；

(2)被诉侵权商品的市场价格、销售量、利润率以及所在行业的正常利润率；

(3)其他因素。

9.6 权利人的实际损失、侵权人违法所得、商标许可使用费难以确定，也无法合理酌定赔偿数额的，适用法定赔偿确定赔偿数额。

9.7 法院根据当事人请求或依职权适用法定赔偿时，一般考虑如下因素：

(1)商标的知名度；

(2)被告的主观过错、侵权方式、侵权时间、侵权范围、侵权后果等；

(3)制止侵权行为的合理开支;

(4)其他因素。

9.8 原告为制止侵权行为支付的合理开支包括律师费、公证费、差旅费、材料印制费以及其他合理费用。

12.《安徽省高级人民法院关于审理商标、专利、著作权侵权纠纷案件适用法定赔偿的指导意见》(20050613)

为正确审理著作权、商标、专利侵权纠纷案件,根据《中华人民共和国民法通则》、《中华人民共和国商标法》、《中华人民共和国专利法》、《中华人民共和国著作权法》以及最高人民法院有关司法解释的规定,结合我省实际,就审理商标、专利、著作权侵权纠纷案件适用法定赔偿问题提出以下意见。

第一条　确定商标、专利、著作权侵权赔偿数额应当以能够弥补权利人因被侵权而受到的损失为限,不适用惩罚性赔偿。

第二条第一款　对商标、著作权权利人的实际损失和侵权人的违法所得可以基本查清,或者根据案件的具体情况,依据证据规则和通过证据的采信可以对赔偿数额予以确定的,不应直接适用法定赔偿。

第三条　在适用法定赔偿的情况下,当事人应当依据证据规则,就有关待证事实积极举证,否则不应因此当然免除权利人的举证责任。

第五条　确定商标侵权赔偿数额时,应当综合考虑侵权人侵权的性质、期间、后果,商标信誉及价值,商标使用许可费的数额,商标使用许可的种类、时间、范围等因素。

第七条　权利人自知道或应当知道侵权行为之日起超过两年起诉的,如侵权行为在起诉时仍在继续,确定法定赔偿额的时间,应自权利人向人民法院起诉之日起向前推算两年。

第八条　适用法定赔偿确定赔偿数额时,应当将权利人为制止侵权行为所支付的合理费用列入赔偿范围。

前款所称的“合理费用”包括:律师费、公证费和调查取证费、审计费、交通食宿费用、诉讼材料印制费、以及权利人为制止侵权或诉讼支付的其他合理费用等。

人民法院对权利人为制止侵权行为开支的必要性和合理性应当进行审查。

第九条　法定赔偿与合理费用、律师费的赔偿可以分别适用,也可以一并考虑确定具体的赔偿数额,但适用法定赔偿方法确定的赔偿数额中已包括合理费用和律师费的,不得再另行决定合理费用和律师费的赔偿。

法定赔偿数额与合理费用、律师费的赔偿数额之和,不得超出法律规定的 50 万元上限范围。

第十条 本意见中所称的"律师费"是指当事人与其代理律师依协议确定的律师费。但是赔偿的律师费标准必须符合国家规定或行业规定,其超出部分不予支持。

被控侵权人侵权行为成立,但不承担赔偿责任,可按权利人诉讼请求被人民法院支持情况酌情确定律师费。

第十一条 适用法定赔偿酌情确定具体数额时,应当在裁判文书中具体分析确定赔偿数额所考虑的因素。

13.《重庆市高级人民法院关于确定知识产权侵权损害赔偿数额若干问题的指导意见》(渝高法〔2007〕89 号,20070701)

第一条 人民法院确定侵权损害赔偿数额可采取以下方法:

(1)当事人双方协商;

(2)依权利人的实际损失;

(3)依侵权人因侵权行为的实际获利;

(4)依权利许可使用费的合理倍数;

(5)采用法定赔偿。

第二条 确定损害赔偿额的计算方法按照以下顺序予以适用:

(1)双方于诉讼过程中或诉讼外协商确定的赔偿数额。但双方于诉讼前虽就赔偿额达成了协议,侵权人不予履行,或者协商过程中存在违反合法、自愿原则,造成对权利人明显不公的,权利人可以不受协议的约束;

(2)双方无法协商确定赔偿数额的,权利人可以在庭审辩论终结之前,依据法庭确认的事实选择以其损失或侵权人的获利请求赔偿。请求以何种方法计算赔偿额不属于增加或变更诉讼请求;

(3)权利人的损失或侵权人的获利均无法查明时,人民法院可以以权利许可使用费的合理倍数确定损害赔偿数额;

(4)没有可供参照的许可使用费,人民法院可以采用法定赔偿。

第三条 本意见第一条第二项所称"权利人的实际损失"除指权利人现有财产的减少或丧失之外,还应包括权利人可得利益的减少或丧失,即如果不发生侵权行为时权利人可以得到的实际利益。

第四条　可得利益损失通常可以依据以下方法计算：

(1)权利人的知识产权在侵权行为发生前后价值的差额。但权利人应当证明价值的减少与侵权行为之间的因果关系；

(2)根据权利人因被侵权所造成的合法产品销售减少量或侵权产品销售量与合法产品的单位利润的乘积计算；合法产品的单位利润无法确定的，可以采用侵权产品的单位利润；

(3)著作权侵权案件中，侵权人以报刊、图书出版或类似方式侵权的，可参照国家有关稿酬或版税的规定，在正常稿酬或税率的2—5倍以内确定赔偿数额；

(4)侵权人侵权导致权利人许可使用合同或转让合同不能履行或难以正常履行产生的预期利润损失。

第五条　本意见第一条第三项所称"侵权人的实际获利"一般可以根据侵权产品销售量与侵权产品的单位利润的乘积计算；侵权产品的单位利润无法确定的，可以采用权利人合法产品的单位利润。

第六条　本意见第四条第二项、第五条所称"合法产品的单位利润"一般指净利润；如果以净利润计算不足以弥补权利人的损失，人民法院可以视案件具体情况选择适用营业利润或销售利润。所称"侵权产品的单位利润"一般指营业利润，侵权情节严重或给权利人造成较大损失的，也可以适用销售利润。

第七条　侵权人所获利润是因侵犯权利人的知识产权专有权利所获得的利润，对因其他因素形成的利润应当从侵权人整体获利中予以剔除。

侵权人不能证明其成本、必要费用或其他利润形成因素的，其因侵权行为所得收入即为侵权获利。

第十二条　根据本意见第五条，在确定侵权产品的销售数量时，计入损害赔偿额的侵权产品应是已流入市场无法收回的已销售产品。侵权产品的销售数量无法确定时，可以参考侵权人在有关媒介上宣传的销售数量。

第十三条　未销售的侵权产品，包括许诺销售或即发侵权的产品，除判令侵权人不得使用、禁止销售或销毁外，一般只将权利人因诉讼而发生的合理开支计算在赔偿范围内。

第十四条　侵权人的侵权行为在诉讼期间仍在继续，权利人在庭审辩论终结前提出增加赔偿的请求并提供证据证明的，人民法院应该将诉讼期间权利人扩大的损失或侵权人增加的获利一并列入赔偿范围。

第十五条 本意见第一条第四项所称“许可使用费”是指权利人在纠纷发生前就涉案专利、商标、作品许可他人使用时已实际收取或依据合同可以收取的费用。权利人应该就许可使用合同的真实性和实施情况进行举证。对经审查发现许可使用合同不真实或许可使用费明显不合理的,不能以此作为计算依据。

第十六条 人民法院在确定许可使用费的倍数时,应该考虑侵权人的侵权使用是否与许可使用的情况相似,包括许可使用的方式、时间、范围以及侵权情节等因素。侵权人的侵权使用幅度小于许可使用幅度的,可以确定较低的倍数;对于以假冒为业或多次侵权等情节严重的行为可以适用较高倍数。许可使用费的倍数一般在1—3倍以内考虑。

第十七条 根据本意见第二条第四项,人民法院在适用法定赔偿方法确定赔偿数额时,应当要求权利人就有关损失客观存在的事实进行举证,并就损失的大致范围作出合理说明。

第十八条 人民法院在适用法定赔偿方法确定赔偿数额时,一般应当在法定赔偿的最高限额50万元以内加以考虑。如果确有证据证明权利人的损失或侵权人的获利已经超过50万元,只是具体数额难以确定,人民法院可以在50万元以上确定合理的赔偿数额。

第十九条 人民法院在确定赔偿数额或权利人在说明损失范围时可以参考以下因素:

(1)权利人可能的损失或侵权人可能的获利;

(2)同技术领域或同行业中类似的专利或商标的许可使用费、转让费,某一类作品一般情况下许可他人使用收取的费用或行业标准;

(3)市场上同类产品或服务通常的利润;

(4)专利、商标或作品的类型、知名度、市场价值,专利的新颖性和创造性、商标的显著性以及作品的独创性程度等;

(5)侵权人的主观过错、侵权方式、侵权持续时间、范围和后果;

(6)权利人因调查、制止侵权行为所支付的合理费用;

(7)其他可能影响权利人损失或侵权人获利的因素。

第二十四条 权利人请求将其为制止侵权而支出的合理费用列入赔偿范围的,应该举示证据证明产生了合理开支。人民法院应当对权利人举示的各项开支的合法性和必要性进行审查,确属于合理开支的,应予支持。

第二十五条“合理开支”一般包括：

(1)律师合理的代理费；

(2)权利人为购买侵权商品证据而支出的费用；

(3)被判决采信的证据的保全、公证费用；

(4)被判决采信的审计报告或鉴定报告的审计费、鉴定费；

(5)被判决采纳的证人证言的证人出庭作证必要的交通食宿费；

(6)当事人及其委托代理人为调查取证而产生的必要的交通食宿费；

(7)为消除侵权影响而产生的费用，如必要的广告费用等；

(8)其他正当费用。

第二十六条　律师代理费是指我国执业律师收取的符合国家有关部门规定的诉讼代理费用。在确定合理的代理费数额时，应综合考虑权利人诉讼请求被支持的程度以及请求赔偿额与实际判赔额的比例等因素。

第二十九条　同一侵权行为构成对同一权利人不同知识产权权利侵害的，根据权利人的诉讼选择，人民法院可以并案或分案审理，但应对不同权利被侵犯的事实分别进行认定，并不得判决侵权人重复赔偿。在确定损害赔偿额时，可以首先考虑侵权人的违法所得，也可以经权利人请求，以受到侵害最严重的权利所遭受的损失为计算依据。

侵权人应该就同一侵权行为在另案中已经进行赔偿的事实进行举证。权利人的损失在另案中没有得到全面赔偿的，可以在后案中判决赔偿不足部分。

第三十一条　同一侵权事实中存在数个可能承担连带责任的侵权人，权利人只起诉其中一方的，人民法院可以判决由该侵权人承担全部赔偿责任。

如果被诉侵权人证明权利人在另案中已就同一侵权事实获得连带责任另一方赔偿的，人民法院应该审查另案中的赔偿额是否足以弥补权利人的损失，并判决本案被诉侵权人承担不足部分的赔偿责任。

第三十二条　本意见由本院审判委员会负责解释。本意见如与相关法律规定或最高人民法院的司法解释相冲突，以相关法律规定或最高人民法院的司法解释为准。

14.《广东省高级人民法院关于切实加强知识产权司法保护的若干意见》(粤高法〔2018〕297 号,20181221)

七、加大侵权损害赔偿力度。坚持补偿为主、惩罚为辅的原则，完善体现知识产权价值的侵权损害赔偿机制。积极探索建立惩罚性赔偿机制,依法加大重复侵权、恶意侵权等严重侵犯知识产权行为赔偿力度,防止侵权者在经济利益上得到好处。

15.《深圳市中级人民法院关于知识产权侵权损害赔偿问题的裁判指引》(20111201)

一般规定

二、知识产权侵权损害赔偿应坚持贯彻全面赔偿原则、过错责任原则、区别对待原则。

全面赔偿原则是指判决确定的赔偿数额应当全面弥补权利人因被侵权而受到的损失。

过错责任原则是指行为人因过错侵犯他人知识产权且造成损害的,应当承担相应赔偿损失的民事责任。

区别对待原则是指判决确定的赔偿数额应当根据个案中请求保护的权利价值、具体侵权情节的不同而有所区别。

三、本意见所称侵权损害赔偿仅包括权利人因被侵权所遭受的财产损失。

权利人为制止侵权所支付的合理维权费用应当列入赔偿范围。

四、知识产权侵权损害赔偿数额的确定方法包括:

(一)权利人的实际损失;

(二)侵权人的违法所得;

(三)请求保护的权利许可使用费的合理倍数;

(四)法定赔偿。

五、权利人的实际损失的计算方法包括:

(一)权利人因被侵权导致减少的利润数额;

(二)权利人因被侵权导致产品销售减少的数量乘以权利人产品合理利润所得之积;

(三)侵权产品数量乘以权利人产品合理利润所得之积;

(四)因被侵权导致权利人许可使用合同不能履行或难以履行所导致的损失;

(五)因侵权人侵权导致权利人权利价值减少或丧失部分;

(六)其他确定权利人实际损失的方法。

六、侵权人违法所得的计算方法包括：

（一）侵权人因侵权所获利润。侵权利润原则上应当按照侵权人的营业利润计算，对于完全以侵权为业的侵权人，可以按照其销售利润计算；

（二）侵权产品在市场上销售的总数乘以每件侵权产品的合理利润所得之积；

（三）其他确定侵权人违法所得的方法。

七、本意见所称“合理维权费用”包括：

（一）公证费；

（二）律师费；

（三）物证购买费、查询费、材料印制费；

（四）权利人为案件诉讼而支出的交通食宿费；

（五）翻译费、审计费、鉴定费；

（六）权利人为诉讼所支付的其他合理开支。

人民法院在确定权利人为制止侵权所支付的合理维权费用时，应当审查权利人有关开支的合理性及与案件的关联性。

八、本意见所称“律师费”是指权利人与其代理律师协商确定的诉讼代理费。律师费符合以下条件的，可以纳入合理维权费用：

（一）律师费业已支付完毕且有律师事务所开具的相应发票予以证实；

（二）律师费符合司法行政管理部门所颁布标准或行业惯例。

九、权利人应当在立案起诉时，最迟不晚于一审辩论终结前，明确选择侵权损害赔偿的计算方法。

权利人未能明确侵权损害赔偿的计算方法的，人民法院应当首先查明权利人因侵权所受的实际损失；权利人的实际损失难以查明的，人民法院应当进一步查明侵权人的违法所得。权利人的实际损失、侵权人的违法所得均难以查明的，人民法院可依职权适用法定赔偿确定侵权损害赔偿数额。

十、人民法院适用法定赔偿确定侵权损害赔偿数额时，应当考虑以下因素：

（一）权利价值情况，包括但不限于权利客体类型；权利性质（独占、排他或普通许可）；权利研发形成成本、具有资质的评估机构出具的权利价值评估报告；有证据证明的权利转让费、许可使用费、相关行业收费标准；正品的市场价格；权利的知名度、独创、复杂程度；权利被损害情况等。

（二）侵权情节，包括但不限于侵权行为人的主观过错程度（故意、重大过失或仅具轻微过失）；侵权行为的性质（简单模仿或故意抄袭、假冒；制造侵权、销售侵权或许诺销售侵权；偶发侵权或重复侵权；直接侵权或间接侵权）；侵权行为人的身份（法人或个体工商户、自然人）；侵权持续的时间、范围以及后果；侵权产品的单价、数量以及权利人的权利在该产品价值中的权重等。

（三）其他因素，包括但不限于侵权人在广告宣传等材料中对侵权及获利所作陈述；侵权人持有侵权获利证据但无正当理由拒绝提供；是否系列案件等。

十一、侵权人持有侵权获利证据但无正当理由拒绝提供，可酌情多赔；系列案件可酌情降低赔偿数额；仅实施间接侵权行为的可酌情降低赔偿数额。

十二、权利人请求按侵权人获利计算赔偿数额，并申请保全侵权人财务账册等证据，权利人对证据保全取得的财务账册等证据无异议，且通过审计确定了侵权人获利数额，权利人又要求按照法定赔偿确定赔偿数额的，一般不予准许。

十三、权利人自知道或应当知道侵权之日起超过两年起诉的，如侵权行为在起诉时仍在继续，确定侵权损害赔偿数额的时间，应自权利人向人民法院提起诉讼之日起向前推算两年。

十四、被控侵权行为在诉讼期间仍在持续，权利人在一审法庭辩论终结前提出增加赔偿的请求并提供相应证据，应当将诉讼期间权利人扩大的损失一并列入赔偿范围。

十五、权利人因侵权行为人同一侵权产品同时侵犯多个权利而提出多个诉讼的，人民法院适用法定赔偿标准确定赔偿总额时原则上应控制在法定赔偿的上限范围内。

十六、具有下列情形，人民法院可判令侵权行为人仅承担权利人合理维权费用：

（一）商标侵权案件中，商标权人未实际使用注册商标；

（二）专利侵权案件中，侵权行为人仅有许诺销售行为。

商标权纠纷

侵犯商标权的法定赔偿，一般考虑在 50 万元以下，同时也可以参照执行下列规定：

二十三、侵权人擅自使用他人的驰名商标或者知名度较高的注册商标，数量较大、持续时间较长，确有证据证明的，人民法院可考虑在 30—100 万元范围确定赔偿数额。

侵权人擅自使用他人的普通注册商标，人民法院可以在 20—50 万元范围确定赔偿数额。

二十四、销售侵犯他人驰名商标或者知名度较高的注册商标商品，侵权人系专业贸易公司、大型批发、零售经营者的，人民法院可在 20—50 万元范围确定赔偿数额；侵权人系个体工商户的，人民法院可在 20 万元以内确定赔偿数额。

销售侵犯普通注册商标商品，侵权人系专业贸易公司、大型批发、零售经营者的，人民法院可在 15—30 万元确定赔偿数额；侵权人系个体工商户的，人民法院可在 10 万元以下确定赔偿数额。

【公报案例】

【最高院"雅马哈"案】（1）根据《最高人民法院关于审理商标民事纠纷案件适用法律若干问题的解释》第十三条的规定，人民法院依据商标法规定确定侵权人赔偿责任时，可按照权利人选择的计算方式计算赔偿数额。（2）对于商标侵权人违法所得的计算，可以参照《最高人民法院关于审理专利纠纷案件适用法律问题的若干规定》第二十条第三款的规定，即对于侵权人因侵权所获得的利益一般按照侵权人的营业利润计算，对于完全以侵权为业的侵权人，可以按照销售利润计算〔雅马哈发动机株式会社与浙江华田工业有限公司、台州华田摩托车销售有限公司等侵害商标权纠纷案，最高人民法院民事判决书（2006）民三终字第 1 号，载《中华人民共和国最高人民法院公报》2007 年第 10 期〕。

【法院参考案例】

（一）赔偿金额计算的一般问题

1.【最高院"卡斯特"案】侵害商标专用权的赔偿数额为侵权人在侵权期间因侵权所获得的利益或者被侵权人在被侵权期间因被侵权所受到的损失，也就是说，赔偿数额应当与侵权行为之间具有直接的因果关系；以案外人利润率为依据确定侵权行为人获利计算赔偿数额没有事实和法律依据〔法国卡思黛乐兄弟简化股份有限公司与李某侵害商标权纠纷再审案,最高人民法院民事判决书(2014)民提字第25号〕。

2.【重庆高院“贵州茅台”案】注册商标侵权人遭受行政处罚是因为扰乱社会的经济秩序,侵犯的是公权,并不因为行政处罚就可以减免侵犯私权性质的注册商标专用权的赔偿责任〔中国贵州茅台酒厂有限责任公司与重庆南方君临酒店有限公司侵害商标权纠纷上诉案,重庆市高级人民法院民事判决书(2009)渝高法民终字第159号,列入最高人民法院公布的2009年中国法院知识产权司法保护50件典型案例〕。

3.【北京高院“墙锢”案】商标法第六十三条确定了侵害商标专用权的赔偿数额计算方式的法定顺序,即首先以被侵权人所受到的实际损失为依据,在难以确定的情况下,可以按照侵权人的获利进行计算,若均无法确定时,还可以参照商标许可费的倍数合理确定〔北京秀洁新兴建材有限责任公司与美巢集团股份公司等侵害商标权纠纷上诉案,北京市高级人民法院民事判决书(2017)京民终335号〕。

4.【北京知产法院“新华字典”案】侵害未注册驰名商标的赔偿数额计算可以参照侵害商标权的损害赔偿额的方法进行〔商务印书馆有限公司与华语教学出版社有限责任公司侵害商标权及不正当竞争纠纷案,北京知识产权法院民事判决书(2016)京73民初277号〕。

5.【上海一中院“LV”案】无论采用何种计算损失的方法,均应考虑全面赔偿原则以补偿性质为主,参酌原告可能遭受的实际损失来确定合理的赔偿数额〔路易威登马利蒂与林益仲等侵害商标权纠纷案,上海市第一中级人民法院民事判决书(2009)沪一中民五(知)初字第34号〕。

6.【天津高院“雅马哈”案】注册商标权利人只以销售数量减少的统计资料证明所主张的赔偿数额,证据是不足的,因为销售数量的增减受市场多种因素的影响,侵权并不是唯一因素〔雅马哈发动机株式会社与天津港田集团公司、天津港田发动机有限公司侵害商标权纠纷案,天津市高级人民法院民事判决书(2001)高知初字第3号〕。

7.【山东高院“台湾七波威”案】注册商标权人提出的赔偿计算方式表明要求按照侵权人因侵权获利来计算赔偿金额，在此种情况下，法院不应按照法定赔偿的方式计算；有证据表明侵权人的侵权获利明显超过商标法规定之赔偿最高限额，法院有权根据全案情况酌定赔偿金额〔超日体育用品有限公司与丁俊伟侵害商标权纠纷上诉案，山东省高级人民法院民事判决书(2019)鲁民终 728 号〕。

8.【安徽高院“安之酸五贝子”案】注册商标独占许可期间，注册商标权人不享有收取许可费之外的经济利益，不得要求注册商标侵权行为人赔偿损失，但可以要求赔偿其为制止侵权所支付的合理开支〔刘悦等与北京韦氏·黛安娜化妆品有限公司侵害商标权纠纷上诉案，安徽省高级人民法院民事判决书(2017)皖民终 525 号〕。

9.【江苏高院“鳄鱼”案】定牌加工商品出口侵犯他人注册商标专用权的，因实际商标使用人是定作方，享有商标的巨大市场利益，加工方只不过是定作方使用商标行为的具体实施者而已，且获取的仅是加工费，故定作方应承担主要民事赔偿责任，而加工方承担的责任应相对较小〔拉科斯特衬衫股份有限公司与江阴宏鑫制衣有限公司侵害商标权纠纷上诉案，江苏省高级人民法院民事判决书(2007)苏民三终字第 0034 号〕。

10.【哈尔滨中院“三精”案】权利人因被侵权所受到的实际损失、侵权人因侵权所获得的利益、注册商标使用许可费均难以确定的，双方在签订注册商标许可协议时对侵权纠纷有预见并约定有损害赔偿金额的，应依照该约定计算侵权赔偿金额〔哈药集团三精制药有限公司与北京三精日化有限公司等侵害商标权及不正当竞争纠纷案，黑龙江省哈尔滨市中级人民法院民事判决书(2015)哈知初字第 155 号〕。

11.【温州中院“阿迪达斯”案】(1)注册商标权利人有权选择对其有利的计算方式确定赔偿数额；(2)当事人在行政处罚程序中陈述的事实不能一概作为民事诉讼证据予以确认。在民事诉讼中，仍应按照优势证据规则，对当事人在先陈述的客观真实性和合理性加以评判，对于缺乏证据印证的关于获利的陈述，不能作为认定侵权获利的计算依据〔阿迪达斯有限公司与阮国强等侵害商标权纠纷上诉案，浙江省温州市中级人民法院民事判决书(2020)浙03民终161号，列入最高人民法院公布的2021年6起侵害知识产权民事案件适用惩罚性赔偿典型案例〕。

12.【杭州余杭法院"水宝宝"案】在确认不侵权的案件中，不支持原告请求赔偿的诉讼请求〔拜耳消费者关爱控股有限责任公司等与李庆等确认不侵害商标权纠纷案，浙江省杭州市余杭区人民法院民事判决书(2017)浙0110民初18624号〕。

13.【广州天河法院"HP"案】(1)刑事案件与民事案件的证明标准并不相同，不应以刑事案件的高标准取代民事证明标准；(2)关联刑事案件认定扣押的假冒产品的价值仅用于确定被告刑事责任，并非侵权人的全部获利或被侵权人的全部损失，故不应作为确定侵权赔偿数额的直接依据〔中国惠普有限公司与孙强等侵害商标权纠纷案，广州市天河区人民法院民事判决书(2016)粤0106民初20467号〕。

14.【阜阳中院"恒运"案】单方陈述如果没有其他证据佐证，则不能作为认定侵权人生产销售侵权商品数额的依据〔镇江市醋业协会与安徽腾飞食品有限公司侵害商标权纠纷案，安徽省阜阳市中级人民法院民事判决书(2010)阜民三初字第22号，列入最高人民法院公布的2010年中国法院知识产权司法保护50件典型案例〕。

(二)权利人因侵权遭受的实际损失

1.【江苏高院"巴洛克地板"案】注册商标权人能够证明因侵权行为而遭受实际损失，应按照实际损失计算赔偿数额；实际损失包括因销售流失而损失的利润、因价格侵蚀而损失的利润、未来损失的销售利润和商誉的损害〔巴洛克木业(中山)有限公司与浙江生活家巴洛克地板有限公司、太仓市城厢镇门迪尼地板商行、福建世象家居有限公司侵害商标权及不正当竞争纠纷上诉案，江苏省高级人民法院民事判决书(2017)苏民终1297号，列入江苏法院实行最严格知识产权司法保护加大损害赔偿力度典型案例〕。

(1)因销售流失而造成的损失，是指侵权行为导致注册商标权人未能实现其原本能够实现的销售业务而损失的利润。计算公式为:损失的利润 = 损失的销售额 × 被侵权产品的净利润率。

(2)因价格侵蚀而损失的利润,是指侵权产品的竞争迫使注册商标权人降低价格或者无法实现较高的价格而导致销售利润的损失。

(3)未来损失的利润,是指未来销售流失和未来价格侵蚀导致的利润。对于权利人而言,主张未来利润损失赔偿的关键在于证明,如果没有侵权行为,其可以确定地获取此种利润。而事实上,这种确定性和损失的利润,通常可以从权利人原有的商业关系中得到证明。

(4)商誉是指企业拥有的一种利益,源于该企业的名誉与顾客的联系以及使顾客的联系得以保持的条件。商誉的实质在于其所蕴含的消费者对于该企业的信任利益。一旦商誉受到非法侵害,其势必导致信任利益受损,从而使得消费者拒绝与该企业继续交易,而转而选择生产同类商品的其他企业。换言之,商誉受损不仅影响企业的获利能力,同时也会在一定程度上改变相关市场的竞争格局。对于商誉损害赔偿额的确定问题,法院认为可以考虑巴洛克木业公司消除影响所需费用、侵权行为的程度、发生范围及产生的损害后果等多方面因素进行确定。

2.【温州中院"阿迪达斯"案】计算注册商标权利人因侵权所遭受的利润损失时:(1)不应根据正品与侵权商品外观相似性为标准来选取正品,以其单价作为计算实际损失的依据,因为外观相似性判断缺乏客观证据予以印证,不能当然成立;法院可以选取对注册商标权利人最为不利的正品单价作为计算依据。(2)注册商标权利人的年度会计报表显示的毛利润率在没有相反证据时,应予采信。(3)行政机关查获的侵权商品,处于可售状态的,应计入销售量。(4)侵权产品不是成品,尚不能直接用于消费领域,应酌情予以扣减〔阿迪达斯有限公司与阮国强等侵害商标权纠纷上诉案,浙江省温州市中级人民法院民事判决书(2020)浙 03 民终 161 号,列入最高人民法院公布的 2021 年 6 起侵害知识产权民事案件适用惩罚性赔偿典型案例〕。

3.【广州知产法院"红日 e 家"案】为应对侵权而加大注册商标宣传,投放消除或抵销不良影响的广告,由此发生的广告费属于直接损失,理应获得赔偿〔广州市红日燃具有限公司与广东睿尚电器股份有限公司侵害商标权及不正当竞争纠纷案,广州知识产权法院民事判决书(2017)粤 73 民初 2239 号〕。

4.【佛山中院"威极"案】注册商标权人为及时澄清事实，避免商誉因侵权的损害结果扩大而合理支出的广告费属于赔偿范围〔佛山市海天调味食品股份有限公司与佛山市高明威极调味食品有限公司侵害商标权及不正当竞争纠纷案，广东省佛山市中级人民法院民事判决书(2012)佛中法知民初字第352号〕。

(三)侵权人因侵权所获得的利益

1.【最高院"采蝶轩"案】侵权人的销售收入与其生产经营规模、广告宣传、商品质量等是密切相关的，不仅仅来源于对涉案商标的使用及其知名度，不应根据其销售收入与销售利润率的乘积计算侵权获利〔梁或等与安徽采蝶轩蛋糕集团有限公司等侵害商标权及不正当竞争纠纷再审案，最高人民法院民事判决书(2015)民提字第38号〕。

2.【北京高院"FILA"案】《最高人民法院关于审理商标民事纠纷案件适用法律若干问题的解释》第十四条并未将商品单位利润限定为纯利润，在当前加大知识产权侵权损害赔偿力度的司法政策指引下，考虑到侵权行为与正常商品经营之间的区别，从遏制侵权加大赔偿力度的角度出发，可以采取销售价格减去成本价格后再除以销售价格的方法，以计算得出之毛利润作为计算赔偿数额的依据〔浙江中远鞋业有限公司等与斐乐体育有限公司侵害商标权及不正当竞争纠纷再审申请案，北京市高级人民法院民事裁定书(2018)京民申4666号〕。

3.【浙江高院"老板"案】(1)侵权网站上的标价可以作为认定销售价格的依据；(2)注册商标权人是上市公司，主营注册商标的核定商品，侵权人专门以生产销售侵权产品为业，利润率理应高于规范经营的上市公司，故可以依据权利人年报披露的利润来计算侵权人因侵权所获得的利益〔杭州老板电器股份有限公司与杭州老板实业集团有限公司侵害商标权纠纷上诉案，浙江省高级人民法院民事判决书(2018)浙民终20号〕。

(四)侵权行为人的举证妨碍

1.【北京高院"墙锢"案】(1)只要权利人已经尽力举证,而人民法院通过明确告知(不限于书面的方式)使得侵权人能够清楚知悉所应当提供证据的种类、范围、内容等,以及拒不提交的法律后果,当侵权人拒不提交时,人民法院就可以参考权利人的主张和提供的证据判定赔偿数额。(2)侵权人在一审程序中拒不提交侵权账簿、资料,应当承担相应的法律后果;如不能说明合理的理由,侵权人即使在二审程序中提交专项审计报告,法院对此也不应接受〔北京秀洁新兴建材有限责任公司与美巢集团股份公司等侵害商标权纠纷上诉案,北京市高级人民法院民事判决书(2017)京民终 335 号〕。

2.【浙江高院"3N"案】侵权人拒不提交侵权产品的生产销售数量及利润的财务凭证,导致法院无法查清其因侵权所获得的利益,应对其举证妨碍承担不利的法律后果;法院可以据此推定其侵权获利巨大,超过商标法规定的法定赔偿最高限额〔3M 中国有限公司等与常州华威新材料有限公司侵害商标权纠纷上诉案,浙江省高级人民法院民事判决书(2015)浙知终字第 152 号,列入 2015 年浙江法院十大知识产权保护案件〕。

3.【江苏高院"雅马哈"案】侵权行为人提供给法院的财务资料不完整或拒绝提供,或多次拒绝提供保全的财务资料并拒不参加庭审,根据《最高人民法院关于民事诉讼证据的若干规定》(2001 年)第七十五条规定,推定原告主张侵权赔偿计算数额成立〔雅马哈发动机株式会社与浙江华田工业有限公司、台州华田摩托车销售有限公司、台州嘉吉摩托车销售有限公司、南京联润汽车摩托车销售有限公司等侵害商标权纠纷上诉案,江苏省高级人民法院民事判决书(2006)民三终字第 1 号,列入江苏法院实行最严格知识产权司法保护加大损害赔偿力度典型案例〕。

4.【南京中院"捷豹"案】侵权人主张产品宣传册中宣称的情况不实而不应作为商标侵权赔偿金额的计算依据,但未能提供任何证据,因侵权人应对经营活动中自己的言行负责,故法院可以在确定赔偿数额时主要参考该宣传册宣称的产量、规模、销售范围及实际销售价格、合理利润率等,结合被侵害之商标的知名度等予以确定赔偿金额〔厦门东亚机械有限公司与南京捷豹机电有限公司等侵害商标权纠纷上诉案，江苏省南京市中级人民法院民事判决书(2014)宁知民终字第41号〕。

(五)许可费的合理倍数

【广东高院“吉尼斯”案】注册商标权人与第三方签订的合同包括商标许可费，可根据合同内容从合同总价款中扣减不相关费用后，酌情认定商标许可费〔吉尼斯世界纪录有限公司与奇瑞汽车股份有限公司、安徽奇瑞汽车销售有限公司侵害商标权纠纷上诉案，广东省高级人民法院民事判决书(2017)粤民终2347号〕。

(六)惩罚性赔偿

1.【最高院“敌杀死(DECIS)”案】侵权人接到注册商标权人警告并回函宣称立即停止侵权后，仍继续进行侵权行为，有明显的侵权故意，应加重其赔偿责任〔艾格福有限公司与四川省富顺县生物化工厂侵害商标权纠纷上诉案，最高人民法院民事判决书(1999)知终字第11号〕。

2.【北京高院“FILA”案】被诉侵权商品的生产者、销售者作为权利商标核定使用商品的同行业经营者，在其先前申请的商标因与权利商标构成近似被驳回后，仍然在生产、销售的相同商品上使用与权利商标近似的标识，并在多个电商平台进行销售，获利数额巨大，主观恶意明显、侵权情节严重，应按照其侵权获利数额的三倍承担赔偿损失责任〔浙江中远鞋业有限公司等与斐乐体育有限公司侵害商标权及不正当竞争纠纷再审申请案，北京市高级人民法院民事裁定书(2018)京民申4666号〕。

3.【北京高院“JOHNDEERE”案】(1)商标法第六十三条所确定的“惩罚性赔偿”仅限于按照权利人的损失、侵权人的获利，或参照商标许可使用费的倍数确定赔偿数额时，方可以此为基数在一倍以上三倍以下计算惩罚性赔偿金额；即计算惩罚性赔偿的基数范围不包括按照商标法第六十三条第三款所规定的酌定赔偿情形，也不包括权利人为制止侵权行为所支付的合理开支。(2)适用“惩罚性”赔偿应当以被控侵权人“恶意侵犯商标专用权且情节严重”为要件,其中“恶意”应当仅限于“明知”即故意而为,“情节严重”是指被控侵权人从事的侵犯商标专用权的行为在方式、范围、所造成的影响等方面均对权利人产生了巨大的损失与消极影响〔约翰迪尔农业机械有限公司等与迪尔公司等侵害商标权及不正当竞争纠纷上诉案,北京市高级人民法院民事判决书(2017)京民终413号〕。

4.【山西高院“杏花村”案】非法制造注册商标标识已由生效的刑事判决予以确认,该行为属于恶意侵犯商标专用权,对其应加大赔偿力度;生效刑事判决已确认违法所得,可按照侵权获利二倍的数额计算侵犯注册商标专用权的赔偿金额,而不应根据印刷行业的利润率计算侵权人因侵权所获得之利益〔山西杏花村汾酒厂股份有限公司与申宏波、徐超侵害商标权纠纷上诉案,山西省高级人民法院(2020)晋民终758号民事判决书〕。

5.【江苏高院“小米”案】(1)为充分发挥民事损害赔偿在制裁侵权和救济权利中的作用,有效遏制侵权行为再发生,确保权利人获得足够的损害赔偿,二审法院有权对一审判决的惩罚倍数标准予以适当调整;(2)被控侵权商品销售持续时间长,销售规模大,商品质量不合格或被用户反映质量问题,损害驰名商标市场声誉的,可适用惩罚性赔偿〔中山奔腾电器有限公司等与小米科技有限责任公司等侵害商标权及不正当竞争纠纷上诉案,江苏省高级人民法院民事判决书(2019)苏民终1316号,列入2019年江苏法院知识产权司法保护十大典型案例、最高人民法院公布的2021年6起侵害知识产权民事案件适用惩罚性赔偿典型案例〕。

6.【江苏高院“巴洛克地板”案】不顾权利人的侵权警告,无视行政部门的行政处罚,拒不履行法院的生效裁定,应认定侵权恶意极其严重;侵权人与注册商标权利人有过多年的合作关系,在全国各地开设门店进行大规模销售,通过私人账户结算侵权收益且获利丰厚,应认定“侵权情节严重”〔巴洛克木业(中山)有限公司与浙江生活家巴洛克地板有限公司、太仓市城厢镇门迪尼地板商行、福建世象家居有限公司侵害商标权及不正当竞争纠纷上诉案,江苏省高级人民法院(2017)苏民终1297号,列入江苏法院实行最严格知识产权司法保护加大损害赔偿力度典型案例〕。

7.【苏州中院"福力思通"案】行为人恶意将与知名商标相近似的商标申请注册并实际使用的，其侵权行为应当自申请注册及实际使用侵权标识之日起算，而非侵权标识不予核准注册时起算；行为人明知其商标申请与知名商标存在混淆性近似而不会被核准，但仍继续使用，构成恶意侵权，在确定其侵权赔偿数额时可适用惩罚性赔偿〔株式会社普利司通与梁山水浒轮胎有限公司、武进区湖塘丰民汽摩配件总汇侵害商标权纠纷案，江苏省苏州市中级人民法院民事判决书(2018)苏05民初572号，列入2019年江苏法院知识产权司法保护十大典型案例〕。

8.【杭州中院"五粮液"案】侵权人曾因销售假冒注册商标商品被行政处罚和刑事处罚，考虑侵权行为模式、持续时间等因素可以认定其基本以侵权为业，应判令承担两倍的惩罚性赔偿责任〔五粮液公司与徐中华等侵害商标权纠纷上诉案，浙江省杭州市中级人民法院(2020)浙01民终5872号，列入最高人民法院公布的2021年6起侵害知识产权民事案件适用惩罚性赔偿典型案例〕。

9.【广东高院"欧普"案】(1)恶意是行为人的主观状态，是"明知"仍故意为之。同一地区同一行业的经营者明知他人注册商标所享有较高知名度和美誉度，但其仍故意模仿、使用多个与他人驰名商标近似的商标在同种商品上，主观恶意明显；明知他人驰名注册商标，仍在同一种商品上申请与之近似的商标，商标申请被驳回后仍然故意使用，攀附他人商誉的主观故意明显。(2)"情节严重"是指被控侵权人从事的侵犯商标专用权的行为从方式、范围、所造成的影响等方面均对权利人产生了较大损失和消极影响。大规模生产并且多渠道、多途径销售被诉侵权产品，侵权持续时间长、侵权产品种类多、销售数量巨大并不断扩大生产规模；侵权产品因生产质量不合格被行政处罚，而产品质量不合格极易引发安全事故，给注册商标权人的商业信誉带来负面评价，以上情节构成"情节严重"〔欧普照明股份有限公司与广州市华升塑料制品有限公司侵害商标权纠纷再审案，广东省高级人民法院民事判决书(2019)粤民再147号，列入最高人民法院公布的2021年6起侵害知识产权民事案件适用惩罚性赔偿典型案例〕。

10.【广州知产法院"ULTHERA"案】即使侵权行为人已执行了刑事罚

金,亦不能作为减免惩罚性赔偿的抗辩理由,仅能作为确定惩罚性赔偿倍数的考虑因素〔阿尔塞拉公司与广州市柯派实业有限责任公司侵害商标权纠纷上诉案,广州知识产权法院民事判决书(2020)粤73民终2442号〕。

11.【广州知产法院"太平鸟"案】(1)应当在查明权利人实际损失、侵权人获利或商标许可使用费的具体数额的前提下才能适用商标法第六十三条第一款的惩罚性赔偿条款;(2)法定赔偿并非单纯的补偿性赔偿,而是具有一定惩罚性因素的赔偿方式,故在酌定赔偿数额时可以考虑侵权行为是否具有适用惩罚性赔偿的条件〔宁波太平鸟时尚服饰股份有限公司与广州富贯达服饰有限公司侵害商标权纠纷上诉案,广州知识产权法院民事判决书(2017)粤73民终2097号〕。

12.【上海浦东法院"MOTR"案】侵权人曾与注册商标权人达成和解不再从事侵权活动,但嗣后采用与注册商标完全相同的标识再次侵权,生产经营规模大、产品销售渠道多、涉及地域范围广,侵权商品质量差而严重影响注册商标商誉的,应适用三倍的惩罚赔偿比例〔平衡身体公司与永康一恋运动器材有限公司侵害商标权纠纷案,上海市浦东新区人民法院民事判决书(2018)沪0115民初53351号,列入最高人民法院公布的2019年中国法院10大知识产权案件〕。

13.【重庆自贸试验区法院"adidas"案】惩罚性赔偿对违法行为的惩治和遏制功能与刑事罚金具有一定程度的同质性,是否适用惩罚性赔偿应考虑先期的刑事罚金是否已经达到惩罚性赔偿的遏制侵权功能;如果刑事罚金已经超过补偿性赔偿金的倍数,足以达到民事惩罚性赔偿的遏制侵权功能,则不宜再适用惩罚性赔偿〔阿迪达斯有限公司与李强、贺元杰侵害商标权纠纷案,重庆自贸试验区法院民事判决书(2019)渝0192民初787号,列入重庆法院2019年知识产权司法保护十大典型案例〕。

14.【河北高院"盖伦"案】在特许经营合同逾期后,未经许可继续使用特许经营的注册商标,且在权利人致函催告后仍不停止使用,反而扩大经营规模,属于恶意侵犯商标专用权情节严重的行为,应适用惩罚性赔偿〔北京盖伦教育发展有限公司与石家庄市新华区凯迪培训学校侵害商标权纠纷上诉案，河北省高级人民法院（2015）冀民三终字第62号，列入河北法院2015年度知识产权司法保护典型案例〕。

（七）法定赔偿

1.【最高院“和睦佳”案】医疗服务行业为消费者的生命、健康、安全提供服务保障，医疗服务提供者的混淆误认对消费者利益的损害一般更为严重，确定注册商标侵权或不正当竞争赔偿时应予以考虑〔和睦家医疗管理咨询（北京）有限公司与福州和睦佳妇产医院等侵害商标权及不正当竞争纠纷再审案，最高人民法院民事判决书（2018）最高法民再428号，列入人民法院充分发挥审判职能作用保护产权和企业家合法权益典型案例（第三批）〕。

2.【最高院“滨河九粮液”案】对于难以证明因侵权受损或侵权获利的具体数额，但有证据证明前述数额明显超过法定赔偿最高限额的，人民法院应当综合考虑被诉侵权行为的表现形式、被诉侵权商品的销售时间和销售范围、被诉侵权人的主观恶意，以及请求保护的注册商标的知名度、权利人为制止侵权行为支付的合理费用等因素，在法定赔偿最高限额以上酌情确定赔偿数额〔宜宾五粮液股份有限公司与甘肃滨河食品工业（集团）有限责任公司、北京谭氏瑞丰商贸有限公司侵害商标权纠纷再审案，最高人民法院民事判决书（2017）最高法民再234号〕①。

3.【北京高院“宝马”案】有证据表明侵权获利远远超出商标法规定的法定赔偿最高限额，考虑到侵权人属于组织化的大规模侵权，主观恶意明显，侵权时间长、范围广、获利巨大等因素，可根据案件具体情况运用裁量权酌定赔偿数额，全额支持权利人就损失赔偿的诉请〔宝马股份公司与广州世纪宝驰服饰实业有限公司、北京方拓商业管理有限公司、李淑芝侵害商标权及不正

① 类似案例参见路易威登马利蒂与林益仲等侵害商标权纠纷案，上海市第一中级人民法院民事判决书（2009）沪一中民五（知）初字第34号；北面服饰股份有限公司与梅朝辉、上海皓柏服饰有限公司等侵害商标权纠纷上诉案，上海市高级人民法院民事判决书（2010）沪高民三（知）终字第14号；广东欧珀移动通讯有限公司与深圳市星宝通电子科技有限公司等侵害商标权纠纷上诉案，广东省高级人民法院民事判决书（2012）粤高法民三终字第79号。

当竞争纠纷上诉案，北京市高级人民法院民事判决书(2012)高民终字第 918 号，列入最高人民法院 2013 年公布的八起知识产权司法保护典型案例〕①。

4.【广东高院"路虎"案】注册驰名商标侵权损害赔偿应考虑要求保护的驰名商标的知名度、被告攀附驰名商标声誉的主观恶意和情节、被告侵权行为性质和范围、被告囤积和不当使用商标的主观恶意以及被告产品质量问题等因素〔广州市奋力食品有限公司与捷豹路虎有限公司等侵害商标权纠纷上诉案，广东省高级人民法院民事判决书(2017)粤民终 633 号，列入最高人民法院公布的 2017 年中国法院 10 大知识产权案件〕。

5.【广州知产法院"红日 e 家"案】注册商标侵权诉讼程序中，被告的反悔行为既没有合理解释也没有足够证据证明，既违背民事诉讼的诚信原则，也是被告侵权恶意在诉讼中的延续和表现，法院不仅应予以禁止，而且应在确定赔偿数额时予以考虑〔广州市红日燃具有限公司与广东睿尚电器股份有限公司侵害商标权及不正当竞争纠纷案，广州知识产权法院民事判决书(2017)粤 73 民初 2239 号〕。

6.【江西高院"以纯"案】注册商标权人就侵权人因侵权所获利益推算缺乏依据，侵权人又拒绝提交经营数据，应综合考虑注册商标许可费、侵权行为方式、被控侵权商品销售价格、拒不提交经营数据等因素确定赔偿金额〔郭东林与周某侵害商标权纠纷上诉案，江西省高级人民法院民事判决书(2014)赣民三终字第 18 号〕。

7.【江苏高院"樱花"案】注册商标权人未举证证明因侵权行为遭受的损失或侵权人因侵权所获利益，应根据侵权行为的性质、过错程度、持续时间、注册商标的知名度及注册商标权人为制止侵权所支付的合理费用等因素酌情确定赔偿金额，该赔偿金额应与侵权人的侵权恶意程度相称〔苏州樱花科技发展有限公司与中山樱花集成厨卫有限公司等侵害商标权及不正当竞争纠纷上诉案，江苏省高级人民法院民事判决书(2015)苏知民终字第 179 号〕。

---

① 类似案例参见六福集团有限公司、深圳市六六福珠宝首饰有限公司与张元振侵害商标权及不正当竞争纠纷上诉案，广东省高级人民法院民事判决书(2019)粤民终 957 号。

8.【山东高院“NBA”案】法院依照商标法第六十三条规定在法定范围内确定侵权赔偿金额属于依法行使自由裁量权〔特易购商业有限公司与美商NBA产物股份有限公司侵害商标权纠纷上诉案,山东省高级人民法院民事判决书(2014)鲁民三终字第143号,列入2014年度山东法院知识产权审判十大案例〕。

9.【湖南高院“三一”案】双方当事人均未能证明侵权人因侵权所获得的利益及被侵权人所受到的损失,应综合考虑商标侵权行为与不正当竞争行为所造成的损失交叉重合、涉案商标和企业名称之知名度、侵权情节、侵权人的主观故意及权利人为维权所支出的合理费用等因素,在商标法规定的范围内确定赔偿金额〔三一重工股份有限公司与马鞍山市永合重工科技有限公司侵害商标权及不正当竞争纠纷上诉案,湖南省高级人民法院民事判决书(2012)湘高法民三终字第61号,列入2012年湖南法院知识产权司法保护十大案件〕。

10.【湖北高院“璜时得”案】知识产权刑事附带民事诉讼具有刑事打击与民事赔偿的双重司法保护功能。在审理知识产权刑事案件过程中一并解决民事赔偿问题,应根据罪刑相适应的刑法原则和依法酌定赔偿数额的知识产权法原则,分别确定被告人的刑事责任和民事责任,作为确定刑事责任依据的假冒产品的价值不应成为民事赔偿的标准〔熊四传假冒注册商标罪上诉案,湖北省高级人民法院刑事附带民事判决书(2011)鄂知刑终字第1号,载《人民法院报》2012年9月6日〕。

11.【银川中院“迪豆”案】侵权人因非法制造注册商标标识罪被及时判处有期徒刑并已执行,民事侵权行为已经得到有效的制止和制裁,注册商标权人的经济损失已控制在较低范围,侵权赔偿金额应在商标法(2001)第五十六条规定的限额内酌情予以确定〔福建泉州恒泉化妆品有限公司与周海涛等侵害商标权纠纷案,宁夏回族自治区银川市中级人民法院民事判决书(2008)银民知初字第2号〕。

12.【长沙天心区法院“古丈毛尖”案】证明商标注册人自身对证明商标没有直接的经济利益,不具有盈利性,故其侵权赔偿具有特殊性〔古丈茶业发展研究中心与湖南省华茗茶业有限公司、湖南平和堂实业有限公司侵害商标权纠纷案，湖南省长沙市天心区人民法院民事判决书（2008）天民初字第 2500 号，列入最高人民法院公布的 2009 年中国法院知识产权司法保护 50 件典型案例〕。

（八）为制止侵权行为所支付的合理开支

1.【上海高院“优衣库”案】已有另案生效判决责令相同侵权事实之侵权人承担注册商标权人相关维权的合理费用时，不应责令侵权人承担权利人因重复诉讼而支出之费用，因批量诉讼策略所产生的律师费、公证费、购买产品费用之诉讼成本均系重复支出〔广州市指南针会展服务有限公司等与优衣库商贸有限公司上海船厂路店侵害商标权纠纷上诉案，上海市高级人民法院民事判决书（2015）沪高民三（知）终字第 97 号，列入上海市 2016 年知识产权司法保护十大案件〕。

基于本案注册商标权利人诉讼目的之非正当性，从引导社会公众诚信诉讼、节约司法资源的角度出发，法院亦不应责令侵权人承担权利人因重复诉讼而支出之费用，以避免产生鼓励此种诉讼策略的司法效果。

2.【北京知产法院“滴滴打球”案】注册商标权人只提供律师费发票，未提供相应的委托协议相佐证，亦无充分证据证明律师费系仅为本案所支出，应根据相关性、合理性、必要性的原则，结合本案的难易程度、律师出庭情况等因素酌情确定“为制止侵权行为所支付的合理开支”〔北京小桔科技有限公司等与北京滴滴打球管家科技发展有限公司侵害商标权及不正当竞争纠纷案，北京知识产权法院民事判决书（2017）京 73 民初 1208 号〕。

3.【苏州中院“福力思通”案】侵犯注册商标的行为人同时恶意申请注册商标，注册商标权人为维权而进行商标授权确权的行政程序，有关调查费、公证费、律师费、翻译费、检索费等费用属于其“为制止侵权行为所支付的合理开支”〔株式会社普利司通与梁山水浒轮胎有限公司、武进区湖塘丰民汽摩配件总汇侵害商标权纠纷案，江苏省苏州市中级人民法院民事判决书（2018）苏 05 民初 572 号，列入 2019 年江苏法院知识产权司法保护十大典型案例〕。

编者说明

(一)“实际损失”是赔偿计算的基础

本条规定侵犯注册商标专用权的赔偿责任。侵犯注册商标专用权应当承担赔偿责任,但以注册商标专用权人因侵权而遭受实际损失和侵权行为人存在过错为前提条件。如果涉案注册商标并未实际使用,则注册商标专用权人不可能因侵权而遭受“实际损失”(除了为应对侵权的合理维权开支),依照商标法第六十四条第一款的规定,侵权行为人不需要承担侵权赔偿责任。如果侵权行为人没有过错,则类推第六十四条第二款也不需要承担赔偿责任。就此,详见商标法第六十四条注释。

但是,注册商标专用权人很难证明自己遭受的损失是“因为”注册商标专用权的侵权行为。【最高院“卡斯特”案】指出,赔偿数额应当与侵权行为之间具有直接的因果关系。《最高人民法院关于审理商标民事纠纷案件适用法律若干问题的解释》第十五条规定,“因被侵权所受到的损失”,可以“根据权利人因侵权所造成商品销售减少量或者侵权商品销售量与该注册商标商品的单位利润乘积计算”。但是,市场竞争异常复杂。注册商标专用权所遭受的损失可能源自同种商品的市场竞争压力、技术革新产生替代性的新产品,甚至根源大众消费偏好的转变、案外第三方侵犯注册商标专用权。故而,“因被侵权所受到的损失”在法律上很难确定,很多时候只在理论上存在。

为保护注册商标专用权,遏制注册商标侵权行为,有两种途径弥补按照“实际损失”计算损失赔偿的操作困局。第一种途径,放宽相当因果关系的法律要求,采用替代方式计算实际损失。这就是本条第一款所采取的方式。然而,这些替代实际损失的赔偿额计算方式对注册商标专用权人并不必然有利。比如,侵权行为人“因侵权所得利益”时常也难以证明。“商标许可使用费”可能并不存在而无法参照。如果原告从来没有把注册商标许可给他人使用,抑或原告只独占许可给第三人使用,则没有能够与被告侵权行为存在可比性的许可方案和计费方式。

第二种途径,降低权利人举证责任,加重侵权行为人举证责任。2004 年 11 月 11 日,时任最高人民法院副院长曹建明在全国法院知识产权审判工作座谈会上的讲话《加大知识产权司法保护力度,依法规范市场竞争秩序》指出:“原告主张以自己受损作为计赔依据,被告以损失系由市场因素、管理不善等原因造成的,由被告承担相应的举证责任。”《最高人民法院关于当前经济形势下知识产权审判服务大局若干问题的意见》(法发〔2009〕23 号)又指出:“在确定损害赔偿时要善用证据规则,全面、客观地审核计算赔偿数额的证据,充分运用逻辑推理和日常生活经验,对有关证据的真实性、合法性和证明力进行综合审查判断,采取优势证据标准认定损害赔偿事实。"本条第二款规定举证妨碍的法律责任就是体现上述司法精神,主要适用于计算"因侵权所得利益"。

(二)"实际损失"的替代计算方式

"实际损失难以确定的",可以按照侵权人因侵权所获得的利益确定,这说明"因侵权所得利益"只是实际损失的替代计算方式,并未改变注册商标专用权侵权损失赔偿的法律本质。【上海一中院"LV"案】就曾指出,无论采用何种计算损失的方法,均应考虑全面赔偿原则以补偿性质为主,参酌原告可能遭受的实际损失来确定合理的赔偿数额。当然,因侵犯注册商标专用权所得利益在法律上属于不当得利,注册商标专用权人可以不提起侵权之诉而提起返还不当得利之诉。但是,关键的问题是,难以证明"侵权人因侵权所获得的利益",因为注册商标专用权的侵权人所得利益可能来自商品本身的品质性能、价格优势或者其他市场竞争因素。客观上,很难将因侵犯注册商标专用权所得利益与因其他市场竞争因素所获利益区别开来。为遏制注册商标专用权的侵权行为,《最高人民法院关于审理商标民事纠纷案件适用法律若干问题的解释》第十四条规定"因侵权所获得的利益,可以根据侵权商品销售量与该商品单位利润乘积计算;该商品单位利润无法查明的,按照注册商标商品的单位利润计算"。

然而,适用本条司法解释依赖被告提供财务信息。实践中,被告拒绝提供账簿或者根本没有符合规范的财务记录。为解决这一举证问题,商标法第六十三条第二款规定"侵权人不提供或者提供虚假的账簿、资料的,人民法院可以参考权利人的主张和提供的证据判定赔偿数额",以此确定"因侵权所得利益"。

《最高人民法院关于审理商标民事纠纷案件适用法律若干问题的解释》第十四条不应绝对化。本条规定明文"可以"而非"应当"根据侵权商品销售量与该商品单位利润乘积计算"因侵权所得利益"。【最高院"采蝶轩"案】指出,侵权人的销售收入与其生产经营规模、广告宣传、商品质量等是密切相关的,不仅仅来源对涉案商标的使用及其知名度,不应根据其销售收入与销售利润率的乘积计算侵权获利。

特别地,本条司法解释不应适用于"反向混淆"——被告客观上未曾攀附原告注册商标的声誉,也没有这样的主观意图。被告销售被控侵权商品所得收益来自自己的商品品质和宣传推广等。比如,"百事可乐"是当之无愧的驰名商标,使用"蓝色风暴"作为宣传语推销可乐,却不料遭到"蓝色风暴"注册商标权利人起诉。浙江省高级人民法院审理本案后认为,构成反向混淆。就损害赔偿金额,浙江省高级人民法院认为,"根据百事可乐公司提供的'蓝色风暴'宣传计划、实施方案、促销宣传投入的资金、有关促销活动取得的成功报道、百事可乐作为世界上最成功的消费品牌之一的市场声誉等证据，可以认定百事可乐公司生产、销售'蓝色风暴'产品，确实带来了巨大的利润。综合考虑百事可乐公司的市场声誉、营销能力、生产销售时间、销售范围、2005年企业整体利润及蓝野酒业公司注册、使用商标及维权费用等因素，确定百事可乐公司应赔偿蓝野酒业公司的经济损失为人民币300万元"。① 这种观点抵触法理，同时与后来【最高院"采蝶轩"案】的意见相左。本案之中，一方面，原告"蓝色风暴"的注册商标人反而可能因为消费者混淆而搭上被告商誉的便车，并从中获得经济利益。另一方面，被告销售带"蓝色风暴"的百事可乐的确赢得巨额利润，但这样的所得利益并不能算是"因侵权所获得利益"。与其说它们得益于使用"蓝色风暴"，还不如说是得益于百事可乐自身的声誉和积极的营销活动。反向混淆的案件中，被告只应该赔偿原告"在被侵权期间因被侵权所受到的损失"。反向混淆之所以违法侵权，是因为原告寄予通过其注册商标谋求市场声誉，拓展企业发展空间，良好企业品牌价值的塑造将受到被诉商标使用行为的抑制。所以，在侵权结束之后，原告为消除侵权不良影响而将要付出的额外广告宣传费用，才应该是因侵权而所受到的损失。实际上，我国法院早已将权利人为消除不良影响的广告费用作为其因侵权所受的实际损失。典型的例如【广州知产法院"红日 e 家"案】和【佛山中院"威极"案】。由于这种损失远没有达到难以确定的程度，所以也就不应采用侵权人因侵权所得利益的替代计算方式。

如果"因侵权所得利益"也难以计算，本条规定"参照该商标许可使用费的倍数合理确定"，作为一种替代方式计算注册商标专用权人的实际损失。由于商标许可费的"合理倍数"没有客观可确定的标准，这一项规定难以适用。法院援引本项规定适用时，实际上是把商标许可使用费作为重要的参考因素，结合侵权行为的性质、期间、后果、涉案商标的声誉等因素酌定损害赔偿额。② 如果商标许可费是合同价款的组成部分，还需要从合同总价款中剥离其他费用。【广东高院"吉尼斯"案】指出，注册商标权人与第三方签订的合同包括商标许可费，可根据合同内容从合同总价款中扣减不相关费用后，酌情认定商标许可费。总体上，这

---

① 参见浙江蓝野酒业有限公司与百事（中国）有限公司等侵害商标权纠纷上诉案，浙江省高级人民法院民事判决书(2007)浙民三终字第74号。

② 参见杭州上岛咖啡食品有限公司与巢湖市上岛咖啡向阳路店侵害商标权纠纷案，安徽省合肥高新技术产业开发区人民法院民事判决书(2015)合高新民三初字第00302号，列入2015年安徽法院知识产权司法保护典型案例。

使得本项规定类似于下文即将讨论的"法定赔偿"，不同之处仅在于不受法定赔偿额上限500万元的限制。

这并不是说"商标许可费"对于确定赔偿责任没有帮助。假设注册商标权人愿意许可被告使用其注册商标，被告未经许可而使用注册商标则导致注册商标权人因侵权行为而损失许可费收入。为此，"合理的商标许可使用费"本可以作为一种替代方式，确定注册商标专用权人遭受的"实际损失"。确定"合理的商标许可使用费"理论上必须假设注册商标权人和侵权行为人均愿意谈判达成注册商标许可协议。如果注册商标权人已经从事商标许可，被许可人市场地位和其他情况与侵权行为人类似，则可以参考这种商标许可使用费；否则，法院难以确定"合理的商标许可使用费的倍数"。

（三）法定赔偿

倘若实际损失难以计算，替代方式"因侵权所得利益"和"商标许可使用费合理倍数"也难以适用，则依照本条第三款，法院可依职权或依当事人请求采取"法定赔偿"，即"法院根据侵权行为的情节判决给予五百万元以下的赔偿"。

法定赔偿的上限只是一个经验值，粗略地限制法院裁量权。《最高人民法院关于全国部分法院知识产权审判工作座谈会纪要》（法〔1998〕65号）曾指明这一点，"对于已查明被告构成侵权并造成原告损害，但原告损失额与被告获利额等均不能确认的案件，可以采用定额赔偿的办法来确定损害赔偿额。定额赔偿的幅度，可掌握在5000元至30万元之间，具体数额，由人民法院根据被侵害的知识产权的类型、评估价值、侵权持续的时间、权利人因侵权所受到的商誉损害等因素在定额赔偿幅度内确定"。

这一纪要曾被法院直接引用裁判赔偿额。① 2001年商标法修正，正式引入法定赔偿，上限设为50万元；2013年商标法再次修正，应社会经济现实，法定赔偿额上限改为300万元；2019年商标法又修正时，法定赔偿额上限改为500万元。然而，法定赔偿的上限并不能真正限制司法裁量权。2007年1月18日，时任最高人民法院副院长曹建明在全国法院知识产权审判工作座谈会上的讲话《全面加强知识产权审判工作，为建设创新型国家和构建和谐社会提供强有力的司法保障》指出："对于难以证明侵权受损或侵权获利的具体数额，但有证据证明前述数额明显超过法定赔偿最高限额的，不适用法定赔偿额的计算方法，应当综

① 参见黄珂与王启民等著作权纠纷案，海南省海口市中级人民法院民事判决书(2001)海中法民初字第72号。

合全案的证据情况,在50万元以上合理确定赔偿额。在依据法定赔偿方法确定赔偿责任或依据其他方法确定赔偿责任需要酌定具体计算因素时,可以考虑当事人的主观过错大小确定相应的赔偿责任。"

在司法实践中,法院不时根据证据充分程度而突破法定赔偿额的上限。【最高院"滨河九粮液"案】指出,如果难以证明因侵权受损或侵权获利的具体数额,但有证据表明前述数额明显超过法定赔偿最高限额的,人民法院应当综合考虑侵权行为的表现形式、侵权商品的销售时间和销售范围、侵权人的主观恶意,以及请求保护的注册商标的知名度、权利人为制止侵权行为支付的合理费用等因素,在法定赔偿最高限额以上酌情确定赔偿数额。类似案件还可以参见【北京高院"宝马"案】等。①

"法定赔偿"其实更确切地应称之为"司法酌定赔偿"。【山东高院"NBA"案】指出,法院依照商标法第六十三条规定在法定范围内确定侵权赔偿金额,属于依法行使自由裁量权。法定赔偿上限额越高,法院自由裁量权就越大。《最高人民法院关于审理商标民事纠纷案件适用法律若干问题的解释》第十六条规定,法院适用"法定赔偿"时,"应当考虑侵权行为的性质、期间、后果,商标的声誉,商标使用许可费的数额,商标使用许可的种类、时间、范围及制止侵权行为的合理开支等因素综合确定"。但是,大部分注册商标侵权案件我国法院都适用"法定赔偿",常常只是罗列计算损失赔偿额的考虑因素,并不结合案情进行论证。②更何况,多因素计算损失赔偿额固有的不确定性,法院适用法定赔偿的自由裁量权颇大。

---

① 参见王建平、广州市美馨化妆品有限公司等与欧莱雅(中国)有限公司、广州友谊集团股份有限公司侵害商标权纠纷上诉案,广州知识产权法院民事判决书(2015)粤知法商民终字第357号。

② 参见天津塘沽瓦特斯阀门有限公司与天津塘沽瓦特斯沃茨阀门销售有限公司等侵害商标权及不正当竞争纠纷案,天津市滨海新区人民法院民事判决书(2014)滨民初字第1503号,列入天津高院2015年度知识产权司法保护十大典型案例;秦皇岛兰德机械设备有限公司与秦皇岛兰德热能设备有限公司侵害企业名称(商号)权纠纷上诉案,河北省高级人民法院民事判决书(2015)冀民三终字第29号,列入河北法院2015年度知识产权司法保护典型案例;安吉县农业局茶叶站与芜湖麒麟茶叶有限公司侵害商标权纠纷案,安徽省芜湖经济技术开发区人民法院民事判决书(2015)芜经开民三初字第44号,列入2015年安徽法院知识产权司法保护典型案例;都江堰如家商务客栈与和美酒店管理(上海)有限公司侵害商标权及不正当竞争纠纷上诉案,四川省高级人民法院民事判决书(2016)川民终344号,列入2016年度四川省知识产权保护十大典型案例。

最高人民法院一直希望减少适用"法定赔偿",不希望损失赔偿额与侵权行为之间丧失因果关系,出现同类案件各级各地法院裁判尺度悬殊的失控局面。2004 年 11 月 11 日,时任最高人民法院副院长曹建明在全国法院知识产权审判工作座谈会上的讲话《加大知识产权司法保护力度,依法规范市场竞争秩序》指出:"凡是能够证明(包括通过证据能够合理推定)权利人实际损失或者侵权人实际获利的场合,就要避免简单地适用法定赔偿的办法。"2005 年 11 月 21 日,他在全国法院知识产权审判工作座谈会上的讲话《加强知识产权司法保护、优化创新环境、构建和谐社会》又指出:"适用法定赔偿办法时应当按照每一侵权行为分别酌定赔偿额,但应注意最终确定的赔偿额不应超过侵权人因侵权可能获得的利益。适用法定赔偿方法时,要特别注意参考类似案例,确定公平合理的赔偿额,避免类似案件判赔结果相差悬殊。"

在 2007 年 1 月 18 日,他在全国法院知识产权审判工作座谈会上的讲话《全面加强知识产权审判工作,为建设创新型国家和构建和谐社会提供强有力的司法保障》中再次强调,"要用好损害赔偿确定规则,尽量避免简单地适用法定赔偿方法"。2009 年,最高人民法院颁行《关于当前经济形势下知识产权审判服务大局若干问题的意见》又特别提出,"积极引导当事人选用侵权受损或者侵权获利方法计算赔偿,尽可能避免简单适用法定赔偿方法……除法律另有规定外,在适用法定赔偿时,合理的维权成本应另行计赔。适用法定赔偿时要尽可能细化和具体说明各种实际考虑的酌定因素,使最终得出的赔偿结果合理可信"。

最高人民法院持续努力防范法定赔偿泛化、简单化。2010 年 4 月 28 日,最高人民法院主管副院长在全国法院知识产权审判工作座谈会上的讲话《能动司法,服务大局,努力实现知识产权审判工作新发展》郑重提出,"进一步完善法定赔偿方法的适用,防止法定赔偿的泛化、简单化和随意化。只有在缺乏基本的可靠数据支持,确实难以合理确定权利人损失和侵权人获利,也没有合理的许可使用费可以参照计算时,才应考虑适用法定赔偿"。

地方法院也为此努力。有些省市的高级人民法院还专门出台法定赔偿的适用指南。比如,《上海市高级人民法院关于知识产权侵权纠纷中适用法定赔偿方法确定赔偿数额的若干问题的意见(试行)》(沪高法〔2010〕267 号,20100820)和《安徽省高级人民法院关于审理商标、专利、著作权侵权纠纷案件适用法定赔偿的指导意见》(20050613)。

(四)制止侵权行为所支付的合理开支

制止侵权行为所支付的合理开支属于注册商标专用权人因侵权而遭受的实

际损失。但是,原告为制止侵权行为所付出的费用并非都属于"合理开支"。根据《最高人民法院关于审理商标民事纠纷案件适用法律若干问题的解释》第十七条规定,合理支出"包括权利人或者委托代理人对侵权行为进行调查、取证的合理费用","符合国家有关部门规定的律师费"。然而,《国家发展改革委关于放开部分服务价格意见的通知》(发改价格〔2014〕2755号)放开绝大部分律师收费,包括注册商标侵权案件的律师收费。法院会多大程度上支持律师费作为合理开支,并不明朗。

"合理开支"计入损失赔偿具有三方面的制度功能。第一,充分救济权利人。这基本无异议。第二,促使被告配合权利人行使权利。如果被告不配合知识产权人行使权利而致使原告维权成本增加,被告应当为自己的过错行为承担损失赔偿责任。第三,引导权利人合理投资知识产权侵权诉讼。通常,注册商标专用权人发动诉讼,投资越大,请求损失赔偿的额度相应越高。维权投入越多,发掘的证据相应也就越多,越可能证明损失赔偿请求额度。但是,维权开支超过"合理"限度,证据发掘成本攀升,维权投入的边际收益必然递减。质言之,过度投入证据挖掘只会无谓地增加纠纷解决成本。为此,法院应该抑制不必要的维权投入。实际上,早在2005年11月21日,时任最高人民法院副院长曹建明在全国法院知识产权审判工作座谈会上的讲话《加强知识产权司法保护、优化创新环境、构建和谐社会》中指出,"对于被侵权人为制止侵权所支付的合理开支,要考虑其必要性,同时综合考虑全部诉讼请求的支持程度、请求赔偿额和实际判赔额的比例等合理计算"。

为规范诚实信用诉讼行为,法院还通过限制"合理开支"打击各种诉讼策略。【上海高院"优衣库"案】就指出,注册商标权人基于基本相同的事实起诉数个行为人侵犯同一注册商标,已有另案生效判决责令该案侵权人承担该注册商标权人相关维权的合理费用时,不应责令每个侵权人都承担其维权的合理费用,因为此种批量诉讼策略所产生的律师费、公证费、购买产品费用均系重复支出。本案法院还指出,基于本案注册商标权利人诉讼目的之非正当性,从引导社会公众诚信诉讼、节约司法资源的角度出发,法院亦不应责令侵权人承担权利人因重复诉讼而支出之费用,以避免产生鼓励此种诉讼策略的司法效果。

(五)诉讼时效与商标侵权损失赔偿的限制

知识产权权利人不应躺在权利上睡觉,不及时行使权利,导致行为人错误信赖其不行使权利而继续进行特异性投资(specific investment),扩大经营。一旦被判侵权,该行为人须停止侵害,就会导致不必要的社会浪费,也不利于形成稳定的法律秩序。为督促知识产权人及时行使权利，我国法律限制知识产权人可以获得的损失赔偿额。《最高人民法院关于审理商标民事纠纷案件适用法律若干问题的解释》第十八条规定："侵犯注册商标专用权的诉讼时效为三年，自商标注册人或者利害权利人知道或者应当知道侵权行为之日起计算。商标注册人或者利害关系人超过三年起诉的，如果侵权行为在起诉时仍在持续，在该注册商标专用权有效期限内，人民法院应当判决被告停止侵权行为，侵权损害赔偿数额应当自权利人向人民法院起诉之日起向前推算三年计算。"

为此，如果经过诉讼时效而侵犯注册商标专用权的行为已经停止，则法院应当驳回知识产权权利人（包括注册商标专用权人）的全部诉讼请求。如果侵犯知识产权的行为在起诉时仍然持续，则损害赔偿限于起诉之日向前推算三年。对于这段时期之前的侵权损失，注册商标专用权人丧失赔偿请求权，不仅不得依照知识产权侵权之诉请求赔偿，也不得依照返还不当得利之诉取得。①

① 参见戴敦邦与沈阳飞龙保健品有限公司侵害著作权纠纷上诉案，上海市高级人民法院民事判决书（1999）沪高知终字第38号。

第六十四条 【注册商标侵权人不承担赔偿责任的情形】注册商标专用权人请求赔偿,被控侵权人以注册商标专用权人未使用注册商标提出抗辩的,人民法院可以要求注册商标专用权人提供此前三年内实际使用该注册商标的证据。注册商标专用权人不能证明此前三年内实际使用过该注册商标,也不能证明因侵权行为受到其他损失的,被控侵权人不承担赔偿责任。

销售不知道是侵犯注册商标专用权的商品,能证明该商品是自己合法取得并说明提供者的,不承担赔偿责任。

【行政法规】

《中华人民共和国商标法实施条例》(20140501)

第七十九条 下列情形属于商标法第六十条规定的能证明该商品是自己合法取得的情形:

(一)有供货单位合法签章的供货清单和货款收据且经查证属实或者供货单位认可的;

(二)有供销双方签订的进货合同且经查证已真实履行的;

(三)有合法进货发票且发票记载事项与涉案商品对应的;

(四)其他能够证明合法取得涉案商品的情形。

第八十条 销售不知道是侵犯注册商标专用权的商品,能证明该商品是自己合法取得并说明提供者的,由工商行政管理部门责令停止销售,并将案件情况通报侵权商品提供者所在地工商行政管理部门。

【司法解释】

《最高人民法院关于知识产权民事诉讼证据的若干规定》(法释〔2020〕12号,20201118)

第四条 被告依法主张合法来源抗辩的,应当举证证明合法取得被诉侵权产品、复制品的事实,包括合法的购货渠道、合理的价格和直接的供货方等。

被告提供的被诉侵权产品、复制品来源证据与其合理注意义务程度相当的，可以认定其完成前款所称举证，并推定其不知道被诉侵权产品、复制品侵害知识产权。被告的经营规模、专业程度、市场交易习惯等，可以作为确定其合理注意义务的证据。

【司法文件】

《最高人民法院关于当前经济形势下知识产权审判服务大局若干问题的意见》（法发〔2009〕23号，20090421）

7. 妥善处理注册商标实际使用与民事责任承担的关系，使民事责任的承担有利于鼓励商标使用，激活商标资源，防止利用注册商标不正当地投机取巧。请求保护的注册商标未实际投入商业使用的，确定民事责任时可将责令停止侵权行为作为主要方式，在确定赔偿责任时可以酌情考虑未实际使用的事实，除为维权而支出的合理费用外，如果确无实际损失和其他损害，一般不根据被控侵权人的获利确定赔偿；注册人或者受让人并无实际使用意图，仅将注册商标作为索赔工具的，可以不予赔偿；注册商标已构成商标法规定的连续三年停止使用情形的，可以不支持其损害赔偿请求。

【地方法院规范】

1.《北京市高级人民法院知识产权民事诉讼证据规则指引》（20210422）

第一部分　总　则

1.32 被告依据知识产权部门法的相关规定主张侵权产品或侵权复制品具有合法来源的，应对其合法获取侵权产品或侵权复制品的事实承担举证责任。

证明合法来源的证据应结合被告的经营规模、购买途径、支付对价、举证能力、相关交易习惯及主观注意义务等因素综合审查。

被告能够提供证据证明侵权产品或侵权复制品具有合法来源的，推定其在主观上无过错，但有证据证明被告知道或应当知道侵权事实的除外。

已查明侵权产品或侵权复制品制造者的，提出合法来源抗辩的被告仍应提供其合法获取侵权产品或侵权复制品的证据。

2.《北京市高级人民法院关于当前知识产权审判中需要注意的若干法律问题》(2018)

二、商标案件

2. 侵害商标权案件中的具体问题

……商标法第六十四条第一款规定的“未使用抗辩”应以被控侵权人提出主张为适用前提,被控侵权人未依据该款规定提出抗辩的,不宜主动释明或者主动要求注册商标专用权人提供商标使用的证据。

3.《江苏省高级人民法院侵害商标权民事纠纷案件审理指南(修订版)》(20201229)

第六部分 侵害商标权的抗辩事由

6.3 销售商的合法来源抗辩

在侵害商标权纠纷案件的审理中,作为被告的销售商对于侵权商品的制造者身份负有披露义务,在被控侵权人是制造商还是销售商身份不明时,其拒不提供商品来源信息的,可以认定其为制造商,由其承担制造商的法律责任。

销售商通常会主张合法来源抗辩,并提供商品来源信息。根据《中华人民共和国商标法》第六十四条第二款的规定,如果销售商提出的合法来源抗辩成立,其销售行为虽然仍构成侵害商标权,但不需要承担赔偿责任。

1.“侵权商品”证明责任的承担

根据“谁主张谁举证”的民事证据规则,商标权人主张他人销售了侵权商品,理应由其对被告销售的商品系“侵权商品”负举证责任,但相应的证明标准不宜设定太高,即商标权人只需对侵权商品与正品之间的区别作出合理说明即可,此时应当由被告证明该商品并非侵权商品。如果被告提供的相反证据能够初步证明其销售的商品并非侵权商品而是正品时,则商标权人应当对被控侵权商品的真伪进一步举证证明,如果商标权人无法进一步举证证明,则应当由其承担举证不能的法律后果。

2. 销售商“不知道是侵权商品”的认定

销售商主张合法来源抗辩时,需要证明:

(1)商品是由正规、合法渠道取得,并披露商品的提供者。包括合法的购货渠道、合理的价格和直接的供货方等。

具体需要提供的证据应视个案情况而定,一般需要提供供货合同、相应的商业发票等。如果销售商仅能提供记账凭证、收款收据,可以要求销售商补充提供送货单、入库进货单、付款凭证等相关凭证加以印证;如果供货商认可被控侵权商品由其实际销售给销售商,可以视个案情况降低对销售商的举证要求。

(2)其确实不知道自己销售的是侵害他人商标权的商品。对销售商"不知道是侵权商品"的认定,应当由销售商对其尽到合理审查注意义务承担举证责任。被告的经营规模、专业程度、市场交易习惯等,可以作为确定其合理审查注意义务的证据。销售商提供的被控侵权商品来源证据与其合理审查注意义务程度相当的,可以认定其不知道被控侵权商品侵害他人商标权。具体审查销售商的举证义务是否到位,可以综合考虑以下因素:

①商标的知名度。商标知名度越高的商品,在市场上影响力的范围及程度就越大,销售商对该商标及商品的了解也越多,其审查注意义务相应越高。

②销售商的认知能力。认知能力主要取决于销售商经营规模的大小、专业程度的高低、从业时间的长短等。司法实践中,对认知能力的判断一般以正常人施以谨慎的注意力为标准,而不以具体个体判断能力的强弱进行确定。一般情况下,大型的超市、商场、购物中心、百货商店等的认知能力高于中小型销售商;专业经销特定种类商品的销售商的认知能力高于经营各种类型商品的销售商;长期从事某行业的销售商的认知能力高于经营时间较短的销售商。对于认知能力强的销售商,应当赋予其更高的审查注意义务。

③商品的进货价格和进货渠道。商品的进货价格明显低于同类商品的正常市场价格,则销售商应当负有更高的审查注意义务,其应当对供货商的相关资质进行审查,包括供货商的生产经营执照、是否有商标注册证书或经授权的合法经销资质等。如果商品系从非正规市场或者从小商、小摊贩处购得,则从侧面可以推定销售商应当知道该商品难以保证为正品。

④商品本身的属性及外部反映的信息。一是根据商品本身的属性,区分普通商品与特殊商品。如医药保健品等商品,因涉及人身健康和生命安全,销售商应当负有更为严格的注意义务。二是根据商品外部反映的信息,确认该商品是否属于"三无产品"。"三无产品"一般是指无生产日期、无质量合格证以及无生产厂家,来路不明的产品。对于"三无产品",销售商更需严格审查,否则其合法来源抗辩很难成立。

⑤不存在其他例外因素。在销售商举证证明其尽到合理审查注意义务的同时,商标权人可以通过相应证据,推定销售商明知其销售的是侵权商品。

实践中,主要存在以下几种情形:一是销售商收到过商标权人的侵权警告函后仍继续销售的。需要说明的是,对警告函具体内容的要求应当不同于专利侵权诉讼中专利权人发送的警告函,商标权人在警告函中只需说明其拥有合法有效的商标权的具体情况,并附上注册商标证书,简单指明销售商销售的被控侵权商品的商标及名称即可。二是销售商曾因销售相同商品被法院或行政机关予以处理的。三是销售商先后或同时经销正品和侵权商品,且正品与侵权商品在价格等方面差异较大。

4.《天津市高级人民法院侵犯商标权纠纷案件审理指南》(津高法〔2016〕3号,20160112)

七、抗辩事由

(二)侵权不赔偿抗辩

1. 注册商标未使用抗辩

注册商标专用权人请求赔偿,被诉侵权人以注册商标专用权人未使用注册商标提出抗辩的,人民法院可以要求注册商标专用权人提供此前三年内实际使用该注册商标的证据。注册商标专用权人不能证明此前三年内实际使用过该注册商标,也不能证明因侵权行为受到其他损失的,被诉侵权人不承担赔偿责任。

2. 合法来源抗辩

销售不知道是侵犯注册商标专用权的商品,能证明该商品是自己合法取得并说明提供者的,不承担赔偿责任。

销售商合法来源抗辩的构成条件:

(1)认定是否知道自己销售的商品为侵犯注册商标专用权的商品,可以考虑以下因素:

①注册商标的知名度;

②销售商的经营规模;

③销售商品的进货和销售价格。

(2)认定是否合法取得,可以考虑以下因素:

①有供销双方签订的进货合同且经查证已真实履行的;

②有合法进货发票且发票记载事项与涉案商品对应的;

③有供货单位合法签章的供货清单和货款收据且经查证属实或供货单位认可的;

④以合理的对价取得商品；

⑤其他能够证明合法取得涉案商品的情形。

(3)说明提供者

销售商应当说明提供者的姓名或企业名称、地址、联系方式等能够查实的信息。

5.《浙江省高级人民法院民事审判第三庭知识产权损害赔偿审理指南》(浙高法民三〔2017〕4号,20171225)

第二十三条 侵权人依据专利法第七十条、著作权法第五十三条或商标法第六十四条第二款所主张的合法来源抗辩成立的,一般不对包括合理开支在内的损失承担赔偿责任。

【法院参考案例】

(一)注册商标未实际使用抗辩

1.【最高院"米其林动漫人"图形商标案】注册商标权人截取图形商标的部分使用在核定商品上,没有改变注册商标的显著特征,构成在被控侵权行为发生前三年的实际使用〔金华市金东区国瑞汽保工具商行与米其林集团总公司侵害商标权纠纷再审申请案,最高人民法院民事裁定书(2019)最高法民申1038号〕。

2.【最高院"瑞蜜可"案】在他人商标核准注册后不到两个月,侵权人就未经许可使用被诉侵权标识而取得侵权获利,应综合考虑侵权行为情节、为制止侵权行为所支付合理费用等因素的基础上,确定赔偿金额;在这种情况下,尽管注册商标权人尚未实际使用注册商标,也不应适用商标法第六十四条第一款〔杭州瑞蜜可投资管理有限公司等与北京锦鑫悦融餐饮管理有限公司侵害商标权纠纷再审申请案,最高人民法院民事裁定书(2017)最高法民申2469号〕。

3.【最高院"红河"案】对于不能证明已实际使用的注册商标而言,确定侵权赔偿责任要考虑该商标未使用的实际情况；注册商标权人没有提交证据证明其注册商标有实际使用行为，也没有举证证明其因侵权行为受到的实际损失，但为制止侵权行为客观上会有一定的损失，仅应就此获得赔偿〔云南城投置业股份有限公司与山东泰和世纪投资有限公司等侵害商标权纠纷再审案，最高人民法院民事判决书(2008)民提字第52号〕①。

4.【上海高院"优衣库"案】侵权损害赔偿救济主要是为了弥补业已发生的侵权行为对权利人所造成的经济损失。注册商标权利人未实际使用注册商标，侵权行为未产生侵占其商品市场份额的损害后果，因此并不存在因侵权行为所产生的实际经济损失，不应支持注册商标权人损害赔偿的诉请〔广州市指南针会展服务有限公司等与优衣库商贸有限公司上海船厂路店侵害商标权纠纷上诉案，上海市高级人民法院民事判决书(2015)沪高民三(知)终字第97号，列入2016年度上海法院十大知识产权案件〕。

5.【广东高院"五谷丰登"案】注册商标在被诉侵权行为发生前无实际使用，即便核准注册后不满三年，侵权行为人也不应承担赔偿责任〔珠海格力电器股份有限公司与广东美的制冷设备有限公司、珠海市泰锋电业有限公司侵害商标权纠纷上诉案，广东省高级人民法院民事判决书(2015)粤高法民三终字第145号，列入最高人民法院公布的2015年中国法院50件典型知识产权案例〕。

(1)从保护商标的正当性的道德基础出发，商标经过经营者长期使用和持续投入，成为该经营者商誉的载体，对这种劳动成果值得法律保护。如果注册商标未在商业活动中使用，消费者便无从将该商标与注册人及其商品(服务)的特定质量相联系，混淆、误认也就无从产生。

(2)未使用的注册商标因为没有使用，也就没有区分商品来源的功能，被诉商标权侵害行为不会造成消费者实际混淆，也不会给商标权人造成损

① 类似案例参见王美燕与浙江杭州市新华书店有限公司、广东中凯文化发展有限公司侵害商标权纠纷上诉案，浙江省高级人民法院民事判决书(2009)浙知终字第98号；拉芳家化股份有限公司与潍坊雨洁消毒用品有限公司侵害商标权及不正当竞争纠纷案，山东省潍坊市中级人民法院民事判决书(2014)潍知初字第341号。

失;未使用的注册商标也不是商誉的载体,侵害人无从借用其商誉推销自己的产品,无从通过侵害行为获得利益,所以未使用的注册商标的商标权人没有因侵害行为受到损害,其侵权损害赔偿请求权也就不成立。

(3)在商标权人拥有注册商标而且该注册商标未被撤销或者被宣告无效的情形下,就应当拥有该商标完整的权利,商标权人享有在核定使用的商品上使用核准注册的商标的专有使用权和在相同或类似商品上禁止他人使用相同或近似商标的排斥权,即使商标权人未实际使用其注册商标,但他人的使用行为会妨碍商标权人对其商标权的行使,妨碍商标权人拓展市场的空间。因此,商标权人有权依照法律的规定制止他人的侵权行为,由此所支付的合理开支可以作为因侵害行为所受的损失,商标权人有权请求侵害人予以赔偿,即商标权人享有以"合理开支"为内容的损害赔偿请求权。

(4)根据《最高人民法院关于当前经济形势下知识产权审判服务大局若干问题的意见》,请求保护的注册商标未实际投入商业使用的,确定民事责任时可将责令停止侵权行为作为主要方式,在确定赔偿责任时可以酌情考虑未实际使用的事实,除为维权而支出的合理费用外,如果确无实际损失和其他损害,一般不根据被控侵权人的获利确定赔偿;注册人或者受让人并无实际使用意图,仅将注册商标作为索赔工具的,可以不予赔偿;注册商标已构成商标法规定的连续三年停止使用情形的,可以不支持其损害赔偿请求。

(5)在美的公司实施被诉侵权行为之前,格力公司本案注册商标因为没有实际使用,从而没有起到区分商品来源的功能,虽然美的公司侵害了格力公司注册商标专用权,但不会给格力公司造成实际损失,而且美的公司无从借用格力公司本案注册商标尚未建立起来的商誉来推销自己的产品并因此而获得利益。

6.【哈尔滨中院"三精"案】注册商标权人许可他人使用注册商标的,侵权人不得主张该注册商标未实际使用而豁免于赔偿责任〔哈药集团三精制药有限公司与北京三精日化有限公司等侵害商标权及不正当竞争纠纷案,黑龙江省哈尔滨市中级人民法院民事判决书(2015)哈知初字第155号〕。

7.【江苏高院"名爵"案】如果注册商标在有效期内并未在核定使用的商品上实际使用,且因连续三年未使用已经被撤销,该权利在有效期内未能体现出其商业价值，亦即没有可保护的实质性利益存在，对于此类已被撤销的商标专用权，无须再给予追溯性的司法保护〔徐斌与南京名爵实业有限公司、南京汽车集团有限公司、北京公交海依捷汽车服务有限责任公司侵害商标权纠纷上诉案，江苏省高级人民法院民事判决书（2012）苏知民终字第0183号〕。

8.【潍坊中院"雨洁"案】注册商标权人未能提交有效证据证明其在近三年来使用涉案注册商标，侵权人只应承担其为制止侵权而支付的合理费用〔拉芳家化股份有限公司与潍坊雨洁消毒用品有限公司侵害商标权及不正当竞争纠纷案，山东省潍坊市中级人民法院民事判决书（2014）潍知初字第341号，列入2014年度山东法院知识产权审判十大案例〕。

（二）合法来源抗辩

1.【最高院"好太太"案】被诉侵权产品的生产者和销售者均侵犯商标专用权时，在生产者已经承担停止侵权、赔偿损失等责任的情况下，销售者未提出合法来源抗辩或其抗辩理由不成立的，亦需承担赔偿损失的民事责任〔广东好太太科技集团股份有限公司与沂南县亿成装饰材料店等侵害商标权纠纷再审申请案，最高人民法院民事裁定书（2020）最高法民申4713号〕。

2.【最高院"足奇威"案】如果商标侵权商品的销售者与制造者不构成共同侵权、不需要承担连带责任时，其应仅就其销售行为承担相应的赔偿责任，而不一并承担制造者应当承担的赔偿责任，更不应由某一销售商赔偿权利人因侵权所受全部损失〔鲁道夫·达斯勒体育用品波马股份公司与北京六里桥广客宇商贸有限责任公司侵害商标权纠纷再审申请案，最高人民法院民事裁定书（2009）民申字第1882号〕。

3.【重庆高院"郎酒"案】销售商在购入酒类商品时没有按照国家规定索取有效的随附单，应认定其未尽到合理注意义务，不得主张合法来源抗辩〔四川省古蔺郎酒厂有限公司与张晓莉侵害商标权纠纷上诉案，重庆市高级人民法院民事判决书（2015）渝高法民终字第509号〕。

4.【重庆高院“贵州茅台”案】酒类商品销售者未按照《酒类流通管理办法》的规定向首次供货方索取其营业执照、卫生许可证、生产许可证(限生产商)、登记表、酒类商品经销授权书(限生产商)等复印件,也未索取有效的产品质量检验合格证明复印件以及加盖酒类经营者印章的《随附单》或符合本办法第十四条第二款规定的单据,未尽到酒类销售者所应尽到的合理审查义务,其主观上存在过错,应对所售侵犯他人注册商标专用权的酒类商品承担赔偿责任〔中国贵州茅台酒厂有限责任公司与重庆南方君临酒店有限公司侵害商标权纠纷上诉案,重庆市高级人民法院民事判决书(2009)渝高法民终字第159号,列入最高人民法院公布的2009年中国法院知识产权司法保护50件典型案例〕。

5.【山东高院“NBA”案】鉴于注册商标知名度高,销售行为人理应注意到被控侵权商品的标识及低廉的价格,应当就其是否为授权商品做进一步审查;未予审查,直接放任被控侵权产品上市、销售,则难辞其咎〔特易购商业有限公司与美商NBA产物股份有限公司侵害商标权纠纷上诉案,山东省高级人民法院民事判决书(2014)鲁民三终字第143号〕。

6.【山东高院“CARIOCA”案】如果商标权人没有证据证明销售者知道其行为侵权,并且销售者能够提供合法正规的进货票据或合同证明涉案商品是通过真实的市场交易获得的,能够说明真实的供货商,则销售者可以免除赔偿责任〔环球股份有限公司与青岛际通文具有限公司、青岛际通铅笔有限公司等侵害商标权纠纷上诉案,山东省高级人民法院民事判决书(2013)鲁民三终字第32号,列入最高人民法院公布的2013年中国法院50件典型知识产权案例〕。

7.【苏州中院“PUMA美洲豹”图形商标案】侵犯注册商标专用权的销售者要免除赔偿责任,就必须证明其已提供了合法来源,即通过合法的进货渠道、以正常的买卖关系、合理的价格,从他人处购买得到被控侵权商品,且主观上不知道其销售的是侵权商品〔鲁道夫·达斯勒体育用品波马股份公司与苏州好又多百货商业有限公司侵害商标权纠纷案,江苏省苏州市中级人民法院民事判决书(2008)苏中知民初字第0065号〕。

8.【广州知产法院"tree of life"案】商标法第六十四条第二款就善意销售者的判断规定了两个要件，一是主观上不知道销售的是侵权商品，二是能证明合法取得并说明提供者。这两个要件相互作用，要件二对要件一起到支撑和证明的作用，如果销售者不能证明合法取得并说明提供者，其主张主观上对侵权不知情就没有任何说服力。要件一对要件二起到限制的作用，虽然销售者能证明合法取得并说明提供者，但如果有证据显示其知道或应当知道销售的是侵权商品，其也不是善意销售者〔王建平、广州市美馨化妆品有限公司等与欧莱雅（中国）有限公司、广州友谊集团股份有限公司侵害商标权纠纷上诉案，广州知识产权法院民事判决书（2015）粤知法商民终字第357号〕。

9.【长沙天心法院"古丈毛尖"案】将他人所售商品分装并作为自己的产品提供给消费者，属于生产行为，而不是销售行为，不能据此主张免除商标侵权的赔偿责任〔古丈茶业发展研究中心与湖南省华茗茶业有限公司、湖南平和堂实业有限公司侵害商标权纠纷案，湖南省长沙市天心区人民法院民事判决书（2009）天民初字第2500号，列入最高人民法院公布的2009年中国法院知识产权司法保护50件典型案例〕。

编者说明

（一）三年内未实际使用注册商标也未遭受其他损失

商标法第六十四条第一款是第六十三条适用的限制，重申注册商标专用权侵权损害赔偿责任的前提条件是原告必须遭遇"实际损失"。商标法第六十三条规定的各种损失赔偿计算方式，适用的前提条件都是遭受"实际损失"。通常，法律推定侵犯注册商标专用权的行为会给权利人造成实际损失。商标法第六十四条第一款设定了一个相反的推定，即注册商标三年内没有实际使用，则侵犯注册商标专用权不会给权利人造成实际损失，除非存在相反证明。【广东高院"五谷丰登"案】指出，如果注册商标没有投入实际使用，就没有同消费者建立实际联系，注册商标之上没有形成任何可以被剽窃的商誉，侵犯注册商标专用权也就难以损害注册商标专用权人的利益。所以，被诉行为发生之前，如果注册商标未实际使用过，即便从核准注册到侵权行为发生不足三年，法律上也不应当要求侵权行为人承担赔偿责任。

依照此种理据，只要注册商标权人没有实际使用注册商标，无论是否"三年”,都无权要求损害赔偿。然而,【最高院“瑞蜜可”案】认为,在他人商标核准注册后不到两个月,侵权人就未经许可使用被诉侵权标识,存在侵权获利,应综合考虑侵权行为情节、为制止侵权行为所支付合理费用等因素的基础上,确定赔偿金额。最高人民法院特别强调,在这种情况下,尽管注册商标权人尚未实际使用注册商标,也不应适用商标法第六十四条第一款。但此前,【最高院“红河”案】明确指出,对于不能证明已实际使用的注册商标而言,确定侵权赔偿责任要考虑该商标未使用的实际情况;注册商标权人没有提交证据证明其注册商标有实际使用行为,也没有举证证明其因侵权行为受到的实际损失,但为制止侵权行为客观上会有一定的损失,仅应就此获得赔偿。

所以,必须要追问的是,注册商标权人没有实际使用注册商标,如果遭受商标侵权,除了维权的合理支出,是否还可能遭受其他损失?权利人取得注册商标后,虽然连续三年不使用注册商标,却可能为其实际使用而积极投入、进行准备,并由此产生应予以保护的合法利益。《最高人民法院关于审理商标授权确权行政案件若干问题的规定》第二十六条第四款规定,“商标权人有真实使用商标的意图,并且有实际使用的必要准备,但因其他客观原因尚未实际使用注册商标的,人民法院可以认定其有正当理由”,因此不应以连续三年不使用为由撤销注册商标。【最高院“大宝”案】指出,注册商标并不以实际使用为前提,一旦商标获得注册,商标法即为商标权人预留了使用的空间;在注册商标存续期间,即使商标权人未实际使用,不存在现实的市场混淆,也不允许他人在相同商品上使用相同商标或者标识,否则会导致商标法为商标权人预留的使用空间受到侵害。①侵权使用他人注册商标,可妨碍该注册商标的未来使用。例如,佛山市高明威极调味食品有限公司将“威极”二字作为其企业字号使用,并在广告牌、企业厂牌上突出使用“威极”二字。后经曝光,该公司违法使用工业盐水生产酱油产品,这使

① 参见北京大宝化妆品有限公司与北京市大宝日用化学制品厂、深圳市碧桂园化工有限公司侵害商标权及不正当竞争纠纷再审案,最高人民法院民事判决书(2012)民提字第166号。

得“威极”文字标志感染污名。① 假设“威极”注册商标权人还未实际将此商标用于酱油产品，此侵权行为必然妨碍“威极”注册商标的使用。为消除不良影响，注册商标权人必然需要采取措施和付出成本代价。【佛山中院“威极”案】就指出，注册商标权人为及时澄清事实，避免商誉因侵权的损害结果扩大而合理支出的广告费属于赔偿范围。

再则，本款规定所谓“实际使用”必须满足相应的法律要求。根据商标法第四十八条，“商标的使用，是指将商标用于商品、商品包装或者容器以及商品交易文书上，或者将商标用于广告宣传、展览以及其他商业活动中，用于识别商品来源的行为”。“实际使用”要求公开、真实地使用注册商标，识别商品来源。如果商标用于商品、商品包装或者容器以及商品交易文书上，但限于企业内部流通，未进入公众视野，则不能识别商品来源，不属于“实际使用”。如果仅仅是在生产经营活动中声明、公示自己的注册商标信息，或者只是向公众散发标有注册商标的广告，没有显示使用的商品，也不能构成“实际使用”，因为商标未用于识别“商品来源”。象征性的低频率使用注册商标也不能算是实际使用，而只能视为非诚信的商标使用，意图规避法律。实际使用注册商标可能与注册商标有出入，但不得改变注册商标的显著特征，否则不视为实际使用该注册商标。【最高院“米其林动漫人”图形商标案】指出，注册商标权人截取图形商标的部分使用在

① 参见佛山市海天调味食品股份有限公司与佛山市高明威极调味食品有限公司侵害商标权及不正当竞争纠纷案，广东省佛山市中级人民法院民事判决书(2012)佛中法知民初字第352号，列入最高人民法院公布的2013年中国法院10大知识产权案件。广东省佛山市中级人民法院一审认为，威极公司在其广告牌及企业厂牌上突出使用“威极”二字侵犯了海天公司的注册商标专用权；威极公司的两位股东在该公司成立前均从事食品行业和酱油生产行业，理应知道海天公司及其海天品牌下的产品，但仍将海天公司“威极”注册商标中的“威极”二字登记为企业字号，具有攀附海天公司商标商誉的恶意，导致公众发生混淆或误认，导致海天公司商誉受损，构成不正当竞争。为此，法院判决威极公司立即停止在其广告牌、企业厂牌上突出使用“威极”二字，停止使用带有“威极”字号的企业名称，并在判决生效后十日内向工商部门办理企业字号变更手续，登报向海天公司赔礼道歉、消除影响，并赔偿海天公司经济损失及合理费用共计人民币655万元。在计算损害赔偿时，审理法院根据海天公司在16天内应获的合理利润额以及合理利润下降幅度推算其因商誉受损遭受的损失，并结合威极公司侵犯注册商标专用权行为及不正当竞争行为的性质、期间、后果等因素，酌定海天公司因产品销量下降导致的利润损失为人民币350万元；同时将海天公司为消除影响、恢复名誉、制止侵权结果扩大而支出的合理广告费人民币300万元和律师费人民币5万元一并纳入赔偿范围。威极公司提起过上诉，后主动撤回上诉。

核定商品上，没有改变注册商标的显著特征，构成在被控侵权行为发生前三年的实际使用。

最后，商标法第六十四条规定同该法第四十九条规定也有密切联系。第四十九条规定："注册商标……没有正当理由连续三年不使用的，任何单位或者个人可以向商标局申请撤销该注册商标。"由此而撤销的商标，注册商标专用权自撤销公告之日消灭。由于注册商标在其撤销公告之前仍是有效的注册商标，权利人仍旧可以要求被告承担赔偿责任。第六十四条就是针对此种情况而立，转移举证责任，要求原告证明存在实际损失，否则不准予其赔偿请求。这是证据上推定如果注册商标三年内没有实际使用，也没有真实的使用意图，则权利人未曾有实际损失。【江苏高院"名爵"案】指出，如果注册商标在有效期内并未在核定使用的商品上实际使用，且因连续三年未使用已经被撤销，该权利在有效期内未能体现出其商业价值，亦即没有可保护的实质性利益存在，对于此类已被撤销的商标专用权，无须再给予追溯性的司法保护。

（二）销售不知道是侵犯注册商标专用权的商品

违反商标法第五十七条而侵犯注册商标专用权不以过错为前提条件，除了极个别情况，都必须承担停止侵权的法律责任。但是，对侵犯注册商标专用权的行为处以罚款时，须遵循"过罚相当原则"，罚款以主观过错为前提条件；对侵犯注册商标专用权行为判处损害赔偿责任时，也以侵权行为人存在过错为前提。商标法第六十条第二款最后一句明确，"销售不知道是侵犯注册商标专用权的商品，能够证明该商品是自己合法取得并说明提供者"，工商行政管理部门只应该责令停止侵害，而不应当判处罚款；商标法第六十四条第二款则明确，这种情况下销售行为人"不承担赔偿责任"。

"不知道是侵犯注册商标专用权的商品"与"能证明该商品是自己合法取得并说明提供者"并不是同一个法律条件。能证明商品是自己合法取得并说明提供者，并不能证明"不知道是侵犯注册商标专用权的商品"。商标法实施条例（2014 年）第七十九条规定，"合法取得"是指：（一）有供货单位合法签章的供货清单和货款收据且经查证属实或者供货单位认可的；（二）有供销双方签订的进货合同且经查证已真实履行的；（三）有合法进货发票且发票记载事项与涉案商品对应的；（四）其他能够证明合法取得涉案商品的情形。从本条明文规定的三种情形来看，销售商在证明"合法取得"时就已经说明商品的提供者。至于第（四）项规定的"其他情形"，法律解释上必须是同前三项类似的情况。所以，尽管语言表述上"证明合法取得"与"说明提供者"是两项，但是不说明商品提供者实际上就不能证明“合法取得”。

然而,商标法实施条例第七十九条对“合法取得”的解释使得“合法取得”的证明标准远低于“正当取得”,“合法取得”不能证明销售行为人不知道所售商品侵犯注册商标专用权。比如,该商品的价格可能明显低于该品牌的通行市场价格,①特别是当涉案商标知名度很高时,销售行为人往往理应知道所售商品侵犯他人注册商标专用权。② 此种情况之下,销售行为人最低限度应该要求提供人出具注册商标许可文件,否则等同于故意放任注册商标侵权行为,照理应该处以罚款或判处赔偿责任。又比如,酒类商品属于特殊商品,商务部颁行的《酒类流通管理办法》确立了流通随附单制度。【重庆高院“郎酒”案】【重庆高院“贵州茅台”案】都表明,销售商在购入酒类商品时如没有按照规定索取有效的随附单,法律上应认定其未尽到合理注意义务,不属于“不知道”,不满足“合法取得”要件,不能免除其侵犯商标权的赔偿责任。简而言之,销售者对其所售商品是否侵犯他人注册商标专用权应当尽到合理的注意义务,否则法律上可被认定为“知道”所售商品是侵犯他人注册商标专用权的商品,从而应当承担赔偿责任。

就前述两项条件的关系,【广州知产法院“tree of life”案】的论述可以一般性地参考。该案指出,商标法第六十四条第二款就善意销售者的判断规定了两个要件,一是主观上不知道销售的是侵权商品,二是能证明合法取得并说明提供者。这两个要件相互作用,要件二对要件一起到支撑和证明的作用,如果销售者不能证明合法取得并说明提供者,其主张主观上对侵权不知情就没有任何说服力。要件一对要件二起到限制的作用,虽然销售者能证明合法取得并说明提供者,但如果有证据显示其知道或应当知道销售的是侵权商品,其也不是善意销售者。

① 参见四川省古蔺郎酒厂有限公司与张晓莉侵害商标权纠纷上诉案,重庆市高级人民法院民事判决书(2015)渝高法民终字第509号。法院审理认为,张晓莉系以明显不合理的低价购进涉案郎酒,而涉案郎酒又不具备合法来源,张晓莉应承担侵权赔偿责任。

② 参见蒙娜丽莎集团股份有限公司与上海夏宇实业有限公司、上海民材实业有限公司侵害商标权纠纷案,上海知识产权法院民事判决书(2015)沪知民初字第167号,列入上海知识产权法院发布的2015年度十大典型案例;美商NBA产物股份有限公司与特易购商业(青岛)有限公司侵害商标权纠纷上诉案,山东省高级人民法院民事判决书(2014)鲁民三终字第143号,列入最高人民法院公布的2014年中国法院50件典型知识产权案例。

第六十五条　【注册商标侵权的诉前行为保全和财产保全】商标注册人或者利害关系人有证据证明他人正在实施或者即将实施侵犯其注册商标专用权的行为,如不及时制止将会使其合法权益受到难以弥补的损害的,可以依法在起诉前向人民法院申请采取责令停止有关行为和财产保全的措施。

【立法·要点注释】

1. 申请法院采取措施的条件。根据本条和民事诉讼法的有关规定,申请人民法院采取责令停止有关行为和财产保全的措施,应当符合以下条件:

第一,申请人的主体资格。申请人有两种:(1)商标注册人。商标注册人是注册商标专用权的权利主体,其商标专用权受到不法侵害时,有权依照本条规定的条件和程序,向人民法院提出申请,请求人民法院依法采取相关措施。(2)利害关系人。利害关系人是商标注册人以外的,与侵犯商标专用权的行为有直接利害关系的其他人。按照《最高人民法院关于审理商标民事纠纷案件适用法律若干问题的解释》的规定,利害关系人包括注册商标使用许可合同的被许可人、注册商标财产权利的合法继承人等。

第二,向法院提交相关证据。申请法院采取责令停止有关行为和财产保全的措施,应当向法院提交证据,申请人提交的证据,应当能够证明他人正在实施或者即将实施侵犯其注册商标专用权的行为,如不及时制止将会使其合法权益受到难以弥补的损害。证据包括当事人的陈述、书证、物证、视听资料、电子数据、证人证言、鉴定意见、勘验笔录等。

第三,申请应当在起诉前提出。申请人申请人民法院依法采取责令停止有关行为和财产保全的措施,应当在其正式起诉以前,向人民法院提出。由法院采取责令停止有关行为和财产保全的措施,属于临时性的紧急措施,具有一定的时限性,目的是防止"合法权益受到难以弥补的损害"。如果申请人已经起诉,在诉讼过程中认为有必要制止侵权行为人继续实施侵权行为的,可以依法申请采取诉讼中的财产保全措施。

2. 商标注册人或者利害关系人申请人民法院采取诉前临时措施,具体有两项内容:第一,责令停止有关行为。所谓责令停止有关行为,是指人民法院根据申请人的申请，责令商标侵权人停止实施有关侵犯他人商标专用权的行为。责令停止有关行为，属于人民法院责令“禁止其作出一定行为”的一种强制性措施。责令停止的“有关行为”，主要是指本法规定的属于侵犯注册商标专用权的行为，如生产、制造、加工侵权商品的行为，销售侵权商品的行为，伪造、擅自制造他人注册商标标识或者销售伪造、擅自制造的注册商标标识的行为，为侵权人实施侵权行为提供仓储等便利条件的行为等。

第二，财产保全。所谓财产保全，是指人民法院根据申请人的申请，采取查封、扣押、冻结或者法律规定的其他方法，控制与案件有关的财产的强制性措施。依照民事诉讼法第一百零一条的规定，利害关系人因情况紧急，不立即申请保全将会使其合法权益受到难以弥补的损害的，可以在提起诉讼或者申请仲裁前向被保全财产所在地、被申请人住所地或者对案件有管辖权的人民法院申请采取保全措施。申请人应当提供担保，不提供担保的，裁定驳回申请。人民法院接受申请后，必须在四十八小时内作出裁定；裁定采取保全措施的，应当立即开始执行。申请人在人民法院采取保全措施后三十日内不依法提起诉讼或者申请仲裁的，人民法院应当解除保全。

【相关立法】

《中华人民共和国民事诉讼法》(20170701)

第一百零一条　利害关系人因情况紧急，不立即申请保全将会使其合法权益受到难以弥补的损害的，可以在提起诉讼或者申请仲裁前向被保全财产所在地、被申请人住所地或者对案件有管辖权的人民法院申请采取保全措施。申请人应当提供担保，不提供担保的，裁定驳回申请。

人民法院接受申请后，必须在四十八小时内作出裁定；裁定采取保全措施的，应当立即开始执行。

申请人在人民法院采取保全措施后三十日内不依法提起诉讼或者申请仲裁的，人民法院应当解除保全。

第一百零二条　保全限于请求的范围，或者与本案有关的财物。

第一百零三条　财产保全采取查封、扣押、冻结或者法律规定的其他方法。人民法院保全财产后，应当立即通知被保全财产的人。

财产已被查封、冻结的，不得重复查封、冻结。

第一百零四条　财产纠纷案件，被申请人提供担保的，人民法院应当裁定解除保全。

第一百零五条 申请有错误的,申请人应当赔偿被申请人因保全所遭受的损失。

【司法解释】

1.《最高人民法院关于审查知识产权纠纷行为保全案件适用法律若干问题的规定》(法释〔2018〕21号,20190101)

第二条 知识产权纠纷的当事人在判决、裁定或者仲裁裁决生效前,依据民事诉讼法第一百条、第一百零一条规定申请行为保全的,人民法院应当受理。

知识产权许可合同的被许可人申请诉前责令停止侵害知识产权行为的,独占许可合同的被许可人可以单独向人民法院提出申请;排他许可合同的被许可人在权利人不申请的情况下,可以单独提出申请;普通许可合同的被许可人经权利人明确授权以自己的名义起诉的,可以单独提出申请。

第三条 申请诉前行为保全,应当向被申请人住所地具有相应知识产权纠纷管辖权的人民法院或者对案件具有管辖权的人民法院提出。

当事人约定仲裁的,应当向前款规定的人民法院申请行为保全。

第四条 向人民法院申请行为保全,应当递交申请书和相应证据。申请书应当载明下列事项:

(一)申请人与被申请人的身份、送达地址、联系方式;

(二)申请采取行为保全措施的内容和期限;

(三)申请所依据的事实、理由,包括被申请人的行为将会使申请人的合法权益受到难以弥补的损害或者造成案件裁决难以执行等损害的具体说明;

(四)为行为保全提供担保的财产信息或资信证明,或者不需要提供担保的理由;

(五)其他需要载明的事项。

第五条 人民法院裁定采取行为保全措施前,应当询问申请人和被申请人,但因情况紧急或者询问可能影响保全措施执行等情形除外。

人民法院裁定采取行为保全措施或者裁定驳回申请的,应当向申请人、被申请人送达裁定书。向被申请人送达裁定书可能影响采取保全措施的,人民法院可以在采取保全措施后及时向被申请人送达裁定书,至迟不得超过五日。

当事人在仲裁过程中申请行为保全的,应当通过仲裁机构向人民法院提交申请书、仲裁案件受理通知书等相关材料。人民法院裁定采取行为保全措施或者裁定驳回申请的,应当将裁定书送达当事人,并通知仲裁机构。

第六条　有下列情况之一,不立即采取行为保全措施即足以损害申请人利益的,应当认定属于民事诉讼法第一百条、第一百零一条规定的"情况紧急":

(一)申请人的商业秘密即将被非法披露;

(二)申请人的发表权、隐私权等人身权利即将受到侵害;

(三)诉争的知识产权即将被非法处分;

(四)申请人的知识产权在展销会等时效性较强的场合正在或者即将受到侵害;

(五)时效性较强的热播节目正在或者即将受到侵害;

(六)其他需要立即采取行为保全措施的情况。

第七条　人民法院审查行为保全申请,应当综合考量下列因素:

(一)申请人的请求是否具有事实基础和法律依据,包括请求保护的知识产权效力是否稳定;

(二)不采取行为保全措施是否会使申请人的合法权益受到难以弥补的损害或者造成案件裁决难以执行等损害;

(三)不采取行为保全措施对申请人造成的损害是否超过采取行为保全措施对被申请人造成的损害;

(四)采取行为保全措施是否损害社会公共利益;

(五)其他应当考量的因素。

第八条　人民法院审查判断申请人请求保护的知识产权效力是否稳定,应当综合考量下列因素:

(一)所涉权利的类型或者属性;

(二)所涉权利是否经过实质审查;

(三)所涉权利是否处于宣告无效或者撤销程序中以及被宣告无效或者撤销的可能性;

(四)所涉权利是否存在权属争议;

(五)其他可能导致所涉权利效力不稳定的因素。

第十条　在知识产权与不正当竞争纠纷行为保全案件中,有下列情形之

一的,应当认定属于民事诉讼法第一百零一条规定的“难以弥补的损害”:

(一)被申请人的行为将会侵害申请人享有的商誉或者发表权、隐私权等人身性质的权利且造成无法挽回的损害;

(二)被申请人的行为将会导致侵权行为难以控制且显著增加申请人损害;

(三)被申请人的侵害行为将会导致申请人的相关市场份额明显减少;

(四)对申请人造成其他难以弥补的损害。

第十一条 申请人申请行为保全的,应当依法提供担保。

申请人提供的担保数额,应当相当于被申请人可能因执行行为保全措施所遭受的损失,包括责令停止侵权行为所涉产品的销售收益、保管费用等合理损失。

在执行行为保全措施过程中,被申请人可能因此遭受的损失超过申请人担保数额的,人民法院可以责令申请人追加相应的担保。申请人拒不追加的,可以裁定解除或者部分解除保全措施。

第十二条 人民法院采取的行为保全措施,一般不因被申请人提供担保而解除,但是申请人同意的除外。

第十三条 人民法院裁定采取行为保全措施的,应当根据申请人的请求或者案件具体情况等因素合理确定保全措施的期限。

裁定停止侵害知识产权行为的效力,一般应当维持至案件裁判生效时止。

人民法院根据申请人的请求、追加担保等情况,可以裁定继续采取保全措施。申请人请求续行保全措施的,应当在期限届满前七日内提出。

第十四条 当事人不服行为保全裁定申请复议的,人民法院应当在收到复议申请后十日内审查并作出裁定。

第十五条 人民法院采取行为保全的方法和措施,依照执行程序相关规定处理。

第十六条 有下列情形之一的,应当认定属于民事诉讼法第一百零五条规定的“申请有错误”:

(一)申请人在采取行为保全措施后三十日内不依法提起诉讼或者申请仲裁;

(二)行为保全措施因请求保护的知识产权被宣告无效等原因自始不当;

（三）申请责令被申请人停止侵害知识产权或者不正当竞争，但生效裁判认定不构成侵权或者不正当竞争；

（四）其他属于申请有错误的情形。

第十七条 当事人申请解除行为保全措施，人民法院收到申请后经审查符合《最高人民法院关于适用〈中华人民共和国民事诉讼法〉的解释》第一百六十六条规定的情形的，应当在五日内裁定解除。

申请人撤回行为保全申请或者申请解除行为保全措施的，不因此免除民事诉讼法第一百零五条规定的赔偿责任。

第十八条 被申请人依据民事诉讼法第一百零五条规定提起赔偿诉讼，申请人申请诉前行为保全后没有起诉或者当事人约定仲裁的，由采取保全措施的人民法院管辖；申请人已经起诉的，由受理起诉的人民法院管辖。

第十九条 申请人同时申请行为保全、财产保全或者证据保全的，人民法院应当依法分别审查不同类型保全申请是否符合条件，并作出裁定。

为避免被申请人实施转移财产、毁灭证据等行为致使保全目的无法实现，人民法院可以根据案件具体情况决定不同类型保全措施的执行顺序。

第二十条 申请人申请行为保全，应当依照《诉讼费用交纳办法》关于申请采取行为保全措施的规定交纳申请费。

2.《最高人民法院关于适用〈中华人民共和国民事诉讼法〉的解释》（法释〔2015〕5号，20150204；经法释〔2020〕20号修正，20210101）

第一百五十二条 人民法院依照民事诉讼法第一百条、第一百零一条规定，在采取诉前保全、诉讼保全措施时，责令利害关系人或者当事人提供担保的，应当书面通知。

利害关系人申请诉前保全的，应当提供担保。申请诉前财产保全的，应当提供相当于请求保全数额的担保；情况特殊的，人民法院可以酌情处理。申请诉前行为保全的，担保的数额由人民法院根据案件的具体情况决定。

在诉讼中，人民法院依申请或者依职权采取保全措施的，应当根据案件的具体情况，决定当事人是否应当提供担保以及担保的数额。

第一百五十三条 人民法院对季节性商品、鲜活、易腐烂变质以及其他不宜长期保存的物品采取保全措施时，可以责令当事人及时处理，由人民法院保存价款；必要时，人民法院可予以变卖，保存价款。

第一百五十四条 人民法院在财产保全中采取查封、扣押、冻结财产措施时，应当妥善保管被查封、扣押、冻结的财产。不宜由人民法院保管的，人民法院可以指定被保全人负责保管；不宜由被保全人保管的，可以委托他人或者申请保全人保管。

查封、扣押、冻结担保物权人占有的担保财产，一般由担保物权人保管；由人民法院保管的，质权、留置权不因采取保全措施而消灭。

第一百五十五条　由人民法院指定被保全人保管的财产，如果继续使用对该财产的价值无重大影响，可以允许被保全人继续使用；由人民法院保管或者委托他人、申请保全人保管的财产，人民法院和其他保管人不得使用。

第一百五十六条　人民法院采取财产保全的方法和措施，依照执行程序相关规定办理。

第一百五十七条　人民法院对抵押物、质押物、留置物可以采取财产保全措施，但不影响抵押权人、质权人、留置权人的优先受偿权。

第一百五十八条　人民法院对债务人到期应得的收益，可以采取财产保全措施，限制其支取，通知有关单位协助执行。

第一百五十九条　债务人的财产不能满足保全请求，但对他人有到期债权的，人民法院可以依债权人的申请裁定该他人不得对本案债务人清偿。该他人要求偿付的，由人民法院提存财物或者价款。

第一百六十条　当事人向采取诉前保全措施以外的其他有管辖权的人民法院起诉的，采取诉前保全措施的人民法院应当将保全手续移送受理案件的人民法院。诉前保全的裁定视为受移送人民法院作出的裁定。

第一百六十一条　对当事人不服一审判决提起上诉的案件，在第二审人民法院接到报送的案件之前，当事人有转移、隐匿、出卖或者毁损财产等行为，必须采取保全措施的，由第一审人民法院依当事人申请或者依职权采取。第一审人民法院的保全裁定，应当及时报送第二审人民法院。

第一百六十二条　第二审人民法院裁定对第一审人民法院采取的保全措施予以续保或者采取新的保全措施的，可以自行实施，也可以委托第一审人民法院实施。

再审人民法院裁定对原保全措施予以续保或者采取新的保全措施的，可以自行实施，也可以委托原审人民法院或者执行法院实施。

第一百六十三条　法律文书生效后，进入执行程序前，债权人因对方当事人转移财产等紧急情况，不申请保全将可能导致生效法律文书不能执行或者难以执行的，可以向执行法院申请采取保全措施。债权人在法律文书指定的履行期间届满后五日内不申请执行的,人民法院应当解除保全。

第一百六十四条 对申请保全人或者他人提供的担保财产,人民法院应当依法办理查封、扣押、冻结等手续。

第一百六十五条 人民法院裁定采取保全措施后,除作出保全裁定的人民法院自行解除或者其上级人民法院决定解除外,在保全期限内,任何单位不得解除保全措施。

第一百六十六条 裁定采取保全措施后,有下列情形之一的,人民法院应当作出解除保全裁定:

(一)保全错误的;

(二)申请人撤回保全申请的;

(三)申请人的起诉或者诉讼请求被生效裁判驳回的;

(四)人民法院认为应当解除保全的其他情形。

解除以登记方式实施的保全措施的,应当向登记机关发出协助执行通知书。

第一百六十七条 财产保全的被保全人提供其他等值担保财产且有利于执行的,人民法院可以裁定变更保全标的物为被保全人提供的担保财产。

第一百六十八条 保全裁定未经人民法院依法撤销或者解除,进入执行程序后,自动转为执行中的查封、扣押、冻结措施,期限连续计算,执行法院无需重新制作裁定书,但查封、扣押、冻结期限届满的除外。

【司法文件】

《最高人民法院关于依法加大知识产权侵权行为惩治力度的意见》(法发〔2020〕33 号,20200914)

一、加强适用保全措施

1. 对于侵害或者即将侵害涉及核心技术、知名品牌、热播节目等知识产权以及在展会上侵害或者即将侵害知识产权等将会造成难以弥补的损害的行为,权利人申请行为保全的,人民法院应当依法及时审查并作出裁定。

2. 权利人在知识产权侵权诉讼中既申请停止侵权的先行判决,又申请行为保全的,人民法院应当依法一并及时审查。

【地方法院规范】

1.《江苏省高级人民法院关于实行最严格知识产权司法保护为高质量发展提供司法保障的指导意见》（苏高法〔2019〕224 号，20190822）

二、有效利用诉讼保全措施，最大限度地阻却侵权行为继续

2. 及时审查保全申请。对当事人的保全申请，应当积极受理、及时审查、依法裁定。

对于知识产权权利稳定，易于作出侵权可能性判断，或者生效民事、刑事、行政裁判已就相同知识产权客体、相同事实的行为作出侵权认定，符合行为保全条件的，应当根据当事人的申请及时作出行为保全裁定并采取保全措施。

3. 紧急情况下应当立即裁定并采取行为保全措施。商业秘密即将被非法披露、作品即将被非法发表或者被热播、被控侵权产品即将被展销或出口等情况紧急的情形，符合行为保全条件的，应当依照民事诉讼法第一百条或第一百零一条的规定，立即裁定并采取保全措施。

4. 审慎审查疑难复杂案件的行为保全申请。对于知识产权的构成要件、稳定状态及侵权可能性等难以在短时间内作出判断的行为保全申请，应当通过组织听证、审查证据、咨询专家等方式审慎审查，尽快作出是否侵权的初步判断以及是否采取保全措施的决定。

5. 一审判决或者中间判决不影响采取行为保全措施。一审判决或中间判决认定侵权成立，被诉侵权人提出上诉且仍持续实施被诉侵权行为，权利人申请行为保全，符合行为保全条件的，在二审法院接到报送的案件之前，一审法院可以作出行为保全裁定，责令被诉侵权人先行停止被诉侵权行为。

6. 及时对权属争议中的知识产权采取保全措施。知识产权权属争议纠纷中，被告系专利证书、商标注册证等权利证明文书上载明的权利人，向国家有关授权部门申请或者以不交年费等方式放弃权利，原告请求对涉案知识产权进行保全以维持权利有效状态的，应当及时作出保全裁定。

7. 依法制裁妨害诉讼保全的行为。当事人或其利害关系人妨害诉讼保全，包括擅自隐匿、毁损、更换、处置已保全的证据和财产，拒不履行或者协助履行保全裁定等情形的，应当根据情节轻重依法予以罚款、拘留；情节严重，涉嫌构成犯罪的，依法移送犯罪线索。

2.《江苏省高级人民法院侵害商标权民事纠纷案件审理指南(修订版)》(20201229)

第九部分 其 他

9.2 行为保全

商标注册人或者利害关系人有证据证明他人正在实施或者即将实施侵害其商标权的行为,如不及时制止将会使其合法权益受到难以弥补的损害的,可以依法在起诉前或诉讼过程中向法院申请采取责令停止有关行为的措施。

9.2.1 管辖

申请诉前行为保全,应当向被申请人住所地具有相应知识产权纠纷管辖权的法院或者对商标侵权纠纷具有管辖权的法院提出。

当事人约定仲裁的,应当向前款规定的法院申请行为保全。

9.2.2 审查行为保全申请

审查行为保全申请,应当综合考虑下列因素:

1. 申请人的请求是否具有事实基础和法律依据,包括请求保护的商标权效力是否稳定。审查判断申请人请求保护的商标权效力是否稳定,应当综合考量所涉权利是否处于宣告无效或者撤销程序中以及被宣告无效或者撤销的可能性;所涉权利是否存在权属争议等因素。

2. 不采取行为保全措施是否会使申请人的合法权益受到难以弥补的损害或者造成案件裁决难以执行等损害。难以弥补的损害一般指被申请人的行为侵害申请人商标权的可能性较大;被申请人的行为可能造成无法挽回的损害,如商誉损害;被申请人的行为将会导致侵权行为难以控制且显著增加申请人损害;被申请人的侵害行为将会导致申请人的相关市场份额明显减少等。

3. 不采取行为保全措施对申请人造成的损害是否超过采取行为保全措施对被申请人造成的损害。

4. 采取行为保全措施是否损害社会公共利益。

5. 申请人是否提供足够担保。

对于商标权利稳定,易于作出侵权可能性判断,或者生效民事、刑事、行政裁判已就相同知识产权客体、相同事实的行为作出侵权认定,符合行为保全条件的,应当根据当事人的申请及时作出行为保全裁定并采取保全措施。

9.2.3 紧急情况下应当立即裁定并采取行为保全措施

诉争商标即将被非法处分；申请人的商标权在展销会等时效性较强的场合正在或者即将受到侵害；被控侵权商品即将被出口等紧急情况下，不立即采取行为保全措施即足以损害申请人利益的，应当依照《中华人民共和国民事诉讼法》第一百条、第一百零一条的规定，立即裁定并采取保全措施。

9.2.4 审慎审查疑难复杂案件的行为保全申请

对于商标权稳定状态及侵权可能性等难以在短时间内作出判断的行为保全申请，应当通过组织听证、审查证据、咨询专家等方式审慎审查，尽快作出是否侵权的初步判断以及是否采取保全措施的决定。

9.2.5 担保

申请人提供的担保数额，应当相当于被申请人可能因执行行为保全措施所遭受的损失，包括责令停止侵权行为所涉产品的销售收益、保管费用等合理损失。

在执行行为保全措施过程中，被申请人可能因此遭受的损失超过申请人担保数额的，法院可以责令申请人追加相应的担保。申请人拒不追加的，可以裁定解除或者部分解除保全措施。

9.2.6 行为保全措施

法院裁定采取行为保全措施的，应当根据申请人的请求或者案件具体情况等因素合理确定保全措施的期限。

法院裁定采取行为保全措施或者裁定驳回申请的，应当向申请人、被申请人送达裁定书。向被申请人送达裁定书可能影响采取保全措施的，法院可以在采取保全措施后及时向被申请人送达裁定书，至迟不得超过五日。当事人不服行为保全裁定申请复议的，法院应当在收到复议申请后十日内审查并作出裁定。

裁定停止侵害知识产权行为的效力，一般应当维持至案件裁判生效时止。

9.2.7 一审判决或者中间判决不影响采取行为保全措施

一审判决或者中间判决认定侵权成立，被控侵权人提出上诉且仍持续实施被控侵权行为，权利人申请行为保全，符合行为保全条件的，在二审法院接到报送的案件之前，一审法院可以依法作出行为保全裁定，责令被控侵权人先行停止被控侵权行为。二审诉讼程序中，二审法院可以根据权利人的申请依法作出行为保全裁定。

一审判决或者中间判决认定侵权成立，被控侵权人未提出上诉，则一审责令停止侵权行为的判决(含中间判决)已经生效,此时无需再采取行为保全措施。

9.2.8 保全错误

申请有错误的,申请人应当赔偿被申请人因保全所遭受的损失。申请人撤回行为保全申请或者申请解除行为保全措施的,不因此免除其赔偿责任。

行为保全申请错误主要指:

1. 申请人在采取行为保全措施后三十日内不依法提起诉讼或者申请仲裁;

2. 行为保全措施因请求保护的商标权被宣告无效等原因自始不当;

3. 申请责令被申请人停止侵害商标权或者不正当竞争,但生效裁判认定不构成侵权或者不正当竞争;

4. 其他情形。

被申请人提起赔偿诉讼,申请人申请诉前行为保全后没有起诉或者当事人约定仲裁的,由采取保全措施的法院管辖;申请人已经起诉的,由受理起诉的法院管辖。

9.2.9 反向行为保全

在网络销售领域,经营者因投诉而被平台经营者删除或断开销售链接。如果被投诉人认为其从事的网络销售等行为侵权可能性较小、断开或删除销售链接将会使其遭受难以弥补的损失,在其提供足够担保等情形下,其可以向法院申请责令平台经营者限期采取恢复被删除的销售链接等措施。

法院经审查认为符合条件的,应当及时作出裁定,责令平台经营者限期恢复被删除的销售链接,相关措施被称为反向行为保全,反向行为保全为业内通俗称谓。目前,法院可以适用《中华人民共和国民事诉讼法》第一百条、第一百零一条关于行为保全之规定。

(详见案例四十一)①

9.2.10 解除行为保全

当事人申请解除行为保全措施,法院收到申请后经审查符合《最高人民法院关于适用〈中华人民共和国民事诉讼法〉的解释》第一百六十六条规定的情形的,应当在五日内裁定解除。

---

① 案例四十一:丁某诉曳头公司、天猫公司等侵害外观设计专利权先予执行案[南京市中级人民法院(2019)苏01民初687号]。

法院采取的行为保全措施，一般不因被申请人提供担保而解除，但是申请人同意的除外。

9.2.11 依法制裁妨害诉讼保全的行为

当事人或其利害关系人妨害诉讼保全，包括拒不履行或者协助履行保全裁定等情形的，应当根据情节轻重依法予以罚款、拘留；情节严重，涉嫌构成犯罪的，依法移送犯罪线索。

3.《江苏省高级人民法院关于适用责令停止侵犯知识产权行为若干问题的实施意见（试行）》（苏高法审委〔2004〕1 号，20040202）

第一条　责令停止侵犯知识产权行为是人民法院为及时制止正在实施或即将实施的可能侵害权利人知识产权的行为，而在裁判生效前（包括起诉前、起诉同时或诉讼过程中）应权利人或利害关系人申请作出的禁止或限制被申请人从事某种行为的强制性措施。

第二条　申请责令停止侵犯知识产权行为应当以书面形式向人民法院提出。

第三条　责令停止侵犯知识产权行为的案件由审理知识产权案件的业务庭审查和执行，业务庭认为必要时可由执行庭协助执行。

第四条　当事人在上诉期间或上诉后第二审人民法院接到报送的案件之前提出申请的，由第一审人民法院审查和执行。第一审人民法院作出的裁定应当及时报送第二审人民法院。

当事人在第二审人民法院接到报送的案件卷宗之后提出申请的，由第二审人民法院审查和执行。

第五条　申请责令停止侵犯专利权、商标专用权行为的，申请人应当按照《最高人民法院关于诉前停止侵犯专利权行为适用法律问题的若干规定》第四条、《最高人民法院关于诉前停止侵犯注册商标专用权行为和保全证据适用法律问题的解释》第四条①的规定提供证据及副本，证明其权利有效及被申请人的行为存在侵权可能。

申请责令停止侵犯著作权行为的，申请人应当提供其享有著作权及被申请人存在侵权可能的证据，包括作品的底稿、原件、合法出版物、著作权登记

① 上述两个司法解释已被 2021 年 1 月 1 日起施行的《最高人民法院关于废止部分司法解释及相关规范性文件的决定》（法释〔2020〕16 号）所废止。——编者注

证书、认证机构出具的证明、取得权利的合同、被控侵权对象与申请人作品的对比说明等。

起诉时或诉讼过程中,申请责令停止侵犯其他知识产权行为的,申请人应当提供其享有知识产权且权利处于有效状态,以及被申请人的行为存在侵权可能等证据。

第六条 生效裁判就相同客体的知识产权权利状态或侵权与否已作出认定的事实,当事人可以作为申请责令停止侵犯知识产权行为的依据,法律另有规定以及对方当事人有相反证据足以推翻的除外。

第七条 符合以下条件的,人民法院应当作出责令停止侵犯知识产权行为的裁定:

(1)申请人的权利有效以及被申请人正在实施或即将实施的行为侵犯了申请人的知识产权。

(2)不采取相关停止措施,会给申请人的合法权益造成难以弥补的损害。

(3)申请人提供了合理、有效的担保。

(4)责令停止侵犯知识产权行为不会对社会公共利益造成损害。

第八条 人民法院对胜诉可能性进行判断,必要时可就相关的专业技术问题向相关领域的技术专家进行咨询。

第九条 被申请人已经完成侵权准备行为的,可认定其即将实施侵权行为。

第十条 申请人提供的担保,一般限于可供执行的财产。申请人提供的担保财产位于境外的,不予准许。

第十一条 申请人申请时应当明确提供担保的金额或其他财产。

第十二条 提供担保的财产额的确定以被申请人可能因采取该项措施所受实际损失为准。

人民法院发现申请人提供的担保额不足的,责令申请人补足。申请人拒不补足的,人民法院应当驳回其申请。

第十三条 情况紧急,向被申请人送达申请书或举行听证会将使人民法院可能作出的责令停止侵犯知识产权行为的裁定无法实现其目的的,人民法院可以根据申请人的单方申请径行作出裁定,责令被申请人停止侵犯申请人知识产权的行为并立即执行。

除上述情形外,人民法院在必要时可以先将申请人的申请书及所附证据副本送达对方,并传唤双方当事人举行听证会或交换书面意见、进行相关调查以决定是否采取责令停止侵犯知识产权行为的相关措施。

申请人无正当理由拒不参加听证会的,驳回其申请。

第十四条　在复议程序中,人民法院应当传唤双方当事人举行听证会。未经听证会,人民法院不得对复议案件作出裁决。

复议申请人无正当理由拒不参加听证会的,驳回其复议申请。

第十五条　人民法院未通知被申请人而径行作出裁定责令其停止侵犯知识产权行为的,应当将裁定书、申请书及所附证据副本及时发送被申请人,至迟不得超过裁定作出之日起五日。

第十六条　对于当事人的申请,人民法院应当在四十八小时内作出裁定。裁定采取相关停止措施的,应当立即开始执行。

人民法院举行听证会或进行相关调查、咨询后作出裁定的,不受四十八小时的限制。

对于复议申请,人民法院应当在五日内审查并作出决定。

第十七条　人民法院经审查复议申请,认为原裁定正确的,可以书面通知形式维持;如原裁定不当,应当作出新的裁定变更或撤销原裁定。

第十八条　裁定应当载明当事人的基本状况;当事人申请责令停止侵犯知识产权行为的内容、理由及相应的证据;是否作出停止侵犯知识产权行为的具体理由、法律依据、裁定的主文;当事人申请复议的权利事项等内容。

第十九条　有下列情形之一的,人民法院应当裁定解除已采取的停止措施:

(1)申请人在人民法院采取相关停止措施后的十五日内不起诉的。

(2)起诉后,人民法院不予受理且申请人未提起上诉的。

(3)人民法院驳回申请人起诉或判决不构成侵权而驳回申请人诉讼请求,申请人未提起上诉的。

(4)被人民法院准予撤诉或人民法院按撤诉处理的。

(5)申请人主动申请解除停止措施的。

(6)申请人的知识产权已经失效,且被申请人提出解除停止措施申请的。

(7)其他应当解除停止措施的情形。

前款第(6)项,被申请人应当提供已失效的证据。人民法院应当组织质证以确定是否存在失效的情形。

第二十条 申请人在人民法院采取停止有关行为的措施后十五日内不起诉的,人民法院应当裁定解除已采取的措施。

被申请人提起确认不侵权之诉的,不视为申请人已提起诉讼。

第二十一条 申请被驳回或有关停止措施被解除的,不影响申请人基于新的事实和理由重新提出申请。

第二十二条 因申请人不起诉或申请错误给被申请人造成的损失为实际损失,包括直接损失和间接损失。

第二十三条 被申请人因申请人不起诉或申请错误遭受损失而起诉请求申请人赔偿的,应当向作出责令其停止有关行为裁定的人民法院提出。

前款所规定的案件由审理相关知识产权侵权纠纷案件的同一合议庭审理。

第二十五条 诉前申请责令停止侵犯知识产权行为的案件,人民法院应当单独编制"民三禁字"案号。

第二十六条 知识产权案件因管辖而移送的,申请责令停止侵犯知识产权行为的案件应当一并移送。

第二十七条 申请责令停止侵犯知识产权行为的案件,申请人应当按照最高人民法院的有关规定缴纳费用。

【法院参考案例】

1.【北京知产法院"中国好声音"案】审查是否应当责令被申请人停止相关行为,主要考虑以下因素:申请人是否是权利人或利害关系人;申请人在本案中是否有胜诉可能性;是否具有紧迫性,以及不立即采取措施是否可能使申请人的合法权益受到难以弥补的损害;损害平衡性,即不责令被申请人停止相关行为对申请人造成的损害是否大于责令被申请人停止相关行为对被申请人造成的损害;责令被申请人停止相关行为是否损害社会公共利益;申请人是否提供了相应的担保〔浙江唐德影视股份有限公司与上海灿星文化传播有限公司等申请诉前停止侵害注册商标专用权纠纷案,北京知识产权法院民事裁定书(2016)京73行保1号〕。

2.【江苏高院"新百伦"案】在收到行为保全裁定后,行为人必须切实履行裁定内容,否则将承担严厉的法律制裁;行为人拒不履行法院生效行为保全裁定、妨碍民事诉讼行为，法院可以作出罚款决定，不需要等待法院生效裁判对其所从事的行为是否确实侵害了权利人的知识产权作出认定〔莆田市荔城区搏斯达克贸易有限公司司法处罚复议申请案，江苏省高级人民法院复议决定书(2018)苏司惩复 4 号〕。

3.【广州知产法院"红日"案】(1)难以弥补的损害一般指难以用金钱计算的损失，市场份额将在短期内急剧减少乃至被取代，商业信誉和商品声誉受损，显然难以用金钱计算；(2)担保是为了赔偿如果申请人禁令请求错误给被申请人造成的损失。双方均未举证证明如果禁令请求错误将给被申请人造成多大损失时，应考虑被申请人主观恶意程度、被申请人构成侵权的确信程度、被申请人履行禁令义务的成本等因素予以酌定〔广州市红日燃具有限公司与广东睿尚电器股份有限公司侵害商标权及不正当竞争纠纷案，广州知识产权法院民事判决书(2017)粤 73 民初 2239 号〕。

4.【深圳中院"小米"案】申请人所提申请符合以下条件，应准许诉前行为保全：(1)申请人请求保护的商标权稳定；(2)被申请人具有明显的侵权恶意，被控侵权行为规模大、获利多且仍在持续和蔓延，如不及时制止，将给申请人带来难以弥补的损失；(3)申请人为本案行为保全提供了相应的担保；(4)针对被申请人的行为保全不会损害其合法权益以及社会公共利益〔小米科技有限责任公司与覃清兰、深圳市云米生活电器有限公司、佛山市小米电器有限公司申请诉前停止侵害注册商标专用权纠纷案，广东省深圳市中级人民法院民事裁定书(2018)粤 03 民初 3317、3318 号之二〕。

5.【北京二中院"S-V.P.A.M"案】鉴于被控侵权的产品不存在销售旺季及新产品市场抢占等因素，仅以被控侵权行为正在继续进行为由，不符合诉前行为保全法律规定"如不及时制止，将会使申请人合法权益受到难以弥补的损害"的要件〔日本樫尾计算机株式会社与广州市卡西尼电子有限公司等申请诉前停止侵害注册商标专用权纠纷案，北京市第二中级人民法院民事裁定书(2004)二中民保字第 04908 号〕。

编者说明

本条规定之"起诉前向人民法院申请采取责令停止有关行为的措施"在中国

法下称之为诉前行为保全。英美法常称之为“诉前临时禁令”(preliminary injunction),简称为“诉前禁令”,因此种禁令签发于诉讼开始之前,持续到法院判决为止。这种禁令区别于“永久禁令”(permanent injunction),后者是在诉讼终了后,法院判决侵权成立而责令被告停止侵权的禁令。

商标法第六十五条规定的诉前行为保全是“单方程序”(ex parte procedure)。法院进行此程序时,不是必需要传唤各方当事人到庭并听取其意见。根据民事诉讼法(2017 年)第一百零一条规定,诉前行为保全针对的是“紧急情况”。依照第一百零一条第二款,注册商标权人或者利害关系人提出诉前禁令请求后,法院应当自接受申请之时起四十八小时内作出裁定。于此期间内,法院可以传唤单方或双方当事人进行询问。但是,法院也可以不传唤被申请人。法院如果裁定责令停止有关行为,则立即执行裁定。① 如果当事人不服行为保全裁定而申请复议,人民法院应当在收到复议申请后十日内审查并作出裁定。②

适用诉前行为保全时应当遵循比例原则。诉前行为保全作为单方程序,虽然有利于维护权利人的利益,但不利于法院全面查实案情,而且实质性地限制被告方的诉讼权利。法院所接受的信息只来源于原告一方,难免偏颇。以单方程序进行的诉前行为保全程序实质上是“未审先判”,是以剥夺被请求人听审请求权(the right to be heard)为代价,给予知识产权人以迅捷的特别救济。此程序本质上属于民事知识产权执法程序。根据 TRIPS 协议要求,这种法律程序应当对原被告公平而正当(fair and equitable)。③ 据此,对知识产权人的救济也应当符合比例原则,即不应超过必要限度,不合理地限制对方当事人的自由。法院采取诉前行为保全令时须满足严格的法律条件。实际上,发达国家只在非常特殊的案件中,才签发诉前禁令。④

为维护正当程序,防止诉前行为保全被滥用,诉前行为保全的申请人必须证明存在“紧急情况”,不立即采取保全措施将会使其合法权益受到“难以弥补的损害”。具体到注册商标侵权纠纷,权利人须同时证明以下两个条件:(1)他人正

① 民事诉讼法(2017 年)第一百零一条第二款。

② 《最高人民法院关于审查知识产权纠纷行为保全案件适用法律若干问题的规定》(法释〔2018〕21 号)第十四条。

③ See Art. 41(2) TRIPS Agreement(“Procedures concerning the enforcement of intellectual property rights shall be fair and equitable”).

④ See, e. g., Joseph Straus, Reversal of the burden of proof, the principle of ‘fair and equitable procedures’ and preliminary injunctions under the TRIPS Agreement, The Journal of World Intellectual Property 2000, Vol. 3., No. 6., p. 815 – 820.

在实施或者即将实施侵犯注册商标专用权的行为；(2)如不及时制止将会使其合法权益受到难以弥补的损害(irreparable harm)。对于第一项条件而言，权利人需要证明自己持有真实而有效的注册商标专用权，正在或即将被他人侵犯。为此，注册商标人应当提供商标注册证(利害关系人应当提供许可合同等证明材料)，还应当提供被申请人正在实施或者即将实施注册商标侵权行为的证据，包括被控侵权商品。然而，"容易导致混淆"需要双方充分举证、质证，诸如涉案商标的知名度、被控商标在先使用情况等时常不宜在诉前程序中进行审查，法院常难以判断被申请人是否正在或即将实施注册商标侵权行为，故而不得不驳回诉前行为保全的申请。①

即便注册商标专用权人证明他人正在实施或即将实施注册商标侵权行为，权利人可能因此而受到损害，这还不足以让法院采取诉前行为保全措施。诉前行为保全的申请人还需要证明第二项条件，即侵权行为如果不及时制止，可能使其遭受难以弥补的损害。正当程序(due process)要求法院充分听取被告的理由，才可以对被告采取有实质性影响的法律措施。诉前行为保全措施可能对被申请人的商事活动产生重大影响，甚至造成难以弥补的损害。故只有当不采取诉前行为保全措施可能致使权利人遭受难以弥补的损害时，才有作出此项裁定的正当性。然而，从注册商标专用权侵权行为并不能当然得出注册商标权人会遭受"难以弥补的损害"。② 损害赔偿(包括诉前财产保全)通常足以弥补被诉侵权行为给注册商标专用权人造成的损害。不少情况下，权利人看似会遭受难以弥补的损害。比如，被告在我国没有持续的商业活动，权利人胜诉后可能无法得到充分的赔偿，从而遭受难以弥补的损害。但是，法院仍旧可以采用财产保全等对被告商事活动影响较小的措施，而不必准予诉前行为保全。只有在特殊情况下，注册商标专用权人才的确可能遭受金钱难以弥补的损害，比如商誉损害、市场份额

---

① 参见梅地亚电视中心有限公司与北京东方梅地亚置业有限公司申请诉前停止侵犯商标专用权纠纷案，北京市第二中级人民法院民事裁定书(2006)二中民保字第 5064 号。

② 美国联邦巡回上诉法院曾经认为，侵权成立，即可以推定权利人遭受不可弥补的损害，因此可以直接适用永久禁令措施。See, e. g. , Amazon. com, Inc. v. Barnesandnoble. com, 239 F. 3d 1343(Fed. Cir. 2001)("Irreparable harm is presumed when a clear showing of patent validity and infringement has been made. … This presumption derives in part from the finite term of the patent grant, for patent expiration is not suspended during litigation, and the passage of time can work irremediable harm. ")但美国联邦最高法院明确废弃了此法律规则，认为难以弥补之损害不得推定，专利权人须提供证据证明。See eBay Inc. v. MercExchange, L. L. C. , 547 U. S. 388, 392 –94(2006).

减损等。【广州知产法院“红日”案】指出，难以弥补的损害一般指难以用金钱计算的损失，市场份额将在短期内急剧减少乃至被取代，商业信誉和商品声誉受损，显然难以用金钱计算。

除了前述两项条件，法院准予诉前行为保全申请还需要考虑一个消极条件，即是否损害公共利益。《最高人民法院关于审查知识产权纠纷行为保全案件适用法律若干问题的规定》（法释〔2018〕21号）第七条规定的人民法院审查行为保全申请时应当综合考量的第四项因素，包括“采取行为保全措施是否损害社会公共利益”。一方面，既然诉前行为保全措施涉及公共利益，法院应当依职权直接审查。通常，诉前行为保全措施不会损害公共利益。但是，如果社会生活对侵权行为具有依赖，而执行诉前行为保全措施可能导致市场没有替代品或者无法及时提供替代品时，就可能导致社会生活混乱，从而损害社会公共利益。另一方面，市场越是开放和发达，竞争越是充分和有效，法院就越难以损害公共利益为由拒绝诉前行为保全申请。

为防止诉前行为保全措施被滥用，民事诉讼法（2017年）设有多项程序防范措施：(1)申请人提出诉前禁令申请时，应当提供担保；不提供担保的，驳回申请。① (2)申请有错误的，申请人应当赔偿被申请人因停止有关行为所遭受的损失。② (3)申请人自人民法院采取责令停止有关行为的措施之日起三十日内不起诉的，人民法院应当解除保全。③ (4)被申请人提供担保的，人民法院应当裁定解除保全。④ 就担保的具体数额，【广州知产法院“红日”案】认为，担保是为了赔偿如果申请人禁令请求错误给被申请人造成的损失。双方均未举证证明如果禁令请求错误将给被申请人造成多大损失时，应考虑被申请人主观恶意程度、被申请人构成侵权的确信程度、被申请人履行禁令义务的成本等因素予以酌定。

---

① 民事诉讼法（2017年）第一百零一条第一款。

② 民事诉讼法（2017年）第一百零五条。

③ 民事诉讼法（2017年）第一百零一条第三款。

④ 民事诉讼法（2017年）第一百零四条。

第六十六条　【注册商标侵权的诉前证据保全】为制止侵权行为，在证据可能灭失或者以后难以取得的情况下，商标注册人或者利害关系人可以依法在起诉前向人民法院申请保全证据。

【立法·要点注释】

1. 申请人在诉前申请人民法院保全证据，应当符合以下条件：

第一，申请人的范围，必须是商标注册人或者利害关系人。除此之外的其他人，不得依据本条规定申请人民法院保全证据。

第二，申请证据保全的目的，是制止侵权行为，即本法规定的七类侵犯注册商标专用权的行为。

第三，证据存在灭失等可能的，即申请人申请保全的证据，必须具备可能灭失或者以后难以取得的情形。所谓可能灭失，是指因证据的自然特征、性质，或者因人为因素，使证据有灭失的可能。所谓以后难以取得，是指由于客观情况的变化，证据在今后不能取得，或者虽然可以取得但会失去其作用的情形。

2. 根据民事诉讼法第八十一条第二款的规定，因情况紧急，在证据可能灭失或者以后难以取得的情况下，利害关系人可以在提起诉讼或者申请仲裁前向证据所在地、被申请人住所地或者对案件有管辖权的人民法院申请保全证据。商标注册人或者利害关系人在起诉前向人民法院申请保全证据，应当向被保全证据所在地、被申请人住所地或者对案件有管辖权的人民法院提出申请；申请人应当提供担保，不提供担保的，裁定驳回申请。人民法院接受申请后，必须在四十八小时内作出裁定；裁定采取保全措施的，应当立即开始执行。申请人在人民法院采取保全措施后三十日内不依法提起诉讼或者申请仲裁的，人民法院应当解除保全。

【相关立法】

《中华人民共和国民事诉讼法》（20170701）

第八十一条　在证据可能灭失或者以后难以取得的情况下，当事人可以在诉讼过程中向人民法院申请保全证据，人民法院也可以主动采取保全措施。

因情况紧急,在证据可能灭失或者以后难以取得的情况下,利害关系人可以在提起诉讼或者申请仲裁前向证据所在地、被申请人住所地或者对案件有管辖权的人民法院申请保全证据。

证据保全的其他程序,参照适用本法第九章保全的有关规定。

【司法解释】

1.《最高人民法院关于知识产权民事诉讼证据的若干规定》(法释〔2020〕12 号,20201118)

第十一条 人民法院对于当事人或者利害关系人的证据保全申请,应当结合下列因素进行审查:

(一)申请人是否已就其主张提供初步证据;

(二)证据是否可以由申请人自行收集;

(三)证据灭失或者以后难以取得的可能性及其对证明待证事实的影响;

(四)可能采取的保全措施对证据持有人的影响。

第十二条 人民法院进行证据保全,应当以有效固定证据为限,尽量减少对保全标的物价值的损害和对证据持有人正常生产经营的影响。

证据保全涉及技术方案的,可以采取制作现场勘验笔录、绘图、拍照、录音、录像、复制设计和生产图纸等保全措施。

第十三条 当事人无正当理由拒不配合或者妨害证据保全,致使无法保全证据的,人民法院可以确定由其承担不利后果。构成民事诉讼法第一百一十一条规定情形的,人民法院依法处理。

第十四条 对于人民法院已经采取保全措施的证据,当事人擅自拆装证据实物、篡改证据材料或者实施其他破坏证据的行为,致使证据不能使用的,人民法院可以确定由其承担不利后果。构成民事诉讼法第一百一十一条规定情形的,人民法院依法处理。

第十五条 人民法院进行证据保全,可以要求当事人或者诉讼代理人到场,必要时可以根据当事人的申请通知有专门知识的人到场,也可以指派技术调查官参与证据保全。

证据为案外人持有的,人民法院可以对其持有的证据采取保全措施。

第十六条　人民法院进行证据保全,应当制作笔录、保全证据清单,记录保全时间、地点、实施人、在场人、保全经过、保全标的物状态,由实施人、在场人签名或者盖章。有关人员拒绝签名或者盖章的,不影响保全的效力,人民法院可以在笔录上记明并拍照、录像。

第十七条　被申请人对证据保全的范围、措施、必要性等提出异议并提供相关证据,人民法院经审查认为异议理由成立的,可以变更、终止、解除证据保全。

第十八条　申请人放弃使用被保全证据,但被保全证据涉及案件基本事实查明或者其他当事人主张使用的,人民法院可以对该证据进行审查认定。

2.《最高人民法院关于适用〈中华人民共和国民事诉讼法〉的解释》(法释〔2015〕5号,20150204;经法释〔2020〕20号修正,20210101)

第九十八条　当事人根据民事诉讼法第八十一条第一款规定申请证据保全的,可以在举证期限届满前书面提出。

证据保全可能对他人造成损失的,人民法院应当责令申请人提供相应的担保。

第二百二十五条　根据案件具体情况,庭前会议可以包括下列内容:

(一)明确原告的诉讼请求和被告的答辩意见;

(二)审查处理当事人增加、变更诉讼请求的申请和提出的反诉,以及第三人提出的与本案有关的诉讼请求;

(三)根据当事人的申请决定调查收集证据,委托鉴定,要求当事人提供证据,进行勘验,进行证据保全;

(四)组织交换证据;

(五)归纳争议焦点;

(六)进行调解。

第五百四十二条　依照民事诉讼法第二百七十二条规定,中华人民共和国涉外仲裁机构将当事人的保全申请提交人民法院裁定的,人民法院可以进行审查,裁定是否进行保全。裁定保全的,应当责令申请人提供担保,申请人不提供担保的,裁定驳回申请。

当事人申请证据保全,人民法院经审查认为无需提供担保的,申请人可以不提供担保。

【司法文件】

《最高人民法院关于依法加大知识产权侵权行为惩治力度的意见》(法发〔2020〕33 号,20200914)

一、加强适用保全措施

3. 权利人有初步证据证明存在侵害知识产权行为且证据可能灭失或者以后难以取得的情形,申请证据保全的,人民法院应当依法及时审查并作出裁定。涉及较强专业技术问题的证据保全,可以由技术调查官参与。

4. 对于已经被采取保全措施的被诉侵权产品或者其他证据,被诉侵权人擅自毁损、转移等,致使侵权事实无法查明的,人民法院可以推定权利人就该证据所涉证明事项的主张成立。属于法律规定的妨害诉讼情形的,依法采取强制措施。

【地方法院规范】

1.《广东省高级人民法院关于切实加强知识产权司法保护的若干意见》(粤高法〔2018〕297 号,20181221)

十一、加强诉讼保全措施。对侵权诉讼依法适用行为保全、财产保全、证据保全等措施。正确把握知识产权侵权行为性质、情节和影响,积极以诉前、诉中行为禁令避免损害后果扩大。对于权利人确实无法取得侵权证据的,依法出具提交令或调查令,弥补权利人举证能力不足。

2.《浙江省高级人民法院民三庭关于知识产权民事诉讼证据保全的实施意见》(2014 年 7 月)

第一条 申请人可以在起诉前申请证据保全,也可以在起诉时或者立案后申请证据保全,但一般不得迟于举证期限届满前七日。申请人超出该期限提出申请的,人民法院应当综合考虑需要保全证据的重要性、超期提出申请的原因等因素,确定是否予以准许。

第二条 诉前证据保全的管辖法院为证据所在地、被申请人住所地或者对案件有管辖权的人民法院。

诉前证据保全的级别管辖适用一般知识产权民事案件诉讼级别管辖的

规定。

第三条　人民法院采用证据保全措施一般应当根据申请人申请，对可能涉及有损国家利益、社会公共利益或者他人合法权益的案件，可以主动采取证据保全措施。

第四条　人民法院应谨慎行使“证据可能灭失或者以后难以取得”的自由裁量权，既要充分考量知识产权证据的不稳定性和易毁性等特点，及时有效地采取保全措施，又要防止当事人滥用证据保全程序、转移举证责任、耗费司法资源。

第五条　当事人申请证据保全应当递交书面申请。

书面申请应当载明以下内容：

（一）当事人基本情况；

（二）申请保全证据的理由、内容、范围、所在地点；

（三）请求保全的证据能够证明的对象；

（四）证据可能灭失或者以后难以取得，且当事人及其诉讼代理人因客观原因等不能自行收集的具体说明。

第六条　人民法院应及时对证据保全申请的合法性进行审查：

（一）申请人为适格主体。申请人一般为权利人或者利害关系人。特殊情况下，被诉侵权人也可以作为申请人。其中利害关系人包括知识产权财产权利的合法继承人和知识产权许可合同的被许可人等。独占实施许可合同的被许可人可以单独向人民法院提出申请；排他实施许可合同的被许可人在权利人不申请的情况下，可以提出申请；普通实施许可合同的被许可人经权利人明确授权的，可以提出申请。

（二）申请人提交了证明自己权利存在以及该权利遭受被申请人侵害的初步证据。证明权利存在的初步证据主要包括专利权证书、专利缴费凭证、专利登记簿副本、商标注册证书、著作权登记证书、作品底稿、公开出版物等，利害关系人除需提供上述证据外，还应提供实施许可合同、证明其合法继承人身份的材料等。申请人提供的存在侵权事实的证人证言，一般不得单独作为证明权利遭受侵害的初步证据。

（三）申请保全的证据内容属于由申请人承担举证责任的内容。

（四）其他需要审查的事项。

第七条　人民法院应及时对当事人提出证据保全申请的必要性进行审查，即申请保全的证据可能灭失或以后难以取得，且当事人及其诉讼代理人因客观原因不能自行收集。

下列情形,人民法院对证据保全申请可以不予准许:

(一)证据可由当事人通过购买等方式自行取得;

(二)证据可由公证机关保全取得;

(三)有证据证明持有证据的一方当事人无正当理由拒不提供;

(四)其他不需要采取证据保全措施的。

第八条 人民法院应对当事人提出保全申请的证据的关联性进行审查:

(一)申请保全的证据的内容所能证明的对象属于诉讼请求涉及的范围;

(二)申请保全的证据与被诉侵权行为的存在、状态、规模及权利受损程度等待证事实具有关联性;

(三)其他需要审查的事项。

第九条 对于符合证据保全条件的申请,申请人将其作为调查取证申请提出的,人民法院应当告知申请人向法院提出证据保全申请。

第十条 人民法院准许当事人证据保全申请的,应采用裁定书形式;不准许当事人证据保全申请的,应当以书面或者口头通知形式告知申请人,并说明理由。采用口头通知方式的,应当制作笔录。

人民法院采取证据保全措施之前,应当向被申请人送达证据保全裁定书。

人民法院保全的证据,应当以裁定书载明的内容为限。裁定书内容应尽量涵盖诉讼请求可能涉及的证据材料。

第十一条 人民法院采取的证据保全措施应当全面反映所保全证据的真实状态,一般以不损害被保全证据的价值、不妨碍被保全证据作为财产的正常使用和流转为前提,减少保全风险,避免因保全不当给被申请人生产经营活动造成损失。

第十二条 人民法院可结合内部职能部门分工情况,确定证据保全的审查和执行的部门。

在非知识产权审判庭审查或执行的情形下,知识产权审判庭应当与相关审查或执行部门保持沟通或派员随同,并应充分考量知识产权案件证据的特殊性,确保知识产权证据保全准确、及时、有效。

第十三条 人民法院应确保其在证据保全过程中的主导地位,对于技术性较强的保全措施可由人民法院保全人员指定案外专业人士进行协助,禁止申请人自行操作。保全证据如确需被申请人操作的,应当经双方当事人确认无异并记录在案。

第十四条　人民法院应依法保障申请人在证据保全执行中享有的见证权和指认权,被申请人享有的陈述权和异议权。在采取证据保全措施前,应当向双方当事人送达权利义务告知书。

对于技术性较强的保全措施,应当允许当事人聘请的专业人士参与。

申请人不宜到场参与证据保全的,人民法院可以要求申请人提供详细的保全线索,明确保全的地点、对象、步骤以及需要注意的事项等。人民法院应当及时将保全的证据交由申请人确认。

第十五条　人民法院应根据案件的具体情况,及时采取有效的证据保全措施:

(一)查封或扣押生产被诉侵权产品的专用模具、专用机械设备等,并进行拍照;

(二)查封或扣押被诉侵权产品的成品与半成品,并清点库存数量;

(三)复制或扣押可反映生产或销售被诉侵权产品的数量、金额以及利润的财务账册或报表、生产记录、仓储记录、销售合同、报价单、销售发票等;

(四)提取与被诉侵权产品有关的宣传资料、画册、产品目录等;

(五)复制电脑及各种数据储存器中涉嫌侵权的程序、图纸、技术资料以及内部管理资料、客户资料等;

(六)封存、提取易变质、不易保管的物品,应当同时进行照相、录像;

(七)其他需要采取的证据保全措施。

第十六条　人民法院能够用复制、记录、照相等方法进行证据保全的,不应采取查封、扣押等措施;能就地查封的,不应采取异地扣押措施。对于采取查封、扣押等措施保全的证据,应当及时进行勘验、质证。

第十七条　对于查封保全的证据,一般由被申请人自行保管,人民法院应当告知其不得擅自拆卸、变动以及相应的法律后果。对于扣押保全的证据,人民法院应当设置专门的证物室妥善保管。采取查封、扣押等证据保全措施的,人民法院应当向被申请人出具清单。

第十八条　证据保全应制作笔录,以完整反映保全过程。

第十九条　申请人提出的保全要求可能涉及被申请人的商业秘密的,人民法院应当告知申请人应承担的保密义务并采取适当的保密措施。所保全的证据在法庭质证前,应当予以封存。

第二十条 被申请人不配合保全的，人民法院可自行清点被诉侵权产品的数量、查封扣押样品，采用拍照、录像等方式记录保全过程，并记录在案。

第二十一条 被申请人持有对己不利的证据，无正当理由拒不提供，或者伪造、毁灭被保全证据的，人民法院根据案件具体情形，既可以推定申请人关于该证据的主张成立，也可以降低相关事实的证明标准，或者将举证妨碍作为认定损害赔偿数额的考量因素。

人民法院应在充分考量举证妨碍的严重程度、被申请人的主观过错、相关证据的重要性及对案件事实的证明力等因素的基础上，确定举证妨碍行为在事实认定方面的法律后果。

在下列情形中，人民法院不应适用举证妨碍规则直接推定申请人的相关主张成立：

(一)该主张明显超出合理范围；

(二)存在与该主张有明显矛盾的证据或者事实。

第二十二条 被申请人伪造重要证据、毁灭被保全的证据、或者以暴力、威胁等方法阻碍人民法院依法进行证据保全的，人民法院可以根据情节轻重予以罚款、拘留；构成犯罪的，依法追究刑事责任。

第二十三条 对符合下列情形之一的，人民法院可以将被保全的证据退还被申请人：

(一)以调解或者和解撤诉方式结案的案件；

(二)不易移动的证据，且已经采取照相、录像等方法予以固定；

(三)易变质、不易保管的证据，且已经采取照相、录像等方法予以固定。

第二十四条 申请证据保全，申请人应当按照《诉讼费用交纳办法》第十四条第(二)项的规定交纳保全费用。

人民法院可以要求申请人提供被保全证据载体的销售价格、申请人或者市场上同类产品的销售价格作为实际保全证据载体的估值依据，并据此确定保全费用。

第二十五条 人民法院在确定申请人提供担保的必要性时，应当以证据保全是否会给被申请人造成财产损失为标准，同时应当考量申请人举证的充分程度、权利的稳定性及其诉讼请求得到支持的可能性。

第二十六条 证据保全具有下列情形的，申请人可以不提供担保：

(一)采取照相、录像、勘验、制作笔录等方法足以固定证据，不需要采取查封、扣押措施的；

（二）复制财务账册、销售合同等；

（三）提取的被诉侵权产品样品价值不大的；

（四）不会给被申请人造成经营上损失的其他情形。

第二十七条　证据保全具有下列情形的，人民法院应当要求申请人提供担保：

（一）查封、扣押对象为大型机械设备、建筑物、交通工具、货物、鲜活商品、名贵物品等，保全措施有可能对这些证据造成直接损害或者妨碍其正常使用而造成损失的；

（二）被保全对象为即将交付的合同标的，保全措施有可能造成被申请人因交付不能遭受损失的；

（三）其他可能给被申请人造成较大损失的情形。

第二十八条　人民法院要求申请人提供相应担保的，可依个案情况采取保证、现金等方式。

第二十九条　证据保全的担保金额应当以可能造成被申请人的财产损失数额为参考。

第三十条　对于认定侵权成立的案件，人民法院应当在判决生效后将担保金退还申请人。对于认定侵权不成立的案件，申请人未要求退还担保金的，人民法院应当在判决生效之日起 2 年后将担保金退还申请人；申请人要求退还担保金的，人民法院应当告知被申请人在诉讼时效的合理期限内提起损害赔偿之诉。被申请人未起诉的，人民法院应当将担保金退还申请人。

第三十一条　人民法院对于被保全的证据，应当进行客观公正的审查，既可以作出有利于申请人的事实认定，也可以作出不利于申请人的事实认定。申请人不得放弃对被保全的证据的使用。

第三十二条　申请人恶意申请证据保全，造成被申请人财产损失的，应当承担损害赔偿责任。

申请人申请证据保全虽无恶意，但其诉讼主张最终并未得到法院生效裁判的支持，造成被申请人财产损失的，应当承担损害赔偿责任。

第三十三条　损害赔偿的数额，应当与因错误申请证据保全给被申请人造成的财产损失相适应，包括造成被申请人财产的直接损失和间接损失。直接损失包括被保全产品的价格和实际支出的相关费用等；间接损失包括生产线在被查封期间的产能损失、因产品被保全导致被申请人向案外交易人支付的违约金损失等。

第三十四条 对电子证据进行保全的,人民法院可以要求申请人提供存储介质,在保全前应对存储介质进行格式化等清洁性处理,并记入保全笔录。

第三十五条 人民法院在保全电子证据时应注意保护现场:

(一)禁止非保全人员接触电源、计算机、网络设备、存储设备等数字化设备;

(二)禁止被保全人员或其负责人借故离开,破坏保全环境;

(三)检查计算机的网络情况,确保系统在正常状态,必要时可以切断网络连接,防止远程控制;

(四)终止正在实施的整理硬盘、格式化硬盘、批量复制信息、批量下载信息、杀毒等可能大量访问存储介质的操作,防止正在运行的系统或程序破坏数据。

第三十六条 人民法院在对电子证据进行保全时,应当同时保全可据以验证被保全证据可靠性的任何其他必要信息,如该电子信息的来源地、目的地、发送与接收时间、软件运行的环境、操作系统等,必要时可以根据需要扣押相关计算机主机、硬盘、服务器等存储介质。

第三十七条 电子证据应至少复制两份予以保存。复制后,应当及时检查复制件的质量,防止复制不成功或感染病毒。检查完成后,由双方当事人签名确认。

第三十八条 保全的电子证据应妥善保管,避免使用塑料袋等易导致静电消磁的包装,远离高磁场、高温、静电、潮湿、灰尘等环境,避免挤压和试剂腐蚀。

编者说明

本条规定侵犯注册商标专用权纠纷的诉前证据保全。本条规定所谓"依法"是依照民事诉讼法(2017 年)第八十一条第二款规定:"因情况紧急,在证据可能灭失或者以后难以取得的情况下,利害关系人可以在提起诉讼或者申请仲裁前向证据所在地、被申请人住所地或者对案件有管辖权的人民法院申请保全证据。"同时,本条第三款规定:"证据保全的其他程序,参照适用本法第九章保全的有关规定。"

诉前证据保全也是诉前临时措施之一,但法律性质不同于诉前财产保全和诉前行为保全。诉前财产保全和诉前行为保全都有"先予执行"的内容,存在"未审先判"的程序问题,诉前证据保全令则无错判注册商标侵权成立的顾虑。

它一般也不关系被请求人的重大权益，不会对被请求人造成难以弥补的损害。但是，证据一旦灭失，则法院无法查明事实，可能严重损害申请人（一般为注册商标专用权人①）的利益。为平衡申请人与被申请人之间的利益，法院通常更愿意准予诉前证据保全，而不是准予诉前财产保全或诉前行为保全，特别是在申请人提供担保的情况之下。实际上，法院对"情况紧急""证据可能灭失或者以后难以取得"的证明要求并不那么高。②

为此，诉前证据保全只是"参照"适用民事诉讼法第九章保全的规定。民事诉讼法（2017 年）第九章不少规定适用于商标侵权纠纷诉前证据保全。比如，诉前证据保全也是基于"紧急情况"，即"证据可能灭失或者以后难以取得"，故法院应当自接受申请之时起四十八小时内作出裁定，裁定采取保全措施的，应当立即执行。再如，证据保全后，申请人应当及时行使权利，提起诉讼。如果申请人从法院采取保全措施之日起三十日内不起诉，法院应当解除该措施。如果申请有错误，则申请人应当赔偿被申请人因保全所遭受的损失。如果被申请人不服，则可以申请复议。但并不是民事诉讼法（2017 年）第九章全部规定都适用于商标侵权纠纷的诉前证据保全。比如，民事诉讼法（2017 年）第一百条第二款规定，"人民法院采取保全措施，可以责令申请人提供担保，申请人不提供担保的，裁定驳回申请"。但是，对于商标侵权纠纷诉前证据保全而言，只有当申请人申请诉前保全证据可能涉及被申请人财产损失时，人民法院才应当责令申请人提供相应的担保。③ 再如，民事诉讼法（2017 年）第一百零四条规定，"财产纠纷案件，被申请人提供担保的，人民法院应当裁定解除保全"。但是，证据对于法院查明事实起到关键作用，故而证据保全措施不同于"诉前财产保全"和"诉前行为保全"，即便被申请人提供反担保，也不应因此而被解除。

---

① 《浙江省高级人民法院民三庭关于知识产权民事诉讼证据保全的实施意见》第六条规定，"申请人一般为权利人或者利害关系人。特殊情况下，被诉侵权人也可以作为申请人"。

② 参见特步（中国）有限公司与刘铁红侵害商标权纠纷案，湖南省常德市中级人民法院民事裁定书（2015）常立民保字第 3 号、第 4 号。

③ 《最高人民法院关于适用〈中华人民共和国民事诉讼法〉的解释》第九十八条第二款。

第六十七条 【侵犯注册商标专用权的刑事责任】未经商标注册人许可,在同一种商品上使用与其注册商标相同的商标,构成犯罪的,除赔偿被侵权人的损失外,依法追究刑事责任。

伪造、擅自制造他人注册商标标识或者销售伪造、擅自制造的注册商标标识,构成犯罪的,除赔偿被侵权人的损失外,依法追究刑事责任。

销售明知是假冒注册商标的商品,构成犯罪的,除赔偿被侵权人的损失外,依法追究刑事责任。

【相关立法】

《中华人民共和国刑法》(20210301)

第二百一十三条 未经注册商标所有人许可,在同一种商品、服务上使用与其注册商标相同的商标,情节严重的,处三年以下有期徒刑,并处或者单处罚金;情节特别严重的,处三年以上十年以下有期徒刑,并处罚金。

第二百一十四条 销售明知是假冒注册商标的商品,违法所得数额较大或者有其他严重情节的,处三年以下有期徒刑,并处或者单处罚金;违法所得数额巨大或者有其他特别严重情节的,处三年以上十年以下有期徒刑,并处罚金。

第二百一十五条 伪造、擅自制造他人注册商标标识或者销售伪造、擅自制造的注册商标标识,情节严重的,处三年以下有期徒刑,并处或者单处罚金;情节特别严重的,处三年以上十年以下有期徒刑,并处罚金。

【司法解释】

1.《最高人民法院、最高人民检察院关于办理侵犯知识产权刑事案件具体应用法律若干问题的解释(三)》(法释〔2020〕10号,20200914)

第一条 具有下列情形之一的,可以认定为刑法第二百一十三条规定的"与其注册商标相同的商标":

(一)改变注册商标的字体、字母大小写或者文字横竖排列,与注册商标之间基本无差别的;

(二)改变注册商标的文字、字母、数字等之间的间距,与注册商标之间基本无差别的；

（三）改变注册商标颜色，不影响体现注册商标显著特征的；

（四）在注册商标上仅增加商品通用名称、型号等缺乏显著特征要素，不影响体现注册商标显著特征的；

（五）与立体注册商标的三维标志及平面要素基本无差别的；

（六）其他与注册商标基本无差别、足以对公众产生误导的商标。

第七条　除特殊情况外，假冒注册商标的商品、非法制造的注册商标标识、侵犯著作权的复制品、主要用于制造假冒注册商标的商品、注册商标标识或者侵权复制品的材料和工具，应当依法予以没收和销毁。

上述物品需要作为民事、行政案件的证据使用的，经权利人申请，可以在民事、行政案件终结后或者采取取样、拍照等方式对证据固定后予以销毁。

第八条　具有下列情形之一的，可以酌情从重处罚，一般不适用缓刑：

（一）主要以侵犯知识产权为业的；

（二）因侵犯知识产权被行政处罚后再次侵犯知识产权构成犯罪的；

（三）在重大自然灾害、事故灾难、公共卫生事件期间，假冒抢险救灾、防疫物资等商品的注册商标的；

（四）拒不交出违法所得的。

第九条　具有下列情形之一的，可以酌情从轻处罚：

（一）认罪认罚的；

（二）取得权利人谅解的；

（三）具有悔罪表现的；

（四）以不正当手段获取权利人的商业秘密后尚未披露、使用或者允许他人使用的。

第十条　对于侵犯知识产权犯罪的，应当综合考虑犯罪违法所得数额、非法经营数额、给权利人造成的损失数额、侵权假冒物品数量及社会危害性等情节，依法判处罚金。

罚金数额一般在违法所得数额的一倍以上五倍以下确定。违法所得数额无法查清的，罚金数额一般按照非法经营数额的百分之五十以上一倍以下确定。违法所得数额和非法经营数额均无法查清，判处三年以下有期徒刑、拘役、管制或者单处罚金的，一般在三万元以上一百万元以下确定罚金数额；判处三年以上有期徒刑的，一般在十五万元以上五百万元以下确定罚金数额。

2.《最高人民法院、最高人民检察院关于办理侵犯知识产权刑事案件具体应用法律若干问题的解释(二)》(法释〔2007〕6号,20070405)

第三条　侵犯知识产权犯罪,符合刑法规定的缓刑条件的,依法适用缓刑。有下列情形之一的,一般不适用缓刑:

(一)因侵犯知识产权被刑事处罚或者行政处罚后,再次侵犯知识产权构成犯罪的;

(二)不具有悔罪表现的;

(三)拒不交出违法所得的;

(四)其他不宜适用缓刑的情形。

第四条　对于侵犯知识产权犯罪的,人民法院应当综合考虑犯罪的违法所得、非法经营数额、给权利人造成的损失、社会危害性等情节,依法判处罚金。罚金数额一般在违法所得的一倍以上五倍以下,或者按照非法经营数额的50%以上一倍以下确定。

第五条　被害人有证据证明的侵犯知识产权刑事案件,直接向人民法院起诉的,人民法院应当依法受理;严重危害社会秩序和国家利益的侵犯知识产权刑事案件,由人民检察院依法提起公诉。

第六条　单位实施刑法第二百一十三条至第二百一十九条规定的行为,按照《最高人民法院、最高人民检察院关于办理侵犯知识产权刑事案件具体应用法律若干问题的解释》和本解释规定的相应个人犯罪的定罪量刑标准定罪处罚。

第七条　以前发布的司法解释与本解释不一致的,以本解释为准。

3.《最高人民法院、最高人民检察院关于办理侵犯知识产权刑事案件具体应用法律若干问题的解释》(法释〔2004〕19号,20041222)

第一条　未经注册商标所有人许可,在同一种商品上使用与其注册商标相同的商标,具有下列情形之一的,属于刑法第二百一十三条规定的"情节严重",应当以假冒注册商标罪判处三年以下有期徒刑或者拘役,并处或者单处罚金:

(一)非法经营数额在五万元以上或者违法所得数额在三万元以上的;

(二)假冒两种以上注册商标,非法经营数额在三万元以上或者违法所得数额在二万元以上的;

(三)其他情节严重的情形。

具有下列情形之一的,属于刑法第二百一十三条规定的“情节特别严重”,应当以假冒注册商标罪判处三年以上七年以下有期徒刑,并处罚金:

(一)非法经营数额在二十五万元以上或者违法所得数额在十五万元以上的;

(二)假冒两种以上注册商标,非法经营数额在十五万元以上或者违法所得数额在十万元以上的;

(三)其他情节特别严重的情形。

第二条 销售明知是假冒注册商标的商品,销售金额在五万元以上的,属于刑法第二百一十四条规定的“数额较大”,应当以销售假冒注册商标的商品罪判处三年以下有期徒刑或者拘役,并处或者单处罚金。

销售金额在二十五万元以上的,属于刑法第二百一十四条规定的“数额巨大”,应当以销售假冒注册商标的商品罪判处三年以上七年以下有期徒刑,并处罚金。

第三条 伪造、擅自制造他人注册商标标识或者销售伪造、擅自制造的注册商标标识,具有下列情形之一的,属于刑法第二百一十五条规定的“情节严重”,应当以非法制造、销售非法制造的注册商标标识罪判处三年以下有期徒刑、拘役或者管制,并处或者单处罚金:

(一)伪造、擅自制造或者销售伪造、擅自制造的注册商标标识数量在二万件以上,或者非法经营数额在五万元以上,或者违法所得数额在三万元以上的;

(二)伪造、擅自制造或者销售伪造、擅自制造两种以上注册商标标识数量在一万件以上,或者非法经营数额在三万元以上,或者违法所得数额在二万元以上的;

(三)其他情节严重的情形。

具有下列情形之一的,属于刑法第二百一十五条规定的“情节特别严重”,应当以非法制造、销售非法制造的注册商标标识罪判处三年以上七年以下有期徒刑,并处罚金:

(一)伪造、擅自制造或者销售伪造、擅自制造的注册商标标识数量在十万件以上,或者非法经营数额在二十五万元以上,或者违法所得数额在十五万元以上的;

(二)伪造、擅自制造或者销售伪造、擅自制造两种以上注册商标标识数量在五万件以上,或者非法经营数额在十五万元以上,或者违法所得数额在十万元以上的；

（三）其他情节特别严重的情形。

第八条 刑法第二百一十三条规定的“相同的商标”，是指与被假冒的注册商标完全相同，或者与被假冒的注册商标在视觉上基本无差别、足以对公众产生误导的商标。

刑法第二百一十三条规定的“使用”，是指将注册商标或者假冒的注册商标用于商品、商品包装或者容器以及产品说明书、商品交易文书，或者将注册商标或者假冒的注册商标用于广告宣传、展览以及其他商业活动等行为。

第九条 刑法第二百一十四条规定的“销售金额”，是指销售假冒注册商标的商品后所得和应得的全部违法收入。

具有下列情形之一的，应当认定为属于刑法第二百一十四条规定的“明知”：

（一）知道自己销售的商品上的注册商标被涂改、调换或者覆盖的；

（二）因销售假冒注册商标的商品受到过行政处罚或者承担过民事责任、又销售同一种假冒注册商标的商品的；

（三）伪造、涂改商标注册人授权文件或者知道该文件被伪造、涂改的；

（四）其他知道或者应当知道是假冒注册商标的商品的情形。

第十二条 本解释所称“非法经营数额”，是指行为人在实施侵犯知识产权行为过程中，制造、储存、运输、销售侵权产品的价值。已销售的侵权产品的价值，按照实际销售的价格计算。制造、储存、运输和未销售的侵权产品的价值，按照标价或者已经查清的侵权产品的实际销售平均价格计算。侵权产品没有标价或者无法查清其实际销售价格的，按照被侵权产品的市场中间价格计算。

多次实施侵犯知识产权行为，未经行政处理或者刑事处罚的，非法经营数额、违法所得数额或者销售金额累计计算。

本解释第三条所规定的“件”，是指标有完整商标图样的一份标识。

第十三条 实施刑法第二百一十三条规定的假冒注册商标犯罪，又销售该假冒注册商标的商品，构成犯罪的，应当依照刑法第二百一十三条的规定，以假冒注册商标罪定罪处罚。

实施刑法第二百一十三条规定的假冒注册商标犯罪，又销售明知是他人的假冒注册商标的商品，构成犯罪的，应当实行数罪并罚。

第十五条 单位实施刑法第二百一十三条至第二百一十九条规定的行

为,按照本解释规定的相应个人犯罪的定罪量刑标准的三倍定罪量刑。

第十六条　明知他人实施侵犯知识产权犯罪,而为其提供贷款、资金、账号、发票、证明、许可证件,或者提供生产、经营场所或者运输、储存、代理进出口等便利条件、帮助的,以侵犯知识产权犯罪的共犯论处。

第十七条　以前发布的有关侵犯知识产权犯罪的司法解释,与本解释相抵触的,自本解释施行后不再适用。

【司法文件】

1.《最高人民法院刑事审判第二庭关于集体商标是否属于我国刑法的保护范围问题的复函》(〔2009〕刑二函字第 28 号,20090410)

一、我国《商标法》第三条规定:"经商标局核准注册的商标为注册商标,包括商品商标、服务商标和集体商标、证明商标;商标注册人享有商标专用权,受法律保护。"因此,刑法第二百一十三条至二百一十五条所规定的"注册商标"应当涵盖"集体商标"。

2.《最高人民法院关于依法加大知识产权侵权行为惩治力度的意见》(法发〔2020〕33 号,20200914)

四、加大刑事打击力度

14. 通过网络销售实施侵犯知识产权犯罪的非法经营数额、违法所得数额,应当综合考虑网络销售电子数据、银行账户往来记录、送货单、物流公司电脑系统记录、证人证言、被告人供述等证据认定。

15. 对于主要以侵犯知识产权为业、在特定期间假冒抢险救灾、防疫物资等商品的注册商标以及因侵犯知识产权受到行政处罚后再次侵犯知识产权构成犯罪的情形,依法从重处罚,一般不适用缓刑。

16. 依法严格追缴违法所得,加强罚金刑的适用,剥夺犯罪分子再次侵犯知识产权的能力和条件。

3.《最高人民法院、最高人民检察院、公安部关于办理侵犯知识产权刑事案件适用法律若干问题的意见》(法发〔2011〕3 号,20110110)

一、关于侵犯知识产权犯罪案件的管辖问题

侵犯知识产权犯罪案件由犯罪地公安机关立案侦查。必要时,可以由犯罪嫌疑人居住地公安机关立案侦查。侵犯知识产权犯罪案件的犯罪地,包括侵权产品制造地、储存地、运输地、销售地,传播侵权作品、销售侵权产品的网站服务器所在地、网络接入地、网站建立者或者管理者所在地,侵权作品上传者所在地,权利人受到实际侵害的犯罪结果发生地。对有多个侵犯知识产权犯罪地的,由最初受理的公安机关或者主要犯罪地公安机关管辖。多个侵犯知识产权犯罪地的公安机关对管辖有争议的,由共同的上级公安机关指定管辖,需要提请批准逮捕、移送审查起诉、提起公诉的,由该公安机关所在地的同级人民检察院、人民法院受理。

对于不同犯罪嫌疑人、犯罪团伙跨地区实施的涉及同一批侵权产品的制造、储存、运输、销售等侵犯知识产权犯罪行为,符合并案处理要求的,有关公安机关可以一并立案侦查,需要提请批准逮捕、移送审查起诉、提起公诉的,由该公安机关所在地的同级人民检察院、人民法院受理。

二、关于办理侵犯知识产权刑事案件中行政执法部门收集、调取证据的效力问题

行政执法部门依法收集、调取、制作的物证、书证、视听资料、检验报告、鉴定结论、勘验笔录、现场笔录,经公安机关、人民检察院审查,人民法院庭审质证确认,可以作为刑事证据使用。

行政执法部门制作的证人证言、当事人陈述等调查笔录,公安机关认为有必要作为刑事证据使用的,应当依法重新收集、制作。

三、关于办理侵犯知识产权刑事案件的抽样取证问题和委托鉴定问题

公安机关在办理侵犯知识产权刑事案件时,可以根据工作需要抽样取证,或者商请同级行政执法部门、有关检验机构协助抽样取证。法律、法规对抽样机构或者抽样方法有规定的,应当委托规定的机构并按照规定方法抽取样品。

公安机关、人民检察院、人民法院在办理侵犯知识产权刑事案件时,对于需要鉴定的事项,应当委托国家认可的有鉴定资质的鉴定机构进行鉴定。

公安机关、人民检察院、人民法院应当对鉴定结论进行审查,听取权利人、犯罪嫌疑人、被告人对鉴定结论的意见,可以要求鉴定机构作出相应说明。

四、关于侵犯知识产权犯罪自诉案件的证据收集问题

人民法院依法受理侵犯知识产权刑事自诉案件,对于当事人因客观原因不能取得的证据,在提起自诉时能够提供有关线索,申请人民法院调取的,人

民法院应当依法调取。

五、关于刑法第二百一十三条规定的"同一种商品"的认定问题

名称相同的商品以及名称不同但指同一事物的商品,可以认定为"同一种商品"。"名称"是指国家工商行政管理总局商标局在商标注册工作中对商品使用的名称,通常即《商标注册用商品和服务国际分类》中规定的商品名称。"名称不同但指同一事物的商品"是指在功能、用途、主要原料、消费对象、销售渠道等方面相同或者基本相同,相关公众一般认为是同一种事物的商品。

认定"同一种商品",应当在权利人注册商标核定使用的商品和行为人实际生产销售的商品之间进行比较。

六、关于刑法第二百一十三条规定的"与其注册商标相同的商标"的认定问题

具有下列情形之一,可以认定为"与其注册商标相同的商标":

(一)改变注册商标的字体、字母大小写或者文字横竖排列,与注册商标之间仅有细微差别的;

(二)改变注册商标的文字、字母、数字等之间的间距,不影响体现注册商标显著特征的;

(三)改变注册商标颜色的;

(四)其他与注册商标在视觉上基本无差别、足以对公众产生误导的商标。

七、关于尚未附着或者尚未全部附着假冒注册商标标识的侵权产品价值是否计入非法经营数额的问题

在计算制造、储存、运输和未销售的假冒注册商标侵权产品价值时,对于已经制作完成但尚未附着(含加贴)或者尚未全部附着(含加贴)假冒注册商标标识的产品,如果有确实、充分证据证明该产品将假冒他人注册商标,其价值计入非法经营数额。

八、关于销售假冒注册商标的商品犯罪案件中尚未销售或者部分销售情形的定罪量刑问题

销售明知是假冒注册商标的商品,具有下列情形之一的,依照刑法第二百一十四条的规定,以销售假冒注册商标的商品罪(未遂)定罪处罚:

(一)假冒注册商标的商品尚未销售,货值金额在十五万元以上的;

(二)假冒注册商标的商品部分销售,已销售金额不满五万元,但与尚未

销售的假冒注册商标的商品的货值金额合计在十五万元以上的。

假冒注册商标的商品尚未销售,货值金额分别达到十五万元以上不满二十五万元、二十五万元以上的,分别依照刑法第二百一十四条规定的各法定刑幅度定罪处罚。

销售金额和未销售货值金额分别达到不同的法定刑幅度或者均达到同一法定刑幅度的,在处罚较重的法定刑或者同一法定刑幅度内酌情从重处罚。

九、关于销售他人非法制造的注册商标标识犯罪案件中尚未销售或者部分销售情形的定罪问题

销售他人伪造、擅自制造的注册商标标识,具有下列情形之一的,依照刑法第二百一十五条的规定,以销售非法制造的注册商标标识罪(未遂)定罪处罚:

(一)尚未销售他人伪造、擅自制造的注册商标标识数量在六万件以上的;

(二)尚未销售他人伪造、擅自制造的两种以上注册商标标识数量在三万件以上的;

(三)部分销售他人伪造、擅自制造的注册商标标识,已销售标识数量不满二万件,但与尚未销售标识数量合计在六万件以上的;

(四)部分销售他人伪造、擅自制造的两种以上注册商标标识,已销售标识数量不满一万件,但与尚未销售标识数量合计在三万件以上的。

十四、关于多次实施侵犯知识产权行为累计计算数额问题

依照《最高人民法院、最高人民检察院关于办理侵犯知识产权刑事案件具体应用法律若干问题的解释》第十二条第二款的规定,多次实施侵犯知识产权行为,未经行政处理或者刑事处罚的,非法经营数额、违法所得数额或者销售金额累计计算。

二年内多次实施侵犯知识产权违法行为,未经行政处理,累计数额构成犯罪的,应当依法定罪处罚。实施侵犯知识产权犯罪行为的追诉期限,适用刑法的有关规定,不受前述二年的限制。

十五、关于为他人实施侵犯知识产权犯罪提供原材料、机械设备等行为的定性问题

明知他人实施侵犯知识产权犯罪,而为其提供生产、制造侵权产品的主要原材料、辅助材料、半成品、包装材料、机械设备、标签标识、生产技术、配方等帮助,或者提供互联网接入、服务器托管、网络存储空间、通讯传输通道、代收费、费用结算等服务的,以侵犯知识产权犯罪的共犯论处。

十六、关于侵犯知识产权犯罪竞合的处理问题

行为人实施侵犯知识产权犯罪,同时构成生产、销售伪劣商品犯罪的,依照侵犯知识产权犯罪与生产、销售伪劣商品犯罪中处罚较重的规定定罪处罚。

4.《最高人民法院关于在全国法院推进知识产权民事、行政和刑事案件审判“三合一”工作的意见》(法发〔2016〕17 号,20160705)

1. 知识产权民事、行政和刑事案件审判“三合一”是指由知识产权审判庭统一审理知识产权民事、行政和刑事案件。

……

3. 最高人民法院成立推进“三合一”工作协调小组,统一协调指导全国法院的“三合一”工作。高、中级人民法院要成立相应的协调机构,组织协调辖区内的“三合一”工作,具体负责辖区内知识产权案件的管辖布局和指导监督,上传下达,内外协调,及时解决工作中出现的问题。

4. 各级人民法院要根据最高人民法院会同最高人民检察院、公安部联合制定下发的有关办理知识产权刑事案件适用法律相关问题的意见,做好知识产权刑事案件的审理工作。

5. 各级人民法院的知识产权审判部门,不再称为民事审判第×庭,更名为知识产权审判庭。

6. 各级人民法院知识产权审判庭应当根据审判任务需要配备审判力量,并根据情况配备专门从事行政审判和刑事审判的法官,也可以由行政审判庭或刑事审判庭法官与知识产权审判庭法官共同组成合议庭,审理知识产权行政或刑事案件。

7. 知识产权民事案件是指涉及著作权、商标权、专利权、技术合同、商业秘密、植物新品种和集成电路布图设计等知识产权以及不正当竞争、垄断、特许经营合同的民事纠纷案件。

一般知识产权民事纠纷案件是指除专利、植物新品种、集成电路布图设计、技术秘密、计算机软件、驰名商标认定以及垄断纠纷案件之外的知识产权民事纠纷案件。

知识产权行政案件是指当事人对行政机关就著作权、商标权、专利权等

知识产权以及不正当竞争等所作出的行政行为不服,向人民法院提起的行政纠纷案件。

知识产权刑事案件是指《中华人民共和国刑法》分则第三章“破坏社会主义市场经济秩序罪”第七节规定的侵犯知识产权犯罪案件等。

知识产权刑事自诉案件,人民法院仍然可以按照刑事诉讼法所确定的地域管辖原则管辖。

8. 知识产权民事案件的受理继续依照人民法院有关地域管辖、级别管辖和指定管辖的规定和批复进行。除此之外:

中级人民法院辖区内没有基层人民法院具有一般知识产权民事纠纷案件管辖权的,可以层报最高人民法院指定基层人民法院统一管辖,也可以由中级人民法院提级管辖本辖区内的知识产权行政、刑事案件。

中级人民法院辖区内有多个具有一般知识产权民事纠纷案件管辖权的基层人民法院的,经层报最高人民法院批准后,可以根据辖区内的案件数量、审判力量等情况对每个基层法院的辖区范围进行划分和调整。

具有一般知识产权民事纠纷案件管辖权的基层人民法院审理中级人民法院指定区域的第一审知识产权刑事、行政案件。不具有一般知识产权民事纠纷案件管辖权的基层人民法院发现所审理案件属于知识产权行政、刑事案件的,应当及时移送中级人民法院指定的有一般知识产权民事纠纷案件管辖权的基层人民法院管辖。

中级人民法院知识产权审判庭审理本辖区内基层人民法院审结的知识产权行政、刑事上诉案件以及同级人民检察院抗诉的知识产权刑事案件。

高级人民法院知识产权审判庭审理本辖区内中级人民法院审结的知识产权行政、刑事上诉案件,知识产权行政、刑事申请再审案件以及同级人民检察院抗诉的知识产权刑事案件。

最高人民法院知识产权审判庭审理各高级人民法院审结的知识产权行政、刑事上诉案件,知识产权行政、刑事申请再审案件、最高人民检察院抗诉的知识产权刑事案件。

9. 知识产权案件案号编制、使用与管理依照《最高人民法院关于人民法院案号的若干规定》执行。案号中的类型代字为知民/知行/知刑。

【地方法院规范】

1.《上海市高级人民法院知识产权审判庭关于常见知识产权犯罪的量刑指引》(20190628)

一、总则

知识产权犯罪的量刑,应当遵循我国刑法以及最高人民法院《关于常见犯罪的量刑指导意见》、上海市高级人民法院《〈关于常见犯罪的量刑指导意见〉的实施细则》关于总则的相关规定,结合知识产权刑事司法政策和知识产权犯罪本身的特点,确定量刑的指导原则和基本方法。

(一)量刑指导原则

1. 量刑应当遵循严格保护知识产权原则,服务国家创新驱动发展战略和上海具有全球影响力的科技创新中心建设,适应知识产权刑事司法保护的实际需求。

2. 量刑应当遵循罪责刑相适应原则,做到惩罚与预防并重,宽严相济、罚当其罪,确保裁判法律效果和社会效果的统一。

3. 量刑应当客观、全面把握不同时期经济社会发展和国际、国内知识产权司法保护形势的变化,确保刑法任务的实现;对于同一时期内案情相似的案件,所判处的刑罚应当基本相当。

(二)量刑适用方法

1. 缓刑的适用

(1)对拟宣告刑为三年以下有期徒刑、拘役且符合刑法总则规定的缓刑适用条件的犯罪分子,可以依法宣告缓刑;对符合前述情形且不满十八周岁的人、怀孕的妇女和已满七十五周岁的人,应当宣告缓刑。

(2)对于法定刑在三年以上有期徒刑、具有减轻处罚情节,认罪悔罪并退出全部违法所得的,可以适用缓刑。

(3)有下列情形之一的,一般不适用缓刑:①因侵犯知识产权被刑事处罚或者行政处罚后,再次侵犯知识产权构成犯罪的;②拒不交出违法所得的;③不具有悔罪表现的;④共同犯罪中情节严重的主犯;⑤犯罪金额特别巨大或者社会影响特别大的;⑥犯罪对象系食品、药品、母婴幼儿专用品以及其他危害人身安全产品的(但经鉴定假冒产品与正品质量相当的除外);⑦被数罪并罚的;⑧其他不宜适用缓刑的情形。

2. 罚金刑的适用

(1)罚金刑在知识产权犯罪刑罚体系中具有重要地位,通过加大对犯罪分子罚金刑的适用力度,提高其犯罪的经济成本,剥夺其再犯的能力。

(2)确定罚金数额应当综合考虑犯罪的违法所得、非法经营数额、给权利人造成的损失、社会危害性等情节,罚金数额一般在违法所得的一倍以上五倍以下,或者按照非法经营数额的50%以上一倍以下确定。根据犯罪对象件(份、张、部)数确定量刑幅度的案件,可以参考同一量刑幅度内依据非法经营数额、违法所得数额所对应的罚金刑进行综合考虑,确定该案的具体罚金刑。

(3)同一案件中,针对同一犯罪行为,如果按照违法所得数额倍数确定的罚金数额与按照非法经营数额比例确定的罚金数额存在差距较大的,在符合罪责刑相适应原则的前提下,宜从重确定罚金数额。

(4)对于未销售的侵权产品案件,可按照标价或者已经查清的侵权产品的实际销售平均价格计算非法经营数额,从而确定罚金数额。对于无法查清实际销售价格、标价和售价平均价的案件,按照被侵权产品市场中间价计算非法经营额并确定罚金数额;若据此确定的罚金数额畸高、不符合罪责刑相适应原则的,应区分是否系奢侈品、并充分考虑犯罪未遂情节,从轻或者减轻确定相应的罚金刑。

3. 禁止令、从业禁止的适用

(1)对于依法宣告缓刑或者判处管制的犯罪分子,可以根据情况同时禁止犯罪分子在缓刑考验期内或者管制执行期间从事与知识产权有关的特定活动,或禁止其进入特定区域、场所,接触特定的人。

(2)假冒注册商标商品或者销售假冒注册商标商品系食品、药品、母婴幼儿专用品、农药、兽药、化肥、种子以及其他危害人身安全等产品的,依法宣告缓刑时,一般应同时宣告禁止令。

(3)对于利用职业便利或者违背职业要求实施侵犯知识产权犯罪的犯罪分子,如果犯罪情节特别严重或者社会影响特别恶劣的,根据犯罪情况和预防犯罪的需要,在确定宣告刑时也可以禁止其在刑罚执行完毕之日或者假释之日起三年至五年内从事相关职业活动。

4. 认罪认罚案件的量刑

(1)适用认罪认罚从宽制度的案件,应根据最高人民法院、最高人民检察院、公安部、国家安全部、司法部《关于在部分地区开展刑事案件认罪认罚从宽制度试点工作的办法》、上海市高级人民法院、上海市人民检察院《刑事案件认罪认罚从宽制度试点工作实施细则(试行)》的规定,综合案件情况,在分则规定的量刑起点和基准刑基础上,统筹把握量刑从宽幅度。

(2)根据犯罪分子认罪认罚的阶段,在分则规定的基准刑基础上可以减少相应的刑罚量:在侦查阶段认罪认罚的,减少基准刑的30%;在审查起诉阶段认罪认罚的,减少基准刑的20%;在审判阶段认罪认罚的,减少基准刑的10%。

(3)在满足缓刑适用基本条件的前提下,对适用认罪认罚从宽制度并积极退赃退赔的犯罪分子,依法宣告缓刑。

二、分则

(一)假冒注册商标罪

1. 法定刑在三年以下有期徒刑、拘役、并处或者单处罚金幅度内的量刑起点和基准刑

未经注册商标所有人许可,在同一种商品上使用与其注册商标相同的商标,非法经营数额达到五万元或者违法所得数额达到三万元;假冒两种以上注册商标,非法经营数额达到三万元或者违法所得数额达到二万元,可以在有期徒刑六个月、拘役三个月幅度内确定量刑起点。

假冒一种注册商标的,在量刑起点的基础上,非法经营数额每增加六千元,增加一个月刑期,从而确定基准刑;违法所得数额每增加四千元,增加一个月刑期,从而确定基准刑。

假冒两种以上注册商标的,在量刑起点的基础上,非法经营数额每增加四千元,增加一个月刑期,从而确定基准刑;违法所得数额每增加三千元,增加一个月刑期,从而确定基准刑。

2. 法定刑在三年以上七年以下有期徒刑幅度内的量刑起点和基准刑

未经注册商标所有人许可,在同一种商品上使用与其注册商标相同的商标,非法经营数额超过二十五万元或者违法所得数额超过十五万元,假冒两种以上注册商标、非法经营数额超过十五万元或者违法所得数额超过十万元,以有期徒刑三年确定量刑起点。

假冒一种注册商标的,在量刑起点的基础上,非法经营数额每增加十万元,增加一个月刑期,从而确定基准刑;违法所得数额每增加六万元,增加一个月刑期,从而确定基准刑。

假冒两种以上注册商标的,在量刑起点的基础上,非法经营数额每增加

六万元,增加一个月刑期,从而确定基准刑;违法所得数额每增加四万元,增加一个月刑期,从而确定基准刑。

3. 假冒注册商标并有下列情形的,可以相应确定量刑情节调节比例

(1)假冒注册商标又销售假冒注册商标的商品的,可以增加基准刑的10%以下。

(2)假冒五种以上注册商标的,可以增加基准刑的10%以下。

(3)假冒注册商标商品或者销售假冒注册商标商品系食品、药品、母婴幼儿专用品、农药、兽药、化肥、种子以及其他危害人身安全等产品的,可以增加基准刑的10%以下,但经鉴定假冒产品与正品质量相当的除外。

(二)销售假冒注册商标的商品罪

1. 既遂案件

(1)法定刑在三年以下有期徒刑、拘役、并处或者单处罚金幅度内的量刑起点和基准刑

①销售明知是假冒注册商标的商品,销售金额达五万元的,可以在有期徒刑六个月、拘役三个月幅度内确定量刑起点。

②在量刑起点的基础上,可以根据销售金额等其他影响量刑的犯罪事实增加刑罚量,确定基准刑。有下列情形之一的,增加相应的刑罚量:销售金额每增加六千元,增加一个月刑期;其他可以增加刑罚量的情形。

(2)法定刑在三年以上七年以下有期徒刑幅度内的量刑起点和基准刑

①销售明知是假冒注册商标的商品,销售金额达二十五万元的,以三年有期徒刑确定量刑起点。

②在量刑起点的基础上,可以根据销售金额等其他影响犯罪构成的犯罪事实增加刑罚量,确定基准刑。有下列情形之一的,增加相应的刑罚量:销售金额每增加十万元,增加一个月刑期;其他可以增加刑罚量的情形。

2. 未遂案件,按照实际销售价格或标价认定未销售商品货值金额的

(1)法定刑在三年以下有期徒刑、拘役、并处或者单处罚金幅度内的量刑起点和基准刑

①销售明知是假冒注册商标的商品,未销售货值金额达十五万元的;销售金额不满五万元,但已销售金额与尚未销售的假冒注册商标的商品的货值金额合计在十五万元以上的,可以在有期徒刑六个月、拘役三个月幅度内确定量刑起点。

②在量刑起点的基础上,可以根据货值金额等其他影响量刑的犯罪事实

增加刑罚量,确定基准刑。有下列情形之一的,增加相应的刑罚量:货值金额每增加三千元,增加一个月刑期;其他可以增加刑罚量的情形。

(2)法定刑在三年以上七年以下有期徒刑幅度内的量刑起点和基准刑

①销售明知是假冒注册商标的商品,未销售货值金额达二十五万元的,以三年有期徒刑确定量刑起点。

②在量刑起点的基础上,可以根据货值金额等其他影响犯罪构成的犯罪事实增加刑罚量,确定基准刑。有下列情形之一的,增加相应的刑罚量:货值金额每增加十万元,增加一个月刑期;其他可以增加刑罚量的情形。

3. 未遂案件,按照被侵权产品的市场中间价格认定未销售普通商品货值金额的

(1)法定刑在三年以下有期徒刑、拘役、并处或者单处罚金幅度内的量刑起点和基准刑

①销售明知是假冒注册商标的商品,未销售普通商品货值金额达十五万元的;销售金额不满五万元,但已销售金额与尚未销售的假冒注册商标商品的货值金额合计在十五万元以上的,可以在有期徒刑六个月、拘役三个月幅度内确定量刑起点。

②在量刑起点的基础上,可以根据货值金额等其他影响犯罪构成的犯罪事实增加刑罚量,确定基准刑。有下列情形之一的,增加相应的刑罚量:货值金额每增加三千元,增加一个月刑期;其他可以增加刑罚量的情形。

(2)法定刑在三年以上七年以下有期徒刑幅度内的量刑起点和基准刑

①销售明知是假冒注册商标的商品,未销售普通商品货值金额达二十五万元的,以三年有期徒刑确定量刑起点。

②在量刑起点的基础上,可以根据货值金额等其他影响犯罪构成的犯罪事实增加刑罚量,确定基准刑。有下列情形之一的,增加相应的刑罚量:货值金额每增加十五万元,增加一个月刑期;其他可以增加刑罚量的情形。

4. 未遂案件,按照被侵权产品的市场中间价格认定未销售奢侈品货值金额的

(1)法定刑在三年以下有期徒刑、拘役、并处或者单处罚金幅度内的量刑起点和基准刑

①销售明知是假冒注册商标的商品,未销售奢侈品货值金额达十五万元的;销售金额不满五万元,但已销售金额与尚未销售的假冒注册商标的商品的货值金额合计在十五万元以上的,可以在有期徒刑六个月、拘役三个月幅

度内确定量刑起点。

②在量刑起点的基础上,可以根据货值金额等其他影响犯罪构成的犯罪事实增加刑罚量,确定基准刑。有下列情形之一的,增加相应的刑罚量:货值金额每增加三千元,增加一个月刑期;其他可以增加刑罚量的情形。

(2)法定刑在三年以上七年以下有期徒刑幅度内的量刑起点和基准刑

①销售明知是假冒注册商标的商品,未销售奢侈品货值金额达二十五万元的,以三年有期徒刑确定量刑起点。

②在量刑起点的基础上,可以根据货值金额等其他影响犯罪构成的犯罪事实增加刑罚量,确定基准刑。有下列情形之一的,增加相应的刑罚量:货值金额每增加一百万元,增加一个月刑期;其他可以增加刑罚量的情形。

5. 销售假冒注册商标的商品犯罪案件中其他应当考虑的情节

(1)对于销售假冒注册商标的商品罪未遂案件,司法解释规定以十五万元为入罪金额、以二十五万元为三年以上有期徒刑调档金额,具体量刑时,可以根据刑法总则关于犯罪未遂的相关规定予以适用。

(2)销售金额和未销售货值金额分别达到不同的法定刑幅度,或者均达到同一法定刑幅度的,在处罚较重的法定刑或者同一法定刑幅度内酌情从重处罚。

(3)销售假冒注册商标商品系食品、药品、母婴幼儿专用品、农药、兽药、化肥、种子以及其他危害人身安全等产品的,可以增加基准刑的10%以下(但经鉴定假冒产品与正品质量相当的除外)。

(三)非法制造、销售非法制造的注册商标标识罪

1. 既遂案件,法定刑在三年以下有期徒刑、拘役、管制、并处或者单处罚金幅度内的量刑起点和基准刑

伪造、擅自制造或者销售伪造、擅自制造一种商标标识的,商标标识数量达二万件,或者非法经营数额达五万元,或者违法所得数额达三万元的,可以在有期徒刑六个月、拘役三个月幅度内确定量刑起点。

伪造、擅自制造或者销售伪造、擅自制造两种以上商标标识的,商标标识数量达一万件,或者非法经营数额达三万元,或者违法所得数额达二万元的,可以在有期徒刑六个月、拘役三个月幅度内确定量刑起点。

伪造、擅自制造或者销售伪造、擅自制造一种商标标识的,商标标识数量二万件以上不满十万件、或者非法经营数额五万元以上不满二十五万元、或者违法所得数额三万元以上不满十五万元的,在量刑起点的基础上,商标标

识数量每增加两千五百件、或者非法经营数额每增加六千元、或者违法所得数额三万元以上不满十五万元的,刑期增加一个月。

伪造、擅自制造或者销售伪造、擅自制造两种以上商标标识的,商标标识数量一万件以上不满五万件、或者非法经营数额三万元以上不满十五万元、或者违法所得数额二万元以上不满十万元的,在量刑起点的基础上,商标标识数量每增加一千二百件、或者非法经营数额每增加三千五百元、或者违法所得数额每增加两千五百元,刑期增加一个月。

2. 既遂案件,法定刑在三年以上七年以下有期徒刑幅度内的量刑起点和基准刑

伪造、擅自制造或者销售伪造、擅自制造一种商标标识,商标标识达十万件,或者非法经营数额达二十五万元,或者违法所得数额达十五万元的,以有期徒刑三年确定量刑起点。

伪造、擅自制造或者销售伪造、擅自制造两种以上商标标识,商标标识达五万件,或者非法经营数额达十五万元,或者违法所得数额达十万元的,以有期徒刑三年确定量刑起点。

伪造、擅自制造或者销售伪造、擅自制造一种商标标识,在量刑起点的基础上,商标标识数量每增加四万件,刑期增加一个月。伪造、擅自制造或者销售伪造、擅自制造两种以上商标标识,在量刑起点的基础上,商标标识数量每增加三万件,刑期增加一个月。

伪造、擅自制造或者销售伪造、擅自制造一种商标标识非法经营数额在二十五万元以上、或者违法所得数额在十五万元以上的;伪造、擅自制造或者销售伪造、擅自制造两种以上商标标识,非法经营数额在十五万元以上、或者违法所得数额在十万元以上的,参照本指引关于假冒注册商标罪的量刑规定处罚。

3. 未遂案件,法定刑在三年以下有期徒刑、拘役、管制、并处或者单处罚金幅度内的量刑起点和基准刑

销售他人伪造、擅自制造的一种商标标识,尚未销售的商标标识数量在六万件以上的;部分销售他人伪造、擅自制造的一种商标标识,已销售标识数量不满二万件、但与尚未销售标识数量合计在六万件以上的,可以在有期徒刑六个月、拘役三个月幅度内确定量刑起点。

销售他人伪造、擅自制造的两种以上商标标识,尚未销售的商标标识数量在三万件以上的;部分销售他人伪造、擅自制造的两种以上商标标识,已销

售标识数量不满一万件、但与尚未销售标识数量合计在三万件以上的,可以在有期徒刑六个月、拘役三个月幅度内确定量刑起点。

销售他人伪造、擅自制造的一种商标标识,尚未销售的商标标识数量在六万件以上不满十万件的;部分销售他人伪造、擅自制造的一种商标标识,已销售标识数量不满二万件,但与尚未销售标识数量合计在六万件以上不满十万件的,在量刑起点的基础上,数量每增加一千五百件,刑期增加一个月。

销售他人伪造、擅自制造的两种以上商标标识,尚未销售的商标标识数量在三万件以上不满五万件的;部分销售他人伪造、擅自制造的两种以上商标标识,已销售标识数量不满一万件,但与尚未销售标识数量合计在三万件以上不满五万件的,在量刑起点的基础上,数量每增加一千件,刑期增加一个月。

4. 未遂案件,法定刑在三年以上七年以下有期徒刑幅度内的量刑起点和基准刑

销售他人伪造、擅自制造的一种商标标识,尚未销售的商标标识数量在十万件以上的,或者销售他人伪造、擅自制造的两种以上商标标识,尚未销售的商标标识数量在五万件以上的,以有期徒刑三年确定量刑起点。

销售他人伪造、擅自制造的一种商标标识,尚未销售的商标标识数量在十万件以上的,在量刑起点的基础上,数量每增加六万件,刑期增加一个月。

销售他人伪造、擅自制造的两种以上商标标识,尚未销售的商标标识数量在五万件以上的,在量刑起点的基础上,数量每增加四万件,刑期增加一个月。

5. 其他情形的,可以相应确定量刑情节调节比例

(1)既有非法制造注册商标标识、又有销售同种非法制造的注册商标标识的,以非法制造、销售非法制造的注册商标标识罪定罪,在法定刑幅度内酌情从重处罚。对于非法制造注册商标标识、又销售不同种非法制造的注册商标标识的,对件数或者犯罪金额累计计算,并在相应量刑幅度进行量刑;既有件数又有犯罪金额的,在处罚较重的法定刑或者同一法定刑幅度内酌情从重处罚。

(2)对于既符合伪造、擅自制造或者销售伪造、擅自制造商标标识件数定罪量刑标准,又具备可按照非法经营数额或者违法所得数额定罪量刑情形的,按照从重的量刑情形进行处罚。

2.《广东省高级人民法院关于切实加强知识产权司法保护的若干意见》(粤高法〔2018〕297 号,20181221)

八、加大打击侵害知识产权犯罪。坚决依法制裁和打击各类侵害专利权、商标权、著作权、商业秘密等犯罪行为,加大财产刑的适用力度,坚决追缴侵犯知识产权犯罪违法所得,收缴犯罪工具,销毁侵权产品,从经济上剥夺犯罪分子再次犯罪的能力和条件。

3.《浙江省高级人民法院刑事审判第二庭关于审理侵犯知识产权刑事案件若干问题的解答》(20161207)

一、审理侵犯知识产权刑事案件时如何贯彻宽严相济的刑事政策?

答:知识产权刑事司法保护是知识产权保护的最后一道防线,各级法院应贯彻落实国家知识产权战略,依法制裁和打击各类侵犯知识产权犯罪行为,切实维护相关权利人的合法权利和公平、有序的社会主义市场经济秩序。依法从严惩处严重侵犯知识产权的犯罪分子,严格缓、免刑的适用条件,加大罚金刑的适用与执行力度,并注意通过采取追缴违法所得、收缴犯罪工具、销毁侵权产品等措施,从经济上剥夺犯罪分子再次犯罪的能力和条件。同时,在审理侵犯知识产权案件过程中,要注重推动综合运用刑事、民事、行政等多种途径强化知识产权的司法保护,充分考虑我国经济发展的阶段性特征和知识产权的私权属性,坚持刑法谦抑性原则和刑事证明标准,强化事实证据的收集和审查,防止刑事司法手段的过度介入,合理控制打击面,以实现法律效果和社会效果的有机统一。

六、假冒注册商标罪中如何认定"同一种商品"?

答:对假冒注册商标罪中"同一种商品"的认定,应当严格依照《两高一部意见》第五条关于"名称相同的商品以及名称不同但指向同一事物的商品"的规定加以把握。在判定是否属于"名称不同但指向同一事物的商品"时,既不能仅局限于"名称相同的商品",但也要注意避免将商标民事侵权判定中"类似商品或者服务"的认定标准扩大适用到刑事案件领域。司法实践中,应注意区分以下两种情形:一是被控侵权商品实际使用名称在《类似商品和服务区分表》中没有对应记载,但与注册商标核定使用的商品在功能、用途、主要原料、消费对象、销售渠道等方面相同或者基本相同,相关公众一般认为是同一事物的,可以认定为"同一种商品";二是被控侵权商品与注册商标核定使用的商品在《类似商品和服务区分表》中有各自对应名称的,且通常情况下相关公众也不会认为两者指向同一事物的，一般不应当认定为“同一种商品”。在认定“同一种商品”时，应当将被控侵权商品与注册商标核定使用的商品进行对比，以确定是否属于“同一种商品”。注册商标所有人超出核定使用范围使用注册商标的，行为人照此在该超出核定使用范围的商品上使用相同商标的，不构成刑法规定的“在同一种商品上使用与注册商标相同的商标”。

七、假冒注册商标罪中如何认定“相同的商标”？

答：对假冒注册商标罪中“相同的商标”的认定，应当严格依照最高人民法院、最高人民检察院《关于办理侵犯知识产权刑事案件具体应用法律若干问题的解释》（下称《解释一》）第八条和《两高一部意见》第六条等规定加以把握，即指与被假冒的注册商标完全相同，或者与被假冒的注册商标在视觉上基本无差别、足以对公众产生误导。在理解“视觉上基本无差别、足以对公众产生误导”时，应当以商标完全相同为判断基准，如果被控侵权商标与注册商标虽有细微差异，但构成高度近似且足以导致相关公众产生误认的，则应当认定为“相同的商标”，但要注意避免将商标民事侵权判定中“商标近似”的认定标准扩大适用到刑事领域。

八、假冒注册商标罪主观方面能否为间接故意？

答：假冒的商标标识一般来源于行为人自己制作、通过非正常渠道购买、盗窃或侵占等违法犯罪手段获取。这几种来源方式均反映行为人对此种商标没有使用的权利。行为人未经注册商标权利人许可，将他人的注册商标使用在自己生产或销售的与注册商标权利人相同的商品上，一般出于牟取经济利益、打击竞争对手、倾销伪劣产品的动机和目的。行为人对他人的注册商标以及相应商品的知名度和质量一般有着明确的认识和了解。明知自己的行为侵犯他人的注册商标专用权而仍然故意实施，行为人的主观形态只能是直接故意。故假冒注册商标罪主观方面并不存在间接故意形态。

九、非法制造、销售非法制造的注册商标标识罪中如何计算商标标识数量？

答：计算商标标识数量时应以《解释（一）》第十二条第三款规定的“标有完整商标图样的一份标识，一般应当认定为一件商标标识”的规定为计算原则。在计算标识数量时，应当将每一件完整且可以独立使用的侵权商标标识作累加计算。例如，一瓶酒的外包装盒、瓶贴、瓶盖上分别附着相同或者不同的商标标识，在计算商标标识件数时，应当计算为三件。在同一载体上印制数个相同或者不同的商标标识，且上述商标标识不能独立使用的，一般应当计算为一件商标标识。例如，在一个皮具商品的外包装纸上同时印有数个相同或者不同的商标标识的，在计算商标标识数量时，应当计算为一件。存在大、中、小包装盒时，这些包装盒上分别印有相同商标标识，大小包装依次套装。在计算商标标识数量时，应当以最小商品上的商标标识计算为一件；无最小商品的商标标识，只以包装盒上侵权商标标识作累加计算。

十二、侵犯知识产权刑事案件能否提起刑事附带民事诉讼？

答：根据《刑事诉讼法司法解释》第一百三十八规定，被害人因人身权利受到犯罪侵犯或者财物被犯罪分子毁坏而遭受物质损失的，有权在刑事诉讼过程中提起附带民事诉讼。知识产权表现为智力成果，系一种无形财产。侵犯知识产权罪中既不涉及人身权利受侵犯，也不存在有形财物被犯罪分子毁坏的情形。根据上述司法解释，被害人不宜提起附带民事诉讼。

十三、审理侵犯知识产权刑事案件时如何把握缓刑适用？

答：缓刑适用有利于分化瓦解犯罪分子，有利于提高刑罚执行效率，节约司法资源。但是，侵犯知识产权刑事案件缓刑适用率整体偏高或滥用缓刑不仅损害刑法的权威性和严肃性，也不利于知识产权司法保护。对此，各级法院应予高度重视，在审理侵犯知识产权刑事案件中应避免缓刑被滥用的风险。为此，应严格遵守《刑法》第七十二条、《关于办理侵犯知识产权刑事案件具体应用法律若干问题的解释(二)》等法律和司法解释关于缓刑适用的相关规定，对因侵犯知识产权被刑事处罚或者行政处罚后再次侵犯知识产权构成犯罪，或不具有悔罪表现，或拒不交出违法所得以及其他不宜适用缓刑的，一般不应适用缓刑。要完善社会调查程序，规范法官自由裁量权的合理行使；统一缓刑适用尺度，落实“同城待遇”，避免外地籍被告人与本地籍被告人缓刑适用标准不一；在决定对被告人是否适用缓刑时应避免机械受制于审前强制措施。

【指导案例】

1.【宿迁中院“SAMSUNG”案】假冒注册商标犯罪的非法经营数额、违法所得数额，应当综合被告人供述、证人证言、被害人陈述、网络销售电子数据、被告人银行账户往来记录、送货单、快递公司电脑系统记录、被告人等所作记账等证据认定。被告人辩解称网络销售记录存在刷信誉的不真实交易，但无证据证实的，不予采纳〔郭明升、郭明锋、孙淑标假冒注册商标案，江苏省宿迁市中级人民法院刑事判决书(2015)宿中知刑初字第0004号，最高人民法院指导案例第87号〕。

2.【日照东港法院"HUAWEI"案】未经商标所有人许可，无论假冒商品是否销往境外，情节严重构成犯罪的，依法应予追诉；判断侵犯注册商标犯罪案件是否构成共同犯罪，应重点审查假冒商品生产者和销售者之间的意思联络情况、对假冒违法性的认知程度、对销售价格与正品价格差价的认知情况等因素综合判断〔姚常龙等五人假冒注册商标案，山东省日照市东港区人民法院刑事判决书(2019)鲁1102刑初660号，最高人民检察院指导性案例之检例第101号〕。

3.【佛山南海分局"KM"案】在办理注册商标类犯罪的立案监督案件时，对符合商标法规定的正当使用情形而未侵犯注册商标专用权的，应依法监督公安机关撤销案件，保护涉案企业合法权益。必要时可组织听证，增强办案透明度和监督公信力〔广州卡门实业有限公司涉嫌销售假冒注册商标的商品立案监督案，最高人民检察院指导性案例之检例第99号〕。

4.【无锡新吴分局"星巴克"案】办理侵犯注册商标类犯罪案件，应注意结合被告人销售假冒商品数量、扩散范围、非法获利数额及在上下游犯罪中的地位、作用等因素，综合判断犯罪行为的社会危害性，确保罪责刑相适应。在认定犯罪的主观明知时，不仅考虑被告人供述，还应综合考虑交易场所、交易时间、交易价格等客观行为，坚持主客观相一致。对侵害众多消费者利益的情形，可以建议检察机关提起公益诉讼〔邓秋城、双善食品(厦门)有限公司等销售假冒注册商标的商品案，江苏省无锡市新吴区人民法院(2019)苏0214刑初647号，最高人民检察院指导性案例之检例第98号〕。

5.【嘉兴南湖法院"德芙"案】检察机关在办理售假犯罪案件时，应当注意审查发现制假犯罪事实，强化对人民群众切身利益和企业知识产权的保护力度；对于公安机关未立案侦查的制假犯罪与已立案侦查的售假犯罪不属于共同犯罪的，应当按照立案监督程序，监督公安机关立案侦查；对于跨地域实施的关联制假售假犯罪，检察机关可以建议公安机关并案管辖〔丁某某、林某某等人假冒注册商标立案监督案,浙江省嘉兴市南湖区人民法院刑事判决书(2019)浙 0402 刑初 31 号,最高人民检察院指导性案例之检例第 93 号〕。

【法院参考案例】

(一)假冒注册商标罪

1.【河南高院"鲁花"案】为进行违法犯罪活动而设立公司,并且以实施犯罪为主要活动,应以自然人犯罪而不是单位犯罪论处〔宗连贵等 28 人假冒注册商标案,河南省高级人民法院刑事裁定书(2013)豫法知刑终字第 2 号,列入最高人民法院公布的 2013 年中国法院 10 大知识产权案件〕。

2.【深圳中院"CPPC"案】联合商标具有其特殊属性,主商标的使用就是联合商标的使用。假冒联合商标,情节严重的,亦构成假冒注册商标罪〔薛祖奎假冒注册商标案,广东省深圳市中级人民法院刑事判决书(2014)深中法知刑终字第 59 号〕。

3.【江西浮梁法院"中国石油"案】在同一种服务项目上使用与他人注册的服务商标相同的商标,情节严重的,同样构成犯罪〔余小牛假冒注册商标案,江西省浮梁县人民法院刑事判决书(2018)赣 0222 刑初 1 号〕。

4.【广州越秀法院"多米诺"案】在假冒注册商标案中,认定"同一种商品"应根据《类似商品和服务区分表》;假冒商品不属于《类似商品和服务区分表》列明的商品,应参考商标局和商标评审委员会的意见〔张之礼销售假冒注册商标的商品罪再审案,广东省广州市越秀区人民法院刑事判决书(2015)穗越法审监刑再字第 6 号〕。

5.【天津河北区法院"海鸥"案】行为人制造的假冒注册商标商品尚未流入市场,仍应计入犯罪数额,相应的非法经营数额可按照同类已经实际销售的价格计算〔魏伟等假冒注册商标案,天津市河北区人民法院刑事判决书(2017)津 0105 刑初 138 号〕。

6.【烟台芝罘法院“拉菲”案】在假冒注册商标案中，侵权产品已由被告加工完成，客观上已实际侵害了商标专用权，属犯罪既遂，但量刑时可考虑该部分侵权产品尚未流入社会的情节酌情从轻处罚〔烟台某某兄弟酒业有限公司等假冒注册商标案，山东省烟台市芝罘区人民法院刑事判决书(2014)芝少刑初字第100号〕。

7.【南平中院“巨能环”案】在假冒注册商标案中计算非法经营额时，在已查实销售假冒注册商标商品实际价格的情况下，不应以正品商品的市场价格认定行为人的非法经营数额〔陈飞虎等非法制造注册商标标识、销售假冒注册商标的商品、假冒注册商标罪上诉案，福建省南平市中级人民法院刑事判决书(2017)闽07刑终49号〕。

8.【武汉中院“周黑鸭”案】通过网络销售假冒商品的刑事案件中，快递寄件属于假冒注册商标犯罪行为不可分割的一个部分，快递费用与购买原材料、购买包材费用等均不应从非法经营数额中扣除〔邓丰成等假冒注册商标、销售假冒注册商标的商品罪上诉案，湖北省武汉市中级人民法院刑事裁定书(2016)鄂01刑终147号〕。

9.【湖北高院“太太乐”案】为他人假冒注册商标提供帮助的行为人，应当区分情况认定其构成假冒注册商标罪的共同犯罪或者是独立构成非法制造、销售非法制造的注册商标标识罪。行为人为他人假冒注册商标提供生产、制造侵权产品的主要原材料、辅助材料、半成品、生产技术、配方等帮助，或者是为其提供不包含注册商标的包装材料、标签标识，应以假冒注册商标罪的从犯论处〔张某、邹某犯假冒注册商标罪、王某某犯销售非法制造的注册商标标识罪上诉案，湖北省高级人民法院(2015)鄂知刑终字第00001号，列入湖北法院服务和保障供给侧结构性改革(破产)和食品药品安全八大典型案例(2017年)〕。

(二)销售假冒注册商标的商品罪

1.【北京通州法院“GYRUS”案】单位销售明知是假冒注册商标的商品构成犯罪的，其直接负责的主管人员为单位谋取不正当利益，数额较大，其行为构成销售假冒注册商标的商品罪,依法亦应予惩处〔北京索吉瑞科技有限公司等销售假冒注册商标的商品案,北京市通州区人民法院刑事判决书(2018)京0112刑初939号〕。

2.【商洛中院"贵州茅台"案】在计算非法销售注册商标商品的数量及违法所得时,不得将扣押但未经检验确认为假冒商品的商品纳入其中〔聂忠桥等销售假冒注册商标的商品罪上诉案,陕西省商洛市中级人民法院刑事判决书(2017)陕10刑终87号〕。

(三)非法制造、销售非法制造的注册商标标识罪

1.【湖北高院"太太乐"案】为他人假冒注册商标提供帮助的行为人,应当区分情况认定其构成假冒注册商标罪的共同犯罪或者是独立构成非法制造、销售非法制造的注册商标标识罪。行为人为他人假冒注册商标提供的包装材料上印制有注册商标,或其提供的标签标识本身就是注册商标,应当认定为单独构成非法制造、销售非法制造的注册商标标识罪〔张某、邹某犯假冒注册商标罪、王某某犯销售非法制造的注册商标标识罪上诉案,湖北省高级人民法院(2015)鄂知刑终字第00001号,列入湖北法院服务和保障供给侧结构性改革(破产)和食品药品安全八大典型案例(2017年)〕。

2.【深圳中院"HUAWEI"案】在非法制造注册商标标识罪的案件中,计算非法经营数额时,侵权产品没有标价或无法查清其实际销售价格的,按照被侵权产品的市场中间价格计算;但是,如这一市场中间价格无法确定的,不得以被害单位报价计算"非法经营数额"〔李某某等非法制造注册商标标识罪上诉案,广东省深圳市中级人民法院刑事判决书(2018)粤03刑终655号〕。

3.【廊坊安次法院"HP"案】应以标有注册商标图样的商标标识件数计算非法制造注册商标标识的犯罪数额,而不是完整的包装个数〔孟宪辉、廊坊市丰某印刷有限公司非法制造、销售非法制造的注册商标标识案,河北省廊坊市安次区人民法院刑事判决书(2018)冀1002刑初106号〕。

第六十八条 【商标代理机构违法行为的法律责任】 商标代理机构有下列行为之一的，由工商行政管理部门责令限期改正，给予警告，处一万元以上十万元以下的罚款；对直接负责的主管人员和其他直接责任人员给予警告，处五千元以上五万元以下的罚款；构成犯罪的，依法追究刑事责任：

（一）办理商标事宜过程中，伪造、变造或者使用伪造、变造的法律文件、印章、签名的；

（二）以诋毁其他商标代理机构等手段招徕商标代理业务或者以其他不正当手段扰乱商标代理市场秩序的；

（三）违反本法第四条、第十九条第三款和第四款规定的。

商标代理机构有前款规定行为的，由工商行政管理部门记入信用档案；情节严重的，商标局、商标评审委员会并可以决定停止受理其办理商标代理业务，予以公告。

商标代理机构违反诚实信用原则，侵害委托人合法利益的，应当依法承担民事责任，并由商标代理行业组织按照章程规定予以惩戒。

对恶意申请商标注册的，根据情节给予警告、罚款等行政处罚；对恶意提起商标诉讼的，由人民法院依法给予处罚。

【立法·要点注释】

1. 办理商标事宜过程中，伪造、变造或者使用伪造、变造的法律文件、印章、签名。本法第二十七条规定，为申请商标注册所申报的事项和所提供的材料应当真实、准确、完整。这一规定同样适用于商标代理机构的申请行为，也是对商标代理机构的要求。同时，这一规定也是本法第十九条第一款中规定的“商标代理机构应当遵循诚实信用原则，遵守法律、法规”的体现。这一规定中，伪造是指仿冒别的法律文件。变造，是指以真实的法律文件为基础，擅自修改，变更相关内容。这一规定中的“法律文件”主要是指与商标注册申请相关的有关法律文件。印章，是指用作印于文件上表示鉴定或签署的文具。签名，即自己写自己的名字，尤其为表示同意、认可、承担责任或义务。

除了伪造、变造法律文件、印章、签名外，使用这些东西同样构成本条规定的违法行为。

2. 以诋毁其他商标代理机构等手段招徕商标代理业务或者以其他不正当手段扰乱商标代理市场秩序。商标代理机构开展商标代理活动，应当遵循公平竞争的原则。商标代理机构应当凭借自身的优质服务吸引和争取客户，而不应当通过一些非法手段招徕业务。本项规定中，诋毁是指毁谤，污蔑，其目的在于贬低竞争对手。其他不正当手段包括虚假宣传、不正当竞争等。

3. 针对违法行为规定的法律责任形式。第一，记入信用档案。商标代理机构信用档案是客观反映商标代理机构遵守法律、法规，依法开展商标代理活动的情况记录。商标代理机构严格遵守法律规定，则没有不良信用记录，实施违法行为，或者因违法行为收到处罚的，在其信用档案中应当有所反映。

第二，商标局、商标评审委员会停止受理办理商标代理业务并予以公告。这是针对情节严重违法行为规定的责任形式，“情节严重”可以结合商标代理机构违法行为的性质、发生的次数、违法所得数额大小等多种因素综合确定。

第三，依法承担民事责任，并由商标代理行业组织予以惩戒。(1)依法承担民事责任既包括违约责任，也包括侵权责任。(2)由商标代理行业组织按照章程规定予以惩戒。行业组织对作为其会员的商标代理机构实行惩戒的具体方式多种多样，可以由行业组织章程予以明确。例如，行业组织章程中可以规定，商标代理机构违反诚实信用原则，侵害委托人合法利益的，其在一定期限内不得开展商标代理业务。行业组织章程也可以对违法的会员单位确立一定的退出机制，违法行为人有违反诚实信用原则的行为，可以依法取消其会员资格。

【行政法规】

《中华人民共和国商标法实施条例》(20140501)

第八十三条 商标法所称商标代理，是指接受委托人的委托，以委托人的名义办理商标注册申请、商标评审或者其他商标事宜。

第八十四条 商标法所称商标代理机构，包括经工商行政管理部门登记从事商标代理业务的服务机构和从事商标代理业务的律师事务所。

商标代理机构从事商标局、商标评审委员会主管的商标事宜代理业务

的,应当按照下列规定向商标局备案:

(一)交验工商行政管理部门的登记证明文件或者司法行政部门批准设立律师事务所的证明文件并留存复印件;

(二)报送商标代理机构的名称、住所、负责人、联系方式等基本信息;

(三)报送商标代理从业人员名单及联系方式。

工商行政管理部门应当建立商标代理机构信用档案。商标代理机构违反商标法或者本条例规定的,由商标局或者商标评审委员会予以公开通报,并记入其信用档案。

第八十五条 商标法所称商标代理从业人员,是指在商标代理机构中从事商标代理业务的工作人员。

商标代理从业人员不得以个人名义自行接受委托。

第八十六条 商标代理机构向商标局、商标评审委员会提交的有关申请文件,应当加盖该代理机构公章并由相关商标代理从业人员签字。

第八十七条 商标代理机构申请注册或者受让其代理服务以外的其他商标,商标局不予受理。

第八十八条 下列行为属于商标法第六十八条第一款第二项规定的以其他不正当手段扰乱商标代理市场秩序的行为:

(一)以欺诈、虚假宣传、引人误解或者商业贿赂等方式招徕业务的;

(二)隐瞒事实,提供虚假证据,或者威胁、诱导他人隐瞒事实,提供虚假证据的;

(三)在同一商标案件中接受有利益冲突的双方当事人委托的。

第八十九条 商标代理机构有商标法第六十八条规定行为的,由行为人所在地或者违法行为发生地县级以上工商行政管理部门进行查处并将查处情况通报商标局。

第九十条 商标局、商标评审委员会依照商标法第六十八条规定停止受理商标代理机构办理商标代理业务的,可以作出停止受理该商标代理机构商标代理业务6个月以上直至永久停止受理的决定。停止受理商标代理业务的期间届满,商标局、商标评审委员会应当恢复受理。

商标局、商标评审委员会作出停止受理或者恢复受理商标代理的决定应当在其网站予以公告。

第九十一条 工商行政管理部门应当加强对商标代理行业组织的监督和指导。

【部门参考文件】

1.《专利、商标代理行业违法违规行为协同治理办法》（国知办发运字〔2021〕31 号，20210730）

第一条　为了贯彻落实全面从严治党要求，加强党风廉政建设，防范廉政风险，打击专利、商标代理行业违法违规行为，营造风清气正的代理行业发展环境，依据《公务员法》《商标法》《专利代理条例》等有关规定，结合工作实际，制定本办法。

第二条　本办法所称专利、商标代理行业违法违规行为协同治理，是指将具有本办法第四条情形的专利、商标代理机构和代理人员列入专利、商标代理行业违法违规行为黑名单（以下简称黑名单），在一定期限内向社会公布，接受社会监督，并实施协同约束措施的统称。

第三条　国家知识产权局知识产权运用促进司作为黑名单管理部门，负责黑名单的日常动态管理，依法向社会公布有关信息。

第四条　具有下列情形之一的专利、商标代理机构和代理人员列入黑名单：

（一）依据国家知识产权局关于规范辞去公职、退休人员到专利或者商标代理机构任职的规定，构成违规聘用国家知识产权局辞去公职、退休人员，并存在拖延、拒绝纠正其违法违规行为等情形的专利、商标代理机构；

（二）存在审代勾连行为，以行贿等严重影响专利、商标审查工作公平公正的方式，获取不当利益的专利、商标代理机构和代理人员；

（三）采取违规转递涉案材料、干预影响审查结论、不正当获取审查信息等方式，造成严重后果或者有其他严重不良影响的专利、商标代理机构和代理人员；

（四）应当列入黑名单的其他情形。

第五条　知识产权运用促进司对有关部门（单位）提出的列入黑名单建议，应当及时处理，并反馈处理结果。

各级纪检机构在监督执纪问责过程中，专利、商标审查部门（单位）在专利、商标审查等过程中，确认专利、商标代理机构或者代理人员存在本办法第四条规定的审代勾连等行为的，应当及时向知识产权运用促进司提出将其列入黑名单的建议。

第六条　知识产权运用促进司通过局政府网站等向社会公布黑名单信息,并定期向国家知识产权局相关部门(单位)和专利、商标代理行业协会提供黑名单信息。

第七条　对于列入黑名单的专利、商标代理机构和代理人员,国家知识产权局局机关、专利局、商标局等相关部门(单位)在各自职责范围内,实施下列协同约束措施:

(一)列为重点监管对象,限制其适用告知承诺等便利措施;

(二)限制其参与国家知识产权局组织的各类项目、专家人才推荐、评优评先等;

(三)对于同时存在行贿等严重情节的,按照《商标法》第六十八条、《专利代理条例》第二十五条、第二十六条、《商标法实施条例》第九十条的规定,依法给予吊销专利代理机构执业许可证、专利代理师资格证或者永久停止受理其办理商标代理业务等行政处罚。对涉嫌犯罪的,依法移送有关部门追究刑事责任。

专利、商标代理机构或者代理人员在2年内三次以上被列入黑名单的,从严从重处理。

第八条　专利、商标代理行业协会应当对列入黑名单的会员进行警告、通报批评或者公开谴责,同时采取限制其参与行业协会组织的评优评先、诉讼代理人推荐、服务机构推介,限制其参与行业协会内部管理工作等自律性协同约束措施。

第九条　专利、商标代理机构或者代理人员因违反本办法规定被列入黑名单的,列入时间一般为12个月。列入时间超过6个月,并采取切实措施纠正其违法违规行为、保证守法经营的,知识产权运用促进司可将其移出黑名单。

对于按照本办法规定从黑名单中移出的专利、商标代理机构和代理人员,相关部门(单位)应及时停止实施协同约束措施。

第十条　国家知识产权局应当健全完善涉及专利、商标审查领域的规章制度,切断以审谋私、审代勾连的利益链条,加强内部监督和约束,强化全审查流程廉洁风险防控。

第十一条　本办法自发布之日起施行。

2.《规范商标申请注册行为若干规定》（国家市场监督管理总局令第 17 号，20191201）

第十三条　对违反本规定第四条的商标代理机构，依据商标法第六十八条的规定，由行为人所在地或者违法行为发生地县级以上市场监督管理部门责令限期改正，给予警告，处一万元以上十万元以下的罚款；对直接负责的主管人员和其他直接责任人员给予警告，处五千元以上五万元以下的罚款；构成犯罪的，依法追究刑事责任。情节严重的，知识产权管理部门可以决定停止受理该商标代理机构办理商标代理业务，予以公告。

第十五条　对违反本规定第四条的商标代理机构，由知识产权管理部门对其负责人进行整改约谈。

第十六条　知识产权管理部门、市场监督管理部门应当积极引导申请人依法申请商标注册、商标代理机构依法从事商标代理业务，规范生产经营活动中使用注册商标的行为。

知识产权管理部门应当进一步畅通商标申请渠道、优化商标注册流程，提升商标公共服务水平，为申请人直接申请注册商标提供便利化服务。

第十八条　商标代理行业组织应当完善行业自律规范，加强行业自律，对违反行业自律规范的会员实行惩戒，并及时向社会公布。

【法院参考案例】

1.【浙江义乌法院"群信"案】知识产权代理公司将经其经营区域范围内的多家企业的字号申请为注册商标并提起侵犯注册商标之诉，并无实际使用商标的意图，而是希望通过诉讼行为达到转让注册商标牟利的目的，明显违反诚实信用原则，不应予以保护〔义乌商海知识产权代理有限公司与义乌国信知识产权代理有限公司侵害商标权纠纷案，浙江省义乌市人民法院民事判决书（2019）浙 0782 民初 13268 号〕。

2.【西安雁塔法院"伪造商标文件"案】伪造商标注册文件构成诈骗罪〔李某某诈骗罪案，陕西省西安市雁塔区人民法院刑事判决书（2012）雁刑初字第 92 号〕。

2007 年被告人李某某与第三人共同开办陕西旭中商标事务所有限公司，后由李某某独自经营。2008 年至 2011 年期间，李某某代理商标注册及转让申请时，不实际向商标局提交相关资料，而是伪造商标注册、转让申请受理通知书，骗取陕西百年健康药业有限公司等单位及个人财物数额巨大。法院审理认为，被告人以非法占有为目的，虚构事实骗取公私财物，且数额巨大，其行为已构成诈骗罪，判处有期徒刑四年六个月，并处罚金十万元。

编者说明

本条规定商标代理机构违法行为的法律责任。本条是 2013 年修正商标法新增内容，呼应商标法（2013 年）第十九条规定。之所以增加本条规定，是因为《国家工商行政管理总局关于废止和修改部分工商行政管理规章的决定》（2016 年 4 月 29 日，国家工商行政管理总局令第 86 号公布）废止了《商标代理管理办法》。而且，自 2003 年 2 月 27 日国务院取消“商标代理组织审批”和“商标代理人资格核准”两项行政审批之后，国家工商行政管理总局商标局终止举办“全国商标代理人资格考试”。但是，社会仍需要商标代理机构提供商标代理服务。法律上，商标代理机构为从事商标局、商标评审委员会主管的商标事宜代理业务，须依法向商标局备案。[①] 为此，商标法（2013 年）增设商标代理管制的条文，并进一步在商标法实施条例（2014 年）中明确工商行政管理部门对商标代理的监督和指导职能，以及商标代理机构和商标代理人业务规范等内容。

---

① 参见《商标代理机构备案办理须知》（2019 年 11 月修订）。

第六十九条 【商标管理的国家机关工作人员的法律义务】从事商标注册、管理和复审工作的国家机关工作人员必须秉公执法,廉洁自律,忠于职守,文明服务。

商标局、商标评审委员会以及从事商标注册、管理和复审工作的国家机关工作人员不得从事商标代理业务和商品生产经营活动。

【立法·要点注释】

1. 秉公执法、廉洁自律、忠于职守、文明服务可以说是所有行政执法部门的共同要求。在商标管理工作中,国务院工商行政管理部门商标局是全国商标注册和管理工作的主管机关,国务院工商行政管理部门设立的商标评审委员会是处理商标争议事宜的主管机关,以国家强制力为保障,代表国家行使商标注册、管理和争议处理事项。从事商标注册、管理和复审工作的国家机关工作人员依照法律的规定,代表商标局和商标评审委员会行使权力,履行职责。

2. 从事商标注册、管理和复审工作的国家机关工作人员必须秉公执法,廉洁自律,忠于职守,文明服务。秉公执法,就是要求从事商标注册、管理和复审工作的国家机关工作人员行使职权、执行公务,必须公正严明,依法办事,在法律许可的范围内活动,不能放弃履行职责,滥用职权或者超越职权,甚至为循个人私利或者亲友私情而违法行使职权。廉洁自律,就是要求从事商标注册、管理和复审工作的国家机关工作人员行使职权、执行公务,必须奉公守法,不得贪污国家财产,不得索取、收受贿赂,不得利用职权和工作便利谋取其他不正当利益。忠于职守,就是要求从事商标注册、管理和复审工作的国家机关工作人员行使职权、执行公务,必须热爱自己的工作岗位,对每一项工作都尽职尽责,不得马虎从事、推诿塞责,保证工作的质量和效率。文明服务,就是要求从事商标注册、管理和复审工作的国家机关工作人员行使职权、执行公务,必须做到行为端庄、举止文明、待人礼貌、服务热情、工作周到。上述规范既是对从事商标注册、管理和复审工作的国家机关工作人员的纪律和道德要求,也是法律要求。如果违反这些规范,应当视情节轻重,根据法律、法规以及内部纪律、制度的规定,追究其相应的责任。

3. 商标局、商标评审委员会及其国家机关工作人员不得从事商标代理业务和商品生产经营活动。商标代理业务,是指接受他人委托,代为办理商标注册、续展、异议、争议处理以及商标法律咨询、商标法律顾问等业务。商品生产经营活动,是指从事商品的加工、生产、销售及相关服务活动。商标局、商标评审委员会以及从事商标注册、管理和复审工作的国家机关工作人员代表国家行使商标注册、管理和复审职权,禁止其从事商标代理业务及商品生产活动,也就是禁止其从事一切经商、办企业以及参与其他营利性的经营活动,这是对国家机关及其工作人员最基本的行为要求。对商标局、商标复审委员会以及从事商标注册、管理、复审工作的国家机关工作人员提出这些要求,有利于保证上述部门及其人员从事的商标注册、管理、复审工作的严肃性和公正性,避免商标局、商标评审委员会及其工作人员从事与其职能无关的活动,减少和避免出现其为了小团体及个人利益而滥用职权、徇私舞弊,甚至向当事人索取、收受贿赂,违法办理商标注册、管理、复审事宜的现象发生。商标局、商标评审委员会以及从事商标注册、管理和复审工作的国家机关工作人员从事商标代理业务和商品生产经营活动的,应当根据有关法律、行政法规的规定,追究其相应的责任。

编者说明

本条是从事商标注册、管理和评审工作的国家机关工作人员(以下简称商标工作人员)应遵守的行为规范,但商标法和商标法实施条例(2014 年)均没有规定商标工作人员违反本条规定的法律责任。《工商行政管理部门商标注册、管理和评审工作守则》(工商标字〔2003〕第 49 号)第十三条具体规定,商标工作人员违反本条规定,"情节轻微的,由工商行政管理部门对其进行批评教育,情节严重的,视情节给予警告、记过、记大过、降级、撤职、开除等处分;构成犯罪的,依法追究刑事责任"。2021 年,国家知识产权局颁行《专利、商标代理行业违法违规行为协同治理办法》,对辞去公职、退休人员到专利或者商标代理机构任职的违规行为,还增设黑名单等处理措施。

第七十条　【商标管理工作的内部监督制度】工商行政管理部门应当建立健全内部监督制度，对负责商标注册、管理和复审工作的国家机关工作人员执行法律、行政法规和遵守纪律的情况，进行监督检查。

【立法·要点注释】

工商行政管理部门内部监督制度的一项重要内容，就是对负责商标注册、管理和复审工作的国家机关工作人员执行法律、行政法规和遵守纪律的情况，进行监督检查。执行法律、行政法规的情况，包括是否依法行使权力和履行职责，是否遵守法定程序办理法定事项。遵守纪律的情况，是指遵守廉洁自律准则、工作纪律及其他纪律的情况。工商行政管理部门应当切实负起内部监督职责，对负责商标注册、管理和复审工作的国家机关工作人员执行法律、行政法规和遵守纪律的情况，加强监督检查和考核，使本法规定的内部监督制度落到实处。

【部门参考文件】

《规范商标申请注册行为若干规定》（国家市场监督管理总局令第 17 号，20191201）

第十七条　知识产权管理部门应当健全内部监督制度，对从事商标注册工作的国家机关工作人员执行法律、行政法规和遵守纪律的情况加强监督检查。

从事商标注册工作的国家机关工作人员玩忽职守、滥用职权、徇私舞弊，违法办理商标注册事项，收受当事人财物，牟取不正当利益的，应当依法给予处分；构成犯罪的，依法追究刑事责任。

第七十一条【违法办理商标注册、管理和复审事项的法律责任】从事商标注册、管理和复审工作的国家机关工作人员玩忽职守、滥用职权、徇私舞弊,违法办理商标注册、管理和复审事项,收受当事人财物,牟取不正当利益,构成犯罪的,依法追究刑事责任;尚不构成犯罪的,依法给予处分。

【立法·要点注释】

1. 从事商标注册、管理和复审工作的人员也不可避免地会出现违法履行职责的行为。这些行为主要包括:(1)玩忽职守,是指从事商标注册、管理和复审工作的国家机关工作人员不履行、不正确履行或者放弃履行职责,违法办理商标注册、管理和复审事项;(2)滥用职权,是指从事商标注册、管理和复审工作的国家机关工作人员违反法律规定的职责权限和程序滥用职权或者超越职权,违法办理商标注册、管理和复审事项;(3)徇私舞弊,是指从事商标注册、管理和复审工作的国家机关工作人员徇个人私利或者亲友私情而玩忽职守、滥用职权,违法办理商标注册、管理和复审事项;(4)收受当事人财物,是指从事商标注册、管理和复审工作的国家机关工作人员利用工作上的便利,收取当事人给予的财物的行为;(5)牟取不正当利益,是指从事商标注册、管理和复审工作的国家机关工作人员利用职权或者工作上的便利,收受回扣、手续费,违反规定安排子女就学、就业以及获取其他非法利益的行为。

2. 根据刑法的有关规定,从事商标注册、管理和复审工作的国家机关工作人员玩忽职守、滥用职权、徇私舞弊,违法办理商标注册、管理和复审事项,收受当事人财物,牟取不正当利益的行为可能构成以下犯罪:(1)滥用职权罪和玩忽职守罪;(2)受贿罪。

3. 从事商标注册、管理和复审工作的国家机关工作人员虽有本条规定的行为,但情节显著轻微,危害性不大,根据刑法的有关规定尚不构成犯罪的,应当依法给予处分。这里的处分是指国家机关根据法律、行政法规的规定,按照行政隶属关系,对犯有轻微违法行为或者违反纪律的人员给予的一种制裁。主要有警告、记过、记大过、降级、降职、撤职、留用察看和开除等八种。

【相关立法】

《中华人民共和国刑法》(20210301)

第三百九十七条　国家机关工作人员滥用职权或者玩忽职守,致使公共财产、国家和人民利益遭受重大损失的,处三年以下有期徒刑或者拘役;情节特别严重的,处三年以上七年以下有期徒刑。本法另有规定的,依照规定。

国家机关工作人员徇私舞弊,犯前款罪的,处五年以下有期徒刑或者拘役;情节特别严重的,处五年以上十年以下有期徒刑。本法另有规定的,依照规定。

第三百八十五条　国家工作人员利用职务上的便利,索取他人财物的,或者非法收受他人财物,为他人谋取利益的,是受贿罪。

国家工作人员在经济往来中,违反国家规定,收受各种名义的回扣、手续费,归个人所有的,以受贿论处。

【部门参考文件】

1.《规范商标申请注册行为若干规定》(国家市场监督管理总局令第17号,20191201)

第十七条第二款　从事商标注册工作的国家机关工作人员玩忽职守、滥用职权、徇私舞弊,违法办理商标注册事项,收受当事人财物,牟取不正当利益的,应当依法给予处分;构成犯罪的,依法追究刑事责任。

2.《工商行政管理部门商标注册、管理和评审工作守则》(工商标字〔2003〕第49号,20030501)

第四条　在涉及商标事务的接待工作中实行首问责任制。商标工作人员对前来办理商标注册申请、评审、案件投诉等事宜的人员,应当热情接待,耐心解答;对不属于自己工作范围的事情,应当予以说明,并告知其办理有关事宜的正确途径。

第五条　在办理有关注册、管理和评审事宜的过程中,依据工作程序,需要会见有关当事人的,由主管领导根据需要指定工作人员接待,有关工作人员应当将接待情况如实记录备查并及时向主管领导报告。

第六条 商标工作人员应当妥善保管当事人提供的申请书件和证据材料,不得丢失、损毁、篡改,损害当事人的合法权益。

第七条 当事人在办理商标异议、评审和案件投诉等事宜时提供的证据材料中涉及其尚未公开的经营情况、销售渠道等商业信息时,当事人要求保密的,办理有关事宜的人员应当对这些信息予以保密,不得向他人提供。

第八条 商标工作人员应当及时办理商标注册、评审、案件投诉等事宜,并按照规定及时将办理情况通知有关当事人,不得无故拖延。法律、法规、规章对办理有关事宜有时限规定的,有关人员应当在规定的时限内办理完毕。

第九条 商标工作人员办理商标注册、管理和评审事宜,应当认真负责,严格遵循有关法律、法规和规章的要求,有关处理决定应当事实清楚、证据确凿、程序合法、适用法律准确。

第十条 商标工作人员不得私自从事商标查询业务,不得收受当事人的财物,牟取不正当利益,也不得接受当事人的宴请以及参加其他可能影响其公正执法的活动。

第十三条 商标工作人员违反本守则规定,情节轻微的,由工商行政管理部门对其进行批评教育,情节严重的,视情节给予警告、记过、记大过、降级、撤职、开除等处分;构成犯罪的,依法追究刑事责任。

第八章 附 则

第七十二条 【商标事宜办理的费用缴纳】申请商标注册和办理其他商标事宜的，应当缴纳费用，具体收费标准另定。

【立法·要点注释】

应当缴纳费用的事项，包括以下两个方面：第一，申请商标注册。要求当事人在申请商标注册时缴纳费用，是国际上的通行做法。其原因在于，商标注册、管理、复审机关在受理、审查、公告、准予商标注册申请时，需要支付一定的成本。这些成本，应当由当事人承担。第二，办理其他商标事宜。所谓其他商标事宜，是指除申请商标注册以外的其他与商标有关的事项。如转让注册商标、商标许可使用、变更商标注册人住址等事项。这些事务的办理，也需要一定的成本。由当事人承担这些成本，有利于商标专用权人更加积极地维护其使用注册商标的商品或者服务的质量和信誉，有利于商标专用权人更加自觉地维护自身的合法权益。

【部门参考文件】

1.《商标审查审理指南》（国家知识产权局公告第 462 号，20220101；上编）

第二十章　商标费用

1 规费项目

向商标注册部门申请商标注册和办理其他商标事宜的，应当缴纳费用，包括如下项目：

（1）受理商标注册费、受理集体商标注册费、受理证明商标注册费；

（2）补发商标注册证费；

（3）受理转让注册商标费；

（4）受理商标续展注册费、受理续展注册迟延费；

（5）受理商标评审费；

（6）变更费；

（7）出具商标证明费；

(8)商标异议费;

(9)撤销商标费;

(10)商标使用许可合同备案费。

前款所列各种费用的缴纳标准,由国务院价格管理部门、财政部门规定。

2 缴费期限和缴费日

申请人或代理机构应自收到缴费通知书之日起7日内,向商标注册部门缴纳费用。期满未缴纳或者未足额缴纳的,其申请不予受理。

直接在商标注册大厅缴纳费用的,以缴纳当日为缴费日;通过商标网上服务系统缴纳费用的,以第三方在线支付平台反馈的实际支付日为缴费日;以银行汇付方式缴纳费用的,以银行实际汇出日为缴费日。

3 缴纳方式

办理商标各项业务需缴纳的各类费用,应当以商标注册部门规定的方式缴纳。

对提交网上申请并接受电子发文的商标业务,申请人或商标代理机构须通过在线支付方式缴纳费用。

除上述方式外提交的商标申请,申请人或代理机构可以通过在线支付方式缴纳费用,也可以通过银行汇款缴纳费用。通过银行汇款的,应当在银行汇款附言中写明正确的缴费码,或者在汇款成功后三个工作日内在商标网上缴费平台补充缴费信息;银行汇款缴费码填写不正确或者未在规定时间内补充缴费信息,视为未缴纳费用;视为未缴纳费用但支付成功的款项,由商标注册部门退还至原支付账户。

在商标注册大厅提交申请的,收到缴费通知书后,可直接在注册大厅缴纳费用。

不符合上述规定的,视为未缴纳费用。

4 退款

4. 1 退款规则

多缴、重缴、错缴商标费用的,当事人可以自缴费之日起三年内,向商标注册部门提出退款请求,商标注册部门应当予以退还。

4.2 退款情形

4. 2. 1 当事人可以请求退款的情形

(1)多缴费用的(如缴费通知书要求缴纳费用为270元,在规定期限内实际缴纳费用为300元,可以对多缴的30元提出退款请求)。

(2)重缴费用的(如缴费通知书要求缴纳费用为270元,申请人在规定期限内缴纳费用270元后，再次缴纳270元，申请人可以对重复缴纳的费用提出退款请求）。

（3）错缴费用的（如申请人缴费时缴费信息填写错误；或者因缴费不足、逾期缴费导致商标申请权利丧失的，或者权利丧失后缴纳费用的，申请人可以提出退款请求）。

4.2.2 不予退款的情形

（1）对多缴、重缴、错缴的费用，当事人自缴费之日起超过三年才提出退款请求的。

（2）当事人不能提供多缴、重缴、错缴费用证据的。

（3）商标申请已经完成缴费手续，当事人又请求退款的。

4.3 退款手续

4.3.1 退款请求的提出

退款请求人应当是该款项的缴款人。退款请求应当以纸件形式提出、说明理由并提供证据证明，例如：商标注册部门出具的缴费通知书、票据复印件、银行汇款凭证、申请人身份证复印件（本人签字）或营业执照复印件（加盖公章）等。退款请求应注明汇款人、商标申请号、缴费码、退款金额、收款人信息（姓名或名称、开户行、账号）、联系人、联系电话等。

4.3.2 退款的处理

经核实可以退款的，商标注册部门按照退款请求，能够原通道退款的，如在线支付，进行原通道退款；不能原通道退款的，根据退款请求中提供的收款人信息退款。

4.3.3 退款的效力

被退款的款项，视为未缴纳。

2.《国家知识产权局关于调整商标缴费流程相关事项的公告》（国家知识产权局公告第340号，20191227）

一、设置缴费通知环节

自2019年12月30日之后提交的商标申请，在申请业务受理和后续业务核准之前增加缴费通知环节，实现先通知后缴费。商标当事人和代理机构应在收到缴费通知书之日起15日内缴纳商标费用。缴费通知书样式见附件。

二、启用财政电子票据

根据《财政部关于统一全国财政电子票据式样和财政机打票据式样的通知》（财综〔2018〕72号）规定，商标票据统一调整为全国财政电子票据，财政电子票据可以入账报销。各单位接收票据后,应严格按照有关部门规定,确保入账票据真实可靠,防止票据重复入账报销。

三、设置缴费衔接期

2019 年 12 月 30 日至 2020 年 2 月 29 日为缴费衔接期。2019 年 12 月 30 日之前提交的商标申请,适用原缴费规则。2020 年 2 月 29 日之后,适用原缴费规则的商标申请仍未完成缴费的,我局统一发放缴费通知书,当事人和代理机构需按照本公告流程进行缴费。

2019 年 12 月 30 日之后提交的商标申请,商标申请当事人和代理机构可通过商标网上服务系统缴费,无需汇款。已汇至商标局的费用,除用于缴纳适用调整前规则执行的商标申请缴费外,可向商标局申请退款。

3.《国家知识产权局商标局关于调整商标注册收费标准的公告》(20190619)

根据《国家发展改革委、财政部关于降低部分行政事业性收费标准的通知》(发改价格〔2019〕914 号)规定,自 2019 年 7 月 1 日起,降低部分商标注册收费,现将具体收费标准公告如下:

一、受理商标续展注册费,由 1000 元降为 500 元;

二、变更费收费标准,由 250 元降为 150 元;对提交网上申请并接受电子发文的商标变更业务,免收变更费;

三、对提交网上申请并接受电子发文的其他商标业务,涉及下列收费项目的,包括受理商标注册费、补发商标注册证费、受理转让注册商标费、受理商标续展注册费、受理续展注册迟延费、受理商标评审费、出具商标证明费、受理集体商标注册费、受理证明商标注册费、商标异议费、撤销商标费、商标使用许可合同备案费,按现行标准的 90% 收费。

详见下表:

收费项目	纸质申请收费标准(按类别)	接受电子发文的网上申请收费标准(按类别)
受理商标注册费	300 元(限定本类 10 个商品。10 个以上商品,每超过 1 个商品,每个商品加收 30 元)	270 元(限定本类 10 个商品。10 个以上商品,每超过 1 个商品,每个商品加收 27 元)
补发商标注册证费	500 元	450 元
受理转让注册商标费	500 元	450 元

（续表）

收费项目	纸质申请收费标准（按类别）	接受电子发文的网上申请收费标准（按类别）
受理商标续展注册费	500元	450元
受理续展注册迟延费	250元	225元
受理商标评审费	750元	675元（待开通）
变更费	150元	0元
出具商标证明费	50元	45元
受理集体商标注册费	1500元	1350元
受理证明商标注册费	1500元	1350元
商标异议费	500元	450元（待开通）
撤销商标费	500元	450元（待开通）
商标使用许可合同备案费	150元	135元

编者说明

我国行政事业性收费不断降低。根据国家发改委、财政部发改价格〔2015〕2136号文件，受理商标注册费由原来的800元（限定本类10个商品，10个以上商品，每超过1个商品，每个商品加收80元），降为600元（限定本类10个商品，10个以上商品，每超过1个商品，每个商品加收60元）。根据2017年财政部、国家发展改革委财税〔2017〕20号文件，自2017年4月1日起，商标注册收费标准再降低50%，受理商标注册费降为300元（限定本类10个商品，10个以上商品，每超过1个商品，每个商品加收30元）。

总体上来说，国家降低商标行政事业性收费有利于推行注册商标制度。据报道，截至2017年3月底，我国商标累计申请量2293.1万件，累计注册量1514.5万件，有效注册商标量1293.7万件。自2009年《关于贯彻落实〈国家知识产权战略纲要〉大力推进商标战略实施的意见》实施八年来，商标战略取得了显著成效，注册商标审查期限从36个月缩短到9个月，企业注册商标拥有量从每14个企业拥有一件商标到目前的每7个企业拥有一件。① 但是，过低的商标异议费用和商标评审费用，加之商标业务取消法律资格限制，容易滋生机会主义行为。

① 参见《人民日报》2017年5月23日，第10版。

第七十三条 【施行日期】本法自 1983 年 3 月 1 日起施行。1963 年 4 月 10 日国务院公布的《商标管理条例》同时废止;其他有关商标管理的规定,凡与本法抵触的,同时失效。

本法施行前已经注册的商标继续有效。

【司法解释】

《最高人民法院关于商标法修改决定施行后商标案件管辖和法律适用问题的解释》(法释〔2014〕4 号,20140501;经法释〔2020〕19 号修正,20210101)

第五条 对于在商标法修改决定施行前提出的商标注册及续展申请,国家知识产权局于决定施行后作出对该商标申请不予受理或者不予续展的决定,当事人提起行政诉讼的,人民法院审查时适用修改后的商标法。

对于在商标法修改决定施行前提出的商标异议申请,国家知识产权局于决定施行后作出对该异议不予受理的决定,当事人提起行政诉讼的,人民法院审查时适用修改前的商标法。

第六条 对于在商标法修改决定施行前当事人就尚未核准注册的商标申请复审,国家知识产权局于决定施行后作出复审决定或者裁定,当事人提起行政诉讼的,人民法院审查时适用修改后的商标法。

对于在商标法修改决定施行前受理的商标复审申请,国家知识产权局于决定施行后作出核准注册决定,当事人提起行政诉讼的,人民法院不予受理;国家知识产权局于决定施行后作出不予核准注册决定,当事人提起行政诉讼的,人民法院审查相关诉权和主体资格问题时,适用修改前的商标法。

第七条 对于在商标法修改决定施行前已经核准注册的商标,国家知识产权局于决定施行前受理、在决定施行后作出复审决定或者裁定,当事人提起行政诉讼的,人民法院审查相关程序问题适用修改后的商标法,审查实体问题适用修改前的商标法。

第八条 对于在商标法修改决定施行前受理的相关商标案件,国家知识产权局于决定施行后作出决定或者裁定,当事人提起行政诉讼的,人民法院认定该决定或者裁定是否符合商标法有关审查时限规定时,应当从修改决定施行之日起计算该审查时限。

第九条 除本解释另行规定外，商标法修改决定施行后人民法院受理的商标民事案件，涉及该决定施行前发生的行为的，适用修改前商标法的规定；涉及该决定施行前发生，持续到该决定施行后的行为的，适用修改后商标法的规定。

【部门参考文件】

《国家工商行政管理总局关于执行修改后的〈中华人民共和国商标法〉有关问题的通知》（工商标字〔2014〕81号，20140415）

一、关于商标注册事宜

（一）对于2014年5月1日以前向商标局提出的商标注册、异议、变更、转让、续展、撤销、注销、许可备案等申请，商标局于2014年5月1日以后（含5月1日，下同）作出的行政决定适用修改后的商标法。但是，对异议申请中异议人主体资格和异议理由的审查适用修改前的商标法。

（二）对于2014年5月1日以前向商标局提出的商标注册、异议、撤销申请，应自2014年5月1日起开始计算审查期限。但是，被异议商标初审公告至2014年5月1日不满三个月的，应自公告期满之日起计算审查期限。

二、关于商标评审

（一）对于当事人不服商标局作出的驳回商标注册申请决定在2014年5月1日以前向商标评审委员会提出复审申请，商标评审委员会于2014年5月1日以后审理的案件，适用修改后的商标法。

（二）对于当事人不服商标局作出的异议裁定在2014年5月1日以前向商标评审委员会提出复审申请，商标评审委员会于2014年5月1日以后审理的案件，当事人提出异议和复审的主体资格适用修改前的商标法，其他程序问题和实体问题适用修改后的商标法。

（三）对于已经注册的商标，当事人在2014年5月1日以前向商标评审委员会提出争议和撤销复审申请，商标评审委员会于2014年5月1日以后审理的案件，相关程序问题适用修改后的商标法，实体问题适用修改前的商标法。

（四）对于当事人在2014年5月1日以前向商标评审委员会提出申请的商标评审案件，应自2014年5月1日起开始计算审理期限。

三、关于商标监督管理

（一）商标违法行为发生在2014年5月1日以前的，适用修改前的商标法处理；商标违法行为发生在2014年5月1日以前且持续到2014年5月1日以后的，适用修改后的商标法处理。

（二）对于将“驰名商标”字样用于商品、商品包装或者容器上，或者用于广告宣传、展览以及其他商业活动中的行为，适用修改后的商标法处理。但是，对于将“驰名商标”字样用于商品、商品包装或者容器上并于2014年5月1日以前已经进入流通领域的除外。

对于将“驰名商标”字样用于商品、商品包装或者容器上，驰名商标持有人应承担违法责任，由其住所地工商行政管理部门查处。住所地以外的工商行政管理部门发现上述违法行为的，移送其住所地工商行政管理部门查处。住所地不在中国境内或者因管辖权发生争议的，由国家工商行政管理总局指定的工商行政管理部门查处。

【法院参考案例】

1.【北京高院“中南海”案】“本法施行前已经注册的商标继续有效”的规定既尊重已成事实，又规范该法实施后的商标注册行为；“本法施行前已经注册的商标继续有效”是指“本法施行前已经注册的商标”在其原有效期内“继续有效”，并不包括在续展后的有效期内“继续有效”的主张，缺乏法律依据；争议商标“中南海”在商标法（2001年）施行之前取得注册，在其于2001年12月1日施行后继续有效〔新探健康发展研究中心与国家工商行政管理总局商标评审委员会商标争议行政纠纷上诉案，北京市高级人民法院行政判决书（2012）高行终字第310号〕。

（1）法律是调整人们社会行为规范的准则，一般不溯及既往。我国商标法于1983年3月1日施行，1993年2月22日及2001年10月27日先后经全国人民代表大会常务委员会进行过两次修改。现行商标法第十条第一款第（一）项规定：“同中华人民共和国的国家名称、国旗、国徽、军旗、勋章相同或者近似的，以及同中央国家机关所在地特定地点的名称或者标志性建筑物的名称、图形相同的标志不得作为商标注册。”现行商标法第六十四条规定：“本法自1983年3月1日起实施。1963年4月10日国务院公布的《商标管理条例》同时废止；其他有关商标管理的规定，凡与本法抵触的，同时废止。本法施行前已经注册的商标继续有效。”其中现行商标法第六十四条第二款有关“本法施行前已经注册的商标继续有效”的规定既尊重了已成事实，又规范了该法实施后的商标注册行为，新探健康中心有关“本法施行前已经注册的商标继续有效”是指“本法施行前已经注册的商标”在其原有效期内“继续有效”，并不包括在续展后的有效期内“继续有效”的主张缺乏法律依据。因此，原审法院对该规定的理解是恰当的，新探健康中心有关原审判决对现行商标法第六十四条第二款规定理解错误的上诉理由缺乏依据，本院不予支持。

（2）争议商标“中南海”由北京卷烟厂于1996年6月11日申请注册并于1997年7月28日获准注册，目前仍为注册商标。自其注册以来，北京卷烟厂通过对争议商标的长期使用，已经使之形成了区别于其本来含义的第二含义，具备了商标显著性，相关公众接触到争议商标核定使用的商品时，首先想到的往往是其商标含义而不是其他含义，通常也不会形成新探健康中心所称的“使公众对该烟草制品”产生“受中央国家机关认可”“权威”“高品质”等错误印象。

2.【北京高院“中华”案】争议商标“中华”的注册早于现行商标法的施行日，为此并不违反1982年商标法、1993年商标法第八条或2001年商标法第十条〔汪石如与国家工商行政管理总局商标评审委员会商标争议行政纠纷上诉案，北京市高级人民法院行政判决书(2012)高行终字第334号〕。

3.【北京高院“人民大会堂及图”案】商标法(2001年)第六十四条第二款规定，本法施行前已经注册的商标继续有效，该项规定符合立法法不溯及既往的本意；对2001年12月1日新商标法实施前核准的注册商标，不适用商标法(2001年)第十条第一款第(一)项规定之“同中央国家机关所在地特定地点的名称或者标志性建筑物的名称、图形相同的标志不得作为商标使用”〔王英与国家工商行政管理总局商标评审委员会商标争议行政纠纷上诉案，北京市高级人民法院行政判决书(2011)高行终字第107号〕。

图书在版编目(CIP)数据

商标法注释书 / 何怀文编著. -- 北京：中国民主法制出版社，2021.10
(中华人民共和国法律注释书系列)
ISBN 978-7-5162-2702-2

Ⅰ. ①商… Ⅱ. ①何… Ⅲ. ①商标法-法律解释-中国 Ⅳ. ①D923.435

中国版本图书馆 CIP 数据核字(2021)第 208572 号

图书出品人：刘海涛
出版统筹：乔先彪
图书策划：曾 健 海 伦
责任编辑：陈 曦 谢瑾勋 孙振宇

书名/商标法注释书
作者/何怀文 编著

出版·发行/中国民主法制出版社
地址/北京市丰台区右安门外玉林里 7 号（100069）
电话/（010）63055259（总编室） 63058068 63057714（营销中心）
传真/（010）63055259
http：//www.npcpub.com
E-mail：mzfz@npcpub.com
经销/新华书店
开本/32 开 850 毫米×1168 毫米
印张/36.25 字数/1227 千字
版本/2021 年 11 月第 1 版 2021 年 11 月第 1 次印刷
印刷/北京天宇万达印刷有限公司

书号/ISBN 978-7-5162-2702-2
定价/139.00 元